आर. गुप्ता® कृत

पॉपुलर मास्टर गाइड

HTET

हरियाणा शिक्षक पात्रता परीक्षा

LEVEL–II

Trained Graduate Teacher (TGT)

विज्ञान

(For Class 6 to 8)

RPH संपादक मंडल

द्वारा संपादित

2026 EDITION

रमेश पब्लिशिंग हाउस, नई दिल्ली

प्रकाशक

ओ॰पी॰ गुप्ता, **रमेश पब्लिशिंग हाउस**

प्रशासनिक कार्यालय

12-H, न्यू दरियागंज रोड, ऑफिसर्स मेस के सामने,
नई दिल्ली-110002 ✆ 23275224, 23245124

E-mail: info@rameshpublishinghouse.com
For Online Shopping: www.rameshpublishinghouse.com

विक्रय केन्द्र

• बालाजी मार्किट, नई सड़क, दिल्ली-110006 ✆ 23282525 📱 9354373464
• 4457, नई सड़क, दिल्ली-110006

Book Code: R-1932

ISBN: 978-93-86845-68-9

मूल्यः ₹ 620

मुद्रकः दीपक ऑफसैट, दिल्ली

अनुक्रमणिका

भाषा (LANGUAGES)

सामान्य अध्ययन (GENERAL STUDIES)

Scheme of Exam

Level-II: Trained Graduate Teacher (TGT) Science

There shall be only one paper. All questions will be Multiple Choice Questions (MCQs) each carrying one mark with four alternatives out of which one answer will be correct.

S.No.	Subjects	No. of Questions	Marks
1.	Child Development and Pedagogy	30	30
2.	**Languages** (Hindi 15 MCQs and English 15 MCQs)	30	30
3.	**General Studies** (Quantitative Aptitude 10 MCQs, Reasoning Ability 10 MCQs and Haryana G.K. and Awareness 10 MCQs)	30	30
4.	Subject Specific (Science)	60	60
	Total	**150**	**150**

NATURE AND STANDARD OF QUESTIONS

- The test items on Child Development and Pedagogy will focus on educational psychology of teaching and learning, relevant to the age group of 11-16 years. They will focus on understanding the characteristics, needs and psychology of diverse learners, interaction with learners and the attributes and qualities of a good facilitator of learning.
- The test items for Languages (Hindi & English) will focus on the proficiencies related to the medium of instruction relevant to the age group of 11-16 years.
- The test items for Quantitative Aptitude, Reasoning Ability and Haryana G.K. and Awareness will focus on the elements of Mental and Reasoning ability and General Knowledge regarding Haryana State.
- The test items in subject specific will focus on the concepts, problem solving abilities and pedagogical understanding of the subjects. The test items shall be evenly distributed over different divisions of the syllabus of that subject as prescribed for classes VI-X by the Board of School Education Haryana.

NEGATIVE MARKING

- There shall be no negative marking.

LANGUAGE OF QUESTION PAPERS

- All questions except those concerning language subjects, will be bilingual *i.e.* Hindi and English.

पिछले प्रश्न-पत्र

हरियाणा शिक्षक पात्रता परीक्षा (HTET)

TGT विज्ञान (Level-2), 2024

(Exam held on 31-07-2025)

भाग-I : बाल विकास व शिक्षाशास्त्र

1. किशोर बालक एवं बालिकाओं के संदर्भ में सबसे उपयुक्त समूह है :
1. आदर्शवादी, श्रेष्ठ समायोजन, आत्मसम्मान
2. अमूर्त चिन्तन, तार्किकता, निर्णय शक्ति
3. निरीक्षण, विद्रोह की भावना, दोहराने की प्रवृत्ति
4. दर्शन, सुसमायोजन, समाज-सेवा की भावना

2. किसने अधिगम के प्रयास एवं त्रुटि सिद्धांत के संदर्भ में 'बिल्ली' पर प्रयोग किया?
1. पावलोव ने
2. स्किनर ने
3. थॉर्नडाइक ने
4. गिलफोर्ड ने

3. आनुवंशिकता बड़ी भूमिका निभाती है :
1. सामाजिक विकास में
2. आध्यात्मिक विकास में
3. शारीरिक विकास में
4. सांस्कृतिक विकास में

4. निम्न में से कौन-सी व्यक्तित्व मापन की प्रक्षेपी विधि **नहीं** है?
1. साहचर्य तकनीकी
2. रचना तकनीकी
3. जीवन इतिहास
4. पूर्ति तकनीकी

5. अन्तर्दृष्टि अधिगम पद्धति के प्रतिपादक कौन थे?
1. थॉर्नडाइक
2. कोहलर
3. डेविस
4. स्किनर

6. "सीखना, आवश्यकता की पूर्ति की प्रक्रिया के द्वारा होता है"। कथन से सम्बन्धित अधिगम सिद्धांत है :
1. अन्तर्दृष्टि सिद्धांत
2. क्रियाप्रसूत अधिगम सिद्धांत
3. सम्बद्ध प्रतिक्रिया सिद्धांत
4. प्रबलन सिद्धांत

7. 'विकास के किसी भी पड़ाव पर कोई भी वस्तु सिखाई जा सकती है।" अभिव्यक्ति है :
1. आसुबेल की
2. ब्रूनर की
3. पियाजे की
4. गेने की

8. सर्जनशीलता के पोषण एवं संवर्धन हेतु मस्तिष्क उद्वेलन विधि का प्रतिपादन किसने किया?
1. मायर्स ने
2. टॉरेन्स ने
3. ऑसबर्न ने
4. गॉर्डन ने

9. सीखने के वक्र में पठार इंगित करता है :
1. कामकाजी परिस्थितियाँ अनुकूल हैं
2. कोई थकान नहीं है
3. कार्य सरल है
4. रुचि की हानि (कमी)

10. एक पारम्परिक कहावत के अनुसार, 'जब लोमड़ी सभी प्रयास करने के बाद भी अंगूरों तक नहीं पहुँच सकी, तो उसने कहा, 'अंगूर खट्टे हैं।' यह उदाहरण है :
1. प्रत्याहार का
2. यौक्तिकीकरण का
3. प्रक्षेपण का
4. प्रतिगमन का

11. सम्बद्ध प्रतिक्रिया सिद्धांत देन है :
1. पावलोव
2. स्किनर
3. थॉर्नडाइक
4. कोहलर

12. दृष्टिबाधित विद्यार्थियों की शिक्षा के लिए ___ आवश्यक **नहीं** है।
1. छोटे अक्षरों में छपी पुस्तकें
2. श्रव्य कैसेट
3. कागज पर ब्रेल पाठ्यसामग्री
4. गणित पढ़ाने के लिए अबेकस

13. सुधार विद्यालयों का सम्प्रत्यय है :
1. मानसिक मन्द बालकों के लिए
2. प्रतिभाशाली बालकों के लिए
3. विशेष अपराधी बालकों के लिए
4. सामान्य बालकों के लिए

1. 2	**2.** 3	**3.** 3	**4.** 3	**5.** 2	**6.** 4	**7.** 2
8. 3	**9.** 4	**10.** 2	**11.** 1	**12.** 1	**13.** 3	

14. स्पीयरमैन का बुद्धि सम्बन्धी सिद्धांत है :

1. एक-तत्व सिद्धांत 2. द्वि-तत्व सिद्धांत
3. त्रि-आयामी सिद्धांत 4. बहुतत्व सिद्धांत

15. टॉलमैन के सिद्धांत का संबंध है :

1. ऊर्जा शक्ति से 2. कैथेक्सेज से
3. टोपोलॉजी से 4. विकास की अवस्थाओं से

16. मैस्लो के आवश्यकता पदानुक्रम सिद्धांत के अनुसार, निचले स्तर की प्रथम आधारभूत आवश्यकता मानी गयी है :

1. संबद्धता 2. दैहिक आवश्यकता
3. आत्म-सिद्धि 4. सुरक्षा

17. एग्राफिया कहते हैं :

1. इसमें रोगी में पढ़ने की क्षमता समाप्त हो जाती है।
2. इसमें रोगी में अपने विचारों को लिखकर अभिव्यक्त करने की क्षमता नहीं होती है।
3. इसमें रोगी में साधारण जोड़-घटाव करने की क्षमता नहीं होती है।
4. इसमें रोगी में वस्तुओं का नाम लेने में अक्षमता पाई जाती है।

18. कोहलर ने सिद्ध किया कि अधिगम :

1. उद्दीपन एवं प्रतिक्रियाओं का संबंध है।
2. परिस्थिति के विभिन्न भागों का प्रत्यक्षीकरण है।
3. एक स्वायत्त यादृच्छिक गतिविधि है।
4. सम्पूर्ण परिस्थिति का प्रत्यक्षीकरण है।

19. 'सांवेगिक बुद्धि' का सम्प्रत्यय सर्वप्रथम दिया गया :

1. डैन गोलमैन द्वारा 2. जॉन मेयर तथा पीटर सेलोवे द्वारा
3. टॉलमैन द्वारा 4. टर्मन द्वारा

20. ________ के अलावा निम्नलिखित कोहूलबर्ग के नैतिक विकास के सिद्धांत की अवस्थाएँ हैं।

1. रूढ़िगत 2. प्राक्रूढ़िगत
3. संवेदी गामक 4. पश्चात् रूढ़िगत

21. "बालक का विकास सिर से आरम्भ होकर पैर की दिशा में होता है।" प्रस्तुत कथन विकास के किस सिद्धांत से सम्बन्धित है?

1. विकास दिशा का सिद्धांत 2. विकास क्रम का सिद्धांत
3. निरन्तर विकास का सिद्धांत 4. परस्पर सम्बन्ध का सिद्धांत

22. अधिगम (सीखना) के संबंध में कौन-सा उपयुक्त कथन **नहीं** है?

1. सीखना एक सार्वभौमिक प्रक्रिया है।
2. सीखना व्यवहार में परिवर्तन नहीं है।
3. सीखना समायोजन में सहायक है।
4. सीखना एक स्थिति से दूसरी स्थिति में स्थानांतरित किया जा सकता है।

23. अध्यापक को कक्षा में समावेशी वातावरण का सृजन करने के लिए :

1. विशिष्ट बालकों को शैक्षिक क्रियाकलापों से दूर रखना चाहिए।
2. विशिष्ट बालकों के अधिकार एवं सम्मान को सुरक्षित रखना चाहिए।
3. विशिष्ट बालकों को सामान्य बालकों से हीन समझना चाहिए।
4. सामान्य छात्रों के मध्य विशिष्ट बालकों को नीचा दिखाना चाहिए।

24. पियाजे के अनुसार, मूर्त संक्रियात्मक अवस्था है :

1. 0 से 2 वर्ष तक 2. 7 से 11 वर्ष तक
3. 11 से 12 वर्ष तक 4. 12 वर्ष से आगे तक

25. सतत एवं व्यापक मूल्यांकन में 'व्यापक' से तात्पर्य है :

1. सभी विषयों के मूल्यांकन से
2. केवल शैक्षिक क्षेत्र के मूल्यांकन से
3. गृहकार्य के मूल्यांकन से
4. शैक्षिक व सहशैक्षिक क्षेत्र के विकास के मूल्यांकन से

26. "आप छात्र को कक्षा में बैठा सकते हो किन्तु ज्ञान ग्रहण के लिए बाध्य नहीं कर सकते।" इस कथन की पुष्टि सीखने के किस नियम से होती है?

1. तत्परता के नियम से 2. अभ्यास के नियम से
3. अनभ्यास के नियम से 4. प्रभाव के नियम से

27. निम्नलिखित में से क्रिया को आरम्भ करने, जारी रखने और नियमित करने की प्रक्रिया कौन-सी है?

1. अभिरुचि 2. अभिधारणा
3. अभिवृत्ति 4. अभिप्रेरणा

28. निम्नलिखित में से किसमें, मूल प्रवृत्ति संबद्ध संवेग से मेल **नहीं** खाती?

1. हास्य - आमोद
2. आत्महीनता - श्रेष्ठता की भावना
3. सामूहिकता - एकाकीपन
4. निवृत्ति - घृणा

29. निम्न में से कौन मॉडलिंग सम्प्रत्यय से सम्बन्धित है?

1. सिगमण्ड फ्रायड 2. थॉर्नडाइक
3. अल्बर्ट बण्डुरा 4. गिलफोर्ड

30. एक छः साल की बालिका की मानसिक आयु 7.5 वर्ष (7 वर्ष 6 माह) है। उसकी बुद्धि लब्धि होगी :

1. 125 2. 90
3. 75 4. 140

14. 2	**15.** 3	**16.** 2	**17.** 2	**18.** 4	**19.** 2	**20.** 3	**21.** 1	**22.** 2
23. 2	**24.** 2	**25.** 4	**26.** 1	**27.** 4	**28.** 2	**29.** 3	**30.** 1	

भाग-II : भाषा - हिन्दी

31. तत्सम-तद्भव शब्दों के संदर्भ में अनुपयुक्त विकल्प चुनिए :
1. गर्त - गड्ढा 2. जृम्भिका - जवाँई
3. चर्मचटक - चमगादड़ 4. परिकूट - परकोटा

32. निम्न में से 'शिक्षण-सूत्र' **नहीं** है :
1. पूर्ण से अंश की ओर 2. प्रेरणा से तर्क की ओर
3. स्थूल से सूक्ष्म की ओर 4. उपर्युक्त सभी

33. निम्न में से **असंगत** को चुनिए :
1. अं, अः – अयोगवाह ध्वनियाँ
2. ड़, ढ़ – उत्क्षिप्त ध्वनियाँ
3. श, ष, स – स्पर्श संघर्षी
4. ऐ, औ – अर्ध संवृत

34. निम्न में से प्रक्षेपित शिक्षण सहायक सामग्री **नहीं** है :
1. दूरदर्शन 2. फिल्म स्ट्रीप
3. ओवरहेड प्रोजेक्टर 4. फिल्म

35. समस्तपद एवं समास विग्रह की दृष्टि से **असंगत** विकल्प चुनिएः
1. लोकप्रिय - अधिकरण तत्पुरुष
2. पवन से चलने वाली चक्की - पनचक्की
3. नवयुवक - नव है जो युवक
4. परीक्षाभवन - परीक्षा के लिए भवन

36. किस विकल्प में विलोम-युग्म सही **नहीं** है?
1. वैमनस्य - सौमनस्य 2. अभिमानी - निरभिमानी
3. अभ्यर्थी - प्रत्यर्थी 4. स्वार्थी - निस्स्वार्थ

37. प्रत्यय की दृष्टि से **असंगत** विकल्प चुनिए :
1. ई - द्रौपदी, जानकी, वाल्मीकि
2. य - माहात्म्य, वैधव्य, पौलस्त्य
3. तर - महत्तर, वृहत्तर, दृढतर
4. एय - भागिनेय, पाथेय, वैनतेय

38. 'पर्यायवाची' की दृष्टि से **असुमेलित** को चुनिए :
1. तरंग - ऊर्मि, वीचि, कल्लोल
2. तरणि - नौका, द्रोणी, करवाल
3. तोता - रक्ततुंड, कीर, सुग्गा
4. योनि - अपत्यपथ, जन्मवर्त्म, रतिकुहर

39. असंगत विकल्प चुनिए :
1. समुद्र में लगने वाली आग - दावानल
2. लोक-प्रचलित बात, जिसके वक्ता का पता न हो - किंवदन्ती
3. पशुओं द्वारा जुगाली करने की प्रक्रिया - पागुर
4. जिसके पति ने दूसरा विवाह कर लिया हो - अध्यूढा

40. किस शब्द में 'कु' उपसर्ग का प्रयोग **नहीं** हुआ है
1. कुज 2. कुमार 3. कुचो 4. कुमति

41. समश्रुत भिन्नार्थक शब्द 'मनुजात - मनुजाद' का क्रमशः **सही** अर्थ चुनिएः
1. मनुष्य को खाने वाला, मनुष्य से पैदा हुआ
2. मनु उत्पन्न हुआ, अफ्रीकी निवासी
3. मनु उत्पन्न, मनुष्य को खाने वाला
4. मनुज का पुत्र, मनुज से संबंध रखने वाला

42. यण् संधि दृष्टि से **संगत** विकल्प चुनिए :
1. जात्यामान = जाती + अभिमान
2. पर्युषण = परि + ऊषण
3. वध्विच्छा = वधु + इच्छा
4. महैन्द्रजालिक = महा + ऐन्द्रजालिक

निर्देश (प्र.सं. 43 से 45 तक): *अधोलिखित गद्यांश को पढ़कर उत्तर दीजिए :*

हमें इस बात को समझना होगा कि युद्ध की अनुपस्थिति ही शांति की परिभाषा नहीं है। बुद्ध ने जिस शांतिपूर्ण समाज की परिकल्पना की थी, उसमें समानता का वह संदेश भी शामिल था, जो हमें इस बात का अहसास कराता है कि मनुष्य को मनुष्य से पृथक् दिखाने का हर प्रयास मनुष्यता का शत्रु है। ऐसे प्रत्येक प्रयास को विफल बनाना मनुष्योचित है, एक शर्त भी है मनुष्य के रूप में जीने की। हमारी चिंता यह होनी चाहिए कि हमें स्वयं को मनुष्य कैसे बनाएँ एवं कैसे मनुष्य बनाए रखें। मनुष्य बनने का अर्थ है - अपने भीतर दूसरे की पीड़ा को समझने का अहसास जगाना, अपने भीतर करुणा का वह भाव जगाना, जो हमें दूसरे से जोड़ता है। छोटे-छोटे पुल बनाने होंगे हमें दूसरे से जुड़ने के लिए—करुणा का पुल, मैत्री का पुल, समानता का पुल, विषमता मिटाने वाला पुल _____। ऐसा समझकर ही हम मानवोचित आचरण का मंत्र अपना सकते हैं, प्रबुद्ध बन सकते हैं।

43. लेखक के अनुसार शांति की परिभाषा **नहीं** है :
1. युद्ध की अनुपस्थिति।
2. शांतिपूर्ण समाज की परिकल्पना।
3. जिसमें समानता का संदेश सम्मिलित हो।
4. स्वयं को मनुष्य बनाना।

44. लेखक के अनुसार मनुष्य बनने का क्या अर्थ है?
1. बुद्धोपदिष्ट राह का अनुगामी।
2. मनुष्य को मनुष्य से पृथक दिखाना।
3. दूसरे की पीड़ा को समझने का भाव जगाना।
4. प्रबुद्ध मानवोचित आचरण।

45. गद्यांश में प्रयुक्त पदों की व्याकरणिक विवेचना के संदर्भ में **असंगत** कथन चुनिए।
1. अनुपस्थिति - दो उपसर्ग 2. मनुष्यता - जातिवाचक संज्ञा
3. प्रत्येक - अव्ययीभाव समास 4. विषमता - व्यंजन संधि

31. 2	**32.** 2	**33.** 4	**34.** 1	**35.** 2	**36.** 3	**37.** 1	**38.** 2
39. 1	**40.** 2	**41.** 3	**42.** 2	**43.** 1	**44.** 3	**45.** 4	

PART-II : LANGUAGE – ENGLISH

46. Fill in the blank with the **correct** option:
Stress, intonation and rhythm can be taught through _______.

1. skimming 2. scanning
3. drills of various types 4. transcription

47. Which one of the following is **not** a teaching aid in developing listening skills?

1. Use of phonetic dictionary
2. Gramophones
3. Television
4. Film & film strips

48. Fill in the blank with the **correct** option:
Multimedia materials for teaching _______ are.

1. LSRW lesson
2. grammar, syntax and lexicon
3. text, image, audio, video and animation
4. phonetic, phonemic lessons

49. Complete the sentence with the **correct** option:
Multilinguistic resource _______.

1. will increase the level of learner participation
2. will decrease the level of learner participation
3. is poor compared to any standardized text-book
4. deprives the teacher's role as a facilitator

Directions (Qs. No. 50 to 59): *Read the following passage and answer the questions that follow:*

I worked for a brief while in a college in Delhi, and among my more uncomfortable memories is a language exercise, I gave a group of eight undergraduates: I asked them to imagine that they had already graduated and wanted them to write an application for a suitable job. Seven of the eight students wrote applications for the jobs of clerks. Even in one of the good universities, and in a college that had a reputation for it academic standard, the system has snuffed out all youthful ambition.

Even the highest youthful ambition in the prestigious colleges is to pass the competitive examination for appointments in the administrative services, and there are colleges that are more proud of the bureaucrats among their alumni than of any scholars, scientists or leaders of opinion. And these latter, understandably, are a small number. Students derive the meanness of their ambitions from the meanness of the goals that the colleges propose to themselves. And of the most ambitious, as well as of the least, among the students, it could be said that they think more of what society will do to or for them, than of what they would be able to do for and to society. This is an excellent apprenticeship for joining the ranks of hirelings or of the unemployed.

50. How long did the author work in a Delhi College?

1. long time 2. short time
3. three years 4. seven years

51. What exercise did the author give the students?

1. a comprehension passage
2. precis writing
3. expansion of a poem
4. a language exercise

52. Seven out of the eight students wanted to become _______.

1. scholars 2. bureaucrats
3. clerks 4. scientists

53. What according to the author is the highest ambition of students in good colleges?

1. to qualify for administrative services
2. to become leaders of opinion
3. to teach
4. to practice medicine

54. In the sentence "And these latter understandably are a small number", what does "these latter" refer to?

1. clerks, doctors & engineers
2. bureaucrats, scholars and clerks
3. scholars, scientists and leaders of opinion
4. only administrators

55. Fill in the blank with the **correct** option:
The thinking of the most ambitious and the least ambitious is _______.

1. uncommon 2. alike
3. dissimilar 4. for the society

56. Identify the statement which is **true**:

1. The college where the author worked in Delhi had a reputation for its academic standards.
2. The students, who were asked to do the language exercise were graduates.
3. All colleges produce scientists, scholars and leaders of opinion.
4. The language exercise is stored in the author's less comfortable memories.

46. 3	**47.** 1	**48.** 3	**49.** 1	**50.** 2	**51.** 4
52. 3	**53.** 1	**54.** 3	**55.** 2	**56.** 1	

57. Fill in the blank with the **correct** option:
Another word for "snuffed out" is ________.
1. smelled
2. instilled
3. encouraged
4. killed

58. Choose the opposite of "former" from the passage:
1. least 2. latter
3. already 4. most

59. Fill in the blank with the **correct** option:
"Alumni" in the passage means ________.
1. unsuccessful students 2. successful students
3. bureaucrats 4. old students

60. Which one of the following is the first step in teaching formal grammar?
1. comparison & generalization
2. collection and presentation of examples
3. application of rules
4. motivation and testing of previous knowledge

भाग-III : सामान्य अध्ययन

मात्रात्मक योग्यता, तार्किक अभिक्षमता तथा सामान्य ज्ञान एवं अभिज्ञान

61. $\dfrac{\left(1\frac{3}{4}\right)^4-\left(2\frac{1}{3}\right)^4}{\left(1\frac{3}{4}\right)^2-\left(2\frac{1}{3}\right)^2}$ का वर्गमूल बराबर है :
1. $2\frac{11}{12}$ 2. $2\frac{1}{12}$
3. $3\frac{11}{12}$ 4. $3\frac{1}{12}$

62. X एक कार्य को 6 दिन में पूर्ण कर सकता है और Y इसी कार्य को 8 दिन में पूर्ण कर सकता है। Z की सहायता से तीनों मिलकर इस कार्य को 3 दिन में पूर्ण कर देते हैं। यदि तीनों को कुल 2000 रुपये कार्य समाप्ति पर प्राप्त हुए, तो Z का भाग है :
1. 200 रुपये 2. 250 रुपये
3. 400 रुपये 4. 500 रुपये

63. असंगत को ज्ञात कीजिये :
1. आयत 2. वर्ग
3. घन 4. त्रिभुज

64. एक वस्तु को 153 रुपये में बेचने पर एक व्यक्ति को 10% की हानि होती है। 20% लाभ प्राप्त करने के लिये उसे कितनी राशि में बेचना चाहिए?
1. 204 रुपये 2. 214 रुपये
3. 220 रुपये 4. 170 रुपये

65. A, B, C, D और E एक वृत्ताकार मेज के चारों ओर केन्द्र की ओर मुँह करके बैठे हुये हैं। E और B के बीच केवल A है। D, B के एकदम बायीं ओर है। C के एकदम बायीं ओर कौन है?
1. E 2. D
3. B 4. A

66. शेखर उत्तर दिशा की ओर 10 मीटर चलता है। फिर वह दक्षिण दिशा की ओर 6 मीटर चलता है। फिर वह पूर्व दिशा की ओर 3 मीटर चलता है। वह अपने प्रारम्भिक बिन्दु से अब कितना दूर है?
1. 7 मीटर 2. 6 मीटर
3. 5 मीटर 4. 4 मीटर

67. निम्न संख्या श्रेणी का अगला पद होगा :
5, 6, 9, 15, 25, ?
1. 35 2. 37
3. 40 4. 41

68. यदि शब्द CYBERNETICS के सभी वर्णों को वर्णमाला के क्रम में पुनः व्यवस्थित किया जाता है, तो पुनः व्यवस्थित करने के बाद कौन-सा वर्ण मध्य में होगा?
1. E 2. I
3. N 4. R

69. P, Q की बहन है। R, Q की माता है। S, R का पिता है। T, S की माता है। P, S से किस प्रकार सम्बन्धित है?
1. पुत्री 2. बहन
3. दादी 4. पोती

70. यदि ZIP = 300 और ZAN = 400 हो, तो ZOO = ?
1. 250 2. 350
3. 200 4. 500

71. निम्न वर्ण श्रेणी में लुप्त पद ज्ञात कीजिये :
AYD, BVF, DRH, ?, KGL
1. FMJ 2. GMJ
3. GNJ 4. FNK

57. 4	**58.** 2	**59.** 4	**60.** 4	**61.** 1	**62.** 2	**63.** 3	**64.** 1
65. 1	**66.** 3	**67.** 3	**68.** 2	**69.** 4	**70.** 1	**71.** 2	

72. सचिन कमल से छोटा है परन्तु राम से लम्बा है। मोहन सबसे लम्बा है। अरुण, कमल से थोड़ा छोटा और सचिन से थोड़ा लम्बा है। इन पाँच व्यक्तियों में दूसरा सबसे लम्बा कौन है?

1. सचिन 2. अरुण
3. राम 4. कमल

73. $113\frac{1}{7}$ घन मीटर आयतन वाले गोले का व्यास है :

1. 3 मीटर 2. 6 मीटर
3. 7 मीटर 4. 14 मीटर

74. यदि समवृत्ताकार बेलन का व्यास 28 सेमी है और इसकी ऊँचाई 20 सेमी है, तो कुल पृष्ठीय क्षेत्रफल बराबर है :

1. 1760 सेमी^{2} 2. 1232 सेमी^{2}
3. 1496 सेमी^{2} 4. 2992 सेमी^{2}

75. एक समचतुर्भज का परिमाप 52 सेमी है। यदि इसके एक विकर्ण की लम्बाई 24 सेमी है, तो समचतुर्भुज का क्षेत्रफल बराबर है :

1. 240 सेमी^{2} 2. 120 सेमी^{2}
3. 180 सेमी^{2} 4. 90 सेमी^{2}

76. एक लंबवृत्तीय शंकु की त्रिज्या और ऊँचाई में 5 : 12 का अनुपात है। यदि इसका आयतन 314 मीटर^3 है, तो इसके आधार का व्यास बराबर है ($\pi = 3.14$):

1. 10 मीटर 2. 5 मीटर
3. 20 मीटर 4. 15 मीटर

77. $\sec(90° - A) - \cot A \cos(90° - A) \tan(90° - A)$ का मान है :

1. tan A 2. cot A
3. cos A 4. sin A

78. यदि एक मीनार की ऊँचाई $2\sqrt{3}$ मीटर है और इसकी छाया की लम्बाई 2 मीटर है, तो सूर्य का उन्नयण कोण बराबर है :

1. 30° 2. 45°
3. 60° 4. 75°

79. 20% चक्रवृद्धि ब्याज पर एक धनराशि न्यूनतम कितने पूर्ण वर्षों में दुगुना से अधिक हो जायेगी?

1. 2 2. 3 3. 4 4. 5

80. 11 से 50 तक ऐसी कितनी संख्याएँ हैं जो 7 से पूर्णतया विभाजित होती हैं परन्तु 3 से नहीं?

1. 3 2. 4 3. 5 4. 7

81. निम्नलिखित में से किसने 2023 का अर्जुन पुरस्कार प्राप्त किया है?

1. दीक्षा डागर 2. विनेश फोगाट
3. बबीता कुमारी 4. रीतिका हूडा

82. निम्नलिखित में से कौन-सा वन्य जीव अभयारण्य पंचकुला में अवस्थित है?

1. छिलछिला अभयारण्य 2. बीर शिकारगाह अभयारण्य
3. नाहर अभयारण्य 4. कपरवास अभयारण्य

83. निम्नलिखित में से कौन-सा जिला शिवालिक विकास एजेन्सी के अन्तर्गत **नहीं** आता?

1. अम्बाला 2. पंचकुला
3. यमुना नगर 4. कुरुक्षेत्र

84. स्थिर मूल्यों पर 2023-2024 में हरियाणा की प्रति व्यक्ति आय है:

1. 3,25,759 2. 1,85,490
3. 1,63,285 4. 1,04,550

85. पंजाब एवं हरियाणा उच्च न्यायालय के मुख्य न्यायाधीश हैं :

1. न्यायमूर्ति शील नागू 2. न्यायमूर्ति रविशंकर झा
3. न्यायमूर्ति ऋतु बाहरी 4. न्यायमूर्ति कृष्ण मुरारी

86. हरियाणा लोक सेवा आयोग के गठन को चिह्नित कीजिए :

1. अध्यक्ष एवं चार सदस्य 2. अध्यक्ष एवं तीन सदस्य
3. अध्यक्ष एवं पाँच सदस्य 4. अध्यक्ष एवं छः सदस्य

87. भादानकों के बारे में निम्नलिखित कथनों को पढ़िए :

(*a*) 12वीं सदी के दौरान वे गुरुग्राम एवं रेवाड़ी के क्षेत्रों पर शासन कर रहे थे।

(*b*) उन्होने चौहान शासक पृथ्वीराज-III को पराजित किया।

सही कूट का चयन कीजिए :

1. केवल कथन (*a*) सत्य है।
2. केवल कथन (*b*) सत्य है।
3. न तो कथन (*a*) न ही कथन (*b*) सत्य है।
4. दोनों कथन सत्य हैं।

88. महाभारत के अनुसार निम्नलिखित में से किसने रोहतक पर एक सैन्य अभियान का नेतृत्व किया?

1. भीष्म 2. अर्जुन
3. भीम 4. नकुल

89. हरियाणा का कौन-सा जिला हरियाणा के सात जिलों से अपनी सीमा साझा करता है?

1. अम्बाला 2. पंचकुला
3. कुरुक्षेत्र 4. जींद

90. लाडवा का सिख सरदार जो प्रथम आंग्ल-मराठा युद्ध के दौरान अंग्रेजों के विरुद्ध लड़ा :

1. गुरुदीत सिंह 2. लाल सिंह
3. भोज सिंह 4. मनोहर सिंह

72. 4	**73.** 2	**74.** 4	**75.** 2	**76.** 1	**77.** 4	**78.** 3	**79.** 3	**80.** 2	**81.** 1
82. 2	**83.** 4	**84.** 2	**85.** 1	**86.** 3	**87.** 1	**88.** 4	**89.** 4	**90.** 1	

भाग-IV : विषय ज्ञान–विज्ञान

91. निम्नलिखित में से कौन रिंगवर्म का कारक जीव **नहीं** है?
1. माइक्रोस्पोरम
2. ट्राइकोफाइटन
3. एपिडर्मोफाइटन
4. मैक्रोस्पोरम

92. किसी विद्युत बल्ब का अनुमतांक 220 V; 100 W है। जब इसे 110 V पर प्रचालित करते हैं, तब इसके द्वारा उपभुक्त शक्ति होगी :
1. 100 W
2. 75 W
3. 50 W
4. 25 W

93. एक 45 kW मोटर 2700 किलो द्रव्यमान को 3 सेकण्ड में 6 मीटर की ऊँचाई तक उठाते हुये एक केबल को एक ड्रम के चारों ओर लपेटती है। घर्षण से नष्ट हुई शक्ति (kW में) है : ($g = 10$ मी/से^{2} लें)
1. 5.0
2. 0.5
3. 0.8
4. 6.6

94. 12 सेमी त्रिज्या के गोलीय खाँचे में फँसा एक कीट लगातार खाँचे के अनुदिश गति करता है और 100 s में 7 चक्कर पूरे करता है। कीट की गति के सम्बन्ध में निम्नलिखित कथनों पर विचार कीजिए :

(*i*) रैखिक चाल 5.3 सेमी/सेकण्ड है।
(*ii*) त्वरण एक नियत सदिश नहीं है।
(*iii*) त्वरण का परिमाण स्थिर 2.3 सेमी/सेकण्ड^2 है

सही विकल्प का चयन कीजिए :
1. केवल (*i*) और (*ii*) सही हैं।
2. केवल (*ii*) और (*iii*) सही हैं।
3. केवल (*i*) और (*iii*) सही हैं।
4. सभी (*i*), (*ii*) और (*iii*) सही हैं।

95. राम एक सरल लोलक के दोलन काल को मापता है। क्रमिक मापों में प्रेक्षण 2.63 s, 2.56 s, 2.42 s, 2.71 s और 2.80 s हैं। माध्य निरपेक्ष त्रुटि और प्रतिशत त्रुटि क्रमशः हैं :
1. 0.11 s और 4%
2. 0.068 s और 4%
3. 0.068 s और 2.6%
4. 0.11 s और 2.6%

96. 'बायोप्रोस्पेक्टिंग' का क्या तात्पर्य है?
1. नए वाणिज्यिक उत्पादों के लिए जैव विविधता का अन्वेषण
2. विलुप्तप्राय प्रजातियों का संरक्षण
3. पौधों की आनुवंशिक अभियांत्रिकी
4. पारिस्थितिक तंत्रों का अध्ययन

97. कशेरुकी के नेत्र का वह भाग जहाँ से दृक्तंत्रिका रेटिना से बाहर निकलती है, क्या कहलाता है?
1. फोविया
2. आइरिस
3. अंध बिंदु
4. ऑप्टिक किएज्मा (चाक्षुष किएज्मा)

98. अंडोत्सर्ग के लिए उत्तरदायी हॉर्मोन है :
1. एस्ट्रोजन
2. प्रोजेस्टेरोन
3. ल्युटिनाइजिंग हॉर्मोन
4. फॉलिकल-स्टिम्यूलेटिंग हॉर्मोन

99. कॉलम-I का मिलान कॉलम-II से करके दिए गए कूट में से **सही** उत्तर का चयन कीजिए :

कॉलम-I	कॉलम-II
(*a*) चूना-पत्थर को गरम किया जाता है।	(*i*) विद्युत अपघटन
(*b*) मैग्नेशियम तार को वायु में जलाया जाता है।	(*ii*) विघटन/अपघटन अभिक्रिया
(*c*) $AgNO_3$ विलयन को NaCl विलयन में मिलाने पर AgCl का श्वेत अवक्षेप बनता है।	(*iii*) संयोजन अभिक्रिया
(*d*) अम्लीय जल में विद्युत प्रवाहित की जाती है।	(*iv*) द्विविस्थापन अभिक्रिया

कूट :
1. (*a*)-(*iv*), (*b*)-(*ii*), (*c*)-(*i*), (*d*)-(*iii*)
2. (*a*)-(*ii*), (*b*)-(*iii*), (*c*)-(*iv*), (*d*)-(*i*)
3. (*a*)-(*ii*), (*b*)-(*iv*), (*c*)-(*iii*), (*d*)-(*i*)
4. (*a*)-(*i*), (*b*)-(*ii*), (*c*)-(*iv*), (*d*)-(*iii*)

100. 'जया और 'रत्ना' किसकी किस्में हैं?
1. गेहूँ
2. मक्का
3. लोबिया
4. चावल

101. 2.5 ग्राम शक्कर को 47.5 ग्राम जल में विलेय किया जाता है। इसकी सान्द्रता द्रव्यमान प्रतिशत में क्या होगी?
1. 5.26%
2. 5.0%
3. 19.0%
4. 50.0%

102. एक काँच नलिका में जब लेड नाइट्रेट को गरम किया जाता है:

(*i*) द्विअपघटन अभिक्रिया सम्पन्न होती है।
(*ii*) NO_2 की भूरी धूम्र निकलती है।
(*iii*) काँच नलिका में श्वेत अवशेष शेष रह जाता है।

(*i*), (*ii*) तथा (*iii*) में से कौन-सा/कौन-से कथन **सही** है/हैं?
1. केवल (*i*) तथा (*iii*)
2. केवल (*ii*) तथा (*iii*)
3. केवल (*ii*)
4. केवल (*i*) तथा (*ii*)

103. निम्नलिखित में से किसमें अधिकतम संख्या में अणु हैं?
1. 1 g CO_2
2. 1 g N_2
3. 1 g H_2
4. 1 g CH_4

91. 4 **92.** 4 **93.** 1 **94.** 4 **95.** 1 **96.** 1 **97.** 3
98. 3 **99.** 2 **100.** 4 **101.** 2 **102.** 2 **103.** 3

104. प्रक्रिया जिसमें वायु द्वारा भारी कणों तथा हलके कणों के मिश्रण को पृथक किया जाता है। वह है :

1. थ्रेसिंग 2. निष्पावन
3. चालना 4. अवसादन

105. खोपड़ी की हड्डियों के बीच किस प्रकार का जोड़ पाया जाता है?

1. कब्जा संधि 2. धुराग्र संधि
3. तंतु जोड़ 4. उपास्थि युक्त जोड़

106. मिल्क ऑफ मैग्नेशिया में परिक्षिप्त प्रावस्था, परिक्षेपण माध्यम तथा कोलाइड का प्रकार क्रमशः हैं :

1. द्रव, ठोस, जेल 2. ठोस, द्रव, सॉल
3. द्रव, द्रव, इमल्शन 4. गैस, द्रव, झाग

107. द्रव्यमान 'm' की एकसमान वलय, 'M' द्रव्यमान के एक गोले के केन्द्र से $\sqrt{3}R$ की दूरी पर गोले के ठीक ऊपर स्थित है (जहाँ 'R' वलय की त्रिज्या के साथ-साथ गोले की भी त्रिज्या है), तो उनके मध्य गुरुत्वाकर्षण बल का परिमाण है :

1. $\frac{\sqrt{3}\,GMm}{R^2}$ 2. $\frac{\sqrt{3}}{8}\frac{GMm}{R^2}$
3. $\frac{GMm}{8R^2}$ 4. $\frac{G}{2}\frac{Mm}{R^2}$

108. नीचे दिए गए विकल्पों में से उसका चयन कीजिए जो विलेयता के आधार पर समूह से सम्बन्धित **नहीं** है :

1. दूध 2. शहद 3. तेल 4. स्याही

109. निम्नलिखत कथनों पर विचार कीजिये :

(*i*) कोई भी dc-जनरेटर dc-मोटर के रूप में भी कार्य कर सकता है।
(*ii*) AC जनरेटर में उत्पन्न प्रेरित विद्युत वाहक बल प्रति चक्र में दो बार दिशा बदल देता है।

सही विकल्प का चयन कीजिये :

1. केवल (*i*) सही है।
2. केवल (*ii*) सही है।
3. (*i*) और (*ii*) दोनों सही नहीं हैं।
4. (*i*) और (*ii*) दोनों सही हैं।

110. निम्नलिखित में से कौन-सा कथन सही सुमेलित **नहीं** है?

1. एक धातु जिसका उपयोग विद्युत तारों को जोड़ने में होता है - मैग्नेशियम
2. एक धातु जिसका ऑक्साइड अम्ल तथा क्षार दोनों में विलेय है - जिंक
3. एक धातु जो ऑक्सीजन तथा तनु अम्लों के प्रति निष्क्रिय है - गोल्ड
4. एक धातु जिसका निष्कर्षण विद्युत अपघटनी अपचयन से होता है - ऐलुमीनियम

111. एक लम्बी परिनालिका में 500 फेरे/मीटर है और काट क्षेत्रफल 4 सेमी^{2} है। इसकी वाइंडिंग में धारा 100 A/s से बढ़ रही है। लूप के अन्दर प्रेरित विद्युत क्षेत्र का परिमाण, यदि इसकी त्रिज्या 2 सेमी है, है :

1. 1×10^{-4} V/m 2. 2×10^{-4} V/m
3. 4×10^{-4} V/m 4. 0.5×10^{-4} V/m

112. एक 50 N (बिना पहियों की गाड़ी) स्लेज एक क्षैतिज सतह पर टिकी हुई है। स्लेज की गति शुरू करने के लिये 10 N के क्षैतिज खिंचाव की आवश्यकता होती है। गति शुरू होने के बाद स्लेज को नियत वेग से चलाने के लिये केवल 5 N बल की आवश्यकता होती है। स्थैतिक और गतिक घर्षण के गुणांक क्रमशः हैं :

1. 0.10, 0.20 2. 0.20, 0.10
3. 0.10, 0.15 4. 0.15, 0.20

113. तत्व X तथा क्लोरीन के एक आयनिक यौगिक का सूत्र MCl_3 है। MCl_3 का अणुभार 118.5 है। तत्व X के ऑक्साइड का अणुभार क्या होगा?

1. 28 2. 44
3. 72 4. 99

114. ग्लूकोज का पुनः अवशोषण नेफ्रोन के किस भाग में होता है?

1. ग्लोमेरुलस 2. बोमेन कैप्सूल (बोमेन सम्पुट)
3. समीपस्थ कुण्डलित नलिका 4. हेनले का लूप

115. किस तत्व का परमाणु भार ____ की संख्या से निर्धारित होता है।

1. प्रोटॉनों 2. इलेक्ट्रॉनों
3. न्यूट्रॉनों 4. न्यूक्लिऑनों

116. एक गुब्बारा ऐसी ऊँचाई पर कार्य करता है जहाँ हवा का घनत्व 0.90 किलो/मी^{3} है। इस ऊँचाई पर गुब्बारे का आयतन 20 मी^{3} है और गुब्बारा हीलियम (ρ_{He} = 0.178 किलो/मी^{3}) से भरा हुआ है। यदि गुब्बारे की थैली (bag) का भार 88 N है, तो इस स्तर पर वह कितना भार (N में) सहन कर सकता है?

1. 34.9 2. 176
3. 53.1 4. 141.9

117. म्यूकर किससे सम्बन्धित है?

1. फाइकोमाइसीट्स 2. ऐस्कोमाइसीट्स
3. बेसिडियोमाइसीट्स 4. ड्यूटेरोमाइसीट्स

118. एक 200 N ब्लॉक झुकाव कोण 30° के घर्षण रहित नत समतल पर टिका हुआ है। ब्लॉक से जुड़ी एक रस्सी तल के शीर्ष पर एक घर्षण रहित घिरनी के ऊपर से गुजरती है और दूसरे ब्लॉक से जुड़ी होती है। यदि निकाय संतुलन में है, तो दूसरे ब्लॉक का भार (N में) लगभग है :

1. 100 2. 86.6 3. 173 4. 115.5

104. 2	**105.** 3	**106.** 2	**107.** 2	**108.** 3	**109.** 4	**110.** 1	**111.** 2
112. 2	**113.** 3	**114.** 3	**115.** 4	**116.** 3	**117.** 1	**118.** 1	

119. माइक्रोवेव ओवन में एक मैग्नेट्रॉन $f = 2450$ MHz आवृत्ति के साथ विद्युत चुम्बकीय तरंगों का उत्सर्जन करता है। इस आवृत्ति के साथ वृत्ताकार पथ में गति करने के लिये इलेक्ट्रॉनों के लिये आवश्यक चुम्बकीय क्षेत्र का परिमाण है :

1. 0.0438 T 2. 0.0270 T
3. 0.0877 T 4. 0.05415 T

120. निम्नलिखित कारणों से, नाइक्रोम तार का उपयोग आमतौर पर तापीय (हीटिंग) उपकरणों में तापीय (हीटिंग) तत्व के रूप में किया जाता है :

(*i*) इसका गलनांक उच्च होता है।
(*ii*) इसकी प्रतिरोधकता अधिक है।
(*iii*) यह आसानी से ऑक्सीकृत हो जाता है।

सही विकल्प का चयन करें :

1. केवल (*i*) और (*ii*) सही हैं।
2. केवल (*i*) और (*iii*) सही हैं।
3. केवल (*ii*) और (*iii*) सही हैं।
4. सभी (*i*), (*ii*) और (*iii*) सही नहीं हैं।

121. निम्नलिखित में से कौन-सा सही सुमेलित **नहीं** है?

1. मिथेनोजेन्स : आर्किबैक्टीरिया
2. नॉस्टोक : यूबैक्टीरिया
3. यूग्लेनोइड्स : प्रोटिस्टा
4. स्पोरोजोन्स : कवक

122. निम्नलिखित में से कौन-सा कार्बन का एक क्रिस्टलीय अपररूप **नहीं** है?

1. कोल 2. ग्रेफाइट 3. डायमण्ड 4. फुलरीन

123. उपयुक्त लकड़ी से बनी माचिस की तीली के सिर पर निम्नलिखित में से कौन-सा पदार्थ प्रयुक्त **नहीं** होता है?

1. ऐण्टीमनी ट्राइसल्फाइड 2. पोटैशियम क्लोरेट
3. स्टार्च 4. लाल फॉस्फोरस

124. कोशिका चक्र के G1 चरण के दौरान क्या होता है?

1. डीएनए का संश्लेषण होता है।
2. कोशिका आकार में बढ़ती है और डीएनए प्रतिकृति के लिए तैयार होती है।
3. गुणसूत्र मेटाफेज प्लेट पर सरेखित होते हैं।
4. कोशिका विभाजित होती है।

125. निम्नलिखित में से कौन-सा स्टील के निर्माण में काम आता है?

1. कोक 2. कोल गैस 3. कोलतार 4. बिटुमेन

126. किसी वस्तु को स्पष्ट रूप से देखने के लिये, प्रतिबिम्ब बिल्कुल ________ के स्थान पर बनना चाहिये।

1. कॉर्निया 2. श्वेत पटल
3. रेटिना 4. नेत्र तंत्रिका

127. कॉलम-I में दिए गए पदार्थों जिनका उपयोग कॉलम-II में दिए गए के उपचार में होता है, से सुमेलित कीजिए :

कॉलम-I	कॉलम-II
(*a*) सोडियम हाइड्रोजन कार्बोनेट	(*i*) चींटी का डंक
(*b*) मिल्क ऑफ मैग्नेशिया	(*ii*) पौधों में फफूंद का संक्रमण
(*c*) कैलामाइन विलयन	(*iii*) प्रतिअम्ल
(*d*) बुझा चूना	(*iv*) अम्लीय मृदा

सही विकल्प है :

1. (*a*)-(*iii*), (*b*)-(*iv*), (*c*)-(*ii*), (*d*)-(*i*)
2. (*a*)-(*ii*), (*b*)-(*i*), (*c*)-(*iii*), (*d*)-(*iv*)
3. (*a*)-(*ii*), (*b*)-(*iii*), (*c*)-(*i*), (*d*)-(*iv*)
4. (*a*)-(*iii*), (*b*)-(*i*), (*c*)-(*ii*), (*d*)-(*iv*)

128. गैल्वनीकरण प्रक्रिया में लोहे पर जंग लगने से बचाने के लिए कौन-सा पदार्थ उपयोग में आता है?

1. ऐलुमीनियम 2. जिंक
3. कॉपर 4. मैग्नेशियम

129. चिकनी अन्तःप्रद्रव्यी जालिका (SER) का प्राथमिक कार्य क्या है?

1. प्रोटीन संश्लेषण 2. लिपिड संश्लेषण
3. प्रकाश संश्लेषण 4. एटीपी संश्लेषण

130. 500 हर्ट्ज आवृत्ति की तरंग का कलावेग 360 मी/से है। 10^{-3} सेकण्ड के अन्तराल पर एक निश्चित बिन्दु पर दो विस्थापनों के बीच कलांतर है :

1. 2π 2. $\pi/2$ 3. $\pi/3$ 4. π

131. द्रव्य के अवस्था के संदर्भ में निम्नलिखित में से कौन-सा कथन सही **नहीं** है?

1. गैस के अणुओं के मध्य आकर्षण बल बहुत कम होता है।
2. प्लाज्मा अति ऊर्जा तथा अति उत्तेजित कणों से बनी होती है।
3. प्लाज्मा एक विशेष रंग से दीप्त होती है जो गैस की प्रकृति पर निर्भर करती है।
4. बोस-आइंस्टीन कन्डेनसेट अत्यन्त कम घनत्व वाली गैस को गरम करने पर प्राप्त होती है।

132. निम्न में से उनकी खाद्य शृंखला में प्राथमिक उपभोक्ता का चयन करें। (सर्वाधिक उपयुक्त विकल्प का चयन करें) :

1. जन्तुप्लवक, टिड्डा, गाय 2. पक्षी, मछली, भेड़िया
3. पादपप्लवक, घास, पेड़ 4. मानव, शेर, गिद्ध

133. निम्न में से कौन-सा अवसादी चक्र का प्रकार है?

1. नाइट्रोजन, कार्बन 2. नाइट्रोजन, सल्फर
3. सल्फर, फॉस्फोरस 4. फॉस्फोरस, कार्बन

119. 3	**120.** 1	**121.** 4	**122.** 1	**123.** 4	**124.** 2	**125.** 1	**126.** 3
127. 3	**128.** 2	**129.** 2	**130.** 4	**131.** 4	**132.** 1	**133.** 3	

134. विजय अपनी आँखों से 2.5 मी से अधिक नजदीक की वस्तुओं पर ध्यान केन्द्रित करने में असमर्थ है। उसके दोष निवारक लेंस में लगभग कितनी अपवर्तक शक्ति होनी चाहिए?

1. 2.8 D
2. 3.6 D
3. 3.2 D
4. 2.5 D

135. सोल्डर एक मिश्रधातु है :

1. Pb तथा Sn की
2. Cu तथा Sn की
3. Cu तथा Zn की
4. Pb तथा Zn की

136. सिकुआ (विशाल रेडवुड पेड़) सबसे ऊँचे पेड़ की प्रजातियों में से एक है, जो सम्बन्धित है :

1. टेरिडोफाइटा से
2. ट्री फर्न से
3. जिम्नोस्पर्म से
4. एन्जिओस्पर्म से

137. 260 मी/से की गति से चलती 16 g द्रव्यमान की एक गोली को रोकने के लिये आवश्यक बल, जब यह लकड़ी के एक ब्लॉक को 12 सेमी की दूरी तक भेदती है :

1. –9020 N
2. –4510 N
3. 9020 N
4. 4510 N

138. उस विधि का नाम बताइए जो इस तथ्य पर आधारित है कि प्रसव के बाद स्त्री द्वारा शिशु को भरपूर स्तनपान कराने के दौरान अंडोत्सर्ग और आर्तब चक्र शुरू नहीं होता है :

1. आवधिक संयम
2. अंतरित मैथुन
3. अंतः गर्भाशय युक्ति
4. स्तनपान अनार्तव

139. निम्नलिखित में से कौन प्रोटीन के संशोधन, छँटाई और पैकेजिंग में शामिल है?

1. राइबोसोम्स
2. अन्तःप्रद्रव्यी जालिका
3. गॉल्जी उपकरण
4. लाइसोसोम्स

140. **गलत** कथन का चुनाव करें:

1. मिथेन और CO_2 ग्रीन हाउस गैस हैं।
2. डॉबसन इकाई पर्यावरण में शोर मापती है।
3. मॉन्ट्रियल प्रोटोकॉल ओजोन परत क्षय से सम्बन्धित है।
4. अस्पताल के कचरे के निपटान के लिए इनसिनेरेटर (दाहक) महत्त्वपूर्ण है।

141. निम्नलिखित सम्बन्धों में से कौन-सा एक विमीय तरंग समीकरण का हल **नहीं** है?

1. $y = x^2+v^2t^2$
2. $y = x^2 - v^2t^2$
3. $y = (x+vt)^2$
4. $y = (x - vt)^2$

142. अवतल गोलीय सतह (काँच-वायु माध्यम को अलग करने वाले) पर अपवर्तन के लिये प्रतिबिम्ब के वास्तविक होने के लिये वस्तु की दूरी अपवर्तक सतह की वक्रता त्रिज्या के 'z' गुना से अधिक होनी चाहिये, 'z' का मान है :

1. 2
2. 3/2
3. 2/3
4. 3

143. एक मोमबत्ती की ज्वाला के मध्य का भाग ________ दहन का भाग भी कहलाता है।

1. स्वतः
2. तीव्र
3. पूर्ण
4. आंशिक

144. निम्न में से कौन सही सुमेलित **नहीं** है?

1. हिमगिरी : स्ट्राइप रस्ट प्रतिरोधी
2. पूसा स्वर्णिम : ऐफिड प्रतिरोधी
3. पूसा गौरव : ऐफिड प्रतिरोधी
4. पूसा कोमल : बैक्टीरियल ब्लाइट

145. 'स्विस चीज' की लाक्षणिक गठनसंरचना का कारण है :

1. लैक्टोबैसिलस
2. सैकरोमाइसिज
3. प्रोपिओनिबैक्टीरियम
4. पेनिसिलियम

146. निम्नलिखित ईंधन में से अधिकतम कैलोरी मान किसका है?

1. पेट्रोल
2. एलपीजी
3. सीएनजी
4. हाइड्रोजन

147. निम्नलिखित में से कौन-सा प्रकाश के वायुमण्डलीय अपवर्तन के कारण **नहीं** होता है?

1. रात में तारों का टिमटिमाना।
2. सूर्य आकाश में अपनी वास्तविक स्थिति से अधिक ऊँचा दिखाई देता है।
3. वास्तविक सूर्योदय से दो मिनट पहले सूर्य दिखाई देने लगता है।
4. सूर्यास्त के समय सूर्य लाल दिखाई देता है।

148. निम्नलिखित में से कौन-सी सभी जीवित जीवों की विशेषता **नहीं** है?

1. उपापचय
2. वृद्धि
3. प्रजनन
4. प्रकाश संश्लेषण

149. 1800 Ω के प्रतिरोध वाले वोल्टमीटर का उपयोग 200 Ω प्रतिरोध पर विभवान्तर को मापने के लिये किया जा सकता है। परिपथ का तुल्य प्रतिरोध होगाः

1. 180 Ω
2. 1140 Ω
3. 160 Ω
4. 1100 Ω

150. गैस व द्रव में परिवर्तित करने के लिए निम्नलिखित में से कौन-सी अवस्था सर्वाधिक अनुकूल है?

1. उच्च दाब, निम्न ताप
2. निम्न दाब, निम्न ताप
3. निम्न दाब, उच्च ताप
4. उच्च दाब, उच्च ताप

134. 2	**135.** 1	**136.** 3	**137.** 2	**138.** 4	**139.** 3	**140.** 2	**141.** 2	**142.** 4
143. 4	**144.** 2	**145.** 3	**146.** 4	**147.** 4	**148.** 4	**149.** 1	**150.** 1	

व्याख्यात्मक उत्तर

1. किशोरावस्था में बालक और बालिकाएँ तेजी से संज्ञानात्मक विकास करते हैं। वे ठोस अनुभवों से परे जाकर अमूर्त विचारों और सिद्धांतों पर सोचने लगते हैं। उनकी तार्किक शक्ति विकसित होती है, जिससे वे तर्क-वितर्क और विश्लेषण कर सकते हैं। साथ ही, वे अपने जीवन और समाज से जुड़े निर्णय लेने की क्षमता विकसित करते हैं, जिससे यह समूह सबसे उपयुक्त माना जाता है।

2. अधिगम के प्रयास एवं त्रुटि (Trial and Error) सिद्धांत का प्रतिपादन एडवर्ड एल. थॉर्नडाइक ने किया था। उन्होंने "Puzzle Box" नामक यंत्र में बिल्लियों पर प्रयोग किए, जहाँ बिल्ली बार-बार प्रयास करती और गलती करती, जब तक कि सही उपाय न मिल जाए। इस प्रक्रिया से यह सिद्ध हुआ कि सीखना अनुभव पर आधारित है और सही प्रतिक्रिया बार-बार के प्रयासों से स्थायी हो जाती है।

3. आनुवंशिकता शारीरिक विकास में सबसे बड़ी भूमिका निभाती है। ऊँचाई, रंग, शारीरिक बनावट, अंगों की संरचना और शारीरिक क्षमता का निर्धारण माता-पिता से प्राप्त जीन द्वारा होता है। यद्यपि पर्यावरणीय कारक भी प्रभाव डालते हैं, किन्तु मूल आधार आनुवंशिकता ही प्रदान करती है।

4. व्यक्तित्व मापन में प्रक्षेपी विधियाँ (Projective Techniques) जैसे साहचर्य तकनीकी (Association Technique), रचना तकनीकी (Construction Technique), और पूर्ति तकनीकी (Completion Technique) शामिल होती हैं, जिनसे व्यक्ति की अचेतन प्रवृत्तियाँ प्रकट होती हैं। जबकि जीवन इतिहास (Life History) पद्धति आत्मकथात्मक या वर्णनात्मक होती है और इसे प्रक्षेपी विधि नहीं माना जाता।

5. अन्तर्दृष्टि अधिगम पद्धति का प्रतिपादन गेस्टाल्ट मनोवैज्ञानिक वोल्फगैंग कोहलर ने किया था। उन्होंने चिंपैंजियों पर प्रयोग किए, जिनमें बंदर अचानक समस्या का हल खोज लेते थे, जैसे डंडे जोड़कर केले तक पहुँचना। इस प्रकार सीखना अचानक समझ (Insight) के द्वारा संभव होता है, न कि केवल प्रयास और त्रुटि द्वारा।

6. सीखना, आवश्यकता की पूर्ति की प्रक्रिया के द्वारा होता है, यह कथन प्रबलन सिद्धांत से सम्बद्ध है। इस सिद्धांत में जब किसी आवश्यकता की पूर्ति होती है तो वह सकारात्मक प्रबलन के रूप में कार्य करता है, और वही व्यवहार आगे चलकर सुदृढ़ होकर सीखा जाता है। उदाहरण के लिए, भूखे जीव को भोजन मिलने पर वह वही व्यवहार दोहराना सीखता है जिसने भोजन तक पहुँचाया। अन्य सिद्धांत जैसे अन्तर्दृष्टि, क्रियाप्रसूत अधिगम और सम्बद्ध प्रतिक्रिया सीधे तौर पर आवश्यकता की पूर्ति से सम्बद्ध नहीं हैं।

7. यह अभिव्यक्ति जेरोम ब्रूनर की है। ब्रूनर के अनुसार किसी भी आयु या विकास स्तर पर उचित रूपांतरण और प्रस्तुति द्वारा किसी भी विषयवस्तु को सिखाया जा सकता है। उन्होंने 'स्पाइरल करिकुलम' की संकल्पना दी, जिसमें शिक्षण सामग्री को सरल से जटिल रूप में क्रमशः प्रस्तुत किया जाता है ताकि विद्यार्थी धीरे-धीरे गहराई से समझ सकें।

8. मस्तिष्क उद्वेलन (Brainstorming) विधि का प्रतिपादन अलेक्स ऑसबोर्न ने किया था। इसका उद्देश्य सृजनात्मकता को प्रोत्साहित करना है, जिसमें प्रतिभागी स्वतंत्र रूप से नए विचार प्रस्तुत करते हैं और आलोचना से बचते हैं। इससे मौलिकता, लचीलापन और विचारों की विविधता विकसित होती है, जो सर्जनशीलता को पोषण और संवर्धन प्रदान करती है।

9. सीखने के वक्र (Learning Curve) में पठार (Plateau) का अर्थ है कि प्रगति अस्थायी रूप से रुक जाती है और अधिगम की गति धीमी हो जाती है। यह स्थिति सामान्यतः थकान, ऊब, ध्यान की कमी या रुचि घटने के कारण उत्पन्न होती है। जब प्रेरणा या नई रणनीति अपनाई जाती है, तब पुनः प्रगति शुरू हो सकती है।

10. लोमड़ी और अंगूर की कहानी यौक्तिकीकरण (Rationalization) का उदाहरण है। जब व्यक्ति अपनी असफलता को स्वीकार नहीं कर पाता, तो वह किसी न किसी बहाने या तर्क द्वारा उसे उचित ठहराता है। लोमड़ी ने अंगूर तक न पहुँच पाने की असफलता को यह कहकर छुपाया कि "अंगूर खट्टे हैं"। यह मनोवैज्ञानिक रक्षा-तंत्र असफलता से उत्पन्न मानसिक तनाव को कम करने में मदद करता है।

11. पावलोव सम्बद्ध प्रतिक्रिया सिद्धांत (Classical Conditioning Theory) के प्रतिपादक थे। उन्होंने कुत्तों पर प्रयोग कर यह सिद्ध किया कि एक तटस्थ उद्दीपन (जैसे घंटी की आवाज) को प्राकृतिक उद्दीपन (भोजन) के साथ बार-बार प्रस्तुत करने से वह भी समान प्रतिक्रिया (लार आना) उत्पन्न कर सकता है। इससे यह स्पष्ट हुआ कि सीखना उद्दीपनों के बीच सम्बन्ध जोड़ने की प्रक्रिया है।

12. छोटे अक्षरों में छपी पुस्तकें दृष्टिबाधित विद्यार्थियों की शिक्षा के लिए उपयोगी नहीं होतीं। इनके लिए श्रव्य सामग्री, ब्रेल में पाठ्यसामग्री और गणित सिखाने के लिए अबेकस आवश्यक सहायक साधन माने जाते हैं। छोटे अक्षर दृष्टिबाधितों की आवश्यकता पूरी नहीं कर पाते और वे उनकी शिक्षा में बाधक होते हैं।

13. विशेष अपराधी बालकों के लिए सुधार विद्यालय (Reformatory Schools) बनाए जाते हैं। इनका उद्देश्य ऐसे बच्चों के व्यवहार को दण्ड नहीं बल्कि शिक्षा, परामर्श और प्रशिक्षण के माध्यम से सुधारना होता है, ताकि वे समाज के अच्छे नागरिक बन सकें। मानसिक मंद या प्रतिभाशाली बालकों के लिए अलग संस्थान होते हैं।

14. द्वि-तत्व सिद्धांत स्पीयरमैन का प्रतिपादित बुद्धि का सिद्धांत है। इसमें उन्होंने कहा कि बुद्धि दो तत्वों से बनी है - (*i*) सामान्य कारक (*g*) जो सभी प्रकार की मानसिक क्रियाओं में कार्य करता है, और (ii) विशिष्ट कारक (*s*) जो किसी विशेष कार्य या विषय से संबंधित होता है। इस प्रकार हर व्यक्ति में सामान्य बुद्धि और विशिष्ट क्षमताएँ दोनों होती हैं।

15. टोपोलॉजी से टॉलमैन के सिद्धांत का सम्बन्ध है। टॉलमैन ने संज्ञानात्मक मानचित्र (Cognitive Map) और संकेत-गेस्टाल्ट (Sign Gestalt) का विचार प्रस्तुत किया। उन्होंने माना कि जीव केवल प्रत्यक्ष प्रतिक्रिया से नहीं बल्कि अपने वातावरण का मानसिक नक्शा बनाकर सीखता है। इस प्रकार उनका सिद्धांत टोपोलॉजिकल यानी स्थानिक संबंधों की समझ पर आधारित है।

16. दैहिक आवश्यकता मैस्लो के आवश्यकता पदानुक्रम सिद्धांत में सबसे निचले स्तर पर रखी गई है। इसमें भोजन, पानी, वायु, नींद और आवास जैसी बुनियादी जैविक आवश्यकताएँ शामिल हैं। जब तक ये पूरी नहीं होतीं, व्यक्ति उच्चतर स्तर की आवश्यकताओं जैसे सुरक्षा, प्रेम, आत्म-सम्मान और आत्म-सिद्धि की ओर नहीं बढ़ सकता।

17. इसमें रोगी में अपने विचारों को लिखकर अभिव्यक्त करने की क्षमता नहीं होती है इसे एग्राफिया (Agraphia) कहा जाता है। यह तंत्रिका

संबंधी विकार है जिसमें व्यक्ति बोल सकता है और कभी-कभी पढ़ भी सकता है, लेकिन लिखकर विचार व्यक्त करने की क्षमता खो देता है। यह सामान्यतः मस्तिष्क के भाषा-नियंत्रण क्षेत्र में क्षति के कारण होता है।

18. 'अधिगम सम्पूर्ण परिस्थिति का प्रत्यक्षीकरण है' यह कोहलर द्वारा प्रतिपादित अन्तर्दृष्टि अधिगम का आधार है। उन्होंने चिंपैंजियों पर प्रयोगों से सिद्ध किया कि अधिगम केवल उद्दीपन-प्रतिक्रिया का जोड़ नहीं है, बल्कि जीव सम्पूर्ण स्थिति का अवलोकन कर अचानक समाधान खोज लेता है। इसे "आहा अनुभव" भी कहा जाता है।

19. जॉन मेयर तथा पीटर सेलोवे द्वारा 'सांवेगिक बुद्धि' (Emotional Intelligence) का सम्प्रत्यय सर्वप्रथम प्रस्तुत किया गया। उन्होंने इसे अपनी भावनाओं को पहचानने, नियंत्रित करने और दूसरों की भावनाओं को समझने की क्षमता बताया। बाद में डैनियल गोलमैन ने इसे लोकप्रिय बनाया और इसके पाँच आयामों का विवरण दिया।

20. संवेदी गामक को छोड़कर शेष अवस्थाएँ कोह्लबर्ग के नैतिक विकास सिद्धांत की हैं। उन्होंने तीन स्तर और छह अवस्थाएँ बताईं-प्राक्रूढ़िगत (Pre-conventional), रूढ़िगत (Conventional) और पश्चात् रूढ़िगत (Post-conventional))। 'संवेदी गामक' (Sensory-motor) पियाजे के संज्ञानात्मक विकास सिद्धांत की अवस्था है, न कि कोह्लबर्ग की।

21. विकास दिशा का सिद्धांत के अनुसार बालक का विकास सिर से पैर की ओर (Cephalocaudal direction) होता है। पहले मस्तिष्क और गर्दन का विकास होता है, फिर हाथ और धड़ तथा अंत में पैरों का। यह सिद्धांत शारीरिक और स्नायविक विकास की दिशा को स्पष्ट करता है।

22. सीखना व्यवहार में परिवर्तन नहीं है : यह कथन उपयुक्त नहीं है। वास्तव में सीखना अनुभव के परिणामस्वरूप व्यवहार में अपेक्षाकृत स्थायी परिवर्तन है। यदि व्यवहार में कोई परिवर्तन नहीं होता तो उसे सीखना नहीं माना जा सकता। अन्य कथन सीखने की सार्वभौमिकता, समायोजन और स्थानांतरण क्षमता से जुड़े हैं जो सही हैं।

23. विशिष्ट बालकों के अधिकार एवं सम्मान को सुरक्षित रखना समावेशी वातावरण का मूल तत्व है। कक्षा में शिक्षक को सुनिश्चित करना चाहिए कि विशेष आवश्यकता वाले बालक भी समान अधिकार, सम्मान और अवसर प्राप्त करें। उन्हें सामान्य बालकों से दूर रखने या हीन समझने से समावेशन का उद्देश्य पूरा नहीं होता।

24. 7 से 11 वर्ष तक की आयु पियाजे की मूर्त संक्रियात्मक अवस्था (Concrete Operational Stage) है। इस अवस्था में बालक तार्किक सोचने लगता है, संरक्षण की संकल्पना (Concept of Conservation) समझता है और ठोस वस्तुओं से संबंधित समस्याओं का हल निकाल सकता है। लेकिन वह अभी अमूर्त चिंतन में सक्षम नहीं होता।

25. शैक्षिक व सहशैक्षिक क्षेत्र के विकास के मूल्यांकन से 'व्यापक' का तात्पर्य है। सतत एवं व्यापक मूल्यांकन (CCE) में केवल अकादमिक उपलब्धि ही नहीं, बल्कि सहशैक्षिक गतिविधियों, व्यक्तित्व, सामाजिक कौशल और भावनात्मक विकास का भी आकलन किया जाता है। इस प्रकार यह शिक्षा के समग्र विकास को मापता है।

26. तत्परता के नियम से यह कथन सम्बद्ध है। थॉर्नडाइक के अनुसार अधिगम तब प्रभावी होता है जब विद्यार्थी मानसिक और शारीरिक रूप से सीखने के लिए तैयार हो। केवल छात्र को कक्षा में बैठा देना पर्याप्त नहीं है; जब तक उसकी आंतरिक तत्परता (Readiness) नहीं होगी, वह ज्ञान ग्रहण नहीं कर पाएगा।

27. अभिप्रेरणा वह प्रक्रिया है जो किसी व्यक्ति को किसी क्रिया को प्रारम्भ करने, उसे बनाए रखने और नियन्त्रित करने में मदद करती है। यह भीतर से आने वाली प्रेरक शक्ति है, जो लक्ष्य प्राप्ति की दिशा में व्यवहार को सक्रिय और संगठित करती है।

28. आत्महीनता - श्रेष्ठता की भावना मूल प्रवृत्ति और संबद्ध संवेग का मेल इसमें सही नहीं है। मूल प्रवृत्तियाँ जन्मजात व्यवहारिक झुकाव हैं और उनसे जुड़े संवेग विशिष्ट होते हैं।

- **हास्य - आमोद :** हास्य की मूल प्रवृत्ति का संबंध आनंद और हंसी के संवेग से है।
- **सामूहिकता - एकाकीपन :** सामूहिकता की प्रवृत्ति समूह का हिस्सा बनने से संबंधित है, और एकाकीपन का संवेग तब प्रकट होता है जब यह प्रवृत्ति पूरी नहीं होती।
- **निवृत्ति - घृणा :** निवृत्ति प्रवृत्ति किसी अप्रिय वस्तु या स्थिति से बचने की है, जो घृणा के संवेग से मेल खाती है।
- **आत्महीनता - श्रेष्ठता की भावना :** आत्महीनता और श्रेष्ठता की भावना विपरीत संवेग हैं। आत्महीनता दीनता की प्रवृत्ति से संबंधित है, जबकि श्रेष्ठता की भावना हीनता से उबरने की प्रतिक्रिया हो सकती है। ये दोनों सीधे तौर पर एक ही मूल प्रवृत्ति से संबद्ध नहीं होते।

इसलिए, सही उत्तर है कि आत्महीनता और श्रेष्ठता की भावना का मेल उपयुक्त नहीं है।

29. अल्बर्ट बण्डुरा मॉडेलिंग सम्प्रत्यय (Modeling Concept) से सम्बद्ध हैं। उन्होंने प्रत्यक्षीकरण अधिगम (Observational Learning) का सिद्धांत प्रस्तुत किया, जिसके अनुसार बच्चे दूसरों के व्यवहार को देखकर और उसकी नकल करके सीखते हैं। इसे सामाजिक अधिगम सिद्धांत (Social Learning Theory) भी कहा जाता है।

30. बुद्धिलब्धि (IQ) निकालने का सूत्र है :

$$\text{IQ} = \frac{\text{मानसिक आयु}}{\text{कालानुक्रमिक आयु}} \times 100$$

यहाँ,मानसिक आयु = 7.5 वर्ष,

कालानुक्रमिक आयु = 6 वर्ष

$$\text{IQ} = \frac{7.5}{6} \times 100 = 125$$

अतः बालिका की बुद्धिलब्धि 125 होगी।

31. **जृम्भिका - जवाँई** अनुपयुक्त है। जृम्भिका (तत्सम) का तद्भव रूप जँभाई या जम्हाई है, जबकि जवाँई का तत्सम रूप जामातृ है। अतः यह युग्म गलत है। गर्त-गड्ढा, चर्मचटक-चमगादड़ और परिकूट-परकोटा सही मेल हैं।

32. **प्रेरणा से तर्क की ओर** शिक्षण-सूत्र नहीं है। शिक्षण-सूत्र जैसे "पूर्ण से अंश की ओर" और "स्थूल से सूक्ष्म की ओर" स्थापित हैं, लेकिन 'प्रेरणा से तर्क की ओर' कोई मान्य सूत्र नहीं है।

33. **ऐ, औ - अर्ध संवृत** असंगत है। स्वर वर्गीकरण में ऐ और औ अर्ध विवृत स्वर हैं, अर्ध संवृत नहीं। अन्य विकल्प जैसे अं, अः (अयोगवाह), ड़, ढ़ (उत्क्षिप्त), और श, ष, स (संघर्षी) संगत हैं।

34. **दूरदर्शन** प्रक्षेपित शिक्षण सहायक सामग्री नहीं है।

प्रक्षेपित शिक्षण सहायक सामग्री वे होती हैं जिन्हें किसी स्क्रीन पर प्रकाश स्रोत या प्रोजेक्टर की सहायता से प्रदर्शित किया जाता है। दूरदर्शन एक इलेक्ट्रॉनिक उपकरण है जो सीधे प्रसारण (Broadcast)

के आधार पर चित्र और ध्वनि प्रस्तुत करता है। यह प्रक्षेपण उपकरण नहीं है, बल्कि स्वयं में दृश्य-श्रव्य सामग्री का प्रसारण माध्यम है।

- **फिल्म स्ट्रीप :** इसमें स्थिर छवियाँ होती हैं जिन्हें प्रोजेक्टर द्वारा स्क्रीन पर प्रक्षेपित किया जाता है।
- **ओवरहेड प्रोजेक्टर :** यह पारदर्शी शीट पर लिखी या छपी सामग्री को स्क्रीन पर प्रक्षेपित करता है।
- **फिल्म :** यह चलचित्र है जिसे प्रोजेक्टर की सहायता से परदे पर दिखाया जाता है।

अतः स्पष्ट है कि दिए गए विकल्पों में केवल **दूरदर्शन** अप्रक्षेपित सामग्री है।

35. पवन से चलने वाली चक्की - पनचक्की असंगत है। वास्तव में 'पनचक्की' का समास विग्रह "पानी से चलने वाली चक्की" है, न कि "पवन से चलने वाली चक्की"। अन्य विकल्प सही हैं—लोकप्रिय (लोक में प्रिय, अधिकरण तत्पुरुष), नवयुवक (नव है जो युवक, कर्मधारय), परीक्षाभवन (परीक्षा के लिए भवन, सम्प्रदान तत्पुरुष)।

36. **अभ्यर्थी - प्रत्यर्थी** सही विलोम-युग्म नहीं है।
'अभ्यर्थी' का अर्थ है याचक या उम्मीदवार, जो किसी पद या अवसर के लिए निवेदन करता है। 'प्रत्यर्थी' का अर्थ है—प्रतिद्वंदी या विरोधी, जो उसी अवसर पर प्रतिस्पर्धा में खड़ा होता है। दोनों शब्द एक ही संदर्भ में प्रयुक्त होते हैं, पर अर्थ की दृष्टि से एक-दूसरे के विपरीत नहीं हैं, इसलिए इन्हें विलोम नहीं कहा जा सकता।

- **वैमनस्य - सौमनस्य :** वैरभाव और सद्भाव के लिए यह सही विलोम है।
- **अभिमानी - निरभिमानी :** अभिमान से युक्त और अभिमान रहित - यह भी विलोम है।
- **स्वार्थी - निस्स्वार्थ :** स्वार्थ में लिप्त और स्वार्थ से रहित - यह भी उपयुक्त विलोम है।

अतः दिए गए विकल्पों में अनुपयुक्त विलोम-युग्म **अभ्यर्थी - प्रत्यर्थी** है।

37. **ई - द्रौपदी, जानकी, वाल्मीकि** असंगत है। 'ई' प्रत्यय से स्त्रीलिंग सूचक शब्द बनते हैं, जैसे द्रौपदी, जानकी। लेकिन 'वाल्मीकि' इसमें नहीं आता, क्योंकि यह ई प्रत्यय से नहीं बना है। बाकी विकल्प - 'य', 'तर' और 'एय' - सही उदाहरणों के साथ संगत हैं।

38. **तरणि - नौका, द्रोणी, करवाल** असुमेलित है। 'तरणि' का अर्थ सूर्य होता है, इसका पर्यायवाची आदित्य, भानु, भास्कर आदि हैं। नौका, द्रोणी और करवाल 'नाव' के पर्याय हैं, अतः यह युग्म असंगत है।

39. **समुद्र में लगने वाली आग - दावानल** असंगत है। दावानल का अर्थ है वन में लगने वाली अग्नि, न कि समुद्र में। समुद्र में लगने वाली आग को 'बड़वानल' कहा जाता है। शेष विकल्प सही हैं - लोक-प्रचलित बात जिसके वक्ता का पता न हो = किंवदन्ती, पशुओं की जुगाली = पागुर, और जिसके पति ने दूसरा विवाह कर लिया हो = अध्यूढा।

40. **कुमार** में 'कु' उपसर्ग का प्रयोग नहीं हुआ है। कुमार शब्द संस्कृत धातु से बना है और इसमें 'कु' उपसर्ग नहीं है। जबकि कुज, कुचो और कुमति में 'कु' उपसर्ग के प्रयोग से ही शब्द निर्मित हुए हैं।

41. मनुजात का अर्थ है मनु से उत्पन्न, अर्थात् मनुष्य या मानव। मनुजाद का अर्थ है मनुष्य को खाने वाला। इसमें 'आद' प्रत्यय का अर्थ है खाने वाला। इसलिए यह युग्म सही है।

42. **पर्युषण = परि + ऊषण :** यह यण संधि दृष्टि से संगत विकल्प है। यहाँ 'परि + ऊषण' में 'इ + ऊ = यू' होता है, जो यण संधि का नियम है। इस प्रकार 'परि + ऊषण → पर्युषण' बनता है।

- जाती + अभिमान → जात्यभिमान (यह यण संधि है, लेकिन विकल्प में 'जार्त्यामान' लिखा है, जो गलत रूप है)।
- वधु + इच्छा → वध्विच्छा (यह यण संधि है, पर विकल्प में आधार शब्द 'वधु' को सही रूप में नहीं दिया गया है)।
- महा + ऐन्द्रजालिक → महेन्द्रजालिक (यह वृद्धि संधि है, यण संधि नहीं)।

अतः सही उत्तर है **पर्युषण = परि + ऊषण।**

43. लेखक के अनुसार शांति की परिभाषा केवल युद्ध की अनुपस्थिति नहीं है। गद्यांश में स्पष्ट कहा गया है कि बुद्ध की परिकल्पना के अनुसार शांति का अर्थ समानता के संदेश से युक्त शांतिपूर्ण समाज है। इसलिए युद्ध का न होना मात्र शांति नहीं माना जा सकता।

44. मनुष्य बनने का अर्थ है अपने भीतर करुणा और संवेदनशीलता को विकसित करना, जिससे हम दूसरों की पीड़ा को समझ सकें और उनसे जुड़ सकें।

45. **विषमता - व्यंजन संधि :** यह असंगत है। 'विषमता' शब्द 'विषम' + 'ता' से बना है, जो प्रत्यय की प्रक्रिया है, संधि नहीं। शेष विकल्प - 'अनुपस्थिति' (दो उपसर्ग), 'मनुष्यता' (जातिवाचक आधार से बना भाववाचक), और 'प्रत्येक' (अव्ययीभाव समास) - सही हैं।

46. The most suitable way to teach stress, intonation, and rhythm is through different types of drills. Drills give students repeated opportunities to practice pronunciation, intonation, and rhythm, which helps them achieve naturalness in speaking.

47. A phonetic dictionary does not help in developing listening skills. It helps in understanding pronunciation and knowing the correct phonetic transcription of words, but it does not directly develop listening ability. On the other hand, gramophones, television, and films/film strips engage both listening and viewing, thereby developing listening skills.

48. The use of multimedia materials in teaching involves various media such as text, pictures, sound, video, and animation. This integrated approach makes teaching more effective, attractive, and participatory.

49. The use of multilingual resources increases student participation. When various linguistic resources are used, learners feel connected to their mother tongue and other languages, which enhances their active participation and strengthens the learning process.

50. The author worked for a short time (a brief while) in a college in Delhi. Therefore, the correct answer is *short time*.

51. The author assigned the task of writing an application for a job after graduation as a *language exercise* for students.

52. Seven out of eight students wrote job applications for the position of *clerks*.

53. According to the author, the highest ambition of students in good colleges is to pass the competitive examination for appointment to the *Administrative Services*.

54. In the sentence "And these latter, understandably, are a small number," the phrase "these latter" refers to *scholars, scientists, and leaders of opinion*, whose number is very small.

55. According to the author, the thinking of the most ambitious and the least ambitious students is *alike*.

56. The college where the author worked in Delhi had a reputation for its academic standards: This statement is true. The passage clearly mentions that the college was well-known for its academic standards.

57. "Snuffed out" means to end or to *kill*. Therefore, the correct meaning is *killed*.

58. The antonym of "former" is "latter," and this is the word used in the passage.

59. "Alumni" means *former students* or old students of an educational institution.

60. The first stage in teaching any lesson, including formal grammar, is to prepare students and connect the new topic with their prior knowledge. This stage is called *Motivation* and *Testing of Previous Knowledge*.

- **Motivation:** Creates interest and curiosity among students about the topic.
- **Testing of Previous Knowledge:** Helps the teacher find out what the students already know, so new knowledge can be built on that foundation.

After this, the sequence of the teaching process includes:

- Collection and presentation of examples,
- Comparison and generalization,
- And finally, application of rules.

Hence, the first stage is *Motivation and Testing of Previous Knowledge*.

61. प्रदत्त व्यंजक $= \sqrt{\dfrac{\left(\frac{7}{4}\right)^4-\left(\frac{7}{3}\right)^4}{\left(\frac{7}{4}\right)^2-\left(\frac{7}{3}\right)^2}}$

सर्वसमिका $a^4-b^4 = (a^2-b^2)(a^2+b^2)$ का उपयोग करने पर, भिन्न घटकर a^2+b^2 हो जाती है। $a = 7/4$, $b = 7/3$ रखने पर:

$$a^2+b^2 = \left(\frac{7}{4}\right)^2+\left(\frac{7}{3}\right)^2 = \frac{49}{16}+\frac{49}{9}$$

सरल करने पर, $= \dfrac{441}{144}+\dfrac{784}{144}=\dfrac{1225}{144}$

अब, $\sqrt{\dfrac{1225}{144}} = \dfrac{35}{12} = 2\dfrac{11}{12}$.

62. दरें : X=1/6, Y=1/8 (काम/दिन)।

दोनों मिलकर 3 दिन में काम पूरा करते हैं ⇒ दर = 1/3।

$$Z = \frac{1}{3}-\left(\frac{1}{6}+\frac{1}{8}\right)=\frac{1}{24}$$

3 दिन में Z, $3\times\frac{1}{24}=\frac{1}{8}$ काम पूरा करता है

⇒ Z का हिस्सा $= \frac{1}{8}\times 2000$ = ₹ 250

63. आयत, वर्ग और त्रिभुज समतलीय (2-D) आकृतियाँ हैं, जबकि घन त्रिविमीय (3-D) ठोस आकृति है। इसलिए यह असंगत है।

64. 10% हानि पर विक्रय मूल्य = 153, $\Rightarrow CP = \dfrac{153}{0.9} = 170$.

20% लाभ पर विक्रय मूल्य (SP) = 1.2 × 170 = ₹ 204।

65. पाँचों व्यक्ति केंद्र की ओर मुँह करके बैठे हैं।

प्रश्न में कहा गया है कि "E और B के बीच केवल A है"

⇒ इसका अर्थ है कि E–A–B लगातार बैठे हैं।

अगली शर्त है "D, B के एकदम बायीं ओर है।" जब सभी केंद्र की ओर बैठे हों, तो किसी भी व्यक्ति का बायाँ भाग घड़ी की दिशा में होता है। इसलिए B के तुरंत बायीं ओर D बैठा होगा।

इस प्रकार सही क्रम बनेगा: B–D–C–A।

इस क्रम से स्पष्ट है कि C के एकदम बायीं ओर E बैठा है।

अतः उत्तर E है।

66. शेखर पहले 10 मीटर उत्तर की ओर चला। फिर 6 मीटर दक्षिण की ओर चला। इसका मतलब है कि उसकी शुद्ध चाल उत्तर की ओर 10 – 6 = 4 मीटर हुई। इसके बाद वह 3 मीटर पूर्व की ओर गया। अब स्थिति यह है कि वह प्रारंभिक बिंदु से 4 मीटर उत्तर और 3 मीटर पूर्व की ओर है। किसी बिंदु की दूरी निकालने के लिए पायथागोरस प्रमेय का प्रयोग करेंगे:

दूरी $= \sqrt{4^2+3^2} = \sqrt{25} = 5\,\text{m}$.

अतः वह अपने प्रारंभिक बिंदु से 5 मीटर दूर है।

67. दी गई श्रेणी है 5, 6, 9, 15, 25, ?

अब हम क्रमागत पदों के बीच का अंतर निकालते हैं:

- 6 – 5 = 1
- 9 – 6 = 3
- 15 – 9 = 6
- 25 – 15 = 10

यह अंतर 1, 3, 6, 10 हैं, जो क्रमशः त्रिभुजी संख्याएँ हैं। अगली त्रिभुजी संख्या 15 होती है। इसलिए अगले पद को निकालने के लिए 25 में 15 जोड़ते हैं : 25 + 15 = 40

इस प्रकार श्रेणी का अगला पद 40 होगा।

68. शब्द "CYBERNETICS" में कुल 11 अक्षर हैं। जब इन्हें वर्णानुक्रम में रखा जाए तो क्रम होगा :

B, C, C, E, E, I, N, R, S, T, Y

11 अक्षरों में मध्य का अक्षर (6ठा) **I** है।

69. R, Q की माँ है। चूँकि P, Q की बहन है, इसलिए R, P की माँ भी है। S, R का पिता है, अर्थात, S, P का दादा है। इस प्रकार, P, S से उसकी पोती के रूप में संबंधित है।

70. कोडिंग पैटर्नः अक्षरों के **विपरीत स्थान-मूल्य** (Reverse place value) का योग × 10। यानी A = 26, B = 25, ..., Z = 1।

- ZIP: Z = 1, I = 18, P = 11
  → योग 30 → 30 × 10 = 300.
- ZAN: Z = 1, A = 26, N = 13
  → योग 40 → 40 × 10 = 400.
- ZOO: Z = 1, O = 12, O = 12
  → योग 25 → 25 × 10 = 250.

  अब ZOO: Z = 1, O = 12, O = 12

  ⇒ योग = 25 ⇒ 25 × 10 = **250.**

71. शृंखला AYD, BVF, DRH, ?, KGL है। प्रत्येक अक्षर अपने स्वतंत्र क्रम का अनुसरण करता है।

- **पहला अक्षर (A, B, D, ?, K):**

  स्थान → A(1), B(2), D(4), ? , K(11)

  अंतर : +1, +2, +3, +4

  अतः D(4) के बाद, हमें G(7) प्राप्त होता है।

- **दूसरा अक्षर (Y, V, R, ?, G):**
  स्थान → Y(25), V(22), R(18), ?, G(7)।
  अंतर : −3, −4, −5, −6।
  R(18) के बाद, हमें M(13) प्राप्त होता है।
- **तीसरा अक्षर (D, F, H, ?, L):**
  स्थान → D(4), F(6), H(8), ?, L(12)
  अंतर : लगातार +2 H(8) के बाद, हमें J(10) प्राप्त होता है।
  इस प्रकार, लुप्त पद GMJ है।

72. हम पाँचों व्यक्तियों को ऊँचाई के अनुसार क्रमशः व्यवस्थित करते हैं।
- दिया गया है : सचिन, कमल से छोटा है लेकिन राम से लंबा है
  अब तक का क्रमः ⇒ राम < सचिन < कमल।
- मोहन सबसे लंबा है ⇒ मोहन > कमल।
- अरुण, कमल से छोटा है लेकिन सचिन से लंबा है
  ⇒ राम < सचिन < अरुण < कमल < मोहन।

इस क्रम से, मोहन सबसे लंबा है और कमल **दूसरा सबसे लंबा** है।

73. एक गोले के आयतन का सूत्र : $V = \frac{4}{3}\pi r^3$

यह दिया गया है कि आयतन 3 मीटर त्रिज्या वाले एक गोले के अनुरूप है। अतः, व्यास $= 2r = 6$ मीटर।
इस प्रकार, सही व्यास 6 मीटर है।

74. दिया गया है : व्यास = 28 सेमी.
⇒ त्रिज्या = 14 सेमी.; ऊँचाई = 20 सेमी.
बेलन का कुल पृष्ठीय क्षेत्रफल :
$$TSA = 2\pi r(h + r)$$
प्रतिस्थापित मान :
$$TSA = 2 \times \pi \times 14 \times (20 + 14)$$
$$= 2 \times \pi \times 14 \times 34$$
$$= 952\pi = 952 \times \frac{22}{7} = 2992 \text{ सेमी.}^2$$

अतः कुल पृष्ठीय क्षेत्रफल = 2992 वर्ग सेमी.।

75. समचतुर्भुज का परिमाप = 52 सेमी.
⇒ भुजा = 52 ÷ 4 = 13.
एक विकर्ण = 24 सेमी. ⇒ इसका आधा = 12 सेमी.
समकोण त्रिभुज में पाइथागोरस का प्रयोग करने पर,
$$\left(\frac{d_2}{2}\right)^2 + 12^2 = 13^2$$
$$\left(\frac{d_2}{2}\right)^2 + 144 = 169 \Rightarrow \left(\frac{d_2}{2}\right)^2 = 25$$
$$\Rightarrow \frac{d_2}{2} = 5 \Rightarrow d_2 = 10$$
$$\text{समचतुर्भुज का क्षेत्रफल} = \frac{d_1 \times d_2}{2} = \frac{24 \times 10}{2} = 120 \text{ सेमी.}^2.$$

अतः अभीष्ट क्षेत्रफल **120 वर्ग सेमी।**

76. माना कि शंकु की त्रिज्या r और ऊँचाई h है।
दिया गया अनुपात, $r : h = 5 : 12$
⇒ $r = 5x$, $h = 12x$.

शंकु का आयतन : $V = \frac{1}{3}\pi r^2 h$

$V = 314$, $\pi = 3.14$: रखने पर:
$$314 = 1/3 \times 3.14 \times (5x)^2 \times 12x$$
$$314 = 1/3 \times 3.14 \times 25x^2 \times 12x$$
$$314 = 314x^3 \Rightarrow x^3 = 1 \Rightarrow x = 1$$
अतः, $r = 5x = 5$ मी., व्यास $= 2r = 10$ मी.।

77. व्यंजक :
$$E = \sec(90° - A) - \cot A \cdot \cos(90° - A) \cdot \tan(90° - A)$$
सर्वसमिकाओं का प्रयोग करें :
$\sec(90° - A) = \operatorname{cosec} A$,
$\cos(90° - A) = \sin A$, $\tan(90° - A) = \cot A$.
अतः,
$$E = \operatorname{cosec} A - \cot A \cdot \sin A \cdot \cot A$$
$$= \operatorname{cosec} A - \cot^2 A \sin A$$
अब, $\operatorname{cosec} A = \frac{1}{\sin A} \Rightarrow \cot^2 A = \frac{\cos^2 A}{\sin^2 A}$
$$E = \frac{1}{\sin A} - \frac{\cos^2 A}{\sin^2 A}.\sin A = \frac{1}{\sin A} - \frac{\cos^2 A}{\sin A}$$
$$= \frac{1 - \cos^2 A}{\sin A} = \frac{\sin^2 A}{\sin A} = \sin A.$$

78. मीनार की ऊँचाई $= 2\sqrt{3}$ m, छाया = 2 m.
$$\tan\theta = \frac{\text{ऊँचाई}}{\text{छाया}} = \frac{2\sqrt{3}}{2} = \sqrt{3}$$
अतः $\theta = 60°$.

79. चक्रवृद्धि ब्याज सूत्र : $A = P\left(1 + \frac{r}{100}\right)^n$

यहाँ, $r = 20\%$.
दोगुना करने पर : $(1.2)^n > 2$
मान जाँच करने पर :
$(1.2)^2 = 1.44$
$(1.2)^3 = 1.728$
$(1.2)^4 = 2.0736 > 2$

अतः न्यूनतम मान $n = 4$.

80. 11 से 50 के बीच 7 से विभाज्य संख्याएँ :
14, 21, 28, 35, 42, 49.
इनमें 3 से विभाज्य संख्याएँ : 21, 42.
शेष संख्याएँ : 14, 28, 35, 49.
कुल संख्याएँ = 4.

81. वर्ष 2023 के अर्जुन पुरस्कार विजेताओं में दीक्षा डागर (गॉल्फ) का नाम शामिल है। दिए गए अन्य विकल्प - विनेश फोगाट और बबीता कुमारी - पहले अलग वर्षों में सम्मानित हो चुकी हैं, तथा रीतिका हूडा का नाम 2023 की सूची में नहीं है। इसलिए सही विकल्प दीक्षा डागर है।

82. पंचकुला जिले में स्थित वन्यजीव अभयारण्य **बीर शिकारगाह** है। अन्य विकल्प हरियाणा के अलग जिलों से जुड़े हैं (छिलछिला-कुरुक्षेत्र/कैथल क्षेत्र से सम्बद्ध, नाहर - रेवाड़ी, परवास/खापरवास - झज्जर), इसलिए पंचकुला के संदर्भ में सही विकल्प **बीर शिकारगाह अभयारण्य** है।

83. शिवालिक विकास एजेंसी का कार्यक्षेत्र हरियाणा के शिवालिक पाद-प्रदेश वाले जिलों - **पंचकुला, अम्बाला, यमुनानगर** - में आता है। **कुरुक्षेत्र** मैदानी क्षेत्र में है और शिवालिक विकास एजेंसी के अन्तर्गत नहीं आता। अतः असंगत/न आने वाला जिला **कुरुक्षेत्र** है।

84. यह आंकड़ा स्थिर मूल्यों (Constant Prices) पर 2023-24 के लिए हरियाणा की प्रति व्यक्ति आय का अनुमानित/प्रकाशित मान है। स्थिर मूल्यों पर आय का स्तर मुद्रास्फीति-समायोजित होता है, इसलिए यह चालू मूल्यों (Current Prices) की तुलना में कम दिखाई देता है। विकल्पों में दिया 3,25,759 सामान्यतः चालू मूल्यों के करीब होता है, जबकि स्थिर मूल्यों के अनुरूप सटीक मेल 1,85,490 से होता है।

85. पंजाब एवं हरियाणा उच्च न्यायालय के मुख्य न्यायाधीश के रूप में न्यायमूर्ति शील नागू का नाम सही है। अन्य दिए विकल्पों में न्यायमूर्ति रविशंकर झा पूर्व में इस पद पर रह चुके हैं, न्यायमूर्ति ऋतु बाहरी ने कार्यवाहक/अन्य न्यायालयों में भूमिका निभाई है, और न्यायमूर्ति कृष्ण मुरारी सर्वोच्च न्यायालय से संबद्ध रहे हैं - अतः वर्तमान सन्दर्भ में सही उत्तर न्यायमूर्ति शील नागू है।

86. हरियाणा लोक सेवा आयोग का सामान्य गठन अध्यक्ष के साथ सदस्यों की एक निर्धारित संख्या पर आधारित होता है। उपलब्ध विकल्पों में प्रचलित संरचना के सबसे समीप **अध्यक्ष एवं पाँच सदस्य** का विकल्प आता है, जिससे आयोग कुल छह सदस्यों (1 + 5) का निकाय बनता है - जो राज्यों के लोक सेवा आयोगों की सामान्य संरचना से भी सामंजस्य रखता है।

87. (*a*) **सत्य** — भादनाक/भादानक 12वीं सदी में गुरुग्राम-रेवाड़ी क्षेत्र में प्रभावशाली रहे — उनका केंद्र इसी अंचल में माना जाता है।

(*b*) **असत्य** — उन्होंने चौहान शासक पृथ्वीराज तृतीय (Prithviraj-III) को पराजित नहीं किया; उलटे, ऐतिहासिक सन्दर्भों में चौहानों द्वारा इस क्षेत्र की शक्तियों को वश में करने/परास्त करने का उल्लेख मिलता है।

अतः सही कूटः **केवल (a) सत्य**।

88. महाभारत में दिग्विजय यज्ञ के समय पांडवों ने चारों दिशाओं में सैन्य अभियान भेजे थे। नकुल ने पश्चिम दिशा में अभियान का नेतृत्व किया था। इसी अभियान के दौरान उन्होंने हरियाणा के रोहतक (प्राचीन रोहितक) और उससे जुड़े क्षेत्रों को अपने अधीन किया। इस कारण रोहतक पर सैन्य अभियान का नेतृत्व नकुल ने किया था।

89. हरियाणा का जींद जिला सबसे अधिक, सात अन्य जिलों से अपनी सीमा साझा करता है। ये जिले हैं — कैथल, करनाल, पानीपत, सोनीपत, रोहतक, हिसार और फतेहाबाद। भौगोलिक स्थिति के कारण जींद हरियाणा का केंद्रीय जिला माना जाता है और यह राज्य का एकमात्र जिला है जिसकी सीमाएँ इतनी अधिक जिलों से मिलती हैं।

90. लाडवा के सिख सरदार **गुरुदीत सिंह** प्रथम आंग्ल-मराठा युद्ध (1775-1782) के समय अंग्रेजों के विरुद्ध लड़े थे। उन्होंने मराठों का पक्ष लिया और अंग्रेजों के खिलाफ संघर्ष किया। लाडवा का यह योगदान हरियाणा के स्वतंत्रता इतिहास का एक महत्वपूर्ण प्रसंग है, जहाँ स्थानीय सिख सरदारों ने मराठों का समर्थन कर अंग्रेजों का विरोध किया।

91. रिंगवर्म (डर्मेटोफाइटोसिस) का कारण केवल तीन डर्मेटोफाइटिक वंश होते है — **Microsporum, Trichophyton** और **Epidermophyton**। **"Macrosporum"** नाम का कोई रोगजनक वंश मान्य नहीं है; अतः यह रिंगवर्म का कारक जीव **नहीं** है, जबकि दिए गए अन्य तीनों (माइक्रोस्पोरम, ट्राइकोफाइटन, एपिडर्मोफाइटन) प्रामाणिक कारक हैं।

92. बल्ब का प्रतिरोध स्थिर माना जाता है।

रेटिंग से $R = \dfrac{V^2}{P} = \dfrac{220^2}{100} = 484\,\Omega$

110 V पर उपभुक्त शक्ति

$$P' = \frac{V'^2}{R} = \frac{110^2}{484} = \frac{12100}{484} = 25\,W$$

अतः 110 V पर यह बल्ब **25 W** खपत करेगा।

93. एक 59 kW मोटर द्वारा 2700 किलोग्राम द्रव्यमान को 3 सेकंड में 6 मीटर ऊँचाई तक उठाने पर घर्षण में नष्ट हुई शक्ति 5.0 W निकलती है।

- सबसे पहले द्रव्यमान को उठाने के लिए आवश्यक कार्य की गणना की जाती है।

  $W = m \times g \times h = 2700 \times 10 \times 6 = 162000$ जूल
- यह कार्य 3 सेकंड में पूरा होता है, अतः उपयोगी शक्ति होगीः

  $P_{out} = \dfrac{W}{t} = \dfrac{162000}{3} = 54000$ वाट $= 54$ kW
- मोटर की कुल शक्ति दी गई है $P_{in} = 59$ kW।
- घर्षण या अन्य अवांछित कारणों से नष्ट शक्ति इस प्रकार होगीः

  $P_{loss} = P_{in} - P_{out} = 59 - 54 = 5$ kW

इस प्रकार घर्षण में नष्ट हुई शक्ति **5.0 kW** है।

94. रैखिक गति : $v = \dfrac{2\pi r N}{t} = \dfrac{2\pi \times 12 \times 7}{100} \approx 5.3$ cm/s

अतः (*i*) लगभग सही

त्वरण सदैव केंद्र की ओर (केन्द्राभिमुख) होता है; दिशा निरंतर बदलती है, इसलिए यह नियत सदिश नहीं है $\Rightarrow$ (*ii*) सही।

अभिकेन्द्रीय त्वरण का परिमाण

$$a = \frac{v^2}{r} = \frac{5.3^2}{12} \approx 2.3 \text{ cm/s}^2.$$

अतः (*iii*) सही। सभी कथन सही हैं।

95. माध्य मान : $= \dfrac{2.63 + 2.56 + 2.42 + 2.71 + 2.80}{5} = 2.624\ s$

निरपेक्ष विचलन $= |\text{obs} - \text{mean}|$
$= \{0.006, 0.064, 0.204, 0.086, 0.176\}$.

माध्य निरपेक्ष त्रुटि
$= (0.006 + 0.064 + 0.204 + 0.086 + 0.176)/5$
≈ 0.11 s.

प्रतिशत त्रुटि $= (0.11 / 2.624) \times 100 \approx 4\%$.

96. बायोप्रोस्पेक्टिंग का अर्थ है जैव विविधता का उपयोग करके नए-नए वाणिज्यिक उत्पादों, जैसे औषधियाँ, एंजाइम, सौंदर्य प्रसाधन, बायोकेमिकल्स आदि की खोज करना। इसमें पौधों, सूक्ष्मजीवों और अन्य जीवों से संभावित उपयोगी यौगिकों को पहचानकर उनके व्यावसायिक दोहन की प्रक्रिया शामिल होती है। इसे जैव-संसाधनों के वैज्ञानिक अन्वेषण के रूप में भी जाना जाता है।

97. कशेरुकी नेत्र का वह स्थान जहाँ से दृष्टि तंत्रिका (Optic nerve) रेटिना को छोड़कर बाहर जाती है, उसे अंध बिंदु (Blind spot) कहते हैं। इस स्थान पर प्रकाश-संवेदनशील कोशिकाएँ (Rod और Cone) अनुपस्थित होती हैं, इसलिए यहाँ से कोई दृश्य अनुभूति नहीं होती।

98. अंडोत्सर्ग (Ovulation) को प्रेरित करने वाला प्रमुख हार्मोन LH (Luteinizing Hormone) है। यह पिटयूटरी ग्रंथि से स्रावित होता है और यह परिपक्व फॉलिकल से अंडाणु को मुक्त करने में सहायक होता है। एस्ट्रोजन और FSH फॉलिकल के विकास में सहायक होते हैं, जबकि प्रोजेस्टेरोन गर्भावस्था बनाए रखने में।

99. (*a*) चूना-पत्थर को गरम करने पर $CaCO_3 \xrightarrow{\Delta} CaO + CO_2$ ⇒ **अपघटन अभिक्रिया (*ii*)**।

(*b*) Mg तार को वायु में जलाने पर → $2Mg + O_2 \rightarrow 2MgO$ ⇒ **संयोजन अभिक्रिया (*iii*)**।

(*c*) $AgNO_3 + NaCl \rightarrow AgCl$ (श्वेत अवक्षेप) $+ NaNO_3$

⇒ **द्विविस्थापन अभिक्रिया (*iv*)**।

(*d*) अम्लीय जल में विद्युत प्रवाहित करने पर → जल का **विद्युत अपघटन (*i*)**।

अतः सही युग्म (*a*)-(*ii*), (*b*)-(*iii*), (*c*)-(*iv*), (*d*)-(*i*) है।

100. 'जया' और 'रत्ना' चावल की उच्च उपज देने वाली किस्में हैं। इनका विकास हरित क्रांति के दौरान अधिक उत्पादन हेतु किया गया था। ये भारत में प्रचलित उन्नत धान की किस्मों में गिनी जाती हैं और इनसे देश के धान उत्पादन में वृद्धि हुई।

101. विलेय (चीनी) का द्रव्यमान = 2.5 g,

विलायक (जल का द्रव्यमान) = 47.5 g.

विलयन का कुल द्रव्यमान = 2.5 + 47.5 = 50 g.

द्रव्यमान द्वारा सान्द्रता

$$\text{द्रव्यमान प्रतिशत} = \frac{\text{विलेय का द्रव्यमान}}{\text{विलयन का कुल द्रव्यमान}} \times 100 = \frac{2.5}{50} \times 100 = 5.0\%$$

इस प्रकार, चीनी विलयन की सांद्रता **5.0%** है।

102. लेड नाइट्रेट को गर्म करने पर :

$$2Pb(NO_3)_2 \xrightarrow{\Delta} 2PbO + 4NO_2 + O_2$$

(*i*) गलत है (यह तापीय अपघटन है, द्विअपघटन नहीं)।

(*ii*) सही : NO_2 गैस का भूरा धुआँ निकलता है।

(*iii*) सही : PbO का सफेद अवशेष बचता है।

103. $$\text{अणुओं की संख्या} = \frac{\text{द्रव्यमान}}{\text{अणुओं का द्रव्यमान}} \times N_A$$

- CO_2 : 1/44 मोल
- N_2 : 1/28 मोल
- H_2 : 1/2 मोल
- CH_4 : 1/16 मोल

स्पष्टतः, H_2 मोलों की सबसे बड़ी संख्या है और इसलिए यह अधिकतम अणु देता है।

104. निष्पावन वायु प्रवाह से भारी कण पास में गिरते हैं और हल्के कण दूर उड़ जाते हैं; किसान अनाज और भूसा अलग करने में इसी सिद्धांत का उपयोग करते हैं। यह हवा द्वारा घनत्व/भार के आधार पर मिश्रण पृथक्करण की प्रक्रिया है।

105. तंतु जोड़ खोपड़ी की हड्डियों के बीच **फाइब्रस (स्यूचर) जोड़** पाए जाते हैं जो स्थिर/अचल होते हैं; इनमें कोलेजन्स रेशों का जाल दो हड्डियों को कसकर जोड़ता है, इसलिए न तो काज (hinge) जैसा गतन है, न उपास्थिक जैसा लचीलापन।

106. मिल्क ऑफ मैग्नीशिया ($Mg(OH)_2$ का जल में कोलॉइडल निलंबन) में परिक्षिप्त प्रावस्था **ठोस** कण $Mg(OH)_2$ होते हैं, परिक्षेपण माध्यम **द्रव** (जल) होता है, और यह कोलाइड प्रकार **सॉल** कहलाता है। सॉल में ठोस कणों का औसत आकार लगभग 1–100 nm रहता है, जिससे टिंडल प्रभाव आदि देखे जा सकते हैं।

107. हमें द्रव्यमान *m* के एकसमान गोले और द्रव्यमान M के एकसमान वलय, जिनकी त्रिज्या R है, के बीच गुरुत्वाकर्षण बल ज्ञात करना है।

चरण 1. गोले और वलय के बीच अन्योन्यक्रिया का सूत्र : यदि वलय गोले के केंद्र से *x* दूरी पर है, तो कुल गुरुत्वाकर्षण बल है :

$$F = \frac{GMmx}{(x^2 + R^2)^{3/2}}$$

चरण 2. 'गोले के ठीक ऊपर' की व्याख्या : चूँकि दोनों की त्रिज्या समान है, 'गोले के ठीक ऊपर' का अर्थ है कि गोले के केंद्र और वलय के केंद्र के बीच की दूरी, $x = \sqrt{3}R$.

चरण 3. प्रतिस्थापन

$$x^2 + R^2 = (\sqrt{3}R)^2 + R^2 = 3R^2 + R^2 = 4R^2$$

$$(x^2 + R^2)^{3/2} = (4R^2)^{3/2} = (2R)^3 = 8R^3$$

$$F = \frac{GMm(\sqrt{3}R)}{8R^3} = \frac{\sqrt{3}GMm}{8R^2}$$

अतः, उनके बीच गुरुत्वाकर्षण बल है $\frac{\sqrt{3}GMm}{8R^2}$.

108. विलेयता के आधार पर समूह में **दूध, शहद** और **स्याही** जल के साथ मिलकर एकसार मिश्रण (इमल्शन/विलयन/कोलॉइड) बना लेते हैं; **तेल** जल में **अमिश्रणीय (immiscible)** होता है और अलग परत बनाता है। अतः "तेल" समूह से संबंधित नहीं है।

109. (*i*) विद्युत-यांत्रिक प्रतिवर्तनीयता के सिद्धांत के अनुसार कोई भी **dc जनरेटर** उपयुक्त संयोजन पर **dc मोटर** की तरह कार्य कर सकता है।

(*ii*) **AC जनरेटर** में प्रेरित e.m.f. साइनाकार होता है और **प्रत्येक चक्र में दो बार दिशा बदलता है** (धनात्मक से ऋणात्मक और पुनः ऋणात्मक से धनात्मक),

इसलिए कथन (*i*) और (*ii*) सही हैं।

110. कथन I : यह सुमेलन **सही नहीं** है। तार जोड़ने में सामान्यतः **सोल्डर (टिन-सीसा/टिन-तांबा मिश्रधातु)** का उपयोग होता है, मैग्नेशियम नहीं।

(2) **जिंक ऑक्साइड** ZnO उभयधर्मी है — यह अम्ल व क्षार दोनों में घुलता है (सही)।

(3) **सोना (Au)** ऑक्सीजन और तनु अम्लों के प्रति निष्क्रिय है (सही)।

(4) **एल्युमीनियम** का निष्कर्षण **विद्युत अपघटनी अपचयन (हॉल-हेरॉल्ट प्रक्रिया)** से होता है (सही)।

111. त्रिज्या *r* के एक वृत्ताकार लूप में प्रेरित *emf* :

$$E \cdot 2\pi r = -\frac{d\Phi_B}{dt}$$

सोलेनाइड के अंदर चुंबकीय क्षेत्र

$$B = \mu_0 nI$$

$$\Rightarrow \frac{dB}{dt} = \mu_0 n \frac{dI}{dt}$$

लूप के माध्यम से फ्लक्स : $\Phi_B = B \cdot A$

अतः $E = \frac{r}{2} \cdot \frac{dB}{dt}$

प्रतिस्थापन : $r = 0.02$ m, $n = 500$,
$\mu_0 = 4\pi \times 10^{-7}$, $dI/dt = 100$.

$$\frac{dB}{dt} = 4\pi \times 10^{-7} \times 500 \times 100 = 2\pi \times 10^{-2}$$

$$E = \frac{0.02}{2} \times 2\pi \times 10^{-2}$$

$$= 0.01 \times 2\pi \times 10^{-2} = 2\pi \times 10^{-4}$$

$\pi \approx 3.14 \Rightarrow E \approx 6.28 \times 10^{-4}$.

निकटतम मान : 2×10^{-4} V/m (लगभग).

112. सामान्य बल = 50 N (भार)
- स्थैतिक घर्षण = 10 N ⇒ गुणांक = 10/50 = 0.20.
- गतिज घर्षण = 5 N ⇒ गुणांक = 5/50 = 0.10.

113. दिया गया आयनिक यौगिक = MCl_3
जिसका आणविक द्रव्यमान = 118.5.
मोलर द्रव्यमान गणना :
$M + 3 \times 35.5 = 118.5$
$M + 106.5 = 118.5 \Rightarrow M = 12$
अतः तत्व X का परमाणु द्रव्यमान = 12.
चूँकि यह MCl_3 बनाता है, इसकी संयोजकता +3 है अर्थात् ऑक्साइड X_2O_3 के रूप का होगा।
X_2O_3 आणविक द्रव्यमान $= 2 \times 12 + 3 \times 16$
$= 24 + 48 = 72$
अतः तत्व X के ऑक्साइड का आणविक द्रव्यमान **72** है।

114. ग्लूकोज का पुनः अवशोषण नेफ्रॉन की समीपस्थ कुण्डलित नलिका (PCT) में होता है। यहाँ ग्लूकोज सक्रिय परिवहन (active transport) द्वारा रक्त में पुनः लौटाया जाता है। स्वस्थ अवस्था में समस्त ग्लूकोज PCT में पुनः अवशोषित हो जाता है।

115. किसी तत्व का परमाणु भार (atomic mass) उसके नाभिक में उपस्थित न्यूक्लिऑनों (प्रोटॉन + न्यूट्रॉन) की संख्या से निर्धारित होता है। प्रोटॉन संख्या परमाणु क्रमांक देती है जबकि न्यूट्रान संख्या के साथ मिलकर न्यूक्लिऑन संख्या (mass number) परमाणु भार को परिभाषित करती है।

116. एक गुब्बारा जितना भार सहन कर सकता है, वह विस्थापित वायु द्वारा लगाए गए उत्प्लावन बल में से हीलियम गैस और गुब्बारे के थैले के कुल भार को घटाकर प्राप्त मान के बराबर होता है।
- **चरण 1: उत्प्लावन बल (विस्थापित वायु) :**
$F_B = V \cdot \rho_{air} \cdot g = 20 \times 0.90 \times 9.8 = 176.4$ N
- **चरण 2: हीलियम गैस का भार :**
$W_{He} = V \cdot \rho_{He} \cdot g = 20 \times 0.178 \times 9.8 \approx 34.9$ N
- **चरण 3: गुब्बारे का कुल भार (बैग + हीलियम) :**
$W_{total} = 88 + 34.9 = 122.9$ N
- **चरण 4: अधिकतम भार वहन किया गया**
$W_{load} = F_B - W_{total} = 176.4 - 122.9 = 53.5$ N

दिए गए विकल्पों के अनुसार पूर्णांकित करने पर, अधिकतम भार ≈ **53.1 N.**

117. म्यूकर फाइकोमाइसीट्स (जाइगोमाइकोटा) का सदस्य है। यह एक सामान्य मृतजीवी कवक है जो सड़ते हुए पदार्थ, रोटी और गोबर पर उगता है।

118. झुकाव पर ब्लॉक का भार = 200 N.
झुकाव के अनुदिश घटक, 200 sin 30° = 200 × 0.5 = 100 N
संतुलन के लिए तनाव = 100 N = दूसरे गुटके का भार
अतः दूसरे ब्लॉक का भार = **100 N.**

119. साइक्लोट्रॉन आवृत्ति संबंध :
$$f = \frac{eB}{2\pi m} \Rightarrow B = \frac{2\pi mf}{e}$$
प्रतिस्थापन : $f = 2450 \times 10^6$ Hz, $m = 9.11 \times 10^{-31}$ kg,
$e = 1.6 \times 10^{-19}$ C
$$B = \frac{2\pi \times 9.11 \times 10^{-31} \times 2.45 \times 10^9}{1.6 \times 10^{-19}} \approx 0.0877\,T$$
आवश्यक चुंबकीय क्षेत्र = 0.0877 T.

120. नाइक्रोम का उपयोग तापन तत्व के रूप में किया जाता है क्योंकि :
(*i*) इसका गलनांक बहुत अधिक होता है।
(*ii*) इसकी प्रतिरोधकता अधिक होती है, इसलिए यह पर्याप्त ऊष्मा उत्पन्न करता है।
कथन (*iii*) गलत है क्योंकि नाइक्रोम आसानी से ऑक्सीकृत नहीं होता, जिससे यह लंबे समय तक टिकाऊ रहता है।
सही = केवल (*i*) और (*ii*).

121. **स्पोरोजोन्स : कवक :** यह सुमेलन गलत है।
- **मीथेनोजेन्स – आर्कीबैक्टीरियाः** सही; ये एनाएरोबिक, आर्किया डोमेन के सूक्ष्मजीव हैं।
- **नोस्टॉक – यूबैक्टीरियाः** सही; नॉस्टोक सायनोबैक्टीरिया (नील-हरित) है, जो यूबैक्टीरिया (प्रोकैरियोट) में आता है।
- **यूग्लेनोइड्स – प्रोटिस्टाः** सही; यूग्लीना-जैसे जीव प्रोटिस्टा में रखे जाते हैं।
- **स्पोरोजोन्स – कवकः गलत;** (अब प्रायः **एपिकॉम्प्लेक्सा**) परजीवी प्रोटिस्ट हैं, कवक नहीं।

122. कोयला **अक्रिस्टलीय** (amorphous) कार्बन है; क्रिस्टलीय अपररूपों में **ग्रेफाइट, डायमंड (हीरा), फुलरीन** आते हैं। अतः "कोल" क्रिस्टलीय अपररूप नहीं है।

123. सेफ्टी-माचिस में **लाल फॉस्फोरस डब्बे के घर्षण पट्टी** (striking surface) पर होता है, **तीली के सिर पर नहीं।**
- तीली के सिर में सामान्यतः **ऐण्टीमनी ट्राइसल्फाइड (Sb_2S_3), पोटैशियम क्लोरेट ($KClO_3$) गंधक/भराव/ग्लास पाउडर** और **स्टार्च/गोंद (बाइंडर)** होते हैं।

124. **कोशिका आकार में बढ़ती है और डीएनए प्रतिकृति के लिए तैयार होती हैः G_1 चरण में**
- कोशिका **वृद्धि (growth),** आरएनए/प्रोटीन संश्लेषण करती है,
- **S चरण** हेतु एंजाइमेटिक व चेकपॉइंट तैयारी होती है,
- **डीएनए का संश्लेषण G_1 में नहीं,** वह **S चरण** में होता है; मेटाफेज संरेखण **M चरण** में और विभाजन **सीधे M/साइटोकाइनेसिस** में होता है।

125. इस्पात-निर्माण शृंखला में लौह-अयस्क को **ब्लास्ट-फर्नेस** में कोक (कार्बन) से अपचय कर पिग आयरन बनाया जाता है, जिसे आगे **स्टील** में रूपांतरित किया जाता है।
- **कोल गैस/कोलतार/बिटुमेन** उप-उत्पादन/अन्य उपयोगों में आते हैं; स्टील बनाने में प्रमुख अपचायक/ईंधन **कोक** है।

126. **रेटिनाः** साफ देखने के लिए प्रतिबिंब ठीक **रेटिना** पर बनना चाहिए; रेटिना पर ही प्रकाश-संवेदनशील रॉड/कोन कोशिकाएँ होती हैं जो तंत्रिका संकेत में रूपांतरण करती हैं। कॉर्निया/लेंस केवल प्रकाश को अपवर्तित कर रेटिना पर फोकस कराते हैं।

127. (*a*) **सोडियम हाइड्रोजन कार्बोनेट → (*ii*) पौधों में फफूंद का संक्रमणः** बेकिंग सोडा का घोल उद्यानिकी में हल्का फफूंदनाशी (powdery mildew आदि) के लिए प्रयुक्त।

(*b*) **मिल्क ऑफ मैग्नेशिया** $(Mg(OH)_2)$ **→ (*iii*)** प्रतिअम्लः क्षारीय प्रकृति के कारण एंटासिड के रूप में अम्लता घटाता है।

(*c*) **कैलामाइन विलयन → चींटी के डंकः** त्वचा-उत्तेजना/कीट डंक में **शीतल, शोषक, शमनकारी** लोशन।

(*d*) **बुझा चूना** $(Ca(OH)_2)$ → **अम्लीय मृदाः** अम्लीय मिट्टी का **pH बढ़ाने** हेतु लाइमिंग में उपयोग।

128. **गैल्वनीकरण** में लोहे पर **जिंक-परत** चढ़ाई जाती है। जिंक बलिदानी धातु (sacrificial protection) की तरह जंग से संरक्षण देता है।

129. **SER (Smooth ER)** का प्राथमिक कार्य **लिपिड/फॉस्फोलिपिड/स्टेरॉयड** का संश्लेषण, लिपिड मेटाबोलिज़्म तथा डिटॉक्सिफिकेशन है; **प्रोटीन संश्लेषण RER** पर राइबोसोम द्वारा होता है।

130. समय Δt द्वारा अलग किए गए एक ही बिंदु पर विस्थापनों के बीच कलांतर :

$$\Delta\phi = 2\pi f\Delta t = 2\pi \times 500 \times 10^{-3}$$
$$= 2\pi \times 0.5 = \pi$$

अतः चरण अंतर = π.

131. कथन (4) गलत है। बोस-आइंस्टीन कंडेनसेट (BEC) अत्यन्त निम्न ताप (नैनो-केल्विन के आसपास) पर ठंडी, विरल गैस को ठंडा करके बनता है, गरम करने से नहीं। (1) गैस में अणुओं के बीच आकर्षण बल बहुत कम होते हैं — सही। (2) प्लाज्मा उच्च-ऊर्जा, आयनित कणों का समुच्चय है — सही। (3) प्लाज़्मा की दीप्ति गैस की प्रकृति पर निर्भर रंग की होती है — सही।

132. जन्तुप्लवक, टिड्डा, गाय सभी **प्राथमिक उपभोक्ता** (herbivores/zooplankton) हैं जो सीधे उत्पादकों (पादप/पादपप्लवक/घास) पर निर्भर होते हैं। विकल्प 2 के जीव उच्च उपभोक्ता है; विकल्प 3 में सभी उत्पादक हैं; विकल्प 4 के जीव उच्च/शीर्ष उपभोक्ता/अपघटक भोजन लेने वाले (स्कैवेंजर) हैं, प्राथमिक नहीं।

133. **फॉस्फोरस** और **सल्फर** के चक्र मुख्यतः **अवसादी (sedimentary) चक्र** माने जाते हैं (भू-पर्पटी/अवसाद से नियंत्रित); जबकि **कार्बन** और **नाइट्रोजन** प्रमुखतः **वायवीय (gaseous) चक्र** हैं।

134. विजय हाइपरमेट्रोपिया (दूरदृष्टि दोष) से पीड़ित है, जिसका अर्थ है कि वह वस्तुओं को स्पष्ट रूप से नहीं देख सकता यदि उसके दोषपूर्ण निकट बिंदु 2.5 मीटर से अधिक निकट हों। सुधारात्मक लेंस को सामान्य निकट बिंदु (25 सेमी) पर स्थित वस्तु को 2.5 मीटर पर दिखाना चाहिए।

- दिया है : वस्तु की दूरी $u = -0.25$ m
  प्रतिबिंब दूरी $v = -2.5\ m$
- लेंस सूत्र : $\dfrac{1}{f} = \dfrac{1}{v} - \dfrac{1}{u}$
- प्रतिस्थापन : $\dfrac{1}{f} = \dfrac{1}{-2.5} - \dfrac{1}{-0.25} = -0.4 + 4 = 3.6$
- फोकस दूरी और क्षमता : $f = \dfrac{1}{3.6} m$, $\quad P = 3.6$ D

अतः आवश्यक सुधारात्मक लेंस की **अपवर्तक** क्षमता **3.6 D** होनी चाहिए।

135. सोल्डर (Solder) पारंपरिक रूप **से सीसा** (Pb) और **टिन** (Sn) की मिश्रधातु है (उदा., 60/40 या 63/37 Sn-Pb), जिसका गलनांक कम और गीलन/बहाव उत्कृष्ट होता है — इसलिए विद्युत/इलेक्ट्रॉनिक जोड़ में प्रयोग होता है।

136. सिक्वोया/सीक्वोइया (Giant redwood, *Sequoia sempervires / Sequoidendron giganteum*), शंकुधारी वृक्ष हैं और **जिम्नोस्पर्म** (नग्नबीजी) समूह में आते हैं — बीज शंकुओं (cones) में बनते हैं, आवृत बीजांड नहीं होते।

137. इसे कार्य-ऊर्जा प्रमेय का उपयोग करके हल किया जा सकता है, जो बताता है कि कुल बल द्वारा किया गया कार्य गतिज ऊर्जा में परिवर्तन के बराबर होता है।

दिया गया है : द्रव्यमान, $m = 0.016$ किग्रा.
प्रारंभिक गति, $u = 260$ मी/से.
अंतिम गति, $v = 0$ मी/से.
भेदन दूरी, $d = 0.12$ मी.

चरण 1: गतिज ऊर्जा में परिवर्तन

$$\Delta K = \frac{1}{2}mv^2 - \frac{1}{2}mu^2$$
$$= 0 - \frac{1}{2}(0.016)\,(260^2)$$
$$= -0.008 \times 67600 = -540.8 \text{ J}$$

चरण 1: कार्य-ऊर्जा संबंध

$$W = F_{avg} \cdot d = \Delta K$$
$$F_{avg} = \frac{\Delta K}{d} = \frac{-540.8}{0.12}$$
$$F_{avg} \approx -4506.7 \text{ N}$$

औसत प्रतिरोधक बल **–4510 N** है, जहाँ ऋणात्मक चिह्न दर्शाता है कि बल गोली की गति के विपरीत कार्य करता है।

138. यह **लैक्टेशनल अमेनोरिया मेथड (LAM)** है — प्रसवोत्तर अवधि में शिशु को बार-बार/विशेष स्तनपान कराने से प्रौलैक्टिन ऊँचा रहता है, **GnRH/LH** दमनित होते हैं, जिससे **अंडोत्सर्ग और आर्तव** अस्थायी रूप से रुकते हैं; इस अवधि में गर्भधारण का जोखिम घटता है (निर्धारित शर्तों में प्रभावी)।

139. गॉल्जी तंत्र प्रोटीन/लिपिड का **पोस्ट-ट्रांसलेशनल संशोधन (glycosylation, sulfation)**, **छँटाई** (sorting) और पैकेजिंग कर वेसिकल्स के जरिए लक्षित स्थल तक भेजता है। राइबोसोम संश्लेषण, ER फोल्डिंग/ट्रांसपोर्ट, लाइसोसोम अपघटन करते हैं।

140. डॉबसन इकाई पर्यावरण में शोर मापती हैः यह गलत है।

- **डॉबसन इकाई (DU):** वायुमंडलीय ओजोन स्तंभ की मात्रात्मक इकाई है, शोर की नहीं।
- (1) **मिथेन व** CO_2**:** दोनों ग्रीनहाउस गैसें — सही।
- (3) **मॉन्ट्रियल प्रोटोकॉलः ओजोन परत क्षरण** से संबंधित अंतर्राष्ट्रीय संधि — सही।
- (4) **इनसिनेरेटरः** अस्पताल कचरा निपटान में महत्वपूर्ण — सही।

141. $y = x^2 - v^2t^2$

1D तरंग समीकरण के लिए :

$$\frac{\partial^2 y}{\partial t^2} = v^2 \frac{\partial^2 y}{\partial x^2}$$

प्रत्येक रूप का परीक्षण करने पर :

$$y = x^2 + v^2t^2:$$

$$\frac{\partial^2 y}{\partial t^2} = 2v^2, \ \frac{\partial^2 y}{\partial x^2} = 2 \Rightarrow v^2 \frac{\partial^2 y}{\partial x^2} = 2v^2$$

LHS = RHS ⇒ संतुष्ट करता है

$$y = (x \pm vt)^2:$$

$$\frac{\partial^2 y}{\partial t^2} = 2v^2, \ \frac{\partial^2 y}{\partial x^2} = 2 \Rightarrow v^2 \frac{\partial^2 y}{\partial x^2} = 2v^2$$

LHS = RHS ⇒ संतुष्ट करता है

$$y = x^2 - v^2t^2:$$

$$\frac{\partial^2 y}{\partial t^2} = -2v^2, \ \frac{\partial^2 y}{\partial x^2} = 2 \Rightarrow v^2 \frac{\partial^2 y}{\partial x^2} = 2v^2$$

LHS ≠ = RHS (जब तक कि $v = 0$ न हो, जो कि अ-तरंग है), इसलिए यह तरंग समीकरण को संतुष्ट नहीं करता है।

142. काँच ($\mu_1 = 3/2$) और वायु ($\mu_2 = 1$) को पृथक करने वाले अवतल गोलाकार पृष्ठ पर अपवर्तन के लिए, न्यूनतम वस्तु दूरी u (R, वक्रता त्रिज्या के पदों में) ज्ञात करना है ताकि प्रतिबिम्ब वायु में वास्तविक हो।

गोलाकार पृष्ठ पर अपवर्तन सूत्र (कार्तीय चिह्न परिपाटी)

$$\frac{\mu_2}{v} - \frac{\mu_1}{u} = \frac{\mu_2 - \mu_1}{R}$$

- पृष्ठ पर ध्रुव को $+x$ दाईं ओर (वायु की ओर) मान लीजिए।
- वस्तु बाईं ओर काँच में है ⇒ $u < 0$.
- काँच से देखने पर सतह अवतल है ⇒ वक्रता केंद्र बाईं ओर है ⇒ $R < 0$.
- वायु में वास्तविक प्रतिबिम्ब ⇒ $v > 0$.

प्रतिस्थापन, $\mu_1 = 3/2$, $\mu_2 = 1$:

$$\frac{1}{v} - \frac{3/2}{u} = \frac{1 - 3/2}{R} = \frac{-1/2}{R}$$

माना कि $u = -s$ जहाँ $s > 0$ (वस्तु दूरी परिमाण) है और $R = -R$, जहाँ $R > 0$ (त्रिज्या परिमाण) है, तब :

$$\frac{1}{v} - \frac{3/2}{-s} = \frac{-1/2}{-R}$$

$$\Rightarrow \quad \frac{1}{v} + \frac{3}{2s} = \frac{1}{2R} \Rightarrow \frac{1}{v} = \frac{1}{2R} > \frac{3}{2s}$$

वास्तविक प्रतिबिम्ब के लिए शर्त : $v > 0$

$\Rightarrow \quad 1/v > 0.$

$$\frac{1}{2R} - \frac{3}{2s} > 0 \Rightarrow \frac{1}{2R} > \frac{3}{2s} \Rightarrow s > 3R$$

अतः वस्तु दूरी परिमाण 3R से अधिक होना चाहिए। अतः $z = 3$.

143. मोमबत्ती की ज्वाला का **मध्य क्षेत्र** पीला, देदीप्यमान होता है और इसे **आंशिक (अपूर्ण) दहन क्षेत्र** कहते हैं; बाहरी नीला क्षेत्र **पूर्ण दहन** का तथा भीतरी गहरा क्षेत्र अपूर्ण/ठंडा होता है।

144. पूसा स्वर्णिमः एफिड्स प्रतिरोधी : यह सुमेलन गलत है।

- **हिमगिरी — स्ट्राइप रस्ट प्रतिरोधी** (गेहूँ) सही है
- **पूसा गौरव — ऐफिड प्रतिरोधी** (सरसों) सही है
- **पूसा कोमल — बैक्टीरियल ब्लाइट** (लोबिया/बरबटी में प्रतिरोध) सही है
- **पूसा स्वर्णिम (करन राय/सरसों) — व्हाइट रस्ट** प्रतिरोधी जाना जाता है, ऐफिड नहीं। यह गलत है।

145. प्रोपिओनिबैक्टीरियम (Propionibacterium) : 'स्विस चीज' में विशेष छिद्र/आँखें CO_2 गैस बनने से बनती हैं, जो Propionibacterium द्वारा लैक्टेट को प्रोपियोनेट में बदलते समय उत्पन्न होती है; यही इसकी लाक्षणिक बनावट और स्वाद का कारण है।

146. विभिन्न ईंधनों के उष्मीय मान (Calorific Value):

- पेट्रोल : लगभग 11,000 kcal/kg
- एलपीजी : लगभग 11,500 kcal/kg
- सीएनजी : लगभग 12,000 kcal/kg
- हाइड्रोजन : लगभग 1,50,000 kcal/kg (सबसे अधिक) इसलिए हाइड्रोजन का कैलोरी मान सबसे अधिक है।

147. वायुमंडलीय अपवर्तन से होते हैं :

(*i*) तारों का टिमटिमाना,

(*ii*) सूर्य का ऊँचा दिखना,

(*iii*) वास्तविक सूर्योदय से पहले सूर्य का दिखना।

सूर्यास्त का लाल रंग वायुमंडलीय प्रकीर्णन (Scattering) के कारण होता है, अपवर्तन से नहीं।

148. प्रकाश संश्लेषण

- सभी जीवों में पाई जाने वाली विशेषताएँ: **उपापचय (Metabolism), वृद्धि (Growth), प्रजनन (Reproduction)।**
- **प्रकाश संश्लेषण** केवल स्वपोषी (Autotrophs, जैसे पौधों) की विशेषता है, सभी जीवों की नहीं।

149. जब $R_v = 1800\ \Omega$ प्रतिरोध वाले एक वोल्टमीटर को $R = 200\ \Omega$ वाले प्रतिरोधक से जोड़ा जाता है, तो वे समांतर क्रम में होते हैं। समांतर क्रम में दो प्रतिरोधकों का तुल्य प्रतिरोध निम्न प्रकार दिया जाता है :

$$\frac{1}{R_{eq}} = \frac{1}{R} + \frac{1}{R_v}$$

मान प्रतिस्थापित करने पर,

$$\frac{1}{R_{eq}} = \frac{1}{200} + \frac{1}{1800} = \frac{9}{1800} + \frac{1}{1800} = \frac{10}{1800} = \frac{1}{180}$$

अतः $\quad R_{eq} = 180\ \Omega$

अतः परिपथ का तुल्य प्रतिरोध **180 Ω** है।

150. गैस को द्रव में बदलने (Liquefaction) हेतु कणों का पास लाना आवश्यक है।

- उच्च दाब = अणुओं को समीप लाता है,
- निम्न ताप = अणुओं की गतिज ऊर्जा कम करता है,
- दोनों प्रभाव मिलकर द्रवीकरण को संभव बनाते हैं।

पिछले प्रश्न-पत्र

हरियाणा शिक्षक पात्रता परीक्षा (HTET)

TGT विज्ञान (Level-2), 2023

(Exam held on 03-12-2023)

भाग-I : बाल विकास व शिक्षाशास्त्र

1. किस मनोवैज्ञानिक के अनुसार बच्चों के संज्ञानात्मक विकास में सामाजिक एवं सांस्कृतिक कारकों की भूमिका महत्वपूर्ण होती है?
A. वॉयगोत्स्की B. पियाजे
C. ब्रूनर D. हल

2. दृष्टिबाधित विद्यार्थियों के लिए कौन-सी शिक्षण सहायक सामग्री उपयोगी **नहीं** होगी?
A. ब्रेल सामग्री B. बोलती किताबें
C. फिल्म स्ट्रिप्स D. उभरे हुए मानचित्र

3. वह शिक्षा जो 'करके सीखने' को बढ़ावा देती है और सीखने के लिए विद्यार्थियों की उनके वातावरण के साथ अंतःक्रिया सुनिश्चित करती है, वह कहलाती है :
A. विशिष्ट शिक्षा B. प्रगतिशील शिक्षा
C. एकीकृत शिक्षा D. समावेशी शिक्षा

4. समावेशी शिक्षा से तात्पर्य है :
A. सामाजिक रूप से वंचित बच्चों के लिए शिक्षा
B. दिव्यांग बच्चों के लिए शिक्षा
C. सामान्य एवं दिव्यांग बच्चों के लिए शिक्षा
D. सभी बच्चों के लिए शिक्षा

5. सामाजिक अधिगम के सन्दर्भ में कौन-सी शिक्षण-अधिगम रणनीति विद्यार्थियों के लिए सर्वाधिक उपयोगी है?
A. क्षेत्र भ्रमण B. भाषण
C. प्रयोग D. मानसिक उद्वेलन

6. निम्नलिखित में से कौन-सा वस्तुनिष्ठ प्रकार का प्रश्न **नहीं** है?
A. मिलान प्रश्न B. विश्लेषणात्मक प्रश्न
C. बहुवैकल्पिक प्रश्न D. रिक्त स्थान प्रश्न

7. धीमी गति के अधिगमकर्ता के लिए कौन-सा शैक्षिक हस्तक्षेप उपयुक्त **नहीं** है?
A. त्वरण B. उपचारात्मक शिक्षण
C. अभ्यास कार्य D. सहकारी शिक्षण विधि

8. जब एक बच्चे द्वारा सीखा जाने वाला पाठ लंबा और कठिन हो तथा उसमें समझ की जरूरत भी अधिक हो, तो सीखने की कौन-सी विधि उपयुक्त होगी?
A. विराम विधि B. पूर्ण विधि
C. अविराम विधि D. प्रासंगिक विधि

9. किशोरावस्था में स्वीकृत सामाजिक व्यवहार पैटर्न के लिए **सही** कूट का चयन कीजिए :
(*a*) नेतृत्व कुशलता (*b*) परानुभूति
(*c*) अहं-केन्द्रितता (*d*) रूढ़िवादिता
कूट :
A. (*a*) एवं (*b*) B. (*b*) एवं (*d*)
C. (*a*), (*b*) एवं (*c*) D. (*a*), (*c*) एवं (*d*)

10. निम्नलिखित में से कौन-सा युग्म अभिप्रेरणा के सिद्धांतों एवं उनके प्रतिपादकों के संबंध में सही **नहीं** है?

अभिप्रेरणात्मक सिद्धांत	प्रतिपादक
A. मूल प्रवृत्ति सिद्धांत	एटकिंसन
B. आवश्यकता पदानुक्रम सिद्धांत	मास्लो
C. प्रणोद सिद्धांत	वुडवर्थ
D. उपलब्धि अभिप्रेरणा सिद्धांत	मैक्लीलैंड

11. निम्नलिखित में से कौन-सा बुद्धि का एक क्रियात्मक परीक्षण **नहीं** है?
A. कोह् का ब्लॉक डिजाइन परीक्षण
B. एलेक्जेंडर का पास-एलाँग परीक्षण
C. सेगुइन फॉर्म बोर्ड परीक्षण
D. स्टेनफोर्ड-बिनेट परीक्षण

12. निम्नलिखित में से कौन-सा विकास का एक सिद्धांत **नहीं** है?
A. विकास आनुवंशिकता एवं पर्यावरण का उत्पाद है।
B. विकासात्मक पैटर्न पूर्वानुमेय होता है।
C. विकास रैखिक पथ का अनुसरण करता है।
D. विकास सामान्य से विशिष्ट की ओर बढ़ता है।

1. A **2.** C **3.** B **4.** D **5.** A **6.** B **7.** A **8.** A **9.** A **10.** A
11. D **12.** C

13. गैग्ने के अनुसार, एक शिक्षक द्वारा विद्यार्थियों को किस उच्चतम स्तर के अधिगम तक ले जाने का प्रयास करना चाहिए?

A. संप्रत्यय अधिगम B. समस्या समाधान अधिगम
C. नियम अधिगम D. विभेदन अधिगम

14. अधिगम को प्रभावित करने वाले निम्नलिखित कारकों के **सही** कूट का चयन कीजिए :

(*a*) अभिप्रेरणा (*b*) अभिक्षमता
(*c*) अभिरुचि (*d*) अवधान

कूट :

A. (*c*) एवं (*d*) B. (*a*), (*b*) एवं (*d*)
C. (*a*) एवं (*c*) D. (*a*), (*b*), (*c*) एवं (*d*)

15. निम्नलिखित में से कौन-सा किशोरावस्था में सामाजिक विकास की एक सामान्य विशेषता **नहीं** है?

A. माता-पिता के साथ सामंजस्यपूर्ण संबंध
B. नया सामाजिक समूहन
C. पहचान की खोज
D. वीर-पूजा

16. निम्नलिखित में से कौन-सा कारक पर्यावरणीय कारकों के अन्तर्गत बच्चों के विकास को प्रभावित **नहीं** करता?

A. पोषण
B. गर्भावस्था के दौरान माँ का मानसिक तनाव
C. दुर्घटनाएँ
D. अन्तःस्रावी ग्रंथियाँ

17. 'उपयोग का नियम' एवं 'अनुपयोग का नियम' थॉर्नडाइक के अधिगम सिद्धांत के अनुसार किस सीखने के नियम से संबंधित है?

A. तत्परता का नियम B. अभ्यास का नियम
C. प्रभाव का नियम D. बहु प्रतिक्रिया का नियम

18. निम्नलिखित में से कौन-सी विशेषता पियाजे द्वारा प्रतिपादित संज्ञानात्मक विकास सिद्धान्त की मूर्त संक्रियात्मक अवस्था से संबंधित **नहीं** है?

A. उत्क्रमणीयता (पलटाव की क्षमता)
B. क्रमबद्धता
C. जीववाद
D. संरक्षण

19. अधिगम निर्योग्य बच्चों के लिए कौन-सा शिक्षण सूत्र लाभप्रद **नहीं** होगा?

A. सरल से जटिल B. अमूर्त से मूर्त
C. प्रत्यक्ष से अप्रत्यक्ष D. ज्ञात से अज्ञात

20. कोहलबर्ग के नैतिक विकास सिद्धांत की कौन-सी अवस्थाएँ पारम्परिक नैतिकता के स्तर से संबंधित **नहीं** हैं?

(*a*) व्यक्तिवाद एवं विनिमय
(*b*) अच्छे अन्तर्वैयक्तिक संबंध
(*c*) सामाजिक व्यवस्था बनाए रखना
(*d*) सामाजिक अनुबंध और वैयक्तिक अधिकार

सही कूट का चयन कीजिए :

कूट :

A. (*a*) एवं (*b*) B. (*b*) एवं (*c*)
C. (*a*) एवं (*d*) D. (*c*) एवं (*d*)

21. निम्नलिखित में से कौन-सा नियम आनुवंशिकता से संबंधित **नहीं** है?

A. समानता का नियम B. भिन्नता का नियम
C. प्रतिगमन का नियम D. प्रगति का नियम

22. निम्नलिखित में से कौन-सा कारक शिक्षण अधिगम प्रक्रिया को प्रभावित **नहीं** करता है?

A. शिक्षक का शारीरिक रूप B. शिक्षक का मानसिक स्वास्थ्य
C. शिक्षक का विषयवस्तु ज्ञान D. शिक्षक का संप्रेषण कौशल

23. पियाजे के नैतिक विकास सिद्धांत के अनुसार, किशोरावस्था है :

A. नैतिक यथार्थवाद की अवस्था
B. बाधिक नैतिकता की अवस्था
C. परायत्त नैतिकता की अवस्था
D. स्वायत्त नैतिकता की अवस्था

24. वैयक्तिक भिन्नताओं के सन्दर्भ में कौन-सा कथन सही **नहीं** है?

A. कोई भी दो व्यक्ति बिल्कुल एक-समान नहीं होते।
B. वैयक्तिक भिन्नताएँ विशेषताओं के संबंध में विचलन हैं।
C. वैयक्तिक भिन्नताएँ अपनी समग्रता में व्यक्तियों को अलग करती हैं।
D. वैयक्तिक भिन्नताएँ केवल आनुवंशिकता का ही परिणाम होती हैं।

25. अवधान एवं चिंतन जैसी मानसिक प्रक्रियाओं के द्वारा सीखना कहलाता है :

A. अनुकरणात्मक सीखना B. गामक सीखना
C. संज्ञानात्मक सीखना D. भावात्मक सीखना

26. निम्नलिखित में से कौन-सा प्रभावी अधिगम का एक सिद्धांत **नहीं** है?

A. अभिप्रेरणा B. वैयक्तिक पहुँच
C. निष्क्रिय उपस्थिति D. प्रतिपुष्टि

13. B **14.** D **15.** A **16.** D **17.** B **18.** C **19.** B **20.** C **21.** D **22.** A
23. D **24.** D **25.** C **26.** C

27. सतत् एवं व्यापक मूल्यांकन का सही अर्थ है :
(*a*) लगातार परीक्षाएँ लेना
(*b*) उपयुक्त अंतराल के बाद निरन्तर परीक्षाएँ लेना
(*c*) शैक्षिक तथा सह-शैक्षिक दोनों पक्षों का मूल्यांकन करना
(*d*) केवल शैक्षिक उपलब्धि मापना
सही कूट का चयन कीजिए :
कूट :
A. (*b*) एवं (*d*)
B. (*b*) एवं (*c*)
C. (*a*), (*b*) एवं (*c*)
D. (*b*), (*c*) एवं (*d*)

28. एक अधिगम कठिनाई जो बच्चे के लिए वर्णों और शब्दों में अंतर करने में समस्या उत्पन्न करती है :
A. डिस्प्लास्टिसिया B. डिस्लेक्सिया
C. डिस्ग्राफिया D. डिस्कैलकुलिया

29. स्टर्नबर्ग के त्रितंत्रीय सिद्धांत में बुद्धि के किन तीन पहलुओं पर बल दिया गया है?
(*a*) घटकीय (*b*) अनुभवजन्य
(*c*) संक्रियात्मक (*d*) संदर्भात्मक
सही कूट का चयन कीजिए :
कूट :
A. (*a*), (*b*) एवं (*c*) B. (*b*), (*c*) एवं (*d*)
C. (*a*), (*b*) एवं (*d*) D. (*a*), (*c*) एवं (*d*)

30. पावलोव के अनुबंधन सिद्धांत में स्वाभाविक एवं कृत्रिम उद्दीपकों के मध्य अनुबंधन को कौन-सा कारक धनात्मक रूप से प्रभावित नहीं करता है?
A. उद्दीपकों के प्रस्तुतीकरण का उपयुक्त समय
B. उद्दीपकों की पुनरावृत्ति
C. नियंत्रित वातावरण
D. प्रेरक की कमी

भाग-II : भाषा - हिन्दी

31. निम्न में से कौन-सा संधि शब्द अपने युग्म से सुमेलित **नहीं** है?
A. अजंत - व्यंजन संधि
B. वयोवृद्ध - विसर्ग संधि
C. महौदार्य - वृद्धि स्वर संधि
D. तेजोपुंज - गुण स्वर संधि

32. किस विकल्प के शब्दों में वार्तनिक अशुद्धि **नहीं** है?
A. सुधीजन, शताब्दी B. साधूवाद, सुरसरी
C. शूभेषी, भार्यापति D. चन्द्रमोलि, पुत्रेषणा

33. वाक्यांश के लिए एकल शब्द के संबंध में कौन-सा युग्म **असंगत** है?
A. जिसे वहन करना कठिन हो – दुर्विभाव्य
B. जिसे किसी ने न सूँघा हो – अनाघ्रात
C. कोई काम करने की इच्छा – चिकीर्षा
D. विजय प्राप्ति की तीव्र इच्छा – विजीगिषा

34. निम्न में से कौन-सा शब्द 'धनुष' का पर्यायवाची **नहीं** है?
A. चाप B. कार्मुक
C. शरासन D. कासार

35. 'नीम हकीम खतरे जान' उक्त लोकोक्ति का **सही** अर्थ है :
A. पहले स्वार्थ बाद में परमार्थ करना।
B. अल्पज्ञान खतरनाक होता है।
C. दोषी के साथ निर्दोष को सजा मिलना।
D. अत्यन्त धीरे काम चलना।

36. किस क्रमांक में 'कादंबरी-कादंबिनी' शब्द-युग्म का क्रमशः **सही** अर्थ है?
A. शराब, घटा B. कुशल, सेवक
C. विनीत, बुराई D. कुशल, पवित्र

37. संज्ञा के संबंध में कौन-सा कथन संगत **नहीं** है?
A. व्यक्तिवाचक संज्ञाओं का प्रयोग सदैव (आदरार्थक के अतिरिक्त) एकवचन में होता है।
B. देश, त्योहार, नदी उक्त व्यक्तिवाचक संज्ञा के उदाहरण हैं।
C. 'द्रव्यवाचक' तथा 'समूहवाचक', जातिवाचक संज्ञा के ही भेद माने जाते हैं।
D. 'विद्वत्ता', 'पांडित्य' उक्त यौगिक भाववाचक संज्ञा के उदाहरण हैं।

38. विलोम शब्द के संबंध में कौन-सा युग्म **असंगत** है?
A. घमण्डी - विनीत
B. चिरायु - दीर्घायु
C. तारुण्य - वार्धक्य
D. तेजस्वी - निस्तेज

39. उपसर्ग की दृष्टि से किस विकल्प का शब्द-युग्म **असंगत** है?
A. निर् - निराकरण, निरपराध
B. अनु - अनूदित, अन्वीक्षण
C. परा - परार्थ, पराश्रित
D. सु - सुदूर, सुकृत

27. B **28.** B **29.** C **30.** D **31.** D **32.** A **33.** A, D **34.** D **35.** B **36.** A
37. B **38.** B **39.** C

40. सर्वनाम के संबंध में कौन-सा युग्म संगत **नहीं** है?
A. मैंने आज व्याकरण पढ़ा - पुरुषवाचक सर्वनाम
B. कमरे में कोई हँस रहा है - अनिश्चयवाचक सर्वनाम
C. इसी ने मेरी जिंदगी बचाई थी - प्रश्नवाचक सर्वनाम
D. वह स्वयं को सुधार रहा है - निजवाचक सर्वनाम

41. तत्पुरुष समास का कौन-सा समस्तपद अपने युग्म से सही सुमेलित **नहीं** है?
A. गुरुदक्षिणा - संबंध तत्पुरुष
B. देशाटन - अधिकरण तत्पुरुष
C. रेखांकित - करण तत्पुरुष
D. देशनिर्वासित - अपादान तत्पुरुष

42. विशेषण के संबंध में कौन-सा कथन **असंगत** है?
A. जिस विकारी शब्द से संज्ञा की व्याप्ति मर्यादित होती है, उसे विशेषण कहते हैं।
B. 'भला, दानी, दुष्ट' उक्त शब्द, गुणवाचक विशेषण के उदाहरण हैं।
C. 'कक्षा में साठ छात्र पढ़ते हैं' संख्यावाचक विशेषण का उदाहरण है।
D. संकेतवाचक विशेषण में किसी वस्तु की नाप या तौल का बोध होता है।

43. निम्न में से कौन-सा शब्द 'अपत्यवाचक तद्धित प्रत्यय' से निर्मित **नहीं** है?
A. वैनतेय　　B. कौरव
C. वासुदेव　　D. वैधव्य

44. 'ग', 'ल' तथा 'ब' उक्त वर्णों का क्रमशः उच्चारण स्थान है :
A. तालु, कण्ठ, ओष्ठ　　B. दन्त, कण्ठ, तालु
C. कण्ठ, दन्त, ओष्ठ　　D. ओष्ठ, कण्ठ, तालु

45. किस विकल्प का वाक्य पूर्वकालिक क्रिया का उदाहरण **नहीं** है?
A. राम खेलकर चला गया।
B. तुम्हें ऐसा करना शोभा नहीं देता है।
C. सीता खाना बनाकर जयपुर जाएगी।
D. अध्यापक उदाहरण देकर छात्रों को पढ़ाते हैं।

PART-II : LANGUAGE – ENGLISH

46. Choose the option that gives the **correct** meaning of the given phrasal verb:

Give in
A. distribute　　B. deposit
C. donate　　D. surrender

47. Fill in the blank with the most appropriate modal auxiliary:

Your mother is seriously ill. You ______ leave for home at once. (obligation)
A. needs　　B. might
C. could　　D. must

48. Choose the **correct** preposition to fill in the blank:

He told all _______ the incident.
A. between　　B. among
C. beside　　D. about

49. Choose the most appropriate preposition to fill in the blank:

I am going home the day ______ tomorrow.
A. in　　B. on
C. after　　D. at

50. Choose the most appropriate preposition to fill in the blank:

Mohan gazed _______ the sky in the hope of rain.
A. at　　B. unto
C. besides　　D. into

51. Choose the **correct** option that gives the correct passive voice of the given sentence:

Have they done the work?
A. Have the work been done?
B. Has the work been done?
C. Had the work been done?
D. Will the work be done?

52. Choose the **correct** tense form to fill in the blank:

The Headmaster _______ to meet you.
A. want　　B. wants
C. is wanting　　D. was wanting

53. Choose the part of sentence which is **incorrect**:

(*a*) Has Sachin / (*b*) not breaked/ (*c*) the record held/ (*d*) by Bradman who made 10,000 runs in his career?
A. (*a*)　　B. (*b*)
C. (*c*)　　D. (*d*)

40. C	**41.** A	**42.** D	**43.** D	**44.** C	**45.** B	**46.** D	**47.** D	**48.** D	**49.** C
50. A	**51.** B	**52.** B	**53.** B						

54. Choose the **correct** option to fill in the blank:
______ had the police reached than the thieves fled.
A. As soon as B. No sooner
C. Scarcely D. As well

55. Choose the **correct** tense form to fill in the blank:

She jumped off the train while it _______ .
A. moved B. had moved
C. has moved D. was moving

56. Change the narration to Reported speech and choose the **right** option:

I said to him, "Do you know when she will go home?"
A. I told him if he knew when she will go home?
B. I said to him that did he knew when she would go home.
C. I asked him if he knew when she would go home.
D. I said to him that did he know when will she go home?

57. Choose the **correct** option for the given one word: Sinecure
A. one who lives by himself
B. an office with no work but high pay
C. surgery without anesthesia
D. cure by naturopathy

58. Choose the option that gives the **correct** meaning of the given phrasal verb:

Send for
A. start on a journey B. reach to a decision
C. call someone in D. improve

59. Choose the option that gives the **correct** meaning of the phrasal verb:

Turn out
A. to evict someone
B. to kill someone
C. to ridicule someone
D. to give legal notice to someone

60. Fill in the blank with the most appropriate meaning of the underlined idiom:

Rakesh had to deal with all his problems by himself, because he didn't want to depend on his fair weather friends.
A. Friends who come from rich family.
B. Friends who are loyal only during a time of success.
C. Friends with whom one lived in one's college time.
D. Friends who no longer live with you.

भाग-III : सामान्य अध्ययन
मात्रात्मक योग्यता, तार्किक अभिक्षमता तथा सामान्य ज्ञान एवं अभिज्ञान

61. एक परिवार में, A, X का पिता है, B, Y की माता है, तथा X व Z की बहन Y हो, तो निम्नलिखित कथनों में से कौन-सा कथन निश्चित रूप से सही **नहीं** है?
A. B, A की पत्नी है B. B की एक पुत्री है
C. X, A का पुत्र है D. Y, Z की बहन है

62. यदि A दक्षिण दिशा में 8 किमी. जाकर तब दाहिने तरफ मुड़कर 6 किमी. चलता है तथा पुनः उत्तर-पूर्व दिशा में मुड़कर 10 किमी. चलता है, तो A प्रारंभिक बिन्दु से कितनी दूरी पर है?
A. 0 किमी. B. 8 किमी.
C. 10 किमी. D. 12 किमी.

63. यदि 10 व्यक्ति किसी कार्य का (2/5)वाँ भाग करने में 8 दिन लगाते हैं, तो उसी कार्य के शेष कार्य को 12 दिनों में पूर्ण करने के लिए कितने व्यक्तियों की आवश्यकता होगी?
A. 6 B. 8
C. 10 D. 12

64. एक लम्ब प्रिज्म का आधार एक त्रिभुज है, जिसका परिमाप 32 सेमी. है और त्रिभुज की अंतः त्रिज्या 6 सेमी. है। यदि प्रिज्म का आयतन 576 घन सेमी. है, तो इसकी ऊँचाई है :
A. 4 सेमी. B. 5 सेमी.
C. 6 सेमी. D. 8 सेमी.

65. यदि एक नियमित बहुभुज में विकर्णों की संख्या 27 हो, तो इसकी भुजाओं की संख्या होगी :
A. 6 B. 9
C. 10 D. 12

66. दो मिश्र धातुओं A तथा B में, ताँबा तथा जस्ता का अनुपात क्रमशः 5 : 2 तथा 3 : 4 है, इन मिश्र धातुओं में से A का 7 किग्रा. एवं B का 21 किग्रा. मिलाकर एक नई मिश्र धातु बनाई जाती है, इस नई मिश्र धातु में ताँबे तथा जस्ता का अनुपात क्या है?
A. 1 : 2 B. 2 : 1
C. 2 : 3 D. 1 : 1

54. B **55.** D **56.** C **57.** B **58.** C **59.** A **60.** B **61.** C **62.** A **63.** C
64. C **65.** B **66.** D

67. यदि 7 cosec θ – 3 cot θ = 7 जहाँ θ प्रथम चतुर्थांश में हो, तो 7 cot θ – 3 cosec θ का मान है :

A. 3 B. 5
C. 3/7 D. 5/7

68. यदि एक वृत्त में, एक समबाहु त्रिभुज ABC अंतर्निहित किया जाता है, त्रिभुज के शीर्षों से खींची गई स्पर्श रेखाओं से बनने वाला त्रिभुज होगा :

A. विषमबाहु त्रिभुज B. समद्विबाहु त्रिभुज
C. समबाहु त्रिभुज D. समकोणीय त्रिभुज

69. एक दुकानदार, एक वस्तु 15% लाभ पर बेचता है, अगर उसने उसे ₹ 18 अधिक में बेचा होता, तो लाभ 18% हो जाता। उस वस्तु का क्रय मूल्य (₹ में) है :

A. 600 B. 540
C. 350 D. 380

70. दी गई शृंखला में **गलत** संख्या है :

0, 3, 9, 12, 36, 39, 42, 120, 360

A. 12 B. 39
C. 42 D. 360

71. दो धनात्मक संख्याओं का अन्तर 3 है, यदि उनके वर्गों का योग 369 हो, तो उन संख्याओं का योग है :

A. 25 B. 27
C. 31 D. 33

72. विभाजन के एक योगफल में विभाजक, भागफल का 12 गुना तथा शेषफल का 5 गुना है, तो यदि उसमें शेषफल 36 हो, तो भाज्य है :

A. 2706 B. 2736
C. 2796 D. 2766

73. यदि A 'विभाजन को', B 'योग को', C 'घटाने को' तथा D 'गुणन को' प्रदर्शित करते हैं, तो 20 C 12 B 8 A 2 D 6 बराबर हैं :

A. 16 B. 18
C. 32 D. 36

74. एक व्यक्ति 12 किलोमीटर की दूरी 3 किमी. प्रति घंटा, 18 किलोमीटर की दूरी 9 किमी. प्रति घंटा तथा 24 किलोमीटर की दूरी 4 किमी. प्रति घंटा से तय करता है, तो सम्पूर्ण दूरी तय करने की औसत चाल है :

A. 4 किमी./घं. B. 4.2 किमी./घं.
C. 4.4 किमी./घं. D. 4.5 किमी./घं.

75. दिए गए विकल्पों में से विषम को ज्ञात कीजिए :

A. सारंगी B. वीणा
C. गिटार D. बांसुरी

76. यदि 16 – 4 = 2, 9 – 3 = 2, 81 – 3 = 4 हो, तो 64 – 4 का मान है :

A. 3 B. 2
C. 4 D. 6

77. निम्नलिखित श्रेणी का लुप्त पद है :
DBC, KIJ, QOP, __?__, ZXY

A. VUW B. USV
C. UTV D. VTU

78. यदि किसी कूट भाषा में 'PROJECT' को 'CEOPRT' तथा 'PLANE' को 'ELNP' लिखा जाता है, तो 'ORGANISED' को उसी कूट भाषा में किस प्रकार लिखा जाएगा?

A. ADEGIOSR B. ADEGIROS
C. ADEGOIRS D. ADEGIORS

79. लड़कों की एक पंक्ति में, A बायीं तरफ से 7वें तथा B दायीं तरफ से 12वें स्थान पर है, यदि उनके स्थानों में परस्पर परिवर्तन किया जाता है, तो A का बायीं तरफ से 22वाँ स्थान हो जाता है, तो पंक्ति में कुल लड़कों की संख्या है :

A. 27 B. 31
C. 33 D. 34

80. A, पूर्व दिशा से पश्चिम में 8 किमी. चलता है तथा दाएं मुड़कर 2 किमी. चलता है पुनः दाएं मुड़कर 5 किमी. चलता है, तो वह शुरूआती बिन्दु के सन्दर्भ में अब किस दिशा में स्थित है?

A. दक्षिण-पश्चिम B. उत्तर-पश्चिम
C. उत्तर-पूर्व D. दक्षिण-पूर्व

81. हरियाणा के मुख्य सूचना अधिकारी कौन हैं?

A. श्रीमती ज्योति अरोड़ा B. डॉ. जगबीर सिंह
C. श्री विजय वर्धन D. श्रीमती कमलदीप भण्डारी

82. हरियाणा में गिद्ध संरक्षण केन्द्र कहाँ स्थित है?

A. जींद B. पिंजौर
C. महेन्द्रगढ़ D. अम्बाला

83. यू.पी.एस.सी. के चेयरमैन, जो कालान्तर में हरियाणा के राज्यपाल बने हैं :

A. डॉ. ए.आर. किदवई B. श्री मुजफ्फर हुसैन बर्नी
C. श्री बी.एन. चक्रवर्ती D. श्री महाबीर प्रसाद

84. हरियाणा के किस जिले में, खेलो इंडिया महिला तीरंदाजी रैंकिंग प्रतियोगिता का आयोजन किया गया?

A. सोनीपत B. पानीपत
C. करनाल D. यमुनानगर

85. हरियाणा में कितनी तहसील हैं?

A. 95 B. 49
C. 143 D. 74

67. A	**68.** C	**69.** A	**70.** C	**71.** B	**72.** B	**73.** C	**74.** D	**75.** D	**76.** A
77. D	**78.** D	**79.** C	**80.** B	**81.** C	**82.** B	**83.** A	**84.** A	**85.** A	

86. चावल की फसल को अधिक परम्परागत फसलों से प्रतिस्थापित करने हेतु हरियाणा सरकार द्वारा चलाई जा रही योजना है :

A. मेरी फसल मेरा ब्यौरा
B. मेरी विरासत
C. मेरा पानी मेरी विरासत
D. हमारा धन

87. हरियाणा में नेशनल इन्स्टिट्यूट ऑफ फैशन टेक्नोलॉजी संस्थान कहाँ स्थित है?

A. पानीपत
B. अम्बाला
C. पंचकुला
D. कुरुक्षेत्र

88. हरियाणा के निम्नलिखित संतों में से कौन पूरण भगत के नाम से लोकप्रिय थे?

A. बाबा मस्त नाथ
B. बाबा गोरख नाथ
C. बाबा चौरंगी नाथ
D. बाबा पूरण नाथ

89. हरियाणा की मोरनी पहाड़ियों का संबंध है :

A. अरावली श्रृंखला से
B. हिंदूकुश श्रृंखला से
C. हिमालय की बाह्य श्रृंखला से
D. हिमालय की आन्तरिक श्रृंखला से

90. 1857 के विद्रोह के दौरान, निम्नलिखित में से किसने रोहतक में ब्रिटिश ठिकानों पर आक्रमण किया?

A. तफजल हुसैन
B. इमाम अली
C. मोहर सिंह
D. हरसुख राय

भाग-IV : विषय ज्ञान–विज्ञान

91. ग्लाइकोलिसिस की संपूर्ण प्रक्रिया में किन्हीं दो में चार फास्फोरीकरण होता है :

I. 1-3 डाइफॉस्फोग्लाइसेरिक अम्ल $\rightarrow$ 3-फॉस्फोग्लाइसेरिक अम्ल
II. फास्फोइनॉल पाइरुविक अम्ल $\rightarrow$ पाइरुविक अम्ल
III. 2-फॉस्फोग्लाइसेरिक अम्ल $\rightarrow$ फास्फोइनॉल पाइरुविक अम्ल
IV. 3-फॉस्फोग्लाइसेरिक अम्ल $\rightarrow$ 2-फॉस्फोग्लाइसेरिक अम्ल

A. केवल I तथा II
B. केवल II तथा III
C. केवल III तथा IV
D. केवल I तथा IV

92. सामान्य दृष्टि के वयस्क के लिए सुस्पष्ट दर्शन की अल्पतम दूरी होती है, लगभग :

A. 2.5 मीटर
B. 25 सेमी.
C. 2.5 सेमी.
D. 25 मीटर

93. यदि ध्वनि तरंग का आयाम दोगुना हो जाए, तो ध्वनि की प्रबलता किस गुणक में बढ़ जाती है?

A. 2
B. 4
C. 8
D. 16

94. निम्न में से कौन-सा भौतिक विज्ञान पाठ का आधारभूत घटक है?

A. पाठ का शीर्षक
B. परिचय
C. प्रस्तुति
D. सभी विकल्प सही हैं

95. यदि कोई वस्तु एक समान त्वरण के साथ केवल एक दिशा में गति कर रही है, तो nवें सेकंड में तय की गई दूरी होगी :
[U = प्रारंभिक वेग, a = त्वरण लीजिए]

A. $U + a(1 + n^2)$
B. $U + \frac{a}{2}(2n-1)$
C. $U + \frac{a}{2}(2n+1)$
D. $U + \frac{a}{2}(2n+1)^2$

96. इनमें से किस फाइलम (संघ) में बंद परिसंचरण तंत्र पाया जाता है?

A. एनेलिडा
B. आर्थ्रोपोडा
C. मोलस्का
D. इकाइनोडर्मेटा

97. जैवप्रदीप्ती पायी जाती है :

A. सीलेन्ट्रेटा तथा टीनोफोरा में
B. टीनोफोरा तथा पोरीफेरा में
C. पोरीफेरा तथा सीलेन्ट्रेटा में
D. सभी विकल्प सही हैं

98. किस वैज्ञानिक ने सर्वप्रथम समझाया कि कोशिकाएँ विभाजित होती हैं तथा नई कोशिकाओं का सृजन पूर्व कोशिकाओं से ही होता है :

A. वाल्थर फ्लेमिंग
B. रुडोल्फ विरचो
C. रॉबर्ट हुक
D. श्लाइडेन तथा श्वान

99. कॉलम-I का मिलान कॉलम-II से कीजिए।

कॉलम-I	कॉलम-II
(*a*) प्रकाश रासायनिक अपघटन	(*i*) $2KClO_{3(s)} \rightarrow 2KCl_{(s)} + 3O_{2(g)}$
(*b*) उष्मीय अपघटन	(*ii*) $2Al_2O_{3(m)} \rightarrow 4Al_{(s)} + 3O_{2(g)}$
(*c*) विद्युत अपघटन	(*iii*) $Mg_{(s)} + CuSO_{4(aq)} \rightarrow MgSO_{4(aq)} + Cu_{(s)}$
(*d*) विस्थापन अभिक्रिया	(*iv*) $2AgBr_{(s)} \rightarrow 2Ag_{(s)} + Br_{2(g)}$

सही विकल्प है :

	(*a*)	(*b*)	(*c*)	(*d*)
A.	(*iv*)	(*i*)	(*ii*)	(*iii*)
B.	(*i*)	(*ii*)	(*iii*)	(*iv*)
C.	(*iv*)	(*ii*)	(*iii*)	(*i*)
D.	(*iv*)	(*ii*)	(*i*)	(*iii*)

86. C **87.** C **88.** C **89.** C **90.** A **91.** * **92.** B **93.** B **94.** D **95.** B
96. A **97.** D **98.** B **99.** A

100. आहारनाल की दीवार चार परतों की बनी होती है। निम्न में से कौन-सा क्रम बाहर से अन्दर की ओर **सही** है?

A. म्यूकोसा → मस्क्यूलेरिस → सबम्यूकोसा → सीरोसा
B. सीरोसा → मस्क्यूलेरिस → सबम्यूकोसा → म्यूकोसा
C. सबम्यूकोसा → म्यूकोसा → मस्क्यूलेरिस → सीरोसा
D. म्यूकोसा → सबम्यूकोसा → मस्क्यूलेरिस → सीरोसा

101. निम्नलिखित में से कौन-सा 40 g फेरिक सल्फेट में प्रत्येक तत्व के मोलों की सही संख्या को प्रदर्शित करता है?

[परमाण्वीय द्रव्यमान, Fe = 56 u, S = 32 u, O = 16 u]

	Fe	S	O
A.	2	3	12
B.	1	1	4
C.	0.2	0.3	1.2
D.	0.1	0.1	0.4

102. निम्नलिखित में से कौन-से ऊष्माक्षेपी प्रक्रम है?

(*i*) बिना बुझे चूने की जल से अभिक्रिया
(*ii*) अम्ल का तनुकरण
(*iii*) जल का वाष्पन
(*iv*) कपूर (क्रिस्टल) का ऊर्ध्वपातन

A. (*i*) तथा (*ii*) B. (*ii*) तथा (*iii*)
C. (*i*) तथा (*iv*) D. (*ii*) तथा (*iv*)

103. कॉलम-I का मिलान कॉलम-II से कीजिए :

कॉलम-I	कॉलम-II
(*a*) 28 g He	(*i*) 58.5 u
(*b*) O_2 के 0.5 मोल	(*ii*) 7 मोल
(*c*) सामान्य लवण का अणुभार	(*iii*) 60 g
(*d*) कैल्सियम के 1.5 मोल	(*iv*) 16 g

सही विकल्प है :

	(*a*)	(*b*)	(*c*)	(*d*)
A.	(*iv*)	(*ii*)	(*iii*)	(*i*)
B.	(*ii*)	(*iv*)	(*i*)	(*iii*)
C.	(*ii*)	(*i*)	(*iii*)	(*iv*)
D.	(*ii*)	(*iv*)	(*iii*)	(*i*)

104. कॉलम-I में दिए गए मिश्रण का मिलान कॉलम-II में दिए गए उनके पृथक्करण की विधि से कीजिए :

कॉलम-I	कॉलम-II
(*a*) जल में तेल का मिश्रण	(*i*) छानना
(*b*) आटे में मिला हुआ लोहे का चूर्ण	(*ii*) निथारना
(*c*) जल में नमक का मिश्रण	(*iii*) चुम्बक
(*d*) चावल के आटे में मिला हुआ राजमा	(*iv*) वाष्पन

सही विकल्प है :

	(*a*)	(*b*)	(*c*)	(*d*)
A.	(*iv*)	(*iii*)	(*i*)	(*ii*)
B.	(*ii*)	(*iii*)	(*iv*)	(*i*)
C.	(*iv*)	(*i*)	(*ii*)	(*iii*)
D.	(*ii*)	(*iii*)	(*i*)	(*iv*)

105. लाइकेन बहुत अच्छे प्रदूषण सूचक हैं। ये किनसे बने हुए हैं?

A. प्रायोन तथा शैवाल B. कवक तथा प्रायोन
C. शैवालांश तथा कवकांश D. प्रायोन तथा युग्लिनॉइड

106. ठोस एवं द्रव को मिलाने पर कोलाइडी तंत्र 'A', ठोस एवं गैस को मिलाने पर कोलाइडी तंत्र 'B' जबकि द्रव एवं गैस को मिलाने पर कोलाइडी तंत्र 'C' बनता है।

निम्नलिखित में से कौन-सा कोलाइडी तंत्र 'A', 'B' तथा 'C' को सही प्रदर्शित करता है?

	'A'	'B'	'C'
A.	धुंध (कुहासा)	फेंटी हुई मलाई	धूल धुआँ
B.	दूध	बालों की क्रीम	झांवा पत्थर
C.	पेण्ट	धुआँ	बादल
D.	रंगीन काँच	तितली के पंख	मक्खन

107. एक 5 किग्रा. द्रव्यमान निकाय पर एक बल $\vec{F} = 2\hat{i} + 3\hat{j} + 6\hat{k}$ न्यूटन, 10 सेकण्ड समय तक कार्य करता है, तब निकाय के वेग में परिवर्तन होगा :

A. 12 मीटर/सेकण्ड B. 14 मीटर/सेकण्ड
C. 24 मीटर/सेकण्ड D. 36 मीटर/सेकण्ड

108. निम्नलिखित में से कौन-सी विज्ञान शिक्षण में सह-शैक्षणिक गतिविधि है?

A. विज्ञान क्लब B. श्रव्य-दृश्य सहायता
C. पाठ्य-पुस्तक D. श्यामपट्ट

109. निम्न में से कौन-सी कार्यगत शोध संचालित करने की विकासशील अवस्था है?

A. कार्यगत योजना विकसित करना
B. योजना कार्यान्वित कर आँकड़े एकत्र करना
C. प्रकरण की पहचान एवं इसका परिसीमन करना
D. परिणामों पर चर्चा एवं उनका संप्रेषण करना

110. क्रायोलाइट का रासायनिक सूत्र है :

A. $Al_2O_3 . 2H_2O$ B. Na_3AlF_6
C. Na_2AlF_6 D. $NaAlF_3$

111. एक 210 वॉट का बल्ब 5 मिनट में कितनी कैलोरी ऊष्मा उत्पन्न करेगा? [4.2 जूल = 1 कैलोरी लीजिए]

A. 63,000 कैलोरी B. 80,000 कैलोरी
C. 15,000 कैलोरी D. 10,500 कैलोरी

100. B **101.** C **102.** A **103.** B **104.** B **105.** C **106.** C **107.** B **108.** A **109.** A
110. B **111.** C

112. एक कण के द्वारा तय की गई दूरी समय के साथ निम्न प्रकार परिवर्तित होती है : दूरी $(s) = 1.2\ t^2$ मीटर

इसके लिए समय अन्तराल 0 से 10 सेकण्ड के मध्य औसत चाल है :

A. 6 मीटर/सेकण्ड B. 24 मीटर/सेकण्ड
C. 36 मीटर/सेकण्ड D. 12 मीटर/सेकण्ड

113. 206 g पिघले हुए सोडियम ब्रोमाइड का विद्युत अपघटन किया जाता है, तो प्राप्त सोडियम का अधिकतम द्रव्यमान होगा :

[परमाण्वीय द्रव्यमान Na = 23 u, Br = 80 u]

A. 40 g B. 46 g
C. 52 g D. 23 g

114. महासागर में मुख्य उत्पादक हैं :

A. डाइनोफ्लेजिलेट्स B. डाइएटम्स
C. युग्लिनॉइड्स D. प्लैंक्टन्स (प्लवक)

115. उच्च प्राथमिक स्तर पर विज्ञान को समझने के लिए निम्नलिखित में से कौन-सा उपयुक्त **नहीं** है?

A. वस्तुओं का प्रेक्षण तथा रिकॉर्ड करना
B. ग्राफ बनाना
C. स्वयं करने का अनुभव
D. विषय को अमूर्तन के द्वारा समझना

116. निम्न में से **सही** विकल्प कौन-सा है?

A. सर्पी घर्षण > लोटनिक घर्षण > स्थैतिक घर्षण
B. लोटनिक घर्षण > सर्पी घर्षण > स्थैतिक घर्षण
C. लोटनिक घर्षण > स्थैतिक घर्षण > सर्पी घर्षण
D. स्थैतिक घर्षण > सर्पी घर्षण > लोटनिक घर्षण

117. गिब्बन, सूंडवाला बंदर तथा राइनोसोरस किस ओरियेन्टल प्राणी भौगोलिक क्षेत्र के उपक्षेत्र में पाये जाते हैं?

A. इण्डियन उपक्षेत्र B. सीलोनियन उपक्षेत्र
C. इंडो-चाइना उपक्षेत्र D. इंडो-मलायन उपक्षेत्र

118. गुरुत्वाकर्षण बल की परास होती है :

A. 10^{-14} मी. B. अनन्त
C. 10^{-15} मी. D. 1 मी.

119. जब एक इलेक्ट्रॉन किसी चुम्बकीय क्षेत्र से होकर गुजरता है, तब :

A. इसका वेग बढ़ जाता है
B. इसकी ऊर्जा बढ़ जाती है
C. वेग एवं ऊर्जा दोनों बढ़ जाते हैं
D. इसका वेग एवं ऊर्जा नियत रहते हैं

120. एक प्रकाश किसी एक प्रिज्म से अपवर्तित होता है। प्रिज्म का विचलन कोण है :

A. आपतित किरण तथा निर्गत किरण के मध्य का कोण
B. आपतित किरण तथा अपवर्तित किरण के मध्य का कोण
C. अपवर्तित किरण एवं निर्गत किरण के मध्य का कोण
D. प्रिज्म कोण

121. निम्न में से कौन 'जीवाश्म ईंधन' नहीं है?

A. प्राकृतिक गैस B. पेट्रोलियम
C. कोल D. लकड़ी

122. एक संश्लेषित अपमार्जक का जलस्नेही सिरा है :

A. $CH_3 - (CH_2)_{10} - CH_2 -$
B. $CO_3^- Na^+$
C. $SO_3^- Na^+$
D. $COO^- Na^+$

123. धातुओं के निष्कर्षण में निम्नलिखित में से कौन-सा उपयोग में आता है?

A. कोक B. कोल गैस
C. कोलतार D. पेट्रोलियम

124. प्राथमिक लसिकाभ अंग कौन-से हैं?

A. प्लीहा तथा लसीका ग्रन्थियाँ
B. टॉसिल तथा पेयर्स पैचेज
C. अस्थि मज्जा तथा थाइमस
D. थाइमस तथा परिशेषिका

125. भूरा कोयला, जिसमें कार्बन अवयव (60-70%) कम, उच्च नमी तथा विद्युत उत्पन्न करने के लिए शक्ति संयंत्रों में काम आता है, वह है :

A. पीट B. लिग्नाइट
C. बिटुमिनस D. एन्थ्रेसाइट

126. निम्न में से कौन-से माध्यम में ध्वनि तरंग की चाल अधिक है?

A. हवा B. ग्लास (फ्लिंट)/काँच
C. पानी D. निर्वात

127. निम्नलिखित में से कौन-सा अम्ल-क्षार सूचक है?

A. सिरका B. चूने का पानी
C. हल्दी D. बेकिंग सोडा

128. निम्नलिखित में से कौन-सा कथन सही **नहीं** है?

A. जब एक मोमबत्ती जलती है, तो भौतिक तथा रासायनिक परिवर्तन दोनों होते हैं।
B. अवायवीय जीवाणु पशुओं के अपशिष्ट को पचाते हैं तथा बायोगैस उत्पन्न करते हैं।
C. आयरन की एक परत का जिंक के ऊपर निक्षेपण गैल्वनीकरण कहलाता है।
D. रबर बैण्ड को खींचना एक भौतिक परिवर्तन है।

112. D	**113.** B	**114.** B	**115.** D	**116.** *	**117.** D	**118.** B	**119.** D	**120.** A	**121.** D
122. C	**123.** A	**124.** C	**125.** B	**126.** B	**127.** C	**128.** C			

129. अलैंगिक जनन से उत्पन्न संतति होती है :
A. केवल आकारिकी में समान
B. केवल आनुवंशिकी में समान
C. आकारिकी व आनुवंशिकी में समान
D. आकारिकी व आनुवंशिकी में भिन्न

130. पृथ्वी की सतह से ऊपर h ऊँचाई पर पृथ्वी के गुरुत्वीय प्रभाव के कारण त्वरण के मान में आंशिक परिवर्तन होगा :
[दिया है, R - पृथ्वी की त्रिज्या]
A. $\frac{h}{R}$ B. $1-\frac{2h}{R}$
C. $\frac{2h}{R}$ D. $1+\frac{2h}{R}$

131. निम्नलिखित में से कौन-से कथन **सही** हैं?
(*i*) अवस्था परिवर्तन के दौरान ताप परिवर्तित होता है।
(*ii*) सामान्य वायुमण्डलीय परिस्थितियों में शुष्क बर्फ सीधे गैसीय अवस्था में परिवर्तित हो जाती है।
(*iii*) द्रव का उच्च क्वथनांक, दुर्बल अन्तराण्विक बलों को दर्शाता है।
(*iv*) किसी पदार्थ के लिए गलन की गुप्त ऊष्मा की तुलना में वाष्पन की गुप्त ऊष्मा अधिक होती है।

सही विकल्प है :
A. (*i*) तथा (*iv*) B. (*ii*) तथा (*iv*)
C. (*ii*) तथा (*iii*) D. (*iii*) तथा (*iv*)

132. मनुष्य के कपाल में कितनी चेहरे की अस्थियाँ पाई जाती हैं?
A. 8 B. 14
C. 22 D. 2

133. निम्न में से कौन-सा कथन **सत्य** है?
A. ऐल्वीन एट. आल. (1979) ने सदर्न ब्लॉटिंग तकनीक समझाई।
B. ब्रुम तथा गिल्बर्ट (1978) ने नॉदर्न ब्लॉटिंग तकनीक समझाई।
C. टोविन एट. आल. (1979) ने वेस्टर्न ब्लॉटिंग तकनीक को समझाया।
D. ई.एम. सदर्न (1975) ने IgG को परिष्कृत किया।

134. वाहनों में पश्च-दृश्य दर्पणों के रूप में कौन-सा दर्पण उपयोग में लिया जाता है?
A. उत्तल दर्पण
B. अवतल दर्पण
C. उत्तल एवं अवतल दोनों एक साथ
D. इनमें से कोई नहीं

135. नीचे दी गई धातुओं के अभिक्रियाशीलता के घटते हुए क्रम में निम्नलिखित से कौन-सी **सही** व्यवस्था है?
जिंक, आयरन, मैग्नीशियम, सोडियम
A. जिंक > आयरन > मैग्नीशियम > सोडियम
B. सोडियम > मैग्नीशियम > आयरन > जिंक
C. सोडियम > जिंक > मैग्नीशियम > आयरन
D. सोडियम > मैग्नीशियम > जिंक > आयरन

136. निम्न में से कौन-सा उत्तेजनात्मक न्यूरोट्रांसमीटर है?
A. ग्लाइसीन
B. डोपामीन
C. ऐसिटिलकोलिन
D. गाबा (गामा अमीनोब्यूटाइरिक एसिड)

137. 5 किलोग्राम का एक ब्लॉक किसी एक टेबल के ऊपर रखा हुआ है। यदि ब्लॉक की लम्बाई 10 सेमी., चौड़ाई 20 सेमी. एवं ऊँचाई 40 सेमी. हो, तब ब्लॉक के द्वारा टेबल पर लगने वाला दाब है :
[$g = 9.8 \text{ m/s}^2$ लीजिए]
A. 612.5 न्यूटन/मी.^{2} B. 2450 न्यूटन/मी.^{2}
C. 1225 न्यूटन/मी.^{2} D. 6125 न्यूटन/मी.^{2}

138. जब ग्लोमेरुलर फिल्टरेशन (वृक्कगुच्छ निस्पंदन) दर कम हो जाती है, तब कौन-सा हॉर्मोन वृक्कगुच्छ में रक्त प्रवाह को बढ़ाता है?
A. एंटीडाइयूरेटिक हॉर्मोन (ए.डी.एच.)
B. रेनिन
C. एंजियोटेन्सिन
D. एल्डोस्टेरॉन

139. शुक्राणु का रेता नलिकाओं से निकलना कहलाता है :
A. स्खलन
B. शुक्राणुजनन/स्पर्मेटोजेनेसिस
C. शुक्राणुकायान्तरण/स्पर्मियोजेनेसिस
D. स्पर्मिएशन

140. निम्नलिखित में से कौन-से कथन **सत्य** हैं?
I. घरेलू मक्खी में सोखेन (स्पंजी) प्रकार के मुखांग पाए जाते हैं।
II. मधुमक्खी में कृंतक तथा चवर्णक प्रकार के मुखांग पाए जाते हैं।
III. तितली में विनालीय प्रकार के मुखांग पाए जाते हैं।
IV. कॉकरोच में चवर्णं तथा लेहनकारी मुखांग पाए जाते हैं।
A. केवल II तथा III B. केवल I तथा III
C. केवल I तथा II D. केवल II तथा IV

129. C **130.** C **131.** B **132.** B **133.** C **134.** A **135.** D **136.** B, C **137.** B **138.** B **139.** D **140.** B

141. एक कुली 15 किलोग्राम का वजन धरती से 2.0 मीटर ऊपर उठाकर अपने सिर पर रखता है। कुली द्वारा वजन पर किया गया कार्य है : [g = 10 m/s^2 लीजिए]

A. 300 न्यूटन मीटर B. 30 न्यूटन मीटर
C. 600 न्यूटन मीटर D. 3 न्यूटन मीटर

142. कोई वस्तु जिसका द्रव्यमान *m* किलोग्राम है, 5 मीटर/सेकण्ड वेग से गतिशील है तथा वस्तु की गतिज ऊर्जा 25 जूल है। यदि वस्तु के वेग को तीन गुना बढ़ा दिया जाए, तो इसकी गतिज ऊर्जा होगी :

A. 225 जूल B. 75 जूल
C. 450 जूल D. 375 जूल

143. निम्नलिखित में से कौन-सा कथन विज्ञान की प्रकृति की सबसे उपयुक्त व्याख्या करता है?

A. वैज्ञानिक अपने कार्यों में पूर्णतः उद्देश्यपरक होते हैं।
B. शोध कार्य संचालन के लिए वैज्ञानिक विधि ही केवल एकमात्र निर्देशिका है।
C. विज्ञान विश्वासों की प्रणाली है।
D. विज्ञान प्रकृति में सामाजिक है।

144. निम्न में से भारत में कौन-सी सरीसृप प्रजाति गंभीर रूप से लुप्तप्राय है?

A. घड़ियाल B. बंगाल मोनिटर गोधिका
C. साँप की मौसी D. हरा कछुआ

145. निम्न में से कौन-सा हॉर्मोन हृदय द्वारा स्रावित किया जाता है?

A. एट्रियल नेट्रियूरेटिक फैक्टर B. नॉरऐड्रीनेलिन
C. वैसोप्रेसिन D. ऐड्रीनेलीन

146. ज्वाला के विभिन्न क्षेत्रों के संदर्भ में निम्नलिखित में से कौन-सा कथन **सही** है?

A. ज्वाला का सबसे बाहरी क्षेत्र सबसे गर्म भाग होता है जहाँ पूर्ण दहन होता है।
B. ज्वाला का मध्य क्षेत्र लाल रंग का होता है।
C. ज्वाला का सबसे अन्दर का क्षेत्र औसत (मध्यम) गर्म होता है।
D. ज्वाला का सबसे अन्दर का क्षेत्र नीले रंग का होता है।

147. एक उत्तल दर्पण की वक्रता त्रिज्या 3.0 मीटर है। यदि एक बिम्ब इस दर्पण से 5.0 मीटर दूरी पर स्थित हैं, तो प्रतिबिम्ब की स्थिति होगी :

A. +2.14 मीटर B. –1.15 मीटर
C. –2.14 मीटर D. +1.15 मीटर

148. निम्न में से किस सेट की मछलियाँ खाने योग्य हैं?

A. कटला, रोहू, हिल्सा तथा पोमफ्रेट
B. झींगा, सारडाइन्स, झींगा मछली तथा रोहू
C. झींगा, झींगा मछली, केकड़ा तथा सीप
D. रोहू, मैकेरल, झींगा मछली तथा केकड़ा

149. प्रकाश वायु से काँच की प्लेट में प्रवेश करता है जिसका अपवर्तनांक 1.50 है। यदि प्रकाश की चाल निर्वात में 3×10^8 मीटर/सेकण्ड है, तब काँच में प्रकाश की चाल होगी :

A. 0.5×10^8 मी./से. B. 1×10^8 मी./से.
C. 3×10^8 मी./से. D. 1.5×10^8 मी./से.

150. एक स्थिति पर विचार कीजिए जब गैसें समान ताप एवं दाब पर सरन्ध्र पात्र के द्वारा निर्वात में विसरित होती हैं। निम्नलिखित में से गैसों का कौन-सा युग्म समान गति से निर्वात में विसरित होगा? (दिया गया परमाण्वीय द्रव्यमान H = 1 u, C = 12 u, N = 14 u, O = 16 u)

A. NH_3 तथा H_2 B. CO तथा SO_2
C. CO तथा N_2 D. NH_3 तथा N_2

व्याख्यात्मक उत्तर

1. (A): लेव वायगोत्स्की ने बच्चे के संज्ञानात्मक विकास में सामाजिक और सांस्कृतिक कारकों की महत्वपूर्ण भूमिका पर जोर दिया, जो उनके दृष्टिकोण को पियाजे जैसे अन्य लोगों से अलग करता है, जिन्होंने व्यक्तिगत संज्ञानात्मक चरणों पर अधिक ध्यान केंद्रित किया। वायगोत्स्की का सामाजिक-सांस्कृतिक सिद्धांत प्रस्तावित करता है कि बच्चे सक्रिय रूप से और व्यावहारिक अनुभवों के माध्यम से सीखते हैं, और उनका सीखना उन सांस्कृतिक संदर्भों से गहराई से प्रभावित होता है जिसमें वे बड़े होते हैं।

2. (C): फिल्म स्ट्रिप्स दृष्टिबाधित छात्रों के लिए उपयुक्त नहीं हैं क्योंकि वे दृश्य सामग्री पर बहुत अधिक निर्भर करते हैं जिसे दृष्टिबाधित छात्र नहीं देख सकते हैं। इसके विपरीत, ब्रेल सामग्री, बोलने वाली किताबें और उभरे हुए नक्शे विशेष रूप से दृष्टिबाधित लोगों के लिए सुलभ होने के लिए डिजाइन किए गए हैं, जो स्पर्श या श्रवण संबंधी जानकारी का उपयोग करते हैं।

3. (B): प्रगतिशील शिक्षा एक शैक्षिक आंदोलन है जो वास्तविक दुनिया के अनुभवों, समस्या-समाधान और आलोचनात्मक चिंतन पर जोर देता है। यह दृष्टिकोण 'करके सीखने' को प्रोत्साहित करता है, जहाँ छात्र सीखने को बढ़ावा देने के लिए अपने पर्यावरण के साथ सक्रिय रूप से जुड़ते हैं, जो जॉन डिवी जैसे शैक्षिक सुधारकों द्वारा निर्धारित सिद्धांतों को दर्शाता है।

141. A **142.** A **143.** D **144.** A **145.** A **146.** A **147.** D **148.** A **149.** * **150.** C

4. (D): समावेशी शिक्षा से तात्पर्य उस शैक्षिक मॉडल से है जो सभी बच्चों को उनकी शारीरिक, बौद्धिक, सामाजिक, भावनात्मक, भाषाई या अन्य स्थितियों की परवाह किए बिना मुख्यधारा की शिक्षा प्रणाली में शामिल करने का प्रयास करता है।
इस दृष्टिकोण का उद्देश्य सभी छात्रों के लिए समान अवसर प्रदान करना है, न कि केवल उन लोगों के लिए जो दिव्यांग या सामाजिक रूप से वंचित हैं।

5. (A): एक क्षेत्र भ्रमण (फील्ड ट्रिप) सामाजिक अधिगम के संदर्भ में एक प्रभावी शिक्षण-अधिगम की रणनीति है क्योंकि यह छात्रों को पर्यावरण के साथ सीधे अंतःक्रिया करने और साथियों और मार्गदर्शकों के साथ सामाजिक रूप से जुड़ने की अनुमति देता है। यह व्यावहारिक अनुभव न केवल सीखने को बढ़ाता है बल्कि वास्तविक दुनिया के संदर्भ में संचार और अवलोकन कौशल को बढ़ावा देकर सामाजिक विकास का भी समर्थन करता है। यह विधि सामाजिक अधिगम के सिद्धांत के साथ निकटता से जुड़ी हुई है, जो सामाजिक सेटिंग्स के भीतर अवलोकन और अंतःक्रिया के माध्यम से सीखने पर जोर देती है।

6. (B): विश्लेषणात्मक प्रश्नों के लिए विस्तृत विश्लेषण की आवश्यकता होती है और आमतौर पर इनके उत्तर निबंध या लघु-उत्तर प्रारूप में दिए जाते हैं, जिससे वे वस्तुनिष्ठ नहीं होते हैं। मिलान, बहुविकल्पीय और रिक्त स्थान वाले प्रश्नों जैसे वस्तुनिष्ठ प्रकार के प्रश्नों के लिए छात्रों को विस्तारित तर्क या स्पष्टीकरण की आवश्यकता के बिना एक विशिष्ट उत्तर चुनने या लिखने की आवश्यकता होती है।

7. (A): धीमी गति से सीखने वालों के लिए त्वरण उपयुक्त नहीं है क्योंकि इसमें सामान्य से अधिक तेज गति से शिक्षा के माध्यम से प्रगति करना शामिल है, जो इन छात्रों के लिए भारी पड़ सकता है। उपचारात्मक शिक्षण, अभ्यास कार्य और सहकारी शिक्षण विधियाँ अधिक लाभकारी हैं क्योंकि वे क्रमशः अतिरिक्त सहायता, अभ्यास और सहयोगी सीखने के अवसर प्रदान करती हैं।

8. (A): विराम विधि लंबे और कठिन पाठों को सीखने के लिए उपयुक्त है क्योंकि इसमें सीखने को लंबी अवधि में छोटे सत्रों में तोड़ना शामिल है। यह विधि सामग्री के प्रतिबिंब और आत्मसात करने के लिए समय प्रदान करके बेहतर समझ और अवधारणा की अनुमति देती है, जबकि अविराम विधि में कम समय में जानकारी को रटना शामिल है।

9. (A): किशोरावस्था में स्वीकृत सामाजिक व्यवहार पैटर्न में नेतृत्व कौशल और सहानुभूति शामिल हैं। नेतृत्व कौशल में दूसरों का मार्गदर्शन करना और जिम्मेदारी से निर्णय लेना शामिल है, जबकि सहानुभूति में दूसरों की भावनाओं को समझना और साझा करना शामिल है। अहं-केंद्रितता, खुद पर ध्यान केंद्रित करना और स्टीरियोटाइपिंग, व्यक्तियों पर सामान्यीकृत विश्वासों को लागू करना, आमतौर पर सकारात्मक व्यवहार के रूप में नहीं देखा जाता है।

10. (A): मूल सिद्धांत जॉन एटकिंसन से नहीं, बल्कि विलियम मैक्डूगल से जुड़ा है, जो विकल्प A को गलत बनाता है। एटकिंसन को प्रवृत्ति सिद्धांत पर नहीं, बल्कि अपेक्षा-मूल्य सिद्धांत पर उनके काम के लिए जाना जाता है। मास्लो की आवश्यकता पदानुक्रम सिद्धांत, वुडवर्थ की ड्राइव थ्योरी और मैक्लीलैंड की उपलब्धि अभिप्रेरणा सिद्धांत को उनके संबंधित समर्थकों के साथ सही ढंग से जोड़ा गया है।

11. (D): स्टैनफोर्ड-बिनेट टेस्ट बुद्धिमत्ता का क्रियात्मक परीक्षण नहीं है, बल्कि एक मानकीकृत IQ परीक्षण है जो मौखिक, मात्रात्मक और गैर-मौखिक तर्क के माध्यम से संज्ञानात्मक क्षमताओं को मापता है। कोह् के ब्लॉक डिजाइन टेस्ट, अलेक्जेंडर के पास अलॉन्ग टेस्ट और सैगुइन फॉर्म बोर्ड टेस्ट जैसे बुद्धिमत्ता के क्रियात्मक परीक्षणों में आम तौर पर सामग्रियों में हेरफेर करना शामिल होता है और न्यूनतम मौखिक निर्देश की आवश्यकता होती है, इसके बजाय व्यावहारिक समस्या-समाधान और स्थानिक तर्क को प्रदर्शित करने वाले कार्यों पर ध्यान केंद्रित किया जाता है।

12. (C): विकास आवश्यक रूप से एक रेखीय पथ का अनुसरण नहीं करता है, क्योंकि इसका अर्थ है चरणों या प्रगति का एक निश्चित क्रम जो सभी के लिए समान है। वास्तव में, विकासात्मक पैटर्न व्यक्तियों के बीच बहुत भिन्न हो सकते हैं और कई कारकों से प्रभावित हो सकते हैं, जिससे विकास सख्ती से रैखिक होने के बजाय बहु-दिशात्मक हो जाता है। अन्य सूचीबद्ध सिद्धांत, जैसे कि विकास आनुवंशिकता और पर्यावरण का उत्पाद है, और विकासात्मक पैटर्न का पूर्वानुमान योग्य होना, आम तौर पर विकासात्मक मनोविज्ञान में स्वीकार किए जाते हैं।

13. (B): रॉबर्ट गैग्ने के अनुसार, सीखने का वह उच्चतम स्तर जिस पर एक शिक्षक को छात्रों को ले जाने का प्रयास करना चाहिए, वह है समस्या-समाधान सीखना। इस स्तर में नई स्थितियों में समस्याओं को हल करने के लिए नियमों को लागू करना शामिल है, जो सरल अवधारणा या नियम सीखने से परे समझ और अनुप्रयोग को शामिल करने वाले उच्च-क्रम के संज्ञानात्मक कौशल का प्रतिनिधित्व करता है।

14. (D): सूचीबद्ध सभी कारक–प्रेरणा, योग्यता, रुचि और ध्यान–सीखने को प्रभावित करते हैं। ये तत्व महत्वपूर्ण हैं क्योंकि ये निर्धारित करते हैं कि कोई व्यक्ति शैक्षिक सामग्री के साथ कितनी प्रभावी रूप से जुड़ता है। प्रेरणा प्रयास को प्रेरित करती है, योग्यता समझने की क्षमता को प्रभावित करती है, रुचि जुड़ाव को बढ़ाती है, और प्रभावी सूचना प्रसंस्करण के लिए ध्यान आवश्यक है।

15. (A): माता-पिता के साथ सामंजस्यपूर्ण संबंध किशोरावस्था में सामाजिक विकास की एक सामान्य विशेषता नहीं है। आमतौर पर, किशोरावस्था को अधिक स्वतंत्रता की खोज द्वारा चिह्नित किया जाता है, जो अक्सर माता-पिता के साथ संघर्ष का कारण बन सकता है क्योंकि व्यक्ति एक अलग पहचान स्थापित करना

चाहता है। अन्य विकल्प, जैसे कि नए सामाजिक समूह, पहचान की खोज और नायक-पूजा, आमतौर पर किशोर सामाजिक विकास से जुड़े होते हैं।

16. (D): अंतःस्रावी ग्रंथियाँ एक पर्यावरणीय नहीं बल्कि बाल विकास को प्रभावित करने वाली एक जैविक कारक हैं। ये ग्रंथियाँ हार्मोन के स्राव के माध्यम से शारीरिक और हार्मोनल विकास में महत्वपूर्ण भूमिका निभाती हैं। पर्यावरणीय कारकों में आमतौर पर पोषण, गर्भावस्था के दौरान माँ की मानसिक स्थिति और दुर्घटनाएँ जैसे तत्व शामिल होते हैं, जिनका बच्चे के विकास और वृद्धि पर बाहरी प्रभाव पड़ता है।

17. (B): 'उपयोग का नियम' और 'अनुपयोग का नियम' थॉर्नडाइक के अभ्यास के नियम से संबंधित हैं। इस नियम के अनुसार, उत्तेजनाओं और प्रतिक्रियाओं के बीच संबंध उपयोग के माध्यम से मजबूत होते हैं और अनुपयोग के माध्यम से कमजोर होते हैं, जिसका अर्थ है कि किसी कौशल का अभ्यास करने से उसमें सुधार होता है, जबकि अभ्यास न करने से उसका क्षय होता है।

18. (C): 'जीववाद' पियाजे के संज्ञानात्मक विकास के मूर्त संक्रियात्मक चरण से संबंधित विशेषता नहीं है। जीववाद, यह विश्वास कि निर्जीव वस्तुओं में जीवन और भावनाएँ होती हैं, पहले के प्रीऑपरेशनल चरण की अधिक विशेषता है। हालाँकि, मूर्त संक्रियात्मक चरण, प्रतिवर्तिता, क्रमिकीकरण और संरक्षण जैसी क्षमताओं द्वारा चिह्नित होता है, जहाँ बच्चे तार्किक संचालन को समझना शुरू करते हैं और कम अहं-केंद्रित होते हैं।

19. (B): शिक्षण सूत्र 'अमूर्त से मूर्त ' आमतौर पर सीखने में अक्षम बच्चों के लिए फायदेमंद नहीं है, जो आम तौर पर मूर्त से अमूर्त दृष्टिकोणों से अधिक लाभान्वित होते हैं। सीखने में अक्षम छात्रों को अक्सर सरल से जटिल, प्रत्यक्ष से अप्रत्यक्ष और ज्ञात से अज्ञात तक पढ़ाए जाने पर जानकारी को समझना और बनाए रखना आसान लगता है, क्योंकि ये विधियाँ मूर्त, परिचित अवधारणाओं से शुरू करके समझ की नींव बनाती हैं।

20. (C): कोहलबर्ग के नैतिक विकास सिद्धांत में 'व्यक्तिवाद और विनिमय' और 'सामाजिक अनुबंध और व्यक्तिगत अधिकार' के चरण नैतिकता के पारंपरिक स्तर का हिस्सा नहीं हैं। ये चरण क्रमशः पूर्व-पारंपरिक और उत्तर-पारंपरिक स्तरों से संबंधित हैं। पारंपरिक स्तर में सामाजिक व्यवस्था और अच्छे पारस्परिक संबंधों को बनाए रखना शामिल है, कानूनों का पालन करने और सामाजिक मानदंडों को बनाए रखने के लिए दूसरों की अपेक्षाओं पर ध्यान केंद्रित करना।

21. (D): 'प्रगति का नियम' आमतौर पर आनुवंशिकता से जुड़ा नहीं होता है। समानता का नियम, भिन्नता का नियम और प्रतिगमन का नियम जैसे आनुवंशिक नियम इस बात से निपटते हैं कि आनुवंशिक लक्षण कैसे पारित होते हैं और व्यक्तियों के बीच भिन्न होते हैं। प्रगति का नियम एक आगे की गति या विकास का सुझाव देता है जो अधिक सामान्य है और विशेष रूप से आनुवंशिक विरासत से बंधा नहीं है।

22. (A): शिक्षक की शारीरिक बनावट शिक्षण-अधिगम प्रक्रिया को मौलिक रूप से प्रभावित नहीं करती है। जबकि शिक्षक के मानसिक स्वास्थ्य, विषय ज्ञान और संचार कौशल जैसे कारक सीधे शिक्षण और सीखने के माहौल की प्रभावशीलता को प्रभावित करते हैं, शारीरिक बनावट सीधे शैक्षिक परिणामों से संबंधित नहीं है।

23. (D): जीन पियाजे के नैतिक विकास के सिद्धांत के अनुसार, किशोरावस्था की अवधि को 'स्वायत्त नैतिकता का चरण' कहा जाता है। इस चरण में, व्यक्ति नैतिकता को आपसी सम्मान और सहयोग के आधार पर देखना शुरू करते हैं, जो पहले के चरणों से आगे है जहाँ नियमों को अपरिवर्तनीय और प्राधिकरण द्वारा लागू किया जाता है।

24. (D): यह कथन कि व्यक्तिगत अंतर केवल आनुवंशिकता का परिणाम है, गलत है। जबकि आनुवंशिकता एक महत्वपूर्ण भूमिका निभाती है, पर्यावरणीय कारक, अनुभव और व्यक्तिगत रुचियाँ भी व्यक्तिगत अंतरों में काफी हद तक योगदान करते हैं। अन्य कथन व्यक्तिगत अंतरों की जटिलता और विशिष्टता को पहचानते हैं।

25. (C): संज्ञानात्मक सीखने में ध्यान, स्मृति और प्रतिबिंब जैसी मानसिक प्रक्रियाओं का उपयोग शामिल है। इस प्रकार का सीखना समस्या-समाधान क्षमताओं और समझ के अधिग्रहण से संबंधित है, न कि केवल क्रियाओं की यांत्रिक पुनरावृत्ति से, जो इसे अनुकरणीय, मोटर और भावात्मक सीखने से अलग करता है।

26. (C): निष्क्रिय उपस्थिति प्रभावी सीखने का सिद्धांत नहीं है। प्रभावी सीखने के सिद्धांत सक्रिय जुड़ाव, प्रेरणा, व्यक्तिगत दृष्टिकोण और प्रतिक्रिया पर जोर देते हैं, जो सीखने के अनुभव को बढ़ाने और बेहतर शैक्षिक परिणाम सुनिश्चित करने के लिए महत्वपूर्ण हैं।

27. (B): सतत और व्यापक मूल्यांकन का अर्थ है छात्र के प्रदर्शन के शैक्षणिक और सह-शैक्षणिक दोनों पहलुओं का मूल्यांकन करना, न केवल निरंतर परीक्षणों के माध्यम से, बल्कि प्रगति की व्यापक रूप से निगरानी करने के लिए उचित अंतराल पर भी। इसमें केवल अकादमिक उपलब्धियों से परे छात्र की क्षमताओं और विकास की व्यापक समझ शामिल है।

28. (B): डिस्लेक्सिया एक सीखने की कठिनाई है जो सटीक और/या धाराप्रवाह शब्द पहचान, खराब वर्तनी और डिकोडिंग क्षमताओं की समस्याओं से जुड़ी है। यह विशेष रूप से अक्षरों और शब्दों को अलग करने की क्षमता को प्रभावित करता है, जो डिस्ग्राफिया (लेखन विकार) या डिस्कैलकुलिया (गणित की कठिनाइयाँ) जैसी अन्य सीखने की कठिनाइयों से अलग है।

29. (C): स्टर्नबर्ग के बुद्धि के त्रितंत्रीय सिद्धांत के अनुसार, बुद्धि के तीन पहलू घटकीय (विश्लेषणात्मक), अनुभवात्मक (रचनात्मक) और प्रासंगिक (व्यावहारिक) हैं। इन तत्वों में क्रमशः सूचना का

विश्लेषण करने, समस्याओं को हल करने के लिए रचनात्मकता का उपयोग करने और विभिन्न वातावरणों के अनुकूल होने की क्षमता शामिल है।

30. (D): पावलोव के कंडीशनिंग सिद्धांत में, प्रेरणा की कमी प्राकृतिक और कृत्रिम उत्तेजनाओं के बीच कंडीशनिंग को सकारात्मक रूप से प्रभावित नहीं करती है। प्रभावी कंडीशनिंग के लिए आम तौर पर उचित समय, उत्तेजनाओं की पुनरावृत्ति और एक मजबूत संबंध स्थापित करने के लिए नियंत्रित वातावरण की आवश्यकता होती है। वातानुकूलित प्रतिक्रिया के लिए सार्थक संबंध बनाने हेतु प्रेरणा या प्रासंगिक उत्तेजना अक्सर आवश्यक होती है।

31. (D): 'तेजोपुंज' शब्द गुण स्वर संधि का उदाहरण नहीं है। यह शब्द 'तेजस्' और 'पुंज' का समास है, न कि संधि। संधि में दो शब्दों के मिलने से उनके बीच के ध्वनियों में परिवर्तन होता है। यहाँ पर गुण स्वर संधि नहीं हुई है।

32. (A): 'सुधीजन' और 'शताब्दी' शब्दों में वर्तनी सही है। ये दोनों शब्द उचित रूप से लिखे गए हैं और इनमें किसी प्रकार की अशुद्धि नहीं है, जबकि अन्य विकल्पों में वर्तनी संबंधी गलतियाँ पाई गई हैं।

34. (D): 'कासार' शब्द 'धनुष' का पर्यायवाची नहीं है। 'धनुष' के पर्यायवाची शब्द होते हैं 'चाप', 'कार्मुक', और 'शरासन'। 'कासार' का अर्थ एक छोटा तालाब या पोखर होता है। अतः यह 'धनुष' से संबंधित नहीं है।

35. (B): 'नीम हकीम खतरे जान' लोकोक्ति का अर्थ है कि अल्पज्ञान खतरनाक होता है। यह उक्ति उन लोगों के बारे में है जिन्हें थोड़ा ज्ञान होता है और वे उसे अधिक समझते हैं, जिससे कि अक्सर गलतियां हो जाती हैं और यह खतरनाक साबित हो सकता है।

36. (A): 'कादंबरी' का अर्थ है शराब और 'कादंबिनी' का अर्थ है घटा। इस युग्म का क्रमशः सही अर्थ दिया गया है जो संस्कृत साहित्य में प्रयोग होता है। 'कादंबरी' बाणभट्ट की प्रसिद्ध कृति का नाम भी है और इसका संदर्भ शराब से है, जबकि 'कादंबिनी' बादलों की श्रृंखला या घटा को दर्शाता है।

37. (B): देश, त्योहार, नदी ये व्यक्तिवाचक संज्ञाओं के उदाहरण नहीं हैं, बल्कि ये जातिवाचक संज्ञा के उदाहरण हो सकते हैं। व्यक्तिवाचक संज्ञा विशेष व्यक्ति, स्थान, या वस्तु के नाम होते हैं जैसे कि राम, दिल्ली, गंगा आदि। इसलिए यह कथन संगत नहीं है।

38. (B): 'चिरायु' और 'दीर्घायु' दोनों का अर्थ है दीर्घ जीवन या लंबी आयु होना। इसलिए यह विलोम शब्द का युग्म नहीं है क्योंकि दोनों शब्दों के अर्थ समान हैं। विलोम शब्द का अर्थ होता है विपरीत अर्थ वाले शब्द।

39. (C): 'परा' उपसर्ग का प्रयोग 'परार्थ' और 'पराश्रित' जैसे शब्दों में गलत है जबकि अन्य उपसर्गों के शब्द-युग्म सही हैं।

40. (C): 'इसी ने मेरी जिंदगी बचाई थी' में 'इसी' एक निश्चयवाचक सर्वनाम है, न कि प्रश्नवाचक सर्वनाम। प्रश्नवाचक सर्वनाम वे होते हैं जो प्रश्न पूछने के लिए प्रयुक्त होते हैं जैसे कि कौन, क्या, कहाँ, आदि। इसलिए यह युग्म संगत नहीं है।

41. (A): 'गुरुदक्षिणा' वास्तव में कर्मधारय समास है, जहाँ 'गुरु' और 'दक्षिणा' दोनों शब्द स्वतंत्र अर्थ रखते हैं लेकिन संयुक्त रूप से एक विशेष प्रकार की दक्षिणा का बोध कराते हैं, जो गुरु को दी जाती है। यह संबंध तत्पुरुष समास नहीं है क्योंकि वहाँ उत्तरपद प्रधान होता है और पूर्वपद उसकी विशेषता बताता है।

42. (D): संकेतवाचक विशेषण में वस्तु की नाप, तौल, मात्रा का बोध नहीं होता है। यह परिभाषा वास्तव में परिमाणवाचक विशेषण के लिए उपयुक्त है। संकेतवाचक विशेषण उन शब्दों को कहते हैं जो किसी वस्तु की स्थिति, स्थान, या समय का बोध कराते हैं, जैसे कि 'यह', 'वह', 'यहाँ', 'वहाँ'।

43. (D): 'वैधव्य' अपत्यवाचक तद्धित प्रत्यय से निर्मित नहीं है। यह शब्द 'विधवा' से बना है, जो किसी व्यक्ति की स्थिति या अवस्था का बोध कराता है। अन्य शब्द जैसे 'वैनतेय', 'कौरव', और 'वासुदेव' व्यक्तियों के नामों से जुड़े हुए हैं और उनके पिता या पूर्वजों का संकेत देते हैं।

44. (C): 'ग', 'ल', और 'ब' का उच्चारण स्थान क्रमशः कण्ठ, दन्त, ओष्ठ है। 'ग' वर्ण का उच्चारण कण्ठ से होता है, 'ल' का दन्त से, और 'ब' का ओष्ठ से होता है। ये उच्चारण स्थान इन वर्णों के उत्पादन की स्थिति को सही ढंग से दर्शाते हैं।

45. (B): "तुम्हें ऐसा करना शोभा नहीं देता है।" यह वाक्य पूर्वकालिक क्रिया का उदाहरण नहीं है। पूर्वकालिक क्रियाएं वे होती हैं जहां एक क्रिया के पूरा होने के बाद दूसरी क्रिया होती है, जैसे कि अन्य विकल्पों में दिखाया गया है। यह वाक्य एक सामान्य निषेधात्मक वाक्य है जो किसी क्रिया के अनुचित होने का संकेत देता है।

46. (D): "Give in" as a phrasal verb means to yield or surrender under pressure, not to distribute, deposit, or donate. This expression is typically used when someone reluctantly agrees to something after a period of resistance. Thus, the correct answer that conveys this meaning is "surrender."

47. (D): The modal auxiliary "must" is used to express obligation or necessity. In the sentence provided, "Your mother is seriously ill. You must leave for home at once," it indicates that it is necessary or obligatory for the person to go home immediately due to the serious illness of their mother.

48. (D): The correct preposition to use when someone is conveying information about a topic is "about." The sentence "He told all about the incident" means that he provided information concerning the incident to everyone involved or present.

49. (C): The phrase "the day after tomorrow" is used to refer to the day that follows the next day. Therefore, the most appropriate preposition to use in the sentence "I am going home the day after tomorrow" is "after," which properly links the timing of the action to the day being referred to.

50. (A): When discussing the act of looking with focus or attention at something, "at" is the correct preposition. In the sentence "Mohan gazed at the sky in the hope of rain," "at" correctly describes Mohan's action of looking intently towards the sky.

51. (B): The passive voice of the sentence "Have they done the work?" is "Has the work been done?" This transformation from active to passive voice correctly maintains the present perfect tense and agrees in number with the singular noun "work."

52. (B): The correct form of the verb to fit the sentence "The Headmaster wants to meet you" is "wants." This form agrees with the singular subject "The Headmaster" and is in the simple present tense, which is used for stating general facts or habitual actions.

53. (B): The incorrect part of the sentence is "not breaked." The correct past participle of "break" is "broken." Thus, the sentence should read, "Has Sachin not broken the record held by Bradman who made 10,000 runs in his career?"

54. (B): The expression "No sooner had the police reached than the thieves fled" is correct for describing events that occurred almost simultaneously. "No sooner" is followed by "than" to indicate that soon after one event happens, another follows immediately.

55. (D): The correct tense form for the sentence "She jumped off the train while it was moving" is "was moving." This form indicates that the action of the train (moving) was ongoing at the time she jumped off, which is best expressed using the past continuous tense.

56. (C): The original sentence is in direct speech and asks a question. When changing to reported speech, the structure needs to reflect that it's a question being relayed indirectly. The correct transformation would be, "I asked him if he knew when she would go home." This maintains the interrogative nature inside the indirect structure and properly shifts the tense from "will go" to "would go."

57. (B): "Sinecure" refers to a position that requires little to no responsibility, effort, or actual work but still offers financial compensation. This term typically applies to jobs that are given more for patronage or reward than for the purpose of actually performing duties. This option correctly describes a job with high pay and minimal responsibilities.

58. (C): "Send for" means to request someone to come to you, typically by sending a message or calling them. It's often used in contexts where assistance or presence is needed. The correct meaning in this context is "call someone in," which implies requesting someone's arrival at a location for consultation or help.

59. (A): The phrasal verb "turn out" has several meanings depending on the context, but a common one, especially when used with "someone," is to expel or evict them from a place, which fits with the general idea of forcing someone out. Therefore, "to evict someone" is the correct interpretation in this context.

60. (B): "Fair weather friends" are those who are supportive or friendly only when it is easy or beneficial to be so, particularly during good times. When challenges arise, these friends typically disappear or are not dependable. This idiom accurately describes friends who are loyal only during a time of success.

61. (C):

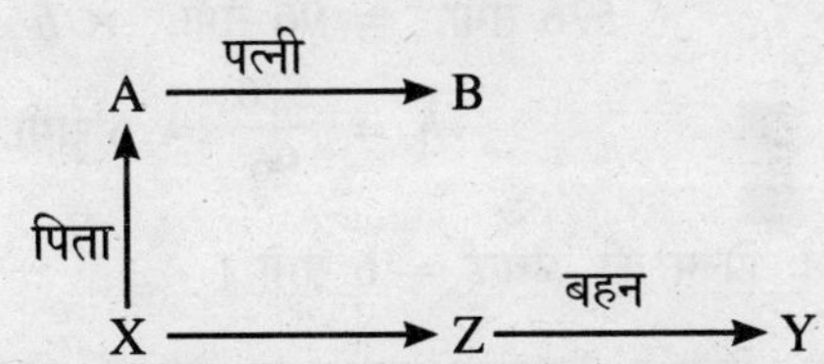

यहाँ विकल्प (C) में, X, A का पुत्र है, निश्चित रूप से सत्य नहीं है क्योंकि X पुत्री/पुत्र है, यह स्पष्ट नहीं है।

62. (A): यहाँ, P = प्रारंभिक बिंदु

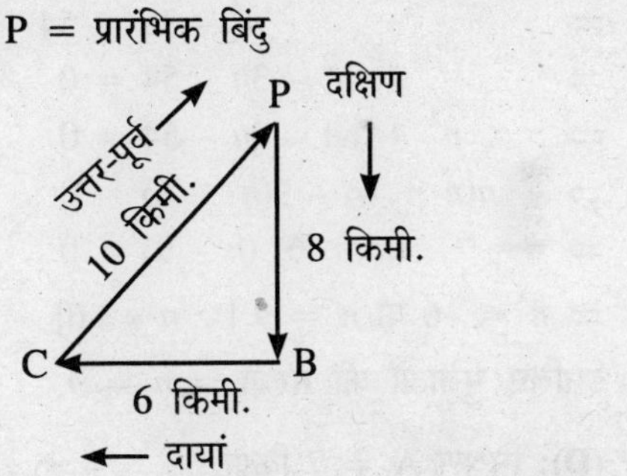

PB = 8 किमी., BC = 6 किमी.

CP = 10 किमी.

$\because$ CP = $\sqrt{PB^2 + BC^2} = \sqrt{8^2 + 6^2}$

$= \sqrt{64 + 36} = \sqrt{100} = 10$ किमी.

A, बिन्दु P से चलना प्रारंभ करता है और अंत में बिन्दु P पर ही पहुँच जाता है।

अतः A प्रारंभिक बिन्दु से 0 किमी. दूरी पर है।

63. (C): $\because \dfrac{m_1 d_1 h_1}{w_1} = \dfrac{m_2 d_2 h_2}{w_2}$

$$\therefore \frac{10 \times 8 \times h}{\frac{2}{5}} = \frac{m_2 \times 12 \times h}{\left(1 - \frac{2}{5}\right)}$$

$\Rightarrow \quad \dfrac{\frac{10\times 8}{2}}{5} = \dfrac{\frac{m_2\times 12}{3}}{5}$

$\Rightarrow \quad \dfrac{10\times 8}{2} = \dfrac{m_2\times 12}{3}$

$\Rightarrow \quad 40 = 4m_2 \Rightarrow m_2 = 10$

इसलिए आवश्यक व्यक्तियों की संख्या = 10.

64. (C): एक लम्ब प्रिज्म के त्रिभुजाकार आधार का परिमाप = 32 सेमी.

अर्द्ध-परिमाप, $S = \dfrac{32}{2} = 16$ सेमी.

त्रिभुज की अंतःत्रिज्या, $r = 6$ सेमी.

$\therefore$ प्रिज्म का क्षेत्रफल, A = $Sr = 16 \times 6 = 96$ सेमी.^{2}

$\therefore$ प्रिज्म का आयतन = A × h (जहाँ, h = प्रिज्म की ऊँचाई)

$\Rightarrow$ 576 सेमी.^{3} = 96 सेमी.^{2} × h

$\therefore \quad h = \dfrac{576}{96} = 6$ सेमी.

अतः प्रिज्म की ऊँचाई = 6 सेमी.।

65. (B): दिया है, नियमित बहुभुज के विकर्णों की संख्या = 27

$\Rightarrow \quad \dfrac{n(n-3)}{2} = 27$

$\Rightarrow \quad n^2 - 3n = 54$

$\Rightarrow \quad n^2 - 3n - 54 = 0$

$\Rightarrow \quad n^2 + 6n - 9n - 54 = 0$

$\Rightarrow \quad n(n+6) - 9(n+6) = 0$

$\Rightarrow \quad (n+6)(n-9) = 0$

$\Rightarrow n = -6$ या $n = 9$ [$\because n \neq -6$]

इसलिए भुजाओं की संख्या = n = 9.

66. (D): मिश्रण A = 7 किग्रा.

तांबा : जस्ता = 5 : 2

$\therefore$ A में तांबा = $7\times\dfrac{5}{5+2}$ = 5 किग्रा.

A में जस्ता = $7\times\dfrac{2}{7}$ = 2 किग्रा.

और मिश्रण B = 21 किग्रा.

तांबा : जस्ता = 3 : 4

$\therefore$ B में तांबा = $21\times\dfrac{3}{3+4} = 21\times\dfrac{3}{7}$ = 9 किग्रा.

B में जस्ता = $21\times\dfrac{4}{7}$ = 12 किग्रा.

$\because$ मिश्रण A और मिश्रण B को मिलाकर एक नई मिश्र धातु बनाई जाती है।

$\therefore$ नई मिश्रधातु में कुल तांबा = 5 + 9 = 14 किग्रा.

और नई मिश्रधातु में कुल जस्ता = 2 + 12 = 14 किग्रा.

अतः नई मिश्रधातु में तांबा और जस्ता का अनुपात = 14 : 14 = 1 : 1.

67. (A): $7\operatorname{cosec}\theta - 3\cot\theta = 7$

or $\quad \cot\theta = \dfrac{7}{3}(\operatorname{cosec}\theta - 1)$

$\Rightarrow \quad 7\operatorname{cosec}\theta - 7 = 3\cot\theta$

$\Rightarrow \quad 7(\operatorname{cosec}\theta - 1) = 3\cot\theta$

दोनों ओर वर्ग करने पर,

$49(\operatorname{cosec}\theta - 1)^2 = 9\cot^2\theta$

$\Rightarrow 49(\operatorname{cosec}\theta - 1)^2 - 9(\operatorname{cosec}^2\theta - 1) = 0$

$\Rightarrow (\operatorname{cosec}\theta - 1)\,[49(\operatorname{cosec}\theta - 1) - 9(\operatorname{cosec}\theta + 1)] = 0$

$\therefore \quad \operatorname{cosec}\theta = 1$

या, $\quad 40\operatorname{cosec}\theta - 58 = 0$

$\Rightarrow \quad \operatorname{cosec}\theta = \dfrac{58}{40} = \dfrac{29}{20}$

$\therefore \quad \cot\theta = 0$ or $\dfrac{21}{20}$

$\left[\cot\theta = \dfrac{7}{3}(\operatorname{cosec}\theta - 1)\right]$

यहाँ, $\quad 7\cot\theta - 3\operatorname{cosec}\theta = 0 - 3\times 1 = -3$

तथा, $\quad 7\cot\theta - 3\operatorname{cosec}\theta = 7\times\dfrac{21}{20} - 3\times\dfrac{29}{20}$

$= \dfrac{3}{20}(49-29) = \dfrac{3}{20}\times 20 = 3$

अतः $7\cot\theta - 3\operatorname{cosec}\theta = 3$

$\therefore$ विकल्प (A) सही है।

68. (C): यदि किसी वृत्त में समबाहु त्रिभुज अंकित है, तो शीर्षों पर स्पर्शरिखाएँ भी समबाहु त्रिभुज बनाएँगी। ऐसा इसलिए होता है क्योंकि अंकित समबाहु त्रिभुज की समरूपता और समान कोण यह सुनिश्चित करते हैं कि प्रत्येक शीर्ष पर स्पर्शरिखाओं के बीच के कोण भी बराबर हों, जिससे इन स्पर्शरिखाओं द्वारा बनाया गया त्रिभुज समबाहु बनता है।

69. (A): माना एक वस्तु का क्रय मूल्य = ₹ x

तब उस वस्तु का विक्रय मूल्य = $\dfrac{115}{100}x$

प्रश्नानुसार, $\dfrac{115}{100}x + 18 = \dfrac{118}{100}x$

$\Rightarrow \quad \dfrac{118}{100}x - \dfrac{115}{100}x = 18 \Rightarrow \dfrac{3}{100}x = 18$

$\Rightarrow \quad x = 600$

अतः वस्तु का क्रय मूल्य = x = ₹ 600.

70. (C):

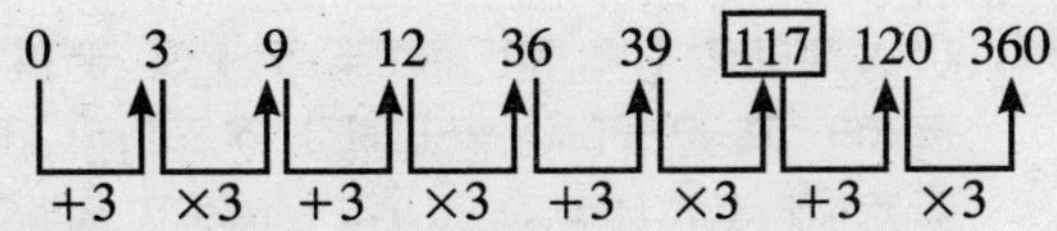

42 के स्थान पर 117 होना चाहिए।

इसलिए दी गई श्रृंखला में गलत संख्या = 42.

71. (B): माना दो धनात्मक संख्याएँ x और y हैं

तब, $x - y = 3$

और $x^2 + y^2 = 369$

$\because$ $(x - y)^2 = x^2 + y^2 - 2xy$

$\therefore$ $3^2 = 369 - 2xy$

$\Rightarrow$ $2xy = 369 - 9 = 360$

अब, $(x + y)^2 = x^2 + y^2 + 2xy$

$= 369 + 360$

$\Rightarrow$ $(x + y)^2 = 729 = (27)^2$

$\therefore$ $x + y = 27$

अतः उन संख्याओं का योग = 27.

72. (B): दिया हुआ शेषफल = 36

$\therefore$ भाजक = 5 × 36 = 180

और भागफल $= \frac{180}{12} = 5$

अब, भाज्य = भाजक × भागफल + शेष

= 180 × 15 + 36

$\Rightarrow$ भाज्य = 2700 + 36 = 2736

अतः भाज्य 2736 है।

73. (C): दिया है कि, A = ÷, B = +, C = –, D = ×

$\therefore$ 20 C 12 B 8 A 2 D 6

$= 20 - 12 + 8 \div 2 \times 6$

$= 20 - 12 + 4 \times 6$

$= 20 - 12 + 24 = 44 - 12 = 32.$

74. (D): औसत चाल $= \frac{\text{कुल दूरी}}{\text{कुल समय}} = \frac{12+18+24}{\frac{12}{3}+\frac{18}{9}+\frac{24}{4}}$

$= \frac{54}{4+2+6} = \frac{54}{12} = \frac{9}{2}$

= 4.5 किमी./घं.

75. (D): सारंगी, वीणा और गिटार तंतु वाद्य यंत्र हैं, जहाँ ध्वनि तारों के कंपन से उत्पन्न होती है। हालाँकि, बांसुरी एक लकड़ी से बना वाद्य है, जहाँ ध्वनि एक छिद्र में हवा के प्रवाह से उत्पन्न होती है। इसलिए, बांसुरी इनमें से एक बेमेल वाद्य यंत्र है।

76. (A): दिया है कि, $16 - 4 = 2 \Rightarrow 16 = 4^2$

$9 - 3 = 2 \Rightarrow 9 = 3^2$

$81 - 3 = 4 \Rightarrow 81 = 3^4$

$\therefore$ $64 - 4 = 3 \Rightarrow 64 = 4^3$.

77. (D): दिया है,

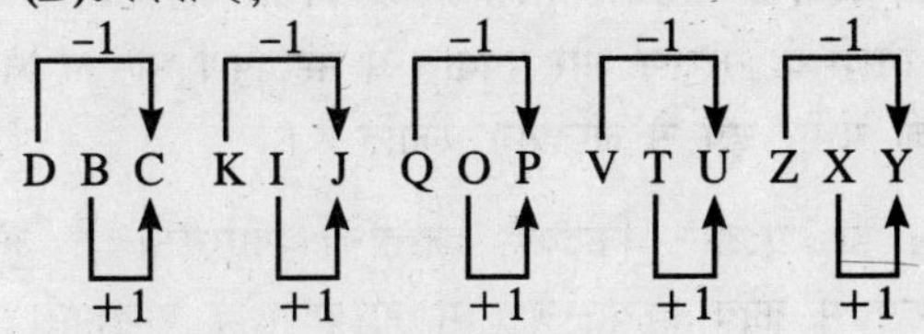

$\therefore$? = श्रेणी में लुप्त पद = VTU.

78. (D): दिया है,

'P	R	O	[J]	E	C	T'	=	'C	E	O	P	R	T'
16	18	15	10	5	3	20		3	5	15	16	18	20

P	L	[A]	N	E	=	E	L	N	P
16	12	1	14	5		5	12	14	16

दोनों कूट में, मध्य का अक्षर हटाया जाता है और शेष अक्षर को वर्णमाला के क्रम में व्यवस्थित किया जाता है।

इसी प्रकार,

O	R	G	A	[N]	I	S	E	D
15	18	7	1	14	9	19	5	4

=	A	D	E	G	I	O	R	S
	1	4	5	7	9	15	18	19

इसलिए 'ORGANISED' को उसी कूट भाषा में 'ADEGIORS' लिखा जाएगा।

79. (C):

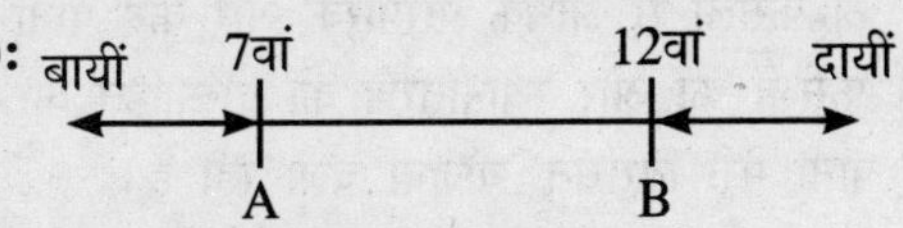

स्थानों में परस्पर परिवर्तन के बाद,

$\therefore$ पंक्ति में कुल लड़कों की संख्या = 22 + 11 = 33.

80. (B):

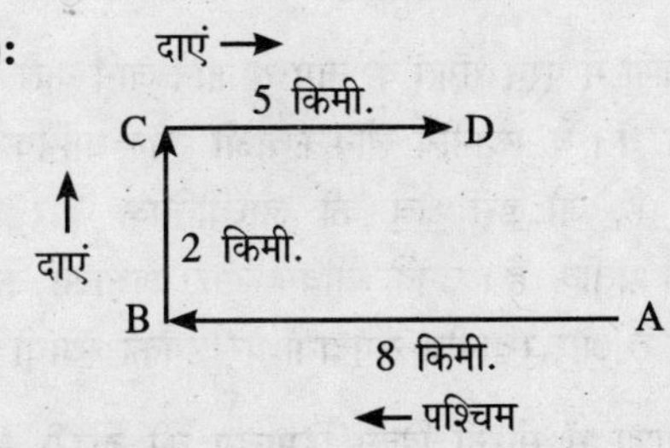

यहाँ, प्रारंभिक बिन्दु = A

AB = 8 किमी.; BC = 2 किमी.; CD = 5 किमी.

इसलिए वह शुरूआती बिन्दु के संदर्भ में अब उत्तर-पश्चिम दिशा में है।

81. (C): श्री विजय वर्धन हरियाणा के वर्तमान मुख्य सूचना अधिकारी हैं, जिन्हें मुख्य सूचना आयुक्त के रूप में भी जाना जाता है। इस भूमिका में राज्य के भीतर सूचना के अधिकार अधिनियम के अनुप्रयोग की देखरेख करना, जनता के लिए सूचना की पारदर्शिता और पहुँच सुनिश्चित करना शामिल है।

82. (B): हरियाणा में गिद्ध संरक्षण केंद्र पिंजौर में स्थित है। यह केंद्र गिद्धों के संरक्षण और पुनर्वास में महत्वपूर्ण भूमिका निभाता है, जो गंभीर रूप से लुप्तप्राय प्रजाति है।

83. (A): डॉ. ए.आर. किदवई, जिन्होंने यूपीएससी के अध्यक्ष के रूप में कार्य किया, बाद में हरियाणा के राज्यपाल बने। दोनों भूमिकाओं में उनके कार्यकाल ने लोक प्रशासन और शासन में उनके महत्वपूर्ण योगदान को उजागर किया, जो सिविल सेवा और प्रशासनिक सुधारों के प्रति उनकी प्रतिबद्धता को दर्शाता है।

84. (A): हरियाणा के सोनीपत जिले में खेलो इंडिया महिला तीरंदाजी रैंकिंग प्रतियोगिता का आयोजन किया गया। यह आयोजन खेलो इंडिया पहल का हिस्सा है, जिसका उद्देश्य खेल विकास को बढ़ावा देना और विभिन्न स्तरों पर खेलों में भागीदारी को प्रोत्साहित करना है, विशेष रूप से तीरंदाजी में महिलाओं के बीच।

85. (A): हरियाणा में कुल 95 तहसीलें हैं। यह प्रशासनिक प्रभाग स्थानीय शासन के लिए महत्वपूर्ण है और संसाधनों और विकासात्मक कार्यक्रमों के प्रबंधन को अधिक स्थानीय स्तर पर सुगम बनाता है।

86. (C): हरियाणा सरकार किसानों को पानी की अधिक खपत वाली धान की फसलों से अधिक पारंपरिक और कम पानी की खपत वाली फसलों की ओर स्थानांतरण को प्रोत्साहित करने के लिए 'मेरा पानी मेरी विरासत' योजना चला रही है।

87. (C): हरियाणा में राष्ट्रीय फैशन प्रौद्योगिकी संस्थान (NIFT) पंचकुला में स्थित है। यह संस्थान भारत भर में फैशन प्रौद्योगिकी शिक्षा केंद्रों के नेटवर्क का हिस्सा है जो फैशन उद्योग की उभरती जरूरतों के अनुरूप डिजाइन, तकनीक और प्रबंधन के क्षेत्र में पेशेवर प्रशिक्षण और शिक्षा प्रदान करता है।

88. (C): हरियाणा में पूरन भगत के नाम से जाने जाने वाले ऋषि बाबा चौरंगी नाथ थे। वे स्थानीय लोककथाओं और धार्मिक परंपराओं में पूजनीय हैं, जो इस क्षेत्र की आध्यात्मिक और सांस्कृतिक विरासत का प्रतीक हैं। उनके जीवन और शिक्षाओं का यशगान किया जाता है और स्थानीय समुदायों पर उनका स्थायी प्रभाव है।

89. (C): हरियाणा में मोरनी हिल्स हिमालय की बाहरी श्रृंखला का हिस्सा हैं। यह भौगोलिक विशेषता अपनी प्राकृतिक सुंदरता और जैव विविधता के लिए महत्वपूर्ण है, जो इसे इको-पर्यटन और प्रकृति प्रेमियों के लिए एक लोकप्रिय गंतव्य बनाती है।

90. (A): 1857 के विद्रोह के दौरान, तफजल हुसैन ने हरियाणा के रोहतक में ब्रिटिश प्रतिष्ठानों पर हमलों का नेतृत्व किया। यह भागीदारी ब्रिटिश औपनिवेशिक शासन के खिलाफ व्यापक भारतीय विद्रोह का हिस्सा थी, जिसमें तफजल हुसैन जैसे स्थानीय नेताओं ने प्रतिरोध को संगठित करने और स्वतंत्रता की लड़ाई में महत्वपूर्ण भूमिका निभाई थी।

92. (B): सामान्य दृष्टि वाले वयस्क के लिए सुस्पष्ट दर्शन की न्यूनतम दूरी लगभग 25 सेमी. होती है। यह दूरी निकटतम बिंदु के रूप में जानी जाती है, जो कि एक स्वस्थ आंख के लिए वह बिंदु होता है जिस पर आंख बिना किसी असुविधा के वस्तु को स्पष्ट रूप से देख सकती है।

93. (B): यदि ध्वनि तरंग का आयाम दोगुना हो जाता है, तो ध्वनि की प्रबलता चार गुणा बढ़ जाती है। ध्वनि की प्रबलता तरंग की आयाम के वर्ग के समानुपाती होती है, जिसका सूत्र है : $I \propto A^2$। यदि आयाम A से 2A हो जाए, तो प्रबलता I से $(2A)^2 = 4A^2$ हो जाएगी, जो कि मूल प्रबलता से चार गुणा है। इस प्रकार, विकल्प B सही है क्योंकि प्रबलता चार गुणा बढ़ती है।

94. (D): भौतिक विज्ञान पाठ के निर्माण में कई आधारभूत घटक होते हैं जो पाठ को संरचित और समझने योग्य बनाते हैं। इनमें शामिल हैं : पाठ का शीर्षक, परिचय एवं प्रस्तुति।

ये सभी तीनों घटक एक संपूर्ण और गुणवत्तापूर्ण भौतिक विज्ञान पाठ के लिए आवश्यक होते हैं। इसलिए, विकल्प D सही है।

95. (B): इस प्रश्न में हमें *n*वें सेकंड में नई गति निर्धारित करनी है, जबकि गति हर सेकंड *a* की दर से बढ़ रही है। गति की प्रारंभिक मात्रा U है।

- प्रारंभ में गति U है।
- पहले सेकंड के अंत तक गति में *a* की वृद्धि होती है, इसलिए नई गति $U + a$ हो जाती है।
- दूसरे सेकंड के अंत तक गति $U + 2a$ हो जाती है।
- इसी प्रकार, *n*वें सेकंड के अंत तक गति $U + na$ हो जाती है।

अब, यदि हम *n* सेकंड के लिए औसत गति की गणना करना चाहते हैं, तो हमें गति के इन बदलावों का औसत करना होगा। पहले सेकंड के अंत में गति $U + a$, दूसरे सेकंड के अंत में $U + 2a$ और इसी तरह आखिरी सेकंड में $U + na$ होती है। इसका औसत $U + \frac{a \times (n-1)}{2}$ होता है।

- इस औसत की गणना इस प्रकार से होती है : पहले सेकंड में गति $U + a$ है, और अंतिम सेकंड में $U + na$ है। इनका औसत $\frac{(U+a)+(U+na)}{2}$ होगा।
- इसको सरल करने पर :
  $$\frac{2U + a + na}{2} = U + \frac{a + na}{2} = U + \frac{a(1+n)}{2}$$
- यह $U + \frac{a(2n-1)}{2}$ के बराबर होता है, क्योंकि $1 + n$ के बीच में एक अतिरिक्त संख्या होती है जिसे हम घटा सकते हैं।

इस प्रकार, विकल्प B सही है क्योंकि यह निरंतर दर से बढ़ने वाली गति के लिए औसत गति की सही गणना प्रस्तुत करता है।

96. (A): एनेलिडा (Annelida) समूह के जीवों में बंद परिसंचरण तंत्र पाया जाता है। इस तंत्र में, रक्त नलिकाओं में सीमित रहता है और खुले स्पेस में नहीं बहता। एनेलिडा वर्ग के जीव जैसे कि केंचुए, इस प्रकार के परिसंचरण तंत्र के उदाहरण हैं। अन्य विकल्पों जैसे कि आर्थ्रोपोडा, मोलस्का और इकाइनोडर्मेटा में इस प्रकार का परिसंचरण तंत्र नहीं पाया जाता।

97. (D): जैवप्रदीप्ती, जो कि प्राकृतिक रूप से उत्पन्न होने वाली चमक है, विभिन्न समुद्री जीवों में पाई जाती है। इनमें शामिल हैं सीलेन्ट्रेटा, टीनोफोरा, और पोरीफेरा। सीलेन्ट्रेटा और टीनोफोरा में जैवप्रदीप्ती का पाया जाना आम है, जैसे कि जेलीफिश और कुछ प्रकार के कोरल्स में। पोरीफेरा, जिसे स्पंज भी कहा जाता है, में भी कुछ प्रजातियाँ जैवप्रदीप्त होती हैं। ये सभी समूह प्रकाशीय उत्सर्जन की क्षमता रखते हैं, इसलिए विकल्प D सही है क्योंकि यह बताता है कि सभी निर्दिष्ट विकल्पों में जैवप्रदीप्ती पाई जाती है।

98. (B): रुडोल्फ विरचो ने सर्वप्रथम स्पष्ट रूप से समझाया कि कोशिकाएँ विभाजित होती हैं और नई कोशिकाएँ पूर्व कोशिकाओं से ही सृजित होती हैं। उनका यह सिद्धांत, जिसे "Omnis cellula e cellula" यानी ''हर कोशिका एक कोशिका से'' कहा जाता है, यह दर्शाता है कि नई कोशिकाएं पहले से मौजूद कोशिकाओं के विभाजन से बनती हैं। यह सिद्धांत कोशिका सिद्धांत का एक महत्वपूर्ण हिस्सा बन गया, जिसे मूलतः मैथाइस श्लाइडेन और थियोडोर श्वान ने प्रतिपादित किया था।

100. (B): आहारनाल की दीवार चार परतों से बनी होती है और यह परतें बाहर से अंदर की ओर इस प्रकार होती हैं : सीरोसा, मस्क्यूलेरिस, सबम्यूकोसा, और म्यूकोसा।

- **सीरोसा :** यह सबसे बाहरी परत है जो कि मुख्य रूप से सुरक्षात्मक होती है और आहारनाल को अन्य आंतरिक अंगों से अलग करती है।
- **मस्क्यूलेरिस :** यह परत मुख्य रूप से मांसपेशियों की बनी होती है जो कि आहार को आगे बढ़ाने में मदद करती है। इस परत में आंतरिक और बाह्य दोनों प्रकार की मांसपेशियाँ होती हैं।
- **सबम्यूकोसा :** यह एक संयोजी ऊतक की परत होती है जो नसों और रक्त वाहिकाओं से युक्त होती है। यह पोषण और सिग्नलों को ले जाने में मदद करती है।
- **म्यूकोसा :** यह सबसे अंदरूनी परत होती है जो कि खाने के संपर्क में सीधे आती है। यह परत श्लेष्मा उत्पादन करती है जो कि आहारनाल को लुब्रिकेट करने के साथ-साथ सुरक्षा भी प्रदान करती है।

विकल्प B इन परतों का सही क्रम दर्शाता है, जो कि बाहर से अंदर की ओर सीरोसा, मस्क्यूलेरिस, सबम्यूकोसा, और म्यूकोसा है।

101. (C): हमें 40 ग्राम फेरिक सल्फेट में लोहे (Fe), सल्फर (S), और ऑक्सीजन (O) की मात्रा को मोल में निर्धारित करना है, जिसके लिए परमाणु द्रव्यमान दिए गए हैं : Fe = 56 u, S = 32 u और O = 16 u।

फेरिक सल्फेट का सूत्र $Fe_2(SO_4)_3$ होता है। इसका मोलर द्रव्यमान निम्नलिखित होगा :

- Fe का द्रव्यमान = 56 u × 2 = 112 u
- S का द्रव्यमान = 32 u × 3 = 96 u
- O का द्रव्यमान = 16 u × 12 = 192 u
- कुल मोलर द्रव्यमान = 112 u + 96 u + 192 u = 400 u

40 ग्राम फेरिक सल्फेट में मोलों की संख्या :

$$\text{मोल} = \frac{40 \text{ ग्राम}}{400\ u} = 0.1 \text{ मोल}$$

- Fe के मोल = 0.1 मोल × 2 = 0.2 मोल (क्योंकि प्रत्येक मोल $Fe_2(SO_4)_3$ में 2 मोल Fe होते हैं)
- S के मोल = 0.1 मोल × 3 = 0.3 मोल (क्योंकि प्रत्येक मोल $Fe_2(SO_4)_3$ में 3 मोल S होते हैं)
- O के मोल = 0.1 मोल × 12 = 1.2 मोल (क्योंकि प्रत्येक मोल $Fe_2(SO_4)_3$ में 12 मोल O होते हैं)

इस प्रकार, विकल्प C सही है, जो दर्शाता है कि फेरिक सल्फेट के 40 ग्राम में Fe के 0.2 मोल, S के 0.3 मोल, और O के 1.2 मोल होते हैं।

102. (A): ऊष्माक्षेपी प्रक्रिया वह होती है जिसमें ऊर्जा (आमतौर पर गर्मी) पर्यावरण में छोड़ी जाती है। इस प्रश्न में दी गई विकल्पों में से :

(*i*) **बिना बुझे चूने की जल से अभिक्रिया :** यह प्रक्रिया ऊष्माक्षेपी होती है क्योंकि जब बिना बुझे चूना (कैल्सियम ऑक्साइड, CaO) पानी (H_2O) के साथ प्रतिक्रिया करता है, तो यह कैल्सियम हाइड्रॉक्साइड ($Ca(OH)_2$) बनाता है और इस दौरान ऊष्मा उत्सर्जित होती है।

(*ii*) **अम्ल का तनुकरण :** यह भी एक ऊष्माक्षेपी प्रक्रिया है। जब अम्ल को पानी में घोला जाता है, तो गर्मी निकलती है क्योंकि हाइड्रेशन प्रक्रिया ऊष्मा उत्पन्न करती है।

इसलिए, विकल्प A सही है क्योंकि बिना बुझे चूने की जल से अभिक्रिया और अम्ल का तनुकरण दोनों ही ऊष्माक्षेपी प्रक्रियाएं हैं।

104. (B):

(*a*) **जल में तेल का मिश्रण :** जल और तेल अमिश्रणीय होते हैं और जल और तेल के मिश्रण को पृथक करने के लिए निथारना (डिकैन्टेशन) एक प्रभावी विधि है। तेल जल की सतह पर तैरता है, जिसे धीरे-धीरे अलग किया जा सकता है। इसलिए, (*a*) का मिलान (*ii*) निथारना से होता है।

(*b*) **आटे में मिला हुआ लोहे का चूर्ण :** आटे से लोहे के चूर्ण को पृथक करने के लिए चुम्बकीय पृथक्करण एक प्रभावी तरीका है। चुम्बक का उपयोग करके लोहे के कणों को आसानी से खींचा जा सकता है। इसलिए, (*b*) का मिलान (*iii*) चुम्बक से होता है।

(*c*) **जल में नमक का मिश्रण :** जल में घुले हुए नमक को पृथक करने के लिए वाष्पन उपयुक्त विधि है। जल को वाष्पित करने पर नमक अवशेष के रूप में बच जाता है। इसलिए, (*c*) का मिलान (*iv*) वाष्पन से होता है।

(*d*) **चावल के आटे में मिला हुआ राजमा :** चावल के आटे और राजमा के बड़े दानों को आसानी से छानने की प्रक्रिया से पृथक किया जा सकता है, जिसमें छोटे दाने छलनी से निकल जाते हैं जबकि बड़े दाने रुक जाते हैं। इसलिए, (*d*) का मिलान (*i*) छानना से होता है।

विकल्प B (*a*)-(*ii*), (*b*)-(*iii*), (*c*)-(*iv*), (*d*)-(*i*) सही मिलान दर्शाता है और यह इस प्रश्न के लिए सही उत्तर है।

105. (C): लाइकेन एक सहजीवी संघ होते हैं जो मुख्यतः शैवाल (आमतौर पर फोटोसिंथेटिक भागीदार) और कवक (संरक्षण और पानी सोखने में सहायक) के बीच संबंध से बनते हैं। इनका विज्ञान सम्मत नामकरण शैवालांश और कवकांश से मिलता है, जहां 'शैवालांश' शैवाल के घटक को दर्शाता है और 'कवकांश' कवक के घटक को दर्शाता है।

106. (C): कोलाइडी तंत्र का गठन और उनकी विशेषताएँ उनके घटकों के आधार पर निर्धारित होती हैं। यहाँ दी गई विकल्पों में :

- **'A' ठोस एवं द्रव का मिश्रण :** जब ठोस और द्रव को मिलाया जाता है, तो इसे अक्सर सस्पेंशन कहा जाता है, लेकिन यदि ठोस के कण बहुत छोटे हों तो यह कोलाइड बन सकता है। 'पेण्ट' (Peat) एक ठोस और द्रव का मिश्रण है जहाँ ऑर्गेनिक मटेरियल जल में सस्पेंडेड होता है।
- **'B' ठोस एवं गैस का मिश्रण :** इस प्रकार के मिश्रण को धुआँ कहा जाता है, जहाँ ठोस के बहुत छोटे कण हवा में मिश्रित होते हैं। धुआँ इस प्रकार के कोलाइड का एक उदाहरण है।
- **'C' द्रव एवं गैस का मिश्रण :** जब द्रव और गैस मिलते हैं, तो वे एयरोसोल का निर्माण करते हैं। बादलों में जल की बूंदें हवा में सस्पेंडेड होती हैं, जो कि इस प्रकार के कोलाइड का एक उदाहरण है।

विकल्प C 'पेण्ट', 'धुआँ', और 'बादल' के साथ 'A', 'B', और 'C' के लिए सही प्रदर्शन करता है और इस प्रश्न के लिए सही उत्तर है।

107. (B): यहाँ बल $\vec{F} = 2\hat{i} + 3\hat{j} + 6\hat{k}$ न्यूटन है, और इस बल का प्रभाव 10 सेकंड तक एक 5 किग्रा. द्रव्यमान वाले निकाय पर पड़ता है। इस स्थिति में निकाय के वेग में परिवर्तन की गणना की जाती है।

सबसे पहले, हमें बल की राशि निकालनी होगी :

$$|| F || = \sqrt{(-2)^2 + 3^2 + 6^2}$$

$$= \sqrt{4+9+36} = \sqrt{49} = 7 \text{ न्यूटन}$$

अब, न्यूटन के दूसरे नियम के अनुसार, त्वरण a इस प्रकार होगा :

$$a = \frac{F}{m} = \frac{7}{5} \text{ मीटर/सेकंड}^2$$

इस त्वरण के साथ निकाय पर 10 सेकंड तक बल कार्य करने पर वेग में परिवर्तन Δv होगा :

$$\Delta v = a \times t = \frac{7}{5} \times 10$$

$$= 14 \text{ मीटर/सेकंड}$$

इसलिए, निकाय के वेग में परिवर्तन 14 मीटर/सेकंड होगा, जो कि विकल्प B के अनुरूप है।

108. (A): विज्ञान शिक्षण में सह-शैक्षणिक गतिविधियाँ वे होती हैं जो औपचारिक पाठ्यक्रम के बाहर छात्रों की रुचि और समझ को बढ़ाने के लिए की जाती हैं। विज्ञान क्लब ऐसी ही एक गतिविधि है जो छात्रों को प्रयोगात्मक और इंटरएक्टिव तरीके से विज्ञान को जानने और समझने का अवसर देता है। विज्ञान क्लब में छात्र विभिन्न प्रयोगों, प्रोजेक्टों और चर्चाओं के माध्यम से विज्ञान के मूल सिद्धांतों को गहराई से समझ सकते हैं और यह उनकी वैज्ञानिक सोच और जिज्ञासा को बढ़ावा देता है।

109. (A): कार्यगत शोध संचालित करने की विकासशील अवस्था में कार्यगत योजना विकसित करना महत्वपूर्ण होता है। यह चरण शोध की योजना और ढांचे को निर्धारित करने में केंद्रीय है, जिसमें शोध के उद्देश्यों को स्पष्ट करना, शोध के प्रश्नों को परिभाषित करना, और डेटा संग्रहण विधियों को चुनना शामिल है। इस चरण के दौरान, शोधकर्ता आवश्यक संसाधनों की पहचान करते हैं और शोध प्रक्रिया को चरणबद्ध तरीके से कार्यान्वित करने की योजना बनाते हैं।

110. (B): क्रायोलाइट का रासायनिक सूत्र Na_3AlF_6 है, जिसे सोडियम एल्युमिनियम फ्लोराइड के रूप में भी जाना जाता है। यह यौगिक एल्युमिनियम के उत्पादन में एक महत्वपूर्ण घटक के रूप में काम करता है, विशेष रूप से इलेक्ट्रोलाइटिक सेल में गलनांक को कम करने के लिए। इसकी संरचना में सोडियम, एल्युमिनियम और फ्लोरीन के आयन शामिल होते हैं।

111. (C): एक 210 वॉट का बल्ब जब 5 मिनट के लिए जलाया जाता है, तो हमें पहले उसके द्वारा उत्पन्न कुल ऊर्जा की गणना करनी होगी। इसके लिए निम्नलिखित सूत्र का उपयोग किया जाता है :

ऊर्जा (जूल में) = पावर (वॉट में) × समय (सेकंड में)

चूंकि बल्ब 210 वॉट का है और 5 मिनट तक जलता है,

∴ 5 मिनट = 5 × 60 = 300 सेकंड

अब, ऊर्जा = 210 वॉट × 300 सेकंड = 63000 जूल

दी गई जानकारी के अनुसार, 4.2 जूल 1 कैलोरी के बराबर है।

इसलिए, कैलोरी में परिवर्तन के लिए :

$$\text{कैलोरी} = \frac{63000 \text{ जूल}}{4.2 \text{ जूल प्रति कैलोरी}} \approx 15000 \text{ कैलोरी}$$

इस प्रकार, विकल्प C '15,000 कैलोरी' सही उत्तर है, जो कि बल्ब द्वारा 5 मिनट में उत्पन्न की गई कुल ऊष्मा को दर्शाता है।

112. (D): दिए गए समीकरण $s = 1.2t^2$ से, स्पष्ट है कि यह कण की दूरी को समय के वर्ग के साथ वर्णन करता है, जहाँ s दूरी है और t समय है। इसके लिए समय अंतराल 0 से 10 सेकंड के मध्य औसत चाल (औसत वेग) की गणना करनी होगी। औसत वेग की गणना के लिए, हमें अंतिम और प्रारंभिक स्थान का उपयोग करके और उसे समय अंतराल से विभाजित करना होता है।

समय $t = 0$ सेकंड पर, दूरी $s = 1.2 \times 0^2 = 0$ मीटर है।

समय $t = 10$ सेकंड पर,

दूरी $s = 1.2 \times 10^2 = 1.2 \times 100 = 120$ मीटर है।

इसलिए, औसत वेग v है :

$$v = \frac{\Delta s}{\Delta t} = \frac{120 \text{ मीटर} - 0 \text{ मीटर}}{10 \text{ सेकंड} - 0 \text{ सेकंड}} = \frac{120 \text{ मीटर}}{10 \text{ सेकंड}}$$

= 12 मीटर/सेकंड

इस प्रकार, विकल्प D '12 मीटर/सेकंड' इस कण के लिए औसत चाल है जो कि समय अंतराल 0 से 10 सेकंड के मध्य है और यह इस प्रश्न के लिए सही उत्तर है।

113. (B): यह प्रश्न पिघले हुए सोडियम ब्रोमाइड (NaBr) के विद्युत अपघटन से संबंधित है, जिसमें NaBr का विघटन होकर सोडियम (Na) और ब्रोमीन (Br) में होता है। सोडियम का परमाणु भार 23 u और ब्रोमीन का परमाणु भार 80 u दिया गया है। इस समस्या को हल करने के लिए, हमें पहले NaBr का मोलर द्रव्यमान निकालना होगा जो कि Na और Br के परमाणु भारों का योग है।

- NaBr का मोलर द्रव्यमान = Na का परमाणु भार + Br का परमाणु भार = 23 u + 80 u = 103 u
- दिए गए 206 g NaBr में मोलों की संख्या = द्रव्यमान/मोलर द्रव्यमान = 206 g/103 g/mol = 2 mol
- विद्युत अपघटन के दौरान, प्रत्येक मोल NaBr से 1 मोल Na उत्पन्न होगा। इसलिए, 2 mol NaBr से 2 mol Na उत्पन्न होंगे।
- Na का कुल द्रव्यमान = मोलों की संख्या × Na का मोलर द्रव्यमान = 2 mol × 23 g/mol = 46 g

इस प्रकार, प्राप्त सोडियम का अधिकतम द्रव्यमान 46 g होगा।

114. (B): महासागरों में मुख्य उत्पादकों के रूप में डाइएटम्स (Diatoms) की महत्वपूर्ण भूमिका होती है। डाइएटम्स सूक्ष्मजीवी शैवाल हैं जो सिलिका की कोशिका दीवारों से युक्त होते हैं और वे महासागरीय फूड चेन में प्राथमिक उत्पादक के रूप में काम करते हैं। ये सूर्य के प्रकाश को संश्लेषण करने की क्रिया द्वारा ऊर्जा उत्पन्न करते हैं और इस प्रक्रिया में ऑक्सीजन छोड़ते हैं, जिससे समुद्री जीवन के लिए आवश्यक ऊर्जा का स्रोत उपलब्ध होता है। इनके अतिरिक्त, डाइएटम्स महासागरों में कार्बन साइकल को संतुलित करने में भी योगदान देते हैं, जिससे वे पृथ्वी की जलवायु के लिए भी महत्वपूर्ण होते हैं।

115. (D): उच्च प्राथमिक स्तर पर विज्ञान को समझने के लिए अमूर्तन (abstraction) का उपयोग करना अनुचित हो सकता है। इस उम्र के छात्रों के लिए, जटिल और अमूर्त अवधारणाओं को समझना कठिन होता है क्योंकि उनकी सोच अभी भी काफी सांकेतिक और ठोस विचारों में विकसित हो रही होती है। इसके विपरीत, वस्तुओं का प्रेक्षण और रिकॉर्ड करना (विकल्प A), ग्राफ बनाना (विकल्प B), और स्वयं करने का अनुभव (विकल्प C) जैसे ठोस और सांकेतिक गतिविधियां छात्रों को वैज्ञानिक अवधारणाओं को बेहतर ढंग से समझने में मदद करती हैं।

117. (D): गिब्बन, सूंडवाला बंदर (लैंगूर), और राइनोसोरस इंडो-मलायन उपक्षेत्र में पाए जाते हैं। यह उपक्षेत्र दक्षिण-पूर्वी एशिया को कवर करता है, जिसमें थाईलैंड, मलेशिया, इंडोनेशिया, फिलीपींस और सिंगापुर जैसे देश शामिल हैं। इस क्षेत्र की जैव विविधता बहुत अधिक है और यहाँ विभिन्न प्रकार के प्राणी और वनस्पतियाँ पाई जाती हैं।

118. (B): गुरुत्वाकर्षण बल की परास अनन्त होती है। गुरुत्वाकर्षण बल वह बल है जो किसी भी दो द्रव्यमानों के बीच मौजूद होता है, चाहे वे कितनी भी दूरी पर क्यों न हों। इसका यह मतलब है कि यह बल कभी शून्य नहीं होता है और इसकी पहुँच सिद्धांततः असीम होती है। इसका अर्थ यह है कि यह ब्रह्मांड के किसी भी कोने में मौजूद वस्तुओं के बीच अपना प्रभाव दिखा सकता है। इसलिए गुरुत्वाकर्षण बल की परास अनन्त होती है।

119. (D): जब एक इलेक्ट्रॉन चुंबकीय क्षेत्र से होकर गुजरता है, तो उसकी ऊर्जा और वेग नियत रहते हैं। चुंबकीय बल एक बलगतिक बल होता है, जो कि चार्जित कणों की दिशा को मोड़ सकता है, परंतु इसमें उनकी गतिज ऊर्जा या वेग को नहीं बढ़ाता है। चुंबकीय बल हमेशा वेग के दिशा के लंबवत होता है और इसलिए यह कण की गतिज ऊर्जा में कोई वृद्धि या कमी नहीं करता है। इसका मतलब है कि इलेक्ट्रॉन का वेग और ऊर्जा नियत रहते हैं, भले ही इसकी गति की दिशा बदल सकती है।

120. (A): प्रिज्म का विचलन कोण वह कोण होता है जो आपतित किरण और निर्गत किरण के बीच मापा जाता है। जब प्रकाश की किरण एक प्रिज्म में प्रवेश करती है, तो यह प्रिज्म के दूसरे छोर पर निकलने से पहले अंदर की ओर अपवर्तित होती है। इस प्रक्रिया में, किरण प्रिज्म के अंदर दो बार अपवर्तित होती है : एक बार प्रवेश करते समय और दूसरी बार निकलते समय।

विचलन कोण उस कोण को दर्शाता है जो आपतित किरण की मूल दिशा और प्रिज्म से निकलने वाली किरण की दिशा के बीच होता है। यह कोण यह दर्शाता है कि प्रिज्म द्वारा प्रकाश की दिशा कितनी बदली गई है।

121. (D): जीवाश्म ईंधन वे ईंधन होते हैं जो पृथ्वी की सतह के नीचे लाखों वर्षों के दौरान जीवाश्मित जीवों के अवशेषों से बनते हैं। प्राकृतिक गैस (विकल्प A), पेट्रोलियम (विकल्प B), और कोल (विकल्प C) सभी जीवाश्म ईंधन के उदाहरण हैं क्योंकि ये लंबे समय से संरक्षित जैविक पदार्थों के रूपांतरण से बनते हैं। इनका निर्माण जीवों के अवशेषों के उच्च दबाव और तापमान में विघटन से होता है।

122. (C): दिए गए विकल्पों में, सल्फेट सोडियम ($SO^-_3\ Na^+$) ही ऐसा यौगिक है जिसे संश्लेषित अपमार्जक के रूप में पहचाना जा सकता है, जो जलस्तरीय सिद्ध होता है। सोडियम सल्फेट जल में घुलनशील होता है और इसका उपयोग कई प्रकार के उद्योगों में होता है, जैसे कि कागज और कपड़ा उद्योग में।

123. (A): धातुओं के निष्कर्षण, विशेष रूप से लोहे के निष्कर्षण में कोक मुख्य रूप से उपयोग में आता है। यह एक प्रकार का कार्बन युक्त ईंधन है जिसे कोयले को विशेष प्रक्रिया से गुजारकर बनाया जाता है। कोक का मुख्य उपयोग ब्लास्ट फर्नेस में होता है जहां इसका इस्तेमाल रेडक्शन एजेंट के रूप में किया जाता है।

124. (C): अस्थि मज्जा, जो हड्डियों के अंदर पाया जाता है, लाल और सफेद रक्त कोशिकाओं का उत्पादन करता है, जो इम्यून सिस्टम के लिए आवश्यक होते हैं। थाइमस, जो छाती में स्थित होता है, टी-लिंफोसाइट्स (एक प्रकार की व्हाइट ब्लड सेल) का परिपक्वन करता है। ये दोनों अंग प्रतिरक्षा प्रणाली के विकास और कार्यान्वयन में मुख्य भूमिका निभाते हैं, इसलिए उन्हें प्राथमिक लसिकाभ अंग कहा जाता है।

125. (B): भूरा कोयला, जिसे लिग्नाइट के रूप में जाना जाता है, में कार्बन की मात्रा लगभग 60-70% होती है और इसमें उच्च नमी सामग्री होती है। यह एक नरम कोयला है और कम ऊर्जा सामग्री के कारण इसे आमतौर पर विद्युत उत्पादन के लिए कम दक्षता वाले शक्ति संयंत्रों में उपयोग किया जाता है। लिग्नाइट कोयले की सबसे कम रैंक का कोयला है और इसकी विशेषताएँ उसे उच्च नमी सामग्री वाले क्षेत्रों में विशेष रूप से उपयुक्त बनाती हैं।

126. (B): ध्वनि तरंगों की चाल माध्यम के घनत्व और लचीलेपन पर निर्भर करती है। ग्लास या काँच में ध्वनि तरंगों की चाल हवा, पानी और निर्वात से अधिक होती है। ग्लास एक ठोस माध्यम है जिसमें अणु अधिक कसकर बंधे होते हैं, जिससे ध्वनि तरंगें तेजी से प्रसारित होती हैं।

127. (C): हल्दी एक अम्ल-क्षार सूचक है। हल्दी का रंग अम्लीय स्थिति में पीला रहता है और जब इसे क्षारीय पर्यावरण में डाला जाता है तो इसका रंग लाल या गहरे नारंगी में बदल जाता है। यह घरेलू और प्रयोगशाला दोनों स्थितियों में एसिड और बेस की पहचान के लिए एक सरल और प्रभावी साधन के रूप में काम कर सकता है।

128. (C): विकल्प C में कहा गया है कि "आयरन की एक परत का जिंक के ऊपर निक्षेपण गैल्वनीकरण कहलाता है" यह गलत है। गैल्वनीकरण की प्रक्रिया में आमतौर पर जिंक की परत का निक्षेपण आयरन या स्टील के ऊपर किया जाता है, न कि आयरन की परत का जिंक के ऊपर। यह प्रक्रिया धातु को जंग से बचाने के लिए की जाती है, क्योंकि जिंक आयरन और स्टील को ऑक्सीडेशन से बचाने में सहायक होता है।

129. (C): अलैंगिक जनन के माध्यम से उत्पन्न संतति माता-पिता के साथ आनुवंशिकी और आकारिकी दोनों में समान होती है। अलैंगिक जनन में, एक ही जीव से संतान उत्पन्न होती है जिसमें कोई जीन संयोजन नहीं होता है, इसलिए उत्पन्न संतान आनुवंशिक रूप से बिलकुल माता-पिता के समान होती है। यह प्रक्रिया जीनोम की सटीक प्रतिलिपि बनाती है, इसलिए आनुवंशिक समानता सुनिश्चित होती है। इसी तरह, चूंकि जीनोमिक संरचना समान होती है, इसलिए आकारिकी - यानी शारीरिक विशेषताएं - भी माता-पिता के समान होती हैं।

130. (C): यह प्रश्न पृथ्वी की सतह से ऊपर h ऊँचाई पर पृथ्वी के गुरुत्वीय प्रभाव के कारण वर्णन के मान में आश्रित परिवर्तन होने के बारे में है। जब पृथ्वी की सतह से ऊपर की ओर जाते हैं, तो गुरुत्वीय बल में कमी आती है, जिससे कि त्वरण में परिवर्तन होता है।

गुरुत्वीय बल सतह से दूरी बढ़ने पर घटता है और यह $g' = \dfrac{g}{\left(1+\dfrac{h}{R}\right)^2}$ के रूप में व्यक्त किया जा सकता है, जहाँ g पृथ्वी की सतह पर गुरुत्वीय त्वरण है, h ऊँचाई है, और R पृथ्वी की त्रिज्या है। त्वरण के संदर्भ में, यह देखा जा सकता है कि त्वरण $\omega = \sqrt{\dfrac{3g}{2R}}$ से प्रभावित होता है, इसलिए ऊंचाई पर जाने के बाद त्वरण बदल जाता है।

इस परिप्रेक्ष्य में, विकल्प C के रूप में $\dfrac{2h}{R}$ परिवर्तन को सही ढंग से व्यक्त करता है, जहाँ गुरुत्वीय बल की कमी के कारण त्वरण में यह परिवर्तन आता है।

131. (B): सही विकल्प हैं (*ii*) और (*iv*).

(*ii*) कथन सही है क्योंकि शुष्क बर्फ, जो कि ठोस कार्बन डाइऑक्साइड है, सामान्य वायुमंडलीय दबाव में सीधे गैसीय

अवस्था में परिवर्तित हो जाती है। इस प्रक्रिया को सबलीमेशन कहा जाता है और यह तब होता है जब ठोस द्रव के रूप में बिना गुजरे सीधे गैस में परिवर्तित हो जाता है।

(*iv*) यह कथन भी सही है कि किसी पदार्थ के लिए वाष्पन की गुप्त ऊष्मा उसके गलन की गुप्त ऊष्मा से अधिक होती है। यह इसलिए होता है क्योंकि वाष्पन की प्रक्रिया में पदार्थ को द्रव से गैस में परिवर्तित करने के लिए अणुओं के बीच के आणविक बंधनों को तोड़ना पड़ता है, जो कि गलन की प्रक्रिया में ठोस से द्रव में परिवर्तित करने के लिए की तुलना में अधिक ऊर्जा मांगता है।

132. (B): मनुष्य के कपाल में चेहरे की कुल 14 अस्थियाँ पाई जाती हैं। ये अस्थियाँ मुख्य रूप से चेहरे की संरचना और आकार को निर्धारित करती हैं और इनकी महत्वपूर्ण भूमिका संवेदनशीलता और चेहरे की अभिव्यक्ति में होती है।

133. (C): विकल्प C यह बताता है कि "टोविन एट. आल. (1979) ने वेस्टर्न ब्लॉटिंग तकनीक को समझाया।" वास्तव में, यह कथन सही है क्योंकि वेस्टर्न ब्लॉटिंग की तकनीक का विकास हैरी टॉविन और उनकी टीम ने किया था। यह तकनीक प्रोटीन के विश्लेषण के लिए उपयोगी है, जिसमें प्रोटीन को जेल इलेक्ट्रोफोरेसिस के द्वारा अलग किया जाता है और फिर उन्हें नाइट्रोसेल्युलोज या पीवीडीएफ मेम्ब्रेन पर ट्रांसफर कर उनकी पहचान की जाती है।

134. (A): वाहनों में पश्च-दृश्य दर्पणों के रूप में उत्तल दर्पण उपयोग में लिया जाता है। उत्तल दर्पणों का मुख्य फायदा यह है कि ये दर्पण चीजों को छोटा और दूर का दिखाते हैं, लेकिन दृष्टि का क्षेत्र व्यापक होता है। इससे ड्राइवर को वाहन के पीछे का बड़ा क्षेत्र देखने में सहायता मिलती है, जिससे सुरक्षित ड्राइविंग में मदद मिलती है। यह विशेषता यातायात में वाहन के पीछे की स्थिति को बेहतर तरीके से समझने में सहायक होती है, जिससे ड्राइवर अधिक सुरक्षित निर्णय ले सकते हैं।

135. (D): धातुओं की अभिक्रियाशीलता का घटता हुआ क्रम निम्नलिखित है : सोडियम > मैग्नीशियम > जिंक > आयरन। यह क्रम धातुओं की इलेक्ट्रोकेमिकल सीरीज में उनके स्थान पर आधारित होता है। सोडियम सबसे अधिक अभिक्रियाशील होता है, इसके बाद मैग्नीशियम, जिंक, और अंत में आयरन होता है।

136. (B, C): डोपामीन और ऐसिटिलकोलिन दोनों उत्तेजनात्मक न्यूरोट्रांसमीटर हैं।

(B) डोपामीन मस्तिष्क में एक महत्वपूर्ण न्यूरोट्रांसमीटर है जो विभिन्न शारीरिक और मानसिक प्रक्रियाओं में भाग लेता है, जैसे कि पुरस्कार, मोटिवेशन, मेमोरी, ध्यान और यहाँ तक कि शारीरिक गतिविधि भी।

(C) ऐसिटिलकोलिन भी एक प्रमुख उत्तेजनात्मक न्यूरोट्रांसमीटर है, जो विशेष रूप से परिधीय तंत्रिका तंत्र और मस्तिष्क में महत्वपूर्ण होता है।

137. (B): दिया गया है :

- द्रव्यमान $m = 5$ kg
- गुरुत्वीय त्वरण $g = 9.8 \text{ m/s}^2$
- ब्लॉक की लम्बाई $l = 10$ cm $= 0.1$ m
- ब्लॉक की चौड़ाई $w = 20$ cm $= 0.2$ m

1. बल की गणना :
   $F = mg = 5 \times 9.8 = 49$ न्यूटन
2. क्षेत्रफल की गणना :
   $A = l \times w = 0.1 \times 0.2 = 0.02 \text{ m}^2$
3. दाब की गणना :
   $P = \frac{F}{A} = \frac{49}{0.02} = 2450$ न्यूटन/मी.^{2}

अतः ब्लॉक द्वारा टेबल पर लगने वाला दाब 2450 न्यूटन/मी.^{2} है, जो कि विकल्प B में दिया गया है। यह उत्तर सही है।

138. (B): जब ग्लोमेरुलर फिल्टरेशन दर (GFR) कम हो जाती है, तब रेनिन हार्मोन वृक्कगुच्छ में रक्त प्रवाह को बढ़ाता है। रेनिन एक एंजाइम है जो किडनी के जक्स्टाग्लोमेरुलर कोशिकाओं द्वारा स्रावित होता है। यह रेनिन-एंजियोटेन्सिन सिस्टम के माध्यम से गुर्दे की रक्त वाहिकाओं को संकुचित करके और रक्तचाप को बढ़ाकर काम करता है, जिससे GFR को बढ़ाने में मदद मिलती है।

139. (D): शुक्राणु का शुक्रवाहिका नलिकाओं से निकलने की प्रक्रिया को 'स्पर्मिएशन' कहा जाता है। स्पर्मिएशन वह प्रक्रिया है जिसमें परिपक्व शुक्राणुओं को उनकी सहायक कोशिकाओं से अलग किया जाता है और वे स्वतंत्र रूप से शरीर के अंदर चलने योग्य हो जाते हैं। यह प्रक्रिया सेमिनीफेरस ट्यूब्यूल्स में होती है, जहां शुक्राणु विकसित और परिपक्व होते हैं। स्पर्मिएशन से शुक्राणु एजैक्यूलेटरी नलिकाओं में जाने के लिए तैयार हो जाते हैं, जहां से वे शरीर के बाहर निष्कासित होते हैं।

140. (B): निम्नलिखित कथनों में से जो सत्य हैं, वे हैं :

I. सत्य - घरेलू मक्खी में सोखेन (स्पंजी) प्रकार के मुखांग पाए जाते हैं। ये मुखांग तरल पदार्थों को सोखने में सहायक होते हैं, जैसे कि शहद और अन्य तरल खाद्य पदार्थ।

III. सत्य - तितली में विनालीय (proboscis) प्रकार के मुखांग पाए जाते हैं। यह मुखांग एक लंबी ट्यूब की तरह होता है जिसका उपयोग तितली फूलों से पराग चूसने में करती है।

141. (A): कुली द्वारा वजन को धरती से 2.0 मीटर ऊंचाई तक उठाने के लिए किए गए कार्य की गणना करने के लिए, हमें गुरुत्वीय बल और दूरी का उपयोग करना होगा। कार्य का सूत्र है :

$$\text{कार्य} = \text{बल} \times \text{दूरी}$$

जहाँ बल वस्तु के वजन के बराबर है, जो कि द्रव्यमान और गुरुत्वीय त्वरण का गुणनफल है :

$$\text{बल} = \text{द्रव्यमान} \times \text{गुरुत्व}$$
$$= 15 \text{ kg} \times 10 \text{ m/s}^2 = 150 \text{ न्यूटन}$$

अब, उठाई गई दूरी 2.0 मीटर है, इसलिए :

कार्य = 150 न्यूटन × 2.0 मी. = 300 न्यूटन मी.

इसलिए, कुली द्वारा किया गया कार्य 300 न्यूटन मीटर है, जो कि विकल्प A में दिया गया है।

142. (A): वस्तु की गतिज ऊर्जा (KE) को उसके वेग के वर्गांक के अनुपात में परिवर्तन से गणना की जा सकती है। गतिज ऊर्जा का सूत्र है :

$$KE = \frac{1}{2}mv^2$$

दिया गया है कि वस्तु की प्रारंभिक गतिज ऊर्जा 25 जूल है जब वेग 5 मीटर/सेकंड है। यदि वेग को तीन गुना बढ़ा दिया जाए तो नया वेग होगा 15 मीटर/सेकंड। नई गतिज ऊर्जा होगी :

$$KE_{new} = \frac{1}{2}m(3v)^2 = 9 \times \frac{1}{2}mv^2$$

$$= 9 \times 25 \text{ जूल}$$

$$= 225 \text{ जूल}$$

इसलिए, यदि वस्तु के वेग को तीन गुना बढ़ा दिया जाए, तो इसकी नई गतिज ऊर्जा 225 जूल होगी, जो कि विकल्प A में दिया गया है।

143. (D): विज्ञान की प्रकृति को सबसे उपयुक्त रूप से "विज्ञान प्रकृति में सामाजिक है" के रूप में व्याख्यानित करना होगा। यह विचार बताता है कि विज्ञान कोई एकाकी गतिविधि नहीं है बल्कि यह सहयोग, साझेदारी, और विचार-विमर्श पर आधारित है। वैज्ञानिक अपने शोध कार्यों को सम्मेलनों, जर्नलों, और समीक्षाओं के माध्यम से साझा करते हैं, जहाँ अन्य विशेषज्ञ उनके कार्यों का मूल्यांकन, आलोचना और सुधार करते हैं।

144. (A): भारत में घड़ियाल (Gavialis gangeticus) एक गंभीर रूप से लुप्तप्राय सरीसृप प्रजाति है। घड़ियाल विशेष रूप से ताजा पानी की नदियों में पाया जाता है। इसे IUCN रेड लिस्ट और भारतीय वन्यजीव संरक्षण अधिनियम के तहत भी गंभीर रूप से संकटग्रस्त माना जाता है।

145. (A): एट्रियल नेट्रियूरेटिक फैक्टर (ANF) हृदय द्वारा स्रावित एक हार्मोन है। यह हार्मोन मुख्यतः हृदय के एट्रिया (ऊपरी कक्षों) से निकलता है। ANF का मुख्य कार्य शरीर में नमक और पानी की मात्रा को नियंत्रित करना है, जिससे यह रक्तचाप और रक्त की मात्रा को भी प्रभावित करता है।

146. (A): ज्वाला का सबसे बाहरी क्षेत्र सबसे गर्म भाग होता है जहाँ पूर्ण दहन होता है। यह क्षेत्र अक्सर नीला या लगभग अदृश्य होता है क्योंकि यहाँ पर ऑक्सीजन की पूर्ण उपलब्धता के कारण ईंधन पूरी तरह से जलता है, जिससे अधिकतम ऊष्मा उत्पन्न होती है। इस क्षेत्र में तापमान सबसे अधिक होता है क्योंकि यहां ज्वाला में सबसे अधिक ऊर्जावान दहन क्रियाएँ होती हैं, जिसके कारण यह सबसे गर्म होता है और इसलिए यह विकल्प A सही है।

147. (D): एक उत्तल दर्पण की वक्रता त्रिज्या 3.0 मीटर है। इसकी फोकस दूरी $f = \frac{R}{2} = \frac{3.0}{2} = 1.5 \text{ m}$ है। जब एक बिम्ब इस दर्पण से 5.0 मीटर की दूरी पर स्थित है, तो प्रतिबिम्ब की स्थिति निर्धारित करने के लिए हम दर्पण सूत्र का उपयोग करते हैं :

$$\frac{1}{f} = \frac{1}{v} + \frac{1}{u}$$

$$\frac{1}{1.5} = \frac{1}{v} + \frac{1}{-5.0}$$

(उत्तल दर्पण के लिए बिम्ब की दूरी नकारात्मक होती है)

$$\frac{1}{1.5} = \frac{1}{v} - \frac{1}{5}$$

$$\frac{2}{3} = \frac{1}{v} - \frac{1}{5}$$

$$\frac{1}{v} = \frac{2}{3} + \frac{1}{5} = \frac{10+3}{15} = \frac{13}{15}$$

$$v = \frac{15}{13} \approx 1.15 \text{ m}$$

चूंकि यह उत्तल दर्पण है, प्रतिबिम्ब वास्तविक और सकारात्मक होता है। इसलिए प्रतिबिम्ब की स्थिति +1.15 मीटर है, जो विकल्प D के अनुरूप है।

148. (A): कतला, रोहू, हिल्सा, और पोमफ्रेट सभी खाने योग्य मछलियाँ हैं और इनका व्यापक रूप से भारतीय व्यंजनों में उपयोग होता है। कतला और रोहू ताजे पानी की मछलियाँ हैं जबकि हिल्सा और पोमफ्रेट समुद्री मछलियाँ हैं, जिन्हें उनके अच्छे स्वाद और पोषणीय गुणों के कारण पसंद किया जाता है।

150. (C): गैसों का विसरण उनके आण्विक वजन पर निर्भर करता है। ग्राहम के विसरण के नियम के अनुसार, गैसों का विसरण उनके आण्विक वजन के वर्गमूल के व्युत्क्रमानुपाती होता है। CO (कार्बन मोनोऑक्साइड) और N_2 (नाइट्रोजन) का आण्विक वजन क्रमशः 28 u और 28 u है।

चूंकि दोनों गैसों का आण्विक वजन समान है, इसलिए उनका विसरण दर समान होगा :

विसरण की दर $\propto \frac{1}{\sqrt{m}}$

CO की दर = N_2 की दर

इसलिए, गैसों का युग्म CO और N_2 समान गति से निर्वात में विसरित होगा, जो विकल्प C को सही बनाता है।

पिछले प्रश्न-पत्र (हल सहित)

हरियाणा शिक्षक पात्रता परीक्षा (HTET)

TGT विज्ञान (Level-2), परीक्षा 2022

(Exam held on 04 December, 2022)

भाग-I

बाल विकास व शिक्षाशास्त्र

निर्देश : *निम्नलिखित प्रश्नों के उत्तर देने के लिए* **सबसे उचित** *विकल्प चुनिए।*

1. प्रासंगिक अन्तर्बोध परीक्षण विद्यार्थियों के ________ मापन हेतु उपयोग में लाए जाते हैं।

A. बुद्धि B. अभिक्षमता
C. अभिवृत्ति D. व्यक्तित्व

2. निम्नलिखित में से कौन-सा कथन बच्चों के विकास के बारे में **सही** है?

A. विकास मात्र आनुवंशिकता का एक उत्पाद है।
B. विकास एक यादृच्छिक प्रारूप का अनुसरण करता है।
C. विकास एक संचयी प्रक्रिया है।
D. विकास के विभिन्न आयाम अन्तर्संबंधित नहीं हैं।

3. 'त्वरण' किस प्रकार के विशिष्ट बच्चों की शिक्षा के लिए एक महत्वपूर्ण योजना है?

A. प्रतिभाशाली
B. धीमे अधिगमकर्ता
C. अधिगम असमर्थ
D. मंद बुद्धि

4. निम्नलिखित में से कौन-सा कारक शिक्षण-अधिगम प्रक्रिया को प्रभावित **नहीं** करता है?

A. शिक्षक का शिक्षण कौशल
B. शिक्षक का मानसिक स्वास्थ्य
C. शिक्षक का विषय ज्ञान
D. शिक्षक का शारीरिक रूप

5. निम्नलिखित में से कौन-सी सृजनात्मकता की विशेषता **नहीं** है?

A. मौलिकता B. लोचशीलता
C. अनम्यता D. धाराप्रवाहिता

6. निम्नलिखित में से कौन-सी व्यक्तित्व आकलन की व्यक्तिनिष्ठ विधि **नहीं** है?

A. साक्षात्कार B. अवलोकन
C. आत्मकथा D. शब्द साहचर्य

7. बुद्धि के त्रितंत्रीय सिद्धांत का प्रतिपादन किसने किया?

A. गार्डनर B. गिलफोर्ड
C. स्टर्नबर्ग D. वर्नन

8. ब्रॉनफेनब्रेनर के जैव-पारिस्थितिकी मॉडल सिद्धांत में 'परिवार एवं विद्यालय' किस पर्यावरणीय तंत्र के उदाहरण हैं?

A. मैक्रोसिस्टम B. माइक्रोसिस्टम
C. एक्जोसिस्टम D. क्रोमोसिस्टम

9. निम्नलिखित में से कौन-सा युग्म सही **नहीं** है?

सिद्धांत प्रतिपादक	सिद्धांत
A. पियाजे	– संज्ञानात्मक विकास सिद्धांत
B. बंडुरा	– सामाजिक अधिगम सिद्धांत
C. एरिक्सन	– मनोसामाजिक विकास सिद्धांत
D. वायगोत्स्की	– नैतिक विकास सिद्धांत

10. वह मनोरचना क्या कहलाती है, जिसके द्वारा बालक अपने स्वयं के अहम् को किसी अन्य व्यक्ति के अनुरूप परिवर्तित करने का प्रयास करता है?

A. तादात्मीकरण B. युक्तिकरण
C. मार्गान्तीकरण D. प्रक्षेपण

11. विकास के सामाजिक-सांस्कृतिक सिद्धांत को किसने विकसित किया?

A. वायगोत्स्की B. एरिक्सन
C. कोहलबर्ग D. ब्रॉनफेनब्रेनर

12. निम्नलिखित में से कौन-सा एक बाह्य अभिप्रेरक **नहीं** है?

A. ट्रॉफी के लिए खेल प्रतिस्पर्धा करना
B. वेतन के लिए नौकरी करना
C. आत्मसंतुष्टि हेतु समाजसेवा करना
D. एक खरीदने पर एक मुफ्त पाना

13. "मानसिक स्वास्थ्य संपूर्ण व्यक्तित्व का पूर्ण और सामंजस्यपूर्ण कार्य है।" मानसिक स्वास्थ्य की यह परिभाषा किसके द्वारा दी गई है?

A. मेनिंगर B. हैडफील्ड
C. ड्रेवर D. वॉल्टिन

14. 'विकास जो अनुदैर्ध्य अक्ष (सिर से पैर) की दिशा में आगे बढ़ता है', कहलाता है :

A. सिफैलिक-कॉडल B. प्रॉक्सिमोडिस्टल

C. सर्पिल D. वृत्तीय

15. कार्यात्मक प्रतिबद्धता में अधिगमकर्ता की प्रत्येक सही अनुक्रिया को पुनर्बलित करना किस प्रकार की पुनर्बलन अनुसूची है?

A. निश्चित अंतराल B. परिवर्तनशील अंतराल

C. निश्चित अनुपात D. सतत

16. अभिप्रेरणा के 'आवश्यकता अनुक्रम सिद्धांत' का प्रतिपादन किसने किया?

A. हल B. मैस्लो

C. एटकिन्सन D. थॉमसन

17. मीनल बुद्धि में औसत, सृजनात्मकता में निम्न एवं समायोजन में उच्च स्तरीय है। यह उदाहरण है :

A. अन्तर्वैयक्तिक भिन्नताओं का

B. अन्तःवैयक्तिक भिन्नताओं का

C. अवलोकनीय भिन्नताओं का

D. अपेक्षित भिन्नताओं का

18. निम्नलिखित में से कौन-सा तत्व स्किनर के कार्यात्मक प्रतिबद्धता सिद्धांत से संबंधित **नहीं** है?

A. बहिर्गमन B. विभेदन

C. स्वतः आपूर्ति D. पुनर्बलन

19. निम्नलिखित में से कौन-सी एक समायोजित व्यक्ति की विशेषता **नहीं** है?

A. अपनी क्षमताओं एवं सीमाओं के बारे में जागरूकता

B. स्वयं एवं दूसरों का सम्मान करना

C. संतुलित आकांक्षाएँ

D. व्यवहार में अनम्यता

20. पियाजे के संज्ञानात्मक विकास सिद्धांत के अनुसार किस विकासात्मक अवस्था में 'पलटाव की क्षमता' विकसित होती है?

A. संवेदी-पेशीय B. पूर्व-संक्रियात्मक

C. मूर्त-संक्रियात्मक D. औपचारिक-संक्रियात्मक

21. निम्नलिखित मनोवैज्ञानिकों में से कौन गेस्टाल्टवाद से संबंधित **नहीं** है?

A. कोहलर B. कोफ्का

C. क्रेशमर D. वर्दीमर

22. निम्नलिखित में से कौन-सा कथन समायोजन के संदर्भ में सही **नहीं** है?

A. यह असंतुलन उत्पन्न करता है।

B. यह परिस्थिति की माँगों के अनुरूप जीवन के तरीके को बदलने के लिए प्रेरित करता है।

C. यह वातावरण की स्थितियों में वांछनीय परिवर्तन लाने की क्षमता देता है।

D. समायोजन के अभाव में व्यक्ति तनाव और चिंता से घिरा रहता है।

23. ब्रूनर ने बालकों के संज्ञानात्मक विकास हेतु किस प्रकार के पाठ्यक्रम के अनुगमन का सुझाव दिया?

A. समावेशी पाठ्यक्रम

B. विशिष्ट पाठ्यक्रम

C. सर्पिल पाठ्यक्रम

D. एकीकृत पाठ्यक्रम

24. कैटल का संस्कृति मुक्त बुद्धि परीक्षण, एक प्रकार है :

A. वैयक्तिक शाब्दिक परीक्षण का

B. सामूहिक शाब्दिक परीक्षण का

C. अशाब्दिक परीक्षण का

D. शाब्दिक एवं अशाब्दिक परीक्षण का

25. एक प्रकार का बुद्धि परीक्षण जहाँ प्रश्न कठिनाई स्तर की दृष्टि से समान होते हैं, किन्तु समय तत्व को अधिक महत्व दिया जाता है?

A. गति परीक्षण B. शक्ति परीक्षण

C. शाब्दिक परीक्षण D. निष्पादन परीक्षण

26. वृद्धि बच्चों में किस प्रकार के परिवर्तन लाती है?

A. संरचनात्मक

B. प्रकार्यात्मक

C. संरचनात्मक एवं प्रकार्यात्मक दोनों

D. इनमें से कोई नहीं

27. निम्नलिखित में से कौन-सा घटक गिलफोर्ड के बुद्धि संरचना मॉडल का अंश **नहीं** है?

A. संक्रिया B. संज्ञान

C. विषयवस्तु D. उत्पाद

28. निम्नलिखित में से कौन-सा कथन अभिवृद्धि के संदर्भ में सही **नहीं** है?

A. अभिवृत्ति में अभिप्रेरणात्मक-प्रभावोत्पादक विशेषता पाई जाती है।

B. अभिवृत्ति पूर्णतः सकारात्मकता से पूर्णतः नकारात्मक हो सकती है।

C. अभिवृत्ति में व्यक्ति-वस्तु संबंध पाया जाता है।

D. अभिवृत्ति जन्मजात एवं अर्जित दोनों होती हैं।

29. निम्नलिखित में से कौन-सा मिलान सही **नहीं** है?

	एरिक्सन के मनो-सामाजिक विकास की अवस्थाएँ	**अवस्थाओं का क्रम**
A.	पहल बनाम अपराध बोध	– तीसरी अवस्था
B.	पहचान बनाम भूमिका संभ्रांति	– पाँचवीं अवस्था
C.	स्वायत्तता बनाम लज्जा एवं शंका	– पहली अवस्था
D.	अध्यवसाय बनाम हीनता	– चौथी अवस्था

30. निम्नलिखित में से कौन-सी व्यक्तित्व आकलन की प्रक्षेपी विधि **नहीं** है?

A. शब्द-साहचर्य B. वाक्यपूर्ति

C. वर्णन गति D. समाजमिति

भाग-II

भाषा : हिन्दी

निर्देशः *निम्नलिखित प्रश्नों के उत्तर देने के लिए* **सबसे उचित** *विकल्प चुनिए।*

31. उच्चारण की दृष्टि से 'ग' व्यंजन की ध्वनिगत विशेषताएँ हैं :

A. कंठ्य, अघोष, महाप्राण B. कंठ्य, सघोष, महाप्राण
C. कंठ्य, सघोष, अल्पप्राण D. कंठ्य, अघोष, अल्पप्राण

32. वचन की दृष्टि से कौन-सा युग्म **सही** है?

A. दर्शन – दर्शनों
B. प्राण – प्राणों
C. नारी – नारियों
D. हस्ताक्षर – हस्ताक्षरों

33. 'गिरीश' शब्द में कौन-सी संधि है?

A. दीर्घ स्वर संधि B. गुण स्वर संधि
C. यण् स्वर संधि D. व्यंजन संधि

34. 'जाह्नवी' शब्द का पर्याय हैं :

A. मंदाकिनी B. कुमुदनी
C. पथगामिनी D. नलनी

35. 'सरसिज' शब्द में कौन-सा समास है?

A. कर्मधारय समास B. द्वन्द्व समास
C. अव्ययीभाव समास D. अलुक् तत्पुरुष समास

36. विलोम की दृष्टि से असंगत विकल्प चुनिए :

A. ग्रस्त – मुक्त
B. व्यष्टि – समष्टि
C. आविर्भाव – तिरोभूत
D. अर्वाचीन – प्राचीन

37. किस विकल्प में परिमाणवाचक विशेषण का प्रयोग हुआ है?

A. प्रणव पाँच किलो दूध पी गया।
B. प्रणव पाँच केले खा गया।
C. प्रणव पाँचवीं कक्षा में पढ़ता है।
D. प्रणव के साथ कुछ बच्चे खेल रहे हैं।

38. 'जिज्ञासा' का सटीक समानार्थी है :

A. उत्कंठा B. ज्ञानेप्सा
C. वांछा D. इच्छा

39. "यह आपका माहात्म्य है।" वाक्य में प्रयुक्त 'माहात्म्य' शब्द में कौन-सी संज्ञा है?

A. जातिवाचक B. भाववाचक
C. समूहवाचक D. व्यक्तिवाचक

40. "सामने जो बड़ा-सा घर दिखाई दे रहा है, वह मेरा है।" वाक्य में किस सर्वनाम का प्रयोग हुआ है?

A. पुरुषवाचक B. निजवाचक
C. निश्चयवाचक D. अनिश्चयवाचक

41. किस विकल्प में भाववाचक तद्धित प्रत्यय का प्रयोग हुआ है?

A. बुलावा B. चचेरा
C. सौजन्य D. लखेरा

42. किस शब्द में 'अन्' उपसर्ग का प्रयोग **नहीं** हुआ है?

A. अनुत्तर B. अनुपम
C. अनुद्धार D. अनुगमन

43. क्रिया की दृष्टि से असंगत विकल्प चुनिए :

A. रमेश पत्र लिखवाता है–प्रेरणार्थक क्रिया
B. बालक छत पर खड़ा है–अकर्मक क्रिया
C. अध्यापक बालक को हिंदी पढ़ा रहा है–द्विकर्मक क्रिया
D. प्रणीता जोर-जोर से हँस रही है–सकर्मक क्रिया

44. विसर्ग ध्वनि का प्रयोग किन शब्दों में होता है?

A. तत्सम शब्दों में B. देशज शब्दों में
C. तद्भव शब्दों में D. उपर्युक्त सभी शब्दों में

45. 'साध्वाचरण' शब्द का सही संधि-विच्छेद है :

A. साध्व + आचरण B. साध + आचरण
C. साधू + आचरण D. साधु + आचरण

Language : English

Directions: *Answer the following questions by selecting the* ***most appropriate*** *option.*

46. Choose the option that brings out the meaning of the underline idiom:

A lion's share of India's annual budget is for defence.

A. major share
B. minor amount
C. small
D. very little

47. Select the appropriate one word substitution for the following:

Former students of a school or college

A. Emblem B. Alumni
C. Expert D. Incharge

48. Select the ***correct*** preposition for the blank:

I shall do it ________ pleasure.

A. in B. with
C. about D. over

49. Change the Narration:

"I'm taking the children to the zoo tomorrow." She said.

A. She told that she would be taking the children to the zoo the day after
B. She said that she will take the children to the zoo the next day
C. She told that she will be taking the children to the zoo
D. She will take the children to the zoo, she said

50. Select the *correct* meaning of the underlined phrasal verb:

Who can say what will turn up next?

A. remember B. divide
C. end D. happen

51. Select the appropriate preposition for the blank:

He has not yet recovered _______ his illness.

A. over B. in
C. at D. from

52. Select the *correct* antonym of:

Gloomy

A. Praise B. Coarse
C. Cheerful D. Dismal

53. Choose the *correct* synonym of:

Genius

A. Happy B. Cheerful
C. Talented D. Comfort

54. Change the narration in Reported Speech. Choose the *right* option:

'Who has been using my typewriter?' Said Mother.

A. Mother asked who has been using her typewriter
B. Mother said who was using her typewriter
C. Mother asked who had been using her typewriter
D. Mother asked her typewriter was being used by who

55. Choose the appropriate conjunction for the blank:

I shall not go _______ I am invited.

A. and B. unless
C. but D. there

56. Choose the part of sentence that has error:

she does not (A)/ resemble to (B)/ either of (C)/ her parents (D).

A. A B. B
C. C D. D

57. Change the voice and select the *correct* option:

Somebody has put out the light.

A. The light has put out by somebody
B. The light has been put out by somebody
C. Somebody has been out to put light
D. The light is being put out by somebody

58. Select the *correct* tense form from the options given:

Peter (try) to come in quietly but his mother (hear) him

A. tried, heard
B. trying, hears
C. was trying, was hearing
D. is trying, hears

59. Select the *correct* tense form from the options given:

When I first (come) to this house, it (be) a very quiet area.

A. comes, is B. came, was
C. coming, is D. come, are

60. Change the voice from Active to Passive and select the *correct* options:

Bees make honey

A. Honey is make by bees
B. Bees are making honey
C. Honey are made by bees
D. Honey is made by bees

भाग-III

सामान्य अध्ययन : मात्रात्मक योग्यता, तार्किक अभिक्षमता तथा सामान्य ज्ञान एवं अभिज्ञान

निर्देशः *निम्नलिखित प्रश्नों के उत्तर देने के लिए* **सबसे उचित** *विकल्प चुनिए।*

61. $\sqrt{8+2\sqrt{8+2\sqrt{8+....}}}$ का मान ज्ञात कीजिए :

A. 8
B. 10
C. 11
D. 4

62. यदि वर्ग की प्रत्येक भुजा में 50% की वृद्धि हो जाए, तो इसके क्षेत्रफल की प्रतिशत वृद्धि ज्ञात कीजिए :

A. 50% B. 100%
C. 125% D. 150%

63. यदि – का अर्थ ×, + का अर्थ ÷, ÷ का अर्थ +, × का अर्थ – है, तो 15 – 5 ÷ 5 × 20 + 10 का मान क्या होगा?

A. 70 B. 78
C. 75 D. 73

64. किसी वस्तु को ₹ 72,000 में बेचने पर किसी व्यक्ति को 20% का लाभ होता है, तो उस वस्तु का क्रय मूल्य क्या था?
A. ₹ 60,000 B. ₹ 50,000
C. ₹ 40,000 D. ₹ 65,000

65. निम्न शृंखला में कौन-सा पद **गलत** है?
8, 13, 21, 32, 47, 63, 83
A. 13 B. 32
C. 47 D. 63

66. एक ठोस घन सभी पृष्ठों पर लाल रंग से रंगा गया है। अब इसे 64 छोटे घनों में काटा जाता है, ऐसे कितने छोटे घन होंगे जिनका कोई पृष्ठ रंगा हुआ नहीं हो?
A. 24 B. 16
C. 8 D. 4

67. निम्न अंक शृंखला का अगला पद क्या होगा?
2, 7, 24, 77, 238, ...
A. 721 B. 722
C. 723 D. 733

68. अनिल ने प्रशान्त का परिचय कराते हुए कहा, "वह मेरे पिता के पिता की पोती का पति है।" प्रशान्त अनिल से किस प्रकार सम्बन्धित है?
A. भाई B. जीजा
C. भतीजा D. पुत्र

69. अक्षरों के चार समूह नीचे दिए जा रहे हैं उनमें से तीन किसी नियम से एक जैसे हैं। एक इनसे अलग है, उस विसंगत को छाँटिए :
A. STUA B. RQPA
C. MLKA D. HGFA

70. जिस प्रकार पृथ्वी का सम्बन्ध अक्ष से है उसी प्रकार पहिये का सम्बन्ध होगा :
A. टायर से B. कार से
C. सड़क से D. धुरी से

71. निम्न वर्ग शृंखला का अगला पद ज्ञात कीजिए :
LXF, MTJ, NPN, OLR, ...
A. PHV B. PIU
C. PJW D. PKX

72. यदि A, B से 40 मीटर दक्षिण-पश्चिम में हो, C, B से 40 मीटर दक्षिण-पूर्व में हो, तो C, A से किस दिशा में होगा?
A. पूर्व B. पश्चिम
C. उत्तर-पूर्व D. दक्षिण

73. 150 विद्यार्थियों द्वारा प्राप्त औसत अंक 35 थे। यदि इनमें से उत्तीर्ण विद्यार्थियों का औसत प्राप्तांक 39 हो तथा अनुत्तीर्ण विद्यार्थियों का औसत प्राप्तांक 15 हो, तो परीक्षा में उत्तीर्ण होने वाले विद्यार्थियों की संख्या ज्ञात कीजिए।
A. 120 B. 125
C. 135 D. 140

74. यदि $a^x = b$, $b^y = c$ और $c^z = a$, तो xyz का मान क्या होगा?
A. abc B. 1
C. $\frac{1}{abc}$ D. ab

75. वह छोटी से छोटी पूर्ण वर्ग संख्या ज्ञात कीजिए जो 4, 5, 6, 15 तथा 18 से पूर्णतः विभाजित हो :
A. 800 B. 225
C. 900 D. 361

76. $\left(\sqrt{5}\right)^{-5/2} \times \left(\sqrt{5}\right)^{-3/2}$ का मान क्या होगा?
A. $\frac{1}{25}$ B. $\frac{1}{125}$
C. $\frac{1}{325}$ D. $\frac{1}{625}$

77. कोई धन चक्रवृद्धि ब्याज की दर से 15 वर्ष में दोगुना हो जाता है, तो कितने वर्षों में यह उसी ब्याज की दर से 8 गुना हो जाएगा?
A. 30 वर्ष B. 40 वर्ष
C. 60 वर्ष D. 45 वर्ष

78. यदि 25 आदमी किसी फसल को 60 दिनों में काट सकते हैं, तो 10 आदमी उसी फसल को कितने दिनों में काट सकेंगे?
A. 125 दिन B. 92 दिन
C. 100 दिन D. 150 दिन

79. यदि $x + \frac{1}{x} = 5$ हो, तो $x^3 + \frac{1}{x^3}$ का मान क्या होगा?
A. 125 B. 110
C. 115 D. 105

80. किसी निश्चित कूट में '786' का अर्थ 'Study very hard', '958' का अर्थ 'Hard work pays', '645' का अर्थ 'Study and work', तो 'very' का कोड क्या होगा?
A. 8 B. 6
C. 7 D. 5

81. हरियाणा के पंचायती राज संस्थाओं में महिलाओं के लिए आरक्षित की गई सीटों का प्रतिशत है :
A. 25% B. 33%
C. 66% D. 50%

82. वह जिला, जहाँ पहली बार हरियाणा में ई-चालान लागू किया गया है :
A. गुरुग्राम B. पंचकुला
C. हिसार D. रोहतक

83. 'ग्लोबल सिटी प्रोजेक्ट' विकसित किया जा रहा है :
A. एच.एस.आई.आई.डी.सी., हरियाणा सरकार द्वारा
B. जी.एम.डी.ए., हरियाणा सरकार द्वारा
C. एच.यू.डी.ए., हरियाणा सरकार द्वारा
D. शहरी विकास मंत्रालय, भारत सरकार द्वारा

84. वह जिला, जहाँ डोलोमाइट पाया जाता है :
A. महेन्द्रगढ़ B. गुरुग्राम
C. फरीदाबाद D. पानीपत

85. वह अवार्ड, जोकि प्रशिक्षण में उत्कृष्टता हेतु हरियाणा राज्य द्वारा खेल प्रशिक्षक को दिया जाता है :
A. द्रोणाचार्य अवार्ड B. गुरु वशिष्ठ अवार्ड
C. महाराणा प्रताप अवार्ड D. अर्जुन अवार्ड

86. क्षेत्रफल की दृष्टि से हरियाणा का भारत में स्थान है :
A. 11वाँ B. 21वाँ
C. 15वाँ D. 18वाँ

87. वह स्थान, जिसका चीनी यात्री युआन च्वांग ने भ्रमण और उल्लेख किया है :
A. अग्रोहा B. सुग
C. कुरुक्षेत्र D. पानीपत

88. हरियाणा में राज्य प्रशासन के विधितः प्रमुख हैं :
A. राज्य के मुख्यमंत्री B. सम्भागीय आयुक्त
C. राज्य के महाधिवक्ता D. राज्य के राज्यपाल

89. हरियाणा सरकार की किस योजना के तहत हरियाणा के समस्त परिवारों का सामाजिक-आर्थिक डेटा तैयार किया जा रहा है?
A. अंत्योदय परिवार उत्थान योजना
B. परिवार पहचान पत्र योजना
C. मुख्यमंत्री परिवार समृद्धि योजना
D. जन आधार योजना

90. क्षेत्रफल की दृष्टि से लघुतम वन्य जीव अभयारण्य है :
A. भिण्डावास B. नाहर
C. सरस्वती D. छिलछिला

भाग-IV

Subject Knowledge—विज्ञान

निर्देशः *निम्नलिखित प्रश्नों के उत्तर देने के लिए* ***सबसे उचित*** *विकल्प चुनिए।*

91. निम्नलिखित में से **गलत** वाक्य चुनिए :
A. मानव शरीर के लिए आवश्यक आयरन हरी सब्जियों में प्रचुर मात्रा में पाया जाता है।
B. जिंक मानव शरीर के लिए एक आवश्यक सूक्ष्म तत्व है।
C. मानव के संतुलित आहार के लिए वसा एवं खनिज पदार्थ आवश्यक पोषक तत्व नहीं हैं।
D. ऐसा भोजन जो कि सम्पूर्ण ऑक्सीकरण के पश्चात् शरीर में ऊर्जा उत्पन्न करता है, कार्बोहाइड्रेट, वसा एवं प्रोटीन के रूप में होता है।

92. प्रतिरोध 50 Ω का एक चल कुण्डली धारामापी पूर्ण पैमाने पर विक्षेपण देता है, जब इसमें से 0.5 mA की धारा प्रवाहित की जाती है। इसे 10 volt परास के वोल्टमीटर में परिवर्तित करने के लिए आवश्यक प्रतिरोध है :
A. 1950 Ω B. 2000 Ω
C. 19950 Ω D. 20000 Ω

93. समान पदार्थ की लम्बाई L और त्रिज्या R की छड़ों के दोनों सिरों को समान ताप पर रखा जाता है। निम्नलिखित में से कौन-सी छड़ अधिकतम ऊष्मा का संचालन करती है?
A. L = 25 cm, R = 0.5 cm
B. L = 50 cm, R = 1.0 cm
C. L = 75 cm, R = 1.5 cm
D. L = 100 cm, R = 2.0 cm

94. एक ऊपर फेंकी गई गेंद को, फेंकने वाले के द्वारा शुरूआत के 6 sec के बाद पकड़ लिया जाता है। गेंद जिस ऊँचाई तक ऊपर गई, वह है : ($g = 10\ m/s^2$ लें)
A. 30 m B. 45 m
C. 60 m D. 90 m

95. दो कणों P_1 और P_2 के लिए विस्थापन-समय ग्राफ समय अक्ष के साथ 30° और 45° के कोणों पर झुकी हुई सीधी रेखाएँ हैं। उनके वेगों का अनुपात $V_{P_1} : V_{P_2}$ होगा :
A. $1:\sqrt{3}$ B. $\sqrt{3}:1$
C. 1 : 3 D. 1 : 1

96. रुधिर वाहिकाओं का अन्तःस्तर है :
A. शल्की उपकला B. घनाकार उपकला
C. स्तम्भाकार उपकला D. पक्ष्माभी उपकला

97. निम्नलिखित में से कौन-सा वाष्पोत्सर्जन कम करने हेतु मरुद्भिदीय अनुकूलता **नहीं** है?
A. तना प्रकाश संश्लेषण का कार्य संभालता है।
B. रंध्री गर्तों में रोमों की उपस्थिति।
C. पर्ण की सतह पर किरेटिन परत की उपस्थिति।
D. पर्ण की सतह पर मोमीय परत की उपस्थिति।

98. अंतर्वेशी विभज्योतक प्राथमिक विभज्योतक हैं, क्योंकि :
I. वे पादप के जीवन में प्रारम्भिक अवस्था में प्रकट होते हैं।
II. वे पादप के प्राथमिक शरीर के निर्माण में योगदान करते हैं।
A. दोनों I एवं II सही हैं B. दोनों I एवं II गलत हैं
C. केवल I सही है D. केवल II सही है

99. एक विद्यालय की प्रयोगशाला में दुर्घटना के दौरान, बहुत अधिक मात्रा में सोडियम हाइड्रॉक्साइड फैल जाता है। फैले हुए क्षार को उदासीनीकृत करने के लिए कौन-सा पदार्थ आधिक्य में मिलाने पर उपयुक्त **नहीं** है?
A. सल्फ्यूरिक अम्ल
B. ऑक्सेलिक अम्ल
C. सिट्रिक अम्ल
D. सोडियम हाइड्रोजन सल्फेट

100. निम्न में से कौन-सा एक कथन नोटोकॉर्ड के सन्दर्भ में पूर्णतया **गलत** है, जबकि बाकी तीन **सही** हैं :

A. यह केवल एसिडियन लारवा की पूँछ में पाई जाती है।
B. यह वयस्क टोड में कशेरुकी दण्ड द्वारा प्रतिस्थापित कर दी जाती है।
C. यह कॉन्ड्रिक्थीज में सम्पूर्ण जीवनकाल में स्थायी रूप से नहीं पाई जाती है।
D. यह एम्फिऑक्सस में जीवन पर्यन्त पायी जाती है तथा सिर से पैर तक फैली होती है।

101. एक परमाणु की संरचना के संदर्भ में निम्नलिखित में से कौन-से कथन सही **नहीं** हैं?

(*i*) पूर्ण रूप से परमाणु उदासीन होता है।
(*ii*) परमाणु एक वैयक्तिक (पृथक) कण है।
(*iii*) परमाणु का सारा भार नाभिक में संकेन्द्रित है।
(*iv*) सभी परमाणु अपनी आद्य (मूल) अवस्था में स्थायी होते हैं।

सही विकल्प है :

A. (*ii*) तथा (*iii*) B. (*iii*) तथा (*iv*)
C. (*ii*) तथा (*iv*) D. (*i*) तथा (*iv*)

102. निम्नलिखित में से कौन-सा एक अम्लीय लवण **नहीं** बनाता है?

A. फॉस्फोरिक अम्ल B. सल्फ्यूरिक अम्ल
C. हाइड्रोक्लोरिक अम्ल D. नाइट्रिक अम्ल

103. एक शुष्क परखनली में जब लेड नाइट्रेट क्रिस्टलों को तेजी से गरम किया जाता है, तो :

A. एक भूरा अवशेष बचता है
B. परखनली में श्वेत धूम्र प्रकट होते हैं
C. क्रिस्टल शीघ्र वाष्पीकृत हो जाते हैं
D. एक पीला अवशेष बचता है

104. निम्नलिखित में से कौन-सी परिस्थितियों में एक पात्र में भरे हाइड्रोजन अणुओं के मध्य दूरी में वृद्धि होगी?

(*i*) पात्र में से कुछ हाइड्रोजन गैस का रिसाव हो जाए।
(*ii*) हाइड्रोजन गैस के पात्र का आयतन बढ़ाकर।
(*iii*) एक बंद पात्र में उपस्थित हाइड्रोजन गैस पर दाब बढ़ाकर।
(*iv*) पात्र का आयतन बढ़ाए बिना, पात्र में अतिरिक्त हाइड्रोजन गैस भरना।

A. (*ii*) तथा (*iii*) B. (*ii*) तथा (*iv*)
C. (*i*) तथा (*ii*) D. (*i*) तथा (*iii*)

105. निम्नलिखित में से कौन-सा कथन **असत्य** है?

A. हिस्टोन, लाइसिन और आर्जिनिन में प्रचुर मात्रा में होते हैं।
B. हिस्टोन का pH 7 से कम होता है।
C. न्यूक्लियोसोम में हिस्टोन का अष्टक उपस्थित होता है।
D. डीएनए संवेष्टन में पाँच प्रकार के हिस्टोन संबद्ध होते हैं।

106. एक परमाणु जिसमें 3 प्रोटॉन तथा 4 न्यूट्रॉन हैं, की संयोजकता होती है :

A. 7 B. 1
C. 3 D. 4

107. यदि कोई वस्तु, एक लकड़ी के ब्लॉक में 3 सेमी. भेदन करने पर अपना आधा वेग खो देती है, तो विरामावस्था में आने से पहले वह कितना अधिक भेदन करेगी (सेमी. में)?

A. 1 B. 2
C. 3 D. 1.5

108. निम्नलिखित समुच्चयों में से कौन-सी प्रघटनाएँ ताप बढ़ाने पर बढ़ती हैं?

A. वाष्पन, विलेयता, गैसों का संपीडन
B. वाष्पन, विसरण, गैसों का प्रसार
C. विसरण, विलेयता, गैसों का संपीडन
D. संघनन, विसरण, गैसों का संपीडन

109. जीवाश्म ईंधन के जलने से नाइट्रोजन के कौन-से ऑक्साइड उत्पन्न होते हैं?

A. NO और NO_2 B. NO_2, NO_3 और N_2O_5
C. N_2O_3 और N_2O_5 D. NO_3 और N_2O_5

110. दांत एनेमल में उपस्थित कैल्सियम फॉस्फेट की प्रकृति है :

A. अम्लीय B. उदासीन
C. क्षारीय D. उभयधर्मी

111. एक रेडियोधर्मी तत्व के परमाणुओं की प्रारम्भिक संख्या, अर्ध आयुकाल 100 दिनों के साथ 9.6×10^{26} है। 500 दिनों के बाद अक्षयित रहने वाले परमाणुओं की संख्या होगी :

A. 19.2×10^{25} B. 9.6×10^{25}
C. 3.84×10^{25} D. 3.0×10^{25}

112. एक साधारण लोलक का आवर्तकाल T_1 होता है जब वह पृथ्वी की सतह पर है और T_2, जब इसे पृथ्वी की सतह से R ऊँचाई पर ले जाया जाता है। जहाँ R पृथ्वी की त्रिज्या है। T_2/T_1 का मान होगा :

A. 1 B. $\sqrt{2}$
C. 2 D. 4

113. एथिल ऐल्कोहॉल के विकृतिकरण के लिए निम्नलिखित में से कौन-सा समुच्चय काम में लेते हैं?

A. मेथेनॉल, जल, कॉपर क्लोराइड
B. प्रोपेनॉल, सिरका, पोटैशियम परमैंगनेट
C. मेथेनॉल, पिरिडीन, कॉपर सल्फेट
D. सिरका, पिरिडीन, जल

114. नीचे दिए गए कूटों की सहायता से एक पुष्प के अत्यावश्यक भागों का चयन कीजिए :

(*a*) दल (*b*) स्त्रीकेसर
(*c*) पुष्पवृन्त (*d*) पुंकेसर
(*e*) बाह्यदल

कूट :

A. (*a*) एवं (*e*) B. (*a*) एवं (*c*)
C. (*b*) एवं (*d*) D. (*c*) एवं (*d*)

115. प्राचीन काल में रेलवे ट्रैक की वेल्डिंग एक रासायनिक अभिक्रिया द्वारा करते थे, जिसे थर्माइट प्रक्रम कहते हैं। थर्माइट अभिक्रिया में एक धातु ऑक्साइड का दूसरे धातु के द्वारा विस्थापन होता है।

निम्नलिखित में से कौन-सा समीकरण थर्माइट अभिक्रिया को प्रदर्शित करता है?

A. $MgO + Zn \rightarrow Mg + ZnO$
B. $2Fe + Al_2O_3 \rightarrow Fe_2O_3 + 2Al$
C. $3Zn + Al_2O_3 \rightarrow 3ZnO + 2Al$
D. $2Al + Fe_2O_3 \rightarrow Al_2O_3 + 2Fe$

116. एक झील की सतह से 10 मी. नीचे एक तैराक पर क्या दाब होगा?

A. 1 atm B. 2 atm
C. 5 atm D. 10 atm

117. निम्नलिखित में से कौन-सा मोनेरा जगत का सदस्य **नहीं** है?

A. नील हरित शैवाल B. माइकोप्लाज्मा
C. अवपंक फफूँदी D. मिथेनोजन

118. 60 किग्रा. द्रव्यमान का एक व्यक्ति लिफ्ट के अंदर कमानीदार तुला पर खड़ा है। यदि लिफ्ट स्वतंत्र रूप से नीचे की ओर गिरती है, तो कमानीदार तुला का पाठ्यांक होगा :

A. 60 किग्रा. के बराबर B. 60 किग्रा. से ज्यादा
C. 60 किग्रा. से कम D. शून्य

119. त्रिज्या R की एक वृत्तीय कुण्डली से एक विद्युत धारा प्रवाहित हो रही है। कुण्डली के केंद्र पर और कुण्डली के अक्ष पर उसके केन्द्र से $\sqrt{3}R$ दूरी पर चुम्बकीय क्षेत्र का अनुपात है :

A. 2 : 1 B. 5 : 3
C. 8 : 1 D. 3 : 2

120. एक टेप रिकॉर्डर में, एक बैटरी में छः सेलों को श्रेणीक्रम में जोड़ने के दौरान एक सेल गलती से विपरीत ध्रुवणता में जुड़ जाता है। यदि लोड का प्रभावी प्रतिरोध 24 Ω है और प्रत्येक सेल का आंतरिक प्रतिरोध 1 Ω और वि.वा. बल 1.5 V है, तो बैटरी द्वारा प्रदाय की गई धारा है :

A. 0.1 A B. 0.2 A
C. 0.3 A D. 0.4 A

121. निम्नलिखित में से कौन-सी जीवित कोशिकाओं की कोशिका भित्ति पर छिद्र पाए जाते हैं?

A. बास्ट कोशिका B. वाहिका
C. वाहिनिका D. चालनी कोशिका

122. कार्बन यौगिकों के लिए निम्नलिखित में से कौन-से कथन सही **नहीं** हैं?

(*a*) अधिकांश कार्बन यौगिक विद्युत के सुचालक होते हैं।
(*b*) अधिकांश कार्बन यौगिकों में आयनिक बंध होते हैं।
(*c*) कार्बन यौगिकों के अणुओं के मध्य आकर्षण बल बहुत प्रबल नहीं होते हैं।
(*d*) मेथेनॉल, ऐसीटिक अम्ल तथा ऐसीटोन कार्बन यौगिक हैं।

A. (*a*) तथा (*d*) B. (*c*) तथा (*d*)
C. (*a*) तथा (*b*) D. (*b*) तथा (*d*)

123. निम्नलिखित में से कौन-सी परिस्थितियाँ जल के वाष्पन को बढ़ाती हैं?

A. ताप में वृद्धि, सामान्य लवण को मिलाना
B. पृष्ठीय क्षेत्रफल में वृद्धि, ताप में वृद्धि
C. पृष्ठीय क्षेत्रफल में वृद्धि, ताप में कमी
D. पृष्ठीय क्षेत्रफल में कमी, दाब में कमी

124. हरी खाद के संदर्भ में निम्नलिखित कथनों पर विचार कर, दिए गए कूटों की सहायता से **गलत** कथन का चयन कीजिए :

(*a*) हरी खाद में कार्बनिक पदार्थ एवं पोषकों की प्रचुरता होती है।
(*b*) हरी खाद का उपयोग प्राथमिक रूप से मृदा को फॉस्फोरस से सम्पन्न करने हेतु किया जाता है।
(*c*) हरी खाद अविघटित पादप पदार्थ है।

कूट :

A. (*a*) एवं (*b*) B. (*b*) एवं (*c*)
C. (*c*) एवं (*a*) D. केवल (*b*)

125. निम्नलिखित में से कौन-सा/से प्रक्रम ऊष्मा निर्गमित करता/करते हैं?

(*i*) संघनन (*ii*) वाष्पन
(*iii*) हिमन (*iv*) गलन

सही विकल्प है :

A. केवल (*i*) B. केवल (*iv*)
C. (*ii*) तथा (*iii*) D. (*i*) तथा (*iii*)

126. निम्न में से किस ग्रह के सबसे अधिक उपग्रह हैं?

A. बृहस्पति B. मंगल
C. बुध D. शनि

127. निम्नलिखित में से कौन-सा गुण यौगिक की व्याख्या **नहीं** करता है?

A. भौतिक प्रक्रमों के द्वारा इसे, इसके अवयवों में पृथक नहीं किया जा सकता है।
B. यह दो अथवा अधिक तत्वों से मिलकर बना होता है।
C. यह एक शुद्ध पदार्थ है।
D. इसे द्रव्यमान के किसी भी अनुपात में मिलाकर बनाया जा सकता है।

128. निम्नलिखित में से कौन-सी, द्रव्य की अवस्था मानी जाती है?

(*i*) प्लाज़्मा (*ii*) प्लेट्लेट्स
(*iii*) BEC (*iv*) BHC

A. (*i*) तथा (*ii*) B. (*iii*) तथा (*iv*)
C. (*i*) तथा (*iii*) D. (*ii*) तथा (*iii*)

129. निम्नलिखित में से कौन-सी मुख्यतया रबी की फसल **नहीं** है?

A. मूँगफली B. चना
C. मटर D. सरसों

130. निम्नलिखित में से कौन-सा समीकरण एक सरल आवर्त गति को प्रदर्शित **नहीं** करता है?

A. $y = a \sin \omega t + b \cos \omega t$
B. $y = ae^{i\omega t}$
C. $y = b \cos \omega t$
D. $y = b \tan \omega t$

131. निम्नलिखित में से किसका भार सर्वाधिक होगा?

A. सुक्रोस के 0.2 मोल ($C_{12}H_{22}O_{11}$)
B. $CaCO_3$ के 2.0 मोल
C. CO_2 के 2.0 मोल
D. H_2O के 10 मोल

132. निम्न में से कौन-सा सुमेलित **नहीं** है?

A. कंडरा (टेन्डन) – संयोजी ऊतक
B. चिकनी पेशियाँ – अनैच्छिक पेशियाँ
C. लाल पेशी – मायोग्लोबिन
D. ट्रोपोनिन – तन्तुकीय प्रोटीन

133. ऐसे सूक्ष्मजीवी, जलीय प्राणी जिनमें गमनीय योग्यताएँ नहीं होती हैं तथा पानी के प्रवाह के साथ बहते हैं :

A. प्ल्यूस्टन B. प्लैंकटन (प्लवक)
C. नेक्टन (तरणक) D. सैस्टन

134. एक पारदर्शी घन में, वायु का एक छोटा बुलबुला है। एक पृष्ठ से देखने पर इसकी आभासी दूरी 2 सेमी. तथा दूसरे पृष्ठ से देखने पर 5 सेमी. होती है। यदि घन के पदार्थ का अपवर्तनांक 1.5 है, तो घन के किनारे की वास्तविक लम्बाई होनी चाहिए :

A. $\frac{14}{3}$ सेमी. B. 7 सेमी.
C. 7.5 सेमी. D. 10.5 सेमी.

135. कॉपर के विद्युत अपघटनी शोधन में ऐनोड पंक के रूप में निम्नलिखित में से कौन-सी धातु उपस्थित होती है?

A. ऐलुमीनियम B. सोना
C. सोडियम D. जिंक

136. कथन (A) एवं कारण (R) का परीक्षण करके **सही** उत्तर चुनिए :

कथन (A) : वर्गीकरण में जाति (स्पीशीज) एक अपरिवर्तनीय इकाई है।

कारण (R) : जाति समय के साथ परिवर्तित नहीं होती।

A. (A) एवं (R) सत्य हैं तथा (R), (A) का सही स्पष्टीकरण है।
B. (A) एवं (R) सत्य हैं, लेकिन (R), (A) का सही स्पष्टीकरण नहीं है।
C. (A) सही है, किन्तु (R) गलत है।
D. (A) एवं (R) दोनों गलत हैं।

137. विरामावस्था में रखे एक पहिये पर क्रियारत 50 Nm का बलाघूर्ण, इसे 5 सेकंड में 200 रेडियन घुमाता है। कोणीय त्वरण (रेडियन/सेकण्ड^2) में होगा :

A. 4 B. 8
C. 12 D. 16

138. मज्जा कोशिकाओं को बनाए रखने वाली कोशिकाएँ कहलाती हैं :

A. ओस्टियोसाइट्स B. कोन्ड्रोसाइट्स
C. ओस्टिओक्लास्ट D. मज्जाक्लास्ट

139. निम्नलिखित में से कौन-सी फसल दुम्मटी मृदा के लिए उपयुक्त **नहीं** है?

A. गेहूँ B. धान
C. दलहन D. कपास

140. प्लाज्मा झिल्ली के तरल मोजेक मॉडल में :

A. ऊपरी परत अध्रुवीय एवं जलरागी होती है।
B. ध्रुवीय परत जलविरागी होती है।
C. फॉस्फोलिपिड द्विस्तर बनाते हैं जो तरलता प्रदान करता है।
D. प्रोटीन मध्य परत बनाते हैं।

141. दो ध्वनि तरंगों के व्यतिकरण के कारण विस्पंद सुनाई देते हैं। ध्वनि की तीव्रता 100 मिली सेकण्ड में अधिकतम से न्यूनतम तक परिवर्तित होती है। दोनों तरंगों की आवृत्तियों में अंतर है :

A. कोई अंतर नहीं है B. 2.5 Hz
C. 5.0 Hz D. 10.0 Hz

142. भूकंप पैदा करने के लिए जिम्मेदार पृथ्वी का भाग है :

A. पृथ्वी का पृष्ठभाग
B. पृथ्वी का मेंटल (प्रावरण)
C. पृथ्वी का भीतरी कोर
D. पृथ्वी का बाहरी कोर

143. रासायनिक पदार्थ X तथा Y आपस में संयुक्त होकर उत्पाद P बनाते हैं जिसमें X तथा Y दोनों हैं :

$$X + Y \rightarrow P$$

सामान्य रासायनिक अभिक्रियाओं के द्वारा X तथा Y को सरल पदार्थों में नहीं तोड़ा जा सकता है। X, Y तथा P के संदर्भ में निम्नलिखित में से कौन-सा कथन **सही** है?

(*i*) P एक यौगिक है
(*ii*) X तथा Y यौगिक हैं
(*iii*) X तथा Y तत्व हैं
(*iv*) P का निश्चित संघटन होता है

सही विकल्प है :

A. (*i*), (*ii*) तथा (*iii*) B. (*i*), (*ii*) तथा (*iv*)
C. (*ii*), (*iii*) तथा (*iv*) D. (*i*), (*iii*) तथा (*iv*)

144. एक पौधा जिसका जीनोटाइप WWXxYyZZ है एवं उसमें स्वपरागण होता है। इसकी संतति किस अनुपात में WWxxyyZZ जीनोटाइप प्रदर्शित करेगी (यदि सभी चारों जीन स्वतंत्र रूप से अपव्यहित होते हों)?

A. $\frac{1}{9}$ B. $\frac{1}{16}$
C. $\frac{1}{64}$ D. $\frac{1}{128}$

145. गलत कथन चुनिए :

A. उपभोक्ता स्तर पर ऊर्जा का संग्रहण द्वितीयक उत्पादकता कहलाता है।

B. किसी भी पारितन्त्र में अधिकतम ऊर्जा संग्रहण उत्पादक स्तर पर होती है।

C. पारितंत्र (इकोसिस्टम) शब्द ओडम द्वारा दिया गया था।

D. एक स्वपोषी में जिस गति से कार्बनिक अणुओं का निर्माण होता है, उसे सकल प्राथमिक उत्पादकता कहते हैं।

146. बेकिंग सोडा तथा सोडा ऐश यौगिकों में कौन-सा तत्व उभयनिष्ठ **नहीं** है?

A. हाइड्रोजन B. ऑक्सीजन

C. सोडियम D. कार्बन

147. कॉलम-I को कॉलम-II से मिलाएं और **सही** विकल्प का चयन करें :

कॉलम-I	**कॉलम-II**
I. X-किरणें	(*a*) 1 Å
II. दृश्य प्रकाश	(*b*) 2000 Å
III. पराबैंगनी विकिरण	(*c*) 5000 Å
IV. अवरक्त विकिरण	(*d*) 10000 Å

	I	II	III	IV
A.	(*a*)	(*c*)	(*b*)	(*d*)
B.	(*a*)	(*b*)	(*c*)	(*d*)
C.	(*d*)	(*c*)	(*b*)	(*a*)
D.	(*b*)	(*d*)	(*a*)	(*c*)

148. निम्नलिखित में से खाद्य-पदार्थ एवं पादप भाग जिनसे वे प्राप्त होते हैं, का गलत युग्म चयनित कीजिए :

A. गेहूँ – फल

B. अदरक – जड़

C. हल्दी – तना

D. चाय – पर्ण

149. साबुन के बुलबुले की एक बहुत पतली पारदर्शी फिल्म (मोटाई → 0), श्वेत प्रकाश के परावर्तन के अधीन देखी जाती है, तब फिल्म का रंग दिखाई देता है :

A. नीला B. काला

C. सफेद D. पीला

150. डाल्टन का परमाणु सिद्धान्त सफलतापूर्वक समझाता है :

(*i*) द्रव्यमान संरक्षण का नियम

(*ii*) स्थिर अनुपात का नियम

(*iii*) रेडियोसक्रियता का नियम

(*iv*) गुणित अनुपात का नियम

सही विकल्प है :

A. (*i*), (*iii*) तथा (*iv*)

B. (*ii*), (*iii*) तथा (*iv*)

C. (*i*), (*ii*) तथा (*iv*)

D. (*i*), (*ii*) तथा (*iii*)

उत्तरमाला

1. (D)	2. (C)	3. (A)
4. (D)	5. (C)	6. (D)
7. (C)	8. (B)	9. (D)
10. (A)	11. (A)	12. (C)
13. (B)	14. (A)	15. (D)
16. (B)	17. (B)	18. (*)
19. (D)	20. (C)	21. (C)
22. (A)	23. (C)	24. (C)
25. (A)	26. (A)	27. (B)
28. (D)	29. (C)	30. (D)
31. (C)	32. (C)	33. (A)
34. (A)	35. (D)	36. (C)
37. (A)	38. (B)	39. (B)
40. (C)	41. (C)	42. (D)
43. (D)	44. (A)	45. (D)
46. (A)	47. (B)	48. (B)
49. (*)	50. (D)	51. (D)
52. (C)	53. (C)	54. (C)
55. (B)	56. (B)	57. (B)
58. (A)	59. (B)	60. (D)

61. (D): माना $x = \sqrt{8+2\sqrt{8+2\sqrt{8}}}$ ......

$$x^2 = 8 + 2x$$

$$\Rightarrow \quad x^2 - 2x - 8 = 0$$

$$\Rightarrow \quad (x-4)(x+2) = 0$$

$$\Rightarrow \quad x = 4 \text{ या } x = -2$$

$$\therefore \quad x = 4 \ (\because x > 0)$$

62. (C): माना वर्ग की प्रत्येक भुजा = x

वर्ग का क्षेत्रफल = x^2

$$\text{भुजा में वृद्धि} = x + \frac{50x}{100}$$

$$= x + \frac{x}{2} = \frac{3x}{2}$$

$$\text{क्षेत्रफल} = \left(\frac{3x}{2}\right)^2 = \frac{9x^2}{4}$$

$$\text{क्षेत्रफल में वृद्धि} = \frac{9x^2}{4} - x^2$$

$$= \frac{5x^2}{4}$$

$$\text{क्षेत्रफल में प्रतिशत वृद्धि} = \frac{5x^2}{4 \times x^2} \times 100 = 125\%.$$

63. (B): $15 \times 5 + 5 - 20 \div 10$
$= 75 + 5 - 2$
$= 80 - 2$
$= 78.$

64. (A): $100 + 20 =$ ₹ 120
जब विक्रय मूल्य ₹ 120, तब क्रय मूल्य = ₹ 100
जब विक्रय मूल्य ₹ 72000, तब क्रय मूल्य

$$= \frac{100}{120} \times 72000$$

= ₹ 60000

अतः वस्तु का क्रय मूल्य = ₹ 60000.

65. (C):

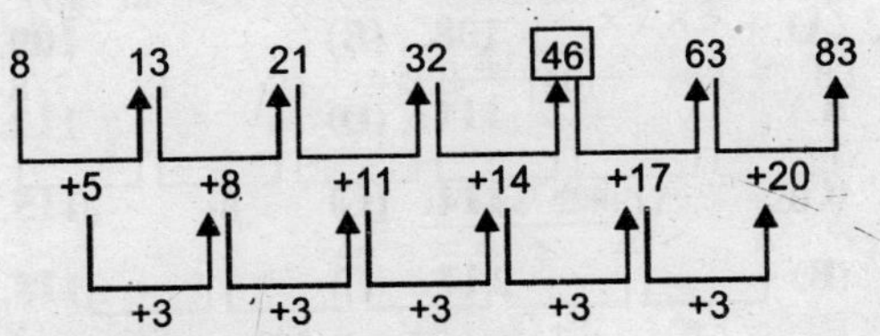

47 के स्थान पर 46 आएगा।
अतः गलत संख्या = 47.

66. (C)

67. (C):

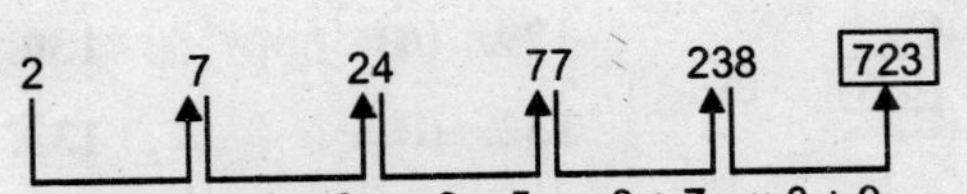

अतः अगला पद = 723.

68. (B)

69. (A): 'STUA' में प्रथम तीन अक्षर आरोही क्रम में हैं, जबकि 'RQPA', 'MLKA' तथा 'HGFA' में क्रमशः प्रथम तीन अक्षर अवरोही क्रम में हैं।
अतः विसंगत पद 'STUA' है।

70. (D): जिस प्रकार पृथ्वी का सम्बन्ध अक्ष से है, उसी प्रकार पहिये का सम्बन्ध धुरी से होगा।

71. (A):

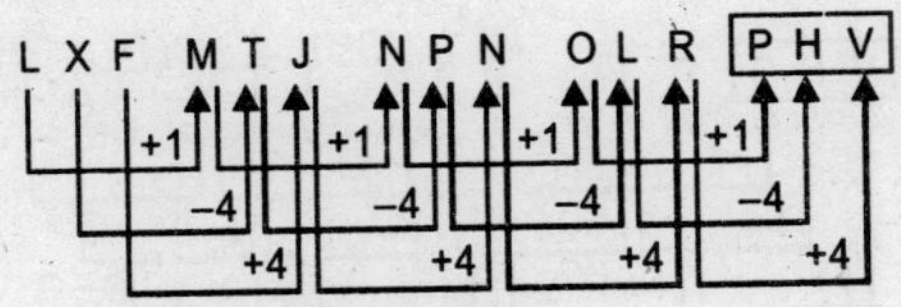

अतः अगला पद PHV होगा।

72. (A):

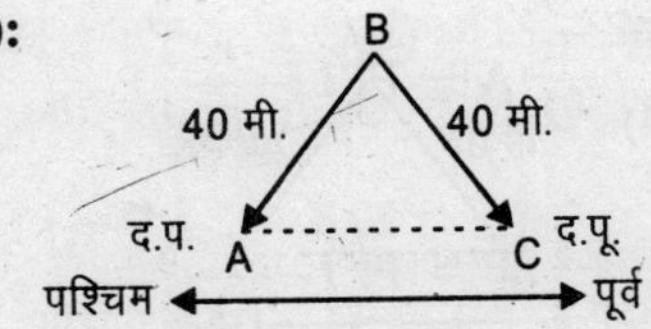

C, A से पूर्व दिशा में है।

73. (B): 150 विद्यार्थियों द्वारा प्राप्त कुल अंक
$= 150 \times 35$
$= 5250$

माना उत्तीर्ण विद्यार्थियों की संख्या = y
$\therefore$ अनुत्तीर्ण विद्यार्थियों की संख्या = $150 - y$
प्रश्नानुसार,
उत्तीर्ण विद्यार्थियों की कुल संख्या = $39y$
अनुत्तीर्ण विद्यार्थियों की कुल संख्या = $(150 - y) \times 15$

$\therefore \quad 39y + (150 - y) \times 15 = 5250$
$\Rightarrow \quad 39y + 2250 - 15y = 5250$
$\Rightarrow \quad 24y = 3000$
$\Rightarrow \quad y = 125$

अतः उत्तीर्ण विद्यार्थियों की संख्या = 125.

74. (B): $\because \quad a^x = b$
$b^y = c$
और $\quad c^z = a$
$\therefore \quad a^x \times b^y \times c^z = b \times c \times a$
$\Rightarrow \quad (abc)^{xyz} = (abc)^1$
$\Rightarrow \quad xyz = 1$

अतः xyz का मान = 1.

75. (C): 4, 5, 6, 15 और 18 का ल.स. = 180
800, 180 से विभाजित नहीं है
225, 180 से विभाजित नहीं है।
900, 180 से विभाजित है।
अतः 900 वह छोटी से छोटी पूर्ण वर्ग संख्या है, जो 4, 5, 6, 15 तथा 18 से पूर्णतः विभाजित है।

76. (A): $\left(\sqrt{5}\right)^{\frac{-5}{2}} \times \left(\sqrt{5}\right)^{\frac{-3}{2}}$ का मान

$$= \left(\sqrt{5}\right)^{\frac{-8}{2}}$$

$$= \left(\sqrt{5}\right)^{-4}$$

$$= (5)^{\frac{1}{2} \times -4}$$

$$= (5)^{-2}$$

$$= \frac{1}{5^2} = \frac{1}{25}.$$

77. (D): $$A = P\left(1+\frac{r}{100}\right)^t$$

$$\Rightarrow \quad 2P = P\left(1+\frac{r}{100}\right)^{15}$$

$$\frac{2P}{P} = \left(1+\frac{r}{100}\right)^{15}$$

$$\Rightarrow \quad \left(1+\frac{r}{100}\right)^{15} = 2 \quad ...(i)$$

अब, $$A = P\left(1+\frac{r}{100}\right)^t$$

$$8P = P\left(1+\frac{r}{100}\right)^t$$

$$\frac{8P}{P} = \left(1+\frac{r}{100}\right)^t$$

$$8 = \left(1+\frac{r}{100}\right)^t$$

$$\Rightarrow \quad \left(1+\frac{r}{100}\right)^t = 8 = 2^3$$

$$= \left[\left(1+\frac{r}{100}\right)^{15}\right]^3$$

$$\Rightarrow \quad \left(1+\frac{r}{100}\right)^t = \left(1+\frac{r}{100}\right)^{45}$$

अतः $t = 45$ वर्ष।

78. (D): $\because$ 25 व्यक्ति किसी फसल को 60 दिनों में काटते हैं

$\therefore$ 1 आदमी फसल को 60 × 25 दिनों में काटता है

$\therefore$ 10 आदमी उसी फसल को

$$\frac{60 \times 25}{10} = 150 \text{ दिनों में काट सकेंगे।}$$

अतः 10 आदमी उसी फसल को 150 दिनों में काट सकेंगे।

79. (B): $\because \quad x + \frac{1}{x} = 5$

$$\therefore \quad x^3 + \frac{1}{x^3} = \left(x+\frac{1}{x}\right)^3 - 3x.\frac{1}{x}\left(x+\frac{1}{x}\right)$$

$$= (5)^3 - 3 \times (5)$$

$$= 125 - 15 = 110$$

अतः $x^3 + \frac{1}{x^3}$ का मान = 110.

80. (C) **81. (D)** **82. (A)**
83. (A) **84. (A)** **85. (B)**
86. (B) **87. (B)** **88. (D)**
89. (B) **90. (D)** **91. (C)**
92. (C) **93. (D)** **94. (B)**
95. (A) **96. (A)** **97. (C)**
98. (A) **99. (A)** **100. (C)**
101. (C) **102. (A)** **103. (D)**
104. (C) **105. (B)** **106. (B)**
107. (A) **108. (B)** **109. (A)**
110. (C) **111. (D)** **112. (C)**
113. (C) **114. (C)** **115. (D)**
116. (B) **117. (C)** **118. (D)**
119. (C) **120. (B)** **121. (D)**
122. (C) **123. (B)** **124. (D)**
125. (D) **126. (A & D)** **127. (D)**
128. (C) **129. (A)** **130. (D)**
131. (B) **132. (D)** **133. (B)**
134. (D) **135. (B)** **136. (D)**
137. (D) **138. (A)** **139. (B)**
140. (C) **141. (C)** **142. (A & B)**
143. (D) **144. (B)** **145. (C)**
146. (A) **147. (A)** **148. (B)**
149. (B) **150. (C)**

पिछले प्रश्न-पत्र (हल सहित)

हरियाणा शिक्षक पात्रता परीक्षा (HTET)

TGT विज्ञान (Level-2), परीक्षा 2021

(Exam held on 19 December, 2021)

भाग-I

बाल विकास व शिक्षाशास्त्र

निर्देश : *निम्नलिखित प्रश्नों के उत्तर देने के लिए* **सबसे उचित** *विकल्प चुनिए।*

1. निम्नलिखित में से कौन-सा एक कथन निर्देशन की विशेषताओं एवं प्रकृति के संदर्भ में गलत कथन है?

A. निर्देशन किसी व्यक्ति को खुद को समायोजित करने में सहायता करना है।

B. निर्देशन आत्म दिशा में व्यक्ति के विकास को बढ़ावा देना है।

C. निर्देशन केवल अन्य के प्रयासों के माध्यम से व्यक्ति स्वयं की मदद करना है।

D. निर्देशन किसी व्यक्ति को अपना स्थान स्वयं प्राप्त करने में सहायता करना है।

2. 'एक प्रकार का चिंतन जिसमें अनुभव के साथ संवेदना की व्याख्या की जाती है', क्या कहलाती है?

A. परावर्तक चिंतन B. अवधारणात्मक चिंतन

C. सृजनात्मक चिंतन D. आलोचनात्मक चिंतन

3. निम्नलिखित में से कौन-सा एक कथन भावनाओं की विशेषताओं के सन्दर्भ में गलत कथन है?

A. संवेग भावनाओं के आधार होते हैं।

B. भावनाएँ जन्मजात होती हैं।

C. समय के साथ भावनाएँ पुरानी पड़ जाती हैं और वे अपनी स्थिति भी बदल देती हैं।

D. ज्यादातर जानवरों में भावनाएँ नहीं होतीं क्योंकि उनके पास कोई बौद्धिक समझ नहीं होती है।

4. व्यवहार का अध्ययन करने के लिए सबसे पुरानी विधि कौन-सी है?

A. प्रयोगात्मक विधि B. नैदानिक विधि

C. मनोभौतिकी विधि D. आत्मनिरीक्षण विधि

5. निम्नलिखित में से कौन-सी एक अपराधी बालक की विशेषता **नहीं** है?

A. विद्यालय सम्पत्ति को नष्ट करना

B. धमकी देना एवं उपहास करना

C. सताना

D. शरीर रचना में एस्थेनिक

6. निम्नलिखित में से कौन-सा एक बण्डुरा द्वारा प्रदत्त अधिगम सिद्धान्त के अन्तर्गत अवलोकनात्मक अधिगम हेतु सही तार्किक क्रम है?

A. अवधानात्मक → धारणात्मक → अभिप्रेरणात्मक → उत्पादन

B. अवधानात्मक → अभिप्रेरणात्मक → धारणात्मक → उत्पादन

C. अभिप्रेरणात्मक → अवधानात्मक → धारणात्मक → उत्पादन

D. अवधानात्मक → धारणात्मक → उत्पादन → अभिप्रेरणात्मक

7. यह किसने कहा कि "व्यक्तित्व जन्मजात और अर्जित प्रवृत्तियों का योग है"?

A. मॉर्टिन प्रिन्स B. ऑलपोर्ट

C. वेलेनटीन D. कैटेल

8. निम्नलिखित में से कौन-सा विकास के संदर्भ में **असत्य** कथन है?

A. विकास में परिवर्तन निहित होता है।

B. विकासात्मक पैटर्न अपूर्वानुमेय होते हैं।

C. आरम्भिक विकास, पश्चवर्ती विकास की तुलना में ज्यादा संकटपूर्ण होते हैं।

D. विकास परिपक्वता एवं अधिगम का उत्पाद होता है।

9. लड़कियाँ शारीरिक रूप से लड़कों से श्रेष्ठ होती हैं :

A. शैशवावस्था में B. उत्तर बाल्यावस्था में

C. पूर्व बाल्यावस्था में D. किशोरावस्था में

10. निम्नलिखित में से कौन-सी एक विषय-वस्तु समग्रवादी मनोवैज्ञानिकों के अध्ययन क्षेत्र की है?

A. संज्ञानात्मक प्रक्रियाएँ

B. चेतना

C. सम्पूर्ण रूप से मानसिक और व्यावहारिक प्रक्रियाएँ

D. अस्तित्व के तरीके और समस्याएँ

11. लड़कियों के पितृ प्रेमभाव को फ्रायड ने किससे सम्बोधित किया है?

A. ओडीपस भावना ग्रन्थि B. इलेक्ट्रा भावना ग्रन्थि

C. स्वप्रेम भावना D. निर्भरता की भावना

12. कभी-कभी प्रतिभाशाली माता-पिता के बच्चे अपने माता-पिता की तुलना में कम बुद्धि के साथ जन्म लेते हैं अथवा इसका ठीक उल्टा होता है, यह वंशानुक्रम का कौन-सा नियम कहलाता है?

A. प्रत्यागमन का नियम

B. चयनित गुणों का सिद्धान्त
C. मातृ व पितृ पक्षों का नियम
D. संयोग का नियम

13. निम्नलिखित में से कौन-सी अंतर्मुखी सोच प्रकार व्यक्तित्व की विशेषता है?
A. यथार्थवादी और व्यावहारिक
B. अपनी बौद्धिक खोज में लीन
C. तथ्यों के साथ सिद्धान्त का समर्थन
D. अपने विचारों को आग्रह और दृढ़ता से प्रचारित करना

14. निम्नलिखित में से कौन-सी एक जेम्स लान्जे ''संवेग सिद्धान्त'' द्वारा प्रदत्त ***सही*** शृंखला है?
A. परिस्थिति → शारीरिक अशांति → मानसिक स्थिति
B. परिस्थिति → मानसिक स्थिति → शारीरिक अभिव्यक्ति
C. परिस्थिति → शारीरिक अभिव्यक्ति → मानसिक स्थिति
D. परिस्थिति → मानसिक स्थिति → शारीरिक अशांति

15. निम्नलिखित में से कौन-सी एक अन्तर्दृष्टि की विशेषता ***नहीं*** है?
A. आकस्मिकता B. नवीन परिस्थिति में अनुक्रिया
C. आदत बल D. अनुक्रिया का सहजता से होना

16. निम्नलिखित में से कौन-सी एक सृजनात्मकता की अवस्था गोर्डन ने अपनी साइनेटिक्स तकनीक में प्रतिपादित ***नहीं*** की है?
A. संलग्नता अन्तर्भाविता B. समान वस्तु की खोज
C. स्थगन D. संकल्पना निर्माण

17. निम्नलिखित में से कौन-सी एक विशेषता प्रतिभाशाली बच्चों की दृष्टि से उपयुक्त ***नहीं*** है?
A. तेजी से और आसानी से सीखते हैं।
B. कठिन मानसिक कार्यों को प्रदर्शित करते हैं।
C. बहुत प्रकार की जानकारियाँ रखते हैं जिनके बारे में ज्यादातर बच्चे जागरूक नहीं होते हैं।
D. जो कुछ उन्होंने सुना या पढ़ा है उसे बरकरार रखने के लिए उन्हें बहुत अभ्यास की आवश्यकता होती है।

18. वयःसंधि अवस्था की आयु विस्तार क्या होता है?
A. 10 से 12 वर्ष B. 6 से 12 वर्ष
C. 11 से 16 वर्ष D. 8 से 10 वर्ष

19. निम्नलिखित में से कौन-सा एक बुद्धि के निष्पादन परीक्षण का प्रकार ***नहीं*** है?
A. आर्मी अल्फा परीक्षण
B. कोह का ब्लॉक डिजाइन परीक्षण
C. घन निर्माण/रचना परीक्षण
D. पास एलॉन्ग परीक्षण

20. जीन पियाजे के अनुसार बच्चा किस आयु वर्ग में अमूर्त तर्क विकसित करता है?
A. 6 से 8 वर्ष B. 8 से 10 वर्ष
C. 7 से 9 वर्ष D. 11 से 14 वर्ष

21. यह किसने कहा था कि ''एक व्यक्ति उसी अनुपात में बुद्धिमान होता है जितना वह अमूर्त रूप से चिन्तन की क्षमता रखता है''?
A. टर्मन B. डियरबॉर्न
C. बकिंघम D. कालविन

22. बच्चों के भीतर छुपे सांवेगिक घुटन एवं शक्तियों को बाहर निकालने की प्रक्रिया को क्या कहते हैं?
A. सांवेगिक स्थिरता B. सांवेगिक संवेदनशीलता
C. सांवेगिक विरेचन D. सांवेगिक सामर्थ्य

23. निम्नलिखित में से कौन-सी एक गतिविधि ''जिज्ञासा'' मूल प्रवृत्ति को संतुष्ट करने के लिए उपयुक्त ***नहीं*** है?
A. कक्षा अथवा विद्यालय में गौरवपूर्ण स्थिति प्रदान करना
B. विद्यार्थियों के प्रश्नों के उत्तर देना
C. समस्या समाधान
D. कक्षा में विचार-विमर्श

24. रोर्शा स्याही धब्बा परीक्षण में कितने कार्ड निर्धारित हैं?
A. 12 B. 10
C. 30 D. 31

25. शैक्षिक मनोविज्ञान के पिता के रूप में किसे जाना जाता है?
A. ई.एल. थॉर्नडाइक B. पेस्तालॉजी
C. हर्बर्ट D. फ्रॉबेल

26. सोशियोमेट्रिक तकनीक का आविष्कार किसने किया था?
A. जे.ई. एण्डरसन B. जे.एल. मोरेनो
C. ई.बी. हरलॉक D. जी.एस. मार्मोर

27. एरिक्सन के अनुसार व्यक्ति के मनोसामाजिक विकास की चौथी अवस्था कौन-सी है?
A. प्रगाढ़ता बनाम अलगाव
B. पहचान बनाम भूमिका संभ्रांति
C. परिश्रम प्रियता बनाम हीनता
D. उत्पादनशीलता बनाम स्थिरता

28. 'रॉस' के अनुसार विकास की कौन-सी अवस्था को 'मिथ्या परिपक्वता' अवस्था कहा जाता है?
A. शैशवावस्था B. बाल्यावस्था
C. किशोरावस्था D. प्रौढ़ावस्था

29. जब कोई व्यक्ति अपने विचारों तथा क्रियाओं को किसी ऐसे दूसरे व्यक्ति के अनुरूप बनाना शुरू कर देता है जिसका वह अनुकरण करना चाहता है, तो इस प्रकार की क्रिया कौन-से प्रकार की रक्षा युक्ति कहलाती है?
A. तादात्मीकरण B. प्रक्षेपण
C. औचित्य स्थापना D. विस्थापन

30. निम्नलिखित में से कौन-सा बाल्यावस्था का सामान्य भाषण विकार ***नहीं*** है?
A. ऊर्जा की कमी B. तुतलाना
C. अस्पष्ट उच्चारण D. हकलाना

भाग-II

भाषा : हिन्दी

निर्देशः *निम्नलिखित प्रश्नों के उत्तर देने के लिए* ***सबसे उचित*** *विकल्प चुनिए।*

31. किस भाववाचक संज्ञा का निर्माण व्यक्तिवाचक संज्ञा से हुआ है?

A. बचपन　B. कैशोर्य

C. ऐश्वर्य　D. मातृत्व

32. किस विकल्प में 'संकेतार्थक' वाक्य है?

A. प्रियतम मेरा मित्र है।

B. यदि तुम आओ तो मैं चलूँ।

C. हो सकता है कल मौसम ठीक हो जाए।

D. राजेश अपना कमरा साफ करो।

33. प्रत्यय की दृष्टि से किस शब्द की रचना ***अनुचित*** है?

A. मुरेला – एला

B. कँटीला – ईला

C. विलीन – ईन

D. ससुराल – आल

34. समास-विग्रह की दृष्टि से कौन-सा विकल्प ***उचित*** है?

A. हथकरघा – हाथों से चलने वाला करघा

B. भुजग – भूमि में जन्म लेने वाला

C. देशभक्ति – देश के द्वारा भक्ति

D. पशुबलि – पशु के लिए बलि

35. निम्न में से कौन-सा शब्द 'अनु' उपसर्ग से निर्मित ***नहीं*** है?

A. आनुपातिक

B. अनुदात्त

C. अनूदित

D. अनुरंजक

36. निम्न में से किस विकल्प का कथन ***गलत*** है?

A. 'ऋ' का उच्चारण स्थान 'मूर्धा' है।

B. विसर्ग ध्वनि की गणना नासिक्य वर्णो में की जाती है।

C. 'य' और 'व' को अर्ध स्वर भी कहा जाता है।

D. 'ड़' और 'ढ़' उत्क्षिप्त वर्ण कहलाते हैं।

37. किस विकल्प के सभी शब्द विदेशज हैं?

A. लाजवाब, मशीन, पवन

B. कारीगर, अतिशयोक्ति, कहानी

C. मुमकिन, अमूमन, पक्षवार

D. किस्सा, स्कूल, हमला

38. पर्यायवाची शब्दों के संदर्भ में ***असंगत*** विकल्प चुनिए :

A. जीभ – वाचा, रसना, वाणी

B. अहंकार – दंभ, दर्प, मद

C. किरण – रश्मि, मयूख, प्रभा

D. कौआ – प्रियक, मधुदूत, अतिसौरभ

39. किस वाक्य में परिमाणवाचक विशेषण का प्रयोग हुआ है?

A. मैं नीली कमीज नहीं पहनता।

B. इस बार बारिश में बहुत ओले गिरे।

C. खेल का मैदान लम्बा है।

D. दिनेश अच्छा गायक है।

40. 'विपत्ति के समय थोड़ी सहायता भी बड़ी होती है' उक्त भाव की व्यंजक लोकोक्ति चुनिए :

A. डूबते को तिनके का सहारा

B. चुपड़ी और दो-दो

C. चार दिन की चाँदनी फिर अँधेरी रात

D. आम के आम गुठलियों के दाम

41. किस वाक्य में सर्वनाम संबंधी ***अशुद्धि*** है?

A. तुम्हारी पुस्तक यह नहीं वह है।

B. मैं अपना कार्य कर रहा हूँ।

C. जिसने भी खाया है, सराहा है।

D. मेरे को कुछ भी याद नहीं आ रहा।

42. विलोम शब्द की दृष्टि से ***अनुचित*** युग्म पहचानिए :

A. बद – नेक

B. दुश्चरित्र – निश्चरित्र

C. विस्तृत – संक्षिप्त

D. मधुर – कटु

43. क्रिया के संबंध में कौन-सा युग्म ***अनुचित*** है?

A. भिखारी सड़क पर चिल्ला रहे थे। —अकर्मक क्रिया

B. राधा श्याम को पत्र लिखती है। —द्विकर्मक क्रिया

C. बगीचे में मोर नाच रहा है। —सकर्मक क्रिया

D. वह विद्यालय से आकर खाना खाएगा। —पूर्वकालिक क्रिया

44. किस विकल्प में संधि-विच्छेद ***अनुचित*** है?

A. बहिरेकता = बहिः + एकता

B. आशीर्वचन = आशीः + वचन

C. रतिरंश = रतिः + रंश

D. तपश्चर्या = तपः + चर्या

45. निम्न में से किस मुहावरे का अर्थ संगत ***नहीं*** है?

A. नहले पर दहला मारना – करारा जवाब देना

B. बत्तीसी बंद होना – चुप हो जाना

C. सिर का पसीना पाँव तक आना – कठिन परिश्रम करना

D. थाली का बैंगन होना – सर्व सुलभ होना

Language : English

Directions: *Answer the following questions by selecting the* ***most appropriate*** *option.*

46. Choose the ***correct*** option to fill in the blank:
This pen is both good _______ cheap.
A. as well as   B. as well
C. but only   D. and

47. Select the ***appropriate*** preposition to fill in the blank:
His hut is _______ hotel Taj.
A. above   B. out
C. besides   D. beside

48. Choose the ***correct*** meaning of the underlined words:
The law and order situation will only become worse in the state due to the riots, if the government does not do something right now to nip it in the bud.
A. To plan in detail to stop a threat
B. To destroy the problem in the initial stage only
C. To arrest the culprits
D. To stop something harmful in the initial stage

49. Select the ***correct*** option (Phrasal Verb) for the underlined word:
She rejected his request to take her home.
A. turned up   B. turned down
C. turned out   D. turned off

50. Select the ***appropriate*** modal to fill in the blank:
Trespassers _______ be punished. (legal notice)
A. shall   B. may
C. should   D. ought to

51. Choose the ***appropriate*** preposition to fill in the blank:
What is the time _______ your watch?
A. in   B. from
C. by   D. on

52. Select the ***correct*** option (Phrasal Verb) for the blank left in the sentence:
Cholera has ______ in this village.
A. broken out   B. broken down
C. broken up   D. broken off

53. Choose the part of the sentence which is ***incorrect***:
The party president made (*a*)/ Rakesh (*b*)/ a M.P. candidate (*c*)/ for the coming election. (*d*)
A. (*a*)   B. (*b*)
C. (*c*)   D. (*d*)

54. Choose the part of the sentence which is ***incorrect***:
He did not (*a*)/ keep his words (*b*)/ to pick him up (*c*)/ from WTP. (*d*)
A. (*b*)   B. (*c*)
C. (*d*)   D. (*a*)

55. Choose the ***correct*** tense form to fill in the following:
I had consulted my lawyer before I ____ the complaint.
A. did lodged,   B. had lodged
C. lodge   D. lodged

56. Choose the ***appropriate*** modal to fill in the blank:
He ______ listen to the stories of his Grand Ma before he slept. (Past habit)
A. could   B. shall
C. would   D. might

57. Choose the ***correct*** meaning of the underlined words:
The hostess broke the ice by introducing the strangers to each other.
A. To make people relax with each other
B. To make people perplexed with each other
C. To serve welcome drink to the guests
D. To start a game of puzzle

58. Choose the ***correct*** tense form to fill in the blank:
Municipality has decided to ____ the overhead wires.
A. did away with   B. do away with
C. had done away with   D. had done away wtih

59. Choose the ***correct*** option for the following:
One who wastes a lot of money is:
A. frugal   B. recluse
C. prodigal   D. reticent

60. Select the ***appropriate*** modal for the expression given:
Harish has annoyed his boss today.
He ______ be fired soon. (probability)
A. may   B. can
C. ought to   D. would

भाग-III

सामान्य अध्ययन : मात्रात्मक योग्यता, तार्किक अभिक्षमता तथा सामान्य ज्ञान एवं अभिज्ञान

निर्देशः *निम्नलिखित प्रश्नों के उत्तर देने के लिए* ***सबसे उचित*** *विकल्प चुनिए।*

61. एक तार की लम्बाई 66 मीटर है, तो इस तार से बनाए जा सकने वाले 1.32 सेमी. परिधि के वृत्तों की संख्या है :
A. 1000   B. 50
C. 500   D. 5000

62. 140 मीटर लम्बी रेलगाड़ी की चाल 60 किमी./घं. है, इसे 260 मीटर लम्बे प्लेटफॉर्म को पार करने में कितना समय लगेगा?
A. 18 सेकेण्ड   B. 24 सेकेण्ड
C. 30 सेकेण्ड   D. 32 सेकेण्ड

63. एक कपड़ा विक्रेता 33 मीटर कपड़ा बेचकर, 11 मीटर कपड़े के बिक्री मूल्य के बराबर लाभ प्राप्त कर लेता है, तो उसका लाभ प्रतिशत है :

A. 11% B. 22%
C. 50% D. 40%

64. यदि 4 पुरुष या 6 महिलाएँ एक कार्य को 7 घंटे प्रतिदिन कार्य करके 12 दिनों में कर सकते हैं, तो उसी कार्य से दोगुना बड़ा कार्य 10 पुरुष तथा 3 महिलाएँ 8 घंटे प्रतिदिन कार्य करके कितने दिनों में पूरा कर सकेंगे?

A. 6 B. 7
C. 8 D. 9

65. यदि $x = \frac{1}{1+\sqrt{2}}$ हो, तो $x^2 + 2x + 3$ का मान है :

A. 0 B. 1
C. 4 D. 2

66. निम्न अक्षर श्रेणी का अगला पद होगा :

CAE, HFJ, MKO, RPT, _____

A. UTY B. WUY
C. VUZ D. WUZ

67. पाँच व्यक्तियों A, B, C, D तथा E में, A, B से छोटा लेकिन E से लम्बा है, C सबसे लम्बा है, D, B से छोटा है लेकिन A से लम्बा है, तो इनमें से कौन सबसे छोटा है?

A. B B. A
C. D D. E

68. एक समचतुर्भुज का परिमाप 100 सेमी. है और उसका एक विकर्ण 40 सेमी. है, तो उसका क्षेत्रफल है :

A. 300 सेमी.^{2} B. 600 सेमी.^{2}
C. 780 सेमी.^{2} D. 900 सेमी.^{2}

69. दो मिश्रधातु ताँबे तथा टिन से बने हैं। पहली मिश्रधातु में ताँबा तथा टिन का अनुपात 1 : 3 है तथा दूसरे में अनुपात 2 : 5 है। इन दोनों मिश्रधातुओं को किस अनुपात में मिलाया जाए, ताकि नई मिश्रधातु में ताँबे तथा टिन का अनुपात 3 : 8 हो जाए?

A. 3 : 5 B. 4 : 9
C. 4 : 7 D. 3 : 8

70. A ने कहा, ''वह लड़का मेरी माताजी के पति का पौत्र है, मेरा कोई भाई अथवा बहन नहीं है।'' लड़का, A से किस प्रकार संबंधित है?

A. चाचा B. पुत्र
C. भतीजा D. चचेरा भाई

71. निम्न श्रेणी में ***गलत*** संख्या ज्ञात कीजिए :

135, 226, 353, 552, 739

A. 353 B. 226
C. 552 D. 739

72. ₹ 5000 पर 12% वार्षिक ब्याज की दर से 2 वर्ष के साधारण ब्याज एवं चक्रवृद्धि ब्याज में अन्तर होगा :

A. ₹ 72 B. ₹ 84
C. ₹ 96 D. ₹ 36

73. दो संख्याओं का योग 520 है, यदि उनमें से बड़ी संख्या को 4% कम कर दिया जाए और छोटी को 12% बढ़ा दिया जाए, तो प्राप्त संख्याएँ बराबर होंगी, तो उनमें से छोटी संख्या है :

A. 210 B. 240
C. 270 D. 300

74. निम्नलिखित श्रेणी में ***गलत*** पद ज्ञात कीजिए।

G4T, J9R, M20P, P41N, S90L

A. J9R B. M20P
C. P41N D. S90L

75. एक घनाभ की लम्बाई, चौड़ाई एवं गहराई का योग 19 सेमी. है, तथा इसके मुख्य विकर्ण का माप $5\sqrt{5}$ सेमी. है, तो इसका पृष्ठीय क्षेत्रफल है :

A. 361 सेमी.^{2} B. 286 सेमी.^{2}
C. 236 सेमी.^{2} D. 340 सेमी.^{2}

76. यदि एक व्यक्ति 8 किमी. दक्षिण में जाकर दायीं तरफ मुड़कर 8 किमी. जाता है, पुनः बायीं ओर मुड़कर 10 किमी. चलता है, तो वह शुरूआती बिन्दु से किस दिशा में है?

A. पूर्व-दक्षिण B. उत्तर-पूर्व
C. उत्तर-दक्षिण D. दक्षिण-पश्चिम

77. लड़कों की एक पंक्ति में, A बायीं तरफ से 15वें तथा B दायीं तरफ से चौथे स्थान पर है, एवं A तथा B के मध्य तीन लड़के हैं, C, A के एकदम बायीं ओर है, तो C की स्थिति दायीं ओर से क्या है?

A. 9वीं B. 10वीं
C. 12वीं D. 13वीं

78. एक व्यक्ति पूर्व की ओर 2 किमी. चलता है फिर वह दक्षिण दिशा में मुड़कर 1 किमी. चलता है, फिर वह पूर्व दिशा में मुड़कर 2 किमी. चलता है, उसके बाद वह उत्तर दिशा में मुड़कर 4 किमी. चलता है। अब वह प्रारम्भिक बिन्दु से कितनी दूर खड़ा है?

A. 5 किमी. B. 6 किमी.
C. 3 किमी. D. 4 किमी.

79. यदि W = 23, STRONG = 93, तो WEAK बराबर है :

A. 40 B. 41
C. 43 D. 44

80. यदि $5a + \frac{1}{3a} = 5$, तो $9a^2 + \frac{1}{25a^2}$ का मान है :

A. $\frac{51}{5}$ B. $\frac{29}{5}$
C. $\frac{52}{5}$ D. $\frac{39}{5}$

81. महिला खिलाड़ी को विवाह के अवसर पर 'मुख्यमंत्री विवाह शगुन योजना' के तहत दी जाने वाली राशि है :

A. ₹ 11,000 B. ₹ 21,000
C. ₹ 31,000 D. ₹ 51,000

82. 1857 की क्रान्ति के नायक अब्दुर्रहमान खाँ संबद्ध थे :

A. बहादुरगढ़ से B. फर्रुखनगर से
C. झज्जर से D. यमुनानगर से

83. फरवरी, 2021 में आयोजित '36वीं राष्ट्रीय जूनियर एथलेटिक्स चैम्पियनशिप' में हरियाणा राज्य ने कितने स्वर्ण पदक जीते?

A. 13 B. 18
C. 21 D. 24

84. निम्नलिखित में से कौन हरियाणा के सर्वाधिक अवधि के लिए राज्यपाल रहे हैं?

A. बी.एन. चक्रवर्ती B. ए.आर. किदवई
C. जगन्नाथ पहाड़िया D. कप्तान सिंह सोलंकी

85. हरियाणा साहित्य अकादमी के बारे में अधोलिखित कथनों को पढ़िए :

(*i*) मुख्यमंत्री अकादमी के अध्यक्ष के रूप में कार्य करते हैं।
(*ii*) 'हरिगंधा' अकादमी की पत्रिका है।

सही कूट चुनिए :

A. केवल कथन (*i*) सही है
B. केवल कथन (*ii*) सही है
C. न ही (*i*) और न ही (*ii*) सही है
D. दोनों कथन सही हैं

86. 'पंचवटी' नामक तीर्थस्थल हरियाणा में कहाँ स्थित है?

A. पलवल में B. अंबाला में
C. हथीन में D. बल्लभगढ़ में

87. 'चिंकारा प्रजनन केन्द्र' किस जिले में स्थित है?

A. कैथल B. पंचकुला
C. हिसार D. भिवानी

88. हरियाणा की मंत्री परिषद् में न्यूनतम सदस्य हो सकते हैं :

A. 10 B. 12
C. 14 D. 06

89. निम्नलिखित में से कौन-सा/कौन-से युग्म ***सही*** है/हैं?

(*i*) राज्य पशु – काला हिरण
(*ii*) सरस्वती वन्य जीव अभयारण्य – कैथल
(*iii*) नाहर वन्य जीव अभयारण्य – झज्जर

सही कूट का चयन चुनिए :

A. केवल (*i*)
B. (*i*) और (*iii*)
C. (*i*) और (*ii*)
D. केवल (*iii*)

90. निम्नलिखित को सुमेलित कीजिए :

नाम	स्थान
(*a*) बीरबल का रंग महल	(*i*) नारनौल
(*b*) आध्यात्मिक संग्रहालय	(*ii*) गुरुग्राम
(*c*) चोर गुम्बद	(*iii*) यमुनानगर
(*d*) सोहना का किला	(*iv*) पानीपत

कूट :

	(*a*)	(*b*)	(*c*)	(*d*)
A.	(*ii*)	(*iii*)	(*iv*)	(*i*)
B.	(*iii*)	(*iv*)	(*i*)	(*ii*)
C.	(*iv*)	(*ii*)	(*iii*)	(*i*)
D.	(*iii*)	(*ii*)	(*i*)	(*iv*)

भाग-IV

Subject Knowledge—विज्ञान

निर्देशः *निम्नलिखित प्रश्नों के उत्तर देने के लिए* ***सबसे उचित*** *विकल्प चुनिए।*

91. एक रडार 0.02×10^{-3} sec के समय अन्तराल के बाद दुश्मन के हवाई जहाज से परावर्तित तरंगों का पता लगाने में सक्षम है। यदि तरंगों का वेग 3×10^{8} m/s है, तो हवाई जहाज की रडार से दूरी होगी :

A. 1.0 किमी. B. 1.5 किमी.
C. 3.0 किमी. D. 6.0 किमी.

92. क्लोरोफिल के अणु में उपस्थित खनिज तत्त्व होता है :

A. मॉलिब्डिनम B. मैंगनीज
C. मैग्नीशियम D. लौह

93. एवीज (पक्षियों) के परिसंचरण तंत्र के सन्दर्भ में गलत है :

A. हृदय चार कक्षीय होता है।
B. वृक्क निवाहिका तंत्र पूर्ण विकसित होता है।
C. शिरा कोटर एवम् धमनी कंड अनुपस्थित होते हैं।
D. लाल रक्त कणिकाएँ केन्द्रक युक्त होती हैं।

94. द्विध्रुवीय तंत्रिकाएँ पाई जाती हैं :

A. कॉर्निया में B. कॉन्जक्टिवा में
C. रेटिना में D. लेन्स में

95. गाय घास खाती है तथा दोनों में कोशिका होती हैं (गाय एवम् घास में)। कोशिका से सम्बन्धित निम्न वाक्यों को पढ़िए :

(*a*) गाय की कोशिकाएँ घास की कोशिका से बड़ी होती हैं।
(*b*) गाय की कोशिकाओं में प्लास्टिड तथा छोटी धानियाँ होती हैं।
(*c*) घास की कोशिकाओं में कोशिका भित्ति एवम् धानियाँ होती हैं।
(*d*) घास की कोशिकाओं में तारककाय एवम् क्लोरोप्लास्ट होते हैं।
(*e*) गाय की कोशिका में कोशिका झिल्ली एवम् माइटोकॉन्ड्रिया होते हैं।

सही विकल्प चुनिए :

A. (*a*) एवम् (*c*) B. (*b*) एवम् (*c*)
C. (*c*) एवम् (*e*) D. (*d*) एवम् (*e*)

96. त्रिज्या '*r*' की एक गेंद को त्रिज्या 'R' के कटोरे में दोलन कराया जाता है। इसके दोलन का आवर्तकाल होगा ($R > r$):

A. $2\pi\sqrt{\frac{r}{g}}$ B. $2\pi\sqrt{\frac{R}{g}}$
C. $2\pi\sqrt{\frac{R-r}{g}}$ D. $2\pi\sqrt{\frac{R+r}{g}}$

97. अत्यधिक अण्डाकार कक्षा में सूर्य की परिक्रमा करने वाले खगोलीय पिण्डों के लिए कौन-से शब्द का प्रयोग किया जाता है।

A. धूमकेतु B. उल्का
C. क्षुद्रग्रह D. ग्रह

98. भवन में तड़ित चालक का निचला सिरा कहाँ लगा होता है?

A. शीर्ष पर B. एक खिड़की पर
C. आधार सतह पर D. जमीन के अन्दर

99. निम्नलिखित अणु में कितने संयोजी इलेक्ट्रॉन साझित नहीं हैं?

$$\begin{array}{c} Cl \\ | \\ Cl-P-Cl \end{array}$$

A. 2 B. 18
C. 6 D. 20

100. यदि n_1, n_2 और n_3 तीन खण्डों की मौलिक आवृत्तियाँ हैं जिसमें एक रस्सी विभाजित है, तो रस्सी की मूल मौलिक आवृत्ति '*n*' निम्न के द्वारा दी जाती है :

A. $n = n_1 + n_2 + n_3$
B. $\frac{1}{n} = \frac{1}{n_1} + \frac{1}{n_2} + \frac{1}{n_3}$
C. $\sqrt{n} = \sqrt{n_1} + \sqrt{n_2} + \sqrt{n_3}$
D. $\frac{1}{\sqrt{n}} = \frac{1}{\sqrt{n_1}} + \frac{1}{\sqrt{n_2}} + \frac{1}{\sqrt{n_3}}$

101. रदरफोर्ड का α-कण प्रकीर्णन प्रयोग दर्शाता है कि :

(*i*) इलेक्ट्रॉन ऋणावेशित होते हैं।
(*ii*) परमाणु का द्रव्यमान तथा धनावेश नाभिक में संकेन्द्रित रहता है।
(*iii*) नाभिक में न्यूट्रॉन का अस्तित्व है।
(*iv*) परमाणु का अधिकांश भाग रिक्त है।

उपरोक्त कथनों में से कौन-से सही हैं?

A. (*ii*), (*iii*) तथा (*iv*) B. (*ii*) तथा (*iv*)
C. (*i*), (*ii*) तथा (*iv*) D. (*i*) तथा (*iii*)

102. क्या होता है जब एक ऑक्सीजन परमाणु, ऑक्सीजन आयन बनता है?

(*a*) इसका परमाण्विक द्रव्यमान घटता है।
(*b*) इसके न्युक्लिओनों की संख्या बढ़ती है।
(*c*) इसका परमाणु क्रमांक समान रहता है।
(*d*) इसकी द्रव्यमान संख्या में वृद्धि होती है।

सही विकल्प है :

A. (*a*) तथा (*c*) B. (*b*) तथा (*d*)
C. केवल (*d*) D. केवल (*c*)

103. एक वीकर में 18 g जल में 3.42 g सुक्रोस को घोला गया। विलयन में ऑक्सीजन परमाणुओं की संख्या है :

A. 6.68×10^{23} B. 6.09×10^{22}
C. 6.022×10^{23} D. 6.022×10^{21}

104. एक विद्यार्थी ने पढ़ा कि साबुन अणु के दो सिरे होते हैं। जिसमें से एक आयनिक सिरा तथा दूसरा कार्बन श्रृंखला होता है। निम्नलिखित में से कौन-सा विकल्प साबुन की तेल के साथ अन्योन्य क्रिया को समझाता है?

A. साबुन का आयनिक सिरा तेल से अन्योन्य क्रिया करता है।
B. साबुन का निकटतम सिरा (आयनिक अथवा कार्बन श्रृंखला) तेल से अन्योन्य क्रिया करता है।
C. साबुन का कार्बन श्रृंखला वाला सिरा तेल से अन्योन्य क्रिया करता है।
D. चूंकि साबुन तेल से बना होता है अतः तेल से उसका न तो आयनिक सिरा और न ही कार्बन श्रृंखला सिरा अन्योन्य क्रिया करता है।

105. कॉलम-I को कॉलम-II से मिलायें और सही विकल्प का चयन करें :

कॉलम-I	कॉलम-II
(*a*) वक्रता केन्द्र से जाने वाली किरण	(*i*) मुख्य अक्ष के समानान्तर किरणें परावर्तित होती हैं
(*b*) फोकस से जाने वाली किरण	(*ii*) फोकस पर अभिसरित होती है
(*c*) अनंत दूरी से किरणें	(*iii*) फोकस से निकलती है
(*d*) अनन्त को अपवर्तित किरणें	(*iv*) दर्पणों में वापस जाती हैं

	(*a*)	(*b*)	(*c*)	(*d*)
A.	(*iv*)	(*i*)	(*ii*)	(*iii*)
B.	(*iii*)	(*iv*)	(*i*)	(*ii*)
C.	(*ii*)	(*i*)	(*iv*)	(*iii*)
D.	(*iv*)	(*ii*)	(*i*)	(*iii*)

106. फॉस्फोरस की परमाणुकता है :

A. 2 B. 0
C. 4 D. 3

107. फुफ्फुस परिवर्धित होते हैं :

A. बाह्य जनन स्तर से
B. मध्य जनन स्तर से
C. अन्तः जनन स्तर से
D. अन्तः जनन स्तर एवम् मध्य जनन स्तर दोनों से

108. 'A' तथा 'B' को पहचानिए :

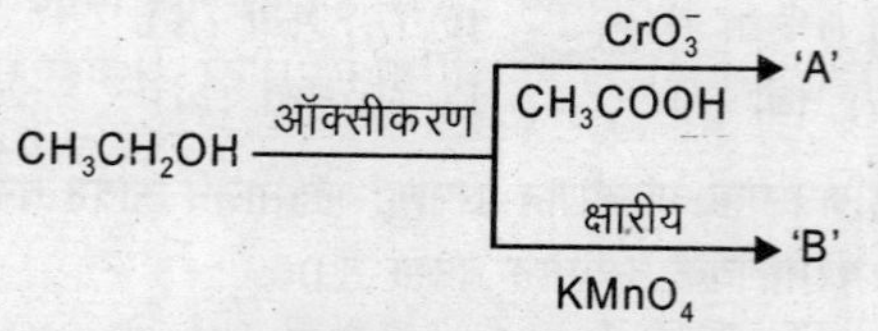

A. $A = CH_3CHO, B = CH_3COOH$
B. $A = CH_3COOH, B = CH_3CHO$
C. $A = HCHO, B = CO_2$
D. $A = CH_3CHO, B = CH_2 = CH_2$

109. निम्नलिखित में से कौन-सा रूपान्तरित भूमिगत तने का उदाहरण **नहीं** है?
A. आलू B. अदरक
C. हल्दी D. मूँगफली

110. विलयन/विलायक के प्रति इकाई आयतन अथवा प्रति इकाई द्रव्यमान में उपस्थित विलेय पदार्थ की मात्रा को कहते हैं :
A. विलेय का संघटन B. विलयन की सान्द्रता
C. विलायक का संघटन D. विलायक की सान्द्रता

111. निम्नलिखित में से कौन-सी प्रक्रिया ऊतकों को बदलने एवं मरम्मत करने के लिए उत्तरदायी है?
A. गति B. चलन
C. कोशिका विभाजन D. वृद्धि

112. पूर्ण कायान्तरण पाया जाता है :
A. सिल्वर फिश में B. लॉकस्ट में (टिड्डी में)
C. बेडबग में (खटमल में) D. मच्छर में

113. निम्नलिखित में से कौन-सा कथन सत्य है?
A. कक्ष ताप पर द्रव के रूप में उपस्थित पदार्थ के गलनांक एवं क्वथनांक कक्ष ताप से कम होते हैं।
B. ताप को सेल्सियस पैमाने से केल्विन पैमाने में परिवर्तित करने के लिए दिए गए ताप में से 273 घटाते हैं।
C. बर्फ का घनत्व, जल की तुलना में कम होता है।
D. एक पदार्थ के ठोस अवस्था से द्रव अवस्था में संक्रमण के सम्मिलित प्रक्रम को ऊर्ध्वपातन कहते हैं।

114. यदि एक आवर्धक काँच की फोकस दूरी 2.5 cm है, तो यह किसी वस्तु को आवर्धित कर सकता है :
A. 2.5 गुणा B. 10 गुणा
C. 11 गुणा D. 15 गुणा

115. जब किसी द्रव का वाष्प दाब, वायुमंडलीय दाब के बराबर हो जाता है, तो उस द्रव का क्या होता है?
A. द्रव जमता है
B. द्रव श्यान हो जाता है
C. द्रव उबलता है
D. द्रव में कोई परिवर्तित नहीं होता है

116. बाइयूरेट परीक्षण उपस्थिति की जाँच में प्रयुक्त होता है :
A. वसा B. कार्बोहाइड्रेट
C. प्रोटीन D. न्यूक्लिक अम्ल

117. एक इन्द्रधनुष की आकृति गोलाकार होती है क्योंकि :
A. पृथ्वी गोलाकार है B. वर्षा की बूँदें गोलाकार हैं
C. सूर्य गोलाकार है D. हमारी आँखें गोलाकार हैं

118. मॉलस्का में श्वसन होता है :
(*a*) मुखगुहिय श्वसन (*b*) ब्राँकियल (क्लोम द्वारा)
(*c*) पल्मोनरी (फुफ्फुसीय)
सही विकल्प चुनिए :
A. केवल (*a*) एवं (*c*) B. केवल (*b*) एवम् (*a*)
C. केवल (*b*) एवम् (*c*) D. (*a*), (*b*) एवम् (*c*)

119. आवृत्ति में डॉप्लर विस्थापन निर्भर **नहीं** करता है :
A. स्रोत की चाल पर
B. प्रेक्षक की चाल पर
C. तरंग की आवृत्ति पर
D. स्रोत एवं प्रेक्षक के मध्य की दूरी पर

120. माइकोप्लाज्मा दूसरे प्रोकैरियोट्स से अलग होते हैं :
A. कोशिकाभित्ति में काइटिन की उपस्थिति से
B. कोशिकाभित्ति में म्यूरिन की उपस्थिति से
C. कोशिकाभित्ति में प्रोटीन की उपस्थिति से
D. कोशिकाभित्ति की स्वयं की अनुपस्थिति से

121. एक विद्युत् केतली में दो ऊष्मीय कुण्डलियाँ हैं। जब इनमें से एक कुण्डली को प्रत्यावर्ती धारा स्रोत से जोड़ा जाता है, तो केतली में पानी 10 मिनट में उबलता है। जब दूसरी कुण्डली का उपयोग किया जाता है, तो पानी की समान मात्रा को उबालने में 15 मिनट का समय लगता है। यदि दोनों कुण्डलियों को समानान्तर जोड़ दिया जाये, तो पानी की समान मात्रा को उबालने में कितना समय लगेगा?
A. 6 मिनट B. 12 मिनट
C. 18 मिनट D. 24 मिनट

122. निम्नलिखित में से कौन-सा कथन सही **नहीं** है?
A. एक गैस के अणु समस्त उपलब्ध स्थान को घेर लेते हैं।
B. एक द्रव के अणु नियमित पैटर्न में व्यवस्थित रहते हैं।
C. एक ठोस में अणु निश्चित स्थिति के चारों ओर कंपन करते हैं।
D. संघट्ट (टक्कर) के अतिरिक्त, एक गैस के अणु एक-दूसरे पर अनन्त सूक्ष्म बल आरोपित करते हैं।

123. बेकिंग सोडा तथा सोडा ऐश यौगिकों में कौन-सा तत्व उभयनिष्ठ **नहीं** है?
A. ऑक्सीजन B. हाइड्रोजन
C. सोडियम D. कार्बन

124. भुजा 'L' के एक वर्गाकार फ्रेम में धारा I प्रवाहित होती है। इसके केन्द्र पर चुम्बकीय क्षेत्र B है। समान धारा को वर्ग के समान परिमित वाली एक वृत्ताकार कुण्डली से प्रवाहित किया जाता है। वृत्ताकार कुण्डली के केन्द्र पर चुम्बकीय क्षेत्र 'B' है। $\frac{B}{B'}$ का अनुपात है :

A. $\frac{8\sqrt{2}}{\pi^2}$ B. $\frac{8\sqrt{2}}{\pi^3}$

C. $\frac{8\sqrt{2}}{\pi}$ D. $\frac{4\sqrt{2}}{\pi^2}$

125. तत्त्वों के निम्नलिखित युग्मों में से कौन-सा आवर्त सारणी के समान आवर्त में उपस्थित है?

A. सल्फर तथा सेलेनियम B. स्ट्राँशियम तथा कैल्सियम
C. कैल्सियम तथा जर्मेनियम D. पोटैशियम तथा मैंगनीज

126. अनुवादन की प्रक्रिया में अनुकूलक अणु है :

A. snRNA B. mRNA
C. rRNA D. tRNA

127. प्रगलन के दौरान एक अतिरिक्त पदार्थ मिलाया जाता है जो अशुद्धियों के साथ संयुक्त होकर एक गलनीय उत्पाद .... बनाता है।

A. फ्लक्स (गालक) B. धातुमल
C. आधात्री D. पंक

128. निम्नलिखित में से किस लवण में क्रिस्टलन जल **नहीं** है?

A. नीला थोथा B. धोवन सोडा
C. जिप्सम D. बेकिंग सोडा

129. एक मुक्त न्यूट्रॉन स्वतः क्षय हो जाता है एक प्रोटॉन, एक इलेक्ट्रॉन और .... में।

A. एक न्यूट्रिनो B. एक प्रतिन्यूट्रिनो
C. दोनों D. इनमें से कोई नहीं

130. Bt (बैसिलस थुरिंजिएन्सिस) प्रभेद के सन्दर्भ में **सत्य** क्या है?

A. सम्बन्धित बैसिलस में प्रतिआविष होता है।
B. Bt- प्रभेद नए जैव कीटनाशी पौधों को बनाने में प्रयुक्त होता है।
C. बैसिलस में Bt-आविष एक सक्रिय आविष के रूप में रहता है।
D. सक्रिय आविष पीड़क के अण्डाशय में प्रवेशित होकर उसे बंध्य कर देते हैं तथा इस प्रकार गुणन को रोकते हैं।

131. निम्नलिखित में से किसमें अधिकतम संख्या में अणु हैं?

A. 1g H_2 B. 1g N_2
C. 1 g CO_2 D. 1g CH_4

132. एक तांबे की छड़ और एक स्टील की छड़ की लम्बाई L_C और L_S इस प्रकार है कि उनकी लम्बाई के बीच का अंतर सभी परिवेश के तापमान पर समान है। यदि तांबे और स्टील के रैखिक विस्तार गुणांक क्रमशः α_C एवं α_S हैं, तो लम्बाई रैखिक विस्तार गुणांक से निम्न रूप से संबंधित हैं :

A. $\frac{L_C}{L_S} = \frac{\alpha_S}{\alpha_C}$ B. $L_C - L_S = \alpha_C - \alpha_S$

C. $\frac{L_C}{L_S} = \left(\frac{\alpha_C}{\alpha_S}\right)^{1/2}$ D. $\frac{L_C}{L_S} = \frac{\alpha_C}{\alpha_S}$

133. एक पानी के पंप की शक्ति 2 kW है। यह एक मिनट में 10 मी. की ऊँचाई तक पानी की कितनी मात्रा (लीटर में) चढ़ा सकता है? ($g = 10\ m/s^2$)

A. 100 B. 1000
C. 1200 D. 2000

134. दृढ़कोणोतक के संदर्भ में **गलत** कथन का चयन कीजिए :

A. दृढ़कोणोतक में हरितलवक उपस्थित हो सकते हैं।
B. दृढ़कोणोतक तरुण तने का बिना टूटे मुड़ना, सम्भव करता है।
C. इसकी कोशिकाएँ लिग्निन निक्षेपण के कारण कोनों पर स्थूल होती हैं।
D. दृढ़कोणोतक में प्रोटोप्लाज्म उपस्थित होता है।

135. द्रव्य के अभिलक्षणों के संदर्भ में निम्नलिखित में से कौन-सा कथन सत्य **नहीं** है?

A. ताप में वृद्धि से कणों की गतिज ऊर्जा बढ़ जाती है।
B. द्रव्य के कण एक-दूसरे में स्वतः विसरित होते हैं।
C. द्रव्य के कण सभी दिशाओं में यादृच्छिक गति करते हैं।
D. एक नियत ताप पर सभी द्रव्यों के कणों की गतिज ऊर्जा समान होती है।

136. यदि पृथ्वी की त्रिज्या 1% से सिकुड़ जाती है, घनत्व नियत रहता हे, तो पृथ्वी की सतह पर गुरुत्वीय त्वरण होगा :

A. अनन्त B. g
C. g से अधिक D. g से कम

137. सही मेल है :

A. नीएन्थिज – वॉट्रिऑइडल ऊतक
B. कीटोप्टेरस – लगवार्म
C. केंचुआ – चूषक
D. हेटेरोनेरीज – नेरीज की लैंगिक प्रावस्था

138. 2.5 किग्रा. द्रव्यमान के तांबे के एक गुटके (ब्लॉक) को एक भट्टी में 500°C के ताप पर गर्म किया जाता है और फिर एक बड़े बर्फ के ब्लॉक पर रख दिया जाता है। बर्फ की अधिकतम मात्रा जो पिघल सकती है, कितनी होगी?

दिया है :

तांबे की विशिष्ट ऊष्मा = $0.4\ Jg^{-1}\ °C^{-1}$

पानी की द्रवण की ऊष्मा = $400\ Jg^{-1}$

A. 1.25 किग्रा. B. 1.50 किग्रा.
C. 1.75 किग्रा. D. 1.80 किग्रा.

139. एक बरगद के पेड़ का जीवनकाल 300 वर्ष होता है। यदि एक पूर्ण विकसित बरगद के पेड़ को ऊर्जा उत्पन्न करने के लिए थर्मल प्लांट (तापीय संयंत्र) में जलाया जाता है और उसी समय एक नया पेड़ लगाया जाता है। इस संदर्भ में **सही** विकल्प का चयन करें :

A. तत्काल समय तंत्र में प्रक्रिया कार्बन उदासीन (न्यूट्रल) है।
B. यह प्रक्रिया कई वर्षों के बाद ही कार्बन उदासीन (न्यूट्रल) हो पायेगी।
C. इस प्रक्रिया में कोई कार्बन शामिल नहीं है।
D. इस प्रक्रिया में कोई ऑक्सीजन शामिल नहीं है।

140. एक गेंद 'X' को वेग u से ऊर्ध्वाधर ऊपर की ओर फेंका जाता है। उसी क्षण एक दूसरी गेंद 'Y' को H ऊँचाई पर से विरामावस्था से छोड़ा जाता है। समय t पर 'Y' के सापेक्ष 'X' का वेग है :

A. $u - 2gt$ B. $\sqrt{u^2 - 2gH}$
C. u D. $2u$

141. कौन-सा सुमेलित नहीं है?

A. एग्रोबैक्टोरियम–Ti प्लाज्मिड
B. कॉस्मिड–वाहक डीएनए
C. राइजोबियम–असहजीवी N_2 स्थायी कारक
D. एल्बिनिज्म (अवर्णकता)–अलिंगसूत्री अप्रभावी जीन

142. निम्नलिखित में से कौन-सा गठन के आधार पर, तीन प्राथमिक प्रकार की मृदाओं में से **नहीं** है?

A. रेत B. दूमट
C. गाद D. चिकनी मिट्टी

143. एक संतुलित समीकरण से कौन-सी सूचना सम्प्रेषित **नहीं** होती है?

A. अभिकारक तथा उत्पाद की भौतिक अवस्था
B. अभिकारक तथा बनने वाले उत्पाद के परमाणुओं/अणुओं की संख्या
C. एक विशिष्ट अभिक्रिया में सम्मिलित सभी पदार्थों के प्रतीक एवं सूत्र
D. एक विशिष्ट अभिक्रिया वास्तव में संभव है अथवा नहीं

144. जब दो पिण्ड समान रूप से एक-दूसरे की ओर गति करते हैं तो दूरी 6 m/s से कम होती है। यदि दोनों पिण्ड (ऊपर वर्णित) एक ही दिशा में समान गति से चलते हैं, तो उनके बीच की दूरी 4 m/s से बढ़ती है, तब दोनों पिण्डों की चाल है:

A. 7 m/s, 3 m/s B. 5 m/s, 1 m/s
C. 4 m/s, 2 m/s D. 3 m/s, 3 m/s

145. यदि कोई ब्लॉक एक 30° झुके हुए तल पर 5 m/s के वेग से ऊपर की ओर गति कर रहा है, 0.5 s के बाद रुक जाता है, तो घर्षण का गुणांक लगभग होगा :

A. 0.5 B. 0.6
C. 0.9 D. 1.1

146. ...., की अभिक्रिया कास्टिक सोडा से कराने पर साबुन बनते हैं।

A. कार्बोनिल यौगिकों B. ऐल्कोहलों
C. फीनॉलों D. एस्टरों

147. प्रोटीन संश्लेषण हेतु प्रारंभन कूट द्वारा कोडित अमीनो अम्ल है :

A. मीथियोनाइन B. ट्रिप्टोफैन
C. वैलाइन D. आर्जिनीन

148. समानान्तर क्रम में संयोजित प्रतिरोधों का तुल्य प्रतिरोध 6/5 Ω है। जब एक प्रतिरोध तार टूट जाता है, तो प्रभावी प्रतिरोध 2 Ω हो जाता है। टूटे हुए तार का प्रतिरोध था :

A. 2 Ω B. 3 Ω
C. 5 Ω D. 7 Ω

149. नीचे दिए गए कूटों की सहायता से वर्गिकी संवर्गो के सही पदानुक्रम (अवरोही) का चयन कीजिए :

(*a*) गण (*b*) वंश
(*c*) वर्ग (*d*) जाति
(*e*) कुल

कूट :

A. (*c*) (*a*) (*e*), (*b*), (*d*) B. (*a*) (*c*) (*e*), (*d*), (*b*)
C. (*c*) (*e*) (*a*), (*b*), (*d*) D. (*b*) (*d*) (*e*), (*a*), (*c*)

150. नाभिक के चारों ओर स्थायी ऊर्जा स्तर की संकल्पना किस वैज्ञानिक ने दी?

A. जे.जे. थॉमसन B. नील्स बोर
C. अर्नेस्ट रदरफोर्ड D. विलियम क्रूक्स

उत्तरमाला

1. (C)	**2. (B)**	**3. (B)**	**4. (D)**
5. (D)	**6. (D)**	**7. (C)**	**8. (B)**
9. (D)	**10. (C)**	**11. (B)**	**12. (A)**
13. (B)	**14. (A)**	**15. (C)**	**16. (B)**
17. (D)	**18. (C)**	**19. (A)**	**20. (D)**
21. (A)	**22. (C)**	**23. (A)**	**24. (B)**
25. (A)	**26. (B)**	**27. (C)**	**28. (B)**
29. (A)	**30. (A)**	**31. (C)**	**32. (B)**
33. (C)	**34. (A)**	**35. (B)**	**36. (B)**
37. (D)	**38. (D)**	**39. (B)**	**40. (A)**
41. (D)	**42. (B)**	**43. (C)**	**44. (C)**
45. (D)	**46. (D)**	**47. (D)**	**48. (D)**
49. (B)	**50. (A)**	**51. (C)**	**52. (A)**
53. (C)	**54. (A)**	**55. (D)**	**56. (C)**
57. (A)	**58. (B)**	**59. (C)**	**60. (B)**

61. (D): दिया है, तार की लंबाई = 66 मी.
= 66 × 100 सेमी. = 6600 सेमी.
∴ परिधि = 6600 सेमी.
और छोटे वृत्त की परिधि = 1.32 सेमी.

$\therefore$ अभीष्ट वृत्तों की संख्या = $\frac{6600}{1.32} = 5000.$

62. (B): रेलगाड़ी द्वारा तय की गई दूरी = 140 + 260
= 400 मी.

और रेलगाड़ी की चाल = 60 किमी./घं.

$= 60 \times \frac{5}{18}$ मी./से. $= 10 \times \frac{5}{3} = \frac{50}{3}$ मी./से.

∴ ट्रेन द्वारा प्लेटफार्म को पार करने में लगा समय

$= \frac{400}{\frac{50}{3}} = \frac{400 \times 3}{50} = 24$ सेकेंड

63. (C): माना 1 मीटर कपड़े का मूल्य = ₹ 1
तब, 33 मीटर कपड़े का विक्रय मूल्य = ₹ 33
∴ लाभ = 11 मीटर कपड़े का मूल्य = ₹ 11
∴ 33 मीटर कपड़े का क्रय मूल्य = 33 − 11 = ₹ 22

$$\text{अतः लाभ प्रतिशत} = \frac{\text{लाभ} \times 100}{\text{क्रय मूल्य}} = \frac{11 \times 100}{22} = 50\%.$$

64. (B): यहाँ $M_1 = 6$ महिलाएँ, $d_1 = 12$ दिन, $h_1 = 7$ घंटे,
$w_1 = 1$ और $M_2 = 3 + 10 \times \frac{6}{4} = 3 + 15 = 18$ महिलाएँ
$d_2 = ?$
$h_2 = 8$ घंटे, $w_2 = 2$
[4 पुरुष = 6 महिलाएँ ⇒ 1 पुरुष = $\frac{6}{4}$ महिलाएँ]

$$\because \quad \frac{M_1 d_1 h_1}{w_1} = \frac{M_2 d_2 h_2}{w_2}$$

$$\Rightarrow \quad \frac{6 \times 12 \times 7}{1} = \frac{18 \times d_2 \times 8}{2}$$

$$\Rightarrow \quad d_2 = \frac{6 \times 12 \times 7}{9 \times 8} = 7 \text{ दिन।}$$

65. (C): दिया है, $x = \frac{1}{1+\sqrt{2}}$

$$= \frac{1}{1+\sqrt{2}} \times \frac{\sqrt{2}-1}{\sqrt{2}-1} = \frac{\sqrt{2}-1}{2-1} = \left(\sqrt{2}-1\right)$$

$$\therefore \quad x^2 = \left(\sqrt{2}-1\right)^2 = 2+1-2\sqrt{2} = 3-2\sqrt{2}$$

$$x^2 + 2x + 3 = 3-2\sqrt{2}+2\left(\sqrt{2}-1\right)+3$$
$$= 3-2\sqrt{2}+2\sqrt{2}-2+3$$
$$= 6 - 2 = 4.$$

66. (B):

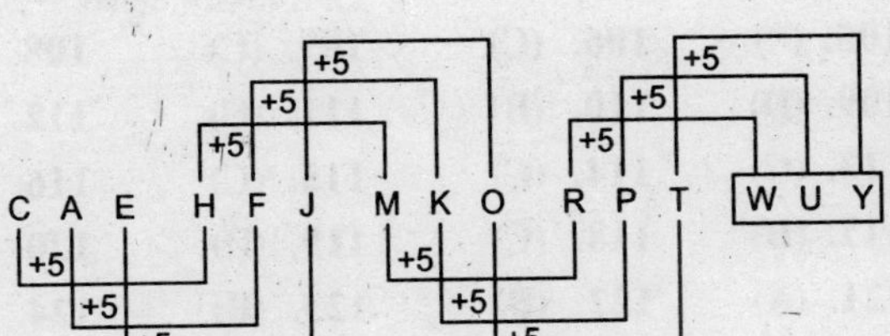

अतः पहला पद = WUY.

67. (D): 5 व्यक्तियों में, C > B > D > A > E
अतः E इनमें सबसे छोटा है।

68. (B): दिया है, समचतुर्भुज का परिमाप = 100 सेमी.

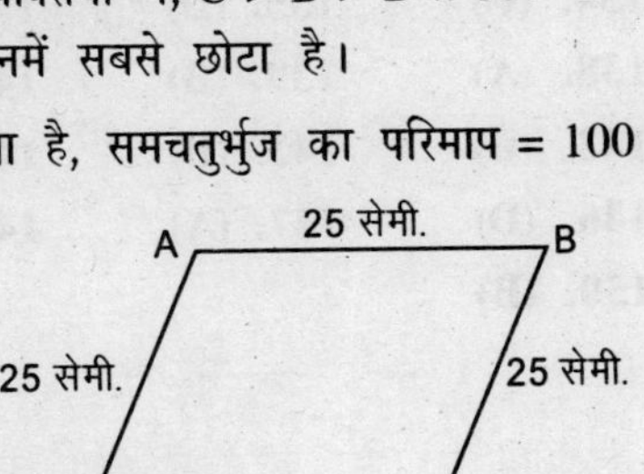

एक विकर्ण (d_1) = 40 सेमी.

$$\left(\frac{d_1}{2}\right)^2 + \left(\frac{d_2}{2}\right)^2 = (25)^2$$

$$\Rightarrow \quad (20)^2 + \left(\frac{d_2}{2}\right)^2 = 625 \Rightarrow \left(\frac{d_2}{2}\right)^2 = 625 - 400$$

$$\Rightarrow \quad \left(\frac{d_2}{2}\right)^2 = 225 \Rightarrow \left(\frac{d_2}{2}\right)^2 = (15)^2$$

$$\Rightarrow \quad \frac{d_2}{2} = 15 \Rightarrow d^2 = 30 \text{ सेमी.}$$

$$\therefore \text{ समचतुर्भुज का क्षेत्रफल} = \frac{1}{2}(d_1 \times d_2) = \frac{1}{2}(40 \times 30)$$

$$= \frac{1}{2} \times 1200 = 600 \text{ सेमी.}^2.$$

69. (C)

70. (B):

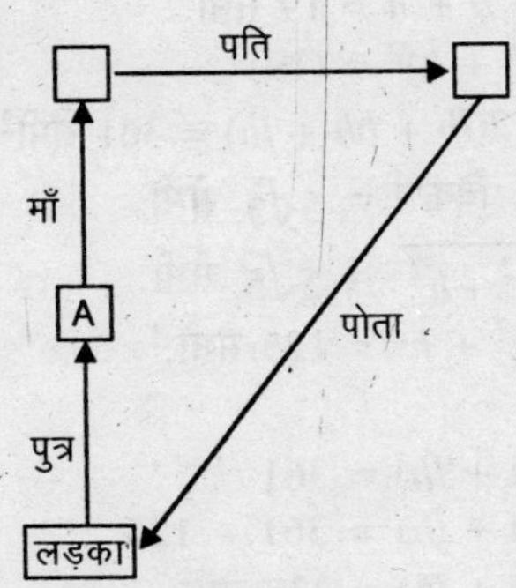

यहाँ, लड़का A का पुत्र है।

71. (C)

72. (A): दिया है, P = ₹ 5000, r = 12% p.a., t = 2 वर्ष

$$\therefore \quad \text{चक्रवृद्धि ब्याज} = P\left(1+\frac{r}{100}\right)^n - P$$

$$= P\left[\left(1+\frac{r}{100}\right)^n - 1\right] = 5000\left[\left(1+\frac{12}{100}\right)^2 - 1\right]$$

$$= 5000\left[\left(\frac{28}{25}\right)^2 - 1\right] = 5000\left[\frac{784}{625} - 1\right] = 5000\left[\frac{159}{625}\right]$$

= 8 × 159 = ₹ 1272

$$\text{और साधारण ब्याज} = \frac{Prt}{100} = \frac{5000 \times 12 \times 2}{100}$$

= 50 × 24 = ₹ 1200
अतः अभीष्ट अंतर = C.I. − S.I.
= ₹ 1272 − ₹ 1200 = ₹ 72.

73. (B): माना दो संख्याएँ x और $(520 - x)$ हैं
छोटी संख्या = x, बड़ी संख्या = $(520 - x)$

$$\text{तब,} \quad (520 - x) \times \frac{100-4}{100} = x \times \frac{100+12}{100}$$

$$\Rightarrow \quad 96(520 - x) = 112x$$
$$\Rightarrow \quad 96 \times 520 - 96x = 112x$$
$$\Rightarrow \quad 208x = 96 \times 520$$
$$\Rightarrow \quad x = \frac{96 \times 520}{208}$$

$\Rightarrow \qquad x = \dfrac{40 \times 96}{16} = 40 \times 6 = 240$

अतः छोटी संख्या $x = 240$.

74. (C):

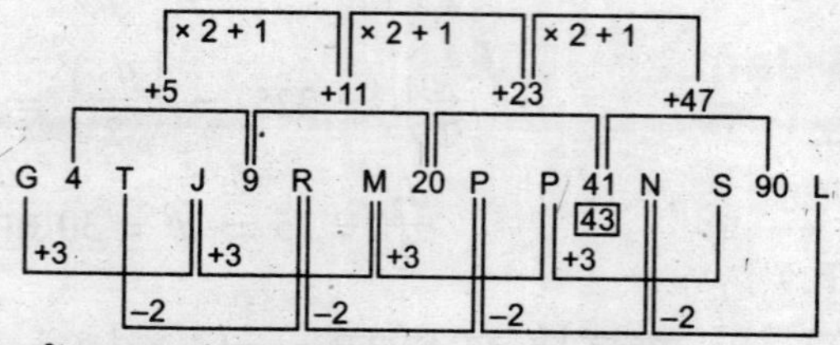

पद P4IN में मध्य की संख्या
41 की जगह 43 होना चाहिए
अतः गलत पद P4IN है।

75. (C): दिया है, $l + b + h = 19$ सेमी.

$\Rightarrow \qquad (l + b + h)^2 = (19)^2$

$\Rightarrow l^2 + b^2 + h^2 + 2(lb + bh + lh) = 361$ सेमी^{2} ...(*i*)

और दिया है मुख्य विकर्ण = $5\sqrt{5}$ सेमी.

$\Rightarrow \qquad \sqrt{l^2+b^2+h^2} = 5\sqrt{5}$ सेमी.

$\Rightarrow \qquad l^2 + b^2 + h^2 = 125$ सेमी.^{2} ...(*ii*)

(*i*) और (*ii*) से,

$125 + 2(lb + bh + lh) = 361$

$\Rightarrow \qquad 2(lb + bh + lh) = 361 - 125$

$\Rightarrow \qquad 2(lb + bh + lh) = 236$ सेमी.^{2}

अतः पृष्ठीय क्षेत्रफल = 236 सेमी.^{2}.

76. (D): यहाँ शुरूआती बिन्दु = A

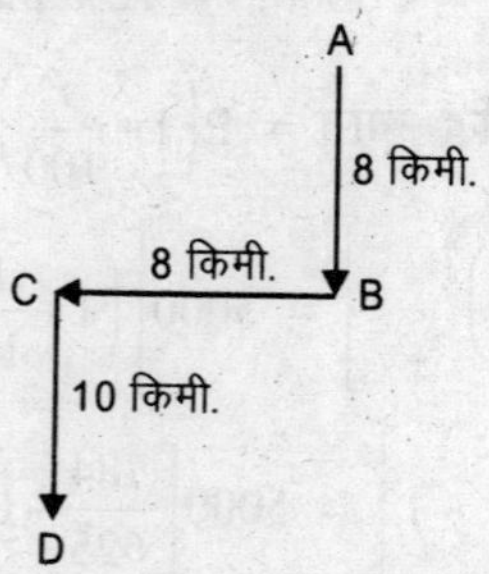

AB = 8 किमी., BC = 8 किमी. और CD = 10 किमी.

अतः वह (D), शुरूआती बिन्दु (A) से दक्षिण-पश्चिम दिशा में है।

77. (A): दिया है, लड़कों की एक पंक्ति में

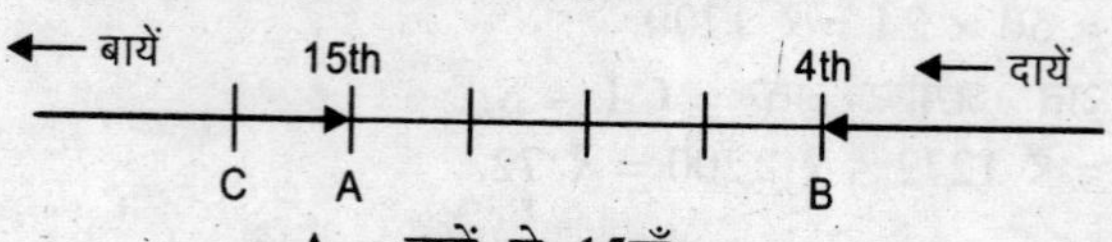

A = बायें से 15वाँ
B = दायें से 4था
C = A के बायें का पहला

तथा A और B के बीच में 3 लड़के हैं।

अतः C की स्थिति दायीं ओर से = 4 + 3 + 2 = 9वीं।

78. (A)

79. (A): दिया है, W = 23

STRONG = 93

$\Rightarrow 19 + 20 + 18 + 15 + 14 + 7 = 93$

इसी प्रकार, WEAK = 23 + 5 + 1 + 11

$\Rightarrow$ WEAK = 40.

80. (D): दिया है, $5a + \dfrac{1}{3a} = 5$

दोनों ओर $\dfrac{3}{5}$ से गुणा करने पर,

$\therefore \qquad \dfrac{3}{5}\left(5a + \dfrac{1}{3a}\right) = 5 \times \dfrac{3}{5}$

$\Rightarrow \qquad 3a + \dfrac{1}{5a} = 3$

दोनों ओर वर्ग करने पर,

$9a^2 + \dfrac{1}{25a^2} + 2.3a.\dfrac{1}{5a} = 9$

$\Rightarrow \qquad 9a^2 + \dfrac{1}{25a^2} = 9 - \dfrac{6}{5}$

$\Rightarrow \qquad 9a^2 + \dfrac{1}{25a^2} = \dfrac{39}{5}$.

81. (C)	**82.** (C)	**83.** (C)	**84.** (A)
85. (D)	**86.** (A)	**87.** (D)	**88.** (B)
89. (C)	**90.** (B)	**91.** (C)	**92.** (C)
93. (B)	**94.** (C)	**95.** (C)	**96.** (C)
97. (A)	**98.** (D)	**99.** (D)	**100.** (B)
101. (B)	**102.** (D)	**103.** (A)	**104.** (C)
105. (*)	**106.** (C)	**107.** (C)	**108.** (A)
109. (D)	**110.** (B)	**111.** (C)	**112.** (D)
113. (C)	**114.** (C)	**115.** (C)	**116.** (C)
117. (B)	**118.** (C)	**119.** (D)	**120.** (D)
121. (A)	**122.** (B)	**123.** (B)	**124.** (A)
125. (C&D)	**126.** (D)	**127.** (B)	**128.** (D)
129. (B)	**130.** (B)	**131.** (A)	**132.** (A)
133. (C)	**134.** (C)	**135.** (D)	**136.** (D)
137. (D)	**138.** (A)	**139.** (B)	**140.** (C)
141. (C)	**142.** (B)	**143.** (D)	**144.** (B)
145. (B)	**146.** (D)	**147.** (A)	**148.** (B)
149. (A)	**150.** (B)		

भाग-I

बाल विकास व शिक्षाशास्त्र

निर्देश : *निम्नलिखित प्रश्नों के उत्तर देने के लिए* **सबसे** *उचित विकल्प चुनिए।*

1. 'संरचनावाद' के प्रवर्तक कौन थे?
A. विलियम जेम्स B. विलियम वेस्ट
C. विल्हेम वुण्ट D. विल्हेम हण्ट

2. कैटल संस्कृति मुक्त बुद्धि परीक्षण की मापनी I किसके लिए बनायी गयी थी?
A. 8 से 12 वर्ष के मानसिक दोष वाले व्यक्तियों के लिए
B. 4 से 8 वर्ष के मानसिक दोष वाले व्यक्तियों के लिए
C. 12 से 15 वर्ष के मानसिक दोष वाले व्यक्तियों के लिए
D. 2 से 4 वर्ष के मानसिक दोष वाले व्यक्तियों के लिए

3. गंभीर मानसिक मंदता वाले बालकों की बुद्धि लब्धि क्या होती है?
A. 50 से 60 B. 36 से 51
C. 20 से 35 D. 20 से नीचे

4. बालक के शरीर में होने वाले लैंगिक परिवर्तन, विकास की कौन-सी अवस्था में दिखाई देना प्रारंभ हो जाते हैं?
A. पूर्व बाल्यावस्था B. पश्च किशोरावस्था
C. वयस्कावस्था D. वयःसंधि काल

5. निम्नलिखित में से कौन-सा पद क्रिया-प्रसूत अनुबंध से संबंधित ***नहीं*** है?
A. अन्तर्दृष्टि B. पुनर्बलन
C. स्वतः पुनर्लाभ D. विलोपन

6. वे बच्चे जो विभिन्न प्रकार की अधिगम समस्याओं से ग्रसित रहते हैं, उनके लिए 'अधिगम अक्षम' शब्द का प्रयोग सर्वप्रथम किसने किया?
A. हेवार्ड B. सैमुअल किर्क
C. वैन रिपर D. बर्क

7. निम्नलिखित में से कौन-सा अच्छे मानसिक स्वास्थ्य का लक्षण ***नहीं*** है?
A. समायोजन योग्यता
B. संवेगात्मक परिपक्वता
C. आत्मविश्वास
D. असहनशीलता

8. मनोविज्ञान की कौन-सी शाखा में टेलीपैथी, पुनर्जन्म जैसे क्षेत्रों का अध्ययन किया जाता है?
A. दैहिक मनोविज्ञान
B. नैदानिक मनोविज्ञान
C. अतीन्द्रिय मनोविज्ञान
D. विकासात्मक मनोविज्ञान

9. निम्नलिखित में से कौन-सा यथार्थवादी चिन्तन का प्रकार ***नहीं*** है?
A. अभिसारी चिन्तन
B. सृजनात्मक चिन्तन
C. आलोचनात्मक चिन्तन
D. स्वलीन चिन्तन

10. 'संवेगात्मक बुद्धि' शब्द को सर्वप्रथम किसने प्रस्तुत किया?
A. फ्रेडरिक एवं किर्क B. हेनरी एवं पीटर
C. जॉन एवं क्रॉनबैक D. मेयर एवं सलोवे

11. निम्नलिखित में से कौन-सा उपागम अधिगम अयोग्य बालकों के व्यवहार का विश्लेषण कर उनकी अधिगम न्यूनता के मूल कारणों के जानने के प्रयास पर आधारित है?
A. मनोविश्लेषणात्मक उपागम
B. व्यवहारवादी उपागम
C. वैयक्तिक अनुदेशनात्मक उपागम
D. बहुइन्द्रीय उपागम

12. निम्नलिखित में से कौन-सा मनोवैज्ञानिक 'मानवतावादी मनोविज्ञान' का समर्थक ***नहीं*** है?
A. फ्रायड B. मैस्लो
C. रोजर्स D. आर्थर कौम्ब्स

हरियाणा शिक्षक पात्रता परीक्षा (HTET)

TGT विज्ञान (Level-2), परीक्षा 2020

(Exam held on 03 January, 2021)

हल प्रश्न-पत्र (व्याख्या सहित)

17. निम्नलिखित में से कौन-सा अधिगम अक्षम बालकों का लक्षण ***नहीं*** है?
A. प्रत्यक्षीकरण प्रभाविता
B. सांवेगिक अस्थिरता
C. अव्यवस्थित अवधान
D. आवेगिता

18. 'लुप्त अधिगम' संप्रत्यय को सर्वप्रथम किसने परिचित कराया?
A. कुर्त लेविन
B. ई.एल. थॉर्नडाइक
C. एडवर्ड चेस टॉलमैन
D. पावलोव

19. निम्नलिखित में से कौन-सा तत्व 'अभिप्रेरणा चक्र' से संबंधित ***नहीं*** है?
A. आवश्यकता B. अन्तर्नोद
C. संवेग D. प्रोत्साहन

20. निम्नलिखित में से कौन-सा 'रचनात्मकता की प्रक्रिया' के लिए ***सही*** तार्किक क्रम है?
A. अंतर्दृष्टि → तैयारी → परिपाक → सत्यापन
B. तैयारी → अंतर्दृष्टि → परिपाक → सत्यापन
C. तैयारी → परिपाक → अंतर्दृष्टि → सत्यापन
D. तैयारी → अंतर्दृष्टि → सत्यापन → परिपाक

21. "परिश्रमप्रियता बनाम हीनता" अवस्था के लिए एरिक्सन ने कौन-सा आयु समूह बताया है?
A. 6 से 11 वर्ष B. 12 से 20 वर्ष
C. 3 से 6 वर्ष D. 18 माह से 3 वर्ष

C. ...तीक हल D. एडवर्ड टॉलमैन

26. निम्नलिखित में से कौन-सा 'विकास' का सही सिद्धांत ***नहीं*** है?
A. सांतत्य का सिद्धांत
B. वैयक्तिक भिन्नता का सिद्धांत
C. पैटर्न की एकरूपता का सिद्धांत
D. विशिष्ट से सामान्य प्रतिक्रियाओं की कार्यवाही का सिद्धांत

27. निम्नलिखित में से कौन-सा मनोविज्ञान मानव के चिन्तन, स्मृति, भाषा, प्रत्यक्षीकरण इत्यादि का अध्ययन करता है?
A. मानवतावादी मनोविज्ञान
B. संज्ञानात्मक मनोविज्ञान
C. असामान्य मनोविज्ञान
D. नैदानिक मनोविज्ञान

28. विकास की कौन-सी अवस्था में समान लिंगियों के साथ रुचि/मित्रता विकसित होती है?
A. 12 से 14 वर्ष B. 15 से 18 वर्ष
C. 10 से 12 वर्ष D. 19 से 21 वर्ष

29. जीन पियाजे के अनुसार नैतिक विकास अवस्था "परायत्तता अन्योन्यता" का आयु समूह क्या है?
A. 0 से 5 वर्ष B. 13 से 18 वर्ष
C. 5 से 8 वर्ष D. 11 माह से 13 वर्ष

30. निम्नलिखित में से कौन-सा थॉर्नडाइक द्वारा प्रतिपादित सीखने का प्रमुख नियम ***नहीं*** है?
A. अभ्यास का नियम
B. प्रभाव का नियम
C. तत्परता का नियम
D. सामान्यीकरण का नियम

भाग-II

भाषा : हिन्दी

निर्देशः *निम्नलिखित प्रश्नों के उत्तर देने के लिए* **सबसे उचित** *विकल्प चुनिए।*

31. किस विकल्प में नित्य पुल्लिंग संज्ञा है?
A. खरगोश B. गिलहरी
C. बटेर D. कोयल

32. "टहलना स्वास्थ्य के लिए लाभकारी है।"
A. प्रेरणार्थक क्रिया B. संयुक्त क्रिया
C. रंजक क्रिया D. क्रियार्थक संज्ञा

33. किस वाक्य में संबंधसूचक अव्यय का प्रयोग हुआ है?
A. राधा ऊपर नाचती है।
B. अनिता राधा से मधुर गाती है।
C. राम बहुत तेज चल रहा था।
D. मोहन आजकल ज्यादा बोलता है।

34. वर्णोच्चारण की दृष्टि से **बेमेल** चुनिए :
A. ओ, औ – कंठोष्ठ B. व, फ – दंतोष्ठ
C. द, ध – तालु D. ठ, ड – मूर्धा

35. अनिश्चयवाचक सर्वनाम वाला वाक्य चुनिए :
A. मैं कुछ पुस्तकें लाया हूँ, इन्हें तुम रख लो।
B. दाल में कुछ काला है।
C. केवल वही तुम्हारी प्रशंसा कर सकता है।
D. वह चाहता है कि तुम सदैव आगे बढ़ो।

36. किस विकल्प में 'अनु' उपसर्ग का प्रयोग ***नहीं*** हुआ है?
A. अनुस्वार B. अनुषंग
C. अनुदार D. अनुशास्ति

37. नामधातु क्रिया ***नहीं*** है :
A. लतियाना B. सजाना
C. झुठलाना D. गलियाना

38. समास विग्रह की दृष्टि से ***अनुचित*** विकल्प चुनिए :
A. मातृभक्ति = माता के लिए भक्ति
B. वाग्वीर = वाक् (वाणी) में वीर
C. इन्द्रियजय = इन्द्रियों के लिए जय
D. जीवदया = जीवों पर दया

39. प्रत्यय की दृष्टि से ***असंगत*** विकल्प चुनिए :
A. हथ + औड़ी = हथौड़ी
B. अणु + इक = आणविक
C. साँप + ओला = सँपोला
D. भाँग + एड़ी = भँगेड़ी

40. वार्तनिक दृष्टि से ***अशुद्ध*** शब्द चुनिए :
A. तिरपन B. अजमाइश
C. अन्त्याक्षरी D. छिपकली

41. किस शब्द में व्यंजन संधि का प्रयोग हुआ है?
A. वागीश्वर B. धातूष्मा
C. अधमर्ण D. पूर्णोपमा

42. 'सु' उपसर्ग-रहित पद चुनिए :
A. सुषुप्ति B. स्वस्थ
C. स्वल्प D. सौष्ठव

43. 'अक' प्रत्यय युक्त पद ***नहीं*** है :
A. विधायक B. प्रेरक
C. निंदक D. लड़ाक

44. संधि विच्छेद की दृष्टि से ***असंगत*** चुनिए :
A. फणि + इन्द्र = फणीन्द्र
B. सुधी + इन्द्र = सुधीन्द्र
C. अभि + इष्ट = अभीष्ट
D. रजनी + ईश = रजनीश

45. ***गलत*** समास विग्रह चुनिए :
A. दूर के लिए दर्शन = दूरदर्शन
B. दूर से आगत = दूरागत
C. पाठ के लिए शाला = पाठशाला
D. सभा के लिए मण्डप = सभामण्डप

Language : English

Directions: *Answer the following questions by selecting the* ***most appropriate*** *option.*

46. Choose the ***correct*** tense form:
Nanny died last week. She .... from cancer for some time. (suffer)
A. suffering B. is suffering
C. had been suffering D. suffers

47. Choose the ***correct*** option for the following:
An instrument for detecting earthquakes is:
A. A Fathometer B. Lithoscope
C. A Seismograph D. Cardiograph

48. Choose the ***correct*** tense form:
My car ...... for the third time since I got it. (break down)

A. break down
B. has broken down
C. was broke down
D. has broken

49. Select ***appropriate*** preposition to fill in the blank:
The programme was broadcasted .... the world.
A. in
B. off
C. onto
D. across

50. Select the ***correct*** option (phrasal verb) for the underlined word:
I don't know how we are going to cope with the cold during winters.
A. make up for
B. put up with
C. put down
D. set up

51. Select ***appropriate*** preposition to fill in the blank:
They walked .... the footpath until they came to a bridge.
A. into
B. since
C. along
D. in

52. Choose the part of the sentence which is ***incorrect***:
(*a*) His / (*b*) new film / (*c*) is really worth / (*d*) to be seen.
A. (*a*)
B. (*b*)
C. (*c*)
D. (*d*)

53. Select the ***correct*** option (phrasal verb) for the underlined word:
Most of the patients respect Dr. John for his kindness.
A. pay back
B. zest for
C. make over
D. look up to

54. Select the ***appropriate*** modal for the expression given:
When .... we expect you? (possibility)
A. may
B. will
C. have to
D. dare

55. Select the ***appropriate*** modal for the expression given:
If you do that again you .... be punished. (threat)
A. may
B. shall
C. can
D. ought

56. Choose the ***correct*** meaning of the underlined words:
It's a pity you don't like football. But each to their own.
A. everyone has different opinions
B. everyone has similar opinions
C. each and all are same
D. each one likes football

57. Chooe the part of the sentence which is ***incorrect***:
(*a*) James / (*b*) is busy / (*c*) to prepare / (*d*) tonight's dinner.
A. (*a*)
B. (*b*)
C. (*c*)
D. (*d*)

58. Choose the ***correct*** option to fill the blank:
Immediately after the operation he could see nothing .... vague shadows.
A. as long as
B. however
C. but
D. notwithstanding

59. Choose the ***correct*** meaning of the underlined words:
The baby monkeys ran every which way.
A. up
B. straight
C. in different directions
D. down

60. Choose the ***correct*** option to fill the blank:
The room was empty .... for a chair in the corner.
A. except
B. and
C. between
D. behind

भाग-III

सामान्य अध्ययन : मात्रात्मक योग्यता, तार्किक अभिक्षमता तथा सामान्य ज्ञान एवं अभिज्ञान

निर्देशः *निम्नलिखित प्रश्नों के उत्तर देने के लिए* **सबसे उचित** *विकल्प चुनिए।*

61. 80 किमी. यात्रा में एक रेलगाड़ी प्रथम 60 किमी., 40 किमी. प्रति घंटा तथा शेष दूरी 20 किमी. प्रति घंटा की गति से चलती है। सम्पूर्ण यात्रा की औसत चाल है :
A. 24 किमी. प्रति घंटा
B. 30 किमी. प्रति घंटा
C. 32 किमी. प्रति घंटा
D. 36 किमी. प्रति घंटा

62. एक चतुर्भुज का एक कोण 108° तथा शेष तीनों कोण बराबर हैं। तीन बराबर कोणों में प्रत्येक का मान ज्ञात कीजिए :
A. 63°
B. 74°
C. 84°
D. 96°

63. यदि एक निश्चित राशि का 3% प्रतिवर्ष ब्याज दर से दो वर्षों का चक्रवृद्धि ब्याज ₹ 101.50 हो, तो उसी राशि का समान समय के लिए साधारण ब्याज कितना होगा?
A. ₹ 50
B. ₹ 100
C. ₹ 125
D. ₹ 147

64. एक व्यापारी एक वस्तु को ₹ 24 में बेचता है तथा वस्तु के मूल्य के बराबर प्रतिशत लाभ कमाता है, तो वस्तु का लागत मूल्य है :
A. ₹ 15
B. ₹ 17
C. ₹ 18
D. ₹ 20

65. 15 व्यक्तियों के एक समूह में, 7 हिन्दी पढ़ते हैं, 8 अंग्रेजी पढ़ते हैं और 3 कोई भी भाषा नहीं पढ़ते हैं। कितने व्यक्ति हिन्दी और अंग्रेजी दोनों पढ़ते हैं?

A. 0 B. 3
C. 4 D. 5

66. यदि DRIVER = 12, PEDESTRIAN = 20, ACCIDENT = 16, तो CAR = ?

A. 3 B. 6
C. 8 D. 16

67. तीन संख्याएँ 2 : 3 : 4 के अनुपात में हैं। उनके घनों का योग 33957 हो, तो संख्याएँ हैं :

A. 14, 21, 28 B. 12, 18, 24
C. 8, 12, 16 D. 4, 6, 8

68. निम्न श्रेणी में ***गलत*** संख्या ज्ञात कीजिए :

69, 55, 26, 13, 5

A. 5 B. 13
C. 26 D. 55

69. 12 पुरुष एक कार्य को पूर्ण करने में 18 दिन लेते हैं जबकि 12 स्त्रियाँ उसी कार्य के $\frac{3}{4}$ भाग को 18 दिन में पूर्ण करती हैं। उसी कार्य को 10 पुरुष तथा 8 स्त्रियाँ साथ-साथ कार्य करते हुए कितने दिनों में पूर्ण करेंगे?

A. 6 B. $7\frac{1}{2}$
C. $13\frac{1}{2}$ D. 14

70. एक व्यक्ति पूर्व की ओर 1 किमी. चलता है, फिर वह दक्षिण दिशा में मुड़कर 5 किमी. चलता है। फिर वह पूर्व दिशा में मुड़कर 2 किमी. चलता है, उसके बाद वह उत्तर दिशा में मुड़कर 9 किमी. चलता है। अब वह प्रारम्भिक बिन्दु से कितनी दूर खड़ा है?

A. 4 किमी. B. 5 किमी.
C. 7 किमी. D. 9 किमी.

71. A, X का पिता है; B, Y की माता है। X और Z की बहन Y है। निम्न में से कौन-सा कथन आवश्यक रूप से सत्य ***नहीं*** है?

A. B, Z की माता है B. X, Z की बहन है
C. B, A की पत्नी है D. Y, A का पुत्र है

72. यदि p तथा q परिमेय संख्याएँ हैं तथा $\frac{3+\sqrt{5}}{3-\sqrt{5}} = p+q\sqrt{5}$, तो p तथा q के मान हैं :

A. $p=\frac{2}{7}; q=\frac{3}{2}$ B. $p=\frac{7}{2}; q=\frac{2}{7}$
C. $p=\frac{7}{2}; q=\frac{3}{2}$ D. $p=\frac{7}{2}; q=\frac{7}{2}$

73. 30 मी. लम्बे तरणताल के एक सिरे पर पानी की गहराई 0.80 मी. तथा दूसरे सिरे पर 2.4 मी. है। तरणताल की लम्बाई के अनुदिश ऊर्ध्वाधर काट परिच्छेद का क्षेत्रफल है :

A. 48 मी^{2} B. 72 मी^{2}
C. 156 मी^{2} D. 192 मी^{2}

74. पाँच व्यक्तियों P, Q, R, S और T में, T, R और S से छोटा है। Q, T जितना लम्बा नहीं है, लेकिन एक व्यक्ति से लम्बा है। R एक व्यक्ति से छोटा है। इनमें से कौन सबसे लम्बा है?

A. R B. Q
C. S D. P

75. एक पंक्ति में अनिल बायें छोर से 16वें स्थान पर खड़ा है। विकास दायें छोर से 18वें स्थान पर है। गोपाल अनिल से दायीं ओर 11वें स्थान पर है, और विकास से दायीं छोर की ओर तीसरे स्थान पर है। इस पंक्ति में कितने व्यक्ति खड़े हुए हैं?

A. 41 B. 42
C. 48 D. 49

76. एक गोले की त्रिज्या के दुगुनी होने पर उसके आयतन में कितने प्रतिशत वृद्धि होगी?

A. 200% B. 450%
C. 550% D. 700%

77. निम्न वर्ण श्रेणी में ***लुप्त*** पद ज्ञात कीजिए :

A, CD, GHI, ?, UVWXY

A. LMNO B. MNO
C. MNOP D. NOPQ

78. निम्न वर्ण श्रेणी में अगला पद ज्ञात कीजिए :

DHL, PTX, BFJ, ...

A. CGK B. KOS
C. NRV D. OVZ

79. यदि $2^x = 4^y = 8^z$ तथा $\frac{1}{2x}+\frac{1}{4y}+\frac{1}{4z}=4$, तो x का मान है :

A. $\frac{7}{16}$ B. $\frac{7}{17}$
C. $\frac{7}{19}$ D. $\frac{7}{23}$

80. अमित, प्रकाश के पश्चिम में है और सुमित के उत्तर में है। तरुण, सुमित के पूर्व की ओर है। तरुण, अमित के संदर्भ से किस दिशा में है?

A. उत्तर-पश्चिम B. दक्षिण
C. दक्षिण-पूर्व D. उत्तर

81. 'हरियाणा साहित्य अकादमी' के अध्यक्ष हैं :

A. डॉ. कुमुद बंसल B. श्री मनोहर लाल
C. डॉ. अशोक बत्रा D. श्री राणा ओबराय

82. अशोक के टोपरा अभिलेख का मूल प्राप्ति स्थान अवस्थित है :

A. अम्बाला जिले में B. यमुनानगर जिले में
C. कुरुक्षेत्र जिले में D. कैथल जिले में

83. निम्नलिखित में से हाफेड (HAFED) के बारे में कौन-सा ***सही*** है?

(*i*) यह कृषि उत्पादों का संग्रह करता है।

(*ii*) यह कृषि उत्पादों का विपणन करता है।

(*iii*) यह कृषि आदानों की पूर्ति करता है।

सही कूट का चयन कीजिए :

A. (*i*) और (*ii*)

B. केवल (*i*)

C. (*i*) और (*iii*)

D. (*i*), (*ii*) और (*iii*)

84. हरियाणा में कहाँ 'नगर-वन' विकसित किया जा रहा है?

A. मुरथल B. सोहना

C. यमुनानगर D. हाँसी

85. जनवरी 2020 में, अधोलिखित में से कौन-सी नगरपालिका को नगर परिषद के स्तर पर क्रमोन्नत किया गया?

A. रनिया B. झज्जर

C. बेरी D. सिरसी

86. 'एयर शटल सेवा' की शुरुआत हरियाणा के किस शहर में की गई है?

A. हिसार B. करनाल

C. रोहतक D. अम्बाला

87. 1857 के विद्रोह के समय झज्जर का नवाब कौन था?

A. अब्दुर्रहमान खाँ B. नवाब शमसुद्दीन

C. सदरुद्दीन D. बिसारत अली

88. मिन्टी अग्रवाल के बारे में निम्नांकित कथनों पर विचार कीजिए :

(*a*) हरियाणा की मूल निवासी मिन्टी अग्रवाल भारतीय वायु सेना में स्क्वाड्रन लीडर हैं।

(*b*) वह युद्ध सेवा मेडल प्राप्त करने वाली पहली महिला हैं।

सही उत्तर चुनें :

A. कथन (*a*) सही है B. कथन (*b*) सही है

C. (*a*) और (*b*) दोनों गलत हैं D. (*a*) और (*b*) दोनों सही हैं

89. महेन्द्रगढ़ जिले से बहने वाली नदियों को पहचानिये :

(*i*) अंबुमति (*ii*) दोहन

(*iii*) कसावटी (*iv*) इन्दौरी

सही कूट का चयन कीजिए :

A. (*i*) और (*iii*) B. (*ii*) और (*iii*)

C. (*i*), (*iii*) और (*iv*) D. (*i*), (*ii*), (*iii*) और (*iv*)

90. प्राचीन भवानी अंबा माता मन्दिर अवस्थित है :

A. जींद में B. अम्बाला में

C. सोनीपत में D. कुरुक्षेत्र में

भाग-IV

विज्ञान

निर्देशः *निम्नलिखित प्रश्नों के उत्तर देने के लिए* ***सबसे उचित*** *विकल्प चुनिए।*

91. यदि किसी अभिक्रिया का वेग स्थिरांक $k = 3 \times 10^{-4} \text{L mol}^{-1} s^{-1}$ है, तब इसकी कोटि है :

A. 0 B. 1

C. 2 D. 3

92. मलेरिया होता है :

A. *प्लाज्मोडियम* के द्वारा

B. मादा *ऐनोफिलीस* मच्छर के द्वारा

C. *क्यूलेक्स* मच्छर के द्वारा

D. विषाणु के द्वारा

93. निम्नलिखित में से कौन-सी जिंक की कार्बोनेट अयस्क है?

A. जिंक ब्लेंड B. कैलामाइन

C. जिंकाइट D. स्फेलेराइट

94. निम्नलिखित में से कौन-सा समूह बेंजीन वलय में आने वाले इलेक्ट्रॉनस्नेही के लिए मेटा निर्देशी समूह है?

A. $-CHO$ B. $-NH_2$

C. $-OH$ D. $-OCH_3$

95. 600 Hz आवृत्ति का एक ध्वनि स्रोत पानी में रखा है। ध्वनि का पानी में वेग 1500 m/s तथा हवा में 300 m/s है। एक प्रेक्षक द्वारा हवा में प्रेक्षित ध्वनि की आवृत्ति है :

A. 3000 Hz B. 1500 Hz

C. 600 Hz D. 120 Hz

96. निम्नलिखित में से किसके बहुलकीकरण से नियोप्रिन बनाया जाता है?

A. 2-क्लोरो-1, 3-ब्यूटाडाईन

B. 2-मेथिल-1, 3-ब्यूटाडाईन

C. 1, 3-ब्यूटाडाईन

D. एक्राईलोनाइट्रिल

97. निम्न में से कौन-सा कथन माइटोकॉण्ड्रिया के बारे में सही ***नहीं*** है?

A. साइटोक्रोम-c, ETS का एकमात्र परिधीय सदस्य है।

B. सक्सिनेट डिहाइड्रोजिनेज, क्रैब्स चक्र का झिल्ली आबद्ध एंज़ाइम है।

C. ATP सिन्थेटेज द्वारा ATP का संश्लेषण परिमाइटोकॉण्ड्रिया अवकाश की ओर होता है।

D. ग्लाइकोलिसिस में दो ATP का शुद्ध लाभ होता है।

98. प्याज में खाद्य संग्रहणीय पादप भाग है :

A. जड़ B. तना

C. पत्तियाँ D. फल

99. एक पादप जिसका जीनोटाइप AABbCC है, में भिन्न प्रकार के कितने युग्मक बनेंगे?

A. तीन B. चार

C. नौ D. दो

100. आर्थ्रोपोडा के निम्न में से किस वर्ग के जीवों में दो जोड़ी शृंगिका (एन्टीना) एवं ग्रीन ग्लैंड होती हैं :

A. क्रस्टेशिया B. कीलोपोडा

C. इन्सैक्टा (कीट) D. ऐरेक्निडा

101. एक एन्जियोस्पर्म में 'मुक्त केन्द्रकीय विभाजन' निम्नलिखित में से किसके बनने के दौरान होता है?

A. युग्मक B. पुष्प

C. भ्रूणपोष D. भ्रूण

102. यदि मानव के नेफ्रॉन में हेनले के लूप अनुपस्थित हों, तो निम्न में से क्या अपेक्षित होगा?

A. मूत्र अधिक गाढ़ा होगा

B. मूत्र अधिक पतला होगा

C. मूत्र निर्माण नहीं होगा

D. निर्मित मूत्र की मात्रा एवं प्रकृति में मुश्किल से ही कोई परिवर्तन होगा

103. निम्नलिखित यौगिक का IUPAC नाम है :

$$CH_3-\underset{\underset{O}{\|}}{C}-CH_2-CH_2-CH_2-\underset{\underset{O}{\|}}{C}-OH$$

A. 6-कार्बोक्सी हेक्सेन-2 ओन

B. 5-ऑक्सो हेक्सेनोइक अम्ल

C. ब्यूटिल मेथिल कीटोन

D. 1, 5-डाईकीटो हेक्सेनॉल

104. सरल आवर्त गति करते हुए कण का साम्य स्थिति से 3 सेमी. की दूरी पर त्वरण 12 सेमी./सेकण्ड^2 है। इसका आवर्त काल होगा :

A. 6.28 सेकण्ड B. 3.14 सेकण्ड

C. 2 सेकण्ड D. 5 सेकण्ड

105. एक टमाटर की कोशिका का निर्जीव भाग है, उसका :

A. क्लोरोप्लास्ट B. केन्द्रक

C. कोशिका झिल्ली D. कोशिका भित्ति

106. $N_2(g) + 3H_2(g) \rightleftharpoons 2NH_3(g)$ ΔH = -ve अभिक्रिया के लिए :

A. $K_p = K_c(RT)^{-2}$ B. $K_p = K_c$

C. $K_p = K_cRT$ D. $K_p = K_c(RT)^{-1}$

107. निम्नलिखित में से किस अणु का द्विध्रुव आघूर्ण उच्चतम है?

A. NF_3 B. NH_3

C. BF_3 D. CCl_4

108. निम्नलिखित में से कौन-सा अणु कार्बन के लिए बायें से दायें sp^3, sp^2, sp^2, sp संकरण का क्रम प्रदर्शित करता है?

A. $CH \equiv C - C \equiv CH$

B. $CH_2 = CH - C \equiv CH$

C. $CH_3 - CH = CH - CH_3$

D. $CH_3 - CH = CH - CN$

109. मैनग्रोव पादपों की ऋणात्मक गुरुत्वानुवर्ती जड़ें हैं :

A. प्रवालाभ मूलें B. स्वांगीकारक मूलें

C. आर्द्रताग्राही मूलें D. न्यूमेटोफोर

110. एक सींग वाला गैंडा कहाँ की संरक्षित प्रजाति है?

A. राजीव गाँधी राष्ट्रीय उद्यान

B. कॉर्बेट उद्यान

C. काजीरंगा राष्ट्रीय उद्यान

D. अनाशी राष्ट्रीय उद्यान

111. DNA पर आधारित वर्गिकीय अध्ययन भाग हैं :

A. केन्द्रक वर्गिकी का

B. रसायन वर्गिकी का

C. कोशिका वर्गिकी का

D. एल्फा वर्गिकी का

112. धान के खेतों में प्रयुक्त एक जैव उर्वरक है :

A. *एजोला पिन्नाटा*

B. *बैसिलस थूरिंजेनसिस*

C. *राइजोबियम मेलिलोटाइ*

D. *थर्मस एक्वाटिक्स*

113. कोशिका, जीवन की संरचनात्मक एवं कार्यात्मक इकाई की खोज की थी :

A. रॉबर्ट कॉच ने B. रॉबर्ट हुक ने

C. चार्ल्स डार्विन ने D. रॉबर्ट बॉयल ने

114. एक प्रक्षेप्य की क्षैतिज परास उसकी अधिकतम ऊँचाई की $4\sqrt{3}$ गुनी है। इसके प्रक्षेपण कोण का मान क्या होगा?

A. 45° B. 60°

C. 30° D. 90°

115. निम्न में से कौन-सा/कौन-से ***असत्य*** है/हैं?

(*a*) फाइब्रोब्लास्ट वसामय ऊतक में भोजन संग्रह करते हैं।

(*b*) निसल के कण कणिकाणुओं में होते हैं।

(*c*) रक्त पट्टिकाणु, महाभक्षाणुओं (मैक्रोफेज) से बनते हैं।

(*d*) सीरम ग्लोबुलिन, एन्टीबॉडी की तरह काम करते हैं।

सही विकल्प चुनिए :

A. (*a*), (*b*) एवं (*c*) B. (*a*), (*b*) एवं (*d*)

C. (*a*) एवं (*d*) D. (*a*) एवं (*b*)

116. निम्नलिखित में से कौन-सा पादप एक द्विबीजपत्रीय (Dicot) है?

A. बाँस B. केला

C. गेहूँ D. कांग्रेस घास ***(Parthenium)***

117. निम्नलिखित में से किस विटामिन की कमी से प्रणाशी रक्ताल्पता होती है?

A. विटामिन K B. विटामिन E

C. विटामिन B_{12} D. विटामिन B_6

118. कुछ बूंद आयोडीन विलयन मिलाने पर चावल का पानी नीला-काला हो जाता है। यह इंगित करता है :

A. वसा की उपस्थिति

B. कोलेस्ट्रॉल की उपस्थिति

C. जटिल प्रोटीनों की उपस्थिति

D. स्टार्च की उपस्थिति

119. विद्युत चुम्बकीय तरंगों की प्रकृति अनुप्रस्थ होती है, यह सिद्ध किया जा सकता है :

A. परावर्तन से B. ध्रुवण से

C. व्यतिकरण से D. विवर्तन से

120. क्लोरोफिल अनुपस्थित होता है :

A. शैवाक में B. शैवाल में

C. कवक में D. ब्रायोफाइट्स में

121. दो कणों के बीच अप्रत्यास्थ टक्कर के दौरान निम्नलिखित में से कौन-सी राशि हमेशा संरक्षित रहती है?

A. गतिज ऊर्जा

B. यांत्रिक ऊर्जा

C. रेखीय संवेग

D. दोनों गतिज ऊर्जा व रेखीय संवेग

122. पृथ्वी तल से कितने नीचे जाने पर गुरुत्वीय त्वरण का मान पृथ्वी तल पर गुरुत्वीय त्वरण का आधा रह जायेगा? (पृथ्वी की त्रिज्या 6400 किमी.)

A. 6400 किमी. B. 3200 किमी.

C. 2650 किमी. D. 1600 किमी.

123. 150 ग्राम की क्रिकेट गेंद 12 मी./से. के वेग से गति कर रही है तथा इसे बल्ले से मारने पर यह 20 मी./से. के वेग से वापस लौट आती है यदि गेंद व बल्ले की सम्पर्क अवधि 0.01 सेकंड है, तो बल का आवेग होगा :

A. 4.8 N-S B. 7.4 N-S

C. 1.2 N-S D. 4.7 N-S

124. एक बिन्दु आवेश Q द्वारा जनित विद्युत क्षेत्र में अन्य बिन्दु आवेश q एक वृत्त के अनुदिश घूर्णन कर रहा है। विद्युत क्षेत्र द्वारा घूर्णन कर रहे आवेश के द्वारा एक घूर्णन पूर्ण करने में किया गया कार्य है :

A. सदैव धनात्मक

B. सदैव ऋणात्मक

C. शून्य

D. धनात्मक अथवा ऋणात्मक हो सकता है

125. जीन अभिव्यक्ति का सही क्रम क्या होगा?

A. जीन $\rightarrow$ अनुवादन $\rightarrow$ m-आर.एन.ए. $\rightarrow$ अनुलेखन $\rightarrow$ प्रोटीन

B. जीन $\rightarrow$ अनुलेखन $\rightarrow$ m-आर.एन.ए. $\rightarrow$ अनुवादन $\rightarrow$ प्रोटीन

C. जीन $\rightarrow$ m-आर.एन.ए. $\rightarrow$ अनुलेखन $\rightarrow$ अनुवादन $\rightarrow$ प्रोटीन

D. जीन $\rightarrow$ अनुलेखन $\rightarrow$ अनुवादन $\rightarrow$ m-आर.एन.ए. $\rightarrow$ प्रोटीन

126. $RNH_2 + CHCl_3 + KOH \xrightarrow{\Delta} ?$

उपरोक्त अभिक्रिया का उत्पाद है :

A. RCl B. ROH

C. RCN D. RNC

127. 5 किग्रा. द्रव्यमान का एक पिण्ड 1 m त्रिज्या के वृत्ताकार पथ पर गतिमान है। यदि यह पिण्ड प्रति मिनट 300 चक्कर लगाता हो, तो इसकी गतिज ऊर्जा होगी :

A. $100\,\pi^2$ B. 0

C. $250\,\pi^2$ D. $6\,\pi^2$

128. निम्नलिखित किस युग्म की आबंध कोटि समान है?

A. N_2, Cl_2 B. O_2^{2+}, F_2

C. NO^+, CO D. O_2, N_2

129. दो स्प्रिंगों A तथा B$(k_A = 2k_B)$ को इनके चारों सिरों पर समान परिमाण के बल आरोपित कर खींचा गया है। यदि A में संचित ऊर्जा E है, तो यह B में है :

A. 4E B. 2E

C. E D. $\frac{E}{2}$

130. यूरिया उत्सर्जित होती है :

A. मेंढक द्वारा (वयस्क द्वारा)

B. तारा मछली द्वारा

C. स्थलीय घोंघे द्वारा

D. हाइड्रा द्वारा

131. एक विलयन में तीन घटक A, B और C प्रत्येक 0.2 मोल हैं, तब उनके मोल अंशों का योग है :

A. 0.2 B. 0.6

C. 1 D. 3

132. एक सरल लोलक का किसी ग्रह पर आवर्त काल 5 सेकंड तथा प्रभावी लम्बाई 5 मीटर है। इसकी लम्बाई कितनी कर दी जाए कि वह 30 सेकंड में 20 दोलन करने लग जाए?

A. 1 मी. B. 0.90 मी.

C. 0.45 मी. D. 2 मी.

133. निम्न में से कौन-सा प्रोकैरियोटिक कोशिका के विषय में सत्य ***नहीं*** है?

A. डी.एन.ए. का प्रतिलिपिकरण कोशिका द्रव्य में होता है।
B. इनमें से कुछ नाइट्रोजन स्थिरीकरण में सक्षम होती है।
C. प्रोकैरियोटिक कोशिका में प्लाज्मिड नहीं होते।
D. इनमें से कुछ कार्बनिक पूर्ववर्ती से कार्बनिक यौगिक बना सकते हैं।

134. यदि पृथ्वी की त्रिज्या तीन गुनी हो जाए, तो घनत्व में कितना परिवर्तन होना चाहिए जिससे 'g' के मान में परिवर्तन नहीं हो?
A. घनत्व आधा हो जाए
B. घनत्व एक तिहाई हो जाए
C. घनत्व दुगना हो जाए
D. घनत्व तीन गुना हो जाए

135. 8 सेमी. फोकस दूरी का अभिसारी लेंस 10 सेमी. फोकस दूरी के अपसारी लेंस के सम्पर्क में रखा है। संयुक्त निकाय की फोकस दूरी क्या होगी?
A. +10 सेमी. B. – 40 सेमी.
C. + 80 सेमी. D. + 40 सेमी.

136. निम्नलिखित में से कौन-सा प्रकाश रासायनिक धूम्र कोहरे का सामान्य घटक ***नहीं*** है?
A. परॉक्सीऐसीटिल नाइट्रेट B. O_3
C. नाइट्रिक ऑक्साइड D. CFC's

137. निम्नलिखित में से किसका संकरण sp^3d है?
A. NH_4^+ B. SF_4
C. XeF_4 D. $XeOF_4$

138. समतल दर्पण की फोकस दूरी एवं आवर्धन है :
A. $f = \infty, m = \infty$
B. $f = \infty, m = 1$
C. $f = 0, m = 1$
D. $f = 0, m = 0$

139. संकुल $[Co(NH_3)_6]Cl_2$ से विलयन में कितने आयन उत्पन्न होंगे?
A. 9 B. 8
C. 3 D. 2

140. एक कार्बन प्रतिरोधक का मान $54 \times 10^3 \Omega$ है तथा प्रतिशत सह्यता 5% है। कार्बन प्रतिरोधक का वर्ण क्रम क्या है?
A. पीला, हरा, नारंगी, सुनहरी धारियाँ
B. हरा, पीला, नारंगी, सुनहरी धारियाँ
C. नीला, धूसर, पीला, रजत धारियाँ
D. नीला, पीला, नारंगी, रजत धारियाँ

141. चालक तार की प्रतिरोधकता निर्भर करती है :
A. चालक तार की लम्बाई पर
B. चालक तार के अनुप्रस्थ काट के क्षेत्रफल पर
C. चालक तार के पदार्थ की प्रकृति व चालक तार के तापमान पर
D. केवल चालक तार के तापमान पर

142. धातु की एक छड़ को जब प्रबल चुम्बकीय क्षेत्र में रखते हैं, तो यह चुम्बकीय क्षेत्र के लम्बवत् सरेखित हो जाती है। पदार्थ की प्रकृति है :
A. प्रतिचुम्बकीय
B. अनुचुम्बकीय
C. लोहचुम्बकीय
D. लोहचुम्बकीय या अनुचुम्बकीय हो सकती है

143. लेंज का नियम जिस संरक्षण के नियम का परिणाम है, वह है :
A. आवेश B. द्रव्यमान
C. संवेग D. ऊर्जा

144. $a\, C_3H_g(g) + b\, O_2(g) \rightarrow d\, CO_2(g) + e\, H_2O(l)$
उपरोक्त संतुलित समीकरण में a, b, d और e क्रमशः हैं :
A. 1, 2, 3, 4 B. 1, 4, 3, 2
C. 4, 3, 5, 1 D. 1, 5, 3, 4

145. निम्नलिखित किस एल्कीन का ओजोनी अपघटन प्रोपेन-2-ओन एवं मेथनैल देता है :
A. 2-मेथिल प्रोपीन B. ब्यूट-1-ईन
C. प्रोपीन D. ब्यूट-2-ईन

146. LCR परिपथ में C धारिता के संधारित्र को 5C धारिता के संधारित्र से बदल दें, तो अनुनाद की आवृत्ति अपरिवर्तित रखने के लिए स्वप्रेरकत्व का मान L से कितना बदलना होगा?
A. 5 L B. $\frac{L}{5}$
C. $\frac{L}{4}$ D. $\frac{L}{2}$

147. जब प्रकाश धातु की सतह पर आपतित होता है, तो उत्सर्जित प्रकाश-इलेक्ट्रॉनों की अधिकतम गतिज ऊर्जा निर्भर करती है :
A. आपतित प्रकाश के वेग पर
B. आपतित प्रकाश की तीव्रता पर
C. आपतित प्रकाश की आवृत्ति पर
D. वह समय अंतराल जिसके लिए धातु पर प्रकाश आपतित होता है

148. एक यौगिक में 4% हाइड्रोजन, 24% कार्बन और 71% क्लोरीन है। इसका मोलर द्रव्यमान 99 g है। इसका आण्विक सूत्र है :
A. CH_2Cl B. $C_2H_2Cl_2$
C. $C_2H_4Cl_2$ D. CH_2Cl_2

149. $z = 120$ वाले तत्व का स्थान आवर्त सारणी के किस परिवार में होना चाहिए?
A. हैलोजन परिवार B. क्षारीय मृदा धातुएँ
C. उत्कृष्ट गैस D. क्षारीय धातु

150. स्थिर दाब एवं ताप पर स्वतः प्रवर्तित प्रक्रम का ΔG है :
A. $\Delta G = 0$ B. $\Delta G < 0$
C. $\Delta G > 0$ D. $\Delta G = 1$

उत्तरमाला

1	2	3	4	5	6	7	8	9	10
C	*	C	D	A	B	D	C	D	D
11	**12**	**13**	**14**	**15**	**16**	**17**	**18**	**19**	**20**
C	A	D	B	A	B	A	C	C	C
21	**22**	**23**	**24**	**25**	**26**	**27**	**28**	**29**	**30**
A	D	A	D	A	D	B	C	C	D
31	**32**	**33**	**34**	**35**	**36**	**37**	**38**	**39**	**40**
A	D	B	C	B	C	B	C	A	B
41	**42**	**43**	**44**	**45**	**46**	**47**	**48**	**49**	**50**
A	B	D	A	A	C	C	B	D	B
51	**52**	**53**	**54**	**55**	**56**	**57**	**58**	**59**	**60**
C	D	D	A	B	A	C	C	C	A
61	**62**	**63**	**64**	**65**	**66**	**67**	**68**	**69**	**70**
C	C	B	D	B	B	A	A	C	B
71	**72**	**73**	**74**	**75**	**76**	**77**	**78**	**79**	**80**
D	C	A	C	A	D	C	C	A	C
81	**82**	**83**	**84**	**85**	**86**	**87**	**88**	**89**	**90**
B	B	D	A	B	A	A	D	B	B
91	**92**	**93**	**94**	**95**	**96**	**97**	**98**	**99**	**100**
C	A	B	A	C	A	C	C	D	A
101	**102**	**103**	**104**	**105**	**106**	**107**	**108**	**109**	**110**
C	B	B	B	D	A	B	D	D	C
111	**112**	**113**	**114**	**115**	**116**	**117**	**118**	**119**	**120**
B	A	B	C	A	D	C	D	B	C
121	**122**	**123**	**124**	**125**	**126**	**127**	**128**	**129**	**130**
C	B	A	C	B	D	C	C	B	A
131	**132**	**133**	**134**	**135**	**136**	**137**	**138**	**139**	**140**
C	C	C	B	D	D	B	B	C	B
141	**142**	**143**	**144**	**145**	**146**	**147**	**148**	**149**	**150**
C	A	D	D	A	B	C	C	B	B

व्याख्यात्मक उत्तर

61. सम्पूर्ण यात्रा की औसत चाल $= \dfrac{80}{\dfrac{60}{40}+\dfrac{20}{20}}$ किमी./घं.

$$= \frac{80}{\frac{3}{2}+1}$$

$$= \frac{80}{\frac{5}{2}}$$

$$= 80 \times \frac{2}{5}$$

$$= 16 \times 2$$

= 32 किमी./घं.

62. माना तीन बराबर कोणों में प्रत्येक का मान $x°$ है

तब, चतुर्भुज के चार कोणों का योग = 360°

$$\therefore \quad 108° + 3x = 360°$$

$$3x = 360 - 108$$

$$3x = 252$$

$$x = \frac{252}{3}$$

$$= 84°$$

63. माना राशि = ₹ P,

दिया है, $r = 3\%$, चक्रवृद्धि ब्याज = ₹ 101.50

और $n = 2$ वर्ष

$\because$ चक्रवृद्धि ब्याज $= P\left(1+\frac{r}{100}\right)^n - P$

$\Rightarrow$ $101.50 = P\left(1+\frac{3}{100}\right)^2 - P$

$\Rightarrow$ $101.50 = P\left[\left(\frac{103}{100}\right)^2 - 1\right]$

$\Rightarrow$ $101.50 = P[(1.03)^2 - 1]$

$\Rightarrow$ $101.50 = P[1.0609 - 1]$

$\Rightarrow$ $101.50 = P[0.0609]$

$P = \frac{101.50}{0.0609}$

$= \frac{101.5000}{0.0609}$

$= ₹\frac{1015000}{609}$

अतः साधारण ब्याज $= \frac{p \times r \times t}{100}$

$= \frac{\frac{1015000}{609} \times 2 \times 3}{100}$

$= \frac{10150 \times 2}{203}$

$= \frac{20300}{203}$

$= 100$

अतः अभीष्ट साधारण ब्याज = ₹ 100.

64. माना वस्तु का लागत मूल्य = ₹ x

तब, लाभ = विक्रय मूल्य – लागत मूल्य

$\therefore$ लाभ = ₹ $24 - x$

$\therefore$ प्रतिशत लाभ $= \frac{\quad \times 100}{\quad}$

प्रश्नानुसार,

$x = \frac{(24 - x) \times 100}{x}$

$\therefore$ $x^2 = 2400x - 100x$

$\Rightarrow x^2 + 100x - 2400 = 0$

$\Rightarrow x^2 + 120x - 20x - 2400 = 0$

$\Rightarrow x(x + 120) - 20(x + 120) = 0$

$\Rightarrow (x - 20)(x + 120) = 0$

$\Rightarrow x = 20, x = -120$

अतः वस्तु का लागत मूल्य = ₹ 20

65. माना हिन्दी = H, और अंग्रेजी = E

तब, $n(H) = 7, n(E) = 8$

$n(H \cup E) = 15 - 3 = 12$

$\because n(H \cup E) = n(H) + n(E) - n(H \cap E)$

$\therefore 12 = 7 + 8 - n(H \cap E)$

$\Rightarrow n(H \cap E) = 15 - 12 = 3$

अतः हिन्दी और अंग्रेजी दोनों पढ़ने वाले व्यक्तियों की संख्या

$= n(H \cap E) = 3.$

66. दिया गया है

DRIVER = 12,

PEDESTRIAN = 20

ACCIDENT = 16

$\because$ DRIVER में अक्षरों की संख्या = 6

यहाँ, अक्षरों की संख्या को 2 से गुणा किया जाता है

$\therefore$ $6 \times 2 = 12$

इसी प्रकार,

PEDESTRIAN में अक्षरों की संख्या = 10

$\therefore$ $10 \times 2 = 20$

ACCIDENT में अक्षरों की संख्या = 8

$\therefore$ $8 \times 2 = 16$

इसी प्रकार, CAR में अक्षरों की संख्या = 3

$\therefore$ $3 \times 2 = 6$

अतः CAR = 6.

67. माना तीन संख्याएँ $2x$, $3x$ और $4x$ हैं।

तब, $(2x)^3 + (3x)^3 + (4x)^3 = 33957$

$\therefore 8x^3 + 27x^3 + 64x^3 = 33957$

$\Rightarrow$ $99x^3 = 33957$

$x^3 = \frac{33957}{99}$

$= 343$

$= (7)^3$

$\therefore$ $x = 7$

अतः संख्याएँ $= 2x, 3x, 4x = 14, 21, 28.$

69. $\because$ 12 पुरुष 1 कार्य को 18 दिनों में पूरा करते हैं।

$\therefore$ 1 पुरुष 1 दिन में कार्य का $\frac{1}{18 \times 12}$ भाग पूरा करेगा।

तथा $\because$ 12 स्त्रियाँ कार्य के $\frac{3}{4}$ भाग को 18 दिनों में पूरा करती हैं।

$\therefore$ 1 स्त्री 1 दिन में कार्य का $\frac{1}{24 \times 12}$ भाग पूरा करेगी।

$\therefore$ 10 पुरुष तथा 8 स्त्रियों का 1 दिन का कार्य

$= \frac{10}{18 \times 12} + \frac{8}{24 \times 12}$

$$= \frac{1}{24}\left[\frac{10}{9}+\frac{8}{12}\right]$$

$$= \frac{1}{24}\left[\frac{40+24}{36}\right]$$

$$= \frac{1}{24}\left[\frac{64}{36}\right]$$

$$= \frac{8}{3 \times 36}$$

$$= \frac{2}{3 \times 9}$$

$$= \frac{2}{27}$$

अतः अभीष्ट समय $= \frac{27}{2}$ दिन $= 13\frac{1}{2}$ दिन।

70.

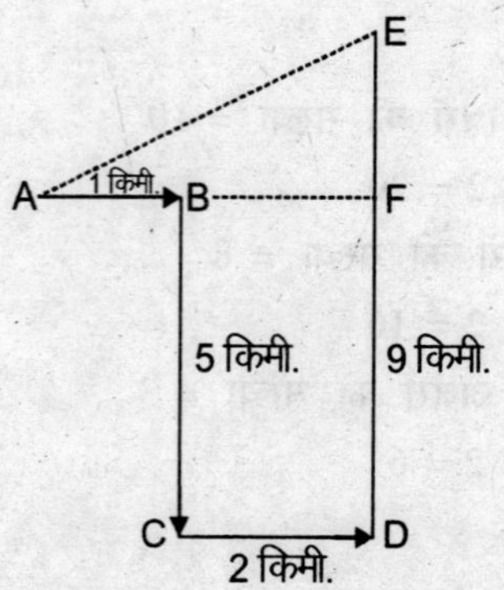

यहाँ, प्रारंभिक बिन्दु = A

AB = 1 किमी., BC = 5 किमी., CD = 2 किमी., DE = 9 किमी.

$\because$ BC = DF = 5 किमी. और CD = BF = 2 किमी.

$\therefore$ FE = DE − DF = DE − BC = 9 − 5 = 4 किमी.

AF = AB + BF = 1 + 2 = 3 किमी.

$\because \quad AE^2 = (EF)^2 + (FA)^2$

$\Rightarrow \quad = 4^2 + 3^2$

$\Rightarrow \quad = 16 + 9$

$\Rightarrow \quad = 25$

$\Rightarrow \quad = 5^2$

$\therefore \quad$ AE = 5 किमी.

अतः वह प्रारंभिक बिन्दु से 5 किमी. दूर खड़ा है।

78.

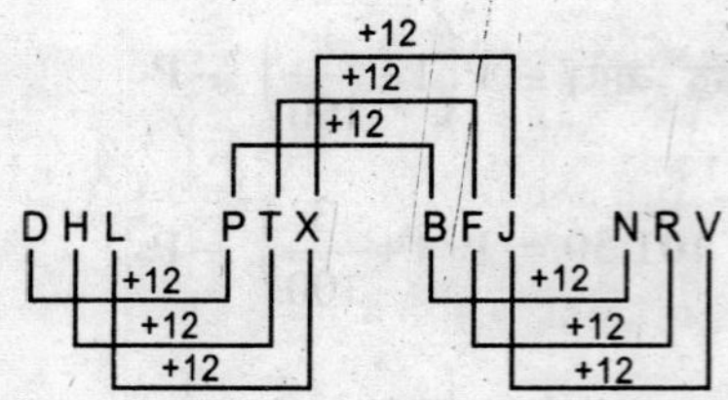

अतः श्रेणी में अगला पद NRV होगा।

79. दिया है, $2^x = 4^y = 8^z$

$\Rightarrow 2^x = 4^y = 2^{3z}$

$\Rightarrow 2^x = 4^{2y} = 2^{3z}$

$\Rightarrow x = 2y = 3z$

$\therefore$ $4y = 2x$ और $3z = x$

$\Rightarrow \quad 4z = \frac{4}{3}x$

$\therefore \quad \frac{1}{2x}+\frac{1}{4y}+\frac{1}{4z} = 4$

$\Rightarrow \quad \frac{1}{2x}+\frac{1}{2x}+\frac{1}{\frac{4}{3}x} = 4$

$\Rightarrow \quad \frac{1}{2x}+\frac{1}{2x}+\frac{3}{4x} = 4$

$\Rightarrow \quad \frac{1}{x}+\frac{3}{4x} = 4$

$\Rightarrow \quad \frac{4+3}{4x} = 4$

$\Rightarrow \quad \frac{7}{4x} = 4$

$\Rightarrow \quad 7 = 16x$

$\Rightarrow \quad x = \frac{7}{16}$

80. प्रश्नानुसार,

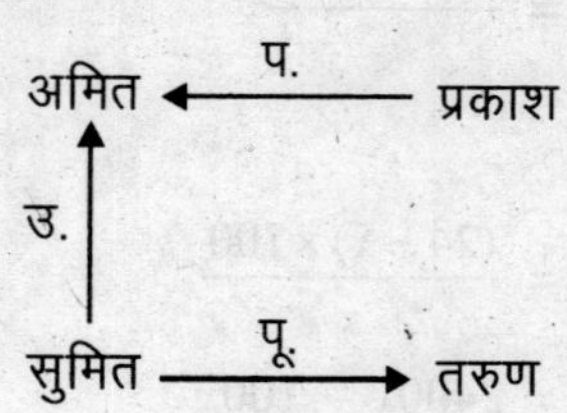

यहाँ, तरुण, अमित के दक्षिण-पूर्व में है।

पिछले प्रश्न-पत्र (हल सहित)

हरियाणा शिक्षक पात्रता परीक्षा (HTET)

TGT विज्ञान (Level-2), परीक्षा 2019

(Exam held on 17 November, 2019)

भाग-I

बाल विकास व शिक्षाशास्त्र

निर्देश : *निम्नलिखित प्रश्नों के उत्तर देने के लिए* **सबसे उचित** *विकल्प चुनिए।*

1. निम्नलिखित में से कौन-सी गतिविधि/क्षेत्र को विद्यार्थी के सहविद्यालयी/सहशैक्षिक पक्ष के अंतर्गत ***नहीं*** गिना जा सकता?

A. सामाजिक कौशल B. अभिवृत्ति एवं मूल्य

C. सृजनात्मक कौशल D. पाठ्यचर्यी विषय

2. निम्नलिखित में से कौन-सा 'संज्ञान' से सम्बन्धित ***नहीं*** है?

A. प्रत्यक्षबोध B. चिंतन

C. चलना D. संप्रत्यय निर्धारण

3. एक विद्यार्थी खुद के द्वारा जाने गये कुछ शब्दों जैसे– बाघ, कुत्ता, शेर, तेंदुआ इत्यादि के आधार पर एक नया शब्द सीखता है 'मांसाहारी पशु'। इस प्रकार के सीखने को क्या कहा जाता है?

A. संयोगात्मक सीखना

B. अधीनस्थ सीखना

C. सहसंबंधात्मक सीखना

D. महाकोटि सीखना

4. ''बालकों की यह समझ कि चाहे वे किसी अन्य लिंगधारी जैसे कपड़े, बालों की स्टाइल अपना लें, तो भी उनका स्वयं का लिंग नहीं बदलेगा'' बालकों की इस प्रकार की समझ को क्या कहा जाता है?

A. लिंग पहचान B. लिंग स्थिरता

C. लिंग संगतता D. लिंग रूढ़िबद्धता

5. उत्तर बाल्यावस्था का काल क्या है?

A. 2 से 6 वर्ष B. 6 से 12 वर्ष

C. 4 से 7 वर्ष D. 11 से 15 वर्ष

6. विद्यार्थी के व्यक्तित्व के समग्र विकास का आकलन किस तरह का मूल्यांकन कहलाता है?

A. सतत् मूल्यांकन

B. समग्र मूल्यांकन

C. उपरोक्त (A) एवं (B) दोनों

D. उपरोक्त (A) एवं (B) दोनों नहीं

7. ब्रॉनफ्रेनब्रेनर के सिद्धान्त के अनुसार नियम एवं रीति रिवाज बालक के किस पारिस्थितिक तंत्र के उदाहरण हैं?

A. माइक्रोतंत्र B. मैक्रोतंत्र

C. मीसोतंत्र D. एक्सोतंत्र

8. एन.डी.आई. अभिप्रेरणा सूत्र के प्रवर्तक कौन थे?

A. मैकडूगल

B. हिलगार्ड

C. ब्लैयर एवं जोन्स

D. मैस्लो

9. निम्नलिखित में से कौन-सा विकल्प जीन पियाजे द्वारा प्रदत्त ''मूर्त संक्रियात्मक अवस्था'' की विशेषता को दर्शाता है?

A. बच्चों में 'कारण-प्रभाव संबंध' तथा 'वस्तु के स्थायित्व' संबंधी विचार विकसित होना।

B. बालक में संरक्षण के सिद्धांत को प्राप्त करना, तार्किक विचारों का प्रकट होना।

C. बालक अपने परिवेश को सांकेतिक रूप से दर्शाना आरम्भ करता है।

D. तार्किक विचारों के विभिन्न प्रारूप बनाने में सक्षम होना।

10. निम्नलिखित में से कौन-सा बाल्यकाल का अन्य नाम ***नहीं*** है?

A. प्रारम्भिक विद्यालय आयु

B. स्फूर्ति अवस्था

C. 'गिरोह से पहले' आयु

D. गिरोह आयु/दल आयु

11. संज्ञानात्मक विकास के ''समाज सांस्कृतिक सिद्धांत'' को किसने प्रस्तावित किया?

A. जीन पियाजे B. लेव वाइगोत्स्की

C. जे.एस. ब्रूनर D. कोहलबर्ग

12. थर्स्टन द्वारा 'बुद्धि' के लिए किस शब्द का प्रयोग किया गया था?

A. प्राथमिक मानसिक क्षमताएँ

B. सार्वभौमिक मानसिक क्षमताएँ

C. तटस्थ मानसिक क्षमताएँ

D. उच्च मानसिक क्षमताएँ

13. निम्न में से कौन-सी रक्षात्मक युक्ति ***नहीं*** है?

A. तादात्म्य B. क्षतिपूर्ति
C. औचित्य स्थापन D. साहचर्य

14. निम्न में से कौन-सा संवेगात्मक बुद्धि का तत्त्व ***नहीं*** है?

A. उद्यमी सामर्थ्यता
B. आत्म-अभिप्रेरणा
C. परानुभूति
D. सम्बन्धों को संचालित करना

15. अच्छे समायोजन की विशेषता है :

A. सहनशीलता
B. आत्मविश्वास में कमी
C. संवेगात्मक अस्थिरता
D. अनियमित दिनचर्या

16. पहली मनोवैज्ञानिक प्रयोगशाला की स्थापना किसके द्वारा की गई?

A. गाल्टन B. कैटेल
C. पेस्टालॉजी D. वुन्ट

17. "नई सूचनाओं को पूर्ववर्ती विद्यमान मानसिक संरचना में व्यवस्थित करना" क्या कहलाता है?

A. आत्मसातकरण B. समाविष्टीकरण
C. संतुलनीकरण D. संगठन

18. अपने शिष्य के संवेगात्मक विकास के लिए अध्यापक को चाहिए कि :

A. वह शिष्य के माता-पिता का स्थान लेने की कोशिश करे।
B. वह अपने शिष्य के प्रति प्रेम तथा स्नेह विकसित करे।
C. वह अपने शिष्य की शरारत के प्रति भी प्रेम का रवैया अपनाये।
D. अपने कुछ चुनिंदा शिष्यों के प्रति पक्षपात पूर्ण व्यवहार करे।

19. बाल अपराध का कारण ***नहीं*** है :

A. शारीरिक दोष B. गरीबी
C. असफलता D. उचित घरेलू वातावरण

20. बुद्धि का एक प्रकार जो साधारणतया नर्तक, एथलीट, सर्जन इत्यादि में पाया जाता है, क्या कहलाता है?

A. शरीर-गतिकी बुद्धि B. स्थानिक बुद्धि
C. तार्किक-गणितीय बुद्धि D. संगीत बुद्धि

21. 'दृष्टि से ओझल हो जाने के बाद मस्तिष्क से ओझल हो जाना' किस विकासात्मक अवस्था की विशेषता है?

A. संवेदी-गामक अवस्था
B. पूर्व संक्रियात्मक अवस्था
C. मूर्त संक्रियात्मक अवस्था
D. औपचारिक संक्रियात्मक अवस्था

22. कौन-सा अभिप्रेरण का घटक **नहीं है?**

A. आवश्यकताएँ B. रटन्तस्मृति
C. अन्तर्नोद D. प्रोत्साहन

23. निम्नलिखित में कौन-सा किशोरावस्था का अन्य नाम ***नहीं*** है?

A. बाल्यावस्था तथा प्रौढ़ावस्था के बीच का संधिकाल
B. समस्यात्मक अवस्था
C. संघर्ष, तनाव तथा विरोध की अवस्था
D. स्फूर्ति अवस्था

24. निम्नलिखित में से कौन-सा सामूहिक अशाब्दिक बुद्धि परीक्षण ***नहीं*** है?

A. आर्मी बीटा परीक्षण
B. आर्मी अल्फा परीक्षण
C. शिकागो परीक्षण
D. रेवेस प्रोग्रेसिव मैट्रिक्स

25. कोहलबर्ग के अनुसार "नैतिक विकास की एक ऐसी अवस्था जिसमें कोई व्यक्ति अपनी नैतिकता को वर्तमान में प्रचलित सामाजिक मानदण्डों अथवा नियमों के अनुरूप आँकता है" को नैतिकता की कौन-सी अवस्था कहा गया है?

A. नैतिकता का पूर्व परम्परागत स्तर
B. नैतिकता का परम्परागत स्तर
C. नैतिकता का पश्च परम्परागत स्तर
D. नैतिकता का गैर परम्परागत स्तर

26. अधिगम का वह प्रकार जिसमें विद्यार्थी दी गई अधिगम सामग्री की सहायता से नये विचार या नये नियम को जानते हुए सीखने का प्रयास करता है, को क्या कहते हैं?

A. रटकर सीखना B. अर्थपूर्ण सीखना
C. अभिग्रहण सीखना D. अन्वेषण सीखना

27. निम्नलिखित में से कौन-सा विकल्प सामाजिकीकरण की प्रक्रिया के अंतर्गत ***नहीं*** आता है?

A. सामाजिक रूप से सम्मत तौर तरीकों के व्यवहार को सीखना
B. सामाजिक रूप से सम्मत भूमिकाओं को करना
C. सामाजिक अभिवृत्ति का विकास
D. आत्मकेन्द्रित व्यवहार

28. 'मंगोलिज्म' प्रकार के मानसिक मंदतापूर्ण बालकों का लगभग बुद्धि स्तर प्रसार क्या होता है?

A. 20 से 25 B. 20 से नीचे
C. 25 से 36 D. 36 से 51

29. व्यक्तित्व समायोजन की प्रत्यक्ष विधि है :

A. शोधन B. प्रक्षेपण
C. प्रतीपगमन D. बाधा-निराकरण

30. निम्नलिखित में से कौन-सा टेलर द्वारा प्रदत्त सृजनात्मक स्तर सिद्धान्त का चौथा स्तर है?

A. भावबोधक सृजनात्मक
B. उत्पादक सृजनात्मक
C. अभिनव सृजनात्मक
D. आविष्कारी सृजनात्मक

भाग-II

भाषा : हिन्दी

र्देशः *निम्नलिखित प्रश्नों के उत्तर देने के लिए **सबसे उचित** विकल्प चुनिए।*

31. किस विकल्प में विसर्ग संधि का प्रयोग ***नहीं*** हुआ है?

A. तिरोधान B. शिरोधार्य
C. दीपोत्सव D. रजोभव

32. 'हेमन्त को खीर अच्छी लगती है'–वाक्य किस कारक का उदाहरणहै?

A. कर्मकारक B. संबंध कारक
C. संप्रदान कारक D. अधिकरण कारक

33. एकवचन से बहुवचन बने विकल्पों में असंगत चुनिए :

A. डाकू–डाकुओं B. वधू–वधुएँ
C. तरबूजा–तरबुजाओं D. भालू–भालुओं

34. वार्तनिक दृष्टि से अशुद्ध विकल्प चुनिए :

A. दवाइयाँ B. प्राणिविज्ञान
C. वृत्यानुप्रास D. मृत्यूपरान्त

35. किस वाक्य में 'आज्ञार्थ' (विध्यर्थ) वृत्ति का प्रयोग हुआ है?

A. तुम अगर कहते तो मैं ऐसा जरूर करती।
B. सभी को अपरिग्रह की भावना रखनी चाहिए।
C. नेता को चाहिए कि वह समूह के प्रत्येक व्यक्ति का सम्मान करे।
D. मैं चाहता हूँ कि तुम भले इंसान बनो।

36. प्रत्यय की दृष्टि से असंगत विकल्प बताइए :

A. विचारण + ईय = विचारणीय
B. दृश् + तव्य = द्रष्टव्य
C. वृष्णि + एय = वार्ष्णेय
D. वल्मीक + इ = वाल्मीकि

37. किस विकल्प में द्वन्द्व समास का उदाहरण ***नहीं*** है?

A. भक्ष्याभक्ष्य B. कृष्णार्जुन
C. रुद्रप्रिया D. उचितानुचित

38. स्त्रीलिंग-पुल्लिंग की दृष्टि से अनुचित विकल्प छाँटिए :

A. कुँजड़ा–कुँजड़िन B. तीतर–तीतरिन
C. धोबी–धोबिन D. पापी–पापिन

39. किस विकल्प में 'आ' उपसर्ग का प्रयोग हुआ है?

A. आत्यन्तिक B. आतिथ्य
C. आख्यायिका D. आधिपत्य

40. विलोम की दृष्टि से बेमेल को छाँटिए :

A. आर्य–अनार्य B. उर्वर–अनुर्वर
C. ऐच्छिक–अनिवार्य D. खल–दुर्जन

41. पर्यायवाची की दृष्टि से असंगत विकल्प चुनिए :

A. पक्षी– शंकुत, द्विज, नभचर
B. बैल– ऋषभ, वृषभ, अक्षधर
C. वेद– आम्नाय, आगम, आकर
D. हरिण– कुरंग, प्लवंग, सारंग

42. 'भाववाच्य' वाला विकल्प चुनिए :

A. नानी द्वारा कहानी सुनाई गई।
B. गर्मियों में रोज नहाया जाता है।
C. भारत द्वारा नया उपग्रह छोड़ा गया।
D. कोहली ने शतक लगाया।

43. निम्न में से किस विकल्प में 'कम' शब्द का विशेषणीय प्रयोग किया गया है?

A. गर्मी में 'कम' खाना चाहिए। B. आज उसने 'कम' खाना खाया।
C. 'कम' ही पढ़ पाते हैं। D. 'कम' बोलना ही श्रेयस्कर है।

44. किस वाक्य में 'निपात' का प्रयोग हुआ है?

A. राम और श्याम दिनभर से खेल रहे हैं।
B. कविता आज दिल्ली जा रही है।
C. तुम आज दिनभर सोते ही रहोगे।
D. मेरी भारी भूल थी जो उसके बहकावे में आ गया।

45. 'दुर्घटना क्यों और कैसे हुई' – वाक्य में प्रयुक्त क्रिया-विशेषण का भेद इंगित कीजिए :

A. परिमाणवाचक B. कालवाचक
C. रीतिवाचक D. स्थानवाचक

Language : English

Directions: *Answer the following questions by selecting the **most appropriate** option.*

46. Choose the correct presposition.

I had not slept or eaten anything properly .... two days.

A. since B. from
C. in D. for

47. Fill in the blank with the correct option :

.... doing the cooking, I look after the garden.

A. Beside
B. However
C. Besides
D. Therefore

48. Choose the correct synonym for the word given below :

Gallant

A. Valiant B. Impolite
C. Rude D. Fearful

49. Choose the correct option for the underlined word.

Our parents have raised us to be a good citizen.

A. Brought up
B. Brought by
C. Brought out
D. Brought down

50. Choose the correct determiner.

.... knowledge is a dangerous thing.

A. The little B. Little
C. A little D. The few

51. Choose the correct form of verb.

Did you not .... about the world Atlas.

A. knew B. known
C. know D. knows

52. Choose the correct passive construction for the sentence given.

We visited the zoo of Jaipur on last Sunday.

A. Zoo of Jaipur were visited by us on last Sunday.
B. On last Sunday the zoo of Jaipur was visited by us.
C. We were visited the zoo of Jaipur on last Sunday.
D. Zoo of Jaipur was being visited on Sunday last by us.

53. Cooking is his hobby.

The underlined word is used as a :

A. Verb B. Gerund
C. Participle D. Infinitive

54. Choose the word which is spelt correctly.

A. Commited B. Committed
C. Comitteed D. Committeed

55. Fill in the blank by choosing the correct option.

The Headmaster and the Secreatry .... present in the meeting.

A. was B. were
C. was being D. were being

56. Choose the most appropriate form of Indirect speech for the given sentence.

The teacher said to Hari, "Why did you not do your homework yesterday"?

A. The teacher asked Hari why had he not done his homework the previous day?
B. The teacher asked Hari why he had not done his homework the previous day?
C. The teacher said to Hari why had he not done their homework the previous day?
D. The teacher said Hari that he had not done his homework the previous day.

57. Choose the correct antonym for the word given below:

Bankrupt

A. Penniless B. Insolvent
C. Ruined D. Solvent

58. Fill in the blank with appropriate preposition.

I paid the bill .... cash.

A. in B. at
C. for D. with

59. Choose the correct modal.

Some people .... ski better than others.

A. must B. can
C. could D. should

60. Choose the correct word for the sentence.

A man who is womanish in his habits.

A. Arsonist B. Epicure
C. Effeminate D. Fealty

भाग-III

सामान्य अध्ययन : मात्रात्मक योग्यता, तार्किक अभिक्षमता तथा सामान्य ज्ञान एवं अभिज्ञान

निर्देशः *निम्नलिखित प्रश्नों के उत्तर देने के लिए* ***सबसे उचित*** *विकल्प चुनिए।*

61. दिये गये कथनों के आधार पर सही निष्कर्ष कौन-सा होगा?

कथन :

I. सभी पत्ते जड़ें हैं।

II. कुछ जड़ें शाखाएँ हैं।

निष्कर्ष :

A. कुछ पत्ते शाखाएँ हैं।
B. कुछ शाखाएँ जड़ें नहीं हैं।
C. कोई शाखा पत्ता नहीं है।
D. कुछ जड़ें पत्ते हैं।

62. दो व्यक्ति अपने कार्यालय से अपने-अपने घर के लिये रवाना होते हैं। पहला व्यक्ति उत्तर दिशा में 8 किमी. तथा दूसरा व्यक्ति पूर्व दिशा में 6 किमी. की दूरी तय करके अपने-अपने घर पहुँच जाते हैं, तो दोनों व्यक्तियों के घर की सीधी दूरी कितनी है?

A. 10 किमी. B. 12 किमी.
C. 14 किमी. D. 15 किमी.

63. 7 : 20 मिनट पर घड़ी की बड़ी सूई से छोटी सूई के बीच कितने अंश का कोण बनेगा?

A. 160° B. 100°
C. 260° D. 120°

64. निम्न शृंखला को पूरा करें:

WE, SG, PJ, LN, IS, ?

A. FZ B. FX
C. EY D. EX

65. किसी सांकेतिक भाषा मे GRANT को UOBSH कहा जाए, TIME को FNJU कहा जाये, तो PRIDE को क्या कहा जाएगा?

A. QSJEF B. OQHCD
C. FEJSQ D. TPMED

66. निम्न वर्ग श्रेणी में अगला पद ज्ञात कीजिए :

DHL, PTX, BFJ, ...

A. CGK B. KOS
C. NRV D. OVZ

67. एक कस्बे की जनसंख्या 8,500 है, यदि पहले वर्ष में इसमें 20% वृद्धि हुई, दूसरे वर्ष इसमें 25% वृद्धि हुई, तो दो वर्षों बाद इसकी जनसंख्या कितनी होगी?

A. 10,950 B. 12,750
C. 11,950 D. 12,550

68. ₹ 18,000 पर 2 वर्ष के 10% वार्षिक दर से चक्रवृद्धि ब्याज व साधारण ब्याज का अंतर क्या होगा?

A. ₹ 150 B. ₹ 180
C. ₹ 210 D. ₹ 316

69. ₹ 14,500 साधारण ब्याज पर 6 वर्ष में ₹ 21,460 हो जाते हैं, ब्याज की वार्षिक दर क्या है?

A. 4% B. 10%
C. 6% D. 8%

70. एक त्रिभुजाकार खेत की भुजाएँ क्रमशः 20 मीटर, 21 मीटर तथा 29 मीटर हैं, इस खेत पर ₹ 15 प्रतिवर्ग मीटर की दर से फसल काटने का खर्च क्या होगा?

A. ₹ 2,100 B. ₹ 1,890
C. ₹ 3,150 D. ₹ 2,500

71. एक क्रिकेट मैच में 6 खिलाड़ियों की औसत रन संख्या 36 थी। यदि इनमें से एक खिलाड़ी ने 16 रन बनाए हों, तो शेष खिलाड़ियों की औसत रन संख्या कितनी है?

A. 24 B. 30
C. 36 D. 40

72. निम्नलिखित शृंखला को पूरा करें :

24, 60, 120, 210, ?

A. 336
B. 270
C. 512
D. 500

73. एक बस तथा एक कार की चालों का अनुपात 6 : 7 है, यदि कार 4 घंटे में 364 किमी. की दूरी तय करे, तो बस की चाल ज्ञात करें :

A. 60 किमी/घंटा B. 72 क़िमी/घंटा
C. 78 किमी/घंटा D. 84 किमी/घंटा

74. किसी सांकेतिक भाषा में "go home" को "ta na" क़हा जाए "sweet home" को "na ja" कहा जाए एवं "Sweet and Sour" को "pa sa ja" कहा जाए, तो "Sour" का कोड क्या होगा?

A. pa B. sa
C. pa या sa D. na

75. दो संख्याओं का अनुपात 3 : 5 है, तथा इनका योगफल 240 है, संख्याओं का अंतर क्या होगा?

A. 60 B. 100
C. 120 D. 90

76. किसी संख्या के 60% का 3/5 यदि 36 हो, तो संख्या का मान क्या होगा?

A. 60 B. 100
C. 120 D. 150

77. यदि DRIVER = 12, PEDESTRIAN = 20, ACCIDENT = 16, तो CAR = ?

A. 3 B. 6
C. 8 D. 16

78. A तथा B मिलकर किसी काम को 15 दिन में समाप्त करते हैं, जबकि B अकेला इसे 20 दिन में समाप्त करता है, A इस काम को कितने दिन में समाप्त करेगा?

A. 60 B. 45
C. 40 D. 30

79. लड़कों की एक पंक्ति में अनिल बायें छोर से 16वें स्थान पर खड़ा है। विकास दायें छोर से 18वें स्थान पर है। गोपाल, अनिल से दायीं ओर 11वें स्थान पर है, और विकास से दायीं छोर की ओर तीसरे स्थान पर है। इस पंक्ति में कितने लड़के खड़े हुए हैं?

A. 41 B. 42
C. 48 D. 49

80. निम्नलिखित में से कौन-सा लीप वर्ष है?

A. 1800 B. 1900
C. 1700 D. 2000

81. हरियाणा में कितने प्रशासनिक मंडल (संभाग) हैं?

A. चार B. पाँच
C. छः D. सात

82. हरियााण का शहर, जो राष्ट्रीय राजधानी क्षेत्र का हिस्सा ***नहीं*** है :

A. गुरुग्राम B. सोनीपत
C. फरीदाबाद D. हिसार

83. गुरुग्राम किस प्राचीन गुरु से संबंधित है?

A. वेद व्यास B. द्रोणाचार्य
C. परशुराम D. कृपाचार्य

84. हरियाणा में 'बेटी बचाओ-बेटी पढ़ाओ अभियान' का ब्रांड एम्बेसडर कौन है?

A. अनु कुमारी B. साक्षी मलिक
C. कल्पना चावला D. साईना नेहवाल

85. जिला जो दूसरे राज्यों के साथ सीमा साझा ***नहीं*** करता है :

A. पानीपत B. रोहतक
C. रेवाड़ी D. पलवल

86. नदी जो हरियाणा तथा उत्तर प्रदेश के मध्य सीमा बनाती है :

A. यमुना B. गंगा
C. साहिबी D. मारकण्डा

87. प्रताप सिंह ने अंग्रेजों के विरुद्ध कहाँ विद्रोह किया था?

A. रोहतक B. जींद
C. अंबाला D. सिरसा

88. नेशनल कैंसर इन्स्टिट्यूट कहाँ है?

A. सांपला B. मेहम
C. बादसा D. कलानौर

89. सोहना नगर प्रसिद्ध है:

A. ऐतिहासिक झील के लिए
B. ऐतिहासिक महल के लिए
C. गर्म जल के स्रोत के लिए
D. बगीचों के लिए

90. हरियाणा का राज्य पशु है :

A. कृष्ण मृग
B. एशियाई सिंह
C. चिंकारा
D. बाघ

भाग-IV

विज्ञान

निर्देशः *निम्नलिखित प्रश्नों के उत्तर देने के लिए* **सबसे उचित** *विकल्प चुनिए।*

91. n एवं l क्वाण्टम संख्या द्वारा दर्शाए गए इलेक्ट्रॉन :

(*a*) $n = 4, l = 1$ (*b*) $n = 4, l = 0$
(*c*) $n = 3, l = 2$ (*d*) $n = 3, l = 1$

को इस प्रकार उनकी ऊर्जा के बढ़ते हुए क्रम में रखा जा सकता है :

A. $(a) < (c) < (b) < (d)$ B. $(c) < (d) < (b) < (a)$
C. $(d) < (b) < (c) < (a)$ D. $(b) < (d) < (a) < (c)$

92. अमीबा में परासरण नियमन होता है :

A. संकुचनशील धानियों द्वारा B. खाद्य धानियों द्वारा
C. प्लाज्मा जेल द्वारा D. प्लाज्मालेमा द्वारा

93. ऐल्युमिनियम का अयस्क 'बॉक्साइट' है :

A. Al_2O_3 B. $Al_2O_3 . H_2O$
C. $Al_2O_3 . 2H_2O$ D. Na_3AlF_6

94. निम्न यौगिकों की अम्लीय सामर्थ्य का ***सही*** क्रम है :

A. $CH_3COOH > C_6H_5OH > H_2CO_3 > H_2O > C_2H_2$
B. $CH_3COOH > H_2CO_3 > C_6H_5OH > C_2H_2 > H_2O$
C. $CH_3COOH > H_2CO_3 > C_6H_5OH > H_2O > C_2H_2$
D. $C_6H_5OH > CH_3COOH > H_2CO_3 > C_2H_2 > H_2O$

95. कॉलम को सुमेलित कीजिए :

धातु	**निष्कर्षण की सामान्य विधि**
(*i*) ऐल्युमिनियम	(*a*) गलित क्रायोलाइट में विलेय ऑक्साइड का वैद्युत अपघटन
(*ii*) आयरन	(*b*) भर्जन तत्पश्चात् कोक द्वारा अपचयन
(*iii*) कॉपर (ताँबा)	(*c*) सल्फाइड अयस्क का आंशिक भर्जन तथा अपचयन
(*iv*) जिंक	(*d*) वात्य भट्टी में CO तथा कोक के साथ ऑक्साइड का अपचयन

कूट :

	(*i*)	(*ii*)	(*iii*)	(*iv*)
A.	(*a*)	(*b*)	(*c*)	(*d*)
B.	(*a*)	(*d*)	(*c*)	(*b*)
C.	(*a*)	(*c*)	(*d*)	(*b*)
D.	(*b*)	(*a*)	(*c*)	(*d*)

96. निम्न में से अधिकतम क्रियाशील हैलाइड है :

A. $CH_3.CH_2.Cl$ B. $CH_2 = CH.Cl$
C. $CH_3.CH_2.CH_2.Cl$ D. $CH_2 = CH.CH_2.Cl$

97. दो एकसमान कुण्डली जिनमें समान धारा बह रही है, के केन्द्र संपाती हैं लेकिन उनके तल एक-दूसरे से समकोण पर हैं। यदि केवल एक कुण्डली द्वारा क्षेत्र B है, तो केन्द्र पर परिणामी चुम्बकीय क्षेत्र का परिमाण क्या है?

A. B/2 B. 2B
C. $B/\sqrt{2}$ D. $\sqrt{2}B$

98. दो प्रकाश स्रोत कला सम्बद्ध कहलायेंगे, यदि वे उत्सर्जित करते हैं :

A. समान तीव्रता का प्रकाश
B. समान आवृत्ति की तरंगें
C. तरंगें जिनका कलान्तर नियत हो
D. तरंगें जिनका वेग समान हो

99. जब एक द्रव्यमान, एक नगण्य द्रव्यमान की स्प्रिंग के नीचे सिरे पर लटकाया जाता है, स्प्रिंग में x विस्तार उत्पन्न हो जाता है। द्रव्यमान ऊर्ध्वाधर दोलन स्थापित करता है। दोलन का आवर्तकाल है :

A. $T = 2\pi\sqrt{\frac{x}{g}}$ B. $T = 2\pi\sqrt{\frac{2x}{g}}$

C. $T = 2\pi\sqrt{\frac{x}{2g}}$ D. $T = \sqrt{2\pi}\sqrt{\frac{x}{g}}$

100. अभिक्रिया $KMnO_4 + H_2C_2O_4 + ... \rightarrow MnO_2 + CO_2 + ...$ के संदर्भ में $KMnO_4$ का तुल्यांकी भार होगा :

[$KMnO_4$ का अणुभार = 158]

A. 158 B. 52.66
C. 22.57 D. 39.50

101. एक गोला जिसका द्रव्यमांन 2.0 किग्रा. है, का रेखीय संवेग समय t के साथ $P = 3t^2 + 4$ रूप में परिवर्तित होता है, जहाँ P तथा t, S.I. मात्रक में हैं। तदानुसार गोले को गति करनी चाहिए :

A. नियत त्वरण से B. परिवर्तित त्वरण से
C. नियत चाल से D. परिवर्तित चाल से

102. एक स्वरित्र A जिसकी आवृत्ति 384 Hz है, को जब दूसरे स्वरित्र B के साथ बजाया जाता है तो वह 2 सेकेण्ड में 6 विस्पंद देता है। B की आवृत्ति हो सकती है :

A. 382, 386 B. 381, 387
C. 378, 390 D. 380, 384

103. भारहीनता की अवस्था में, पिण्ड :

A. न कोई भार रखते हैं, न कोई जड़त्व होता है
B. भार रखते हैं, जड़त्व भी रखते हैं
C. कोई भार नहीं रखते, परन्तु जड़त्व होता है
D. भार रखते हैं परन्तु कोई जड़त्व नहीं होता है

104. निम्नलिखित में से किस पादप की जड़ एक खाद्य संग्रहण अंग है?

A. आलू B. प्याज
C. शकरकन्द D. अदरक

105. एक कण की रैखिक सरल आवर्त गति में, माध्य स्थिति पर :

A. वेग अधिकतम तथा त्वरण न्यूनतम होता है
B. वेग न्यूनतम तथा त्वरण अधिकतम होता है
C. वेग तथा त्वरण दोनों न्यूनतम होते हैं
D. वेग तथा त्वरण दोनों अधिकतम होते हैं

106. एक कण नियत त्वरण से विराम अवस्था से शुरू होता है। किसी समय t सेकण्ड पर उसकी चाल 100 m/s है तथा इसके एक सेकण्ड बाद चाल 150 m/s हो जाती है। इसके त्वरण तथा $(t + 1)$वें सेकण्ड में तय की गई दूरी के मान क्रमशः होंगे :

A. 50 m/s^2 और 125 m
B. 25 m/s^2 और 125 m
C. 50 m/s^2 और 200 m
D. 75 m/s^2 और 200 m

107. मिश्रण में से पदार्थों का क्रोमेटोग्राफी पृथक्करण निम्न पर निर्भर करता है :

A. समान विलायक में उनकी विलेयता
B. उनकी वाष्पशीलता में अन्तर
C. समान परिस्थितियों में उनके भिन्न रंग
D. समान पदार्थ द्वारा भिन्न अधिशोषण

108. निम्नलिखित में से कौन-से पादप का वास्तविक तना भूमिगत होता है?

A. केला B. बाँस
C. पुदीना D. गन्ना

109. अर्धसूत्री विभाजन की किस अवस्था में क्रोमेटिड्स स्पष्ट दिखते हैं?

A. जाइगोटीन B. पैकीटीन
C. डिप्लोटीन D. डाइकाइनिसिस

110. जब एक सिल्क (रेशम) का कपड़ा, काँच की छड़ से रगड़ा जाता है, तब छड़ :

A. और कपड़ा धनात्मक आवेश अर्जित कर लेते हैं।
B. और कपड़ा ऋणात्मक आवेश अर्जित कर लेते हैं।
C. धनात्मक आवेशित तथा कपड़ा ऋणात्मक आवेशित हो जाता है।
D. ऋणात्मक आवेशित तथा कपड़ा धनात्मक आवेशित हो जाता है।

111. सार्वत्रिक कूट में निम्न में से कौन-सा निरर्थक प्रकूट है?

A. UAG B. UGG
C. UGC D. UAC

112. 2-ब्रोमोब्यूटेन में से HBr के विलोपन से बनता है :

A. 1- व 2-ब्यूटीन का समआण्विक मिश्रण
B. मुख्यतः 2-ब्यूटीन
C. मुख्यतः 1-ब्यूटीन
D. मुख्यतः 2-ब्यूटाइन

113. तारापुर नाभिकीय संयंत्र जो कि 10^6 kW पर कार्यरत है, में कितना द्रव्यमान प्रतिदिन ऊर्जा में परिवर्तित किया जाता है?

A. 0.16 g B. 0.32 g
C. 0.64 g D. 0.96 g

114. एक ताँबे की छड़ का ताप कितना बढ़ाया जाए कि इसकी लम्बाई 1% बढ़ जाये?

दिया है : ताँबे के लिए $\alpha = 0.00002/°C$

A. 1000 K B. 1000°C
C. 500 K D. 500°C

115. गैसों की विशिष्ट ऊष्मा के बारे में कौन-सा चयन ***सही*** है?

A. इसका मान शून्य से लेकर अनन्त तक कोई भी धनात्मक मान हो सकता है।
B. इसका मान ऋणात्मक भी हो सकता है।
C. इसका सुनिश्चित मान गैस के गर्म किये जाने के तरीके पर निर्भर करता है।
D. उपरोक्त सभी

116. $FeCl_3$ के जलीय विलयन का pH होगा :
A. 7 से कम B. 7
C. 7 से अधिक D. 14 से अधिक

117. एक बॉक्स (डिब्बे) को किस त्वरण से नीचे उतरना चाहिए ताकि उसमें रखा M द्रव्यमान का ब्लॉक बॉक्स (डिब्बे) के तल पर mg/4 का बल लगाये?
A. g/4 B. g/2
C. 3g/4 D. 4g/5

118. अधोलिखित में से किसका उपयोग कृत्रिम मधुरक के रूप में ***नहीं*** होता है?
A. ऐस्पार्टेम B. सुक्रोलोज
C. सैकरीन D. नॉरएथिनड्रॉन

119. राइबोसोम्स बने होते हैं :
A. डीएनए एवं आरएनए के
B. आरएनए एवं प्रोटीन के
C. डीएनए एवं प्रोटीन के
D. आरएनए एवं अमीनो अम्ल के

120. ऊतक स्तर संगठन रहित मेटाजोआ कहलाते हैं :
A. प्रोटोजोआ B. पैराजोआ
C. ड्यूटेरोस्टोमिया D. यूमेटाजोआ

121. निम्न में से कौन 'जीवाश्म ईंधन' ***नहीं*** है?
A. प्राकृतिक गैस B. पेट्रोलियम
C. कोयला D. लकड़ी

122. दिए गए स्रोतों में से कौन सर्वश्रेष्ठ एकवर्णीय प्रकाश देगा?
A. एक बल्ब (सामान्य) B. एक एल.ई.डी. (LED) बल्ब
C. एक मर्करी नलिका D. एक लेसर

123. फाइटोक्रोम संबंधित है :
A. प्रकाशफॉस्फोरिलीकरण से
B. प्रकाशदीप्तकालिता से
C. क्लाइमेक्टरिक प्रभाव से
D. प्रकाशश्वसन से

124. छह लेड एसिड प्रकार के द्वितीयक सेल जिनमें प्रत्येक का वि.वा. बल 2.0 V तथा आन्तरिक प्रतिरोध 0.015 Ω है, 8.5 Ω के प्रतिरोध को आपूर्ति देने हेतु श्रेणीक्रम में जुड़े हुए हैं। आपूर्ति द्वारा खींची (दी) गई धारा का मान होगा :
A. 0.24 A B. 0.72 A
C. 1.20 A D. 1.40 A

125. बीजाणुद्भिद की कायिक कोशिकाओं से, बिना बीजाणुओं के सीधे बने युग्मकोद्भिद का विकास कहलाता है :
A. अपबीजाणुता B. अपयुग्मन
C. अनिषेकजनन D. जीनिया

126. स्पर्म का एक्रोसोम, स्पर्मेटिड के किस भाग से बनता है?
A. सेन्ट्रोसोम B. गॉल्जी काय
C. माइटोकॉन्ड्रिया D. राइबोसोम

127. निम्नलिखित में से कौन-सा एक बास्ट तंतु ***नहीं*** है?
A. कोयर (जटा) B. जूट
C. हेम्प D. फ्लैक्स

128. सभी कवक होते हैं :
A. पूर्णपोषी B. मृतपोषी
C. विषमपोषी D. एजोट्रोफ

129. एक उत्तल लेंस अपने मुख्य अक्ष पर रखे हुए बिन्दु स्रोत का वास्तविक प्रतिबिम्ब बनाता है। यदि लेंस का ऊपरी आधा भाग काला कर दिया जाए, तो :
A. प्रतिबिम्ब नीचे की तरफ स्थानान्तरित हो जाएगा।
B. प्रतिबिम्ब ऊपर की तरफ स्थानान्तरित हो जाएगा।
C. प्रतिबिम्ब स्थानान्तरित नहीं होगा।
D. प्रतिबिम्ब की तीव्रता नहीं बदलेगी।

130. निम्न में से किसकी संरचना चतुष्फलकीय ***नहीं*** है?
A. PO_4^{3-} B. SO_4^{2-}
C. BF_4^- D. XeF_4

131. जीवों के एक विशिष्ट समूह के उद्विकासीय इतिहास के लिए निम्नलिखित में से कौन-सा शब्द प्रयुक्त किया जाता है?
A. परागणविज्ञान B. पुरावनस्पति विज्ञान
C. जातिवृत्त D. व्यक्तिवृत्त

132. सूची-I को सूची-II के साथ सुमेलित करें एवं सूची में नीचे दिए गए कूटों का उपयोग कर ***सही*** उत्तर का चयन करें :

सूची-I	**सूची-II**
(*a*) $N_2O_3 \rightleftharpoons NO + NO_2$	(*i*) $k_P = k_C(RT)$
(*b*) $2NH_3 \rightleftharpoons N_2 + 3H_2$	(*ii*) $k_C = k_P(RT)$
(*c*) $2SO_2 + O_2 \rightleftharpoons 2SO_3$	(*iii*) $k_C = k_P$
(*d*) $N_2 + O_2 \rightleftharpoons 2NO$	(*iv*) $k_P = k_C(RT)^2$

कूट :

	(*a*)	(*b*)	(*c*)	(*d*)
A.	(*i*)	(*iv*)	(*ii*)	(*iii*)
B.	(*i*)	(*ii*)	(*iii*)	(*iv*)
C.	(*iv*)	(*iii*)	(*i*)	(*ii*)
D.	(*iii*)	(*iv*)	(*ii*)	(*i*)

133. निम्न में से कौन-सा कथन कार्बन परिवार में परमाणु वृद्धि के साथ तत्वों के गुणों के सापेक्ष ***सही*** है?
A. परमाणु आकार घटता है
B. आयनन ऊर्जा बढ़ती है
C. धात्विक लक्षण घटता है
D. +2 ऑक्सीकरण अवस्था का स्थायित्व बढ़ता है

134. मनुष्यों में अपरा होता है :
A. हीमोकोरियल
B. एपिथीलियोकोरियल
C. सिन्डैस्मोकोरियल
D. हीमोएन्डोथीलियल

135. 2006 तक सौर मण्डल में नौ ग्रह थे। अब केवल आठ ग्रह ही सौर मण्डल के सदस्य हैं। नीचे दिए गए ग्रहों में से कौन-सा ग्रह अब सौर मण्डल का सदस्य ***नहीं*** है?

A. अरुण　　B. प्लूटो
C. वरुण　　D. इनमें से कोई नहीं

136. एक धातु 2 घनीय अवस्थाओं fcc तथा bcc में क्रिस्टलीकृत होता है जिसकी इकाई सेल लम्बाइयाँ क्रमशः 3.5 Å तथा 3.0 Å है। इनके घनत्वों का अनुपात है :

A. 1.25　　B. 2.04
C. 0.72　　D. 3.12

137. एक एल्कीन की क्रिया ओजोन के साथ कराने के पश्चात् बना यौगिक जल अपघटन कराने पर 2-पेन्टेनोन एवं एथेनैल देता है। एल्कीन है :

A. 4-मेथिल-4-हेक्सीन　　B. 2-मेथिल-3-हेक्सीन
C. 2-प्रोपिल-2-ब्यूटीन　　D. 3-मेथिल-2-हेक्सीन

138. आयनिक बन्ध के निर्माण के सन्दर्भ में निम्न कथनों को पढ़िये :

(*a*) छोटा धनायन, बड़ा ऋणायन
(*b*) धनायन पर कम आयनिक विभव, ऋणायन की उच्च वैद्युत बन्धुता
(*c*) बड़ा धनायन, छोटा ऋणायन एवं कम आवेश
(*d*) कम जालक ऊर्जा

निम्न कथनों के समूह में से कौन-सा ***सही*** है?

A. (*a*) एवं (*d*)　　B. (*b*), (*c*) एवं (*d*)
C. (*b*) एवं (*c*)　　D. (*a*) एवं (*b*)

139. एक प्रिज्म का अपवर्तित कोण A तथा अपवर्तनांक cot A/2 है। न्यूनतम विचलन कोण है :

A. 180° – A　　B. 180° – 2A
C. 180° – 3A　　D. 180° – 4A

140. निम्न को उनकी घटती हुई क्षार सामर्थ्य के क्रम में व्यवस्थित कीजिए :

I. $C_6H_5NH_2$　　II. $p-NO_2C_6H_4NH_2$
III. $m-NO_2C_6H_4NH_2$　　IV. $p-CH_3OC_6H_4NH_2$

A. IV > I > III > II　　B. IV > III > II > I
C. III > II > I > IV　　D. I > IV > II > III

141. पोटैशियम परमाणु के इलेक्ट्रॉन की चारों क्वाण्टम संख्याएँ हैं :

A. 4, 0, –1, 1/2　　B. 4, 1, 0, 1/2
C. 4, 0, 0, 1/2　　D. 4, 1, 1, –1/2

142. निम्न में से कौन-सा समवृत्तिता का उदाहरण है?

A. मनुष्य का हाथ तथा घोड़े का पैर
B. नर में वृषण तथा मादा में अंडाशय का समान भ्रूणीय ऊतकों से विकसित होना
C. पक्षियों तथा चमगादड़ के पंख
D. मधुमक्खी तथा घरेलू मक्खी के मुखांग

143. नीचे दिए गए कूटों की सहायता से निम्नलिखित वर्गीकरण श्रेणियों का सही अवरोही अनुक्रम चुनिए :

(*a*) वंश
(*b*) गण
(*c*) वर्ग
(*d*) जाति
(*e*) कुल

A. (*e*)(*c*)(*b*)(*d*)(*a*)
B. (*e*)(*b*)(*c*)(*a*)(*d*)
C. (*c*)(*b*)(*e*)(*a*)(*d*)
D. (*c*)(*e*)(*b*)(*d*)(*a*)

144. B.O.D. (जैव रासायनिक ऑक्सीजन माँग) सम्बन्धित है :

A. कार्बनिक पदार्थ से
B. सूक्ष्म जीवाणु से
C. सूक्ष्म जीवाणु एवं कार्बनिक पदार्थ से
D. उपरोक्त में से किसी से भी नहीं

145. निम्न कथनों में से :

(*a*) PMMA आँख के लेन्स बनाने में प्रयुक्त होता है।
(*b*) केप्रोलेक्टम से नाइलॉन-66 का निर्माण होता है।
(*c*) नाइलॉन पद वृद्धि बहुलक है।
(*d*) वल्कनीकरण प्रक्रिया चार्ल्स गुडइयर ने दी।

A. (*a*), (*b*) तथा (*c*) सही हैं
B. (*a*), (*c*) तथा (*d*) सही हैं
C. (*b*), (*c*) तथा (*d*) सही हैं
D. (*a*), (*b*) तथा (*d*) सही हैं

146. क्रान्ज शरीर रचना देखी जाती है :

A. C_2 पादपों में　　B. C_3 पादपों में
C. C_4 पादपों में　　D. CAM पादपों में

147. निम्न में से किस संघ के जन्तुओं में अरीय सममिति होती है?

A. आर्थ्रोपोडा　　B. एनेलिडा
C. इकाईनोडर्मेटा　　D. प्लैटिहैल्मिन्थस

148. एक बल्ब जिसका प्रतिरोध 10 Ω तथा एक प्रेरक जिसका प्रेरकत्व L है, एक स्रोत जिन पर 100 V, 50 Hz अंकित है, से श्रेणीक्रम में जुड़े हुए हैं। यदि वोल्टता तथा धारा के मध्य कलान्तर $\pi/4$ रेडियन है, तब L का मान होगा :

A. 0.0318 H　　B. 0.318 H
C. 0.0787 H　　D. 0.787 H

149. जीवाणु निम्न की उपस्थिति में माइकोप्लाज्मा से भिन्न होते हैं :

A. केन्द्रकाभ
B. प्लाज्मा झिल्ली
C. 70-S राइबोसोम
D. दृढ़ कोशिका भित्ति

150. बंद पुष्पों में होने वाले परागण के लिए प्रयुक्त शब्द है :

A. ऐलोगैमी　　B. क्लिस्टोगैमी
C. हरकोगैमी　　D. डाइकोगैमी

उत्तरमाला

1	2	3	4	5	6	7	8	9	10
D	C	D	C	B	B	B	B	C	C
11	**12**	**13**	**14**	**15**	**16**	**17**	**18**	**19**	**20**
B	A	D	A	A	D	A	B	D	A
21	**22**	**23**	**24**	**25**	**26**	**27**	**28**	**29**	**30**
A	B	D	A	B	D	D	A	D	C
31	**32**	**33**	**34**	**35**	**36**	**37**	**38**	**39**	**40**
C	C	C	C	B	A	C	B	C	D
41	**42**	**43**	**44**	**45**	**46**	**47**	**48**	**49**	**50**
C	B	B	C	C	D	C	A	A	C
51	**52**	**53**	**54**	**55**	**56**	**57**	**58**	**59**	**60**
C	B	B	B	B	B	D	A	B	C
61	**62**	**63**	**64**	**65**	**66**	**67**	**68**	**69**	**70**
D	A	B	C	C	C	B	B	D	C
71	**72**	**73**	**74**	**75**	**76**	**77**	**78**	**79**	**80**
D	A	C	C	A	B	B	A	A	D
81	**82**	**83**	**84**	**85**	**86**	**87**	**88**	**89**	**90**
C	D	B	B	B	A	B	C	C	A
91	**92**	**93**	**94**	**95**	**96**	**97**	**98**	**99**	**100**
C	A	C	C	B	D	D	C	A	B
101	**102**	**103**	**104**	**105**	**106**	**107**	**108**	**109**	**110**
B	B	C	C	A	A	D	A	B	C
111	**112**	**113**	**114**	**115**	**116**	**117**	**118**	**119**	**120**
A	B	D	D	D	A	C	D	B	B
121	**122**	**123**	**124**	**125**	**126**	**127**	**128**	**129**	**130**
D	D	B	D	A	B	A	C	C	D
131	**132**	**133**	**134**	**135**	**136**	**137**	**138**	**139**	**140**
C	A	D	D	B	A	C	C	B	A
141	**142**	**143**	**144**	**145**	**146**	**147**	**148**	**149**	**150**
C	C	C	C	B	C	C	A	D	B

व्याख्यात्मक उत्तर

61. कथन :

I. सभी पत्ते जड़ें हैं।

II. कुछ जड़ें शाखाएँ हैं।

निष्कर्ष :

कुछ जड़ें पत्ते हैं।

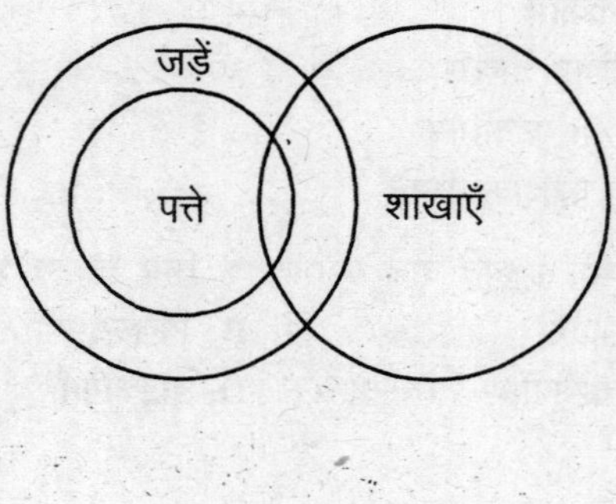

62.

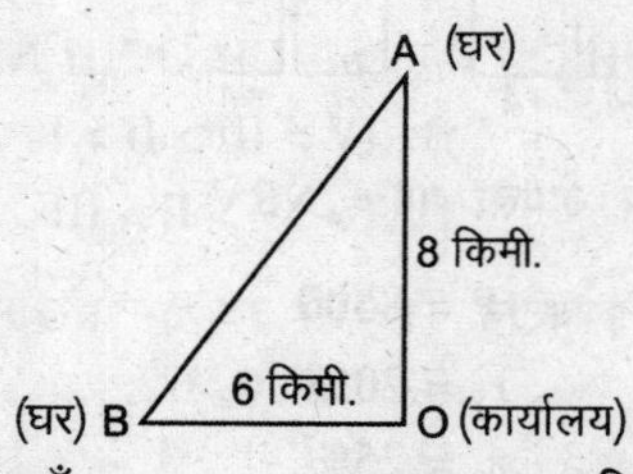

यहाँ, OA = 8 किमी., OB = 6 किमी.

दोनों व्यक्तियों के घर की सीधी दूरी

$$AB = \sqrt{OA^2 + OB^2}$$

$$= \sqrt{8^2 + 6^2} = \sqrt{64 + 36}$$

$$= \sqrt{100} = 10 \text{ किमी.}$$

63. $\because$ 60 मिनट = 360°

$\therefore$ 1 मिनट = 6°

7 : 20 पर घड़ी की बड़ी सुई से छोटी सूई के बीच का अंश का कोण

= 16.7 मिनट

= 16.7 × 6° = 100.2°

= 100° (लगभग)

64.

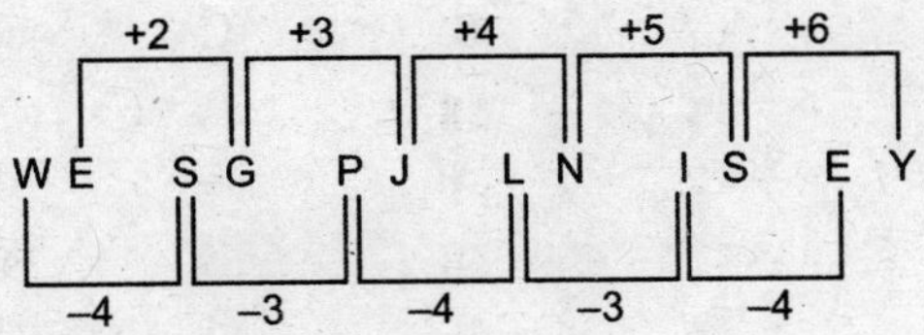

यहाँ, श्रृंखला में अगला पद = EY.

65. As,

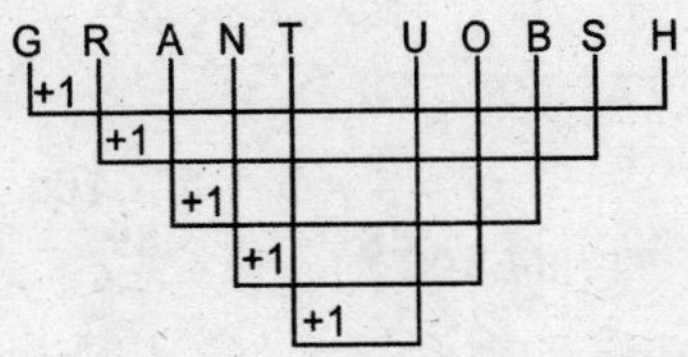

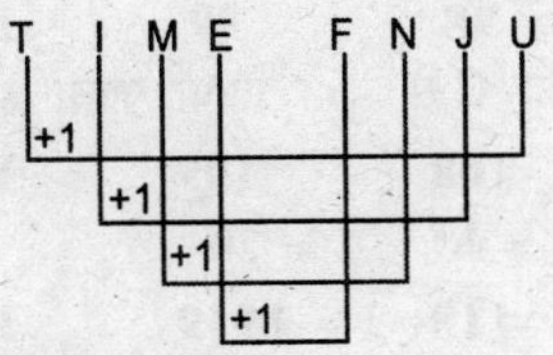

इसी प्रकार,

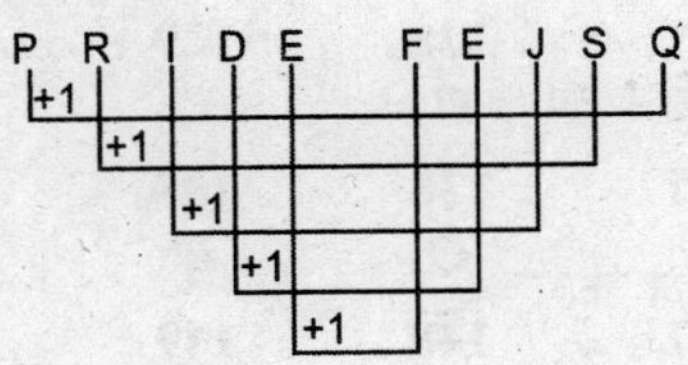

66.

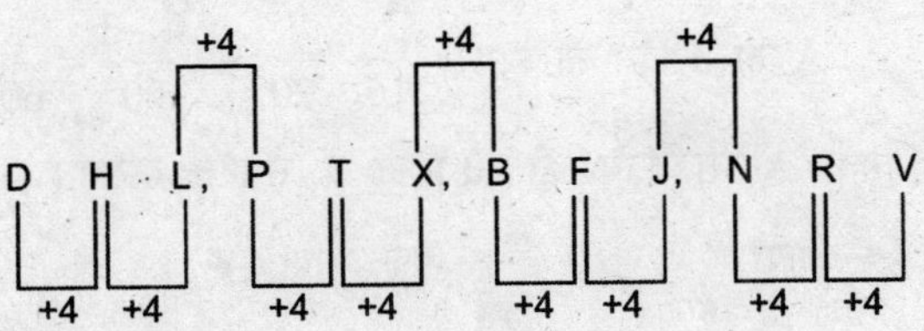

यहाँ वर्ण श्रेणी में अगला पद = NRV

67. यहाँ $P = 8500$

$r_1 = 20\%$

$r_2 = 25\%$

$\therefore$ 2 वर्ष बाद कुल जनसंख्या

$$= P\left(1+\frac{r_1}{100}\right)\left(1+\frac{r_2}{100}\right)$$

$$= 8500\left(1+\frac{20}{100}\right)\left(1+\frac{25}{100}\right)$$

$$= 8500\left(1+\frac{1}{5}\right)\left(1+\frac{1}{4}\right)$$

$$= 8500\left(\frac{6}{5}\right)\left(\frac{5}{4}\right)$$

$$= 8500\times\frac{3}{2} = 12{,}750.$$

68. यहाँ $P = ₹\ 18000,$

$t = 2$ वर्ष,

$r = 10\%$

$\therefore$ चक्रवृद्धि ब्याज $= P\left(1+\frac{r}{100}\right)^n - P$

$$= ₹\ 18000\left(1+\frac{10}{100}\right)^2 - 18000$$

$$= ₹\ 18000\left[\left(1+\frac{1}{10}\right)^2 - 1\right]$$

$$= ₹\ 18000\left[\left(\frac{11}{10}\right)^2 - 1\right]$$

$$= ₹\ 18000\left[\frac{121}{100} - 1\right]$$

$$= ₹\ 18000\frac{21}{100}$$

$$= ₹\ 180 \times 21$$

साधारण ब्याज $= \dfrac{P \times r \times t}{100}$

$$= \frac{18000 \times 10 \times 2}{100} = ₹\ 180 \times 20$$

अतः चक्रवृद्धि ब्याज व साधारण ब्याज का अंतर

= ₹ 180 × 21 – ₹ 180 × 20

= ₹ 180 (21 – 20) = ₹ 180.

69. यहाँ, $P = ₹\ 14{,}500$

$t = 6$ वर्ष

$A = ₹\ 21{,}460$

साधारण ब्याज = ₹ 21,460 – ₹ 14,500

= ₹ 6960

दर $= \dfrac{S.I. \times 100}{P \times t}$

$$\therefore \quad r = \frac{6960 \times 100}{14500 \times 6} = \frac{6960}{145 \times 6} = \frac{6960}{870} = 8\%.$$

70. माना एक त्रिभुजकार खेत की भुजाएँ क्रमशः

$a = 20$ मी, $b = 21$ मी और $c = 29$ मी

तब, $s = \frac{a+b+c}{2}$

$= \frac{20+21+29}{2} = \frac{70}{2} = 35$ मी

त्रिभुजाकार खेत का क्षेत्रफल

$= \sqrt{s(s-a)(s-b)(s-c)}$

$= \sqrt{35(35-20)(35-21)(35-29)}$ मी^{2}

$= \sqrt{35 \times 15 \times 14 \times 6}$

$= \sqrt{7 \times 5 \times 5 \times 3 \times 7 \times 2 \times 3 \times 2}$

$= 7 \times 5 \times 3 \times 2$ मी^{2}

अतः ₹ 15 प्रति वर्ग मी. की दर से फसल काटने का कुल खर्च $=$ ₹ $15 \times 7 \times 5 \times 3 \times 2 =$ ₹ 3150.

71. क्रिकेट मैच में 6 खिलाड़ियों के कुल रन

$= 6 \times 36 = 216$

शेष 5 खिलाड़ियों के कुल रन $= 216 - 16 = 200$

$\therefore$ 5 शेष खिलाड़ियों के औसत रन $= \frac{200}{5} = 40.$

72. 24, 60, 120, 210, ?

शृंखला में प्रत्येक पद को 6 से भाग करने पर

$\therefore$

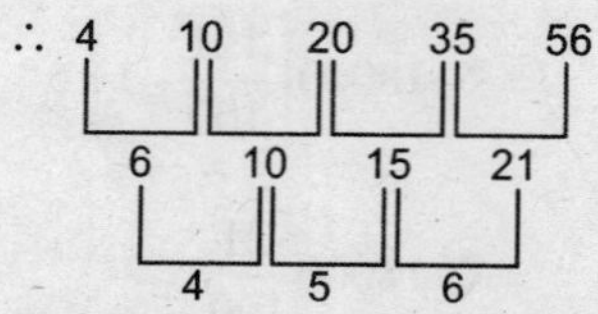

यहाँ, दिए गए शृंखला में अगला पद $= 56 \times 6 = 336.$

73. माना एक बस तथा एक कार की चाल $6x$ किमी/घंटा तथा $7x$ किमी/घंटा है।

तब, $7x \times 4 = 364$ (चाल × समय = दूरी)

$\Rightarrow$ $28x = 364$

$\Rightarrow$ $x = \frac{364}{28} = \frac{52}{4} = 13$

$\therefore$ बस की चाल $= 6x$ किमी/घंटा

$= 6 \times 13 = 78$ किमी./घंटा

74. दिया है, कूट भाषा में

"go home" → "ta na"

"sweet home" → "na ja"

"sweet and sour" → "pa sa ja"

Here, "home" → "na"

"sweet" → ja

go → ta

"and sour" → "pa sa"

$\therefore$ "sour" का कूट भाषा है "pa" या "sa".

75. माना दो संख्याएँ $3x$ और $5x$ हैं।

तब, $3x + 5x = 240$

$\Rightarrow$ $8x = 240$

$\Rightarrow$ $x = 30$

$\therefore$ संख्याओं का अंतर $= 5x - 3x = 2x$

$= 2 \times 30 = 60.$

76. माना संख्या x है।

तब, x का 60% का $\frac{3}{5} = 36$

$\Rightarrow$ $x \times \frac{60}{100} \times \frac{3}{5} = 36$

$\Rightarrow$ $x \times \frac{3}{5} \times \frac{3}{5} = 36$

$\Rightarrow$ $x = \frac{36 \times 5 \times 5}{3 \times 3}$

$= 4 \times 5 \times 5 = 100$

अतः x संख्या का मान 100 है।

77. दिया है, DRIVER = 12

यहाँ, अक्षरों की संख्या को 2 से गुणा किया जाता है

$\therefore$ $6 \times 2 = 12$

PEDESTRIAN $= 10 \times 2 = 20$

ACCIDENT $= 8 \times 2 = 16$

$\therefore$ CAR $= 3 \times 2 = 6.$

78. (A + B) का 1 दिन का कार्य $= \frac{1}{15}$

B का 1 दिन का कार्य $= \frac{1}{20}$

$\therefore$ A का 1 दिन का कार्य $= \frac{1}{15} - \frac{1}{20} = \frac{4-3}{60} = \frac{1}{60}$

अतः A इस काम को 60 दिनों में समाप्त करेगा।

79.

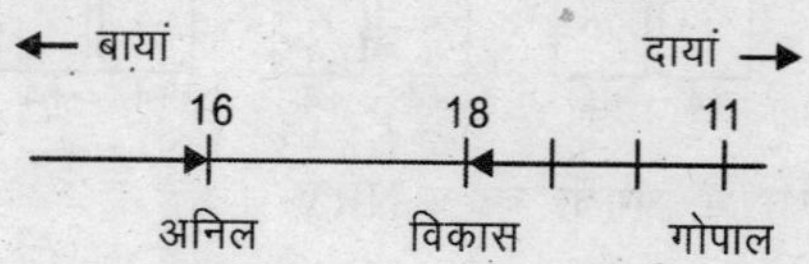

अनिल बायें से 16वें स्थान पर है।

विकास दायें से 18वें स्थान पर है

गोपाल, अनिल से दायें 11वें स्थान पर है और विकास से दायीं छोर की ओर तीसरे स्थान पर है।

$\therefore$ अनिल और विकास के बीच लड़कों की संख्या

$= 11 - 4 = 7$

$\therefore$ पंक्ति में खड़े लड़कों की संख्या $= 16 + 7 + 18$

$= 16 + 25 = 41.$

पिछले प्रश्न-पत्र (हल सहित)

हरियाणा शिक्षक पात्रता परीक्षा (HTET)

TGT विज्ञान (Level-2), परीक्षा 2018*

भाग-I

बाल विकास व शिक्षाशास्त्र

निर्देश : *निम्नलिखित प्रश्नों के उत्तर देने के लिए* ***सबसे उचित*** *विकल्प चुनिए।*

1. 'नाटकीय-खेल' के बारे में निम्नांकित में से कौन-सा कथन सही **नहीं** है?
A. यह सक्रिय-खेल का एक प्रकार है।
B. यह 'स्वाँग रचना खेल' (Make Believe Play) के नाम से भी जाना जाता है।
C. इसमें प्रत्यक्ष व्यवहार समाहित है।
D. यह हमेशा पुनर्उत्पादक होता है।

2. 'गणितीय/गणना' संबंधी अक्षमता एक प्रकार है :
A. गामक अक्षमता का B. अधिगम अक्षमता का
C. बौद्धिक अक्षमता का D. दृष्टि बाधिता का

3. निम्नांकित में से कौन-सा कथन मस्तिष्क के ब्रोका क्षेत्र के संदर्भ में सही **नहीं** है?
A. यह मस्तिष्क के बायें फ्रंटल लोब में स्थित होता है।
B. यह व्याकरण संबंधी प्रक्रियाओं में सहायता करता है।
C. यह भाषा उत्पादन का कार्य करता है।
D. यह शब्दों के अर्थ समझने में मदद करता है।

4. निम्नांकित में से किस दृष्टिकोण की यह मान्यता है कि बाल विकास एक सतत प्रक्रिया **नहीं** है?
A. पियाजे का संज्ञानात्मक विकास का सिद्धान्त
B. व्यवहारवाद
C. सामाजिक अधिगम सिद्धान्त
D. पारिस्थितिकीय तंत्र सिद्धान्त

5. यह कथन कि 'व्यक्तित्व, सीखी हुई अनुक्रियाओं का एक समुच्चय-मात्र है', व्यक्तित्व के संदर्भ में निम्नांकित में से किस दृष्टिकोण की सर्वोत्तम व्याख्या है?
A. व्यवहारवादी दृष्टिकोण की
B. संरचनावादी दृष्टिकोण की
C. प्रकार्यवादी दृष्टिकोण की
D. संज्ञानवादी दृष्टिकोण की

6. निम्नांकित में से कौन-सा नवजात शिशु के 'रिफ्लैक्स' का एक प्रकार **नहीं** है?
A. आँख झपकाना B. चूसना
C. तैरना D. कार चलाना

7. बच्चों के खेल के संदर्भ में निम्नांकित में से कौन-सा कथन सही **नहीं** है?
A. खेल-क्रियाओं की संख्या आयु बढ़ाने के साथ कम होती जाती है।
B. आयु बढ़ने के साथ-साथ खेल ज्यादा सामाजिक होता जाता है।
C. साथ खेलने वाले साथियों की संख्या आयु बढ़ने के साथ बढ़ती जाती है।
D. आयु बढ़ने के साथ खेल ज्यादा लैंगिक रूप से उपयुक्त हो जाता है।

8. बुद्धि का 'त्रिस्तरीय सिद्धांत' (Three Stratum Theory) दिया गया है :
A. पियाजे के द्वारा B. बिने के द्वारा
C. कैरोल के द्वारा D. कैटल के द्वारा

9. चार वर्ष की बिन्नी ने 'बिस्तर गीला' करना शुरू कर दिया जब उसके माता-पिता एक नये बच्चे को घर लेकर आये। यह निम्नांकित में से किस प्रकार की 'सुरक्षा युक्ति' का उदाहरण है?
A. पश्चगमन B. दमन
C. तादात्मीकरण D. विस्थापन

10. निम्नांकित में से कौन-सा कथन सत्य **नहीं** है?
A. शास्त्रीय अनुबंधन ऐच्छिक व्यवहारों से सम्बन्धित है।
B. क्रिया-प्रसूत अनुबंधन ऐच्छिक व्यवहारों से सम्बन्धित है।
C. शास्त्रीय अनुबंधन अनैच्छिक व्यवहारों से सम्बन्धित है।
D. क्रिया-प्रसूत अनुबंधन में 'परिणाम', अनुबंधन का एक महत्त्वपूर्ण कारक है।

11. यह जानना कि 'साइकिल कैसे चलायें' एक उदाहरण है :
A. प्रक्रियात्मक ज्ञान का B. घोषणात्मक ज्ञान का
C. स्पष्ट ज्ञान का D. कोई विकल्प सही नहीं है

12. यदि एक बच्चा आपको यह बता रहा है कि आज सुबह उठने के बाद उसने क्या किया, तब वह प्रयोग कर रहा है :
A. अर्थगत स्मृति का B. संवेदी पंजीयन का
C. प्रक्रियात्मक स्मृति का D. धारावाहिक स्मृति का

13. स्टर्नबर्ग द्वारा दिये गये सफल बुद्धि के त्रिशाखीय (Triarchial) सिद्धान्त के अनुसार निम्नांकित में से कौन-सा बुद्धि का एक प्रकार **नहीं** है?
A. विश्लेषणात्मक बुद्धि B. सर्जनात्मक बुद्धि
C. संगीतीय बुद्धि D. प्रायोगिक बुद्धि

*Exam held on 06-01-2019.

14. जब चालक कार की सीट-बेल्ट बाँध लेता है, तब कार का सीट बेल्ट बजर बजना बंद हो जाता है। यह उदाहरण है :
A. सकारात्मक पुनर्बलन का
B. नकारात्मक पुनर्बलन का
C. सकारात्मक दंड का
D. नकारात्मक दंड का

15. यह कथन 'तुम मेरी पीठ खुजाओ, मैं तुम्हारी खुजाऊँगा', निम्नांकित में से किस प्रकार की नैतिकता की ओर इंगित करता है? जैसा कि पियाजे ने बताया :
A. सहयोग की नैतिकता का आरंभ
B. पूर्व रूढ़िवादी नैतिकता
C. वास्तववाद
D. नैतिकता से कोई संबंध नहीं है

16. मीता ने खिलौना-साँप से लगने वाला भय दूर कर लिया था, परन्तु एक दिन अचानक उसका डर वापस लौट आया जब उसे अपने बिस्तर पर एक खिलौना साँप पड़ा मिला। भय के इस प्रकार वापसी को कहा जा सकता है :
A. उद्दीपक सामान्यीकरण
B. उद्दीपक विभेदन
C. स्वतः पुनर्प्राप्ति
D. विलोपन

17. निम्नांकित में से कौन-सा कथन 'समीपस्थ विकास का क्षेत्र' के संदर्भ में सही **नहीं** है?
A. यह वाइगोत्सकी के सिद्धान्त से जुड़ा है।
B. यह बच्चे के सीखने की क्षमता की उच्च सीमा निर्धारितकरता है।
C. यह उन कार्यों/क्रियाओं का क्षेत्र है जिन्हें बच्चा बिना दूसरों की सहायता के पूरा नहीं कर सकता और ना ही स्वतंत्र रूप से स्वयं कर सकता है।
D. यह उन कार्यों की उच्च सीमा है जिसे बच्चा सफलतापूर्वक स्वतंत्र रूप से कर सकता है।

18. निम्नलिखित में से कौन-सा विकल्प सामाजीकरण की प्रक्रिया के अन्तर्गत नहीं आता है?
A. सामाजिक रूप से अनुमोदित व्यवहार को सीखना
B. सामाजिक रूप से अनुमोदित व्यवहार का निर्वाह करना
C. सामाजिक अभिवृत्ति का विकास
D. आत्मकेन्द्रित व्यवहार का अनुमोदन

19. किसी अनुक्रिया की आवृत्ति को रोकने के लिए किसी अप्रिय उद्दीपक के प्रयोग को कहते हैं :
A. सकारात्मक पुनर्बलन
B. नकारात्मक पुनर्बलन
C. दंड
D. प्रेरक

20. कोहलबर्ग के अनुसार, अच्छा बालक/अच्छी बालिका की ओर उन्मुख होना संकेत है :
A. पूर्व लौकिक नैतिकता का
B. पश्च लौकिक नैतिकता का
C. लौकिक नैतिकता का
D. नैतिकता का सापेक्षिक

21. ब्रॉनफेनब्रेनर के विकास के पारिस्थितिकीय तंत्र सिद्धान्त के अनुसार, 'माता-पिता का कार्यस्थल' निम्नांकित में से किस तंत्र में समाहित है?
A. सूक्ष्म तंत्र
B. वृहत तंत्र
C. मीजो तंत्र
D. एक्सो तंत्र

22. निम्नांकित में से कौन-सा कथन सत्य **नहीं** है?
A. बौद्धिक अक्षमता एवं अधिगम अक्षमता दोनों समान नहीं हैं।
B. अधिगम अक्षमता युक्त बालक की IQ निश्चित रूप से 70 से कम होनी चाहिए।
C. बौद्धिक अक्षमता 18 वर्ष की आयु से पूर्व होती है।
D. बौद्धिक अक्षमता एवं अधिगम अक्षमता दोनों ही विकासात्मक अक्षमताएँ हैं।

23. वह आकलन जो अनुदेशन के दौरान या अनुदेशन के पूर्व किया जाता है, उसे कहा जाता है :
A. योगात्मक आकलन
B. रचनात्मक आकलन
C. औपचारिक आकलन
D. निदानात्मक आकलन

24. 'स्वलीनता' की सर्वप्रथम व्याख्या दी है :
A. सैमुअल किर्क ने
B. लियो कैनर ने
C. बी.एफ. स्किनर ने
D. जे.बी. वाटसन ने

25. विकासकाल के दौरान भ्रूण के सिर का विकास उसके पैरों से पहले होता है। यह विकास की कौन-सी प्रवृत्ति की सर्वोत्तम व्याख्या है?
A. केन्द्र से बाहर की ओर
B. सिर से पैर की ओर
C. समरूपता
D. एकीकरण

26. निम्नांकित में से कौन-सी प्रक्रिया पियाजे के संज्ञानात्मक विकास की एक प्रक्रिया **नहीं** है?
A. सम्मिलन
B. आत्मसातीकरण
C. अनुकूलन
D. शेपिंग

27. निम्नांकित में से कौन-सा गार्डनर द्वारा दिये गए बुद्धि का एक प्रकार **नहीं** है?
A. संगीतीय बुद्धि
B. भाषायी बुद्धि
C. तार्किक एवं गणितीय बुद्धि
D. सर्जनात्मक बुद्धि

28. निम्नांकित में से कौन-सा शास्त्रीय अनुबंधन से संबंधित नहीं है?
A. विलोपन
B. स्वतः पुनर्प्राप्ति
C. शेपिंग
D. उद्दीपक विभेदन

29. एक माँ अपने बच्चे को दूध पिलाने से ठीक पहले उसके ललाट पर थपकियाँ देती है। जल्दी वह देखती है कि हर बार जब भी बच्चे के ललाट पर थपकियाँ देती है, वह सक्रिय होकर चूसने संबंधी गतिविधियाँ प्रदर्शित करने लगता है। बच्चे का यह व्यवहार सर्वोत्तम व्याख्या है :
A. प्रयास एवं त्रुटि द्वारा अधिगम का
B. शास्त्रीय अनुबंधन का
C. क्रिया-प्रसूत अनुबंधन का
D. सामाजिक अधिगम का

30. जीन पियाजे के संज्ञानात्मक विकास के सिद्धान्त के अनुसार एक बालक 'संरक्षण' के सिद्धान्त को समझने में सक्षम हो जाता है।
A. संवेदी गामक अवस्था में
B. पूर्व संक्रियात्मक अवस्था में
C. मूर्त संक्रियात्मक अवस्था में
D. औपचारिक संक्रियात्मक अवस्था में

भाग-II

भाषा-I: हिन्दी

निर्देशः *निम्नलिखित प्रश्नों के उत्तर देने के लिए* ***सबसे उचित*** *विकल्प चुनिए।*

31. **असंगत** कथन छाँटिए :
A. नापाक इरादे से की जाने वाली मंत्रणा—दित्सा
B. दोपहर से पहले का समय—पूर्वाह्न
C. जिसे देखकर रोंगटे खड़े हो जाएँ—लोमहर्षक
D. बालुका युक्त तट/भूमि—सिकता

32. किस वाक्य में सर्वनाम पदबंध का प्रयोग हुआ है?
A. मेरे रिश्तेदारों में से कोई समय पर नहीं पहुँचा।
B. रिश्तों में स्वार्थ देखने वाले युवा सान्निध्य की ऊष्मा पहचानें।
C. राम ने लंका के अत्याचारी, राक्षस-राज रावण को मार डाला।
D. पाँचवीं मंजिल से गिरा, मरेगा नहीं तो क्या जिंदा रहेगा।

33. ***अशुद्ध*** संधि वाला विकल्प चुनिए :
A. मद + उन्मत्त = मदोन्मत्त
B. विद्वत् + मुख = विद्वन्मुख
C. तत् + उपरान्त = तदोपरान्त
D. षट् + आयतन = षडायतन

34. किस विकल्प में तत्पुरुष समास ***नहीं*** है?
A. वाक्चातुर्य
B. तीर्थाटन
C. अरण्यरोदन
D. मीनकेतु

35. तत्सम-तद्भव की दृष्टि से ***असंगत*** विकल्प चुनिए :
A. वार्ताक – बैंगन
B. लोहमशा – लोमड़ी
C. मस्तक – माथा
D. शण्ठिका – सोंठ

36. वार्तनिक दृष्टि से ***अशुद्ध*** विकल्प चुनिए :
A. विद्वता
B. गीतांजली
C. पक्षिगण
D. स्वामिभक्त

37. किस वाक्य में सार्वनामिक विशेषण का प्रयोग हुआ है?
A. तुम सब आ गए; अच्छे कहाँ रह गए।
B. जो बाहर खड़ा है उसे अन्दर बुलाओ।
C. तुम छात्रों के लिए कुछ किताबें ले आओ।
D. कुछ तुम करो; कुछ मैं करूँगा।

38. निम्न में से किस विकल्प में 'गरुड़' का पर्याय ***नहीं*** है?
A. अहिभोजी
B. वैनतेय
C. हेरम्ब
D. खगनाथ

39. 'वयोवृद्ध' शब्द में संधि है :
A. स्वर संधि
B. वर्णागम संधि
C. विसर्ग संधि
D. व्यंजन संधि

40. किस विकल्प में दो उपसर्गों का प्रयोग ***नहीं*** हुआ है?
A. सारोपा
B. सहगामिनी
C. पुनरुद्धार
D. समाधि

41. ***अशुद्ध*** वाक्य चुनिए :
A. आपसे मिलकर मुझे आनन्द का आभास हुआ।
B. मेरठ में कई दर्शनीय स्थल हैं।
C. यह छात्रवृत्ति केवल छात्राओं के लिए है।
D. मैं अपना मत स्पष्ट करना चाहता हूँ।

42. किस वाक्य में 'इच्छार्थ वृत्ति' का प्रयोग हुआ है?
A. ईश्वर तुम्हारा भला करे।
B. कृपया यह प्रकरण जाँच दीजिए।
C. लगता है इस वर्ष खूब वर्षा होगी।
D. यदि वह पढ़ता तो आज सफल हो जाता।

43. निम्न में से भाववाच्य चुनिए :
A. गर्मियों में रोज नहाया जाता है।
B. नानी द्वारा कहानी सुनाई गई।
C. कुत्ता सारी रात भौंकता है।
D. किसानों द्वारा फसल काट ली गई है।

44. निम्न में 'संकर शब्द' किस विकल्प में ***नहीं*** है?
A. विज्ञापनदाता
B. डबलरोटी
C. आमचुनाव
D. हिन्दीकरण

45. 'वह दिनभर लिखता रहा।' वाक्य में प्रयुक्त क्रिया विशेषण का भेद इंगित कीजिए :
A. कालवाचक क्रिया विशेषण
B. रीतिवाचक क्रिया विशेषण
C. स्थानवाचक क्रिया विशेषण
D. परिमाणवाचक क्रिया विशेषण

भाग-II

Language-II : English

Directions: *Answer the following questions by selecting the* ***most appropriate*** *option.*

46. Choose the word which is spelt ***correctly***:
A. Disentigration
B. Disintegration
C. Dissintegration
D. Desintegration

47. Choose the ***correct*** word for the following expression:
One who makes maps or charts.
A. Cartoonist
B. Cartographer
C. Choreographer
D. Choirmaster

48. Fill in the blank with appropriate conjunction:
Grievances cannot be redressed .... they are known.
A. unless B. and
C. but D. before

49. "He wore a turban made of silk."
The underlined words are:
A. Adverb
B. Adverb Phrase
C. Adjective Phrase
D. Noun Phrase

50. "There is a mystery about his death and the police are looking into it."
The underlined phrasal verb means:
A. To investigate
B. To take care of
C. To look behind
D. To revise quickly

51. Fill in the blank with appropriate preposition:
We stayed .... Mumbai for five days.
A. in B. at
C. into D. by

52. *Hearing* the noise, the boy woke up:
A. Pronoun
B. Noun
C. Verb
D. Participle

53. Fill in the blank with the **correct** option:
I have not heard the .... news.
A. latest B. late
C. latter D. later

54. Choose the most appropriate modal for the blank:
When I was young, I .... climb any tree in the forest.
A. can
B. must
C. may
D. could

55. Fill in the blank with appropriate preposition:
We're going for a drive .... the country.
A. on
B. at
C. in
D. for

56. Fill in the blank by choosing the ***correct*** option:
He is .... his glasses.
A. look for
B. look
C. looking for
D. will look

57. Choose the ***correct*** answer from the options below:
"I took it home with me", She said.
A. She just took it home.
B. She said she had taken it home with her.
C. She said she would take it home.
D. She said she will take it home with her.

58. Choose the ***correct*** passive construction for the given sentence.
They were carrying the injured player off the field.
A. The injured player was being carried off the field.
B. The injured player will be carried off the field.
C. The injured player must be taken off the field.
D. Carry the injured player off the field.

59. Choose the ***correct*** verb for the blank from the options below:
The earth .... round the sun.
A. move
B. moved
C. moves
D. shall move

60. "They arrived soon after."
The word 'after' is used as :
A. Preposition
B. Adverb
C. Adjective
D. Conjunction

भाग-III

सामान्य अध्ययन : मात्रात्मक योग्यता, तार्किक अभिक्षमता तथा सामान्य ज्ञान एवं अभिज्ञान

निर्देशः *निम्नलिखित प्रश्नों के उत्तर देने के लिए **सबसे** उचित विकल्प चुनिए।*

61. अर्जुन अपनी यात्रा का आधा भाग रेलगाड़ी से 120 किमी/घण्टा की गति से तथा आधा भाग कार द्वारा 80 किमी/घण्टा की गति से तय करता है, उसकी तो औसत गति क्या है?
A. 88 किमी/घण्टा B. 92 किमी/घण्टा
C. 96 किमी/घण्टा D. 100 किमी/घण्टा

62. यदि 11 सन्तरे 10 रुपये में खरीदे जाते हैं तथा 10 सन्तरे 11 रुपये में बेचे जाते हैं, तो लाभ प्रतिशत है :
A. 11% B. 21%
C. 25% D. 28%

63. अमूल्य किसी कार्य को 2 दिन में करता है और बिंदु इसे 6 दिन में करता है। दोनों मिलकर कितने दिनों में इस कार्य को करेंगे?
A. 2/3 दिन B. 3/2 दिन
C. 5/3 दिन D. 3 दिन

64. 20 पैसे तथा 25 पैसे के कुल 324 सिक्के हैं, जिनका योग ₹ 71 है, तो 20 पैसे के कुल कितने सिक्के हैं?
A. 124 B. 140
C. 200 D. 210

65. नीचे दी गई संख्या श्रेणी में कितने 6 ऐसे हैं कि प्रत्येक के ठीक पहले 1 या 5 आते हों तथा ठीक बाद में 3 या 9 आते हों?
263756429613416391569231654321967
A. एक B. दो
C. तीन D. चार

66. यदि "BORN" को "APQO" कूट किया जाता है, "LACK" को "KBBL" कूट किया जाता है, तो "GRID" को कूट किया जायेगा :
A. FSEH B. SFHE
C. FSHE D. FHSE

67. एक चिड़ियाघर में हिरन एवं मोर हैं, गणना करने पर उनके सिरों की संख्या 80 है तथा उनकी टांगों की संख्या 200 है। तो वहाँ मोर की संख्या कितनी है?
A. 20 B. 40
C. 52 D. 60

68. संख्याओं का कौन-सा समूह दिये गये समूह के समानधर्मी हैं?
2, 14, 16
A. 2, 7, 8 B. 2, 9, 16
C. 3, 21, 24 D. 4, 16, 18

69. कथन : I. सभी खिलाड़ी डॉक्टर हैं।
II. कुछ डॉक्टर संगीतज्ञ हैं।

निष्कर्ष : I. कुछ डॉक्टर खिलाड़ी के साथ-साथ संगीतज्ञ भी हैं।
II. सभी संगीतज्ञ डॉक्टर हैं।

तो निम्न में से कौन-सा ***सही*** है?
A. केवल निष्कर्ष I अनुसरण करता है।
B. केवल निष्कर्ष II अनुसरण करता है।
C. दोनों निष्कर्ष I तथा II अनुसरण करते हैं।
D. न तो निष्कर्ष I न ही II अनुसरण करते हैं।

70. यदि '+' का तात्पर्य '÷', '×' का तात्पर्य '–', '÷' का तात्पर्य '+' और '–' का तात्पर्य '×', हो, तो
$16 \div 8 \times 6 - 2 + 12 = ?$
A. 22 B. 24
C. 23 D. 120

71. A, B की बहिन है, C, B की माता है, D, C का पिता है, E, D की माता है, तो A का D से क्या सम्बन्ध है?
A. बेटी B. माता
C. दादी/नानी D. दादा/नाना

72. निम्न श्रेणी का अगला पद ज्ञात कीजिए :
0, 5, 22, 57, 116, ?
A. 205 B. 216
C. 192 D. 207

73. एक टैंक $\frac{2}{5}$ भाग भरा है, यदि इसमें 16 लीटर पानी और भर दिया जाता है, तो वह $\frac{6}{7}$ भाग भर जाता है, तो टैंक की कुल क्षमता है :
A. 24 लीटर B. 35 लीटर
C. 38 लीटर D. 42 लीटर

74. एक लीप वर्ष में विषम दिनों की संख्या क्या होती है?
A. 0 B. 1
C. 2 D. 3

75. वह छोटी से छोटी संख्या ज्ञात कीजिए, जिसमें 12, 15, 20 और 54 से भाग देने पर प्रत्येक दशा में शेषफल 8 आता है :
A. 504 B. 540
C. 546 D. 548

76. यदि A की आय B की आय से 40% कम है, तो B की आय A की आय से कितने प्रतिशत अधिक है?
A. 25% B. 40%
C. $33\frac{1}{3}\%$ D. $66\frac{2}{3}\%$

77. वह छोटी से छोटी संख्या ज्ञात कीजिए जिससे 294 को गुणा करके एक पूर्ण वर्ग संख्या बनाई जा सके?
A. 3 B. 4
C. 6 D. 12

78. यदि भिन्नों $\frac{2}{5}, \frac{3}{8}, \frac{4}{9}, \frac{5}{13}$ तथा $\frac{6}{11}$ को बढ़ते हुए क्रम में व्यवस्थित किया जाता है, तो चौथे स्थान पर कौन-सी भिन्न होगी?

A. $\frac{3}{8}$ B. $\frac{4}{9}$
C. $\frac{5}{13}$ D. $\frac{6}{11}$

79. प्रथम सात अभाज्य संख्याओं का औसत होगा :

A. 8 B. 9
C. $8\frac{1}{7}$ D. $8\frac{2}{7}$

80. असंगत को ज्ञात कीजिए :

A. EJNO B. HMQR
C. KPSU D. NSWX

81. वहाबी नेता जिसे 19वीं शताब्दी के दौरान देशद्रोह के आरोप में गिरफ्तार किया गया :

A. मुहम्मद जफर B. गज्जन खान
C. मुबारक अली D. सलमान खान

82. निम्नलिखित को सुमेलित कीजिए :

शैक्षणिक केन्द्र	जिला
(*a*) आई.आई.आई.टी.	(*i*) रोहतक
(*b*) आई.आई.एम.	(*ii*) सोनीपत
(*c*) एन.आई.डी.	(*iii*) पंचकुला
(*d*) एन.आई.एफ.टी.	(*iv*) कुरुक्षेत्र

सही कूट चुनिए :

	(*a*)	(*b*)	(*c*)	(*d*)
A.	(*ii*)	(*i*)	(*iii*)	(*iv*)
B.	(*ii*)	(*i*)	(*iv*)	(*iii*)
C.	(*iv*)	(*i*)	(*iii*)	(*ii*)
D.	(*i*)	(*ii*)	(*iii*)	(*iv*)

83. हरियाणा में कितने वन्यजीव अभयारण्य हैं?

A. दो B. तीन
C. एक D. चार

84. हरियाणा में कितनी तहसील हैं?

A. 71 B. 93
C. 76 D. 68

85. हरियाणा का क्षेत्र जो पूर्व मध्यकाल में भडानको के प्रभाव क्षेत्र के अन्तर्गत माना जाता था :

A. रेवाड़ी B. अंबाला
C. पानीपत D. कुरुक्षेत्र

86. लाला मुरलीधर के बारे में निम्नलिखित कथनों पर विचार कीजिए :

(*a*) उन्होंने अंबाला में वकालत की।
(*b*) उन्होंने बम्बई में आयोजित कांग्रेस के प्रथम अधिवेशन में भाग लिया।

उपर्युक्त में से कौन-सा/कौन-से कथन सत्य है/हैं?

A. केवल (*a*) सत्य है।
B. केवल (*b*) सत्य है।
C. न तो (*a*) और न ही (*b*) सत्य है।
D. दोनों (*a*) और (*b*) सत्य हैं।

87. के. एम. पी. एक्सप्रेस मार्ग के बारे में निम्नलिखित कथनों पर विचार कीजिए :

(*a*) यह 'वेस्टर्न पेरिफेरल एक्सप्रेसवे' के रूप में भी जाना जाता है।
(*b*) के. एम. पी. एक्सप्रेस मार्ग पर पाँच नए शहरों का विकास किया जायेगा।

उपर्युक्त में से कौन-सा/कौन-से कथन सत्य है/हैं?

A. केवल (*a*) सत्य है।
B. केवल (*b*) सत्य है।
C. न तो (*a*) और न ही (*b*) सत्य है।
D. दोनों (*a*) और (*b*) सत्य हैं।

88. निम्नलिखित खिलाड़ियों में से किसने पुरुषों की 800 मीटर दौड़ में एशियाई खेल-2018 में स्वर्ण पदक जीता?

A. जिन्सन जॉन्सन B. मनजीत सिंह
C. अरपिन्दर सिंह D. राकेश कुमार

89. गिद्ध संरक्षण एवं प्रजनन केन्द्र कहाँ पर स्थित है?

A. कैरू में B. मोरनी में
C. झाबुआ में D. पिन्जौर में

90. निम्नलिखित में से कौन-से जिले में सबसे कम शहरी जनसंख्या है?

A. मेवात B. महेन्द्रगढ़
C. जींद D. सिरसा

भाग-IV

विज्ञान

निर्देश: *निम्नलिखित प्रश्नों के उत्तर देने के लिए **सबसे** उचित विकल्प चुनिए।*

91. इनमें से कौन-सा युग्म मानव के अवशेषी अंगों का है?

A. अनुत्रिक तथा कर्णपालि पेशियाँ
B. अनुत्रिक तथा अर्गचवर्णक
C. अनुत्रिक तथा अन्तरापर्शुक पेशियाँ
D. अनुत्रिक तथा महिलाओं के आनन बाल

92. (*a*) सीएनजी (CNG), (*b*) डीजल तथा (*c*) पेट्रोल में उपस्थित कार्बन परमाणुओं की संख्या का सही क्रम है :

A. $(a) > (b) > (c)$
B. $(b) > (c) > (a)$
C. $(c) > (a) > (b)$
D. $(a) > (c) > (b)$

93. सूची-I को सूची-II के साथ सुमेलित कीजिए तथा सूची के नीचे दिए गए कूटों की सहायता से सही उत्तर का चयन कीजिए :

सूची-I (एकलक)	**सूची-II (बहुलक)**
(*a*) क्लोरोएथीन	(*i*) पी.ए.एन.
(*b*) केप्रोलैक्टम	(*ii*) प्राकृतिक रबड़
(*c*) आइसोप्रीन	(*iii*) नाइलॉन-6
(*d*) एक्रिलोनाइट्राइल	(*iv*) पी.वी.सी.

कूट :

	(*a*)	(*b*)	(*c*)	(*d*)
A.	(*i*)	(*ii*)	(*iii*)	(*iv*)
B.	(*iv*)	(*ii*)	(*i*)	(*iii*)
C.	(*iv*)	(*i*)	(*ii*)	(*iii*)
D.	(*iv*)	(*iii*)	(*ii*)	(*i*)

94. अभिक्रिया $2SO_2 + O_2 \rightleftharpoons 2SO_3$; $\Delta H = -45$ kcal के लिए निम्न में से कौन-सा कथन सही है?

A. स्थिर दाब पर अक्रिय गैस को मिलाना अभिक्रिया के लिए सहायक होगा

B. ताप बढ़ाना अभिक्रिया के लिए सहायक होगा

C. दाब बढ़ाना अभिक्रिया के लिए सहायक होगा

D. शर्तें 1, 2 एवं 3 सभी अभिक्रिया के लिए सहायक होती हैं

95. निम्न में से कौन-से तरीके खाद्य पदार्थों के ऑक्सीकरण को रोकने में उपयोगी हैं?

(*i*) ऑक्सीकरण प्रतिरोधी (प्रति ऑक्सीकारक) पदार्थों का उपयोग करके

(*ii*) वायुरोधक डिब्बों में पैक करके

(*iii*) अक्रिय गैस युक्त फ्लश बैगों का उपयोग करके

(*iv*) बफर विलयन का उपयोग करके

A. (*i*), (*ii*) एवं (*iv*)
B. (*i*), (*ii*) एवं (*iii*)
C. (*ii*), (*iii*) एवं (*iv*)
D. उपरोक्त चारों

96. दो हीटर पर 200 V, 300 W और 200 V, 600 W अंकित है। यदि हीटर श्रेणीक्रम में जुड़े हैं तथा ये संयोजन 200 V के दिष्ट धारा स्रोत से जुड़ा है, तब निम्न में से कौन-सा चयन सही है?

A. दोनों हीटर समान ऊष्मा उत्पन्न करेंगे

B. 600 W के हीटर में अधिक ऊष्मा उत्पन्न होगी

C. 300 W के हीटर में अधिक ऊष्मा उत्पन्न होगी

D. इनमें से कोई नहीं

97. एक पुष्प के "अनिवार्य चक्र" हैं :

(*a*) बाह्यदल पुंज
(*b*) दल पुंज
(*c*) पुमंग
(*d*) जायांग

A. (*a*) एवं (*b*)
B. (*c*) एवं (*d*)
C. (*b*), (*c*) एवं (*d*)
D. (*a*), (*b*), (*c*) एवं (*d*)

98. फिल्म के पदार्थ का अपवर्तनांक 1.25 है। तरंगदैर्घ्य 589 nm की प्रकाश तरंग को दृढ़तापूर्वक परिवर्तित करने के लिए फिल्म की न्यूनतम मोटाई होगी :

A. 88.5 nm
B. 118 nm
C. 177.5 nm
D. 236 nm

99. सूची-I को सूची-II के साथ सुमेलित कीजिए तथा सूची के नीचे दिए गए कूटों की सहायता से सही उत्तर का चयन कीजिए :

सूची-I (मिश्रधातु)	**सूची-II (घटक)**
(*a*) पीतल	(*i*) Cu एवं Sn
(*b*) कांसा	(*ii*) Al, Cu, Mg एवं Mn
(*c*) ड्यूरैलुमिन	(*iii*) Al एवं Mg
(*d*) मेगनेलियम	(*iv*) Cu एवं Zn

कूट :

	(*a*)	(*b*)	(*c*)	(*d*)
A.	(*i*)	(*iv*)	(*ii*)	(*iii*)
B.	(*iv*)	(*i*)	(*ii*)	(*iii*)
C.	(*iv*)	(*i*)	(*iii*)	(*ii*)
D.	(*i*)	(*iii*)	(*ii*)	(*iv*)

100. वह यौगिक जिसमें धनआयन ऋणायन के साथ समइलेक्ट्रॉनिक है :

A. NaCl
B. NaI
C. K_2S
D. CsF

101. मेंढक के हृदय में उपस्थित हृदयी पेशी, तन्तुओं की बनी होती है। इन तन्तुओं को कहते हैं :

A. पुरकिन्जे तन्तु
B. मायोनीम्स
C. टीलोडैन्ड्रिया
D. कॉल्युम्ने कार्नी

102. एक मुद्रित कागज, एक काँच के घन ($\mu = 1.5$) जिसका किनारा 6.0 सेमी. है, के द्वारा दबा कर रखा गया है। ऊपर से देखे जाने पर कागज पर मुद्रित अक्षर किस मान से खिसके हुए प्रतीत होंगे?

A. 1.0 सेमी.
B. 2.0 सेमी.
C. 3.0 सेमी.
D. 6.0 सेमी.

103. मलेरिया के दौरान, मच्छर द्वारा रुधिर में छोड़ा जाने वाला उत्पाद, जिससे सिहरन तथा ज्वर होता है, कहलाता है :

A. शुफनर का धब्बा (Schuffner's dot)

B. राइजोटॉक्सिन

C. हीमैटिन

D. हीमोजोइन

104. वनोन्मूलन के फलस्वरूप **नहीं** होता है :

A. वर्षा में कमी
B. मृदा अपरदन में वृद्धि
C. भूजलस्तर में वृद्धि
D. पृथ्वी के तापमान में वृद्धि

105. स्पर्मेटिड का स्पर्म में रूपान्तरण होता है :

A. स्पर्मियेशन की प्रक्रिया द्वारा

B. स्पर्मियोजेनेसिस की प्रक्रिया द्वारा

C. स्पर्मेटोसिस की प्रक्रिया द्वारा

D. स्पर्मेटोजेनेसिस की प्रक्रिया द्वारा

106. जब एक प्रेरकत्व L तथा प्रतिरोध R, एक 12 V तथा 50 Hz की आपूर्ति के साथ श्रेणीक्रम में जोड़े जाते हैं, तब 0.5 A की धारा परिपथ में प्रवाहित होती है। धारा, आपतित वोल्टता से $\pi/3$ रेडियन के कलान्तर में है। R का मान होगा :

A. 4 Ω
B. 6 Ω
C. 8 Ω
D. 12 Ω

107. तर्कु के विपरीत ध्रुवों की सूक्ष्मनलिकाएँ, सह अर्धसूत्र के गति बिन्दुओं से जुड़ती हैं :

A. प्रोफेज-II के दौरान
B. प्रोफेज-I के दौरान
C. मेटाफेज-II के दौरान
D. एनाफेज-II के दौरान

108. निम्नलिखित में से कौन-सा मरुद्भिदों के लिए अनुकूलन **नहीं** है?

A. तने के वल्कुट में हरितमृदुत्तक की उपस्थिति
B. तने के अधस्त्वचा में दृढ़ोतक की उपस्थिति
C. पादप के वायवीय भागों पर मोमीय परत की उपस्थिति
D. तने में वायूतकीय कोशिकाओं की उपस्थिति

109. निम्न में से कौन घर्षण द्वारा आसानी से आवेशित **नहीं** किया जा सकता?

A. एक ऊनी वस्त्र
B. एक फूला हुआ गुब्बारा
C. एक प्लास्टिक की स्केल (पैमाना)
D. एक ताँबे की छड़

110. बीस अमीनों अम्लों के संश्लेषण हेतु कितने प्रभावी कोडोन हैं?

A. 64
B. 32
C. 41
D. 61

111. जब एक किरण एक सूक्ष्म कोण पर एक पतले प्रिज्म जिसका अपवर्तनांक 1.5 है पर आपतित होती है तो 4° विचलित हो जाती है। विचलन कितना होगा, यदि यही किरण, इसी प्रिज्म द्वारा जबकि वह पानी जिसका अपवर्तनांक 4/3 में डूबा हुआ है?

A. 1°
B. 2°
C. 8°
D. 16°

112. कथन एवं कारण को पढ़कर सही विकल्प चुनिए :

कथन (A) : ड्रोन मधुमक्खी के अलावा मधुमक्खी के छत्ते के सभी सदस्य द्विगुणित होते हैं।

कारण (R) : ड्रोन्स अनिषेकी जनन द्वारा उत्पन्न होते हैं।

A. A एवं R दोनों सत्य हैं तथा R, A का सही स्पष्टीकरण है
B. A एवं R दोनों सत्य हैं लेकिन R, A का सही स्पष्टीकरण नहीं है
C. A सत्य है लेकिन R असत्य है
D. A एवं R असत्य हैं

113. एक पूर्ण चन्द्र से अगले पूर्ण चन्द्र के मध्य का समयान्तराल है :

A. 28 दिन
B. 28 दिन से थोड़ा-सा ज्यादा
C. 29 दिन
D. 29 दिन से थोड़ा-सा ज्यादा

114. निम्न में से किसका योगदान प्रकाश रासायनिक कोहरे के निर्माण में **नहीं** होता?

A. NO
B. SO_2
C. O_3
D. वाष्पशील कार्बनिक यौगिक

115. निम्नलिखित में से किस पादप के बीजों का प्रकीर्णन वायु द्वारा **नहीं** होता है?

A. *कैलोट्रोपिस*
B. कपास
C. नारियल
D. सहजन *(मोरिंगा)*

116. निम्न में से कौन-सा पदार्थ चाँदी के धूमिल होने के लिए उत्तरदायी होता है?

A. Ag_2O
B. Ag_2CO_3
C. Ag_2S
D. AgCN

117. सेलूलोज से प्राप्त कपड़े हैं :

A. सूती एवं रेयॉन
B. रेयॉन एवं नायलॉन
C. नायलॉन एवं रेशम
D. रेशम एवं सूती

118. निम्न में से कौन-से सामान्य लवण के अनुप्रयोग हैं?

(*i*) यह संरक्षक के रूप में काम आता है।
(*ii*) द्रवित अवस्था में विद्युत अपघटन द्वारा यह Na धातु एवं Cl_2 गैस के उत्पादन में काम आता है।
(*iii*) यह कास्टिक सोडे के निर्माण में काम आता है।
(*iv*) सॉल्वे प्रक्रम द्वारा यह खाने का सोडा एवं धुलाई का सोडा के निर्माण में काम आता है।

A. (*i*), (*ii*) एवं (*iii*)
B. (*i*), (*ii*) एवं (*iv*)
C. (*ii*), (*iii*) एवं (*iv*)
D. उपरोक्त सभी

119. कौन-सा शक्ति संयंत्र पृथ्वी के गुरुत्व के आधार पर कार्य करता है?

A. भू-तापीय
B. पवन चक्की
C. जल विद्युत
D. नाभिकीय शक्ति

120. निम्न में से कौन-सी एल्कीन, HBr से क्रिया करने पर परऑक्साइड की उपस्थिति व अनुपस्थिति में समान उत्पाद देगी?

A. प्रोपीन
B. ब्यूटीन-2
C. 2-मिथाइल प्रोपीन
D. ब्यूटीन-1

121. डिटॉल के पूतिरोधी गुण का कारण है :

A. क्लोरोबेन्जीन
B. क्लोरोजाइलिनॉल
C. क्लोरोक्विन
D. क्लोरोएसीटिलीन

122. किस माध्यम में ध्वनि की चाल अधिकतम होगी?

A. जल
B. ताँबा
C. स्टील
D. एल्युमिनियम

123. एक व्यक्ति का वास्तविक भार mg है। जब एक लिफ्ट एकसमान रूप से ऊपर की ओर गतिशील है। व्यक्ति जो कि लिफ्ट में है, का भार प्रतीत होगा :

A. शून्य
B. mg
C. $m(g + a)$
D. $m(g - a)$

124. सूची-I को सूची-II के साथ सुमेलित कीजिए तथा सूची के नीचे दिए गए कूटों की सहायता से सही उत्तर का चयन कीजिए :

सूची-I (रासायनिक पदार्थ)	सूची-II (अनुप्रयोग)
(*a*) विरंजक चूर्ण	(*i*) काँच बनाने में
(*b*) खाने का सोडा	(*ii*) खिलौने बनाने में
(*c*) कपड़े धोने का सोडा	(*iii*) विरंजित करने में
(*d*) प्लास्टर ऑफ पेरिस	(*iv*) अम्लरोधी

कूट :

	(*a*)	(*b*)	(*c*)	(*d*)
A.	(*iii*)	(*iv*)	(*i*)	(*ii*)
B.	(*ii*)	(*i*)	(*iv*)	(*iii*)
C.	(*iii*)	(*ii*)	(*iv*)	(*i*)
D.	(*ii*)	(*iv*)	(*i*)	(*iii*)

125. निम्न में से कौन-से ऊष्माक्षेपी प्रक्रम हैं?

(*i*) जल एवं बिना बुझे चूने के मध्य अभिक्रिया

(*ii*) बर्फ का पिघलना

(*iii*) जल का वाष्पन

(*iv*) अम्ल का तनुकरण

A. (*i*) एवं (*ii*) B. (*ii*) एवं (*iii*)

C. (*i*) एवं (*iv*) D. (*iii*) एवं (*iv*)

126. द्रवों के शोधन के लिए प्रभाजी आसवन विधि का प्रयोग किया जाता है जब :

A. उनके क्वथनांक में कम (25°C से कम) अन्तर होता है।

B. उनके क्वथनांक में अन्तर नहीं होता है।

C. द्रवों के क्वथनांक में अधिक अन्तर (25°C से अधिक) होता है।

D. गलनांक में कम अन्तर होता है।

127. 1, 2-ब्यूटाडाइन में होते हैं :

A. केवल sp^2 संकरित कार्बन परमाणु

B. sp, sp^2 तथा sp^3 संकरित कार्बन परमाणु

C. केवल sp संकरित कार्बन परमाणु

D. sp तथा sp^2 संकरित कार्बन परमाणु

128. निम्न में से कौन-सा युग्म C-Br बन्ध के विषमांश बन्ध विदलन से 1° कार्बोनियम आयन देता है?

A. आइसोप्रोपिल ब्रोमाइड, आइसोब्यूटिल ब्रोमाइड

B. आइसोब्यूटिल ब्रोमाइड, द्वितीयक ब्यूटिल ब्रोमाइड

C. नियोपेन्टिल ब्रोमाइड, आइसोब्यूटिल ब्रोमाइड

D. सक्रिय एमिल ब्रोमाइड, आइसोप्रोपिल ब्रोमाइड

129. निम्नलिखित में से कौन-सा एक कार्बोहाइड्रेट **नहीं** है?

A. स्टीविया B. स्टार्च

C. सेलूलोस D. लेक्टोस

130. निम्न अभिक्रिया में $X \xrightarrow[\text{HCl}]{\text{Zn - Hg}} ?$ Zn – Hg/HCl अपचायक के साथ निम्नलिखित को बनाना संभव नहीं होगा :

A. प्रोपेन B. आइसोपेन्टेन

C. प्रोपीन D. *n*-पेन्टेन

131. कथन एवं कारण को पढ़कर सही विकल्प चुनिए :

कथन (A) : दीमक एवं चींटियां सामाजिक कीट हैं।

कारण (R) : दोनों ही अपने घोंसले में कवक खाने के लिए कवक बाग बनाते हैं।

A. A एवं R दोनों सत्य हैं तथा R, A का सही कारण है

B. A एवं R दोनों सत्य हैं लेकिन R, A का सही कारण नहीं है

C. A सत्य है लेकिन R गलत है

D. A एवं R दोनों गलत हैं

132. पादप शरीर से जल की हानि होती है :

A. वातरन्ध्र पर्णमध्योतक की कोशिका भित्ति एवं जलरन्ध्र द्वारा

B. वातरन्ध्र एवं पर्णमध्योतक की कोशिका भित्ति द्वारा

C. वातरन्ध्र एवं जलरन्ध्र द्वारा

D. पर्णमध्योतक की कोशिका भित्ति एवं जलरन्ध्र द्वारा

133. फेनेटिक वर्गीकरण आधारित है :

A. उपस्थित जीवों के प्रेक्षणीय लक्षण पर

B. डीएनए लक्षणों पर आधारित ड्यूडोग्राम द्वारा

C. लैंगिक लक्षणों पर

D. उपस्थित जीवों के पूर्वजीय वंशक्रम पर

134. एक गुब्बारा जो कि 5 m/sec के एकसमान वेग से ऊपर जा रहा है, से एक पत्थर नीचे गिराया जाता है। जब पत्थर गिराया जाता है, तब गुब्बारे की ऊँचाई 50 m है। जब पत्थर जमीन पर गिरता (छूता) है, तब गुब्बारे की जमीन से ऊँचाई होगी : ($g = 10$ m/s^2)

A. 63.5 m B. 65.5 m

C. 68.5 m D. इनमें से कोई नहीं

135. निम्न में से किसमें 'संकुलन दक्षता' का मान सबसे कम है?

A. अंतःकेन्द्रित घन B. फलक केन्द्रित घन

C. घन संकुलित षट्कोणीय D. सरल घन

136. निम्न में से कौन-सा जीव एकलिंगी है?

A. फीताकृमि B. जोंक

C. कॉकरोच D. केंचुआ

137. एक कण की रैखिक सरल आवर्त गति में, कण की चरम सीमा पर :

A. वेग तथा त्वरण दोनों अधिकतम हैं

B. वेग तथा त्वरण दोनों न्यूनतम हैं

C. वेग अधिकतम तथा त्वरण न्यूनतम है

D. वेग न्यूनतम तथा त्वरण अधिकतम है

138. एक गोली एक बंदूक से दागी जाती है। गोली पर बल निम्न प्रकार लगता है : $F = 600 - 2 \times 10^5\, t$, जहाँ F न्यूटन में तथा t सेकण्ड में है। जैसे ही गोली बन्दूक की नली से बाहर निकलती है उस पर बल शून्य हो जाता है। गोली को दिया गया औसत आवेग है :

A. शून्य B. 0.9 Ns

C. 1.8 Ns D. 9.0 Ns

139. एक एकसमान जंजीर जिसकी लम्बाई L तथा द्रव्यमान m है, एक समतल टेबल पर रखी है और इसकी लम्बाई का एक-तिहाई भाग टेबल के किनारे से ऊर्ध्वाधर नीचे की तरफ लटक रहा है। यदि g गुरुत्वीय त्वरण है, तब लटके हुए भाग को टेबल पर लाने के लिए किया गया कार्य होगा :

A. $\frac{MgL}{6}$ B. $\frac{MgL}{9}$

C. $\frac{MgL}{12}$ D. $\frac{MgL}{18}$

140. केन्द्रक उपस्थित होता है :
A. माइकोप्लाज्मा में B. अमीबा में
C. जीवाणु में D. नील-हरित शैवाल में

141. चंद्रमा पृथ्वी के गुरुत्वीय क्षेत्र से हमेशा के लिए प्रस्थान कर जायेगा, यदि इसकी चाल में वृद्धि कर दी जाए लगभग (प्रतिशत में) :
A. 22 B. 24
C. 42 D. 38

142. तीन प्रतिरोध, जिसमें प्रत्येक 3 Ω का है, इस प्रकार जुड़े हैं कि एक त्रिभुज का निर्माण करते हैं। त्रिभुज के किन्हीं भी दो शीर्षों के मध्य तुल्य प्रतिरोध है :
A. 1 Ω B. 2 Ω
C. 3 Ω D. 9 Ω

143. जिम्नोस्पर्म में भ्रूणपोष होता है :
A. बहुगुणित B. त्रिगुणित
C. द्विगुणित D. अगुणित

144. निम्न में से कौन-सा प्रतिचुम्बकीय है?
A. O_2 B. O_2^+
C. O_2^- D. O_2^{2-}

145. निम्नलिखित में से कौन-सा 'उच्च पादप' का एक उदाहरण है?
A. अश्व पुच्छ पादप B. लाइकेन
C. *पेजाइजा* D. *इफिड्रा*

146. यदि α, β तथा γ एक ठोस घन के रैखिक, क्षेत्रफल तथा आयतन प्रसार गुणांक हैं, तब α, β तथा γ के मध्य सम्बन्ध है :
A. $6\alpha = 3\beta = 2\gamma$ B. $3\alpha = 6\beta = \gamma$
C. $6\alpha = 2\beta = 3\gamma$ D. $3\alpha = \beta = 2\gamma$

147. गैस अवस्था में निम्नलिखित में से कौन-सा प्रबल क्षार है?
A. ट्राइएथिल ऐमीन B. डाइएथिल ऐमीन
C. एथिल ऐमीन D. अमोनिया

148. एक वृत्ताकार कुण्डली जिसकी त्रिज्या r है तथा उसमें धारा I प्रवाहित हो रही है, के केन्द्र पर चुम्बकीय क्षेत्र B है। कुण्डली के अक्ष पर, केन्द्र से $x = \sqrt{3}r$ दूरी पर चुम्बकीय क्षेत्र क्या है?
A. B B. B/2
C. 8B D. B/8

149. नियाग्रा जलप्रपात की ऊँचाई 50 मी. है। यदि J = 4.2 J/cal है, तो जलप्रपात से गिरने वाले पानी के उच्चतम स्तर तथा न्यूनतम स्तर पर पानी के ताप में अंतर होगा :
A. 0.117°C B. 0.49°C
C. 0.82°C D. 2.05°C

150. एक कण 25 सेमी. आयाम तथा 3 सेकेन्ड की सरल आवर्त गति कर रहा है। कण द्वारा माध्यस्थिति के दोनों तरफ 12.5 सेमी. पर स्थित बिन्दुओं के मध्य गति में लगने वाला न्यूनतम आवश्यक समय है :
A. 0.25 सेकेन्ड B. 0.5 सेकेन्ड
C. 0.75 सेकेन्ड D. 1.0 सेकेन्ड

उत्तरमाला

1	2	3	4	5	6	7	8	9	10
D	B	D	A	A	D	C	C	A	A
11	**12**	**13**	**14**	**15**	**16**	**17**	**18**	**19**	**20**
A	D	C	B	A	C	D	D	C	C
21	**22**	**23**	**24**	**25**	**26**	**27**	**28**	**29**	**30**
D	B	B	B	B	D	D	C	B	C
31	**32**	**33**	**34**	**35**	**36**	**37**	**38**	**39**	**40**
A	A	C	D	B	A,B	C	C	C	B
41	**42**	**43**	**44**	**45**	**46**	**47**	**48**	**49**	**50**
A	A	A	A	A	B	B	A	C	A
51	**52**	**53**	**54**	**55**	**56**	**57**	**58**	**59**	**60**
A	D	A	D	C	C	B	A	C	B
61	**62**	**63**	**64**	**65**	**66**	**67**	**68**	**69**	**70**
C	B	B	C	B	C	D	C,D	D	C
71	**72**	**73**	**74**	**75**	**76**	**77**	**78**	**79**	**80**
*	A	B	C	D	D	C	B	D	C
81	**82**	**83**	**84**	**85**	**86**	**87**	**88**	**89**	**90**
A	B	A	B	A	D	D	B	D	A
91	**92**	**93**	**94**	**95**	**96**	**97**	**98**	**99**	**100**
A	B	D	C	B	C	B	B	B	C
101	**102**	**103**	**104**	**105**	**106**	**107**	**108**	**109**	**110**
A	B	D	C	B	D	C	D	D	D

111	112	113	114	115	116	117	118	119	120
A	A	D	B	C	C	A	D	C	B
121	**122**	**123**	**124**	**125**	**126**	**127**	**128**	**129**	**130**
B	D	B	A	C	A	B	C	A	C
131	**132**	**133**	**134**	**135**	**136**	**137**	**138**	**139**	**140**
B	C	A	C	D	C	D	B	D	B
141	**142**	**143**	**144**	**145**	**146**	**147**	**148**	**149**	**150**
C	B	D	D	D	A	A	D	A	B

व्याख्यात्मक उत्तर

61. माना कुल दूरी = x किमी.

$\therefore$ औसत चाल = $\dfrac{\text{कुल दूरी}}{\text{दूरी तय करने में लिया गया कुल समय}}$

$$= \frac{x}{\left(\dfrac{\frac{x}{2}}{120}\right) + \dfrac{\left(\frac{x}{2}\right)}{80}}$$

$$= \frac{1}{\dfrac{1}{240} + \dfrac{1}{160}} = \frac{480}{2+3}$$

$$= \frac{480}{5} = 96 \text{ किमी./घं.}$$

62. एक सन्तरे का क्रय मूल्य = ₹ $\dfrac{10}{11}$

एक सन्तरे का विक्रय मूल्य = ₹ $\dfrac{11}{10}$

लाभ प्रतिशत = $\dfrac{SP - CP}{CP} \times 100$

$$= \frac{\frac{11}{10} - \frac{10}{11}}{\frac{10}{11}} \times 100 = \frac{\frac{121-100}{100}}{\left(\frac{10}{11}\right)} \times 100$$

$$= \frac{21 \times 11}{110 \times 10} \times 100 = 21\%.$$

63. अमूल्य का एक दिन का काम = $\dfrac{1}{2}$

बिन्दु का एक दिन का काम = $\dfrac{1}{6}$

अमूल्य और बिन्दु का एक दिन का काम = $\dfrac{1}{2} + \dfrac{1}{6}$

$$= \frac{3+1}{6} = \frac{4}{6} = \frac{2}{3}$$

$\therefore$ अभीष्ट समय = $\dfrac{3}{2}$ दिन

64. माना 20 पैसे के सिक्कों की संख्या = x

$\therefore$ 25 पैसों के सिक्कों की संख्या = $324 - x$

तब, $20x + 25(324 - x) = 71 \times 100$

$$20x + 8100 - 25x = 7100$$
$$-5x = -1000$$
$$x = 200$$

अतः 20 पैसों के सिक्कों की संख्या 200 है।

66. जिस प्रकार

B O R N → (−1, +1, −1, +1) → A P Q O

L A C K → (−1, +1, −1, +1) → K B B L

उसी प्रकार,

G R I D → (−1, +1, −1, +1) → **F S H E**

67. माना मोरों की कुल संख्या = x और

हिरणों की कुल संख्या = y

तब, $x + y = 80$ ...(*i*)

$2x + 4y = 200$ ...(*ii*)

समीकरण (*i*) × 4 − समीकरण (*ii*)

$$2x = 120$$
$$x = 60$$

अतः मोरों की संख्या 60 है।

70. $16 + 8 - 6 \times 2 \div 12$

BODMAS नियमानुसार,

$$= 16 + 8 - 6 \times \frac{2}{12}$$
$$= 16 + 8 - 1$$
$$= 24 - 1 = 23.$$

72.

0	5	22	57	116	**205**
↑	↑	↑	↑	↑	↑
$1^3 - 1$	$2^3 - 3$	$3^3 - 5$	$4^3 - 7$	$5^3 - 9$	$6^3 - 11$

73. माना टैंक की कुल क्षमता = x ली.

तब, $\dfrac{2}{5}x + 16 = \dfrac{6}{7}x$

$$\frac{6}{7}x - \frac{2}{5}x = 16$$

$$\frac{30x - 14x}{35} = 16$$

$$16x = 16 \times 35$$

$$x = 35$$

अतः टैंक की कुल क्षमता 35 ली. है।

74. एक लीप वर्ष में कुल दिन = 366

$\therefore$ 366 दिन = 52 सप्ताह + 2 दिन (विषम दिन)

अतः लीप वर्ष में 2 विषम दिन होते हैं।

75. अभीष्ट छोटी संख्या

2	12,	15,	20,	54
2	6,	15,	10,	27
3	3,	15,	5,	27
3	1,	5,	5,	9
3	1,	5,	5,	3
5	1,	5,	5,	1
	1,	1,	1,	1

= LCM (12, 15, 20, 54) + 8

= $(2 \times 2 \times 3 \times 3 \times 3 \times 5) + 8$

= 540 + 8 = 548.

76. माना B की आय = ₹ 100

तब A की आय = ₹ 60 (B की आय से 40% कम)

तब B की आय A से अधिक है

= 100 − 60 = ₹ 40

अभीष्ट प्रतिशत = $\frac{40}{60} \times 100$

$= \frac{200}{3} = 66\frac{2}{3}\%.$

77.

2	294
3	147
7	49
7	7
	1

$\therefore$ $294 = 2 \times 3 \times 7 \times 7$

$= 6 \times (7)^2$

अभीष्ट संख्या = 6.

78. $\because$ $\frac{2}{5} = 0.4$ $\frac{3}{8} = 0.375$

$\frac{4}{9} = 0.444$ $\frac{5}{13} = 0.385$

$\frac{6}{11} = 0.545$

$\because 0.375 < 0.385 < 0.4 < 0.444 < 0.545$

$\frac{3}{8} < \frac{5}{13} < \frac{2}{5} < \frac{4}{9} < \frac{6}{11}$

अतः आरोही क्रम में चौथी भिन्न $\frac{4}{9}$ है।

79. प्रथम सात अभाज्य संख्याएँ हैं

2, 3, 5, 7, 11, 13, 17

अभीष्ट औसत = $\frac{2+3+5+7+11+13+17}{7}$

$= \frac{58}{7} = 8\frac{2}{7}.$

80. A. E → J → N → O (+5, +4, +1)   B. K → P → S → U (+5, +3, +2)

C. H → M → Q → R (+5, +4, +1)   D. N → S → W → X (+5, +4, +1)

अतः विकल्प (C) KPSU विषम है।

पिछले प्रश्न-पत्र (हल सहित)

हरियाणा शिक्षक पात्रता परीक्षा (HTET)

TGT विज्ञान (Level-2), परीक्षा 2017*

भाग-I

बाल विकास व शिक्षाशास्त्र

निर्देश : *निम्नलिखित प्रश्नों के उत्तर देने के लिए* ***सबसे उचित*** *विकल्प चुनिए।*

1. निम्नांकित में से कौन-सा 'प्रयास एवं त्रुटि' सिद्धांत का गौण नियम ***नहीं*** है?

A. बहु-अनुक्रिया का नियम B. अभिवृत्ति का नियम
C. अभ्यास का नियम D. तार्किक अनुक्रिया का नियम

2. पियाजे के अनुसार संवेदीगामक चरण के उपचरण 'मानसिक निरूपण/प्रतिनिधित्व' की आयु है :

A. जन्म से 1 माह B. 4 से 8 माह
C. 8 से 12 माह D. 18 माह से 2 वर्ष

3. मनोवैज्ञानिक जिसने गणित की एक शाखा टोपोलॉजी के सिद्धांतों का प्रयोग करते हुए अधिगम सिद्धांत विकसित करने का प्रयास किया, वह है :

A. कर्ट लेविन B. सिगमंड फ्रायड
C. विलियम जेम्स D. स्किनर

4. आर.पी. डब्ल्यू. डी. ऐक्ट, 2016 के अनुसार निम्नांकित में से कौन विशेष आवश्यकता वाले बालक का उदाहरण ***नहीं*** है?

A. एसिड हमले के शिकार B. प्रमस्तिष्क पक्षाघात
C. दृष्टिबाधित बालक D. इनमें से कोई नहीं

5. परीक्षण जो अनुदेशन के दौरान योजना बनाने एवं निदान के लिए किया जाता है, कहलाता है :

A. रचनात्मक मूल्यांकन B. योगात्मक मूल्यांकन
C. मानक मूल्यांकन D. इनमें से कोई नहीं

6. शिक्षक ने रेखा को कहा कि आपने गृहकार्य नहीं पूरा किया है अतः आपको खेल की कक्षा से वंचित किया जाता है। यह उदाहरण है :

A. नकारात्मक पुनर्बलन का B. दण्ड का
C. सकारात्मक पुनर्बलन का D. स्पर्शनीय पुरस्कार का

7. वर्गीकरण की योग्यता का विकास होता है :

A. संवेदी गामक अवस्था में
B. पूर्व संक्रियात्मक अवस्था में
C. मूर्त संक्रियात्मक अवस्था में
D. उपरोक्त में से कोई नहीं

8. दृष्टिबाधित बालकों हेतु किस प्रकार की शिक्षण सामग्री सर्वाधिक प्रभावी होगी?

A. वीडियो आधारित B. दृश्य सामग्री
C. स्पर्शात्मक D. इनमें से कोई नहीं

9. मॉडलिंग की संकल्पना दी गई है :

A. अल्बर्ट बंडुरा के द्वारा B. जे.बी. वाटसन के द्वारा
C. फ्रॉयड के द्वारा D. वायगोत्स्की के द्वारा

10. निम्नांकित में से किसने बच्चे को 'टेबुला रसा' (एक खाली स्लेट) माना है?

A. फ्रायड B. पियाजे
C. स्किनर D. जॉन लॉक

11. निम्नांकित में से किस सिद्धान्त ने संज्ञानात्मक विकास को सामाजिक मध्यस्थता युक्त प्रक्रिया (Socially Mediated Process) के रूप में देखा है?

A. समाज सांस्कृतिक सिद्धांत
B. सामाजिक अधिगम सिद्धांत
C. मनोलैंगिक सिद्धांत
D. चिह्न अधिगम सिद्धांत

12. एक तीन साल का बच्चा कहता है कि "सूरज क्रोधित है।" यह एक उदाहरण है :

A. एनीमिज्म का B. आत्मकेन्द्रण का
C. आलोचना का D. अन्तर्ज्ञान का

13. निम्नांकित में से कौन-सा गार्डनर द्वारा दिए गए बुद्धि के प्रकारों में से एक प्रकार ***नहीं*** है?

A. संगीत संबंधी बुद्धिमत्ता B. स्पासियल बुद्धिमत्ता
C. अंतर्वैयक्तिक बुद्धिमत्ता D. विश्लेषणात्मक बुद्धिमत्ता

14. "TEACCH" कार्यक्रम अधिकांशतः किस प्रकार के बालक के शिक्षण के लिए प्रयोग किया जा सकता है?

A. श्रवण बाधित बालक
B. मेधावी बालक
C. बौद्धिक अक्षमता वाले बालक
D. ऑटिज्म

*Exam held on 24-12-2017.

15. निम्नांकित में से किसने बच्चों में नैतिक विकास का अध्ययन किया?
A. कोह्लबर्ग ने
B. पियाजे ने
C. A एवं B दोनों
D. इनमें से कोई नहीं

16. शिक्षक को प्रत्येक माह के आखिर में वेतन दिया जाना पुनर्बलन के किस शेड्यूल की ओर इंगित करता है?
A. स्थिर अनुपात
B. चर अनुपात
C. स्थिर अंतराल
D. चर अंतराल

17. यह किसका दृष्टिकोण है कि प्रत्येक बच्चे में भाषा ग्रहण उपकरण विद्यमान होता है?
A. पियाजे
B. चॉमस्की
C. वायगोत्सकी
D. डान स्लोबिन

18. शिक्षण का अग्रिम संयोजक प्रतिमान किसने विकसित किया?
A. ब्रूनर ने
B. पावलॉव ने
C. ऑसुबेल ने
D. पियाजे ने

19. बहुबुद्धि सिद्धांत दिया गया था :
A. अल्फ्रेड बिने के द्वारा
B. जीन पियाजे के द्वारा
C. हार्वर्ड गार्डनर के द्वारा
D. जेनसन के द्वारा

20. फ्रॉयड के मनोलैंगिक विकास सिद्धांत के अनुसार 'मुखीय अवस्था' की आयु सीमा है :
A. जन्म से एक वर्ष
B. जन्म से दो वर्ष
C. जन्म से तीन वर्ष
D. इनमें से कोई नहीं

21. दीर्घावधि स्मृति जो 'किसी कार्य को कैसे करें' से जुड़ी है, कहलातीहै :
A. प्रक्रियात्मक स्मृति
B. एपिसोडिक स्मृति
C. तात्कालिक स्मृति
D. संवेदी स्मृति

22. सफल बुद्धि का त्रिपक्षीय (Triarchic) सिद्धांत किसने दिया है?
A. स्पीयरमैन
B. बिने
C. थॉर्नडाइक
D. स्टर्नबर्ग

23. वह नियम जो अधिगम के गेस्टाल्ट दृष्टिकोण का भाग ***नहीं*** है, है :
A. समानता का नियम
B. निकटता का नियम
C. क्लोजर का नियम
D. उपयोग का नियम

24. एक वांछनीय व्यवहार के उपरांत, शिक्षक 'बहुत अच्छा' कहती है। शिक्षक ने प्रयोग किया है :
A. प्राथमिक पुनर्बलक का
B. द्वितीयक पुनर्बलक का
C. नकारात्मक पुनर्बलक का
D. उपरोक्त में से कोई नहीं

25. पारिस्थितिकीय तंत्र सिद्धांत के अनुसार 'मूल्य' किस तंत्र में समाहितहैं?
A. सूक्ष्म तंत्र
B. वृहत् तंत्र
C. मीजो (Meso) तंत्र
D. एक्सो (Exo) तंत्र

26. वर्तमान 'स्कीम' के द्वारा बाहरी दुनिया को समझने की क्रिया कहलाती है :
A. तादात्मीकरण
B. आत्मसातीकरण
C. संगठन
D. इनमें से कोई नहीं

27. निम्नांकित में से कौन-सा एक अर्जित अभिप्रेरक का उदाहरण ***नहीं*** है?
A. अभिवृत्ति
B. रुचि
C. जिज्ञासा
D. भूख

28. निम्नांकित में से कौन-सा विकासात्मक विकार का उदाहरण है?
A. दृष्टिबाधिता
B. श्रवणबाधिता
C. बौद्धिक अक्षमता
D. कुष्ठ रोग

29. निम्नांकित में से कौन-सा मस्तिष्कीय क्षेत्र, व्याकरण एवं भाषा उत्पादन का कार्य करता है?
A. ब्रोका क्षेत्र
B. फ्रंटल खण्ड
C. पश्च मस्तिष्कीय खण्ड
D. ऑसिपिटल खण्ड

30. प्रोग्राम्ड लर्निंग निम्नांकित में से किसके कार्य पर आधारित है?
A. स्किनर
B. पियाजे
C. पावलॉव
D. बंडुरा

भाग-II

भाषा-I: हिन्दी

निर्देशः *निम्नलिखित प्रश्नों के उत्तर देने के लिए **सबसे उचित** विकल्प चुनिए।*

31. कौन-सा शब्द उर्दू उपसर्ग से निर्मित है?
A. खुशबू
B. स्वयंसिद्ध
C. अधकच्चा
D. निहत्था

32. ***अशुद्ध*** विलोम युग्म को पहचानिए :
A. आध्यात्मिक-आधिदैविक
B. स्मरण-विस्मरण
C. हेय-स्तुत्य
D. वृद्धि-क्षय

33. किस विकल्प में वर्तनी की दृष्टि से ***अशुद्ध*** शब्द है?
A. दवाईयाँ
B. पौलस्त्य
C. आभिजात्य
D. आपराधिक

34. किस विकल्प में संधि नियम का उल्लंघन होने के कारण ***अशुद्ध*** शब्द बना है?
A. अभिषेक
B. निषेध
C. अनुशंगी
D. सुषुप्ति

35. किस विकल्प में ऊनतावाचक तद्धित प्रत्यय है?
A. बहूटी
B. बहिनापा
C. दूधैल
D. चुड़िहारा

36. *"कोमल गात, मृदुल बसंत, हरे-हरे ये पात"*
—उक्त पंक्ति में प्रयुक्त पदों में से कौन-सा पद विशेषण ***नहीं*** है?
A. मृदुल
B. गात
C. हरे-हरे
D. कोमल

37. निम्न में से किस विकल्प में कर्मधारय का उदाहरण है?
A. सूरकृत B. नीलगगन
C. आजीवन D. रामोपासक

38. कौन-सा विकल्प लिंग सम्बन्धिनी ***अशुद्धि*** से युक्त है?
A. पापिनी स्त्री B. बुद्धिमती भार्या
C. गुणवान कन्या D. प्रभावशालिनी भाषा

39. निम्न में से कौन-सा शब्द 'योगरूढ़' है?
A. अहिंसा B. पाशविक
C. मुख्यमंत्री D. चक्षुःश्रवा

40. किस शब्द में विसर्ग संधि का प्रयोग ***नहीं*** हुआ है?
A. यशोदा B. पयोद
C. तमोगुण D. महोदधि

41. किस विकल्प में 'नामधातु' क्रिया है?
A. धड़धड़ाहट B. खिलवाना
C. उठना D. गरमाना

42. 'परुष' का समानार्थक (पर्याय) शब्द है :
A. कठोर B. पुरुष
C. परख D. प्रणाली

43. 'आप भला तो जग भला' वाक्य किस सर्वनाम का उदाहरण बनेगा?
A. संबंधवाचक सर्वनाम B. निजवाचक सर्वनाम
C. निश्चयवाचक सर्वनाम D. पुरुषवाचक सर्वनाम

44. कौन-सा शब्द स्त्रीलिंग बोधक ***नहीं*** है?
A. मृत्यु B. ऋतु
C. रेणु D. तालु

45. निम्न कथनों में से कौन-सा कथन ***असत्य*** है?
A. 'ङ्' उत्क्षिप्त व्यंजन है।
B. 'स्' संघर्षी व्यंजन है।
C. 'द्' स्पर्शी व्यंजन है।
D. 'र्' पार्श्विक वर्ण है।

भाग-II

Language-II : English

Directions: *Answer the following questions by selecting the **most appropriate** option.*

46. 'Dancing is her hobby.'
The underlined word is used as a:
A. verb B. gerund
C. participle D adjective

47. Choose the most appropriate modal for the blank:
She .... swim for hours at the age of eight.
A. can B. may
C. might D. could

48. "The girl who is wearing a red ribbon is my sister."
The underlined words are a:
A. Noun Clause B. Adjective Clause
C. Adverb Clause D. None of the above

49. Choose the most appropriate form of indirect speech for the given sentence:
He said tc her, "you are a very reasonable person."
A. He said to her she is a very reasonable person.
B. He told her that she was a very reasonable person.
C. He told to her that he is a very reasonable person.
D. He said to her that she is a very reasonable person.

50. Fill in the blank with the appropriate preposition.
He lost all his property because of his addiction .... drinking and gambling.
A. with B. in
C. to D. of

51. "Business falls off during summer months."
The underlined phrasal verb means:
A. to decline B. to grow
C. to increase D. to disappear

52. Fill in the blank with the appropriate option:
"I paid the bill but the cashier did not give the ...."
A. receipt B. receive
C. receiving D. received

53. 'She could not figure out the theme of the play clearly.'
The underlined phrasal verb means:
A. comprehend B. examine
C. enjoy D. draw

54. Fill in the blank by choosing the correct option.
"Asha and I .... on M.G. Road when we saw an old man walking slowly."
A. were shopping B. have been shopping
C. had been shopping D. shopping

55. Choose the correct Passive Construction for the sentence given:
"Mrs. Sharma knows me."
A. I am known by Mrs. Sharma.
B. I was known by Mrs. Sharma.
C. I am known to Mrs. Sharma.
D. I have known to Mrs. Sharma.

56. Choose the correct word for the following expression:

One who is present everywhere

A. Omnipotent
B. Omniscient
C. Omnipresent
D. Omnission

57. Choose a suitable connector for the blank from the options given:

"My father burnt his hand .... he was lighting a candle."

A. but
B. while
C. because
D. since

58. "Maharana Pratap fought bravely and won the war." The underlined word in the sentence has been used as a:

A. Noun
B. Verb
C. Adverb
D. Adjective

59. 'Agreement' is a noun with 'ment' as a suffix. Which of the following options will become a noun if we add the suffix 'ment' to it?

A. amuse
B. extort
C. correct
D. colour

60. Choose the word which is spelt correctly:

A. comittee
B. committe
C. committee
D. commitee

भाग-III

सामान्य अध्ययन : मात्रात्मक योग्यता, तार्किक अभिक्षमता तथा सामान्य ज्ञान एवं अभिज्ञान

निर्देशः *निम्नलिखित प्रश्नों के उत्तर देने के लिए* ***सबसे उचित*** *विकल्प चुनिए।*

61. A की आय B की आय से 20% कम है। B की आय A की आय से कितने प्रतिशत अधिक है?

A. 20%
B. 25%
C. $16\frac{2}{3}\%$
D. $33\frac{1}{3}\%$

62. दी गई शृंखला में कितने 9 ऐसे हैं जो 9 के बाद आते हैं?
98799029990319927965697819678992 90

A. 2
B. 4
C. 5
D. 6

63. एक मिनट में एक बाल्टी का $\frac{3}{7}$ भाग भर सकता है। बाल्टी का शेष भाग भरा जा सकता है :

A. $\frac{7}{3}$ मिनट में
B. 21 मिनट में
C. $\frac{4}{7}$ मिनट में
D. $\frac{4}{3}$ मिनट में

64. एक संख्या जिसे 8, 12 और 15 से भाग देने पर हमेशा शेषफल 5 आता है। वह संख्या है :

A. 9505
B. 9605
C. 9705
D. 9805

65. सबसे छोटी संख्या ज्ञात कीजिए जिससे यदि इसे 9 और 10 के वर्ग के योग में जोड़ा जाए, तो पूर्ण वर्ग प्राप्त होता है :

A. 0
B. 3
C. 8
D. 15

66. $13\frac{1}{2}-\left[4\frac{1}{2}-\left\{3-\left(2-\frac{1}{2}\right)\right\}\right]$ बराबर है :

A. $9\frac{1}{2}$
B. $10\frac{1}{2}$
C. $10\frac{3}{4}$
D. $13\frac{1}{2}$

67. आठ संख्याओं का औसत 12 है। यदि प्रत्येक संख्या को 2 से बढ़ा दिया जाए, तो नई संख्याओं का औसत है :

A. 13
B. 12
C. 15
D. 14

68. 1 से 100 के मध्य ऐसी कितनी संख्याएँ हैं जो 7 से पूर्णतया विभाजित होती हैं?

A. 9
B. 11
C. 17
D. 14

69. निम्न में से कौन-सी भिन्न 1/3 से बड़ी है?

A. $\frac{27}{82}$
B. $\frac{20}{61}$
C. $\frac{16}{45}$
D. $\frac{51}{154}$

70. वह छोटी-से-छोटी संख्या ज्ञात कीजिए जिसे 24 से गुणा करने पर एक पूर्ण वर्ग संख्या प्राप्त होती है :

A. 2
B. 3
C. 4
D. 6

71. विसंगत को चुनिए :

A. ऑक्सीजन
B. बर्फ
C. जल
D. भाप

72. चित्र में दिखाई गए त्रिभुजों की संख्या है :

A. 6 B. 8
C. 10 D. 12

73. यदि GRASP को INOPQ कूट किया जाता है। BROWN को RNSTU कूट किया जाता है, तो SPARROW को कूट किया जाएगा :

A. PQONNST B. PQONNOT
C. POQNNSU D. PQONNSU

74. **कथन** : I. एक त्रिभुज के 3 कोण होते हैं।
II. एक वर्ग के 4 कोण होते हैं।

निष्कर्ष : एक बहुभुज के बहुत से कोण होते हैं।

तो निम्न में से कौन-सा ***सही*** है?

A. निष्कर्ष सही है। B. निष्कर्ष गलत है।
C. निष्कर्ष तर्कसंगत नहीं है। D. इनमें से कोई नहीं

75. दिए गए चित्र में, वृत्त धनवान व्यक्तियों को प्रदर्शित करता है, आयत मेहनती को प्रदर्शित करता है और त्रिभुज ग्रामीण व्यक्तियों को प्रदर्शित करता है। तो ग्रामीण व्यक्ति जो मेहनती तो हैं परन्तु निर्धन हैं, को दिखाया गया है :

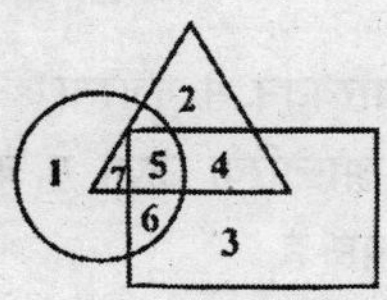

A. 5 B. 7
C. 4 D. 6

76. 3 लगातार कैलेण्डर के महीनों में अधिकतम संभव रविवारों की संख्या है :

A. 14 B. 15
C. 13 D. 12

77. A, B का भाई है, B, C की पत्नी है, C, D का पुत्र है और D, E की पत्नी है। E, B का क्या है?

A. दामाद B. ससुर
C. साला D. सास

78. सात संख्याएँ दी गई हैं। पहली चार संख्याओं का औसत 4 है। अन्तिम चार संख्याओं का औसत भी 4 है। सभी सात संख्याओं का औसत 3 है। चौथी संख्या ज्ञात कीजिए :

A. 4 B. 3
C. 11 D. 7

79. दिए गए वर्ग में लुप्त संख्या ज्ञात कीजिए :

5	25	18
15	10	12
20	5	?

A. 15 B. 10
C. 20 D. 25

80. श्रेणी का लुप्त पद ज्ञात कीजिए :
2, 7, 17, 32, ?, 77

A. 47 B. 52
C. 57 D. 62

81. हरियाणा की तेरहवीं विधान सभा के उपाध्यक्ष (डिप्टी स्पीकर) हैं :

A. कुलदीप शर्मा
B. कँवर पाल
C. आर.के. नांदल
D. संतोष यादव

82. हरियाणा की नदी जो राजस्थान में उद्गमित होती है, है :

A. मार्कण्डा B. साहिबी
C. घग्घर D. सरस्वती

83. 'द टेक्नोलॉजिकल इन्स्टिट्यूट ऑफ टेक्सटाइल एंड साइन्स' अवस्थित है :

A. गुरुग्राम में B. भिवानी में
C. रोहतक में D. पंचकुला में

84. 2011 की जनगणना के अनुसार हरियाणा का जनसंख्या घनत्व है (प्रति वर्ग किमी. में) :

A. 478 B. 573
C. 385 D. 325

85. हरियाणा की प्रथम आणविक ऊर्जा परियोजना स्थापित की जा रही है :

A. गोरखपुर में B. काकरोई में
C. सांपला में D. यमुनानगर में

86. सन् 2017 में हरियाणा सरकार ने प्रवासी हरियाणा दिवस का आयोजन कहाँ किया?

A. अशोका विश्वविद्यालय, सोनीपत
B. किंगडम ऑफ ड्रीम, गुरुग्राम
C. पिंजौर गार्डेन, पंचकुला
D. विज्ञान भवन, नई दिल्ली

87. मठ जिसका बाबा मस्तनाथ ने जीर्णोद्धार किया और मुख्य केन्द्र के रूप में चुना, वह था :

A. कन्सासी B. अस्थल बोहर
C. पेहवा D. जालंधर

88. बू अली शाह का मकबरा अवस्थित है :

A. हिसार में B. यमुनानगर में
C. पानीपत में D. जींद में

89. निम्नांकित स्थलों में से कहाँ एक राष्ट्रीय उद्यान अवस्थित है?

A. सुल्तानपुर B. भिण्डावास
C. नाहन D. अबुबशहर

90. 31वें सूरजकुण्ड अंतर्राष्ट्रीय हस्तशिल्प मेले में सहभागी राष्ट्र था :

A. मिस्र B. चीन
C. थाईलैण्ड D. जापान

भाग-IV

विज्ञान

निर्देशः *निम्नलिखित प्रश्नों के उत्तर देने के लिए* **सबसे उचित** *विकल्प चुनिए।*

91. यदि टायर एवं सड़क के मध्य घर्षण गुणांक 0.5 है, तो 108 किमी./घंटा से चल रहे वाहन को जिस न्यूनतम दूरी पर रोका जा सकता है, वह है :

A. 90 मी. B. 45 मी.
C. 135 मी. D. 60 मी.

92. सिरके की खाने के सोडे से क्रिया कराने पर उत्पन्न गैस को जब चूने के पानी में प्रवाहित किया जाता है तो वह दूधिया हो जाता है। इस दूधियेपन का कारण है :

A. कैल्सियम ऑक्सलेट B. कैल्सियम कार्बोनेट
C. कैल्सियम हाइड्रॉक्साइड D. कैल्सियम बाइकार्बोनेट

93. रुधिर की लवण सांद्रता होती है :

A. 200 मिग्रा./100 मिली. B. 0.9 ग्रा./100 मिली.
C. 9 ग्राम/100 मिली. D. 300 मिग्रा./100 मिली.

94. सत्य कथन का चयन कीजिए :

A. पादपालय पत्र (हरबेरियम शीट) का मानक आकार 18.5" × 10.5" होता है
B. पौधों में पुनर्पदनाम (टाऊटोनिम) स्वीकृत नहीं है
C. अधिकांश वनस्पतिक नाम स्पैनिश भाषा से लिए गए हैं
D. अरस्तू ने ''स्पीशीज प्लान्टेरम'' लिखी थी

95. डिवोनियन कल्प को जाना जाता है :

A. मानव काल (एज ऑफ मैन)
B. एज ऑफ रूलिंग रेप्टाइल (सरीसृपों)
C. गोल्डन एज ऑफ डाइनोसोर (डाइनोसोर का स्वर्णिम काल)
D. गोल्डन एज ऑफ फिशेज (मछलियों का स्वर्णिम काल)

96. प्रकाश संश्लेषण II के उत्तेजित क्लोरोफिल अणु से निकला इलेक्ट्रॉन सर्वप्रथम ग्राहित किया जाता है :

A. साइटोक्रोम बी से B. साइटोक्रोम एफ से
C. क्विनोन से D. फैरेडॉक्सिन से

97. निम्न में से कौन-से प्रक्रम उदासीनीकरण अभिक्रिया के अनुप्रयोग हैं?

(*i*) किसी कीट के काटने पर नम मीठा सोडा लगाना
(*ii*) अम्लीय मिट्टी में बिना बुझा हुआ चूना डालना
(*iii*) जलने से हुए घाव को बरनॉल लगाना
(*iv*) टूथपेस्ट से दाँतों को साफ करना

A. (*i*) एवं (*ii*) B. (*ii*) एवं (*iii*)
C. (*i*), (*ii*) एवं (*iii*) D. (*i*), (*ii*) एवं (*iv*)

98. सन् 1963 में भारत के गेहूँ उत्पादक क्षेत्रों में कौन-सी अधिक उत्पादक तथा रोग प्रतिरोधक गेहूँ की किस्म लाई गई?

A. नोरिन-10 तथा सोनोर-64
B. सोनालिका तथा कल्याण सोना
C. HUW-468 तथा P-1542
D. जया तथा ADT-37

99. निम्न में से कौन-सा मनुष्य के रक्त एवं प्रमस्तिष्क मेरुद्रव का अन्तःपरजीवी है?

A. *पैरामिसियम विरिडेन्स*
B. *ट्रिपैनोसोमा गैम्बिएन्स*
C. एडीज
D. हिरूडीनेरिया

100. नील हरित शैवाल की हिटरोसिस्ट (विषमपुटी) में कौन-सा किण्वक विशिष्टतया पाया जाता है?

A. नाइट्रोजिनेज B. पेप्सिन
C. जाइमेज D. टोपोआइसोमेरेज

101. एक निकाय एक परिवर्तन से गुजरता है जिसमें निकाय द्वारा किया गया कार्य इसकी आन्तरिक ऊर्जा में कमी के समान है। निकाय जिससे गुजरा है, वह है :

A. समतापीय परिवर्तन B. समआयतनीय परिवर्तन
C. रुद्धोष्म परिवर्तन D. समदाबीय परिवर्तन

102. असत्य कथन चुनिए :

A. प्रथम ट्रांसजेनिक जन्तु भेड़ थी
B. प्रथम ट्रांसजेनिक पौधा तम्बाकू था
C. भारत में सबसे पहली ट्रांसजेनिक फसल Bt-कॉटन है
D. बेन्टिंग और बेस्ट ने कुत्ते के अग्न्याशय से सर्वप्रथम इंसुलिन को पृथक किया था

103. प्रक्षेप्य गति के लिए महत्तम ऊँचाई H एवं परास R में सही सम्बन्ध है (θ प्रक्षेप्य कोण है) :

A. $H = 4R \cot \theta$ B. $R = 4H \cot \theta$
C. $R = H/4 \cot \theta$ D. $R = 2H \cot \theta$

104. सिल्क तन्तु मुख्य रूप से बना होता है :

A. कार्बोहाइड्रेट से B. वसा से
C. प्रोटीन से D. खनिज से

105. जैसे ही ताप बढ़ता है, गैसों का श्यानता गुणांक :

A. बढ़ता है
B. घटता है
C. समान रहता है
D. घटना अथवा बढ़ना दाब पर निर्भर है

106. सत्य कथन का चयन कीजिए :

A. कैल्सियम वह खनिज पोषक है जो मुख्य रूप से अग्र विभ्यज्योतक की गतिविधि से सम्बन्धित है

B. फूलगोभी की व्हिपटेल बीमारी मॉलिब्डेनम की कमी से नहीं होती है

C. चुकंदर की ब्राउन हार्टरोट Mg की कमी से होती है

D. जलसंवर्धन (हाइड्रोपोनिक्स) तकनीकी में पौधे परिष्कृत आसुत जल में विकसित होते हैं

107. जिन भौतिक राशियों की विमाएँ समान ***नहीं*** हैं, वे हैं :

A. प्रतिबल एवं यंग का प्रत्यास्थता गुणांक

B. चाल एवं $(\mu_0\varepsilon_0)^{-1/2}$

C. बलाघूर्ण एवं कार्य

D. संवेग एवं प्लांक का नियतांक

108. सूची-I को सूची-II के साथ सुमेलित कीजिए तथा सूची के नीचे दिए गए कूटों की सहायता से सही उत्तर का चयन कीजिए :

सूची-I (अम्ल का नाम)	**सूची-II (स्रोत)**
(*a*) लैक्टिक अम्ल	(*i*) सेब
(*b*) ऑक्जैलिक अम्ल	(*ii*) दही
(*c*) एस्कॉर्बिक अम्ल	(*iii*) पालक
(*d*) मैलिक अम्ल	(*iv*) आँवला

कूट :

	(*a*)	(*b*)	(*c*)	(*d*)
A.	(*ii*)	(*iii*)	(*i*)	(*iv*)
B.	(*ii*)	(*iv*)	(*iii*)	(*i*)
C.	(*ii*)	(*i*)	(*iv*)	(*iii*)
D.	(*ii*)	(*iii*)	(*iv*)	(*i*)

109. निम्न में से कौन-सा शब्द गुरुबीजाणुधानी को वर्णित करने हेतु काम में ***नहीं*** लिया जाता?

A. नाभिका B. बीजाण्डद्वार

C. बीजाण्डकाय D. ध्रुवीय केन्द्रक

110. यदि समान ऊँचाई से नत तल पर ठोस गोला, चकती एवं खोखला बेलन लुढ़काए जाते हैं, तो निचले तल पर इनमें से सबसे पहले कौन पहुँचेगा?

A. ठोस गोला

B. चकती

C. खोखला बेलन

D. सभी समान समय पर पहुँचेंगे

111. निम्न में से कौन-सा सही ***नहीं*** है?

A. चक्रीय ए.एम.पी. द्वितीयक संदेशवाहक है

B. थायरॉइड ग्रन्थि के स्वप्रतिरक्षा से नष्ट कर दिए जाने के कारण हासीमोटो रोग होता है

C. ADH की अनुपस्थिति का परिणाम ऑलीगोयूरिया है

D. एडीसन का रोग एड्रीनल कॉर्टेक्स के अल्पस्रावण के कारण होता है

112. एक वस्तु का पलायन वेग इसके द्रव्यमान की *n*वीं घात के समानुपाती होता है। यहाँ *n* है :

A. 2 B. –2

C. 1 D. 0

113. भ्रूण जनन के दौरान, निम्न संरचनाओं के लिए सही परिवर्धन क्रम को पहचानिए :

(*a*) विकसित भ्रूण (*b*) दो कोशिका अवस्था

(*c*) ब्लास्टूला (*d*) हृदयाकार अवस्था

A. (*b*), (*c*), (*d*), (*a*) B. (*b*), (*d*), (*c*), (*a*)

C. (*d*), (*b*), (*a*), (*c*) D. (*b*), (*a*), (*c*), (*d*)

114. गलत कथन का चयन कीजिए :

A. जीव अभियांत्रिकी जीन चिकित्सा (थैरेपी) से जुड़ी है

B. भारतीय पुरावनस्पतिविज्ञान से सम्बन्धित वैज्ञानिक बीरबल साहनी हैं

C. केन्द्रकीय कोशिका विज्ञान को तंत्रिका विज्ञान कहते हैं

D. कस्कुटा एक ऐसा पौधा है जिसमें बीजपत्र दिखाई नहीं देता और द्विबीजपत्रीय के अन्तर्गत वर्गीकृत किया गया है

115. किसी विलयन की टूटे हुए अण्डे के बाहरी खोल से अभिक्रिया द्वारा एक गैस निकलती है जिसको जल में घोलने पर वह अम्लीय हो जाता है। इस विलयन में है :

A. NaCl B. HCl

C. LiCl D. KCl

116. निम्न में से किस समूह में मैड्रेपोराइट (प्रंधक) ***नहीं*** होते?

A. एस्टेरोइडिया B. इकिनॉइडिया

C. क्रिनॉइडिया D. होलोथुरोइडिया

117. निम्न में से कौन-से जैविक अणु में अम्ल ***नहीं*** है?

A. डी.एन.ए. B. कार्बोहाइड्रेट

C. प्रोटीन D. वसा

118. असत्य कथन चुनिए :

A. शीतनिष्क्रियता के दौरान मेंढक त्वचा से श्वसन करता है

B. मेंढक में कपाल तंत्रिकाएँ 24 होती हैं

C. पक्षाकार पेशियाँ हृदय तथा परिसंचरण से सम्बन्धित हैं

D. फेरेटिमा (केंचुए) में 18वें खंड में नर जनन छिद्र पाया जाता है

119. डी.एन.ए. बहुलक है :

A. मोनोसैकेराइड्स का

B. अमीनो अम्लों का

C. असंतृप्त वसा एवं अमीनो अम्लों का

D. न्यूक्लियोटाइड का

120. निम्न में से कौन-सा/कौन-से उपाय लोहे पर जंग लगने से रोकने में उपयोगी है/हैं?

A. ऑक्सीजन एवं जल से सम्पर्क में कमी करना

B. पेन्ट या ग्रीस का लेपन करना

C. क्रोमियम अथवा जिंक धातु का निक्षेपण करना

D. सभी विकल्प सही हैं

121. धातुओं एवं अधातुओं के लिए निम्न कथनों पर विचार कीजिए एवं निम्न में से सही कथनों का चुनाव कीजिए :

(*i*) ज्ञात तत्वों में से लगभग 75% या इससे अधिक धातु हैं।

(*ii*) सोडियम धातु अत्यंत क्रियाशील है इसलिए इसे जल में संग्रहित किया जाता है।

(*iii*) फॉस्फोरस एक अत्यन्त ही क्रियाशील अधातु है इसलिए इसको वायुमण्डलीय ऑक्सीजन से बचाने के लिए जल में संग्रहित किया जाता है।

(*iv*) अधातुओं का उपयोग उर्वरक एवं पटाखों में किया जाता है।

A. (*ii*), (*iii*) एवं (*iv*) B. (*i*), (*iii*) एवं (*iv*)
C. (*iii*) एवं (*iv*) D. सभी कथन सही हैं

122. निम्न में से कौन-सा तथ्य ***गलत*** है?

A. जाइलम तंतुओं को बास्ट तंतु कहा जाता है
B. जायलेन, जिम्नोस्पर्म की तृतीयक कोशिका भित्ति में उपस्थित होता है
C. दृढ़ोत्तक कोशिकाओं में कोशिका अवकोशिका विलोपित तथा कोशिकाभित्ति लिग्निफाइड होती है
D. एन्जिओस्पर्म में तत्व तथा सहायक कोशिकाएँ, सहचर (सिस्टर) कोशिकाओं के रूप में उत्पन्न होती हैं

123. वुल्फियन पुनरुद्भवन पाया जाता है :

A. प्लेनेरिया में B. यूरोडीला में
C. पक्षियों में D. हाइड्रा में

124. अनावश्यक (नॉन-एसेन्शियल) अमीनो अम्ल मनुष्य के शरीर में संश्लेषित होते हैं :

A. केवल प्रोटीन अपचय के दौरान
B. केवल प्रोटीन उपचय के दौरान
C. न तो प्रोटीन अपचय के दौरान न ही प्रोटीन उपचय के दौरान
D. दोनों प्रोटीन अपचय तथा प्रोटीन उपचय के दौरान

125. निम्न कथनों को पढ़िए :

(*a*) थाइमिन, 5-मिथाइल यूरेसिल है

(*b*) एक पौधे को क्लोरोफिल संश्लेषण हेतु मैग्नीशियम की आवश्यकता होती है

(*c*) UAG तथा UGA प्रारम्भन कूट हैं

अब सर्वाधिक सही उत्तर चुनिए :

A. सभी कथन सही हैं
B. केवल कथन (*b*) सही है
C. केवल कथन (*a*) तथा (*c*) सही हैं
D. केवल कथन (*a*) तथा (*b*) सही हैं

126. एक विद्यार्थी 'A' लोहे की कीलों को $CuSO_4$ विलयन में डालता है जबकि एक अन्य विद्यार्थी 'B', Cu के टुकड़ों को $FeSO_4$ के विलयन में डालता है। यह प्रेक्षण जिसमें विलयन का नीला रंग हरे रंग में बदल जाता है किस विद्यार्थी द्वारा रिपोर्ट किया जायेगा?

A. विद्यार्थी 'A' B. विद्यार्थी 'B'
C. दोनों विद्यार्थी 'A' एवं 'B' D. किसी के द्वारा भी नहीं

127. तांबे के बर्तन के लम्बी अवधि तक नम वायु के संपर्क में आने से उस पर हल्के हरे रंग की परत आ जाती है। यह परत रासायनिक रूप से मिश्रण है :

A. कॉपर ऑक्साइड एवं कॉपर कॉर्बोनेट
B. कॉपर हाइड्रॉक्साइड एवं कॉपर कॉर्बोनेट
C. कॉपर ऑक्साइड एवं कॉपर हाइड्रॉक्साइड
D. कॉपर परऑक्साइड एवं कॉपर कॉर्बोनेट

128. निम्न में से कौन-से धातु एवं अधातु कमरे के तापक्रम पर द्रव अवस्था में पाये जाते हैं?

A. गैलियम एवं आयोडीन
B. गैलियम एवं ब्रोमीन
C. मर्करी (पारा) एवं ब्रोमीन
D. मर्करी (पारा) एवं सल्फर

129. एक p-n संधि डायोड की विभव रोधिका निम्न में से किस पर निर्भर ***नहीं*** करती?

A. डायोड निर्माण (डिजाइन) B. ताप
C. अग्र बायस D. अपमिश्रण (डोपिंग) घनत्व

130. एक अध्यापक छात्रों के लिए निम्न में से एक विधि को छोड़कर शेष विधियों के द्वारा समस्या-समाधान को सरल बना सकता है। वह विधि है :

A. खुली शिक्षण सामग्री प्रदान करके
B. स्वतन्त्र खेल के लिए समय प्रदान करके
C. रचनात्मक सोच के लिए असीमित अवसर प्रदान करके
D. विद्यार्थियों से निपुणता की आशा करके जबकि वे स्वयं अपने स्तर पर कार्य करने का प्रयास कर रहे हैं

131. एक दर्पण की फोकस दूरी f है। यदि इसे पानी ($n = 4/3$) में रखते हैं, तो इसकी फोकस दूरी होगी :

A. $4/3\ f$ B. $3/4\ f$
C. $4\ f$ D. f

132. a भुजा के घन से अपवाह (फ्लक्स) कितना होगा, यदि इसके एक सिरे पर q मान का आवेश रखा हो?

A. $\frac{q}{\varepsilon_0}$ B. $\frac{q}{2\varepsilon_0}$

C. $\frac{2q}{\varepsilon_0}$ D. $\frac{q}{8\varepsilon_0}$

133. I एवं $4\,I$ तीव्रता के दो कला सम्बद्ध प्रकाश पुंज व्यतिकरण प्रतिरूप बनाते हैं। एक बिन्दु जहाँ कालान्तर 2π है, वहाँ तीव्रता होगी :

A. $9\,I$ B. $5\,I$
C. $25\,I$ D. I

134. पृथ्वी धरातल का सर्वाधिक मात्रिक प्रोटीन है :

A. एण्डोन्यूक्लिएज B. रूबिस्को
C. राइबोजाइम D. थाऊमेटिन

135. निम्न बहुलक को उनके एकलक के साथ सुमेलित कीजिए :

(बहुलक)		(एकलक)
(*a*) ब्यूना-N	(*i*)	हेक्सा मेथिलीन डाइएमीन एवं एडिपिक अम्ल
(*b*) टेफ्लॉन	(*ii*)	ब्यूटाडाइन एवं एक्रिलोनाइट्राइल
(*c*) डेक्रॉन	(*iii*)	एथिलीन ग्लाइकॉल एवं टेरेफ्थैलिक अम्ल
(*d*) नाइलॉन 6, 6	(*iv*)	टेट्राफ्लुओरो एथीन

कूट :

	(*a*)	(*b*)	(*c*)	(*d*)
A.	(*ii*)	(*iv*)	(*iii*)	(*i*)
B.	(*ii*)	(*iv*)	(*i*)	(*iii*)
C.	(*i*)	(*iv*)	(*iii*)	(*ii*)
D.	(*iii*)	(*iv*)	(*i*)	(*ii*)

136. आवृत्ति में डॉप्लर विस्थापन निर्भर ***नहीं*** करता है :
A. स्रोत की चाल पर
B. प्रेक्षक की चाल पर
C. तरंग की आवृत्ति पर
D. स्रोत एवं प्रेक्षक के मध्य की दूरी पर

137. निम्न में से कौन-सा एक तीन चीजों का समूह इसकी श्रेणी से पूर्णतया सही सुमेलित है?
A. लाइसिन, ग्लाइसिन, थाइमिन – अमीनो अम्ल
B. मायोसिन, ऑक्सीटोसिन, गैस्ट्रिन – हार्मोन
C. रैनिन, हैलिकेज, हाइएलूरोनिडेज – एन्जाइम
D. दृक् तंत्रिका, आकुलोमोटर, वेगस – संवेदी तंत्रिका

138. लाइकेन मुख्य प्रदूषक सूचक हैं :
A. सल्फर डाइऑक्साइड के
B. नाइट्रस ऑक्साइड के
C. निलम्बित कणकीय पदार्थ के
D. पारे के

139. निम्न में से कौन-सा एक C4 पौधे का उदाहरण है?
A. गेहूँ
B. मक्का
C. जौ
D. जई

140. दो विद्युत बल्ब जिन पर 25 W – 220 V एवं 100 W – 220 V अंकित है, 440 V की आपूर्ति के साथ श्रेणी क्रम में जुड़े हैं। कौन-सा बल्ब फ्यूज होगा?
A. कोई नहीं
B. 25 W
C. 100 W
D. दोनों

141. माइकोप्लाज्मा दूसरे प्रोकैरियोट्स से अलग होते हैं :
A. कोशिकाभित्ति में काइटिन की उपस्थिति से
B. कोशिकाभित्ति में म्यूरिन की उपस्थिति से
C. कोशिकाभित्ति में प्रोटीन की उपस्थिति से
D. कोशिकाभित्ति की स्वयं की अनुपस्थिति से

142. मायलोमा निम्न में से किस कैंसर से संदर्भित है?
A. रुधिर कैंसर से
B. त्वचा कैंसर से
C. अस्थि कैंसर से
D. जीभ कैंसर से

143. जब प्रकाश स्रोत को फोटो सेल से 20 सेमी. दूरी पर रखा जाता है, तो निरोधी विभव 0.6 V प्राप्त होता है। जब स्रोत को 40 सेमी. दूरी पर रखेंगे, तो निरोधी विभव होगा :
A. 0.3 V
B. 0.6 V
C. 0.15 V
D. 1.2 V

144. सूची-I को सूची-II के साथ सुमेलित कीजिए तथा सूची के नीचे दिए गए कूटों की सहायता से सही उत्तर का चयन कीजिए :

सूची-I (बहुलक का नाम)		सूची-II (उपयोग)
(*a*) पॉलीस्टाइरीन	(*i*)	कंघियाँ और कम्प्यूटर डिस्क बनाने में
(*b*) पॉलीविनाइल क्लोराइड	(*ii*)	विद्युतरोधी, वस्तुओं को लपेटने एवं टेलीविजन कैबिनेट बनाने में
(*c*) यूरिया-फॉर्मेल्डिहाइड रेजिन	(*iii*)	बरसातियाँ एवं वाइनिल-फर्श बनाने में
(*d*) बैकेलाइट	(*iv*)	न टूटने वाले कप और पटलित चादरें बनाने में

कूट :

	(*a*)	(*b*)	(*c*)	(*d*)
A.	(*i*)	(*iii*)	(*iv*)	(*ii*)
B.	(*iv*)	(*iii*)	(*ii*)	(*i*)
C.	(*ii*)	(*iii*)	(*i*)	(*iv*)
D.	(*ii*)	(*iii*)	(*iv*)	(*i*)

145. रेडियो सक्रिय विघटन ${}^{200}_{90}X \rightarrow {}^{168}_{80}Y$ में उत्सर्जित α एवं β कणों की क्रमशः संख्या है :
A. 8, 12
B. 8, 8
C. 8, 6
D. 6, 12

146. मीबोमियन ग्रन्थियाँ पाई जाती हैं :
A. पलकों (आइलैशेज) में
B. बाह्य कर्ण में
C. आमाशय में
D. मूत्रजनन मार्ग में

147. निम्न में से कौन-सा तापदृढ़ प्लास्टिक का उदाहरण ***नहीं*** है?
A. मेलामाइन फॉर्मेल्डिहाइड
B. यूरिया फार्मेल्डिहाइड
C. पॉलीमिथाइल मेथएक्राइलेट
D. इपॉक्सी रेजिन

148. क्रियाशील मध्यवृक्क पाए जाते हैं :
A. वयस्क पक्षी में
B. वयस्क मछली में
C. मछली के भ्रूण में
D. उभयचर के भ्रूण में

149. पौधों में बीजों द्वारा होने वाला अलैंगिक जनन कहलाता है :
A. अनिषेकफलन
B. असंगजनन
C. बहुभ्रूणता
D. जीनिया

150. पार्श्वीय जड़ें उद्भवित होती हैं :
A. परिरम्भ से
B. परित्वक से
C. अंतचर्म से
D. वल्कुटजन से

उत्तरमाला

1	2	3	4	5	6	7	8	9	10
C	D	A	D	A	B	C	C	A	D
11	**12**	**13**	**14**	**15**	**16**	**17**	**18**	**19**	**20**
A	A	D	D	C	C	B	C	C	A
21	**22**	**23**	**24**	**25**	**26**	**27**	**28**	**29**	**30**
A	D	D	B	B	A	D	C	A	A
31	**32**	**33**	**34**	**35**	**36**	**37**	**38**	**39**	**40**
A	A	A	C	A	B	B	C	D	D
41	**42**	**43**	**44**	**45**	**46**	**47**	**48**	**49**	**50**
D	A	B	D	D	B	D	B	B	C
51	**52**	**53**	**54**	**55**	**56**	**57**	**58**	**59**	**60**
A	A	A	A	C	C	B	C	A	C
61	**62**	**63**	**64**	**65**	**66**	**67**	**68**	**69**	**70**
B	C	D	B	D	B	D	D	C	D
71	**72**	**73**	**74**	**75**	**76**	**77**	**78**	**79**	**80**
A	C	A	A	C	A	B	C	B	B
81	**82**	**83**	**84**	**85**	**86**	**87**	**88**	**89**	**90**
D	B	B	B	A	B	B	C	A	A
91	**92**	**93**	**94**	**95**	**96**	**97**	**98**	**99**	**100**
A	B	B	B	D	C	D	B	B	A
101	**102**	**103**	**104**	**105**	**106**	**107**	**108**	**109**	**110**
C	A	B	C	A	A	D	D	D	A
111	**112**	**113**	**114**	**115**	**116**	**117**	**118**	**119**	**120**
C	D	A	C	B	C	B	B	D	D
121	**122**	**123**	**124**	**125**	**126**	**127**	**128**	**129**	**130**
B	A	B	D	D	A	B	C	A	D
131	**132**	**133**	**134**	**135**	**136**	**137**	**138**	**139**	**140**
D	D	A	B	A	D	C	A	B	B
141	**142**	**143**	**144**	**145**	**146**	**147**	**148**	**149**	**150**
D	A	B	D	C	A	C	B, C & D	B	A

व्याख्यात्मक उत्तर

61. माना B की आय = ₹ 100

तब, A की आय = ₹ 80

B की आय A की आय से अधिक है

$$= \frac{100-80}{80} \times 100 = \frac{20}{80} \times 100$$

$= 25\%$.

63. $\frac{3}{7}$ भाग भरता है = 1 मिनट में

1 भाग भरता है = $\frac{7}{3}$ मिनट में

शेष भाग $\left(1-\frac{3}{7}\right) = \frac{4}{7}$

$\frac{4}{7}$ भाग भरता है $= \frac{1}{\left(\frac{3}{7}\right)} \times \frac{4}{7}$

$$= \frac{7}{3} \times \frac{4}{7} = \frac{4}{3} \text{ मिनट}$$

64. ल.स.प. (8, 12, 15) = 120

विकल्प चुनने पर

(*a*) 9505 ÷ 120

शेषफल = 25

(*b*) 9605 ÷ 120

शेषफल = 5

अतः 9605, वह संख्या है जिसे 8, 12 और 15 से भाग देने पर शेषफल 5 प्राप्त होता है।

65. माना संख्या = x

प्रश्नानुसार, $= (9)^2 + (10)^2 + x$

$= 81 + 100 + x$

$= 181 + x$

181 के पास पूर्ण वर्ग संख्या 196 है

$\therefore \quad x = 196 - 181$

$= 15.$

66. $13\frac{1}{2} - \left[4\frac{1}{2} - \left\{3 - \left(2 - \frac{1}{2}\right)\right\}\right]$

$= \frac{27}{2} - \left[\frac{9}{2} - \left\{3 - \frac{3}{2}\right\}\right]$

$= \frac{27}{2} - \left[\frac{9}{2} - \frac{3}{2}\right]$

$= \frac{27}{2} - 3 = 10\frac{1}{2}.$

67. हम जानते हैं कि,

यदि प्रत्येक संख्या x से बढ़ा दी जाए, तो उनका औसत भी x से बढ़ जाता है।

$\therefore$ नई संख्याओं का औसत = 12 + 2 = 14.

68. 1 और 100 के बीच 7 से पूर्णतया विभाजित संख्या निम्न है :

7, 14, 21, 28, 35, 42, 49, 56, 63, 70, 77, 84, 91, 98

$\therefore$ कुल संख्या = 14.

69. $\because \quad \frac{1}{3} = 0.333$

(*a*) $\frac{27}{82} = 0.329$

(*b*) $\frac{20}{61} = 0.327$

(*c*) $\frac{16}{45} = 0.355$

(*d*) $\frac{51}{154} = 0.331$

$\therefore \frac{16}{45}, \frac{1}{3}$ से बड़ी भिन्न है।

70. $24 \times 6 = 144$

जो 12 की एक वर्ग संख्या है

$\therefore$ 6 वह छोटी-से-छोटी संख्या है जिसे 24 से गुणा करने पर एक पूर्ण वर्ग संख्या प्राप्त होती है।

71. विकल्प (A) को छोड़कर अन्य सभी, पानी की तीन अवस्थाएँ हैं जबकि ऑक्सीजन एक गैस है।

72.

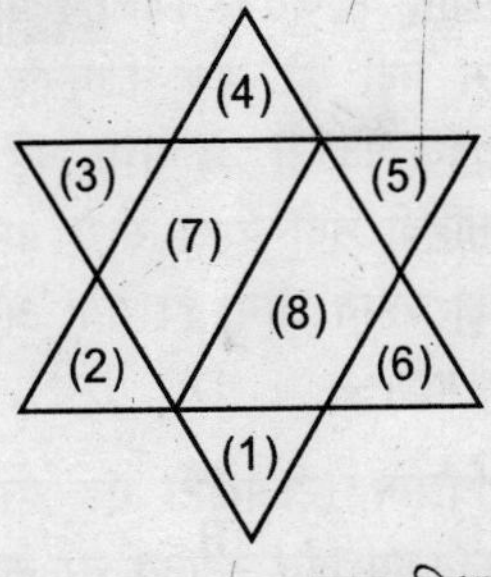

कुल त्रिभुज = 8 + 2 = 10.

73. जिस प्रकार G R A S P   B R O W N

↓ ↓ ↓ ↓ ↓   ↓ ↓ ↓ ↓ ↓

I N O P Q   R N S T U

उसी प्रकार S P A R R O W

↓ ↓ ↓ ↓ ↓ ↓ ↓

P Q O N N S T

76. कैलेंडर वर्ष 2017 में,

अक्टूबर माह में कुल दिन = 31

अक्टूबर में कुल रविवार = 5 (1, 8, 15, 22, 29)

नवम्बर माह में कुल दिन = 30

नवम्बर में कुल रविवार = 4 (5, 12, 19, 26)

दिसम्बर माह में कुल दिन = 31

दिसम्बर में कुल रविवार = 5 (3, 10, 17, 24, 31)

3 माह में कुल रविवार = 5 + 4 + 5

= 14.

यह दर्शाता है कि यदि तीनों माह में से किसी माह का पहला दिन रविवार है तो अधिकतम रविवार की संख्या 14 होगी।

77.

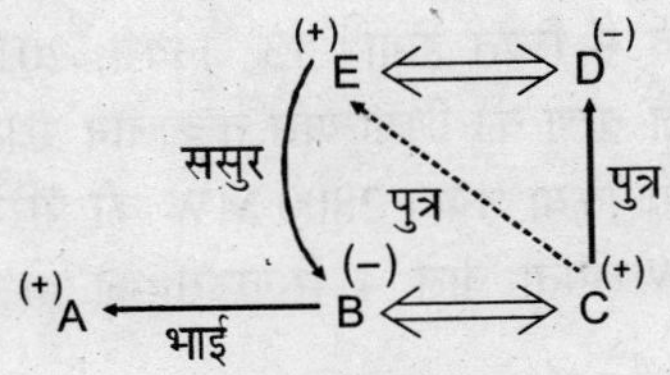

78. चौथी संख्या = $(4 \times 4 + 4 \times 4) - 7 \times 3$

$= (16 + 16) - 21$

$= 32 - 21$

$= 11.$

79. कॉलम I ⇒ $5 + 15 + 20 = 40$

कॉलम II ⇒ $25 + 10 + 5 = 40$

कॉलम III ⇒ $18 + 12 + ? = 40$

$30 + ? = 40$

$? = 10$

80. 2   7   17   32   [52]   77

+ 5   + 10   + 15   + 20   + 25

82. हरियाणा की साहिबी नदी राजस्थान के जयपुर जिले में अरावली पर्वत से उद्गमित होती है। इस नदी को अब नजफगढ़ नाला के नाम से जाना जाता है क्योंकि दिल्ली के सभी बड़े नालों का पानी इसी में गिरता है। साहिबी नदी पहले सीधे यमुना में गिरती थी लेकिन धीरे-धीरे इसका बहाव धीमा हो गया और यह नाले के रूप में परिवर्तित हो गई।

83. 1943 में स्थापित वस्त्र और विज्ञान (टीआईटी एंड एस) का तकनीकी संस्थान, इंजीनियरिंग कार्यक्रम और स्नातकोत्तर कार्यक्रम प्रदान करता है। यह संस्थान भिवानी में स्थित है। यह भारत के सबसे पुराने कॉलेजों में से एक है। 1943 में स्थापित तकनीकी कॉलेज शुरू में कताई और बुनाई प्रौद्योगिकी में 3 वर्ष के डिप्लोमा कोर्स के लिए औद्योगिक प्रशिक्षण विभाग पंजाब से संबद्ध था। टीआईटीएस 31 मार्च, 1985 तक बिड़ला एजुकेशन ट्रस्ट का हिस्सा बना रहा। 1 अप्रैल, 1985 से इसे ट्रस्ट से अलग किया गया और एक स्वतंत्र सोसायटी जिसे "टेक्नोलॉजिकल इंस्टीट्यूट ऑफ टेक्सटाइल्स" के नाम से जाना जाता था, का प्रबंधन पश्चिम बंगाल के सोसाइटी पंजीकरण अधिनियम, 1961 के तहत पंजीकृत था। विस्तारित निर्देशक सुविधाओं और नए पाठ्यक्रमों को प्रतिबिंबित करने के लिए सोसायटी को 'वस्त्र और विज्ञान के तकनीकी संस्थान' के रूप में पुनः नामित किया गया था।

84. 2011 की जनगणना के अनुसार हरियाणा का जनसंख्या घनत्व 573 है। हरियाणा का जनघनत्व देश के जनघनत्व (382) से 9 कम है और कुल राज्यों एवं संघ राज्य क्षेत्रों के संदर्भ में 11वें स्थान पर है। जनसंख्या घनत्व का तात्पर्य जनसंख्या एवं धरातल के एक अनुपात से है। कुल जनसंख्या को उसके क्षेत्रफल से विभाजित करने पर यह प्राप्त होता है।

85. हरियाणा की प्रथम आणविक ऊर्जा परियोजना गोरखपुर में स्थापित की जा रही है। यह ऊर्जा संयंत्र हरियाणा के फतेहाबाद जिले के गोरखपुर गाँव में स्थित होगा। 13 जनवरी, 2014 को इस परियोजना के पहले चरण का शिलान्यास तत्कालीन प्रधानमंत्री श्री मनमोहन सिंह द्वारा किया गया। 2800 MW की परियोजना के अंतर्गत 700 MW क्षमता वाले 4 रिएक्टरों को दो चरणों में स्थापित किया जाना है। प्रथम चरण में 700 MW के 2 यूनिट होंगे। यह कार्य 2020-21 में पूरा होने की संभावना है। यह परियोजना न्यूक्लियर पावर कॉर्पोरेशन ऑफ इंडिया द्वारा तैयार की जा रही है।

86. सन् 2017 में हरियाणा सरकार ने प्रवासी हरियाणा दिवस का आयोजन किंगडम ऑफ ड्रीम, गुरुग्राम में किया। इस कार्यक्रम में विभिन्न देशों से आए हरियाणा मूल के 400 से अधिक लोगों ने हिस्सा लिया। प्रवासी हरियाणा दिवस कार्यक्रम का आयोजन विदेश में बसे हरियाणा मूल के लोगों को अपनी जड़ों से जोड़ना और राज्य के विकास में योगदान देना है।

87. महासिद्ध चौरंगीनाथ की तपस्थली पूरे देश में प्रसिद्ध है। यह तपस्थली नाथ पंथ में एक महत्वपूर्ण गद्दी मानी जाती है। इस स्थान पर बाबा मस्तनाथ ने घोर तपस्या की और इसका जीर्णोद्धार करके 'अस्थल बोहर मठ' की स्थापना की। बाबा मस्तनाथ की कठोर तपस्या और सिद्धियों के कारण उन्हें 'गोरखनाथ' के अवतार की संज्ञा दी गई। उनकी शिष्य परंपरा पूरे देश में फैली है, लेकिन इस परंपरागत मूल गद्दी का महंत होना इस परंपरा में गौरव का स्थान है।

89. सुल्तानपुर पक्षी अभयारण्य हरियाणा राज्य के गुरुग्राम जिले में स्थित एक बहुत ही लोकप्रिय राष्ट्रीय उद्यान है। सुल्तानपुर दिल्ली में धौलाकुआँ से 40 किलोमीटर और गुरुग्राम-फर्रुखनगर रोड़ पर गुरुग्राम से 15 किलोमीटर स्थित है। चिड़ियाघर और पक्षी निरीक्षण के लिए सबसे अच्छा दौरा इस पक्षी अभयारण्य में सर्दियो में किया जाता है। दुनिया में पक्षियों की कुल 10,000 प्रजातियों में से लगभग 1,800 प्रवासी पक्षी प्रजातियों में से लगभग 370 प्रजातियाँ मौसमी परिवर्तनों के कारण भारत में स्थानांतरित होती हैं, जिसमें 175 लंबी दूरी की प्रवासन प्रजातियाँ शामिल हैं जो मध्य एशियाई फ्लाईवे मार्ग का उपयोग करती हैं जिसमें अमूलर फाल्कन, मिस्र के गिद्ध भी शामिल हैं। लगभग 250 प्रजातियाँ सुल्तानपुर पक्षी अभयारण्य में पाई जाती हैं। उनमें से कुछ निवासी हैं जबकि अन्य साइबेरिया, यूरोप और अफगानिस्तान जैसे दूर-दराज के क्षेत्रों से आते हैं।

पिछले प्रश्न-पत्र (हल सहित)

हरियाणा शिक्षक पात्रता परीक्षा (HTET)

TGT विज्ञान (Level-2) परीक्षा-2015*

बाल विकास व शिक्षाशास्त्र

निर्देशः *निम्नलिखित प्रश्नों के उत्तर देने के लिए* ***सबसे उचित*** *विकल्प चुनिए।*

1. सोलह वर्षीय नीरज अपने-आप में पृथक्, स्वनियंत्रित व्यक्ति की भावना को विकसित करने का प्रयास कर रहा है। वह विकसित कर रहा है :

A. नियमों के प्रति घृणा
B. स्वायत्तता
C. किशोरावस्थात्मक अक्खड़पन
D. परिपक्वता

2. बच्चों की झूठ बोलने की आदत को सुधार सकते हैं :

A. उन्हें दंड देकर
B. झूठ के कुप्रभावों पर भाषण देकर
C. सच बोलने वाले बच्चों के उदाहरण देकर
D. सच बोलने वाले बच्चों को पारितोषिक देकर

3. स्टेनले हाल के अनुसार अधिक तनाव और तूफान की अवस्था है :

A. प्रौढ़ावस्था B. बाल्यावस्था
C. किशोरावस्था D. शैशवकाल

4. रचनात्मक उत्तरों के लिए चाहिए :

A. मुक्त उत्तरीय प्रश्न
B. तथ्यपरक प्रश्न
C. सीमित उत्तर वाले प्रश्न
D. प्रत्यक्ष प्रश्न

5. निम्नलिखित में से कौन-सा कारक बालक के व्यक्तित्व विकास को प्रभावित करता है?

A. आनुवंशिकता B. भौतिक वातावरण
C. सामाजिक वातावरण D. उपरोक्त सभी

6. थॉर्नडाइक का कौन-सा नियम सीखने में पुरस्कार और दंड के महत्त्व को बताता है?

A. तत्परता का नियम B. प्रभाव का नियम
C. अभ्यास का नियम D. उपरोक्त सभी

7. निम्नलिखित में से किसका विकास किशोरावस्था में **नहीं** होता?

A. अहम् केन्द्रिकता B. अभिरुचियाँ
C. तर्क शक्ति D. प्रेक्षण की योग्यता

8. समस्यात्मक बालक के व्यवहार में परिवर्तन लाने हेतु आप क्या प्रयास करेंगे?

A. बालक के वातावरण और दृष्टिकोण में परिवर्तन लाने का प्रयास करेंगे।
B. बालक को दंड देकर सुधारने का प्रयास करेंगे।
C. उस पर ध्यान नहीं देंगे।
D. उसको कक्षा में आगे की पंक्ति में स्थान देंगे।

9. निम्नलिखित में से कौन-सा विशिष्ट बालकों का प्रकार **नहीं** माना जाता है?

A. धीमी गति से सीखने वाले
B. सृजनशील बालक
C. शारीरिक रूप से विकलांग
D. साधन-सम्पन्न बालक

10. अधिगमकर्ता में बढ़ते हुए क्रोध को रोकने के लिए अध्यापक को चाहिए :

A. कि उसके सभी हितों की सुरक्षा करें भले ही वे अनुचित हों।
B. कि बालक के दिन-प्रतिदिन के मामलों में कोई हस्तक्षेप न करे।
C. कि उसको अधिक काम दें ताकि उसको क्रोध करने का समय ही नहीं मिले।
D. यह सुनिश्चित करें कि कक्षा-कक्ष में उसको अति पक्षपातपूर्ण व्यवहार मिले।

11. निम्नलिखित में से कौन-सा कारक बच्चे की स्मृति को सुधारने में मदद **नहीं** करेगा?

A. दोहराना और अभ्यास
B. ताल अथवा लय की सहायता लेना
C. विषय-सामग्री को उचित समूहों में व्यवस्थित करना
D. अभिप्रेरित विस्मृति का सिद्धांत

12. सामान्यतया लड़के और लड़कियों में शारीरिक विकास की निम्नलिखित विशेषता प्रेक्षित की जाती है :

A. समान आयु में दोनों में समान विकास होता है।
B. लड़के शारीरिक विकास में दो वर्ष आगे होते हैं।
C. लड़कियाँ शारीरिक विकास में दो-तीन वर्ष आगे होती हैं।
D. लड़कियाँ लड़कों से पाँच वर्ष पीछे होती हैं।

**** Exam held on 15 November, 2015***

13. विद्यार्थियों के अच्छे मानसिक स्वास्थ्य को बनाए रखने के लिए क्या महत्त्वपूर्ण **नहीं** है?
A. सहशैक्षिक गतिविधियों का प्रावधान
B. पाठ्यक्रम का दोहराना
C. अभिव्यक्ति की स्वतंत्रता देना
D. रुचियों में भिन्नता का ध्यान रखना

14. निम्नलिखित में से कौन-सी शिक्षण-अधिगम से संबंधित समस्या है?
A. विषय-वस्तु को समझने की समस्या
B. कक्षा-कक्ष में अनुशासनहीनता
C. परीक्षा में नकल करना
D. कक्षा में देरी से पहुँचना

15. एक बालक पहले पूरे हाथ को, फिर उँगलियों को तथा फिर हाथ और उँगलियों को एक साथ चलाना सीखता है। यह उदाहरण वृद्धि और विकास के किस सिद्धांत को दर्शाता है?
A. निरंतरता का सिद्धांत
B. एकीकरण का सिद्धांत
C. सामान्य से विशेष का सिद्धांत
D. वैयक्तिक भिन्नता का सिद्धांत

16. किसी बच्चे का विद्यालय के मैदान में खेलते हुए निरीक्षण करना, किस प्रकार का निरीक्षण है?
A. औपचारिक B. अनौपचारिक
C. सहभागी D. उपरोक्त में से कोई नहीं

17. निम्नलिखित में से कौन-सा मानसिक वृद्धि और विकास में महत्त्वपूर्ण भूमिका निभाता है?
A. सीखना
B. परिपक्वन
C. सीखना तथा परिपक्वन दोनों
D. सामाजिक मानदण्ड

18. निम्नलिखित में से कौन-सा किसी बच्चे के सामाजिक विकास को प्रभावित करने वाला व्यक्तिगत कारक **नहीं** है?
A. मित्र मंडली B. स्वास्थ्य
C. संवेग D. बुद्धि

19. सहपाठियों का दबाव जब सबसे अधिक प्रभाव डालता है, वह है :
A. प्रारंभिक बाल्यावस्था B. मध्य बाल्यावस्था
C. प्रारंभिक किशोरावस्था D. उत्तर किशोरावस्था

20. छात्रों के द्वारा अधिक से अधिक ज्ञानेन्द्रियों का उपयोग निम्नलिखित को प्रभावित करता है :
A. शिक्षण प्रक्रिया B. अधिगम प्रक्रिया
C. अधिगम उत्पाद D. अधिगम उत्पाद एवं प्रक्रिया

21. निम्नलिखित में से कौन-सी मानसिक विकास संबंधी विशेषता **नहीं** है?
A. जिज्ञासा की प्रवृत्ति प्रचुर मात्रा में
B. रटकर याद करने की प्रवृत्ति
C. रचनात्मक प्रवृत्ति की प्रचुर मात्रा
D. सहयोगात्मक अभिवृत्ति

22. अभ्यास द्वारा सीखना जिसका परिमार्जन है, वह है :
A. अभिप्रेरणा B. व्यवहार
C. मूल प्रवृत्ति D. अन्तर्नोद

23. निम्नलिखित में से किशोरावस्था के संदर्भ में कौन-सा कथन सही **नहीं** है?
A. कई नवीन आंतरिक तथा बाह्य परिवर्तन दिखाई देते हैं।
B. यह आयु अत्यधिक संवेगात्मक होती है।
C. बुद्धि अपनी चरम सीमा तक पहुँचने का प्रयास करती है।
D. आत्मचेतना कम हो जाती है।

24. मनोविज्ञान प्रारंभ में किस विषय का अंग था?
A. दर्शनशास्त्र B. नीतिशास्त्र
C. तर्कशास्त्र D. भौतिकी

25. निम्नलिखित में से कौन-सा कथन सही **नहीं** है?
A. सृजनशीलता किसी भी कला में मौलिकता होती है।
B. सृजनशीलता के लिए चिन्तन आवश्यक नहीं है।
C. सृजनशीलता किसी पूरा किये गये काम का एक नया परिणाम होता है।
D. सृजनशीलता में समाज या किसी समूह के लिए उपयोगिता होनी चाहिए।

26. एक शिक्षक को साधन-सम्पन्न होना चाहिए। इसका अर्थ है :
A. उसके पास पर्याप्त धन-सम्पदा होनी चाहिए।
B. उसके उच्च अधिकारियों से संपर्क होने चाहिए।
C. उसे अपने विद्यार्थियों की समस्याओं को हल करने के लिए पर्याप्त ज्ञान होना चाहिए।
D. विद्यार्थियों के बीच उसकी अच्छी प्रतिष्ठा होनी चाहिए।

27. प्रतिभाशाली बच्चों की पहचान की विधि है :
A. अवलोकन B. बुद्धि परीक्षण
C. व्यक्तित्व परीक्षण D. उपरोक्त सभी

28. व्यक्तित्व के संदर्भ में कौन-सा कथन **असत्य** है?
A. व्यक्तित्व अपूर्व और विशिष्ट होता है।
B. व्यक्तित्व वंशानुक्रम और वातावरण की संयुक्त उपज है।
C. व्यक्तित्व व्यक्ति के अर्धचेतन और अचेतन व्यवहार तक फैला रहता है।
D. व्यक्तित्व व्यक्ति के केवल बाहरी रूप तक सीमित होता है।

29. किस प्रकार के विकास से एकाग्रता तथा सृजनात्मकता का संबंध है?
A. सामाजिक विकास B. नैतिक विकास
C. बौद्धिक विकास D. संवेगात्मक विकास

30. यदि कोई विद्यार्थी कक्षा में गलत प्रश्न पूछता है, तो आप क्या करेंगे?
A. विद्यार्थी को डाँटेंगे
B. अन्य विद्यार्थियों की मदद से प्रश्न को सही करेंगे
C. उदाहरण देकर गलती बताएँगे
D. गलत प्रश्न के कारण उत्तर पर प्रभाव समझाएँगे

ENGLISH LANGUAGE

Directions: *Answer the following questions by selecting the **most appropriate** option.*

31. I must remember my key.
What does the underlined auxiliary 'must' suggest?
A. Necessity B. Determination
C. Promise D. Obligation

32. Which of the following sentences is ***correct***?
A. He reached the station before the train started.
B. I arrived at the station after the train started.
C. He was seeing the sea.
D. The nightingale as well as the cuckoo is a singing bird.

33. Choose the ***mis-spelt*** word:
A. Simlie B. Singular
C. Sieve D. Siege

34. When learners are involved in real communication, their natural strategies for language acquisition will be used, and this will allow them to learn to use the language.
Which approach/method of teaching English is based on the above idea?
A. Audio-lingual method
B. Direct method
C. Communicative approach
D. Grammar-Translation method

35. Choose the ***correct*** indirect form of the following sentence:
I said to my friend, 'I don't know the way. Do you?'
A. I told my friend that I did not know the way and asked if he did.
B. I said to my friend that I do not know the way and asked if he knows.
C. I confessed my ignorance of the way to my friend and asked him if he knew the way.
D. I told my friend that I do not know the way and asked him if he knew the way.

36. Choose the ***correct*** one word for 'incapable of being wiped out or effaced':
A. Irrevocable
B. Ineligible
C. Indelible
D. Invincible

37. Choose the ***correct*** passive construction of the following sentence:
We made him complete the work.
A. We forced him to complete the work.
B. He was made to complete the work.
C. He has been made to complete the work.
D. He is being made to complete the work by us.

38. As he was not there, I spoke to his brother.
The underlined is an example of:
A. Adverb Clause of Time
B. Adverb Clause of Place
C. Adverb Clause of Condition
D. Adverb Clause of Reason

39. Identify the ***pattern*** of the following sentence:
Nothing will make him repent.
A. SVO B. SV
C. SVOC D. SVC

40. He lay all night on his sleepless pillow.
The underlined is an example of:
A. Hyperbole
B. Synecdoche
C. Transferred Epithet
D. None of the above

41. The moral law is above the civil.
The underlined word in the above sentence is a/an
A. Adverb B. Preposition
C. Adjective D. Noun

42. Which of the following sentences is ***not true*** about Communicative Language Teaching?
A. Teachers in communicative classrooms will find themselves talking less and listening more.
B. The teacher sets up the exercise, but because the students' participation is the goal, the teacher must step back and observe.
C. The classroom during a communicative class is quiet.
D. Students gain confidence in using the target language in general.

Directions (Q. Nos. 43 & 44): *Which part of the given sentences has an **error**?*

43. We are looking (A)/ for a sight (B)/ for the new (C)/ School building. (D).

44. The fort at Chittor (A)/ is perhaps (B)/ most famous (C)/ than the Golconda fort. (D).

45. The idiom 'know the ropes' means:
A. To feel awkward and useless
B. To understand the procedures and details involved in something
C. To put someone in a difficult and dangerous situation
D. Concede defeat

Directions (Q. Nos. 46 to 50): *Fill in the blanks in the following sentences by the most suitable option:*

46. When it started to rain, the children took shelter in a .... hut.
A. close B. nearly
C. near D. nearby

47. I'm going to buy .... bread.
A. a
B. the
C. some
D. None of the above

48. Vanya speaks English .... No wonder she won a prize in the Elocution Contest.
A. frankly and freely
B. graciously and profusely
C. awkwardly and stiffly
D. fluently and correctly

49. Sahil read the letter .... carefully the second time to make sure he hadn't missed any detail.
A. much
B. many
C. more
D. most

50. He .... a lot of letters yesterday.
A. had written
B. had been writing
C. wrote
D. has written

Directions (Q. Nos. 51 to 56): *Read the following passage and answer the questions by choosing the most appropriate option:*

A traveller who studies the menu on a transatlantic liner or, indeed, in some American hotels has a paralyzing sensation. There is so much to eat – far more than he can possibly digest. One sometimes has the same feeling about education, which also offers an enormous bill of fare. Almost any dish can be found in it, from Greek to stenography, from music to economics. How are we to choose from the bewildering profusion? What dishes are we to order if we wish not merely to fill ourselves up, but to get the nourishment necessary to a healthy life, to become really educated people?

That question cannot be answered without asking and answering another—what is education for? If that problem were suddenly put to pupils in school, or to students in college, or even to parents, I doubt if all of them could, on the spur of the moment, give a clear and convincing reply. Most of us are educated because our parents wish it, or because attendance at school is a habit of our society, or because it is compulsory, or because it is apparently necessary to succeed in the world. But these, though at the moment they may be conclusive reasons for desiring education or, at any rate, submitting to it, will not by themselves secure our getting from it what it has to give; and if we go to schools or colleges with no more definite reasons at the back of our minds, we are likely to rise from our meal there replete perhaps but ill-nourished.

Whether we are teachers or students, we ought to get firmly in our minds the idea that whatever else may come by the way, education will be incomplete and unsatisfactory if it fails to give a clear view of what is first-rate in the subject studied. Otherwise we may have got some knowledge, but we shall not have got education.

51. How does education offer an enormous bill of fare?
A. There is a lot to eat.
B. There are a lot of dishes available.
C. It should be properly digested.
D. There are a variety of courses to choose from.

52. What according to the writer is education for?
A. To please one's parents.
B. It is compulsory to attend school.
C. It is necessary to succeed in the world.
D. To know the first-rate in the subject that we study.

53. Which of the following sentences is ***not said*** by the writer?
A. There is a bewildering profusion of courses to choose from.
B. We should not order dishes only to fill ourselves up but to get proper nourishment for a healthy life.
C. We should attend school to pass exams and to secure degrees.
D. Education will be complete and satisfactory if it gives a clear view of what is best in the course/ subject studied.

54. Which of the following is ***not*** a synonym of 'profusion'?
A. Abundance
B. Plenitude
C. Plethora
D. Limited

55. Which of the following is a synonym of 'replete'?
A. Sated
B. Starved
C. Deprived
D. None of the above

56. Which of the following seems to be the most likely purpose of writing this passage?
A. To discuss the utility of knowledge.
B. To describe the variety of food available in American hotels.
C. To guide the students to get proper nourishment.
D. To motivate readers to pursue excellence in their chosen area of interest.

Directions (Q. Nos. 57 & 58): *Replace the underlined group of words by the most suitable option:*

57. Jamsetji Nusserwanji Tata was a <u>clever and perceptive</u> businessman.
A. Dense
B. Astute
C. Naïve
D. Gullible

58. This place has been <u>officially marked</u> as a conservation area, and any kind of building is forbidden here.
A. Designated
B. Designed
C. Selected
D. Identified

59. Since Rahul was five years old, <u>swimming</u> has been his passion.
The underlined word in the above sentence is a/an:
A. Present Participle
B. Gerund
C. Infinitive
D. None of the above

60. Which of the following sentences is ***incorrect***?
A. Either you or I am wrong.
B. He sold all his furniture.
C. The luggage was packed.
D. One should do his duty well.

हिन्दी भाषा

निर्देशः *निम्नलिखित प्रश्नों के उत्तर देने के लिए* ***सबसे उचित*** *विकल्प चुनिए।*

61. नीचे दिए शब्दों में से किसकी वर्तनी **शुद्ध** है?

A. जाग्रति B. पूज्यानीया
C. अन्तर्ध्यान D. अभ्यारण्य

62. 'जिसके पास कुछ न हो' उसके लिए उपयुक्त शब्द है :

A. अभावग्रस्त B. अकिंचन
C. दीनहीन D. महादीन

63. निम्नलिखित में से क्रिया-विशेषण है :

A. अँधेरा B. धीरे-धीरे
C. चाल-चलन D. सौंदर्य

64. 'निर्दय' का विलोम शब्द है :

A. सहृदय B. सहृय
C. सभय D. सदय

65. 'अनश्वर' शब्द के लिए एक वाक्य है :

A. नष्ट होने वाला
B. ईश्वर को न मानने वाला
C. नष्ट न होने वाला
D. जो इन्द्रियों के द्वारा न जाना जा सके

66. 'अखरोट' शब्द का तत्सम रूप है :

A. अक्षवाट B. अक्षोट
C. अक्षरोट D. अषरोट

67. निम्नलिखित में से कौन-सा प्रकम्पित वर्ण है?

A. र B. ल
C. य D. व

68. 'प्रत्युत्पन्नमति' में कौन-सा उपसर्ग है?

A. प्रत्य B. प्रत्
C. प्रति D. प्रत्यु

69. निम्नलिखित वाक्यों में से अपादान कारक का उदाहरण कौन-सा है?

A. राधा घर से निकली।
B. सीता गीता से अच्छा गाती है।
C. मुझे आपसे बहुत डर लगता है।
D. उपर्युक्त सभी

70. 'तत् + शंकर' संधि-विच्छेद से बनने वाला शब्द है :

A. तच्छंकर B. तत्शंकर
C. तच्शंकर D. तत्संकर

71. 'स्थावर' का विलोम है :

A. जंगल B. संपत्ति
C. जंगम D. स्थापना

72. ये फल <u>उसके लिए</u> है। इस वाक्य में रेखांकित अंश है :

A. अन्यपुरुष, एकवचन, संप्रदान
B. मध्यमपुरुष, बहुवचन, कर्ता
C. मध्यमपुरुष, एकवचन, संप्रदान
D. उत्तमपुरुष, एकवचन, संप्रदान

73. 'सव्यसाची' शब्द के लिए एक वाक्य है :

A. सदा सत्य बोलने वाला
B. बाएँ हाथ से कार्य करने वाला
C. जिसने बहुत कुछ सुना हो
D. अपनी इच्छा के अनुसार आचरण करने वाला

74. 'वह श्रेष्ठ उपासक है' में विशेष्य है :

A. वह B. श्रेष्ठ
C. उपासक D. है

75. इनमें से किस वाक्य में 'पूर्वकालिक' क्रिया का प्रयोग हुआ है?

A. ठोकर लगते ही लड़का बेहोश हो गया।
B. विद्यार्थी पढ़ेंगे तो पास होंगे।
C. श्याम दूध पीकर घूमने जाता है।
D. अध्यापक बच्चों को प्रतिदिन हिंदी पढ़ाता है।

76 निम्नलिखित में से कौन-से शब्द अपने विभाजन के पश्चात् अन्य अर्थ में प्रचलित हो जाते हैं?

A. सार्थक B. योगरूढ़
C. रूढ़ D. यौगिक

77. 'गुरु के समीप रहकर शिक्षा ग्रहण करने वाला' के लिए एक शब्द है :

A. गुरुकुलवासी B. छात्रावासी
C. अन्तेवासी D. आश्रमवासी

78. 'उतर गई लोई तो क्या करेगा कोई' कहावत का सही अर्थ है :

A. कंगले को किसी हानि की आशंका नहीं होती
B. गंभीर रोगी की चिकित्सा संभव नहीं होती
C. खोई हुई प्रतिष्ठा वापस नहीं मिल सकती
D. बेशर्म हो चुके व्यक्ति को इज्ज़त गँवा देने का भय नहीं रहता

79. कृदंत प्रत्यय किसके साथ जुड़ते हैं?

A. संज्ञा B. सर्वनाम
C. धातु D. विशेषण

80. 'जनार्दन' किसका पर्यायवाची है?

A. राम B. कृष्ण
C. विष्णु D. ब्रह्म

81. ''शबरी प्रतिदिन राम की प्रतीक्षा करती थी।'' वाक्य का सही भेद है :

A. संदेहार्थक B. विधानार्थक
C. प्रश्नार्थक D. आज्ञार्थक

82. 'सावधानी' शब्द में कौन-सा प्रत्यय है?

A. नी B. ई
C. इ D. आनी

83. 'सियार' का तत्सम क्या है?

A. श्रृंगार B. स्यार
C. श्यालक D. श्रृगाल

84. 'पित्राज्ञा' शब्द का सही संधि-विच्छेद है :

A. पित्र + आज्ञा B. पित्रा + आज्ञा
C. पितृ + आज्ञा D. उपर्युक्त सभी

85. निम्नलिखित में से किस शब्द में एक प्रत्यय लगा हुआ है?

A. सागर B. नगर
C. अगर D. जादूगर

86. मुखावयवों के निकट आने से संघर्ष के पश्चात् प्रकट होने वाली ध्वनि कौन-सी है?

A. स्पर्श B. अंतस्थ
C. वर्त्स्य D. ऊष्म

87. 'षट्पद' का पर्यायवाची है :

A. तितली B. भ्रमर
C. मकड़ी D. केकड़ा

88. एक उद्देश्य एवं एक विधेय से मिलकर बनने वाला वाक्य क्या कहलाता है?

A. संयुक्त वाक्य B. साधारण वाक्य
C. मिश्र वाक्य D. आज्ञार्थक

89. 'देहलता' इस सामासिक पद में कौन-सा समास है?

A. कर्मधारय B. द्विगु
C. अव्ययीभाव D. द्वन्द्व

90. शुद्ध वर्तनी का चयन कीजिए :

A. अहुण्य B. अक्षुण्य
C. अक्षुण्ण D. अक्ष्णुण

SUBJECT SPECIFIC—गणित एवं विज्ञान*

91. निम्नलिखित में से कौन-सा कथन **सुमेलित** है?

(अ) घास-स्थल पारितंत्र की संख्या का पिरैमिड सीधा होता है।
(ब) ताल पारितंत्र का जैवभार पिरैमिड उल्टा होता है।
(स) ऊर्जा का पिरैमिड हमेशा सीधा होता है।
(द) वन पारितंत्र में जैवभार का पिरैमिड उल्टा होता है।

सही उत्तर चुनिए :

A. (अ) तथा (ब) B. (अ), (ब) तथा (स)
C. (ब), (स) तथा (द) D. (अ), (स) तथा (द)

92. एक गैस ब्रोमीन जल को रंगहीन करती है परन्तु अमोनिकल सिल्वर नाइट्रेट से कोई क्रिया नहीं करती। वह गैस है :

A. एथेन B. ऐसीटिलीन
C. एथिलीन D. मेथेन

93. कॉफी पौधे के किस भाग से प्राप्त होती है?

A. जड़ B. पत्ती
C. तना D. बीज

94. मोलस्क में किस प्रकार का विदलन पाया जाता है?

A. सर्पिल B. अरीय
C. द्विपार्श्व D. इनमें से कोई नहीं

95. यदि हम दरवाजे के कब्जे पर तेल लगाते हैं, तो घर्षण :

A. बढ़ जायेगा B. घट जायेगा
C. पूर्णतया समाप्त हो जायेगा D. अपरिवर्तित रहेगा

96. अधोलिखित में से कौन-सा विद्युत्-चुम्बकीय तरंग का उदाहरण **नहीं** है?

A. पराबैंगनी किरणें B. रेडियो तरंगें
C. X-किरणें D. वायु में ध्वनि तरंगें

97. अर्द्धसूत्री विभाजन में किस प्रावस्था में जीन विनिमय होता है?

A. युग्मपट्ट (जाइगोटीन) अवस्था में
B. स्थूलपट्ट (पेकीटीन) अवस्था में
C. डायकाइनेसिस अवस्था में
D. तनुपट्ट (लेप्टोटीन) अवस्था में

98. श्यानता का विमीय सूत्र है

A. $M^1L^1T^{-2}$ B. $M^1L^{-1}T^{-2}$
C. $M^1L^{-1}T^{-1}$ D. $M^1L^{-2}T^{-1}$

99. छद्म एक-अणुक अभिक्रिया का उदाहरण है

A. $H_2 + Cl_2 \rightarrow 2HCl$
B. $PbCO_3 \rightarrow PbO + CO_2$
C. $C_{12}H_{22}O_{11} + H_2O \xrightarrow{H^{\oplus}} \underset{\text{ग्लूकोज}}{C_6H_{12}O_6} + \underset{\text{फ्रक्टोज}}{C_6H_{12}O_6}$
D. उपरोक्त में से कोई नहीं

100. बरसात के दिनों में जल पर बनी तेल फिल्म रंगीन दिखने का कारण है :

A. प्रकाश का विक्षेपण B. प्रकाश का व्यतिकरण
C. प्रकाश का अवशोषण D. प्रकाश का प्रकीर्णन

101. तारों के टिमटिमाने का कारण है :

A. वायुमंडलीय जल बूँदों द्वारा प्रकाश का विक्षेपण
B. वायुमंडल में परिवर्ती अपवर्तनांकों की विभिन्न परतों द्वारा प्रकाश का अपवर्तन
C. वायुमंडलीय धूल कणों द्वारा प्रकाश का प्रकीर्णन
D. बादलों द्वारा प्रकाश का आंतरिक परावर्तन

102. किसी अणु में किसी समूह के प्रतिस्थापन के कारण किसी पराबैंगनी अवशोषण बैण्ड के अवशोषण तरंगदैर्घ्य के मान में कमी को कहते हैं :

*** पूर्व में गणित एवं विज्ञान विषय के लिए एक ही परीक्षा का आयोजन किया जाता था। लेकिन नए पाठ्यक्रमानुसार गणित एवं विज्ञान विषय के लिए अलग-अलग परीक्षाओं का आयोजन किया जाएगा। अतः विज्ञान के परीक्षार्थी से अनुरोध है कि वे केवल विज्ञान विषय के प्रश्नों को ही पढ़ें।**

A. वर्णोत्कर्षी विस्थापन B. हाइपोक्रोमिक विस्थापन
C. हिप्सोक्रोमिक विस्थापन D. हाइपरक्रोमिक विस्थापन

103. निम्नलिखित में से कौन-सा परमाणु दाता अशुद्धि है?
A. Al B. B
C. Ga D. P

104. पोषक जीव में डी.एन.ए. में बाहरी डी.एन.ए. के स्थानान्तरण की तकनीक कहलाती है :
A. ब्लॉटिंग तकनीक B. पुनर्योजी डी.एन.ए. तकनीक
C. जीन क्लोनिंग तकनीक D. पी.सी.आर. तकनीक

105. बोरेक्स का सूत्र है :
A. $Na_2B_4O_7.5H_2O$ B. $Na_2B_4O_7.10H_2O$
C. $Na_2B_4O_7.3H_2O$ D. $Na_2B_4O_7.H_2O$

106. $Zn \mid Zn^{2+} \mid\mid Cu^{2+} \mid Cu$, में होता है :
A. जिंक का अपचयन B. Cu का ऑक्सीकरण
C. Cu^{2+} का अपचयन D. उपरोक्त में से कोई नहीं

107. अधोलिखित गैसों में किसका क्रान्तिक ताप उच्चतम है?
A. He B. O_2
C. CO_2 D. H_2

108. नेत्र का वह भाग जो प्रकाश के गमन को नियंत्रित करता है, कहलाता है :
A. आइरिस B. लेन्स
C. कॉर्निया D. रेटिना

109. 'देवदार' सम्बन्धित है :
A. एकबीजपत्री पादप से B. द्विबीजपत्री पादप से
C. अनावृतबीजी पादप से D. टेरिडोफाइटा से

110. निम्नलिखित में से किस कोशिकांग का अन्य नाम 'पलाड़े कण' भी है?
A. लाइसोसोम B. राइबोसोम
C. अन्तर्द्रव्यी जालिका D. केन्द्रिका

111. गेस्ट्रिन करता है :
A. पित्ताशय संकुचन का संदमन B. जठर क्रिया का संदमन
C. जठर स्रवण का प्रेरण D. पित्ताशय संकुचन को प्रेरित

112. जब एक प्रकाश तरंग वायु से पानी में जाती है, तो उसका कौन-सा गुण अपरिवर्तित रहता है?
A. आवृत्ति B. वेग
C. तरंगदैर्घ्य D. उपरोक्त में से कोई नहीं

113. पादप कोशिका में जीवद्रव्यकुंचन का कारण है :
A. बाहिःपरासरण B. अंतःपरासरण
C. अवशोषण D. पिनोसाइटी क्रिया

114. अधोलिखित अभिक्रियाओं में किसमें धातु अपचयित होता है?
A. $[Fe(CN)_4]^{4-} \rightarrow [Fe(CN)_6]^{3-}$ B. $MnO_4^- \rightarrow MnO_2$
C. $MnO_4^{2-} \rightarrow MnO_4^-$ D. $Cr_2O_7^{2-} \rightarrow CrO_4^{2-}$

115. पादपों में ऑक्सिन की सबसे अधिक सान्द्रता कहाँ होती है?
A. वृद्धि करने वाले शीर्षभाग में B. केवल जाइलम तथा फ्लोएम में
C. पत्तियों में D. उक्त सभी में

116. प्रतिन्यूक्लिऑन बंधन ऊर्जा किसके लिए अधिकतम होती है?
A. ${}^{2}_{4}He$ B. ${}^{56}_{26}Fe$
C. ${}^{141}_{56}Ba$ D. ${}^{235}_{92}U$

117. किस पदार्थ की चुम्बकीय पारगम्यता अधिकतम है?
A. प्रतिचुम्बकीय B. अनुचुम्बकीय
C. लौहचुम्बकीय D. उपरोक्त सभी

118. अम्ल जिसमें कार्बोक्सिलिक समूह **नहीं** है :
A. पाइरुविक अम्ल B. ऐलेनीन
C. सिनैमिक अम्ल D. पिक्रिक अम्ल

119. निम्नलिखित में से कौन सर्वाधिक अम्लीय है?

A. 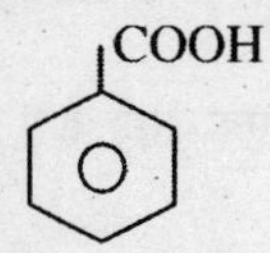

B. 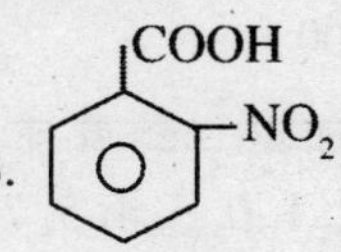

C. 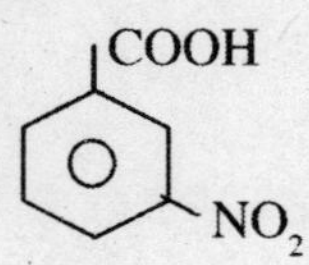

D. 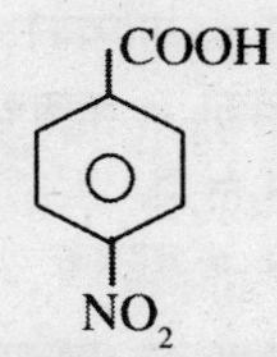

120. निम्नलिखित में से कौन-से दोष के कारण क्रिस्टल का घनत्व कम होता है?
A. फ्रेंकेल B. शाट्की
C. अन्तराकाशी D. 'एफ केन्द्र'

121. श्रेणी – 4 – 1 + 2 + 5 + ... का 10वाँ पद होगा :
A. –23 B. 23
C. –32 D. 32

122. 81 और 719 के मध्य 5 से विभाजित सभी पूर्णांकों का योगफल होगा :
A. 51800 B. 50800
C. 52800 D. इनमें से कोई नहीं

123. निम्नलिखित में से कौन-सी भिन्न सबसे छोटी है?
A. $\frac{12}{13}$ B. $\frac{14}{19}$
C. $\frac{17}{21}$ D. $\frac{25}{26}$

124. 17 कार्डों पर 1 से 17 तक की संख्याएँ अंकित हैं। उन्हें एक डिब्बे में रखकर अच्छी प्रकार से मिलाया जाता है। एक व्यक्ति डिब्बे में से एक कार्ड निकालता है। उस कार्ड पर एक अभाज्य संख्या होने की प्रायिकता ज्ञात कीजिये।
A. 9/17 B. 17/9
C. 7/17 D. 17/7

125. $29 - 28 + 27 - 26 + 25 - 24 + 23 - 22 = ?$

A. 124 B. 48

C. 4 D. 1

126. $2.33 \times 2.33 + 0.33 \times 0.33 - 0.66 \times 2.33$ किसके बराबर है?

A. 2.66 B. 0.4

C. 4 D. 2

127. "गणित सभ्यता का दर्पण है।" यह कथन गणित के किस मूल्य से सम्बन्धित है?

A. सांस्कृतिक B. अनुशासन संबंधी

C. सामाजिक D. उपरोक्त सभी

128. एक गाँव में स्त्री और पुरुषों का अनुपात 5 : 3 है। यदि स्त्रियों की संख्या पुरुषों की संख्या से 40 कम हो, तो स्त्री आरे पुरुषों की कुल संख्या है?

A. 100 B. 160

C. 200 D. 500

129. निम्नलिखित आँकड़ों के लिये कौन-सा एक सही है?

–2, 2, 1, 0, 5, 4, 5, 7, 5, 11, 12

A. माध्य = माध्यिका = बहुलक

B. माध्यिका = बहुलक

C. माध्य = 5

D. माध्य = बहुलक

130. दो संख्याओं का गुणनफल 48 है। उनके वर्गों का योगफल 100 है। इन दोनों संख्याओं का योगफल ज्ञात कीजिये :

A. 14 B. 16

C. 19 D. 24

131. $\frac{2}{10}+\frac{2}{1000}-\frac{2}{100}+\frac{2}{10000}$ का योगफल ज्ञात कीजिये :

A. 0.1088 B. 0.1288

C. 1.0822 D. 0.1822

132. यदि $x+\frac{1}{x}=p,$ तो $x^2+\frac{1}{x^2}$ का मान ज्ञात कीजिये :

A. p^2 B. $p^2 + 2$

C. $p^2 - 2$ D. $p^2 - 4$

133. किसी नगर की जनसंख्या 20000 है। उसके विभिन्न व्यवसाय निम्नांकित पाई चार्ट में दिखाये गये हैं। सबसे अधिक और सबसे कम संख्या वाले कार्यों में लगे व्यक्तियों का अन्तर कितना है?

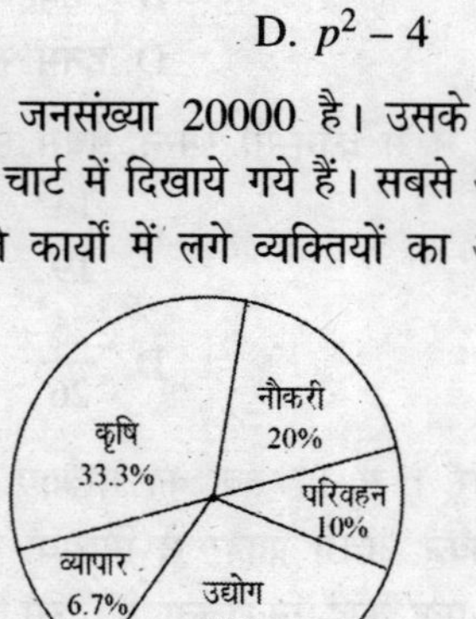

A. 2640 B. 3640

C. 6320 D. 5320

134. यदि 17^{200} को 18 से विभाजित किया जाता है, तो शेषफल होगा

A. 1 B. 2

C. 16 D. 17

135. ₹ 1,200 को A, B औरं C में इस प्रकार बाँटा गया है कि A का भाग B से ₹ 200 अधिक है और C से ₹ 200 कम है। B का भाग है :

A. ₹ 400 B. ₹ 600

C. ₹ 200 D. ₹ 100

136. कोई धन 15 वर्ष 6 माह में तिगुना हो जाता है, तो कितने समय में यह दोगुना होगा?

A. 6 वर्ष 9 माह B. 7 वर्ष 9 माह

C. 8 वर्ष 3 माह D. 9 वर्ष 6 माह

137. $\frac{1}{\sqrt{40}+\sqrt{20}+\sqrt{10}-\sqrt{80}}$ का मान बराबर है :

A. $\frac{1}{70}\left(3\sqrt{10}+2\sqrt{5}\right)$ B. $\frac{1}{70}\left(3\sqrt{10}-2\sqrt{5}\right)$

C. $\frac{-1}{70}\left(3\sqrt{10}+2\sqrt{5}\right)$ D. $\frac{1}{70}\left(2\sqrt{5}-3\sqrt{10}\right)$

138. किसी आयत की लम्बाई में 60% की वृद्धि की जाती है। उसकी चौड़ाई को कितने प्रतिशत घटाया जाये कि उसका क्षेत्रफल समान रहे?

A. 37½% B. 60%

C. 75% D. 120%

139. कोठारी कमीशन (1964-66) ने गणित के प्रचलित पाठ्यक्रम में निम्न कमियों में से किन कमियों को बताया है?

(*i*) गणित का वर्तमान पाठ्यक्रम अपूर्ण है।

(*ii*) इनमें क्रियात्मक तथा रचनात्मक कार्यों का अभाव है।

(*iii*) पाठ्यक्रम अति बोझिल है।

सही उत्तर चुनिए :

A. (*i*) व (*ii*) B. (*i*) व (*iii*)

C. (*ii*) व (*iii*) D. (*i*), (*ii*) व (*iii*)

140. गुणनफल $(x - 99)(x - 97) \dots\dots (x - 3)(x - 1)$ में x^{49} का गुणांक है :

A. –4900 B. –2400

C. –2500 D. -98^2

141. $\sqrt{8}$ का $72\% = ?$

A. 5.6 B. 3.6

C. 2.4 D. 2.6

142. गणित की पाठ्यपुस्तक में विषयवस्तु का संगठन होना चाहिये :

A. अध्यापक के अनुसार B. पाठ्यक्रम के अनुसार

C. विद्यार्थियों के अनुसार D. इनमें से कोई नहीं

143. A, B और C ने एक कार ₹ 2,080 में किराये पर ली तथा इसे क्रमशः 14 घण्टे, 16 घण्टे तथा 22 घण्टे प्रयोग में लिया। C को कितना देना पड़ेगा?

A. ₹ 880 B. ₹ 1,280
C. ₹ 1,040 D. ₹ 960

144. 360 के सभी उचित विषम भाजकों का योग है :

A. 78 B. 77
C. 75 D. 81

145. $\sqrt{72+\sqrt{72+\sqrt{72+.....\infty}}}$ का मान ज्ञात कीजिए :

A. 6 B. 8
C. 9 D. 12

146. यदि $a=\sqrt{5}-\sqrt{4}$, $b=\sqrt{7}-\sqrt{6}$ व $c=\sqrt{13}-\sqrt{12}$ है, तब :

A. $a < b$ B. $b > c$
C. $b < c$ D. $a < c$

147. यदि किसी वर्ग की एक भुजा a है, तो इस वर्ग में बने बड़े से बड़े वृत्त का क्षेत्रफल होगा :

A. $\frac{1}{2}\pi a^2$ B. $\frac{1}{4}\pi a^2$
C. $\frac{1}{6}\pi a^2$ D. $4\pi a^2$

148. प्रथम तीन प्राकृत संख्याओं में से दो भिन्न अंक लेकर उनमें से एक अंक तीनों का अधिकतम होने की प्रायिकता है :

A. 1 B. 1/3
C. 2/3 D. 1/2

149. समीकरण $2x^2 + 2x + 5 = 0$ के मूल हैं :

A. परिमेय B. अपरिमेय
C. समान D. काल्पनिक

150. उमंग 250 सेब बेचता है तो उसे 50 सेबों के विक्रय मूल्य के बराबर लाभ होता है। उसका लाभ प्रतिशत कितना है?

A. 5% B. 10%
C. 20% D. 25%

उत्तरमाला

1	2	3	4	5	6	7	8	9	10
B	D	C	A	D	B	A	A	D	B
11	**12**	**13**	**14**	**15**	**16**	**17**	**18**	**19**	**20**
D	C	B	A	B	B	C	A	D	D
21	**22**	**23**	**24**	**25**	**26**	**27**	**28**	**29**	**30**
D	B	D	A	B	C	D	D	C	C
31	**32**	**33**	**34**	**35**	**36**	**37**	**38**	**39**	**40**
A	D	A	C	A	C	B	D	C	C
41	**42**	**43**	**44**	**45**	**46**	**47**	**48**	**49**	**50**
B	C	B	C	B	D	C	D	C	C
51	**52**	**53**	**54**	**55**	**56**	**57**	**58**	**59**	**60**
D	D	C	D	A	D	B	A	B	D
61	**62**	**63**	**64**	**65**	**66**	**67**	**68**	**69**	**70**
A	B	B	D	C	B	A	C	D	A
71	**72**	**73**	**74**	**75**	**76**	**77**	**78**	**79**	**80**
C	A	B	C	C	B	C	D	C	C
81	**82**	**83**	**84**	**85**	**86**	**87**	**88**	**89**	**90**
B	B	D	C	D	D	B	B	A	C
91	**92**	**93**	**94**	**95**	**96**	**97**	**98**	**99**	**100**
B	C	D	A	B	D	B	C	C	B
101	**102**	**103**	**104**	**105**	**106**	**107**	**108**	**109**	**110**
B	C	D	B	B	C	C	A	C	B
111	**112**	**113**	**114**	**115**	**116**	**117**	**118**	**119**	**120**
C	A	A	B	A	B	C	D	B	B
121	**122**	**123**	**124**	**125**	**126**	**127**	**128**	**129**	**130**
B	B	B	C	C	C	D	*	B	A
131	**132**	**133**	**134**	**135**	**136**	**137**	**138**	**139**	**140**
D	C	D	A	C	B	A	A	D	C
141	**142**	**143**	**144**	**145**	**146**	**147**	**148**	**149**	**150**
C	B	A	A	C	B	B	C	D	D

व्याख्यात्मक उत्तर

93. Coffea (कोफिया) फूल वाले पौधों का एक जीनस (प्रजाति) है जिनके बीज कॉफी बीन्स कहे जाते हैं। इनका उपयोग विभिन्न प्रकार के कॉफी पेय पदार्थ एवं उत्पाद बनाने हेतु किया जाता है। यह रुबिएसी परिवार का सदस्य है। वे झाड़ी अथवा छोटे-छोटे पेड़ हैं जो उष्णकटिबंधीय, दक्षिणी अफ्रीका और उष्णकटिबंधीय एशिया में पाए जाते हैं। कॉफी दुनिया का सबसे मूल्यवान और व्यापक रूप से व्यापार किया जाने वाला फसल है और यह अनेक देशों का महत्वपूर्ण निर्यात उत्पाद भी है जिनमें मध्य और दक्षिण अमेरिका, कैरेबियन और अफ्रीका भी शामिल हैं।

95. तेल एक स्नेहक (लुब्रीकेन्ट) है। स्नेहक घर्षण को कम करती है और जब तेल का उपयोग किया जाता है तो यह कब्जे में निहित धातु को तेल के साथ सरकने में मदद करता है। यह दरवाजे के शेष कब्जे को नहीं सरकाता है।

98. श्यानता को एक तरल पदार्थ के उत्प्लावन की आवश्यकता के लिए बल के अनुपात के रूप में परिभाषित किया गया है। (उत्प्लावन का अर्थ है जब तरल की सन्निकट परतों का एक-दूसरे पर फिसलना)।

श्यानता गुणांक को संसंजक बल के रूप में परिभाषित किया गया है जिसकी आवश्यकता इकाई क्षेत्र के तरल के समानांतर सतहों के बीच इकाई वेग प्रवणता को बरकरार रखने की है।

गणित के रूप में,

श्यानता गुणांक $(\eta) = Fr/Av$

F = संसंजक बल क्षेत्र, r = सतहों के बीच की दूरी, v = वेग।

बल का आयामी सूत्र = $M^1L^1T^2$.

क्षेत्र का आयामी सूत्र = $M^0L^2T^0$.

दूरी का आयामी सूत्र = $M^0L^1T^0$.

वेग का आयामी सूत्र = $M^0L^1T^{-1}$.

उपरोक्त समीकरण में इन मानों को रखने पर हम पाते हैं,

$[\eta] = [M^1L^1T^{-2}][M^0L^1T^0] / [M^0L^2T^0]\ [M^0L^1T^{-1}]$

$= [M^1L^{-1}T^{-1}]$

श्यानता गुणांक का आयामी सूत्र $(\eta) = [M^1L^{-1}T^{-1}]$

श्यानता गुणांक की एस.आई. मात्रक डेकाप्वॉइज (Decapoise) या प्वॉयजली (Poiseuille-PJ) होता है। इसे पास्कल सेकेण्ड (Pa.s) भी कहा जाता है। इसे प्रायः η (ईटा) द्वारा व्यक्त किया जाता है।

108. आइरिस (आँख की पुतली) रंजित उत्तकों का रिंग है जो पुतली को चारों ओर से घेरती है। पुतली का रंग अलग-अलग होता है। आँख में प्रविष्ट होने वाले प्रकाश को नियंत्रित करने के लिए आइरिस पुतली के माध्यम से खुलती और बंद होती है।

109. देवदार को भारतीय देवदार या हिमालयी देवदार के रूप में भी जाना जाता है। यह एक अनावृतबीजी है जिसका अर्थ है कि इनमें पाये जाने वाले बीज नग्न होते हैं। यह फल सेब के बिल्कुल विपरीत है। अनावृतबीजी का सबसे आम समूह गद्देदार डॉनिफर्स है, जो पाइन परिवार पिनेसी में है।

105. बोरेक्स को सोडियम बोरेट, सोडियम टेटराबोरेट या डिसोडियम टेटराबोरेट के रूप में भी जाना जाता है। यह एक महत्वपूर्ण बोरोन यौगिक, खनिज और बोरिक एसिड का नमक (साल्ट) है। पाउडर बोरेक्स सफेद रंग का होता है जिसमें सम्मिलित है–रंगहीन कोमल रवे जो जल में आसानी से घुल जाता है। बोरेक्स का सामान्यतः वर्णन $Na_2B_4O_7 \cdot 10H_2O$ के रूप में होता है। हालांकि ठीक ढंग से इसका सूत्रीकरण $Na_2[B_4O_5(OH)_4]\cdot 8H_2O$ के रूप में होता है, क्योंकि बोरेक्स में $[B_4O_5(OH)_4]^{2-}$ आयन मौजूद रहता है। इस संरचना में दो चार-समन्वित बोरोन परमाणु (दो BO_4 टेट्राहेड्रा) हैं और दो त्रि-समन्वित बोरोन परमाणु (दो BO_3 त्रिकोण) हैं।

113. प्लाज्मोलायसिस केवल चरम स्थितियों में होता है और शायद ही कभी प्रकृति में होता है। यह मजबूत खारा पानी या चीनी (सूक्रोज) विलियन में कोशिकाओं के डुबोने के द्वारा प्रयोगशाला में प्रेरित किया जाता है। इसका कारण exosmosis (अपरासरण) पैदा करना, अक्सर इलोडिया पौधों या प्याज के एपिडर्मल कोशिकाएं हैं जिसमें रंगीन कोशिका द्रव होता है ताकि प्रक्रिया स्पष्ट रूप से दृष्टिगोचर हो सके। पादप कोशिकाओं को रंगने के लिए मिथीलीन ब्लू का उपयोग किया जाता है।

121. $-4 - 1 + 2 + 5 + ...$

यहाँ पर, $a = -4,\ d = 3$

10वाँ पद $= a + 9d$

$= -4 + 9 \times 3 = 27 - 4 = 23.$

122. 85, 90, 95, ..., 715

$$715 = 85 + (n-1) \times 5$$

$$\Rightarrow \frac{630}{5} = (n-1)$$

$$\Rightarrow n - 1 = 126 \Rightarrow n = 127$$

$$\text{योग} = \frac{127}{2}\{2\times 85 + (127-1)5\}$$

$$= \frac{127}{2}\{170 + 630\} = \frac{127}{2} \times 800$$

$$= 127 \times 400 = 50800.$$

123. $\frac{12}{13} = 0.923$ $\frac{14}{19} = 0.7$

$\frac{17}{21} = 0.8$ $\frac{25}{26} = 0.95$

अतः $\frac{14}{19}$ सबसे छोटा भिन्न है।

124. 1, 2, 3, ..., 17

2, 3, 5, 7, 11, 13, 17 अभाज्य संख्याएँ हैं।

अभीष्ट प्रायिकता $= \frac{7}{17}$.

125. $29 - 28 + 27 - 26 + 25 - 24 + 23 - 22$

$= 1 + 1 + 1 + 1 = 4.$

126. माना कि $a = 2.33$ तथा $b = 0.33$

दिया गया व्यंजक $= a^2 + b^2 - 2ab$

$= (a - b)^2$

$= (2.33 - 0.33)^2$

$= (2)^2 = 4.$

129. –2, 0, 1, 2, 4, 5, 5, 5, 7, 11, 12

यहाँ पर, $n = 11$ (विषम संख्या)

$\therefore$ माध्यिका = 6वाँ पद = 5

माध्य $= \frac{50}{11} = 4.5$

बहुलक = 5

अतः माध्यिका = बहुलक सही विकल्प है।

130. माना कि संख्याएँ a तथा b हैं

$(a + b)^2 = a^2 + b^2 + 2ab$

$= 100 + 2(48) = 196$

$\Rightarrow \quad a + b = 14$

अतः इन दोनों संख्याओं का योग = 14.

131. $\frac{2}{10} + \frac{2}{1000} - \frac{2}{100} + \frac{2}{10000}$

$= 0.2 + 0.002 - 0.02 + 0.0002$

$= 0.2022 - 0.02 = 0.1822.$

132. $\because \quad x + \frac{1}{x} = p$

दोनों तरफ वर्ग करने पर

$x^2 + \frac{1}{x^2} + 2.x.\frac{1}{x} = p^2$

$\therefore \quad x^2 + \frac{1}{x^2} = p^2 - 2.$

133. कृषि में कार्यरत लोगों की संख्या

$= \frac{333}{1000} \times 20000 = 6660$

व्यापार में कार्यरत लोगों की संख्या

$= \frac{67}{1000} \times 20000$

$= 1340$

अभीष्ट अन्तर = 6660 – 1340 = 5320.

135. माना कि B का हिस्सा = ₹ x

$\therefore$ A का हिस्सा = ₹ $x + 200$

C का हिस्सा $= x + 400$

$x + x + 200 + x + 400 = 1200$

$\Rightarrow \quad 3x + 600 = 1200$

$\Rightarrow \quad 3x = 600$

$\Rightarrow \quad x = 200$

$\therefore$ B का हिस्सा = ₹ 200.

136. माना कि मूलधन = ₹ x

मिश्रधन = ₹ $3x$

$\therefore$ साधारण ब्याज = मिश्रधन – मूलधन

$= 3x - x = 2x$

ब्याज की दर $= \frac{\text{साधारण ब्याज} \times 100}{\text{मूलधन} \times \text{समय}}$

$= \frac{2x \times 100}{x \times \frac{31}{2}} = \frac{400}{31}\%$

अब, मूलधन $= x$

मिश्रधन $= 2x$

साधारण ब्याज = मिश्रधन – मूलधन

$= 2x - x = x$

समय $= \frac{\text{ब्याज} \times 100}{\text{मूलधन} \times \text{दर}}$

$= \frac{x \times 100}{x \times \frac{400}{31}}$

$= \frac{x \times 100 \times 31}{x \times 400} = \frac{31}{4} = 7\frac{3}{4}$

= 7 वर्ष तथा 9 माह।

137. $\frac{1}{\sqrt{40} + \sqrt{20} + \sqrt{10} - \sqrt{80}}$

$= \frac{1}{2\sqrt{10} + 2\sqrt{5} + \sqrt{10} - 4\sqrt{5}}$

$= \frac{1}{3\sqrt{10} - 2\sqrt{5}} \times \frac{3\sqrt{10} + 2\sqrt{5}}{3\sqrt{10} + 2\sqrt{5}}$

$= \frac{3\sqrt{10} + 2\sqrt{5}}{\left(3\sqrt{10}\right)^2 - \left(2\sqrt{5}\right)^2}$

$= \frac{3\sqrt{10} + 2\sqrt{5}}{90 - 20}$

$= \frac{1}{70}\left(3\sqrt{10} + 2\sqrt{5}\right).$

138. माना की आयत की लम्बाई = x तथा आयत की चौड़ाई = y

आयत का क्षेत्रफल = xy

$$\left(x+\frac{60}{100}x\right)\left(y-\frac{z}{100}\times y\right) = xy$$

$$\Rightarrow \left(\frac{160x}{100}\right)\left(\frac{100y-yz}{100}\right) = xy$$

$$\Rightarrow \frac{160xy(100-z)}{100\times100} = xy$$

$$\Rightarrow \frac{16(100-z)}{1000} = 1$$

$$\Rightarrow \frac{1000}{16} = 100 - z$$

$$\Rightarrow \frac{125}{2} = 100 - z$$

$$\Rightarrow z = 100-\frac{125}{2}$$

$$= \frac{200-125}{2}=\frac{75}{2}$$

$$\Rightarrow z = 37\frac{1}{2}\%$$

अतः क्षेत्रफल उतना ही रखने के लिए चौड़ाई में $37\frac{1}{2}\%$ की कमी करनी होगी।

141. $\sqrt{\frac{72}{100}\times8} = x$

$$\Rightarrow \sqrt{\frac{8\times9\times8}{100}} = x$$

$$\Rightarrow \frac{24}{10} = x$$

$$\Rightarrow x = 2.4.$$

143. A : B : C = 14 : 16 : 22

C का हिस्सा = $\frac{22}{52}\times2080$

= 22 × 40

= ₹ 880.

144. 360 का विषम भाग

1, 3, 5, 9, 15 तथा 45 हैं

∴ 1 + 3 + 5 + 9 + 15 + 45 का योग = 78.

145. $\sqrt{72+\sqrt{72+\sqrt{72+\ldots\infty}}}$

माना कि, $x = \sqrt{72+x}$

दोनों तरफ वर्ग करने पर,

$$x^2 = 72 + x$$

$$\Rightarrow x^2 - x - 72 = 0$$

$$\Rightarrow x^2 - 9x + 8x - 72 = 0$$

$$\Rightarrow x(x - 9) + 8(x - 9) = 0$$

$$\Rightarrow (x - 9)(x + 8) = 0$$

$$\Rightarrow x = 9 \text{ या } x = -8$$

अतः अभीष्ट मान = 9.

146. $a = \sqrt{5}-\sqrt{4}$

= 2.236 − 2 = 0.236

$b = \sqrt{7}-\sqrt{6}$ = 2.646 − 2.449 = 0.197

$c = \sqrt{13}-\sqrt{12}$

= $3.606-2\times\sqrt{3}$ = 3.606 − 2 × 1.732

= 3.606 − 3.464 = 0.142

स्पष्टतः $b > c$ सही विकल्प है।

147.

∵ वर्ग की भुजा = a

∴ वृत्त का व्यास = a

∴ वृत्त की त्रिज्या = $\frac{a}{2}$

वृत्त का क्षेत्रफल = $\pi r^2 = \pi\left(\frac{a}{2}\right)^2 = \frac{1}{4}\pi a^2$.

148. कुल संख्या = 1, 2, 3 = 3

(1, 2), (1, 3)

अभीष्ट प्रायिकता = $\frac{2}{3}$.

149. $2x^2 + 2x + 5 = 0$

D = $b^2 - 4ac$

= $(2)^2 - 4(2)(5) = 4 - 40 = -36$

∵ D < 0

∴ समीकरण के मूल काल्पनिक हैं।

150. 250 − 50 = 200

लाभ % = $\frac{50}{200}\times100$ = 25%.

पिछले प्रश्न-पत्र (हल सहित)

हरियाणा शिक्षक पात्रता परीक्षा (HTET)

TGT विज्ञान (Level-2) परीक्षा-2014

बाल विकास व शिक्षाशास्त्र

निर्देशः *निम्नलिखित प्रश्नों के उत्तर देने के लिए* ***सबसे उचित*** *विकल्प चुनिए।*

1. एक व्यक्ति की "जीवन में नाम व प्रशंसा कमाने की इच्छा" किस प्रकार का अभिप्रेरक है?

A. आन्तरिक अभिप्रेरक B. बाह्य अभिप्रेरक

C. दैहिक अभिप्रेरक D. मनोवैज्ञानिक अभिप्रेरक

2. एक शिक्षण विधि में दो या अधिक शिक्षक सहयोगपूर्वक विषयों की योजना बनाते हैं, पूरा करते हैं तथा सदैव विद्यार्थियों पर इसके प्रभाव का मूल्यांकन आवर्ती रूप से करते हैं, यह विधि है

A. श्रव्य-दृश्य शिक्षण B. टोली शिक्षण

C. दृश्य शिक्षण D. वैयक्तिक शिक्षण

3. एक कक्षा में एक शिक्षक पढ़ाने के लिए बाल-केन्द्रित उपागम का प्रयोग कर रहा है। यह तरीका उपयुक्त ***नहीं*** है

A. समूह वार्तालाप के लिए B. प्रोजेक्ट विधि के लिए

C. प्रदर्शन के लिए D. प्रश्नोत्तर के लिए

4. विज्ञान में मूल्यांकन

A. पूर्णतया वैज्ञानिक तथा बहुविकल्पीय परीक्षण होना चाहिए।

B. विद्यार्थियों की क्रियाकलापों के अन्त में होना चाहिए।

C. सभी क्रियाकलापों का एकीकृत भाग होना चाहिए।

D. केवल विषय व प्रत्ययों को शामिल करें तथा प्रक्रिया व अभिवृत्ति को छोड़ दें।

5. मानव विकास की वह अवस्था जिसे 'सुनहरी अवस्था' कहा जाता है, वह है

A. शैशवावस्था B. बाल्यावस्था

C. किशोरावस्था D. प्रौढ़ावस्था

6. एक अच्छे शिक्षक का सबसे महत्त्वपूर्ण गुण है

A. विषयवस्तु का पूर्ण ज्ञान

B. अच्छा सम्प्रेषण कौशल

C. विद्यार्थियों के हित का ध्यान रखना

D. प्रभावी नेतृत्व का गुण

7. वह विशेषता जो कि सहयोगात्मक स्थिति की सीमा में ***नहीं*** है

A. आमने-सामने अन्तःक्रिया B. वैयक्तिक जवाबदेही

C. कार्यों पर जोर D. शिक्षक केन्द्रित

8. निचली कक्षाओं में पढ़ाते समय एक शिक्षक को प्राथमिकता देनी चाहिए

A. व्याख्यान विधि को B. दत्तकार्य की

C. कहानी कथन को. D. समूह चर्चा को

9. एक अच्छा विद्यालय वह है

A. जो कड़ी प्रतियोगिता की भावना पर जोर देता है।

B. जहाँ प्रत्येक बालक खुशी का अनुभव करे व बिना एक-दूसरे के सहयोग से वैयक्तिक रूप से सीखे।

C. जो बालक के सामाजिक स्तरीकरण को समझे तथा कक्षा के वातावरण को प्रगतिशील व प्रेरणास्पद बनाए।

D. जो आदर्श उत्तरों को याद करने पर जोर दे।

10. पियाजे के संज्ञानात्मक सिद्धान्त की अवस्थाओं का क्रम निम्न है

A. संवेदनात्मक गामक काल–मूर्त संक्रियात्मक काल–पूर्वसंक्रियात्मक काल–औपचारिक संक्रियात्मक काल

B. संवेदनात्मक गामक काल–पूर्वसंक्रियात्मक काल–मूर्त संक्रियात्मक काल–औपचारिक संक्रियात्मक काल

C. पूर्वसंक्रियात्मक काल–संवेदनात्मक गामक काल–मूर्त संक्रियात्मक काल–औपचारिक संक्रियात्मक काल

D. पूर्वसंक्रियात्मक काल–संवेदनात्मक गामक काल–औपचारिक संक्रियात्मक काल–मूर्त संक्रियात्मक काल

11. वंशानुक्रम के सन्दर्भ में ***गलत*** कथन निम्न में से कौन-सा है?

A. वंशानुक्रम बालक का लिंग निर्धारित करता है।

B. यह शारीरिक संगठन में महत्त्वपूर्ण योगदान देता है।

C. यह जुड़वाँ बालकों के जन्म में योगदान देता है।

D. इसमें रुचि, अभिवृत्ति, पसंद, नापसंद तथा मस्तिष्क की संवेदात्मक भावनाएं समावेशित होती हैं।

12. "हम में से कुछ लोग, कुछ जो लम्बे हैं तथा कुछ जो छोटे हैं, कुछ जो गोरे हैं तथा कुछ जो काले हैं, कुछ लोग मजबूत हैं तथा कुछ कमजोर हैं।" यह कथन किस स्थापित सिद्धान्त पर आधारित है?

A. बुद्धि व लैंगिक विभिन्नता पर

B. बुद्धि व प्रजाति विभिन्नता पर

C. वैयक्तिक विभिन्नता पर

D. वैयक्तिक प्रगतिशीलता पर

13. दुर्बलीकरण बाधा है
A. शारीरिक स्तर पर B. कार्यात्मक स्तर पर
C. सामाजिक स्तर पर D. शैक्षिक स्तर पर

14. इरफान खिलौने तोड़ता है तथा उसके अवयवों को देखने के लिए उसे अलग-अलग कर देता है। आप क्या करेंगे?
A. इरफान को कभी भी खिलौने के साथ खेलने नहीं देंगे
B. सदैव कड़ी नजर रखेंगे
C. उसकी जिज्ञासु प्रकृति को बढ़ावा देंगे तथा उसकी ऊर्जा को दिशा प्रदान करेंगे
D. उसे बतायेंगे कि खिलौने नहीं तोड़ने चाहिए

15. चिन्तन शक्ति के विकास की प्रक्रिया में निम्न में से कौन-सा कथन ***गलत*** है?
A. ज्ञान व अनुभवों की यथेष्टता
B. यथेष्ट अभिप्रेरणा
C. यथेष्ट स्वतंत्रता व लचीलापन
D. कम बुद्धि व ज्ञान

16. व्यवहार का 'संवेगात्मक' पहलू निम्न से सम्बन्धित होता है
A. सीखने के संज्ञानात्मक पक्ष से
B. सीखने के भावात्मक पक्ष से
C. सीखने के क्रियात्मक पक्ष से
D. सीखने के मनोवैज्ञानिक पक्ष से

17. जब एक क्षेत्र का अधिगम दूसरे क्षेत्र के अधिगम में सहायता करता है, तो उसे कहते हैं
A. अधिगम का धनात्मक अन्तरण
B. अधिगम का ऋणात्मक अन्तरण
C. अधिगम का शून्य अन्तरण
D. अधिगम का परम अन्तरण

18. अधिगम कार्य के लिए विद्यार्थियों की तत्परता का आकलन करना शिक्षकों के लिए कठिन है क्योंकि
A. तत्परता के सभी तत्त्व एक साथ परिपक्व नहीं होते।
B. तत्परता के अधिकतर तत्त्व बाह्य रूप से दृश्य नहीं होते।
C. अभिभावक अपने बच्चों को उपलब्धि के लिए धकेलते हैं।
D. शिक्षक विद्यार्थियों के बाह्य व्यवहार का निर्णय करने में कमजोर होते हैं।

19. पद 'संवेगात्मक क्रान्ति' किस अवस्था से अधिक जुड़ा हुआ है?
A. शैशावस्था से B. बाल्यावस्था से
C. किशोरावस्था से D. प्रौढ़ावस्था से

20. सृजनात्मकता के बारे में क्या ***गलत*** है?
A. सृजनात्मकता तथा बुद्धि सदैव साथ-साथ चलते हैं।
B. सृजनात्मकता में लचीलापन होता है।
C. सृजनात्मकता सार्वभौमिक प्रत्यय है।
D. सृजनात्मकता में अहम् का समावेश होता है।

21. मनोविज्ञान का क्षेत्रवादी सिद्धान्त दिया
A. कर्ट लेविन ने B. सी.टी. मॉरगन ने
C. लियोन फेस्टिंगर ने D. हेनरी गोडार्ड ने

22. किसने 'बहुबुद्धि सिद्धान्त' प्रतिपादित किया था?
A. अल्फ्रेड बिने B. हॉवर्ड गार्डनर
C. फ्रांसिस गाल्टन D. बी.एस. ब्लूम

23. एक सिद्धान्त के रूप में निर्मितीवाद
A. अनुकरण की भूमिका पर केन्द्रित करता है।
B. अधिगमकर्ता की स्वयं के शब्दों का निर्माण करने की भूमिका पर जोर देता है।
C. सूचनाओं को रटने तथा प्रत्यास्मरण द्वारा परीक्षण पर जोर देता है।
D. शिक्षक की प्रधान भूमिका पर जोर देता है।

24. निम्न में से कौन रचनात्मक आकलन का एक उपयुक्त उपकरण ***नहीं*** है?
A. दत्तकार्य B. मौखिक प्रश्न
C. अवधि परीक्षा D. प्रश्न व खेल

25. जीन पियाजे की संज्ञानात्मक विकास की अवस्थाओं के अनुसार जिसे पूर्व-प्रत्ययात्मक काल जाना जाता है, निम्न में से किससे सम्बन्धित है?
A. इन्द्रिय गति अवस्था से
B. मूर्त-संक्रिया अवस्था से
C. पूर्व-संक्रियात्मक अवस्था से
D. औपचारिक-संक्रिया अवस्था से

26. युवा अधिगमकर्ताओं में निम्न में से कौन पढ़ने में कठिनाई का द्योतक ***नहीं*** है?
A. अक्षर व शब्द अभिज्ञान में कठिनाई
B. पठन गति व प्रवाह में कठिनाई
C. शब्दों व विचारों को समझने में कठिनाई
D. स्पेलिंग निरन्तरता में कठिनाई

27. संपुष्ट कार्यक्रम जरूरी होते हैं
A. कमज़ोर अधिगमकर्ताओं के लिए
B. प्रतिभाशाली बालकों के लिए
C. साधारण बालकों के लिए
D. शारीरिक रूप से अयोग्य बालकों के लिए

28. बुद्धि समावेश करती है
A. अपसारी चिन्तन का B. अभिसारी चिन्तन का
C. समालोचित चिन्तन का D. विचारशील चिन्तन का

29. चिंतन अनिवार्य रूप से है एक
A. क्रियात्मक गतिविधि B. भावात्मक व्यवहार
C. संज्ञानात्मक गतिविधि D. मनोगतिक प्रक्रिया

30. समावेशित विद्यालय योजना के सन्दर्भ में कौन-सा कथन ***गलत*** है?
A. समानता की भावना का विकास
B. धनात्मक आत्मसम्मान का विकास
C. विशेष आवश्यकता वाले विद्यार्थियों में आत्महीनता की भावना का विकास
D. विशेष बालकों के नैतिक आचरण को उठाना

ENGLISH LANGUAGE

Directions: *Answer the following questions by selecting the most* ***appropriate*** *option.*

31. Choose the ***mis-spelt*** word
A. peace
B. piece
C. peirce
D. piety

32. Choose the ***correct*** passive construction of the sentence: 'Someone sells tickets at the box office'.
A. Tickets are sold at the box office.
B. Tickets are being sold at the box office.
C. Tickets were sold at the box office by somebody.
D. At the box office, tickets were sold by somebody.

33. Manoj is one of the only students who .... passed the exam.
A. have
B. has
C. had
D. would have

34. How can language be best acquired?
A. Reading, writing, speaking, listening
B. Listening, speaking, reading, writing
C. Writing, reading, listening, speaking
D. Speaking, listening, reading, writing

35. Which of the following is ***not*** a characteristic of a slow learner?
A. Limited vocabulary
B. Short attention span
C. Abstract thinking
D. Limited range of interests

36. Passengers must switch off their mobile phones. What does the underlined auxiliary 'must' suggest?
A. expectation
B. compulsion
C. obligation
D. none of the above

37. The English Language Teaching Method that refrains from using the learners native language and just uses the target language is
A. The audio-lingual method
B. The grammar translation method
C. Communicative language teaching
D. The direct method

38. Choose the ***correct*** indirect form of the sentence: The policeman said, "Please move this car."
A. The policeman commanded me to move the car.
B. The policeman requested me to move the car.
C. The policeman suggested that I move the car.
D. The policeman advised me to move the car.

Directions (Q. Nos. 39 & 40): *Replace the underlined words by the* ***most suitable*** *option.*

39. "No, no", she cried, "You must not say such grossly irreverent things – you must not even think them."
A. sacrilegious B. pious
C. respectful D. religious

40. The street bazaar was a changing and enjoyable mixture of colours, smells and sounds.
A. telescope
B. kaleidoscope
C. stethoscope
D. microscope

41. Which of the following means—
'a drop in the ocean'
A. is a small problem that will probably get larger
B. something so small that it won't make any noticeable difference
C. every small contribution helps
D. None of the above

Directions (Q. Nos. 42 to 50): *Fill in the blanks by the most appropriate word in the following sentences:*

42. As a child, she .... dream of living in a castle.
A. is used to B. used to
C. will D. got used to

43. Don't .... me you've lost your keys again.
A. say B. tell
C. speak D. inform

44. I gave him a punch on .... nose.
A. the B. to
C. a D. an

45. .... people prefer tea to coffee.
A. A great deal of B. Plenty of
C. Much D. A lot of

46. The board at the ration shop announced. "We have .... rice. Wait till the next stock."
A. run down B. run away
C. run over D. run out of

47. The gallery has over 1,000 paintings. These .... during the last 100 years.
A. have collected
B. have been collected
C. had been collected
D. had collected

48. If you had worked hard, you ....
A. will pass
B. would pass
C. would have passed
D. had been pass

49. In 2004, ... a doctor?
A. you was
B. was you
C. were you
D. did you be

50. Bread and butter .... a wholesome food.
A. is
B. are
C. was
D. were

Directions (Q. Nos. 51 to 57): *Read the following passage and answer the questions that follow by selecting the* ***most appropriate*** *option.*

If you were to ask 20 people the meaning of physical fitness, you would get 20 different answers. Fitness is all things to all people, a precious commodity which enables us to live our lives to the full yet is really cherished only when it begins to fade away. To an older person, it might be the feeling of youthful vigour, to an athlete the capacity to run a mile in four minutes, to a stenographer ability to type for eight hours at a stretch without developing aching shoulder muscles. To a coach it is something which comes with training, to a physician it is a functional state of the body defined in technical terms.

It is all these things, and more. It is strength, flexibility, agility, power, speed, and muscular and cardiovascular endurance. It is the ability to enjoy our daily lives and to achieve our goals without undue fatigue or stress. It is having a reserve of physical stamina and strength for safety and the enjoyment of leisure activities. It is protection against degenerative diseases, and feeling physically youthful even when we are growing old.

Fitness is active, not passive. Yet recent decades have seen a quantum leap in the number of devices which help us to avoid effort and movement, the two key ingredients in physical fitness. We can no longer take fitness for granted, as could people of an earlier era, because the automatic movements which should maintain it—walking, carrying, pushing, running, jumping, digging, lifting —are gradually becoming unnecessary. We don't have to get to our feet to change television programs.

It's only human to take advantage of short cuts. But even though many of us are beginning to recognize the need to combat the rising toll of degenerative diseases and the decrease in capacity for activities which require effort, all too often we still look for a button to push. We want to get fit without having to work at it and without making changes in our life styles. This is not possible.

51. The statement that 'Fitness is all things to all people' implies that
A. everybody regards fitness to be the absolute good.
B. everybody includes everything under the concept of fitness.
C. everyone has his/her own definition of fitness.
D. there is an agreed comprehensive meaning of fitness

52. (*i*) Recent developments have vastly decreased the need for physical effort and movement.
(*ii*) Resorting to short cuts is against human nature.
A. Statement (*i*) is true
B. Statement (*ii*) is true
C. Both (*i*) and (*ii*) statements are true
D. Both (*i*) and (*ii*) statements are false

53. 'Fitness is active, not passive' means
A. We can take fitness for granted
B. We should avoid effort and movement
C. We can resort to short cuts
D. We cannot be sedentary

54. 'Take for granted' means
A. To value someone or something too lightly
B. To appreciate the value of something
C. Both A and B are correct
D. Both A and B are incorrect

55. The word 'vigour' means
A. weakness
B. lethargy
C. vitality
D. frailty

56. According to the passage, what has negatively affected our physical fitness?
A. Walking, carrying, pushing, running, jumping, digging, lifting
B. A quantum leap in the number of devices which help us to avoid effort and movement
C. Both A and B are correct
D. Both A and B are incorrect

57. 'All too often we still look for a button to push' means
A. We love to do physical work
B. We get on to our feet to change television programs
C. We accept the need for fitness and make it a personal commitment
D. We want to get fit without having to work at it and without making changes to our life styles

Directions (Q. Nos. 58 and 59): *Choose the* ***correct*** *prefix to build the word. The meaning of the word is given.*

58. .... beat = positive and enthusiastic.
A. up
B. out
C. down
D. over

59. .... hold = look at or see something or somebody.
A. with
B. up
C. over
D. be

60. As we got older we just <u>grew apart</u>. The underlined word in the sentence mean
A. natured
B. developed a strong bond
C. stayed at a distance
D. stopped having a close relationship

हिन्दी भाषा

निर्देशः *निम्नलिखित प्रश्नों के उत्तर देने के लिए* ***सबसे उचित*** *विकल्प चुनिए।*

61. 'दुष्ट अपनी दुष्टता नहीं छोड़ता' के लिए उचित लोकोक्ति है
A. खिसियानी बिल्ली खंभा नोचे
B. गंगा गए तो गंगादास, जमुना गए तो जमुनादास
C. कबहुँ निरामिष होय न कागा
D. जिस पत्तल में खाना, उसी में छेद करना

62. किस शब्द में 'ल' प्रत्यय रूप में ***नहीं*** आया है?
A. कुशल
B. मृदुल
C. विमल
D. रोमल

63. "पंडित दूध पीता है।" इस वाक्य में कारक है
A. कर्म, करण　B. संप्रदान, संबंध
C. कर्ता, कर्म　D. कोई नहीं

64. रंगमंच पर पर्दे के पीछे का स्थान कहलाता है
A. नैऋत्य　B. नेपथ्य
C. प्रेक्षागृह　D. अलिंद

65. किस शब्द का संधि-विच्छेद सही ***नहीं*** है?
A. प्र + ऊढ़ = प्रौढ़
B. नी + ऊन = न्यून
C. अंबु + ऊर्मि = अंबूर्मि
D. शची + इंद्र = शचींद्र

66. निम्न में से किस शब्द में बहुव्रीहि समास है?
A. चौराहा　B. पंसेरी
C. शताब्दी　D. पंजाब

67. निम्न में से सकर्मक क्रिया है
A. हँसना　B. पढ़ना
C. सोना　D. रोना

68. 'अनजान सुजान, सदा कल्यान' लोकोक्ति का भावार्थ है
A. अनजान और सुजान के साथ सदैव लाभ मिलता है
B. भोला-भाला ज्ञानी कल्याणकारक होता है
C. मूर्ख और ज्ञानी दोनों मजे में रहते हैं
D. मूर्ख स्वयं को ज्ञानी समझकर नुकसान कराता है

69. 'ज्ञ' को वर्णमाला में माना जाता है
A. संयुक्त व्यंजन　B. स्वर संधि
C. अनुस्वार　D. व्यंजन

70. निम्न में से कौन-सा वर्ण स्पर्श संघर्षी है?
A. झ　B. श
C. ट　D. ह

71. कौन-सा शब्द 'ईन' प्रत्यय के योग से ***नहीं*** बना है?
A. मनोहारिन　B. नमकीन
C. युगीन　D. ग्रामीण

72. अधोलिखित शब्दयुग्म का **सही** अर्थ विकल्प चुनिएः

अनुलंब	– अनुलग्न
A. ऊर्ध्वाकार	– समय के अनुसार
B. ऊपरी	– जुड़ा हुआ
C. अनिश्चित	– किसी के साथ जुड़ा हुआ
D. लम्बाई के अनुसार	– शुभकाल

73. 'इन्द्र' के पर्यायवाची शब्दों का समूह है
A. वैनतेय, चन्द्रमौलि, सुरपति, देवराज
B. मधवा, पुरन्दर, शचीपति, वासव
C. सुरपति, पुरन्दर, उपेन्द्र, अंशुमाली
D. वैनतेय, मधवा, सुरपति, वासव

74. 'कवि' शब्द में संज्ञा है
A. व्यक्तिवाचक　B. जातिवाचक
C. द्रव्यवाचक　D. कोई नहीं

75. विसर्ग सन्धि का उदाहरण है
A. अतएव　B. विस्मरण
C. उच्चारण　D. विसर्ग

76. प्रत्येक पाठ के प्रारंभ में होना चाहिए
A. पाठ का सार　B. परिशिष्ट
C. प्रस्तावना　D. अभ्यास

77. 'कनक' शब्द का अर्थ-समूह चुनिए
A. वृक्ष, स्वर्ण, धतूरा　B. स्वर्ण, धतूरा, गेहूँ
C. स्त्री, पलाश, आभूषण　D. कोई नहीं

78. भाषा प्रवाह तथा अभिव्यक्ति कौशल के मूल्यांकन का उपयुक्त तरीका है
A. लिखित परीक्षाएँ
B. वस्तुनिष्ठ परीक्षण
C. मौखिक वार्तालाप
D. उपर्युक्त में से कोई नहीं

79. 'प्राक्तन' शब्द में उपसर्ग एवं मूल शब्द का **सही** विकल्प है
A. प्रा + तन　B. प्राक् + तन
C. पर् + तन　D. प्रा + कतन

80. विद्यार्थियों में भाषा की रुचि का विकास करने का उपयुक्त उपाय है :
A. विद्यार्थियों के व्याकरण के ज्ञान को बढ़ाना
B. विद्यार्थियों को पाठ्यपुस्तकें पढ़वाना
C. विद्यार्थियों को मौखिक रूप से अधिकाधिक समझाना
D. उपर्युक्त सभी

81. भाषा अधिगम में प्रायः कठिनाई नहीं आती

A. संकोची स्वभाव
B. आत्म विश्वास की कमी
C. मानसिक अस्वस्थता
D. मानसिक स्वस्थता

82. निम्न में ***शुद्ध*** रूप से लिखा वाक्य है

A. किसी आदमी को भेज दो।
B. हम तो अवश्य ही जाएँगे।
C. तब शायद यह काम अवश्य हो जाएगा।
D. कृपया आने का अनुग्रह करें।

83. शब्दकोश में निम्न में से सर्वप्रथम आने वाला शब्द है

A. प्याऊ
B. प्रकंप
C. प्लवन
D. प्रकीर्ण

84. वर्तनी की दृष्टि से ***शुद्ध*** शब्द है

A. इक्षा
B. आव्हान
C. शृंगार
D. प्रत्यूष

निर्देश (प्र. सं. 85 से 88) : *निम्नलिखित गद्यांश को पढ़कर दिए गए प्रश्नों के उत्तर **सबसे उचित** विकल्प को चुनकर दीजिए :*

वर्तमान मेरे लिए और मुझ जैसे बहुत से और लोगों के लिए मध्ययुगीनता, भयंकर गरीबी एवं दुर्गति और मध्यवर्ग की कुछ-कुछ सतही आधुनिकता का विचित्र मिश्रण है। मैं अपने वर्ग और अपनी किस्म के लोगों का प्रशंसक नहीं था, फिर भी भारतीय संघर्ष में नेतृत्व के लिए मैं निश्चित रूप से मध्यवर्ग की ओर देखता था। यह मध्यवर्ग स्वयं को बंदी और सीमाओं में जकड़ा हुआ महसूस करता था और खुद तरक्की और विकास करना चाहता था। अंग्रेजी शासन के ढाँचे के भीतर ऐसा न कर पाने के कारण उसके भीतर विद्रोह की चेतना पनपी। लेकिन यह चेतना उस ढाँचे के खिलाफ नहीं जाती थी जिसने हमें रौंद दिया था। ये उस ढाँचे को बनाए रखना चाहते थे और अंग्रेजों को हटाकर उसका संचालन करना चाहते थे। ये मध्यवर्ग के लोग इस हद तक इस ढाँचे की पैदाइश थे कि उसे चुनौती देना या उसे उखाड़ फेंकने का प्रयास करना इनके बस की बात नहीं थी।

85. लेखक किस वर्ग से संबंधित है?

A. सामंत वर्ग
B. मध्यवर्ग
C. निम्न वर्ग
D. उपर्युक्त में से कोई नहीं

86. मध्यवर्ग में विद्रोही चेतना का कारण था

A. मध्यवर्ग साम्राज्यवाद विरोधी था
B. मध्यवर्ग राष्ट्रवादी था
C. मध्यवर्ग अंग्रेजों को विस्थापित करके शासन संचालन चाहता था
D. उपर्युक्त सभी

87. गद्यांश में आए भारतीय संघर्ष का संदर्भ है

A. भारत का स्वतंत्रता संघर्ष
B. चीन के विरुद्ध संघर्ष
C. पाकिस्तान के विरुद्ध संघर्ष
D. महाशक्तियों के विरुद्ध संघर्ष

88. निम्न में से कौन-सा सामाजिक वर्ग ब्रिटिश शासन प्रणाली की उपज था?

A. उच्च वर्ग
B. सामंत वर्ग
C. किसान
D. मध्यवर्ग

89. भाषा शिक्षण का आदर्श वातावरण है

A. विद्यार्थियों को अभिशक्ति के भरपूर अवसर
B. भाषागत शुद्धता पर अत्यधिक बल
C. अध्यापक का एकालाप
D. दृश्य-श्रव्य सामग्री का प्रचुर उपयोग

90. भाषा शिक्षक को एक बहु-सांस्कृतिक कक्षा में किस बात पर बल देना चाहिए?

A. बच्चों को भाषा प्रयोग के अधिक से अधिक अवसर देना
B. पाठ्यपुस्तक के प्रत्येक पाठ को भली-भांति समझाना
C. बच्चों को व्याकरण सिखाना
D. स्वयं द्वारा भाषा का शुद्ध प्रयोग करना

SUBJECT SPECIFIC—गणित एवं विज्ञान*

91. प्रोड्यूसर गैस है

A. CO तथा H_2 का मिश्रण
B. CO_2 तथा H_2 का मिश्रण
C. CO_2 तथा Cl_2 का मिश्रण
D. CO तथा N_2 का मिश्रण

92. कौन-सा कथन **सत्य** है?

A. पादपों में जल व लवण का परिवहन फ्लोएम द्वारा होता है।
B. प्रकाश-संश्लेषण के दौरान ऑक्सीजन CO_2 से विमुक्त होती है।
C. सभी जीवों के लिए ऊर्जा का एकमात्र स्रोत सूर्य है।
D. छुईमुई (Mimosa pudica) पौधे की पत्तियाँ कम्पानुकुंचन दर्शाती हैं।

93. विटामिन के बारे में कौन-सा तथ्य सही **नहीं** है?

A. इसका नामकरण फन्क ने किया।
B. ये जीवन के लिए महत्त्वपूर्ण हैं।
C. इसकी कमी रोग उत्पन्न करती है।
D. ये पाचन में सहायक होते हैं।

94. कौन-सी मिश्र धातु सम्भव **नहीं** है?

A. Cu-Zn
B. Pb-Zn
C. Cu-Au
D. Cu-Ag

*** पूर्व में गणित एवं विज्ञान विषय के लिए एक ही परीक्षा का आयोजन किया जाता था। लेकिन नए पाठ्यक्रमानुसार गणित एवं विज्ञान विषय के लिए अलग-अलग परीक्षाओं का आयोजन किया जाएगा। अतः विज्ञान के परीक्षार्थी से अनुरोध है कि वे केवल विज्ञान विषय के प्रश्नों को ही पढ़ें।**

95. यदि एक प्रयोग का परिणाम आशा से अलग आता है, तो यह सिद्ध होता है कि
A. व्यक्ति द्वारा वैज्ञानिक विधि का पालन नहीं किया गया।
B. व्यक्ति को इच्छित परिणाम प्राप्त न होने तक प्रयोग को पुनः पुनः करते रहना है
C. व्यक्ति को यह स्वीकार करना होगा कि प्रयोग असफल रहा।
D. व्यक्ति को इसके संभावित कारणों का निष्कर्ष खण्ड में विवेचन करना चाहिए

96. निम्न में से दुर्बलतम लूइस क्षारक है
A. OH^- B. H^-
C. HCO_3^- D. Cl^-

97. 1 a.m.u. के तुल्य ऊर्जा है
A. 0.693 MeV B. 1 eV
C. 931 MeV D. 14.2 MeV

98. यूरिक अम्ल निम्नलिखित में से किसका उत्सर्जी पदार्थ है?
A. मेंढक, मनुष्य B. पक्षी, सर्प
C. अमीबा, तारामछली D. इनमें से कोई नहीं

99. निम्न में से कौन-सा समुच्चय समान अणुओं की संख्या रखता है?
(*a*) 1 ग्राम O_2, 2 ग्राम SO_2 (*b*) 1 ग्राम CO_2, 1 ग्राम N_2O
(*c*) 1 ग्राम CO, 1 ग्राम N_2 (*d*) 1 ग्राम O_2, 1 ग्राम O_3
A. (*a*), (*b*) एवं (*c*) B. (*a*) एवं (*b*)
C. (*c*) एवं (*d*) D. (*a*), (*b*), (*c*) एवं (*d*)

100. थर्मोसेटिंग तथा थर्मोप्लास्टिक बहुलक का उदाहरण क्रमशः है
A. पॉलीस्टाइरीन, पॉलीविनाइलक्लोराइड
B. बेकेलाइट, पॉलीस्टाइरीन
C. पॉलीएथीन, पॉलीएक्रिलोनाइट्राइल
D. पॉलीस्टाइरीन, यूरिया-फार्मल्डिहाइड रेजिन

101. न्यूटन के गति के नियम पढ़ाते समय एक शिक्षिका आगे बढ़ने से पहले ही बोर्ड पर सभी सूत्र लिख देती है। यह तरीका दर्शाता है कि वह पालन कर रही है
A. प्रायोगिक उपागम का B. व्यावहारिक उपागम का
C. आगमन उपागम का D. निगमन उपागम का

102. निम्न में से कौन-सा अभ्रूणीय पादप (Non-embryophyta) का उदाहरण है?
A. इफेड्रा B. टेरिडियम
C. रिक्सिया D. यूलोथ्रिक्स

103. निम्नलिखित में से कौन-सा तत्त्व दाता (donor) अशुद्धि है?
A. Al B. B
C. Ga D. P

104. निम्न में से कौन-सी ऊष्मीय विकिरण की विशेषता **नहीं** है?
A. इसको आगे बढ़ने में माध्यम की आवश्यकता नहीं होती है।
B. यह प्रकाश के वेग से गति करता है।
C. यह सीधी रेखा में गति करता है।
D. यह जिस माध्यम से गुजरता है उसे प्रभावित करता है।

105. इन्सुलिन हॉर्मोन परिवर्तित करता है
A. ग्लाइकोजन को ग्लूकोस में
B. ग्लूकोस को ग्लाइकोजन में
C. वसा को ग्लूकोस में
D. प्रोटीन को ग्लूकोस में

106. Cr का इलेक्ट्रॉनिक विन्यास है
A. $3d^5 4s^1$ B. $3d^6 4s^0$
C. $3d^4 4s^2$ D. $3d^5 4s^0$

107. ब्रायोफिलम (पत्थरचट्टा) में जनन होता है
A. तने द्वारा B. पत्ती द्वारा
C. पुष्प द्वारा D. जड़ (मूल) द्वारा

108. निम्न में से कौन-सा प्रभाव ध्वनि तरंगों में **नहीं** पाया जाता है?
A. ध्रुवण B. परावर्तन
C. व्यतिकरण D. विवर्तन

109. वैज्ञानिक विधि का प्रथम चरण होता है
A. परिकल्पना का निर्माण
B. अवलोकन करना
C. प्रयोग करना
D. प्रयोग के परिणाम का अनुमान लगाना

110. धातु परमाणु से युक्त विटामिन है
A. विटामिन C B. विटामिन B_6
C. विटामिन B_{12} D. विटामिन A

111. उच्चतम बेधन क्षमता का विकिरण है
A. अवरक्त विकिरण B. पराबैंगनी विकिरण
C. X-किरणें D. γ-किरणें

112. एक व्यक्ति का द्रव्यमान पृथ्वी पर 72 किलोग्राम है। चंद्रमा की सतह पर g का मान 1/6 है। चंद्रमा पर व्यक्ति का द्रव्यमान होगा
A. 12 किलोग्राम B. 120 किलोग्राम
C. 72 किलोग्राम D. 432 किलोग्राम

113. अत्यधिक व्यायाम के पश्चात् किस पदार्थ के संचय के कारण थकान होती है?
A. कार्बन डाइऑक्साइड B. एल्कोहल
C. लैक्टिक अम्ल D. पानी

114. निम्न में से कौन-सा एक विद्युत्-चुम्बकीय तरंग का उदाहरण **नहीं** है?
A. पराबैंगनी किरणें B. रेडियो तरंगें
C. X-किरणें D. वायु में ध्वनि तरंगें

115. रसोई गैस मुख्य रूप से निम्न दो गैसों का मिश्रण होती है
A. मिथेन एवं एथेन B. एथेन एवं प्रोपेन
C. प्रोपेन एवं ब्यूटेन D. ब्यूटेन एवं पेन्टेन

116. किसी फ्यूज तार के लिए क्या महत्व है?

A. इसका गलनांक

B. इसका विशिष्ट प्रतिरोध

C. इसमें बहने वाली धारा

D. उपरोक्त सभी

117. सूची-I को सूची-II के साथ सुमेलित कीजिए तथा सूची के नीचे दिए गए कूटों की सहायता से सही उत्तर का चयन कीजिए:

सूची-I (पेट्रोलियम प्रभाज्य)	**सूची-II (संघटन)**
(*a*) गैसोलीन	1. C_8 से C_{16}
(*b*) केरोसीन	2. C_4 से C_9
(*c*) भारी तेल	3. C_{10} से C_{18}
(*d*) डीजल	4. C_{16} से C_{30}

कूट :

	(*a*)	(*b*)	(*c*)	(*d*)
A.	1	2	4	3
B.	2	1	3	4
C.	2	1	4	3
D.	1	2	3	4

118. निम्नलिखित में से कौन-सी एक 'पौध घर गैस' (हरित गृह गैस) **नहीं** है?

A. SO_2 B. CFC

C. CH_4 D. N_2O

119. विज्ञान शिक्षण में सतत एवं समग्र मूल्यांकन के सम्बन्ध में से कौन-सा कथन **गलत** है?

A. यह रचनात्मक मूल्यांकन है

B. यह संकलनात्मक मूल्यांकन है

C. यह वर्ष में एक बार ही होता है

D. यह वर्षपर्यन्त चलता है

120. मिस कुमार, विद्यालय की प्राचार्या, अलग-अलग विषयों के शिक्षण के स्थान पर विज्ञान शिक्षण में एकीकृत उपागम का प्रयोग करना चाहती हैं। इसका कारण है

A. शिक्षकों को समय-सारणी में व्यवस्थित करने में कठिनाई आती है।

B. विद्यार्थी अलग-अलग शिक्षकों के साथ समायोजन नहीं कर पाते।

C. उनके विद्यालय में अलग-अलग विषय पढ़ाने के लिए योग्य शिक्षक नहीं हैं।

D. सभी विषय आपस में जुड़े हुए हैं और शिक्षक उनकी पाठ्यचर्याओं के मध्य सम्बन्ध जोड़ सकते हैं।

121. भास्कर की 'लीलावती' पुस्तक का अंग्रेजी में अनुवाद किसने किया?

A. जेम्स टेलर ने B. मार्क टेलर ने

C. ए.एल. बाभाम ने D. इनमें से कोई नहीं

122. 51234 में क्या जोड़ा जाए, जिससे वह 9 से भाज्य बन जाए?

A. 6 B. 4

C. 3 D. 5

123. एक आयत की लम्बाई तथा चौड़ाई का अनुपात 2 : 1 तथा परिणाम 60 सेमी है। आयत का क्षेत्रफल ज्ञात कीजिए।

A. 250 वर्ग सेमी.

B. 200 वर्ग सेमी.

C. 300 वर्ग सेमी.

D. 205 वर्ग सेमी.

124. किस प्रकार के सहसम्बन्ध को स्थापित करने के लिए गणित अध्यापक की विभिन्न विषयों के सम्बन्ध में आवश्यक तथा उपयोगी ज्ञान अवश्य होना चाहिए?

A. प्रासंगिक सहसम्बन्ध B. क्रमबद्ध सहसम्बन्ध

C. A और B दोनों D. इनमें से कोई नहीं

125. जब 4^{96} को 6 से विभाजित किया जाता है, तो शेषफल प्राप्त होता है

A. 3 B. 4

C. 5 D. 6

126. यदि ताश की गड्डी में से एक पत्ता यादृच्छिक चुना जाता है, तो उसके काला रंग होने की प्रायिकता ज्ञात कीजिए

A. $\frac{1}{3}$ B. $\frac{1}{2}$

C. $\frac{3}{4}$ D. $\frac{3}{8}$

127. क्रमशः 3 सेमी., 4 सेमी. और 5 सेमी. त्रिज्याओं वाले धातु के तीन ठोस गोलों को पिघलाकर एक बड़ा ठोस गोला बनाया गया है। उस गोले की त्रिज्या है

A. 12 B. 10

C. 6 D. 4

128. एक संख्या के तिगुने में से यदि 15 घटाया जाता है तो 120 प्राप्त होता है। संख्या ज्ञात कीजिए

A. 45 B. 40

C. 42 D. 50

129. $0.46 \times 0.46 + 0.54 \times 0.54 + 0.92 \times 0.54$ बराबर है

A. 1 B. 10

C. 11 D. 101

130. यदि $x^2 + \frac{1}{x^2} = 34$ हो, तो $x + \frac{1}{x}$ का मान ज्ञात कीजिए

A. 4 B. 6

C. 8 D. 17

131. प्रश्नचिह्न (?) के स्थान पर क्या आएगा?

$$\frac{17.28 \div ?}{3.6 \times 0.2} = 2$$

A. 120 B. 1.20

C. 12 D. 0.12

132. $5+\cfrac{1}{5+\cfrac{1}{5+\cfrac{1}{5+\ldots\ldots}}}$ का मान ज्ञात कीजिए

A. $\frac{11}{2}$ B. $\frac{\sqrt{29}+1}{2}$
C. $\frac{\sqrt{13}+1}{2}$ D. $\frac{\sqrt{29}+5}{2}$

133. एक थैले में 5 लाल गेंदें, 8 सफेद गेंदें, 4 हरी गेंदें और 7 काली गेंदें हैं। यदि उनमें से एक गेंद यादृच्छया निकाली जाए, तो प्रायिकता ज्ञात कीजिए कि निकाली गई गेंद हरी नहीं होगी

A. $\frac{1}{6}$ B. $\frac{5}{6}$
C. $\frac{5}{8}$ D. $\frac{1}{2}$

134. एक समचतुर्भुज की कितनी सममिति रेखाएँ होती हैं?

A. 1 B. 2
C. 3 D. 4

135. $3\frac{5}{6}+6\frac{1}{7}+-2\frac{1}{3}-1\frac{1}{2}=$

A. $6\frac{1}{7}$ B. $6\frac{1}{21}$
C. $6\frac{5}{28}$ D. $6\frac{1}{14}$

136. प्रश्नचिह्न (?) के स्थान पर क्या मान होना चाहिए?

$(1.06+0.04)^2-?=4\times1.06\times0.04$

A. 1.0404 B. 1.4
C. 1.5 D. 1.45

137. यदि $x : y = 3 : 4$, तब $\frac{2x+3y}{3x+4y}$ का मान है

A. $\frac{9}{25}$ B. $\frac{18}{25}$
C. $\frac{7}{18}$ D. $\frac{17}{25}$

138. k के किस मान के लिए बिंदु A (3, 4), B (5, k) और C (–3, 1) संरेखी हैं?

A. 2 B. 3
C. 4 D. 5

139. 1234567654321 का वर्गमूल ज्ञात कीजिए

A. 1121121 B. 111111
C. 1112111 D. 1111111

140. एक समबाहु त्रिभुज का क्षेत्रफल क्या होगा, जिसकी भुजा 16 सेमी है?

A. $48\sqrt{3}$ वर्ग सेमी. B. $128\sqrt{3}$ वर्ग सेमी.
C. $9.6\sqrt{3}$ वर्ग सेमी. D. $64\sqrt{3}$ वर्ग सेमी.

141. एक गोले की त्रिज्या को 20% घटाने पर उसका आयतन कितना घटेगा?

A. 20% B. 28.8%
C. 57.6% D. 48.8%

142. व्यंजक $x^2 - 2xy + y^2 - x + y$ का एक गुणनखंड है

A. $x - y + 1$ B. $x + y - 1$
C. $x - y - 1$ D. $x + y + 1$

143. समांतर श्रेढ़ी (A. P.) 11, 7, 3, ... के प्रथम 20 पदों का योग है

A. 20 B. –540
C. 980 D. –65

144. गणित की पाठ्यपुस्तक में विषयवस्तु को विकसित करना चाहिए

A. अभ्यास के क्रम में B. तार्किक क्रम में
C. समस्यात्मक क्रम में D. उपरोक्त सभी में

145. निम्न संख्याओं का माध्यक ज्ञात कीजिए

10, 8, 5, 3, 9, 6, 12, 14, 13, 7, 1

A. 8 B. 10
C. 9 D. 14

146. यदि 73^2 किसी संख्या के वर्ग में से घटाया जाए तो 5280 प्राप्त होता है। संख्या क्या है?

A. 97 B. 103
C. 99 D. 101

147. $\sqrt{\frac{1.44\times0.81}{0.9\times3.6}}$ का मान ज्ञात कीजिए

A. 0.6 B. 0.5
C. 1 D. 0.75

148. यदि मद A का मूल्य मद B के मूल्य से 25% कम है, तो B का मूल्य A के मूल्य से कितने प्रतिशत अधिक है?

A. 50% B. $33\frac{1}{3}\%$
C. $16\frac{2}{3}\%$ D. 25%

149. यदि किसी वृत्त का क्षेत्रफल A, त्रिज्या r तथा उसकी परिधि C हो, तो

A. $rc = 2A$

B. $\frac{C}{A}=\frac{r}{2}$

C. $AC=\frac{r^2}{4}$

D. $\frac{A}{r}=c$

150. निम्न में से कौन-सी संख्या 4 तथा 9 दोनों से भाज्य है?

A. 2368 B. 2736
C. 3954 D. 3814

उत्तरमाला

1	2	3	4	5	6	7	8	9	10
A	B	C	C	B	A & B	D	C	C	B
11	**12**	**13**	**14**	**15**	**16**	**17**	**18**	**19**	**20**
D	C	B	C	D	B	A	A	C	A
21	**22**	**23**	**24**	**25**	**26**	**27**	**28**	**29**	**30**
A	B	B	A	C	B	B	B	C	C
31	**32**	**33**	**34**	**35**	**36**	**37**	**38**	**39**	**40**
C	A	B	B	C	C	D	B	A	B
41	**42**	**43**	**44**	**45**	**46**	**47**	**48**	**49**	**50**
B	B	B	A	D	D	B	C	C	A
51	**52**	**53**	**54**	**55**	**56**	**57**	**58**	**59**	**60**
C	A	D	A	C	B	D	A	D	D
61	**62**	**63**	**64**	**65**	**66**	**67**	**68**	**69**	**70**
C	C	C	B	B	D	B	C	A	A
71	**72**	**73**	**74**	**75**	**76**	**77**	**78**	**79**	**80**
A	C	B	B	A	C	B	C	B	C
81	**82**	**83**	**84**	**85**	**86**	**87**	**88**	**89**	**90**
D	A	A	D	B	C	A	D	A	A
91	**92**	**93**	**94**	**95**	**96**	**97**	**98**	**99**	**100**
D	C&D	D	B	D	D	C	B	A	B
101	**102**	**103**	**104**	**105**	**106**	**107**	**108**	**109**	**110**
D	D	D	A	B	A	B	A	B	C
111	**112**	**113**	**114**	**115**	**116**	**117**	**118**	**119**	**120**
D	C	C	D	C	D	C	A	C	D
121	**122**	**123**	**124**	**125**	**126**	**127**	**128**	**129**	**130**
A	C	B	A	B	B	C	A	A	B
131	**132**	**133**	**134**	**135**	**136**	**137**	**138**	**139**	**140**
C	D	B	B	A	A	B	D	D	D
141	**142**	**143**	**144**	**145**	**146**	**147**	**148**	**149**	**150**
D	C	B	B	A	B	A	B	A	B

व्याख्यात्मक उत्तर

122. 9 से भाज्य :

9 से भाज्य होने वाले अंकों का योग

5 + 1 + 2 + 3 + 4 = 15

यदि हम '3' जोड़ते हैं, तो 15 + 3 = 18

18, 9 से भाज्य है

अतः अभीष्ट उत्तर = 3.

123. माना कि, आयत की चौड़ाई = x

तो इसकी लम्बाई = $2x$

परिमिति = $2(2x + x) = 6x$

प्रश्न से, $6x = 60$

$x = 10$

अतः चौड़ाई = 10 सेमी., लम्बाई = 20 सेमी.

क्षेत्रफल (A) = लम्बाई (l) × चौड़ाई (b)

= 20 × 10 = 200 वर्ग सेमी.

125.

		शेष
$4^2 = 16$,	$16 \div 6 =$	4
$4^3 = 64$,	$64 \div 6 =$	4
$4^4 = 256$,	$256 \div 6 =$	4
$4^5 = 1024$,	$1024 \div 6 =$	4

हम पाते हैं कि सभी स्थितियों में शेष 4 है।

126. एक गड्डी में 52 ताश के पत्ते हैं।

काले रंग के ताश के पत्तों की संख्या = 26

सफेद रंग के ताश के पत्तों की संख्या = 22

26 काले रंग के ताश के पत्तों में से एक काले रंग के ताश के चयन के तरीकों की संख्या

$$n(E) = 26$$

52 ताश के पत्तों की गड्डी में से एक ताश चुनने के तरीकों की कुल संख्या

$$n(S) = 52$$

अतः अभीष्ट प्रायिकता

$$(P(E)) = \frac{n(E)}{n(S)} = \frac{26}{52} = \frac{1}{2}.$$

127. माना, बड़े गोले की त्रिज्या = R

बड़े गोले का आयतन = सभी तीनों गोलों के आयतन का योग

$$\frac{4}{3}\pi R^3 = \frac{4}{3}\pi(3)^3 + \frac{4}{3}\pi(4)^3 + \frac{4}{3}\pi(5)^3$$

$$R^3 = 3^3 + 4^3 + 5^3$$

$$= 27 + 64 + 125 = 216$$

$\therefore$ R = $\sqrt[3]{216}$ = 6 सेमी.

128. माना कि संख्या N है

प्रश्नानुसार,

$$3N - 15 = 120$$

$$3N = 120 + 15 = 135$$

$$N = 45$$

129. $0.46 + 0.46 + 0.54 \times 0.54 + 2 \times 0.46 \times 0.54$

$$= (0.46 + 0.54)^2$$

$$= (1)^2 = 1.$$

130. $$x^2 + \frac{1}{x^2} = 34$$

$$\left(x + \frac{1}{x}\right)^2 - 2 = 34$$

$$\left(x + \frac{1}{x}\right)^2 = 36$$

$$\left(x + \frac{1}{x}\right) = \sqrt{36} = 6.$$

131. $$\frac{17.28 \div x}{3.6 \times 0.2} = 2$$

$$x = \frac{17.28}{2 \times 3.6 \times 0.2} = 12.$$

132. माना कि, $$y = 5 + \cfrac{1}{5 + \cfrac{1}{5 + \cfrac{1}{5 + \dots\dots\dots}}}$$

तब, $$y = 5 + \frac{1}{y}$$

$$y = \frac{5y + 1}{y}$$

$$y^2 = 5y + 1$$

$$y^2 - 5y - 1 = 0$$

$$y = \frac{5 \pm \sqrt{(5)^2 - 4.1(-1)}}{2(1)} = \frac{5 + \sqrt{29}}{2}$$

$$\therefore \quad y = \frac{5 \pm \sqrt{29}}{2}.$$

133. गेंदों की कुल संख्या = 5 + 8 + 4 + 7 = 24

हरी गेंदों की संख्या = 4

हरी गेंदों के चयन की प्रायिकता

$$= \frac{4}{24} = \frac{1}{6}$$

अतः हरी गेंदों को नहीं चुनने की प्रायिकता

$$= 1 - \frac{1}{6} = \frac{5}{6}.$$

134.

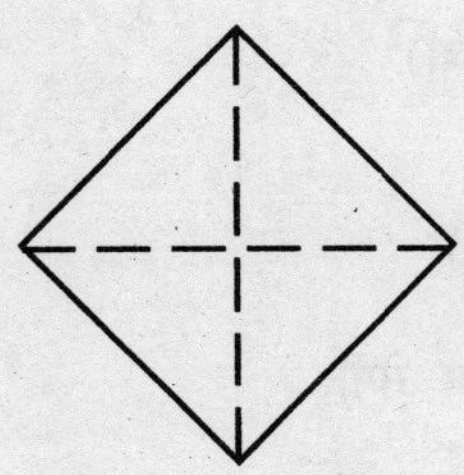

समचतुर्भुज की दो सममिति रेखाएँ होती हैं।

135. $$\frac{23}{6} + \frac{43}{7} - \frac{7}{3} - \frac{3}{2}$$

$$= \frac{161 + 258 - 98 - 63}{42}$$

$$= \frac{419 - 161}{42} = \frac{258}{42} = \frac{43}{7} = 6\frac{1}{7}.$$

136. $(1.06 + 0.04)^2 - x = 4 \times 1.06 \times 0.04$

$\Rightarrow x = (a + b)^2 - 4ab = (a - b)^2$

$\Rightarrow \quad x = (1.06 - 0.04)^2$

$$= (1.02)^2 = 1.0404$$

137. $$\frac{x}{y} = \frac{3}{4}$$

$$\frac{2x + 3y}{3x + 4y} = \frac{2\left(\frac{x}{y}\right) + 3}{3\left(\frac{x}{y}\right) + 4}$$

$$= \frac{2 \times \frac{3}{4} + 3}{3 \times \frac{3}{4} + 4} = \frac{\frac{6}{4} + 3}{\frac{9}{4} + 4}$$

$$= \frac{6 + 12}{9 + 16} = \frac{18}{25}.$$

138. सरेखी की तीन बिन्दुएँ हैं यदि

$$\begin{vmatrix} 3 & 4 & 1 \\ 5 & k & 1 \\ -3 & 1 & 1 \end{vmatrix} = 0$$

$$3(k-1) + 4(-3-5) + 1(5+3k) = 0$$

$$6k - 35 + 5 = 0$$

$$k = 5$$

139. (1234567654321) का वर्गमूल

$$\sqrt{121} = 11$$

$$\sqrt{12321} = 111$$

$$\sqrt{1234321} = 1111$$

....

$$\sqrt{1234567654321} = 1111111.$$

140. समबाहु त्रिभुज का क्षेत्रफल

$$A = \frac{\sqrt{3}}{4} \times (\text{भुजा})^2$$

$$= \frac{\sqrt{3}}{4} \times (16)^2$$

$$= 64\sqrt{3} \text{ वर्ग सेमी.}$$

141. गोले का आयतन

$$V = \frac{4}{3}\pi r^3$$

जब त्रिज्या r है जो 20% घटती है

नई त्रिज्या $r' = r - \frac{20r}{100} = 0.8r$

नया आयतन $v' = \frac{4}{3}\pi(r')^3$

$$= \frac{4}{3}\pi(0.8r)^3$$

$$= \frac{4}{3}\pi(0.512r^3)$$

आयतन में % ह्रास

$$= \frac{v - v'}{v} \times 100$$

$$= \frac{\frac{4}{3}\pi r^3(1 - 0.512)}{\frac{4}{3}\pi r^3} \times 100$$

$$= 48.8\%.$$

142. $x^2 - 2xy + y^2 - x + y$

$(x - y)^2 - (x - y)$

$(x - y)(x - y - 1).$

143. समांतर श्रेणी के n पदों के योग का सूत्र पहले पद a के साथ, उभय अंतर d है

$$S_n = \frac{n}{2}[2a + (n-1) \cdot d]$$

यहाँ, $n = 20$, $a = 11$, $d = -4$

$$S_{20} = 10[22 + (20 - 1)(-4)]$$

$$= 10[22 - 76]$$

$$= -540.$$

145. आँकड़ों को ऊपर के क्रम में व्यवस्थित करने पर:

1, 3, 5, 6, 7, $\boxed{8}$, 9, 10, 12, 13, 14

अतः माध्यक 18 है।

146. माना, अभीष्ट संख्या n है।

तो, $n^2 - 73^2 = 5280$

$$n^2 = 5280 + 73^2$$

$$= 5280 + 5329 = 10609$$

$$\therefore \quad n = \sqrt{10609} = 103.$$

147. $$\sqrt{\frac{1.44 \times 0.81}{0.9 \times 3.6}} = \sqrt{\frac{(1.2)^2 \times (0.9)^2}{(3)^2 \times (0.6)^2}}$$

$$= \frac{(1.2) \times 0.9}{3 \times 0.6} = 0.6.$$

148. माना B का मूल्य = 100 तो A का मूल्य = 75.

B का प्रतिशत मूल्य

$$\text{A से अधिक} = \frac{25}{75} \times 100 = 33\frac{1}{3}\%.$$

149. वृत्त का क्षेत्रफल $A = \pi r^2$

जहाँ r = वृत्त की त्रिज्या

वृत्त की परिधि

$$C = 2\pi r$$

$$= \frac{2\pi r^2}{r} = \frac{2A}{r}$$

$$\therefore \quad rC = 2A.$$

150. 4 और 9 का ल.स.

4 और 9 से विभाजित संख्या 36 से भी विभाजित होगी यहाँ 2736 भाज्य है 36 के द्वारा। अतः

तरीका–

4 से विभाजित संख्या अंत में दो अंक हों, तो 4 से विभाज्य होगी

साथ ही, यदि एक संख्या के अंकों का योग 9 से विभाज्य हो, तो संख्या 9 से विभाजित होगी।

इस पर आधारित केवल 2736 सही विकल्प है।

पिछले प्रश्न-पत्र (हल सहित)

हरियाणा शिक्षक पात्रता परीक्षा (HTET)

TGT विज्ञान (Level-2) परीक्षा-2011

बाल विकास व शिक्षाशास्त्र

निर्देशः *निम्नलिखित प्रश्नों के उत्तर देने के लिए* ***सबसे उचित*** *विकल्प चुनिए।*

1. शिक्षण और अधिक प्रभावी हो सकता है, यदि

A. छात्रों को स्वयं कार्य करने की स्वायत्तता व नियंत्रण दिया जाए

B. छात्र अधिगम, शिक्षक द्वारा निर्देशित एवं नियंत्रित हो

C. शिक्षक तथ्यों की व्याख्या करने में केन्द्रीय भूमिका निभाये

D. शिक्षक अधिगम को निर्देशित करें

2. शिक्षण प्रभावी हो जाता है, यदि

A. कक्षा-कक्ष में प्रत्यक्ष अनुदेशन को प्रयोग में लाया जाए

B. कक्षा-कक्ष में शिक्षक निर्देशित विधियों का उपयोग किया जाये

C. दोनों शिक्षक निर्देशिक विधियाँ एवं प्रत्यक्ष अनुदेशन काम में लिए जाएँ

D. छात्र केंद्रित अनुदेशन और अन्तःक्रियात्मक विधियों का उपयोग किया जाए

3. एक उत्तम कक्षा-कक्ष शिक्षक

A. छात्रों की प्राकृतिक जिज्ञासा का पोषण करता है

B. छात्रों को पारस्परिक संवाद के लिए प्रोत्साहित करता है

C. छात्रों को वास्तविक वैश्विक परिस्थितियों में सम्मिलित करता है

D. उपरोक्त सभी

4. सृजनात्मकता की विशेषता होती है

A. मौलिकता B. प्रवाहशीलता

C. लचीलापन D. उपरोक्त सभी

5. सामान्यतः छात्रों में पठन-पाठन के लिए निम्न विशिष्ताएँ होती हैं

A. अधिगम में क्रियाशीलता

B. छात्रों में सीखने की योग्यता

C. स्वयं क्रिया करके नवीन अनुभवों द्वारा ज्ञान का निर्माण करना

D. उपरोक्त सभी

6. एक मन्द गति से सीखने वाले बालक को जरूरत होती है

A. अतिरिक्त सहायता की

B. विशेष सहायता की

C. किसी सहायता की नहीं

D. कुछ सहायता की

7. आपके द्वारा पूछे गए प्रश्न का विद्यार्थी गलत उत्तर देता है, तो आप

A. दूसरा प्रश्न पूछेंगे जिससे विद्यार्थी स्वयं महसूस करें कि उत्तर गलत था

B. उसे बताएँगे कि उसका उत्तर गलत क्यों था

C. किसी दूसरे विद्यार्थी को उत्तर देने के लिए कहेंगे

D. सही उत्तर बताएँगे

8. शिक्षण को निम्न प्रकार से परिभाषित किया जाता है

A. अधिगम का सरलीकरण

B. शिक्षकों द्वारा ज्ञान का स्थानान्तरण तथा छात्र द्वारा ज्ञान को ग्रहण करना

C. पाठ्यपुस्तकों को पढ़ना

D. शिक्षकों द्वारा ज्ञान का स्थानान्तरण

9. निम्नलिखित में से कौन-सा स्तर शिक्षण का है?

A. परावर्तक B. अन्तःक्रियात्मक

C. प्रक्षेपण D. संकलित

10. शिक्षकों को निम्नलिखित शिक्षण विधियों को अभ्यास में लाना चाहिए

A. भाषण विधि B. अन्तःक्रियात्मक विधियाँ

C. वर्णनात्मक D. उपरोक्त में से कोई नहीं

11. विद्यार्थियों को दिए जाने वाले परामर्श की सर्वाधिक उपयोगिता यह है कि

A. इससे उनका ज्ञान बढ़ता है

B. उनका कौशल बढ़ता है

C. उनमें आत्मविश्वास की अभिवृद्धि होती है

D. वे दुनियादारी में सफल बन जाते हैं

12. बहुग्रेड अध्यापन वह है जिसमें

A. एक विद्यार्थी एक ही समय में एक से अधिक कक्षाएँ उत्तीर्ण कर सकता है

B. एक अध्यापक को एक ही समय में एक से अधिक कक्षाओं के बच्चों को पढ़ाना पड़ता है

C. कक्षावार अध्यापन का कोई अर्थ नहीं है

D. उपर्युक्त सभी

13. शिक्षकों की भूमिका है
A. ज्ञान का संप्रेषण करना
B. छात्रों को अनुशासन में रखना
C. छात्र केन्द्रित, क्रिया आधारित अन्तःक्रियात्मक अधिगम का सृजन करना
D. उपरोक्त सभी

14. पठन-पाठन में शिक्षकों को करना चाहिए
A. ज्ञान का मौखिक स्थानान्तरण
B. जिज्ञासु प्रवृत्ति का प्रोत्साहन
C. कक्षा-कक्ष में पाठ्यपुस्तक द्वारा शिक्षण
D. उपर्युक्त में से कोई नहीं

15. एक प्रतिभाशाली बालक की आप मदद कर सकते हैं
A. उस पर अधिक ध्यान देकर
B. उसे अधिक पुस्तकें देकर
C. उसे अधिक समय देकर
D. उसे संवर्धित अधिगम अनुभव देकर

16. प्रो. जीन पियाजे के अनुसार 0-14 वर्ष आयु वर्ग के बालक का मानसिक विकास चार अवस्थाओं में होता है। इसमें 7-14 वर्ष आयु-वर्ग के विकास की अवस्था को क्या कहते हैं?
A. संवेदनात्मक बुद्धि विकास अवस्था
B. पूर्व संकार्य अवस्था
C. मूर्त संकार्य अवस्था
D. औपचारिक संकार्य अवस्था

17. एक अध्यापक के रूप में आप उन विद्यार्थियों से किस प्रकार निबटेंगे जो कक्षा की पिछली सीटों पर बैठ आपस में बातें कर रहे हैं?
A. उनकी उपेक्षा करके
B. उन्हें चुप रहने के लिए कहेंगे अथवा कक्षा से बाहर जाने को कहेंगे
C. उन्हें कक्षा से बाहर कर देंगे
D. उनसे पूछेंगे कि वे ध्यान क्यों नहीं दे रहे

18. एक बालक के व्यक्तित्व के मापन की सर्वाधिक वस्तुनिष्ठ विधि है
A. प्रक्षेपी विधि B. साक्षात्कार विधि
C. प्रश्नावली विधि D. समाजमिति विधि

19. भारत में शिक्षा प्रणाली
A. छात्रों को जीवन के लिए तैयार करती है
B. रोजगार के लिए तैयार करती है
C. व्यावसायिक विषयों के लिए तैयार करती है
D. परीक्षा के लिए तैयार करती है

20. कक्षा का एक शरारती बालक अन्य छात्रों को परेशान करता है। एक अध्यापक को उसकी समस्या का कारण जानने हेतु किस विधि का प्रयोग करना चाहिए?
A. सर्वेक्षण B. वैयक्तिक अध्ययन विधि
C. प्रायोगिक विधि D. पर्यवेक्षण विधि

21. मौखिक मार्गदर्शन कम प्रभावी है
A. प्रत्ययों के शिक्षण में
B. कौशल के शिक्षण में
C. तथ्यों के शिक्षण में
D. उपरोक्त में से कोई नहीं

22. एक भावात्मक रूप से संतुलित छात्र
A. कक्षा-कक्ष में अपने सहपाठियों से मैत्रीपूर्ण सहसम्बन्ध रखता है
B. कक्षा-कक्ष में अपने सहपाठियों से प्रभावी अन्तःक्रिया नहीं करता
C. वह नवीन विचारों में कोई योगदान नहीं देता
D. सहपाठियों द्वारा दिए गए विचारों का सम्मान नहीं करता

23. शिक्षक की भूमिका है
A. ज्ञान का स्थानान्तरण करना
B. ज्ञान देना
C. कौशल अर्जित करने में प्रशिक्षित करना
D. ज्ञान निर्माण का सरलीकरण करना

24. आप कक्षा का अवधान केन्द्रित कर सकते हैं
A. उच्च स्वर में बोलकर
B. श्यामपट्ट पर लिखकर
C. चित्र बनाकर
D. उद्दीपन परिवर्तन द्वारा

25. अनुकूलीय एवं सकारात्मक व्यवहार के लिए छात्र में निम्न जीवन कौशल आवश्यक है
A. प्रभावी अन्तर्वैयक्तिक संप्रेषण
B. निर्णय लेने की योग्यता
C. भावनाओं और तनाव के साथ सामंजस्य
D. उपरोक्त सभी

26. यदि एक विद्यार्थी कोई प्रश्न पूछता है जिसका उत्तर आपके पास नहीं है। आप क्या करेंगे? आप
A. छात्र से कहेंगे कि उसका प्रश्न बेतुका है
B. टालने का प्रयास करेंगे
C. प्रश्न का जवाब ढूँढेंगे और अगले दिन उसे बताएँगे
D. छात्र को अनावश्यक प्रश्न पूछने के लिए झिड़क देंगे

27. एक चिन्तनशील शिक्षक कक्षा-कक्ष में ऐसी परिस्थिति उत्पन्न करता है कि छात्र
A. भाषण सुन सके
B. कक्षा-कक्ष में शिक्षक के भाषण के नोट्स ले सके
C. कक्षा-कक्ष में अनुशासन बनाए रखे
D. छात्रों और शिक्षक में पारस्परिक अन्तःक्रिया को प्रोत्साहन मिले

28. शिक्षा का उद्देश्य होना चाहिए

A. विद्यार्थियों में व्यावसायिक कौशल का विकास करना

B. विद्यार्थियों में सामाजिक चेतना का विकास करना

C. विद्यार्थियों को परीक्षा के लिए तैयार करना

D. विद्यार्थियों को व्यावहारिक जीवन के लिए तैयार करना

29. एक छात्र को मार्गदर्शन देने के लिए एक अध्यापक को जानना अत्यावश्यक है

A. अधिगम की कठिनाई को

B. उसके व्यक्तित्व को

C. उसके घर के वातावरण को

D. उपरोक्त सभी

30. निम्नलिखित में से कौन शिक्षा मनोविज्ञान की प्रकृति है?

A. कला

B. विज्ञान

C. विध्यात्मक विज्ञान

D. उपरोक्त में से कोई नहीं

हिन्दी भाषा

निर्देश (प्रश्न संख्या 31 से 35 तक): *निम्नलिखित गद्यांश को पढ़कर दिए गए प्रश्नों के उत्तर सबसे उचित विकल्प चुनकर दीजिए।*

लोकगीत अपनी लोच, ताजगी और लोकप्रियता में शास्त्रीय संगीत से भिन्न हैं। लोकगीत सीधे जनता के संगीत हैं। घर, गाँव और नगर की जनता के गीत हैं ये। इनके लिए साधना की जरूरत नहीं होती। त्योहारों और विशेष अवसरों पर ये गाए जाते हैं।

एक समय था जब शास्त्रीय संगीत के सामने इनको हेय समझा जाता था। अभी हाल तक इनकी बड़ी उपेक्षा की जाती थी। पर इधर साधारण जनता की ओर जो लोगों की नजर फिरी है तो साहित्य और कला के क्षेत्र में भी परिवर्तन हुआ है। अनेक लोगों ने विविध बोलियों के लोक-साहित्य और लोकगीतों के संग्रह पर कमर बाँधी है और इस प्रकार के अनेक संग्रह अब तक प्रकाशित भी हो गए हैं।

वास्तविक लोकगीत देश के गाँवों और देहातों में है। इनका संबंध देहात की जनता से है। चैता, कजरी, बारहमासा, सावन आदि मिर्जापुर, बनारस और उत्तर प्रदेश के पूरबी और बिहार के पश्चिमी जिलों में गाए जाते हैं। बाउल और भतियाली बंगाल के लोकगीत हैं। हीर-राँझा, सोहनी-महीवाल संबंधी गीत पंजाबी में और ढोला-मारू आदि के गीत राजस्थानी में बड़े चाव से गाए जाते हैं।

31. 'देहात की जनता' का तात्पर्य है

A. कस्बे का जनसमुदाय　B. ग्रामीण जनसमुदाय

C. शहरी जनसमुदाय　D. आदिवासी जनसमुदाय

32. 'कजरी' गायी जाती है

A. उत्तर प्रदेश में　B. आसाम में

C. गुजरात में　D. राजस्थान में

33. 'नजर फिरी है' का तात्पर्य है

A. उपेक्षा करना

B. दृष्टिकोण में परिवर्तन आना

C. अवलोकन करना

D. कुदृष्टि डालना

34. जनता का संगीत है

A. लोकगीत　B. फिल्म संगीत

C. शास्त्रीय संगीत　D. पाश्चात्य संगीत

35. 'बाउल' कहाँ का लोक संगीत है?

A. गुजरात　B. उत्तर प्रदेश

C. बिहार　D. बंगाल

36. 'तृ' की ध्वनियाँ हैं

A. त् + ऋ　B. त + र

C. त् + ऋ + अ　D. त्र + अ

37. निम्न में से कौन-सा समूह 'विष्णु' के पर्यायवाची शब्दों का है?

A. सुदेश, चक्रपाणि, चतुर्भुज, फणीश

B. चक्रपाणि, चतुर्भुज, शेषशायी, गरुड़ध्वज

C. शेखर, शशांक, दामोदर, विठ्ठल

D. महीधर, वैनतेय, वासव, देवराज

38. निम्न में से तद्भव शब्द है

A. कुमार　B. कुक्कुर

C. काजल　D. कोण

39. निम्न में से शुद्ध शब्द पहचानिए

A. सहानुभूती　B. अश्रू

C. अनुपातिक　D. ऐतिहासिक

40. 'पतझड़' में समास है

A. करण तत्पुरुष　B. कर्म तत्पुरुष

C. बहुव्रीहि　D. द्वन्द्व

41. 'हँसना' कैसी क्रिया है?

A. सकर्मक क्रिया　B. अकर्मक क्रिया

C. संयुक्त क्रिया　D. प्रेरणार्थक क्रिया

42. ''जो पहले कभी नहीं हुआ हो'' कहलाता है

A. अद्भुत　B. अप्रत्याशित

C. अनुपम　D. अभूतपूर्व

43. निम्न में से सघोष वर्ण है

A. अ　B. क

C. ख　D. च

44. 'हृषीकेश' की संधि है

A. हृषी + केश　B. ऋषी + केश

C. हृषीक + ईश　D. ऋषी + ईश

45. टिकाऊ में प्रत्यय है

A. ऊ B. आऊ
C. वू D. उक

46. शब्दकोश में निम्न शब्दों का सही क्रम बताइए

A. विश्व, विश्वंभरा, विश्वस्त, विश्वास
B. विश्वस्त, विश्व, विश्वंभरा, विश्वास
C. विश्वंभरा, विश्वस्त, विश्व, विश्वास
D. विश्वंभरा, विश्व, विश्वस्त, विश्वास

निर्देश (प्रश्न संख्या 47 से 51 तक): *निम्नलिखित गद्यांश को पढ़कर दिए गए प्रश्नों के उत्तर सबसे उचित विकल्प चुनकर दीजिए।*

मोर के सिर की कलगी और सघन, ऊँची तथा चमकीली हो गई। चोंच अधिक बंकिम और पैनी हो गई, गोल आँखों में इंद्रनी की नीलाभ द्युति झलकने लगी। लंबी नील-हरित ग्रीवा की हर भंगिमा में धूपछाँही तरंगें उठने-गिरने लगी। दक्षिण-वाम दोनों पंखों में सलेटी और सफेद आलेखन स्पष्ट होने लगे। पूँछ लंबी हुई और उसके पंखों पर चंद्रिकाओं के इंद्रधनुषी रंग उद्दीप्त हो उठे। रंग-रहित पैरों को गरवीली गति ने एक नयी गरिमा से रंजित कर दिया। उसका गरदन ऊँची कर देखना, विशेष भंगिमा के साथ उसे नीची कर दाना चुगना, पानी पीना, टेढ़ी कर शब्द सुनना आदि क्रियाओं में जो सुकुमारता और सौंदर्य था, उसका अनुभव देखकर ही किया जा सकता है। गति का चित्र नहीं आँका जा सकता।

मोरनी का विकास मोर के समान चमत्कारिक तो नहीं हुआ—वांतु अपनी लंबी धूपछाँही गरदन, हवा में चंचल कलगी, पंखों की श्याम-श्वेत पत्रलेखा, मंथर गति आदि से वह भी मोर की उपयुक्त सहचारिणी होने का प्रमाण देने लगी।

47. प्रस्तुत गद्यांश है

A. एक शब्दचित्र B. एक निबंध
C. एक रिपोर्ताज D. एक कहानी

48. 'रंजित' का तात्पर्य है

A. रंगयुक्त B. आवेश युक्त
C. शोभा युक्त D. इनमें से कोई नहीं

49. मंथर गति होती है

A. तेज गति B. धीमी गति
C. लय युक्त गति D. टेढ़ी गति

50. बंकिम का तात्पर्य है

A. टेढ़ा B. सुंदर
C. तीखा D. कठोर

51. किसकी क्रियाओं में सुकुमारता व सौंदर्य था?

A. मोर की B. मोरनी की
C. तोते की D. लेखिका की

52. शब्द युग्म अवर-अपर का सही अर्थ है?

A. अतिरिक्त – निम्न B. निम्न – अन्य
C. उच्च – निम्न D. निम्न – उच्च

53. 'किसी वस्तु को गलत समझ लेना' है

A. सन्देह B. संशय
C. भ्रान्ति D. अज्ञान

54. 'पण्डित' से बनी भाववाचक संज्ञा है

A. पाण्डित्य B. पंडिताईन
C. पठन D. ये सभी

55. 'मुद्रा' शब्द का अर्थ समूह चुनिए

A. मोहर, छाप, सिक्का, अँगूठी
B. चेहरे का भाव, छाप, अँगूठी, प्रति
C. नाम, लिखना, सिक्का, छापाखाना
D. चोट, छापा, धन, स्टाम्प

56. 'मरने की इच्छा' के लिए एक शब्द है

A. मृत्युकांक्षी B. मुमुर्षा
C. मरणेच्छु D. मरणासन्न

57. निम्नलिखित में से एक अनेकार्थी शब्द 'खग' से संबंधित नहीं है, उसको चुनिए

A. मन B. तीर
C. पक्षी D. आकाश

58. निम्न में से तत्सम शब्द है

A. अगम B. अमिय
C. आंवला D. आशिष

59. निम्न में से कौन शब्द हमेशा बहुवचन में प्रयुक्त होता है?

A. हस्ताक्षर
B. समाचारपत्र
C. चिड़िया
D. तिजोरी

60. 'त्यक्त' शब्द का सही विलोम है

A. गृहीत B. त्याज्य
C. तुच्छ D. प्रिय

ENGLISH LANGUAGE

61. Choose the correct word for the blank:
You can park the car on .... side of the road.

A. either B. none
C. both D. neither

62. Choose the correct meaning of:
'A beverage'

A. something red B. an alcoholic drink
C. any drink D. soft drink

63. Choose ***one word*** for the words underlined:
When her dog died she cried very hard for half an hour.
A. howl B. screamed
C. sobbed D. drowned

64. Kashmir is .... between India & Pakistan.
A. an apple of eye
B. an apple of discord
C. an apple of fight
D. None of the above

65. The Solitary Reaper is a melancholy song. Here, the word melancholy means:
A. expressing joy B. expressing sadness
C. expressng humour D. expressing anger

Directions (Q. No. 66 to 75) : *Read the passage given below and answer the questions that follow by selecting the* ***most appropriate*** *option.*

A completely uneducated farmer's work is far more important than that of a professor. We can live without education, but we die if we have no food. If no one cleaned our streets and took the rubbish away from the house, we should get terrible diseases in our towns. In countries where there are no servants, because every one is ashamed of doing house work, the professor have to waste much of their time doing house work.

In fact when we say that all of us must be educated, we mean that all of us must be educatedin such a way that firstly, each of us can do what every job is suited to his ability and brain and secondly that we can realize that all jobs are necessary to society and that it is very bad to be ashamed of one's work or to scorn some one else's. Only such type of education can be called valuable to society.

66. If no cleans our streets we should:
A. be unclean B. be unhappy
C. get diseases D. get dirty

67. Only such type of education can be called valuablee. Such type of education refers to:
A. that which enables us to do any thing
B. that which enables us to scorn some one else's work
C. that which develops dislike in us
D. that which enables us to do any work and not to hate any work

68. Which word in the passage is one word for 'one who is a university teacher'?
A. teacher B. professor
C. educationist D. lecturer

69. A completely uneducated farmer's work is more important than:
A. that of a businessman
B. that of a professor
C. that of an artist
D. that of an advocate

70. Professors, in some countries waste their time because:
A. they have to do house work
B. they have to teach lower classes
C. they have to help the students
D. they have to wait for train

71. Which word in the passage is the ***opposite*** of 'like'?
A. terrible B. ashamed
C. scorn D. dislike

72. According to this passage what is very bad?
A. to be ashamed of one's work
B. to scorn some one else's work
C. both A and B
D. not to do work suited to our ability

73. Which word in the passage means 'waste material'?
A. uneducated B. ashamed
C. rubbish D. None of these

74. We can live without:
A. food B. education
C. playing D. doing exercise

75. What should we realize? We should realize that:
A. each of us can do farming
B. all jobs are necessary to society
C. all of us cannot get education
D. all of us should not do house work

76. The word 'Oasis' means:
A. a garden full of flowers
B. a palace surrounded by trees
C. a green patch in a desert
D. a barren piece of land

77. The passive form of 'He knows her' is:
A. She knows him
B. She is known to him
C. She has known to him
D. She has been known to him

78. Choose the correct ***conjunction*** for the blank:
He is witty .... vulgar.
A. that B. because
C. though D. so

79. Choose the correctly punctuated sentence:
A. What a day. B. What a day?
C. What, a day? D. What a day!

80. The phrase—'to look into' means:
A. to examine B. to search
C. to exercise D. to take care of

81. 'To imitate' someone means to:
A. copy someone B. tease someone
C. make someone angry D. please someone

82. Choose the correct ***preposition*** for the blank:
I mix up the butter .... I bake the cake.
A. before B. after
C. to D. None of the above

83. Choose the correct ***indirect*** form of:
Ravi said, "Guests have taken their lunch".
A. Ravi said that guests had taken their lunch.
B. Ravi said that guests have taken their lunch.
C. Ravi said that guests had to take their lunch.
D. Ravi said that guests are taking their lunch.

84. Choose the correct ***preposition*** for the blank:
There is a bench .... the lamp post.
A. through B. over
C. along D. beside

85. Choose the correct ***article*** for the blank:
Please help me clean my .... apartment.
A. a B. an
C. the D. Zero article

86. Choose the correct ***opposite*** word for the underlined word:
Her nephew isn't <u>ugly</u>.
A. beautiful B. handsome
C. large D. heavy

87. Choose the ***plural*** of the word given in braket:
Scientist are always studying the .... (phenomenon) of nature.
A. phenomenons B. phenomenones
C. phenomena D. phenomenas

88. Meaning of the word 'prophecy' is:
A. proverb B. old saying
C. prediction D. None of the above

89. Choose the most natural order of the following words:
what's that bag/? in small
A. What's small in that bag?
B. Small whats in that bag?
C. What's in that small bag?
D. All of the above

90. Choose the correct ***tense*** of the underlined verb phrase:
Kavita said that the <u>had been waiting</u> for me for two hours when I arrived.
A. simple past B. past perfect continuous
C. past perfect D. present perfect continuous

SUBJECT SPECIFIC—गणित एवं विज्ञान*

निर्देशः *निम्नलिखित प्रश्नों के उत्तर देने के लिए* ***सबसे उचित*** *विकल्प चुनिए।*

91. वर्षा जल संग्रहण का मूल मंत्र है
A. जल जहाँ गिरे वहीं एकत्र करें
B. जल को बाँधों में एकत्र करें
C. जल को नहरों अथवा नदियों में एकत्र करें
D. उपर्युक्त में से कोई नहीं

92. अपमार्जक है
A. प्रबल अम्ल एवं प्रबल क्षार का लवण
B. दुर्बल अम्ल एवं प्रबल क्षार का लवण
C. प्रबल अम्ल एवं दुर्बल क्षार का लवण
D. दुर्बल अम्ल एवं दुर्बल क्षार का लवण

93. तेज गति से घूमती हुई न्यूटन की डिस्क का रंग दिखाई देता है
A. इन्द्रधनुष जैसा B. नारंगी
C. लगभग श्वेत D. रंगहीन

94. विषाणु जनित रोग है
A. हैजा और पोलियो B. टाइफाइड और जुकाम
C. छोटी माता और पोलियो D. पोलियो और क्षयरोग

95. टाइफाइड के जीवाणु की उष्मायन अवधि हो सकती है
A. 1 से 5 दिन B. 10 से 20 दिन
C. 20 से 25 दिन D. 20 से 30 दिन

96. विभवमापी की सहायता से निम्न में से किसको मापा जा सकता है?
A. सेल का वि.वा. बल B. धारा
C. प्रतिरोध D. उपरोक्त सभी

97. f और $2f$ के बीच रखी वस्तु का उत्तल लेंस द्वारा बना प्रतिबिंब होता है
A. वास्तविक एवं सीधा B. आभासी एवं उल्टा
C. आभासी एवं सीधा D. वास्तविक एवं उल्टा

98. चुम्बक अपने गुण खो देता है
A. गर्म करने पर B. ऊँचाई से गिरने पर
C. हथौड़े से पीटने पर D. उपर्युक्त सभी

99. पीतल बना होता है
A. जिंक और कॉपर से
B. जिंक और टिन से
C. कॉपर और एलुमिनियम से
D. एलुमिनियम और टंगस्टन से

100. एक कण का सरल आवर्त गति में त्वरण होता है
A. हमेशा शून्य B. हमेशा स्थिर
C. संतुलन अवस्था में उच्चतम D. चरम अवस्था में अधिकतम

101. शरीर वर्धक भोजन होता है
A. वसा युक्त B. प्रोटीन युक्त
C. शर्करा युक्त D. रेशेयुक्त

*** पूर्व में गणित एवं विज्ञान विषय के लिए एक ही परीक्षा का आयोजन किया जाता था। लेकिन नए पाठ्यक्रमानुसार गणित एवं विज्ञान विषय के लिए अलग-अलग परीक्षाओं का आयोजन किया जाएगा। अतः विज्ञान के परीक्षार्थी से अनुरोध है कि वे केवल विज्ञान विषय के प्रश्नों को ही पढ़ें।**

102. वायुमंडलीय नाइट्रोजन को विलय पदार्थों में परिवर्तित कर देते हैं
A. शैवाल B. राइजोबियम
C. कवक D. लाइकेन

103. यदि एक परागकण एक पुष्प के परागकोश से उसी पुष्प के वर्तिकाग्र पर स्थानान्तरित किया जाता है, तो उसे कहते हैं
A. स्वकयुग्मन B. सजातपुष्पी परागण
C. परनिषेचन D. युग्मक संलयन

104. 'हर्ट्ज' मात्रक है
A. बल का B. दाब का
C. संवेग का D. आवृत्ति का

105. वर्गिकी (टैक्सोनॉमी) में सम्मिलित है
A. वर्गीकरण B. नामपद्धति
C. पहचान D. उपरोक्त सभी

106. विद्युत सेल में ऊर्जा परिवर्तन होता है
A. स्थितिज ऊर्जा से गतिज ऊर्जा
B. स्थितिज ऊर्जा से विद्युत ऊर्जा
C. विद्युत ऊर्जा से गतिज ऊर्जा
D. रासायनिक ऊर्जा से विद्युत ऊर्जा

107. रेखित पेशी का उदाहरण है
A. आहारनाल की पेशियाँ
B. हृदय की पेशियाँ
C. जनन तंत्र की पेशियाँ
D. उपर्युक्त में से कोई नहीं

108. सूक्ष्मतम कोशिका कवकद्रव्य (माइकोप्लैज्मा) में पाई जाती हैं। कवकद्रव्य है
A. विषाणु B. कवक
C. जीवाणु D. हरित शैवाल

109. ''साइटोकाइनिन'' है एक
A. पादप एन्जाइम B. जन्तु हॉर्मोन
C. जन्तु एन्जाइम D. पादप हॉर्मोन

110. समुद्री पानी से स्वच्छ पानी प्राप्त करने की प्रक्रिया होती है
A. परासरण B. फिल्टरेशन
C. अलवणीकरण D. प्रतिलोम परासरण

111. मानक वायुमंडलीय दाब नहीं होता है
A. 760 mm Hg B. 1.03 Kg/cm^2
C. 101.3 किलो पास्कल D. 1.03 Kg/cm^3

112. किस विधि द्वारा आर्थिक महत्व की फसलों की वांछित किस्मों को विकसित किया जा सकता है?
A. वसन्तीकरण B. उत्परिवर्तन
C. प्राकृतिक चयन D. संकरण

113. विषैली गैसों के अवशोषण के लिए प्रयुक्त पदार्थ है
A. ग्रेफाइट तंतु B. कार्बन स्याह
C. सक्रिय चारकोल D. सोडियम सल्फेट

114. सामान्यतः 'प्रवास' करते हैं
A. पक्षी B. स्तनधारी जीव
C. कीट और मछलियाँ D. उपर्युक्त सभी

115. प्रेशर कुकर में सेम जल्दी से पक जाते हैं, क्योंकि
A. दाब बढ़ाने पर क्वथनांक बढ़ता है
B. दाब बढ़ाने पर क्वथनांक घटता है
C. प्रेशर कुकर का अतिरिक्त दाब सेम को मुलायम बना देता है
D. प्रेशर कुकर में बनाने से आन्तरिक ऊर्जा की हानि नहीं होती

116. प्राथमिक इन्द्रधनुष की रचना वर्षा के पश्चात् दिखाई देती है, क्योंकि
A. बूँदों में परावर्तन होता है
B. छोटी बूँदों द्वारा सूर्य की किरण का पूर्ण आन्तरिक परावर्तन होता है
C. बूँदों में विवर्तन होता है
D. बूँदों में द्विअपवर्तन होता है

117. यदि किसी वस्तु का संवेग अपरिवर्तित रखते हुए उसका द्रव्यमान दुगुना कर दिया जाए, तो उसकी गतिज ऊर्जा
A. बदलती नहीं है B. दुगुनी हो जाती है
C. आधी रह जाती है D. चार गुनी हो जाती है

118. नाल चुम्बक का भंडारण करते समय इसके ध्रुवों के संपर्क में रखना चाहिए
A. लकड़ी का टुकड़ा B. लोहे का टुकड़ा
C. सोने का तार D. काँच का टुकड़ा

119. प्राकृतिक सूचक लिटमस प्राप्त किया जाता है
A. लाइकेन द्वारा B. केंचुए द्वारा
C. चींटियों द्वारा D. शैवाल द्वारा

120. चींटी काटने पर त्वचा पर कैलेमाइन का विलयन लगाया जाता है। कैलेमाइन का रासायनिक सूत्र (अणुसूत्र) है
A. $CaCO_3$ B. CaC_2
C. $ZnCO_3$ D. K_2CO_3

121. चावल और गेहूँ 42 किलोग्राम मिश्रण में चावल और गेहूँ का अनुपात 5 : 2 है। यदि इस मिश्रण में 3 किलोग्राम गेहूँ और मिला दिया जाए, तो नए मिश्रण में चावल और गेहूँ का अनुपात क्या होगा?
A. 1 : 2 B. 2 : 1
C. 3 : 2 D. 2 : 3

122. ₹ 4,000 का 10 प्रतिशत वार्षिक दर से 2 वर्ष का साधारण ब्याज ज्ञात कीजिए।
A. ₹ 8 B. ₹ 80
C. ₹ 800 D. ₹ 1,600

123. 144 मुर्गियों को बेचने पर वैदेही को 6 मुर्गियों के विक्रय मूल्य के बराबर की हानि हुई। उसका हानि प्रतिशत कितना है?
A. 14% B. 8%
C. 1% D. 4%

124. $\tan(2x + 3)$ का x के सापेक्ष अवकलन ज्ञात करें।
A. $2\cos^2(2x + 3)$ B. $2\sec^2(2x + 3)$
C. $2x\sec^2(2x + 3)$ D. $2\sec^2.2x$

125. मोनिका तथा उसकी माता की आयु का योग 49 वर्ष है। सात वर्ष पूर्व माता की आयु मोनिका की आयु से चार गुना थी। मोनिका की आयु ज्ञात कीजिए।
A. 35 वर्ष B. 21 वर्ष
C. 12 वर्ष D. 14 वर्ष

126. यदि ₹ 1000 दो वर्ष में ₹ 1102.50 हो जाते हैं, तब चक्रवृद्धि ब्याज की दर है
A. 5% वार्षिक B. 4% वार्षिक
C. 7% वार्षिक D. 6% वार्षिक

127. $(-30) \times [33 + (-23)] + (-203) \div (-29)$ का मान होगा
A. 295 B. –259
C. –592 D. –293

128. 70,040,000,000 को मानक रूप में किस प्रकार लिखा जा सकता है?
A. 700.4×10^{10} B. 7004×10^7
C. 7.004×10^{10} D. 0.7004×10^{11}

129. यदि दो सदिशों $\vec{a}$ और $\vec{b}$, के बीच का कोण Q है, तो $|\vec{a}.\vec{b}| = |\vec{a} \times \vec{b}|$ जब Q बराबर है
A. 0 के B. $\frac{\pi}{2}$ के
C. $\frac{\pi}{4}$ के D. π के

130. $(0.000729)^{-3/4} \times (0.09)^{-3/4}$ का मान है
A. $\frac{10000}{81}$ B. $\frac{1000000}{729}$
C. $\frac{729}{1000000}$ D. $\frac{81}{100000}$

131. $2 + 7x + 7x^2 + 2x^3$ को $1 + 2x$ से भाग देने पर प्राप्त भागफल एवं शेषफल क्रमशः हैं
A. $1, x^2 + 3x - 2$ B. $0, x^2 + 3x + 2$
C. $x^2 + 3x + 2, 0$ D. $x^2 + 3x - 2, 1$

132. यदि दो धनात्मक संख्याओं a और b के बीच समान्तर माध्य तथा गुणोत्तर माध्य क्रमशः 10 तथा 8 है, तो संख्याएँ ज्ञात करें।
A. 2, 4 B. 4, 16
C. 4, 18 D. 2, 16

133. $\cot^{-1}\left(-\frac{1}{\sqrt{3}}\right)$ का मुख्य मान ज्ञात करें।
A. $\frac{2\pi}{3}$ B. $\frac{3\pi}{2}$
C. $\frac{5\pi}{2}$ D. $\frac{\pi}{5}$

134. संख्या 1296 का वर्गमूल ज्ञात कीजिए।
A. 24 B. 36
C. 34 D. 26

135. वह सबसे छोटी संख्या क्या है, जिसे 12, 16, 24 और 36 से भाग देने पर प्रत्येक दशा में 9 शेष रहता है?
A. 151 B. 149
C. 153 D. 137

136. उस कोण का माप बताइए जो अपने संपूरक कोण के बराबर माप का होता है
A. 90° B. 45°
C. 80° D. 100°

137. निम्नलिखित में से कौन-सी संख्या किसी घटना की प्रायिकता नहीं हो सकती है?
A. $\frac{2}{3}$ B. –1.5
C. 15% D. 0.7

138. वक्र $y^2 = x$ रेखाओं $x = 1$, $x = 4$ एवं x-अक्ष से घिरे क्षेत्र का क्षेत्रफल ज्ञात करें।
A. $\frac{14}{3}$ B. $\frac{3}{14}$
C. $\frac{12}{7}$ D. $\frac{4}{12}$

139. दिए हुए आँकड़ों :
6, 15, 50, 120, 80, 100, 15, 10, 10, 8, 15
का माध्य, बहुलक और माध्यिका क्रमशः हैं
A. 39, 15, 17 B. 15, 15, 39
C. 39, 15, 15 D. 37, 15, 15

140. एक वर्ग और एक आयत का क्षेत्रफल समान है। यदि वर्ग की भुजा 40 सेमी. और आयत की लंबाई 64 सेमी. हो, तो आयत का परिमाप होगा
A. 25 सेमी. B. 187 सेमी.
C. 178 सेमी. D. 1600 सेमी.

141. 80 को रोमन पद्धति में किस प्रकार लिखा जा सकता है?
A. XXC B. LXXX
C. XXXL D. XXL

142. एक बस 6.6 घंटे में 267.3 किलोमीटर की दूरी तय करती है। बस द्वारा प्रतिघंटा तय की गई औसत दूरी है :
A. 4.05 किमी. B. 40.5 किमी.
C. 41.5 किमी. D. 50.4 किमी.

143. वृत्त की एक जीवा और संगत चाप से घिरा वृत्तीय क्षेत्र का भाग कहलाता है
A. त्रिज्यखंड B. परिधि
C. जीवा D. वृत्तखंड

144. 87 की घन संख्या होगी

A. 658403 B. 648503
C. 658503 D. 658513

145. $\frac{5+\sqrt{2i}}{1-\sqrt{2i}}$ को $a+ib$ के रूप में व्यक्त करें

A. $1+2\sqrt{2i}$ B. $1-2\sqrt{2i}$
C. $2\sqrt{2}+i$ D. $2\sqrt{2}-i$

146. यदि $\frac{14}{21}=\frac{x}{3}=\frac{6}{y}$ हो, तो x और y के मान क्रमशः हैं

A. 2, 9 B. 9, 2
C. 7, 9 D. 2, 7

147. एक वर्ग का विकर्ण 3.2 मी. है। उसका क्षेत्रफल है

A. 10.24 मी^{2} B. 2.56 मी^{2}
C. 3.41 मी^{2} D. 5.12 मी^{2}

148. बस के एक पहिए का व्यास 1.40 मीटर है। 250 चक्कर प्रति मिनट लगाने पर बस की चाल होगी

A. 33 किमी./घंटा B. 86 किमी./घंटा
C. 68 किमी./घंटा D. 66 किमी./घंटा

149. 3 मीटर चौड़े तथा 4 मीटर लंबाई वाले कमरे की फर्श को ढकने के लिए 50 सेमी. भुजा वाली कितनी वर्गाकार टाइलों की आवश्यकता होगी?

A. 96 B. 84
C. 48 D. 240

150. 40°21' को रेडियन माप में बदलिए।

A. $\frac{270}{121\pi}$ B. $\frac{270\pi}{121}$
C. $\frac{540\pi}{121}$ D. इनमें से कोई नहीं

उत्तरमाला

1	2	3	4	5	6	7	8	9	10
A	D	D	D	D	A	A	A	A	B
11	**12**	**13**	**14**	**15**	**16**	**17**	**18**	**19**	**20**
C	B	C	B	D	C	D	D	D	B
21	**22**	**23**	**24**	**25**	**26**	**27**	**28**	**29**	**30**
B	A	D	D	D	C	D	D	D	C
31	**32**	**33**	**34**	**35**	**36**	**37**	**38**	**39**	**40**
B	A	B	A	D	A	B	C	D	C
41	**42**	**43**	**44**	**45**	**46**	**47**	**48**	**49**	**50**
B	D	A	C	B	D	A	C	B	B
51	**52**	**53**	**54**	**55**	**56**	**57**	**58**	**59**	**60**
A	B	C	A	A	B	A	D	A	A
61	**62**	**63**	**64**	**65**	**66**	**67**	**68**	**69**	**70**
A	C	C	B	B	C	D	B	B	A
71	**72**	**73**	**74**	**75**	**76**	**77**	**78**	**79**	**80**
C	C	C	B	B	C	B	C	D	A
81	**82**	**83**	**84**	**85**	**86**	**87**	**88**	**89**	**90**
A	A	A	D	D	B	C	C	C	B
91	**92**	**93**	**94**	**95**	**96**	**97**	**98**	**99**	**100**
A	A	C	C	B	D	D	D	A	D
101	**102**	**103**	**104**	**105**	**106**	**107**	**108**	**109**	**110**
B	B	A	D	D	D	B	C	D	D
111	**112**	**113**	**114**	**115**	**116**	**117**	**118**	**119**	**120**
D	D	A	D	A	B	C	B	A	C
121	**122**	**123**	**124**	**125**	**126**	**127**	**128**	**129**	**130**
B	C	D	B	D	A	D	C	C	B
131	**132**	**133**	**134**	**135**	**136**	**137**	**138**	**139**	**140**
C	B	A	B	C	A&B	B	A	C	C
141	**142**	**143**	**144**	**145**	**146**	**147**	**148**	**149**	**150**
B	B	D	C	A	A	D	D	C	D

व्याख्यात्मक उत्तर

121. मिश्रण में चावल की मात्रा = $\frac{5}{7} \times 42$ = 30 किग्रा.

मिश्रण में गेहूँ की मात्रा = $\frac{2}{7} \times 42$ = 12 किग्रा.

अभीष्ट अनुपात = $\frac{30}{12+3} = \frac{30}{15} = 2 : 1$.

122. साधारण ब्याज = $\frac{\text{मूलधन} \times \text{दर} \times \text{समय}}{100}$

$\frac{4000 \times 10 \times 2}{100}$ = ₹ 800.

123. 144 मुर्गियों का विक्रय मूल्य
= 144 मुर्गियों का क्रय मूल्य – 6 मुर्गियों का विक्रय मूल्य
(144 + 6) मुर्गियों का विक्रय मूल्य
= 144 मुर्गियों का क्रय मूल्य
150 मुर्गियों का विक्रय मूल्य = 144 मुर्गियों का क्रय मूल्य
माना कि $x = 144$
$y = 150$

हानि % = $\left(\frac{y-x}{y}\right) \times 100$

$= \left(\frac{150-144}{150}\right) \times 100$

$= \frac{6}{150} \times 100 = 4\%$

124. माना कि, $y = \tan(2x + 3)$

$\frac{dy}{dx} = \sec^2(2x + 3) \times 2$

$\Rightarrow \frac{dy}{dx} = 2\sec^2(2x + 3)$.

125. माना कि मोनिका की आयु = x वर्ष
∴ माँ की आयु = $(49 - x)$ वर्ष
7 वर्ष पहले,
मोनिका की आयु = $(x - 7)$ वर्ष
माँ की आयु = $(49 - x - 7)$ वर्ष
= $(42 - x)$ वर्ष

$(42 - x) = 4(x - 7)$
$\Rightarrow 42 - x = 4x - 28$
$\Rightarrow 5x = 42 + 28$
$= 70$
$\Rightarrow x = 14$

अतः मोनिका की आयु = 14 वर्ष

126. मिश्रधन = मूलधन$\left(1+\frac{\text{दर}}{100}\right)^{\text{समय}}$

$\Rightarrow 1102.50 = 1000\left(1+\frac{\text{दर}}{100}\right)^2$

$\Rightarrow \frac{110250}{1000 \times 100} = \left(1+\frac{\text{दर}}{100}\right)^2$

$\Rightarrow \frac{441}{400} = \left(1+\frac{\text{दर}}{100}\right)^2$

$\Rightarrow \left(\frac{21}{20}\right)^2 = \left(1+\frac{\text{दर}}{100}\right)^2$

$\Rightarrow \frac{21}{20} = 1+\frac{\text{दर}}{100}$

$\Rightarrow \frac{1}{20} = \frac{\text{दर}}{100}$

$\Rightarrow$ दर = 5%.

127. $(-30) \times [33 - 23] + \left(\frac{-203}{-29}\right)$
$= (-30 \times 10) + 7$
$= -300 + 7$
$= -293$.

128. $70040000000 = 7.004 \times 10^{10}$.

129. ∵ Q, $\vec{a}$ तथा $\vec{b}$ के बीच का कोण है, तब

$|\vec{a}.\vec{b}| = |\vec{a} \times \vec{b}|$

जब Q = $\frac{\pi}{4}$.

130. $(0.000729)^{-\frac{3}{4}} \times (0.09)^{-\frac{3}{4}} = \frac{1000000}{729}$.

131.

$$\begin{array}{r|l} 2x+1 & 2x^3 + 7x^2 + 7x + 2 \;(\; x^2 + 3x + 2 \\ & 2x^3 + x^2 \\ & - \quad - \\ \hline & 6x^2 + 7x + 2 \\ & 6x^2 + 3x \\ & - \quad - \\ \hline & 4x + 2 \\ & 4x + 2 \\ \hline & 0 \end{array}$$

∴ भागफल = $x^2 + 3x + 2$

तथा शेष = 0.

132. $A = \frac{a+b}{2}$

$\Rightarrow \quad 10 = \frac{a+b}{2}$

$\Rightarrow \quad a + b = 20$ ...(i)

$G = \sqrt{ab}$

$\Rightarrow \quad 8 = \sqrt{ab}$

$\Rightarrow \quad ab = 64$

अब, $(a - b)^2 = (a + b)^2 - 4ab$

$= 400 - 4 \times 64$

$= 400 - 256 = 144.$

$\therefore \quad a - b = 12$ ...(ii)

समीकरण (i) तथा (ii) से,

$a + b = 20$

$a - b = 12$

$2a = 32$

$a = 16$

$\therefore$ $b = 20 - 16 = 4$

अतः संख्याएँ 16 तथा 4 हैं।

133. $\cot^{-1}\left(-\frac{1}{\sqrt{3}}\right) = \cot^{-1}(\cot 120°)$

$= 120°$

$\because \quad 180° = \pi$ रेडियन

$\therefore \quad 120° = \frac{\pi}{180} \times 120$

$= \frac{2\pi}{3}.$

134.

3	$\overline{12}\ \overline{96}$	36
	9	
66	396	
	396	
	X	

अतः 1296 का वर्गमूल = 36.

135. 12, 16, 24 तथा 36 का लघुत्तम समापवर्त्य

2	12, 16, 24, 36
2	6, 8, 12, 18
2	3, 4, 6, 9
3	3, 2, 3, 9
	1, 2, 1, 3

$\therefore$ लघुत्तम समापवर्त्य = $2 \times 2 \times 2 \times 3 \times 2 \times 3 = 144$

अतः अभीष्ट संख्या = 144 + 9 = 153.

136. 45° का पूरक कोण = (90 – 45)

= 45°.

137. –1.5 की प्रायिकता नहीं हो सकती।

138. अभीष्ट क्षेत्रफल = $\frac{14}{3}$.

139. 6, 8, 10, 10, 15, 15, 15, 50, 80, 100, 120

माध्य

$= \frac{6+8+10+10+15+15+15+50+80+100+120}{11}$

$= \frac{14+20+45+350}{11}$

$= \frac{429}{11} = 39$

बहुलक = 15

माध्यिका = $\left(\frac{n+1}{1}\right)$ वाँ पद

= $\frac{12 \text{ वाँ पद}}{2}$

= 6वाँ पद

= 15.

140. $\because$ वर्ग का क्षेत्रफल = आयत का क्षेत्रफल

$\therefore \quad (40)^2 = 64 \times b$

$\Rightarrow \quad 1600 = 64b$

$\Rightarrow \quad b = \frac{1600}{64}$

= 25 सेमी.

आयत की परिमिति = $2(l + b)$

= 2(64 + 25)

= 2 × 89

= 178 सेमी.

141. 80 को रोमन पद्धति में LXXX लिखा जाता है।

142. गति = $\frac{\text{दूरी}}{\text{समय}}$

$= \frac{267.3}{6.6} = \frac{2673}{66}$

$= \frac{243}{6} = \frac{81}{2}$

= 40.5 किमी./घंटा

अतः बस द्वारा 1 घंटे में तय की गई दूरी

= 40.5 किमी.

143. अभीष्ट वृत्त को वृत्तखंड कहते हैं।

144. 87 का घन = $(87)^3$

$= 87 \times 87 \times 87$

$= 658503.$

145. $\frac{5+\sqrt{2i}}{1-\sqrt{2i}} \times \frac{1+\sqrt{2i}}{1+\sqrt{2i}}$

$$= \frac{5+5\sqrt{2i}+\sqrt{2i}-2}{1+2}$$

$$= \frac{3+6\sqrt{2i}}{3}$$

$$= \frac{3}{3}+\frac{6}{3}\sqrt{2i}$$

$$= 1+2\sqrt{2i}.$$

146. $\frac{14}{21} = \frac{x}{3}$

$\Rightarrow \quad 21x = 42 \Rightarrow x = 2$

पुनः $\quad \frac{14}{21} = \frac{6}{y}$

$\Rightarrow \quad 14y = 126$

$\Rightarrow \quad y = \frac{126}{14} = 9$

अतः $x = 2$ तथा $y = 9$.

147. 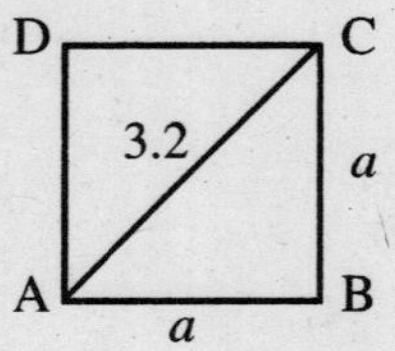

$\because$ वर्ग का विकर्ण = 3.2 मी.

Δ ABC में,

$$a^2 + a^2 = (3.2)^2$$

$\Rightarrow \quad 2a^2 = 10.24$

$\Rightarrow \quad a^2 = \frac{10.24}{2} = 5.12$

अतः वर्ग का क्षेत्रफल = 5.12 वर्ग मी.

148. $C = \pi \times d$

$$= \frac{22}{7} \times 1.40$$

$= 22 \times .2 = 4.4$ मी.

दूरी $= 4.4 \times 250$

$= \frac{44}{10} \times 250 = 1100$ मी.

$\because$ 1 मिनट में बस 1100 मी. की दूरी तय करती है

60 मिनट में बस दूरी तय करती है

$= 1100 \times 60$ मी.

= 66000 मी. = 66 किमी.

अतः बस की गति = 66 किमी./घंटा

149. वर्गाकार टाइल्स की संख्या $= \frac{300 \times 400}{50 \times 50}$

$= 6 \times 8 = 48.$

150. $40°21' = 40 + \frac{21}{60}$

$$= 40 + \frac{7}{20} = \frac{807°}{20}$$

$\because \quad 180° = \pi$ रेडियन

$\therefore \quad \frac{807°}{20} = \frac{\pi}{180} \times \frac{807}{20}$

$$= \frac{\pi}{60} \times \frac{269}{20}$$

$= \frac{269\pi}{1200}$ रेडियन।

बाल विकास एवं शिक्षा शास्त्र

CHILD DEVELOPMENT AND PEDAGOGY

1. विकास एवं अधिगम में अंतः संबद्धता (Child Development and Its Relation with Learning)

विकास एक निरंतर चलायमान प्रक्रिया है। इसकी प्रकृति नदी जल के अविरल प्रवाह के समान है। इसमें बालक के व्यक्तित्व का विकास–शारीरिक, क्रियात्मक, संज्ञानात्मक, भाषायी, संवेगात्मक एवं सामाजिक आदि जैसे विभिन्न कारकों के सहयोग से सम्पन्न होता है। विकास की इस प्रक्रिया में रुचि, आदत, दृष्टिकोण, जीवन-मूल्य, स्वभाव, व्यक्तित्व, व्यवहार आदि सकारात्मक प्रभाव डालते हैं।

बाल विकास के अवधारणात्मक मुद्दे
(Concept of Child Development)

(*i*) बालक के गर्भ में आने के बाद निरंतर प्रगति होती रहती है। इस प्रगति का विभिन्न आयु एवं अवस्था के दौरान स्वरूप रूपांतरित होता रहता है।

(*ii*) ऐसा देखा गया है कि बालकों में पाई जानेवाली व्यक्तिगत विभिन्नताएं उसके आनुवंशिक एवं परिवेशजन्य परिस्थिति से प्रेरित होती है।

(*iii*) बालक के जीवन-मूल्य, स्वभाव, आदत, रुचि, दृष्टिकोण एवं व्यवहार आदि में जन्म के समय से ही सदैव परिवर्तन आते रहते हैं। इनका विभिन्न आयु वर्ग एवं अवस्था में स्वरूप भिन्न-भिन्न होता है। साथ ही परिवर्तन की प्रक्रिया की प्रकृति में भी भिन्नता होती है।

(*iv*) जन्म से पूर्व एवं जन्म के बाद से परिपक्व होने तक बालक में होने वाले परिवर्तन की प्रकृति में भिन्नता होती है।

(*v*) बालक में होने वाले परिवर्तन उसकी आयु के साथ घनिष्ठ रूप से जुड़े होते हैं।

(*vi*) यह बात भी बिल्कुल सत्य है कि समय-समय पर बालक में होने वाले परिवर्तन उसके व्यक्तित्व एवं व्यवहार को प्रभावित करते हैं।

(*vii*) पूर्व में घटित परिवर्तनों के आधार पर बालक के भविष्य में होने वाले परिमाणात्मक एवं गुणात्मक परिवर्तनों की भी भविष्यवाणी की जा सकती है।

(*viii*) सभी बालकों में वृद्धि एवं विकास संबंधी परिवर्तनों में एकरूपता नहीं होती बल्कि उसमें अन्तर होता है।

(*ix*) बालकों में समयानुसार एवं आयु व अवस्था अनुसार होने वाले परिवर्तनों के लिए कुछ कारक जिम्मेदार होते हैं। इन कारकों में मुख्यतः लैंगिक, परिवेशजन्य एवं अवस्था से संबद्ध होते हैं।

बाल विकास के सिद्धांत
(Principles of Child Development)

बालको में होने वाले शारीरिक एवं मानसिक विकास कुछ विशेष प्रकार के सिद्धांतों पर आधारित होते हैं। ये सिद्धांत ही बाल विकास के सिद्धांत कहलाते हैं। बाल विकास से संबद्ध कुछ महत्त्वपूर्ण सिद्धांत निम्न हैं:

(*i*) **निरंतरता का सिद्धांत (Principle of Continuity):** इस सिद्धांत के अनुसार विकास एक न रुकने वाली प्रक्रिया है। यह प्रक्रिया माँ के गर्भ से शुरू होकर मृत्युपर्यंत चलती रहती है। मनुष्य का जीवन नगण्य आकार से प्रारंभ होकर व्यक्तित्व के सभी पक्षों–शारीरिक, सामाजिक एवं मानसिक आदि का संपूर्ण विकास इसी निरंतरता के गुण के कारण भली-भांति प्राप्त करता है।

(*ii*) **विकास का सामान्य से विशेष की ओर का सिद्धांत (Development Proceeds from General to Specific Responses):** विकास की प्रक्रिया में सबसे पहले सामान्य क्रियाओं के दर्शन होते हैं उसके बाद विशिष्ट क्रियाओं का स्थान आता है। उदाहरणार्थ–बालक अपने हाथों से कुछ चीज पकड़ने से पहले इधर-उधर यूं ही हाथ मारने या फैलाने की चेष्टा करता है। इसी प्रकार शुरू में एक नवजात शिशु के रोने और चिल्लाने में उसके सभी अंग-प्रत्यंग भाग लेते हैं। परंतु बाद में वृद्धि और विकास की प्रक्रिया के परिणामस्वरूप ये क्रियाएं उसकी आँखों और वाक्तंत्र तक सीमित हो जाती हैं। भाषा विकास के क्रम में बालक सबसे सामान्य शब्द ही सीखता है। पहले-पहल वह सभी व्यक्तियों को 'पापा' कहकर संबोधित करता है, इसके पश्चात ही वह अपने पिता को 'पापा' कहकर संबोधित करना सीखता है।

(*iii*) **विकास की दिशा का सिद्धांत (Principle of Developments Directions):** इस सिद्धांत के अनुसार विकास की प्रक्रिया पूर्व निश्चित दिशा में आगे बढ़ती है। विकास की प्रक्रिया की यह दिशा व्यक्ति के वंशानुगत एवं वातावरण-जन्य कारकों से प्रभावित होती है। इसके अनुसार बालक सबसे पहले अपने सिर और भुजाओं की गति पर नियंत्रण करना सीखता है और उसके बाद फिर टांगों को। इसके बाद ही वह अच्छी तरह बिना सहारे के खड़ा होना और चलना सीखता है।

(*iv*) **वैयक्तिक भिन्नता का सिद्धांत (Principle of Individual Difference):** इस सिद्धांत के अनुसार बालकों का विकास और वृद्धि उनकी अपनी वैयक्तिकता के अनुरूप होती है। वे अपनी स्वाभाविक गति से ही वृद्धि और विकास के विभिन्न क्षेत्रों में आगे बढ़ते हैं और इसी कारण उनमें पर्याप्त विभिन्नताएं देखने को मिलती हैं। कोई भी एक बालक वृद्धि एवं विकास की दृष्टि से किसी अन्य बालक के समरूप नहीं होता। विकास के इस सिद्धांत के कारण ही कोई बालक अत्यंत मेधावी, कोई बालक सामान्य तथा कोई बालक पिछड़ा या मंद होता है।

(*v*) **विकास के क्रम की समरूपता (Uniformity of Pattern):** यह सिद्धांत इस बात की ओर संकेत करता है कि विकास की गति में एक समानता न होने तथा पर्याप्त वैयक्तिक अंतर पाए जाने के बाद भी विकास के क्रम में कुछ समरूपता के दर्शन होते हैं। इस क्रम में एक ही जाति विशेष सदस्यों में कुछ एक जैसी समानताएं देखने को मिलती हैं।

(*vi*) **एकीकरण का सिद्धांत (Principle of Integration):** विकास की प्रक्रिया एकीकरण के सिद्धांत का पालन करती है। इस सिद्धांत के अनुसार बालक पहले संपूर्ण अंग को फिर अंग के भागों को चलाना सीखता है। इसके बाद वह उन भागों को एकीकृत करना सीखता है। सामान्य से विशेष की ओर बढ़ते हुए विशेष प्रतिक्रियाओं तथा चेष्टाओं को इकट्ठे रूप में प्रयोग में लाना सीखता है। उदाहरणार्थ–एक बालक पहले पूरे हाथ को, फिर अंगुलियों को एक साथ चलाना सीखता है।

(*vii*) **वृद्धि एवं विकास का सिद्धांत (Principle of Growth and Development):** इस सिद्धांत के अनुसार वृद्धि और विकास की क्रिया वंशानुक्रम और वातावरण का संयुक्त परिणाम है। अन्य शब्दों में वृद्धि और विकास की प्रक्रिया में वंशानुक्रम जहाँ आधार का कार्य करता है वहाँ वातावरण इस आधार पर बनाए जाने वाले व्यक्तित्व संबंधी भवन के लिए आवश्यक सामग्री एवं अनुकूलता जुटाने में सहयोग देता है। अतः वृद्धि और विकास की प्रक्रियाओं में इन दोनों को समान महत्व दिया जाना आवश्यक हो जाता है।

(*vii*) **वृद्धि एवं विकास की गति की दर में असमरूपता का सिद्धांत (Rate of Growth and Development is not Uniform):** विकास की प्रक्रिया जीवनपर्यंत चलती रहती है, किन्तु इस प्रक्रिया में विकास की गति सदैव एक समान नहीं होती। शैशवावस्था के शुरू के वर्षों में यह गति कुछ तीव्र होती है, परन्तु बाद के वर्षों में यह मंद पड़ जाती है। पुनः किशोरावस्था के प्रारंभ में इस गति में तेजी से वृद्धि होती है परन्तु यह अधिक समय तक नहीं बनी रहती। इस प्रकार स्पष्ट है कि वृद्धि और विकास की गति में उतार-चढ़ाव आते ही रहते हैं। किसी भी अवस्था में यह एक जैसी नहीं रह पाती।

विकास एवं वृद्धि में अंतर (Difference between Growth and Development)

विकास	वृद्धि
1. विकास का प्रयोग परिमाणात्मक एवं व्यावहारिक परिवर्तनों के लिए होता है।	1. वृद्धि का प्रयोग केवल परिमाणात्मक परिवर्तनों के लिए होता है।
2. विकास एक निरंतर चलने वाली प्रक्रिया है तथा यह बालक के परिपक्व होने के बाद भी चलती रहती है।	2. वृद्धि की प्रक्रिया आजीवन नहीं चलती और बालक के परिपक्व होने के साथ रूक जाती है।
3. विकास का व्यापक संदर्भ में प्रयोग किया जाता है तथा वृद्धि इसी का एक अंग है।	3. वृद्धि विकास की प्रक्रिया का एक चरण है तथा इसका क्षेत्र सीमित होता है।
4. बालक में विकास के लिए वृद्धि आवश्यक नहीं है।	4. बालक की शारीरिक वृद्धि हो रही है तो यह आवश्यक नहीं है कि उसका विकास भी हो रहा है।

विकास की अवस्था का वर्गीकरण (Different Stages of Human Development)

मानव जीवन विभिन्न अवस्थाओं (Stages) से होते हुए आगे बढ़ता है। यह बात बिल्कुल सत्य है कि विकास की एक अवस्था से दूसरी अवस्था के मध्य विकास के समय तथा दर के सापेक्ष व्यक्ति निश्चित रूप से भिन्न होते हैं। यह देखा जा सकता है कि कुछ व्यवहार प्रारूप तथा कुछ कौशल एक विशिष्ट अवस्था में अधिक आसानी से एवं सफलतापूर्वक सीखे जाते हैं। व्यक्ति की ये उपलब्धियां विकास की उस अवस्था के लिए एक सामाजिक अपेक्षा बन जाती है। इन्हें विकासात्मक कार्य (Development Tasks) कहते हैं।

विद्वानों ने मानव विकास की विभिन्न अवस्थाओं का वर्गीकरण प्राचीन एवं आधुनिक विचारधारा के आधार पर किया है–

प्राचीन विचारधारा

इस विचारधारा के अनुसार भारतीय मनीषियों ने मानव विकास की अवस्था को सात कालों में बांटा है–

अवस्था		काल
1. गर्भावस्था	–	गर्भ धारण करने से जन्म तक।
2. शैशवावस्था	–	जन्म से 5 वर्ष तक।
3. बाल्यावस्था	–	5 से 12 वर्ष तक।
4. किशोरावस्था	–	12 से 18 वर्ष तक।
5. युवावस्था	–	18 से 25 वर्ष तक।
6. प्रौढ़ावस्था	–	25 से 55 वर्ष तक।
7. वृद्धावस्था	–	55 वर्ष से मृत्युपर्यंत।

आधुनिक विचारधारा

इस विचारधारा के अनुसार अधिकतर विद्वानों ने मानव विकास की अवस्था को चार कालों में बांटा है–

अवस्था		काल
1. शैशवावस्था	–	जन्म से 6 वर्ष तक।
2. बाल्यावस्था	–	6 से 12 वर्ष तक।
3. किशोरावस्था	–	12 से 18 वर्ष तक।
4. वयस्कावस्था	–	18 वर्ष से मृत्युपर्यंत।

आधुनिक विचारधारा के तहत शिक्षा की दृष्टि से प्रथम तीन अवस्थाएं ही महत्वपूर्ण हैं। इसलिए शिक्षा मनोविज्ञान में इन्हीं तीन अवस्थाओं में होने वाले मानव विकास का अध्ययन किया जाता है।

शैशवावस्था (Infancy)

(*i*) जन्म से छः वर्ष तक की अवस्था को शैशवावस्था कहा जाता है। इसमें जन्म से तीन वर्ष तक बच्चों का शारीरिक व मानसिक विकास तेजी से होता है।

(*ii*) इस काल में जिज्ञासा की एवं दोहराने की तीव्र प्रवृत्ति बच्चों में पाई जाती है।

(*iii*) यह काल भाषा सीखने की सर्वोत्तम अवस्था है।

(*iv*) इस काल में बच्चों का समाजीकरण भी प्रारम्भ हो जाता है अथवा शिक्षा की दृष्टि से भी यह काल सर्वाधिक महत्वपूर्ण माना जाता है।

शैशवावस्था के विकास के विभिन्न आयाम एवं अधिगम से उनका संबंध (Various Stages of Infancy and Its Relationship with Learning)

पेशीय विकासः नवजात शिशुओं की पेशीय (शारीरिक) क्रियाएं प्रतिवर्त (reflexes) से संचालित होती है। ये आनुवंशिक रूप से प्राप्त अतिजीविता तंत्र हैं तथा बाद के पेशीय विकास के लिए ये आधारभूत इकाइयां हैं। नवजात शिशुओं को सीखने के अवसर मिलने के पहले प्रतिवर्त अनुकूल तंत्र के रूप में कार्य करते हैं। नवजात शिशुओं में पाए जाने वाले कुछ प्रतिवर्त जैसे–खांसना, पलक झपकाना तथा जम्हाई लेना, जीवनपर्यंत बने रहते हैं। कुछ दूसरे प्रतिवर्त मस्तिष्क की कार्यप्रणाली के परिपक्व होने तथा व्यवहार पर ऐच्छिक नियंत्रण के विकसित हो जाने पर विलुप्त हो जाते हैं।

संवेदी योग्यताएंः नवजात शिशु जन्म के मात्र कुछ घंटे के बाद ही अपनी मां की आवाज को पहचान सकते हैं एवं उनमें अन्य संवेदी क्षमताएं भी होती हैं। वे (नवजात शिशु) कुछ उद्दीपकों, जैसे–चेहरों को अन्य उद्दीपकों की तुलना में देखना पसंद करते हैं, यद्यपि यह पसंद जीवन के प्रथम कुछ महीनों में परिवर्तित होती है। प्रौढ़ों की तुलना में नवजात शिशुओं की दृष्टि कम आंकी गई है। छठे महीने तक इसमें सुधार होता है और लगभग एक वर्ष की उम्र तक दृष्टि लगभग प्रौढ़ों के समान हो जाती है। नवजात शिशु सामान्यतया रंग विभेदन में अपूर्ण होते हैं एवं पूर्ण रंग विभेदन दृष्टि 3 माह की आयु तक विकसित होती है।

नवजात शिशु जैसे-जैसे विकसित होते हैं उनकी ध्वनि की दिशा निर्धारण दक्षता में सुधार होता है। नवजात शिशु स्पर्श के प्रति अनुक्रिया करते हैं एवं वे पीड़ा की अनुभूति भी कर सकते हैं। घ्राण एवं स्वाद की दोनों क्षमताएं भी नवजात शिशुओं में होती हैं।

संज्ञानात्मक विकास : शैशवावस्था में संज्ञानात्मक विकास के विषय में जीन पियाजे (Jean Piaget) ने इस बात पर बल दिया है कि बच्चे संसार के बारे में अपनी समझ की रचना सक्रिय रूप से करते हैं। परिवेश से सूचनाएं उनके मन में मात्र प्रवेश ही नहीं करती हैं बल्कि जैसे-जैसे बच्चे बड़े होते हैं अतिरिक्त सूचनाएं अर्जित की जाती हैं और नए विचारों को अंतर्निहित करने के लिए वे अपने चिंतन का अनुकूलन करते हैं, क्योंकि इससे संसार के बारे में उनकी समझ में सुधार होता है। पियाजे का मानना था कि शैशवावस्था से लेकर किशोरावस्था तक बच्चों का मन विचारों की अवस्थाओं की एक श्रृंखला से गुजरता है।

शिशुओं में वाचिक संप्रेषण का आधार उपस्थित रहता है। शिशुओं में 3 से 6 माह की आयु के बीच बबलाने से स्वरीकरण का प्रारंभ होता है।

सामाजिक-संवेगात्मक विकास : शिशु जन्म से ही सामाजिक प्राणी होता है। एक शिशु परिचित चेहरों को वरीयता देना प्रारम्भ कर देता है और कूकने एवं किलकारी भरने के द्वारा माता-पिता की उपस्थिति के प्रति अनुक्रिया करता है। छः से आठ माह की आयु तक वे अधिक गतिशील हो जाते हैं एवं अपनी माता के साथ रहना पसंद करने लगते हैं, जब वे नए चेहरे को देखकर डर जाते हैं या पीड़ा की अभिव्यक्ति करते हैं। माता-पिता या देख-रेख करने वाले से पुनः मिलने पर वे मुस्कराहट या आलिंगन से अपने भाव का प्रदर्शन करते हैं। शिशु एवं उनके माता-पिता (पालनकर्ता) के बीच स्नेह का जो सांवेगिक बंधन विकसित होता है उसे आसक्ति (attachment) कहते हैं।

बाल्यावस्था (Childhood)

(*i*) छः से बारह वर्ष तक की अवस्था को बाल्यावस्था कहा जाता है।

(*ii*) इस काल में बच्चा शारीरिक रूप से विकसित होता है।

(*iii*) शैशवावस्था की तुलना में बाल्यावस्था में बच्चों में सीखने की गति मन्द हो जाती है, किन्तु उनके सीखने का क्षेत्र विस्तृत हो जाता है।

(*iv*) इस काल के बाद बच्चे पढ़ाई में रूचि लेने लगते हैं तथा उनमें चिन्तन एवं तर्क शक्तियों का विकास भी होता है।

(*v*) इस अवस्था में बच्चों की शिक्षा के लिए विभिन्न विधियों का प्रयोग करना चाहिए।

बाल्यावस्था के विकास के विभिन्न आयाम एवं अधिगम से उनका संबंध (Various Stages of Childhood and Its Relationship with Learning)

पेशीय विकासः बाल्यावस्था के प्रारम्भ के वर्षों में स्थूल पेशीय कौशलों के अंतर्गत् भुजाओं एवं पैरों का उपयोग करना तथा अधिक विश्वास तथा उद्देश्यपूर्ण ढंग से परिवेश में घूमना-फिरना सम्मिलित है। सूक्ष्म पेशीय कौशलों–उंगली निपुणता तथा नेत्र-हस्त समन्वय में पूर्व-बाल्यावस्था में अत्यधिक सुधार होता है। इस अवधि में बच्चे के बाएं अथवा दाएं हाथ के लिए वरीयता का भी विकास होता है।

संज्ञानात्मक विकास : बच्चे में वस्तु स्थायित्व के संप्रत्यय (Concept) को सीखने की योग्यता उसे वस्तुओं को निरूपित करने के लिए मानसिक प्रतीकों का उपयोग करने में सक्षम बनाती है। परन्तु इस अवस्था में बच्चों में उस योग्यता का अभाव होता है जो उन्हें शारीरिक रूप से किए गए कार्यों को मानसिक रूप से करने की सुविधा प्रदान करती है। पूर्व-बाल्यावस्था में संज्ञानात्मक विकास पियाजे के पूर्व-संक्रियात्मक विचार की अवस्था पर ध्यान केंद्रित करता है। जो वस्तु भौतिक रूप से उपस्थित नहीं है उसे मानसिक रूप से निरूपित करने की योग्यता बच्चा प्राप्त करता है।

सामाजिक-संवेगात्मक विकास : स्व, लिंग तथा नैतिक विकास बच्चों के सामाजिक-सांवेगिक विकास के महत्वपूर्ण आयाम हैं। बाल्यावस्था के प्रारम्भिक वर्षों में 'स्व' में कुछ महत्वपूर्ण विकास होते हैं। समाजीकरण के कारण बच्चा यह बोध विकसित कर लेता है कि वह कौन है और वह अपनी पहचान किसकी तरह बनाना चाहता है। विकसित हो रहे स्वतंत्रता के बोध के कारण बच्चे कार्यों को अपने तरीके से करते हैं। इसके विपरीत, यदि उन्हें यह अनुभव कराया जाता है कि उनके प्रश्न अनुपयोगी हैं तथा उनके द्वारा खेले गए खेल मूर्खतापूर्ण हैं तो सम्भव है कि बच्चों में स्वयं के द्वारा प्रारम्भ की गई क्रियाओं के प्रति दोष-भावना विकसित होगी, जो बच्चों के बाद के जीवन में भी बनी रह सकती है। पूर्व-बाल्यावस्था में आत्मबोध स्वयं की शारीरिक विशेषताओं के आधार पर परिभाषित करने तक सीमित रहता है। मध्य एवं विलंबित बाल्यावस्था में बच्चे में सम्भवतः स्वयं को अपनी आंतरिक विशेषताओं के आधार पर परिभाषित करने की सम्भावना बढ़ जाती है। स्वयं को मानसिक विशेषताओं के आधार पर परिभाषित करने के अतिरिक्त बच्चों के आत्म-विवरण के अन्तर्गत् स्व का सामाजिक पक्ष भी आता है। बच्चे सम्भवतः इसके बारे में भी सोच सकते हैं कि वे दूसरों की तुलना में क्या कर सकते हैं अथवा क्या नहीं कर सकते हैं। यह विकासात्मक परिवर्तन एक व्यक्ति के रूप में दूसरों से स्वयं की भिन्नता स्थापित करने में सहायक होता है।

नैतिक विकास : बच्चे के विकास का दूसरा महत्वपूर्ण पक्ष है मानवीय क्रियाओं के सही या गलत होने के मध्य अन्तर करना, अपराध बोध की अनुभूति करना, स्वयं को दूसरे व्यक्ति के स्थान पर रखकर देखना तथा जब दूसरे लोग कठिनाई में होते हैं तो उनकी मदद करना सीखते हैं, ये सभी नैतिक विकास के घटक हैं। बच्चे जिस प्रकार संज्ञानात्मक विकास की विभिन्न अवस्थाओं से गुजरते हैं, लॉरेंस कोहल्बर्ग (Lawrence Kohlberg) के अनुसार, वैसे ही वे नैतिक विकास की विभिन्न अवस्थाओं से गुजरते हैं। ये अवस्थाएं आयु से संबद्ध होती हैं। कोहल्बर्ग के अनुसार अलग-अलग उम्र में बच्चे सही एवं गलत के बारे में भिन्न-भिन्न प्रकार से विचार करते हैं। छोटा बच्चा अर्थात् नौ वर्ष की आयु के पहले, बाह्य एवं प्रभावी व्यक्तियों के संदर्भ में चिंतन करता है। उसके (बच्चे) अनुसार कोई कार्य गलत है क्योंकि उसके लिए वह दंडित किया जाता है। जब बच्चा बड़ा (पूर्व-किशोरावस्था) होता है, वह दूसरों द्वारा स्थापित नियमों जैसे–माता-पिता अथवा समाज के नियमों के द्वारा नैतिक तर्कशक्ति विकसित करता है। बच्चे इन नियमों को स्वयं के नियमों के रूप में स्वीकृत करते हैं। प्रवीण बनने तथा दूसरों की स्वीकृति प्राप्त करने के लिए इनको आत्मसात कर लिया जाता है। बच्चे इन नियमों को ऐसे सुनिश्चित दिशा-निर्देश के रूप में देखते हैं जिनका अनुसरण किया जाना चाहिए। इस अवस्था में नैतिक चिंतन अपेक्षाकृत अटल होते हैं। जब वे बड़े होते हैं तो वे धीरे-धीरे व्यक्तिगत नैतिक संहिता या नियमावली विकसित कर लेते हैं।

किशोरावस्था (Adolescence)

(*i*) बारह से अठारह वर्ष तक की अवस्था को किशोरावस्था कहा जाता है।

(*ii*) इस अवस्था में किशोर-किशोरियों की बुद्धि का पूर्ण विकास हो जाता है, उनकी स्मरण शक्ति बढ़ जाती है एवं उनके ध्यान केन्द्रित करने की क्षमता भी बढ़ जाती है।

(*iii*) इस अवस्था में नशा या अपराध की ओर उन्मुख होने की संभावना रहती है।

(*iv*) इस अवस्था में किशोरों की लम्बाई एवं भार दोनों में वृद्धि होती है।

(*v*) इस अवस्था में मित्र बनाने की प्रवृत्ति तीव्र होती है एवं मित्रता में प्रगाढ़ता भी इस दौरान सामान्य सी बात है।

(*vi*) यौन समस्या इस अवस्था में सबसे बड़ी समस्या होती है।

किशोरावस्था के विकास के विभिन्न आयाम एवं अधिगम से उनका संबंध (Various Stages of Adolescence and Its Relationship with Learning)

शारीरिक विकास : यौवनारंभ या लैंगिक परिपक्वता बाल्यावस्था के अंत को तथा किशोरावस्था के प्रारंभ को इंगित करती है जो संवृद्धि दर एवं लैंगिक विशेषताओं दोनों में ही आकस्मिक परिवर्तनों के द्वारा परिभाषित होती है, परन्तु यौवनारंभ अचानक उत्पन्न होने वाली घटना नहीं है बल्कि यह एक क्रमिक प्रक्रिया का अंग है। यौवनारंभ की अवस्था में स्रावित होने वाले हार्मोन के कारण मूल एवं गौण लैंगिक लक्षण विकसित होते हैं। मूल लैंगिक लक्षणों के अंतर्गत् वे लक्षण आते हैं जो प्रजनन से प्रत्यक्ष रूप से जुड़े हैं तथा गौण लैंगिक लक्षणों के अंतर्गत लैंगिक परिपक्वता को प्राप्त कर लेने के लक्ष्य या संकेत आते हैं। त्वरित संवृद्धि, चेहरों पर बालों का उगना तथा स्वर में परिवर्तन आदि से लड़कों में यौवनारंभ से संबंधित परिवर्तन प्रदर्शित होता है। लड़कियों की ऊंचाई में तीव्र संवृद्धि प्रायः मासिक धर्म प्रारंभ होने के लगभग दो वर्ष पहले शुरू होती है। लड़कों में 12 या 13 वर्ष की उम्र में तथा लड़कियों में 10 या 11 वर्ष की उम्र में शारीरिक विकास में तीव्र संवृद्धि प्रारम्भ होती है। यौवनारंभ अनुक्रम में परिवर्तन का पाया जाना एक सामान्य प्रक्रिया है। इसमें आनुवंशिकता एवं परिवेश दोनों की ही महत्वपूर्ण भूमिका हो सकती है।

किशोरावस्था में होने वाले शारीरिक विकास के साथ अनेक मानसिक परिवर्तन भी होते हैं। यौवनारंभ के आस-पास किशोर विपरीत लिंगी सदस्यों एवं यौन संबंधी मामलों में अधिक रुचि का प्रदर्शन करते हैं एवं यौन-अनुभूतियों के प्रति उनमें एक नई जागरुकता विकसित होती है। कामुकता या यौन संबंधी विषयों पर अधिक ध्यान देना अनेक कारकों के कारण होता है; जैसे–जैविक परिवर्तनों के प्रति सजगता तथा समकक्षियों, माता-पिता एवं समाज द्वारा कामुकता पर अधिक बल देना। इसके बावजूद अनेक किशोरों में काम-व्यवहार के प्रति उपयुक्त ज्ञान का अभाव होता है अथवा उनमें इसके प्रति अनेक भ्रांतियां होती हैं। यौन एक ऐसा विषय है जिस पर माता-पिता बच्चों से परिचर्या करने में कठिनाई का अनुभव करते हैं, इसलिए किशोर यौन संबंधी मामलों में गोपनीयता बरतने लगते हैं जो सूचनाओं के आदान-प्रदान तथा संप्रेषणीयता को कठिन बना देता है। एड्स एवं यौन-संक्रमित अन्य रोगों के खतरे के कारण वर्तमान समय में किशोरों में कामुकता के प्रति अधिक ध्यान दिया जा रहा है।

यौन पहचान का विकास यौन-उन्मुखता को परिभाषित करता है एवं काम-व्यवहार को निर्देशित करता है। इस रूप में यह किशोरों के लिए महत्वपूर्ण विकासात्मक कार्य बन जाता है। अपने शारीरिक परिपक्वता को स्वीकार करना किशोरावस्था में एक दूसरा महत्वपूर्ण विकासात्मक कार्य है। यह बात ध्यान रखने योग्य है कि यौवनारंभ की अवस्था में शारीरिक परिवर्तनों के साथ-साथ संज्ञानात्मक एवं सामाजिक परिवर्तन भी होते हैं।

संज्ञानात्मक विकासात्मक परिवर्तन : किशोर के विचार अधिक अमूर्त, तर्कपूर्ण एवं आदर्शवादी होते हैं। अपने तथा दूसरों के विचारों का एवं दूसरे उनके बारे में क्या सोचते हैं इसका मूल्यांकन करने में वे अधिक सक्षम हो जाते हैं। किशोरों में तर्कशक्ति की विकसित हो रही योग्यता उन्हें संज्ञानात्मक एवं सामाजिक सजगता का एक नया स्तर प्रदान करती है। किशोरावस्था के दौरान किशोर का चिंतन वास्तविक मूर्त अनुभवों के बारे में अधिक अमूर्त रूप से चिंतन एवं तर्क प्रारंभ कर देते हैं। अमूर्त होने के अतिरिक्त किशोरों के विचार आदर्शवादी भी होते हैं। किशोर स्वयं तथा दूसरों की आदर्श विशेषताओं के बारे में सोचना प्रारम्भ कर देते हैं तथा स्वयं की दूसरों से तुलना इन आदर्श मानकों के आधार पर करते हैं। विकास की प्रारंभिक अवस्था से गुजर रहे बच्चों द्वारा प्रयुक्त प्रयत्न त्रुटि उपागम के विपरीत समस्या समाधान करने में किशोरों का चिंतन अधिक व्यवस्थित होता है। वे कार्य करने के संभावित तरीकों 'कुछ चीजें वैसे ही क्यों हो रही हैं' के बारे में सोचते हैं एवं क्रमबद्ध तरीके से समाधान ढूंढ़ते हैं। पियाजे (Piaget) ने इस प्रकार के तर्कपूर्ण चिंतन को परिकल्पनात्मक निगमनात्मक तर्कशक्ति (hypothetical deductive reasoning) कहा है।

तर्कपूर्ण विचार नैतिक तर्कशक्ति के विकास को भी प्रभावित करते हैं। सामाजिक नियमों को निरपेक्ष मानक नहीं माना जाता है एवं नैतिक चिंतन कुछ लचीलापन प्रदर्शित करता है। किशोर वैकल्पिक नैतिक संहिता को जानते हैं, विकल्पों की खोज करते हैं, और उसके बाद एक व्यक्तिगत नैतिक संहिता का निश्चय करते हैं।

एक पहचान का निर्माण करना : आप कौन हैं और आपके मूल्य, प्रतिबद्धता एवं विश्वास क्या हैं यही पहचान है। अपने माता-पिता से अलग अपनी एक पहचान स्थापित करना किशोरों का एक प्रमुख कार्य है। किशोरावस्था में विलग्नता या अनासक्ति की एक प्रक्रिया व्यक्ति को वैयक्तिक विश्वासों का एक ऐसा पुंज विकसित करने में सक्षम बनाती है जो अद्वितीय रूप से उनका अपना होता है। एक पहचान प्राप्त करने की प्रक्रिया में किशोर अपने माता-पिता के साथ तथा स्वयं अपने अंदर द्वंद्व का अनुभव कर सकते हैं। वे किशोर जो परस्पर-विरोधी पहचानों की समस्या को सुलझा सकते हैं वे एक नए आत्मबोध को विकसित कर लेते हैं। वे किशोर जो इस पहचान के संकट से उबर पाने में सक्षम नहीं होते हैं वे भ्रमित हो जाते हैं।

किशोरावस्था में पहचान का निर्माण अनेक कारकों से प्रभावित होता है। सांस्कृतिक पृष्ठभूमि, पारिवारिक तथा सामाजिक मूल्य, सजातीय पृष्ठभूमि तथा सामाजिक-आर्थिक स्तर ये सभी समाज में एक स्थान प्राप्त करने के लिए किशोरों द्वारा किए गए प्रयास पर प्रभावी रहते हैं। जब किशोर घर से बाहर अधिक समय व्यतीत करने लगते हैं तो पारिवारिक सम्बन्ध कम महत्वपूर्ण हो जाते हैं और वे समकक्षियों के सहयोग एवं स्वीकृति की प्रबल आवश्यकता विकसित कर लेते हैं। समकक्षियों के साथ अधिक अंतः क्रिया उन्हें अपने सामाजिक कौशलों को

सुधारने तथा भिन्न-भिन्न प्रकार के सामाजिक व्यवहारों को परखने का अवसर प्रदान करती है। समकक्षी तथा माता-पिता ये दो शक्तियां हैं जिनका किशोरों पर विशेष प्रभाव पड़ता है। समय-समय पर माता-पिता के साथ संघर्षपूर्ण परिस्थितियां समकक्षियों के साथ तादात्म्य स्थापित करने की प्रवृत्ति को बढ़ाती है। परन्तु सामान्यतया समकक्षी एवं माता-पिता अनुपूरक का कार्य करते हैं और किशोरों की भिन्न आवश्यकताओं की पूर्ति करते हैं। व्यावसायिक प्रतिबद्धता किशोरों की पहचान निर्माण को प्रभावित करने वाला एक दूसरा कारक है।

बाल मनोविज्ञान (Child Psychology)

बाल मनोविज्ञान "मनोविज्ञान की एक शाखा है, जिसके अन्तर्गत बालकों के व्यवहार, स्थितियों, समस्याओं तथा उन सभी कारणों का अध्ययन किया जाता है, जिनका प्रभाव बालक के व्यवहार एवं विकास पर पड़ता है।"

बाल मनोविज्ञान की परिभाषा (Definitions of Child Psychology)

क्रो एवं क्रो: "बाल मनोविज्ञान एवं वैज्ञानिक अध्ययन है, जिसमें बालक के जन्म के पूर्व काल से लेकर उसकी किशोरावस्था तक का अध्ययन किया जाता है।"

बाल मनोविज्ञान की अध्ययन विधियाँ (Approaches or Methods of Understanding Child Psychology)

(*i*) **निरीक्षण विधि (Observation Method):** निरीक्षण का अर्थ होता है अवलोकन करना। इस विधि से हम बच्चों के व्यवहार पर निगरानी रख सकते हैं एवं उनकी गतिविधियों की भी कई प्रकार से जानकारी मिल जाती है। उदाहरण—अगर कोई बालक अपनी आँखें लाल करे, मुठ्ठियाँ भींचे या दाँत किटकिटाये तो इसका अर्थ यह है कि वह क्रोधित अवस्था में है। निरीक्षण विधि हमें बालकों के व्यवहार और व्यक्तित्व के बारे में उचित निष्कर्ष निकालने में काफी मदद कर सकती है।

(*ii*) **प्रयोगात्मक विधि (Experimental Method):** प्रयोगात्मक विधि में परीक्षण और प्रयोगों के आधार पर व्यवहार एवं क्रियाओं आदि का अध्ययन किया जाता है। इस विधि में प्रयुक्त मनोवैज्ञानिक प्रयोगों के लिए कम से कम दो व्यक्तियों—प्रयोगकर्त्ता (Experimentor) तथा प्रयोज्य (Subject) की आवश्यकता पड़ती है। इस विधि में बालकों का एक वर्ग नियंत्रित रहता है एवं एक प्रयोगात्मक, दोनों वर्गों से प्राप्त परिणामों की तुलना कर निष्कर्ष निकाला जाता है।

(*iii*) **समाजमिति विधि (Sociometric Method):** इस विधि में किसी समाजमितीय परीक्षण का उपयोग किया जाता है। कौन बालक कितना अधिक सामाजिक है, समूह विशेष में उसका क्या स्थान है, समूह के सदस्यों से वह कितना अधिक या कम मेलजोल बढ़ाता है, उनके साथ काम करना, पढ़ना, खेलना-कूदना आदि पसंद करता है—इन बातों का पता लगाने के लिए मनोविज्ञान में जिस विधि का प्रयोग किया जाता है, उसे समाजमिति विधि का नाम दिया जाता है।

(*iv*) **प्रश्नावली विधि (Questionnaire Method):** इस विधि में बालकों के व्यवहार का अध्ययन करने के लिए, उनके व्यवहार सम्बन्धी कुछ प्रश्न तैयार किए जाते हैं। इन प्रश्नों के उत्तर बालक उसके माता-पिता, अभिभावक एवं शिक्षक से प्राप्त कर इसके आधार पर निष्कर्ष निकाला जाता है। इस विधि के साथ एक समस्या यह है कि बच्चे कई प्रश्नों का उत्तर ठीक से नहीं दे पाते।

(*v*) **उपचारात्मक विधि (Clinical Method):** इस विधि का प्रयोग समस्यात्मक बालकों के व्यवहार सम्बन्धी मूल कारणों का पता लगाकर उसका उचित उपचार करने के लिए किया जाता है। उपचार के लिए पहले बालक के व्यवहार का अध्ययन किया जाता है, उसके बाद इस अध्ययन के आधार पर समस्याओं को वर्गीकृत किया जाता है।

अभ्यास प्रश्न

1. सीखने की प्रक्रिया के अन्तर्गत शिक्षा मनोविज्ञान अध्ययन करता है :
A. प्रेरणा व पुनर्बलन के प्रभाव का अध्ययन
B. वंशानुक्रम व वातावरण का अध्ययन
C. ध्यान व रुचि का अध्ययन
D. वैयक्तिक भेदों का अध्ययन

2. शिक्षा मनोविज्ञान एक विज्ञान है :
A. मानव व्यवहार का
B. मानव सिद्धान्तों का
C. शैक्षिक सिद्धान्तों का
D. मानव की व्यक्तिगत विभिन्नताओं का

3. एक समूह की बनावट का अध्ययन करने में प्रयुक्त होती है :
A. प्रश्नावली विधि B. साक्षात्कार विधि
C. व्यक्ति इतिहास विधि D. समाजमिति विधि

4. शैशवावस्था में बालक में पाया जाता है :
A. अनुकरण करना B. सहयोग लेना
C. आश्रितता D. इनमें से सभी

5. बाल्यावस्था में मस्तिष्क का विकास हो जाता है?
A. 60% B. 80%
C. 90% D. 50%

6. संवेगात्मक विकास में किस अवस्था में तीव्र परिवर्तन होता है?
A. शिशु अवस्था B. युवावस्था
C. बाल्यावस्था D. किशोरावस्था

7. वृद्धि और विकास है :
A. एक-दूसरे के विरोधी
B. एक-दूसरे से समान
C. एक-दूसरे के पूरक
D. इनमें से कोई नहीं

8. शिशु का विकास प्रारम्भ होता है :
A. जन्म के पश्चात् B. किशोरावस्था में
C. बाल्यकाल में D. गर्भकाल में

9. शिक्षक का सर्वोच्च कर्त्तव्य है, वह–
A. अपने समुदाय की सेवा करे
B. प्रधानाचार्य के आदेशों का अनुसरण करें
C. छात्रों का कल्याण करें
D. शिक्षकों की मंडली में रहें

10. बालक के विकास की कौन-सी अवस्था में उचित यौन शिक्षा की आवश्यकता होती है?
A. शिशु अवस्था B. बाल्यावस्था
C. किशोरावस्था D. प्रौढ़ावस्था

11. वह कौन-सा कथन है जहाँ बच्चे के 'संज्ञानात्मक' विकास को सबसे बेहतर तरीके से परिभाषित किया ज़ा सकता है?
A. विद्यालय एवं कक्षा पर्यावरण
B. सभागार
C. घर
D. खेल का मैदान

12. "विकास कभी न समाप्त होने वाली प्रक्रिया है।" यह विचार किससे सम्बन्धित है?
A. निरंतरता का सिद्धांत
B. एकीकरण का सिद्धांत
C. अंतःक्रिया का सिद्धांत
D. अंतःसम्बन्ध का सिद्धांत

13. बच्चों की शिक्षा प्रारम्भ होती है:
A. प्राथमिक विद्यालय से B. बालवाड़ी से
C. घर से D. समाज से

14. विकास की प्रक्रिया में .... जीवनमूल्यों, व्यक्तित्व, व्यवहार इत्यादि का विकास भी शामिल है।
(*i*) दृष्टिकोणों (*ii*) स्वभाव
(*iii*) रूचियों (*iv*) आदतों
A. (*i*) एवं (*ii*)
B. (*i*), (*ii*) एवं (*iii*)
C. (*ii*), (*iii*) एवं (*iv*)
D. ये सभी

15. प्राथमिक स्तर पर एक अच्छे शिक्षक में सबसे महत्वपूर्ण विशेषता है :
A. पढ़ाने की उत्सुकता
B. धैर्य और दृढ़ता
C. विषयों के ज्ञान में दक्षता
D. शिक्षण-पद्धतियों के ज्ञान की दक्षता

16. सभी बच्चों का स्वस्थ शारीरिक विकास सभी प्रकार के विकास की पहली शर्त है। इसके लिए किन मूल आवश्यकताओं पर ध्यान देना आवश्यक है?
(*i*) पौष्टिक आहार
(*ii*) शारीरिक व्यायाम
(*iii*) मनोवैज्ञानिक्र-सामाजिक जरूरतों
A. केवल (*i*) B. (*i*) एवं (*ii*)
C. (*i*) एवं (*iii*) D. ये सभी

17. मानव विकास की किस अवस्था में बच्चों के सीखने की गति सर्वाधिक होती है?
A. बाल्यावस्था B. शैशवावस्था
C. प्रौढ़ावस्था D. किशोरावास्था

18. जब किशोर में किसी वस्तु, समस्या या परिस्थिति के लिए निजी स्तर पर निर्णय लेने की क्षमता का विकास परिपक्व होने लगता है, तो इस विकास को कहते हैं?
A. भाषायी विकास
B. संज्ञानात्मक विकास
C. सामाजिक विकास
D. मनोगत्यात्मक विकास

19. मानव विकास कुछ विशेष सिद्धान्तों पर आधारित है। निम्नलिखित कौन-सा मानव विकास का सिद्धान्त नहीं है?
A. आनुक्रमिकता B. सामान्य से विशिष्ट
C. प्रतिवर्ती D. निरन्तरता

20. निचली कक्षाओं में शिक्षण की खेल-पद्धति मूलरूप से आधारित है:
A. शारीरिक शिक्षा कार्यक्रमों के सिद्धांत पर
B. शिक्षण-पद्धतियों के सिद्धांतों पर
C. विकास एवं वृद्धि के मनोवैज्ञानिक सिद्धांतों पर
D. शिक्षण के समाजशास्त्रीय सिद्धांतों पर

21. निम्नलिखित में से किसका विकास अधिक होगा?
A. शारीरिक रूप से विकलांग बालक
B. सामाजिक-आर्थिक रूप से सम्पन्न बालक
C. आर्थिक रूप से सम्पन्न बालक
D. उपरोक्त में से कोई नहीं

22. बालक के व्यक्तित्व के सर्वांगीण विकास के लिए यह आवश्यक है कि उसके .... की जानकारी शिक्षक को हो।
A. मित्रों B. व्यवहार
C. ज्ञान D. कक्षा के साथियों

23. "विकास प्राणी में प्रगतिशील परिवर्तन है, जो निश्चित लक्ष्यों की ओर निरन्तर होता रहता है।" यह कथन किसका है?

A. हरलॉक B. जीन पियाजे
C. ड्रेवर D. फ्रायड

24. मानव बुद्धि एवं विकास की समझ शिक्षक को .... योग्य बनाती है।

A. निष्पक्ष रूप से अपने शिक्षण-अभ्यास
B. शिक्षण के समय शिक्षार्थियों के संवेगों पर नियंत्रण बनाए रखने
C. विविध शिक्षार्थियों के शिक्षण के बारे में स्पष्टता
D. शिक्षार्थियों को यह बताने कि वे अपने जीवन को कैसे सुधार सकते हैं?

25. बालक के व्यवहार में परिवर्तन के लिए व्यवहार अध्ययन की किस विधि का सहारा लिया जाता है?

A. साक्षात्कार विधि B. प्रश्नावली विधि
C. उपचारात्मक विधि D. प्रयोगात्मक विधि

26. व्यक्ति में कोई आकस्मिक परिवर्तन नहीं होता है, यह किस सिद्धान्त द्वारा किया जाता है?

A. विकास क्रम का सिद्धान्त
B. विकास दिशा का सिद्धान्त
C. निरन्तर विकास का सिद्धान्त
D. परस्पर सम्बन्ध का सिद्धान्त

27. निम्नलिखित में से कौन-सा बाल-अपराध का कारण हो सकता है?

A. पारिवारिक B. सामाजिक
C. शारीरिक D. ये सभी

28. विकास के सम्बन्ध में निम्नलिखित में से कौन-सा कथन सत्य नहीं है?

A. विकास की प्रक्रिया एक निश्चित दिशा में होती है
B. वृद्धि और विकास की क्रिया वंशानुक्रम और वातावरण का संयुक्त परिणाम है
C. किसी बच्चे में वृद्धि और विकास की गति को ध्यान में रखकर उसके आगे बढ़ने की दिशा और स्वरूप के बारे में भविष्यवाणी नहीं की जा सकती है।
D. विकास हमेशा सामान्य से विशेष की ओर चलता है।

29. चरित्र का विकास होता है:

A. इच्छाशक्ति द्वारा B. बर्ताव एवं व्यवहार द्वारा
C. नैतिकता द्वारा D. इनमें से सभी

30. प्राथमिक शिक्षक के लिए बाल मनोविज्ञान का ज्ञान आवश्यक है, क्योंकि

A. यह बच्चों को अनुशासित बनाने में सहायता करता है
B. परीक्षा के परिणाम में उन्नति होती है
C. यह बच्चों को अभिप्रेरित करने के लिए सुविधाजनक तरीका बन जाता है
D. यह बच्चों के व्यवहार को समझने में शिक्षक की सहायता करता है

31. आपके विचार में शिक्षा का उद्‌देश्य होना चाहिए:

A. बालकों का सर्वांगीण विकास
B. शिक्षा ग्रहण करने के बाद नौकरी
C. छात्रों को साक्षर बनाना
D. छात्रों की मानसिक योग्यता का विकास

32. सार्थक अधिगम की प्रक्रिया विकास की किस अवस्था से आरम्भ होती है?

A. किशोरावस्था से B. वयस्कावस्था से
C. शैशवावस्था से D. बाल्यावस्था से

33. आपकी कक्षा का एक छात्र, नैतिक शारीरिक विकास की दृष्टि से काफी पिछड़ा हुआ है। आपको विकास के निम्नलिखित में से किस आयाम में नैतिकता के पिछड़ने की चिन्ता हो सकती है?

(*i*) संवेगात्मक विकास (*ii*) बौद्धिक विकास
(*iii*) सामाजिक विकास

A. केवल (*i*) B. केवल (*ii*)
C. (*i*) एवं (*iii*) D. ये सभी

उत्तरमाला

1	2	3	4	5	6	7	8	9	10
A	A	D	D	C	D	C	D	C	C
11	**12**	**13**	**14**	**15**	**16**	**17**	**18**	**19**	**20**
A	A	C	D	B	D	B	B	C	C
21	**22**	**23**	**24**	**25**	**26**	**27**	**28**	**29**	**30**
B	B	C	C	C	C	D	C	D	D
31	**32**	**33**							
A	C	D							

2. वंशानुक्रम एवं वातावरण का प्रभाव (Influence of Heredity and Environment)

बालक के विकास की प्रक्रिया में विभिन्न बाह्य और आंतरिक कारकों का महत्त्वपूर्ण योगदान होता है। बालक के विकास को प्रभावित करने वाले प्रमुख बाह्य कारक हैं– सामाजिक-आर्थिक स्थिति विशेषक एवं वातावरण-जन्य विशेषक आदि। जबकि बालक के विकास को प्रभावित करने वाले प्रमुख आंतरिक कारक हैं–शारीरिक विशेषक, बौद्धिक विशेषक, संवेगात्मक विशेषक, सामाजिक विशेषक, वंशानुगत विशेषक आदि।

वंशानुक्रम की परिभाषाएँ (Definitions of Heredity)

(*i*) **एच ए पेटरसन एवं वुडवर्थः** "व्यक्ति अपने माता-पिता के माध्यम से पूर्वजों की जो विशेषताएं प्राप्त करता है, उसे वंशानुक्रम कहते हैं।"

(*ii*) **बी एन झाः** "वंशानुक्रम व्यक्ति की जन्मजात विशेषताओं का पूर्ण योग है।"

(*iii*) **जेम्स ड्रेवरः** "शारीरिक तथा मानसिक विशेषताओं का माता-पिता से सन्तानों में हस्तान्तरण होना वंशानुक्रम है।"

वंशानुक्रम का प्रभाव (Effect of Heredity)

वंशानुक्रम माता-पिता से संतान को प्राप्त होने वाले गुणों का नाम है। एक व्यक्ति के वंशानुक्रम में वे सब शारीरिक बनावटें, शारीरिक विशेषताएं, क्रियाएं या क्षमताएं सम्मिलित रहती हैं जिन्हें वह माता-पिता तथा अपने पूर्वजों या प्रजाति से प्राप्त करता है। वंशानुक्रम का बालक पर प्रभाव निम्न रूप से पड़ता है–

1. **शारीरिक विशेषक :** इसके अंतर्गत् मनुष्य का शरीर, उसके अंगों का आनुपातिक गठन, स्वास्थ्य, रूप-रंग, ज्ञानेन्द्रियों का दिखाई देने वाला रूप तथा कर्मेद्रियों का गठन आदि सब आ जाते हैं। इनमें से अलग-अलग व्यक्ति अलग-अलग बातों को देखकर प्रभावित होते हैं।

   बालक के रंग-रूप, आकार, शारीरिक गठन, ऊँचाई इत्यादि के निर्धारण में उसके आनुवंशिक गुणों का महत्त्वपूर्ण हाथ होता है। बालक के आनुवंशिक गुण उसकी वृद्धि एवं विकास को भी प्रभावित करते हैं। यदि बालक के माता-पिता गोरे हैं तो उनका बच्चा गोरा ही होगा, किंतु यदि माता-पिता काले हैं तो उनके बच्चे काले ही होंगे। इसी तरह से माता-पिता के अन्य गुण भी बच्चे में आनुवंशिक रूप से पाए जाते हैं। इसके कारण कोई बच्चा अति प्रतिभाशाली एवं सुंदर हो सकता है एवं कोई अन्य बच्चा शारीरिक एवं मानसिक रूप से कमजोर।

   ऐसा भी प्रायः देखा जाता है कि जो बालक जन्म से ही दुबले-पतले, कमजोर, बीमार तथा किसी शारीरिक बाधा से पीड़ित रहते हैं, उनकी तुलना में सामान्य एवं स्वस्थ बच्चे का विकास अधिक होता है। शारीरिक कमियों का स्वास्थ्य ही नहीं वृद्धि एवं विकास पर भी प्रतिकूल प्रभाव पड़ता है। असंतुलित शरीर, मोटापा, कम ऊंचाई, शारीरिक कुरूपता इत्यादि बालक के असामान्य व्यवहार के कारण होते हैं। कई बार किसी दुर्घटना के कारण भी शरीर को क्षति पहुंचती है। इस क्षति का बालक के विकास पर प्रतिकूल प्रभाव पड़ता है।

2. **बौद्धिक विशेषक :** इसके अंतर्गत बालक की योग्यता, कल्पनाशक्ति, विचारशक्ति एवं तर्कशक्ति, किसी समस्या के समाधान हेतु निर्णयात्मक बुद्धि, बदलती हुई परिस्थितियों में समायोजनात्मक निर्णय, आदि सभी कुछ आ जाते हैं।

   बौद्धिक विशेषक को अधिगम अर्थात् सीखने की योग्यता, समायोजन योग्यता, निर्णय लेने की क्षमता आदि के रूप में परिभाषित किया जाता है। जिस बालक के सीखने की गति अधिक होती है, उसका मानसिक विकास भी तीव्र गति से होगा। बालक अपने परिवार, समाज एवं विद्यालय में अपने आपको किस तरह समायोजित करता है यह उसकी बुद्धि पर निर्भर करता है।

   गोडार्ड जैसे विचारकों का मत है कि मंद-बुद्धि माता-पिता की संतान मंद-बुद्धि और तीव्र-बुद्धि माता-पिता की संतान तीव्र-बुद्धि वाली होती है। मानसिक क्षमता के अनुकूल ही बालक में संवेगात्मक क्षमता का विकास होता है। बालक में जिस प्रकार के संवेगों का जिस रूप में विकास होगा वह उसके सामाजिक, मानसिक, नैतिक, शारीरिक तथा भाषा संबंधी विकास को पूरी तरह प्रभावित करने की क्षमता रखता है। यदि बालक अत्यधिक क्रोधित या भयभीत रहता है अथवा यदि उसमें ईर्ष्या एवं वैमनस्य की भावना अधिक होती है तो उसके विकास की प्रक्रिया पर इन सबका प्रतिकूल प्रभाव पड़ना स्वाभाविक ही है। संवेगात्मक रूप से असंतुलित बालक पढ़ाई में या किसी अन्य गंभीर कार्यों

में ध्यान नहीं दे पाते, फलस्वरूप उनका मानसिक विकास भी प्रभावित होता है। बुद्धि की श्रेष्ठता प्रजाति के कारण भी होती है।

नैतिक/चारित्रिक विशेषक

नैतिकता के अंतर्गत् वे सभी गुण आ जाते हैं, जो स्वार्थ को छोड़कर दूसरों की भलाई का भी ध्यान रखते हैं। इनमें सच बोलना, हिंसा न करना, भ्रष्टाचार से दूर रहना, व्यभिचार को बुरा समझना, दूसरों पर दया करना आदि सभी गुण आ जाते हैं। यदि गहराई से विचार किया जाए तो मनुष्य के बाह्य रूप का दूसरों पर इतना प्रभाव नहीं पड़ता है, जितना कि उसके आंतरिक गुणों का और विशेषकर उसकी नैतिक विचारधारा का।

डगडेल नामक एक मनोवैज्ञानिक ने अपने प्रयोगों के आधार पर यह बताया है कि माता-पिता के चरित्र का प्रभाव भी उसके बच्चे पर पड़ता है। व्यक्ति के चरित्र में उसके वंशानुगत कारकों का प्रभाव स्पष्ट तौर पर देखा जाता है। इसलिए बच्चे पर वंशानुगत कारकों का प्रभाव स्वाभाविक ही है।

वातावरण (Environment)

वातावरण में शामिल प्रत्येक घटक व्यक्ति के जीवन को आरंभ से ही प्रभावित करते हैं। गर्भावस्था से लेकर जीवनपर्यंत अनेक प्रकार की घटनाएं व्यक्ति के व्यक्तित्त्व एवं उसके विकास को प्रभावित करती हैं। गर्भावस्था के दौरान एक स्त्री को मानसिक एवं शारीरिक स्वास्थ्य बनाए रखने के लिए इसलिए सलाह दी जाती है कि उससे न केवल गर्भ के अंदर बालक के विकास पर असर पड़ता है बल्कि आगे के विकास की बुनियाद भी मजबूत होती है। यदि माता का स्वास्थ्य अच्छा न हो तो उसके बच्चे के अच्छे स्वास्थ्य की आशा कैसे की जा सकती है? यदि बच्चे का स्वास्थ्य अच्छा न होगा तो उसके विकास पर प्रतिकूल असर पड़ना स्वाभाविक है।

जीवन में घटने वाली प्रत्येक घटनाएं किसी न किसी रूप में बालक के जीवन को प्रभावित करती हैं। यदि बालक के साथ सहज और ठीक व्यवहार हुआ है तो उसके विकास की गति सही होती है अन्यथा उसके विकास पर प्रतिकूल प्रभाव पड़ता है। प्रायः ऐसा देखा जाता है कि जो मां अपने बच्चे को बचपन में छोड़ देती है वह बच्चा मां के प्यार के लिए तड़पता है। ऐसी स्थिति में बच्चे का सर्वांगीण विकास नहीं हो पाता है। जीवन में घटने वाली कुछ घटनाओं का भी बालक के विकास पर प्रतिकूल प्रभाव पड़ता है। बालक का जन्म किस परिवेश में हुआ, वह किस परिवेश में तथा कैसे लोगों के साथ रह रहा है, इन सब का प्रभाव बालक के विकास पर पड़ता है। परिवेश, प्रदूषण, भौतिक सुविधाओं की उपलब्धता आदि से संबद्ध बातें भी बालक के विकास को प्रभावित करती हैं।

बालक के विकास पर उसके सामाजिक एवं आर्थिक कारकों का भी प्रभाव पड़ता है। गरीब परिवार के बच्चों को विकास के लिए सीमित अवसर ही उपलब्ध हो पाते हैं। उनकी आर्थिक दुर्बलता उन्हें अच्छी शिक्षा और अच्छे परिवेश से वंचित करती हैं। ऐसे में उनका संतुलित विकास नहीं हो पाता है। दूसरी ओर सामाजिक एवं आर्थिक संसाधनों की प्रचुरता के कारण शहरी बच्चों का सर्वांगीण विकास संतुलित रूप से होता है।

वातावरण की परिभाषाएँ (Definitions of Environment)

(*i*) **वुडवर्थः** "वातावरण में वे समस्त बाह्य तत्व आ जाते हैं जिन्होंने जीवन प्रारम्भ करने के समय से व्यक्ति को प्रभावित किया है।"

(*ii*) **जिसबर्टः** "जो किसी एक वस्तु को चारों ओर से घेरे हुए है तथा उस पर प्रत्यक्ष प्रभाव डालता है वह वातावरण होता है।"

(*iii*) **सी सी पार्कः** "मनुष्य एक विशेष स्थान पर विशेष समय पर जिन सम्पूर्ण परिस्थितियों से घिरा हुआ है, उसे वातावरण कहा जाता है।"

वातावरण का प्रभाव (Effect of Environment)

व्यक्ति के व्यक्तित्व के विभिन्न क्षेत्रों पर वातावरण के पड़ने वाले कुछ महत्त्वपूर्ण प्रभावों को निम्न रूप से देखा जा सकता है–

1. **शारीरिक संरचना :** व्यक्ति की शारीरिक संरचना पर वंशानुक्रम का तो प्रभाव पड़ता ही है किंतु इस पर वातावरण के प्रभाव को भी स्पष्ट रूप से देखा जा सकता है। पहाड़ी क्षेत्र के लोगों का कद प्रायः छोटा होता है जबकि मैदानी क्षेत्रों में रहने वाले लोगों का शरीर लंबा एवं गठीला होता है। इतना ही नहीं पीढ़ी दर पीढ़ी से निवास स्थलों में परिवर्तन करने वाले पहाड़ी एवं मैदानी क्षेत्र के लोगों के कद एवं रंग में अंतर भी देखने को मिलता है। यह अंतर वातावरण के प्रभाव के कारण होता है।
2. **प्रजातीय श्रेष्ठता :** कभी-कभी ऐसा देखा जाता है कि कुछ प्रजातियों में बौद्धिक श्रेष्ठता वंशानुगत न होकर वातावरण से प्रभावित होता है। ऐसा इसलिए होता है कि उनके पास श्रेष्ठ सामाजिक, शैक्षिक एवं सांस्कृतिक वातावरण उपलब्ध है। यदि किसी विद्वान एवं महान व्यक्ति के बच्चे को ऐसी जगह छोड़ दिया जाए जहां का शैक्षिक, सांस्कृतिक एवं सामाजिक वातावरण उचित न हो तो उसका अपने पिता की तरह महान बनना बहुत ही कठिन हो सकता है।
3. **व्यक्तित्त्व विकास :** किसी भी व्यक्ति के व्यक्तित्त्व निर्माण में वंशानुक्रम की अपेक्षा वातावरण का अधिक प्रभाव पड़ता है। कोई भी व्यक्ति उपयुक्त वातावरण में रहकर अपने व्यक्तित्त्व का निर्माण करके आगे बढ़ सकता है और महान बन सकता है। ऐसे अनेक उदाहरण ऐतिहासिक एवं वर्तमान जीवन में देखने को मिलते हैं जिसमें निर्धन परिवार में जन्म लिए और पले-बढ़े व्यक्तियों ने अपने परिश्रम एवं लगन से श्रेष्ठ सफलताएं प्राप्त की है।

4. **बालक का सर्वांगीण विकास :** बालक के सर्वांगीण विकास में वातावरण का बहुत योगदान होता है। बालक के शारीरिक, मानसिक, सामाजिक एवं संवेगात्मक विकास आदि पर वातावरण का सकारात्मक प्रभाव देखने को मिलता है। इस बात की पुष्टि 'एवेरॉन के जंगली बालक' के उदाहरण से होती है। इस बालक को जन्म के बाद एक भेड़िया उठा ले गया था और उसका पालन-पोषण जंगली पशुओं के बीच में हुआ था। कुछ शिकारियों ने उसे सन् 1799 ई. में पकड़ लिया। उस समय उसकी आयु ग्यारह अथवा बारह वर्ष की थी। उसकी आकृति पशुओं-सी हो गई थी। वह उनके समान ही हाथ-पैर से चलता था। वह कच्चा मांस खाता था एवं उसमें मनुष्य के समान बोलने एवं विचारने की शक्ति नहीं थी। उसको मनुष्य के समान सभ्य और शिक्षित बनाने के सभी प्रयास विफल हुए।

5. **मानसिक विकास : गोर्डन** नामक मनोवैज्ञानिक का मत है कि उचित सामाजिक और सांस्कृतिक वातावरण न मिलने पर मानसिक विकास की गति धीमी हो जाती है। उसने यह बात नदियों के किनारे रहने वाले बच्चों का अध्ययन करके सिद्ध की। इन बच्चों का वातावरण गंदा और समाज के अच्छे प्रभावों से दूर था। अध्ययन में यह बात सामने आई कि गंदे एवं समाज के अच्छे प्रभावों से दूर रहने के कारण बच्चों के मानसिक विकास पर प्रतिकूल असर पड़ा था।

वंशानुक्रम एवं वातावरण के उपर्युक्त वर्णन से स्पष्ट है कि ये एक-दूसरे के पूरक एवं सहायक हैं। जिस प्रकार स्कूटर के लिए इंजन एवं पेट्रोल का समान महत्त्व है उसी प्रकार किसी बालक के उचित विकास के लिए वंशानुक्रम एवं वातावरण का समान रूप से महत्त्व है। इस तरह दोनों एक दूसरे के सहायक एवं सहयोगी हैं। वस्तुतः बालक के संपूर्ण व्यवहार की सृष्टि, वंशानुक्रम और वातावरण की अंतःक्रिया द्वारा होती है। उपर्युक्त बातों से स्पष्ट है कि शिक्षा की किसी भी योजना में वंशानुक्रम और वातावरण को एक-दूसरे से पृथक नहीं किया जा सकता। जिस तरह आत्मा और शरीर का संबंध है, उसी तरह वंशानुक्रम और वातावरण का भी संबंध है। इस प्रकार स्पष्ट है कि बालक के सम्यक् एवं संतुलित विकास के लिए वंशानुक्रम एवं वातावरण दोनों का संयोग अनिवार्य है।

अभ्यास प्रश्न

1. वातावरण के अन्तर्गत आते हैं :
A. हवा B. प्रकाश
C. जल D. इनमें से सभी

2. सामाजिक स्थिति वंशानुक्रमणीय :
A. होती है B. नहीं होती
C. कुछ होती है D. बिल्कुल नहीं होती

3. वंश का बुद्धि पर प्रभाव देखने के लिए सैनिकों के वंशज का अध्ययन किया :
A. स्पियरमैन ने B. गोडार्ड ने
C. न्यूमैन ने D. शेल्डन ने

4. प्रतिभाशाली बालक जो होते हैं :
A. जन्मजात B. बाद में
C. आनुवंशिक D. इनमें से कोई नहीं

5. आनुवंशिकता को .... सामाजिक संरचना माना जाता है।
A. गत्यात्मक B. स्थिर
C. प्राथमिक D. गौण

6. गणवेश (यूनीफार्म) का विद्यालयों में प्रचलन इसलिए होता है ताकिः
A. बालक सुन्दर दिखते हैं
B. विद्यालय को आर्थिक लाभ होता है
C. छात्रों के गुम होने की सम्भावना नहीं होती है
D. छात्रों में एकात्मकता झलकती है

7. छात्रों को उनकी प्रगति के विषय में जानकारी देने से, छात्रः
A. प्रसन्न हो जाते हैं B. अच्छा कार्य करते हैं
C. हतोत्साहित हो जाते हैं D. नियमित हो जाते हैं

8. छात्रों के शिक्षण में नैतिक शिक्षा का क्या महत्त्व है?
A. नैतिक शिक्षा वर्तमान-परिवेश में आवश्यक है
B. नैतिक शिक्षा छात्रों में उत्सुकता पैदा करती है
C. नैतिक शिक्षा चरित्र विकास के लिए आवश्यक है
D. नैतिक शिक्षा से मनुष्य महापुरुष बनता है

9. छात्रों में नैतिकता का विकास करने हेतु आप क्या आवश्यक समझते हैं?
A. धार्मिक प्रवचन
B. परिवार का वातावरण
C. पूजा-पाठ करना
D. प्रत्येक अवसर पर उन्हें अच्छे-बुरे का अंतर बताना

10. पर्यावरण-शिक्षा को शालाओं में पाठ्यक्रम का अंग बनाना उपयुक्त है, क्योंकि–
A. पर्यावरण से बचना मुश्किल है
B. पर्यावरण जीवन का महत्वपूर्ण अंग है
C. इससे पर्यावरण प्रदूषण पर प्रभाव पड़ेगा
D. इससे शिक्षकों को रोजगार मिलेगा

11. वंशानुक्रम तथा वातावरण परस्पर है–
(*i*) निर्भर (*ii*) पूरक
(*iii*) सहयोगी

A. केवल (*i*) B. केवल (*iii*)
C. केवल (*ii*) D. ये सभी

12. माता-पिता से सन्तानों को प्राप्त होने वाले गुणों को कहते हैं–
A. वंश B. वातावरण
C. वंशानुक्रम D. ये सभी

13. किसी बालक का शारीरिक लक्षण प्रभावित होता है–
A. केवल माता के डीएनए से
B. केवल पिता के डीएनए से
C. माता एवं पिता दोनों के डीएनए से
D. इनमें से कोई नहीं

14. निम्नलिखित में से कौन मानव विकास को सर्वाधिक प्रभावित करते हैं–
A. वृद्धि B. कौशल
C. रोग D. वंशानुक्रम एवं वातावरण

15. व्यक्तित्व एवं बुद्धि में वंशानुक्रम की–
A. नाममात्र की भूमिका है
B. महत्वपूर्ण भूमिका है
C. अपूर्वानुमेय भूमिका है
D. आकर्षक भूमिका है

16. आपकी कक्षा की एक छात्रा बुद्धि से श्रेष्ठ है किन्तु शरीर से कमजोर है। आप उसकी माता से मिलते हैं तथा देखते हैं कि उसकी माता भी बुद्धि से तो श्रेष्ठ है लेकिन शरीर से कमजोर है। आपके अनुसार इसका कारण हो सकता है–
A. पिछले कई वर्षों की बीमारी
B. वंशानुक्रम का प्रभाव
C. पौष्टिक भोजन का अभाव
D. उपरोक्त में से कोई नहीं

17. विद्यालय में 'पर्यावरण शिक्षा' से आपका अभिप्राय है–
A. छात्रों में पर्यावरण का ज्ञान हो जाए
B. छात्रों का मनोरंजन हो
C. छात्रों पर अतिरिक्त बोझ डालना
D. पर्यावरण को दूषित होने से बचाया जा सके

18. किस मनोवैज्ञानिक के अनुसार माता-पिता के चरित्र का प्रभाव उसके बच्चे पर पड़ता है।
A. ड्रेवर B. डगडेल
C. वुडवर्थ D. जिसबर्ट

19. 'प्रत्येक छात्र स्वयं से भिन्न है'। इस तथ्य का मुख्य कारण क्या है?
(*i*) भौतिक वातावरण
(*ii*) वंशानुक्रम
(*iii*) सामाजिक वातावरण
A. केवल (*ii*) B. (*ii*) केवल (*iii*)
C. (*i*) केवल (*iii*) D. ये सभी

20. आनुवंशिकता (वंशानुक्रम) को .... सामाजिक संरचना माना जाता है।
A. गत्यात्मक B. स्थिर
C. प्राथमिक D. गौण

उत्तरमाला

1	2	3	4	5	6	7	8	9	10
B	A	B	A	B	D	B	C	D	B
11	**12**	**13**	**14**	**15**	**16**	**17**	**18**	**19**	**20**
D	C	C	D	A	B	D	B	D	B

3. समाजीकरण की प्रक्रिया एवं पियाजे, कोहलबर्ग एवं वाइगोत्सकी के सिद्धांत (Socialization Process and Principles of Piaget, Kohlberg and Vygotsky)

समाजीकरण का अर्थ (Meaning of Socialization)

समाजीकरण एक प्रक्रिया है जिसके द्वारा व्यक्ति सामाजिक प्राणी बनता है। अन्य शब्दों में, समाजीकरण एक ऐसी प्रक्रिया है जिसके द्वारा व्यक्ति को समाज अपनी परम्पराओं, मान्यताओं तथा आदर्शों के अनुसार बनाता है तथा स्वीकृति प्रदान करता है। इस प्रकार समाजीकरण का अर्थ उस प्रक्रिया से है जिसके द्वारा व्यक्ति अन्य व्यक्तियों से अन्तः प्रक्रिया करता हुआ सामाजिक आदतों, विश्वासों, रीति-रिवाजों तथा परम्पराओं एवं अभिवृत्तियों (Attitudes) को सीखता है। इस प्रक्रिया के द्वारा व्यक्ति जन-कल्याण की भावना से प्रेरित होते हुए अपने आपको अपने परिवार, पड़ोस तथा अन्य सामाजिक वर्गों के अनुकूल बनाने का प्रयास करता है जिससे वह समाज का एक श्रेष्ठ, उपयोगी तथा उत्तरदायी सदस्य बन जाये तथा उक्त सभी सामाजिक संस्थाएं तथा वर्ग उसकी प्रशंसा करते रहें।

समाजीकरण की परिभाषा (Definitions of Socialization)

विभिन्न विद्वानों द्वारा दी गयी समाजीकरण की परिभाषाएं इस प्रकार हैं–

- **वाटसन (Watson):** "समाजीकरण एक सामाजिक तथा मनोवैज्ञानिक प्रक्रिया है।"
- **सोरोकिन (Sorokin):** "समाजीकरण सांस्कृतिक तथा वैचारिक कारकों के अन्तरीकरण की प्रक्रिया है।"
- **ड्रेवर (Drever):** "समाजीकरण वह प्रक्रिया है जिसके द्वारा व्यक्ति अपने सामाजिक वातावरण से समायोजन करता है और सामाजिक मान्यता प्राप्त करके वह समाज का मान्य, सहयोगी तथा कुशल सदस्य बनता है।"
- **रॉस (Ross):** "समाजीकरण सहयोग करने वाले व्यक्तियों में सामूहिक भावना का विकास करता है और उनमें एक साथ कार्य करने की इच्छा तथा क्षमता में वृद्धि करता है।"

बालक का समाजीकरण करने वाले तत्त्व (Factors of Socialization in Children)

बालक जन्म के समय कोरा पशु होता है। जैसे-जैसे वह समाज के अन्य व्यक्तियों तथा सामाजिक संस्थाओं के सम्पर्क में आकर विभिन्न प्रकार की सामाजिक क्रियाओं में भाग लेता रहता है वैसे-वैसे वह अपनी पाश्विक प्रवृत्तियों पर नियंत्रण करते हुए सामाजिक आदर्शों तथा मूल्यों को सीखता रहता है। बालक के समाजीकरण की प्रक्रिया निरन्तर चलती ही रहती है। बालक में सामाजिकता का विकास करने या उसके समाजीकरण में उसका परिवार, पड़ोस, स्कूल, समाज, धर्म, उसके साथी बहुत महत्त्वपूर्ण भूमिका निभाते हैं

(*i*) **परिवार (Family):** बालक के समाजीकरण की प्रक्रिया का प्रारंभ परिवार में होता है। जैसे-जैसे बालक बड़ा होता है वैसे-वैसे वह अपने माता-पिता तथा अन्य सदस्यों के सम्पर्क में आते हुए प्रेम, सहानुभूति तथा सहयोग जैसे कई सामाजिक गुणों को सीखता है। साथ ही साथ, वह अपने परिवार के आदर्शों, परम्पराओं तथा मान्यताओं को भी धीरे-धीरे सीख लेता है।

(*ii*) **स्कूल (School):** परिवार के बाद स्कूल एक ऐसा स्थान है जहाँ बालक का समाजीकरण होता है। स्कूल में रहते हुए जहाँ बालक को एक ओर कई विषयों की शिक्षा द्वारा सामाजिक नियमों का ज्ञान होता है वहीं दूसरी ओर उसमें स्कूल की विभिन्न योजनाओं में भाग लेते हुए विभिन्न सामाजिक गुणों का भी विकास होता है।

(*iii*) **पड़ोस (Neighbourhood):** जिस प्रकार बालक परिवार में रहकर अपने सामाजिक गुणों का ज्ञान प्राप्त करता है, उसी प्रकार वह पड़ोस में रहने विभिन्न सदस्यों के संपर्क में रहते हुए कई सामाजिक गुणों को प्राप्त करता है। यदि पड़ोस अच्छा होगा तो बालक का सामाजिक विकास भी अच्छा होगा और यदि पड़ोस खराब होगा, तो बालक का विकास भी निश्चित तौर पर अच्छा नहीं होगा। यही कारण है कि अच्छे परिवार के लोग अच्छे पड़ोस में रहना पसन्द करते हैं।

(*iv*) **समाज (Community):** बालक के समाजीकरण में, समाज भी एक अहम् भूमिका निभाता है। प्रत्येक समाज विभिन्न साधनों के द्वारा बालक का समाजीकरण करता है, इन साधनों के अन्तर्गत राष्ट्रीय एवं जातीय परम्पराएँ, संस्कृति, कला, इतिहास इत्यादि आते हैं।

(*v*) **बालक के साथी (Colleague):** बालक के समाजीकरण में उसके साथी भी एक महत्वपूर्ण भूमिका निभाते हैं। प्रत्येक बालक अपने साथियों के साथ खेलता है, पढ़ता है। वह

खेलते या पढ़ते समय हर तरह के भेद-भाव से ऊपर उठकर दूसरे बालकों के साथ आनन्द प्राप्त करता है।

(*vi*) **धर्म (Religion):** प्रत्येक धर्म के कुछ संस्कार, परंपराएँ तथा मूल्य होते हैं। जैसे-जैसे बालक अपने धर्म तथा अन्य धर्मो के संपर्क में आता है, वैसे-वैसे वह सभी बातों को स्वाभाविक रूप से सीखता है।

समाजीकरण में परिवार एवं माता-पिता की भूमिका (Role of Family and Parents in Socialization of Children)

(*i*) बच्चा सबसे पहले परिवार में जन्म लेकर परिवार का सदस्य बनता है। उसका सबसे अधिक सम्बन्ध उसकी माँ से होता है। माँ उसकी तरह-तरह से रक्षा करती है, इससे बच्चे के मन में सुरक्षा की भावना उत्पन्न होती है, जो आगे चलकर उसके विकास में सहायता देती है।

(*ii*) परिवार में बच्चे को यह ज्ञान प्राप्त होता है कि उसे कौन-कौन से कार्य करने चाहिए और कौन से नहीं। इससे बच्चा यह सीखता है कि समाज में क्या अच्छा है, क्या बुरा।

(*iii*) परिवार में एक से अधिक सदस्य रहते हैं। प्रत्येक सदस्य के अलग व्यवहार, रूचि, भावनाएँ आदि होती हैं तथा हर एक सदस्य के साथ बच्चे को घनिष्ठ सम्बन्ध स्थापित करना होता है। इस अनुकूलन के दौरान उसमें सहनशीलता का गुण भी आ जाता है।

(*iv*) यदि परिवार में सहयोग की भावना हो, तो बालक में भी सहयोग की भावना का विकास होता है। बच्चे की यही भावना उसके बाह्य समाज से व्यवहार में भी झलकती है।

(*v*) अच्छे परिवारों के बच्चे भी सामान्यतः अच्छे ही होते हैं जबकि विभिन्न समस्याओं से ग्रसित परिवारों के बच्चे झगडालू अथवा अपने परिवार के सदस्यों की प्रकृति के अनुरूप होते हैं।

बालक के समाजीकरण में बाधक तत्त्व (Factors Effecting Socialization in Children)

मैस्लो और मिटिलमैन (Maslow and Mittleman) के अनुसार, बालक के समाजीकरण में बाधा पहुँचाने वाले तत्त्व इस प्रकार हैं–

1. **बाल्यकालीन परिस्थितियाँ–** जैसे–माता-पिता का प्यार न मिलना, माता-पिता में सदैव कलह, विधवा माँ, पक्षपात, एकाकीपन तथा अनुचित दण्ड आदि।
2. **सांस्कृतिक परिस्थितियाँ–**जैसे–जाति, वर्ग, धर्म आदि से सम्बंध रखने वाली पूर्वधारणायें आदि।
3. **तात्कालिक परिस्थितियाँ–**जैसे–निराशा, अपमान, अभ्यास, अनियमितता, कठोरता, परिहास और भाई-बहन, मित्र, पड़ोसी आदि की ईर्ष्या।
4. **अन्य परिस्थितियाँ–**जैसे–शारीरिक हीनता, निर्धनता, असफलता, शिक्षा की कमी, आत्मविश्वास का अभाव तथा आत्म-निर्भरता की कमी आदि।

समाजीकरण की प्रक्रिया में शिक्षक की भूमिका (Role of Teacher in Socialization of Children)

बालक के समाजीकरण की प्रक्रिया में परिवार के बाद स्कूल और स्कूल में विशेष रूप से शिक्षक आता है। प्रत्येक समाज के कुछ विश्वास, दृष्टिकोण, मान्यताएं, कुशलताएं और परम्पराएं होती हैं, जिनको 'संस्कृति' के नाम से पुकारा जाता है। यह संस्कृति एक पीढ़ी से दूसरी पीढ़ी को हस्तान्तरित की जाती है और समाज के लोगों के आचरण को प्रभावित करती है। शिक्षक का सर्वश्रेष्ठ कार्य है–इस संस्कृति को बालक को प्रदान करना। यदि वह यह कार्य नहीं करता है तो बालक का समाजीकरण नहीं कर सकता है। शिक्षक, माता-पिता के साथ बालक के चरित्र और व्यक्तित्त्व का विकास करने में अति महत्त्वपूर्ण कार्य करता है। फिर भी, शिक्षक और माता-पिता एक-दूसरे से दूर रहते हैं और सम्पर्क में नहीं आते। परिणाम यह होता है कि शिक्षक, बालक की रुचियों, मनोवृत्तियों आदि को नहीं समझ पाता है। इसलिए वह बालक का समाजीकरण उचित दिशा में करने में असफल होता है। इसलिए यह अति आवश्यक है कि शिक्षक और माता-पिता एक-दूसरे के घनिष्ठ सम्पर्क में रहें और एक ही प्रकार के विश्वासों और दृष्टिकोणों को अपनाकर बालक का उचित दिशा में समाजीकरण करें।

कक्षा और खेल के मैदान में, साहित्यिक और सांस्कृतिक क्रियाओं में शिक्षक सामाजिक व्यवहार के आदर्श प्रस्तुत करता है। बालक अपनी अनुकरण की मूल प्रवृत्ति के कारण शिक्षक के ढंगों, कार्यों, आदतों और रीतियों का अनुकरण करता है। अतः शिक्षक को सदैव सतर्क रहना चाहिए, उसे कोई ऐसा अनुचित कार्य या व्यवहार नहीं करना चाहिए, जिसका बालक के ऊपर गलत प्रभाव पड़े। अतः बालक के समाजीकरण की प्रक्रिया को तीव्र गति प्रदान करने के लिए शिक्षक को निम्नलिखित बातों को ध्यान में रखना चाहिए–

1. **अभिभावक-शिक्षक सहयोग–** समाजीकरण की प्रक्रिया को तीव्र गति प्रदान करने के लिए शिक्षक का सर्वप्रथम कार्य यह है कि वह बालक के माता-पिता से सम्पर्क स्थापित करके उसकी रुचियों तथा मनोवृत्तियों के विषय में ज्ञान प्राप्त करे एवं उन्हीं के अनुसार उसे विकसित होने के अवसर प्रदान करे।
2. **संस्कृति का हस्तान्तरण–** कुछ परम्परायें, रीति-रिवाज, मान्यतायें, विश्वास तथा दृष्टिकोण होते हैं जिन्हें संस्कृति की संज्ञा दी जाती है। शिक्षक का कर्त्तव्य है कि बालक को भारतीय संस्कृति का ज्ञान दे जिससे उसका उचित समाजीकरण हो जाये।
3. **सामाजिक आदर्श–** शिक्षक को चाहिये कि वह कक्षा तथा खेल के मैदानों एवं सांस्कृतिक और साहित्यिक क्रियाओं

में बालक के सामने सामाजिक आदर्शों को प्रस्तुत करे। इन आदर्शों का अनुकरण करके बालक का समाजीकरण धीरे-धीरे हो जायेगा।

4. **स्कूल की परम्परायें–** स्कूल की परम्पराओं का बालक के समाजीकरण पर गहरा प्रभाव पड़ता है। अतः शिक्षक को चाहिये कि वह बालक का स्कूल की परम्पराओं में विश्वास उत्पन्न करे तथा उसे उन्हीं के अनुसार कार्य करने के लिए प्रोत्साहित करे।
5. **सामूहिक कार्य को प्रोत्साहन–** शिक्षक को चाहिये कि वह स्कूल में विभिन्न सामाजिक योजनाओं के द्वारा बालकों को सामूहिक क्रियाओं में सक्रिय रूप से भाग लेने के अवसर प्रदान करे। इन क्रियाओं में भाग लेने से उसका समाजीकरण स्वतः ही हो जायेगा।
6. **अन्तर-सांस्कृतिक भावना का विकास–** स्कूल में विभिन्न परिवारों के बालक शिक्षा प्राप्त करने आते हैं। इन विभिन्न परिवारों से आये हुए बालकों की संस्कृतियाँ भी अलग-अलग होती हैं। शिक्षक को चाहिए कि वह बालक में अन्तर-सांस्कृतिक भावना का विकास करे जिससे वह केवल अपनी संस्कृति को ही अच्छा न समझे वरन् विभिन्न संस्कृतियों का आदर करना भी सीख जाये।
7. **स्वस्थ प्रतियोगिता की भावना–** बालक के समाजीकरण में प्रतियोगिता का महत्त्वपूर्ण स्थान होता है। पर ध्यान देने की बात है कि बालक के समाजीकरण के लिए स्वस्थ प्रतियोगिता का होना ही अच्छा है। अतः शिक्षक को बालक में स्वस्थ प्रतियोगिता की भावना विकसित करनी चाहिये।

इस प्रकार हम कह सकते हैं कि शिक्षक बालक के समाजीकरण को प्रभावित करता है। शिक्षक के स्नेह, पक्षपात, बुरे व्यवहार, दण्ड आदि का बालकों पर कुछ न कुछ प्रभाव पड़ता है और उसका सामाजिक विकास उत्तम या विकृत हो जाता है। यदि शिक्षक, मित्रता और सहयोग में विश्वास करता है तो बच्चों में भी इन गुणों का विकास होता है। यदि शिक्षक छोटी-छोटी बातों पर बच्चों को दण्ड देता है, तो उनके समाजीकरण में संकीर्णता आ जाती है। यदि शिक्षक अपने छात्रों के प्रति सहानुभूति रखता है, तो छात्रों का समाजीकरण सामान्य रूप से होता है।

प्याजे, कोहलबर्ग एवं व्यगोट्स्की (Piaget, Kohlberg and Vygotsky)

बाल विकास के वृद्धि एवं विकास का अध्ययन एवं समझ बाल शिक्षा के शिक्षण का महत्त्वपूर्ण अंग है। दो बालक एक समान नहीं होते। बाल विकास के विभिन्न प्रतिरूपों, यथा–शारीरिक, संज्ञात्मक, सामाजिक एवं संवेदनात्मक रूप से एक-दूसरे से अलग-अलग होते हैं।

विकास की विभिन्न अवस्था में बालकों में विशेष प्रकार के गुण एवं विशेषताएं देखने को मिलती है। इस संदर्भ में विभिन्न मनोवैज्ञानिकों ने विकास की विभिन्न अवस्थाओं के संबंध में अलग-अलग प्रकार के सिद्धांतों का प्रतिपादन किया है। विकास की विभिन्न अवस्थाओं से संबद्ध सिद्धांतों में जीन प्याजे (Jean Piaget), लॉरेंस कोहलबर्ग (Lawrence Kohlberg) एवं लेव व्यगोट्स्की (Lev Vygotsky) द्वारा प्रतिपादित सिद्धांत विशेष रूप से उल्लेखनीय हैं।

जीन प्याजे का विकास अवस्था से संबद्ध सिद्धांत (Principle of Jean Piaget's Stages of Development)

स्विट्जरलैंड निवासी जीन प्याजे ने अपने सिद्धांत के तहत मुख्यतः बालक के मानसिक विकास पर ध्यान केंद्रित किया है। उसका यह मानना है कि ज्ञानात्मक विकास की अवस्थाओं में एक क्रम होता है। हम बाद की अवस्थाओं की योग्यता समय से पूर्व प्राप्त नहीं कर सकते। उदाहरणार्थ– जैसे 5 वर्ष के बालक को M.Sc. स्तर की भौतिकी नहीं पढ़ाई जा सकती।

विकास के विभिन्न चरण/अवस्था (Different Stages of Development)

जीन प्याजे ने विकास की पांच अवस्थाओं का उल्लेख किया है, जो निम्नवत् हैं–

(*i*) **इन्द्रिय गामक आग्रहण की अवस्था (0-2 वर्ष):** यह अवस्था शिशु की उल्टी-सीधी हरकतों से आरंभ होती है और फिर बच्चा अभ्यास एवं संयोजन (इंद्रियजनित गामक अंगों– Sensori motor organ) द्वारा इस अवस्था तक आता है। दो वर्ष की समाप्ति पर जब बच्चा विभिन्न वस्तुओं के बीच में संयोजन करना सीख लेता है तो आरंभिक प्रत्यय का विकास होता है।

(*ii*) **सांकेतिक एवं पूर्व प्रत्ययी विचारों की अवस्था (2-4 वर्ष):** इस अवस्था में बच्चे के मस्तिष्क में विचार आने लगते हैं और चौथे वर्ष के अंत तक वह संकेतों का प्रयोग करने लगता है।

(*iii*) **स्वजनित विचारों की अवस्था (4-8 वर्ष):** इस अवधि में बालक विभिन्न प्रत्ययों को विभिन्न परिस्थितियों में प्रयोग कर सकता है अर्थात् उसके अंदर सामान्यीकरण की क्षमता आ जाती है।

(*iv*) **मूर्त क्रिया की अवस्था (8-12 वर्ष):** इस अवधि में बालक अपना ध्यान रूकी हुई अवस्था से हटा सकता है अर्थात् वह अपने वर्तमान अनुभवों के आधार पर अपने भविष्य को पहचान सकता है।

(*v*) **औपचारिक (अमूर्त) क्रिया की अवस्था (12-18 वर्ष):** इस अवस्था में बालक की चिंतन प्रक्रिया संश्लेषणात्मक तथा एकीकृत हो जाती है। बालक की चिंतन प्रक्रिया का मार्गदर्शन यथार्थ द्वारा किया जाता है। यह अवधि परिकल्पना के परीक्षण द्वारा अपने शीर्ष पर पहुंचती है।

लॉरेंस कोह्लबर्ग का नैतिक विकास अवस्था से संबद्ध सिद्धांत (Lawrence Kohlberg's Theory of Moral Development)

बालक में चरित्र निर्माण या नैतिक विकास के संदर्भ में लॉरेंस कोह्लबर्ग ने अपने खोज एवं अनुसंधान के आधार पर यह निष्कर्ष निकाला है कि बालकों में नैतिकता के विकास की कुछ निश्चित एवं सार्वभौमिक अवस्थाएं पाई जाती हैं। ये अवस्थाएं हैं–

1. पूर्व-नैतिक अवस्था (Pre-moral stage)— 4 से 10 वर्ष तक।
2. परंपरागत नैतिक अवस्था (Conventional morality stage)— 10 से 13 वर्ष तक।
3. आत्म अंगीकृत नैतिक मूल्य अवस्था (Self accepted moral principles stage)—13 वर्ष से प्रौढ़ावस्था तक।

कोह्लबर्ग द्वारा प्रतिपादित उपर्युक्त वर्गीकरण को विस्तृत रूप से पांच वर्गों में रखा जा सकता है–

(i) **पूर्व नैतिक अवस्था (Amoral Stage) :** यह अवस्था जन्म से लेकर दो वर्ष की आयु तक विद्यमान रहती है। इस अवस्था में बालक से नैतिकता एवं चारित्रिक मूल्यों आदि से संबद्ध बातों के विषय में किसी तरह की आशा करना बेमानी है, क्योंकि इस अवस्था में यह बातें उसकी समझ से बाहर होती है। इस अवस्था में उसे अपनी इच्छाओं, भावनाओं एवं संवेगों पर नियंत्रण करना नहीं आता और परिणामस्वरूप वह अपनी मर्जी के अनुसार इच्छित व्यवहार करता है।

(ii) **स्वकेंद्रित अवस्था (Self-Centred Stage) :** यह अवस्था 3 से 6 वर्ष तक होती है। इस अवस्था में बालक की सभी व्यावहारिक क्रियाएं अपनी वैयक्तिक आवश्यकताओं और इच्छाओं की पूर्ति के चारों ओर केंद्रित रहती हैं। उसके लिए वही नैतिक होता है जो उसके अपने कल्याण से जुड़ा होता है।

(iii) **परंपराओं को धारण करने की अवस्था (Conforming Conventional Stage) :** यह अवस्था सात वर्ष से किशोरावस्था के प्रारंभिक काल तक होती है। इस अवस्था का बालक सामाजिकता के गुणों को धारण करता है। ऐसे में उसमें समाज निर्मित नियमों एवं परंपराओं के धारण करने संबंधी नैतिकता का विकास होता है। इस अवस्था में उसे अच्छाई-बुराई का ज्ञान हो जाता है तथा वह यह समझने लगता है कि किस तरह के व्यवहार से दूसरे को हानि तथा ठेस पहुंच सकती है।

(iv) **आधारहीन आत्म चेतनावस्था (Irrational Conscientious Stage) :** यह अवस्था किशोरावस्था से जुड़ी हुई है। इस अवस्था में बालकों का सामाजिक, शारीरिक तथा मानसिक विकास अपनी चरम पर होता है तथा उसमें आत्म-चिन्तन का प्रादुर्भाव होता है। इस अवस्था में उसमें 'मैं' भावना अर्थात् मैं ऐसा व्यवहार करता हूँ, यह मेरा आचरण है आदि की उसे अनुभूति होने लगती है। साथ ही उसमें अपने आचरण, व्यवहार एवं व्यक्तिगत गुणों-अवगुणों के प्रति आलोचनात्मक प्रवृत्ति का भी विकास होता है। पूर्णता की चाह उसमें स्वयं से असंतुष्ट रहने का मार्ग प्रशस्त करती है। यह असंतुष्टि ही उसे समाज में होने वाली गलत कार्यों के प्रति विद्रोही रूख अपनाने के लिए प्रेरित करती है।

(v) **आधारयुक्त आत्मचेतना अवस्था (Rational Conscientious stage) :** यह नैतिक विकास की चरम अवस्था है। इसका विकास बालक के भली-भांति परिपक्वता ग्रहण करने के बाद होता है। इस अवस्था में जिस प्रकार के नैतिक आचरण और चारित्रिक मूल्यों की बात व्यक्ति विशेष से की जाती है उसके पीछे केवल उसकी भावनाओं का प्रवाह मात्र ही नहीं होता बल्कि वह अपनी मानसिक शक्तियों का उचित प्रयोग करते हुए अच्छी तरह सोच-समझकर किसी व्यवहार या आचरण विशेष को अपने व्यक्तिगत गुणों में शामिल करता है।

लेव व्यगोट्स्की का सामाजिक विकास से संबद्ध सिद्धांत (Social Development Theory of Lev Vygotsky)

सोवियत रूस निवासी लेव व्यगोस्ट्स्की द्वारा प्रतिपादित इस सिद्धांत में यह बताया गया है कि बालक के सभी प्रकार के विकास में उसके सामाजिक परिवेश का विशेष योगदान होता है। व्यगोट्स्की ने बताया कि समाज से अंतः क्रिया के परिणामस्वरूप ही बालक में विभिन्न प्रकार का विकास होता है। समाज में उसे जिस तरह की सुविधाएं उपलब्ध होंगी उसका विकास भी उसी प्रकार का होगा। सभी प्रकार की सुविधाओं की अनुपलब्धता की स्थिति में उसके विकास पर प्रतिकूल असर पड़ेगा।

जन्म के समय शिशु का व्यवहार सामाजिकता से काफी दूर होता है। वह अत्यधिक स्वार्थी होता है। उसे केवल अपनी शारीरिक आवश्यकताओं की पूर्ति करने की चाहत होती है। वह दूसरों की आवश्यकताओं और हित चिंतन के विषय में एकदम नहीं सोचता है। उस आयु में वह निर्जीव पदार्थों, यथा– गुड्डे-गुड़ियों, खिलौनों, मूर्तियों तथा सजीव पदार्थों, यथा– पशु-पक्षी व मनुष्य आदि में अंतर नहीं समझ पाता। शिशुओं के सामाजिक संपर्क का दायरा बहुत ही सीमित होता है। अतः सामाजिक विकास के दृष्टिकोण से उनसे बहुत आशा नहीं की जा सकती। बाल्यावस्था में प्रवेश करने के साथ ही अधिकांश बालक विद्यालय जाना प्रारंभ कर देते हैं और अब उनका सामाजिक दायरा बहुत विस्तृत होता चला जाता है।

जब बालक बाल्यावस्था से किशोरावस्था में प्रवेश करता है तो उसमें लिंग संबंधी चेतना तीव्र हो जाती है। इस आयु

में अधिकतर किशोर-किशोरियां अपने वय-समूह के सक्रिय सदस्य होते हैं। किशोरों में समूह के प्रति यह भावना अब केवल टोली या गिरोह विशेष तक ही सीमित नहीं रहती बल्कि यह विद्यालय, समुदाय, प्रांत और राष्ट्र तक व्यापक बन जाती है। इस अवस्था में सहानुभूति, सहयोग, सद्भावना, परोपकार और त्याग में अच्छा सामंजस्य देखने को मिलता है। किशोरावस्था को संवेगों की अभिव्यक्ति की अवस्था कहा जाता है। इस अवस्था में विशिष्ट रुचियों और सामाजिक संपर्कों का क्षेत्र भी अत्यधिक विस्तृत होता है। वैयक्तिक विशेषताओं के अतिरिक्त संस्कृति, परिवार की सामाजिक और आर्थिक स्थिति, यौन संबंधी स्वतंत्रता और जानकारी आदि सामाजिक रुचियों और सामाजिक संबंधों को प्रभावित करती है।

अभ्यास प्रश्न

1. "बालक में सामाजिक भावना का विकास जन्मजात होता है।" क्या आप इस कथन से–

A. पूर्णतः सहमत हैं
B. सम्भवतः सहमत हैं
C. असहमत हैं
D. कुछ सीमा तक सहमत हैं

2. सामाजिक परिवर्तन का कारक (Factor) है–

A. धर्म B. शिक्षा
C. विकास D. समाज

3. विद्यालय समाजीकरण के क्षेत्र में न केवल इसका अभिकरण है (Agency) अपितु वह समाज की सांस्कृतिक प्रगति का है–

A. संरक्षक B. संशोधक
C. आलोचक D. समर्थक

4. बच्चे का समाजीकरण तब होता है जब वह समाज के व्यवहार-प्रतिमानों (Behavioural Pattern) को–

A. स्वीकार करें
B. उनसे समायोजन कर लें
C. उपरोक्त A और B
D. उपरोक्त में से कोई नहीं

5. बालक के समाजीकरण (Socialization) हेतु शिक्षा का यह कार्य है–

A. शिक्षक अभिभावक सहयोग विकसित करना
B. संस्कृति का हस्तान्तरण (Transmission of Culture) का प्रयास करना
C. वैज्ञानिक व तकनीकी प्रगति से अवगत कराना
D. उपरोक्त A और B

6. बालकों में समाजीकरण की प्रक्रिया तीव्र करने हेतु निम्नांकित उपाय प्रभावी होते हैं–

A. अनुशासनहीन बालकों को दण्ड देना
B. अनुशासनहीन बालकों का सामाजिक बहिष्कार करना
C. शिक्षक अभिभावक सहयोग
D. उपरोक्त सभी

7. "शिक्षा युवक पीढ़ी का विधिवत् समाजीकरण है।" यह परिभाषा किसने दी है?

A. बोगार्डस (Bogardus)
B. बैण्डिस (Bandis)
C. स्मिथ (Smith)
D. दुर्खीम (Durkheim)

8. वे विद्यालय बालकों के समाजीकरण में असफल रहते हैं जो–

A. धर्म विशेष के आधार पर संचालित हैं
B. जाति विशेष के आधार पर संचालित हैं
C. भाषा विशेष के शिक्षण पर जोर देते हैं
D. उपरोक्त सभी

9. बालक के समाजीकरण के विद्यालय का यह पक्ष विशेष प्रभावी होता है–

A. खेल-कूद की सुविधा
B. अनुकूल पर्यावरण (Environment)
C. शाला-भवन
D. शाला-उपकरण

10. निम्नलिखित में से कौन-सी सामाजिक संस्था बालक को मातृभाषा सिखाती है?

A. परिवार B. पड़ोस
C. विद्यालय D. सामाजिक वर्ग

11. वेश-भूषा, रहन-सहन, आहार, धर्म, भाषा, तथा रीति-रिवाज इत्यादि व्यक्तित्व के कैसे निर्धारक हैं?

A. जैविक B. सांस्कृतिक
C. सामाजिक D. मनोवैज्ञानिक

12. निम्न में से कौन-सा बच्चे की सामाजिक-मनोवैज्ञानिक आवश्यकताओं के साथ संबद्ध ***नहीं*** है?

A. संवेगात्मक सुरक्षा की आवश्यकता
B. शरीर से अपशिष्ट पदार्थों का नियमित रूप से बाहर निकलना
C. सान्निध्य (संगति) की आवश्यकता
D. सामाजिक अनुमोदन अथवा सराहना की आवश्यकता

13. सबसे अधिक गहन और जटिल समाजीकरण होता है

A. पूर्व बाल्यावस्था के दौरान
B. प्रौढ़ावस्था के दौरान
C. व्यक्ति के पूरे जीवन में
D. किशोरावस्था के दौरान

14. पियाजे के अनुसार, निम्नलिखित में से कौन-सी अवस्था में बच्चा अमूर्त संकल्पनाओं के विषय में तार्किक चिंतन करना आरंभ करता है?

A. औपचारिक-संक्रियात्मक अवस्था (11 वर्ष एवं ऊपर)
B. संवेदी-प्रेरक अवस्था (जन्म-02 वर्ष)
C. पूर्व-संक्रियात्मक अवस्था (02-07 वर्ष)
D. मूर्त-संक्रियात्मक अवस्था (07-11 वर्ष)

15. पियाजे के अनुसार बौद्धिक विकास में आत्मसात्करण (Assimilation) एवं कौन-सी अन्य प्रक्रिया महत्वपूर्ण हैं?
A. आत्म-संज्ञान (Self-cognition)
B. समंजन (Accommodation)
C. कल्पना (Imagination)
D. प्रत्यक्षीकरण (Perception)

16. छात्रों में नैतिकता का विकास करने हेतु आप क्या आवश्यक समझते हैं?
A. धार्मिक प्रवचन
B. परिवार का वातावरण
C. पूजा-पाठ करना
D. प्रत्येक अवसर पर उन्हें अच्छे-बुरे का अंतर बताना

17. पियाजे के अनुसार विकास की पहली अवस्था (जन्म से लगभग 2 वर्ष आयु) के दौरान बच्चा .... सबसे बेहतर सीखता है।
A. अमूर्त तरीके से चिंतन द्वारा
B. भाषा के नए अर्जित ज्ञान के अनुप्रयोग द्वारा
C. इंद्रियों के प्रयोग द्वारा
D. निष्क्रिय (neutral) शब्दों को समझने के द्वारा

18. समाज तभी उन्नति कर सकता है जब बालिका-शिक्षा को बालक-शिक्षा से–
A. कम महत्व दिया जाए
B. समान महत्व दिया जाए
C. अधिक महत्व दिया जाए
D. इनमें कोई सम्बन्ध नहीं है

19. शिक्षक ही समाज को उन्नति के मार्ग पर ले जा सकता है, क्योंकि वह–
A. अपनी बात कम और समाज की बात अधिक सोचता है
B. भावी नागरिकों को सही मार्ग दिखा सकता है
C. समाज के प्रति समर्पित होता है
D. भी एक सामाजिक प्राणी है

20. नैतिक मूल्य नियमावली का अर्थ है–
A. कुछ निश्चित मापदण्ड जिनका पालन व्यवस्था विशेष में कार्यरत सभी व्यक्ति करते हैं
B. आदर्शों एवं सिद्धांतों का सूची-पत्र जिसे किसी व्यवसाय के प्रत्येक सदस्य पर लागू किया जाता है
C. ऐसे निश्चित मापदण्ड जिनका अनुमोदन उच्च अधिकारी करते हैं किन्तु पालन निम्न स्तर के कर्मचारी करते हैं
D. किसी व्यावसायिक जगत की एक आवश्यक बुराई है

21. वाइगोत्सकी के सिद्धान्त का निहितार्थ है–
A. प्रारम्भिक व्याख्या के बाद कठिन सवालों को हल करने में बच्चे की सहायता न करना
B. सहयोगात्मक समस्या-समाधान
C. प्रत्येक विद्यार्थी को व्यक्तिगत रूप से दत्त कार्य देना
D. बच्चे उन बच्चों की संगति में श्रेष्ठतम रूप से सीख सकते हैं जिनका बुद्धि-लब्धांक उनके बुद्धि-लब्धांक से कम होता है।

22. वाइगोत्सकी बच्चों के सीखने में निम्नलिखित में से किस कारक की महत्वपूर्ण भूमिका पर बल देते हैं?
A. सामाजिक B. नैतिक
C. शारीरिक D. आनुवंशिक

23. "बच्चे दुनिया के बारे में अपनी समझ का सृजन करते हैं।" इस सिद्धांत का श्रेय .... को जाता है।
A. पियाजे B. स्किनर
C. पावलॉव D. कोह्लबर्ग

24. पियाजे के अनुसार, निम्नलिखित में से कौन-सी अवस्था में बच्चा अमूर्त संकल्पनाओं के विषय में तार्किक चिन्तन करना आरंभ करता है?
A. मूर्त-संक्रियात्मक अवस्था (07-11 वर्ष)
B. संवेदी-प्रेरक अवस्था (जन्म-02 वर्ष)
C. औपचारिक-संक्रियात्मक अवस्था (11 वर्ष से ऊपर)
D. पूर्व-संक्रियात्मक अवस्था (02-07 वर्ष)

25. मानसिक विकास की औपचारिक संक्रियात्मक अवस्था की मुख्य विशेषता है–
A. मूर्त चिन्तन B. अमूर्त चिन्तन
C. सामाजिक चिन्तन D. अहम्-केन्द्रित चिन्तन

26. विचार न केवल भाषा को निर्धारित करते हैं बल्कि उसे आगे भी बढ़ाते हैं। यह विचार किसके द्वारा रखा गया।
A. जीन पियाजे B. कोहलबर्ग
C. वाइगोत्सकी D. पावलॉव

27. बालक के समाजीकरण की प्रक्रिया कब प्रारंभ होती है?
A. जन्म से B. जन्म के 3 वर्ष के बाद
C. किशोरावस्था में D. वयस्क होने के बाद

28. सीबीएसई द्वारा प्रस्तावित समूह-परियोजना गतिविधि .... का एक सशक्त साधन है।
A. सामाजिक भागीदारिता को सुगम बनाने
B. शिक्षकों के भार को हल्का करने
C. रोजमर्रा के शिक्षण से होने वाले तनाव को दूर करने
D. अनेकता में एकता की संकल्पना का प्रचार-प्रसार करने

29. समाजीकरण है–
A. सामाजिक मानदण्डों में परिवर्तन
B. शिक्षक एवं पढ़ाए गए के बीच सम्बन्ध
C. समाज के आधुनिकीकरण की प्रक्रिया
D. समाज के मानदण्डों के साथ अनुकूलन

30. सबसे अधिक गहन और जटिल समाजीकरण होता है–
A. किशोरावस्था के दौरान
B. पूर्व बाल्यावस्था के दौरान
C. प्रौढ़ावस्था के दौरान
D. व्यक्ति के पूरे जीवन में

31. बच्चों के समाजीकरण में शिक्षक की भूमिका होती है–
A. उनका बौद्धिक विकास करना
B. उन्हें गृह-कार्य देना
C. उनके आर्थिक प्रयोग में सहयोग करना
D. उन्हें साम्प्रदायिक शिक्षा प्रदान करना

32. पियाजे के अनुसार, संज्ञानात्मक विकास के किस चरण पर बच्चा 'वस्तु स्थायित्व' को प्रदर्शित करता है?
A. मूर्त संक्रियात्मक चरण
B. औपचारिक संक्रियात्मक चरण
C. संवेदी-प्रेरक चरण
D. पूर्व संक्रियात्मक चरण

33. कोहलबर्ग के अनुसार, सही और गलत के प्रश्न के बारे में निर्णय लेने में शामिल चिन्तन-प्रक्रिया को कहा जाता है–
A. सहयोग की नैतिकता B. नैतिक तर्कणा
C. नैतिक यथार्थवाद D. अनैतिक यथार्थवाद

34. वह स्तर जिसमें बच्चा किसी वस्तु एवं घटना के बारे में तार्किक रूप से सोचना शुरू करता है, कहा जाता है
A. औपचारिक अवस्था B. पूर्व क्रियात्मक अवस्था
C. संवेदन प्रणोद अवस्था D. मूर्त क्रियात्मक अवस्था

35. छोटे शिक्षार्थियों को कक्षा-कक्ष में समवयस्कों के साथ अन्तः क्रिया करने के लिए प्रोत्साहित करना चाहिए, जिससे
A. वे एक-दूसरे से प्रश्नों के उत्तर सीख सके
B. वे पढ़ने के दौरान सामाजिक कौशल सीख सके
C. पाठ्यक्रम को बहुत जल्दी पूरा किया जा सके
D. शिक्षक कक्षा-कक्ष को बेहतर तरीके से नियन्त्रित कर सकें

36. समाजीकरण की प्रक्रिया में उन .... को प्राप्त किया जाता है, जिन्हें समाज में महत्व दिया जाता है।
A. मानकों B. मूल्यों
C. विश्वासों D. ये सभी

37. किसी बालक के समाजीकरण में धर्म का महत्व है–
(*i*) आदर्शों में (*ii*) अनुकरण में
(*iii*) संस्कार में
A. केवल (*i*) B. केवल (*ii*)
C. केवल (*iii*) D. ये सभी

38. शिक्षकों को यह सलाह दी जाती है कि वे अपने शिक्षार्थियों को सामूहिक गतिविधियों में शामिल करें क्योंकि सीखने को सुगम बनाने के अतिरिक्त, ये' .... में सहायता करती है।
A. दुश्चिंता B. समाजीकरण
C. मूल्य द्वन्द्व D. आक्रामकता

39. किसी बच्चे में समाजीकरण का प्रथम तत्व निम्नलिखित में से कौन-सा है?
A. परिवार B. अस्पताल
C. विद्यालय D. खेल का मैदान

40. पियाजे के अनुसार, ... वर्ष से कम आयु के बालकों में संज्ञानात्मक परिपक्वता का अभाव पाया जाता है?
A. 6 B. 9
C. 10 D. 12

41. वाइगोत्सकी के अनुसार, किसी बालक के विकास में सबसे महत्वपूर्ण योगदान निम्न में से किसका होता है?
A. परिवार का B. विद्यालय का
C. धर्म का D. समाज का

42. निम्नलिखित में कौन-सी संज्ञानात्मक क्रिया की दी गई सूचना के विश्लेषण के लिए प्रयोग में लाई जाती है?
A. वर्णन करना B. पहचान करना
C. अन्तर करना D. वर्गीकृत करना

43. कृतिका अक्सर घर में ज्यादा बात नहीं करती, लेकिन विद्यालय में वह काफी बात करती है। यह दर्शाता है कि–
A. विद्यालय हर समय बच्चों को खूब बात करने का अवसर देता है
B. शिक्षकों की यह माँग होती है कि बच्चे विद्यालय में खूब बात करे
C. कृतिका को अपना घर बिल्कुल पसन्द नहीं
D. उसके विचारों को विद्यालय में मान्यता मिलती है

44. कोहलबर्ग के अनुसार सही और गलत के बारे में बच्चे .... चिन्तन नहीं करते हैं।
A. अलग आयु में अलग तरीके से
B. अलग चरणों में समान तरीके से
C. सन्दर्भ के अनुसार
D. अभिभावकों द्वारा प्रदत्त निर्देशों के अनुसार

उत्तरमाला

1	2	3	4	5	6	7	8	9	10
C	B	A	C	D	C	D	D	B	A
11	**12**	**13**	**14**	**15**	**16**	**17**	**18**	**19**	**20**
B	B	D	D	B	D	C	B	B	C
21	**22**	**23**	**24**	**25**	**26**	**27**	**28**	**29**	**30**
B	A	A	A	B	C	A	A	D	A
31	**32**	**33**	**34**	**35**	**36**	**37**	**38**	**39**	**40**
A	D	B	B	B	D	D	B	A	A
41	**42**	**43**	**44**						
D	C	D	A						

4. बालकेंद्रित एवं प्रगतिशील शिक्षा की अवधारणा (Concept of Child-centered and Progressive Education)

बालकेंद्रित शिक्षा (Child-centred Education)

बालकेंद्रित शिक्षा, शिक्षा की वह विधा है जिसमें बालक की आयु और समझ को देखते हुए बालक की शिक्षा के लिए व्यवस्था की जाती है। दूसरे शब्दों में, बालक के मनोविज्ञान को समझते हुए शिक्षा की व्यवस्था करना एवं उसकी कठिनाइयों को दूर करना ही बालकेंद्रित शिक्षा है। विभिन्न कालों में शिक्षा का स्वरूप भिन्न-भिन्न रहा है। प्राचीन काल में जहां शिक्षा का उद्देश्य बालकों के मस्तिष्क में मात्र कुछ जानकारी भरना समझा जाता था वहीं आधुनिक काल में बालक का सर्वांगीण विकास शिक्षक का परम उद्देश्य बताया गया है। इस कार्य के लिए शिक्षक को बाल मनोविज्ञान की जानकारी जरूर होनी चाहिए। शिक्षक के लिए बाल मनोविज्ञान की उपयोगिता इसलिए भी जरूरी है ताकि वह इसका प्रयोग शिक्षा संबंधी विभिन्न क्षेत्रों यथा– अनुशासन, व्यवहार, जागरूकता आदि के क्षेत्र में कर सके। इससे यह स्पष्ट होता है कि एक शिक्षक को शिक्षा तथा छात्रों के प्रति क्या अभिवृति (Attitude) होनी चाहिए।

बाल-केंद्रित शिक्षा की मुख्य विशेषताएं (Characteristics of Child-centered Education)

बाल-केंद्रित शिक्षा की प्रकृति के कुछ भिन्न होने के कारण इसकी कुछ अलग प्रकार की विशेषताएं हैं। बाल-केंद्रित शिक्षा की मुख्य विशेषताएं निम्नवत् हैं–

1. **बालकों को ठीक से समझना (Perceive to Children):** जब से मनोविज्ञान ने शिक्षा के क्षेत्र में प्रवेश किया है, शिक्षा का स्वरूप बाल-केंद्रित हो गया है। अब प्रत्येक बालक की ओर व्यक्तिगत रूप से अध्ययन-अध्यापन प्रक्रिया में ध्यान दिया जाता है। आज शिक्षा का उद्देश्य बालक के ऊपर ज्ञान थोपना नहीं वरन् उसका एकमात्र उद्देश्य बालक में निहित शक्तियों का विकास करना है। इस तरह बालक के व्यक्तित्व का सर्वांगीण विकास करना ही आज की शिक्षा का अंतिम उद्देश्य है।

   ऐसे में इस बात की आवश्यकता है कि शिक्षक को बालकों के मनोविज्ञान की जानकारी हो, अन्यथा वह उन्हें क्या सिखाएगा कहना बहुत मुश्किल है। अतः शिक्षक को बालक के व्यवहार के मूलाधारों, आवश्यकताओं, मानसिक स्तर, रुचियों, योग्यताओं, व्यक्तित्त्व आदि का विस्तृत ज्ञान होना चाहिए। व्यवहार के मूलाधारों का ज्ञान तो सबसे अधिक आवश्यक है, क्योंकि शिक्षा का उद्देश्य ही बालक के व्यवहार को परिमार्जित करना है। अतः शिक्षा बालक की प्रेरणाओं, संवेगों एवं मूल प्रवृत्तियों पर आधारित होनी चाहिए। व्यवहार के इन मूलाधारों को नई दिशा में मोड़ा जा सकता है, इनका शोधन किया जा सकता है, इनको बालक में से निकाला जा सकता है। इसलिए सफल शिक्षक उसे ही माना जाता है जो इसका शोधीकरण का प्रयास करता है। बालक जो कुछ सीखता है, उससे उसकी आवश्यकताओं का बड़ा निकट संबंध है। प्रायः ऐसा पाया गया है कि स्कूल में पिछड़े हुए समस्याग्रस्त बालकों में से अधिकतर ऐसे होते हैं, जिनकी आवश्यकताएं स्कूल में पूरी नहीं होती। इसलिए वे सड़कों पर लगे बिजली के बल्बों को फोड़ते हैं, स्कूल से भाग जाते हैं। आस-पड़ोस के लोगों को तंग करते हैं; आवारागर्दी करते हैं और मोहल्ले के बच्चों को पीटते हैं। मनोविज्ञान के ज्ञान के अभाव में शिक्षक मारपीट द्वारा बच्चों के उन दोषों को दूर करने का प्रयत्न करता है, परंतु बालकों को समझने वाला शिक्षक यह जानता है कि इन दोषों का मूल उनकी शारीरिक, सामाजिक अथवा मनोवैज्ञानिक आवश्यकताओं में ही कहीं न कहीं है।

2. **शिक्षण पद्धति (Teaching Method):** शिक्षा शास्त्र शिक्षक को यह बताता है कि बालकों को क्या पढ़ाया जाए, परंतु असली समस्या यह है कि किस प्रकार पढ़ाया जाए। इस समस्या के समाधान में बाल मनोविज्ञान ही वह माध्यम है जो शिक्षक को सहायता करता है। बाल मनोविज्ञान सीखने की प्रक्रिया, विधियों, महत्त्वपूर्ण कारकों, लाभदायक और हानिकारक दशाओं, रुकावटों सीखने का वक्र तथा प्रशिक्षण संक्रमण आदि विभिन्न तत्त्वों से परिचित कराता है। इनसे प्राप्त ज्ञान से शिक्षक बालकों को सीखने में सहायता कर सकता है। शिक्षा मनोविज्ञान शिक्षण की विधियों का भी मनोवैज्ञानिक विश्लेषण करता है और उनमें सुधार के उपाय बतलाता है। बाल-केंद्रित शिक्षा में शिक्षण विधि को प्रयोग में लाते समय बाल-मनोविज्ञान को ही आधार बनाया जाता है।

3. **मूल्यांकन एवं परीक्षण विधि (Evaluation and Test):** शिक्षण से ही शिक्षक की समस्या हल नहीं हो जाती।

उसे बालकों के ज्ञान और विकास का मूल्यांकन और परीक्षण करना होता है। मूल्यांकन से परीक्षार्थी की उन्नति का पता चलता है। शिक्षा की प्रक्रिया में शिक्षक और शिक्षार्थी बराबर यह जानना चाहते हैं कि वे कहां प्रगति कर रहे हैं और यदि उनको सफलता अथवा असफलता मिली है तो क्यों और उसमें क्या परिवर्तन किए जा सकते हैं। इस तरह के सभी प्रकार के प्रश्नों के समाधान में मूल्यांकन के साथ-साथ विभिन्न प्रकार के परीक्षणों और मापों की भी आवश्यकता पड़ती है। इस तरह स्पष्ट है कि बाल-केंद्रित शिक्षा में बालक का मूल्यांकन बाल-मनोविज्ञान के माध्यम से किया जाता है।

4. **पाठ्यक्रम की प्रकृति (Syllabus) :** समाज और व्यक्ति की आवश्यकताओं की पूर्ति को ध्यान में रखते हुए स्कूल के पाठ्यक्रम की प्रकृति व्यक्तिगत विभिन्नताओं, प्रेरणाओं, मूल्यों और सीखने के सिद्धांतों के मनोवैज्ञानिक ज्ञान पर आधारित होनी चाहिए। बालकेंद्रित शिक्षा में इस बात का विशेष ध्यान रखा जाता है कि पाठ्यक्रम की प्रकृति का विकास बालक की आवश्यकताओं उसकी आयु एवं विशेष अवस्थाओं आदि जैसे उसके विशेष गुण के अनुरूप ही हो।
5. **व्यवस्थापन एवं अनुशासन का प्रयोग (Management and Discipline) :** बालकेंद्रित शिक्षा में कक्षा एवं विद्यालय में अनुशासन एवं व्यवस्था बनाए रखने के लिए भी बाल मनोविज्ञान सहायक के रूप में कार्य करता है।
6. **प्रयोग एवं अनुसंधान (Practical and Research) :** बाल-केन्द्रित शिक्षा में बालकों को प्रयोग एवं अनुसंधान की ओर ले जाने के लिए बाल मनोविज्ञान का सहारा लिया जाता है। नई समस्याओं को सुलझाने के लिए शिक्षक को स्वयं प्रयोग करते रहना चाहिए और उससे निकले निष्कर्षों का उपयोग करना चाहिए।

प्रगतिशील शिक्षा (Progressive Education)

प्रगतिशील शिक्षा पारंपरिक शिक्षा की प्रतिक्रिया का परिणाम है। अमेरिकी मनोवैज्ञानिक **जॉन डीवी** (John Dewey) का प्रगतिशील शिक्षा के विकास में विशेष योगदान रहा है। प्रगतिशील शिक्षा का तात्पर्य शिक्षा का एकमात्र उद्देश्य बालक की शक्तियों का विकास है। वैयक्तिक विभिन्नता के अनुरूप शिक्षण प्रक्रिया में भी अंतर रखकर इस उद्देश्य को पूरा किया जा सकता है।

बालक में विभिन्न शक्तियों का विकास किस प्रकार से होगा, इसके लिए कोई सामान्य सिद्धांत निश्चित नहीं किया जा सकता, क्योंकि भिन्न-भिन्न रुचियों और योग्यताओं के बालकों में विकास भिन्न-भिन्न प्रकार से होता है। अध्यापक को बालक की योग्यताओं पर दृष्टि रखते हुए उसे निर्देश देना चाहिए। प्रगतिशील शिक्षा इस बात का बोध कराता है कि शिक्षा बालक के लिए है न कि बालक शिक्षा के लिए। अतः शिक्षा का उद्देश्य ऐसा वातावरण तैयार करना होना चाहिए ताकि प्रत्येक बालक को सामाजिक विकास का पर्याप्त अवसर मिले। प्रगतिशील शिक्षा का मुख्य उद्देश्य लोकतंत्रीय मूल्यों की स्थापना करना है ताकि बालकों में लोकतंत्रीय मूल्यों का विकास हो सके। शिक्षा के द्वारा हम ऐसे समाज का निर्माण करना चाहते हैं जिसमें व्यक्ति-व्यक्ति में कोई भेद न हो, सभी पूर्ण स्वतंत्रता और सहयोग से काम कर सकें। प्रत्येक व्यक्ति को अपनी स्वाभाविक प्रवृत्तियों, इच्छाओं और आकांक्षाओं के अनुसार विकसित होने का अवसर मिले तथा सभी को समान अधिकार दिए जाएं। ऐसे समाज का निर्माण तभी हो सकता है जबकि व्यक्ति और समाज के हित में कोई मौलिक अंतर न माना जाए। शिक्षा के द्वारा मनुष्य में परस्पर सहयोग और सामंजस्य की स्थापना होनी चाहिए। इस तरह प्रगतिशील शिक्षा का मुख्य उद्देश्य बालक के व्यक्तित्व का विकास करना और शिक्षा के माध्यम से लोकतंत्र की स्थापना करना है।

प्रगतिशील शिक्षा में मुख्य जोर शिक्षण विधि की व्यावहारिकता पर दिया जाता है। इस शिक्षण विधि में बालक के स्वयं करके सीखने की प्रक्रिया पर जोर दिया जाता है। इस शिक्षण विधा में बालक के जीवन, क्रियाओं और विषयों में एकता स्थापित की जाती है। यह बालक के जीवन की क्रियाओं को समग्र रूप से विकसित करने पर जोर देता है।

इस शिक्षा पद्धति में बालक की रुचि को महत्त्व दिया जाता है। जॉन डीवी ने प्रगतिशील शिक्षा के तहत शिक्षा में दो तत्त्वों को विशेष रूप से महत्त्वपूर्ण माना है– **प्रथम** रुचि एवं **द्वितीय** प्रयास। शिक्षक को बालक की स्वाभाविक रुचियों को समझकर उसके लिए उपयोगी कार्यों की व्यवस्था करनी चाहिए। बालक को स्वयं कार्यक्रम बनाने का अवसर दिया जाना चाहिए ताकि वे अपनी रुचियों के अनुसार कार्यक्रम बना सकें। ऐसा करने से उनमें किसी तरह का भय या दबाव नहीं रहेगा और वे कार्यक्रम को रुचि के अनुसार बना सकेंगे। फलतः स्कूल क्रिया आत्म-क्रिया बन सकेगी। जॉन डीवी के शिक्षा संबंधी इन विचारों के आधार पर ही आगे चलकर प्रोजेक्ट-प्रणाली का जन्म हुआ। प्रोजेक्ट-प्रणाली में यह उल्लेख किया गया कि बालक को ऐसे काम दिए जाने चाहिए कि उनमें स्फूर्ति, आत्म-विश्वास, आत्म-निर्भरता और मौलिकता का विकास हो सके।

प्रगतिशील शिक्षा में शिक्षक को सम्मानजनक और महत्त्वपूर्ण स्थान दिया गया है तथा इस बात का उल्लेख किया गया है कि शिक्षक समाज का सेवक है। इस शिक्षा पद्धति में शिक्षक से यह आशा की गई है कि वह विद्यालय में ऐसे वातावरण का निर्माण करे कि उसमें पल-बढ़कर बालक का सामाजिक व्यक्तित्त्व विकसित हो सके और वह लोकतंत्र का एक सफल एवं योग्य नागरिक बन सके। जॉन डीवी ने शिक्षक की महत्ता को और ऊँचाई देते हुए उसे ईश्वर का प्रतिनिधि तक कह दिया है। विद्यालय में स्वतंत्रता और समानता के मूल्य को बनाए रखने के लिए शिक्षक को स्वयं को बालक से बड़ा नहीं समझना चाहिए। शिक्षक को कभी भी अपनी आज्ञाओं एवं उपदेशों के माध्यम से अपने विचारों और प्रवृत्तियों को बालकों पर थोपने का प्रयास नहीं करना चाहिए। उसे बालकों का भली-भांति

परीक्षण करके उनकी रुचियों, योग्यताओं एवं गतिविधियों के अनुरूप कार्यों में लगाना चाहिए। इस प्रकार विद्यालय में शिक्षा बालकों की व्यक्तिगत विभिन्नताओं को ध्यान में रखकर दी जानी चाहिए। इस विधि से अध्यापन करने से विद्यालय के संचालन में कठिनाई बहुत कम होती है।

प्रगतिशील शिक्षा में अनुशासन का भी महत्त्वपूर्ण स्थान है लेकिन अनुशासन के नाम पर बालक की स्वाभाविक प्रवृत्तियों को कुंठित करने के प्रयास को अनुचित माना गया है। सही मायने में देखा जाए तो अनुशासन केवल बालक के निजी व्यक्तित्व से संबंधित न होकर उसकी सामाजिक परिस्थितियों से भी घनिष्ठ रूप से जुड़ा हुआ है। सच्चा अनुशासन एक प्रकार से सामाजिक अनुशासन है और यह बालक के विद्यालय के सामूहिक कार्यों में भाग लेने से उत्पन्न होता है। विद्यालय में ऐसे वातावरण का निर्माण किया जाना चाहिए ताकि बालक परस्पर सहयोग से रहने का अभ्यास कर सकें। विद्यालय में एक से उद्देश्य लेकर शारीरिक, सामाजिक, बौद्धिक एवं नैतिक कार्यों में एक साथ भाग लेने से बालकों में अनुशासन का भाव उत्पन्न होता है और उनमें नियमित रूप से कार्य करने की आदत विकसित होती है। विद्यालयों में होने वाले कार्यक्रमों का बालक के चरित्र-निर्माण में महत्त्वपूर्ण योगदान है। बालक को प्रत्यक्ष रूप से उपदेश न देकर उसे सामाजिक परिवेश उपलब्ध कराया जाना चाहिए और उसके सामने ऐसे उदाहरण प्रस्तुत किए जाने चाहिए ताकि उसमें आत्मानुशासन उत्पन्न हो और वह सही अर्थों में सामाजिक प्राणी बन सके। यह बात बिल्कुल ठीक है कि विद्यालय में शांतिपूर्ण वातावरण होने से काम अधिक अच्छा होता है किंतु शांति एकमात्र साधन है, साध्य नहीं। शिक्षक को अपनी ओर से बालकों को उनकी प्रवृत्तियों के अनुसार विविध प्रकार के कार्यों में लगाए रखना चाहिए और यदि इस प्रक्रिया से कभी-कभी कुछ अशांति भी उत्पन्न हो तो उसे दूर करने के लिए बालक की क्रियाओं पर रोक-टोक करना अनुचित है। आत्मानुशासन उत्पन्न करने में उत्तरदायित्व की भावना का विशेष महत्त्व है। उत्तरदायित्व का भाव उत्पन्न करने के लिए विद्यालय का अधिकतर कार्य स्वयं विद्यार्थियों को सौंप दिया जाना चाहिए। इनमें भाग लेने से उनमें अनुशासन की भावना उत्पन्न होती है।

वर्तमान में शिक्षा को अनिवार्य और सार्वभौमिक बनाने पर जो जोर दिया जा रहा है वह मुख्यतः प्रगतिशील शिक्षा के सिद्धांतों के ही समान है। शिक्षा का लक्ष्य व्यक्तित्व का विकास है और प्रत्येक व्यक्ति को उसके व्यक्तित्व का विकास करने के लिए शिक्षा प्राप्त करने का अवसर दिया जाना चाहिए। आधुनिक शिक्षा में वैज्ञानिक और सामाजिक प्रवृत्ति के जो तत्त्व विद्यमान हैं उनमें प्रगतिशील शिक्षा का योगदान है। इसके अनुसार शिक्षा एक सामाजिक आवश्यकता है। इसका लक्ष्य व्यक्ति और समाज दोनों का विकास है। इससे व्यक्ति का बौद्धिक, नैतिक, सामाजिक और शारीरिक विकास होता है।

सर्वशिक्षा अभियान (SSA)

सर्वशिक्षा अभियान भारत सरकार द्वारा 2000-01 में प्रारंभ किया गया था। इस अभियान के अन्तर्गत 'सब पढ़ें सब बढ़ें' का नारा दिया गया है। सर्वशिक्षा अभियान के अन्तर्गत निम्नलिखित लक्ष्य निर्धारित किए गए थे–

1. वर्ष 2003 तक सभी बच्चों को विद्यालय में लाना।
2. वर्ष 2007 तक 5 वर्ष की आयु वाले सभी बच्चों की प्राथमिक शिक्षा पूरी करवाना।
3. वर्ष 2010 तक 8 वर्ष की आयु वाले सभी बच्चों की प्रारम्भिक शिक्षा पूरी करवाना।

सर्वशिक्षा अभियान की उपलब्धियाँ इस प्रकार रही–

1. स्कूल दाखिला अनुपात जो 1950-51 में 31.1 प्रतिशत था 2003-04 में बढ़कर 85 प्रतिशत हो गया।
2. प्रथम कक्षा से 8वीं कक्षा तक पढ़ने वाली सभी लड़कियाँ एवं अनुसूचित जाति के लगभग 6 करोड़ बच्चों को निःशुल्क पाठ्य-पुस्तकें वितरित की गई।
3. 2001 के बाद लगभग 2 लाख नए स्कूल खोले गए। लगभग 5 लाख नए शिक्षकों की नियुक्ति की गई।
4. यद्यपि सर्वशिक्षा अभियान के फलस्वरूप विद्यालय छोड़ने वाले बच्चों की संख्या में भारी कमी लाने में सफलता प्राप्त हुई है, किन्तु वर्ष 2010 तक यह सफलता लक्षित अनुपात तक प्राप्त नहीं हुई है।

मध्याह्न भोजन योजना (Mid Day Meal Scheme)

1. 15 अगस्त, 1995 को पोषाहार समर्थन के राष्ट्रीय कार्यक्रम मध्याह्न भोजन योजना की शुरूआत की गई।
2. इस योजना के अन्तर्गत पहली से पाँचवीं कक्षा तक के बच्चों को 80 प्रतिशत उपस्थिति पर प्रतिमाह 3 किग्रा गेहूँ अथवा चावल दिए जाने की व्यवस्था की गई थी। किन्तु इस योजना का पूर्ण लाभ छात्र को न प्राप्त होकर उसके परिवार को मिल जाता था, इसलिए 1 सितम्बर 2004 से पके-पकाए भोजन उपलब्ध कराने की योजना आरंभ कर दी गई।
3. इस योजना के अन्तर्गत विद्यालयों में मध्यावकाश में छात्र-छात्राओं को सप्ताह में 4 दिन चावल से बने भोज्य पदार्थ तथा 2 दिन गेहूँ से बने भोज्य पदार्थ दिए जाने की व्यवस्था की गई है।

अभ्यास प्रश्न

1. किसी बालक की शैक्षिक प्रगति दिन-प्रतिदिन गिरावट की ओर जा रही है। इसका निम्न में से प्रमुख कारण होगाः

A. वह धन कमाने लगा है

B. वह गलत संगत में पड़ गया है

C. अध्यापक ठीक से नहीं पढ़ाते हैं

D. बालक की पढ़ने में रुचि नहीं है

2. वर्तमान में नारी-शिक्षा के सन्दर्भ में आपका मानना है कि–
   A. यह पर्याप्त तथा उपयोगी है
   B. यह अपर्याप्त एवं असम्बन्धित है
   C. यह अभी और थोड़ा विकास चाहती है
   D. इस पर व्यय नहीं करना चाहिए
3. साक्षरता अभियान में आप किस प्रकार अपना योगदान दे सकते हैं?
   A. नौकरी करके
   B. स्वयं को साक्षर करके
   C. साक्षरता का महत्व बताकर
   D. दो निरक्षर व्यक्तियों को साक्षर करके
4. एक अच्छा अध्यापक बनने के लिए आवश्यक है :
   A. समृद्ध परिवेश और ऊँची पहुँच
   B. व्यक्तिगत प्रयास और उपयुक्त प्रशिक्षण
   C. स्वस्थ शरीर और खानदानी संपन्नता
   D. उपयुक्त शिक्षा और आर्थिक संपन्नता
5. आपकी कक्षा का एक विद्यार्थी प्रायः विद्यालय में विलम्ब से आता है ऐसी दशा में आप :
   A. उसे दण्ड देकर सुधारने का प्रयास करेंगे/करेंगी
   B. उसके अभिभावकों को इसकी जानकारी देंगे/देंगी
   C. विलम्ब से आने का कारण जानकर उसके निराकरण का प्रयास करेंगे/करेंगी
   D. प्रधानाचार्य से उसकी शिकायत करेंगे/करेंगी
6. आपके विचार से शिक्षा के स्तरोन्नयन के लिए सर्वाधिक आवश्यक है–
   A. विद्यालय को पूरी सुविधा प्रदान करना
   B. अध्यापक को उच्च वेतनमान देना
   C. छात्र-अभिभावक-अध्यापक संबंध सुदृढ़ करना
   D. शिक्षण अधिगम प्रक्रिया को प्रभावी बनाना
7. नवोदय विद्यालय प्रारम्भ किए गए हैं–
   A. ग्रामीण बच्चों के लिए
   B. गरीब बच्चों के लिए
   C. मन्द बुद्धि बच्चों के लिए
   D. प्रतिभाशाली ग्रामीण बच्चों के लिए
8. नवोदय विद्यालयों में बालकों को प्रवेश दिया जाता है–
   A. कक्षा तृतीय से   B. कक्षा पंचम् से
   C. कक्षा षष्ठम् से   D. कक्षा नवम् से
9. राष्ट्रीय शैक्षिक अनुसंधान व प्रशिक्षण परिषद् (NCERT) का मुख्यालय है–
   A. इलाहाबाद   B. नई दिल्ली
   C. चेन्नई   D. मुम्बई
10. पाठ्यक्रम निर्माण में किस बात को मुख्य रूप से ध्यान में रखा जाता है?
   A. छात्रों को   B. शिक्षा के उद्देश्यों को
   C. पाठ्य पुस्तकों को   D. शिक्षण विधियों को
11. मूल्यांकन का क्षेत्र है :
   A. सीमित   B. असीमित
   C. संकुचित   D. व्यापक
12. वस्तुनिष्ठ परीक्षण के निर्माण में समय लगता है :
   A. अधिक   B. कम
   C. कठिन   D. सरल
13. राष्ट्रीय शिक्षा नीति (1986) में ग्रामीण क्षेत्रों को अच्छी शिक्षा उपलब्ध कराने हेतु निम्नांकित विद्यालयों का प्रावधान है–
   A. सैनिक विद्यालय   B. नवोदय विद्यालय
   C. केन्द्रीय विद्यालय   D. बुनियादी शिक्षा विद्यालय
14. "ऑपरेशन ब्लैक बोर्ड" (Operation Black Board) कार्यक्रम का उद्देश्य प्राथमिक शिक्षा का निम्नांकित पक्ष सबल करना है–
   A. गुणवत्ता (Quality)
   B. परिमाण (Quantity)
   C. शिक्षण सामग्री (Teaching Aids)
   D. उपरोक्त सभी
15. "सर्वशिक्षा अभियान" का यह उद्देश्य है–
   A. सार्वभौमिक शाला में नामांकन
   B. नगरीय क्षेत्र में सार्वभौमिक प्राथमिक शिक्षा
   C. सार्वभौमिक प्राथमिक शिक्षा
   D. उपरोक्त सभी
16. प्रतिभाशाली बालकों को निम्नांकित सहायता भी दी जा सकती है–
   A. विशिष्ट कक्षा या विद्यालय में शिक्षा
   B. प्रभावी निर्देशन (Guidance)
   C. वैयक्तिक (Individualize) शिक्षण
   D. उपरोक्त सभी
17. विशेष रूप से प्राथमिक स्तर पर विद्यार्थियों की सीखने सम्बन्धी समस्याओं को संबोधित करने का सबसे बेहतर तरीका है–
   A. महँगी और चमकदार सहायक सामग्री का प्रयोग करना
   B. सरल और रोचक पाठ्य-पुस्तकों का प्रयोग करना
   C. कहानी-कथन पद्धति का प्रयोग करना
   D. अक्षमता के अनुरूप विभिन्न शिक्षण-पद्धतियों का प्रयोग करना
18. आकलन को 'उपयोगी और रोचक' प्रक्रिया बनाने के लिए .... के प्रति सचेत होना चाहिए।
   A. विद्यार्थियों को बुद्धिमान या औसत शिक्षार्थी की उपाधि देना
   B. शैक्षिक और सह-शैक्षिक क्षेत्रों में विद्यार्थी के सीखने के बारे में जानकारी प्राप्त करने के लिए विविध तरीकों का प्रयोग करना

C. प्रतिपुष्टि (फीडबैक) देने के लिए तकनीकी भाषा का प्रयोग करना
D. अलग-अलग विद्यार्थियों में तुलना करना

19. मूल्यांकन (assessment) का मुख्य उद्देश्य होना चाहिए
A. यह निर्णय लेना कि क्या विद्यार्थी को अगली कक्षा में प्रोन्नत किया जाना चाहिए
B. सीखने में होने वाली कमियों का निदान और उपचार करना
C. शिक्षार्थियों क्री त्रुटियाँ निकालना
D. शिक्षार्थियों की उपलब्धि को मापना

20. मैं चाहता हूँ प्राथमिक कक्षा में सभी विद्यार्थीः
A. अध्यापक की तरफ ध्यान दें
B. पठन अथवा लेखन करें
C. अध्यापक से अन्तर्क्रिया करें
D. शान्तिपूर्वक अपना कार्य करें

21. भारत में माध्यमिक शिक्षा का सबसे दुर्बल पक्ष है–
A. अनुपयुक्त परीक्षा प्रणाली
B. अयोग्य शिक्षकों का होना
C. राजनीतिक हस्तक्षेप
D. शिक्षा का व्यवसायोन्मुखी न होना

22. शिक्षण-प्रशिक्षण के सन्दर्भ में पी.टी.टी. (P.T.T.) का अर्थ है–
A. प्री टेस्टिंग फॉर टीचर्स ट्रेनिंग
B. प्री सर्विस टीचर्स ट्रेनिंग
C. फिजिकल ट्रेनिंग फॉर टीचर्स
D. A तथा C दोनों ही

23. नवोदय विद्यालयों के शिक्षकों का व्यय वहन किया जाता है–
A. राज्य सरकार द्वारा
B. केन्द्र सरकार द्वारा
C. A तथा B दोनों ही
D. उपर्युक्त में से किसी के भी द्वारा नहीं

24. अनौपचारिक शिक्षा की व्यवस्था की गई है–
A. 6 से 11 वर्ष के बालकों के लिए
B. 9 से 14 वर्ष के बालकों के लिए
C. 15 से 35 आयु वर्ग के लिए
D. उपरोक्त में से किसी के लिए भी नहीं

25. कक्षा 6-10 तक की शिक्षा कहलाती है–
A. उच्चतर माध्यमिक शिक्षा
B. माध्यमिक शिक्षा
C. उच्च प्राथमिक शिक्षा
D. उपरोक्त में से कोई नहीं

26. भारतीय संविधान में कितने वर्ष के बच्चों के लिए अनिवार्य और निःशुल्क शिक्षा प्रदान करने का प्रावधान है?
A. 5 से 10 वर्ष तक के
B. 6 से 12 वर्ष तक के
C. 6 से 14 वर्ष तक के
D. 8 से 14 वर्ष तक के

27. राष्ट्रीय शिक्षा नीति के अन्तर्गत अनौपचारिक शिक्षा कार्यक्रम चलाया जा रहा है–
A. उन बच्चों के लिए जिन्होंने विद्यालय जाना छोड़ दिया है
B. विद्यालय विहीन टोले के बच्चों के लिए
C. काम-काजी बच्चों के लिए
D. उपर्युक्त सभी के लिए

28. 'बाल केन्द्रित शिक्षा' के लिए निम्नलिखित में से कौन-सा कारक आधार है?
A. वैयक्तिक अन्तर
B. बाल अधिकार
C. सभी बच्चे सभी सन्दर्भों में समान होते हैं
D. बच्चों की निःशुल्क और अनिवार्य शिक्षा का अधिकार अधिनियम, 2009

29. प्राथमिक स्तर पर एक शिक्षक में निम्न में से किसे सबसे महत्वपूर्ण विशेषता मानना चाहिए?
A. पढ़ाने की उत्सुकता
B. धैर्य और दृढ़ता
C. शिक्षण-पद्धतियों और विषयों के ज्ञान में दक्षता
D. अति मानक भाषा में पढ़ाने में दक्षता

30. शिक्षण के अधिगम पर बल देने वाला परिवर्तन हो सकता है–
A. परीक्षा परिणामों पर केन्द्रित होकर
B. बाल-केन्द्रित शिक्षा-पद्धति अपनाकर
C. रटने को प्रोत्साहित करके
D. अग्र शिक्षण की तकनीक अपनाकर

31. निम्नलिखित में से कौन-सी प्रगतिशील शिक्षा की विशेषता है?
A. समय-सारणी और बैठने की व्यवस्था में लचीलापन
B. केवल प्रस्तावित पाठ्य-पुस्तकों पर आधारित अनुदेश
C. परीक्षाओं में अच्छे अंक प्राप्त करने पर बल
D. बार-बार ली जाने वाली परीक्षाएँ

32. जब बच्चा 'फेल' होता है, तो इसका तात्पर्य है कि
A. बच्चा पढ़ाई के योग्य नहीं है
B. बच्चे ने उत्तरों को सही तरीके से याद नहीं किया है
C. बच्चे को प्राइवेट ट्यूशन लेनी चाहिए थी
D. व्यवस्था फेल हुई है

33. प्रोजेक्ट प्रणाली का प्रयोग निम्नलिखित में से किस शिक्षा-पद्धति के अन्तर्गत किया जाता है?
A. पारम्परिक शिक्षा B. प्रगतिशील शिक्षा
C. वैदिक शिक्षा D. इनमें से कोई नहीं

34. बाल-केन्द्रित शिक्षा का समर्थन निम्नलिखित में से किस विचारक द्वारा किया गया?
A. बी एफ स्किनर B. जॉन डीवी
C. एरिक इरिकसन D. चार्ल्स डार्विन

35. किस शिक्षा के अन्तर्गत पिछड़े हुए और मन्दबुद्धि तथा प्रतिभाशाली बालकों के लिए शिक्षा का विशेष पाठ्यक्रम देने का प्रयास किया जाता है?

A. प्रगतिशील शिक्षा B. नवीन शिक्षा

C. बाल-केन्द्रित शिक्षा D. सर्वशिक्षा

36. जॉन डीवी द्वारा समर्थित "लैब विद्यालय" के उदाहरण हैं–

A. फैक्ट्री विद्यालय

B. प्रगतिशील विद्यालय

C. पब्लिक विद्यालय

D. सामान्य विद्यालय

उत्तरमाला

1	2	3	4	5	6	7	8	9	10
B	B	D	B	C	C	D	C	B	B
11	**12**	**13**	**14**	**15**	**16**	**17**	**18**	**19**	**20**
A	A	D	A	C	D	D	B	D	C
21	**22**	**23**	**24**	**25**	**26**	**27**	**28**	**29**	**30**
D	D	C	B	B	C	D	D	B	B
31	**32**	**33**	**34**	**35**	**36**				
A	D	B	B	C	B				

5. बुद्धि निर्माण एवं उसके सिद्धांत (Construct of Intelligence and Its Principles)

आमतौर पर बुद्धि का प्रयोग प्रज्ञा, प्रतिभा, ज्ञान एवं समझ इत्यादि जैसे अनेक अर्थों में किया जाता है। यह वह शक्ति है, जो हमें समस्याओं का समाधान करने एवं उद्देश्यों को प्राप्त करने में सक्षम बनाती है।

बुद्धि की परिभाषा को उसके लक्षणों के आधार पर मुख्यतः पांच वर्गों में बांटा गया है–

1. सीखने की योग्यता।
2. समन्वित परिभाषा।
3. समस्या समाधान की योग्यता।
4. अमूर्त चिंतन की योग्यता।
5. समायोजन की योग्यता।

1. सीखने की योग्यता

सीखने की योग्यता के आधार पर निम्न विद्वानों ने बुद्धि की परिभाषा इस प्रकार दी है–

(*i*) **बकिंघम** के अनुसार, "सीखने की योग्यता बुद्धि है।"

(*ii*) **मैक्डूगल** के अनुसार, "बुद्धि जन्मजात प्रवृति को अतीत के अनुभव के प्रकाश में सुधारने की योग्यता है।"

(*iii*) **डियर बोर्न** के अनुसार, "बुद्धि सीखने या अनुभव का लाभ उठाने की योग्यता है।"

2. समन्वित परिभाषा

समन्वित परिभाषा के आधार पर निम्न विद्वानों ने बुद्धि की परिभाषा इस प्रकार दी है–

(*i*) **रेक्सनाइट** के अनुसार, "बुद्धि वह मानसिक योग्यता है जिसके द्वारा हम किसी उद्देश्य की पूर्ति या किसी समस्या का समाधान करने के लिए संबंधित वस्तुओं एवं विचारों को सोचते हैं।"

(*ii*) **वेक्सलर** के अनुसार, "बुद्धि व्यक्ति की संपूर्ण शक्तियों का भोग या सार्वभौमिक योग्यता है जिसके द्वारा वह उद्देश्यपूर्ण कार्य करता है, तर्कपूर्ण ढंग से सोचता है तथा प्रभावपूर्ण ढंग से वातावरण के साथ संपर्क स्थापित करता है।"

3. समस्या समाधान की योग्यता

समस्या समाधान की योग्यता के आधार पर निम्न विद्वानों ने बुद्धि की परिभाषा इस प्रकार दी है–

(*i*) **रेक्सनाइट** के अनुसार, "बुद्धि वह योग्यता है जो लक्ष्य की पूर्ति तथा समस्या समाधान के निमित्त हमारे मन में विचारों को जाग्रत करती है।"

(*ii*) **बर्ट** के अनुसार, "बुद्धि में अच्छी तरह निर्णय करने, समझने तथा तर्क करने की योग्यता है।"

4. अमूर्त चिंतन की योग्यता

अमूर्त चिंतन की योग्यता के आधार पर निम्न विद्वानों ने बुद्धि की परिभाषा इस प्रकार दी है–

(*i*) **स्पीयरमैन** के अनुसार, "बुद्धि सामवर्धिक चिंतन है।"

(*ii*) **विने** के अनुसार, "किसी समस्या को समझना, उसके विषय में तर्क करना तथा किसी निश्चित निर्णय पर पहुंचना बुद्धि की आवश्यक क्रियाएं हैं।"

(*iii*) **टरमन** के अनुसार, "एक व्यक्ति उसी अनुपात में बुद्धिमान है जिसमें वह अमूर्त चिंतन करने की योग्यता रखता है।"

5. समायोजन की योग्यता

समायोजन की योग्यता के आधार पर निम्न विद्वानों ने बुद्धि की परिभाषा इस प्रकार दी है–

(*i*) **कालविन** के अनुसार, "एक व्यक्ति उसी अनुपात में बुद्धि प्रकट करता है जिस अनुपात में वह अपने नए वातावरण में समायोजित होने की क्रिया सीख चुका है या सीख सकता है।"

(*ii*) **स्टर्न** के अनुसार, "नवीन परिस्थितियों में अपने विचारों को समायोजित करने की क्षमता बुद्धि है।"

(*iii*) **क्रूज** के अनुसार, "बुद्धि नवीन एवं विभिन्न परिस्थितियों में अच्छी तरह से समायोजन करने की योग्यता है।"

(*iv*) **बर्ट** के अनुसार, "सापेक्षतया नवीन परिस्थितियों में समायोजन करने की योग्यता को बुद्धि कहते हैं।"

विद्यालय में बुद्धि परीक्षणों के लाभ (Benefits of Intelligence in School)

1. **चुनाव हेतु :** विभिन्न विषयों, कारणों, छात्रवृत्तियों या सहगामी क्रियाओं में चयन के लिए बुद्धि-लब्धि (IQ) के आधार पर बुद्धि-परीक्षणों का चयन किया जाता है।

2. **मार्गदर्शन हेतु :** बालकों को शैक्षणिक और व्यावसायिक निर्देशन के लिए मार्गदर्शन हेतु बुद्धि परीक्षण की आवश्यकता होती है।
3. **बालकों का वर्गीकरण :** विद्यालयों में बालकों के वर्गीकरण के लिए इन परीक्षणों की उपयोगिता रहती है।

बुद्धि के सिद्धांत (Theories of Intelligence)

बुद्धि से संबद्ध विभिन्न पक्षों, यथा–बुद्धि क्या है और इसका निर्माण कैसे हुआ है? आदि प्रश्नों का उत्तर मनोवैज्ञानिक खोजने के लिए सदैव तत्पर रहे हैं। फलतः बुद्धि के उन्होंने अनेक सिद्धांत प्रतिपादित किए जो बुद्धि के स्वरूप का पर्याप्त विवरण देते हैं। इनमें से कुछ प्रमुख सिद्धांत निम्न प्रकार से हैं–

1. एक खंड का सिद्धांत।
2. दो खंड का सिद्धांत।
3. तीन खंड का सिद्धांत।
4. बहुखंड का सिद्धांत।
5. मात्रा सिद्धांत।

1. एक खंड का सिद्धांत (Uni-Factor Theory) : इस सिद्धांत के प्रतिपादक टर्मन और स्टर्न हैं। इनके अनुसार बुद्धि अखंड और अविभाज्य है। इस प्रकार इन्होंने बुद्धि को एक अखंड और अविभाज्य इकाई माना है।

2. दो खंड का सिद्धांत (Two-Factor Theory) : इस सिद्धांत के प्रतिपादक स्पीयरमैन हैं। उनके अनुसार, प्रत्येक व्यक्ति में दो तरह की बुद्धि होती है–सामान्य और विशिष्ट अर्थात् बुद्धि के दो तत्व होते हैं:

(*i*) सामान्य योग्यता।
(*ii*) विशिष्ट योग्यता।

(*i*) **सामान्य योग्यता :** स्पीयरमैन के अनुसार, "सामान्य योग्यता सब व्यक्तियों में कम या अधिक मात्रा में मिलती है।" इसकी मुख्य विशेषताएं हैं–

- यह प्रत्येक व्यक्ति में भिन्न होती है।
- यह उसके सभी मानसिक कार्यों में प्रयोग की जाती है।
- यह भाषा, विज्ञान, दर्शन आदि में सामान्य सफलता प्रदान करती है।
- यह योग्यता व्यक्ति में जन्मजात होती है।
- यह उसमें सदैव एक-सी रहती है।
- यह जिस व्यक्ति में जितनी अधिक होती है उतना ही वह अधिक सफल होता है।

(*ii*) **विशिष्ट योग्यताएं :** इन योग्यताओं का संबंध व्यक्ति के विशिष्ट कार्यों से होता है। इनकी मुख्य विशेषताएं हैं:

- ये योग्यताएं विभिन्न व्यक्तियों में विभिन्न और अलग-अलग मात्रा में होती है।
- जिस व्यक्ति में जो योग्यता अधिक होती है उसी से संबंधित कुशलता में वह विशेष अर्जित करता है।
- योग्यताएं अनेक और एक-दूसरे से स्वतंत्र होती हैं।
- ये योग्यताएं भाषा, विज्ञान, दर्शन आदि में विशेष सफलता प्रदान करती है।
- विभिन्न योग्यताओं का संबंध विभिन्न कुशल कार्यों में होता है।
- ये योग्यताएं अर्जित की जा सकती हैं।

3. तीन खंड का सिद्धांत (Tri-Factor Theory) : दो खंड का सिद्धांत प्रतिपादित करने के बाद स्पीयरमैन ने बुद्धि का एक खंड और बताया। उसने इसका नाम सामूहिक खंड या तत्त्व रखा। उसने इस खंड में ऐसी योग्यताओं को स्थान दिया जो सामान्य योग्यता से श्रेष्ठ और विशिष्ट योग्यताओं से निम्न होने के कारण उनके मध्य का स्थान ग्रहण करती हैं।

4. बहुखंड (Multi Factor) : स्पीयरमैन के बुद्धि के सिद्धांत पर आगे कार्य करके मनोवैज्ञानिकों ने 'बहुखंड का सिद्धांत' प्रतिपादित किया।

कैली ने अपनी पुस्तक में बुद्धि को निम्नलिखित खण्डों या योग्यताओं का समूह बताया है:

- शारीरिक योग्यता
- सामाजिक योग्यता
- शाब्दिक योग्यता
- संगीतात्मक योग्यता
- यांत्रिक योग्यता
- सांख्यिकीय योग्यता
- गामक योग्यता
- स्थान संबंधी विचार योग्यता
- रुचि

थर्स्टन ने अपनी पुस्तक में बुद्धि के 13 खंड या तत्त्व बताएं हैं। अन्य शब्दों में उसने बुद्धि को 13 मानसिक योग्यताओं का समूह बताया है।

5. मात्रा सिद्धांत (Theory of Quantity) : इस सिद्धांत के प्रतिपादक **थॉर्नडाइक** हैं। वह सामान्य मानसिक योग्यता के समान किसी तत्त्व को स्वीकार नहीं करते। उनके अनुसार मस्तिष्क का गुण स्नायु तंतुओं की मात्रा पर निर्भर करता है। इसका अभिप्राय है कि बुद्धि उतनी ही अच्छी होती है जितने अधिक मस्तिष्क और स्नायुमंडल के संबंध होते हैं।

आधुनिक विचारधारा को व्यक्त करने हेतु **हिवटमर** ने कहा है कि "यह कहने के बजाय कि व्यक्ति में बुद्धि है यह कहना अधिक उपयुक्त है कि वह अधिक बुद्धिमत्तापूर्ण व्यवहार करता है।"

बुद्धि के प्रकार (Types of Intelligence)

कुछ विद्वानों ने (विशेषतः थॉर्नडाइक एवं गैरिट) बुद्धि का वर्गीकरण निम्न प्रकार से किया है–

थॉर्नडाइक के अनुसार बुद्धि का वर्गीकरण

(*i*) **अमूर्त बुद्धि :** अमूर्त बुद्धि ज्ञानोपार्जन के लिए प्रयोग की जाती है। शब्दों, प्रतीकों, समस्या-समाधान आदि के रूप में अमूर्त रूप में अमूर्त बुद्धि का प्रयोग किया जाता है।

(*ii*) **सामाजिक बुद्धि :** इस बुद्धि के द्वारा व्यक्ति समाज में समायोजन करता है। विभिन्न व्यवसायों में सफलता प्राप्त करता है।

(*iii*) **मूर्त/यांत्रिक बुद्धि :** इस बुद्धि की सहायता से व्यक्ति यंत्रों तथा भौतिक वस्तुओं का परिचालन करता है। ऐसे व्यक्ति इंजीनियर, मैकेनिक, तकनीशियन आदि होते हैं।

गैरिट के अनुसार बुद्धि का वर्गीकरण

(*i*) **मूर्त/यांत्रिक बुद्धि :** इस बुद्धि का संबंध यंत्रों और मशीनों से होता है। जिस व्यक्ति में यह बुद्धि होती है वह यंत्रों और मशीनों के कार्य में विशेष रुचि लेता है। अतः इस बुद्धि के व्यक्ति अच्छे कारीगर मैकेनिक, इंजीनियर, औद्योगिक कार्यकर्त्ता आदि होते हैं।

(*ii*) **अमूर्त बुद्धि :** इस बुद्धि का संबंध पुस्तकीय ज्ञान से होता है। जिस व्यक्ति में यह बुद्धि होती है, वह ज्ञान का अर्जन करने में विशेष रुचि लेता है। अतः इस बुद्धि के व्यक्ति अच्छे वकील, डॉक्टर, दार्शनिक, चित्रकार, साहित्यकार आदि होते हैं।

(*iii*) **सामाजिक बुद्धि :** इस बुद्धि का संबंध व्यक्तिगत और सामाजिक कार्यों से होता है। जिस व्यक्ति में यह बुद्धि होती है, वह मिलनसार, सामाजिक कार्यों में रुचि लेने वाला और मानव-संबंध के ज्ञान से परिपूर्ण होता है। अतः इस बुद्धि के व्यक्ति अच्छे मंत्री, व्यवसायी, कूटनीतिज्ञ और सामाजिक कार्यकर्त्ता होते हैं।

बुद्धि की विशेषताएँ (Characteristics of Intelligence)

(*i*) बुद्धि एक जन्मजात शक्ति है।

(*ii*) बुद्धि विभिन्न योग्यताओं का समूह है।

(*iii*) बुद्धि में आत्म निरीक्षण की शक्ति होती है।

(*iv*) लिंग की भिन्नता के कारण, बुद्धि में कोई भिन्नता नहीं आती।

(*v*) किशोरावस्था के समाप्त हो जाने तक बुद्धि का विकास रूक जाता है।

(*vi*) वंश का बुद्धि पर प्रभाव पड़ता है।

बुद्धि-लब्धि (Intelligence Quotient)

बुद्धि-लब्धि से बालक या व्यक्ति की सामान्य योग्यता के विकास की गति मालूम पड़ती है।

कोल एवं **ब्रूस** के अनुसार, ''बुद्धि-लब्धि से यह ज्ञात होता है कि बालक या व्यक्ति की सामान्य योग्यता के विकास की गति कैसी है।''

कोल एवं **ब्रूस** के अनुसार, ''बुद्धि-लब्धि से यह ज्ञात होता है कि बालक की मानसिक योग्यता में किस गति से विकास हो रहा है।

मानसिक आयु ज्ञात करने का विचार प्रारंभ करने का श्रेय **बिने** को है। **टर्मन** ने बिने के विचार को स्वीकार कर परीक्षण किया और इस निष्कर्ष पर पहुंचा कि मानसिक आयु बालक के मानसिक विकास की बुद्धि के बारे में नहीं बता सकती। इस गति को मालूम करने के लिए टर्मन ने बुद्धि-लब्धि निकालने का सूत्र दिया :

$$\text{बुद्धि-लब्धि} = \frac{\text{मानसिक आयु}}{\text{वास्तविक आयु}} \times 100$$

उदाहरण– यदि बालक की मानसिक आयु 20 वर्ष तथा वास्तविक आयु 16 वर्ष है तो उसकी बुद्धि-लब्धि 125 होगी, जैसे–

$$\text{बुद्धि-लब्धि} = \frac{20}{16} \times 100 = 125$$

टर्मन ने बुद्धि-लब्धि का वर्गीकरण निम्नलिखित प्रकार से किया है :

बुद्धि-लब्धि	बुद्धि का प्रकार
140 से अधिक	प्रतिभाशाली
120 से 140	अति श्रेष्ठ बुद्धि
110-120	श्रेष्ठ बुद्धि
90-110	सामान्य बुद्धि
80-90	मंद बुद्धि
70-80	क्षीण-बुद्धि
70 से कम	निश्चित क्षीण बुद्धि
50-70	अल्प बुद्धि
20 या 25 से 50	मूर्ख बुद्धि
20 या 25 से कम	महामूर्ख

बुद्धि और ज्ञान में अंतर (Difference between Intelligence and Knowledge)

बुद्धि	ज्ञान
(*i*) बातों का जानकर उसका उपयोग करना, बुद्धि है।	बातों का जानना, ज्ञान है।
(*ii*) यह जन्मजात शक्ति है।	यह अर्जित शक्ति है।
(*iii*) बुद्धि से ज्ञान का विकास होता है।	अधिक ज्ञान से बुद्धि का विकास नहीं होता है।

मानसिक आयु (Mental Age)

मानसिक आयु व्यक्ति की मानसिक परिपक्वता की ओर संकेत करती है। एक व्यक्ति की मानसिक आयु जितनी अधिक होती है तो यह माना जाता है कि उसकी विभिन्न मानसिक योग्यताओं का विकास उतना ही अधिक हुआ है अथवा परिपक्व है।

उदाहरणार्थ– यदि 7 वर्ष का बच्चा 12 वर्ष के बच्चे के लिए निर्मित बुद्धि परीक्षण उतनी ही कुशलता से करता है जितना 12 वर्ष का बच्चा करता है तो 7 वर्ष के बच्चे की मानसिक आयु 12 वर्ष होगी और यदि 12 वर्ष का बच्चा 7 वर्ष के बच्चे के लिए निर्धारित परीक्षण को कर पाता है परंतु 12 वर्ष के बच्चों के लिए निर्धारित परीक्षण को नहीं कर पाता तो उसकी मानसिक आयु 7 वर्ष होगी। इस प्रकार मानसिक आयु व्यक्ति के द्वारा प्राप्त विकास की सीमा की वह अभिव्यक्ति है जो एक आयु-विशेष में प्रत्याशित उसके कार्य-निष्पादन के रूप में किया जाता है।

बुद्धि परीक्षाओं का वर्गीकरण (Classification of Intelligence Test)

बुद्धि परीक्षाओं को सामान्य रूप से दो वर्गों में विभाजित किया जाता है :

1. **वैयक्तिक बुद्धि परीक्षा :** यह परीक्षा एक समय में एक व्यक्ति की ली जाती है।
2. **सामूहिक बुद्धि परीक्षा :** यह परीक्षा एक समय में अनेक व्यक्तियों की ली जाती है।

बुद्धि परीक्षा के रूप

1. **भाषात्मक परीक्षा :** यह परीक्षा यह ज्ञात कराती है कि व्यक्ति को लिखने-पढ़ने का कितना ज्ञान है।
2. **क्रियात्मक परीक्षा :** इस परीक्षा विधि में वास्तविक वस्तुओं का प्रयोग किया जाता है तथा परीक्षार्थियों से कुछ समस्यापूर्ण कार्य करने के लिए कहा जाता है।

बुद्धि परीक्षा की उपयोगिता

1. **बालकों की क्षमता के अनुसार कार्य :** बुद्धि परीक्षाओं द्वारा बालकों की सामान्य योग्यता और मानसिक आयु को ज्ञात करके यह अनुमान लगाया जाता है कि उनमें कार्य करने की कितनी क्षमता है।
2. **बालकों की व्यावसायिक योग्यता का ज्ञान :** बुद्धि परीक्षाओं के द्वारा बालकों की व्यावसायिक योग्यताओं का अनुमान लगाया जाता है ताकि उनकी योग्यता के अनुसार व्यवसाओं का चयन करने हेतु परामर्श दिया जा सके।
3. **बालकों की विशिष्ट योग्यताओं का ज्ञान :** बालकों की विशिष्ट योग्यताओं को प्राप्त करके, उनको उचित शैक्षिक निर्देशन दिया जा सकता है।
4. **बालकों का वर्गीकरण :** बुद्धि परीक्षाओं के आधार पर कक्षा के बालकों को तेज बुद्धि, मन्द बुद्धि और साधारण बुद्धि वाले बालकों में विभाजित करके, उनको अलग-अलग शिक्षा दी जा सकती है।

बहुआयामी बुद्धि (Multi-Dimensional Intelligence)

केली एवं थर्सटन नामक मनोवैज्ञानिकों ने बताया कि बुद्धि का निर्माण प्राथमिक, मानसिक योग्यताओं के द्वारा होता है। केली के अनुसार, बुद्धि का निर्माण इन योग्यताओं से होता है–वाचिक योग्यता, गामक योग्यता, सांख्यिकी योग्यता, यांत्रिक योग्यता, सामाजिक योग्यता, संगीतात्मक योग्यता, स्थानिक संबंधों के साथ उचित ढंग से व्यवहार करने की योग्यता, रुचि और शारीरिक योग्यता। थर्सटन का मत है कि बुद्धि इन प्राथमिक मानसिक योग्यताओं का समूह होता है–प्रत्यक्षीकरण संबंधी योग्यता, तार्किक व वाचिक योग्यता, सांख्यिकी योग्यता, स्थानिक या दृश्य योग्यता, समस्या समाधान की योग्यता, स्मृति संबंधी योग्यता, आगमनात्मक योग्यता और निगमनात्मक योग्यता। वैसे तो अधिकतर मनोवैज्ञानिकों ने केली एवं थर्सटन के बुद्धि के सिद्धांतों की आलोचना की, किंतु अधिकतर मनोवैज्ञानिकों ने यह भी माना कि बुद्धि का बहुआयामी होना निश्चित तौर पर संभव है। बहुआयामी बुद्धि होने के कारण ही कुछ लोग कई प्रकार के कौशलों में निपुण होते हैं।

अभ्यास प्रश्न

1. बच्चों की वृद्धि के अनुरूप, उनकी रुचियाँ–
A. बहुमुखी हो जाती हैं
B. सुदृढ़ व सीमित हो जाती हैं
C. अपेक्षाकृत अनियमित दिशा में अग्रसर होती है
D. प्रकृति व संख्या में पहले के समान रहती है

2. क्षीण बुद्धि बच्चों की बुद्धिलब्धि (IQ) होती है–
A. 70-80 के मध्य B. 70 से कम
C. 50 से कम D. 80-90 के मध्य

3. एक बालक की बुद्धि-लब्धि 150 है तो वह बालक कहलायेगा :
A. मन्दबुद्धि B. पिछड़ा
C. प्रतिभाशाली D. असंतुलित

4. बुद्धि-लब्धि (IQ) का संबंध है :
A. ज्ञान से B. विवेक से
C. तर्क से D. बुद्धि से

5. बुद्धि-लब्धि (IQ) को ज्ञात करने का सूत्र किस मनोवैज्ञानिक ने दिया है?
A. थर्स्टन B. स्टर्न
C. स्पीयरमैन D. बिने

6. बुद्धि-लब्धि (IQ) निकालने का सही फार्मूला है :
A. $\frac{\text{वास्तविक आयु}}{\text{मानसिक आयु}} \times 100$
B. $\frac{\text{मानसिक आयु}}{\text{वास्तविक आयु}} \times 100$

C. $\frac{\text{मानसिक आयु}}{100} \times$ वास्तविक आयु

D. $\frac{\text{वास्तविक आयु}}{\text{मानसिक आयु}}$

7. मन्द-बुद्धि बालकों के तादात्मीकरण या निदान की (Diagnosis) विधियाँ हैं–

A. उपलब्धि-परीक्षण (Achievement Tests)
B. मानकीकृत नैदानिक परीक्षण (Standardized)
C. उपरोक्त A. और B.
D. उपरोक्त में से कोई नहीं

8. सामूहिक बुद्धि-परीक्षणों का विकास 1917 में किस नाम से हुआ?

A. आर्मी बीटा (Army Bita)
B. आर्मी गामा (Army Gama)
C. आर्मी अल्फा (Army Alfa)
D. आर्मी ओमेगा (Army Omega)

9. "द्वि-तत्व सिद्धान्त" (Two Factor Theory) किससे सम्बन्धित सिद्धान्त है?

A. व्यक्तित्व | B. अभिवृत्ति
C. बुद्धि | D. अभिरुचि

10. ज्ञान प्राप्त करने की जो विधियाँ मानी जाती हैं, उसमें से निम्न में जो विधि नहीं है, वह है–

A. सत्ता | B. व्यक्तिगत अनुभव
C. निगमन विधि | D. ज्ञान

11. निम्न में से कौन-सा बुद्धिमान बच्चे का लक्षण ***नहीं*** है?

A. वह जो प्रवाहपूर्ण एवं उचित तरीके से संप्रेषण करने की क्षमता रखता है–
B. वह जो अमूर्त रूप से सोचता रहता है
C. वह जो नए परिवेश में स्वयं को समायोजित कर सकता है
D. वह जो लंबे निबंधों को बहुत जल्दी रटने की क्षमता रखता है

12. एक शिक्षक को अपने विद्यार्थियों की क्षमताओं को समझने का प्रयास करना चाहिए। निम्नलिखित में से कौन-सा क्षेत्र इस उद्देश्य के साथ संबद्ध है?

A. सामाजिक दर्शन | B. मीडिया-मनोविज्ञान
C. शिक्षा-मनोविज्ञान | D. शिक्षा-समाजशास्त्र

13. बच्चों के बौद्धिक विकास की चार विशिष्ट अवस्थाओं की पहचान की गई

A. एरिकसन द्वारा | B. स्किनर द्वारा
C. पियाजे द्वारा | D. कोह्लबर्ग द्वारा

14. किसके अनुसार "बुद्धि, ज्ञान अर्जन करने की क्षमता है"?

A. वुडवर्थ | B. टर्मन
C. वुडरो विल्सन | D. रॉस

15. मानसिक आयु का प्रत्यय किसने दिया था?

A. बिने साइमन | B. स्टर्न
C. टर्मन | D. सिरिल बर्ट

16. बुद्धि का एक शक्ति सिद्धान्त किसने दिया है?

A. हैजालिट | B. थार्नडाइक
C. स्पीयरमैन | D. टर्मन

17. निम्नलिखित में से किन परिवारों के अध्ययन से बुद्धि आनुवांशिक मानी गई?

A. कालीकारक वंश | B. फ्यूक्स परिवार
C. एडवर्ड्स वंश | D. ये सभी

18. द्वि शक्ति (Two Factor) सिद्धांत के प्रतिपादक कौन थे?

A. स्पीयरमैन | B. बिने
C. थार्नडाइक | D. केटल

19. परिवार के वातावरण में निम्नेलिखित में से किसका बौद्धिक विकास पर सबसे अधिक प्रभाव पड़ता है?

A. माता-पिता का चरित्र
B. माता-पिता और बालकों का सम्बन्ध
C. माता-पिता के परस्पर सम्बन्ध
D. परिवार का आर्थिक स्तर

20. गिलफोर्ड ने कारक विश्लेषण के आधार पर कितने कारकों का अस्तित्व प्राप्त कर लिया है?

A. 10 | B. 25
C. 80 | D. 50

21. मूर्त बुद्धि का अच्छा उदाहरण कौन-सा नहीं है?

A. इंजीनियर | B. मैकेनिक
C. कारीगर | D. दार्शनिक

22. टर्मन ने बुद्धि को क्या माना है?

A. समायोजन की योग्यता
B. अमूर्त चिन्तन की योग्यता
C. बहु-आयाम सिद्धांत
D. पदानुक्रमिक सिद्धांत

23. बुद्धि के सामूहिक परीक्षण किस प्रकार के होते हैं?

A. पेपर पेंसिल | B. मौखिक
C. प्रयोगात्मक | D. उपर्युक्त सभी

24. व्यक्तित्व अध्ययन की विषयगत विधि कौन-सी है?

A. हस्तरेखा अध्ययन | B. समाजमिति
C. रोर्शा परीक्षण | D. निर्धारणमान

25. बुद्धि लब्धि का क्या अर्थ है?

A. बुद्धि लब्धि आयु के साथ बढ़ती है।
B. बुद्धि लब्धि आयु के साथ घटती है।
C. बुद्धि लब्धि में परिवर्तन आता रहता है।
D. बुद्धि लब्धि घटती या बढ़ती नहीं है।

26. प्रतिभाशाली बालकों की बुद्धि-लब्धि प्रसार क्या है?

A. 90-100 | B. 110-120
C. 80-90 | D. 140 एवं ऊपर

27. बालक की मूल शक्तियों का प्रधान कारक क्या है?

A. वातावरण | B. वंशानुक्रम
C. आर्थिक स्थिति | D. सामाजिक स्थिति

28. निम्न में से कौन बुद्धि का प्रकार नहीं है?
A. मानसिक बुद्धि
B. मूर्त बुद्धि
C. अमूर्त बुद्धि
D. सामाजिक बुद्धि

29. टर्मन के अनुसार, सामान्य बुद्धि-लब्धि कितनी है?
A. 80-90
B. 90-110
C. 110-120
D. 120-140

30. बुद्धि का द्वि-तत्व सिद्धांत किसने दिया?
A. गिलफोर्ड
B. स्टर्न
C. स्पीयरमैन
D. बिने

31. सामूहिक बुद्धि परीक्षण का विकास 1972 में किस नाम से हुआ?
A. आर्मी बीटा
B. आर्मी गामा
C. आर्मी एल्फा
D. आर्मी ओमेगा

32. बुद्धि मॉडल की संरचना किसके द्वारा प्रस्तुत की गयी है?
A. स्पीयरमैन
B. पियाजे
C. गिलफोर्ड
D. थार्नडाइक

33. एक शिक्षक के लिए छात्र की बुद्धि-लब्धि की उपयोगिता निम्न में से किसमें है?
A. छात्र की उन्नति करने में
B. छात्र से शैक्षिक प्रत्याशा का मूल्यांकन करने में
C. छात्रों की ग्रेड प्रतिस्थापन करने में
D. पाठ्यक्रम के प्रकरणों को सुनिश्चित करने में

34. मानसिक आयु किसकी माप होती है?
A. मानसिक परिपक्वता
B. मानसिक वृद्धि दर
C. जन्मजात मानसिक शक्ति
D. उसकी आयु वर्ग के समकक्ष अन्य बालकों के बौद्धिक स्तर के समान

35. निम्नलिखित में से कौन-सा सिद्धान्त बुद्धि में अनेक कारक मानता है?
A. एक शक्ति सिद्धांत
B. विशिष्ट शक्ति सिद्धांत
C. बहु-शक्ति सिद्धांत
D. द्वि-शक्ति सिद्धांत

36. बुद्धि के एक शक्ति सिद्धांत के अनुसार बुद्धि की योग्यता निम्नलिखित में से कैसी है?
A. अकेली
B. अनेक
C. कई
D. दो

37. यदि एक 12 वर्ष के बालक की मानसिक आयु केवल 10 है, तो शिक्षक को क्या करना चाहिए?
A. छात्र को निम्न कक्षा में स्थानांतरित कर दे ताकि उसको पढ़ाई करने में कठिनाई न हो
B. छात्र में मंद गति से पढ़ने वाले बालकों के समूह में स्थानांतरित कर दें
C. जब तक कि उसका ठीक से परीक्षण न कर लें कोई भी अन्तिम निर्णय न लें।
D. प्रधानाचार्य को संस्तुति करें कि उसके लिए विशेष कक्षा का प्रबन्ध करें।

38. 16 वर्षीय बच्चा बुद्धि-लब्धि परीक्षण में 75 अंक प्राप्त करता है, उसकी मानसिक आयु .... वर्ष होगी।
A. 15
B. 12
C. 08
D. 14

39. निम्नलिखित में से कौन-सी बुद्धि की परिभाषा नहीं है?
A. बुद्धि, कार्य करने की एक विधि है
B. बुद्धि, ज्ञान अर्जन करने की क्षमता है
C. जीवन की अपेक्षाकृत नवीन परिस्थितियों से अपना सामंजस्य करने की व्यक्ति की योग्यता ही बुद्धि है
D. राजनीतिक, आर्थिक एवं सामाजिक शक्ति प्राप्त करने के लिए प्रयुक्त उक्ति बुद्धि है

40. यदि किसी बालक की मानसिक आयु 12 वर्ष एवं वास्तविक आयु 10 वर्ष हो, तो उसका बुद्धि-लब्धांक कितना होगा?
A. 120
B. 100
C. 124
D. 130

41. मनोवैज्ञानिक बिने किस देश के थे?
A. जर्मनी
B. फ्रांस
C. अमेरिका
D. रूस

42. अशाब्दिक बुद्धि परीक्षणों में शब्दों के स्थान पर किसका प्रयोग होता है?
A. रूप रेखाओं
B. चित्रों
C. ज्यामितीय आकृतियों
D. ये सभी

43. निम्नांकित में से कौन-सा सिद्धान्त गिलफोर्ड का बुद्धि सम्बन्धी है?
A. द्वि-आयाम सिद्धान्त
B. त्रि-आयाम सिद्धान्त
C. बहु-आयाम सिद्धान्त
D. पदानुक्रमिक सिद्धान्त

उत्तरमाला

1	2	3	4	5	6	7	8	9	10
A	C	C	D	B	B	C	C	C	D
11	12	13	14	15	16	17	18	19	20
D	C	C	C	D	A	D	A	B	C
21	22	23	24	25	26	27	28	29	30
D	B	A	A	D	D	B	A	B	C
31	32	33	34	35	36	37	38	39	40
C	C	A	A	B	A	C	B	D	A
41	42	43							
B	D	B							

6. भाषा और विचार (Language and Thought)

भाषा (Language)

भाषा व्यक्ति के भावों को अभिव्यक्त करने का माध्यम है। मनुष्य पशु से श्रेष्ठ इसलिए है, क्योंकि उसके पास एक भाषा है जिसे लोग समझ सकते हैं। पशु-पक्षियों की भी भाषा होती है किंतु उसे कोई समझ नहीं पाता। गूंगे-बहरे लोग भी अपने भावों को समझाने के लिए शरीर के अंगों का सहारा लेते हैं जिसे उसकी शरीर की भाषा कहा जाता है। भाषा एक ऐसा माध्यम है जिससे मनुष्य समाज में अपना एक पृथक स्थान बनाता है जो उसके व्यक्तित्त्व के निर्माण में महत्त्वपूर्ण भूमिका निभाती है। इस तरह स्पष्ट है कि भाषा जन्म के साथ उत्पन्न होती है। बच्चा जन्म के बाद रोता है जो उसकी प्रथम भाषा है। सही अर्थों में भाषा भावों के संप्रेषण का एक माध्यम है। भाषा बौद्धिक क्षमता को भी अभिव्यक्त करती हैं।

प्रायः हम लोग वाणी एवं भाषा दोनों को एक-दूसरे का पर्यायवाची समझते हैं और उसका प्रयोग करते हैं किंतु दोनों में बहुत अंतर होता है। भाषा एवं वाणी को हरलॉक ने निम्न रूप में स्पष्ट किया है–

"भाषा में संप्रेषण के वे सभी साधन आते हैं जिसमें विचारों और भावों को प्रतीकात्मक बना दिया जाता है जिससे कि अपने विचारों और भावों को एक-दूसरे से अर्थपूर्ण ढंग से कहा जा सके।"

"वाणी भाषा का एक स्वरूप है जिसमें अर्थ को दूसरों को व्यक्त करने के लिए कुछ ध्वनियों या शब्द उच्चारित किए जाते हैं।"

इस तरह कहा जा सकता है कि वाणी भाषा का एक विशिष्ट ढंग है। यह मनोक्रियात्मक कौशल है। वाणी केवल मांसपेशियों तथा वाचिक तंत्र में सहायक ही नहीं है अपितु इसका मानसिक पात है–जिसमें कुछ अर्थ जुड़ा रहता है। सभी बच्चों की आवाज वाणी नहीं है, वाणी वह होती है जिसमें पर्याप्त नियंत्रण होता है। बिना नियंत्रण और अर्थ के बोली गई वाणी को 'तोता वाणी' कह सकते हैं। वाणी अर्थयुक्त होती है तथा जिस समाज में बोली जाए उसे सभी लोग समझ सकें। इन दोनों कसौटियों का वाणी में होना आवश्यक है। भाषा व्यापक संकल्पना है। वाणी, भाषा का माध्यम है, भाषा कोई भी हो सकती है, यथा–फ्रेंच, अरबी, अंग्रेजी एवं फारसी इत्यादि। भाषा अर्थहीन भी हो सकती है जिसमें संकेत, हाव-भाव एवं अन्य बहुत-सी चीजें आती हैं। पक्षी और पशु की भी एक भाषा है, कहा जाता है कि पशु-पक्षियों के पास वाणी नहीं होती है। इन बातों का निष्कर्ष यह है कि वाणी वह मनोक्रियात्मक माध्यम है जिससे उसके समुदाय के लोग समझते हैं और प्रभावित होते हैं। **उदाहरणार्थ–**

ऐसी वाणी बोलिए मन का आपा खोय।
औरन को शीतल करे आपहु शीतल होय।।

अर्थात् वाणी में विचार, भाव, मानसिक संचेतना आदि गुण निहित होते हैं जो किसी व्यक्ति और समाज को प्रभावित कर सकते हैं। भाषा में ही वाणी सन्निहित होती है। आदिम मानव भी अपने विचारों का आदान-प्रदान करता था उसमें शरीर का संकेत, गले की आवाज, चिल्लाना अथवा विभिन्न प्रकार की आवाजें (अलग-अलग कार्यों के लिए) करना भी एक भाषा थी लेकिन धीरे-धीरे भाषा विज्ञान का विकास हुआ इसे व्यवस्थित नियम युक्त एवं संगठित किया गया।

भाषा का महत्त्व (Importance of Language)

भाषा किसी व्यक्ति के व्यक्तित्व के आईने के समान है। व्यक्ति का जैसा व्यक्तित्व होगा उसी प्रकार की उसकी भाषा होगी। भाषा से ही व्यक्ति को समाज में सम्मान और अपमान मिलता है। इस तरह भाषा में आकर्षण एवं विकर्षण दोनों गुण होते हैं। भाषा के महत्त्व को निम्न प्रकार से स्पष्ट किया जा सकता है :

1. **शैक्षिक उपलब्धि के महत्त्व :** कक्षा में जिन बालकों की भाषा एवं उच्चारण जितना अच्छा होता है उनकी शैक्षिक उपलब्धि भी उतनी ही अच्छी होती है। भाषा के माध्यम से ही एक छात्र अपनी कक्षा से संबद्ध समस्याओं को छात्रों एवं अध्यापकों के सामने स्पष्टता से रखकर उसे समझ सकता है लेकिन जिसकी भाषा कम प्रभावशाली है उस पर कोई ध्यान नहीं देता है। प्रायः देखा जाता है कि जिसकी भाषा और लिखावट कमजोर है वे कक्षा में अन्य छात्रों से कम अंक प्राप्त करते हैं। यद्यपि उनकी बौद्धिक क्षमता में उनमें कोई कमी नहीं होती है।
2. **सामाजिक मूल्यांकन में सहजता :** बालक समाज में क्या बोलता है? कैसे बोलता है? इसका मूल्यांकन समाज के लोग सामाजिक पृष्ठभूमि में करते हैं। उसकी भाषा ही उसकी योग्यता स्तर तथा यौन उपयुक्तता की मानदण्ड होती है। इससे बालक के भावों एवं विचारों का मूल्यांकन होता है।

3. **इच्छाओं और आवश्यकताओं की पूर्ति में सहायक :** भाषा व्यक्ति को अपनी आवश्यकता, इच्छा, पीड़ा अथवा मनोभाव दूसरे के समझ व्यक्त करने की क्षमता प्रदान करती है जिससे दूसरा व्यक्ति सरलता से उसकी आवश्यकता को समझ कर तत्संबंधी समाधान प्रदान करता है। उदाहरणार्थ–एक बालक यदि केवल रोता है अपने मनोभावों तथा आवश्यकताओं (भूख) को दूसरे के सामने व्यक्त नहीं कर पाता है तो माता-पिता को उसे समझने में कठिनाई होती है। लेकिन वही जब अपनी जुबान से बोल कर दूध या भोजन की मांग करता है तो तुरन्त इसकी पूर्ति हो जाती है और उसे संतुष्टि मिलती है।
4. **दूसरे के विचारों को प्रभावित करने में सहायक :** जिन बच्चों की भाषा प्रिय, मधुर एवं ओजस्वी होती है वे अपने समूह, परिवार अथवा समाज के व्यक्तियों को प्रभावित करते हैं। लोग उन्हीं को अधिक महत्त्व देते हैं जिनका व्यवहार प्रभावपूर्ण होता है।
5. **ध्यान आकर्षित करने में उपयोगी :** सभी बालक चाहते हैं कि लोग उनकी ओर ध्यान दें इसलिए वे अभिभावकों से प्रश्न पूछकर, कोई समस्या प्रस्तुत करके तथा विभिन्न तरीकों का प्रयोग कर उनका ध्यान अपनी ओर खींचते हैं। जो बच्चे चुपचाप रहते हैं या बोलते नहीं उनकी कभी-कभी उपेक्षा हो जाती है।
6. **आत्म-मूल्यांकन में महत्त्व :** बालक जब समाज में बोलता है तो उसके सुनने वालों की उसके प्रति क्या प्रतिक्रिया होती है, दूसरे लोग उसके विषय में क्या समझते हैं उनकी भाषा को सुनकर बालक स्वयं का मूल्यांकन करता है कि लोग उससे प्रभावित हैं या नहीं। समाज का दृष्टिकोण उसके प्रति किस प्रकार का है।
7. **सामाजिक संबंध के लिए महत्त्व :** वाणी से अपने भावों को बालक समाज में अभिव्यक्त करता है जिससे विचारों, भावों को लोग समझते हैं। इससे समाज के बीच आपसी ताल-मेल विकसित होता है जो बच्चे खुलकर अपने विचारों एवं भावों को दूसरों के सामने रखते हैं। उन्हें समाज में सबसे अधिक स्वीकृति मिलती है। दूसरे बालक उसी बालक के साथ उठना-बैठना, खेलना तथा मित्रता करना पसंद करते हैं जिनकी अभिव्यक्ति होती है। और जो अंतर्मुखी होते हैं उनके मित्र भी नहीं होते हैं। बालक अपनी भाषा के द्वारा ही समाज में अच्छा संबंध बनाता है। इसी के द्वारा वैयक्तित्त्व एवं सामाजिक समायोजन होता है।

भाषा के विकास के मुख्य सिद्धांत (Theory of Language Development)

मनुष्य की भाषा किस प्रकार विकसित होती है? उसकी प्रक्रिया क्या है? शब्दों का अर्थों में किस प्रकार समावेश होता है इसको जानने के लिए भाषा विकास के सिद्धांतों को समझना आवश्यक है। मनुष्य बोलने की योग्यता किस प्रकार अर्जित करता है। इस विषय पर विद्वानों ने अपने अध्ययन के आधार पर निम्न सिद्धांतों का प्रतिपादन किया है–

1. **अनुबंधन का सिद्धांत (Theory of Conditional) :** भाषा विकास में अनुबंधन या साहचर्य का बहुत योगदान है। शैशवावस्था में जब बच्चे शब्द सीखते हैं तो सीखना अमूर्त नहीं होता है। वरन किसी मूर्त वस्तु से जोड़कर उन्हें शब्दों की जानकारी दी जाती है। उदाहरण पेंसिल कहने के साथ उन्हें पेंसिल दिखाया जाता है, पानी या दूध कहने पर उन्हें पानी या दूध दिखाया जाता है, चाचा या ताऊ के संकेत के सहारे प्रत्यक्ष रूप से बताया जाता है। इससे बच्चे उस विशिष्ट वस्तु या व्यक्ति से साहचर्य स्थापित कर लेते हैं और अभ्यास हो जाने पर संबंधित वस्तु या व्यक्ति की उपस्थिति पर संबंधित शब्द से संबोधित करते हैं। उद्दीपक और प्रतिक्रिया के बीच संबंध स्थापित होने को ही अनुबंधन कहा जाता है। इसलिए छोटी कक्षाओं में लिखवाने के लिए शिक्षा उपकरणों का प्रयोग किया जाता है। स्किनर का कहना है कि अनुबंधन द्वारा भाषा विकास की प्रक्रिया को सरल बनाया जा सकता है।
2. **चोमस्की का भाषा अर्जित करने का सिद्धांत (Chomsky Theory for Language Acquire) :** चोमस्की का कहना है कि बच्चे शब्दों की निश्चित संख्या से कुछ निश्चित नियमों का अनुकरण करते हुए वाक्यों का निर्माण करना सीख जाते हैं। इन शब्दों से नए-नए वाक्यों एवं शब्दों का निर्माण होता है। इन वाक्यों का निर्माण बच्चे जिन नियमों के अंतर्गत करते हैं, उन्हें चोमस्की ने जेनेरेटिव की संज्ञा प्रदान की है।
3. **परिपक्वता का सिद्धांत (Theory of Maturity) :** परिपक्वता से तात्पर्य है भाषा अवयवों एवं स्वरों पर नियंत्रण होना। बोलने में जिह्वा, गला, तालू, होठ, दांत तथा स्वर यंत्र आदि जिम्मेदार होते हैं। इनमें किसी भी प्रकार की कमजोरी या कमी वाणी को प्रभावित करती है। इन सभी अंगों में जब परिपक्वता होती है तो भाषा पर नियंत्रण होता है और अभिव्यक्ति अच्छी होती है। विद्वानों के मतानुसार भाषा का विकास स्वरयंत्र की परिपक्वता पर निर्भर करती है, जिनकी स्वरयंत्र में परिपक्वता नहीं होती है, वे शब्दों का उच्चारण नहीं कर पाते हैं। गूंगे व्यक्तियों में स्वर यंत्रों का विकास नहीं होता इसलिए उनमें बोलने की क्षमता नहीं होती है।
4. **अनुकरण का सिद्धांत (Theory of Imitation) :** शर्ली, कर्टी, चैपिनीज तथा वैलेन्टाइन आदि मनोवैज्ञानिकों ने अनुकरण के द्वारा भाषा सीखने का अध्ययन किया है। इनका विचार है कि बालक अपने परिवारजनों तथा साथियों की भाषा का अनुकरण करके सीखता है जैसी

भाषा जिस समाज या परिवार या समूह में बोली जाती है बच्चे उसी भाषा को सीखते हैं। यदि भाषा में किसी प्रकार का दोष है तो अनुकरण से बच्चे वह भी सीख लेते हैं। अतः इस बात का ध्यान रखना चाहिए कि बच्चे दोषपूर्ण भाषा न सीखने पाएं। बच्चे शिष्टाचार के साथ अश्लील एवं अशिष्ट शब्दों का भी अनुकरण कर लेते हैं। इसे सामाजिक अधिगम भी कहा जाता है। बालक समाज से ही विशाल शब्दों का भंडार सीखता है। साथ ही बोलने के तौर-तरीके भी वह समाज से ही सीखता है।

उपरोक्त बातों से स्पष्ट है कि बालक समाज, परिवार तथा विद्यालय से शब्दों एवं वाक्यों का संग्रह करते हैं। इन शब्दों को वे गठित एवं व्यवस्थित करते हैं। इनकी समझ पैदा करते हैं और अंत में इन्हीं शब्दों के आधार पर नवीन वाक्यों की रचना करते हैं।

भाषा के विकास की मुख्य अवस्थाएं (Important Stages of Language Development)

भाषा के विकास की अवस्थाओं को मुख्यतः दो वर्गों में बांटा गया है–

(*i*) भाषा का प्रारंभिक रूप–रोना, बलबलाना, हाव-भाव या संकेत आदि।

(*ii*) वास्तविक भाषा की अभिव्यक्ति–आकलन या बोध शक्ति, शब्द भंडार, वाक्य निर्माण, शुद्ध उच्चारण आदि।

भाषा के विकास को प्रभावित करने वाले मुख्य कारक (Effecting Factors of Language Development)

सभी बालकों में भाषायी विकास एक समान नहीं होता है। किसी में भाषायी विकास तीव्रता से तो किसी में मंदता से होता है। भाषायी विकास पर कुछ तत्त्वों का प्रभाव पड़ता है, इनमें प्रमुख तत्त्व निम्नलिखित हैं–

(*i*) **व्यक्तित्त्व :** कुछ अध्ययनों में यह पाया गया है कि जो बच्चे उत्साही होते हैं उनमें भाषायी विकास शांत स्वभाव के बच्चों से अधिक होता है। फुर्तीले, चुस्त एवं बहिर्मुखी स्वभाव वाले बच्चों का भाषा विकास तीव्र होता है।

(*ii*) **परिपक्वता :** आवश्यक परिपक्वता के अभाव में भी भाषा का विकास प्रभावित होता है। हरलॉक का कहना है कि भाषा का प्रशिक्षण देते समय इस बात का ध्यान रखना चाहिए कि बच्चों में आवश्यक परिपक्वता आ चुकी है या नहीं। भाषा विकास में फेफड़े, स्वरयंत्रों, जीभ, दांत, तालू, होठ तथा वाणी केंद्र (मस्तिष्क में स्थित होता है) का परिपक्व होना आवश्यक है। ये अंग जितने अधिक परिपक्व होते हैं भाषा विकास उतना ही अधिक होता है।

(*iii*) **सामाजिक-आर्थिक स्तर :** प्रायः ऐसा देखा जाता है कि जिन बालकों का सामाजिक-आर्थिक स्तर निम्न होता है वे देर से बोलना सीखते हैं। जरसील्ड एवं गैसिल आदि जैसे मनोवैज्ञानिकों के अध्ययन से इस बात की पुष्टि हुई कि उच्च वर्ग के शिशु जल्दी बोलना सीखते हैं, अधिक बोलते हैं तथा उनका उच्चारण भी शुद्ध होता है। डेविस, आल्सटाईन, स्कील्स आदि जैसे मनोवैज्ञानिकों ने अनाथ बच्चों के अध्ययन से पाया कि इन बच्चों में भाषायी विकास कम होता है। इनका शब्द भंडार भी कम होता है। प्रायः यह भी देखा जाता है कि ग्रामीण क्षेत्र में पढ़ने वाले बच्चों की शाब्दिक क्षमता शहरी या अन्य पब्लिक स्कूल में पढ़ने वाले बच्चों से कम होती है।

(*iv*) **स्वास्थ्य :** जिन बच्चों का स्वास्थ्य जितना अच्छा होता है उनमें भाषा विकास की गति उतनी तीव्र होती है क्योंकि सामाजिक समूहों से उन्हें अच्छी प्रेरणा मिलती है, वे बच्चे अपने समूह के साथ खेलते हैं, अंतःक्रिया करते हैं, लेकिन बीमार बच्चे समूह में खेल नहीं पाते। शारीरिक अवयवों का भी विकास बाधित होता है। स्मिथ ने बच्चों की भाषा पर बीमारी के प्रभावों का अध्ययन करके निष्कर्ष निकाला कि बीमार बच्चों में भाषायी विकास की गति धीमी होती है। इसी प्रकार का अध्ययन लॉवेल और मारकेल ने भी किया और पाया कि जो बच्चे लंबी अवधि तक बीमार रहते हैं उनमें भाषायी विकास कमजोर होता है।

(*v*) **प्रशिक्षण की विधियाँ :** अधिनायकवादी प्रशिक्षण जिसमें बच्चों की भावनाओं का ख्याल नहीं रखा जाता है एवं किसी चीज को डांट कर सिखाया जाता है तो ऐसे प्रशिक्षण में भाषा का विकास नहीं होता। जिस परिवार या विद्यालय में लोकतांत्रिक विधियों का प्रयोग होता है, बालक को स्वतंत्रता होती है, उसमें भाषा का विकास तीव्रता से होता है। भाषा सिखाने के लिए मूर्त से अमूर्त, सरल से कठिन, ज्ञात से अज्ञात की ओर चलने के सिद्धांतों का पालन करना चाहिए। उदाहरणार्थ–मातृभाषा से अंग्रेजी सिखाई जाए तो आसान होता है। एक साथ एक भाषा का प्रशिक्षण हो लेकिन यह देखा जा रहा है कि भारतवर्ष के आधुनिक पब्लिक स्कूलों में शिशुओं को एक साथ दो से अधिक भाषाएं सिखाई जाती हैं जो उचित नहीं हैं। मातृभाषा का पूर्ण ज्ञान हो जाए तो उस भाषा की सहायता से दूसरी भाषा सिखाना उचित होता है।

(*vi*) **द्वि-भाषावाद :** यदि कोई द्विभाषा-भाषी परिवार है, उदाहरणार्थ–पिता हिन्दी बोलने वाला और माता शुद्ध बांग्ला बोलने वाली हो तो ऐसे में बच्चों का भाषा विकास प्रभावित होता है क्योंकि बच्चे भ्रमित हो जाते हैं कि वे कौन-सी भाषा सीखें। वर्तमान समय में यह देखा जा रहा है कि बच्चों की भाषा क्षमता क्षीण होती

जा रही है तथा उसका बड़ा ही स्पष्ट कारण है कि हिन्दी भाषा-भाषी परिवार में उत्पन्न हुए बच्चों का 3 वर्ष की आयु में अंग्रेजी स्कूलों में प्रवेश करा दिया जाता है। इन स्कूलों में अंग्रेजी के अतिरिक्त दूसरी भाषा बोली ही नहीं जाती है और जैसे ही बालक स्कूल से घर में कदम रखता है वहां हिन्दी और भोजपुरी के अतिरिक्त अंग्रेजी की पृष्ठभूमि ही नहीं है। ऐसी स्थिति में बालक कौन-सी भाषा सीखे यह उसके सामने दुविधा होती है। अंग्रेजी भाषा का विकास हिन्दी पृष्ठभूमि में नहीं हो सकता। अतः भाषा विकास अवरुद्ध हो जाता है या इसमें अपेक्षित सफलता नहीं मिलती।

(vii) **बहुजन्मता :** किए गए एक अध्ययन में यह पाया गया है कि यदि एक साथ अधिक संतानें उत्पन्न होती हैं तो उनमें भाषायी विकास विलंब से होता है। इसका कारण है कि बच्चे एक-दूसरे का अनुकरण करते हैं और दोनों ही अपरिपक्व होते हैं। उनमें उपयुक्त प्रतिमान नहीं मिल पाता। उदाहरणार्थ–यदि एक बच्चा गलत उच्चारण करता है तो उसकी नकल करके दूसरा भी वैसा ही उच्चारण करेगा।

(viii) **लिंगीय भिन्नता :** वाणी विकास में लिंग का प्रभाव भी स्पष्ट दृष्टिगोचर होता है। इरविन और चेन ने लिंगीय भेद का अध्ययन करके निष्कर्ष निकाला कि प्रथम वर्ष में बालक एवं बालिकाओं की भाषा में अंतर नहीं होता लेकिन दूसरे वर्ष से बालिकाओं की क्षमता बालकों से अधिक हो गई। बालिकाओं का भाषा प्रवाह बालकों से अच्छा रहा। बालिकाएं जल्दी बोलना भी सीखती हैं, जहां बालक छोटे-छोटे वाक्य बोलते हैं वहीं लड़कियां बड़े वाक्यों को बोलने में सक्षम हो जाती हैं। बालिकाएं बालकों की अपेक्षा शुद्ध उच्चारण करती हैं।

(ix) **बुद्धि :** हरलॉक के अनुसार, जिन बच्चों की बुद्धि-लब्धि (I.Q.) उच्च होती है उनमें भाषा विकास अपेक्षाकृत कम बुद्धि वालों से अच्छा होता है। इरविन और स्पाईकर के मतानुसार बुद्धि-लब्धि और भाषा संबंधी योग्यता में घनिष्ठ संबंध है। टरमैन, फिशर और यम्बा का मानना है कि तीव्र बुद्धि बालकों का उच्चारण और शब्द भंडार अधिक होता है। प्रायः देखा जाता है कि प्रतिभाशाली बालक अपनी अवस्था के बालकों से पहले बोलना सीख लेते हैं, उनके शब्द भंडार की क्षमता भी सामान्य बालकों से अधिक होती है तथा वे बहुत स्पष्ट और शुद्ध उच्चारण भी करते हैं।

(x) **परिवार का आकार :** अकेला बालक या छोटे परिवार में बालक की भाषा शक्ति का विकास बड़े आकार के परिवार से अच्छा होता है क्योंकि छोटे परिवार में माता-पिता बच्चे के प्रशिक्षण उनसे वार्तालाप पर अधिक ध्यान दे पाते हैं जबकि बड़े परिवार में समय कम मिलता है।

(xi) **संवेगात्मक तनाव :** जिन बच्चों के संवेगों का कठोरता से दमन कर दिया जाता है ऐसे बच्चों में भाषा विकास देर से होता है। उदाहरणार्थ–यदि एक वर्ष के शिशु को सौतेली मां कटु या कठोर स्वभाव की मिल जाए और बात-बात पर उसे झिड़कती, डांटती, पीटती तथा उपेक्षित करती रहे तो बालक का विकास प्रभावित हो जाता है तथा वह देर में एवं अस्पष्ट बोलता है।

भाषा दोष एवं उसके प्रकार (Language Error and Its Types)

यदि बालक अपने स्वर यंत्रों पर नियंत्रण नहीं कर पाता है तो उसमें भाषा दोष उत्पन्न हो जाता है। ऐसे बालक समाज से कतराने लगते हैं। इनमें हीनता की भावना विकसित हो जाती है, ये अकेले में रहते हैं तथा किसी के सामने बोलने में झिझकते हैं। भाषा दोष का प्रभाव बालक के जीवन के अन्य क्षेत्रों पर भी पड़ता है। उनकी शैक्षिक उपलब्धि भी प्रभावित होती है। इन बालकों को पिछड़ा बालक कहा जाता है। भाषा दोष के मुख्य प्रकार निम्नवत् हैं–

1. अस्पष्ट उच्चारण,
2. ध्वनि परिवर्तन,
3. तीव्र अस्पष्ट,
4. हकलाना, और
5. तुतलाना।

चिंतन/विचार (Thought)

चिंतन विचार करने की वह मानसिक प्रक्रिया है, जो किसी समस्या के कारण आरंभ होती है और उसके अंत तक चलती रहती है। विभिन्न विद्वानों ने चिंतन की परिभाषा भिन्न-भिन्न प्रकार से दी है। कुछ विद्वानों द्वारा चिंतन की परिभाषा निम्न प्रकार से दी गई है–

रॉस के अनुसार, "चिंतन, मानसिक क्रिया का ज्ञानात्मक पहलू है या मन की बातों से संबंधित मानसिक क्रिया है।"

रायबर्न के अनुसार, "चिंतन, इच्छा-संबंधी प्रक्रिया है, जो किसी असंतोष के कारण आरंभ होती है और प्रयास एवं त्रुटि के आधार पर चलती हुई उस अंतिम स्थिति पर पहुंच जाती है, जो इच्छा को संतुष्ट करती है।"

वेलेण्टाइन के अनुसार, "चिंतन शब्द का प्रयोग उस क्रिया के लिए किया जाता है, जिसमें शृंखलाबद्ध विचार किसी लक्ष्य या उद्देश्य की ओर अविराम गति से प्रवाहित होते हैं।"

उपर्युक्त दी गई परिभाषाओं से स्पष्ट है कि चिंतन मानसिक क्रिया का ज्ञानात्मक पथ है। चिंतन की प्रक्रिया किसी विशेष उद्देश्य की ओर परिलक्षित होती है। इसमें इच्छा तथा असंतोष अत्यंत महत्त्वपूर्ण हैं क्योंकि इच्छा तथा असंतोष मनुष्य को चिंतन के लिए बाध्य करते हैं।

चिंतन के प्रकार (Types of Thought)

चिंतन के मुख्यतः चार प्रकार हैं–

1. **कल्पनात्मक चिंतन :** इस चिंतन का संबंध पूर्व-अनुभवों पर आधारित भविष्य से होता है। जब माता-पिता बाजार जाते हैं तब बालक कल्पना करता है कि वे वहां से लौटने पर उसके लिए टॉफी लाएगें। इस चिंतन में भाषा और नाम का प्रयोग नहीं किया जाता है।
2. **तार्किक चिंतन :** अमेरिकी मनोवैज्ञानिक जॉन डीवी ने तार्किक चिंतन को विचारात्मक चिंतन की संज्ञा दी है। यह सबसे उच्च प्रकार का चिंतन है। इसका संबंध किसी समस्या के समाधान से होता है।
3. **प्रत्ययात्मक चिंतन :** इस चिंतन का संबंध पूर्व-निर्मित प्रत्ययों से होता है, जिनकी सहायता से भविष्य के किसी निश्चय पर पहुंचा जाता है। कुत्ते को देखकर बालक अपने मन में प्रत्यय का निर्माण कर लेता है। अतः जब वह भविष्य में कुत्ते को फिर देखता है तब वह उसकी ओर संकेत करते हुए कहता है–'कुत्ता'। इस चिंतन में भाषा और नाम का प्रयोग किया जाता है।
4. **प्रत्यक्षात्मक चिंतन :** यह निम्न स्तरीय चिंतन है। अतः यह विशेष रूप से पशुओं और बालकों में पाया जाता है। इस चिंतन का संबंध पूर्व अनुभवों पर आधारित वर्तमान की वस्तुओं से होता है। माता-पिता के बाजार से लौटने पर यदि बालक को उनसे काफी दिनों तक टॉफी मिलती रहती है तो जब भी वे बाजार से लौटते हैं, तभी टॉफी का विचार उसके मस्तिष्क में आ जाता है और वह दौड़ता हुआ उनके पास जाता है।

चिंतन तथा भाषा (Thought and Language)

चिंतन प्रक्रिया प्रतीक और चिन्हों के आधार पर चलती है। प्रतीक और चिन्हों का आधार भाषा होती है। चिंतन के समय बालक के अंदर आंतरिक भाषण होता है। कई बार चिंतन करते समय बालक बोलने लगता है। कुछ अध्ययनों में यह देखा गया है कि जिस बालक में भाषा की योग्यता जितनी अधिक होती है उसमें चिंतन की योग्यता भी उसी रूप में उतनी अधिक होती है क्योंकि भाषा-वृद्धि के साथ-साथ बालकों में ज्ञान-वृद्धि होती है और ज्ञान-वृद्धि से चिंतन शक्ति का भी विकास होता है। भाषा के द्वारा बालक चिंतन को व्यक्त भी कर सकता है। बालक भाषा के द्वारा अपने अथवा दूसरों के चिंतन को रेकार्ड कर सकता है। इस प्रकार वह अपने चिंतन का दूसरों को लाभ दे सकता है तथा दूसरों के चिंतन का स्वयं लाभ उठा सकता है। अतः कहा जा सकता है कि चिंतन के लिए भाषा आवश्यक ही नहीं अपितु उसे व्यक्त करने का साधन भी है। भाषा के अभाव में चिंतन को व्यक्त करना कठिन है। जहां भाषा से चिंतन का विकास होता है वहां चिंतन भाषा को भी विकसित करता है। अतः कहा जा सकता है कि चिंतन और भाषा दोनों में घनिष्ठ संबंध है।

पहले ऐसा माना जाता था कि विचार प्रतिमा रहित या सहित होते हैं। परंतु आज यह माना जाता है कि विचार दोनों प्रकार के होते हैं–प्रतिमा रहित भी और प्रतिमा सहित भी। चिंतन के लिए यद्यपि भाषा बहुत आवश्यक है परंतु भाषा के बिना भी चिंतन संभव है क्योंकि व्यक्ति उन वस्तुओं के संबंध में भी चिंतन करते देखा गया है, जिनका कि वह नाम तक नहीं जानता है। कभी-कभी चिंतन को स्पष्ट करने के लिए भाषा पर्याप्त नहीं होती है, इस अवस्था में चिंतन को चित्रों और मॉडल के द्वारा व्यक्त किया जाता है।

चिंतन तथा कल्पना में अन्तर (Difference between Thought and Imagination)

चिंतन	कल्पना
1. इसकी सहायता से बालक समस्या के विभिन्न पहलुओं को समझने की कोशिश करता है, क्योंकि इन पहलुओं को समझे बिना समस्या का समाधान संभव नहीं हो सकता।	1. इसमें समस्या के समाधान की परिस्थिति को नए-नए रूपों में देखा जाता है।
2. इसमें तर्क की प्रधानता होती है। समस्या समाधान में तर्क की सहायता से सूक्ष्म पहलुओं को जाना जाता है।	2. इसमें तर्क का अभाव होता है।
3. बालक में चिंतन बहुधा समस्या की उपस्थिति पर आरंभ होता है। अर्थात् जब बालक के सामने कोई समस्या आती है तभी उसमें चिंतन की प्रक्रिया होती है, व्यर्थ में बालक चिंता नहीं करता है।	3. कल्पना के लिए परिस्थिति या समस्या की विशेष आवश्यकता नहीं होती है।
4. चिंतन में समस्या समाधान में प्रयत्न और भूल की क्रिया रहती है।	4. कल्पना में प्रयत्न और भूल का अभाव होता है।
5. यह वास्तविकता से संबंधित होता है।	5. कल्पना का संबंध वास्तविकता से भी हो सकता है और नहीं भी।

चिंतन का विकास (Development of Thought)

चिंतन का विकास भाषा के विकास के कुछ समय बाद प्रारंभ हो जाता है। लगभग एक-दो वर्ष की अवस्था में बालक में चिंतन का विकास प्रारंभ हो जाता है। बालक में सर्वप्रथम प्रत्यक्षात्मक चिंतन का विकास प्रारंभ होता है। बालक के चारो ओर जो मूर्त वस्तुएं और उत्तेजनाएं होती है, सर्वप्रथम वह उनके संबंध में चिंतन प्रारंभ करता है। उदाहरणार्थ–मेज, कुर्सी, खिलौने तथा परिवार के सदस्यों आदि के संबंध में वह सर्वप्रथम चिंतन प्रारंभ करता है। पियाजे का विचार है कि

लगभग सात वर्ष की अवस्था तक बालक की प्रवृत्ति आत्मकेंद्रित प्रकार की होती है। अतः बालक अपने स्वयं के संबंध में ही चिंतन अधिक करता है। उसमें इस अवस्था के चिंतन में तार्किकता का अभाव होता है। लगभग पांच-छः वर्ष की अवस्था से बालक में कल्पनात्मक तथा प्रत्ययात्मक चिंतन प्रारंभ हो जाती है। वुडवर्थ ने इन दोनों प्रकार के चिंतनों को विचारात्मक चिंतन कहा है। बालक में इस अवस्था में प्रतीकों के माध्यम से भी चिंतन का अभाव होता है। लगभग सात वर्ष की अवस्था से लगभग पंद्रह वर्ष की अवस्था तक चिंतन का तीव्र गति से विकास होता है। आयु बढ़ने के साथ-साथ चिंतन में तर्क की प्रधानता भी बढ़ती जाती है।

3 से 7 वर्ष की अवस्था के बालकों के चिंतन में पियाजे ने निम्नलिखित विशेषताएं बताई हैं–

(*i*) इस समय उनके चिंतन का स्तर निम्न होता है। वे अधिकतर जीवन से संबंधित बातों पर चिंतन करते हैं।

(*ii*) उनके चिंतन में तार्किक संगति का अभाव पाया जाता है। इस आयु के बालकों में कार्य-कारण संबंध नहीं दिखाई देता है।

(*iii*) एक ही घटना के आधार पर सामान्यीकरण करना। अन्य शब्दों में, इस आयु के बालक एक घटना के आधार पर ही निष्कर्ष निकालते हैं। वह पूर्ण घटनाओं-अनुभवों का लाभ नहीं उठा पाते हैं।

(*iv*) इस आयु वर्ग के बालकों के चिंतन की प्रवृत्ति आत्म-केंद्रित प्रकार की होती है। अन्य शब्दों में, उनके चिंतन का विषय स्वयं के संबंध में होता है।

(*v*) इस आयु वर्ग का बालक अपने वातावरण के चारों ओर स्थित वस्तुओं को चाहे वह सजीव हो या निर्जीव सभी को चेतनामय या सजीव समझता है। अन्य शब्दों में, उसके चिंतन में जीववाद पाया जाता है।

क्रो और **क्रो** के अनुसार, चिंतन की योग्यता सफल जीवन के लिए आवश्यक है। अतः संरक्षकों और शिक्षकों को चाहिए कि बालकों में इस योग्यता के विकास पर ध्यान दें। चिंतन की योग्यता के विकास में निम्नलिखित उपाय सहायक हैं–

(*i*) बालकों को चिंतन के लिए प्रोत्साहित और प्रेरित करना चाहिए। बालकों के भाषा ज्ञान को उच्च करने के उपाय करने चाहिए जिससे वह समय-समय पर अपने विचारों की अभिव्यक्ति कर सके।

(*ii*) बालकों की रुचियों के विकास पर ध्यान देना चाहिए। रुचियों के अभाव में चिंतन योग्यता कठिनाई से विकसित हो पाती है।

(*iii*) शिक्षक और माता-पिता को बालकों को नवीन बातों की समय-समय पर अर्थात् उनकी आयु के अनुसार जानकारी देनी चाहिए जिससे उनमें चिंतन का विकास सुचारु रूप से चल सके।

(*iv*) बालकों को उनकी आयु के अनुसार समस्या का समाधान करना भी माता-पिता और शिक्षकों को सिखलाना चाहिए क्योंकि समस्या समाधान से भी चिंतन विकसित होता है।

(*v*) तर्क एवं वाद-विवाद की भी चिंतन योग्यता के विकास में महत्त्वपूर्ण भूमिका है, इनको भी सिखाने के अवसर देने चाहिए।

(*vi*) बालकों को ऐसा प्रेरक वातावरण समय-समय पर उपलब्ध कराना चाहिए जिससे वे चिंतन के महत्त्व को समझें और योग्यता को बढ़ाने के लिए प्रदत्त वातावरण का लाभ उठा सकें।

(*vii*) बालकों को उनकी आयु के अनुसार समय-समय पर ऐसे कार्य सौंपे जाने चाहिए जिससे उनमें उत्तरदायित्व की भावना का विकास हो सके और उत्तरदायित्व के निर्वाहन हेतु चिंतन के लिए प्रेरित हो सकें।

अभ्यास प्रश्न

1. वह खेल जिसमें बालक स्वयं कुछ बनाता है :

A. रचनात्मक B. काल्पनिक

C. स्वतन्त्र D. इनमें से कोई नहीं

2. भाषा विकास के क्रम में अंतिम क्रम (सोपान) है :

A. ध्वनि पहचानना

B. ध्वनि उच्चारण

C. शब्दोच्चारण

D. भाषा विकास की पूर्णावस्था

3. सृजनात्मक चिन्तन होता है–

A. उच्च अपसारी चिन्तन

B. अभिसारी चिन्तन

C. भाषा विकास

D. मूल्यांकन

4. किसी बच्चे के चिन्तन में आयु के बढ़ने के साथ-साथ किसकी प्रधानता बढ़ती है?

A. तर्क की B. सामान्यीकरण

C. आत्मकेन्द्रीकरण D. जीववाद की

5. कई पदों के योग से बने कौन-से पदबन्ध कहलाते हैं?

A. वाक्य B. शब्द

C. मुहावरे D. वाक्यांश

6. किसी बच्चे में चिन्तन का प्रमुख कारण क्या है?

(*i*) समस्या समाधान करना

(*ii*) निर्णय लेने की भावना

(*iii*) वातावरण के प्रति चैतन्य समायोजन करने हेतु

A. केवल (*i*) B. केवल (*iii*)

C. (*i*) एवं (*ii*) D. ये सभी

7. सार्थक शब्दों का व्यवस्थित समूह जिससे अपेक्षित अर्थ प्रकट हो .... कहलाता है।
A. रूपिम B. पदबन्ध
C. स्वनिम D. वाक्य

8. चिन्तन अनिवार्य रूप से है एक
A. संज्ञानात्मक गतिविधि B. मनोगतिक प्रक्रिया
C. मनोवैज्ञानिक परिघटना D. भावात्मक व्यवहार

9. सृजनात्मकता मुख्य रूप से .... से सम्बन्धित है।
A. मॉडलिंग B. अनुकरण
C. अभिसारी D. अपसारी चिन्तन

10. एक विद्यार्थी कहता है, "उसका दादा आया है।" एक शिक्षक होने के नाते आपकी प्रतिक्रिया होनी चाहिए।
A. अच्छा, उसके दादाजी आए हैं
B. बच्चे, आप सही वाक्य नहीं बोल रहे
C. "दादा आया है" की जगह पर "दादाजी आए हैं" कहना चाहिए
D. आप अपनी भाषा पर ध्यान दीजिए

11. थ, फ, च ध्वनियाँ है
A. स्वनिम B. रूपिम
C. लेखीम D. शब्दिम

12. भाषा में अर्थ की सबसे छोटी इकाई .... है।
A. संकेत प्रयोग विज्ञान (प्रेगमैटिक्स)
B. रूपिम
C. स्वनिम
D. वाक्य

13. निम्नलिखित में से कौन-सी समस्या-समाधान की वैज्ञानिक पद्धति का पहला चरण है?
A. प्राक्कल्पना का निर्माण करना
B. प्राक्कल्पना का परीक्षण करना
C. समस्या के प्रति जागरूकता
D. प्रासंगिक जानकारी को एकत्र करना

14. चिन्तन में .... शामिल हैं।
A. प्रतिमा, कल्पना, संकल्पना, प्रतिज्ञप्ति
B. कल्पना, भाषा, संकल्पना, प्रतिज्ञप्ति
C. प्रतिमा, भाषा, संकल्पना, प्रतिज्ञप्ति
D. प्रतिमा, संकल्पना, कल्पना, प्रतिज्ञप्ति

15. चिन्तन के सूचना प्रक्रमण सिद्धान्त में निम्नलिखित चरण आते हैं–
(*i*) प्रतिक्रिया क्रियान्वयन (*ii*) प्रतिक्रिया चयन
(*iii*) पूर्व-प्रक्रमण (*iv*) श्रेणीकरण
A. (*ii*), (*iv*), (*iii*), (*i*) B. (*iii*), (*i*), (*iv*), (*ii*)
C. (*iv*), (*iii*), (*ii*), (*i*) D. (*iii*), (*iv*), (*ii*), (*i*)

16. भाषा विकास में सहयोग करने का कौन-सा तरीका गलत है?
A. बच्चे को बिना टोके प्रकरण पर बात करना
B. उसकी अपनी भाषा के प्रयोग को अमान्य करना
C. उसके प्रयोगों का समर्थन करना
D. भाषा के प्रयोग के अवसर उपलब्ध कराना

17. "मैडम चाय खाती है" वाक्य
A. वाक्य-विन्यास की दृष्टि से सही है लेकिन अर्थ-विज्ञान की दृष्टि से गलत है
B. अर्थ-विज्ञान की दृष्टि से सही है लेकिन वाक्य-विन्यास की दृष्टि से गलत है
C. अर्थ-विज्ञान एवं वाक्य-विन्यास दोनों की दृष्टि से गलत है
D. अर्थ-विज्ञान एवं वाक्य-विन्यास दोनों की दृष्टि से सही है

18. निम्नलिखित में से कौन-सी विशेषता समस्या-समाधान का विशेष चिन्ह है?
A. समस्या मौलिक होती है
B. समस्या कथन में संकेत अन्तर्निहित रूप से दिया जाता है
C. समस्या केवल एक सिद्धान्त पर आधारित होती है
D. सही उत्तर प्राप्त करने का सामान्यतः एक उपागम होता है

19. बच्चे द्वारा 'संकल्पना-निर्माण' के सम्बन्ध में निम्नलिखित में से कौन-सा कथन सही है?
A. संकल्पनाएँ संवेगात्मक रूप से सुव्यवस्थित होती हैं
B. संकल्पनाएँ विकास की एक निश्चित संरचनात्मक व्यवस्था होती है
C. संकल्पनाओं की प्रकृति पदानुक्रमिक नहीं होती
D. संकल्पनाएँ वैयक्तिक नहीं होती

20. शिक्षक .... के अलावा निम्नलिखित सभी को करते हुए समस्या समाधान को विद्यार्थियों के लिए मजेदार बना सकता है।
A. मुक्त अन्त वाली सामग्री उपलब्ध कराने
B. मुक्त खेल के लिए समय देने
C. सृजनात्मक चिन्तन के लिए असीमित अवसर उपलब्ध कराने
D. जब विद्यार्थी से कोई कार्य कराने की कोशिश कर रहे हों, तो उनसे परिपूर्णता की अपेक्षा करने

उत्तरमाला

1	2	3	4	5	6	7	8	9	10
A	D	A	A	A	D	D	A	D	A
11	**12**	**13**	**14**	**15**	**16**	**17**	**18**	**19**	**20**
A	C	C	C	D	B	A	B	B	D

7. समाज निर्माण में लिंग की भूमिका (Role of Gender in Social Construct)

व्यक्ति एवं व्यक्ति, समुदाय एवं समुदाय, जाति एवं जाति के बीच पाई जाने वाली भिन्नता एक वैश्विक घटना है। ऐसे में एक प्रश्न उठता है कि आखिर ये भेद क्यों है एवं इसके लक्षण क्या हैं? इस प्रकार के भेदों का मापन शारीरिक तथा मनोवैज्ञानिक आधार पर किस प्रकार किया जाए?

लिंग और उसकी भूमिका (Role of Gender)

जब वर्ग भेद की चर्चा की जाती है जो उसके गुण-दोष एवं लक्षण आदि की भी चर्चा जरूरी है। इस वर्ग का कुछ आधार भी हो सकता है। यथा–व्यक्तित्त्व, सामाजिक-आर्थिक स्तर, जाति, लिंग अवस्था आदि। यदि हम इन समूहों के मध्य व्याप्त वर्गीकरण अथवा भेदों को जानने की रुचि रखते हैं तो हमें दैनिक जीवन की समस्याओं को सुलझाने में सहायता मिलती है।

वर्तमान परिदृश्य में समानता की मांग सामयिक मुद्दा है। इस समानता का तात्पर्य नकारात्मक न होकर सकारात्मक है। यहां समानता का तात्पर्य समान शैक्षिक योग्यता, समान क्षमता, समान अधिकार, समान कुशलता तथा पढ़ाई एवं कार्य के समान अवसर से है। अन्य शब्दों में कहा जा सकता है कि हम स्त्री-पुरुष में वर्ग के आधार पर लिंग भेद को मान्यता नहीं देते हैं। लिंग भेद का सिद्धांत मूलतः भेद पर ही आधारित है, अर्थात् स्त्री तथा पुरुष में कुछ भेद पाए जाते हैं भले ही हम कहें कि इनके बीच सामाजिक तथा शैक्षिक आधार पर कोई भेद नहीं है। इस भेद से एक महत्त्वपूर्ण प्रश्न उत्पन्न होता है कि क्या महिलाएं शारीरिक लक्षण, कौशल, जीवन मूल्य, दक्षता के आधार पर पुरुषों से कुछ भिन्न हैं अथवा नहीं? यदि इस आधार पर इनमें कोई भिन्नता नहीं पाई जाती है तो इस बात की जांच-पड़ताल आवश्यक है कि क्यों इनके साथ कुछ क्षेत्रों में भेद-भाव किया जाता है?

लैंगिक भेद-भाव (Gender Differentiation)

मनोविज्ञान के अध्ययन के क्षेत्र में लिंग भेद पर आधारित विषय अन्य विषयों की तुलना में काफी रुचिकर विषय हैं। शिक्षा, वैवाहिक संबंधों की सफलता, रहन-सहन तथा कार्यक्षेत्र संबंधी अनेक सामाजिक समस्याओं का संबंध इनकी सफलता से संबद्ध है। अनेक शिक्षाविदों तथा शिक्षा मनोवैज्ञानिकों ने महिला तथा पुरुषों की उपलब्धि की तुलना को अपने अनुसंधान का विषय-वस्तु बनाया है। इन्होंने अपने नमूनों (samples) को दो भागों–महिला और पुरुष में बांटा है। इन शोधों से प्राप्त तथ्यों के अनुसार सामाजिक तथा शारीरिक आधार पर महिला और पुरुष में भिन्नता है। इस अनुसंधान का मुख्य लक्ष्य था महिला और पुरुष के भेद को लिंग व्यवहार के आधार पर समुचित रूप से समझना। इस अनुसंधान का आधार सामान्यतः मनोवैज्ञानिक ही था। ये तथ्य इस अवधारणा की पुष्टि करते हैं कि शारीरिक बनावट के अनुसार स्त्री-पुरुष के संवेगों में भी अंतर होता है। हालांकि इस भेद का आधार सामाजिक न होकर लक्षण विशेष पर आधारित अनुसंधान है जिसमें बाह्य कारकों तथा अन्य लक्षणों के अंतःसंबंधों के परस्पर संबंधों को भी जानने एवं समझने का प्रयत्न किया गया है।

इन वर्ग भेदों में कौन-से मुख्य हैं और कौन-से गौण यह कहना बहुत मुश्किल है। जहां तक सामान्य बुद्धि की बात है वहां महिला और पुरुष वर्गों में समानता देखने को मिलती है। इनमें भेद कुछ विशेष योग्यताओं या लक्षणों को लेकर है। सामान्यतः पुरुषों में महिलाओं की तुलना में तर्क करने, वस्तुओं में समानता संबंधी खोज करने तथा सामान्य ज्ञान के क्षेत्र में कुछ श्रेष्ठता के संकेत पाए जाते हैं। पुरुष जहां स्थानिक संबंध की दृष्टि से भेद की सूक्ष्मता को पहचानने में अधिक सक्षम है वहां शाब्दिक अभिक्षमता तथा स्मरण शक्ति के क्षेत्र में महिलाएं अधिक सक्षम हैं। अनुसंधानों से यह बात भी सामने आयी है कि छात्राओं का भाषायी विकास छात्रों की तुलना में अल्पायु से ही अधिक होता है। अनुसंधानों से इस बात की भी पुष्टि हुई है कि विद्यालयपूर्व आयु वर्ग की बालिकाओं की शब्दावली इस आयुवर्ग के बालकों की तुलना में अधिक सक्षम होती है। इतना ही नहीं छात्राओं की पठन गति भी छात्रों से अधिक होती है। सामान्यतः दोनों वर्गों की बुद्धि अथवा शैक्षिक क्षमता में इतना भेद नहीं होता है कि वे किसी प्रदत्त कार्य को न्यूनाधिक क्षमता से सम्पन्न न करें। इन तथ्यों के आधार पर यही निष्कर्ष निकलता है कि शैक्षिक कार्यक्रम तथा पाठ्यक्रम के समायोजन के समय छात्र-छात्राओं में कोई भेदभाव नहीं बरतना चाहिए। छात्र-छात्राओं की पाठ्यचर्या में अंतर जन्मजात बौद्धिक स्तर के कारण नहीं होता है। उनमें अंतर का मुख्य कारण भावी जीवन की आवश्यकताओं के अनुसार निर्धारित होता है।

शैक्षिक अभ्यास (Educational Practice)

वर्तमान सामाजिक ढांचे में भी लड़की एवं लड़के में भिन्नता देखने को मिलती है। समाज लड़की को लड़के से कमतर आंकता है तथा उसे निश्चित रूढ़िगत कामों में लगा देता है। शिक्षण के दौरान शिक्षक भी लड़कियों पर अवांछित टिप्पणी

करते हैं जो शिक्षण की नीति के प्रतिकूल है। ऐसे शिक्षकों में प्रायः यह धारणा होती है कि लड़कियों के लिए ऐसी शिक्षा व्यवस्था होनी चाहिए जो उन्हें सद्गृहिणी तथा आदर्श माता बनने के लिए प्रेरक का कार्य करे। इस प्रकार का विचार न केवल व्यक्तित्त्व की भिन्नता संबंधी गुणों की अवहेलना करता है अपितु इस तथ्य की भी उपेक्षा करता है कि बालक-बालिकाओं को कुछ समान कौशल सिखाने की भी आवश्यकता है। जैसा कि पहले भी बताया जा चुका है कि बालक तथा बालिकाएं कुछ क्षेत्रों या योग्यताओं में अवश्य भिन्न हैं और इन क्षेत्रों में ये एक-दूसरे से आगे भी निकल जाते हैं। इसी आधार पर जन्मजात योग्यताओं के अधिकतम विकास के लिए विशेष शिक्षण रीति-नीति अपनाने की आवश्यकता है तथा अभाव के क्षेत्र को भी प्रबल करने के लिए विशेष पद्धतियों का आश्रय लेने की आवश्यकता है। एक अध्यापक को अध्यापक के नाते लिंग भेद आधारित भावना के विरुद्ध साहसिक कदम उठाना चाहिए। इसके साथ-साथ लड़के-लड़कियों के बीच पाए जाने वाले वास्तविक भेदों को भी पहचानना तथा उन्हें स्वीकार करना चाहिए। साथ ही साथ अध्ययन के समय उसी प्रकार की रीति-नीति का उपयोग करना चाहिए।

आज भी लड़कियों के प्रति सामाजिक दृष्टिकोण परंपरागत ही है। इसका महत्त्वपूर्ण प्रमाण उनके प्रति अपनाए जाने वाले व्यवहार और उनकी शिक्षा-दीक्षा के संबंध में देखने को मिलता है। यद्यपि ये बातें सभी जगह लागू नहीं होती किंतु यह प्रायः देखा जाता है। इस संबंध में भी वर्ग भेद पर्याप्त रूप से देखने को मिलता है। समाज के उच्च वर्ग की अपेक्षा निम्न वर्ग से आने वाली लड़कियों के संदर्भ में इस स्तर पर और भी भेद पाया जाता है। अनुसूचित जातियों, अनुसूचित जनजातियों तथा अन्य अभावग्रस्त व सुविधाविहीन सामाजिक स्तर से आने वाली लड़कियों को कुछ अन्य टिप्पणियों से भी दो-चार होना पड़ता है, जैसे- यह कि ये अभावग्रस्त परिवारों से हैं तथा यह कि ये आर्थिक दृष्टि से पिछड़े तथा दलित हैं। ऐसे में ये बातें उन्हें शैक्षिक तथा सामाजिक दृष्टिकोण से विकसित बनने में बाधा उत्पन्न करता है। इतना ही नहीं इस समुदाय के लोग यह भी सोचते हैं कि लड़कियों की पढ़ाई पर किए जाने वाले खर्च को यदि उनके विवाह पर खर्च किया जाए तो वह अधिक लाभप्रद और उपयोगी होगा। हालांकि वर्तमान में कई राज्य सरकारों ने लड़कियों की शिक्षा के लिए अनेक कल्याणकारी योजनाओं का शुभारंभ किया है फिर भी लड़कियों की एक बड़ी आबादी अभी भी विद्यालय तक नहीं पहुंच पाई है। ऐसे में लड़कियों की शिक्षा से संबंधित विभिन्न पहलुओं, यथा–सामाजिक, शैक्षिक एवं आर्थिक पर चिंतन करना शिक्षक का महत्त्वपूर्ण दायित्व बन जाता है।

अभ्यास प्रश्न

1. वैदिक काल में स्त्री-शिक्षा के प्रमाण स्वरूप निम्नांकित विदुषी महिला के नाम उल्लेखनीय है–

A. अपाला B. गार्गी
C. घोषा D. उपरोक्त सभी

2. अभिरुचि, अभिवृत्ति, उपलब्धि तथा लैंगिक कौन-सी विभिन्नताओं के क्षेत्र हैं?

A. व्यक्ति की आंतरिक विभिन्नताएँ
B. सामाजिक विभिन्नताएँ
C. वैयक्तिक विभिन्नताएँ
D. चारित्रिक विभिन्नताएँ

3. 'पुरुष स्त्रियों की अपेक्षा ज्यादा बुद्धिमान् होते हैं।' यह कथन

A. लैंगिक पूर्वाग्रह को प्रदर्शित करता है
B. बुद्धि के भिन्न पक्षों के लिए सही है
C. सही है
D. सही हो सकता है

4. लड़कियों को घर के काम-काज में अधिक ध्यान देने के लिए कहना किस को दर्शाता है?

A. रूढ़िबद्धता B. प्रगतिशील चिन्तन
C. मनोवैज्ञानिक चिन्तन D. मनोवैज्ञानिक प्रकृति

5. छात्र एवं छात्राओं के बीच लैंगिक प्रभावों को कम करने के लिए उपयुक्त उपाय है

(*i*) छात्राओं को छात्रों के समान अधिकार देना।
(*ii*) छात्राओं को छात्रों के समान कार्य के समान अवसर उपलब्ध कराना।
(*iii*) छात्राओं को छात्रों के समान शैक्षिक योग्यता की समानता उपलब्ध करना

A. केवल (*i*) B. केवल (*iii*)
C. केवल (*ii*) D. ये सभी

6. "भारत की 2011 की जनगणना (बाल्य आयु वर्ग) में लिंग अनुपात 2001 की जनगणना के अनुसार 927 से घटकर 914 ही रह गया है।" इसका सर्वाधिक प्रमुख कारण निम्नलिखित में से क्या हो सकता है?

A. लैंगिक भेदभाव
B. स्त्री शिक्षा को बढ़ावा देना
C. स्त्री-शिक्षा में कमी
D. स्त्रियों का खराब स्वास्थ्य

7. एक अच्छी पाठ्य-पुस्तक .... से बचाती है।

A. लैंगिक पूर्वाग्रह B. लैंगिक संवेदनशीलता
C. लैंगिक समानता D. सामाजिक उत्तरदायित्व

8. कक्षा-कक्ष में शिक्षक और विद्यार्थी किस प्रकार जेण्डर को .... करते हैं? यह सीखने के वातावरण ....।

A. परिभाषित; को कम प्रभावी बनाता है
B. व्याख्यायित; पर कोई प्रभाव नहीं डालता

C. निर्मित; पर प्रभाव नहीं डालता
D. रूपान्तरित; को क्षुब्ध करता है

9. सामाजिक भूमिकाओं के कारण न कि जीव वैज्ञानिक सम्पत्ति के कारण सौंपी गई विशिष्टताएँ .... कहलाती है।
A. जेंडर भूमिका रूढ़िबद्धता
B. जेंडर भूमिका दबाव
C. जेंडर भूमिका अभिवृत्ति
D. जेंडर भूमिका नेदानिकी

10. समाजीकरण में सम्मिलित हैं–सांस्कृतिक संचरण और .... ।
A. संवेगात्मक समर्थन उपलब्ध कराना
B. बच्चों को लेबलों में समायोजित करना
C. वैयक्तिक व्यक्तित्व विकास
D. विद्रोहियों को निरूत्साहित करना

11. विद्यालय में लिंग भेदभाव से बचने का सर्वोत्तम तरीका हो सकता है
A. विद्यालय में लिंग भेदभाव को दूर करने के लिए नियम बनाना और कड़ाई से उसका पालन करवाना
B. संगीत प्रतियोगिता के लिए लड़कियों की अपेक्षा लड़कों का चयन करना
C. शिक्षकों द्वारा उनके लिंग-पक्षपातपूर्ण व्यवहारों का अधिसंज्ञान
D. पुरूष एवं महिला शिक्षकों को समान संख्या में भर्ती करना

12. छात्राओं के निजी संसार पर किसका प्रभाव पड़ता है?
(*i*) सामाजिक मान्यताओं का
(*ii*) लैंगिक भेद-भाव का
(*iii*) परिवार में उनके स्थान का
A. केवल (*iii*) B. केवल (*i*)
C. (*ii*) एवं (*i*) D. ये सभी

13. विज्ञान के प्रयोगों में, सामान्यतः लड़के उपकरणों का नियंत्रण अपने हाथों में लेते हैं और लड़कियों से आँकड़ों को रिकॉर्ड करने अथवा बर्तनों को धोने के लिए कहते हैं। यह प्रकृति यह दर्शाती है कि–
A. लड़कियाँ बेहतरीन अवलोकनकर्ता होती हैं और बिना किसी गलती के आँकड़ों का रिकॉर्ड रखती हैं
B. पुरूष और स्त्री की रूढ़िबद्ध भूमिकाएँ विद्यालय में भी होती है
C. लड़के उपकरणों को ज्यादा कुशलता से सम्भाल सकते हैं क्योंकि वे इस प्रकार के कार्यों को करने में प्राकृतिक रूप से सक्षम होते हैं
D. लड़कियाँ नाजुक होने के कारण ऐसे काम करना पसन्द करती हैं, जिनमें ऊर्जा की खपत कम होती है

14. मोनिका, जो गणित की शिक्षिका है, पूजा से एक प्रश्न पूछती है। पूजा से कोई उत्तर न मिलने पर वह तुरन्त करन से दूसरा प्रश्न पूछती है। जब उसे महसूस होता है कि करन उत्तर बनाने में संघर्ष कर रहा है, तो वह अपने प्रश्न के शब्दों को बदलती है। मोनिका की यह प्रवृत्ति यह प्रदर्शित करती है कि वह
A. इस तथ्य से पूर्णतः परिचित है कि पूजा सवालों के जवाब देने के योग्य नहीं है
B. अपने सवाल के प्रति थोड़ा घबरा गई है
C. पूजा को किसी उलझनपूर्ण स्थिति में नहीं डालना चाह रही है
D. करन का पक्ष लेकर लिंग भूमिकाओं में रूढ़िबद्धता को बढ़ावा दे रही है

15. कक्षा में जेंडर रूढ़िबद्धता से बचने के लिए एक शिक्षक को
A. लड़के-लड़कियों को एकसाथ अपारम्परिक भूमिकाओं में रखना चाहिए
B. लड़कों को जोखिम उठाने और निर्भीक बनने के लिए प्रोत्साहित करना
C. कुश्ती में भाग लेने के लिए लड़कियों को निरूत्साहित करना
D. 'अच्छी लड़की', 'अच्छा लड़का' कहकर शिक्षार्थियों के अच्छे कार्य की सराहना करनी चाहिए

16. राज्य स्तर की एक एकल-गायन प्रतियोगिता के लिए विद्यार्थियों को तैयार करते समय, एक विद्यालय लड़कियों को वरीयता देता है। यह दर्शाता है–
A. प्रगतिशील चिन्तन B. लैंगिक पूर्वाग्रह
C. वैश्विक प्रवृत्तियाँ D. प्रयोजनात्मक उपागम

17. पूर्व माध्यमिक कक्षाओं में छात्राएँ, छात्रों की अपेक्षा अधिक कुशल होती हैं–
A. पठन गति में B. बुद्धि में
C. शैक्षिक अभिक्षमता में D. ये सभी

18. एक अध्यापक को अपनी शैक्षिक क्रियाओं के अभियोजन के समय जातीय भेदभाव के सन्दर्भ में अपनी शिक्षण प्रक्रिया में क्या अपनाना चाहिए?
A. कठोरता व लचीलापन दोनों
B. न कठोरता न ही लचीलापन
C. लचीलापन
D. कठोरता

19. लैंगिक भेदभाव को दूर करने के लिए शिक्षा व्यवस्था में आवश्यक उपाय है
A. छात्र-छात्राओं के लिए विशिष्ट प्रावधान
B. छात्र-छात्राओं के लिए समान प्रावधान
C. छात्र-छात्राओं के लिए असमान प्रावधान
D. उपरोक्त में से कोई नहीं

20. आदिवासी जाति की छात्राओं के शिक्षण में आने वाली प्रमुख समस्या है
A. उनका उच्च सामाजिक स्तर

B. उनका मजबूत आर्थिक स्तर
C. सुविधाओं की अपर्याप्तता
D. उपरोक्त में से कोई नहीं

21. एक अध्यापक को अपनी कक्षा में निम्न में से किस तथ्य को नकारना चाहिए?
A. छात्र-छात्राओं के व्यवहार सम्बन्धी विकारों को
B. छात्र-छात्राओं के झगड़ों से सम्बन्धित मुद्दों को
C. छात्र-छात्राओं के पठन सम्बन्धी विकारों को
D. छात्र-छात्राओं के मध्य लैंगिक भेदभाव को

22. किसी व्यक्ति की व्यक्तिगत विभिन्नता के क्षेत्र हैं
A. शारीरिक संरचना
B. मानसिक योग्यताएँ
C. लिंग भेद
D. उपरोक्त सभी

उत्तरमाला

1	2	3	4	5	6	7	8	9	10
D	C	A	A	D	A	A	C	A	C
11	**12**	**13**	**14**	**15**	**16**	**17**	**18**	**19**	**20**
C	D	B	D	A	B	A	C	B	C
21	**22**								
D	D								

8. अधिगम का मूल्यांकन (Evaluation of Learning)

चूंकि शिक्षा का संबंध बच्चे के सर्वांगीण विकास (शारीरिक, सामाजिक, बौद्धिक एवं भावनात्मक आदि) से है। इसलिए बच्चे के विकास के सभी पहलुओं को आंके जाने की आवश्यकता है। वर्तमान समय में हम बच्चे को पूरे रूप में नहीं आंकते, बल्कि विशिष्ट क्षेत्रों में केवल उसकी शैक्षिक उपलब्धियों का मूल्यांकन करते हैं। हम शिक्षार्थी का मूल्यांकन बुनियादी रूप से उसके परीक्षा परिणामों के आधार पर करते हैं। हम सीखने के लिए किए गए प्रयास, कार्य निष्पादन, अभिवृत्तियों का और जो कुछ सीखा गया है, उसका उपयोग विभिन्न स्थितियों में करने की योग्यता का मूल्यांकन नहीं करते और न ही हम उनका मूल्यांकन इस आधार पर करते हैं कि वे तकनीकें कितनी प्रभावकारी रूप से कार्य करती हैं अथवा विभिन्न सिद्धांतों का मूल्यांकन कितने विवेचनात्मक ढंग से करते हैं।

इस प्रक्रिया के स्वरूप को अधिक व्यापक बनाने के लिए महत्त्वपूर्ण है कि बच्चे की शिक्षा-प्राप्ति का निर्धारण कक्षा के अंदर और बाहर हर प्रकार की स्थितियों और वातावरण में किया जाए। यह जरूरी है कि मूल्यांकन की प्रक्रिया सूचना प्रदान करने के तरीके और उस प्रत्युत्तर (Feedback) का भाग हो कि स्कूल और अध्यापक शिक्षा के प्रत्याशित परिणाम प्राप्त करने में किस हद तक सफल हुए हैं।

विद्यालय आधारित मूल्यांकन (School Based Evaluation)

विद्यालय आधारित मूल्यांकन विद्यालय शिक्षा बोर्डों द्वारा ली जाने वाली परीक्षाओं के विपरीत, स्कूल स्तर पर किया जाता है। यह मूल्यांकन विद्यालय द्वारा विकसित अनुसूची और बोर्ड द्वारा जारी किए गए मार्ग-निर्देशों के अनुसार अध्यापकों द्वारा किया जाता है। यद्यपि यह मूल्यांकन हमेशा विद्यालय के स्तर पर किया जाता रहा है, किंतु इस प्रणाली में कुछ त्रुटियां उत्पन्न हो गई हैं। इन त्रुटियों के मुख्य कारण निम्न हो सकते हैं :

(*i*) मूल्यांकन के स्थान एवं शिक्षा की प्रक्रिया में इसके महत्त्व के बारे में अध्यापकों की गलत धारणा।

(*ii*) बाह्य परीक्षा की प्रथा का अनुकरण जो सामान्य रूप से सत्र के अंत में ली जाती है।

वर्तमान दौर में मूल्यांकन की विद्यालय-आधारित प्रणाली में, मूल्यांकन के प्रयोजन का केंद्र-बिंदु बदल गया है। अब इसमें तत्परता परीक्षण, विकास की जांच परख, संज्ञानात्मक, भावात्मक और मनो-प्रेरक क्षेत्रों में कार्य निष्पादन का बार-बार सुनियोजित और प्रभावकारी तरीके से मूल्यांकन किया जाना शामिल है।

अन्य शब्दों में, विद्यालय-आधारित मूल्यांकन बाल-केंद्रित, विद्यालय-केंद्रित और बहुआयामी मूल्यांकन होता है। यह सही मायने में शिक्षार्थी के सर्वतोमुखी विकास का सूत्रपात करता है। यह विद्यालय के अंदर और विद्यालय के बाहर दोनों जगहों पर जीवन में सभी प्रकार की शिक्षा प्राप्ति को प्रोत्साहित करता है। यह बाल-केंद्रित होता है, क्योंकि यह विकास के वैयक्तिक स्वरूप की दृष्टि से विद्यार्थी को एक अद्वितीय अस्तित्व मानता है। यह अपनी शिक्षा के पहले से निर्धारित लक्ष्यों और उद्देश्यों को प्राप्त करने के लिए शिक्षार्थी का एक अलग व्यक्तित्व के रूप में, अन्य शिक्षार्थियों की तुलना में केवल उसकी स्थिति के रूप में नहीं बल्कि प्रत्येक बच्चे की अपनी वैयक्तिक योग्यताओं, प्रगति और विकास के आधार पर निर्माण करता है।

विद्यालय आधारित मूल्यांकन की विशेषताएं (Characteristics of School Based Evaluation)

I. विद्यार्थी से संबद्ध विशेषताएं

(*i*) यह पारंपरिक प्रणाली से अधिक विस्तृत, अधिक व्यापक और सतत होता है।

(*ii*) इसका मुख्य लक्ष्य शिक्षार्थी को सुनियोजित अधिगम और विकास की ओर उन्मुख करने में सहायता देना होता है।

(*iii*) यह भविष्य के जिम्मेदार नागरिक के रूप में शिक्षार्थी की आवश्यकताओं का ध्यान रखता है।

(*iv*) यह अधिक पारदर्शी, भविष्यात्मक और शिक्षार्थियों, अध्यापकों और माता-पिता के बीच सहयोजन की अधिक गुंजाइश मुहैया कराने वाला होता है।

(*v*) यह शिक्षार्थी को अपनी क्षमता का बेहतर तरीके से उपयोग करने में सहायता देता है।

II. अध्यापक से संबद्ध विशेषताएं

विद्यालय आधारित प्रणाली में अध्यापकों को अपने विद्यार्थियों के बारे में निम्नलिखित बातें जानने का अवसर मिलता है–

(*i*) वे क्या सीखते हैं?

(*ii*) वे कैसे सीखते हैं?

(*iii*) इकट्ठा सीखने में उन्हें किस प्रकार की कठिनाइयों अथवा सीमाओं का सामना करना पड़ता है?

(*iv*) बच्चे क्या सोचते हैं?

(*v*) बच्चे क्या महसूस करते हैं?

(*vi*) उनकी रुचियां और प्रवृत्तियां क्या हैं?

(*vii*) यह अध्यापकों को ऐसे तरीकों को ढूंढने के लिए पैनी दृष्टि प्रदान करता है, जो अलग-अलग शिक्षार्थियों के लिए अपनी समस्याओं और कठिनाइयों का समाधान करने में सहायक सिद्ध हो सकते हैं।

सतत् और व्यापक मूल्यांकन (CCE)

सतत् और व्यापक मूल्यांकन का तात्पर्य विद्यार्थियों के विद्यालय आधारित मूल्यांकन की उस प्रणाली के बारे में है, जिसमें विद्यार्थियों के विकास के सभी पहलुओं की ओर ध्यान दिया जाता है।

'सतत्' शब्द का उद्देश्य इस बात पर बल देना है कि बच्चों की 'संवृद्धि और विकास' के अभिज्ञात पहलुओं का मूल्यांकन एक घटना होने के बजाए एक सतत् प्रक्रिया है, जो अध्यापन-शिक्षा-प्राप्ति की संपूर्ण प्रक्रिया के अंदर निर्मित है और शैक्षिक सत्र की समूची अवधि में फैली होती है। इसका अर्थ है निर्धारण की नियमितता, यूनिट परीक्षण की आवृत्ति, शिक्षा-प्राप्ति की कमियों का निदान, सुधारात्मक उपायों का उपयोग, पुनः परीक्षण और अध्यापकों और छात्रों के स्व-मूल्यांकन के लिए उन्हें घटनाओं के प्रमाण का फीडबैक।

'व्यापक' का अर्थ है कि यह योजना विद्यार्थियों की संवृद्धि और विकास के शैक्षिक और सह-शैक्षिक दोनों क्षेत्रों को समाहित करने का प्रयास करती है। चूंकि योग्यताएं, अभिवृत्तियां और अभिरुचियां अपने आपको लिखित शब्दों से भिन्न अन्य रूपों में प्रकट करती हैं, इसलिए इस शब्द में विभिन्न प्रकार के साधनों और तकनीकों (परीक्षण और गैर-परीक्षण) के उपयोग और शिक्षा-प्राप्ति के क्षेत्रों में शिक्षार्थियों के विकास को आंकने के लक्ष्यों का उल्लेख किया गया है, यथा–

(*i*) ज्ञान,
(*ii*) समझना/बोध,
(*iii*) अनुप्रयोग,
(*iv*) विश्लेषण,
(*v*) मूल्यांकन और
(*vi*) सृजन।

इस प्रकार स्पष्ट है कि सतत एवं व्यापक मूल्यांकन एक पाठ्यचर्या संबंधी पहल है, जिसमें परीक्षण के स्थान पर संपूर्णवादी शिक्षा प्राप्ति पर जोर दिए जाने का प्रयास किया जाता है। इसका लक्ष्य अच्छे स्वास्थ्य, उपयुक्त कौशलों और वांछनीय गुणवत्ता वाले और इसके अलावा शैक्षिक उत्कृष्टता वाले अच्छे नागरिकों का निर्माण करना है।

सतत एवं व्यापक मूल्यांकन का उद्देश्य (Objective of Continuous and Comprehensive Evaluation (CCE))

(*i*) संज्ञानात्मक, मनोप्रेरक (साइकोमोटर) और प्रभावकारी कौशलों का विकास करने में सहायता देना।

(*ii*) चिंतन की प्रक्रिया पर जोर देना और कंठस्थ करने पर बल न देना।

(*iii*) मूल्यांकन को अध्यापन-शिक्षा-प्राप्ति की प्रक्रिया का अभिन्न अंग बनाना।

(*iv*) मूल्यांकन का उपयोग नियमित निदान और उसके बाद उपचारात्मक अनुदेश के आधार पर विद्यार्थियों की उपलब्धियों और अध्यापन-शिक्षा-प्राप्ति की कार्यनीतियों में सुधार करने के लिए करना।

(*v*) कार्य-निष्पादन का वांछित स्तर बनाए रखने के लिए मूल्यांकन का उपयोग एक गुणवत्ता नियंत्रण साधन के रूप में करना।

(*vi*) किसी कार्यक्रम की सामाजिक उपयोगिता, वांछनीयता अथवा प्रभावकारिता निर्धारित करना और शिक्षार्थी, शिक्षा-प्राप्ति की प्रक्रिया और शिक्षा-प्राप्ति के वातावरण के बारे में उपर्युक्त निर्णय लेना।

(*vii*) अध्यापन और शिक्षा-प्राप्ति की प्रक्रिया को शिक्षार्थी-केंद्रित क्रियाकलाप बनाना।

अधिगम का मूल्यांकन (Learning Evaluation)

अधिगम के मूल्यांकन में उपलब्ध प्रमाणों के साथ कार्य करना शामिल है, जो स्टाफ और व्यापक मूल्यांकन समुदाय को विद्यार्थियों की प्रगति की जांच करने और इस सूचना का अनेक तरीकों से इस्तेमाल करने में समर्थ बनाता है। मूल्यांकन के दो स्तर हैं– (*i*) रचनात्मक मूल्यांकन (Formative Assessment) एवं (*ii*) सारांशात्मक मूल्यांकन (Summative Assessment)।

(*i*) **रचनात्मक मूल्यांकन (Formative Assessment) :** इस मूल्यांकन को सीखने/अधिगम का मूल्यांकन भी कहा जाता है। इसका उपयोग अध्यापक द्वारा विद्यार्थी की प्रगति को एक ऐसे वातावरण में मॉनीटर करने के लिए किया जाता है, जो घबड़ाहट पैदा करने वाला न हो और प्रोत्साहन देने वाला हो। इसमें विद्यार्थी को नियमित प्रत्युत्तर मुहैया कराना और उसे अपने कार्य-निष्पादन पर विचार करने, सलाह प्राप्त करने और उसमें सुधार करने का अवसर प्रदान करना शामिल है। इसमें विद्यार्थियों को स्व-मूल्यांकन करने अथवा अपने समकक्षों का मूल्यांकन करने की कसौटियां तय करने के एक आवश्यक भाग के रूप में शामिल किया जाता है। यदि इसे प्रभावकारी रूप से उपयोग में लाया जाए तो यह बच्चे के आत्म-सम्मान को बढ़ाते हुए और अध्यापक के कार्य भार को घटाकर, विद्यार्थी के कार्य निष्पादन में जबरदस्त सुधार कर सकता है।

इस प्रकार, रचनात्मक मूल्यांकन कार्य-संपादन अथवा शिक्षा प्रदान करने की प्रक्रियाओं और शिक्षा-प्राप्ति के क्रियाकलापों में उपयुक्त संशोधन करने के बारे में निर्णय लेने के लिए अध्यापकों और विद्यार्थियों दोनों को निरंतर प्रत्युत्तर (Feedback) मुहैया कराने के लिए शिक्षा की अवधि के दौरान किया जाता है।

रचनात्मक मूल्यांकन की विशेषताएं :

(*a*) यह नैदानिक एवं उपचारात्मक है।

(b) यह प्रभावकारी प्रत्युत्तर की व्यवस्था करता है।

(c) यह विद्यार्थियों को स्वयं अपनी शिक्षा प्राप्ति में सक्रिय रूप से शामिल होने के लिए मंच उपलब्ध कराता है।

(d) यह अध्यापकों को मूल्यांकन के परिणाम को ध्यान में रखते हुए उन्हें अध्यापन को समायोजित करने में समर्थ बनाता है।

(ii) **सारांशात्मक मूल्यांकन (Summative Assessment) :** यह मूल्यांकन शिक्षा पाठ्यक्रम के समाप्त होने पर किया जाता है। सारांशात्मक मूल्यांकन यह मापता अथवा जोड़ता है कि विद्यार्थी ने पाठ्यक्रम से क्या सीखा है। यह मुख्य रूप से एक श्रेणीकृत (Graded) परीक्षण होता है, अर्थात् इसमें एक पैमाने के अनुसार अथवा ग्रेडों के एक सेट के अनुसार अंक दिए जाते हैं।

वह मूल्यांकन, जो मुख्यतः सारांशात्मक प्रकृति का होगा, अपने आप में बच्चे की संवृद्धि और उसके विकास का कोई संगत एवं युक्तिसंगत पैमाना नहीं होगा। अधिक-से-अधिक यह एक समय-विशेष पर उपलब्धि के स्तर को प्रमाणित करता है। कागज-पेंसिल परीक्षण बुनियादी रूप से निर्धारण अथवा मूल्यांकन का एक-एक बार अपनाया जाने वाला तरीका है और किसी बच्चे के विकास के बारे में केवल इसका सहारा लेना न केवल अनुचित है, बल्कि अवैज्ञानिक भी है। केवल शैक्षिक पहलुओं पर ध्यान देते हुए परीक्षा में प्राप्त अंक पर बहुत जोर देने से, बच्चे यह मान लेते हैं कि मूल्यांकन (निर्धारण) शिक्षा प्राप्ति से भिन्न है, जिसका परिणाम 'सीखो और भूल जाओ' लक्षण होता है। सारांशात्मक मूल्यांकन प्रणाली पर आवश्यकता से अधिक जोर देने से अस्वास्थ्यकर प्रतियोगिता को प्रोत्साहन मिलने के अलावा शिक्षार्थियों पर बहुत अधिक दबाव पड़ता है और उनमें चिंता उत्पन्न होती है। इसी कारण से सतत् और व्यापक विद्यालय आधारित मूल्यांकन संकल्पना का प्रादुर्भाव हुआ है।

सारांशात्मक मूल्यांकन की विशेषताएं :

(a) शिक्षा-प्राप्ति का निर्धारण।

(b) सामान्य रूप से विद्यार्थियों द्वारा किसी यूनिट अथवा सेमेस्टर के समाप्त होने पर उसका सारांश प्रदर्शित करने के लिए किया जाता है, जो उन्होंने सीखा हो अथवा न सीखा हो।

(c) इस मूल्यांकन के तरीके अधिकतर विद्यार्थियों के कार्य का मूल्यांकन करने के पारंपरिक तरीके होते हैं।

अधिगम के मूल्यांकन की विशेषताएं (Characteristics of Learning Evaluation)

(i) यह मूल्यांकन शिक्षा-प्राप्ति के बाद किया जाता है।

(ii) सूचना अध्यापक द्वारा एकत्र की जाती है।

(iii) सूचना को सामान्य रूप से अंकों अथवा ग्रेडों में रूपांतरित किया जाता है।

(iv) अन्य विद्यार्थियों के कार्य-निष्पादन के साथ तुलना की जाती है।

(v) इसके पहले प्राप्त की गई शिक्षा पर नजर डालता है।

अधिगम के अच्छे मूल्यांकन के मानदंड (Norms of Good Learning Evaluation)

(i) वे युक्तिसंगत होते हैं (ठोस मानदंडों पर आधारित)।

(ii) वे विश्वसनीय होते हैं (मूल्यांकन और पद्धति का सही होना)।

(iii) वे तुलनीय होते हैं (जब उनकी तुलना अन्य विभागों अथवा विद्यालयों में की गई जांच-परख से की जाती है, तो वे ठीक पाए जाते हैं)।

अधिगम के मूल्यांकन के प्रयोजन/उद्देश्य (Objective of Learning Evaluation)

अधिगम के मूल्यांकन का सार यह है कि सारांशात्मक मूल्यांकन को किसी विशेष समय पर विषय-वस्तु के मानदंडों की तुलना में विद्यार्थी की शिक्षा को मापने का एक साधन समझा जाए।

सतत् और व्यापक मूल्यांकन की विशेषताएं (Characteristics of CCE)

(i) सतत् और व्यापक मूल्यांकन में 'सतत्' पहलू के तहत मूल्यांकन के 'सतत्' और 'आवधिक' पहलू का ध्यान रखा जाता है।

(ii) निरंतरता का अर्थ है शिक्षा के प्रारंभ में विद्यार्थियों का निर्धारण या स्थापन मूल्यांकन और शिक्षण प्रक्रिया के दौरान रचनात्मक मूल्यांकन, जो मूल्यांकन की बहुविध तकनीकों का उपयोग करके अनौपचारिक रूप से किया जाता है।

(iii) नियतकालिकता का अर्थ है कार्य-निष्पादन का मूल्यांकन जो यूनिट/अवधि के समाप्त होने पर बार-बार किया जाता है (सारांशात्मक)।

(iv) सतत् और व्यापक मूल्यांकन का 'व्यापक' संघटक बच्चे के व्यक्तित्व के सर्वतोमुखी विकास के निर्धारण का ध्यान रखता है। इसमें विद्यार्थियों के विकास के शैक्षिक और इसके अलावा सह-शैक्षिक पहलुओं का निर्धारण शामिल है।

(v) शैक्षिक पहलुओं में पाठ्यक्रम के क्षेत्र अथवा विषय-सापेक्ष क्षेत्र शामिल होते हैं, जबकि सह-शैक्षिक पहलुओं में जीवन-कौशल, सह-पाठ्यचर्या अभिवृत्तियां और मूल्य शामिल होते हैं।

(vi) शैक्षिक क्षेत्रों में निर्धारण, निरंतर और नियतकालिक रूप में मूल्यांकन की बहुविध तकनीकों का इस्तेमाल करके

अनौपचारिक और औपचारिक रूप से किया जाता है। नैदानिक मूल्यांकन यूनिट/परीक्षा के समाप्त होने पर किया जाता है। कुछ यूनिटों में घटिया कार्य निष्पादन के कारणों का पता नैदानिक परीक्षणों का उपयोग करते हुए लगाया जाता है। इसके बाद उपयुक्त रूप से हस्तक्षेप किया जाता है और कार्रवाई की जाती है और तत्पश्चात् पुनः परीक्षण किए जाते हैं।

(*vii*) सह-शैक्षिक क्षेत्रों में निर्धारण निर्धारित मानदंडों के आधार पर बहुविध तकनीकों का इस्तेमाल करते हुए किया जाता है, जब जीवन-कौशलों का मूल्यांकन, मूल्यांकन के सूचकों और जांच सूचियों के आधार पर किया जाता है।

सतत् और व्यापक मूल्यांकन : विचार एवं व्यवहार (CCE : Thought and Behaviour)

अध्यापन-शिक्षा-प्राप्ति प्रक्रिया में, मूल्यांकन से शैक्षिक और सह-शैक्षिक पहलुओं का ध्यान रखने की अपेक्षा की जाती है। यदि कोई किसी क्षेत्र में कमजोर है तो नैदानिक मूल्यांकन किया जाना चाहिए और उपचारी उपाय अपनाए जाने चाहिए। सतत् मूल्यांकन समय-समय पर बच्चे, अध्यापकों और माता-पिता को उपलब्धि के बारे में जागरूक बनाने में सहायता देता है। यदि उपलब्धि में कोई कमी हुई हो तो वे उसके संभावित कारणों की जांच कर सकते हैं और शिक्षा के उस क्षेत्र में जिसमें अधिक जोर देने की आवश्यकता हो उपचारी उपाय कर सकते हैं।

बहुत बार ऐसा होता है कि कुछ वैयक्तिक कारणों, पारिवारिक समस्याओं अथवा समायोजन की समस्याओं के कारण बच्चे अपने अध्ययन की उपेक्षा करना शुरू कर देते हैं जिसके परिणामस्वरूप उनकी उपलब्धि में अचानक गिरावट आ जाती है। यदि अध्यापक, बच्चे और माता-पिता को उपलब्धि में अचानक आई गिरावट का पता न चले तो बच्चे द्वारा अपने अध्ययन की उपेक्षा लंबे समय तक की जाती रहती है और इसके परिणामस्वरूप उपलब्धि घटिया हो जाती है और बच्चे की शिक्षा-प्राप्ति में स्थायी रूप से त्रुटि रह जाती है।

सतत् और व्यापक मूल्यांकन का मुख्य जोर विद्यार्थियों की निरंतर संवृद्धि पर और उनका बौद्धिक, भावनात्मक, शारीरिक, सांस्कृतिक और सामाजिक विकास सुनिश्चित करने पर होता है और इसलिए यह विद्यार्थी की केवल शैक्षिक उपलब्धियों को आंकने तक सीमित नहीं होगा। इस मूल्यांकन का उपयोग शिक्षार्थियों को अन्य कार्यक्रमों के लिए अभिप्रेरित करने, सूचना प्रदान करने, प्रत्युत्तर (Feedback) की व्यवस्था करने और शिक्षा-प्राप्ति में सुधार करने के लिए अनुवर्ती कार्रवाई करने और शिक्षार्थी के विवरणों की एक व्यापक तस्वीर प्रस्तुत करने के एक साधन के रूप में करता है।

सतत् और व्यापक मूल्यांकन के महत्त्वपूर्ण कार्य (Important Functions of CCE)

(*i*) यह अध्यापक को प्रभावकारी कार्यनीतियां आयोजित करने में सहायता देता है।

(*ii*) सतत् और व्यापक मूल्यांकन शिक्षार्थी की प्रगति की सीमा और मात्रा को नियमित रूप से आंकने में सहायता देता है (विशिष्ट शैक्षिक और सह-शैक्षिक क्षेत्रों के संदर्भ में योग्यता और उपलब्धि)।

(*iii*) सतत् और व्यापक मूल्यांकन कमजोरियों का निदान करने का कार्य करता है और अध्यापक को अलग-अलग शिक्षार्थियों की शक्तियों और कमजोरियों और उसकी आवश्यकताओं का पता लगाने में सहायता देता है। यह अध्यापक को तत्काल प्रत्युत्तर (Feedback) मुहैया कराता है, जो यह फैसला कर सकता है कि कोई विशेष यूनिट अथवा संकल्पना समूची कक्षा को फिर से पढ़ाए जाने की आवश्यकता है अथवा केवल कुछ शिक्षार्थियों को उपचारी शिक्षा की आवश्यकता है।

(*iv*) सतत् और व्यापक मूल्यांकन के द्वारा, बच्चे अपनी शक्तियों और कमजोरियों को जान सकते हैं। यह बच्चों को अध्ययन की अच्छी आदतें विकसित करने, गलतियों को सुधारने और क्रियाकलापों को वांछित लक्ष्य प्राप्त करने की दिशा में मोड़ने के लिए अभिप्रेरित कर सकता है। इससे शिक्षार्थी को शिक्षा के उन क्षेत्रों को निर्धारित करने में सहायता मिलती है, जिनमें अधिक जोर दिए जाने की आवश्यकता हो।

(*v*) सतत् और व्यापक मूल्यांकन अभिरुचियों और प्रवृत्ति वाले क्षेत्र अभिज्ञात करता है। यह अभिवृत्तियों और मूल्य प्रणालियों में होने वाले परिवर्तनों का पता लगाने में सहायता देता है।

(*vi*) यह विषयों, पाठ्यक्रमों और जीवनवृतियों (Carrier) के चुनाव के बारे में, भविष्य के लिए फैसला करने में सहायता देता है।

(*vii*) यह शैक्षिक और सह-शैक्षिक क्षेत्रों में विद्यार्थियों की प्रगति के बारे में सूचना/रिपोर्ट देता है और इस प्रकार शिक्षार्थी की भावी सफलताओं के बारे में पूर्वानुमान लगाने में सहायता देता है।

शिक्षार्थी के पढ़ाई स्तर के मूल्यांकन के लिए उचित प्रश्न-पत्र की आवश्यकता (Need of Right Question-paper for Evaluating the Student)

किसी भी शिक्षार्थी के पढ़ाई के स्तर की जांच में एक अच्छे प्रश्न-पत्र की महत्त्वपूर्ण भूमिका होती है। इस प्रश्न-पत्र के माध्यम से ही शिक्षक शिक्षार्थियों के विकास का मूल्यांकन करता है। एक प्रश्न-पत्र के निम्न कार्य होते हैं–

(*i*) यह उच्च उपलब्धि प्राप्त छात्रों एवं निम्न उपलब्धि प्राप्त छात्रों के बीच अंतर स्पष्ट करता है।

(*ii*) यह प्राप्तांकों के आधार पर शिक्षार्थी के वर्गीकरण में सहायक होता है।

(*iii*) यह शिक्षार्थी के शैक्षिक-प्रारूप का संपूर्णता में मूल्यांकन करने का महत्त्वपूर्ण माध्यम है।

उपर्युक्त बातों से स्पष्ट है कि प्रश्न-पत्र एक शिक्षार्थी के मूल्यांकन प्रक्रिया का महत्त्वपूर्ण अंग है। प्रश्न-पत्र निर्माण में कुछ खास बातों का ध्यान आवश्यक है, यथा– प्रश्न-पत्र अपने पूर्व निर्धारित प्रकार्यों पर खरा उतरे, प्रश्न-पत्र एक सृजनात्मक कार्य है। अतः एक निर्धारित योजना के अनुसार प्रश्नों का संकलन करना चाहिए।

परंपरागत प्रश्न-पत्र के दोष (Errors in Traditional Question Paper)

एक अच्छे प्रश्न-पत्र का निर्माण काफ़ी श्रम-साध्य, समयबद्ध एवं सुनियोजित प्रक्रिया है। वर्तमान में अध्यापक जो प्रश्न-पत्र तैयार करते हैं वह प्रायः पारंपरिक प्रश्नों का ही अनुसरण करते हैं। इन पारंपरिक प्रश्नों में कमियां पाई जाती है। पारंपरिक प्रश्नों में निम्न प्रकार की कमियां पाई जाती हैं–

(*i*) पारंपरिक प्रश्न-पत्रों में घिसे-पिटे प्रश्नों की अधिकता रहती है। ये प्रश्न प्रायः निबंधात्मक एवं पाठ्य-पुस्तकोन्मुखी होते हैं। इस प्रकार के प्रश्न छात्रों की समस्याओं व उनकी वास्तविक क्षमताओं का मूल्यांकन करने में सक्षम साबित नहीं होते।

(*ii*) पारंपरिक प्रश्नों का प्रकार निबंधात्मक होने से प्रश्नों की संख्या कम होती है जिससे वे पाठ्यक्रम का अधिकांश भाग पूरा नहीं कर पाते।

(*iii*) कुछ प्रश्न ऐसे होते हैं जिनसे विद्यार्थियों में जानकारियों का स्मरण तथा कंठस्थ करने की प्रवृत्ति को बढ़ावा मिलता है। ऐसे प्रश्नों में पाठ्यक्रम समग्र रूप से समाहित नहीं होते। साथ ही ऐसे प्रश्न छात्रों की समझ और कौशल की जांच करने में समर्थ नहीं होते।

(*iv*) 'व्याख्या करें', 'स्पष्ट करें', 'आप क्या जानते हैं', 'संक्षिप्त टिप्पणी लिखिए', 'संक्षिप्त विवरण दें', विवेचना करें' आदि जैसे निर्देशक शब्द किसी भी प्रश्न-पत्र को अस्पष्ट बना देते हैं। ऐसे प्रश्नों में छात्र प्रायः यह निश्चित नहीं कर पाते कि क्या उत्तर देना है। परीक्षक स्वयं छात्रों से पूछे गए प्रश्नों के स्वरूप के बारे में असमंजस में रहते हैं। समान प्रकृति के प्रश्नों के लिए विभिन्न परीक्षकों द्वारा छात्रों को दिए गए अंकों में बहुत भिन्नता होती है। ऐसे में परीक्षा में छात्र का मूल्यांकन दोषपूर्ण हो जाता है।

(*v*) पारंपरिक प्रश्नों में प्रतीकों और आकृतियों के परिकलन (Calculation) और भौतिक कौशल पर अत्यधिक बल रहता है जबकि गणितीय ज्ञान और उनके अनुप्रयोग आदि से संबद्ध प्रश्नों पर एकदम ध्यान नहीं दिया जाता है।

(*vi*) पारंपरिक प्रश्नों में बहुधा विकल्प भी दिए जाते हैं और कहा जाता है कि सभी प्रश्नों के अंक समान तथा छात्र 10 या 12 प्रश्नों में से कोई 5 या 6 प्रश्न कर सकते हैं। इससे छात्रों में केवल चुने गए महत्त्वपूर्ण विषयों की तैयारी करने की प्रवृत्ति विकसित होती है तथा शेष को बिना किसी खतरे के छोड़ देने की स्वतंत्रता मिलती है।

प्रश्न-पत्रों के दोषों को दूर करने के उपाय (Solution for Removing Errors in Question Papers)

(*i*) निर्देशात्मक प्रकृति के प्रश्नों में अस्पष्टता नहीं होनी चाहिए।

(*ii*) अंक देने की प्रक्रिया वस्तुनिष्ठ होनी चाहिए। इसके लिए परीक्षकों को कुंजी (Key) तथा अंक देने की योजना भी उपलब्ध कराई जानी चाहिए।

(*iii*) प्रश्न-पत्र को इस तरह से तैयार किया जाना चाहिए कि छात्रों का विभिन्न कोणों से मूल्यांकन किया जा सके।

(*iv*) प्रश्नों को तैयार करने में उसकी भाषा की सरलता तथा स्पष्टता का विशेष ध्यान रखा जाना चाहिए ताकि विद्यार्थी को यह पता चले कि प्रश्न के उत्तर में क्या लिखना है।

(*v*) प्रश्न लघु-उत्तरीय प्रकार (Short Answer Type) और अति लघु-उत्तरीय प्रकार (Very Short Answer Type) का होना चाहिए। इससे पूरे पाठ्यक्रम से प्रश्न पूछने में सहूलियत होती है और छात्रों में समग्र अध्ययन की प्रवृत्ति का विकास होता है। कुछ निबंधात्मक प्रकार (Essay Type) के प्रश्न भी पूछे जा सकते हैं।

(*vi*) निम्नलिखित में से किन्हीं 5 या 6 प्रश्न का उत्तर दीजिए जैसे प्रकार के प्रश्न पूछने से बचना चाहिए। यदि जरूरी है तो प्रश्न के भीतर ही विकल्प देना चाहिए। ऐसा करने से छात्रों में चयनात्मक अध्ययन की प्रवृत्ति का ह्रास होता है और वे समग्र अध्ययन की ओर प्रवृत्त होते हैं।

एक अच्छे प्रश्न-पत्र की विशेषताएं/गुण (Characteristics of Good Question Paper)

(*i*) विश्वसनीयता।

(*ii*) वैधता।

(*iii*) प्रयोज्यता।

(*iv*) परिणामों की व्याख्या।

(*v*) प्रारूप।

अभ्यास प्रश्न

1. करके सीखना अधिक उपयोगी है क्योंकि–
   A. यह अधिक रुचिकर है
   B. कक्षा का अनुशासन बनता है
   C. इससे बच्चे व्यस्त रहते हैं
   D. बच्चे क्रियाशील पसन्द करते हैं
2. सीखने के मुख्य नियमों के अतिरिक्त गौण नियम भी हैं जो मुख्य नियमों को विस्तार देते हैं। गौण नियम हैं :
   A. प्रयत्न व भूल का नियम
   B. बहुप्रतिक्रिया नियम
   C. अभ्यास का नियम
   D. प्रभाव का नियम
3. निम्न में से जो अधिगम के स्थानान्तरण का सिद्धान्त नहीं है, वह है :
   A. समान अंशों का सिद्धान्त
   B. असमान अंशों का सिद्धान्त
   C. सामान्यीकरण का सिद्धान्त
   D. द्विपक्षीय सिद्धान्त
4. सीखना प्रभावित होता है :
   A. मन से   B. आत्मा से
   C. वृद्धि से   D. प्रेरणा से
5. अधिगम हेतु अभिप्रेरित करने में शिक्षार्थी की निन्दा की अपेक्षा प्रंशसा करना अधिक प्रभावी होता है क्योंकि निंदा उसे
   A. भयभीत कर देती है
   B. हतोत्साहित कर देती है
   C. अपमानित कर देती है
   D. उपरोक्त सभी
6. सीखना समृद्ध हो सकता है यदि–
   A. कक्षा में अधिक-से-अधिक शिक्षण-सामग्री का प्रयोग किया जाए
   B. शिक्षक विभिन्न प्रकार के व्याख्यान और स्पष्टीकरण का प्रयोग करें
   C. कक्षा में आवधिक परीक्षाओं पर अपेक्षित ध्यान दिया जाए
   D. वास्तविक दुनिया से उदाहरणों को कक्षा में लाया जाए जिसमें विद्यार्थी एक-दूसरे से अंतःक्रिया करें और शिक्षक उस प्रक्रिया को सुगम बनाए
7. सीखने का वह सिद्धांत जो पूर्ण रूप से और केवल '*अवलोकनीय व्यवहार*' पर आधारित है, सीखने के .... सिद्धांत से सम्बद्ध है।
   A. व्यवहारवादी   B. रचनावादी
   C. संज्ञानवादी   D. विकासवादी
8. निम्नलिखित में से किस कथन को 'सीखने' के लक्षण के रूप में ***नहीं*** माना जा सकता?
   A. व्यवहार का अध्ययन सीखना है
   B. अन-अधिगम (unlearning) भी सीखने का एक हिस्सा है
   C. सीखना एक प्रक्रिया है जो व्यवहार में मध्यस्थता करती है
   D. सीखना ऐसी चीज है जो कुछ अनुभवों के परिणामस्वरूप घटित होती है
9. निम्नलिखित में से कौन-सा कथन 'सीखने' के बारे में सही है?
   A. सीखने के किसी भी चरण पर सीखना संवेगात्मक कारकों से प्रभावित नहीं होता।
   B. सीखना मूल रूप से मानसिक क्रिया है।
   C. बच्चों द्वारा की गई त्रुटियाँ यह संकेत करती है कि किसी तरह का सीखना नहीं हुआ।
   D. सीखना उस वातावरण में प्रभावी होता है जो संवेगात्मक रूप से सकारात्मक हो और शिक्षार्थियों को संतुष्ट करने वाला हो।
10. निम्नलिखित में से कौन-सा रचनात्मक आकलन (Formative Assessment) के लिए उचित उपकरण ***नहीं*** है?
    A. सत्र परीक्षा   B. प्रश्नोत्तरी और खेल
    C. दत्त कार्य   D. मौखिक प्रश्न
11. विद्यार्थी के अधिगम का मूल्यांकन प्रमुख रूप से होना चाहिएः
    A. सतत एवं व्यापक प्रक्रिया से
    B. प्रत्येक सत्र के अन्त में
    C. प्रत्येक पाठ के अन्त में
    D. वार्षिक प्रक्रिया से
12. निबन्धात्मक प्रश्नों के स्थान पर वस्तुनिष्ठ प्रश्न विद्यालयों में क्यों पूछे जाते हैं?
    A. छात्रों को समय का महत्त्व दर्शाने के लिए
    B. कम समय में ज्यादा काम करने के लिए
    C. ज्यादा प्रश्नों का उत्तर जानने के लिए
    D. उत्तर-पुस्तिका हल करने में आसानी होती है
13. कक्षा में छात्र अगर आपके प्रश्न का उत्तर न दे सके तो–
    A. शिक्षक को स्वयं उस उत्तर को बताना चाहिए
    B. उसी प्रश्न को फिर अलग ढंग से पूछना चाहिए
    C. उसी प्रश्न को कक्षा में बार-बार पूछना चाहिए
    D. स्वयं उत्तर देकर छात्र से याद करवाना चाहिए
14. प्रयोगात्मक परीक्षाएं आयोजित करने का मुख्य उद्देश्य है–
    A. विषय ज्ञान का आकलन करना
    B. अवलोकन और यथार्थता की कार्यकुशलता की जाँच करना

C. तथ्यों को दोहराने की क्षमता की जाँच करना
D. फार्मूला और स्लाइड में पहचान करने की योग्यता की जाँच करना

15. सतत् और व्यापक मूल्यांकन के लिए तार्किक आधार है
A. शिक्षकों पर बोझ बढ़ाना
B. मानव व्यक्तित्व की समग्र प्रकृति
C. आकलन के अवसरों की अधिकता
D. सीखने के एक से अधिक पक्षों का आकलन

16. क्रिस्टिना अपनी कक्षा को क्षेत्र-भ्रमण पर ले जाती है और वापस आने पर अपने विद्यार्थियों के साथ भ्रमण पर चर्चा करती है। यह .... की ओर संकेत करता है।
A. आकलन का सीखना
B. सीखने के लिए आकलन
C. सीखने का आकलन
D. आकलन के लिए सीखना

17. सतत् और व्यापक मूल्यांकन की योजना में व्यापक शब्द .... के अलावा निम्नलिखित के द्वारा समर्थित किया जाता है।
A. बहुबुद्धि सिद्धान्त
B. एल एल थर्स्टन का प्राथमिक मानसिक योग्यताओं का सिद्धांत
C. सूचना प्रकमण सिद्धान्त
D. जेपी गिलफोर्ड का बुद्धि-संरचना का सिद्धांत

18. जब एक बावर्ची खाना पकाते समय खाने को चखता है, तो वह .... के समान है।
A. सीखने के लिए आकलन
B. सीखने का आकलन
C. आकलन और सीखना
D. सीखने के रूप में आकलन

19. सतत् और व्यापक मूल्यांकन .... पर बल देता है।
A. सीखने को किस प्रकार अवलोकित, रिकॉर्ड और सुधारा जाए इस प्रक्रिया
B. शिक्षण के साथ परीक्षाओं का सामंजस्य
C. सीखने को सुनिश्चित करने के लिए व्यापक स्केल पर निरन्तर परीक्षण
D. बोर्ड परीक्षाओं की अनावश्यकता

20. विद्यार्थियों के पोर्टफोलियो के लिए सामग्री का चयन करते समय .... का .... जरूर होना चाहिए।
A. विद्यार्थियों, बहिष्करण
B. अन्य शिक्षकों, समावेशन
C. विद्यार्थियों, समावेशन
D. अभिभावकों, समावेशन

21. सतत् और व्यापक मूल्यांकन .... होता है।
A. परीक्षा-आधारित B. निष्पादन-आधारित
C. विद्यार्थी-केन्द्रित D. अंक-आधारित

22. सीखने के लिए आकलन निम्नलिखित का ध्यान है सिवाय
A. विद्यार्थियों की त्रुटियाँ
B. विद्यार्थियों की आवश्यकताएँ
C. विद्यार्थियों की क्षमताएँ
D. विद्यार्थियों की अधिगम-शैलियाँ

23. एक शिक्षक प्रश्न-पत्र बनाने के बाद यह जाँच करता है कि क्या प्रश्न परीक्षण के विशिष्ट उद्देश्यों की परीक्षा ले रहे हैं। वह मुख्य रूप से प्रश्न-पत्र की/के .... बारे में चिन्तित है।
A. सम्पूर्ण विषय-वस्तु को शामिल करने
B. वैधता
C. विश्वसनीयता
D. प्रकार

24. सृजनात्मक उत्तरों के लिए आवश्यक है
A. प्रत्यक्ष शिक्षण एवं प्रत्यक्ष प्रश्न
B. विषय-वस्तु पर आधारित प्रश्न
C. एक अत्यन्त अनुशासित कक्षा
D. मुक्त-उत्तर वाले प्रश्न

25. मूल्यांकन का मुख्य उद्देश्य होना चाहिए
A. यह निर्णय लेना कि क्या विद्यार्थी को अगली कक्षा में प्रोन्नत किया जाना चाहिए
B. शिक्षार्थियों की त्रुटियाँ निकालना
C. शिक्षार्थियों की उपलब्धि को मापना
D. सीखने में होने वाली कमियों का निदान और उपचार करना

26. जब बच्चा फेल होता है, तो इसका तात्पर्य है कि
A. व्यवस्था फेल हुई है
B. बच्चे को प्राइवेट ट्यूशन लेनी चाहिए थी
C. बच्चे ने उत्तरों को सही तरीके से याद नहीं किया है
D. बच्चा पढ़ाई के लिए योग्य नहीं है

27. बच्चे के मूल्यांकन के लिए प्रश्न एक अच्छा तरीका है, किन्तु प्रश्न पूछते समय इस बात का ध्यान रखा जाना आवश्यक है कि इसमें एक अच्छे प्रश्न की अधिक विशेषताएँ अवश्य हों। एक अच्छे प्रश्न की विशेषता है–
A. प्रश्न में उत्तर की सीमा और क्षेत्र का उल्लेख किया जाना चाहिए
B. यह उद्देश्य पर आधारित होना चाहिए
C. प्रश्न परीक्षण किए जाने वाले विषय क्षेत्र से सम्बन्धित होना चाहिए
D. ये सभी

28. निम्नलिखित में से कौन-सा रचनात्मक आकलन के लिए उचित उपकरण नहीं है?
A. प्रश्नोत्तरी और खेल B. दत्त कार्य
C. मौखिक प्रश्न D. सत्र परीक्षा

29. शिक्षार्थियों को .... के लिए प्रोत्साहित नहीं करना चाहिए

A. कक्षा के अन्दर और बाहर अधिक-से-अधिक प्रश्न पूछने

B. शिक्षक जो पूछ सकते हैं उन सभी प्रश्नों के उत्तर याद करने

C. अधिक-से-अधिक पाठ्य-सहगामी क्रियाओं में हिस्सा लेने

D. समूह कार्य में दूसरे शिक्षार्थियों के साथ सक्रिय रूप से अन्तःक्रिया करने

30. विद्यार्थियों का सही मूल्यांकन करने वाले अच्छे प्रश्न-पत्र में निम्नलिखित में से कौन-सी विशेषता होनी चाहिए?

(*i*) वस्तुनिष्ठता (*ii*) व्यापकता

(*iii*) वैधता (*iv*) विश्वसनीयता

A. (*i*) एवं (*iii*) B. (*ii*) एवं (*iv*)

C. (*i*) एवं (*iv*) D. ये सभी

31. .... के अतिरिक्त निम्नलिखित सभी सीखने के रूप में आकलन को बढ़ावा देते हैं।

A. अवसर लेने हेतु शिक्षार्थियों के लिए सुरक्षित वातावरण का निर्माण करना

B. जितनी सम्भावना हो शिक्षार्थियों का लगातार परीक्षण लेना

C. शिक्षार्थियों को आन्तरिक पृष्ठपोषण लेने के लिए कहना

D. पढ़ाए गए विषय पर मनन करने के लिए शिक्षार्थियों को कहना

32. .... के अलावा निम्नलिखित घटना रिकॉर्ड की विशेषताएँ हैं।

A. यह बच्चे के व्यक्तिगत विकास अथवा सामाजिक अन्तःक्रियाओं को वर्णित करता है

B. यह घटनाओं का सही वर्णन है

C. यह व्यवहार का व्यक्तिनिष्ठ साक्ष्य है और इसलिए वह शैक्षणिक क्षेत्र के लिए प्रतिपुष्टि उपलब्ध नहीं कराता

D. यह पर्याप्त विस्तार से पूर्ण तथ्यात्मक प्रतिवेदन है

33. विद्यालय-आधारित आकलन मुख्य रूप से किस सिद्धांत पर आधारित होता है?

A. विद्यालय, बाह्य परीक्षा निकायों की अपेक्षा ज्यादा सक्षम है

B. किसी भी कीमत पर विद्यार्थियों को अच्छे ग्रेड मिलने चाहिए

C. बाह्य परीक्षकों की अपेक्षा शिक्षक अपने विद्यार्थियों की क्षमताओं को बेहतर जानते हैं

D. आकलन बहुत किफायती होना चाहिए

34. सीखने .... आकलन, आकलन और अनुदेश के बीच .... के दृढ़ीकरण द्वारा सीखने को प्रभावित करता है।

A. का, अन्तर B. का, भिन्नता

C. के लिए, सम्बन्धों D. के लिए, अन्तर

35. निम्नलिखित में कौन-सा वस्तुनिष्ठ प्रश्न है?

A. सत्य या असत्य B. निबन्धात्मक

C. अति लघु उत्तरीय D. लघु उत्तरीय

उत्तरमाला

1	2	3	4	5	6	7	8	9	10
D	B	B	D	D	D	A	A	D	A
11	**12**	**13**	**14**	**15**	**16**	**17**	**18**	**19**	**20**
D	C	D	B	D	B	D	A	A	C
21	**22**	**23**	**24**	**25**	**26**	**27**	**28**	**29**	**30**
C	B	A	D	C	A	D	D	B	D
31	**32**	**33**	**34**	**35**					
B	C	C	C	A					

9. समावेशी शिक्षा और विशेष समझ वाले बच्चों की आवश्यकताओं की अवधारणा (Concept of Inclusive Education and Understanding Children with Special Need)

समावेशी शिक्षा का अर्थ (Meaning of Inclusive Education)

असमर्थ बालकों को सामान्य बालकों के साथ-साथ विशेष सेवाएँ प्रदान करना समावेशी शिक्षा कहलाती है। समावेशी शिक्षा उस विद्यालयी शिक्षा व्यवस्था की ओर संकेत करती है, जो उनकी शारीरिक, बौद्धिक, सामाजिक या अन्य विभिन्न योग्यता स्थितियों को ध्यान में रखे बगैर सभी बच्चों को शामिल करती है। इस शिक्षा के अन्तर्गत सभी विशेष शैक्षिक आवश्यकता वाले विद्यार्थियों को विद्यालय में प्रवेश को रोकने की कोई प्रक्रिया नहीं होनी चाहिए। समावेशन की नीति को हर स्कूल और सारी शिक्षा व्यवस्था में व्यापक रूप से लागू किए जाने की आवश्यकता है। निर्धन, वंचित, अनुसूचित जाति एवं जनजाति तथा असंगठित घर से आने वाला बच्चा स्वतन्त्र अध्ययन में सबसे अधिक कठिनाई का अनुभव करता है। इसलिए इनके सफल समावेशन के लिए इस प्रकार के विशेष रूप से जरूरतमंद बच्चों की शिक्षा का प्रबन्ध दूसरे सामान्य बच्चों के साथ होना चाहिए।

अनुसूचित जाति वर्ग से संबद्ध छात्र (SC Classes Students)

भारत की सामाजिक संरचना में अनुसूचित जातियां समाज के सबसे निचले पायदान पर हैं। इन्हें परंपरागत रूप से निम्न कोटि का समझा जाता है। यह वर्ग सामाजिक एवं शैक्षिक रूप से बेहद पिछड़ा हुआ है। भारतीय संविधान में इस वर्ग के जातियों के विकास के उद्देश्य से "राज्य स्तरीय नीतियों में दिशा-निर्देशन के सिद्धांत" द्वारा सकारात्मक कार्यक्रमों के योजना तत्त्वों को प्रस्तुत किया गया है। अनुसूचित जाति, उन जातियों को कहा जाता है जिन्हें परम्परागत रूप से भारत में अछूत समझा जाता है। इस जाति के लोग निम्नस्तरीय समझे जाने वाले कार्यों, यथा– सफाई करना, झाड़ू लगाना, मृत पशुओं को उठाना, मैला साफ करना, जूता बनाने आदि का कार्य करते हैं। ये जातियां गांवों के एक किनारे निवास करती हैं। भारतीय धार्मिक ग्रंथों में इन्हें अंत्यज, पेरियार अछूत कहा गया है।

इस जाति के लोग ऐसे पेशे से संबद्ध हैं जिन्हें ऊपर की जाति के लोग घृणित समझते हैं। इन्हें कुछ दशक पहले तक सार्वजनिक जन-सुविधाओं, यथा- तालाब, कुंआ तथा मंदिर तक जाने की अनुमति नहीं थी। यद्यपि इस स्थिति में अब काफी परिवर्तन आ चुका है। फिर भी इनकी शैक्षिक स्थिति में बहुत अधिक सुधार नहीं आ पाया है। ये आज भी सामाजिक गतिशीलता से वंचित हैं। आज भी अनुसूचित जाति के लोग परंपरागत कार्यों को छोड़कर अन्य कुशल कार्य शुरू करने अथवा अपनाने में समर्थ नहीं हो पाए हैं। फलतः यह समुदाय आज भी जीवन के लगभग प्रत्येक क्षेत्र में पिछड़ा हुआ है।

भारत में 'शिक्षा' राज्य के अनेक दायित्वों में से एक है। अनुसूचित जाति के लोगों को सामाजिक गतिशीलता प्रदान करने के लिए, राज्य स्तर पर अनेक कल्याणकारी और विकासशील योजनाओं का निर्माण किया गया है। कुछ प्रमुख योजनाएं इस प्रकार हैं–

1. **विद्यार्थियों के लिए मैट्रिक के बाद छात्रवृत्ति :** इस योजना का उद्देश्य अनुसूचित जाति वर्ग के उन विद्यार्थियों को आर्थिक सहायता प्रदान करना है जो मैट्रिक के बाद या सेकेंडरी के बाद की शिक्षा के लिए अध्ययनरत हैं ताकि वह अपनी शिक्षा पूरी कर सकें। इस वित्तीय सहायता के अंतर्गत् विभिन्न श्रेणियों के पाठ्यक्रमों के लिए रखरखाव भत्ता, संस्थानों द्वारा वसूल की गई अनिवार्य अप्रति देय शुल्क का भुगतान, किताब बैंक और अन्य भत्ते शामिल हैं। यह छात्रवृत्ति केवल भारत में अध्ययन के लिए ही उपलब्ध है तथा यह आवेदकों से संबद्ध राज्यों एवं केंद्रशासित प्रदेशों के सरकारों की ओर से दी जाती है।
2. **विद्यार्थियों की योग्यता बढ़ाना :** इस कार्यक्रम का उद्देश्य आवासीय विद्यालयों में शिक्षा के माध्यम से चहुंमुखी विकास के लिए सुविधाएं उपलब्ध कराकर अनुसूचित जातियों के विद्यार्थियों की योग्यता बढ़ाना है। इसके तहत 9वीं से 12वीं कक्षाओं तक पढ़ रहे अनुसूचित जाति के विद्यार्थियों की योग्यता बढ़ाना है। इसके लिए निम्नलिखित उपायों को अमल में लाना प्रस्तावित है– (*i*) उनकी शैक्षणिक कमियों को दूर करना, (*ii*) उनकी योग्यता बढ़ाकर व्यावसायिक कोर्सों में प्रवेश करने हेतु प्रोत्साहन, (*iii*) उनमें आत्मबल एवं आत्म-निर्भरता का निर्माण करना।
3. **लक्षित समूह :** इस समूह के अंतर्गत् 9वीं कक्षा से 12वीं कक्षा में अध्ययन करने वाले अनुसूचित जातियों के विद्यार्थी आते हैं। 15,000 रुपए की आर्थिक सहायता प्रतिवर्ष प्रति विद्यार्थी को उपलब्ध करवाने के मद्देनजर राज्यों और केंद्रशासित प्रदेशों से शत-प्रतिशत

सहायता पैकेज के तौर पर मुहैया करवाई जाती है। अनुसूचित जाति के विकलांग विद्यार्थियों को कई विशेष भत्ते दिए जाते हैं, जैसे पाठक भत्ता, परिवहन भत्ता, मार्गरक्षण भत्ता इत्यादि।

4. **निःशुल्क कोचिंग व्यवस्था :** इस योजना का उद्देश्य विभिन्न प्रतियोगी परीक्षाओं में बैठने के इच्छुक अनुसूचित जाति वर्ग के छात्रों को परीक्षाओं के लिए तैयार करना है। इस निःशुल्क कोचिंग में संघ लोक सेवा आयोग की ग्रुप ए और ग्रुप बी की परीक्षाएं, कर्मचारी चयन आयोग, रेलवे भर्ती बोर्डों, राज्य लोक सेवा आयोग, बैंकों की अफसर ग्रेड परीक्षाओं, बीमा कंपनियां, पीएसयू (PSU) और निजी क्षेत्र में रोजगार हेतु नौकरी केंद्रित कोर्सों के लिए प्रशिक्षण दिए जाते हैं ताकि विद्यार्थी इन परीक्षाओं में सफलता के लिए दक्षता प्राप्त कर सकें।

   यह कार्यक्रम राज्य सरकारों/केंद्रशासित प्रदेशों के प्रशासकों द्वारा संचालित प्रसिद्ध कोचिंग संस्थानों और निजी क्षेत्र की संस्थानों द्वारा चलाया जाता है।

5. **बाबू जगजीवन राम छात्रावास योजना :** इस योजना का उद्देश्य अनुसूचित जाति के बालक और बालिकाओं को छात्रावास की सुविधा मुहैया कराना है जो माध्यमिक, उच्चतर माध्यमिक स्कूलों, कॉलेजों और विश्वविद्यालयों में पढ़ रहे हैं। इस योजना के तहत नए छात्रावासों के निर्माण तथा वर्तमान छात्रावासों के विस्तार के लिए राज्य विश्वविद्यालयों/संस्थानों को पात्रता के आधार पर केंद्रीय सहायता दी जाती है जबकि गैर-सरकारी संगठन (NGO) और निजी क्षेत्र के डीम्ड विश्वविद्यालयों की केवल मौजूदा छात्रावास सुविधाओं के विस्तार के लिए सहायता मिल सकती है।

अनुसूचित जनजाति वर्ग से संबद्ध छात्र (ST Classes Students)

भारत में अनुसूचित जनजाति उन लोगों को कहा जाता है, जो प्रायः छोटे और बिखरे हुए गांवों, ठाणियों एवं जंगलों में निवास करते हैं। इस वर्ग के लोग प्रायः सामान्य पहुँच से दूर रहते हैं जिससे इन्हें प्रतिदिन की सुविधाएं, यथा– भोजन, वस्त्र, आश्रय एवं शिक्षा आदि मुहैया होने में कठिनाई होती है।

इस वर्ग के छात्रों को पढ़ाते समय शिक्षक को कुछ विभिन्न तथ्यों यथा– उनकी भाषा और समझ एवं मानसिक स्तर का विशेष ध्यान रखना चाहिए। इस वर्ग के छात्रों के शिक्षा के खराब स्तर का कारण सामाजिक एवं आर्थिक हैं। ये कारण निम्न प्रकार से हैं–

(*i*) विद्यालय में इस वर्ग के छात्रों की कम संख्या होना।

(*ii*) इस वर्ग की शिक्षा का प्रचार-प्रसार न होना।

(*iii*) इनके शिक्षण के प्रति शिक्षकों का उदासीन रवैया।

(*iv*) इस वर्ग में व्याप्त घोर गरीबी।

(*v*) पाठ्यपुस्तकों में इस वर्ग की स्थानीय बातों एवं उदाहरणों का समावेश का न होना।

(*v*) इस वर्ग का बौद्धिक रूप से पिछड़ा होना।

इस वर्ग के शैक्षिक उत्थान के लिए सरकार द्वारा निम्न कार्यक्रम चलाए जा रहे हैं :

1. **बालक-बालिकाओं के लिए छात्रावासों की योजना :** इस योजना के तहत केंद्र सरकार इस वर्ग के लिए नए छात्रावासों के निर्माण और वर्तमान छात्रावासों के विस्तार हेतु सहायता देती है। इस योजना के तहत बालकों के छात्रावास निर्माण खर्च का वहन केंद्र एवं राज्य सरकारें 50 : 50 के अनुपात में करती हैं। जबकि बालिकाओं के छात्रावास निर्माण के लिए राज्य/केंद्रशासित प्रदेशों में संपूर्ण लागत केंद्र सरकार द्वारा वहन किया जाता है। केंद्रशासित प्रदेश एवं नक्सल प्रभावित क्षेत्रों में छात्रावास निर्माण का पूरा खर्च केंद्र सरकार वहन करती है। छात्रावास के निर्माण का उत्तरदायित्व संबद्ध राज्य/केंद्रशासित प्रदेश की है। इस प्रकार के छात्रावासों में सीटों की संख्या 100 होती हैं।

2. **आश्रम विद्यालयों की स्थापना :** इस प्रकार के विद्यालयों की स्थापना जनजातीय उपयोजना (TSP) वाले क्षेत्रों में की गई है। आश्रम विद्यालय योजना का उद्देश्य अनुसूचित जनजाति के विद्यार्थियों के लिए उनके परिचित वातावरण में आवासीय विद्यालयों की स्थापना करना है ताकि जनजातीय विद्यार्थियों में साक्षरता दर बढ़ाई जा सके और उनकी साक्षरता दर देश के अन्य लोगों की साक्षरता दर के बराबर लाई जा सके। इस योजना के तहत खर्च होने वाली धनराशि में राज्य एवं केंद्र दोनों की आधी-आधी (50 : 50) भागीदारी होती है जबकि केंद्रशासित प्रदेश में पूरा खर्च केंद्र वहन करता है।

3. **विद्यार्थियों की मेरिट का उन्नयन :** इस योजना का उद्देश्य 10वीं कक्षा और 12वीं कक्षा के अनुसूचित जनजाति के विद्यार्थियों को विशेष कोचिंग उपलब्ध कराना है जिससे वे इंजीनियरिंग और मेडिकल जैसे व्यावसायिक पाठ्यक्रमों में प्रवेश के लिए तैयारी कर सकें। राज्य/केंद्रशासित प्रदेशों में यह योजना शत-प्रतिशत केंद्रीय सहायता से मुहैया कराई जा रही है।

4. **विद्यार्थियों के लिए मैट्रिक पश्चात छात्रवृत्ति :** इस योजना का उद्देश्य अनुसूचित जनजाति के छात्रों को पंजीकृत पाठ्यक्रमों में मैट्रिक के बाद अध्ययन के लिए प्रोत्साहन देना है। इस योजना में पेशेवर, तकनीकी, गैर-पेशेवर तथा गैर-तकनीकी सभी स्तर के पाठ्यक्रमों को सम्मिलित किया गया है। इसमें दूरस्थ शिक्षा के लिए पत्राचार पाठ्यक्रम को भी सम्मिलित किया गया है। केंद्र की शत-प्रतिशत सहायता से इसका संचालन राज्यों/केंद्रशासित प्रदेशों द्वारा किया जाता है।

5. **व्यावसायिक प्रशिक्षण :** इस योजना का उद्देश्य जनजातीय युवाओं में रोजगार/स्वरोजगार के अवसर प्राप्त करने के लिए कौशल विकसित करना है। इस योजना को राज्य सरकारों, केंद्रशासित प्रदेशों के प्रशासन, संस्थाओं या संगठनों के जरिए सरकार द्वारा स्थापित स्वायत्तशासी निकाय, शैक्षिक और अन्य संस्थान जैसे स्थानीय निकाय, सहकारी समितियों और गैर-सरकारी संगठनों (NGO) द्वारा लागू किया जाता है। प्रत्येक व्यावसायिक प्रशिक्षण केंद्र की क्षमता 100 है जिसमें 50 लोगों के लिए छात्रावास की सुविधा भी शामिल है। क्षेत्र में उपलब्ध रोजगार केंद्र पांच व्यावसायिक प्रशिक्षण पाठ्यक्रम चलाता है। प्रत्येक जनजातीय बालक/बालिका को उनकी रुचि के दो कार्यों का प्रशिक्षण दिया जाता है। प्रत्येक पाठ्यक्रम की अवधि तीन महीने है। प्रशिक्षु को छह माह बाद उपनगरीय क्षेत्र के एक प्रशिक्षक शिल्पी से छह माह के लिए संबद्ध कर दिया जाता है ताकि वह प्राप्त प्रशिक्षण का व्यावहारिक प्रयोग कर सके। प्रत्येक पाठ्यक्रम के लिए यह अवधि तीन महीने की है। इसमें प्रशिक्षु को मासिक स्टाइपेंड और प्रशिक्षण सामग्री उपलब्ध कराई जाती है।

विशेष आवश्यकताओं वाले छात्र (Children with Special Need)

विशेष या असाधारण छात्रों से संबंधित शिक्षा को विशिष्ट शिक्षा भी कहा जाता है। शिक्षा के क्षेत्र में हम अनेक छात्रों अथवा बालकों को सामान्य बालकों से उच्च तथा अनेक को निम्न स्तर का पाते हैं। ऐसे दोनों प्रकार के बालक असाधारण या विशेष बालक कहे जाते हैं। शैक्षिक दृष्टि से बालक जिनके लिए सामान्य विद्यालयों की सुविधाएं पर्याप्त हो, सामान्य बालक समझे जाते हैं। बालकों अथवा छात्रों में वैयक्तिक भिन्नताएं होती हैं। जब ये वैयक्तिक भिन्नताएं इतनी गंभीर हो जाती हैं कि वे विद्यालय के सामान्य कक्षागत शिक्षण से लाभान्वित नहीं हो पाते और उनके लिए किसी विशिष्ट शिक्षा की आवश्यकता प्रतीत हो तो ऐसे छात्र या विद्यार्थी विशेष आवश्यकताओं वाले छात्र कहलाते हैं। ऐसे छात्रों को एक सामूहिक संज्ञा, शब्दों अथवा उप-वाक्य द्वारा संबोधित किया जा सकता है; जैसे–प्रतिभाशाली, विकलांग, मंदगति से सीखने वाला, बुद्धिमान आदि।

समायोजन (Adjustment)

मनुष्य जिस परिवेश में रह रहा है उसको उस परिवेश के अनुसार खुद को ढालना या अनुकूलित करना होता है। अतः किसी प्रतिकूल मनोभौतिक परिस्थितियों में स्वयं को अनुकूलित करना ही समायोजन (Adjustment) कहलाता है। यह समायोजन घर में माता-पिता तथा परिवार के अन्य सदस्यों के साथ समाज में मित्रों, सगे-संबंधियों आदि के साथ जरूरी है तो पाठशाला में शिक्षकों के साथ।

उपर्युक्त वर्णन के अनुसार समायोजन को इस तरह परिभाषित किया जा सकता है– "समायोजन एक अनवरत प्रक्रिया है जिसके द्वारा व्यक्ति स्वयं तथा अपने वातावरण के बीच अधिकाधिक सामंजस्य स्थापित करने की दृष्टि से अपने व्यवहार को परिवर्तित करता है।

समायोजन के विभिन्न रूप (Various Forms of Adjustment)

समायोजन के मुख्यतः तीन रूप होते हैं–

1. शिक्षक एवं शिक्षार्थियों के बीच।
2. शिक्षार्थियों एवं शिक्षार्थियों के बीच।
3. शिक्षार्थियों एवं शिक्षकों का वातावरण के साथ।

प्रतिभावान बालक अथवा छात्र (Talented Child Or Student)

प्रतिभावान/प्रतिभाशाली बालकों को विभिन्न मनोवैज्ञानिकों ने भिन्न-भिन्न दृष्टिकोण (Approach) से परिभाषित किया है। विभिन्न उपागमों/दृष्टिकोणों पर आधारित कुछ परिभाषाएं निम्नवत् हैं–

(i) **बुद्धि-लब्धि (I.Q.) उपागम–** इस उपागम के तहत प्रतिभाशाली बालक को बुद्धि-लब्धि की एक निश्चित क्षमता के अंतर्गत् माना जाता है। टरमैन ने प्रतिभाशाली बालकों के अध्ययन द्वारा निष्कर्ष निकाला कि ऐसे बालकों की बुद्धि-लब्धि 140 या इससे ऊपर होती है। अन्य मनोवैज्ञानिक 120 से 140 व उच्च बुद्धि-लब्धि वालों को ऐसा बालक होना मानते हैं।

(ii) **सामाजिक संभाव्यता उपागम–** इस उपागम के तहत प्रतिभावान शब्द उस बालक के लिए प्रयुक्त होता है जो अपनी आयु वर्ग में किसी एक योग्यता में श्रेष्ठ हो, जिससे वह हमारे समाज में जीवन के कल्याण व गुणवत्ता में उत्कृष्ठ योगदान करने वाला बन सके।

(iii) **सांख्यिकीय उपागम–** इस उपागम के अनुसार किसी बुद्धि परीक्षण में प्राप्त अंकों के आधार पर उच्चतम (Top most) 2 से 3 प्रतिशत बालकों को प्रतिभाशाली माना जाता है।

विशेषताएं (Characteristics)

डॉ. एस. एस. चौहान ने टरमैन (Terman) द्वारा किए गए अनुसंधान के आधार पर प्रतिभाशाली बालकों की विशेषताएं बताई है जो निम्नवत् हैं–

(i) **शारीरिक–** ऐसे बालक अपने वर्ग या समूह में औसत बुद्धि-लब्धि (I.Q.) वाले बालकों की अपेक्षा अच्छी शारीरिक विशेषता रखते हैं व उनका स्वास्थ्य अच्छा होता है।

(ii) **मानसिक–** प्रतिभाशाली बालक पठन, भाषा, गणितीय तर्क, विज्ञान, साहित्य व कला में उत्कृष्टता प्रदर्शित करते हैं। उनमें तर्क सामान्यीकरण व बोध की क्षमता अधिक होती है।

(iii) **अभिरुचियां–** ऐसे बालकों की विविध अभिरुचियां होती है। वे अच्छी पुस्तकों का अधिक मात्रा में सरलता से अध्ययन करना सीख लेते हैं तथा अमूर्त विषयों में रुचि लेते हैं।

(iv) **सामाजिक–** ऐसे बालकों में अहंकार की भावना कम होती है। साथ ही वे विश्वसनीय व कर्त्तव्यनिष्ठ अधिक होते हैं। उनमें सामाजिक अभिवृत्तियां व चारित्रिक गुण व्यापक होता है। वे संवेगात्मक परीक्षणों में अधिक अंक प्राप्त करते हैं।

(v) **अन्य विशेषताएं–** प्रतिभावान बालक सामान्य बालकों की तुलना में अच्छा प्रदर्शन करते हैं। शोध अध्ययनों से इस बात की पुष्टि निम्न रूप में हुई है–

(*a*) उच्च श्रेणी प्राप्त करना।
(*b*) अधिक सकारात्मक अभिवृत्तियां रखना।
(*c*) अधिकाधिक पाठ्यक्रम एवं सहभागी क्रियाकलापों में भाग लेना।
(*d*) अमूर्त विचारों में अधिक रुचि लेना।
(*e*) खेल-कूदों में उत्कृष्टता दिखाना।
(*f*) सुसमायोजित होना।
(*g*) अपने साथी मित्रों से अच्छे संबंध होना।
(*h*) अधिक आत्मविश्वासी होना।
(*i*) अधिक अंहशक्ति (Ego-Strength)।
(*j*) अधिक पठन योग्यता।
(*k*) अधिक वैयक्तिक स्वतंत्रता की भावना।
(*l*) बाह्य पर्यावरण के प्रति परिपक्व अनुक्रिया करना

किसी विशेष शैक्षिक क्षेत्र में उच्च स्तरीय योग्यता वाले बालक (Skilled Student in Special Field of Education)

कुछ बालक जो बौद्धिक व शैक्षिक रूप से तो सामान्य बालकों के समान होते हैं किंतु वे अन्य किसी विशिष्ट क्षेत्र में, यथा–कला, संगीत, यांत्रिकी आदि में विशिष्ट योग्यता रखते हैं। ऐसे प्रतिभासंपन्न बालकों की पहचान अभिभावक, शिक्षक, खेल-अनुदेशक, निर्देशन विशेषज्ञ आदि निम्न विधियों से कर सकते हैं–

(*i*) विद्यालय प्रगति अभिलेख
(*ii*) शिक्षकों के अभिमत
(*iii*) कक्षागत व्यवहार का अवलोकन
(*iv*) शिक्षकों द्वारा मूल्यांकन
(*v*) बुद्धि परीक्षण
(*vi*) पुस्तकालयाध्यक्ष का अभिमत
(*vii*) साक्षात्कार
(*viii*) अभिरुचि/अभिक्षमता परीक्षण

शैक्षिक कार्यक्रम (Educational Programme)

प्रतिभावान बालकों के लिए निम्न शैक्षिक कार्यक्रम अपनाया जाना चाहिए–

(i) **गतिवर्द्धन–** गतिवर्द्धन का अर्थ शैक्षिक कार्यक्रमों के द्वारा बालकों को दी जाने वाली ऐसी प्रगति से है जो उसे औसत से कम आयु में प्राप्त होती है। समान आयु के बालकों के साथ कक्षा में बैठाए जाने पर यह प्रतिभाशाली बालक शिक्षक द्वारा दिए गए कार्य को आसानी व शीघ्रता से पूरा कर लेते हैं। अतः इनके स्तर का कार्य देने के लिए आवश्यक हो जाता है कि उन्हें उस कक्षा में रखा जाए जिसका कार्य वह औसत प्रतिभा वाले बालकों के समान ही पूरा कर सकें। गतिवर्द्धन का औचित्य इस बात से भी प्रकट होता है कि प्रतिभाशाली बालकों को उनकी योग्यता को अधिकतम विकास तथा चुनौतीपूर्ण कार्य करने का अवसर मिलता है। साथ ही अभिभावकों के समय, शक्ति व धन की बचत होती है। इस तरह गतिवर्द्धन द्वारा विद्यार्थियों को निम्न क्षेत्र में लाभ पहुंचाया जा सकता है–

(*a*) निर्धारित आयु से पूर्व विद्यालय में प्रवेश।
(*b*) उसकी बौद्धिक व शैक्षिक योग्यताओं के आधार पर एक ही वर्ष में दो या दो से अधिक कक्षाओं के पाठ्यक्रम का अध्ययन।
(*c*) सामान्य से कम समय एवं आयु में किसी पाठ्यक्रम को उत्तीर्ण कर सकने की अनुमति।

(ii) **संवर्धित पाठ्यक्रम**–कोलेनिक्स के शब्दों में–"संवर्धन का तात्पर्य बालक को अधिक उच्च स्तर के अत्यंत विविधतापूर्ण अनुभव तथा कार्यों को करने का अवसर दिया जाए।" प्रतिभाशाली बालकों को पाठ्यक्रम में आवश्यक परिवर्तन कर उच्च कठिनाई के कार्य नियोजित किए जाएं। संवर्धन दो प्रकार से किया जा सकता है–(*a*) व्यक्तिगत तथा (*b*) समूहोन्मुख।

(iii) **विशेष कक्षाएं तथा विद्यालय–** प्रतिभाशाली बालकों को शिक्षण से लाभान्वित करने के लिए उन्हें विशेष कक्षाओं तथा विद्यालयों में पृथक से शिक्षा देना वांछनीय है। इसके लिए विस्तृत पाठ्यक्रम, अतिरिक्त क्रियाकलाप, प्रायोगिक कार्य आदि की व्यवस्था की जाती है।

(iv) **अन्य कार्यक्रम–** उपरोक्त सहायता के अतिरिक्त भारतीय परिस्थितियों के अनुकूल प्रतिभाशाली बालकों को निम्न प्रकार की सहायता भी दी जा सकती है–

(*a*) प्रभावी निर्देशन कार्यक्रम।
(*b*) विद्यालय कार्यक्रमों को वैयक्तिक व नमनीय बनाना।
(*c*) योग्यता के आधार पर वर्गीकरण।
(*d*) अतिरिक्त पाठ्यक्रम को बनाकर।
(*e*) विशिष्ट विषयों के विशेष पाठ्यक्रम बनाकर।
(*f*) प्रतिभाशाली बालकों हेतु ग्रीष्मावकाश काल में विद्यालय चलाकर।
(*g*) वैकल्पिक विषयों में नमनीयता लाकर।
(*h*) ऐसे छात्रों हेतु विशिष्ट अतिरिक्त कक्षाएं आयोजित कर।

सृजनात्मक बालक अथवा छात्र
(Creative Child or Student)

सृजनात्मकता की संकल्पना एवं अर्थ को विभिन्न विद्वानों ने भिन्न-भिन्न प्रकार से परिभाषित किया है। कुछ प्रमुख विद्वानों की परिभाषाएं निम्नवत् हैं–

स्टेन (Sten)– जब किसी कार्य का परिणाम उत्तम हो जो किसी निश्चित समय पर उचित या उपयोगी या संतोषप्रद स्वीकार किया जाए, वह सृजनात्मक कार्य कहलाता है।

बैरन (Baron)– पूर्व में विद्यमान पदार्थों या तत्त्वों को मिलाकर नया योग बनाने की क्षमता ही सृजनशीलता है।

जेम्स ड्रेवर (James Drever)– सृजनशीलता मूलतः नई वस्तु की रचना की योग्यता है, कल्पना के प्रयोग की योग्यता है जबकि विचारों व बिम्बो के नूतन मिश्रण से कोई रचना आत्मप्रेरित करनी हो तथा विचार संश्लेषण की योग्यता भी है जबकि मानसिक कार्य केवल विचारों का योगमात्र न हो।

गिलफोर्ड (J.P Guilford)– सृजनात्मकता, कभी सृजन की योग्यता की, कभी सृजनात्मक उत्पादन की और कभी सृजनात्मक उत्पादनशीलता का द्योतक है।

विशेषताएं (Characteristics)

विभिन्न विद्वानों ने सृजनात्मक बालकों की अलग-अलग विशेषताएं बताई हैं। इनमें से कुछ चुने हुए विद्वानों द्वारा दी गई विशेषताएं निम्नवत् हैं–

बैरन (Baron) के अनुसार ये विशेषताएं निम्न हैं–

(*i*) सृजनात्मक बालक किसी समस्या का निर्णय स्वयं एवं स्वतंत्र रूप से करता है।
(*ii*) एक ही समय अनेक विचारों पर केंद्रित रखने की योग्यता
(*iii*) जटिल घटनाओं को प्राथमिकता।
(*iv*) ऐसे बालक स्वयं की बात पर आग्रह अधिक करते हैं
(*v*) विभिन्न तत्त्वों के एकीकरण की योग्यता द्वारा उसमें समायोजन करने की क्षमता होती है।
(*vi*) ऐसे बालकों में उच्च मानसिक शक्ति स्तर पाया जाता है।
(*vii*) ये अवरोधों का अभाव तथा कल्पना की स्वतंत्रता प्रदर्शित करते हैं।

टोरेंस (Torrance) ने बैरन के (*ii*) एवं (*iv*) के अतिरिक्त अन्य विशेषताएं बताई हैं–

(*i*) मौलिकता
(*ii*) विनोद प्रियता
(*iii*) जिज्ञासा
(*iv*) संवेदनशीलता

गिलफोर्ड (Guilford) ने निम्न विशेषताएं बताई हैं–

(*i*) दूरदर्शिता
(*ii*) समस्या से संबद्ध तथ्यों को पुनः परिभाषित करने की योग्यता
(*iii*) दूसरों को प्रभावित करने की योग्यता
(*iv*) समन्वय करने की क्षमता

डॉ. एस. एस. चौहान ने निम्न विशेषताएं बताई हैं–

(*i*) दृढ़ विश्वास का साहस
(*ii*) अंतर्दृष्टिवान
(*iii*) काल्पनिक
(*iv*) खतरा उठाने को उत्सुक
(*v*) कार्य में निष्ठा

शैक्षिक कार्यक्रम (Educational Programme)

सृजनात्मक बालकों के लिए निम्न शैक्षिक कार्यक्रम अपनाया जाना चाहिए–

(*i*) **कक्षा-कक्ष प्रक्रिया**– बालकों में सृजनात्मक चिंतन का विकास करने हेतु और सृजनात्मक बालकों के शिक्षण हेतु कक्षा-कक्ष प्रक्रिया की ओर विशेष ध्यान देना चाहिए। शिक्षक विश्वकोश (Educator's Encyclopaedia) में स्मिथ ने निम्न कक्षा-कक्ष क्रियाओं पर जोर दिया है–
(*a*) अध्यापक का कम प्रभाव,
(*b*) व्यक्ति भिन्नता को पहचानना,
(*c*) बालकों को अपनी सीमाओं के अंतर्गत् अपनी गति के अनुसार विकास करने देना,
(*d*) विद्यार्थियों की सहभागिता को प्रोत्साहन देना,
(*e*) असफलता के लिए दण्ड का भय दूर करना।

(*ii*) **पाठ्यक्रम**– बालकों में सृजनात्मकता को प्रोत्साहित करने हेतु पाठ्यक्रम को विशिष्ट बनाना जरूरी है। आजकल प्रचलित पाठ्यक्रम सामान्य बालकों को ध्यान में रखकर बनाया जाता है। सृजनात्मकता को ध्यान में रखकर उक्त पाठ्यक्रम में परिवर्तन करना चाहिए। पाठ्यक्रम ऐसा होना चाहिए जिससे मौलिक विचारों, धारा प्रवाहिता, लोच और अत्यधिक स्पष्टीकरण को बढ़ावा मिले। अधिक-से-अधिक सूचनाओं को पाठ्यक्रम के माध्यम से देना चाहिए, क्योंकि सूचनाओं के आधार पर ही विचार जन्म लेते हैं।

(*iii*) **अवरोधक तत्त्वों को दूर करना**– सृजनात्मक बालकों के शिक्षण और सृजनात्मकता के विकास के लिए अवरोधक तत्त्वों को दूर करना और शिक्षण की यथोचित विधियों और तकनीकों का प्रयोग करना उचित होगा। इन अवरोधक तत्त्वों में प्रमुख हैं–
(*a*) सामाजिक-आर्थिक
(*b*) मनोवैज्ञानिक
(*c*) चारित्रिक।

(*iv*) **सहायक तत्त्वों को बढ़ावा**– आलमशाह ने सृजनात्मकता को बढ़ावा देने अथवा सहायक के रूप में कार्य करने वाले निम्न चार प्रमुख तत्त्व बताएं हैं– (*a*) प्रेरणा (*b*) ग्रहणशीलता (*c*) योग्यता, (*d*) चयनात्मकता।

(*v*) **शैक्षिक साधन और सामग्री**– बालकों में सृजनात्मकता का विकास करने के लिए कुछ विशेष शैक्षिक साधन और सामग्री होनी चाहिए। इन शैक्षिक साधन और सामग्री में

कार्य पुस्तकें, निर्देशन पुस्तकें तथा विचार पुस्तकें उल्लेखनीय हैं। इसके अतिरिक्त दृश्य-श्रव्य सामग्री भी इसके लिए विकसित की जा सकती है।

विशेष रूप से अक्षम छात्र
(Special Cases of Incapable Student)

ऐसे छात्रों को निम्न श्रेणियों में बांटा जा सकता है :

1. मानसिक रूप से विकलांग छात्र
2. दृष्टि बाधित छात्र
3. दृष्टिहीन छात्र
4. बधिर छात्र
5. शारीरिक रूप से विकलांग छात्र

1. मानसिक रूप से विकलांग छात्र
(Mentally Disabled Children/Student)

सामान्यतः मानसिक विकलांगता वो विकलांगता है जो औसत से निम्न मानसिक कार्यक्षमता का उल्लेख करती है। इसका आरंभ बालक के विकास की अवधि में होता है और यह निम्न में से एक या अधिक से अनुकूल व्यवहार की कमी द्वारा संबंधित रहती है–

(*i*) परिपक्वता, (*ii*) अधिगम, (*iii*) सामाजिक समायोजन।

स्किनर ने मानसिक रूप से विकलांगों को अनेक नाम दिए हैं, यथा–अल्पबुद्धि (Mentally Deficient), विकल बुद्धि (Mentally Handicapped), धीमी गति से सीखने वाले (Slow Learners), पिछड़े हुए (Backward) और मूढ़ (Dull)।

क्रो और क्रो के अनुसार : "जिन बालकों की बुद्धि-लब्धि (I.Q) 70 से कम होती है, उन्हें मंदबुद्धि कहते हैं।"

स्किनर के अनुसार : "प्रत्येक कक्षा के छात्रों को एक वर्ष में शिक्षा का एक निश्चित कार्यक्रम पूरा करना पड़ता है। जो छात्र उसे पूरा कर लेते हैं उनको 'सामान्य छात्र' कहा जाता है। जो छात्र उसे पूरा नहीं कर पाते उनको 'मंदबुद्धि छात्र' की संज्ञा दी जाती है। विद्यालयों में यह धारणा बहुत लंबे समय से चली आ रही है और अब भी है।"

पोलक व पोलक के अनुसार : "मंदबुद्धि बालक को अब क्षीण बुद्धि बालकों के समूह में नहीं रखा जाता है, जिनके लिए कुछ भी नहीं किया जा सकता। अब हम यह स्वीकार करते हैं कि उनके व्यक्तित्व के उतने ही विभिन्न पहलू होते हैं, जितने सामान्य बालकों के व्यक्तित्त्व के होते हैं।"

मानसिक रूप से पिछड़े बालकों की पहचान
(Identifying the Mental Backwardness of Children)

मानसिक रूप से पिछड़े बालकों की पहचान के निम्न लक्षण हैं–

(*i*) वे प्रायः शारीरिक रूप से अयोग्य होते हैं।
(*ii*) वे संवेगात्मक रूप से अस्थिर होते हैं।
(*iii*) इनकी शैक्षिक निष्पत्ति निम्न होती है।
(*iv*) इनकी पहचान व्यक्तित्व अध्ययन से भी हो जाती है।
(*v*) इनकी पहचान निम्न बुद्धि-लब्धि (Below I.Q) द्वारा की जा सकती है।
(*vi*) निम्न शैक्षिक तथा शारीरिक आलेख भी इनकी पहचान में सहायक होते हैं।

मानसिक पिछड़ेपन के आधार
(Basis of Mental Backwardness)

मानसिक पिछड़ेपन के मुख्यतः तीन आधार हैं–शैक्षिक, सामाजिक और व्यावहारिक।

शैक्षिक

(*i*) ऐसे बालक सूक्ष्म चिंतन के योग्य नहीं होते हैं।
(*ii*) शैक्षिक क्षमता में वह अपने आयु समूह से बहुत नीचे होते हैं।

सामाजिक

(*i*) सामाजिक व्यवहार में कुशल नहीं होते हैं।
(*ii*) व्यक्तिगत व सामाजिक उत्तरदायित्वों को वहन नहीं कर पाते हैं।

व्यावहारिक

(*i*) अधिगम की क्षमता कम होती है।
(*ii*) संवेदनात्मक दोष होते हैं।

विशेषताएं (Characteristics)

विभिन्न विद्वानों ने मंदबुद्धि बालकों की भिन्न-भिन्न विशेषताओं का उल्लेख किया है–

(1) **क्रो एवं क्रो** के अनुसारः

(*i*) संवेगात्मक और सामाजिक असमायोजन।
(*ii*) विद्यालय में असफलताओं के कारण निराशा।
(*iii*) दूसरों को मित्र बनाने की अधिक इच्छा।
(*iv*) दूसरों के द्वारा मित्र बनाए जाने की कम इच्छा।

(2) **फ्रैड्रसन** के अनुसारः

(*i*) आत्मविश्वास का अभाव
(*ii*) 50 से 70 या 75 तक बुद्धि-लब्धि (I.Q.)।
(*iii*) बहुधा भावावेशपूर्ण व्यवहार।
(*iv*) विभिन्न अवसरों, यथा–प्रेम, भय, मौन, चिंता, विरोध, पृथकता या आक्रमण पर विभिन्न प्रकार का व्यवहार।

(3) **स्किनर** के अनुसार :

(*i*) सीखी हुई बात को नई परिस्थितियों में प्रयोग करने में कठिनाई।
(*ii*) व्यक्ति और घटनाओं के प्रति ठोस और विशिष्ट प्रतिक्रियाएं।
(*iii*) मान्यताओं के संबंध में अटल विश्वास।
(*iv*) दूसरों की चिंता न करके केवल अपनी चिंता।

(v) किसी बात का निर्णय करने में परिस्थितियों की अवहेलना।

(vi) कार्य और कारण के संबंध में असंगत धारणाएं।

शिक्षण की पद्धतियां (Methods of Teaching)

मंदबुद्धि बालक की शिक्षा का वही स्वरूप होना चाहिए, जो पिछड़े बालक की शिक्षा का है। इनकी शिक्षा के लिए निम्न व्यवस्था होनी चाहिए–

(i) छोटे समूहों में शिक्षा

(ii) अध्ययन के विषय

(iii) हस्तशिल्पों की शिक्षा

(iv) अच्छे शिक्षकों की नियुक्ति

(v) सांस्कृतिक विषयों की शिक्षा

(vi) विशिष्ट विद्यालयों की स्थापना

(vii) विशिष्ट कक्षाओं की स्थापना

(viii) विशिष्ट विद्यालयों का संगठन

(ix) विशेष शिक्षण विधियों का प्रयोग

(x) विशेष पाठ्यक्रम का निर्माण

इनके माध्यम से मंदबुद्धि बालकों की शिक्षा को व्यावहारिक रूप प्रदान कर सकते हैं जो उनको किसी कार्य में दक्ष करके जीवनयापन करने के योग्य बनाती है।

संवर्द्धन कार्यक्रम (Development Programme)

जब बालक सामान्य स्कूल पाठ्यक्रम से किसी भी प्रकार से लाभान्वित नहीं होता तो उसे आवासीय स्कूल में भेजा जाता है जहाँ एक भली प्रकार बनाई गई निर्देशन योजना उनके सामाजिक सामंजस्य को प्रभावित करती है। इस प्रकार के बालकों के लिए शैक्षिक पाठ्यक्रम उतने ही सतर्क रूप से तैयार करना चाहिए जितना कि उन बालकों के लिए जो विशेष कक्षाओं में रखे जाते हैं।

मानसिक रूप से पिछड़े बालकों के लिए शैक्षिक व्यवस्था स्पष्ट, प्रबंधित तथा भली प्रकार निर्देशित होनी चाहिए। वहां पढ़ाई का हर सामान उपस्थित होना चाहिए तथा साथ ही कक्षाओं का प्रबंध होना चाहिए।

उपचारी कार्यक्रम (Remedial Programme)

मानसिक रूप से पिछड़े बालकों की आवश्यकताएं अधिकतर कानून द्वारा ऐसे अध्यापकों, मनोवैज्ञानिकों, मनोचिकित्सकों तथा व्यावसायिक सेवाओं द्वारा पूरी की जा रही है जो इस क्षेत्र में शिक्षित हैं। प्रायः सभी राज्यों ने ऐसे कानून बनाए हैं जो कि मानसिक अक्षम बालक के सुधार, उपचार तथा शिक्षा में सहायक हैं।

पिछले लगभग 50 वर्षों में मानसिक रूप से पिछड़े बालकों की उन्नति के लिए कानून, मेडिकल अनुसंधान, मनोविज्ञान तथा शैक्षिक क्षेत्र में बहुत उन्नति हुई है। इस क्षेत्र में किए गए कार्यों का वर्णन निम्नवत् है–

(i) **मनोविज्ञान**– मानसिक पिछड़ेपन पर महत्वपूर्ण मनोवैज्ञानिक अनुसंधान हुए हैं। कुछ अनुसंधान बालकों की प्रमुख तथा गौण विशेषताओं से संबंधित हैं। बालकों की मानसिक उन्नति पर वातावरण के प्रभाव का भी अध्ययन हो रहा है। इनमें से कुछ अध्ययन फ्रीमैन, सीलस तथा शैमिट द्वारा हुए हैं।

(ii) **कानून**– कानून द्वारा संस्थाओं को आर्थिक सहायता दी जाती है। कानूनों द्वारा विशेष स्कूलों की व्यवस्था, उनमें भर्ती, अध्यापकों का प्रशिक्षण आदि की सुविधा रहती है।

(iii) **मेडिकल अनुसंधान**–इस क्षेत्र में हो रहे अनुसंधान मानसिक स्तर की उन्नति की ओर संकेत करते हैं। इस प्रकार के अध्ययन दो बातों से संबंधित हैं–(a) मनोवेगात्मक पिछड़ेपन पर बेनजीड्राइन उपचार (b) मानसिक पिछड़ेपन पर गुलूटामी एसिड का प्रभाव। मेडिकल क्षेत्र के ये दोनों अनुसंधान शैक्षिक तथा मनोवैज्ञानिक दृष्टि से बहुत महत्वपूर्ण हैं।

(iv) **शैक्षिक समस्याएं**– न्यूयॉर्क का विशेष शिक्षा विभाग 1940 से पाठ्यक्रम तथा विधियों पर अनुसंधान कर रहा है। इन अनुसंधानों के परिणामों को मानसिक रूप से पिछड़े बालकों के शैक्षिक कार्यक्रम में सुझाव के रूप में लेना चाहिए।

2. दृष्टि बाधित छात्र (Visually Impaired Students)

दृष्टि बाधित बालक सामान्य से कम, निम्न या शून्य दृष्टि वाले होते हैं। इन बालकों की समस्या यह होती है कि वे कक्षा में श्याम-पट्ट (Black Board) पर अंकित लेख या दृश्य सहायक सामग्री को तथा अपनी पुस्तक पठन में कठिनाई का अनुभव करते हैं। ऐसे बालकों के लिए निम्न सावधानियां रखनी चाहिए–

(i) उन्हें कंजरवेशन (Conservation) कक्षाओं में पढ़ाना चाहिए जहां बड़े छापे की पुस्तकें व बड़े आकार की दृश्य सामग्री का प्रयोग किया जाता है।

(ii) ऐसे छात्रों को कक्षा में श्याम-पट्ट (Black Board) के निकट बैठना चाहिए।

(iii) उनकी दृष्टि की जांच कर उन्हें चश्मा लगाने की सलाह देनी चाहिए।

(iv) चिकित्सक से उनका उपचार कराना चाहिए।

(v) उनमें उचित रूप से पढ़ने-लिखने की विधि विकसित करनी चाहिए।

विशेषताएं (Characteristics)

(i) ऐसे बालक जो औसत दृष्टि वाले बालकों से भिन्न हैं, परन्तु जिनका मेडिकल रूप से इलाज हो सकता है, सामान्य बालकों के साथ पढ़ सकते हैं।

(ii) ऐसे बालक जिनमें कि अत्यंत गंभीर दृष्टि दोष है इनका उपचार मेडिकल सहायता तथा चश्मे से करने पर भी वे सामान्य बालकों के साथ पढ़कर यथोचित लाभ नहीं उठा सकते। फिर भी उनके पास इतनी दृष्टि है कि वे उन साधनों से उचित लाभ उठा सकते हैं जो कि अन्धे बालकों को दिए जाते हैं।

(iii) ऐसे बालक, जो कि मेडिकल इलाज तथा चश्में की सहायता मिलने पर भी शैक्षिक तथा व्यावसायिक रूप से दृष्टिहीन हैं।

बाधित की मात्रा

दृष्टि बाधा की मात्रा के लिहाज से बहुत कम देखने वाले बालकों को चार वर्गों में बांटा गया है–

(i) ऐसे बालक, जिनकी दृष्टि एक्यूटी (Visual Acuity) 20/70 तथा 20/200 के बीच है।

(ii) ऐसे बालक जो गंभीर तथा बढ़ने वाली दृष्टि संबंधी कठिनाइयों से पीड़ित हैं।

(iii) ऐसे बालक जो नेत्र संबंधी रोगों से पीड़ित हैं या ऐसे रोगों से जो दृष्टि को प्रभावित करते हैं।

(iv) ऐसे बालक, जो कि उपरोक्त बालकों में सम्मिलित नहीं हैं और जिनके पास औसत मस्तिष्क है तथा जो डॉक्टरों तथा शिक्षाशास्त्रियों के अनुसार कम देखने वाले बालकों को दिए गए साधनों तथा सामान द्वारा अधिक लाभान्वित हो सकते हैं।

शैक्षिक कार्यक्रम (Educational Programme)

(i) **विशेष कक्षाओं का आयोजन–** कम देखने वाले बालकों (दृष्टि बाधित) को शिक्षा देने का सबसे अच्छा तरीका विशेष कक्षाओं का आयोजन है। एक विद्यालय में ऐसे बालकों की संख्या 1 से 500 तक होती है। अध्यापक इस बात का निर्णय करे कि क्या उनके लिए विशेष कक्षा का आयोजन किया जाए तथा कौन-कौन सी सुविधाएं प्रदान की जाए। इस कक्षा में विभिन्न श्रेणियों के बालक हो सकते हैं। गांवों में भी आंशिक रूप से देखने वाले बालकों के लिए विशेष कक्षा का प्रबंध होना चाहिए।

(ii) **सहकारिता योजना–** पृथकीकरण अब आधुनिक शैक्षिक सिद्धांतों के अनुरूप नहीं है। अतः एक सहकारिता योजना का विकास किया गया है जिसके द्वारा कम देखने वाले बालक अपने कार्य एक विशेष सामान से युक्त एक योग्य शिक्षक के अंतर्गत करते हैं। अन्य कार्यक्रमों के लिए वे अन्य औसत बालकों के साथ मिल जाते हैं।

(iii) **पाठ्यक्रम–** कम देखने वाले और औसत बालकों का पाठ्यक्रम एक-सा होता है। अध्यापकों को इस ओर ध्यान देना चाहिए कि ऐसा कोई भी कार्य अधिक न करवाया जाए जिससे आंखों पर अधिक जोर पड़े।

(iv) **शैक्षिक माध्यम–** एक औसत बालक के लिए किताब 10 या 12 पॉइण्ट (Point) टाइप में होती है, पर आंशिक देखने वाले बालकों के लिए किताब 18 या 24 पॉइण्ट (Point) टाइप में होती है। प्रिंट साफ तथा विस्तृत होना चाहिए। दो शब्दों के बीच जगह होनी चाहिए। सफेद कागज पर काली स्याही से लिखा होना चाहिए। हाशिया तथा चित्र एवं मानचित्र पर काली स्याही से लिखा होना चाहिए। आर्ट तथा क्राफ्ट के लिए ऐसा सामान प्रयुक्त होना चाहिए कि आंखों पर अधिक जोर न पड़े। मशीनी तरीके, जैसे–टाइपराइटर, रेडियो आदि का प्रयोग होना चाहिए। साथ ही ऐसे बालकों को टाइपराइटर के छूने की विधि बतानी चाहिए।

(v) **रोशनी–** प्राकृतिक तथा बनावटी दोनों प्रकार की रोशनी सभी बालकों के लिए महत्व रखती है। कम देखने वाले बालकों के लिए यह और भी अधिक महत्व रखती है। ऐसे बालकों का कमरा हर स्थान से पूर्णरूप से रोशनीयुक्त होना चाहिए तथा उनमें चमक नहीं होनी चाहिए। भूरे तथा हरे बोर्ड में प्रत्यावर्तन अधिक होता है। अतः उनका प्रयोग करना चाहिए।

(vi) **फर्नीचर :** एक स्थान से दूसरे स्थान तक ले जा सकने वाले फर्नीचर से बालक उसे किसी भी स्थान पर ले जाकर पढ़ सकते हैं। फर्नीचर का रंग हल्का होना चाहिए।

3. दृष्टिहीन छात्र (Blind Students)

वे बालक जिनकी दृष्टि एक्यूटी 20/200 होती है तो उन्हें शैक्षिक कार्य के लिए नेत्रहीन समझा जाता है। इससे कम होने पर अथवा इसी प्रकार की कोई अन्य अक्षमता होने पर बालक दृष्टिहीन समझे जाते हैं। दृष्टिहीन बालक को अपनी अन्य इन्द्रियों पर निर्भर रहना पड़ता है। जिन बालकों में बहुत कम दृष्टि होती है वे रंगों का भेद कर सकते हैं। एक बालक को तभी दृष्टिहीन मानना चाहिए जबकि डॉक्टर ने उसकी ऐसी स्थिति बतायी हो। डाक्टर द्वारा बताए गए चश्में को पहनने से इनकी दृष्टि में सुधार हो सकता है समय-समय पर आंखों की परीक्षा लेना भी जरूरी है। अध्यापक को देखना चाहिए कि बालक ने चश्मा पहना है अथवा नहीं, चश्मा ठीक दशा में है अथवा नहीं। चूंकि दृष्टिहीन बालक हमेशा अपनी अन्य इंद्रियों पर निर्भर रहता है, उसकी अन्य इंद्रियों के स्वास्थ्य की परवाह करनी चाहिए।

दृष्टिहीन बालकों की समस्या अधिक विकट होती है। वे सामान्य विद्यालय व सामान्य कक्षाओं में शिक्षित होने में अधिक असुविधा का सामना करते हैं। उन्हें विद्यालय में आने-जाने, लिखने-पढ़ने जैसी क्रियाओं में दूसरों की सहायता लेनी पड़ती है। वे दूसरे व्यक्तियों के उपहास के पात्र बनते हैं जिससे उनमें हीन भावना का उदय होता है। ऐसे बालकों की शिक्षा में निम्न बिंदु उल्लेखनीय है–

(i) ऐसे बालकों के लिए पृथक एवं विशिष्ट विद्यालय होने चाहिए।

(ii) इन्हें ब्रेल (Braille) पद्धति से शिक्षित करना चाहिए, जिनमें एक मोटे कागज पर कुछ बिन्दु उभार कर उनके स्पर्श द्वारा दृष्टिहीन बालकों को अक्षर व लिपि का ज्ञान कराया जाता है।

(iii) उन्हें संगीत या हस्तकला में प्रशिक्षण दिया जाना चाहिए।

(iv) उन्हें टंकण (Typing) का प्रशिक्षण भी दिया जा सकता है।

(v) उन्हें समुचित सहानुभूति की अपेक्षा होती है।

दृष्टिहीन छात्रों के लिए शैक्षिक सुविधाएं (Educational Facilities for Blind Students)

(i) **सामान्य विद्यालय**– एक सामान्य दृष्टिहीन बालक सामान्य स्कूल में प्रवेश कर सकता है। इस अवस्था में उसे इस योग्य होना चाहिए कि वह कपड़े आदि स्वयं पहन सके। उसे नहाना और अपनी शारीरिक आवश्यकताओं की पूर्ति करना आना चाहिए। उसे जाने पहचाने वातावरण में चलने की आदत होनी चाहिए। उसे अपने आयु-वर्ग के बालकों से बोलना और उन्हें दोस्त बनाने आना चाहिए। इस संबंध में बालकों को किण्डरगार्टन में भेजने से अच्छे परिणाम निकलने चाहिए।

(ii) **ब्रेल कक्षाएं**– दृष्टिहीन बालकों के लिए स्कूल जाने से तात्पर्य अंधों के स्कूल जाने से है। वहाँ ऐसे बालकों को विशेष कक्षाओं में पढ़ाया जाता है। इन्हें ब्रेल कक्षा (Braille Class) कहते हैं। ब्रेल कक्षाओं तथा दृष्टिहीन बालकों के लिए स्कूल की व्यवस्था इसलिए की जाती है ताकि वे सामाजिक वातावरण से समायोजन कर सकें। आवासीय स्कूल भी बालकों की कक्षा से दूसरी कक्षा के लिए शिक्षा देता है। ब्रेल कक्षाएं ऐसी सहायता देती हैं जिनसे सामान्य कक्षा की पढ़ाई को समझ सकें। ये दोनों ही प्रकार की पढ़ाई अपनी उद्‌देश्य पूर्ति में सफल हो सकती हैं। ब्रेल कक्षाओं में एक कुशल अध्यापक 10 या 12 विद्यार्थियों को वह विषय पढ़ाता है जो वे अन्य बालकों के साथ नहीं पढ़ सकते। अन्य कार्यों के लिए वे सामान्य बालकों के साथ मिल जाते हैं। उन्हें हाथ में कार्य, शारीरिक शिक्षा तथा संगीत की शिक्षा भी दी जाती है। ब्रेल कक्षाओं के लिए ब्रेल पुस्तकों की आवश्यकता होती है। अमेरिका में ये ब्रेल कक्षाएं American Printing House for the Blind से पुस्तकें प्राप्त करती हैं।

(iii) **विशेष विधियां**– दृष्टिहीन बालक की शिक्षा के समय यह ध्यान में रखना चाहिए कि वह एक सामान्य बालक है। अधिकतर मामलों में उसका बढ़ता हुआ ज्ञान, वृद्धि, संवेग तथा इच्छाएं अन्य बालकों की तरह है। दृष्टि दोष प्रत्येक बालक में भिन्न होता है। यदि बालक में थोड़ी दृष्टि है और अध्यापक उसे दृष्टिहीन समझता है तो इसका बालक पर प्रतिकूल प्रभाव पड़ेगा। दृष्टि एक्यूटी (Visual Acuity) सदा दृष्टि क्षमता को नहीं बताती। अक्सर कम दृष्टि वाले बालक अपनी दृष्टि का अच्छा उपयोग करते हैं। घर के वातावरण, सीखने की तत्परता एवं सीखने की क्षमता का इस पर प्रभाव पड़ता है। एक अंधे बालक की शिक्षा के लिए दो चीजों–(i) विशेष सामान तथा माध्यम और (ii) पढ़ाने के विशेष सिद्धांतों का प्रयोग आवश्यक है।

4. बधिर-छात्र (Deaf Students)

कानों के द्वारा सुनने में बाधा से उत्पन्न अयोग्यता व्यक्ति विशेष को श्रवण विकलांग बनाती है। यह विकलांगता ऐसे बालकों की श्रवण शक्ति दोषयुक्त होने से उन्हें शाब्दिक या बोलकर अभिव्यक्त करने में असमर्थ बनाती है। यही कारण है कि बहरे लोग गूंगे (Dumb) भी होते हैं। अतः सामान्य स्कूलों में शैक्षिक शिक्षण की अपेक्षा श्रवण विकलांगों की शिक्षा हेतु पृथक गूंगे-बहरों के विशिष्ट विद्यालयों की व्यवस्था की जाती है। जहां प्रशिक्षित अध्यापक विशिष्ट उपकरणों की सहायता से उनका विशिष्ट शिक्षण करते हैं।

प्रकार– बहरेपन अथवा श्रवण बाधिता को प्रायः दो प्रकारों में बांटा जाता है–

(i) बधिर या बहरे (Deaf), (ii) ऊंचा सुनने वाले (Hard of Hearing)। इन दोनों प्रकारों में भाषा को सीखने की योग्यता भिन्न-भिन्न होती है। ऊंचा सुनने वालों को श्रवण सहायक यंत्रों (Hearing Aids) की सहायता से शिक्षित किया जा सकता है किन्तु बधिरों की जिन्होंने कभी वाणी या भाषा सुनी ही नहीं, शिक्षा व्यवस्था विशिष्ट प्रकार की होती है।

विशेषताएं (Characteristics)

(i) बधिर या कम सुनने वाले श्रवण क्षतियुक्त बालक वे हैं जिन्होंने बोलने से पहले ही श्रवण शक्ति खो दी है। इस प्रकार के छात्रों के लिए विशेष प्रकार के शिक्षण की आवश्यकता होती है।

(ii) विद्यालय में कुछ बालक ऐसे होते हैं जिन्हें किसी न किसी प्रकार का और किसी न किसी स्तर का श्रवण दोष होता है।

(iii) श्रवण शक्ति बालक को अध्यापक द्वारा कही गई बातें सुनाई देती है। श्रवण शक्ति मौखिक संदेशवहन, अधिगम, मानसिक विकास और भाषा विकास का सबसे सशक्त साधन है। श्रवण बाधित बालक इन साधनों से लाभ नहीं उठा पाता।

(iv) कक्षा में बैठे श्रवण क्षतियुक्त बालकों को प्रभावशाली ढंग से उन विधियों से शिक्षा दी जा सकती है जिनसे सामान्य श्रवण योग्यता वाले बालक को देते हैं।

(v) बधिर बालकों की पहचान उनसे बोलने पर हो सकती है। परन्तु उनकी पहचान श्रवण यंत्रों के द्वारा करना उचित होगा।

(vi) श्रवण क्षतियुक्त बालकों की पहचान श्रवण यंत्रों, यथा श्रवणमापक तथा अन्य तकनीकों से की जाती है।

(*vii*) विद्यालय में श्रवण क्षतियुक्त बालक कई दिनों तक अध्यापक की दृष्टि में नहीं आता। अध्यापक को उसका पता तभी होगा जब वह बालक से अधिकतम अंतःक्रिया (Interaction) करेगा। जबकि अधिक संख्या वाली कक्षा में ऐसा होना संभव नहीं है। अतः बालकों के प्रवेश के समय ही उनका परीक्षण करवा लेना उचित है।

(*viii*) माता-पिता को बालक के जन्म के तीन महीने पश्चात् चिकित्सक द्वारा अपने बालक की श्रवण शक्ति की जांच अवश्य करा लेनी चाहिए। विद्यालय में प्रवेश दिलाते समय उन्हें अध्यापक को बालक की श्रवण स्थिति से अवगत करा देना चाहिए।

शैक्षिक कार्यक्रम (Educational Programme)

श्रवण बाधितों के शैक्षिक कार्यक्रमों को चार वर्गों– (1) संप्रेषण तकनीकें, (2) शिक्षण तकनीकें, (3) शैक्षिक सुविधाएं तथा (4) औपचारिक सुविधाएं में बांटा गया है।

(1) **संप्रेषण तकनीकें–** श्रवण क्षतियुक्त बालक के संबंध में सबसे बड़ी कठिनाई संप्रेषण के संबंध में है। अतः उसे भली प्रकार शिक्षित करने के लिए निम्न विशेष संप्रेषण तकनीकें अपनाई जानी चाहिए–

(*i*) **चिन्ह भाषा–** बधिर और अत्यधिक ऊंचा सुनने वाले बालकों के लिए चिन्ह भाषाओं का प्रचलन है, यथा–A. चिहित अंग्रेजी, (*b*) अमेरिकन चिह्न भाषा, (*c*) अंगुली वर्णमाला। ये चिन्ह भाषाएं एक-दूसरे से भिन्न होती हैं।

(*ii*) **ओष्ठ पठन–** ओष्ठ पठन में बालकों को ओठों के हिलाने और गति के आधार पर वर्णों और शब्दों को पढ़ने की शिक्षा दी जाती है।

(*iii*) **संकेत भाषा–** संकेत भाषा में ओठों को पढ़ने के साथ हाथ से मुंह के पास ही संकेत दिए जाते हैं। संकेत उसी भाषा के होते हैं जिसमें कि बोला जाता है। संकेत भाषा के लाभ निम्नवत् हैं–

(*a*) इसमें उसी व्याकरण का प्रयोग होता है जो बोली जाती है।

(*b*) इससे बालक सुनने वाले लोगों के साथ आसानी से संप्रेषण कर सकता है।

(*iv*) **स्पर्श विधि–** इसमें स्पर्श द्वारा कही गई बात को समझने का प्रावधान होता है।

(*v*) **गतिविधि–** इसमें शरीर से विभिन्न गतियां करवाकर बधिर बालकों के संप्रेषण में सहायता दी जाती है।

(*vi*) **प्रवर्धक प्रयोग–** ध्वनि प्रवर्धक यंत्रों का प्रयोग उन बालकों के लिए उपयोगी हो सकता है जो सामान्य से थोड़ा ऊंचा सुनते हैं।

(2) **शिक्षण तकनीकें–** श्रवण क्षतियुक्त बालकों के लिए निम्न शिक्षण तकनीकें अपनाई जानी चाहिए–

(*i*) शिक्षण विषय-वस्तु को सहायक सामग्री की सहायता से पढ़ाया जाना चाहिए। आकृतियां, चित्र, संकेत, शब्द, इशारे इत्यादि सहायक सामग्री प्रयोग की जा सकती है।

(*ii*) शिक्षक को बीच-बीच में प्रश्न पूछना अनिवार्य है। इससे यह पता लग सकता है कि बालक पढ़ाई गई बात को कितना समझ रहा है।

(*iii*) विलसन के अनुसार श्रवण क्षतियुक्त बालक को एक नोट लेने वाला व्यक्ति (Note-taker) प्रदान किया जाना चाहिए।

(*iv*) श्रवण क्षतियुक्त बालकों के लिए एक विशेष अध्यापक नियुक्त किया जाना चाहिए जो प्रशिक्षण प्राप्त हो।

(*v*) श्रवण क्षतियुक्त बालकों की अधिगम कमियों की ओर विशेष ध्यान दिया जाना चाहिए ताकि यह पता चले कि वे शब्दों को ठीक लिखते और बोलते हैं अथवा नहीं।

(*vi*) श्रवण क्षतियुक्त बालकों के लिए तकनीकी कार्यक्रम बनाने चाहिए। रोचेस्टर तकनीक विज्ञान संस्थान में इस तरह के प्रोग्राम उपलब्ध हैं।

(3) **श्रवण क्षतियुक्त बालकों की शैक्षिक सुविधाएं–** श्रवण क्षतियुक्त बालकों को दिन-प्रतिदिन के क्रियाकलाप में भली प्रकार से सहायता देने के लिए निम्न सुविधाएं दी जानी चाहिए–

(*i*) दृश्य-श्रव्य (Audio-Visual) संकेत सामग्री श्रवण क्षतियुक्त बालक के लिए अत्यंत लाभदायक सिद्ध हो सकती है। टेलीफोन में ध्वनि प्रवर्धक (Sound Amplifier) लगाने से बालक टेलीफोन पर बातचीत कर सकते हैं। आजकल बालकों के लिए टेलीफोन, टाइपराइटर और कंप्यूटर यंत्र बनाया गया है। इसमें टेलीफोन पर वार्ता टाइप होकर स्क्रीन में दिख जाती है। इससे बधिर बालक टेलीफोन पर वार्ता कर सकते हैं। यदि इसी प्रकार के अन्य यंत्र भी विद्यालयों में उपलब्ध कराएं जा सकें तो वे श्रवण क्षतियुक्त बालकों के लिए लाभप्रद होंगे।

(*ii*) वीडियो टेप्स का प्रयोग लाभकारी सिद्ध होता है।

(*iii*) फिल्म का प्रयोग किया जाना चाहिए।

(*iv*) उन सभी बालकों को कक्षा-कक्ष (Class-room) में समूह श्रवण सहायक (Group Hearing Aids) प्रदान किए जाने चाहिए जो किसी भी प्रकार की श्रवण क्षतियुक्तता से पीड़ित हैं।

(*v*) अध्यापक द्वारा ओवरहेड प्रोजेक्टर का प्रयोग अत्यंत अच्छा है।

(*vi*) श्रवण क्षतियुक्त बालकों को अजायबघर, ऐतिहासिक इमारतों, प्रसिद्ध स्थानों आदि जैसे सूचनाप्रद स्थलों पर भ्रमण के लिए ले जाना चाहिए।

5. शारीरिक रूप से विकलांग छात्र (Physically Disabled Students)

जब तक शरीर स्वस्थ नहीं होगा तब तक मनुष्य सामान्य रूप से कार्य नहीं कर सकता। शारीरिक स्वास्थ्य उसके कार्य व विकास को प्रभावित करता है। शारीरिक अक्षम अथवा अपंग बालक शारीरिक रूप से विकलांग कहलाते हैं। अपंग बालक चिरकालिक बीमार बालकों से संख्या में कहीं अधिक होते हैं। ऐसे बालक निरंतर असफल होते हैं और अंत में विद्यालय आना छोड़ देते हैं। अपंग और बीमार दोनों ही प्रकार के बालक विशिष्ट बालकों की श्रेणी में आते हैं। अतः वे विशेष शिक्षा के अधिकारी हैं।

विकलांगता का अर्थ व परिभाषा (Meaning or Definition of Disabled)

महेश भार्गव एवं भावना लवनिया के शब्दों में – "शैक्षिक दृष्टि से विकलांगता किसी भी प्रकार की निर्योग्यता हो सकती है जो बालक विशेष को औसत बालकों की भांति शिक्षा ग्रहण करने में असमर्थ बनाती है। ऐसे बालक सामान्य शिक्षा पद्धति से लाभान्वित नहीं हो पाते। उनके लिए अतिरिक्त सहायता विशिष्ट शिक्षण की आवश्यकता होती है।"

बाल गोविंद तिवारी के शब्दों में – "विकलांगता एक ऐसी स्थिति है जो किसी भी व्यक्ति को किसी भी अवस्था में उसके सामान्य व्यवहार, कार्य शक्ति, विचार एवं नियमित कृत्य को न्यूनाधिक प्रभावित कर आंगिक, मानसिक, सामाजिक व भावात्मक असंतुलन उत्पन्न कर देती है।"

विकलांगता के प्रकार (Types of Disabled)

(*i*) मेरुदण्ड का वक्र,
(*ii*) मेरुदण्डीय द्विशाखी,
(*iii*) मांसपेशीय डायसट्रॉफी,
(*iv*) लूले-लंगड़े, हथकटे,
(*v*) एक या इससे अधिक अंगों का लकवा,
(*vi*) पांवफिरा,
(*vii*) प्रमस्तिष्कीय पक्षाघात,
(*viii*) विकृत नितंब।

विशेषता (Characteristics)

एक बीमार बालक वह है जो काफी लंबे समय से बीमार है कुछ बालक काफी लंबे समय तक बीमार से ग्रस्त रहते हैं। इन बीमारियों में कुछ प्रमुख हैं–(*i*) दमा, (*ii*) मिर्गी, (*iii*) हृदय रोग, (*iv*) सूखा रोग, (*v*) तपेदिक, (*vi*) रक्त-अल्पता, (*vii*) श्वेत रक्तता (*viii*) धवल रोग, (*ix*) कैंसर, (*x*) मधुमेह, (*xi*) आमवातिक ज्वर, (*xii*) कृमिकोषीय तंतुशोच, (*xiii*) हंसिया-कोशिका खून की कमी।

कुछ बीमारियों के सामान्य लक्षण (Symptoms of Some Disease)

बालकों में विभिन्न प्रकार की बीमारियों के लक्षण भिन्न-भिन्न होते हैं। इनमें से कुछ सामान्य लक्षण निम्नवत् हैं–

(*i*) शरीर का पीला पड़ जाना।
(*ii*) थका-थका सा रहना।
(*iii*) अधिकतर समय थकान का अनुभव होना।
(*iv*) सांस लेने में कठिनाई का अनुभव होना।
(*v*) शैक्षिक उपलब्धि का निम्न होना।
(*vi*) स्वभाव में चिड़चिड़ापन होना।

शैक्षिक कार्यक्रम (Educational Programme)

शारीरिक विकलांग बालक, सामान्य बालक से अधिगम की सामर्थ्य की दृष्टि से कम होता है। अतः ऐसे बालकों की शिक्षा व्यवस्था भी विशिष्ट प्रकार की होनी चाहिए। इनमें से कुछ बालक तो सामान्य विद्यालयों की सामान्य कक्षाओं में शिक्षा प्राप्त करने में कठिनाई का अनुभव नहीं करते जबकि गंभीर रूप से शारीरिक विकलांग बालकों के लिए पृथक विशिष्ट कक्षाओं तथा विशिष्ट आवासीय विद्यालयों (Residential Schools) की व्यवस्था किया जाना आवश्यक होता है। शारीरिक विकलांग बालकों की शिक्षा हेतु निम्न उपाए अपनाए जाने चाहिए–

(*i*) **उपचार सुविधा–** अपंग तथा बीमार बालकों के उपचार के लिए समुचित व्यवस्था की जानी चाहिए। समय-समय पर उन्हें योग्य व कुशल चिकित्सक को दिखाना चाहिए। ऐसे बालकों के उपचार के लिए यदि अलग से कोष (Fund) की व्यवस्था की जाए तो और भी अच्छा होगा क्योंकि ऐसे बालकों को समय-समय पर चिकित्सालय में भर्ती करने की भी आवश्यकता पड़ सकती है। ऐसी स्थिति में उन्हें विद्यालय से समय-समय पर अनुपस्थित होना पड़ सकता है। अतः उपस्थिति संबंधी छूट दी जानी चाहिए। इस अनुपस्थिति का नकारात्मक प्रभाव उनके शैक्षिक ज्ञान और उपलब्धि पर पड़ सकता है। अतः ऐसे बालकों के लिए सफलता के मापदंड सामान्य बालक के समान नहीं बनाने चाहिए। ऐसे में इन बालकों के समुचित सामाजिक और संवेगात्मक विकास की ओर ध्यान देना शिक्षक का कर्त्तव्य है।

(*ii*) **विशिष्ट भ्रमणशील अध्यापक–** भ्रमणशील अध्यापकों (Visiting Teachers) में मनोविज्ञानशास्त्री, उच्चारण सुधारक, समाजसेवी, चिकित्सक आदि की सेवाएं शारीरिक विकलांगों को विद्यालयों में परामर्श व निर्देशन देने हेतु ली जानी चाहिए जो समय-समय पर इन विद्यालयों में भ्रमण कर सके।

(*iii*) **विशिष्ट कक्षाएं–** सामान्य विद्यालयों में कम विकलांग बालक/बालिकाओं हेतु पृथक कक्षा में विशिष्ट शिक्षण (Social Teaching) की व्यवस्था होनी चाहिए जिससे उनका उपचारात्मक शिक्षण (Remedial Teaching) हो सके। उन्हें विशिष्ट सहायक यंत्रों के उपयोग व प्रयोग का प्रशिक्षण भी दिया जाना चाहिए।

(iv) **विकलांग विद्यालय–** गंभीर रूप से विकलांग बालक-बालिकाओं हेतु पृथक विद्यालयों की व्यवस्था वांछनीय व अपरिहार्य है। ऐसे विद्यालयों में वैज्ञानिक विधि से शिक्षण, प्रशिक्षित अध्यापक, आवासीय व्यवस्था, खेल व मनोरंजन व्यवस्था, आजीविकोपयोगी उद्योगों का प्रशिक्षण, पुनर्वास, रुचिकार्य आदि का प्रावधान किया जाना चाहिए।

(v) **विशिष्ट पाठ्यक्रम–** विकलांग बालक/बालिकाओं की विकलांगता, सामर्थ्य, अभिरुचि व स्तर के अनुकूल विशिष्ट पाठ्यक्रम निर्मित कर उसे प्रभावी किया जाना चाहिए।

(vi) **अतिरिक्त कक्षा–** अतिरिक्त कक्षा उन अपंग तथा रोगी बालकों के लिए आयोजित की जा सकती है जो नियमित कक्षाओं से पूर्णतया लाभान्वित नहीं हो पाते। अतः विकलांग बालकों तथा रोगी बालकों के लिए स्कूल के उपरांत अथवा छुट्टियों के दिन भी थोड़े समय के लिए कक्षाओं का आयोजन करना चाहिए। इस प्रकार अध्यापक बालकों की व्यक्तिगत, सामाजिक तथा संवेगात्मक समस्याओं को समझा कर उन्हें हल कर सकेगा।

(vii) **जनमानस में अभिवृत्ति परिवर्तन–** प्रायः विकलांग बालकों को लोग हेयदृष्टि से देखते हैं। उन्हें दया योग्य, दान योग्य, भार तथा मजाक का पात्र समझा जाता है। यह भी समझा जाता है कि वे हर प्रकार के तिरस्कार को सह लेंगे। इस प्रकार की भावना विकलांग तथा रोगी बालकों में हीन भावना व निराशा भर देती है। अतः यह आवश्यक है कि जनमानस में व्याप्त इस अभिवृत्ति में परिवर्तन लाया जाए।

(viii) **समाजीकरण–** विकलांग और रोगी बालकों के समाजीकरण के लिए उन्हें ऐसे अवसर प्रदान किए जाने चाहिए जिससे वे अपने हम उम्र तथा अन्य लोगों से हिल-मिल सकें। यह कार्य पाठ्येत्तर क्रियाओं द्वारा संभव हो सकता है। उनसे विभिन्न प्रकार की मनोरंजक क्रियाएं करवायी जानी चाहिए। विकलांग व रोगी बालकों के मनोरंजन के लिए कुछ विशेष कार्यक्रम, यथा–सम्मेलन, गोष्ठी, सांस्कृतिक गायन आदि आयोजित किए जा सकते हैं। इस क्षेत्र में गैर-सरकारी संगठनों (NGOs) को भी प्रयास करना चाहिए। इसके लिए शिक्षक को इन संगठनों को प्रोत्साहित करना चाहिए।

अभ्यास प्रश्न

1. बालक के व्यक्तिगत अध्ययन की मनोवैज्ञानिक विधि है :
A. रेटिंग स्केल   B. प्रश्नावली विधि
C. केस स्टेडी   D. प्रायोगिक विधि

2. सृजनशील बालकों का लक्षण है :
A. समस्याओं के प्रति सजगता का अभाव
B. गतिशील चिन्तन का अभाव
C. अनमनीयता
D. जिज्ञासा

3. दृष्टिहीन बालकों को शिक्षण दिया जाता है :
A. दृश्य-श्रव्य सामग्री द्वारा   B. टंकण द्वारा
C. ब्रेल पद्धति द्वारा   D. गाने-बजाने द्वारा

4. वंचित वर्ग के बालकों के अन्तर्गत आते हैं :
A. दृष्टिहीन व अपंग बालक
B. मन्दबुद्धि व हकलाने वाले बालक
C. पूर्ण बधिर या आंशिक बधिर बालक
D. उपर्युक्त सभी

5. विकलांग बालकों के अन्तर्गत आते हैं :
A. नेत्रहीन बालक
B. शारीरिक विकलांग बालक
C. गूंगे तथा बहरे बालक
D. इनमें से सभी

6. प्रतिभाशाली बालक जो होते हैं :
A. जन्मजात   B. बाद में
C. आनुवंशिक   D. इनमें से कोई नहीं

7. मानसिक रूप से पिछड़े बालकों की विशेषता होती है :
A. संवेगात्मक रूप से अस्थिर
B. सीमित रुचि वाले
C. निरन्तर अव्यवस्था का होना
D. उपर्युक्त सभी

8. अच्छी शिक्षा-प्रणाली में निम्नांकित अनुशासन श्रेष्ठ होता है–
A. कठोर अनुशासन
B. आत्मानुशासन
C. स्वतंत्र अनुशासन
D. उपरोक्त में से कोई नहीं

9. विकलांगों (Handicapped) को शिक्षा के समान अवसर देने हेतु निम्नांकित उपयोगी है–
A. सामान्य शिक्षा प्रणाली में विशेष प्रयास किया जाये
B. विशिष्ट विद्यालयों में उन्हें पृथक शिक्षा दी जाये
C. उपरोक्त A और B
D. उपरोक्त में से कोई नहीं

10. समुदाय शिक्षा का इस प्रकार का अभिकरण होता है–
A. अनौपचारिक   B. औपचारिक
C. निरोपचारिक   D. इनमें से कोई नहीं

11. शिक्षा के वैयक्तिक एवं सामाजिक उद्देश्यों में यह होना वांछनीय है–
A. प्रतिद्वंद्विता   B. प्रतियोगिता
C. समन्वय   D. उपरोक्त सभी

12. समायोजन द्वारा निम्नांकित से उत्पन्न (Tension) तनाव कम होता है–

A. कुंठा B. द्वन्द्व
C. विरोध D. उपरोक्त सभी

13. निम्न में से कौन-सा शिक्षार्थियों में सृजनात्मकता का पोषण करता है?

A. प्रत्येक शिक्षार्थी की अंतर्जात प्रतिभाओं का पोषण करने एवं प्रश्न करने के अवसर उपलब्ध कराना
B. विद्यालयी जीवन के प्रारंभ से उपलब्धि के लक्ष्यों पर बल देना
C. परीक्षा में अच्छे अंकों के लिए विद्यार्थियों की कोचिंग करना
D. अच्छी शिक्षा के व्यावहारिक मूल्यों के लिए विद्यार्थियों का शिक्षण

14. पाँचवीं कक्षा के 'दृष्टिबाधित' विद्यार्थी–

A. के माता-पिता और मित्रों द्वारा उसे दैनिक कार्यों को करने में सहायता की जानी चाहिए
B. के साथ कक्षा में सामान्य रूप से व्यवहार किया जाना चाहिए और श्रव्य सी.डी. के माध्यम से सहायता उपलब्ध कराई जानी चाहिए
C. के साथ कक्षा में विशेष व्यवहार किया जाना चाहिए
D. को निचले स्तर के कार्य करने की छूट मिलनी चाहिए

15. विशेष आवश्यकता वाले बच्चों को शिक्षा उपलब्ध कराई जानी चाहिए

A. विशेष विद्यालयों में विशेष बच्चों के लिए विकसित पद्धतियों द्वारा
B. विशेष विद्यालयों में
C. विशेष विद्यालयों में विशेष शिक्षकों द्वारा
D. अन्य सामान्य बच्चों के साथ

16. 'डिस्लेक्सिया' किससे सम्बन्धित है?

A. गणितीय विकार B. पठन विकार
C. व्यवहार-सम्बन्धी विकार D. मानसिक विकार

17. सृजनात्मक शिक्षार्थी वह है जो

A. परीक्षा में हर बार अच्छे अंक प्राप्त करने के योग्य है
B. पार्श्व (लेट्रल) चिंतन और समस्या-समाधान में अच्छा है
C. ड्राइंग और पेंटिंग में बहुत विलक्षण है
D. बहुत बुद्धिमान् है

18. निःशक्त बच्चों के लिए समेकित शिक्षा की केंद्रीय प्रायोजित योजना का उद्देश्य है .... में निःशक्त बच्चों को शैक्षिक अवसर उपलब्ध कराना।

A. मुक्त विद्यालयों
B. 'ब्लाइंड रिलीफ एसोसिएशन' के विद्यालयों
C. नियमित विद्यालयों
D. विशेष विद्यालयों

19. सृजनात्मक उत्तरों के लिए आवश्यक है

A. मुक्त-उत्तर वाले प्रश्न
B. एक अत्यंत अनुशासित कक्षा
C. प्रत्यक्ष शिक्षण एवं प्रत्यक्ष प्रश्न
D. विषय-वस्तु आधारित प्रश्न

20. विद्यालय में छात्रों के लिए शैक्षिक भ्रमण क्यों आवश्यक है?

A. छात्रों का घूमने में मन लगता है
B. छात्रों पर पढ़ाई का बोझ न पड़े
C. छात्रों को प्रत्यक्ष संपर्क से स्थाई ज्ञान होता है
D. छात्र का मनोरंजन होता है

21. अनुसूचित जाति के बालकों की प्रमुख समस्या है–

A. जन सुविधाओं का उपयोग करने का पूर्ण अधिकार
B. समाज में इनका उच्च स्थान
C. ऊँची जाति के लोगों का इनसे घृणा करना
D. ये सभी

22. अनुसूचित जनजाति के बालकों की प्रमुख समस्या है–

A. अधिकतर परिवारों का गरीब होना
B. उनकी जाति में शिक्षा का प्रचार-प्रसार कम होना
C. विद्यालय में उनकी जाति के छात्रों की संख्या का कम होना
D. उपरोक्त सभी

23. एक अध्यापक को महत्त्व देना चाहिए

A. सभी को समान रूप से
B. अनुसूचित जमजाति के छात्रों को
C. अनुसूचित जाति के छात्रों को
D. पिछड़ी पृष्ठभूमि के छात्रों को

24. दृष्टि दोष वाले छात्रों में निम्न में से कौन-सा विकार नहीं पाया जाता है?

A. आँखों को बार-बार मलना
B. सिरदर्द की शिकायत रहना
C. आँखों के बहुत निकट लाकर पुस्तक को पढ़ना
D. शरीर के अंगों में अवांछित हलचल रहना

25. एक शारीरिक विकलांग बालक के लिए विद्यालय में निम्नलिखित में से क्या आवश्यक रूप से होना चाहिए?

A. बालक के लिए आवास का प्रबन्ध
B. बालक के लिए निःशुल्क शिक्षा का प्रबन्ध
C. बालक के लिए भोजन का प्रबन्ध
D. बालक के लिए कक्षा-कक्ष में प्रवेश की उचित सुविधा का प्रबन्ध

26. आपकी कक्षा की एक छात्रा मोनिका, जो मानसिक तौर पर एक पिछड़ी हुई बालिका है। आप उसको निम्न में से किस प्रकृति में रखेंगे?

A. निष्ठावान B. संवदेनशील
C. शक्तिशाली D. अनुशासनहीन

27. निम्न में से क्या प्रतिभाशाली बालक का संकेत है?
A. अभिव्यक्ति में नवीनता
B. जिज्ञासा
C. सृजनात्मक विचार
D. ये सभी

28. एक शिक्षक होने के नाते पिछड़े बालकों के प्रति आपका दृष्टिकोण होना चाहिए–
A. सहानुभूतिपूर्ण B. उपेक्षापूर्ण
C. कठोर D. इनमें से कोई नहीं

29. प्रतिभाशाली बालक की इन्द्रियाँ होती हैं
A. तीव्र B. उदात्त
C. सामान्य D. इनमें से कोई नहीं

30. वे बालक जो सामाजिक, भावात्मक, शैक्षिक आदि पक्षों में सामान्य बालकों से भिन्न होते हैं। उन्हें कहा जा सकता है–
A. क्रोधी बालक B. विशिष्ट बालक
C. अपराधी बालक D. विकलांग बालक

31. किसी समस्यात्मक बालक की विशेषता नहीं है–
A. चोरी करना B. झूठ बोलना
C. क्रोध करना D. आज्ञा का पालन करना

32. समायोजन का लक्षण निम्न में से कौन-सा नहीं है?
A. सामाजिकता B. अनुकूल वातावरण
C. असन्तुलन D. सन्तुष्टि

33. वंचित वर्ग के बालकों के अन्तर्गत कैसे बालक आते हैं?
A. मन्द-बुद्धि व हकलाने वाले बालक
B. पूर्ण बधिर या आंशिक बधिर
C. अन्ध व अपंग बालक
D. ये सभी

34. बहरे बच्चे को पढ़ाने की विधि कौन-सी है?
A. अंगुलिवाचन B. मौनवाचन
C. आत्मीकरण D. ये सभी

35. मन्द बुद्धि बालकों की विशेषता निम्न में कौन-सी नहीं हैं?
A. शारीरिक दोष
B. मौलिकता
C. सीखने की मन्द गति
D. अमूर्त चिन्तन का अभाव

36. व्यक्ति की पहचान करने में निम्न में से क्या सहायक हैं?
A. बाह्य विभिन्नताएँ
B. व्यक्ति की शिक्षा
C. व्यक्ति का मानसिक स्वास्थ्य
D. ये सभी

37. निम्न में से क्या बोलने के दोष से संबंधित नहीं है–
A. अशुद्ध उच्चारण
B. आवाज की समस्या
C. तेज बोलने वाले
D. हकलाना व तुतलाना

38. ब्रेल लिपि का प्रयोग किसके लिए किया जाता है?
A. श्रवण दोष युक्त बालकों के लिए
B. अन्धे बालकों के लिए
C. विकलांग बालकों के लिए
D. इनमें से कोई नहीं

39. श्रवण क्षतियुक्त बालकों की शिक्षा निम्न में से किसके द्वारा नहीं दी जा सकती?
A. ओष्ठ पाठन B. संकेत भाषा
C. चिन्ह भाषा D. संगीत भाषा

40. बालकों के समस्यात्मक व्यवहार के उपचार हेतु कौन-कौन सी विधियों का प्रयोग किया जा सकता है?
A. परिवार उपचार विधि
B. विद्यालय उपचार विधि
C. सरकार उपचार विधि
D. ये सभी

उत्तरमाला

1	2	3	4	5	6	7	8	9	10
C	D	C	D	A	D	D	B	C	A
11	**12**	**13**	**14**	**15**	**16**	**17**	**18**	**19**	**20**
C	D	A	B	D	B	B	C	A	C
21	**22**	**23**	**24**	**25**	**26**	**27**	**28**	**29**	**30**
C	D	A	D	D	B	D	D	A	B
31	**32**	**33**	**34**	**35**	**36**	**37**	**38**	**39**	**40**
D	C	D	C	B	A	C	B	D	B

10. अधिगम और शिक्षाशास्त्र (Learning and Pedagogy)

बच्चों का स्कूल में प्रदर्शन (Performance of Children in School)

ऐसा अक्सर सुनने, पढ़ने एवं देखने में आता है कि विद्यालय में बहुत से बच्चे पढ़ने के लिए प्रवेश तो ले लेते हैं परन्तु उनमें से कुछ बच्चों के लिए शिक्षण प्रक्रिया की मांग को पूरा कर पाना बहुत कठिन होता है। परिणामतः इनका स्कूलों में प्रदर्शन अच्छा नहीं हो पाता और ये बीच में ही पढ़ाई छोड़ देते हैं। बच्चों के अपने स्कूलों में अच्छा प्रदर्शन न कर पाने के लिए अनेक कारक जिम्मेवार हो सकते हैं; जैसे परिवार की गरीबी, सांस्कृतिक विश्वास और मानक, पर्यावरणीय प्रभाव एवं स्वास्थ्य आदि। उपर्युक्त कारकों में से कुछ बालक के स्वयं के व्यक्तित्व से जुड़े होते हैं तो कुछ का संबंध सामाजिक और शैक्षिक परिवेश से होता है। उन कारकों में से कुछ प्रमुख निम्नवत हैं–

(i) **तत्परता की कमी :** कोई भी कार्य बिना इच्छा के संभव नहीं है। ठीक यही स्थिति अधिगम के साथ है। इस तरह स्पष्ट है कि सीखने की चाह ही वास्तव में तत्परता है। स्कूली स्तर पर छात्रों में तत्परता की कमी पाई जाती है। यही कारण है कि बच्चे स्कूल में अच्छा प्रदर्शन नहीं कर पाते।

(ii) **अभ्यास की कमी :** एक बात सर्वदा सत्य है कि अभ्यास व्यक्ति को निपुण एवं कुशल बनाता है। यह बात एक लोक प्रचलित दोहे से स्पष्ट है– **''करत-करत अभ्यास के जड़मति होत सुजान। रसरी आवत-जात ते शिल पर परत निशान।''** अर्थात् निरंतर अभ्यास करने से जड़ अर्थात् मूर्ख आदमी भी सुजान (ज्ञानी) हो जाता है ठीक उसी तरह जिस तरह कि शिल (पत्थर) पर रस्सी के निरंतर आने-जाने से उस पर निशान बन जाता है।

उपर्युक्त दोहा इस बात की ओर संकेत करता है कि यदि सीखी गई चीजों का बार-बार अभ्यास किया जाए तो सीखने वालों की स्मृति उस चीज के विषय में स्थाई हो जाती है। स्कूल में बच्चे दिए गए कार्यों का बार-बार दुहराव या पुनरावृत्ति या पुनरावलोकन नहीं करते। परिणामतः वे कुछ समय के बाद उसे भूल जाते हैं जिसके कारण स्कूल में उनका प्रदर्शन गिर जाता है।

(iii) **शारीरिक तथा मानसिक स्वास्थ्य :** स्कूल में अच्छे प्रदर्शन के लिए छात्रों का शारीरिक तथा मानसिक रूप से स्वस्थ होना अत्यंत आवश्यक होता है। यदि कोई छात्र शारीरिक या मानसिक रूप से पूर्ण स्वस्थ नहीं है, तो उसके स्कूली-प्रदर्शन में गिरावट आ जाती है।

(iv) **परिवेश की उपयुक्तता :** स्कूल में बच्चों के मानसिक व शारीरिक विकास के लिए अनुकूल परिवेश एक आवश्यक एवं अत्यंत महत्त्वपूर्ण कारक है। छात्रों से अच्छा प्रदर्शन तभी लिया जा सकता है जब उन्हें स्कूल में एक अच्छा परिवेश दिया जाए। यदि स्कूल में अच्छा तथा छात्रों के अनुकूल परिवेश नहीं होगा, तो उनके प्रदर्शन में गिरावट आ जाएगी।

(v) **शिक्षण की विधि :** अध्यापक की शिक्षण विधि का भी छात्रों पर सीधा एवं सकारात्मक प्रभाव पड़ता है। स्कूल स्तर पर शिक्षक को छात्रों को सिखाने में सरल तथा प्रयोग सिद्ध विधियों का प्रयोग करने के साथ प्रदर्शन विधि को अपनाना चाहिए जिससे कि छात्रों की स्मृति में उसका प्रभाव लंबे समय तक रह सके। यदि अध्यापक शिक्षण विधि को छात्र नहीं समझ पाते, तो वह स्कूली स्तर पर असफल हो जाते हैं तथा उनका प्रदर्शन गिर जाता है।

शिक्षण एवं अधिगम की आधारभूत प्रक्रियाएं (Teaching and Learning Process)

शिक्षण की प्रक्रिया (Teaching Process)

शिक्षण एक उद्देश्यपूर्ण प्रक्रिया है। उसका सीखने से घनिष्ठ संबंध है। यही कारण है कि आधुनिक युग में शिक्षण व सीखना (Teaching and Learning) को एक ही संकल्पना माना जाता है। किसी भी पाठ्यवस्तु को शिक्षक विचारहीन (Thoughtless) स्थिति से लेकर विचारपूर्ण (Thoughtful) स्थिति तक तीन स्तरों पर प्रस्तुत करता है–

1. स्मृति स्तर (Memory Level)
2. बोध स्तर (Understanding Level)
3. चिंतन स्तर (Reflective Level)

1. स्मृति स्तर (Memory Level)

स्मृति एक विचारहीन स्थिति है। यह शिक्षण की प्रारंभिक अवस्था है। स्मृति एक मानसिक प्रक्रिया है जो प्रत्येक प्राणी में किसी न किसी मात्रा में पाई जाती है। जब व्यक्ति किसी

वस्तु, पदार्थ अथवा स्थान को देखता है तो उसे वस्तु, पदार्थ अथवा स्थान की प्रतिमा अथवा चित्र उसके दिमाग में बन जाते हैं। इन संचित चिन्हों अथवा पूर्व समय में सीखी हुई बातों को याद करना ही स्मृति कहलाती है।

स्मृति के विभिन्न सोपान (Various Steps of Memory)

(*i*) **अधिगम :** स्मृति अधिगम अथवा अनुभवों के अंकित होने पर आधारित होती है। अतः स्मृति की पहली अवस्था किसी वस्तु अथवा तथ्य के सीखने की है। सीखने का कार्य चेतन मन करता है। इसी अवस्था में जीवन के अनुभव मानसिक संस्कारों के रूप में मस्तिष्क में अंकित हो जाते हैं और आवश्यकता पड़ने पर पुनः वर्तमान चेतना में आ जाते हैं।

(*ii*) **पुनः स्मरण :** सीखे हुए अनुभवों को चेतना में लाना पुनःस्मरण कहलाता है। व्यक्ति की स्मृति का अच्छा अथवा बुरा होना उसके भूतकालीन अनुभवों को पुनःस्मरण करने पर ही निर्भर करता है कि उसने कितनी ही अच्छी तरह क्यों न सीखा हो यदि आवश्यकता पड़ने पर उसे कुछ याद नहीं आता तो वह व्यर्थ है। सीखी हुई बातों को चेतना में लाने के लिए मनोवैज्ञानिकों ने कुछ नियमों के पालन को आवश्यक बताया है, ये नियम हैं–

(*a*) समानता का नियम।

(*b*) सहचारिता का नियम।

(*c*) विरोध का नियम।

(*d*) लगातार रुचि का नियम।

(*e*) प्राथमिकता का नियम।

(*f*) नवीनता का नियम।

(*g*) प्रबलता का नियम।

(*h*) पुनरावृति का नियम।

(*iii*) **पहचान :** किसी वस्तु अथवा व्यक्ति को देखकर यह बता देना कि हमने उसे पहले भी कभी देखा है पहचान कहलाती है। पहचान एक मानसिक प्रक्रिया है जिसके द्वारा हम किसी वस्तु अथवा व्यक्ति के संपर्क में आकर यह बता देते हैं कि क्या वस्तु है अथवा कौन व्यक्ति है तथा उससे हमारा परिचय कब हुआ। पहचान और पुनःस्मरण का वही संबंध है जो मस्तिष्क का शरीर से है।

(*iv*) **धारण :** सीखे हुए पाठ्यक्रम अथवा संस्कारों को मस्तिष्क में स्थाई रूप से बनाए रखना धारण कहलाता है। धारण करने की शक्ति प्रत्येक व्यक्ति में अलग-अलग मात्रा में पाई जाती है। जो व्यक्ति किसी बात को जितने अधिक समय तक अपने मस्तिष्क में धारण करता है उसकी स्मृति उतनी ही अच्छी कहलाती है। प्रौढ़ व्यक्तियों की अपेक्षा किशोरों तथा किशोरियों की धारण शक्ति अधिक होती है। धारण शक्ति चार बातों पर निर्भर करती है–

(*a*) स्वास्थ्य, (*b*) मस्तिष्क,

(*c*) रुचि तथा (*d*) चिंतन।

अच्छी स्मृति की विशेषताएं
(Characteristics of Good Memory)

(*i*) **शीघ्र अधिगम**–एक अच्छी स्मृति की विशेषता यह है कि कोई भी तथ्य सरलतापूर्वक तथा शीघ्रता से याद हो जाए। अतः केवल उन विद्यार्थियों की स्मृति को अच्छा कहा जाता है जो किसी तथ्य को शीघ्रता से सीख लेते हैं।

(*ii*) **पुनःस्मरण में शीघ्रता**–जो विद्यार्थी किसी बात को याद करके उसे पुनःस्मरण करते समय अपनी चेतना में उसे आसानी से और शीघ्रता से ज्यों का त्यों ले आते हों, जैसा कि उन्होंने सीखा था, वे अच्छी स्मृति वाले विद्यार्थी माने जाते हैं।

(*iii*) **धारण का स्थायित्व**–जिन विद्यार्थियों को सीखी हुई बातें अधिक देर तक याद रहती हैं। उनकी स्मृति अच्छी कही जाती है। इसके विपरीत ऐसे विद्यार्थियों की स्मृति को अच्छा नहीं कहा जा सकता जो किसी बात को याद तो जल्दी कर लेते हों परंतु उसे मस्तिष्क में अधिक देर तक धारण करने में असमर्थ हों।

(*iv*) **उपयोगिता**–कुछ विद्यार्थी ऐसे होते हैं जिन्हें बहुत कुछ याद होता है परंतु अवसर पड़ने पर उन्हें अप्रासंगिक सामग्री याद आती रहती है। केवल उन विद्यार्थियों की स्मृति अच्छी मानी जाती है जिन्हें अवसर के अनुसार उचित सामग्री याद आ जाती है अथवा जो आवश्यकतानुसार अनुभवों तथा प्रतिभाओं को तुरंत पहचान लेते हैं।

(*v*) **व्यर्थ की बातों को भूलना**–अच्छी स्मृति होने के लिए व्यर्थ की बातों को भूलना परम आवश्यक है। परीक्षा के समय व्यर्थ की बातों के याद आने से विद्यार्थियों को लाभ नहीं होता।

2. बोध स्तर (Understanding Level)

बोध स्तर एक विचारपूर्ण स्थिति है। यह स्मृति स्तर के शिक्षण से आगे की अवस्था है। बोध स्तर के शिक्षण के लिए यह आवश्यक है कि शिक्षण पहले स्मृति स्तर पर हो चुका हो। बोध स्तर के शिक्षण में शिक्षक यह प्रयास करता है कि विद्यार्थियों के बौद्धिक व्यवहारों को विकसित करने के लिए अधिक-से-अधिक अवसर प्रदान किए जाएं। इससे उनमें सामान्यीकरण, सूझ-बूझ तथा समस्याओं को सुलझाने के लिए आवश्यक क्षमताएं विकसित हो जाती हैं। बोध स्तर का शिक्षण करते समय शिक्षक तथा विद्यार्थी दोनों ही पाठ के विकास में सक्रिय रूप से भाग लेते हैं।

बोध स्तर के शिक्षण का सोपान (Educational Steps of Understanding Level)

बोध स्तर के शिक्षण सोपान का प्रतिपादन मौरीसन (Morrison) ने किया। अतः इसे मौरीसन के शिक्षण प्रतिमान की संज्ञा दी जाती है। मौरीसन ने इस सोपान के प्रारूप का वर्णन निम्न चार पक्षों में किया है–

(*i*) उद्देश्य (*ii*) संरचना

(*iii*) सामाजिक प्रणाली (*iv*) मूल्यांकन प्रणाली।

(*i*) **उद्देश्य**–मौरीसन के अनुसार बोध स्तर के शिक्षण का उद्देश्य यह है कि विद्यार्थी प्रत्यय (Concept) का स्वामित्व प्राप्त कर ले। बोध स्तर के शिक्षण में शिक्षक पाठ्यवस्तु के स्वामित्व पर बल देता है जिससे विद्यार्थियों के व्यक्तित्व में वांछित परिवर्तन हो जाए।

(*ii*) **संरचना**–मौरीसन ने बोध स्तर के शिक्षण की व्यवस्था को पांच सोपानों में विभाजित किया जिनका अनुसरण करते हुए शिक्षक बोध स्तर के लिए शिक्षण तथा अधिगम की परिस्थितियां उत्पन्न कर सकता है। इस प्रतिमान के पांच सोपानों का क्रम है–

(*a*) अन्वेषण। (*b*) प्रस्तुतीकरण। (*c*) परिपाक।
(*d*) व्यवस्था। (*e*) वर्णन।

(*iii*) **सामाजिक प्रणाली**–बोध स्तर के शिक्षण में सामाजिक प्रणाली विभिन्न सोपानों में बदलती रहती है। प्रस्तुतीकरण सोपान में शिक्षक अधिक क्रियाशील रहते हुए विद्यार्थियों के व्यवहार को स्मृति स्तर की भांति नियंत्रित करता है तथा आवश्यक प्रेरणा भी देता है। परिपाक कालांश में शिक्षक और विद्यार्थी दोनों क्रियाशील रहते हैं। शिक्षक विद्यार्थियों को आवश्यक निर्देश देता है तथा विद्यार्थी स्वतः प्रेरित होते हुए तन्मयता के साथ कार्य करते हैं। इस प्रकार बोध स्तर के शिक्षण में बाह्य तथा आंतरिक दोनों प्रकार की प्रेरणा का प्रयोग किया जाता है।

(*iv*) **मूल्यांकन प्रणाली**–बोध स्तर के शिक्षण में सामाजिक प्रणाली बदलती रहती है। अभ्यास में प्रयोग करने के लिए विद्यार्थियों को प्रस्तुतीकरण की परीक्षा पास करनी पड़ती है। व्यवस्था तथा वर्णन में प्रवेश करने के लिए उन्हें अभ्यास परीक्षा पास करनी होती है। इस प्रकार बोध स्तर के शिक्षण के विभिन्न सोपानों में मौखिक तथा लिखित दोनों प्रकार की परीक्षाएं होती हैं।

बोध स्तर के शिक्षण की सीमाएं (Limitations of Understanding Level in Education)

(*i*) इसमें पाठ्यवस्तु के स्वामित्व पर बल दिया जाता है, मानवीय व्यवहार को ध्यान में नहीं रखा जाता है।

(*ii*) पाठ्यवस्तु के स्वामित्व से विद्यार्थियों के भावात्मक तथा क्रियात्मक पक्षों का विकास न होकर ज्ञानात्मक पक्ष का ही विकास हो सकता है।

(*iii*) शिक्षण के इस प्रतिमान द्वारा विद्यार्थियों को पाठ्यवस्तु का गहनता के साथ बोध कराया जा सकता है। अतः इस प्रतिमान द्वारा शुद्ध अधिगम प्राप्त होता है।

(*iv*) मौरीसन द्वारा दिया हुआ शिक्षण का यह प्रतिमान मनोवैज्ञानिक तथा व्यावहारिक दृष्टि से प्रभावात्मक प्रतिमान माना जाता है।

बोध स्तर के शिक्षण को प्रभावशाली बनाने के लिए सुझाव

(*i*) बोध स्तर के प्रत्येक सोपान का अनुसरण क्रमबद्ध रूप में समुचित ढंग से किया जाना चाहिए।

(*ii*) बोध स्तर के शिक्षण की समस्याओं पर विचार करते हुए शिक्षक को उनके समाधान हेतु उचित प्रयास करना चाहिए।

(*iii*) पाठ्य-वस्तु में तल्लीन होते हुए शिक्षक को समय-समय पर मनोवैज्ञानिक प्रेरणा भी देनी चाहिए।

(*iv*) बोध स्तर के शिक्षण में विद्यार्थियों को उस समय प्रवेश दिया जाए जब वे पहले स्मृति स्तर के शिक्षण की परीक्षा पास कर लें।

3. चिंतन स्तर (Reflective Level)

शिक्षण का अंतिम स्तर चिंतन स्तर है। इसमें स्मृति तथा बोध दोनों सम्मिलित हैं। चिंतन स्तर के शिक्षण के लिए यह आवश्यक है कि व्यवस्था स्मृति तथा बोध दोनों स्तर पर हो चुकी हो। चिंतन स्तर के शिक्षण का तात्पर्य 'समस्या केन्द्रित' शिक्षण से है। इसमें कक्षा का वातावरण खुला हुआ होता है। शिक्षक विद्यार्थियों के सामने ऐसी समस्या उत्पन्न करता है कि विद्यार्थियों में काफी मानसिक तनाव पैदा हो जाता है जिससे वे स्वयं प्रेरित होते हुए सक्रिय होकर समस्या को सुलझाने के लिए अपनी संकल्पनाएं बनाकर इसका परीक्षण करना प्रारंभ कर देते हैं। अंत में एक समय ऐसा आता है कि समस्या सुलझ जाती है। संक्षेप में चिंतन स्तर का शिक्षण विद्यार्थियों के बौद्धिक व्यवहार को विकसित करने के अवसर प्रदान करते हुए उनमें सृजनात्मक क्षमताएं विकसित करने में सहयोग प्रदान करता है।

चिंतन स्तर के शिक्षण को स्पष्ट करते हुए बिग्गी महोदय ने ठीक ही लिखा है– "चिंतन स्तर पर कक्षा में अधिक सजीव, प्रेरणादायी, सक्रिय, आत्मलोचनात्मक तथा संवेदनशील वातावरण उत्पन्न किया जाता है। यह वातावरण नवीन तथा मौलिक चिंतन को खुला अवसर प्रदान करता है। इस प्रकार का शिक्षण बोध स्तर के शिक्षण की अपेक्षा अधिक उत्पादक होता है।"

चिंतन स्तर के शिक्षण का सोपान (Educational Steps of Reflective Level)

चिंतन स्तर के शिक्षण सोपान को प्रतिपादित करने का श्रेय हण्ट (Hunt) को है। इसलिए इस शिक्षण सोपान को 'हण्ट का शिक्षण सोपान' (Hunt's Model of Teaching) की संज्ञा दी जाती है। हण्ट के चिंतन स्तर के प्रतिमान के प्रारूप का वर्णन निम्न सोपान के तहत किया जा सकता है–

(*i*) उद्देश्य
(*ii*) संरचना
(*iii*) सामाजिक प्रणाली
(*iv*) मूल्यांकन प्रणाली।

(*i*) **उद्देश्य**– चिंतन स्तर के शिक्षण के निम्न तीन उद्देश्य हैं–

(*a*) विद्यार्थियों की स्वतंत्र तथा मौलिक चिंतन शक्ति को विकसित करना।

(*b*) विद्यार्थियों में समस्या समाधान की क्षमता विकसित करना।

(*c*) विद्यार्थियों में आलोचनात्मक तथा सृजनात्मक चिंतन विकसित करना।

(*ii*) **संरचना–** चिंतन स्तर के शिक्षण की संरचना का प्रारूप का वर्गीकरण व्यक्तिगत तथा सामाजिक दोनों प्रकार की प्रकृति को ध्यान में रखते हुए निम्नवत चार सोपानों में की जाती है–

(*a*) पहले में शिक्षक विद्यार्थियों के सामने समस्यात्मक परिस्थिति उत्पन्न करता है।

(*b*) दूसरे में विद्यार्थी समाधान हेतु उपकल्पना बनाते हैं। स्मरण रहे कि एक समस्या के समाधान हेतु एक से अधिक उपकल्पनाएं भी बनाई जा सकती है।

(*c*) तीसरे में विद्यार्थी उपकल्पनाओं की पुष्टि के लिए आवश्यक प्रदत्तों का संकलन करते हैं। इन प्रदत्तों के आधार पर यह निर्णय किया जाता है कि बनाई हुई उपकल्पना समस्या के समाधान में सहायता कर सकती है अथवा नहीं।

(*d*) चौथे में उपकल्पना का परीक्षण किया जाता है। इस परीक्षा के आधार पर निर्णय निकाले जाते हैं, जो विद्यार्थियों के मौलिक विचार होते हैं।

(*iii*) **सामाजिक प्रणाली–** चिंतन स्तर के शिक्षण में कक्षा का वातावरण पूर्ण रूप में स्वतंत्र और खुला हुआ होता है। ऐसे वातावरण में शिक्षक का स्थान गौण होता है तथा विद्यार्थी का मुख्य। इस स्तर पर शिक्षक के तीन प्रमुख कार्य होते हैं–

(*a*) विद्यार्थियों के सामने समस्या उत्पन्न करना।

(*b*) शिक्षण के समय वाद-विवाद तथा सेमीनार आदि का प्रयोग करना, तथा

(*c*) विद्यार्थियों के आकांक्षा स्तर को ऊंचा उठाना।

(*iv*) **मूल्यांकन प्रणाली :** चिंतन स्तर के शिक्षण की निष्पत्तियों के लिए वस्तुनिष्ठ परीक्षा उपयोगी नहीं होती। विद्यार्थियों की क्षमताओं का उचित मूल्यांकन केवल निबंधात्मक परीक्षाओं के द्वारा ठीक प्रकार से किया जा सकता है। चिंतन स्तर की परीक्षा लेते समय मुख्यतः निम्न बातों का ध्यान रखा जाना चाहिए–

(*a*) विद्यार्थियों की अभिवृत्तियों तथा विश्वासों का मूल्यांकन करना चाहिए।

(*b*) उनकी अधिगम की क्रियाओं में तल्लीनता की जांच करनी चाहिए।

(*c*) इस बात का भी मूल्यांकन करना चाहिए कि विद्यार्थियों की आलोचनात्मक तथा सृजनात्मक क्षमताओं का विकास कितना हुआ है।

हण्ट के चिंतन स्तर के शिक्षण सोपान की सीमाएं (Hunt's Limitation of Reflective Level in Education)

(*i*) इस स्तर पर शिक्षण समस्या केन्द्रित होता है।

(*ii*) इस स्तर के शिक्षण में केवल सामूहिक वाद-विवाद को ही प्रभावशाली युक्ति समझा जाता है।

(*iii*) इस स्तर का शिक्षण केवल पाठ्यक्रम, पाठ्यवस्तु तथा पाठ्य पुस्तक तक ही सीमित नहीं किया जा सकता।

(*iv*) इस स्तर के शिक्षण में विद्यार्थी अपने शिक्षक की खुलकर आलोचना कर सकते हैं।

(*v*) स्मृति तथा बोध स्तरों की भांति चिंतन स्तर में किसी निश्चित कार्यक्रम का अनुसरण नहीं किया जा सकता।

(*vi*) इस स्तर के शिक्षण की व्यवस्था केवल उच्च कक्षा के विद्यार्थियों के लिए ही की जा सकती है क्योंकि चिंतन स्तर के शिक्षण में आयु तथा परिपक्वता का विशेष महत्त्व होता है।

चिंतन स्तर के शिक्षण को प्रभावशाली बनाने हेतु हण्ट के सुझाव

(*i*) शिक्षक को विद्यार्थियों के सामने ऐसी समस्यात्मक परिस्थितियां उत्पन्न करनी चाहिए कि सभी विद्यार्थियों में मौलिक तथा सृजनात्मक चिंतन विकसित हो जाए।

(*ii*) शिक्षण के समय विद्यार्थियों के सामने ऐसा स्वतंत्र तथा खुला हुआ वातावरण होना चाहिए कि वे वाद-विवाद में सक्रिय रूप से भाग लेकर समस्या को सुलझा सकें।

(*iii*) शिक्षक को विद्यार्थियों के सामने समस्या को इस प्रकार से उत्पन्न करना चाहिए कि वे इसकी अनुभूति करके आवश्यक उपकल्पनाएं बना सकें।

(*iv*) शिक्षक को चाहिए कि वह विद्यार्थियों का आकांक्षा स्तर (Level of Aspiration) को ऊंचा उठाए।

(*v*) शिक्षक को चाहिए कि वह विद्यार्थियों को चिंतन के शिक्षण स्तर में प्रवेश उसी समय दें जब वे स्मृति तथा बोध स्तर की परीक्षाओं में सफल हो चुके हों।

(*vi*) शिक्षक को इस स्तर के चारों सोपानों का अनुसरण सतर्कता के साथ करना चाहिए।

अधिगम की प्रक्रिया (Learning Process)

क्रिया-प्रतिक्रिया निर्देशित सभी व्यवहार प्राणी में परिवर्तन तथा संशोधन लाते रहते हैं। इस तरह का व्यवहार परिवर्तन, अधिगम कहलाता है।

अधिगम में दो पूरक प्रक्रियाएं—विभेदीकरण व विशिष्टीकरण सम्मिलित होती हैं। विभेदीकरण पूर्ण को इसके खंडों या घटकों में बांटने की प्रक्रिया है तथा विशिष्टीकरण जो घटकों को संयुक्त कर समष्टि अथवा अखंड बनाने की प्रक्रिया है। उदाहरणार्थ– यदि एक सीखने वाले बालक को खिलौना दिया जाता है तो वह खिलौना के पुर्जे को खोलकर विखंडित कर देता है। इस कार्य से बच्चा खिलौना के अलग-अलग टुकड़े करके ढांचे अथवा उसकी कार्यविधियों को समझने का प्रयत्न करता है। इसके बाद बच्चा सभी टुकड़े को पुनः वापस में जोड़कर खिलौना बनाने का प्रयत्न कर सकता है।

अधिगम की मुख्य विशेषताएं (Characteristics of Learning)

(*i*) **अधिगम की प्रकृति का व्यक्तिगत होना :** प्राय ऐसा देखा जाता है कि कुछ बच्चे बहुत शीघ्रता से सीख जाते हैं तथा कुछ धीरे-धीरे सीखते हैं। वास्तव में, सीखने की गति प्रत्येक व्यक्ति में भिन्न-भिन्न होती है।

एक कक्षा में प्रत्येक छात्र स्वयं में अद्वितीय होते हैं तथा प्रत्येक छात्र की अपनी-अपनी समस्याएं, आवश्यकताएं, लक्ष्य, आकांक्षाएं, रुचियां, पसंद-नापसंद होती हैं। व्यक्तित्व के गुणों में इन अंतरों के कारण विद्यार्थियों की सीखने की गति व मात्रा में भिन्नता होती है। अधिगम व्यक्ति की उसकी संपूर्ण परिस्थिति के साथ परस्पर संक्रिया का फल है। कोई छात्र किसी एकाकी उद्दीपन के संदर्भ की अपेक्षा संपूर्ण अधिगम परिस्थिति के प्रति अनुक्रिया द्वारा सीखता है। इसके अतिरिक्त अधिगम अवस्था में अधिगमकर्ता के व्यक्तित्व के सभी तीनों पक्षों– शारीरिक पक्ष, मानसिक पक्ष व संवेगात्मक पक्ष प्रभावित होते हैं। अतः एक अधिगम परिस्थिति का सावधानी से निर्माण करते समय एक अच्छा प्राध्यापक जहां एक ओर पर्यावरण का ध्यान रखता है वहीं दूसरी ओर उन सभी अभिप्रेरणात्मक कारकों का ध्यान रखता है जो अधिगमकर्त्ता को प्रभावित कर सकते हैं।

(ii) **अधिगम एक निरंतर एवं सक्रिय प्रक्रिया के रूप में :** मान लिया जाए कि एक अध्यापक अपनी कक्षा के बालकों से यह अपेक्षा करता है कि वे गणित की दो से गुणा करने की प्रक्रिया सीखने के लिए दस तक का पहाड़ा (Table) याद करें। जहां तक इस अवस्था के अधिगम के उद्देश्य का प्रश्न है हम इसे सही एवं स्पष्ट रूप से समझते हैं। ऐसी अवस्था में उद्देश्य की प्राप्ति विचारणीय मुद्दा है। संभवतः अध्यापक को एक-एक करके क्रमशः सभी पहाड़ों को बोलना चाहिए और विद्यार्थियों को उन्हें दोहराने के लिए कहना चाहिए। इस प्रक्रिया को निरंतर दुहराने से कुछ समय बाद बच्चे इन 'पहाड़ों' को कण्ठस्थ कर लेंगे। बच्चे इस प्रक्रिया में जितना अधिक प्रयत्न करेंगे उतनी ही अच्छी प्रकार से उन्हें पहाड़े याद होंगे। अर्थात् पहाड़े याद करना बच्चे के प्रयत्न पर निर्भर करता है। इस प्रकार हम पाते हैं कि अधिगम एक सक्रिय तथा निरंतर चलने वाली प्रक्रिया है।

(iii) **अधिगम का लक्ष्य एवं प्रयोजन केंद्रित होना :** प्रत्येक व्यक्ति अपने जीवन में किसी न किसी लक्ष्य की प्राप्ति का इच्छुक होता है। ये लक्ष्य ऐसे भी हो सकते हैं कि जो तुरंत प्राप्य हों अथवा ऐसे जो कुछ समय पश्चात् प्राप्त हो सकें। इनको हम क्रमशः अल्पावधिक लक्ष्य तथा दीर्घकालीन लक्ष्य कहते हैं। यदि इन लक्ष्यों का स्पष्ट और निश्चित रूप में कथन कर दिया जाए तो अधिगमकर्ता के लिए अधिगम अर्थपूर्ण तथा सप्रयोजन होगा।

(iv) **अधिगम का स्वरूप समीक्षात्मक अथवा सृजनात्मक होना :** अधिगम पूर्व प्राप्त अनुभवों का योगमात्र नहीं है अपितु यह अधिगमकर्त्ता को ज्ञान व अनुभवों का एक सृजनात्मक संश्लेषण है। इस अर्थ में अधिगम कार्य करने की एक नई विधि है और इसका उद्देश्य है उच्च स्तर का चिंतन करना जिसे सृजनात्मक अथवा समीक्षात्मक चिंतन कह सकते हैं। यहां सृजनात्मक चिंतन का प्रयोग पूर्ण तकनीकी रूप में न होकर मानसिक प्रक्रिया से संबद्ध है।

अधिगम के संबंध में **क्रो** एवं **क्रो** (Crow and Crow) ने भी मानसिक प्रक्रियाओं की ओर संकेत दिया है। उनके अनुसार समीक्षात्मक चिंतन में निम्नलिखित प्रक्रियाएं शामिल हैं–

(i) **दिशा :** इस प्रक्रिया में अधिगमार्थी की रुचि व उसका ध्यान एक लक्ष्य की ओर होता है।

(ii) **चयन :** यह वह प्रक्रिया है जिसमें अधिगमार्थी उन पूर्व अनुभूतियों का अनुस्मरण तथा चयन करता है जो उसके लिए नई अधिगम परिस्थिति को समझने में सार्थक होती है।

(iii) **व्याख्या :** इस प्रक्रिया के अन्तर्गत् अधिगमार्थी विभिन्न प्रकार की उपलब्ध सूचनाओं के मध्य संबंध देखने का प्रयत्न करता है।

(iv) **अंतर्दृष्टि :** इस प्रक्रिया के दौरान सीखने वाला अपनी नई अनुभूतियों के मध्य संबंधों की पहचान करता है।

(v) **समालोचना :** यह वह प्रक्रिया है जिसके अंतर्गत् नए मानसिक प्रारूपों का निर्माण या समीक्षा कर ढूंढे गए समाधान का मूल्यांकन किया जाता है।

(vi) **सृजन :** इसके अंतर्गत् नई मानसिक संरचनाओं का निर्माण होता है।

अधिगम को प्रभावित करने वाले बालकों से संबद्ध कारक (Factors Affecting Learning Related to Children)

अधिगम एक व्यापक प्रक्रिया है। बालक जब प्रथम बार विद्यालय में प्रवेश करता है तो उस पर घर का वातावरण छाया रहता है। विद्यालय प्रांगण में आने पर उसके मन में अनेक जिज्ञासाएं उठती हैं जिनको वह शांत करना चाहता है। उसे नवीन वातावरण में समायोजन करना होता है। ऐसी स्थिति में अधिगम क्रिया अनेक कारकों से प्रभावित होती है जो निम्नवत् हैं–

(i) **बालक :** किसी भी क्रिया को सीखने का एक केंद्र बिंदु होता है। शिक्षा का उद्देश्य बालक का सर्वांगीण विकास करना है। इस दृष्टि से बालकों की रुचि, योग्यता, क्षमता, व्यक्तिगत भेद, बुद्धि आदि के आधार पर संपन्न की गई क्रिया प्रभावशाली सिद्ध हो सकती है। बालक शिक्षण-प्रक्रिया का आधार है इसलिए उसके अभाव में अधिगम की कल्पना भी नहीं की जा सकती।

(ii) **शैक्षिक पृष्ठभूमि :** अधिगम पर इस बात का बहुत प्रभाव पड़ता है कि सीखने वाले की शैक्षिक योग्यता क्या है? यदि छात्र किसी विषय में पिछड़ा है तो उस विषय से संबंधित नवीन ज्ञान सीखने में उसे कठिनाई

का सामना करना पड़ेगा। यदि किसी छात्र की एक विषय में शैक्षिक योग्यता सामान्य से अधिक है तो छात्र उस विषय में नया ज्ञान सुगमता से सीख लेता है।

(iii) **सीखने की इच्छा :** बालकों को नया ज्ञान देने से पूर्व यह नितांत आवश्यक है कि उनमें सीखने के प्रति जिज्ञासा उत्पन्न की जाए क्योंकि ऐसा होने पर विद्यार्थी प्रतिकूल परिस्थितियों में भी किसी बात को सीखने में सफल हो जाता है। सीखने की इच्छा के अतिरिक्त छात्रों का आकांक्षा स्तर भी उच्च कोटि का होना चाहिए जिससे बालक कठिन तथ्यों को भी आसानी से समझ सके।

(iv) **अधिगम प्रक्रिया :** किसी क्रिया को किस प्रकार से संपादित किया जाता है, इससे भी अधिगम प्रभावित होता है। यद्यपि मनोवैज्ञानिक अधिगम की प्रक्रिया के संपादन पर एक मत नहीं हैं, फिर भी यह बात अपनी जगह सत्य है कि बालक किसी भी क्रिया को अपने ही ढंग से ग्रहण करता है, चाहे अधिगम की प्रक्रिया किसी भी ढंग से क्यों न संपादित की जाए।

(v) **परिपक्वता :** अधिगम की प्रक्रिया को बालक की शारीरिक एवं मानसिक परिपक्वता अधिक प्रभावी बनाती है। छोटी कक्षाओं में बालक की मांसपेशियों को मजबूत बनाने की ओर ध्यान दिया जाता है ताकि वे पेन, किताब आदि को पकड़ना सीख जाए। उन्हें व्याकरण एवं पहाड़े आदि का ज्ञान भी इसी दृष्टि से बाद में कराया जाता है। बहुत-सी चीजें बालक तभी सीख पाता है जब उसमें परिपक्वता आ जाती है चाहे हम उसे कितना भी प्रशिक्षण क्यों न दें।

(vi) **बुद्धि :** तीव्र बुद्धि वाला छात्र किसी भी ज्ञान को शीघ्रता एवं सरलता से सीख लेता है तथा मंदबुद्धि वाले छात्र को सामान्य बुद्धि वाले छात्र के साथ भी सीखने में बाधा रहती है। बुद्धि-लब्धि (I.Q.) शैक्षिक लब्धि में उच्च सकारात्मक सह-संबंध होता है। अधिगम प्रक्रिया का बुद्धि सबसे महत्त्वपूर्ण घटक है।

(vii) **सीखने वाले की मनोवृत्ति :** यदि किसी विषय के प्रति छात्र की नकारात्मक मनोवृत्ति है तो शिक्षक चाहे जितना परिश्रम करे छात्र के अधिगम में उन्नति होने की संभावना नहीं होती है। इसके विपरीत यदि सीखने वाले की किसी विषय के प्रति सकारात्मक मनोवृत्ति है तो वह सरलता से उस विषय को सीख जाता है। किसी विषय के प्रति सीखने वाले का रुझान बहुत महत्त्वपूर्ण होता है।

(viii) **सीखने का समय तथा अवधि :** यदि छात्र अधिक देर तक किसी क्रिया को करता रहता है तो वह थकान का अनुभव करने लगता है और थकान अनुभव होने से उसके अधिगम की प्रक्रिया में शिथिलता उत्पन्न हो जाती है। विद्यालयों में समय-सारणी (Time Table) बनाते समय इस बात का ध्यान रखा जाता है कि पहले कठिन विषय तथा बाद में सरल विषय पढ़ाया जाए। मध्यावकाश की व्यवस्था इसी उद्देश्य से की जाती है

(ix) **अभिप्रेरणा :** सीखने की प्रक्रिया में अभिप्रेरणा (Motivation) का महत्त्वपूर्ण योगदान है। यदि बालक को किसी नवीनतम ज्ञान अथवा कार्य सीखने के लिए प्रेरित नहीं किया जाता है तो वह उस प्रक्रिया में रुचि नहीं लेगा। अभिप्रेरणा से सीखने की इच्छा प्रबल हो जाती है। अभिप्रेरणा उत्पन्न करने के लिए यह आवश्यक है कि बालक को उसका लक्ष्य स्पष्ट कर दिया जाए।

(x) **शारीरिक व मानसिक स्वास्थ्य :** सीखने से पहले बालक का शारीरिक एवं मानसिक रूप से स्वस्थ रहना भी नितांत आवश्यक है, क्योंकि बालक के ध्यान, रुचि व एकाग्रता पर उसका प्रभाव पड़ता है। किसी भी प्रकार की मानसिक विकृति, शारीरिक रुग्णता तथा मानसिक तनाव का प्रत्यक्ष प्रभाव बालकों के अधिगम पर प्रतिकूल रूप से पड़ता है। शारीरिक एवं मानसिक रूप से अस्वस्थ बालक शीघ्र ही थक जाते हैं।

अधिगम को प्रभावित करने वाले शिक्षकों से संबद्ध कारक (Factors Affecting Learning Related to Teachers)

अधिगम को प्रभावित करने वाले विभिन्न प्रकार के कारकों में से शिक्षकों से संबद्ध कारक भी महत्वपूर्ण हैं, ये कारक निम्नवत् हैं–

(i) **विषय की जानकारी :** अध्यापक का किसी विषय से संबंधित ज्ञान अनुभव एवं योग्यता आदि छात्रों के अधिगम को प्रत्यक्ष रूप से प्रभावित करते हैं। यदि अध्यापक को अपने विषय की जानकारी नहीं है तो वह छात्रों को बहुत कुछ जानकारी नहीं दे सकता। इसके विपरीत, यदि अध्यापक को अपने विषय का सटीक ज्ञान है तो वह आत्मविश्वास के साथ छात्रों को नवीन ज्ञान देने में सक्षम होगा तथा उसका शिक्षण प्रभावी होगा।

(ii) **शिक्षण विधि :** शिक्षण विधि का सीधा संबंध अधिगम प्रक्रिया से होता है। साथ ही प्रत्येक शिक्षक का पढ़ाने का तरीका भी भिन्न होता है तथा सभी छात्र एक ही विधि से नहीं सीख पाते। शिक्षण की विधि जितनी अधिक वैज्ञानिक एवं प्रभावशाली होगी उतनी ही सीखने की प्रक्रिया सरल एवं लाभप्रद होगी। बच्चों के संदर्भ में खेल विधि द्वारा सिखाना, करके सिखाना, निरीक्षण द्वारा सिखाना, योजना विधि द्वारा सिखाना, खोज विधि द्वारा सिखाना आदि का अपना अलग-अलग महत्व है।

(iii) **शिक्षक का व्यवहार :** शिक्षक का व्यवहार छात्रों के सीखने को प्रत्यक्ष रूप से प्रभावित करता है। शिक्षक में एक आदर्श शिक्षक के सभी गुण होने चाहिए। उसके व्यवहार में सहानुभूति, सहयोग, समानता, शिक्षण कला

में निपुणता, मृदुभाषी, संयत आदि गुण निहित हैं तो छात्र कक्षा वातावरण में सहज रूप से सब कुछ सीख सकेंगे। लेकिन यदि शिक्षक का व्यवहार अत्यंत कठोर है तो छात्र उसके कक्षा से अनुपस्थित रहते हैं। साथ ही अध्यापक को सभी छात्रों से एक जैसा ही व्यवहार करना चाहिए ताकि छात्रों के मन में उसके प्रति दुर्भावना पैदा न हो।

(iv) **व्यक्तित्व :** शिक्षक का व्यक्तित्व सफल शिक्षण का आधार होता है। इस दृष्टि से शिक्षक का व्यक्तित्व आकर्षक एवं अत्यंत प्रभावशाली होना चाहिए। उसे अपने कार्यों एवं व्यवहार में संतुलन बनाए रखते हुए छात्रों पर एक अनूठी छाप छोड़नी चाहिए। छात्र जाने-अनजाने शिक्षक के व्यवहार से बहुत-सी बातें स्वयं ही सीख लेते हैं। कहा भी गया है कि शिक्षक छात्रों के लिए श्रेष्ठ प्रेरणा का काम करता है। इस दृष्टि से एक अध्यापक को आत्मविश्वासी दृढ़ इच्छाशक्ति वाला, कर्त्तव्यनिष्ठ, निरोगी, श्रेष्ठ रुचियों एवं अभिरुचियों वाला होना चाहिए।

(v) **व्यक्तिगत भेदों की जानकारी :** प्रत्येक छात्र की बुद्धि, रुचि, योग्यता, क्षमता, अभिवृत्ति आदि अलग-अलग होती है। इन्हीं विशेषताओं के कारण कुछ छात्र अध्यापक द्वारा प्रदत्त ज्ञान को आसानी से आत्मसात कर लेते हैं और कुछ देर से करते हैं या बिल्कुल ही नहीं कर पाते। सामान्यतः एक कक्षा में अध्यापक को तीन प्रकार के छात्रों का सामना करना होता है–मेधावी, सामान्य तथा पिछड़े हुए बालक और इन्हीं के अनुरूप उसे अपने शिक्षण की व्यवस्था करनी होती है। व्यक्तिगत भेद अध्यापक को छात्र के समझने में पूरा-पूरा सहयोग देते हैं।

(vi) **मनोविज्ञान की जानकारी :** ऐसा कहा जाता है कि एक अध्यापक को मनोविज्ञान का ज्ञान अनिवार्य है। इस संदर्भ में यह बात बिल्कुल स्पष्ट हो जाती है कि जब तक एक अध्यापक को मनोविज्ञान के सिद्धांतों का ज्ञान नहीं होता तब तक वह इन सिद्धांतों का शिक्षा में प्रयोग कर उसे प्रभावी नहीं बना सकता। उसे बाल विकास प्रक्रिया, वंशानुक्रम, व्यक्तिगत विभेद, प्रेरणा, सीखने के सिद्धांत आदि का ज्ञान होना चाहिए। निःसंदेह आधुनिक शिक्षा के मनोविज्ञान ने एक नई दिशा प्रदान की है।

(vii) **अनुशासन :** शिक्षा मनोविज्ञान के सिद्धांतों के प्रचलन के कारण आज यह धारणा गलत साबित हो गई है कि 'डण्डा हाथ से छूटा और बालक बिगड़ा'। अब यह अनुभव किया जाने लगा है कि डण्डे, मारपीट, भय एवं आतंक के बल पर कक्षा में स्थायी अनुशासन की स्थापना नहीं की जा सकती। यह हो सकता है कि छात्र तुरंत कुछ समय के लिए अनुशासित हो जाएं लेकिन कुछ समय बाद वह अपनी पुरानी प्रवृत्तियों पर पुनः लौट जाएंगे। मनोवैज्ञानिक परीक्षणों ने यह सिद्ध कर दिया है कि छात्र अपराध करने पर दण्ड से डरते नहीं। लेकिन इसका अर्थ यह नहीं कि छात्र को मनमानी करने दी जाए। उसे उसके अपराध के अनुकूल दण्ड अवश्य दिया जाना चाहिए।

(viii) **पाठ्य-सहगामी क्रियाएं :** शिक्षा के क्षेत्र में मनोविज्ञान के योगदान के रूप में आज पाठ्यक्रम में अनेक महत्त्वपूर्ण सहगामी क्रियाओं को यथोचित स्थान दिया जाता है। पहले यह समझा जाता था कि पढ़ाई के अतिरिक्त क्रियाओं का आयोजन करने से छात्र अपना बहुमूल्य समय नष्ट करते हैं। लेकिन, अब यह विचार बदल गया है। परिणामतः वाद-विवाद प्रतियोगिता, निबंध-लेखन, कहानी, कविता, अन्त्याक्षरी प्रतियोगिता, बालचर शिक्षा, भ्रमण, छात्र-संघ, खेल-कूद, अभिनय तथा नाटक, संगीत आदि इसी प्रकार की अन्य क्रियाओं को पाठ्यक्रम में स्थान देने के कारण बालकों के सर्वांगीण विकास में बहुत सहयोग मिलता है।

(ix) **बालक केंद्रित शिक्षा :** बाल मनोविज्ञान ने आज शिक्षा की धारा एवं संकल्पना को पूरी तरह से बदल दिया है। प्राचीन काल में शिक्षा का केंद्र बालक न होकर अध्यापक था। बालक की आवश्यकताओं, रुचियों, अभिरुचियों एवं दृष्टिकोणों की परवाह किए बिना ही शिक्षण का केंद्र बिंदु बालक हो गया। अतः शिक्षक के लिए यह आवश्यक है कि वह जो भी ज्ञान छात्रों को प्रदान करे वह उनकी रुचियों, क्षमताओं एवं स्तर के अनुकूल होना चाहिए।

(x) **समय-सारणी :** शिक्षा मनोविज्ञान के कारण ही विद्यालयों में समय-सारणी बनाते समय ध्यान रखा जाता है कि कौन-सा विषय पहले लिया जाए और कौन-सा बाद में। पहले बालकों की थकान, विश्राम एवं अवधान पर कोई ध्यान नहीं रखा जाता था लेकिन अब इन सभी पहलुओं पर विशेष ध्यान दिया गया है। खेल के समय तथा दूसरी विविध क्रियाओं के आयोजन की भी व्यवस्था समय-चक्र में सूक्ष्म रूप से कर ली जाती है। साथ ही समय-सारणी बनाते समय मौसम, बालकों की योग्यता, रुचि एवं व्यक्तिगत विभेदों आदि पर भी ध्यान दिया जाना चाहिए।

उपरोक्त बातों से स्पष्ट है कि जब तक शिक्षक यह नहीं जानेंगे कि पढ़ाना क्या है तथा छात्र यह नहीं जानेगा कि सीखना क्या है तब तक अधिगम प्रक्रिया को चलाना असंभव है। इन दो प्रश्नों के उत्तर में विषय-वस्तु या पाठ्यक्रम का उल्लेख अपेक्षित है। क्रिया-कलाप, उद्देश्य तथा पाठ्यक्रम का व्यवस्थापन अथवा संगठन अधिगम-प्रक्रिया की प्रकृति के निर्धारक हैं। यद्यपि कक्षा में अधिगम परिस्थितियों को व्यवस्थित करने संबंधी निर्देश शिक्षक को पाठ्यक्रम द्वारा उपलब्ध करा दिए जाते हैं, परंतु यह तो शिक्षक के चातुर्य

अथवा उपाय कौशल पर निर्भर करता है कि शिक्षक उसका कितनी बुद्धिमत्ता से उपयोग करते हैं। इस तरह शिक्षक की उपाय कुशलता एक और महत्त्वपूर्ण घटक है जो शिक्षक के विद्यार्थियों के अधिगम को प्रभावित करती है।

अधिगम/सीखने के प्रमुख तरीके (Important Ways of Learning)

सीखना मानव के व्यवहार में परिवर्तन है और यह परिवर्तन विभिन्न नियमों के माध्यम से संभव हो पाता है। सीखने की प्रक्रिया में सामाजिक वातावरण एवं वंशानुक्रमण अपनी महत्त्वपूर्ण भूमिका निभाते हैं। सीखने के प्रमुख तरीके निम्नवत् हैं–

(i) **अनुकरण के माध्यम से सीखना :** प्रायः सभी बालकों में अनुकरण की प्रवृत्ति पाई जाती है और यह अनुकरण की प्रवृत्ति उसे सीखने की ओर प्रेरित करती है। विद्वानों का मानना है कि अनुकरण द्वारा सीखना भूल एवं प्रयास द्वारा सीखने की तुलना में उच्च कोटि का सीखना है। इस नियम द्वारा सीखने में वह दूसरों के अनुभवों का लाभ उठाता है। इस नियम द्वारा सीखने के लिए बुद्धि की आवश्यकता अधिक होती है।

हेगाटी ने अनुकरण द्वारा सीखने के विषय में एक प्रयोग किया। उसने लोहे की एक खोखली नली में केला डाल दिया और भूखे बंदर को कमरे में बंद करके उसे उस केले वाली खोखली को कमरे में डाल दिया। बंदर उस नली को बार-बार जमीन पर पटक कर उस केले को निकालने का प्रयास करने लगा किंतु उसे कामयाबी नहीं मिली। तभी बंदर ने देखा कि उसके पास एक छोटा-सा डंडा पड़ा हुआ है। उसने उस डंडे को उठाया और नली के अंदर डाल कर केला बाहर निकाल लिया और उसे खा गया। पहले बंदर द्वारा किए जा रहे प्रयास को एक दूसरे बंदर को भी दूर से दिखाया जा रहा था। थोड़ी देर बाद इसी प्रकार की नली में केला डालकर दूसरे बंदर के सामने डाला गया। दूसरे बंदर ने तुरंत ही डंडे की मदद से उस केले को बाहर निकाल कर खा लिया। इस परीक्षण से स्पष्ट हो जाता है कि पहले बंदर ने भूल एवं प्रयास के माध्यम से लक्ष्य तक पहुंचने में सफलता पाई जबकि दूसरे बंदर ने पहले बंदर का अनुकरण कर तुरंत लक्ष्य तक पहुंचने में सफलता पा ली। इस प्रकार **हेगाटी** ने स्पष्ट किया कि अनुकरण द्वारा सीखना, सीखने की एक महत्त्वपूर्ण विधि है।

(ii) **भूल एवं प्रयास के माध्यम से सीखना :** भूल एवं प्रयास के नियम का प्रतिपादक **थॉर्नडाइक** को माना जाता है। उन्होंने चूहों और बिल्लियों पर अनेक परीक्षण करने के पश्चात् यह पाया कि मानव और पशु दोनों ही भूल एवं प्रयास के तरीके से सीखते हैं। किसी कार्य को करने के लिए पहले प्रयास किया जाता है और यह आवश्यक नहीं है कि प्रथम प्रयास में ही वह कार्य पूरा हो जाए। क्योंकि उसमें कोई न कोई भूल हो जाने की संभावना रहती है और कार्य में सफलता नहीं मिलती। अब इसे दोहराया जाता है और दोबारा करते समय पहली भूल को ध्यान में रखते हुए प्रयास किया जाता है। जैसे-जैसे प्रयास किया जाता है पुरानी भूलों में कमी आती जाती है और कार्य संपन्न हो जाता है। इस प्रकार बार-बार प्रयास करने पर सीखने की प्रक्रिया पूर्ण हो जाती है और यह कार्य ठीक प्रकार से होने लगता है। प्रयास एवं भूल में मानव प्रेरणायुक्त होता है और अपने निश्चित लक्ष्य तक पहुंचने की ओर अग्रसर होता है। यद्यपि प्राणी का लक्ष्य अस्पष्ट होता वह अपने इस अस्पष्ट लक्ष्य को प्राप्त करने के लिए बार-बार प्रयास करता है। असफलता मिलने पर पुनः प्रयास करता है और अंत में अपने लक्ष्य तक पहुंच जाता है। सही लक्ष्य तक पहुंच जाना ही सीखने की प्रक्रिया को पूर्ण करता है। उदाहरणार्थ–मनुष्य का टाइप सीखना, गणित के सवाल निकालना, साइकिल चलाना सीखना आदि भूल एवं प्रयास द्वारा सीखने के कुछ ऐसे ही उदाहरण हैं।

(iii) **सूझ-बूझ के माध्यम से सीखना :** सूझ-बूझ के माध्यम से सीखने के सिद्धांत का प्रतिपादक **कोहलर** था। इस सिद्धांत के अनुसार मानव पहले परिस्थितियों का पूर्ण अवलोकन करता है। उसके बारे में सोचता है और फिर क्रियाओं के माध्यम से उसे सीखने का प्रयास करता है। कोई भी प्राणी जब किसी नवीन वातावरण में आता है तो उसका संबंध विभिन्न तत्वों के साथ स्थापित होता है। वह वातावरण को भलीभांति समझता है और फिर उसी के अनुरूप प्रतिक्रिया करता है। वातावरण को जानना एवं समझना उसकी सूझ-बूझ पर पर निर्भर करता है। सूझ-बूझ का यह सिद्धांत पशुओं की तुलना में मानवों पर अधिक लागू होता है। इस सिद्धांत को सिद्ध करने के लिए **कोहलर** ने चिम्पैंजियों पर परीक्षण किया। उसने एक चिम्पैंजी को पिंजड़े में बंद कर दिया और कुछ दूरी पर पिंजड़े से बाहर केले टांग दिए। पिंजड़े में दो बांस भी डाल दिए। केले पिंजड़े से इतनी दूरी पर थे कि चिम्पैंजी के हाथ वहां तक नहीं पहुंच पा रहे थे। चिम्पैंजी ने जब देखा कि उसके हाथ केले तक नहीं पहुंच पा रहे हैं तो उसने एक डंडे के सहारे केलों तक पहुंचने का प्रयास किया। लेकिन चिम्पैंजी को जब उसमें भी सफलता नहीं मिली तो वह कुछ सोचता रहा और कुछ देर के बाद उसने दोनों डंडों को आपस में जोड़ा और उनकी सहायता से उसने केलों को पिंजड़े में खींच कर खा लिया। इस तरह स्पष्ट है कि सूझ-बूझ के सिद्धांत में बुद्धि का होना आवश्यक है। यह परीक्षण चिम्पैंजी पर इसलिए

किया गया क्योंकि चिम्पैंजी में थोड़ी-बहुत बुद्धि होती है। उसने अपनी सूझ-बूझ का इस्तेमाल कर केलों को खाने में सफलता प्राप्त की।

(iv) **आंशिक एवं पूर्ण तरीकों द्वारा सीखना :** इस विधि से छात्रों को समस्या का पूर्ण ज्ञान कराया जाता है, जिससे प्रथम बार में छात्रों को उस समस्या के बारे में कुछ न कुछ ज्ञान हो जाता है।

(v) **सामूहिक तरीके के माध्यम से सीखना :** मानव एक सामाजिक प्राणी है। समाज से बाहर उसका कोई अस्तित्व नहीं है। अतः वह समाज में रहते हुए समूह में बहुत कुछ सीखता है। समूहों में रहते हुए उसका ज्ञान प्राप्त करना ही सामूहिक सीखना कहलाता है। प्रोजेक्ट डाल्टन तथा बेसिक विधि, वर्कशॉप विधि, वाद-विवाद, सेमीनार विधि आदि सीखने की सामूहिक विधियों के अच्छे उदाहरण हैं।

अभ्यास प्रश्न

1. अधिगम में शिक्षार्थी को उसके परिणामों से अवगत कराने से उसे इसके द्वारा अभिप्रेरण (Motivation) मिलता है–
A. असफलता की सूचना
B. सफलता की सूचना
C. प्रतिपुष्टि (Feedback) द्वारा पुनर्बलन (Reinforcement)
D. निंदा व प्रशंसा

2. अधिगम के सिद्धान्तों (Theory of Learning) में निम्नांकित प्रमुख है–
A. साहचर्यवाद (Association)
B. शास्त्रीय अनुबन्ध (Classical Conditioning)
C. क्रियाप्रसूत अनुबन्ध (Operant Conditioning)
D. उपरोक्त सभी

3. व्यक्तित्व के निर्माण का फ्रायड (Freud) के अनुसार कौन सा सिद्धान्त है–
A. मनोविश्लेषण सिद्धान्त (Psychoanalytic Theory)
B. प्रारूप सिद्धान्त (Type Theory)
C. विशेषक सिद्धान्त (Trait Theory)
D. उपरोक्त सभी

4. "व्यक्तित्व, व्यक्ति के व्यवहार का समग्र गुण है।" व्यक्तित्व (Personality) की यह परिभाषा निम्नांकित ने दी है–
A. वुडवर्थ (Woodworth)
B. वैलेन्टिन (Valentine)
C. बोरिंग (Boring)
D. वारेन (Warran)

5. निम्न में से कौन-से कथन को सीखने की प्रक्रिया की विशेषता ***नहीं*** मानना चाहिए?
A. सीखना एक व्यापक प्रक्रिया है
B. सीखना लक्ष्योन्मुखी होता है
C. अन-अधिगम भी सीखने की प्रक्रिया है
D. शैक्षिक संस्थान ही एकमात्र स्थान है जहाँ अधिगम प्राप्त होता है

6. व्यक्तिगत शिक्षार्थी एक-दूसरे से ...... में भिन्न होते हैं
A. विकास-क्रम
B. विकास की सामान्य क्षमता
C. वृद्धि एवं विकास के सिद्धांतों
D. विकास की दर

7. विद्यार्थियों के सीखने में जो रिक्तियाँ रह जाती हैं उनके निदान के बाद .... होना चाहिए।
A. सभी पाठों को व्यवस्थित रूप से दोहराना
B. शिक्षार्थियों और अभिभावकों को उपलब्धि के बारे में बताना
C. समुचित उपचारात्मक कार्य
D. सघन अभ्यास कार्य

8. एक छात्र की शिक्षण-अधिगम में सक्रिय भागीदारी होती है यदि वहः
A. सम्बन्धित प्रश्न पूछता है
B. शिक्षक के प्रश्नों के उत्तर देता है
C. दूसरों के विचारों पर प्रतिक्रिया व्यक्त करता है
D. उपर्युक्त सभी करता है

9. उत्तम अधिगम के लिए आवश्यक है–
A. शिक्षक व्याख्यानों तथा अधिगम परीक्षणों की
B. छात्रों द्वारा अप्रत्यक्ष रूप से अधिगमित सांस्कृतिक प्रतिमानों की
C. छात्रों द्वारा शैक्षिक सांस्कृतिक पक्षों के व्यवहारिक प्रशिक्षण की
D. छात्रों को अपनी पाठ्य-पुस्तकों की सामग्री को दैनिक रूप से रटने की

10. स्मृति की सर्वश्रेष्ठ प्रणाली कौन-सी है?
A. पहचानना B. पुनर्स्मरण करवाना
C. पुनर्संरचना D. पुनः याद करना

11. स्मृति मापने हेतु सरलतम प्रणाली प्रयुक्त की गई।
A. आकृति B. पुनः याद करना
C. अभ्यास D. पहचान

12. स्मृति का हस्तक्षेप सिद्धांत प्रतिपादित किया था–
A. मिलर ने B. बैटलटालट ने
C. एबिनगास ने D. मेकगोक ने

13. "सीखने के पश्चात् उस बात को याद रखना या उसे पुनः प्रस्तुत करना स्मृति कहलाता है"–यह कथन किसका है?

A. फ्रायड B. मिलर
C. स्टाऊट D. वुडवर्थ

14. स्मृति का पहला अंग कौन-सा है?

A. पुनः स्मरण B. सीखना
C. पहचान D. धारणा

15. सामाजिक अधिगम का सिद्धांत इनमें से किसने दिया–

A. बंडूरा B. थार्नडाइक
C. पॉवलाव D. स्कीनर

16. लिखना उदाहरण है–

A. मौखिक अधिगम
B. प्रेरक एवं संवेदी अधिगम
C. प्रेरक अधिगम
D. संवेदी अधिगम

17. शिक्षण-अधिगम की प्रक्रिया में बच्चों के ज्ञानार्जन का मुख्य तरीका है–

A. अनुकरण द्वारा अधिगम
B. करके सीखना
C. अनुभव द्वारा अधिगम
D. उपरोक्त सभी

18. एक शिक्षक को बच्चों को सिखाते समय ध्यान देना चाहिए–

A. शिक्षण पद्धति एवं निर्देशन पर
B. बालकों के वर्गीकरण पर
C. कक्षा के आकार पर
D. उपरोक्त सभी

19. 'अनुकरण द्वारा अधिगम' का नियम किसके द्वारा प्रतिपादित किया गया?

A. स्कीनर B. थॉर्नडाइक
C. हेंगाटी D. कोहलर

20. किसी कक्षा कक्ष में सीखने को प्रभावित करने वाला महत्वपूर्ण घटक है–

A. कक्षा-कक्ष का प्रशासनिक वातावरण
B. कक्षा-कक्ष का आर्थिक वातावरण
C. कक्षा-कक्ष का सामाजिक वातावरण
D. कक्षा-कक्ष का मनोवैज्ञानिक वातावरण

21. शिक्षण अधिगम के अन्तर्गत शिक्षक का प्रमुख कार्य है–

A. बालक को पढ़ाना
B. बालक का ज्ञानवर्धन करना
C. बालक को सीखने के लिए अभिप्रेरित करना
D. बालक को अच्छे संस्कारों में डालना

22. निम्नलिखित में से सीखना किस प्रकार की गतिविधि है?

A. सामाजिक B. व्यक्तिगत
C. व्यवहारिक D. उपरोक्त सभी

23. आपकी कक्षा में बच्चों का प्रदर्शन निरन्तर गिरता जा रहा है, इसका प्रमुख कारण हो सकता है

A. अभ्यास की कमी B. तत्परता
C. अनुकूल वातावरण D. इनमें से कोई नहीं

24. बच्चों में सीखने के लिए आवश्यक नियम है–

A. रटने का नियम
B. तत्परता का नियम
C. व्यवस्थित अधिगम प्रक्रिया नियम
D. बहुप्रतिक्रिया नियम

उत्तरमाला

1	2	3	4	5	6	7	8	9	10
C	D	A	A	D	D	C	D	C	A
11	12	13	14	15	16	17	18	19	20
B	D	D	B	A	B	D	D	C	D
21	22	23	24						
C	A	A	B						

11. बच्चा एक समस्या समाधानकर्त्ता तथा वैज्ञानिक अन्वेषक के रूप में (Child as a Problem-solver and a Scientific Investigator)

समस्या समाधान का अर्थ (Meaning of Problem Solving)

समस्या समाधान का अर्थ है कठिनाइयों पर विजय प्राप्त करके लक्ष्य को प्राप्त करना। यदि हम किसी निश्चित लक्ष्य पर पहुँचना चाहते हैं, पर किसी कारणवश नहीं पहुँच पाते, तब हमारे सामने एक समस्या खड़ी हो जाती है। यदि हम इस कठिनाई पर विजय प्राप्त करके अपने लक्ष्य पर पहुँच जाते हैं, तो हम अपनी समस्या का समाधान कर लेते हैं। कुछ समस्याओं का हल करने में कम समय लगता है और कुछ में अधिक। किसी समस्या का समाधान करने के लिए यदि समुचित साधन उपलब्ध नहीं होते तो समाधान का विकल्प देखना पड़ता है।

बच्चा एक समस्या समाधानकर्त्ता के रूप में (Child as a Problem Solver)

विद्यालय शिक्षा के दौरान एक बच्चे के समक्ष अनेक समस्याएं आती हैं तथा उसका समाधान भी उसे ही ढूँढना होता। ऐसे में बच्चों को इस स्तर के योग्य बनाने के लिए आवश्यक है कि उनके व्यक्तित्व का विकास इस प्रकार से किया जाए कि वह सभी प्रकार की परिस्थितियों का सही ढंग से सामना कर सकें। व्यक्तित्व का विकास निम्नलिखित तरीकों के माध्यम से किया जा सकता है–

(*i*) **आत्म पहचान का गुण विकसित करके :** इस तरीके के तहत बच्चों को ऐसे काम दिए जाने चाहिए जिनमें सफलता निश्चित हो। इन कामों को करने से बच्चे में आत्म-विश्वास बढ़ता है जो जिन्दगी में प्रसन्नता व सहयोग की भावना को बढ़ाता है। बच्चे का जन्मदिन मनाना चाहिए। इससे बच्चे की आत्म-अनुमोदन तथा सामाजिक अनुमोदन की भावना को संतुष्टि मिलती है समय-समय पर बच्चे के काम की प्रशंसा करनी चाहिए तथा छोटी-छोटी बातों पर भी उन्हें पुरस्कृत करना चाहिए जिससे कि वह भविष्य में अपनी समस्याओं का समाधान स्वयं कर सकें।

(*ii*) **स्वयं की कमियों को स्वीकार करना और सिखाकर दूर करना :** बच्चों में यह भावना पैदा करनी चाहिए कि कोई भी व्यक्ति संपूर्ण नहीं है। इसीलिए अपनी कमियों को मुस्कुराते हुए स्वीकार करना चाहिए तथा उन्हें दूर करने का प्रयत्न करना चाहिए। इसके लिए बच्चे को इससे संबंधित कहानियां सुनानी चाहिए। इसके अतिरिक्त कुछ रचनात्मक कार्यक्रम का भी आयोजन किया जाना चाहिए। उदाहरणार्थ–नाटक दिखाना एवं कठपुतली नृत्य आदि। बच्चे के गुणों की खुलकर प्रशंसा करनी चाहिए ताकि बच्चा अपनी कमियों को भूलकर अपनी प्रतिभा को निखार सके।

(*iii*) **स्वावलंबी बनने के लिए प्रेरित करके :** बच्चे को आत्मनिर्भर बनाने के लिए हमेशा प्रेरित करते रहना चाहिए। इसके लिए बच्चे को कहानियां सुनानी चाहिए, नाटक दिखाने चाहिए, लड़कियों को गुड़िया को कपड़े पहनाने, सफाई करने, कंघी करने जैसे काम करने देने चाहिए इससे बच्चों में आत्मनिर्भरता बढ़ती है। बच्चों को चुनौतीपूर्ण व उत्तरदायित्व वाले काम सौंपने चाहिए जिससे कि वह समस्याओं के समाधानों का हल सही दिशा में निकालने के लिए सक्षम हो सकें।

बच्चा एक वैज्ञानिक अन्वेषक के रूप में (Child as a Scientific Investigator)

किसी भी छात्र की समझ की सही जांच तब होती है जब वह समाज में रहकर सीखता है तथा अपने स्वयं के ज्ञान को एक अन्वेषक के रूप में प्रयोग करता है। एक बच्चे को वैज्ञानिक अन्वेषक के रूप में निम्नलिखित प्रकार से विकसित किया जा सकता है–

(*i*) किसी बच्चे को दैनिक जीवन में आने वाले व्यक्तियों के व्यवसाय के बारे में समझाने का प्रयास करना चाहिए। यथा–डॉक्टर, डाकिया, वकील, बढ़ई व सुनार आदि।

(*ii*) बच्चों को अलग-अलग जगहों पर भ्रमण के लिए ले जाना चाहिए ताकि वे भ्रमण के माध्यम से कुछ नए प्रकार के चीजों के संबंध में सोच सकें।

(*iii*) बच्चों को दुकान-दुकान आदि का खेल खेलना चाहिए ताकि वे खेल-खेल में दुकानदारी आदि के व्यवसाय आदि के बारे में जान सकें।

(*iv*) ऐसा उपाय करना चाहिए ताकि बच्चे वैज्ञानिक यंत्रों, धातुओं, वायु संचार आदि के बारे में स्वयं जानकारी प्राप्त कर सकें। ऐसा करने से उनमें (बच्चों में) एक वैज्ञानिक सोच के साथ-साथ अलग-अलग विषयों का अन्वेषण करने का गुण भी उत्पन्न होने लगता है।

अभ्यास प्रश्न

1. .... के अतिरिक्त निम्नलिखित समस्या समाधान की प्रक्रिया के चरण हैं–
A. सम्भावित युक्तियों को खोजना
B. समस्या को छोटे हिस्सों में बाँटना
C. समस्या की पहचान
D. परिणामों की आशा करना

2. बच्चों की सीखने की प्रक्रिया में माता-पिता को ...... भूमिका निभानी चाहिए।
A. अग्रोन्मुखी B. नकारात्मक
C. तटस्थ D. सहानुभूतिपूर्ण

3. चिन्तन तथा तर्क का उद्देश्य है–
A. संवेग को समाप्त करना
B. समस्या को जटिल बनाना
C. संज्ञान का अन्त करना
D. समस्या का समाधान करना

4. अधिगमकर्ता का स्व-नियमन का क्या अर्थ है?
A. विद्यार्थियों के व्यवहार के लिए विनियमों का निर्माण करना
B. विद्यार्थी निकाय द्वारा बनाए गए नियम एवं विनियम
C. अपने सीखने का स्वयं अनुवीक्षण करने की योग्यता
D. स्व-अनुशासन और नियन्त्रण

5. शिक्षार्थियों का 'आत्म नियमन' .... की ओर संकेत करता है।
A. स्व-अनुशासन और नियंत्रण
B. विद्यार्थियों के व्यवहार के लिए विनियम बनाना
C. अपने सीखने का स्वयं पर्यवेक्षण करने की उनकी योग्यता
D. विद्यार्थी-निकाय द्वारा बनाए गए नियम-विनियम

6. विद्यार्थियों के सीखने में जो रिक्तियाँ रह जाती हैं उनके निदान के बाद .... होना चाहिए।
A. समुचित उपचारात्मक कार्य
B. शिक्षार्थियों और अभिभावकों को उपलब्धि के बारे में बताना
C. सभी पाठों को व्यवस्थित रूप में दोहराना
D. सघन अभ्यास कार्य

7. सीमा ने हाथ से दाल और चावल खाना सीख लिया है। जब उसे दाल और चावल दिए जाते हैं तो वह दाल-चावल मिलाकर खाने लगती है। उसने चीजों को करने के लिए अपने स्कीम में दाल और चावल खाने को .... कर लिया है।
A. समुचितता B. अनुकूलित
C. समायोजित D. अंगीकार

8. शिक्षकों को अपने विद्यार्थियों की त्रुटियों का अध्ययन करना चाहिए क्योंकि वे प्रायः .... की ओर संकेत करते हैं।
A. भिन्न प्रकार की पाठ्यचर्या की आवश्यकता
B. योग्यताओं के अनुसार समूह बनाने हेतु दिशा-निर्देश
C. आवश्यक उपचारात्मक युक्तियों
D. उनके ज्ञान की सीमा

9. ''समस्या-समाधान किसी लक्ष्य की प्राप्ति में बाधा डालती प्रतीत होती कठिनाइयों पर विजय पाने की प्रक्रिया है।'' निम्न में से यह कथन किसका है?
A. स्टेनले B. स्किनर
C. पियाजे D. पावलॉव

10. बच्चों द्वारा की जाने वाली त्रुटियों के सम्बन्ध में निम्नलिखित में से कौन-सा कथन सत्य है?
A. यदि एक शिक्षक कक्षा-कक्ष में सभी बच्चों की त्रुटियों को सुधारने योग्य नहीं है तो यह संकेत करता है कि शिक्षक-शिक्षा की व्यवस्था असफल है।
B. स्वयं बच्चों द्वारा त्रुटियों को सुधारा जा सकता है इसलिए शिक्षक को उन्हें तुरन्त ही नहीं सुधारना चाहिए।
C. प्रत्येक त्रुटि को सुधारने में बहुत अधिक समय लगेगा तथा एक शिक्षक के लिए थकान वाला होगा
D. एक शिक्षक को प्रत्येक त्रुटि पर ध्यान नहीं देना चाहिए अन्यथा पाठ्यक्रम पूरा नहीं होगा।

11. एक शिक्षिका अपने शिक्षार्थियों को सदैव इस रूप में सहायता करती है कि वे एक विषय-क्षेत्र से प्राप्त ज्ञान को दूसरे विषय-क्षेत्रों के ज्ञान के साथ जोड़ सकें। इससे .... को बढ़ावा मिलता है।
A. वैयक्तिक भिन्नताओं
B. शिक्षार्थी-स्वायत्तता
C. ज्ञान के सह-सम्बन्ध एवं अन्तरण
D. पुनर्बलन

12. इरफान खिलौनों को तोड़ता है और उसके पुर्जो को देखने के लिए उन्हें अलग-अलग कर देता है। आप क्या करेंगे?
A. उसके जिज्ञासु स्वभाव को प्रोत्साहित करेंगे और उसकी ऊर्जा को सही दिशा में संचारित करेंगे
B. उसे समझाएँगे कि खिलौनों को तोड़ना नहीं चाहिए
C. इरफान को खिलौनों से कभी भी नहीं खेलने देंगे
D. उस पर हमेशा नजर रखेंगे

उत्तरमाला

1	2	3	4	5	6	7	8	9	10
B	A	D	C	C	A	B	C	B	A
11	12								
C	A								

12. संवेग और अभिप्रेरण (Emotion and Motivation)

संवेग (Emotion)

जब हम किसी विषय के बारे में बार-बार सोचते हैं तो हमारी राग-द्वेषात्मक मनोवृत्ति और प्रबल हो उठती है। बार-बार सोचे गए विषय को या तो हम प्रेम की दृष्टि से अथवा घृणा की दृष्टि से देखने लगते हैं। हमारी यह राग-द्वेषात्मक मनोवृत्ति और प्रबल हो उठती है। बार-बार सोचे गए विषय को या तो प्रेम की दृष्टि से अथवा घृणा की दृष्टि से देखने लगते हैं। हमारी यह राग-द्वेषात्मक मनोवृत्ति संवेग (Emotion) के कारण बनती है। संवेग भावों से उत्पन्न होता है। जब तक किसी विषय के संबंध में हमारे भाव सामान्य रहते हैं, संवेगों की उत्पत्ति नहीं होती है। जब उस विषय के भाव प्रबल हो जाते हैं, तब संवेग की उत्पत्ति होती है। भाव हमारे मन पर धीरे-धीरे प्रभाव डालता है। परंतु किसी प्रकार के संवेग के उत्पन्न होने पर हमारे मन में भारी उथल-पुथल हो जाती है।

संवेग की कुछ परिभाषाएं (Definitions of Emotion)

जरशील्ड के अनुसार, "संवेग शब्द किसी भी प्रकार के आवेश में आने से भड़क उठने अथवा उत्तेजित होने की दशा को सूचित करता है।"

मैक्डूगल के अनुसार, "संवेग एक प्रकार का अनुभव है जो किसी न किसी मूल प्रवृत्तीय क्रिया से संबद्ध होता है।"

क्रो एवं क्रो के अनुसार, "संवेग, व्यक्ति के आंतरिक समायोजन, मानसिक एवं शारीरिक-भौतिक अवस्थाओं से प्रभावित होकर उसके बाह्य व्यवहार में दिखाई देने वाला प्रभावशाली अनुभव है।"

वुडवर्थ के अनुसार, "संवेग जीव की उत्तेजनायुक्त अवस्था है।

निष्कर्ष (Result)

(i) प्रत्येक संवेग किसी न किसी मूल प्रवृत्ति या भावना से अवश्य ही संबद्ध होता है।

(ii) संवेग मानव की परिवर्तित आंतरिक भावना का बाह्य रूप होता है।

(iii) प्रत्येक संवेग किसी न किसी क्रिया से किसी रूप में अवश्य ही संबद्ध होता है।

उपर्युक्त निष्कर्ष के आधार पर हम कह सकते हैं कि "किसी ज्ञात (प्रमुखतः) या अज्ञात (कभी-कभी) कारण से हमारी मनोदशा को प्रभावित करने वाले अस्थायी भाव, संवेग कहलाते हैं।"

संवेग की विशेषताएं/लक्षण (Characteristics of Emotion)

(i) प्रत्येक संवेग का संबंध किसी न किसी मूल प्रवृत्ति से होता है।

(ii) संवेगों का उभार सकारण होता है।

(iii) संवेग क्षणिक एवं अस्थायी होते हैं।

(iv) संवेग परिवर्तनशील होते हैं।

(v) संवेग सार्वभौमिक होते हैं।

(vi) संवेगों की तीव्रता वैयक्तिक अधिक होती है।

(vii) संवेगों की उत्पत्ति का कारण बाह्य जगत् से संबद्ध होता है।

(viii) संवेग मानव के व्यवहार को प्रभावित करते हैं।

संवेगों को प्रभावित करने वाले कारक (Factors Affecting Emotion)

निम्न कारक किसी न किसी रूप में संवेगों को प्रभावित करते हैं–

(i) वातावरण, (ii) मानसिक सक्रियता, (iii) शारीरिक स्वास्थ्य, (iv) वैयक्तिक रुचियां, (v) अभिवृत्तियां एवं मूल्य।

संवेगों से प्रभावित होने वाले कारक (Factors Affected by Emotion)

जिस प्रकार कुछ कारक संवेगों को प्रभावित करते हैं ठीक उसी प्रकार संवेग भी कुछ कारकों से प्रभावित होते हैं। ये कारक हैं–(i) शारीरिक स्वास्थ्य, (ii) मानसिक स्वास्थ्य, (iii) वाणी, (iv) सामाजिकता एवं अधिगम।

संवेग के विभिन्न प्रकार (Types of Emotion)

संवेगों का संबंध मूल प्रवृत्तियों से होता है। चौदह मूल-प्रवृत्तियों के चौदह संवेग हैं, जो इस प्रकार हैं–

1. भय, 2. घृणा, 3. करुणा एवं दुःख, 4. आश्चर्य, 5. आत्माभिमान, 6. भूख, 7. कृतिभाव, 8. क्रोध, 9. वात्सल्य, 10. कामुकता, 11. आत्महीनता, 12. एकाकीपन, 13. अधिकार भावना, 14. आमोद।

संवेग एवं शिक्षा में इसका महत्व (Importance of Emotion in Education)

शिक्षक, बालकों के संवेगों के प्रति ध्यान देकर उनका किस प्रकार हित कर सकते हैं, यह निम्नलिखित बातों से स्पष्ट हो जाता है–

(*i*) शिक्षक, बालकों की मानसिक शक्तियों के मार्ग को प्रशस्त करके, उन्हें अपने अध्ययन में अधिक क्रियाशील बनाने की प्रेरणा प्रदान कर सकता है।

(*ii*) शिक्षक, बालकों के संवेगों को परिष्कृत करके उनको समाज के अनुकूल व्यवहार करने की क्षमता प्रदान कर सकता है।

(*iii*) शिक्षक, बालकों के संवेगों का विकास करके, उनमें उत्तम विचारों, आदर्शों, गुणों और रुचियों का निर्माण कर सकता है।

(*iv*) शिक्षक, बालकों को अपने संवेगों पर नियंत्रण करने की विधियां बताकर उनको शिष्ट और सभ्य बना सकता है।

(*v*) शिक्षक, बालकों के संवेगों को जाग्रत करके, पाठ में उनकी रुचि उत्पन्न कर सकता है।

(*vi*) शिक्षक, बालकों के संवेगों का ज्ञान प्राप्त करके, उपयुक्त पाठ्यक्रम का निर्माण करने में सफलता प्राप्त कर सकता है।

(*vii*) शिक्षक, बालकों में उपयुक्त संवेगों को जाग्रत करके, उनको महान कार्यों को करने की प्रेरणा दे सकता है।

अभिप्रेरण (Motivation)

अभिप्रेरण में वे सब आंतरिक अवस्थाएं आ जाती है जो किसी क्रिया को छोड़ती है या उसको बनाए रखती है। प्रेरक (Motive) उद्दीपन (Stimulus) से भिन्न होता है, क्योंकि वह उत्तेजना के प्रकट होने के पहले से ही उपस्थित होता है। यदि आंतरिक अभिप्रेरणा न हो तो बाह्य उद्दीपन कितना भी तीव्र होने पर अनुक्रिया उत्पन्न नहीं कर सकता है।

अभिप्रेरणा एक प्रकार की शक्ति है जो छात्रों को अध्ययन तथा अन्य कार्यों को करने का जोश तथा रुचि उत्पन्न करती है। व्यक्ति जो भी कार्य करता है उसमें किसी न किसी प्रकार की अभिप्रेरणा की भूमिका आवश्यक होती है। अध्यापक के समक्ष यह बहुत बड़ी समस्या होती है कि छात्रों को किस प्रकार अधिक-से-अधिक अभिप्रेरित किया जाए। अध्यापक इसके लिए अनेक उपाय करता है। अभिप्रेरणा अधिगम के लिए कोई आवश्यक शर्त नहीं है परंतु फिर भी यह अधिगम प्रक्रिया को गतिशीलता प्रदान करती है। इसे "सीखने का हृदय" (Heart of Learning), "सीखने का स्वर्ण पथ" (Golden Road of Learning), तथा "सीखने का मुख्य कारक" (Important Factor of Learning) कहा गया है।

अभिप्रेरणा की कुछ परिभाषाएं (Definitions of Motivation)

स्किनर के अनुसार, "अभिप्रेरणा, अधिगम का सर्वोच्च राजमार्ग है।"

बर्नार्ड के अनुसार, "उत्प्रेरणा, शिक्षा में मनोविज्ञान की मूलभूत समस्या है।"

कैले के अनुसार, "अधिगम की कुशल कला में उत्प्रेरणा केंद्रीय कारक है।"

निष्कर्ष (Result)

(*i*) उत्प्रेरणा और अधिगम का सीधा संबंध है।

(*ii*) उत्प्रेरणा किसी आंतरिक शक्ति का उभार है।

(*iii*) प्राणी या मनुष्य के अंदर निहित वे सभी तत्व जो उसके बाह्य व्यवहार को प्रभावित करते हैं, आंतरिक तत्व या आंतरिक शक्तियां कहलाती हैं। इनमें मूल प्रवृत्तियां, मन, बुद्धि, चित्त एवं अहंकार सभी आंतरिक शक्तियां हैं।

प्रेरणा के भेद (Types of Motivation)

प्रेरणा के दो भेद हैं–

(*i*) **सकारात्मक प्रेरणा (Positive Motivation):** इस प्रेरणा में बालक किसी कार्य को अपनी स्वयं की इच्छा से करता है। इस कार्य को करने से उसे सुख और संतोष प्राप्त होता है। इस प्रेरणा को आंतरिक प्रेरणा भी कहते हैं।

(*ii*) **नकारात्मक प्रेरणा (Negative Motivation):** इस प्रेरणा में बालक किसी कार्य को अपनी स्वयं की इच्छा से न करके, किसी दूसरे की इच्छा या बाह्य प्रभाव के कारण करता है। इस कार्य को करने से उसे किसी वांछनीय या निश्चित लक्ष्य की प्राप्ति होती है। इस प्रेरणा को बाह्य प्रेरणा भी कहते हैं।

प्रेरणा की प्रमुख विधियां (Main Process of Motivation)

मरसेल ने लिखा है कि प्रेरणा यह निश्चित करती है कि लोग कितनी अच्छी तरह से सीख सकते हैं और कितनी देर तक सीख सकते हैं। अतः उनको प्रेरणा प्रदान की जानी आवश्यक है। ऐसा निम्नांकित विधियों का प्रयोग करके किया जा सकता है–

(*i*) **रुचि (Interest):** प्रेरणा प्रदान करने की पहली विधि है बालकों की पाठ में रुचि उत्पन्न करना। अतः अध्यापक को पढ़ाए जाने वाले पाठ को बालक की रुचियों से संबंधित करना चाहिए। इस संबंध में प्रेसी, रॉबिन्स व हॉरक्स का कहना है कि "रुचि, छात्रों का ध्यान आकर्षित करने का प्रथम उपाय है।"

(*ii*) **सफलता (Success):** सफलता के संबंध में फ्रैंडसन का विचार है कि सीखने के सफल अनुभव अधिक सीखने की प्रेरणा देते हैं।

(*iii*) **सामूहिक कार्य (Collective Work):** प्रेरणा प्रदान करने की इस विधि में बालकों को सामूहिक कार्यों में भाग लेने के लिए प्रोत्साहित किया जाता है।

(*iv*) **आवश्यकता का ज्ञान (Required Knowledge):** इस विधि के अंतर्गत् यह माना जाता है कि बालकों की मुख्य आवश्यकताएं उसके सीखने में उद्दीपन का कार्य करती हैं।

(*v*) **प्रशंसा (Admiration):** उचित समय और स्थान पर प्रयोग किए जाने पर प्रशंसा, प्रेरणा का एक महत्त्वपूर्ण कारक है।

(*vi*) **कक्षा का वातावरण (Environment of Class):** अच्छा शिक्षक प्रभावशाली प्रेरणा के लिए शिक्षण-सामग्री से संपन्न अर्थपूर्ण और निरंतर परिवर्तनशील कक्षा-कक्ष के वातावरण पर निर्भर रहता है।

(*vii*) **सामाजिक वर्गों में भाग (Participate in Social Group):** यह बालकों और युवकों को प्रेरणा देने की साधारणतया सबसे प्रभावशाली विधि है। यह बालकों को उन अर्थपूर्ण सामाजिक कार्यक्रमों में रचनात्मक कार्य करने का अवसर देता है जिनको व्यक्ति और समाज दोनों महत्त्वपूर्ण समझते हैं।

(*viii*) **प्रतिद्वन्द्विता (Competitor):** इसके अनुसार शिक्षाशास्त्र के संपूर्ण इतिहास में प्रतिद्वन्द्विता को प्रेरणा प्रदान करने के लिए प्रयोग किया गया है।

(*ix*) **खेल-विधि का प्रयोग (Use of Playing Method):** इस विधि के अनुसार बालकों को शिक्षा देने के लिए खेल-विधि का प्रयोग किया जाता है। अतः शिक्षक को खेल-विधि का प्रयोग करके बालकों को शिक्षा देनी चाहिए।

(*x*) **परिणाम का ज्ञान (Knowledge of Result):** इस विधि के अनुसार यह माना जाता है कि प्रेरणा, परिणामों के तात्कालिक ज्ञान से प्राप्त होती है।

प्रेरणा में योगदान देने वाले मुख्य कारक (Factors Contributing to Motivation)

(*i*) **प्रोत्साहन (Encouragement):** प्रोत्साहन लक्ष्य तक पहुंचने के साधन होते हैं। इनका स्वरूप पुरस्कार के रूप में भी हो सकता है और संकेत के रूप में भी। जब ये किसी ऐसे उद्दीपक से जुड़ जाते हैं, जो इनकी उपस्थिति बताता है तो ये प्राणी को उत्तेजित कर देतें हैं अर्थात् व्यक्ति के व्यवहार को उभारते हैं और उसे गति प्रदान करते हैं। हल एवं स्पेन्स मानते हैं कि यूँ तो प्राणी का व्यवहार मूलतः चालक द्वारा संचालित होता है लेकिन वे ये भी मानते हैं कि कभी-कभी आत्म-प्रोत्साहन प्रेरणा का कार्य करता है। स्कीनर कहते हैं कि पुनर्बलन ही प्रोत्साहन है, अर्थात् धनात्मक तथा ऋणात्मक पुनर्बलन ही प्रोत्साहन का काम करते हैं। धनात्मक पुनर्बलन धनात्मक पुरस्कार होता है तथा ऋणात्मक पुनर्बलन ऋणात्मक पुरस्कार होता है।

(*ii*) **दण्ड (Punishment):** दण्ड एक उद्दीपन के समान है, जिससे व्यक्ति बचने का प्रयास करता है अथवा उससे दूर भागना चाहता है। दण्ड के संबंध में विचार व्यक्त करते हुए बोम्पस स्मिथ कहते हैं कि "विद्यालयी दण्ड प्रतिशोध नहीं होता है। इसका उद्देश्य प्रशिक्षण है। सर्वप्रथम अपराधी का प्रशिक्षण। दूसरे, उसके अवलोकन से अन्य बालकों का प्रशिक्षण। साथ ही उसे तथा दूसरों को पुनः अपराध करने से बचाना है।"

(*iii*) **उत्तेजना (Excitement):** यह किसी प्राणी की उत्तेजित होने की सामान्य अवस्था है। इस संबंध में डोनाल्ड हैब ने विचार व्यक्त करते हुए कहा है कि "उत्तेजना अथवा जागरूकता शक्ति प्रदान करती है लेकिन दिशा-निर्देश प्रदान नहीं करती। यह इंजन के समान है लेकिन उसका मार्ग परिवर्तित करने वाला साधन नहीं।"

उत्तेजना व्यक्ति की सक्रियता का आवश्यक कारक माना गया है। इसके तीन स्तर हैं–उच्च, मध्य एवं निम्न। व्यक्ति को यह उत्तेजना दो स्रोतों (बाह्य एवं आंतरिक) से मिलती है।

(*iv*) **आकांक्षा (Ambition):** आकांक्षा का उत्तेजना स्तर से सीधा संबंध है। हम उस स्थिति में उत्तेजित हो उठते हैं जब हम देखते कुछ और हैं और देखना कुछ चाहते हैं। जो हम देख रहे होते हैं वह Perception है और जो हम देखना चाहते हैं वह Expectancy है। जब इन दोनों के मध्य अंतर (Discrepancy) हो जाता है तो हम उत्तेजित हो उठते हैं।

मैक्लेलैंड ने अपना विचार प्रकट करते हुए कहा है कि P तथा E में अंतर अधिक होने पर हमें दुःख होता है एवं अंतर कम होने पर सुख प्राप्त होता है। इसलिए अंतर (Discrepancy) का एक निश्चित स्तर घटना तथा आशाओं के बीच रखना चाहिए। पूर्व अनुमानित संतोष को हम Valance कहते हैं तथा वास्तविक संतोष को Valuel। इस प्रकार कोई व्यक्ति जिस बल से कार्य करता है वह Expectancy और Valance का गुणनफल होता है।

अर्थात् $F = E \times V$.

अभ्यास प्रश्न

1. मोटीवेशन शब्द की उत्पत्ति हुई है, लैटिन भाषा के :
   A. मी धातु से B. मोट धातु से
   C. मोटम धातु से D. मोम धातु से
2. अभिप्रेरणा को प्रभावित करने वाले कारक हैं :
   A. आवश्यकताएं B. आकांक्षा स्तर एवं रुचि
   C. संवेगात्मक स्थिति D. इनमें से सभी
3. अभिप्रेरणा (Motivation) का स्रोत निम्नांकित होता है–
   A. पर्यावरणीय (Environmental)
   B. आंतरिक (Intrinsic)
   C. बाह्य (Extrinsic)
   D. उपरोक्त B और C
4. निम्नलिखित में से किस मनोवैज्ञानिक ने प्रेरणा का मनोविश्लेषण सिद्धान्त प्रस्तुत किया?
   A. एल्फ्रेड एडलर B. सिगमंड फ्रायड
   C. सी. जी. युंग D. विलियम मैक्डुगल
5. ....को एक अभिप्रेरित शिक्षण का संकेतक माना जाता है।
   A. शिक्षक द्वारा दिया गया उपचारात्मक कार्य–
   B. विद्यार्थियों द्वारा प्रश्न पूछना
   C. कक्षा में एकदम खामोशी
   D. कक्षा में अधिकतम उपस्थिति
6. सीखने की प्रक्रिया में, अभिप्रेरणा–
   A. पिछले सीखे हुए को नए अधिगम से अलग करती है
   B. शिक्षार्थियों को एक दिशा में सोचने के योग्य बनाती है
   C. शिक्षार्थियों में सीखने के प्रति रुचि का विकास करती है
   D. शिक्षार्थियों की स्मरण-शक्ति को पैना बनाती है
7. 'संवेगात्मक विरेचन' का अर्थ है–
   A. संवेगात्मक दमन को सहन करने की योग्यता को बढ़ाना
   B. संवेगात्मक दमन से बाहर निकालना
   C. बहुत अधिक अवसादग्रस्त महसूस करना
   D. संवेगों को दबाना
8. निम्न में से कौन-सा बच्चे की सामाजिक-मनोवैज्ञानिक आवश्यकताओं के साथ सम्बद्ध नहीं है?
   A. सान्निध्य (संगीत) की आवश्यकता
   B. शरीर से अपशिष्ट पदार्थों का नियमित रूप से बाहर निकलना
   C. संवेगात्मक सुरक्षा की आवश्यकता
   D. सामाजिक अनुमोदन अथवा सराहना की आवश्यकता
9. व्यवहार का 'करना' पक्ष .... में आता है।
   A. सीखने के भावात्मक क्षेत्र
   B. सीखने के संज्ञानात्मक क्षेत्र
   C. सीखने के मनोवैज्ञानिक क्षेत्र
   D. सीखने के गतिक (कोनेटिव) क्षेत्र
10. निम्नलिखित में से कौन-सी विशेषता आन्तरिक रूप से अभिप्रेरित बच्चों के लिए सही नहीं है?
    A. वे कार्य करते समय उच्च स्तर की ऊर्जा प्रदर्शित करते हैं
    B. उन्हें कार्य करने में आनन्द आता है
    C. ये हमेशा सफल होते हैं
    D. वे चुनौती भरे कार्यों को पसन्द करते हैं
11. एक विद्यार्थी मेडिकल कॉलेज में दाखिला लेने के लिए कठिन परिश्रम करता है ताकि वह प्रवेश परीक्षा में उत्तीर्ण हो सके। यह विद्यार्थी .... रूप में अभिप्रेरित है।
    A. बाह्य B. आन्तरिक
    C. आनुभविक D. वैयक्तिक
12. आन्तरिक रूप से अभिप्रेरित विद्यार्थी–
    A. के लिए औपचारिक शिक्षा की आवश्यकता नहीं है
    B. का बाह्य रूप से अभिप्रेरित विद्यार्थी की तुलना में अभिप्रेरणा स्तर कम होता है
    C. के लिए बाह्य पुरस्कार उसकी अभिप्रेरणा को बनाए रखने के लिए पर्याप्त नहीं है
    D. के लिए पुरस्कार की बिल्कुल भी आवश्यकता नहीं है
13. ब्लूम की टेक्सोनॉमी .... की पदानुक्रमिक व्यवस्था है।
    A. संज्ञानात्मक उद्देश्यों
    B. पठन कौशल
    C. पाठ्यचर्या सम्बन्धी घोषणाओं
    D. उपलब्धि लक्ष्यों
14. किशोरों के सन्दर्भ में निम्नलिखित में से कौन-सा कथन सर्वाधिक उचित है?
    A. चिन्तन का मूर्त क्रियाओं में प्रदर्शित होना
    B. बुद्धि लब्धांक में अकस्मात् वृद्धि
    C. संवेगात्मक प्रोत्थान की घटना बढ़ जाती है
    D. पढ़ाई के प्रति लापरवाह रवैया
15. "संवेग जीव की उत्तेजनायुक्त अवस्था है।" यह कथन किसका है।
    A. पियाजे B. वुडवर्थ
    C. ड्रेवर D. स्किनर
16. अभिप्रेरणा के सिद्धान्तों के अनुसार, एक शिक्षक ...... के द्वारा सीखने को संवर्द्धित कर सकता है।
    A. विद्यार्थियों से बहुत उच्च अपेक्षाएँ रखने
    B. विद्यार्थियों से किसी प्रकार की अपेक्षाएँ न रखने
    C. अपेक्षाओं का एक रूप स्तर रखने
    D. विद्यार्थियों से वास्तविक अपेक्षाएँ रखने

17. निम्नलिखित में से कौन-सा सीखने के लिए अधिकतम रूप से अभिप्रेरित करता है?
   A. असफलता से बचने के लिए अभिप्रेरण
   B. बाह्य कारक
   C. लक्ष्यों को प्राप्त करने में व्यक्तिगत सन्तुष्टि
   D. बहुत सरल या कठिन लक्ष्यों का चयन करने की प्रवृत्ति

18. निम्नलिखित में से कौन-सा अधिगम को अधिकतम करने के लिए सर्वाधिक उचित है?
   A. समान सांस्कृतिक पृष्ठभूमि वाले शिक्षार्थियों को एक कक्षा में रखना चाहिए ताकि मत वैभिन्न से बचा जा सके
   B. शिक्षार्थियों में वैयक्तिक भिन्नता को सहज बनाने के लिए समान शिक्षार्थियों के जोड़ बनाए जा सकते हैं
   C. शिक्षिका को अपनी संज्ञानात्मक शैली के साथ-साथ अपने शिक्षार्थियों की संज्ञानात्मक शैली की पहचान करनी चाहिए
   D. अधिकतम परिणाम लाने के लिए शिक्षक केवल एक अधिगम शैली पर ध्यान केन्द्रित करता है

19. .... के अतिरिक्त निम्नलिखित सभी तथ्य संकेत करते हैं कि बच्चा कक्षा में संवेगात्मक और सामाजिक रूप से समायोजित है।
   A. हम उम्र साथियों के साथ प्रतियोगिता पर दृढ़तापूर्वक ध्यान केन्द्रित करना
   B. क्रोध तथा हर्ष दोनों को प्रभावी रूप से प्रबन्धित करना
   C. चुनौतीपूर्ण कार्यों पर ध्यान केन्द्रित करना और उन्हें दृढ़तापूर्वक करते रहना
   D. हमउम्र साथियों के साथ मधुर सम्बन्धों का विकास

20. गौरव को बच्चों को पढ़ाना अच्छा लगता है इसलिए वह बी.एड. की प्रवेश परीक्षा के लिए खूब मेहनत करता है। वह .... अभिप्रेरित है।
   A. सक्रिय रूप से   B. बौद्धिक रूप से
   C. बाह्य रूप से   D. आन्तरिक रूप से

21. उपलब्धि अभिप्रेरणा है–
   A. असफलता से बचने की प्रवृत्ति
   B. बिना विचारे, जल्दबाजी में कार्य करने की प्रवृत्ति
   C. सफलता व असफलता को समान रूप से स्वीकार करने की तत्परता
   D. चुनौतीपूर्ण कार्य करने में डटे रहने की प्रवृत्ति

22. जब बच्चे की दादी उसे उसकी माँ की गोद से लेती है, तो बच्चा रोने लगता है। बच्चा .... के कारण रोता है।
   A. अजनबी दुश्ंचिता   B. संवेगात्मक दुश्ंचिता
   C. सामाजिक दुश्ंचिता   D. वियोग दुश्ंचिता

23. निम्नलिखित में से कौन-सा कथन 'सीखने' के बारे में सही है?
   A. सीखने के किसी भी चरण पर सीखना संवेगात्मक कारकों से प्रभावित नहीं होता
   B. बच्चों द्वारा की गई त्रुटियाँ यह संकेत करती है कि किसी तरह का सीखना नहीं हुआ
   C. सीखना उस वातावरण में प्रभावी होता है जो संवेगात्मक रूप से सकारात्मक हो और शिक्षार्थियों को सन्तुष्ट करने वाला हो
   D. सीखना मूल रूप से मानसिक क्रिया है

24. अधिगम के प्रक्रम में अभिप्रेरण
   A. नए सीखने वालों में अधिगम के लिए
   B. एकदिशीय रूप से सोचने में सीखने वालों को प्रस्तुत करता है
   C. पुराने अधिगम से नए अधिगम को विभेदित करता है
   D. सीखने वालों की स्मृति को तेज बनाता है

25. "उत्प्रेरणा, शिक्षा में मनोविज्ञान की मूलभूत समस्या है।" यह कथन किसका है–
   A. स्किनर   B. कैले
   C. बर्नार्ड   D. क्रो एवं क्रो

26. विद्यालय में विद्यार्थियों को कैसे अभिप्रेरित करना उचित है?
   A. चुने हुए अध्ययन द्वारा
   B. प्रासंगिक अध्ययन द्वारा
   C. गहन अध्ययन द्वारा
   D. सस्वर अधिगम द्वारा

27. प्रेरणा का मुख्य कारक नहीं है–
   A. प्रोत्साहन   B. आकांक्षा
   C. आत्माभिमान   D. उत्तेजना

28. मानव की ऐसी अवस्था को क्या कहेंगे जो व्यवहार को लक्ष्य की ओर निर्देशित करती है?
   A. संवेग   B. अभिप्रेरणा
   C. स्मृति   D. इनमें से कोई नहीं

उत्तरमाला

1	2	3	4	5	6	7	8	9	10
C	D	D	C	B	C	A	B	B	C
11	12	13	14	15	16	17	18	19	20
B	C	A	C	B	A	C	C	A	D
21	22	23	24	25	26	27	28		
D	B	C	A	C	C	C	B		

13. अधिगम में योगदान करने वाले कारक (Factors Contributing to Learning)

अधिगम में योगदान करने वाले कारकों को मुख्यतः दो वर्गों में रखा गया है–I. व्यक्तिगत कारक एवं II. वातावरणीय कारक।

I. व्यक्तिगत कारक (Individual Factors)

(*i*) **व्यक्तिगत रुचियां (Individual Interest)**: व्यक्तिगत रुचियां भी अधिगम प्रक्रिया में योगदान करने वाला एक महत्त्वपूर्ण कारक है। यदि किसी क्रियाकलाप में छात्र की रुचि उत्पन्न हो जाए तो शिक्षक उस दिशा में अधिक प्रयास कर सकते हैं। प्रयास किए बिना सीखना संभव नहीं है। यदि विद्यार्थी शिक्षक के शिक्षण एवं कक्षा के क्रियाकलापों में रुचि लेते हैं तो वे कभी भी अवरोध, थकान तथा ऊब महसूस नहीं करते। प्रायः ऐसा देखा गया है कि वास्तव में थकान अधिगम क्रियाओं में रुचि की कमी से पैदा होती है। अधिक मात्रा में तथा अच्छी गुणवत्ता से अधिगम की प्राप्ति हेतु विद्यालयों में रुचि का सहारा लेना आवश्यक है।

(*ii*) **शारीरिक क्रियाशील (Physical Work)**: थकान मानसिक या शारीरिक होती है और थकान का अभ्यास करने वाला छात्र अधिगम की प्रक्रिया को कम कर देता है दूसरी शारीरिक क्रियाशीलता अधिगम प्रक्रिया में सहायक होती है तथा इसकी गति को तीव्र कर देती है।

(*iii*) **व्यक्तिगत अभिप्रेरणा (Individual Motivation)**: अभिप्रेरणा अधिगम प्रक्रिया का मुख्य केंद्र है तथा अधिगम प्रक्रिया का एक महत्त्वपूर्ण कारक है। यह किसी व्यक्ति में किसी कार्य को करने की इच्छा जाग्रत करती है। पर्याप्त व्यक्तिगत अभिप्रेरणा विद्यार्थी को केवल किसी ऐसी क्रिया में व्यस्त ही नहीं रखती, जिसकी परिणति अधिगम में हो, बल्कि अधिगम को स्थायी बनाने तथा उसकी दिशा निर्दिष्ट करने का कार्य भी करती है। प्रायः दो प्रकार की व्यक्तिगत अभिप्रेरणाएं होती हैं–आंतरिक और बाह्य अभिप्रेरणाएं।

(*iv*) **संवेदीकरण तथा प्रत्यक्षीकरण (Sensible and Perceptuality)**: विद्यार्थी के सामान्य स्वास्थ्य के अतिरिक्त संवेदना तथा प्रत्यक्षीकरण ऐसे मनोवैज्ञानिक कारक हैं जो अधिगम में सहायता करते हैं। संवेदना प्रत्यक्षीकरण के केंद्र में होती है। प्राणी में पांच संवेदी अंग होते हैं, यथा–त्वचा, कान, जिह्वा, आंखें तथा नाक। ये संवेदी अंग (ज्ञानेन्द्रियां) ज्ञान के द्वार होते हैं और वातावरण में स्थित विभिन्न उद्दीपनों के प्रत्यक्षीकरण में सहायक होते हैं। इनमें से किसी भी संवेदी अंग में किसी भी प्रकार का दोष हो जाने पर अधिगम का प्रभाव पड़ता है और अंततोगत्वा उससे ज्ञानार्जन भी प्रभावित होता है। उदाहरणार्थ–दृष्टि में दोष; जैसे मायोपिया (दूरदृष्टि दोष), हाइपरमैट्रोपिया (निकट दृष्टि दोष), स्टीकमेटिज्म (भेंगापन) इत्यादि के कारण सिर दर्द, चक्कर आना तथा अध्ययन में सामान्य रूप से अरुचि होना आदि।

(*v*) **अभिवृत्ति (Attitude)**: अधिगम की प्रक्रिया विद्यार्थी की अभिवृत्ति से ही प्रभावित होती है। यदि वह पढ़ाई जाने वाली वस्तु के प्रति सजग हो तथा उसके प्रति रुचि रखता हो तो वह निश्चित रूप से इसके प्रति उचित अभिवृत्ति (Attitude) रखेगा। ऐसी अभिवृत्ति उसे अधिगम परिस्थितियों को जल्दी प्रसन्नतापूर्वक कम समय में तथा प्रभावी ढंग से सीखने में सहायता करता है। इसके विपरीत यदि वह पढ़ाई जाने वाली वस्तु में ध्यान नहीं देता या रुचि नहीं लेता तो इसकी अभिवृत्ति नकारात्मक हो जाती है। यह सामान्य अधिगम की प्रक्रिया में अवांछनीय दबाव तथा तनाव उत्पन्न करके सहज अधिगम में बाधा डालता है।

(*vi*) **आवश्यकताएं (Necessity)**: विद्यार्थियों की जब तक शारीरिक आवश्यकताएं संतुष्ट न हो जाएं तब तक विद्यालयों में उनसे किसी भी प्रकार के बौद्धिक चिंतन की अपेक्षा नहीं की जा सकती है। एक गरीब विद्यार्थी जो कक्षा में भूखा है उसका ध्यान अध्ययन की अपेक्षा खाने की ओर अधिक केंद्रित होगा। इसी प्रकार कक्षा में बहुत ठंडा या गर्मी या कुर्सियों पर बैठने वाले विद्यार्थियों की संख्या अधिक होने पर अच्छे अधिगम की आशा नहीं की जा सकती है। इसी तरह से सुरक्षा और सम्मान की आवश्यकताएं अधिगम परिस्थितियों में शक्तिशाली प्रेरक के रूप में कार्य करती है। यदि एक विद्यार्थी अपने शिक्षक से डरता है या विद्यालयों में अधिक पिटाई किए जाने के कारण असुरक्षित महसूस

करता है या किसी अन्य प्रकार के दण्ड से भयभीत है तो वह सीख नहीं पाता। इसी तरह यदि उसे उत्साही संवर्धन तथा स्नेह की आवश्यकता बहुत उत्तेजक होती है तो बच्चे का अधिगम प्रभावी होता है।

(vii) **आयु तथा परिपक्वता (Age and Maturity):** अधिगम प्रत्यक्ष रूप से आयु तथा परिपक्वता पर निर्भर करता है। जब तक व्यक्ति सीखने के प्रति पर्याप्त रूप से परिपक्व नहीं होता तब तक अधिगम निष्पन्न नहीं होता। कुछ विद्यार्थी छोटी उम्र में ही अधिक सीख लेते हैं जबकि कुछ विद्यार्थी उसी पाठ्य-वस्तु को सीखने में अधिक देर लगाते हैं।

वास्तविक आयु के साथ-साथ मानसिक आयु भी बढ़ती जाती है और लगभग 16 वर्ष की आयु में यह वृद्धि रुक जाती है। आयु में वृद्धि का अभिप्राय बौद्धिक परिपक्वता से होता है। जिसके द्वारा कठिन समस्याओं का समाधान करने में सहायता मिलती है। परिपक्वन का नियम हमें इस बात की चेतावनी देता है कि विद्यार्थियों को जबरदस्ती तब तक अधिगम नहीं करवाना चाहिए जब तक कि वह विशिष्ट कौशलों के सीखने लायक परिपक्व न हो जाए। अध्यापकों को यह सिद्धांत उन अभिभावकों को भी समझाना चाहिए जो अपने बच्चों को बहुत ही जल्दी विद्यालय भेजने में अत्यधिक महत्वाकांक्षी तथा अत्यधिक उत्साही होते हैं।

(viii) **बुद्धि (Intelligence):** अधिगम प्रक्रिया में बुद्धि एक महत्वपूर्ण कारक है। बुद्धि जो बुद्धि-परीक्षा के आधार पर I.Q. के रूप में निदर्शित की गई है, सीखने से संबंधित होती है। प्रायः वे विद्यार्थी जिनका I.Q. अधिक होता है वे जल्दी सीखते हैं लेकिन विद्यार्थी का उच्च I.Q. होने मात्र से यह गारंटी नहीं होती कि उसका सीखना भी तेजी से होगा, बल्कि विद्यार्थी की आवश्यकताएं, रुचियां, अभिप्रेरणाएं तथा सिखाई जाने वाली विधियां भी महत्त्वपूर्ण होती हैं।

II. वातावरणीय कारक (Environmental Factors)

वातावरण के लिए 'पर्यावरण' शब्द का भी प्रयोग किया जाता है। पर्यावरण दो शब्दों से मिलकर बना है–'परि' + 'आवरण'। 'परि' का अर्थ है चारों ओर एवं 'आवरण' का अर्थ है 'ढकने वाला'। इस प्रकार पर्यावरण या वातावरण का अर्थ चारों ओर से ढके या घेरे हुए है। अतः हम कह सकते हैं कि व्यक्ति के चारों ओर जो कुछ है, वह उसका वातावरण है। इसमें वे सब तत्व सम्मिलित किए जा सकते हैं जो व्यक्ति के जीवन और व्यवहार को प्रभावित करते हैं।

वातावरण की कुछ परिभाषाएं (Definitions of Environment)

बोरिंग, लैंगफील्ड व वेल्ड के अनुसार, "जीन्स के अलावा व्यक्ति को प्रभावित करने वाली वस्तु वातावरण है।"

वुडवर्थ के अनुसार, "वातावरण में वे सब बाह्य तत्व आ जाते हैं जिन्होंने व्यक्ति को जीवन आरंभ करने के समय से प्रभावित किया है।"

डगलस व हॉलैंड के अनुसार, "वातावरण शब्द का प्रयोग उन सब बाह्य शक्तियों, प्रभावों और दशाओं का सामूहिक रूप से वर्णन करने के लिए किया जाता है, जो जीवित प्राणियों के जीवन स्वभाव, व्यवहार, बुद्धि विकास एवं परिपक्वता पर प्रभाव डालते हैं।"

रॉस के अनुसार, "वातावरण वह बाहरी शक्ति है जो हमें प्रभावित करती है।"

जिस्बर्ट के अनुसार, "वातावरण वह हर वस्तु है जो किसी अन्य वस्तु को घेरे हुए है और उस पर सीधे अपना प्रभाव डालती है।"

निष्कर्ष (Result)

(i) वातावरण किसी एक तत्व का नहीं अपितु एक समूह तत्व का नाम है।

(ii) यह वह हर वस्तु है जो व्यक्ति को प्रभावित करती है।

(iii) इसमें बाह्य तत्व आते हैं।

(iv) वातावरण व्यक्ति को प्रभावित करने वाला तत्व है।

उपरोक्त बातों से स्पष्ट है कि अधिगम की प्रक्रिया में विभिन्न प्रकार के वातावरण संबंधी कारकों का योगदान होता है। गर्भकाल के समय से ही बच्चे पर वातावरण का प्रभाव पड़ता है। मां की शारीरिक, मानसिक, संवेगात्मक दशाएं मां के गर्भ में पल रहे भ्रूण के विकास को प्रभावित करती हैं। बच्चे के जन्म के बाद से बाह्य वातावरण प्रारंभ होता है। बाह्य वातावरण घर, विद्यालय तथा पास-पड़ोस के चारों ओर के वातावरण से संबंधित होता है। इन स्थानों में बच्चा परिवार के सदस्यों, अध्यापकों, साथियों सहपाठियों, पड़ोसियों के साथ अंतःक्रिया करता है तथा उनके साथ संबंध स्थापित करता है। समाज के सदस्य तथा अपने चारों ओर के सदस्यों के साथ के संबंधों का बच्चे के विकास तथा सीखने के ढंग पर प्रभाव पड़ता है। अधिगम की प्रक्रिया में वातावरण में योगदान करने वाले महत्त्वपूर्ण कारक निम्नवत् हैं–

(i) **नजदीकी वातावरण (Close Environment):** अधिगम की प्रक्रिया में आस-पास का वातावरण बहुत महत्त्वपूर्ण योगदान देता है। वातावरण को मुख्यतः तीन रूपों प्राकृतिक, सामाजिक एवं सांस्कृतिक में बांटा गया है–

(a) **प्राकृतिक वातावरण (Natural Environment):** इसके अंतर्गत जलवायु तथा वायुमंडलीय दशाएं आती हैं। ये दशाएं अधिगम को प्रत्यक्ष रूप से प्रभावित करती हैं। यह पाया गया है कि अधिक ताप तथा आर्द्रता मानसिक क्षमता को कम करते हैं जिससे अधिगम प्रक्रिया रुक जाती है। दूसरी ओर गर्म स्थानों में रहने वाले व्यक्तियों की

बौद्धिक निष्पत्ति तथा सृजनात्मकता बहुत कम होती है इस तरह सुबह का समय हमेशा ही जटिल कार्यों को करने के लिए उचित माना जाता है। आर्द्रता तथा तापमान के बढ़ने के कारण मानसिक क्षमता कम हो जाती है। अतः हम कह सकते हैं कि अधिगम प्रक्रिया में प्राकृतिक वातावरण एक महत्त्वपूर्ण कारक है।

(*b*) **सामाजिक वातावरण (Social Environment):** घर, विद्यालय तथा बच्चे के आवासीय वातावरण से संबंधित होता है। घर की भौतिक दशाएं, यथा–बड़ा परिवार, छोटा परिवार, अपर्याप्त रोशनदान, अनुपयुक्त प्रकाश, अधिक या कम तापमान, रेडियो तथा टेलीविजन के प्रयोग के कारण शोरगुल वाला घर, शोरगुल वाला पड़ोस लगातार संबंधियों तथा मित्रों का आगमन विद्यार्थी के बौद्धिक अधिगम को प्रभावित करता है।

(*c*) **सांस्कृतिक वातावरण (Cultural Environment):** संस्कृति का प्रभाव सामाजिक तथा शैक्षिक संस्थाओं में सहज रूप से प्रतिबिंबित होता है। इसलिए बच्चे का सीखना संस्कृति की मांग तथा अपेक्षाओं के ऊपर बहुत कुछ निर्भर करता है। उदाहरणार्थ–एक कृषि आधारित समुदाय की शैक्षिक प्रक्रियाएं उन कौशलों के विकास पर केंद्रित होती हैं जो कृषि समुदाय के लिए आवश्यक होती है।

(*ii*) **अध्यापक के साथ संबंध (Relation with Teacher):** अधिगम प्रक्रिया में शिक्षक एक महत्त्वपूर्ण घटक है। वह विद्यार्थी के व्यवहार निर्माण में महत्त्वपूर्ण भूमिका अदा करता है। वह जिस तरह पढ़ाता है तथा कक्षा में विद्यार्थियों की व्यवस्था जिस प्रकार करता है उसका उनके अधिगम पर प्रभाव पड़ता है। अतः यदि एक विद्यार्थी के संबंध शिक्षक से अच्छे होंगे तो इस प्रकार का वातावरण अधिगम में सहायक होगा।

(*iii*) **संचार माध्यम (Communication Medium):** सूचनाओं के आदान-प्रदान के एक घटक के रूप में संचार माध्यम का महत्वपूर्ण स्थान है। ये अधिगम प्रक्रिया के तहत अच्छे वातावरण को तैयार करने में अपना विशेष योगदान दे सकते हैं। संचार माध्यमों से अधिगम को सुगम बनाया जा सकता है। संचार माध्यम मुख्यतः दो प्रकार के होते हैं–मुद्रित संचार माध्यम तथा अमुद्रित संचार माध्यम। मुद्रित संचार माध्यम कम खर्चीले होते हैं तथा एक अच्छे शैक्षिक वातावरण को तैयार करने में इनका योगदान प्रारंभ से लिया जा रहा है। दूसरी ओर अमुद्रित संचार माध्यम महंगे होते हैं। लेकिन अधिगम प्रक्रिया को सहज बनाने में इन्होंने काफी योगदान दिया है। उदाहरण के लिए फिल्म तथा उद्दीपनों का प्रयोग प्रायः विद्यार्थियों को वास्तविक जीवन या प्रयोगशाला जैसी अधिगम परिस्थितियां प्रस्तुत करने के लिए किया जाता है।

(*iv*) **अभिभावकों के साथ संबंध (Relation with Guardian):** विद्यार्थी की अधिगम प्रक्रियाओं में माता-पिता के साथ सम्बन्ध भी महत्वपूर्ण भूमिका अदा करता है। यदि बच्चे तथा माता-पिता के संबंध आपसी सम्मान और विश्वास पर आधारित होते हैं तो वह बच्चों को अच्छा स्वस्थ वातावरण प्रदान करते हैं, जिसके फलस्वरूप बच्चा अधिक सीखता है। दूसरी ओर विघटित तथा अस्वस्थ वातावरण विद्यार्थी के अधिगम में विपरीत प्रभाव डालता है। विद्यार्थी के सीखने में ऊर्ध्वगामी गतिशीलता सीखने में प्रतिरोध उत्पन्न करती है। ऐसे परिवारों में बच्चे अपने आपको असमायोजित महसूस करते हैं। अतः अभिभावकों के साथ अच्छा संबंध एक ऐसा वातावरण तैयार करता है जो अधिगम प्रक्रिया में सहायक होता है।

(*v*) **साथियों के साथ संबंध (Relation with Friends):** मित्रों के साथ स्वस्थ संबंध भी अधिगम में एक अच्छे वातावरण के निर्माण हेतु महत्वपूर्ण भूमिका अदा करते हैं। कक्षा, विद्यालय तथा समाज में विद्यार्थी-विद्यार्थी के बीच संबंध एक विशेष प्रकार के संवेगात्मक वातावरण का निर्माण करते हैं। यह वातावरण उनके आपसी संबंधों पर निर्भर करता है। अच्छे सौहार्दपूर्ण आपसी संबंध कक्षा में अधिक सीखने तथा अधिक प्रतिस्पर्धा करने में तनावमुक्त वातावरण का निर्माण करते हैं।

वातावरण का महत्व
(Importance of Environment)

(*i*) बालक अपने परिवार, पड़ोस, मुहल्ले और खेल के मैदान में अपना पर्याप्त समय व्यतीत करता है और इससे प्रभावित होता है। शिक्षक इन स्थानों के वातावरण को ध्यान में रखकर ही बालक का उचित पथ-प्रदर्शन करता है।

(*ii*) अनुकूल वातावरण में जीवन का विकास होता है और व्यक्ति उत्कर्ष की ओर बढ़ता है। इस बात को समझने वाला शिक्षक अपने छात्रों की रुचियों, प्रवृत्तियों और क्षमताओं के अनुकूल वातावरण प्रदान करके उनको उत्कर्ष की ओर बढ़ने में सहायता दे सकता है।

(*iii*) वातावरण बालक के विकास की दशा निश्चित करता है। वातावरण ही निश्चित करता है कि बालक बड़ा होकर अच्छा या बुरा, चरित्रवान, संयमी या व्यभिचारी, व्यापारी या साहित्यकार, देशप्रेमी या देशद्रोही बनेगा। इस तथ्य पर मनन करने वाला शिक्षक अपने छात्रों के लिए ऐसे वातावरण का सृजन कर सकता है जिससे उनका विकास उचित दिशा में हो सके।

(*iv*) वातावरण के महत्व को समझने वाला शिक्षक, विद्यालय में बालकों के लिए ऐसा वातावरण उपस्थित कर सकता है, जिससे उनमें विचारों की उचित अभिव्यक्ति, शिष्ट

सामाजिक व्यवहार, कर्त्तव्यों और अधिकारों का ज्ञान, स्वाभाविक प्रवृत्तियों पर नियंत्रण आदि गुणों का अधिकतम विकास हो।

(*v*) **रुथ बैंडिक्ट के अनुसार,** व्यक्ति जन्म से ही एक निश्चित सांस्कृतिक वातावरण में रहता है और उसके आदर्शों के अनुरूप ही आचरण करता है। इस तथ्य को जानने वाला शिक्षक बालक को अपना सांस्कृतिक विकास करने में योगदान दे सकता है।

(*vi*) **सोरेन्सन के अनुसार,** शिक्षक का उत्तम वातावरण बालकों की बुद्धि और ज्ञान की वृद्धि में प्रशंसनीय योग देता है। इस बात की जानकारी रखने वाला शिक्षक अपने छात्रों के लिए उत्तम शैक्षिक वातावरण प्रदान करने की चेष्टा कर सकता है।

(*vii*) प्रत्येक समाज का एक विशिष्ट वातावरण होता है। बालक को इसी समाज के वातावरण से अपना अनुकूलन करना पड़ता है। इस बात से भलीभांति परिचित होने वाला शिक्षक, विद्यालय को लघु समाज का रूप प्रदान करके बालकों को अपने वृहत् समाज के वातावरण से अनुकूलन करने की शिक्षा दे सकता है।

(*viii*) यूनेस्को (UNESCO) के कुछ विशेषज्ञों का कथन है कि वातावरण का बालकों की भावनाओं पर व्यापक प्रभाव पड़ता है और इससे उनके चरित्र का निर्माण भी होता है। इस कथन में विश्वास करके शिक्षक बालकों के लिए ऐसे वातावरण का निर्माण कर सकता है, जिससे न केवल उनकी भावनाओं का संतुलित विकास हो, बल्कि उनके चरित्र का भी निर्माण हो।

अभ्यास प्रश्न

1. व्यक्तिगत शिक्षण (Individual Teaching) क्यों आवश्यक होता है?
A. व्यक्तिगत भेदों के कारण
B. वंशानुक्रम के कारण
C. पर्यावरण के कारण
D. उपरोक्त सभी

2. एक शिक्षक अपने लोकतांत्रिक स्वभाव के कारण विद्यार्थियों को पूरी कक्षा में कहीं भी बैठने की अनुमति देता है। कुछ शिक्षार्थी एक-साथ बैठते हैं और चर्चा करते हैं या सामूहिक पठन करते हैं। कुछ चुपचाप बैठकर अपने-आप पढ़ते हैं। एक अभिभावक को यह पसंद नहीं आता। इस स्थिति से निबटने का निम्न में से कौन-सा तरीका सबसे बेहतर हो सकता है?
A. अभिभावकों को प्रधानाचार्य से अनुरोध करना चाहिए कि वे उनके बच्चे का अनुभाग बदल दें
B. अभिभावकों को शिक्षक पर विश्वास व्यक्त करना चाहिए और शिक्षक के साथ समस्या पर चर्चा करनी चाहिए
C. अभिभावकों को उस विद्यालय से अपने बच्चे को निकाल लेना चाहिए
D. अभिभावकों को प्रधानाचार्य से शिक्षक की शिकायत करनी चाहिए

3. भारतीय समाज की बहुभाषिक विशेषता को .... देखा जाना चाहिए।
A. विद्यार्थियों को सीखने के लिए अभिप्रेरित करने हेतु शिक्षक-योग्यता की चुनौती के रूप में
B. शिक्षार्थियों के लिए विद्यालयी जीवन को एक जटिल अनुभव के रूप में बनाने के एक कारक के रूप में
C. शिक्षण-अधिगम प्रक्रिया में बाधा के रूप में
D. विद्यालयी जीवन को समृद्ध बनाने के संसाधन के रूप में

4. पर्यावरण-शिक्षा को शालाओं में पाठ्यक्रम का अंग बनाना उपयुक्त है, क्योंकि–
A. पर्यावरण से बचना मुश्किल है
B. पर्यावरण जीवन का महत्वपूर्ण अंग है
C. इससे पर्यावरण प्रदूषण पर प्रभाव पड़ेगा
D. इससे शिक्षकों को रोजगार मिलेगा

5. ''वातावरण वह बाहरी शक्ति है जो हमें प्रभावित करती है।'' यह कथन किसका है
A. जिस्बर्ट B. वुडवर्थ
C. स्किनर D. रॉस

6. शिक्षार्थी जो पहले सीख चुके हैं उसकी पुनरावृत्ति और प्रत्यास्मरण में शिक्षार्थियों की मदद करना महत्वपूर्ण है क्योंकि
A. पूर्व पाठों को दोहराने का यह एक प्रभावी तरीका है
B. यह शिक्षार्थियों की स्मृति को बढ़ाता है जिससे सीखना सुदृढ़ होता है
C. यह किसी भी कक्षा-अनुदेशन के लिए सुविधाजनक शुरुआत है
D. नई जानकारी को पूर्व जानकारी से जोड़ना सीखने को समृद्ध बनाता है

7. एक शिक्षिका अपनी कक्षा को शैक्षिक भ्रमण पर ले जाती है–
A. छात्रों को मनोरंजन कराने के लिए
B. छात्रों के माता-पिता को संतुष्ट करने के लिए
C. प्रत्यक्ष अवलोकन हेतु बच्चों को अवसर उपलब्ध कराने के लिए

D. विद्यालय में रोजाना शिक्षण से अवकाश उपलब्ध कराने के लिए

8. बालकों में अधिगम की प्रक्रिया में योगदान करने वाला महत्वपूर्ण कारक है–

A. अभिप्रेरणा
B. बालक की आयु
C. वातावरण
D. उपर्युक्त सभी

9. कौन-सा कारक बच्चों में अधिकतम अधिगम प्रचार हेतु आवश्यक है?

A. कक्षा-कक्ष में अधिकाधिक कार्य
B. लेखन-कार्य की अधिकता
C. गृह-कार्य की अधिकता
D. अध्ययन के प्रति उनकी वैयक्तिक रुचि

10. वह कौन-सा स्थान है जहाँ बच्चे के संज्ञानात्मक विकास को सबसे बेहतर तरीके से परिभाषित किया जा सकता है?

A. घर
B. खेल का मैदान
C. विद्यालय एवं कक्षा पर्यावरण
D. सभागार

11. कौन-सा मिलान उचित है?

A. संवेगात्मक विकास – परिपक्वता
B. सामाजिक विकास – वातावरण
C. शारीरिक विकास – वातावरण
D. संज्ञानात्मक विकास – परिपक्वता

12. आपकी कक्षा का एक छात्र गुटका खाकर आता है। आप किसे उसकी इस हरकत का जिम्मेदार मानेंगे?

A. कक्षा में स्वयं को सबसे अलग दिखाने का उसका तरीका
B. उसकी अन्तः इच्छा
C. उसका सामाजिक वातावरण
D. उसका आपके प्रति द्वेष

13. बच्चों में अधिगम की प्रक्रिया में योगदान देने वाला कारक है–

A. बालक की आयु B. वातावरण
C. अभिप्रेरणा D. उपर्युक्त सभी

14. अच्छा अध्यापक वह है जो–

A. सादा जीवन व्यतीत करता हो
B. अपने विद्यार्थियों से सच्ची लगन रखता हो
C. अपने विषय में प्रवीण हो
D. मेधावी व परिश्रमी हो

15. छोटी उम्र के बच्चों को अधिक योग्य बनाने के लिए आपको किस तरह का व्यवहार करना चाहिए?

A. उन्हें अच्छे वातावरण में रखना चाहिए
B. उन्हें दूसरों की नकल करने से बचाना चाहिए
C. उन्हें अधिक प्यार करना चाहिए
D. उन्हें कड़ी मेहनत के लिए कहना चाहिए

16. कक्षा में शांत वातावरण तभी रह सकता है, जब–

A. मनोरंजक कहानियाँ सुनाई जाए
B. केवल छात्रों का सहयोग हो
C. अध्यापक और छात्रों में परस्पर सहयोग हो
D. कठोर अनुशासन हो

उत्तरमाला

1	2	3	4	5	6	7	8	9	10
A	B	D	B	D	D	C	D	A	C
11	**12**	**13**	**14**	**15**	**16**				
B	C	D	B	A	C				

आधारिक विज्ञान

- भौतिकी
- रसायन विज्ञान
- जीव विज्ञान

भौतिकी

अध्याय 1 यांत्रिकी

मात्रक, विमीय सूत्र एवं मापक

किसी भौतिक राशि को मापने के लिए एक मानक मात्रक की आवश्यकता होती है, इसे मात्रक कहते हैं।

मात्रक

मूल मात्रक (Fundamental Units)

यदि किसी भौतिक राशि के मात्रक किसी दूसरे मात्रक पर निर्भर न हों, ऐसी भौतिक राशि के मात्रक को मूल मात्रक कहते हैं। एक मूल मात्रक को दूसरे मूल मात्रक में परिवर्तित नहीं किया जा सकता।

एस. आई. (SI) मात्रक निम्नलिखित सात मूल मात्रक तथा दो पूरक मात्रक पर आधारित है–

तालिका

क्र.सं.	मूल भौतिक राशि Quantity	मात्रक Units	संक्षिप्तियां (Unit symbol used)
1	द्रव्यमान	किलोग्राम	kg
2	लम्बाई या दूरी	मीटर	m
3	समय	सेकण्ड	s
4	ताप	केल्विन	K
5	विद्युत धारा	एम्पियर	A
6	ज्योति तीव्रता	केण्डिला	cd
7	पदार्थ की मात्रा	मोल	mol
क्र.सं.	**पूरक भौतिक राशि**	**पूरक मात्रक**	**संक्षिप्तियां**
1	तलीय कोण	रेडियन	rad
2	धन कोण	स्टेरेडियन	Sr

विभिन्न मापन निकायों के मूल मात्रक

(*i*) **एफ.पी.एस. प्रणाली (F.P.S. System):** यह ब्रितानी अभियंत्रण मात्रक प्रणाली (British Engineering System of Units) है। इसमें द्रव्यमान का मात्रक पाउन्ड, लम्बाई या दूरी का मात्रक फूट (ft) तथा समय का मात्रक सेकण्ड (s) है।

(*ii*) **सी.जी.एस. प्रणाली (C.G.S. System):** इस प्रणाली को गौसियन प्रणाली भी कहते हैं। इस प्रणाली में द्रव्यमान का मात्रक ग्राम (gm), लम्बाई का मात्रक सेंटीमीटर (cm) और समय का मात्रक सेकण्ड (s) है।

(*iii*) **एम.के.एस. प्रणाली (M.K.S. System):** इस प्रणाली में द्रव्यमान का मात्रक किलोग्राम (kg), लम्बाई या दूरी का मात्रक मीटर (m) तथा समय का मात्रक सेकण्ड (s) है।

व्युत्पन्न मात्रक (Derived Units)

जब किसी भौतिक राशि के मात्रक, मूल मात्रकों पर निर्भर करते हैं, तो उसे व्युत्पन्न मात्रक कहते हैं। जैसे–बल, कार्य, वेग, संवेग आदि।

व्युत्पन्न मात्रक प्राप्त करने की विधि

(*i*) सर्वप्रथम राशि का सूत्र लिखते हैं।
(*ii*) सूत्र को मूल भौतिक राशियों में परिवर्तित करते हैं।
(*iii*) सही प्रणाली में संगत मात्रक लिखते हैं।
(*iv*) सही बीजगणितीय संयोग लिखकर परिणाम प्राप्त करते हैं।

विमायें एवं विमीय सूत्र

किसी भौतिक राशि की विमायें वे घात होती हैं जिन्हें उस राशि के परम मात्रक को मूल मात्रकों–जैसे M. L. T. आदि, में प्रकट करने के लिये मात्रकों पर चढ़ाये जाते हैं। इस प्रकार प्राप्त संगत सम्बन्ध विमीय सूत्र कहलाता है। जैसे–वेग का मात्रक मी./से. है। इसे निम्न तरीके से भी लिखा जा सकता है–

मी.$^{+1}$ से.$^{-1}$ या $m^{+1} s^{-1}$

अतः वेग की विमा, लम्बाई के लिए $= +1$

और वेग की विमा, समय के लिए $= -1$

विभिन्न मूल राशियों के विमीय सूत्र केवल एक प्रतीक के द्वारा व्यक्त किये जाते हैं।

मूल राशि	प्रतीक
द्रव्यमान	M
लम्बाई	L
समय	T
विद्युत धारा	I
ताप	K
पदार्थ की मात्रा	mol
ज्योति तीव्रता	cd

अतः वेग की विमायें LT^{-1} है। वेग की विमायें $[M^0L^1T^{-1}]$ भी लिख सकते हैं।

कुछ मूल राशियों के विमीय सूत्र

क्र. सं.	भौतिक मात्रक	मूल मात्रकों के बीच संबंध	विमीय सूत्र
1.	त्वरण	लम्बाई / समय^2	$[M^0L^1T^{-2}]$
2.	बल	द्रव्यमान × लम्बाई / समय^2	$[M^1L^1T^{-2}]$
3.	कार्य	द्रव्यमान × $\frac{\text{लम्बाई}}{\text{समय}^2}$ × लम्बाई = बल × लम्बाई	$[M^1L^2T^{-2}]$

(*i*) आंकिक नियतांकों (जैसे 1, 5, –3 आदि) की कोई विमा नहीं होती।

(*ii*) त्रिकोणमीतिय अनुपातों (जैसे $\sin\theta, \sec\theta$ आदि) की कोई विमा नहीं होती।

(*iii*) चरघातांकीय फलन (e^x) एवं लघुगुणांक फलन ($\log x$) की कोई विमा नहीं होती।

विमीय सूत्र ज्ञात करना

(*i*) सर्वप्रथम भौतिक राशि का सूत्र लिखते हैं।

(*ii*) सूत्र को मूल भौतिक राशि में व्यक्त करते हैं।

(*iii*) भौतिक राशियों के लिए संगत प्रतीक लिखते हैं।

(*iv*) सही बीजगणितीय संयोग लिखकर परिणाम ज्ञात करते हैं।

विमाओं में समांगता का सिद्धांत

इस सिद्धांत के अनुसार, समीकरण के दोनों पक्षों की विमायें एकसमान होनी चाहिए। यदि समीकरण के दोनों पक्षों की विमायें समान हों, तो भौतिक समीकरण विमीय रूप से सही कहे जाते हैं।

विमाओं के उपयोग

- किसी भौतिक समीकरण की सत्यता की जाँच कर सकते हैं।
- विमीय रूप से सही समीकरण, भौतिक रूप से सही या गलत हो सकते हैं।
- परन्तु विमीय रूप से गलत समीकरण, भौतिक रूप से भी गलत होंगे।

आइए हम समीकरण $v = u + at$ की सत्यता की जांच करें–

यहाँ u = प्रारम्भिक वेग, v = अंतिम वेग

a = एकरूपीय त्वरण तथा t = दो बिन्दुओं के बीच तय की गई दूरी का समय है।

$$[u] = \left[\frac{m}{\text{sec}}\right] = [LT^{-1}],$$

$$[v] = \left[\frac{m}{\text{sec}}\right] = [LT^{-1}]$$

$$[at] = [\text{त्वरण समय}] = [LT^{-2}][T] = LT^{-1}$$

चूंकि प्रत्येक व्यंजक की विमायें समान हैं अतः समीकरण सही है। अतः हम कह सकते हैं कि समीकरण विमीय रूप से भी सही है।

विस्थापन

किसी निश्चित दिशा में वस्तु या कण का स्थान परिवर्तन विस्थापन कहलाता है। यह एक सदिश राशि है अर्थात् बिना दिशा परिवर्तन किये एक वस्तु सरल रेखा में चलती है, तब विस्थापन का परिमाण तय की गई दूरी के बराबर होता है। अन्यथा यह सदैव दूरी से छोटा या उसके बराबर होता है।

अतः | विस्थापन | ≤ दूरी

दूरी

प्रारम्भिक एवं अन्तिम स्थिति के बीच किसी वस्तु या कण द्वारा तय की गई वास्तविक लम्बाई को दूरी कहते हैं। यह अदिश राशि है। विस्थापन धनात्मक (+), ऋणात्मक (–) या शून्य (0) हो सकता है, जबकि दूरी हमेशा धनात्मक ही होगी।

वेग

विस्थापन के परिवर्तन के समय-दर को वेग कहते हैं तथा वस्तु के विस्थापन एवं विस्थापन के दौरान लिये गये समय के अनुपात को औसत वेग कहते हैं।

यदि कण द्वारा समयान्तराल Δt में तय की गई दूरी Δs तथा विस्थापन $\Delta\vec{r}$ हो, तब $v = \frac{s}{t}$ तथा V_{av} = औसत वेग $= \frac{\Delta\vec{r}}{\Delta t}$

एकसमान वेग या समरूप वेग

जब कोई वस्तु एक समयान्तराल में समान दूरियों को तय करता है तब उसके वेग को समरूप वेग करते हैं। एकसमान वेग में कभी त्वरण नहीं होता।

असमान वेग

जब कोई वस्तु एक समयान्तराल में भिन्न-भिन्न विस्थापनों को तय करता है तब उस वेग को असमान वेग कहते हैं। असमान वेग, उसमें उपस्थित त्वरण के कारण सम्भव होता है। इस स्थिति में या तो वेग की दिशा (direction) या परिमाण (magnitude) या दोनों समय के सापेक्ष बदलते हैं। जैसे- वृत्तीय गति में वस्तु की चाल नियत होती है जबकि उसका वेग हर क्षण दिशा परिवर्तन के साथ बदलता रहता है।

औसत वेग

वस्तु के विस्थापन तथा विस्थापन के दौरान लिये गये समय के अनुपात को औसत वेग कहते हैं।

$$\text{औसत वेग} = \frac{\text{सम्पूर्ण विस्थापन}}{\text{लिया गया सम्पूर्ण समय}}$$

- यदि दिये गये समयन्तराल में वस्तु घूमती हुई अपने प्रारम्भिक बिन्दु पर लौट आये, तो उसका औसत वेग शून्य होगा।
- यदि वस्तु पहली आधी दूरी v_1 वेग से तथा अगली आधी दूरी v_2 वेग से तय करती है तो,

  $$\text{औसत वेग} = \frac{2v_1v_2}{v_1+v_2}$$
- यदि कोई वस्तु एकसमान गति v_1 से t_1 समय तक चलती है तथा उसके बाद एकसमान गति v_2 से t_2 समय तक चलती है, तो

  $$\text{औसत वेग } (v_{av}) = \frac{v_1t_1+v_2t_2}{t_1+t_2}$$

चाल

वस्तु के किसी भी दिशा में दूरी के परिवर्तन के समय-दर को चाल कहते हैं। यदि वस्तु t समय में d दूरी तय करती है, तो चाल $v = \frac{d}{t} ms^{-1}$

असमान चाल

यदि कोई वस्तु समयान्तराल में असमान दूरियों को तय करती है, तो उसे असमान चाल कहते हैं। असमान चाल में त्वरण हमेशा उपस्थित रहता है।

एकसमान चाल

यदि कोई वस्तु एक समयान्तराल में समान दूरियों को तय करती है, तो उसे एकसमान चाल कहते हैं।

$$\text{एक समान चाल} = \frac{\text{सम्पूर्ण दूरी}}{\text{लिया गया सम्पूर्ण समय}}$$

त्वरण

वेग में परिवर्तन के समय-दर को त्वरण कहते हैं। अर्थात् एक वस्तु जिसका वेग समय के साथ बढ़ रहा हो उसे त्वरण (Acceleration) कहा जाता है।

औसत त्वरण

औसत त्वरण, वस्तु के वेग-परिवर्तन तथा समयान्तराल के अनुपात को कहते हैं।

$$a_{av} = \frac{\Delta\vec{v}}{\Delta\vec{t}}$$

एकसमान त्वरण

यदि एक समान समयान्तराल में किसी वस्तु के वेग में परिवर्तन की मात्रा समान हो, तो त्वरण एकसमान कहलाता है।

असमान त्वरण

यदि एक समयान्तराल में किसी वस्तु के वेग में परिवर्तन की मात्रा भिन्न-भिन्न हो, तो त्वरण असमान कहलाता है।

मंदन

किसी गतिमान वस्तु के वेग में ऋणात्मक परिवर्तन (ह्रास) की दर 'मंदन' कहलाती है। मंदन (retardation) को ऋणात्मक त्वरण (negative acceleration) भी कहते हैं।

जड़त्व

वस्तुओं का वह गुण जिसके कारण वस्तुएं अपनी विरामावस्था या एकसमान गति की अवस्था में परिवर्तन का विरोध करती हैं अर्थात् वे सदैव अपनी अवस्था में ही रहना चाहती हैं और उनकी अवस्था बदलने के लिए बल लगाना पड़ता है, जड़त्व (inertia) कहलाता है।

नोटः (*a*) कोई भी वस्तु अपनी अवस्था को स्वयं नहीं बदलती।

(*b*) जड़त्व वस्तु के द्रव्यमान के बराबर होता है।

द्रव्यमान

किसी वस्तु में निहित पदार्थ के परिमाण को उसका द्रव्यमान कहते हैं।

नोटः (*a*) किसी वस्तु का द्रव्यमान कभी भी शून्य नहीं होता।

(*b*) किसी वस्तु का द्रव्यमान पृथ्वी की सतह पर सभी जगहों पर एकसमान रहता है।

(*c*) वस्तु का द्रव्यमान भौतिक तुला (physical balance) की सहायता से ज्ञात किया जा सकता है।

(*d*) वस्तु में दो प्रकार के द्रव्यमान होते हैं:

(*i*) गुरुत्वीय द्रव्यमान (Gravitational Mass), और

(*ii*) जड़त्वीय द्रव्यमान (Inertial Mass)

(*e*) उच्च वेग पर द्रव्यमान वस्तु के वेग पर भी निर्भर करता है।

$$m = \frac{m_0}{\sqrt{1-\frac{v^2}{c^2}}}$$

(*f*) वस्तु का जड़त्वीय द्रव्यमान और गुरुत्वीय द्रव्यमान बराबर होता है।

गुरुत्वीय द्रव्यमान (Gravitational Mass): किसी स्थान पर वस्तु के भार और गुरुत्वीय त्वरण के अनुपात को वस्तु का गुरुत्वीय द्रव्यमान कहते हैं। इसे M_g द्वारा इंगित किया जाता है।

नोटः (*a*) गुरुत्वीय द्रव्यमान (M_g) =

$$\frac{\text{वस्तु का भार (W)}}{\text{गुरुत्वीय त्वरण (g)}}$$

(*b*) किसी रासायनिक या भौतिक तुला द्वारा निर्धारित द्रव्यमान वस्तु का गुरुत्वीय द्रव्यमान होता है।

(*c*) वस्तु का गुरुत्वीय द्रव्यमान न्यूटन के गुरुत्वाकर्षण नियम के आधार पर ज्ञात किया जाता है।

जड़त्वीय द्रव्यमान (Inertial Mass): यदि गुरुत्व शून्य हो, तो किसी वस्तु पर लगाए गए बल और उस बल द्वारा वस्तु में उत्पन्न त्वरण का अनुपात ''जड़त्वीय द्रव्यमान'' कहलाता है। इसे (M_i) द्वारा इंगित करते हैं।

नोटः (*a*) जड़त्वीय द्रव्यमान $(M_i) = \frac{\text{बल (F)}}{\text{त्वरण } (a)}$

(*b*) जड़त्वीय द्रव्यमान का मापन न्यूटन के दूसरे गति नियम पर आधारित है।

(*c*) यह किसी वस्तु के जड़त्व का द्योतक है।

(*d*) जड़त्वीय द्रव्यमान का मापन करने के लिए हम ऐसे स्थान का चयन करते हैं जहां घर्षण और गुरुत्व दोनों का मान 'शून्य' हो।

बल

बल एक ऐसा बाह्य कारक है जो विराम अवस्था की किसी वस्तु को गति में या गतिमान वस्तु को विराम में ला देता है या लाने की कोशिश करता है।

या

किसी एक प्रणाली द्वारा दूसरी प्रणाली पर लगाया गया अभिकर्षण या अपकर्षण (push or pull) बल कहलाता है।

मी-किग्रा-से पद्धति में इसका मात्रक किग्रा-मी/से^{2} या न्यूटन है तथा इसकी विमा $[MLT^{-2}]$ है।

नोटः (*a*) बल आरोपित करने के लिए यह आवश्यक नहीं है कि दो वस्तुएं परस्पर एक-दूसरे को स्पर्श करें।

(*b*) आरोपित बल के परिणामस्वरूप त्वरण उत्पन्न होता है।

(*c*) आरोपित बल के कारण किसी वस्तु के आकार या आकृति में परिवर्तन हो सकता है।

(*d*) बल एक सदिश राशि है।

(*e*) यदि किसी वस्तु पर लगने वाले दो या दो से अधिक बलों का परिणामी बल शून्य हो अर्थात् वे संतुलन की अवस्था में हों तो वस्तु स्थिर रहेगी किंतु यदि बल परस्पर संतुलन की अवस्था में न हों तो वस्तु परिणामी बल की दिशा में गति करेगी।

(*f*) बलों को दो श्रेणियों में वर्गीकृत किया जा सकता है जैसे- (*i*) संस्पर्शी बल (contact force) और (*ii*) कुछ दूरी से कार्य करने वाले बल (force acting at a distance)

रैखिक संवेग

किसी गतिमान वस्तु के द्रव्यमान और वेग का गुणनफल उसका रैखिक संवेग कहलाता है। इसे $\vec{P}$ द्वारा इंगित करते हैं।

$$\vec{P} = m\vec{v}$$

मी-किग्रा-से पद्धति में इसका मात्रक किग्रा-मी/से या किग्रा-मी-से$^{-1}$ है तथा इसकी विमा $[MLT^{-1}]$ है।

नोटः (*a*) संवेग एक सदिश राशि है जिसकी दिशा गतिमान वस्तु के वेग की दिशा होती है।

(*b*) $\vec{P} = \sqrt{2mE_K}$

(*c*) संवेग में परिवर्तन आवेग (impulse) के बराबर होता है तथा संवेग परिवर्तन की दर बल के बराबर होती है।

आवेग

किसी बल का जितना कुल प्रभाव होता है वह उस बल का आवेग कहलाता है। बल का आवेग बल के परिमाण और समय के गुणनफल के बराबर होता है। आवेग को q द्वारा इंगित करते हैं।

आवेग = बल × समय = वस्तु के संवेग में परिवर्तन

अर्थात $q = mv - mu = m(v - u) = F \times t$

नोटः (*a*) दीवार से लगी कील पर हथौड़े की चोट करने से संवेग में अत्यधिक परिवर्तन के कारण कील दीवार में गहरी धंसती चली जाती है।

(*b*) क्रिकेट का खिलाड़ी बॉल कैच करते समय चोट लगने से बचाव के लिए अपने हाथ पीछे की ओर ले जाता है जिससे संवेग परिवर्तन (आवेग) के समय में वृद्धि और बल के प्रभाव में कमी होती है।

न्यूटन के गति संबंधी नियम

(*i*) **पहला नियम या जड़त्व नियमः** कोई भी वस्तु उस समय तक अपनी विराम अथवा एकसमान सरलरेखीय गति की अवस्था में बनी रहती है जब तक कि उस पर कोई बाह्य बल लगाकर उसकी अवस्था में परिवर्तन लाने का प्रयास न किया जाए।

नोटः

(*a*) न्यूटन के पहले गति नियम से हमें बल की परिभाषा प्राप्त होती है।

(*b*) वस्तुएं सदैव अपनी अवस्था में ही रहना चाहती हैं और अवस्था में परिवर्तन के लिए लगाए गए किसी बाह्य बल का विरोध करती हैं। **उदाहरणः** किसी स्थिर खड़ी रेलगाड़ी के अचानक चल पड़ने पर रेलगाड़ी में बैठा यात्री पीछे की ओर झुक जाता है।

(*ii*) **दूसरा नियमः** किसी वस्तु पर लगाया गया बल वस्तु के संवेग में परिवर्तन की दर के बराबर होता है।

नोटः

(*a*) संवेग में परिवर्तन लगाए गए बल की दिशा में होता है। अर्थात् $\vec{a}$ और $\vec{b}$ समान दिशा में होते हैं।

(*b*) समान द्रव्यमान किंतु भिन्न-भिन्न आकार की अलग-अलग वस्तुओं में भिन्न-भिन्न त्वरण उत्पन्न होता है।

(*iii*) **तीसरा नियम या क्रिया और प्रतिक्रिया का नियमः** सदैव प्रत्येक क्रिया के बराबर और विपरीत प्रतिक्रिया होती है **अथवा** किन्हीं दो पिंडों की परस्पर क्रिया-प्रतिक्रिया सदैव एकसमान परिमाण की होती है तथा उनके कार्य करने की दिशा एक-दूसरे के विपरीत होती है।

नोटः

(*a*) क्रिया और प्रतिक्रिया परस्पर विपरीत होती है और दो अलग-अलग वस्तुओं पर कार्य करती है। क्रिया और प्रतिक्रिया कभी भी एक-दूसरे को संतुलित नहीं करती।

कार्य

कार्य करने के लिए दो दशाओं का होना आवश्यक है : (*i*) वस्तु पर कोई बल लगना चाहिए तथा (*ii*) वस्तु विस्थापित होनी चाहिए।

बल द्वारा किया गया कार्य

मान लीजिए किसी वस्तु पर एक नियत बल F कार्य करता है। मान लीजिए कि वस्तु बल की दिशा में s दूरी विस्थापित हुई तथा W किया गया कार्य है। कार्य की परिभाषा के अनुसार किया गया कार्य बल तथा विस्थापन के गुणनफल के बराबर है।

किया गया कार्य = बल × विस्थापन

$$W = F s$$

किसी वस्तु पर लगने वाले बल द्वारा किया गया कार्य बल के परिमाण तथा बल की दिशा में तय की गई दूरी के गुणनफल के बराबर होता है। कार्य में केवल परिमाण होता है तथा कोई दिशा नहीं होती।

जब बल विस्थापन की दिशा के विपरीत दिशा में लगता है तो किया गया कार्य ऋणात्मक होता है। जब बल विस्थापन की दिशा में लगता है तो किया गया कार्य धनात्मक होता है।

ऊर्जा

सूर्य हमारे लिए ऊर्जा का सबसे बड़ा प्राकृतिक स्रोत है। ऊर्जा शब्द का प्रयोग प्रायः हमारे दैनिक जीवन में होता है किंतु विज्ञान में इसका एक निश्चित एवं परिशुद्ध अर्थ है। यदि किसी वस्तु में कार्य करने की क्षमता है तो कहा जाता है कि उसमें ऊर्जा है। जो वस्तु कार्य करती है उसमें ऊर्जा की हानि होती है और जिस वस्तु पर कार्य किया जाता है उसमें ऊर्जा की वृद्धि होती है।

ऊर्जा का मात्रक वही है जो कार्य का है अर्थात् जूल (J)। एक जूल कार्य करने के लिए आवश्यक ऊर्जा की मात्रा 1 J होती है। कभी-कभी ऊर्जा के बड़े मात्रक किलो जूल (kJ) का उपयोग किया जाता है। 1 KJ, 1000 J के बराबर होता है।

ऊर्जा के रूप

ऊर्जा के विभिन्न रूपों में स्थितिज ऊर्जा, गतिज ऊर्जा, ऊष्मीय ऊर्जा, रासायनिक ऊर्जा, विद्युत् ऊर्जा तथा प्रकाश ऊर्जा सम्मिलित हैं। किसी वस्तु की स्थितिज तथा गतिज ऊर्जा के योग को वस्तु की यांत्रिक ऊर्जा कहते हैं।

गतिज ऊर्जा

किसी वस्तु में उसकी गति के कारण निहित ऊर्जा को गतिज ऊर्जा कहते हैं। किसी निश्चित वेग से गतिशील वस्तु की गतिज ऊर्जा उस वस्तु पर इस वेग को प्राप्त करने के लिए किए गए कार्य के बराबर होती है।

माना m द्रव्यमान की एक वस्तु एकसमान वेग u से गतिशील है। जब इस पर एक नियत बल F विस्थापन की दिशा में लगता है तो वस्तु s दूरी तक विस्थापित हो जाती है। अतः, किया गया कार्य W, $F s$ के बराबर है। वस्तु पर किए गए कार्य के कारण इसके वेग में परिवर्तन होगा। मान लिया कि इसका वेग u से v हो जाता है। अब उत्पन्न हुए त्वरण का मान a है।

एकसमान त्वरण a से गतिशील किसी वस्तु के प्रारंभिक वेग (u), अंतिम वेग (v) तथा विस्थापन s के बीच निम्न संबंध है

$$v^2 - u^2 = 2a\, s. \qquad ...(i)$$

या $$s = \frac{v^2 - u^2}{2a} \qquad ...(ii)$$

पुनः $F = ma$। इस प्रकार हम बल F द्वारा किए गए कार्य को लिख सकते हैं

$$W = m\,a \times \frac{v^2 - u^2}{2a} \text{ अथवा } W = \frac{1}{2} m\left(v^2 - u^2\right) \qquad ...(iii)$$

यदि वस्तु की गति अपनी विराम अवस्था से प्रारंभ होती है, अर्थात् $u = 0$, तब

$$W = \frac{1}{2} m v^2 \qquad ...(iv)$$

यह स्पष्ट है कि किया गया कार्य वस्तु की गतिज ऊर्जा में परिवर्तन के बराबर है।

यदि $u = 0$, किया गया कार्य होगा $\frac{1}{2} m v^2$।

अतः m द्रव्यमान तथा एकसमान वेग v से गतिशील वस्तु की गतिज ऊर्जा का मान

$$E_k = \frac{1}{2} m v^2 \qquad ...(v)$$

स्थितिज ऊर्जा

किसी वस्तु को स्थानांतरित की गई ऊर्जा इसमें स्थितिज ऊर्जा के रूप में संचित रहती है। यह वस्तु की चाल या वेग में परिवर्तन करने के लिए उपयोग में नहीं आती है।

जब हम किसी रबड़ बैंड को खींचते हैं तो हम कुछ ऊर्जा स्थानांतरित करते हैं। बैंड में स्थानांतरित की गई ऊर्जा इसमें स्थितिज ऊर्जा के रूप में संचित हो जाती है। किसी खिलौना कार में चाबी भरते समय इसके अंदर कमानी में स्थानांतरित की गई ऊर्जा स्थितिज ऊर्जा के रूप में संचित हो जाती है। अतः किसी वस्तु द्वारा इसकी स्थिति अथवा विन्यास में परिवर्तन के कारण प्राप्त ऊर्जा को स्थितिज ऊर्जा कहते हैं।

किसी ऊँचाई पर वस्तु की स्थितिज ऊर्जा

एक m द्रव्यमान की वस्तु को धरती से h ऊँचाई तक ऊपर उठाया जाता है। ऐसा करने के लिए एक बल की आवश्यकता है। वस्तु को उठाने के लिए आवश्यक न्यूनतम बल वस्तु के भार के बराबर अर्थात् mg है। वस्तु में इस पर किए गए कार्य के बराबर ऊर्जा उपार्जित होगी। मान लीजिए कि वस्तु पर गुरुत्वीय बल के विरुद्ध किया गया कार्य W है। तब किया गया कार्य W = बल × विस्थापन $= mg \times h = mgh$

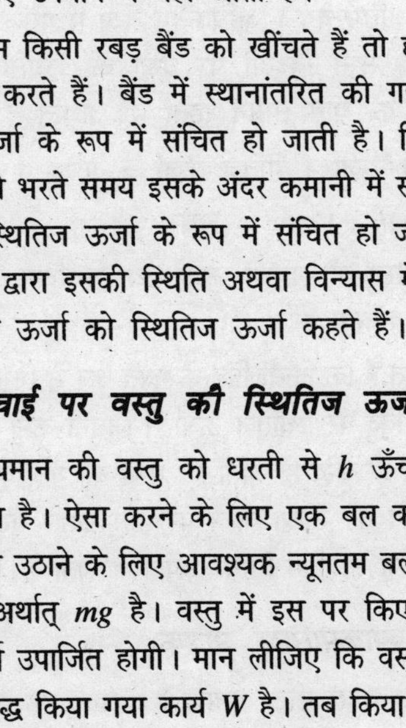

चित्र

विज्ञान

क्योंकि वस्तु पर किया गया कार्य mgh के बराबर है, इसलिए वस्तु को *mgh* इकाई के बराबर ऊर्जा उपार्जित होगी। यह वस्तु की स्थितिज ऊर्जा (E_p) है।

$$E_p = mgh$$

ऊर्जा संरक्षण का नियम

ऊर्जा-रूपांतरण की अवस्था में निकाय की कुल ऊर्जा अपरिवर्तित रहती है। यह ऊर्जा संरक्षण का नियम है। इस नियम के अनुसार, ऊर्जा केवल एक रूप से दूसरे रूप में रूपांतरित हो सकती है; न तो इसकी उत्पति की जा सकती है और न ही विनाश। रूपांतरण के पहले व रूपांतरण के पश्चात् कुल ऊर्जा सदैव अचर रहती है। ऊर्जा संरक्षण का नियम प्रत्येक स्थिति तथा सभी प्रकार के रूपांतरणों में मान्य है। माना m द्रव्यमान की एक वस्तु h ऊँचाई से स्वतंत्रतापूर्वक गिराई जोती है। प्रारंभ में, स्थितिज ऊर्जा *mgh* है तथा गतिज ऊर्जा शून्य है क्योंकि इसका प्रारंभिक वेग शून्य है। इस प्रकार वस्तु की कुल ऊर्जा *mgh* है। जब यह वस्तु गिरती है तो इसकी स्थितिज ऊर्जा गतिज ऊर्जा में परिवर्तित होती है। यदि किसी दिए हुए क्षण पर वस्तु का वेग v है तो गतिज ऊर्जा $\frac{1}{2}mv^2$ होगी। वस्तु जैसे-जैसे नीचे गिरती है, इसकी स्थितिज ऊर्जा कम होती जाती है तथा गतिज ऊर्जा बढ़ती जाती है। जब वस्तु धरती पर पहुँचने वाली होती है तो $h = 0$ होगा तथा इस अवस्था में वस्तु का अंतिम वेग v अधिकतम तथा स्थितिज ऊर्जा न्यूनतम होगी तथापि, सभी बिंदुओं पर वस्तु की स्थितिज ऊर्जा तथा गतिज ऊर्जा का योग समान रहता है। अर्थात्,

स्थितिज ऊर्जा + गतिज ऊर्जा = अचर,

या $mgh + \frac{1}{2}mv^2$ = अचर

किसी वस्तु की गतिज ऊर्जा तथा स्थितिज ऊर्जा का योग उसकी कुल यांत्रिक ऊर्जा है।

हम देखते हैं कि किसी पिंड के मुक्त रूप से गिरते समय, इसके पथ में किसी बिंदु पर स्थितिज ऊर्जा में जितनी कमी होती है गतिज ऊर्जा में उतनी ही वृद्धि हो जाती है। (पिंड की गति पर वायु प्रतिरोध के प्रभाव आदि की उपेक्षा करने पर) इस प्रकार गुरुत्वीय स्थितिज ऊर्जा का गतिज ऊर्जा में निरंतर रूपांतरण होता है।

ऊर्जा का व्यावसायिक मात्रक

जूल ऊर्जा का बहुत छोटा मात्रक है। अतः यह ऊर्जा की बड़ी राशियों को व्यक्त करने के लिए असुविधाजनक है। इसीलिए हम ऊर्जा का एक बड़ा मात्रक उपयोग में लाते हैं जिसे किलोवाट घंटा (kW h) कहते हैं।

एक किलोवाट घंटा (1 kW h) ऊर्जा की वह मात्रा है जो 1 kW के किसी स्रोत को एक घंटे तक उपयोग करने में व्यय होगी।

$$1\ \text{kW h} = 1\ \text{kW} \times 1\ \text{h}$$
$$= 1000\ \text{W} \times 3600\ \text{s} = 3600000\ \text{J}$$

या $1\ \text{kW h} = 3{\cdot}6 \times 10^6\ \text{J}$

घरों में, उद्योगों में तथा व्यावसायिक संस्थानों में व्यय होने वाली ऊर्जा को प्रायः किलोवाट घंटा में व्यक्त करते हैं। उदाहरण के लिए, एक महीने में उपयोग की गई विद्युत ऊर्जा को 'यूनिट' के रूप में व्यक्त करते हैं। यहाँ 1 'यूनिट' का अर्थ है 1 kW h।

शक्ति

कार्य करने की दर या ऊर्जा रूपांतरण की दर को शक्ति कहते हैं। यदि कोई अभिकर्ता (एजेन्ट) t समय में W कार्य करता है, तो शक्ति का मान होगा :

शक्ति = कार्य/समय या $P = \frac{W}{t}$

शक्ति का मात्रक वाट है तथा इसका प्रतीक W है। 1 वाट उस अभिकर्ता (एजेंट) की शक्ति है जो 1 सेकंड में 1 जूल कार्य करता है। हम यह भी कह सकते हैं कि यदि ऊर्जा के उपयोग की दर $1\ \text{J s}^{-1}$ हो तो शक्ति 1 W होगी।

1 वाट = 1 जूल/सेकंड या $1\ \text{W} = 1\ \text{J s}^{-1}$

हम ऊर्जा स्थानांतरण की उच्च दरों को किलोवाट (kW) में व्यक्त करते हैं

1 किलोवाट = 1000 वाट

1 kW = 1000 W या $1000\ \text{J s}^{-1}$

प्रणोद तथा दाब

यदि हम शिथिल (ढीले) रेत पर खड़े होते हैं तो पैर रेत में गहरे धँस जाते हैं लेकिन रेत पर लेटने पर शरीर रेत में पहले जितना नहीं धँसता। दोनों अवस्थाओं में रेत पर लगने वाला बल हमारे शरीर का भार है। भार ऊर्ध्वाधर दिशा में नीचे की ओर लगने वाला बल है। किसी वस्तु की सतह के लंबवत् लगने वाले बल को प्रणोद कहते हैं।

जब हम शिथिल रेत पर खड़े होते हैं तो बल अर्थात् हमारे शरीर का भार, हमारे पैरों के क्षेत्रफल के बराबर क्षेत्रफल पर लग रहा होता है लेकिन जब हम लेट जाते हैं तो वही बल हमारे पूरे शरीर के संपर्क क्षेत्रफल के बराबर क्षेत्रफल पर लगता है जो कि हमारे पैरों के क्षेत्रफल से अधिक है। इस प्रकार समान परिमाण के बलों का भिन्न-भिन्न क्षेत्रफलों पर भिन्न-भिन्न प्रभाव होता है। इस स्थिति में प्रणोद समान है लेकिन उसके प्रभाव अलग-अलग हैं। इसलिए प्रणोद का प्रभाव उस क्षेत्रफल पर निर्भर है जिस पर कि वह लगता है।

रेत पर प्रणोद का प्रभाव लेटे होने की अपेक्षा खड़े होने की स्थिति में अधिक है। प्रति एकांक क्षेत्रफल पर लगने वाले प्रणोद को दाब कहते हैं। इस प्रकार

$$\text{दाब} = \frac{\text{प्रणोद}}{\text{क्षेत्रफल}} \quad ...(i)$$

समीकरण (*i*) में प्रणोद तथा क्षेत्रफल के SI मात्रक प्रतिस्थापित करने पर हमें दाब का SI मात्रक प्राप्त होता है। यह मात्रक N/m^2 या N m^{-2} है।

वैज्ञानिक ब्लैस पास्कल के सम्मान में, दाब के SI मात्रक को पास्कल कहा जाता है, जिसे Pa से व्यक्त किया जाता है।

उत्प्लावकता

जब पानी से भरी बाल्टी, कुएँ के पानी से बाहर आती है तो वह

अधिक भारी लगती है। लोहे तथा स्टील से बना जलयान समुद्र के पानी में नहीं डूबता है, लेकिन उतने ही भार का लोहा तथा स्टील डूब जाता है।

इसे समझने के लिए प्लास्टिक की एक खाली बोतल के मुँह को एक वायुरुद्ध डाट से बंद कर पानी से भरी बाल्टी में रखते हैं। बोतल को पूरी तरह डुबोए रखने के लिए, पानी के द्वारा बोतल पर ऊपर की ओर लगने वाले बल को संतुलित करना पड़ेगा। इस पर नीचे की ओर लगने वाले बल को संतुलित करना पड़ेगा।

पृथ्वी का गुरुत्वाकर्षण बल बोतल पर नीचे की दिशा में लगता है। इसके कारण बोतल नीचे की दिशा में खिंचती है। लेकिन पानी बोतल पर ऊपर की ओर बल लगाता है। अतः बोतल ऊपर की ओर धकेली जाती है। चूँकि वस्तु का भार डुबोई जाती है जो बोतल पर पानी के बराबर है। अतः जब बोतल डुबोई जाती है जो बोतल पर पानी द्वारा लगने वाला ऊपर की दिशा में बल इसके भार से अधिक होता है। इसीलिए बोतल ऊपर की ओर उठती है।

बोतल पर पानी द्वारा ऊपर की ओर लगने वाला बल उत्प्लावन बल कहलाता है। उत्प्लावन बल का परिमाण तरल के घनत्व पर निर्भर करता है।

पानी के पृष्ठ पर रखने पर वस्तुएँ तैरती या डूबती क्यों हैं?

पानी के पृष्ठ पर रखने पर लोहे की कील डूब जाती है तथा कॉर्क तैरता है। ऐसा उनके घनत्वों में अंतर के कारण होता है। कॉर्क का घनत्व पानी के घनत्व से कम है। इसका अर्थ है कि कॉर्क पर पानी का उत्प्लावन बल, कॉर्क के भार से अधिक है। इसीलिए यह तैरता है।

लोहे की कील का घनत्व पानी के घनत्व से अधिक है। इसका अर्थ है कि लोहे की कील पर पानी का उत्प्लावन बल लोहे की कील के भार से कम है। इसीलिए यह डूब जाती है।

इस प्रकार द्रव के घनत्व से कम घनत्व की वस्तुएँ द्रव पर तैरती हैं। द्रव के घनत्व से अधिक घनत्व की वस्तुएँ द्रव में डूब जाती हैं।

आर्किमीडीज का सिद्धान्त

एक पत्थर का टुकड़ा लेते हैं और इसे कमानीदार तुला या रबड़ की डोरी के एक सिरे से बाँधते हैं। तुला या डोरी को पकड़ कर पत्थर को लटकाने पर पत्थर के भार के कारण रबर की डोरी में वृद्धि या कमानीदार तुला का पाठ्यांक नोट करते हैं। अब पत्थर को एक बर्तन में रखे पानी में धीरे से डुबाते हैं।

तुला के पाठ्यांक में भी कमी आती है। तथापि, जब पत्थर पानी में पूरी तरह डूब जाता है तो उसके बाद कोई परिवर्तन नहीं दिखाई देता। इसका अर्थ है कि पत्थर पर ऊपर की दिशा में कोई बल लगता है जिसके परिणामस्वरूप, रबड़ की डोरी पर लगने वाला कुल बल कम हो जाता है और लंबाई की वृद्धि में भी कमी आ जाती है। पानी द्वारा ऊपर की ओर लगाया गया यह बल, उत्प्लावन बल कहलाता है।

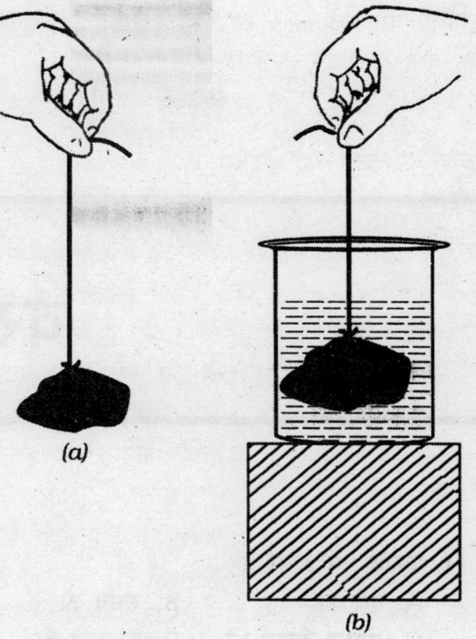

चित्र

आर्किमीडीज का सिद्धांत निम्न प्रकार से व्यक्त किया जाता है:

जब किसी वस्तु को किसी द्रव में पूर्ण या आंशिक रूप से डुबोया जाता है तो वह ऊपर की दिशा में एक बल का अनुभव करती है जो वस्तु द्वारा हटाए गए द्रव के भार के बराबर होता है।

आर्किमीडीज के सिद्धांत के बहुत से अनुप्रयोग हैं। यह जलयानों तथा पनडुब्बियों के डिजाइन बनाने में काम आता है। दुग्धमापी, जो दूध के किसी नमूने की शुद्धता की जाँच करने के लिए प्रयुक्त होते हैं तथा हाइड्रोमीटर, जो द्रवों के घनत्व मापने के लिए प्रयुक्त होते हैं, इसी सिद्धांत पर आधारित हैं।

घनत्व

किसी वस्तु का घनत्व, उसके प्रति एकांक आयतन के द्रव्यमान को कहते हैं। घनत्व का मात्रक किलोग्राम प्रति घन मीटर है ($kg\ m^{-3}$)। विशिष्ट परिस्थितियों में किसी पदार्थ का घनत्व सदैव समान रहता है। अतः किसी पदार्थ का घनत्व उसका एक लाक्षणिक गुण होता है। यह भिन्न-भिन्न पदार्थों के लिए भिन्न-भिन्न होता है। उदाहरण के लिए, सोने का घनत्व 19300 $kg\ m^{-3}$ है जबकि पानी का 1000 $kg\ m^{-3}$ है। किसी पदार्थ के नमूने का घनत्व, उस पदार्थ की शुद्धता की जाँच में सहायता कर सकता है।

किसी पदार्थ का आपेक्षिक घनत्व उस पदार्थ का घनत्व व पानी के घनत्व का अनुपात है। अर्थात्

$$\text{आपेक्षिक घनत्व} = \frac{\text{किसी पदार्थ का घनत्व}}{\text{पानी का घनत्व}}$$

चूँकि आपेक्षिक घनत्व समान राशियों का एक अनुपात है, अतः इसका कोई मात्रक नहीं होता।

वस्तुनिष्ठ प्रश्न

1. प्रकाश वर्ष इकाई है–

A. दूरी की B. समय की

C. प्रकाश तीव्रता की D. द्रव्यमान की

2. एम्पियर मात्रक है–

A. प्रकाश तीव्रता का B. विद्युत आवेश का

C. विद्युत धारा का D. चुम्बकीय क्षेत्र का

3. निम्नलिखित में से समय का मात्रक नहीं है–

A. अधि वर्ष B. चन्द्र माह

C. प्रकाश वर्ष D. इनमें से कोई नहीं

4. पारसेक (Parsec) इकाई है–

A. दूरी की B. समय की

C. प्रकाश की चमक की D. चुम्बकीय बल की

5. ल्यूमेन किसका मात्रक है?

A. ज्योति तीव्रता का B. ज्योति फ्लक्स का

C. उपर्युक्त दोनों का D. इनमें से कोई नहीं

6. 'क्यूरी' (Curie) किसकी इकाई का नाम है?

A. रेडियोएक्टिव धर्मिता B. तापक्रम

C. ऊष्मा D. ऊर्जा

7. दाब का मात्रक है–

A. पास्कल B. डाइन

C. अर्ग D. जूल

8. जूल निम्नलिखित की इकाई है–

A. ऊर्जा B. बल

C. दाब D. तापमान

9. खाद्य ऊर्जा को हम किस इकाई में माप सकते हैं?

A. कैलोरी B. केल्विन

C. जूल D. अर्ग

10. विद्युत् मात्रा की इकाई है–

A. एम्पियर B. ओम

C. वोल्ट D. कूलम्ब

11. डेसीबल किसे नापने के लिए प्रयोग में लाया जाता है?

A. खून में हीमोग्लोबीन B. पेशाब में शक्कर

C. वातावरण में ध्वनि D. वायु में कण

12. एम्पीयर क्या मापने की इकाई है?

A. वोल्टेज B. करेन्ट

C. प्रतिरोध D. पावर

13. यंग प्रत्यास्थता गुणांक का SI मात्रक है–

A. डाइन/सेमी. B. न्यूटन/मी.

C. न्यूटन/मी.^{2} D. मी.^{2}/से.

14. निम्नलिखित युग्मों में से किन भौतिक राशियों के समान विमीय सूत्र नहीं हैं?

A. बल एवं दाब B. कार्य एवं ऊर्जा

C. आवेग एवं संवेग D. भार एवं बल

15. ऊष्मा संवाहकता गुणांक का आयाम (विमा) है–

A. $ML^{-1}T^{-2}\theta^{-1}$ B. $ML^{-2}T^{-3}\theta^{-1}$

C. $ML^{-1}T^{-1}\theta$ D. $MLT^{-3}\theta^{-1}$

16. घूर्णन करती एक गोल मेज पर अचानक एक लड़का आकर बैठ जाता है। मेज के कोणीय वेग पर क्या प्रभाव पड़ेगा?

A. कम हो जाएगा B. बढ़ जाएगा

C. उतना ही रहेगा D. कुछ नहीं कहा जा सकता

17. किसी असन्तुलित बल द्वारा किसी पिण्ड में उत्पन्न त्वरण–

A. बल के व्युत्क्रमानुपाती होता है

B. बल के अनुक्रमानुपाती होता है

C. बल के प्रभाव से स्वतंत्र होता है

D. शून्य होता है

18. न्यूटन की गति के तीसरे नियम के अनुसार क्रिया तथा प्रतिक्रिया से सम्बद्ध बल–

A. हमेशा एक ही वस्तु पर लगे होने चाहिए

B. भिन्न-भिन्न वस्तु पर लगे हो सकते हैं

C. हमेशा भिन्न-भिन्न वस्तुओं पर ही लगे होने चाहिए

D. का परिणाम बराबर होना जरूरी नहीं है, किन्तु उनकी दिशा समान होनी चाहिए

19. जल में तैरना न्यूटन की गति के किस नियम के कारण सम्भव है?

A. प्रथम नियम B. द्वितीय नियम
C. तृतीय नियम D. उपर्युक्त सभी

20. "कोई पिण्ड तब तक विरामावस्था में ही बना रहेगा जब तक उस पर कोई बाह्य बल कार्य नहीं करता है।" यह कथन किसका है?

A. न्यूटन B. आइन्स्टीन
C. आर्किमिडीज D. गैलीलियो

21. गतिशील वाहन के अचानक रुकते ही यात्री सामने की ओर क्यों गिर पड़ता है?

A. यह एक स्वैच्छिक प्रतिक्रिया है
B. यात्री अपनी असावधानी से धक्के खाता है
C. यात्री के शरीर का निचला भाग रुक जाता है लेकिन ऊपरी भाग जड़त्व के कारण गतिशील अवस्था में रहता है
D. उपर्युक्त में कोई नहीं

22. अश्व यदि एकाएक चलना प्रारम्भ कर दे तो अश्वारोही के गिरने की आशंका का कारण है–

A. जड़त्व आघूर्ण B. द्रव्यमान का संरक्षण नियम
C. विश्राम जड़त्व D. गति का तीसरा नियम

23. जब कोई व्यक्ति चन्द्रमा पर उतरता है तो उसके शरीर में उपस्थित–

A. पदार्थ की मात्रा में परिवर्तन होता है।
B. भार घट जाता है तथा मात्रा अपरिवर्तित रहती है।
C. भार में परिवर्तन होता है।
D. मात्रा तथा भार दोनों में कमी होती है।

24. यदि हम भूमध्य रेखा से ध्रुवों की ओर जाते हैं, तो g का मान–

A. बढ़ता है B. घटता है
C. वही बना रहता है D. 45° अक्षांश तक घटता है

25. एक अंतरिक्ष यात्री पृथ्वी तल की तुलना में चन्द्र तल पर अधिक ऊंची छलांग लगा सकता है, क्योंकि–

A. वह चन्द्रमा पर भारहीन होता है।
B. चन्द्रमा पर कोई वातावरण नहीं है।
C. चन्द्र तल पर गुरुत्वाकर्षण बल पृथ्वी तल की तुलना में अत्यल्प है।
D. चन्द्रमा पृथ्वी से छोटा है।

26. एक बीकर में पानी पर बर्फ तैर रही है। जब बर्फ पूर्णतः पिघल जाएगी तो बीकर में पानी का तल–

A. बढ़ेगा B. घटेगा
C. उतना ही रहेगा D. पहले बढ़ेगा बाद में घटेगा

27. एक नदी में चलता हुआ जहाज समुद्र में आता है तब जहाज का स्तर–

A. पहले जितना होगा
B. थोड़ा ऊपर आएगा
C. थोड़ा नीचे आएगा
D. ऊपर या नीचे होगा जो उसमें पड़े हुए भार पर निर्भर करता है।

28. लोहे की कील पारे में क्यों तैरती है, जबकि यह पानी में डूब जाती है?

A. लोहे की पारे से रासायनिक क्रिया की प्रवृत्ति पानी की तुलना में कम होने के कारण
B. लोहे का भार पानी से अधिक है तथा पारे से कम
C. लोहे का घनत्व पानी से अधिक है तथा पारे से कम
D. पारा पानी से भारी है

29. बर्फ पानी में तैरती है, परन्तु ऐल्कोहल में डूब जाती है, क्योंकि–

A. पानी ऐल्कोहल की अपेक्षा पारदर्शी होता है
B. बर्फ पानी के जमने से बनती है
C. बर्फ ठोस है जबकि ऐल्कोहल द्रव है
D. बर्फ पानी से हल्की होती है तथा ऐल्कोहल से भारी होता है

30. पानी का घनत्व अधिकतम होता है–

A. 4°C पर B. 4K पर
C. 4°F पर D. –4°C पर

उत्तरमाला

1	2	3	4	5	6	7	8	9	10
A	C	C	A	B	A	A	A	A	A
11	**12**	**13**	**14**	**15**	**16**	**17**	**18**	**19**	**20**
C	B	C	A	D	A	B	C	C	A
21	**22**	**23**	**24**	**25**	**26**	**27**	**28**	**29**	**30**
C	C	B	A	C	C	B	C	D	A

अध्याय 2 ऊष्मा

ताप

यह वह भौतिक राशि है जो यह बोध कराती है कि कोई वस्तु कितनी गरम है या कितनी ठंडी। इस प्रकार हम कह सकते हैं कि "किसी वस्तु का ताप उसमें मौजूद ऊष्मा की मात्रा का बोध कराता है।"

नोटः *(a)* यह वह भौतिक राशि है जो यह बोध कराती है कि कोई वस्तु अन्य वस्तुओं के साथ तापीय साम्य (thermal equilibrium) में है अथवा नहीं।

(b) वस्तुओं की तापीय विशेषता यह निर्धारित करती है कि दो वस्तुओं या निकायों को परस्पर संपर्क में रखने पर उनके बीच ऊष्मा के प्रवाह की दिशा क्या होगी।

(c) समान ताप वाली दो वस्तुओं या निकायों की वह अवस्था जिसमें उनके बीच ऊष्मा का कोई वास्तविक प्रवाह न हो रहा हो, तापीय साम्य की अवस्था कहलाती है।

(d) यह किसी निकाय की स्थूल विशेषता (macroscopic property) है।

(e) किसी तापमापी (thermometer) पर उसमें प्रयुक्त पदार्थ के द्रवणांक या हिमांक और क्वथनांक का निर्धारण और उनके मध्य वाले स्थान को समान भागों में विभाजित करना आवश्यक होता है।

विभिन्न तापक्रम और उनमें विभेद

विभेद का आधार	सेन्टीग्रेड *(Centigrade)*	फारेनहाइट *(Fahrenheit)*	रिऑमर *(Reaumur)*	ऊष्मागतिक तापक्रम
हिमांक	0°C	32°F	0°R	273K
भाप बिंदु	100°C	212°F	80°R	373K
मापक्रम पर विभाजनों की संख्या	100	180	80	100
मापक्रम पर सबसे छोटे भाग का मान	1°C	1°F	1°R	1K

मापक्रम से संबंधित महत्वपूर्ण विशेषताएं

(i) केल्विन ताप (°K) = सेल्सियस में ताप + 273 अर्थात् किसी ताप का पाठ्यांक केल्विन तापक्रम में सेल्सियस तापक्रम से 273 अधिक होता है। अतः 0°C = 273°K

(ii) 1° सेल्सियम तापांतर = 1K

(iii) –40°C ताप पर सेल्सियम और फारेनहाइट तापमापी का पाठ्यांक समान होगा।

(iv) सेल्सियस, फारेनहाइट तथा रिऑमर तापक्रम में संबंधः

$$\frac{C}{5} = \frac{F - 32}{9} = \frac{R}{4}$$

(v) एक स्वस्थ मनुष्य के शरीर का ताप 37°C या 98.6°F होता है।

ऊष्मा

ऊष्मा एक प्रकार की ऊर्जा है जो तापांतर (temperature difference) के कारण एक वस्तु या निकाय से दूसरी वस्तु या निकाय में प्रवाहित होती है।

नोटः *(a)* किसी वस्तु या निकाय के द्वारा ताप में परिवर्तन के लिए अवशोषित या उत्सर्जित ऊष्मा (absorbed or emitted heat) वस्तु या निकाय के द्रव्यमान, ताप में परिवर्तन और सामग्री की प्रकृति पर निर्भर करती है। अर्थात यदि m द्रव्यमान वाली किसी वस्तु का ताप t°C परिवर्तित करने के लिए Q ऊष्मा की आवश्यकता होती हो, तो

$Q \propto m$ और $Q \propto t$

$Q \propto mt$ या $Q = smt$

या $Q = sm(t_1 - t_2)$,

जहां t_1 = वस्तु का आरंभिक ताप

t_2 = वस्तु का अंतिम ताप

यहां s एक अनुपात-नियतांक है जिसे वस्तु की विशिष्ट ऊष्मा (Specific heat) कहते हैं। भिन्न-भिन्न पदार्थों की विशिष्ट ऊष्मा भिन्न-भिन्न होती

है। अतः m द्रव्यमान तथा s विशिष्ट ऊष्मा वाली वस्तु द्वारा ताप में t°C वृद्धि करने के लिए वस्तु को mst ऊष्मा अवशोषित करनें और t°C कमी करने के लिए mst ऊष्मा उत्सर्जित करने की आवश्यकता होगी।

(b) अवस्था परिवर्तन (ठोस → तरल → गैस या ठोस → गैस या गैस → तरल → ठोस) में द्रव्य द्वारा अवशोषित या उत्सर्जित ऊष्मा ऊर्जा

$$Q = mL$$

जहां m = द्रव्यमान; L = गुप्त ऊष्मा

(c) ऊष्मा का प्रवाह सदैव उच्च ताप वाली वस्तु से निम्न ताप वाली वस्तु की ओर होता है और ऐसा तब तक होता रहता है जब तक कि दोनों निकायों की ऊष्मा समान न हो जाए।

गुप्त ऊष्मा (Latent Heat): किसी पदार्थ को, बिना ताप बदले अवस्था-परिवर्तन के लिए जितनी ऊष्मा की आवश्यकता होती है उसे उस पदार्थ की गुप्त ऊष्मा कहते हैं।

मात्रक = कैलोरी/ग्राम या कैलोरी/किग्रा

विमा = $[M^0L^2T^{-2}]$

विशिष्ट ऊष्मा (Specific Heat): किसी पदार्थ के 1 ग्राम द्रव्यमान का ताप 1°C बढ़ाने के लिए अवशोषित ऊष्मा के परिमाण को उस पदार्थ की विशिष्ट ऊष्मा कहते हैं।

$$C_{sp} = \frac{\theta}{mt} \text{ जहां } m = 1 \text{ ग्राम}, \theta = 1°C$$

MKS पद्धति में विशिष्ट ऊष्मा का मात्रक किलो कैलोरी प्रति किलोग्राम प्रति °C है।

ऊष्मीय प्रसार

जब किसी पदार्थ को गर्म करते हैं तब उस पदार्थ का तापमान बढ़ता है। रैखीय प्रसार के प्रभाव से पदार्थ के अनेक भौतिक गुणों में बदलाव आता है। इनमें से एक पदार्थ के आकार (size) में वृद्धि होती है। इसे पदार्थ का ऊष्मीय प्रसार कहते हैं। ऊष्मीय प्रसार विभिन्न पदार्थों के लिए अलग-अलग होता है। यह तीन प्रकार का होता है : (a) ठोसों का प्रसार, (b) द्रवों का प्रसार तथा (c) गैसों का प्रसार

(i) यदि वस्तु की केवल लम्बाई बढ़ती है तो यह रैखीय प्रसार गुणांक α कहलाता है।

$$\alpha = \frac{\Delta L}{L\Delta T} \text{ या } L_\theta = L_0(1+\alpha T)$$

(ii) यदि वस्तु का केवल क्षेत्रफल बढ़ता है तो यह क्षेत्रीय प्रसार गुणांक β कहलाता है।

$$\beta = \frac{\Delta A}{A\Delta T} \text{ या } A_\theta = A_0(1+\beta T)$$

(iii) यदि वस्तु का केवल आयतन बढ़ता है तो यह धनात्मक प्रसार गुणांक γ कहलाता है।

$$\gamma = \frac{\Delta V}{V\Delta T} \text{ या } V_\theta = V_0(1+\gamma T)$$

ऊष्मागतिकी का प्रथम नियम

ऊष्मागतिकी का प्रथम नियम (first law of thermodynamics) ऊर्जा संरक्षण के नियम का सामान्य रूप है जो आंतरिक ऊर्जा (internal energy) में सम्भव परिवर्तन दर्शाता है।

इस नियम के अनुसार, "किसी निकाय को दी गई ऊष्मा (dQ), उस निकाय द्वारा किये गये बाह्य कार्य (dW) तथा उसकी आंतरिक ऊर्जा में वृद्धि (dU) के योग के बराबर होती है अर्थात्

$$dQ = dU + dW$$
$$\Rightarrow dQ = dU + Pdv$$
$$\Rightarrow dU = dQ - Pdv$$

dQ तथा dW यथार्थ अवकलन नहीं है। अर्थात् dQ तथा dW पथ पर निर्भर करते हैं तथा कभी भी अन्तिम तथा प्रारम्भिक मानों के अन्तर द्वारा नहीं व्यक्त किये जा सकते हैं जबकि dU यथार्थ अवकलन है। यह एक अवस्था फलन (state function) है तथा अन्तिम तथा प्रारम्भिक मानों के अन्तर द्वारा व्यक्त किया जा सकता है।

प्रथम नियम का प्रयोग करते समय सही चिह्न परिपाटी का प्रयोग होना चाहिए :

(a) निकाय द्वारा प्राप्त ऊष्मा धनात्मक होती है।
(b) निकाय द्वारा लुप्त ऊष्मा ऋणात्मक होती है।
(c) आंतरिक ऊर्जा में वृद्धि धनात्मक होती है।
(d) आंतरिक ऊर्जा में कमी ऋणात्मक होती है।
(e) प्रसार के दौरान निकाय द्वारा किया गया कार्य धनात्मक होता है।
(f) संपीडन के दौरान निकाय पर किया गया कार्य ऋणात्मक होता है।

ऊष्मागतिकी का द्वितीय नियम

ऊष्मागतिकी का द्वितीय नियम प्रथम नियम का पूरक है। इसके अनुसार ऊष्मा का सम्पूर्ण रूप से यांत्रिक ऊर्जा में परिवर्तन असंभव है। आंशिक रूप में ऊष्मा के कार्य में परिवर्तन के लिये यही आवश्यक है कि उच्च ताप पर स्रोत (source) से ऊष्मा ली जाये और उस ऊष्मा का कुछ भाग, कार्य में परिवर्तित हो तथा शेष भाग, निम्न ताप पर किसी वस्तु/सिंक (sink) को दिया जाये अर्थात् ऊष्मा के कार्य में रूपान्तरण के लिये ऊष्मा का प्रवाह होना आवश्यक प्रतिबन्ध है, जो स्रोत तथा सिंक के तापान्तर के कारण ही होता है।

केल्विन के अनुसार, "ऊष्मा का सम्पूर्ण रूप से कार्य में परिवर्तन असम्भव है।" इस कथन पर ऊष्मा इंजन (heat engine) आधारित है।

ऊष्मा का स्थानांतरण

ऐसे तीन तरीके हैं जिसके जरिए गर्म वस्तु से ठंडी वस्तु को ऊष्मा का अंतरण किया जा सकता है :

संचरण : यह एक ऐसी प्रक्रिया है जिसके तहत् ऊष्मा एक गर्म वस्तु के गर्म सिरे से ठंडे सिरे की ओर प्रवाहित होती है। इस तरह जब हम धातु के बने एक चम्मच के एक सिरे को गर्म करेंगे तो

उसका दूसरा सिरा भी जल्द ही गर्म हो जाएगा, लेकिन वहीं हम एक लकड़ी की छड़ी को आग में झोंक दें तो उसका एक सिरा जलने लगेगा जबकि दूसरा सिरा गर्म नहीं होगा। ऐसा इस वजह से कि सभी पदार्थ एक समान रूप से ऊष्मा का संचरण नहीं करते। धातु ऊष्मा के अच्छे संचारक होते हैं, परंतु लकड़ी, प्लास्टिक जैसी वस्तुएं ऊष्मा की बहुत अच्छी चालक नहीं होतीं।

संवाहन: संवाहन द्रव्यों और गैसों में ऊष्मा के संवाहन का माध्यम है जहां उनके अणु वास्तव में गति करते हैं। जब गर्म पदार्थ की गति हो रही हो तो हम कहेंगे कि वे संवाहन धारा के प्रभाव में हैं।

इन संवाहन तरंगों का हमारे जीवन में व्यावहारिक उपयोग हो सकता है। उदाहरण के लिए हम सांस छोड़ते हैं, यह गर्म होती है। यह गर्म वायु ऊपर की ओर उठ जाती है और इसका स्थान लेने के लिए हवादारी और खिड़कियों आदि से ठंडी हवा आने लगती है। वायु की यह चक्रीय गति हमारे उपयुक्त हवादारी को सुनिश्चित करती है।

विकिरण : विकिरण वे अदृश्य किरणें हैं जो एक गर्म वस्तु से उत्पन्न होती हैं और जो निर्वात से होकर भी गुजर सकती हैं। सूर्य की ऊष्मा हम तक विकिरणों के रूप में पहुंचती है।

ऊष्मा इंजन

ऊष्मा इंजन ऐसी युक्ति है, जो ऊष्मा को यांत्रिक कार्य में परिवर्तित करती है।

ऊष्मीय इंजन की दक्षता

$$\eta = \frac{\text{कार्यकारी पदार्थ द्वारा किया गया कार्य}}{\text{कार्यकारी पदार्थ को दी गयी ऊष्मा}}$$

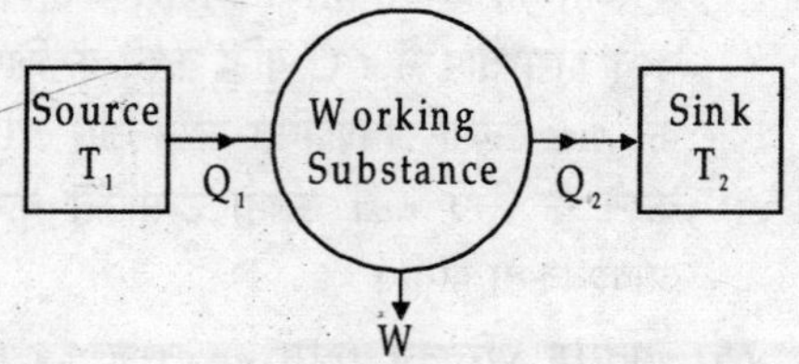

$$= \frac{W}{Q_1} = \frac{Q_1 - Q_2}{Q_2} = 1 - \frac{Q_2}{Q_1}$$

$$\%\eta = \frac{W}{Q_1} \times 100$$

$$= \left(1 - \frac{Q_2}{Q_1}\right) \times 100 = \left(1 - \frac{T_2}{T_1}\right) \times 100$$

रेफ्रिजरेशन

रेफ्रिजरेशन एक विधि है जिसमें किसी स्थान या वस्तु का तापमान, वायुमण्डल के तापमान से कम किया जाता है। किसी स्थान या वस्तु से ऊष्मा हटा ली जाये तो वह वस्तु या स्थान ठंडा प्रतीत होता है। रेफ्रिजरेशन के द्वारा वस्तु का तापमान बाहरी तापमान से 20°C से 30°C तक कम कर दिया जाता है।

प्रशीतित्र

यह ऊष्मा इंजन का व्युत्क्रम है। यह ठण्डी वस्तु से ऊष्मा लेता है तथा कुछ कार्य करने के पश्चात् बची ऊष्मा को गर्म वस्तु को दे देता है।

वस्तुनिष्ठ प्रश्न

1. ऊष्मा का SI मात्रक है–

A. वाट B. एम्पियर
C. जूल D. न्यूटन

2. ताप का SI मात्रक है–

A. केल्विन B. सेल्सियस
C. सेन्टीग्रेड D. फारेनहाइट

3. गर्मियों में ताप 46ºC हो जाने पर भी ऊंट गर्मी से राहत महसूस करता है–

A. रेगिस्तानी पौधों की छाया में बैठकर
B. अपने शरीर के ताप को 42ºC तक बढ़ाकर
C. अपने शरीर में पानी का संचय करके
D. उपर्युक्त सभी

4. द्रव तापमापी की अपेक्षा गैस तापमापी अधिक संवेदी होता है, क्योंकि गैस–

A. द्रव से हल्की होती है
B. द्रव की अपेक्षा अधिक प्रसार करती है
C. सरलता से प्राप्त की जा सकती है
D. अपनी अवस्था आसानी से नहीं बदलती

5. ताप युग्म तापमापी (Thermo Couple Thermometer) किस सिद्धान्त पर आधारित है?

A. सीबेक के प्रभाव पर
B. जूल के प्रभाव पर
C. पेल्टियर के प्रभाव पर
D. इनमें से कोई नहीं

6. अत्यधिक ऊंचे तापों की माप की जाती है–

A. प्लेटिनम प्रतिरोध तापमापी से
B. ताप युग्म तापमापी से
C. पूर्ण विकिरण उत्तापमापी से
D. नाइट्रोजन गैस तापमापी से

7. न्यूनतम सम्भव ताप है–

A. –273ºC B. 0ºC
C. –300ºC D. 1ºC

8. फारेनहाइट स्केल पर किसी वस्तु का ताप 212ºF है। सेल्सियस पैमाने पर उस वस्तु का ताप होगा–

A. –32ºC B. 40ºC
C. 100ºC D. 112ºC

9. फारेनहाइट मापक्रम पर सामान्य वायुमण्डलीय दाब पर उबलते पानी का ताप होता है–

A. 32ºF B. 100ºF
C. 180ºF D. 212ºF

10. एक मनुष्य का तापक्रम 60ºC है, तो उसका तापक्रम फारेनहाइट में क्या होगा?

A. 140ºF B. 120ºF
C. 130ºF D. 98ºF

11. जल को 0ºC से 10ºC तक गर्म किया जाता है तो उसका आयतन–

A. लगातार बढ़ता है
B. लगातार घटता है
C. पहले बढ़ता है फिर घटता है
D. पहले घटता है फिर बढ़ता है

12. अत्यधिक शीत ऋतु में पहाड़ों पर पानी की पाइपलाइनें फट जाती हैं। इसका कारण है–

A. पाइप ठण्डक से सिकुड़ जाता है।
B. पाइप में पानी जमने पर सिकुड़ जाता है।
C. पाइप में पानी जमने पर फैल जाता है।
D. पाइप ठंडक पाकर बढ़ जाते हैं।

13. किसी झील की सतह का पानी बस जमने ही वाला है। झील के अधः स्तल में जल का क्या तापमान होगा?

A. 0ºC B. 1ºC
C. 2ºC D. 4ºC

14. ऊष्मा के संचरण (Transmission of heat) की विधि है–

A. चालन B. संवहन
C. विकिरण D. उपर्युक्त सभी

15. द्रवों तथा गैसों में ऊष्मा का स्थानान्तरण निम्नलिखित में से किस विधि द्वारा होता है?

A. चालन B. संवहन
C. विकिरण D. उपर्युक्त सभी

16. विद्युत केतली में पानी गर्म होता है–

A. चालन के कारण B. संवहन के कारण
C. विकिरण के कारण D. उपर्युक्त सभी

17. ऊष्मा के स्थानान्तरण की किस विधि में माध्यम आवश्यक नहीं है?

A. चालन B. संवहन
C. विकिरण D. उपर्युक्त सभी

18. ऊष्मा का सबसे अच्छा चालक है–

A. तांबा B. एलुमिनियम
C. सोना D. चांदी

19. कमरे में रखे हुए रेफ्रिजरेटर के दरवाजे खुले छोड़ दिए जाएं तो–

A. कमरा रेफ्रिजरेटर के भीतर के ताप तक ठंडा हो जाएगा।
B. कमरा रेफ्रिजरेटर के अन्दर से भी अधिक ताप तक ठंडा हो जाएगा।
C. कमरा धीरे-धीरे गर्म हो जाएगा।
D. कमरे में वायु का ताप अपरिवर्तित रहेगा।

20. यदि किसी धातु को खाना पकाने के बर्तन बनाने में प्रयुक्त किया जाता है तो ताप चालकता–

A. कम होनी चाहिए
B. अधिक होनी चाहिए
C. विद्युत चालकता कम होनी चाहिए
D. घनत्व अधिक होना चाहिए

21. शीतकाल में कपड़े हमें गर्म रखते हैं, क्योंकि–

A. ऊष्मा प्रदान करते हैं।
B. ऊष्मा का विकिरण नहीं करते हैं।
C. वायु को शरीर के सम्पर्क में आने से रोकते हैं।
D. शरीर की ऊष्मा को बाहर जाने से रोकते हैं।

22. ऊनी कपड़े सूती वस्त्रों की अपेक्षा गर्म होते हैं, क्योंकि वे–

A. ताप के अच्छे शोषक होते हैं।
B. ताप के अच्छे वितरक होते हैं।
C. सूती वस्त्रों से भारी होते हैं।
D. ताप के अच्छे रोधक होते हैं।

23. "अच्छे उत्सर्जक अच्छे अवशोषक होते हैं।" यह नियम है–

A. किरचॉफ का नियम
B. स्टीफन का नियम
C. न्यूटन का शीतलन नियम
D. ऊष्मागतिकी का नियम

24. थर्मस फ्लास्क (Thermos Flask) के आविष्कारक हैं–

A. डिवार B. स्टीफन
C. किरचॉफ D. न्यूटन

25. किस विधि से ऊष्मा स्थानान्तरण को न्यूनतम करने के लिए थर्मस फ्लास्क की दीवारों पर कलई की जाती है?

A. चालन B. संवहन
C. विकिरण D. उपर्युक्त सभी

26. निम्नलिखित में से किसमें सर्वोच्च विशिष्ट ऊष्मा का मान होता है?

A. कांच B. तांबा
C. सीसा D. जल

27. निम्नतापी परीक्षण किस ताप पर किया जाता है?

A. –20ºC B. –40ºC
C. –100ºC D. –196ºC

28. किसी ठोस पदार्थ के बिना द्रव में बदले सीधे वाष्प अवस्था में परिवर्तित होने को कहते हैं–

A. क्वथन B. आसवन
C. उर्ध्वपातन D. बहुलीकरण

29. जिस ताप पर कोई द्रव ऊष्मा पाकर वाष्प में बदलता है, कहलाता है–

A. गलनांक B. द्रवणांक
C. क्वथनांक D. इनमें से कोई नहीं

30. ठोस से द्रव में पदार्थ के अवस्था परिवर्तन को कहते हैं–

A. गलन B. वाष्पन
C. क्वथन D. इनमें से कोई नहीं

उत्तरमाला

1	2	3	4	5	6	7	8	9	10
C	A	B	B	A	C	A	C	D	A
11	**12**	**13**	**14**	**15**	**16**	**17**	**18**	**19**	**20**
D	C	D	D	B	B	C	D	C	A
21	**22**	**23**	**24**	**25**	**26**	**27**	**28**	**29**	**30**
D	D	A	A	C	D	D	C	C	A

अध्याय 3

प्रकाश

प्रकाश का परावर्तन

जब प्रकाश की एक किरण पॉलिश की गई सतह पर पड़ती है, तो वह समान माध्यम में वापस लौट जाती है। यह परिघटना परावर्तन (reflection) कहलाती है। परावर्तन में आवृत्ति, चाल तथा तरंगदैर्ध्य अपरिवर्तित रहते हैं परन्तु एक कलान्तर उत्पन्न हो सकता है जो कि परावर्तन पृष्ठ की प्रकृति पर निर्भर करता है।

प्रायोगिक रूप से पाया गया है कि आपतित तथा परावर्तित तरगें दो माध्यमों की उभयनिष्ठ परिसीमा पर अभिलम्ब से समान कोण बनाती हैं। अतः परावर्तन के दो नियम दिये जाते हैं :

1. $\angle i = \angle r$
2. आपतित किरण, परावर्तित किरण तथा अभिलम्ब तीनों समान तल में होते हैं।

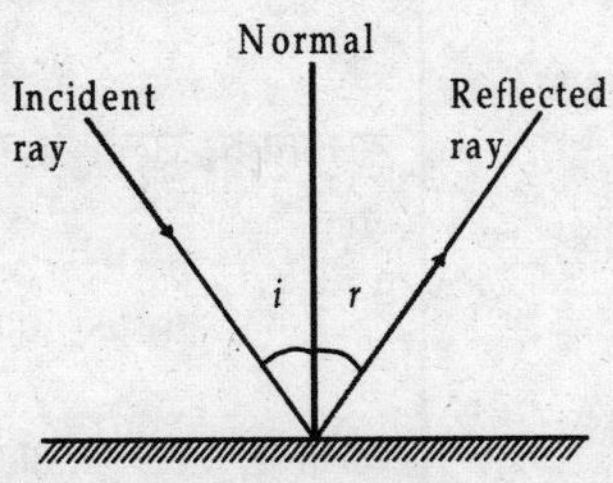

झुके हुए दर्पणों में प्रतिबिम्बों की संख्या

माना दो समतल दर्पणों के बीच कोण θ है तथा n प्रतिबिम्बों की संख्या है, तब

$$n = \begin{cases} \dfrac{360}{\theta}, \text{ यदि } \dfrac{360}{\theta} \text{ विषम है।} \\ \dfrac{360}{\theta} - 1, \text{ यदि } \dfrac{360}{\theta} \text{ सम है।} \end{cases}$$

पुनः जब $\dfrac{360}{\theta}$ विषम है, तब

$$n = \begin{cases} \dfrac{360}{\theta} - 1, \text{ यदि वस्तु दोनों के कोण द्विभाजक पर सममित रूप से रखी है।} \\ \dfrac{360}{\theta}, \text{ यदि वस्तु असममित रूप से रखी है।} \end{cases}$$

गोलीय सतह से परावर्तन

गोलीय दर्पण

गोलीय दर्पण वे दर्पण हैं जिनकी परावर्तन सतह गोलीय होती है। गोलीय दर्पण दो प्रकार के होते हैं।

(*i*) उत्तल दर्पण (Convex Mirror): ऐसे दर्पण जिनमें परावर्तन उभरी हुई सतह से होता है, उत्तल दर्पण कहलाते हैं।

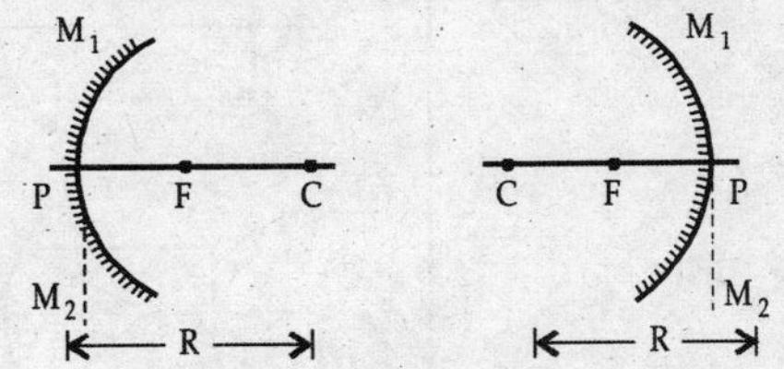

Concave mirror   Convex mirror

(*ii*) अवतल दर्पण (Concave Mirror): ऐसे दर्पण जिनमें परावर्तन दबी हुई सतह से होता है, अवतल दर्पण कहलाते हैं।

गोलीय दर्पण में प्रतिबिम्ब बनने के नियम

प्रतिबिम्ब बनने के निम्नलिखित तीन नियम हैं :

(*i*) दर्पण के मुख्य अक्ष के समान्तर आने वाली प्रकाश की किरणें दर्पण से परावर्तन के पश्चात् दर्पण के फोकस से गुजरती हैं अथवा आती हुई प्रतीत होती हैं।

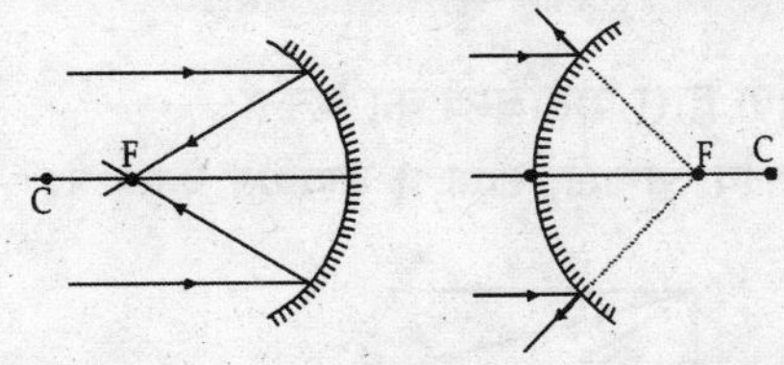

(*ii*) दर्पण के वक्रता केन्द्र से होकर आने वाली किरण परावर्तन के पश्चात् बाहरी मार्ग पर वापस लौट जाती है।

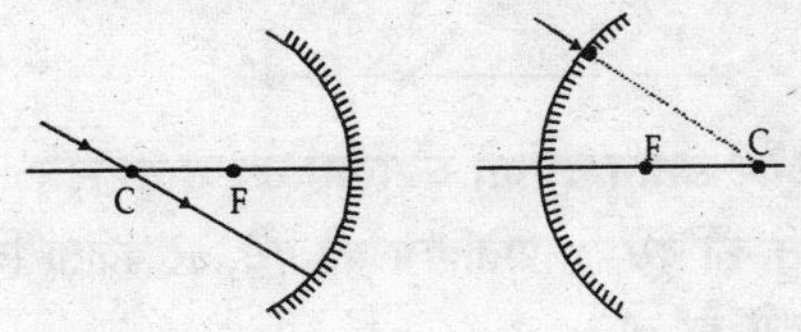

(*iii*) दर्पण के फोकस से होकर आने वाली किरणें परावर्तन के पश्चात् दर्पण के मुख्य अक्ष के समान्तर हो जाती हैं।

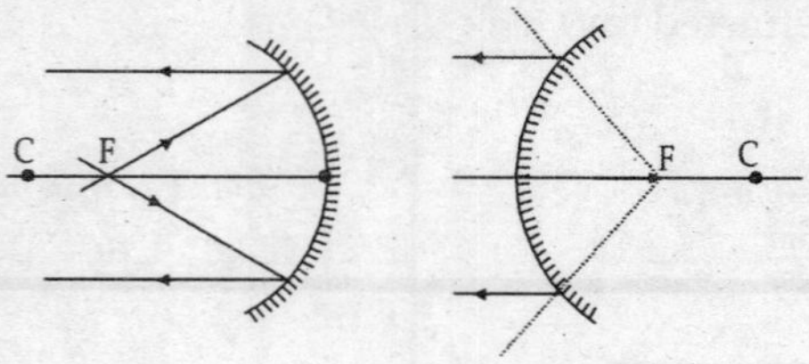

अवतल दर्पण द्वारा प्रतिबिम्ब का बनना

वस्तु की स्थिति	किरण आरेख	प्रतिबिम्ब की स्थिति	प्रतिबिम्ब की प्रकृति एवं आकार
अनन्त पर	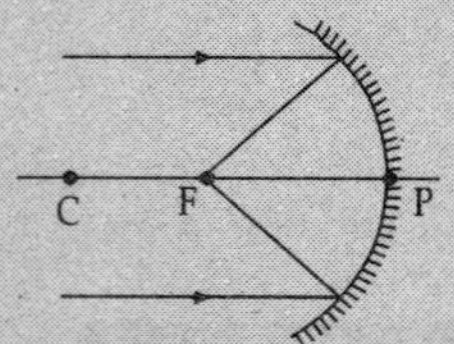	मुख्य फोकस (*F*) पर या फोकस तल में	वास्तविक, उल्टा व बहुत छोटा
C के परे	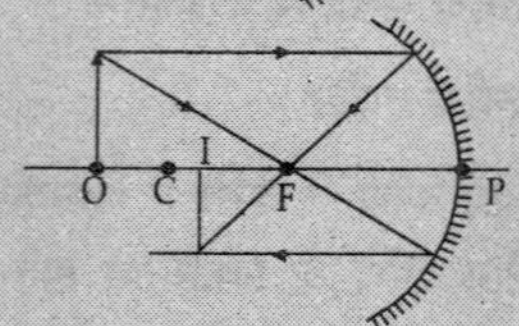	*F* व *C* के बीच	वास्तविक, उल्टा व छोटा
C पर	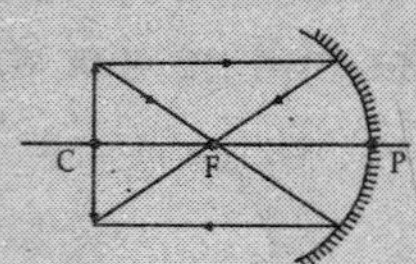	*C* पर	वास्तविक, उल्टा व वस्तु के बराबर
F व *C* के बीच	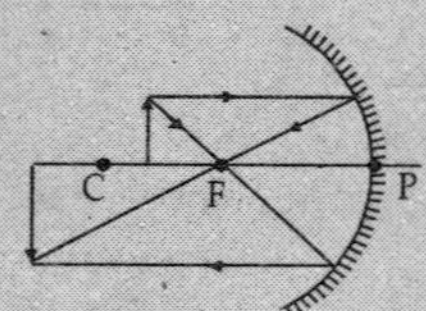	*C* के परे	वास्तविक, उल्टा व वस्तु से बड़ा
F पर या फोकस तल पर	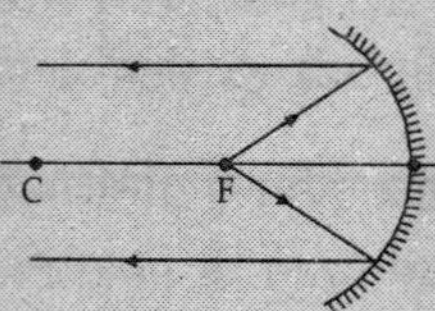	अनन्त पर	वास्तविक, उल्टा व वस्तु से बहुत बड़ा
F व *P* के बीच	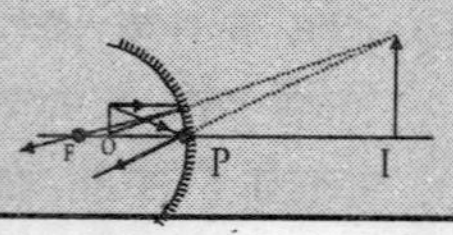	दर्पण के पीछे	आभासी, सीधा व आवर्धित (वस्तु से बहुत बड़ा)

उत्तल दर्पण द्वारा प्रतिबिम्ब का बनना

प्रतिबिम्ब सदैव आभासी, सीधा व आवर्धित बनता है।

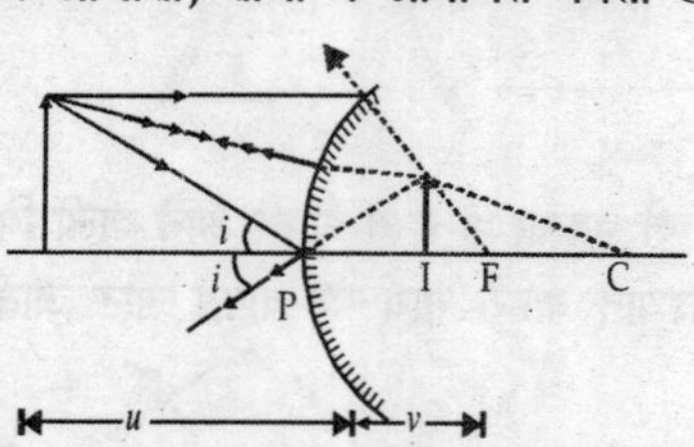

अवतल और उत्तल दर्पणों के लिए दर्पण के सूत्र

यदि u वस्तु की दूरी, v प्रतिबिम्ब की दूरी, R वक्रता त्रिज्या और f फोकस दूरी है, तो

$$\frac{1}{v}+\frac{1}{u}=\frac{2}{R}=\frac{1}{f}$$

प्रकाश का अपवर्तन

जब प्रकाश एक माध्यम, माना वायु, से दूसरे माध्यम, माना काँच, में जाता है तो एक भाग पहले माध्यम में वापस आ जाता है तथा शेष भाग दूसरे माध्यम में प्रवेश कर जाता है। जब यह दूसरे माध्यम से गुजरता है तो इसकी संचरण दिशा परिवर्तित हो जाती है। यह या तो अभिलम्ब की ओर झुक जाती है या अभिलम्ब से दूर हट जाती है। यह परिघटना (phenomenon) अपवर्तन कहलाती है। अपवर्तन के दो नियम हैं :

1. आपतित किरण (incident ray), आपतन बिन्दु पर अभिलम्ब (normal) व अपवर्तित किरण (refracted ray) तीनों एक ही तल में होते हैं।

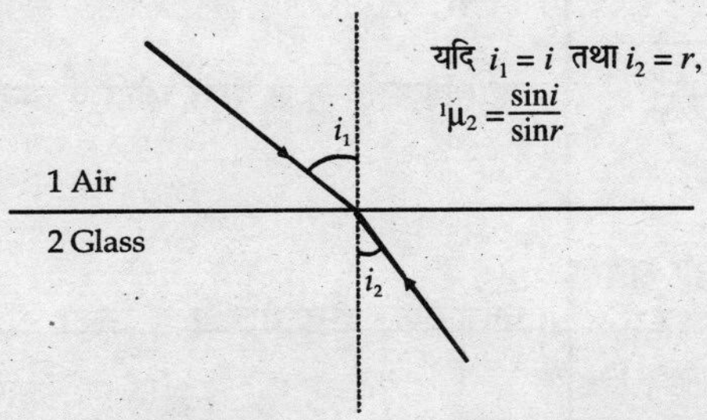

2. आपतन कोण की ज्या ($\sin i$) व अपवर्तन कोण की ज्या ($\sin r$) का अनुपात एक नियतांक होता है, जिसे दूसरे माध्यम का पहले माध्यम के सापेक्ष अपवर्तनांक कहते हैं।

$${}^1\mu_2 = \frac{\sin i}{\sin r}\frac{\mu_2}{\mu_1}$$

इस नियम को स्नेल का नियम भी कहते हैं।

गोलीय सतह द्वारा अपवर्तन

गोलीय सतह दो प्रकार की होती हैं :

(*a*) उत्तल (convex)

(*b*) अवतल (concave)

(*a*) जब एक किरण विरल (rarer) से सघन (denser) माध्यम में जाती है

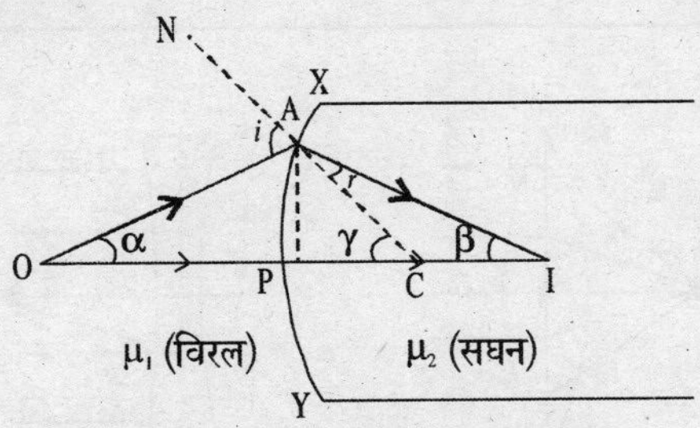

(*i*) उत्तल लेन्स (वास्तविक प्रतिबिम्ब)

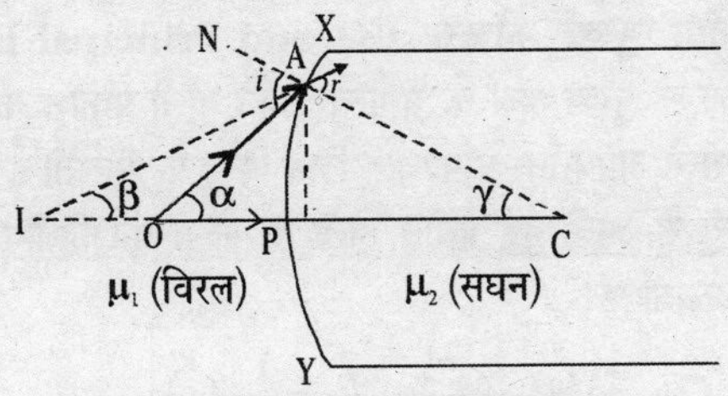

(*ii*) उत्तल लेन्स (आभासी प्रतिबिम्ब)

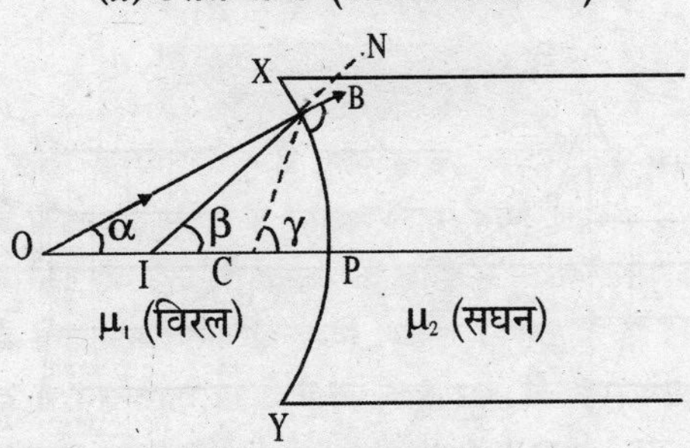

(*iii*) अवतल लेन्स

दोनों ही पृष्ठों के लिए अपवर्तन का सूत्र निम्न होता है :

$$\frac{{}^1\mu_2}{v} - \frac{1}{u} = \frac{{}^1\mu_2 - 1}{R}$$

यहाँ ${}^1\mu_2$, पहले माध्यम के सापेक्ष दूसरे माध्यम का अपवर्तनांक है। यदि μ_1 व μ_2 क्रमशः पहले व दूसरे माध्यम के अपवर्तनांक हैं, तब

$$\frac{\mu_2}{v} - \frac{\mu_1}{u} = \frac{\mu_2 - u_1}{R}$$

(*b*) जब एक किरण सघन (denser) से विरल (rarer) माध्यम में जाती है

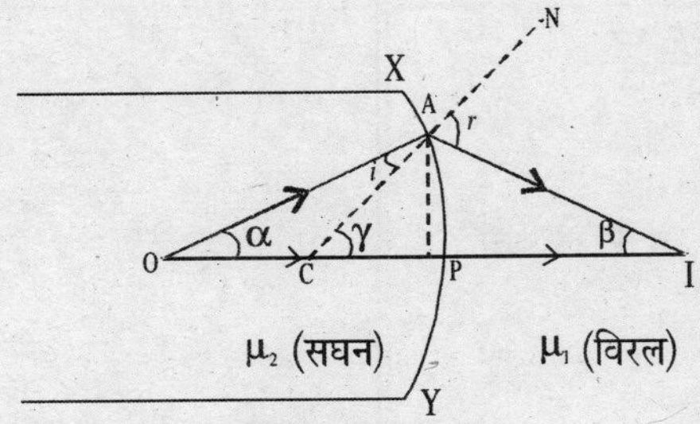

(*i*) उत्तल लेन्स

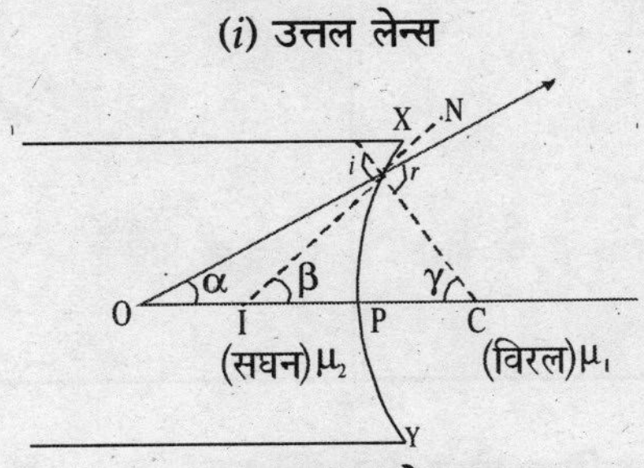

(*ii*) अवतल लेन्स

दोनों ही पृष्ठों के लिए अपवर्तन का सूत्र निम्न होता है–

$$\frac{\mu_1}{v} - \frac{\mu_2}{u} = \frac{\mu_1 - \mu_2}{R}$$

लेन्स

लेन्स दो गोलीय सतहों से घिरा पारदर्शी माध्यम होता है। लेन्स दो प्रकार के होते हैं :

1. **उत्तल लेन्स (Convex Lens):** दोनों ओर से उभरी हुई सतहों से घिरे पारदर्शी माध्यम को उत्तल लेन्स कहते हैं।

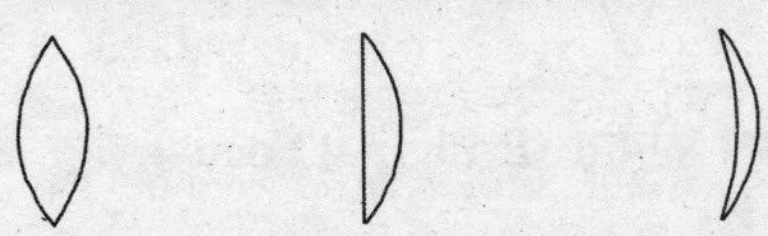

(a) Bi-convex (b) Plano-convex (c) Convexco-convex

2. **अवतल लेन्स (Concave Lens):** दोनों ओर से दबी हुई सतहों से घिरे पारदर्शी माध्यम को अवतल लेन्स कहते हैं।

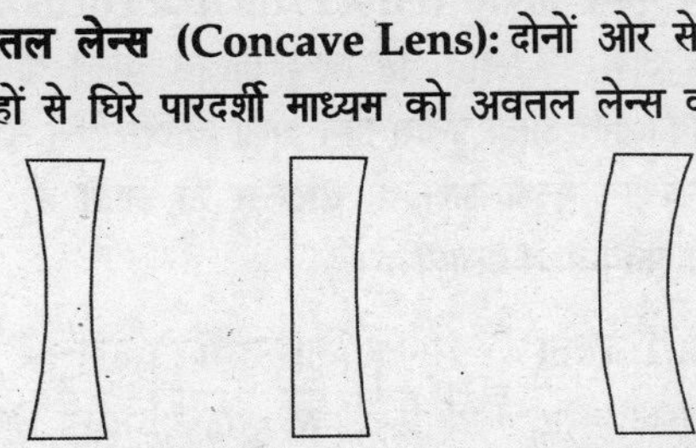

(a) Bi-concave (b) Plano-concave (c) Convexco-concave

उत्तल लेन्स द्वारा प्रतिबिम्ब का बनाना

वस्तु की स्थिति	प्रतिबिम्ब की स्थिति	किरण आरेख	प्रतिबिम्ब की प्रकृति एवं आकार
अनन्त पर	F_2 पर	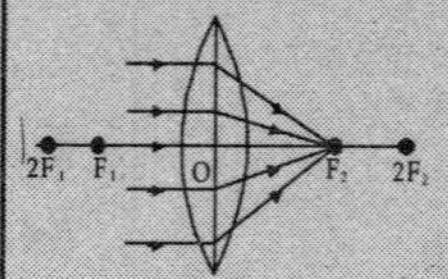	वास्तविक, वस्तु से बहुत छोटा व उल्टा
$2F_1$ के पीछे	F_2 व F_1 के बीच	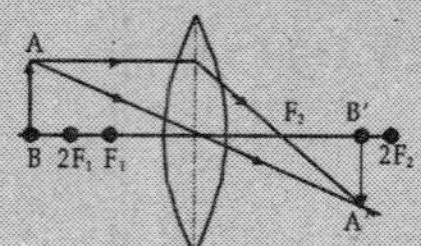	वास्तविक, वस्तु से बड़ा व उल्टा
$2F_1$ पर	$2F_2$ पर	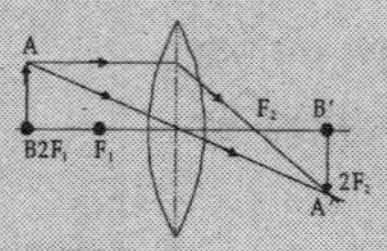	वास्तविक, वस्तु के बराबर व उल्टा
F_1 व F_2 के बीच	$2F_2$ के पीछे	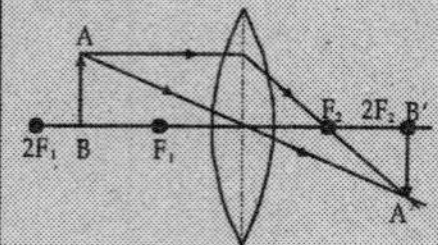	वास्तविक, वस्तु से बड़ा व उल्टा
F_1 पर	अनन्त पर	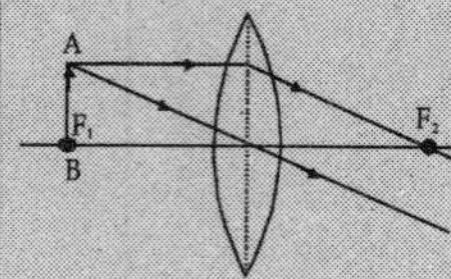	वास्तविक, वस्तु से बड़ा व उल्टा
लेन्स व F_1 के बीच	वस्तु के पीछे	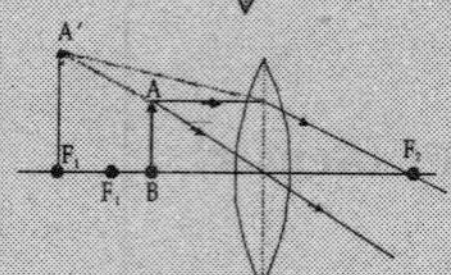	आभासी, सीधा व आवर्धित

(i) **प्रकाशिक केन्द्र (Optical Centre):** यदि लेन्स पर प्रकाश की कोई किरण इस प्रकार आपतित हो कि लेन्स से अपवर्तित होकर बाहर निकलने पर निर्गत किरण, आपतित किरण के समान्तर हो, तो अपवर्तित किरण लेन्स की मुख्य अक्ष को जिस बिन्दु पर काटती है अथवा काटती हुई प्रतीत होती है, उसे लेन्स का प्रकाशिक केन्द्र कहते हैं।

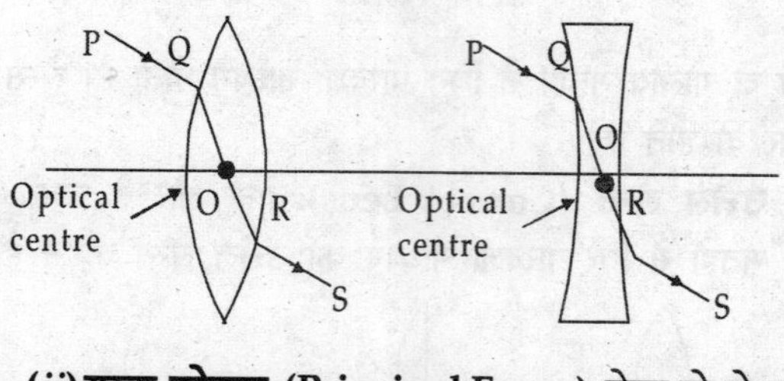

(ii) **मुख्य फोकस (Principal Focus):** लेन्स के दो मुख्य फोकस होते हैं :

(a) प्रथम मुख्य फोकस (First Principal Focus): लेन्स की मुख्य अक्ष पर स्थित वह बिन्दु जिससे चलने वाली अथवा जिसकी ओर आती प्रतीत होने वाली किरणें लेन्स से अपवर्तन के पश्चात् मुख्य अक्ष के समान्तर हो जाती हैं, लेन्स का प्रथम फोकस कहलाता है।

$$\frac{1}{f_1} = (\mu - 1)\left(\frac{1}{R_1} - \frac{1}{R_2}\right)$$

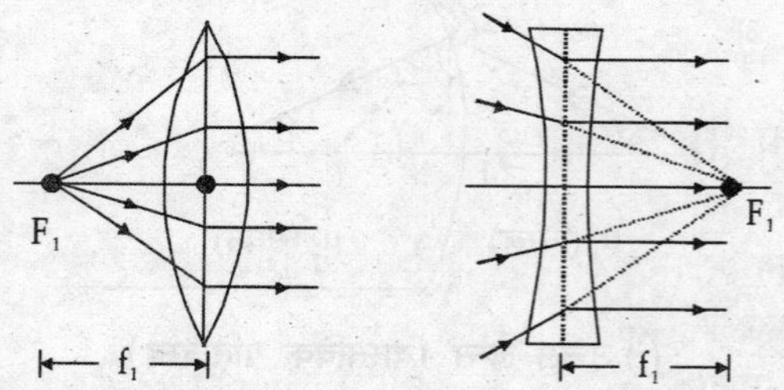

(b) द्वितीय मुख्य फोकस (Second Principal Focus): लेन्स के मुख्य अक्ष के समान्तर आने वाली प्रकाश की किरणें लेन्स से अपवर्तन के पश्चात् जिस बिन्दु पर मिलती हैं या जिस बिन्दु से आती हुई प्रतीत होती हैं, लेन्स का द्वितीय फोकस कहलाता है।

$$\frac{1}{f_2} = (\mu - 1)\left(\frac{1}{R_1} - \frac{1}{R_2}\right)$$

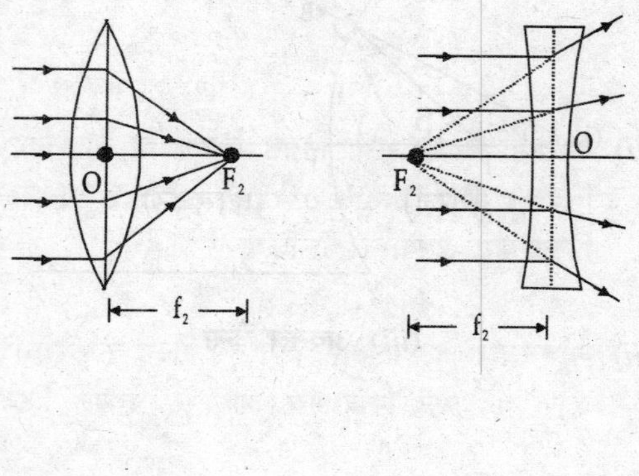

(c) **फोकस दूरी (Focus Length):** लेन्स के प्रकाशिक केन्द्र व फोकस के बीच की दूरी को लेन्स की फोकस दूरी कहते हैं। उत्तल लेन्स की फोकस दूरी धनात्मक व अवतल लेन्स की फोकस दूरी ऋणात्मक होती है।

लेन्स का आवर्धन

एक लेन्स द्वारा उत्पन्न पार्श्विक (lateral) या रेखीय (linear) आवर्धन m निम्नलिखित सूत्र से दिया जाता है।

$$m = \frac{\text{प्रतिबिम्ब की ऊँचाई}}{\text{वस्तु की ऊँचाई}} = \frac{I}{O}$$

एक वस्तु OO′ का उत्तल लेन्स द्वारा प्राप्त वास्तविक प्रतिबिम्ब II′ चित्रानुसार है।

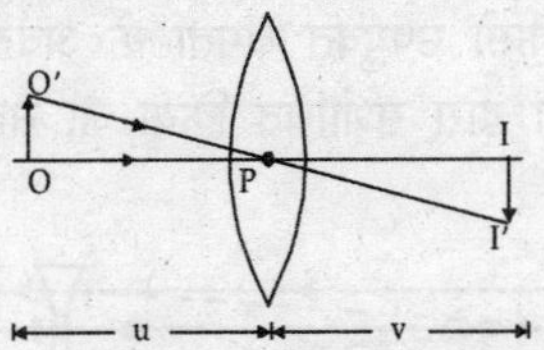

$$\frac{\text{प्रतिबिम्ब की ऊँचाई II'}}{\text{वस्तु की ऊँचाई (OO')}} = \frac{v}{u}$$

v व u के मान उचित चिह्नों के साथ प्रतिस्थापित करने पर

$$\frac{II'}{OO'} = \frac{I}{-O} = \frac{-v}{u}$$

या $$\frac{I}{O} = m = \frac{v}{u}$$

अतः $$m = \frac{v}{u}$$

प्रिज्म द्वारा अपवर्तन

प्रिज्म, अपवर्तक सतहों से घिरा एक ठोस पारदर्शी त्रिभुजाकार माध्यम होता है। अपवर्तक सतहों के मध्य का कोण प्रिज्म कोण 'A' कहलाता है।

माना PQR काँच के एक प्रिज्म का मुख्य परिच्छेद है। प्रिज्म के पृष्ठ पर किरण आपतित होने पर आपतन कोण i है तथा निर्गत कोण e है।

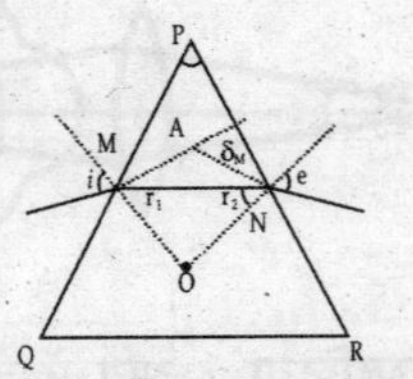

(*i*) यदि μ प्रिज्म के पदार्थ का अपवर्तनांक है, तब

$$\mu = \frac{\sin i}{\sin r_1} = \frac{\sin e}{\sin r_2}$$

(*ii*) आपतित किरण तथा निर्गत किरण के बीच का कोण विचलन कोण (angle of deviation) δ_m कहलाता है। प्रिज्म द्वारा अपवर्तन की क्रिया में

$$i + e = A + \delta \quad \text{तथा} \quad r_1 + r_2 = A$$

(*iii*) **न्यूनतम विचलन:** किसी दिये हुए प्रिज्म के लिये विचलन कोण का मान प्रिज्म पर आधारित प्रकाश किरण के आपतन कोण पर निर्भर करता है। एक आपतन कोण के लिये विचलन न्यूनतम δ_m है। इस मान के लिये

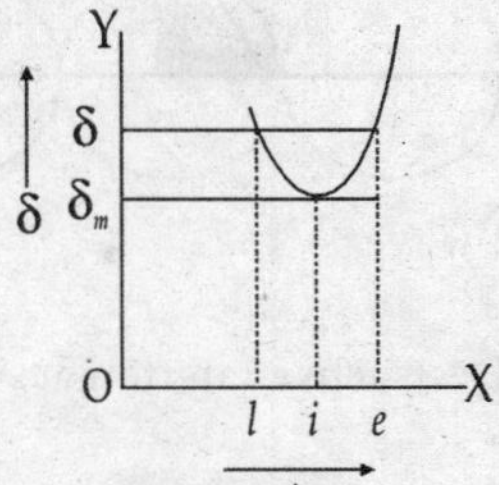

$$\therefore i = e$$

$$\Rightarrow \quad r_1 = r_2 = r \quad \therefore \quad r = \frac{A}{2}$$

पुनः $$\delta = \delta_m = (i + i) - A$$

या $$i = \frac{A + \delta_m}{2} \quad \therefore \quad \mu = \frac{\sin i}{\sin r}$$

या $$\mu = \frac{\sin\left(\frac{A + \delta_m}{2}\right)}{\sin\frac{A}{2}}$$

(*iv*) यदि प्रिज्म का अपवर्तन कोण छोटा है, तब कोण r_1 व r_2 भी छोटे होंगे। अतः

$$\mu = \frac{i}{r_1} \quad \text{तथा} \quad \mu = \frac{e}{r_2}$$

या $$i + e = \mu(r_1 + r_2)$$

या $$A + \delta = \mu A$$

या $$\delta = (\mu - 1)A$$

व्यतिकरण

जब किसी माध्यम में एक ही आवृत्ति की दो तरंगें एक साथ एक ही दिशा में जाती हैं, तो उनके अध्यारोपण से माध्यम के विभिन्न बिन्दुओं पर परिणामी तीव्रता उन तरंगों की अलग-अलग तीव्रताओं के योग से भिन्न होती है। कुछ बिन्दुओं पर परिणामी तरंग की तीव्रता अधिक तथा कुछ बिन्दुओं पर बहुत कम पायी जाती हैं। इस घटना को व्यतिकरण (interference) कहते हैं। जब तरंगें समान कला में मिलती हैं अर्थात् प्रकाश की तीव्रता अधिकतम होती है, तब व्यतिकरण को संपोषी व्यतिकरण (constructive interference) कहते हैं। जब तरंगें विपरीत कला में मिलती हैं अर्थात् प्रकाश की तीव्रता न्यूनतम होती है, तब व्यतिकरण को विनाशी व्यतिकरण (destructive interference) कहते हैं।

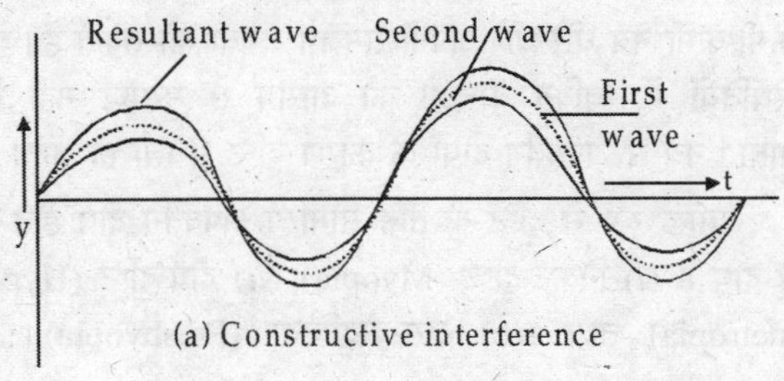

(a) Constructive interference

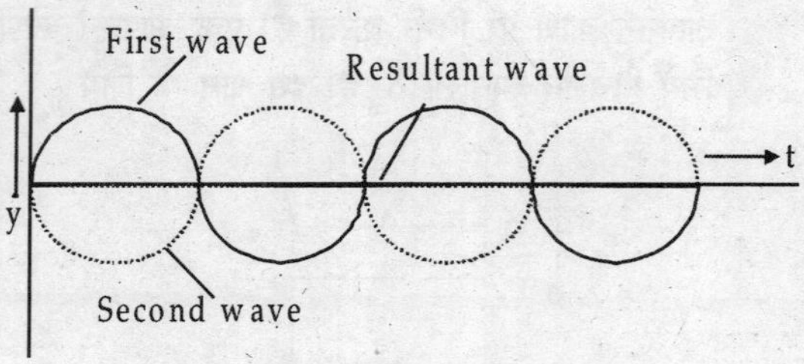

(b) Destructive interference

विवर्तन

जब प्रकाश तरंगें छोटे छिद्र या अवरोध के तीक्ष्ण किनारों पर पड़ती हैं, तो प्रकाश ऋजुरेखीय पथ से विचलित हो जाता है अर्थात् किनारों पर आशिक रूप से मुड़ जाता है। इस प्रकार किनारों से मुड़ना प्रकाश का विवर्तन (diffraction) कहलाता है।

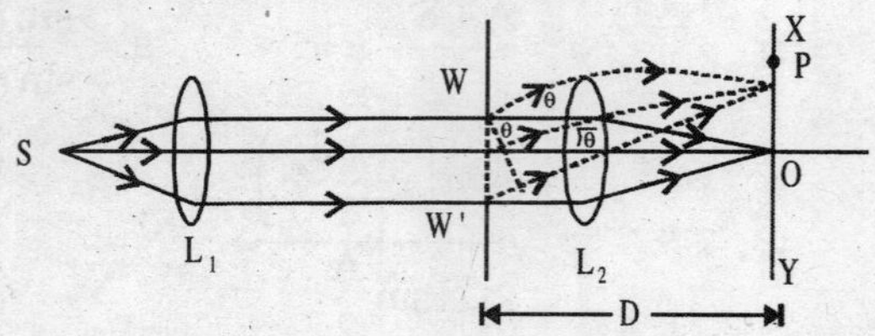

$\text{Sin } \theta_n = \dfrac{n\lambda}{a}$ n^{th} द्वितीय निम्निष्ठ के लिए (for n^{th} Secondary min.)

$\text{Sin } \theta_n = (2n+1)\dfrac{\lambda}{2a}$ n^{th} द्वितीय उच्चिष्ठ के लिए (for n^{th} Secondary max.)

सुप्रेक्ष्य विवर्तन (appreciable diffraction) होने के लिये विवर्तक वस्तु (diffracting body) का आकार तथा तरंग की तरंगदैर्ध्य समान कोटि की होनी चाहिए।

प्रकाश का ध्रुवण

सामान्यतः प्रकाश की तरंग में वैद्युत वेक्टर के कम्पन तरंग की गति के लम्बवत् तल में प्रत्येक दिशा में सममित रूप से होते हैं। जब प्रकाश की कोई तरंग टूरमैलीन क्रिस्टल (एक विशेष प्रकार का क्रिस्टल) पर डाली जाती है, तो तरंग के केवल वे कम्पन ही बाहर निकल पाते हैं, जो क्रिस्टल की अक्ष के समान्तर होते हैं। इस प्रकार निर्गत तरंग में कम्पन की गति की दिशा के लम्बवत् तल में होते हैं। ऐसी तरंग को समतल ध्रुवीय तरंग (plane polarised wave) कहते हैं और इस घटना को 'प्रकाश का ध्रुवण' कहते हैं।

दृष्टि दोष

कभी-कभी नेत्र धीरे-धीरे अपनी समंजन क्षमता खो सकते हैं। ऐसी स्थितियों में, व्यक्ति वस्तुओं को आराम से सुस्पष्ट नहीं देख पाता। नेत्र में अपवर्तन दोषों के कारण दृष्टि धुँधली हो जाती है।

प्रमुख रूप से दृष्टि के तीन सामान्य अपवर्तन दोष होते हैं। ये दोष हैं *(i)* निकट-दृष्टि (Myopia), *(ii)* दीर्घ-दृष्टि (Hypermetropia) तथा *(iii)* जरा-दूरदृष्टिता (Presbyopia)। इन दोषों को उपयुक्त गोलीय लेंस के उपयोग से संशोधित किया जा सकता है।

***(i)* निकट-दृष्टि दोष :** निकट-दृष्टि दोष को निकट-दृष्टिता (Near-sightedness) भी कहते हैं। निकट-दृष्टि दोषयुक्त कोई व्यक्ति निकट रखी वस्तुओं को तो स्पष्ट देख सकता है, परंतु दूर रखी वस्तुओं को वह सुस्पष्ट नहीं देख पाता। ऐसे दोषयुक्त व्यक्ति का दूर-बिंदु अनंत पर न होकर नेत्र के पास आ जाता है। ऐसा व्यक्ति कुछ मीटर दूर रखी वस्तुओं को ही सुस्पष्ट देख पाता है। निकट-दृष्टि दोषयुक्त नेत्र में, किसी दूर रखी वस्तु का प्रतिबिंब दृष्टिपटल (रेटिना) पर न बनकर दृष्टिपटल के सामने बनता है। इस दोष के उत्पन्न होने कारण हैं—अभिनेत्र लेंस की वक्रता का अत्यधिक होना अथवा नेत्र गोलक का लंबा हो जाना। इस दोष को किसी उपयुक्त क्षमता के अवतल लेंस (अपसारी लेंस) के उपयोग द्वारा संशोधित किया जा सकता है।

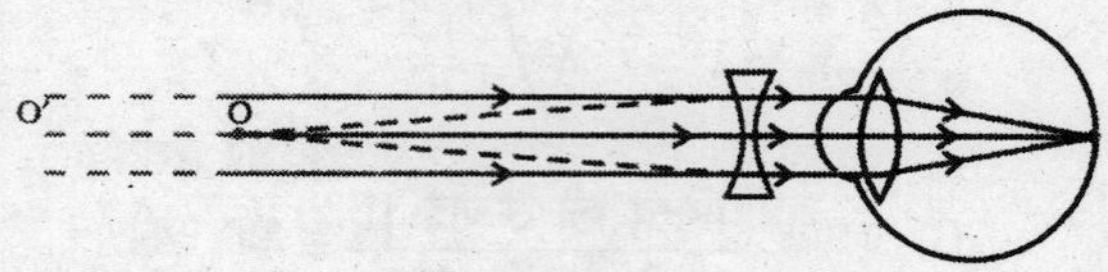

***(ii)* दीर्घ-दृष्टि दोष :** दीर्घ-दृष्टि दोष को दूर-दृष्टिता (Far-sightedness) भी कहते हैं। दीर्घ-दृष्टि दोषयुक्त कोई व्यक्ति दूर की वस्तुओं को तो स्पष्ट देख सकता है, परंतु निकट रखी वस्तुओं को सुस्पष्ट नहीं देख पाता। ऐसे दोषयुक्त व्यक्ति का निकट-बिंदु सामान्य निकट बिंदु (25 cm) से दूर हट जाता है। ऐसे व्यक्ति को आराम से पढ़ने के लिए पठन सामग्री को नेत्र से 25 cm से काफी अधिक दूरी पर रखना पड़ता है। इसका कारण यह है कि पास रखी वस्तु से आने वाली प्रकाश किरणें दृष्टिपटल (रेटिना) के पीछे फोकसित होती हैं। इस दोष के उत्पन्न होने के कारण हैं : अभिनेत्र लेंस की फोकस दूरी का अत्यधिक हो जाना अथवा नेत्र गोलक का छोटा हो जाना। इस दोष को उपयुक्त क्षमता के अभिसारी लेंस (उत्तल लेंस) का उपयोग करके संशोधित किया जा सकता है।

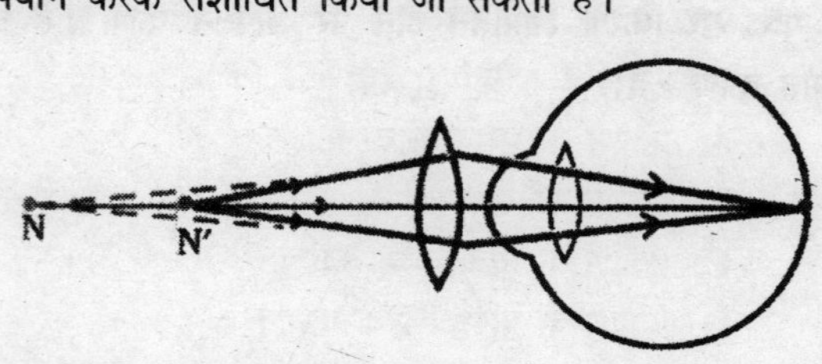

***(iii)* जरा-दूरदृष्टिता :** आयु में वृद्धि होने के साथ-साथ मानव नेत्र की समंजन-क्षमता घट जाती है। अधिकांश व्यक्तियों का निकट-बिंदु दूर हट जाता है। संशोधक चश्मों के बिना उन्हें पास की वस्तुओं को स्पष्ट देखने में कठिनाई होती है। इस दोष को जरा-दूरदृष्टिता कहते हैं। यह पक्ष्माभी पेशियों के धीरे-धीरे दुर्बल होने तथा क्रिस्टलीय लेंस के लचीलेपन में कमी आने के कारण उत्पन्न होता है। कभी-कभी किसी व्यक्ति के नेत्र में दोनों ही प्रकार के दोष निकट-दृष्टि तथा दूर-दृष्टि दोष हो सकते हैं। ऐसे व्यक्तियों को वस्तुओं को स्पष्ट देख सकने के लिए प्रायः *द्विफोकसी लेंसों* (Bi-focal lens) की आवश्यकता होती है।

वस्तुनिष्ठ प्रश्न

1. प्रकाश के चिकने पृष्ठ से टकराकर वापस लौटने की घटना को कहते हैं–

A. प्रकाश का अपवर्तन B. प्रकाश का परावर्तन
C. प्रकाश का विवर्तन D. प्रकाश का प्रकीर्णन

2. प्रकाश में ध्रुवण की घटना से यह सिद्ध होता है कि प्रकाश तरंगें हैं–

A. तीक्ष्ण B. प्रगामी
C. अनुप्रस्थ D. अनुदैर्ध्य

3. सूर्य लगभग 4×10^{26} जूल प्रति सेकण्ड की दर से ऊर्जा दे रहा है। सूर्य से इतनी ऊर्जा निकलने से उसका द्रव्यमान किस दर से कम हो रहा है?

A. 4×10^{7} kg s^{-1} B. 4×10^{9} kg s^{-1}
C. 4×10^{11} kg s^{-1} D. 4×10^{13} kg s^{-1}

4. जल, कांच व हीरे में प्रकाश की चाल निम्न क्रम में होती है–

A. हीरा > कांच > जल B. जल > कांच > हीरा
C. कांच > हीरा > जल D. हीरा > जल > कांच

5. पानी से भरे किसी बर्तन में पड़ा एक सिक्का किस कारण थोड़ा उठा हुआ प्रतीत होता है?

A. प्रकाश के परावर्तन के कारण
B. प्रकाश के अपवर्तन के कारण
C. प्रकाश के विवर्तन के कारण
D. प्रकाश के परिक्षेपण के कारण

6. जल के अंदर मौजूद व्यक्ति को किस कारण जल की सतह से ऊपर की वस्तु अपनी वास्तविक स्थिति से अपेक्षाकृत अधिक ऊँचाई पर प्रतीत होती है?

A. प्रकाश के अपवर्तन के कारण
B. प्रकाश के परावर्तन के कारण
C. प्रकाश के व्यतिकरण के कारण
D. प्रकाश के विवर्तन के कारण

7. इन्द्रधनुष बनने का कारण है–

A. वायुमण्डल में सूर्य की किरणों का जल बूंदों के द्वारा परावर्तन
B. वायुमण्डल में सूर्य की किरणों का धूलकणों के द्वारा परावर्तन
C. प्रकाश का प्रकीर्णन
D. प्रकाश का ध्रुवण

8. मृगतृष्णा बनने का कारण है–

A. पूर्ण आन्तरिक परावर्तन
B. विसरण
C. परावर्तन
D. अपवर्तन

9. हीरा चमकदार दिखाई देता है–

A. परावर्तन के कारण
B. अपवर्तन के कारण
C. सामूहिक आंतरिक परावर्तन के कारण
D. प्रकीर्णन के कारण

10. महासागर का रंग नीला दिखाई देता है, क्योंकि उस पर गिरने वाला प्रकाश–

A. परावर्तित हो जाता है
B. अपवर्तित हो जाता है
C. अवशोषित हो जाता है
D. प्रकीर्णित हो जाता है।

11. खतरे के संकेतों के लिए लाल प्रकाश का प्रयोग किया जाता है, क्योंकि–

A. इसका प्रकीर्णन सबसे कम होता है।
B. यह आंखों के लिए आरामदायक होता है।
C. इसका सबसे कम रासायनिक प्रभाव होता है।
D. हवा द्वारा इसका अवशोषण सबसे कम होता है।

12. साबुन के पतले झाग में चमकदार रंगों का बनना किस परिघटना का परिणाम है?

A. बहुलित परावर्तन और व्यतिकरण
B. बहुलित अपवर्तन और परिक्षेपण
C. अपवर्तन और परिक्षेपण
D. ध्रुवण और व्यतिकरण

13. कार में दृश्यावलोकन के लिए किस प्रकार के शीशे का प्रयोग होता है?

A. अवतल दर्पण B. बेलानकार दर्पण

C. उत्तल दर्पण D. समतल दर्पण

14. एक मीनार के पाद से क्षैतिज सतह पर एक समतल दर्पण 60 मीटर की दूरी पर रखा जाता है। मीनार की चोटी और दर्पण में उसका प्रतिबिम्ब एक-दूसरे से 90° का कोण बनाते हैं। मीनार की ऊँचाई होगी :

A. 30 m B. 60 m

C. 90 m D. 120 m

15. 100 सेमी फोकस दूरी वाले अवतल दर्पण से सूर्य का प्रतिबिम्ब बन रहा है, जो 30° का कोण बनाता है। सूर्य के प्रतिबिम्ब का व्यास होगा :

A. 1.74 cm B. 0.87 cm

C. 0.435 cm D. 100 cm

16. एक अवतल दर्पण की फोकस दूरी 50 सेमी है। एक वस्तु को कहाँ रखा जाये कि उसका वास्तविक व उल्टा प्रतिबिम्ब दोगुने आकार का बने?

A. 75 cm B. 72 cm

C. 63 cm D. 50 cm

17. एक आदमी की ऊँचाई 180 सेमी है। उसकी आँखें उसके सिर की चोटी से 10 सेमी नीचे है। अपनी पूरी ऊँचाई पैर के अँगूठे से सिर तक देखने के लिये वह अपने से 1 मीटर दूरी पर रखे एक समतल दर्पण का उपयोग करता है। समतल दर्पण की न्यूनतम ऊँचाई होगी :

A. 180 cm B. 90 cm

C. 85 cm D. 170 cm

18. 36 सेमी वक्रता त्रिज्या वाले अवतल दर्पण से एक वस्तु का काल्पनिक प्रतिबिम्ब वस्तु की आकृति से तीन गुना बड़ा बनता है। वस्तु की दर्पण से दूरी होगी :

A. 5 cm B. 12 cm

C. 10 cm D. 20 cm

19. किसी अवतल दर्पण से एक बिन्दु-बिम्ब 10 सेमी की दूरी पर रखा है और इसका वास्तविक प्रतिबिम्ब दर्पण से 20 सेमी की दूरी पर बनता है। यदि बिम्ब को दर्पण की ओर 0.1 सेमी खिसकाया जाये तो प्रतिबिम्ब खिसकेगा लगभग :

A. 0.4 cm दर्पण से दूर B. 0.4 cm दर्पण की ओर

C. 0.8 cm दर्पण से दूर D. 0.8 cm दर्पण की ओर

20. एक बिन्दुवत् वस्तु 30 सेमी फोकस दूरी वाले उत्तल दर्पण से 30 सेमी की दूरी पर स्थित है। तब इसका प्रतिबिम्ब बनेगा :

A. अनन्त पर

B. फोकस पर

C. ध्रुव पर

D. दर्पण से 15 सेमी पीछे की ओर

21. 30° अपवर्तक कोण वाले प्रिज्म के एक पृष्ठ पर प्रकाश किरण 60° के कोण पर आपतित होती है। प्रिज्म से निर्गत किरण आपतित किरण के साथ भी 30° का कोण बनाती है, प्रिज्म के पदार्थ का अपर्तनांक होगा :

A. $\sqrt{2}$ B. $2\sqrt{3}$

C. 2 D. $\sqrt{3}$

22. प्रकाश की एक किरण काँच के एक समबाहु प्रिज्म से इस प्रकार गुजरती है कि उसका आपतन कोण, निर्गत् कोण के बराबर है और इन दोनों कोणों में से प्रत्येक प्रिज्म का 3/4 के बराबर है। किरण का विचलन कोण है :

A. 45° B. 39°

C. 20° D. 30°

23. प्रकाश की एक किरण 30° कोण वाले प्रिज्म की एक सतह पर 60° के कोण पर आपतित होती है। प्रिज्म से बाहर निकलने वाली किरण आपतित किरण से 30° का कोण बनाती है। बाहर निकलने वाली किरण जिस तल से निकलती है :

A. उस पर अभिलम्ब होगी

B. उससे 30° पर झुकी होगी

C. उससे 60° पर झुकी होगी

D. इनमें से कोई नहीं

24. एक उभयोत्तल लेन्स जिसकी फोकस दूरी 20 सेमी तथा जिसके पदार्थ का अपवर्तनांक 3/2 है। जब यह पानी में पूरा डुबोया जाता है $({}_a\mu_w = 4/3)$ तो इसकी फोकस दूरी होगी:

A. 80 cm B. 15 cm

C. 17.7 cm D. 22.5 cm

25. यदि एक पतले समतल-उत्तल लेन्स के उत्तल पृष्ठ की त्रिज्या 15 सेमी और उसके पदार्थ का अपवर्तनांक 1.6 हो, तो लेन्स की क्षमता होगी :

A. + 1 D B. − 2 D

C. + 3 D D. + 4 D

26. एक वस्तु 8 सेमी फोकस दूरी वाले अभिसारी लेन्स के बायीं ओर 12 सेमी दूरी पर रखी है। 6 सेमी फोकस दूरी वाला अन्य अभिसारी लेन्स पहले लेन्स के दायीं ओर 30 सेमी दूरी पर रखा है। दूसरा लेन्स बनायेगा :

A. कोई प्रतिबिम्ब नहीं

B. आभासी एवं बड़ा प्रतिबिम्ब

C. वास्तविक एवं बड़ा प्रतिबिम्ब

D. वास्तविक एवं उल्टा प्रतिबिम्ब

27. सूक्ष्मदर्शी से अधिकतम आवर्धन लेने के लिये आँख को रखना चाहिये :

A. लेन्स की फोक्स दूरी पर

B. नेत्र लेन्स से 25 cm की दूरी पर

C. आँख के निकट बिन्दु की दूरी पर

D. नेत्र लेन्स के पास में

28. एक नेत्र के लिये दूर बिन्दु (far point) 4 मीटर दूरी पर है, तो नेत्र में होगा :

A. निकट दृष्टि दोष, आवश्यक लेन्स -0.25 D
B. निकट दृष्टि दोष, आवश्यक लेन्स $+0.25$ D
C. दूर दृष्टि दोष, आवश्यक लेन्स $+2.5$ D
D. दूर दृष्टि दोष, आवश्यक लेन्स -1.25 D

29. एक समंजन से खगोलीय दूरदर्शी की लम्बाई (अभिदृश्यक और नेत्रिका के बीच की दूरी) 105 सेमी है, जबकि अभिदृश्यक की फोकस दूरी 100 सेमी है, तो दूरदर्शी द्वारा आवर्धन होगा :

A. 20 B. 1.05
C. 21 D. जानकारी अपर्याप्त है

30. दांत के डॉक्टर का दर्पण होता है–

A. उत्तल दर्पण B. अवतल दर्पण
C. समतल दर्पण D. बेलनाकार दर्पण

31. कार की हेडलाइट में किस दर्पण का प्रयोग किया जाता है?

A. समतल B. गोलीय उत्तल
C. परवलयाकार अवतल D. समतल उत्तल

32. मानव आंख की रेटिना पर कैसा प्रतिबिम्ब बनता है?

A. वास्तविक तथा उल्टा B. वास्तविक तथा सीधा
C. आभासी तथा उल्टा D. आभासी तथा सीधा

33. दो समतल दर्पणों को 90° के कोण पर रखा गया है और उसके मध्य एक मोमबत्ती जल रही है। दर्पण में मोमबत्ती के कितने प्रतिबिम्ब बनेंगे?

A. 2 B. 3
C. 4 D. अनन्त

34. यदि एक व्यक्ति दो समतल दर्पण जो 60° कोण पर आनत हैं, के बीच खड़ा हो तब उसके कितने प्रतिबिम्ब दिखेंगे?

A. 3 B. 4
C. 5 D. 6

35. अपसारी लेन्स वह होता है, जो–

A. किरणें फैलाता है
B. किरणें एकत्रित करता है
C. काल्पनिक प्रतिबिम्ब बनाता है
D. वास्तविक प्रतिबिम्ब बनाता है

36. वायु का बुलबुला जल में व्यवहार करेगा–

A. उत्तल लेंस की भांति
B. अवतल लेंस की भांति
C. समतल-उत्तल लेंस की भांति
D. समतल-अवतल लेंस की भांति

37. लेंस (Lens) की क्षमता का मात्रक होता है–

A. ऑप्टर B. डायोप्टर
C. ल्यूमेन D. लक्स

38. एक लेंस का फोकसान्तर 25 सेमी. है। उसकी क्षमता होगी–

A. $+2$D B. $+4$D
C. -2D D. -4D

39. श्वेत प्रकाश जब प्रिज्म से होकर गुजरता है तो जो वर्ण सबसे अधिक विचलित होता है, वह है–

A. लाल B. बैंगनी
C. पीला D. आसमानी

40. प्राथमिक रंग है–

A. प्रकृति में पाए जाने वाले रंग
B. इन्द्र धनुष के रंग
C. श्वेत प्रकाश के स्पेक्ट्रम के रंग
D. वे रंग जो अन्य रंगों के मिश्रण से उत्पन्न नहीं किए जा सकते हैं।

उत्तरमाला

1	2	3	4	5	6	7	8	9	10
B	C	B	B	B	A	A	A	C	D
11	**12**	**13**	**14**	**15**	**16**	**17**	**18**	**19**	**20**
A	A	C	B	B	A	B	B	A	D
21	**22**	**23**	**24**	**25**	**26**	**27**	**28**	**29**	**30**
D	D	A	A	D	C	D	A	A	B
31	**32**	**33**	**34**	**35**	**36**	**37**	**38**	**39**	**40**
C	A	B	C	A	B	B	B	B	D

अध्याय 4

ध्वनि

हम विभिन्न वस्तुओं में घर्षण द्वारा, खुरचकर, रगड़कर, वायु फूँककर या उनको हिलाकर ध्वनि उत्पन्न कर सकते हैं। हम वस्तु को कंपमान करते हैं और ध्वनि उत्पन्न करते हैं। मनुष्यों में वाक्‌ध्वनि उनके वाक्-तंतुओं के कंपित होने के कारण उत्पन्न होती है। जब कोई पक्षी अपने पंख को फड़फड़ाता है, या मक्खी भिनभिनाती है तो ध्वनि उत्पन्न होती है। इसी प्रकार एक तानित रबड़ के छल्ले को बीच में से खींचकर छोड़ने पर यह कंपन करता है और ध्वनि उत्पन्न करता है।

ध्वनि का संचरण

कंपन करती हुई वस्तुओं द्वारा ध्वनि उत्पन्न होती है। द्रव्य या पदार्थ जिससे होकर ध्वनि संचरित होती है, माध्यम कहलाता है। जब कोई वस्तु कंपन करती है तो यह अपने चारों ओर विद्यमान माध्यम के कणों को कंपमान कर देती है। सबसे पहले कंपमान वस्तु के संपर्क में रहने वाले माध्यम के कण अपनी संतुलित अवस्था से विस्थापित होते हैं। ये अपने समीप के कणों पर एक बल लगाते हैं, जिसके फलस्वरूप निकटवर्ती कण अपनी विरामावस्था से विस्थापित हो जाते हैं। निकटवर्ती कणों को विस्थापित करने के पश्चात् प्रारंभिक कण अपनी मूल अवस्थाओं में वापस लौट आते हैं। माध्यम में यह प्रक्रिया चलती रहती है। माध्यम में ध्वनि द्वारा उत्पन्न विक्षोभ (माध्यम के कण नहीं) माध्यम से होता हुआ संचरित होता है।

तरंग एक विक्षोभ है जो किसी माध्यम से होकर गति करता है और माध्यम के कण निकटवर्ती कणों में गति उत्पन्न कर देते हैं। ये कण इसी प्रकार की गति अन्य कणों में भी उत्पन्न करते हैं। माध्यम के कण स्वयं आगे नहीं बढ़ते, लेकिन विक्षोभ आगे बढ़ जाता है। किसी माध्यम में ध्वनि के संचरण के समय ठीक ऐसा ही होता है, इसलिए ध्वनि को तरंग के रूप में जाना जा सकता है। ध्वनि तरंगें माध्यम के कणों की गति द्वारा अभिलक्षित की जाती हैं और यांत्रिक तरंगें कहलाती हैं।

ध्वनि के संचरण के लिए वायु सबसे अधिक सामान्य माध्यम है। जब कोई कंपमान वस्तु आगे की ओर कंपन करती है तो अपने सामने की वायु को धक्का देकर संपीडित करती है, इस प्रकार एक उच्च दाब का क्षेत्र उत्पन्न होता है। इस क्षेत्र को संपीडन (C) कहते हैं। यह संपीड़न कंपमान वस्तु से दूर आगे की ओर गति करता है। जब कंपमान वस्तु पीछे की ओर कंपन करती है तो एक निम्न दाब का क्षेत्र उत्पन्न होता है जिसे विरलन (R) कहते हैं। जब वस्तु कंपन करती है अर्थात् आगे और पीछे तेजी से गति करती है तो वायु से संपीडन और विरलन की एक श्रेणी बन जाती है। यही संपीडन और विरलन ध्वनि तरंग बनाते हैं जो माध्यम से होकर संचरित होती है। संपीडन उच्च दाब का क्षेत्र है और विरलन निम्न दाब का क्षेत्र है। किसी माध्यम में कणों का अधिक घनत्व अधिक दाब को और कम घनत्व कम दाब को दर्शाता है।

ध्वनि संचरण के लिए माध्यम

ध्वनि एक यांत्रिक तरंग है और इसके संचरण के लिए किसी माध्यम; जैसे–वायु, जल, स्टील आदि की आवश्यकता होती है। यह निर्वात में होकर नहीं चल सकती।

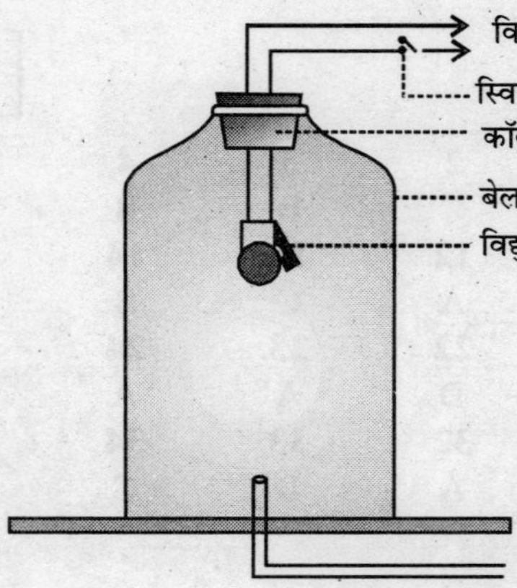

चित्र

निर्वात में ध्वनि का संचरण नहीं हो सकता, यह दर्शाने के लिए बेलजार का प्रयोग एक विद्युत घंटी और एक काँच का वायुरुद्ध बेलजार लेते हैं। विद्युत घंटी को बेलजार में लटकाते हैं। बेलजार को एक निर्वात पंप से जोड़ते हैं। घंटी के स्विच को दबाने पर हम उसकी ध्वनि को सुन सकते हैं। अब निर्वात पंप

को चलाते हैं। जब बेलजार की वायु धीरे-धीरे बाहर निकलती है, घंटी की ध्वनि धीमी हो जाती है यद्यपि उसमें पहले जैसी ही विद्युतधारा प्रवाहित हो रही है। कुछ समय पश्चात् जब बेलजार में बहुत कम वायु रह जाती है तब बहुत धीमी ध्वनि सुनाई पड़ती है। यदि बेलजार की समस्त वायु निकाल दी जाए तो ध्वनि नहीं सुनी जा सकती है।

अनुदैर्घ्य एवं अनुप्रस्थ तरंग

यदि हाथ से स्लिंकी को लगातार आगे-पीछे बारी-बारी से धक्का देते और खींचते चलते हैं, तो उन क्षेत्रों को जहाँ स्लिंकी की कुंडलियाँ पास-पास आ जाती हैं संपीडन (C) और उन क्षेत्रों को जहाँ कुंडलियाँ दूर-दूर हो जाती हैं इसे विरलन (R) कहते हैं। ये तरंगें अनुदैर्घ्य तरंगें कहलाती हैं। इन तरंगों में माध्यम के कणों का विस्थापन विक्षोभ के संचरण की दिशा के समांतर होता है। कण एक स्थान से दूसरे स्थान तक गति नहीं करते लेकिन अपनी विराम अवस्था से आगे-पीछे दोलन करते हैं। ठीक इसी प्रकार ध्वनि तरंगें संचरित होती हैं, अतएव ध्वनि तरंगें अनुदैर्घ्य तरंगें हैं।

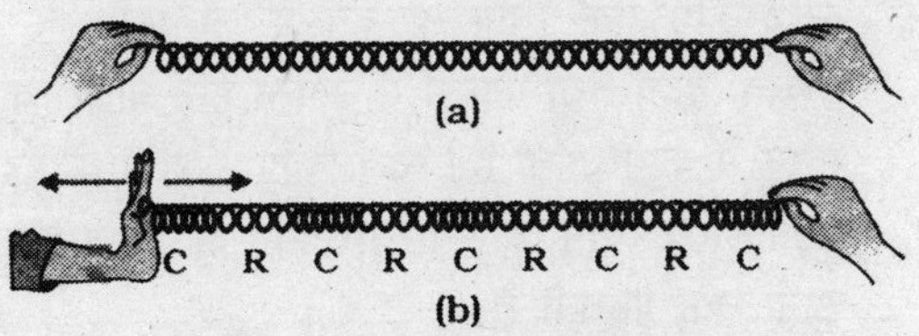

चित्र : स्लिंकी में अनुदैर्घ्य तरंग

यदि स्लिंकी के अपने हाथ में पकड़े सिरे को आगे-पीछे धक्का न देकर दाएं-बाएं हिलाएं तब भी स्लिंकी में तरंग उत्पन्न होती है। इस तरंग में कण तरंग संचरण की दिशा में कंपन नहीं करते बल्कि तरंग के चलने की दिशा के लंबवत् अपनी विराम अवस्था के ऊपर-नीचे कंपन करते हैं। इस प्रकार के तरंग को अनुप्रस्थ तरंग कहते हैं। इस प्रकार अनुप्रस्थ तरंग वह तरंग है जिसमें माध्यम के कण अपनी माध्य स्थितियों पर तरंग के संचरण की दिशा के लंबवत् गति करते हैं।

ध्वनि तरंगों के लक्षण

ध्वनि तरंगों के निम्नवत तीन लक्षण होते हैं :

1. आवृत्ति, 2. आयाम, 3. वेग

दो क्रमागत संपीडनों (C) अथवा दो क्रमागत विरलनों (R) के बीच की दूरी तरंगदैर्घ्य कहलाती है। तरंगदैर्घ्य को साधारणतः λ (ग्रीक अक्षर लैम्डा) से निरूपित किया जाता है। इसका SI मात्रक मीटर (m) है।

एकांक समय में दोलनों की कुल संख्या ध्वनि तरंग की आवृत्ति कहलाती है। इसे सामान्यतया ν (ग्रीक अक्षर, न्यू) से प्रदर्शित किया जाता है। इसका SI मात्रक हर्ट्ज (hertz, प्रतीक Hz) है।

दो क्रमागत संपीडनों या दो क्रमागत विरलनों को किसी निश्चित बिंदु से गुजरने में लगे समय को तरंग का आवर्त काल कहते हैं। माध्यम में घनत्व के एक संपूर्ण दोलन में लिया गया समय ध्वनि तरंग का आवर्त काल कहलाता है। इसे T अक्षर से निरूपित करते हैं। इसका SI मात्रक सेकंड (s) है। आवृत्ति तथा आवर्त काल के बीच संबंध को निम्न प्रकार व्यक्त किया जा सकता है :

$$\nu = \frac{1}{T}$$

किसी उत्सर्जित ध्वनि की आवृत्ति को मस्तिष्क किस प्रकार अनुभव करता है, उसे तारत्व कहते हैं। किसी स्रोत का कंपन जितनी शीघ्रता से होता है, आवृत्ति उतनी ही अधिक होती है और उसका तारत्व भी अधिक होता है। अतः जिस ध्वनि का तारत्व कम होता है उसकी आवृत्ति भी कम होती है।

किसी माध्यम में मूल स्थिति के दोनों ओर अधिकतम विक्षोभ को तरंग का आयाम कहते हैं। इसे साधारणतः अक्षर A से निरूपित किया जाता है। ध्वनि की प्रबलता अथवा मृदुता मूलतः इसके आयाम से ज्ञात की जाती है।

वेग, तरंगदैर्घ्य एवं आवृत्ति में संबंध

तरंग के किसी बिंदु जैसे, एक संपीडन या एक विरलन द्वारा एकांक समय में तय की गई दूरी तरंग वेग कहलाती है।

हम जानते हैं

$$\text{वेग} = \frac{\text{दूरी}}{\text{समय}} = \frac{\lambda}{T} = \lambda \times \frac{1}{T}$$

यहाँ λ ध्वनि की तरंगदैर्घ्य है। यह तरंग द्वारा एक आवर्त काल (T) में चली गई दूरी है। अतः

$$v = \lambda \nu \quad \left(\text{फ} \ \frac{1}{T} = \nu\right)$$

अथवा $$v = \lambda \nu$$

$$\text{वेग} = \text{तरंगदैर्घ्य} \times \text{आवृत्ति}$$

किसी माध्यम के लिए समान भौतिक परिस्थितियों में ध्वनि का वेग सभी आवृत्तियों के लिए लगभग स्थिर रहता है।

ध्वनि प्रबलता एवं तीव्रता

एकांक क्षेत्रफल से एक सेकंड में गुजरने वाली ध्वनि ऊर्जा को ध्वनि की तीव्रता कहते हैं। प्रबलता ध्वनि के लिए कानों की संवेदनशीलता की माप है। यद्यपि दो ध्वनियाँ समान तीव्रता की हो सकती हैं फिर भी हम एक को दूसरे की अपेक्षा अधिक प्रबल ध्वनि के रूप में सुन सकते हैं क्योंकि हमारे कान इसके लिए अधिक संवेदनशील हैं।

विभिन्न माध्यमों में ध्वनि की चाल

किसी माध्यम में ध्वनि की चाल माध्यम के ताप पर निर्भर करती है। जब हम ठोस से गैसीय अवस्था की ओर जाते हैं तो ध्वनि की चाल कम होती जाती है। किसी भी माध्यम में ताप बढ़ाने पर ध्वनि की चाल भी बढ़ती है। उदाहरण के लिए, वायु में ध्वनि की चाल 0°C पर 331 m s^{-1} तथा 22°C पर 344 m s^{-1} है।

विभिन्न माध्यमों में 25°C पर ध्वनि की चाल

अवस्था	पदार्थ	चाल m/s में
ठोस	एलुमिनियम	6420
	निकेल	6040
	स्टील	5960
	लोहा	5950
	पीतल	4700
	काँच (फ्लिंट)	3980
द्रव	जल (समुद्री)	1531
	जल (आसुत)	1498
	इथैनॉल	1207
	मेथैनॉल	1103
गैस	हाइड्रोजन	1284
	हीलियम	965
	वायु	346
	ऑक्सीजन	316
	सल्फर डाइऑक्साइड	213

ध्वनि का परावर्तन

प्रकाश की भाँति ध्वनि भी किसी ठोस या द्रव के पृष्ठ से परावर्तित होती है। परावर्तक पृष्ठ के आपतन बिंदु पर खींचे गए अभिलंब तथा ध्वनि के आपतन होने की दिशा तथा परावर्तन होने की दिशा के बीच बने कोण आपस में बराबर होते हैं और ये तीनों एक ही तल में होते हैं। ध्वनि तरंगों के परावर्तन के लिए बड़े आकार के अवरोधक की आवश्यकता होती है चाहे वे पालिश किए हुए हों या खुरदरे।

प्रतिध्वनि

किसी उचित परावर्तक वस्तु जैसे किसी इमारत अथवा पहाड़ के निकट यदि चिल्लाते या ताली बजाते हैं तो कुछ समय पश्चात् वही ध्वनि फिर से सुनाई देती है। इस ध्वनि को प्रतिध्वनि कहते हैं। हमारे मस्तिष्क में ध्वनि की संवेदना लगभग 0.1 s तक बनी रहती है। स्पष्ट प्रतिध्वनि सुनने के लिए मूल ध्वनि तथा परावर्तित ध्वनि के बीच कम से कम 0.1 s का समय अंतराल अवश्य होना चाहिए। यदि हम किसी दिए हुए ताप, जैसे 22°C पर ध्वनि की चाल 344 m/s मान लें तो ध्वनि को अवरोधक तक जाने तथा परावर्तन के पश्चात् वापस श्रोता तक 0.1 s के पश्चात् पहुँचना चाहिए। अतः श्रोता से परावर्तक पृष्ठ तक जाने तथा वापस आने में ध्वनि द्वारा तय की गई कुल दूरी कम से कम $(344 \text{ m/s}) \times 0.1 \text{ s} = 34.4 \text{ m}$ होनी चाहिए। अतः स्पष्ट प्रतिध्वनि सुनने के लिए अवरोधक की ध्वनि स्रोत से न्यूनतम दूरी ध्वनि द्वारा तय की गई कुल दूरी की आधी अर्थात् 17.2 m अवश्य होनी चाहिए। यह दूरी वायु के ताप के साथ बदल जाती है क्योंकि ताप के साथ ध्वनि के वेग में भी परिवर्तन हो जाता है।

अनुरणन

किसी बड़े हॉल में उत्पन्न होने वाली ध्वनि दीवारों से बारंबार परावर्तन के कारण काफी समय तक बनी रहती है। यह बारंबार परावर्तन, जिसके कारण ध्वनि का स्थायित्व होता है, अनुरणन कहलाता है। अनुरणन को कम करने के लिए सभा भवन की छतों तथा दीवारों पर ध्वनि अवशोषक पदार्थों जैसे संपीडित फाइबर बोर्ड, खुरदरे प्लास्टर अथवा पर्दे लगे होते हैं।

ध्वनि परावर्तन के उपयोग

1. मेगाफोन या लाउडस्पीकर, हॉर्न तथा शहनाई जैसे वाद्य यंत्र, इस प्रकार बनाए जाते हैं कि ध्वनि सभी दिशाओं में फैले बिना केवल एक विशेष दिशा में ही जाती है। इन यंत्रों में एक नली का आगे का खुला भाग शंक्वाकार होता है। यह स्रोत से उत्पन्न होने वाली ध्वनि तरंगों को बार-बार परावर्तित करके श्रोताओं की ओर आगे की दिशा में भेज देता है।
2. स्टेथोस्कोप एक चिकित्सा यंत्र है जो शरीर के अंदर, मुख्यतः हृदय तथा फेफड़ों में उत्पन्न होने वाली ध्वनि को सुनने में काम आता है। स्टेथोस्कोप में रोगी के हृदय की धड़कन की ध्वनि, बार-बार परावर्तन के कारण डॉक्टर के कानों तक पहुँचती है।
3. कंसर्ट हॉल, सम्मेलन कक्षों तथा सिनेमा हॉल की छतें वक्राकार बनाई जाती हैं जिससे कि परावर्तन के पश्चात् ध्वनि हॉल के सभी भागों में पहुँच जाए।

श्रव्यता का परिसर

हम सभी आवृत्ति की ध्वनियों को नहीं सुन सकते। मनुष्यों में ध्वनि की श्रव्यता का परिसर लगभग 20 Hz से 20,000 Hz (one Hz = one cycle/s) तक होता है। 20 Hz से कम आवृत्ति की ध्वनियों को अवश्रव्य ध्वनि कहते हैं। ह्वेल तथा हाथी अवश्रव्य ध्वनि परिसर की ध्वनियाँ उत्पन्न करते हैं। कुछ जंतु भूकंप से पहले परेशान हो जाते हैं। भूकंप मुख्य प्रघाती तरंगों से पहले निम्न आवृत्ति की अवश्रव्य ध्वनि उत्पन्न करते हैं, जो संभवतः जंतुओं को सावधान कर देती है। 20 kHz से अधिक आवृत्ति की ध्वनियों को पराश्रव्य ध्वनि या पराध्वनि कहते हैं। डॉलफिन, चमगादड़ और पॉरपॉइज पराध्वनि उत्पन्न करते हैं।

पराध्वनि के अनुप्रयोग

- पराध्वनि प्रायः उन भागों को साफ करने में उपयोग की जाती है जिन तक पहुँचना कठिन होता है; जैसे–सर्पिलाकार नली, विषम आकार के पुर्जे, इलेक्ट्रॉनिक अवयव आदि। जिन वस्तुओं को साफ करना होता है उन्हें साफ करने वाले मार्जन विलयन में रखते हैं और इस विलयन में पराध्वनि तरंगें भेजी जाती हैं। उच्च आवृत्ति के कारण, धूल, चिकनाई तथा गंदगी के कण अलग होकर नीचे गिर जाते हैं।

- पराध्वनि का उपयोग धातु के ब्लॉकों (पिंडों) में दरारों तथा अन्य दोषों का पता लगाने के लिए किया जा सकता है। धातु के ब्लॉकों में विद्यमान दरार या छिद्र जो बाहर से दिखाई नहीं देते, भवन या पुल की संरचना की मजबूती को कम कर देते हैं। पराध्वनि तरंगें धातु के ब्लॉक से गुजारी (प्रेषित की) जाती हैं और प्रेषित तरंगों का पता लगाने के लिए संसूचकों का उपयोग किया जाता है। यदि थोड़ा-सा भी दोष होता है, तो पराध्वनि तरंगें परावर्तित हो जाती हैं जो दोष की उपस्थिति को दर्शाती है।
- पराध्वनि तरंगों को हृदय के विभिन्न भागों से परावर्तित करा कर हृदय का प्रतिबिंब बनाया जाता है। इस तकनीक को "इकोकार्डियोग्राफी" (ECG) कहा जाता है।
- पराध्वनि का उपयोग गुर्दे की छोटी पथरी को बारीक कणों में तोड़ने के लिए भी किया जा सकता है। ये कण बाद में मूत्र के साथ बाहर निकल जाते हैं।

सोनार

सोनार (SONAR) शब्द Sound Navigation And Ranging से बना है। सोनार एक ऐसी युक्ति है जिसमें जल में स्थित पिंडों की दूरी, दिशा तथा चाल मापने के लिए पराध्वनि तरंगों का उपयोग किया जाता है। सोनार में एक प्रेषित्र तथा एक संसूचक होता है और इसे किसी नाव या जहाज में लगाया जाता है।

प्रेषित्र पराध्वनि तरंगें उत्पन्न तथा प्रेषित करता है। ये तरंगें जल में चलती हैं तथा समुद्र तल में पिंड से टकराने के पश्चात् परावर्तित होकर संसूचक द्वारा ग्रहण कर ली जाती हैं। संसूचक पराध्वनि तरंगों को विद्युत संकेतों में बदल देता है। जल में ध्वनि की चाल तथा पराध्वनि के प्रेषण तथा अभिग्रहण के समय अंतराल को ज्ञात करके उस पिंड की दूरी की गणना की जाती है जिससे ध्वनि तरंग परावर्तित हुई है। माना पराध्वनि संकेत के प्रेषण तथा अभिग्रहण का समय अंतराल 't' है तथा समुद्री जल में ध्वनि की चाल 'v' है। तब सतह से पिंड की दूरी $2d$ होगी $2d = v \times t$।

सोनार की तकनीक का प्रयोग

सोनार की तकनीक का उपयोग समुद्र की गहराई ज्ञात करने तथा जल के अंदर स्थित चट्टानों, घाटियों, पनडुब्बियों, हिम शैल (प्लावी बर्फ), डूबे हुए जहाज आदि की जानकारी प्राप्त करने के लिए किया जाता है।

मानव कर्ण की संरचना

कान श्रवणीय आवृत्तियों द्वारा वायु में होने वाले दाब परिवर्तनों को विद्युत संकेतों में बदलता है जो श्रवण तंत्रिका से होते हुए मस्तिष्क तक पहुँचते हैं।

बाहरी कान 'कर्ण पल्लव' कहलाता है। यह परिवेश से ध्वनि को एकत्रित करता है। एकत्रित ध्वनि श्रवण नलिका से गुजरती है। श्रवण नलिका के सिरे पर एक पतली झिल्ली होती है जिसे कर्ण पटह या कर्ण पटल झिल्ली कहते हैं। जब माध्यम के संपीडन कर्ण पटल तक पहुँचते हैं तो झिल्ली के बाहर की ओर लगने वाला दाब बढ़ जाता है और यह कर्ण पटल को अंदर की ओर दबाता है। इसी प्रकार, विरलन के पहुँचने पर कर्ण पटल बाहर की ओर गति करता है। इस प्रकार कर्ण पटल कंपन करता है। मध्य कर्ण में विद्यमान तीन हड्डियाँ। (मुग्दरक, निहाई तथा वलयक (स्टिरप)) इन कंपनों को कई गुना बढ़ा देती हैं। मध्य कर्ण ध्वनि तरंगों से मिलने वाले इन दाब परिवर्तनों को आतंरिक कर्ण तक संचरित कर देता है। आंतरिक कर्ण में कर्णावर्त (Cochlea) द्वारा दाब परिवर्तनों को विद्युत संकेतों और विद्युत संकेतों को श्रवण तंत्रिका द्वारा मस्तिष्क तक भेज दिया जाता है और मस्तिष्क इसकी ध्वनि के रूप में व्याख्या करता है।

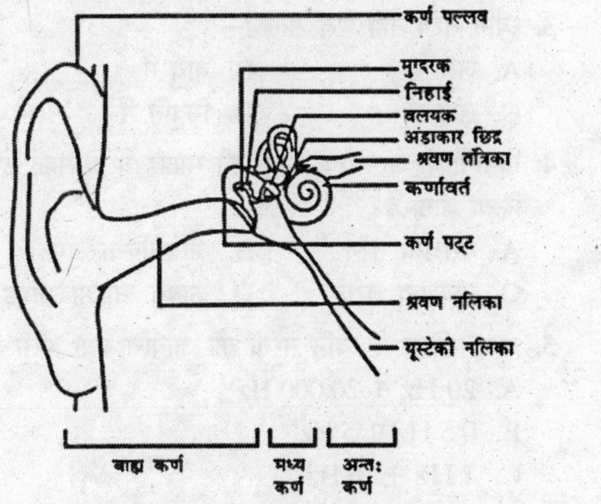

चित्र: मानव कान के श्रवण भाग

वस्तुनिष्ठ प्रश्न

1. पराश्रव्य तरंगें (Ultra Sonic Waves) होती हैं–
A. 1000 से 10,000 Hz आवृत्ति की अनुदैर्ध्य तरंगें
B. 1000 से 10,000 Hz आवृत्ति की अनुप्रस्थ तरंगें
C. 20,000 Hz से अधिक आवृत्ति की अनुप्रस्थ तरंगें
D. 20,000 Hz से अधिक आवृत्ति की अनुदैर्ध्य तरंगें

2. कीड़ों तथा हानि पहुंचाने वाले तत्वों को घरों से दूर भगाने के लिए प्रयोग में लाया जाता है–
A. अल्ट्रासोनिक तरंग B. रेडियो तरंग
C. इन्फ्रारेड तरंग D. सबसोनिक तरंग

3. ध्वनि तरंगें नहीं चल सकतीं–
A. जल में B. वायु में
C. लोहे में D. निर्वात् में

4. विमानों के आन्तरिक भागों की सफाई में किसका उपयोग किया जाता है?
A. पराश्रव्य तरंग B. ऑक्जैलिक अम्ल
C. अवश्रव्य तरंग D. कार्बन डाइऑक्साइड

5. श्रव्य परिसर में ध्वनि तरंगों की आवृत्ति क्या होती है?
A. 20 Hz से 20,000 Hz
B. 0.5 Hz से 5 Hz
C. 1 Hz से 10 Hz
D. 20,000 Hz से 40,000 Hz

6. चमगादड़ अंधेरे में उड़ सकता है, क्योंकि–
A. अंधेरे में उसे साफ दिखाई देता है।
B. उसकी आंख का प्यूपिल बहुत बड़ा होता है।
C. वह अति तीव्र ध्वनि तरंगें पैदा करता है जो उसे नियंत्रण करता है।
D. कोई भी चिड़िया ऐसा कर सकती है।

7. ध्वनि का वेग भिन्न-भिन्न माध्यमों में–
A. समान होता है।
B. भिन्न-भिन्न होता है और ठोस में सबसे अधिक होता है।
C. भिन्न-भिन्न होता है और द्रव में सबसे कम होता है।
D. भिन्न-भिन्न होता है और गैस में सबसे अधिक होता है।

8. पराध्वनिक विमान उड़ते हैं–
A. ध्वनि की चाल से
B. ध्वनि की चाल से कम चाल से
C. ध्वनि की चाल से अधिक चाल से
D. प्रकाश की चाल से

9. एक युवक पुरुष की आवाज की तुलना में छोटे बच्चे की आवाज अधिक प्रिय क्यों लगती है?
A. बच्चे की आवाज का तारत्व पुरुष की आवाज के तारत्व की तुलना में कम होता है।
B. बच्चे की आवाज का तारत्व पुरुष की आवाज के तारत्व की तुलना में अधिक होता है।
C. बच्चे में अधिक ताकत होती है।
D. उपर्युक्त में से कोई नहीं।

10. यदि सितार और बांसुरी पर एक ही स्वर बजाया जाए तो उनसे उत्पन्न ध्वनि का भेद निम्नलिखित में अन्तर के कारण किया जा सकता है?
A. तारत्व, प्रबलता और गुणता
B. केवल तारत्व और प्रबलता
C. केवल ध्वनि प्रबलता
D. केवल ध्वनि गुणता

11. दो दृढ़ आधारों के बीच कसी, 2 m लम्बी रस्सी, दो लूपों में कम्पन कर रही है। निस्पन्दों व प्रस्पन्दों के बीच की दूरी होगी :
A. 50 cm B. 10 cm
C. 100 cm D. 200 cm

12. एक 10 m लम्बी तनी हुई डोरी में अप्रगामी तरंगें उत्पन्न की जाती हैं। यदि डोरी 5 खण्डों में कम्पन करती है व तरंग वेग 20 ms^{-1} है, तो आवृत्ति होगी:
A. 2 Hz B. 4 Hz
C. 5 Hz D. 10 Hz

13. दो ध्वनि श्रोतों की आवृत्तियाँ 256 हर्ट्ज तथा 260 हर्ट्ज हैं। यदि इन दोनों स्रोतों के अन्तर्गत किसी बिन्दु पर $t=0$

पर ध्वनि की तीव्रता अधिकतम हो, तो $t = 1/16$ सेकन्ड पर, उस बिन्दु पर कलान्तर होगा:

A. शून्य B. π
C. $\pi/2$ D. $\pi/4$

14. एक व्यक्ति को एक मोटरकार के हॉर्न के आवाज की आवृत्ति में 2.5% का अन्तर प्रतीत होता है। यदि मोटरकार व्यक्ति की ओर जा रही हो तथा ध्वनि का वेग 320 ms^{-1} हो, तो कार का वेग है:

A. 8 ms^{-1} (लगभग) B. 800 ms^{-1}
C. 7 ms^{-1} D. 6 m s^{-1} लगभग

15. एक सीटी 256 तरंग प्रति सेकण्ड उत्पन्न करती है। यदि सीटी का वेग श्रोता की ओर हो तथा उसका मान वायु ध्वनि के वेग का एक-तिहाई हो, तो श्रोता द्वारा प्रति सेकण्ड प्राप्त तरंगों की संख्या होगी :

A. 384 B. 192
C. 300 D. 200

16. किसी खिंचे हुए तार के अनुदिश एक तरंग 300 ms^{-1} की चाल से गुजरती है। यदि तार में तनाव चार गुना हो जाए, तो तरंग का वेग होगा:

A. 1500 ms^{-1} B. 3000 ms^{-1}
C. 6000 ms^{-1} D. 9000 ms^{-1}

17. बिजली चमकने की आवाज इसके देखे जाने के 3 s पश्चात् सुनायी देती है। यदि बिजली चमकने की दूरी 1020 m है, तो ध्वनि की चाल है:

A. 1400 ms^{-1} B. 332 ms^{-1}
C. 340 ms^{-1} D. इनमें से कोई नहीं

18. एकसमान तनाव की स्थिति में, दो सर्वसम तारों में उत्पन्न मूल स्वरों की आवृत्ति 400 हर्ट्ज है। यदि एक तार के तनाव में 2% की वृद्धि की जाये, तो उत्पन्न विस्पन्दों की संख्या होगी:

A. 4 B. 2
C. 8 D. 1

19. एक ध्वनि स्रोत 40 kmh^{-1} की वेग से किसी स्थिर श्रोता की आरे गति करता हुआ 2000 हर्ट्ज आवृत्ति की ध्वनि उत्पन्न करता है। यदि ध्वनि का वेग 1220 kmh^{-1} है, तो श्रोता द्वारा सुनी गयी आभासी आवृत्ति होगी :

A. 2210 Hz B. 1920 Hz
C. 2068 Hz D. 2086 Hz

20. निम्नलिखित में से कौन-सी घटना ध्वनि तरंगों द्वारा प्रदर्शित नहीं की जाती है?

A. परावर्तन B. अपवर्तन
C. ध्रुवण D. विवर्तन

21. निम्न में से किसके द्वारा सबसे अधिक ध्वनि प्रदूषण होता है?

A. मोटर गाड़ी B. रेलवे इंजन
C. पॉप म्यूजिक D. हवाई जहाज का उड़ान भरना

22. नजदीक आती रेलगाड़ी की सीटी की आवाज बढ़ती जाती है जबकि दूर जाने वाली रेलगाड़ी के लिए यह घटती जाती है। यह घटना उदाहरण है–

A. रमन प्रभाव का B. जूल-थॉमसन प्रभाव का
C. क्रॉम्पटन प्रभाव का D. डॉप्लर प्रभाव का

23. चन्द्रमा के धरातल पर दो व्यक्ति एक दूसरे की बात नहीं सुन सकते, क्योंकि–

A. चन्द्रमा पर उनके कान काम करना बंद कर देते हैं।
B. चन्द्रमा पर वायुमण्डल नहीं है।
C. चन्द्रमा पर वे विशेष प्रकार के अन्तरिक्ष सूट पहने रहते हैं।
D. चन्द्रमा पर ध्वनि बहुत ही मन्द गति से चलती है।

24. रडार (Radar) की कार्य प्रणाली निम्न सिद्धान्त पर आधारित होती है–

A. रेडियो तरंगों का अपवर्तन
B. रेडियो तरंगों का परावर्तन
C. डाप्लर प्रभाव
D. रमण प्रभाव

25. किसी प्रतिध्वनि को सुनने के लिए मूल आवाज और प्रतिध्वनि के बीच का समय अन्तराल क्या होना चाहिए?

A. $\frac{1}{10}$ सेकण्ड के बराबर
B. $\frac{1}{10}$ सेकण्ड से कम
C. $\frac{1}{10}$ सेकण्ड से अधिक
D. इनमें से कोई नहीं

उत्तरमाला

1	2	3	4	5	6	7	8	9	10
D	A	D	A	A	C	B	C	B	D
11	12	13	14	15	16	17	18	19	20
A	C	C	A	A	C	C	A	C	C
21	22	23	24	25					
D	D	B	B	C					

अध्याय 5

विद्युत

वैद्युत आवेश

एक परमाणु में एक छोटा भारी नाभिक होता है जिसमें प्रोटॉन तथा न्यूट्रॉन होते हैं। एक प्रोटॉन का द्रव्यमान 1.673×10^{-27} kg होता है, जबकि एक न्यूट्रॉन का द्रव्यमान आपेक्षिक रूप से अधिक 1.675×10^{-27} kg होता है। नाभिक के चारों ओर कक्षीय इलेक्टॉनों का विसरित बादल होता है। एक इलेक्टॉन का द्रव्यमान 9.11×10^{-31} kg होता है।

द्रव्यमान के समान वैद्युत आवेश प्रोटॉनों और न्यूटॉनों का आन्तरिक गुण है। एक प्रोटॉन पर धनात्मक आवेश तथा एक इलेक्ट्रॉन पर समान मात्रा में ऋणात्मक आवेश होता है। एक न्यूटॉन पर नेट वैद्युत आवेश शून्य होता है। प्रोटॉन पर आवेश $+e$ तथा इलेक्टॉन पर $-e$ होता है।

$$e = 1.6 \times 10^{-19} \text{ कूलॉम}$$

एक वस्तु जिस पर समान मात्रा में धनात्मक तथा ऋणात्मक आवेश हो, वैद्युत उदासीन कहलाती है।

आवेश का संरक्षण

जब दो वस्तुएं परस्पर रगड़ी जाती हैं, दोनों वस्तुओं पर एक साथ विपरीत आवेश उत्पन्न होते हैं । उदाहरणार्थ, जब काँच की छड़ को रेशम से रगड़ते हैं, तो जितना धन आवेश काँच की छड़ पर उत्पन्न होता है, ठीक उतना ही आवेश रेशम पर उत्पन्न हो जाता है।

इस प्रकार दोनों वस्तुओं पर उत्पन्न आवेश की कुल मात्रा शून्य है। वस्तुओं को रगड़ने से पहले भी उन पर कुल आवेश शून्य ही था। इससे यह स्पष्ट है कि आवेश न तो उत्पन्न किया जा सकता है और न ही नष्ट किया जा सकता है। आवेश का केवल स्थानान्तरण किया जाता है। यह 'आवेश संरक्षण का नियम' (law of conservation of charge) कहलाता है।

कूलॉम का नियम

सन् 1785 में वैद्युत बल के परिमाण के बारे में वैज्ञानिक कूलॉम ने एक नियम प्रतिपादित किया जिसे 'कूलॉम का नियम' कहते हैं।

इस नियम के अनुसार, दो स्थिर बिन्दु आवेश के बीच लगने वाला आकर्षण अथवा प्रतिकर्षण बल दोनों आवेशों की मात्राओं के गुणनफल के अनुक्रमानुपाती तथा उनके बीच की दूरी के वर्ग के व्युत्क्रमानुपाती होता है। यह बल उन आवेशों को मिलाने वाली रेखा के अनुदिश होता है। यदि आवेशों के चिह्न समान हैं तब बल प्रतिकर्षण का होगा तथा यदि आवेशों के चिह्न विपरीत हैं तब बल आकर्षण का होगा ।

वैद्युत क्षेत्र

एक आवेशित कण किसी दूरी पर रखे अन्य कण के साथ सीधे क्रिया प्रतिक्रिया नहीं कर सकता । एक आवेश अपने चारों ओर घिरे आकाश (space) के कुछ स्थान में एक ऐसा क्षेत्र उत्पन्न करता है, जिसमें उस आवेश के वैद्युत प्रभाव क्रियाशील एवं प्रभावशाली होते हैं।

अतः किसी आवेश के चारों ओर वह स्थान अथवा क्षेत्र जिसमें एक अन्य आवेश वैद्युत प्रभाव का अनुभव करता है, वैद्युत क्षेत्र (electric field) कहलाता है।

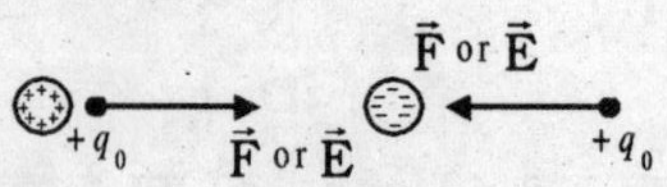

$$\vec{E} = \lim_{q_0 \to 0} \frac{\vec{F}}{q_0}$$

वैद्युत क्षेत्र की तीव्रता

वैद्युत क्षेत्र में किसी बिन्दु पर क्षेत्र का मान अर्थात् क्षेत्र की तीव्रता ज्ञात करने के लिए उस बिन्दु पर एक छोटा धन परीक्षण आवेश (small positive test-charge) q_0 रखते हैं । इस आवेश पर एक बल लगेगा । वैद्युत क्षेत्र में किसी बिन्दु पर रखे परीक्षण आवेश पर लगने वाले बल तथा परीक्षण आवेश के मान की निष्पत्ति को उस बिन्दु पर वैद्युत क्षेत्र की तीव्रता $\vec{E}$ कहते हैं। अतः यदि वैद्युत क्षेत्र में किसी बिन्दु पर रखे परीक्षण आवेश q_0 पर लगने वाला बल $\vec{F}$ हो तो उस बिन्दु पर वैद्युत क्षेत्र की तीव्रता $\vec{E} = \frac{\vec{F}}{q_0}$

बल $\vec{F}$ एक सदिश राशि है तथा आवेश q_0 एक अदिश राशि है। अतः वैद्युत क्षेत्र की तीव्रता $\vec{E}$ भी एक सदिश राशि है, जिसकी दिशा वैद्युत क्षेत्र में उस बिन्दु पर रखे धन आवेश पर लगने वाले बल की होती है।

बल $\vec{F}$ का मात्रक 'न्यूटन' तथा आवेश q_0 का मात्रक 'कूलॉम' है।

वैद्युत विभव (Electric Potential)

किसी आवेश द्वारा उत्पन्न वैद्युत क्षेत्र को दो प्रकार से व्यक्त किया जा सकता है:

(i) क्षेत्र के किसी बिन्दु पर क्षेत्र की तीव्रता $\vec{E}$ के द्वारा

(ii) वैद्युत विभव V के द्वारा।

'वैद्युत क्षेत्र में किसी बिन्दु पर वैद्युत विभव, किसी परीक्षण आवेश को अनन्त से उस बिन्दु तक लाने में किये गये कार्य तथा परीक्षण-आवेश के मान की निष्पत्ति के बराबर होता है'।

यदि एक परीक्षण-आवेश q_0 को अनन्त से किसी बिन्दु तक लाने में प्रतिकर्षण बल F के विरुद्ध W कार्य करना पड़े तो उस बिन्दु पर वैद्युत विभव

$$V = \frac{W}{q_0}$$

चूँकि W तथा q_0 अदिश राशियाँ हैं, अतः विभव भी एक अदिश राशि है। वैद्युत विभव का मात्रक जूल/कूलॉम या न्यूटन मीटर कूलॉम है, इसे वोल्ट (V) भी कहते हैं।

वैद्युत विभवान्तर

'वैद्युत क्षेत्र में किसी परीक्षण आवेश को एक बिन्दु से दूसरे बिन्दु तक ले जाने में किये गये कार्य तथा परीक्षण आवेश के मान की निष्पत्ति को उन बिन्दुओं के बीच विभवान्तर कहते हैं। यदि परीक्षण आवेश q_0 को बिन्दु A से बिन्दु B तक ले जाने में किया गया कार्य W हो, तो A व B के बीच विभवान्तर

$$V_B - V_A = \frac{W_{AB}}{q_0}$$

चूँकि कार्य W तथा आवेश q_0 दोनों ही अदिश राशियाँ हैं, अतः विभवान्तर $V_B — V_A$ भी एक अदिश राशि होगी। वैद्युत विभवान्तर का मात्रक विभव के मात्रक के ही समान है अर्थात् वोल्ट।

वैद्युत स्थितिज ऊर्जा

दो (अथवा अधिक) वैद्युत आवेश एक-दूसरे को आकर्षित अथवा प्रतिकर्षित करते हैं। अतः आवेशों को एक-दूसरे से दूर ले जाने में, अथवा एक-दूसरे के समीप लाने में, कुछ कार्य करना पड़ता है। यह कार्य उन आवेशों के निकाय में स्थितिज ऊर्जा के रूप में संचित हो जाता है। इसे निकाय की 'वैद्युत स्थितिज ऊर्जा' कहते हैं। इसकी परिभाषा निम्न प्रकार दी जाती है:

बिन्दु आवेशों के किसी निकाय की वैद्युत स्थितिज ऊर्जा उस कार्य के बराबर होती है जो उन आवेशों को अनन्त दूरी (अर्थात् शून्य ऊर्जा की स्थिति) से उनकी स्थितियों तक लाकर, आवेशों के उस निकाय की रचना करने में किया जाता है। इसे प्रायः U से प्रदर्शित किया जाता है। निर्वात में r दूरी पर स्थित दो बिन्दु आवेशों q_1 व q_2 के निकाय की वैद्युत स्थितिज ऊर्जा,

$$U = \frac{1}{4\pi\varepsilon_0}\frac{q_1 q_2}{r}$$

यदि दोनों आवेश समान प्रकार के हों तो एक-दूसरे को प्रतिकर्षित करते हैं। तब उन्हें एक-दूसरे के समीप लाने में प्रतिकर्षण बल के विरुद्ध कार्य करना पड़ता है जिससे निकाय की वैद्युत स्थितिज ऊर्जा बढ़ती है। इसके विपरीत, उन्हे एक-दूसरे से दूर ले जाने में स्वयं निकाय से कार्य प्राप्त होता है जिससे निकाय की स्थितिज ऊर्जा घटती है।

वैद्युत स्थितिज ऊर्जा एक अदिश राशि है। वैद्युत स्थितिज ऊर्जा का मात्रक जूल और इलेक्ट्रोन वोल्ट है।

$$1 eV = 1.6 \times 10^{-19} J$$

वैद्युत धारिता

किसी वस्तु को आवेशित (धन अथवा ऋण) करने में स्त्रोत को आकर्षण अथवा प्रतिकर्षण बल के विरुद्ध कार्य करना पड़ता है। यह कार्य उस वस्तु में वैद्युत स्थितिज ऊर्जा के रूप में संचित हो जाता है अथवा वस्तु की वैद्युत स्थितिज ऊर्जा बढ़ जाती है। अतः आवेशित वस्तु में आवेश तथा ऊर्जा का संचय होता है।

"किसी वस्तु की धारिता का तात्पर्य उस वस्तु द्वारा आवेश तथा ऊर्जा संचय करने की क्षमता से है।"

वैद्युत धारा

किसी पृष्ठ से आवेश के प्रवाह को वैद्युत धारा कहते हैं। सभी गतिमान आवेशों द्वारा धारा स्थापित नहीं होती है।

वैद्युत धारा के प्रकार

(*i*) **स्थिर धारा या नियत धारा** (Steady Current or Constant Current) : किसी पृष्ठ से गुजरने वाली इस प्रकार की धारा का परिमाण समय के साथ नहीं बदलता है।

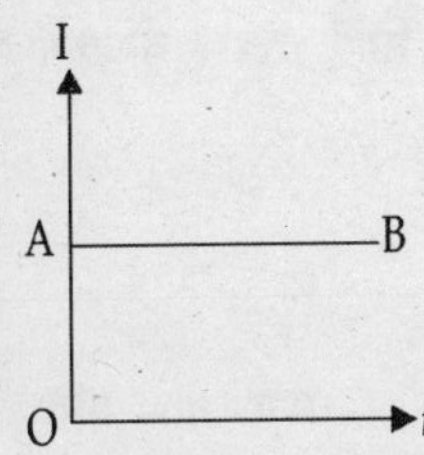

$\therefore\ q = It$

(*ii*) **चर या क्षणिक धारा** (Variable or Transient Current) : किसी पृष्ठ से गुजरने वाली इस प्रकार की धारा का परिमाण समय के साथ बदलता है।

अर्थात् $I = f(t)$

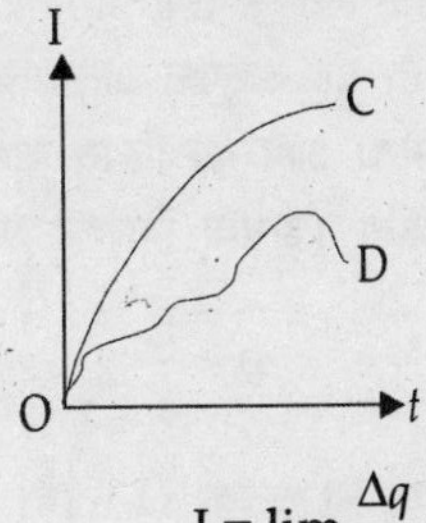

या $$I = \lim_{\Delta t \to 0}\frac{\Delta q}{\Delta t} = \frac{dq}{dt}$$

(*iii*) **दिष्ट धारा** (Direct Current-DC) : जिस धारा का परिमाण एवं दिशा नियत रहती है, उसे दिष्ट धारा कहते हैं। यदि धारा की दिशा नियत तथा परिमाण परिवर्ती हो तो उसे परिवर्ती दिष्ट धारा कहते हैं, उदाहरणार्थ: संधारित्र की आवेशन तथा निरावेशन क्रिया में प्रवाहित धारा।

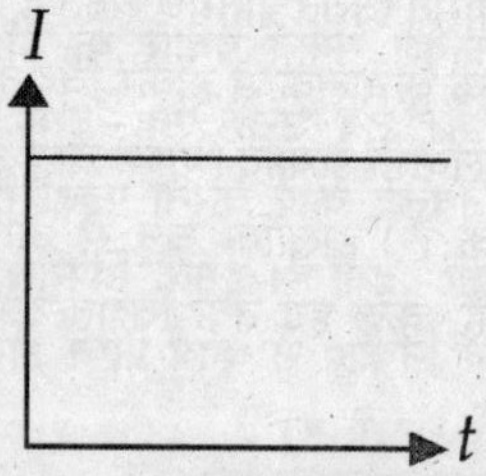

(*iv*) **प्रत्यावर्ती धारा** (Alternating Current-AC) : वह धारा जिसका परिमाण तथा दिशा समय के साथ परिवर्तनशील होते हैं तथा एक निश्चित समय T (दोलनकाल अथवा आवर्तकाल) के बाद अपनी पूर्व अवस्था में आ जाते हैं, प्रत्यावर्ती धारा (AC) कहलाती है। T/2 समय के लिए धारा ऋणात्मक होती है। धारा तथा समय के बीच वक्र एक ज्या (अथवा कोज्या) वक्र होता है। इसका आयाम नियत रहता है।

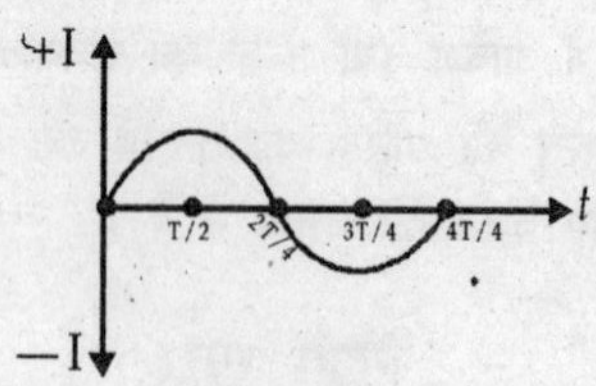

अनुगंमन वेग

जब एक चालक के सिरों पर वैद्युत क्षेत्र लगाया जाता है तो वैद्युत क्षेत्र मुक्त इलेक्ट्रॉनों को तार की लम्बाई के अनुदिश एक नियत वेग प्रदान करता है, इस वेग को अनुगमन वेग v_d कहते हैं। यह 10^{-5} ms^{-1} के क्रम का होता है। चालक में बहने वाली धारा

$$i = neAv_d$$

या

$$v_d = \frac{i}{neA}$$

यहाँ, n = प्रति एकांक आयतन में गतिमान इलेक्ट्रॉनों की संख्या

A = अनुप्रस्थ-काट का क्षेत्रफल

प्रतिरोध एवं ओम का नियम

कुछ पदार्थों विशेष रूप से धातुओं में, दिये गये ताप पर $\vec{J}, \vec{E}$ के लगभग सीधे समानुपाती होता है तथा परिमाणों E तथा J का अनुपात एक नियतांक होता है। यह अनुपात प्रतिरोधकता ρ (resistivity) कहलाता है, यह सम्बन्ध ओम का नियम कहलाता है।

अतः प्रतिरोधकता (अथवा विशिष्ट प्रतिरोध)

$$\rho = \frac{E}{J}$$

प्रतिरोधकता का SI मात्रक Ω-m है।

प्रतिरोधकता का व्युत्क्रम (reciprocal), चालकता σ (conductivity) कहलाती है।

अतः $\sigma = \frac{1}{\rho}$

इसका मात्रक $(\Omega - m)^{-1}$ या सीमैन प्रति मीटर (Sm^{-1}) है।

वे पदार्थ जो ओम के नियम का पालन करते हैं ओमीय चालक (ohmic conductor) या रेखीय चालक (linear conductor) कहलाते हैं। वे पदार्थ जो ओम के नियम का पालन नहीं करते अन-ओमीय चालक (non-ohmic conductor) या अरेखीय चालक (non-linear conductor) कहलाते हैं।

वैद्युत सेल

वैद्युत सेल एक ऐसी युक्ति है जो रासायनिक ऊर्जा को वैद्युत ऊर्जा में परिवर्तित करके, किसी परिपथ में आवेश के प्रवाह को निरन्तर बनाये रखती है। इसमें विभिन्न धातुओं की दो छड़ें होती हैं, जिन्हे 'इलेक्ट्रोड्स' (electrodes) अथवा 'प्लेटें' कहते हैं। ये एक द्रव में डूबी रहती हैं जिसे 'विद्युत-अपघट्य' कहते हैं। सेल के भीतर विद्युत-अपघट्य में ऐसी रासायनिक क्रिया होती है जिससे प्लेटों पर आवेशों की पूर्ति होती रहती है तथा तार में आवेश-प्रवाह (वैद्युत धारा) बना रहता है। इस प्रकार सेल रासायनिक ऊर्जा को वैद्युत ऊर्जा में बदलती रहती है।

ऊर्जा के रूप के अनुसार सेल कई प्रकार के होते हैं जैसे:

(*i*) **वैद्युत रासायनिक सेल (Electrochemical Cell) :** इसमें रासायनिक ऊर्जा में रूपान्तरण होता है। ये दो प्रकार के होते हैं:

(a) **प्राथमिक सेल (Primary Cells):** इनमें होने वाली रासायनिक क्रिया व्युत्क्रमणीय (irreversible) होती है। अतः इन्हें पुनः आवेशित नहीं किया जा सकता है। जैसे-लेक्लांशे सेल, डेनियल सेल एवं शुष्क सेल।

(b) **द्वितीयक सेल (Secondary Cells):** इनमें होने वाली रासायनिक क्रिया व्युत्क्रमणीय (reversible) होती है। अतः इन्हें पुनः आवेशित किया जा सकता है। जैसे-सीसा संचायक सेल तथा क्षारीय संचायक सेल।

(*ii*) **फोटो सेल (Photo Cell):** इसमें विकिरण ऊर्जा, प्रकाश, आदि (radiant energy, light, etc.) का वैद्युत ऊर्जा में रूपान्तरण होता है।

(*iii*) **ताप युग्म सेल (Thermo-Couple Cell):** इसमें ऊष्मीय ऊर्जा का वैद्युत ऊर्जा में रूपान्तरण होता है।

(*iv*) **जनित्र (Generator):** इसमें यान्त्रिक ऊर्जा का वैद्युत ऊर्जा में रूपान्तरण होता है।

दो या अधिक सेलों के संयोग को बैटरी कहते हैं।

विद्युत वाहक बल

किसी सम्पूर्ण वैद्युत परिपथ में एकांक आवेश को प्रवाहित करने में सेल द्वारा आवेश पर किये गये कार्य अर्थात् आवेश को

दी गई ऊर्जा को सेल का विद्युत वाहक बल (electromotive force) कहते हैं। इसे प्राय: अक्षर E अथवा ε से प्रदर्शित करते हैं।

विद्युत वाहक बल प्रत्येक सेल का एक लाक्षणिक गुण होता है जो सेल में प्रयुक्त प्लेटों तथा विद्युत-अपघट्य की प्रकृति पर निर्भर करता है। विद्युत-अपघट्य की मात्रा तथा प्लेटों के आकार अथवा उनके बीच की दूरी का इस पर प्रभाव नहीं पड़ता।

यदि किसी परिपथ में q कूलॉम आवेश प्रवाहित होने में सेल द्वारा दी गई ऊर्जा (किया गया कार्य) W जूल हो तो सेल का वि.

वा. ब. $E = \frac{W}{q}$

वि. वा. ब. का मात्रक जूल/कूलॉम है जिसे 'वोल्ट' कहते हैं।

कंडक्टर का रेसिस्टेंस

विद्युत या बिजली एक चालक से होकर इलेक्ट्रॉन का प्रवाह है। जब ये इलेक्ट्रॉन चालक के एक भाग से दूसरे भाग की ओर जाते हैं तो वे अन्य इलेक्ट्रान और चालक के अणुओं और आयनों से टकराते हैं। इन टकरावों के कारण कंडक्टर से होकर गुजरने वाले इलेक्ट्रान के प्रवाह में व्यवधान आता है या बहाव में प्रतिरोध उत्पन्न होता है। एक चालक का वह गुण जिसके कारण वह स्वयं से होकर गुजरने वाले विद्युत प्रवाह का प्रतिरोध करता है उसे रेसिस्टेंस कहते हैं। प्रतिरोध की एसआई इकाई ओम है। प्रतिरोध को दो तरह से संयुक्त किया जा सकता है : *(i)* सिरीज में और *(ii)* समानांतर।

यदि हम कुल प्रतिरोध को बढ़ाना चाते हैं तब प्रत्येक रेसिस्टेंस को सिरीज में जोड़ा जाना चाहिए। यदि हम कुल रेसिस्टेंस को घटाना चाहते हैं तो हमें प्रत्येक प्रतिरोधक को समानांतर तरीके से जोड़ना चाहिए।

यही कारण है कि हमारे घर में लाइटनिंग सर्किट और पावर सर्किट पैरेलल कनेक्शन से जोड़े जाते हैं ताकि शार्ट सर्किट की स्थिति उत्पन्न होने पर जैसे कि पावर सर्किट में, पावर फ्यूज भर ही उड़े और लाइटनिंग सर्किट अपना काम करती रहे और हमारी लाइट जलती रहे।

कंडक्टर, सेमीकंडक्टर, रेसिस्टेंस और इनसुलेटर्स

ऐसे पदार्थ जिनका विद्युतीय प्रतिरोध काफी कम होता है, उन्हें चालक कहते हैं। एक चालक से होकर बिजली सुगमतापूर्वक प्रवाहित हो सकती है। चांदी बिजली का सबसे अच्छा चालक है। तांबा और अल्युमिनियम धातु भी बिजली के अच्छे चालक हैं, यही कारण है कि अपेक्षाकृत सस्ती तारें बनाने के लिए इनका इस्तेमाल किया जाता है।

सेमी कंडक्टर उतने अच्छे चालक नहीं होते क्योंकि उनमें मुक्त इलेक्ट्रान की संख्या काफी कम होती है। गर्म किए जाने पर सेलेनियम, जर्मेनियम और सिलिकन चालक का कार्य करने लगते हैं क्योंकि तापीय कंपन के बढ़ने के कारण इलेक्ट्रॉन अलग हो जाते हैं। जैसे-जैसे तापमान बढ़ता है अधिक इलेक्ट्रान अलग होकर विद्युत प्रवाहित करने लगते हैं पर उतनी अच्छी तरह से नहीं जितना कि धातु के मामले में होता है। थोड़ी बहुत अशुद्धता का मिश्रण करके अर्द्धचालकों से ट्रांजिस्टर्स बनाए जाते हैं।

ऐसे पदार्थ जो तुलनात्मक रूप से अधिक विद्युत प्रतिरोध रखते हैं उन्हें रेसिस्टर्स कहते हैं। नाइक्रोम, मैगानीन और कांस्टेंटन जैसे एलवाय जिनका प्रतिरोध काफी अधिक होता है, से ऐसे स्थानों के लिए विद्युत उपकरण बनाए जाते हैं जहां उच्च प्रतिरोध की आवश्यकता होती है।

ऐसे पदार्थ जो असीमित विद्युत प्रतिरोध रखते हैं उन्हें इनसुलेटर (कुचालक) कहते हैं। एक कुचालक से होकर विद्युत प्रवाहित नहीं हो सकती जैसे कि रबर, लकड़ी इत्यादि। शुष्क वायु और डिस्टिल्ड वाटर विद्युत के कुचालक हैं। हालांकि नल से आने वाला पानी जिसमें लवण घुले होते हैं, कुछ हद तक विद्युत को प्रवाहित कर सकता है।

विद्युत शक्ति

विद्युत शक्ति प्रति इकाई समय में किया गया वैद्युतिक कार्य है। विद्युत शक्ति की एसआई इकाई वाट है।

$$\text{Power} = \frac{\text{work done}}{\text{time taken}} = \frac{w}{t}$$

I और P के संदर्भ में पावर होगा $P = I^2R$

जहां I करंट है और R रेसिस्टेंस

V और R के संदर्भ में $\text{Power} = \frac{v^2}{R}$ जहां V = पोटेंशियल डिफ्फरेंस और R = रेसिस्टेंस

विद्युतीय उपकरणों की पावर-वोल्टेज रेटिंग

यदि हम अपने घर में बिजली के बल्बों को गौर से देखें तो पाएंगे कि किसी बल्ब पर 220 बोल्ट, 100 वाट लिखा होता है। 220 वोल्ट का मतलब है कि इस बल्ब को 220 वोल्टस की वोल्ट्ज पर इस्तेमाल किया जाना है तथा 100 वाट का अर्थ है कि यह 100 वाट ऊर्जा की खपत करता है अर्थात वह बल्ब प्रति सेकेंड 100 जूल्स की दर से विद्युत ऊर्जा का उपभोग करेगा।

विद्युत का प्रभाव

बिजली तीन तरह से प्रभाव उत्पन्न कर सकती है :

1. **हीटिंग इफैक्ट ऑफ करंट :** जब उच्च प्रतिरोध युक्त तार पर जैसे कि नाइक्रोम की तार पर विद्युत का प्रवाह किया जाता है तो यह तार अत्यधिक गर्म हो जाती है और ऊष्मा उत्पन्न करती है। इसे विद्युत का ऊष्मा प्रभाव कहते हैं। विद्युत का ऊष्मीय प्रभाव विद्युत ऊर्जा के ऊष्मा ऊर्जा में परिवर्तित होने से उत्पन्न होता है।

   जब I एम्पीयीर का करंट R ओम रेसिस्टेंस वाले तार से t सेकेंड समय तक गुजरता है तब उसमें से जो ऊष्मा उत्पन्न होती है उसे $H = I^2Rt$ जूल्स से दर्शाया जा सकता है।

- विद्युत के ऊष्मा प्रभाव का इस्तेमाल हीटिंग उपकरणों में होता है जैसे कि आयरन, रूम हीटर, वाटर हीटर इत्यादि। इलेक्ट्रिक फ्यूज करंट के ऊष्मीय प्रभाव का एक अन्य महत्त्वपूर्ण अनुप्रयोग है।

2. **विद्युत का चुम्बकीय प्रभाव या विद्युत चुम्बकीयता :** विद्युत के चुम्बकीय प्रभाव की खोज सर्वप्रथम आएस्टर्ड ने की। इसका अभिप्राय है कि जब बिजली एक तार से होकर गुजरती है तो यह अपने इर्द-गिर्द चुम्बकीय क्षेत्र उत्पन्न करती है। विद्युत के चुम्बकीय प्रभाव का महत्त्व इस तथ्य में निहित है कि यह यांत्रिक बल को उत्पन्न करता है। इलेक्ट्रिक मोटर, डायनमो, टेलीफोन और रेडियो सभी विद्युत के चुम्बकीय प्रभाव का इस्तेमाल करते हैं। विद्युत के चुंबकीय प्रभाव को विद्युत चुम्बकत्व कहते हैं अर्थात् विद्युत से चुम्बकत्व उत्पन्न होता है।

विद्युत चुम्बक : जब हम एक मुलायम लोहे की कांटी पर तांबे की तार लपेट देते हैं और उसमें से विद्युत का प्रवाह करते हैं तो वह लोहे के छोटे-छोटे टुकड़े को अपनी ओर आकृष्ट करने लगता है इस प्रकार यह चुम्बक बन जाता है। ऐसे चुम्बक को विद्युत चुम्बक कहते हैं।

एक विद्युत चुम्बक की शक्ति लपेटे गए कॉइल की संख्या, कॉइल से होकर गुजर रही बिजली और इसके सिरों के बीच रिक्त वायु पर निर्भर करती है। इन विद्युत चुम्बकों का अनेक स्थानों पर इस्तेमाल किया जाता है जैसे *(i)* लोहे के भारी पिंड या स्टील स्क्रैप को एक स्थान से दूसरे स्थान पर ले जाने के लिए उद्योगों में संलग्न क्रेनों में, *(ii)* अस्पतालों में, *(iii)* दरवाजे की घंटी आदि में।

इलेक्ट्रोमैग्नेटिक इंडक्शन : एक चुम्बकीय क्षेत्र में सीधी तार डालकर विद्युत उत्पन्न करने को इलेक्ट्रोमैग्नेटिक इंडक्शन कहते हैं अर्थात चुम्बकत्व से बिजली उत्पन्न करना।

3. **विद्युत का रासायनिक प्रभाव :** जब विद्युत एक इलेक्ट्रोलाइट सॉल्यूशन से होकर गुजरता है तो यह रासायनिक परिवर्तनों को अंजाम देता है। विद्युत के रासायनिक प्रभाव के अनेक उपयोग हैं जैसे इलेक्ट्रोप्लेटिंग, धातुओं का परिष्करण तथा सोडियम और अल्यूमिनियम धातु का निर्माण आदि में।

घरेलू इलेक्ट्रिक सर्किट या घरेलू वायरिंग

विद्युत का सृजन विद्युतगृहों में होता है। इसे भूमिगत केवलों के जरिए या बिजली के लंबे-लंबे खंभों पर डाले तांबे के दो मोटे तारों के माध्यम से हमारे घर तक लाया जाता है। इनमें से एक लाइव वायर (L) होती है, जिसका पोटेंशियल काफी अधिक होता है (220 वोल्ट), जबकि दूसरे तार को न्यूट्रल वायर (N) कहते हैं, जिसका ग्राउंड पोटेंशियल जीरो वोल्ट होता है। इस प्रकार न्यूट्रल तार को छूने में कोई हानि नहीं है लेकिन जब हम लाइव वायर को छूते हैं तो हमें बिजली का झटका लगता है। बिजली के खंभे से आने वाली इंसुलेट की गई ये दो तारें (L और N) हमारे घर में लगे एक बॉक्स तक आती है। आमतौर पर घर में दो पृथक् सर्किट होते हैं। एक 5A फ्यूज के साथ लाइटनिंग सर्किट और दूसरा 15A फ्यूज के साथ पावर सर्किट।

लाइटनिंग सर्किट बल्ब, ट्यूबलाइट,पंखा आदि चलाने के लिए होता है जबकि इलेक्ट्रिक आयरन, हीटर, रेफ्रीजरेटर आदि पावर सर्किट से संचालित होते हैं। विविध वितरण वाले सर्किट समानांतर रूप से जोड़े जाते हैं ताकि यदि एक सर्किट में फॉल्ट उत्पन्न हो गया तो इसका फ्यूज गल जाए जबकि अन्य सर्किट कार्य करते रहें। लाइव वायर (L) और न्यूट्रल वायर (N) के साथ एक और तार भी होती है जिसे ग्राउंड वायर कहते हैं। इस अर्थ वायर का एक सिरा जमीन में दबा दिया जाता है ताकि विद्युत उपकरणों से लगने वाले झटकों के खतरे से बचा जा सके। विद्युत उपकरणों की अर्थिंग हमें न सिर्फ बिजली के झटकों से बचाती है बल्कि इन उपकरणों को भी नुकसान से बचाती है। आमतौर पर अर्थिंग के लिए इस्तेमाल की गई तार हरे रंग की होती है।

इलैक्ट्रिक फ्यूज

एक फ्यूज सुरक्षा उपकरण होता है जिसमें कम गलनांक बिंदु वाली टिन या टिन लीड के मिश्रण से बनी एक पतली सी तार लगी होती है जो उस समय पिघल कर सर्किट को भंग कर देती है जब बिजली एक सुरक्षित स्तर से बढ़ जाए। एक विद्युत फ्यूज बिजली के ऊष्मा प्रभाव पर कार्य करता है। घरेलू वायरिंग की सुरक्षा करने के लिए इसे स्विच बोर्ड में ठीक मेन स्विच के ऊपर लगाया जाता है। इलैक्ट्रिक सर्किट में फ्यूज वायर को शृंखला में जोड़ा जाता है।

वस्तुनिष्ठ प्रश्न

1. बल्ब को तोड़ने पर तेज आवाज होती है, क्योंकि–
A. बल्ब के अन्दर निर्वात् में वायु तेजी से प्रवेश करती है।
B. बल्ब के अन्दर विस्फोटक गैस होती है।
C. बल्ब का फिलामेन्ट वायु से क्रिया करता है।
D. बल्ब के अंदर की गैस अचानक प्रसारित होती है।

2. निम्न में से कौन-सी धातु रोशनी के बल्बों में फिलामेन्ट के रूप में प्रयोग की जाती है?
A. लौह B. मोलिब्डेनम
C. चांदी D. टंगस्टन

3. विद्युत् धारा के ऊष्मीय प्रभाव पर आधारित घरेलू उपकरण है–
A. विद्युत् हीटर B. विद्युत् बल्ब
C. ट्यूब लाइट D. उपर्युक्त सभी

4. 100 वाट का बिजली का बल्ब यदि 10 घण्टे जले तो बिजली का खर्च होगा–
A. 0.1 इकाई B. 1 इकाई
C. 10 इकाई D. 100 इकाई

5. विद्युत् बल्ब का तन्तु धारा प्रवाहित करने से चमकने लगता है, परन्तु तन्तु में धारा ले जाने वाले तार नहीं चमकते। इसका कारण है–
A. तन्तु में तारों की अपेक्षा अधिक धारा बहती है।
B. तन्तु का प्रतिरोध तारों की अपेक्षा कम होता है।
C. तन्तु का प्रतिरोध तारों की अपेक्षा अधिक होता है।
D. धारा प्रवाहित करने से केवल टंगस्टन धातु ही चमकती है।

6. सामान्यतः प्रयोग में लाई जाने वाली प्रतिदीप्ति ट्यूबलाइट पर निम्नलिखित में से कौन-सा अंकित होता है?
A. 220 K B. 273 K
C. 6500 K D. 9000 K

7. विद्युत् ऊर्जा को यांत्रिक ऊर्जा में बदलने की युक्ति है–
A. डायनेमो B. ट्रांसफॉर्मर
C. विद्युत् मोटर D. इन्डक्टर

8. एकीकृत परिपथ में प्रयुक्त अर्द्धचालक चिप निम्न की बनी होती है?
A. कैल्सियम B. कार्बन
C. सिलिकॉन D. जिरकॉन

9. प्रत्यावर्ती धारा को दिष्ट धारा में परिवर्तित करने वाली युक्ति को कहते हैं–
A. इनवर्टर B. रेक्टीफायर
C. ट्रान्सफार्मर D. ट्रान्समीटर

10. एक मकान में दो बल्ब लगे हैं, उनमें से एक-दूसरे से अधिक प्रकाश देता है। निम्न में से कौन-सा कथन सही है?
A. प्रकाश की दीप्ति रेजिस्टेन्स पर निर्भर नहीं है
B. दोनों बल्ब में रेजिस्टेन्स समान है
C. अधिक प्रकाश वाले बल्ब में रेजिस्टेन्स अधिक है
D. कम प्रकाश वाले बल्ब में रेजिस्टेन्स अधिक है

11. निम्न चित्र में A व B के बीच विभवान्तर है :

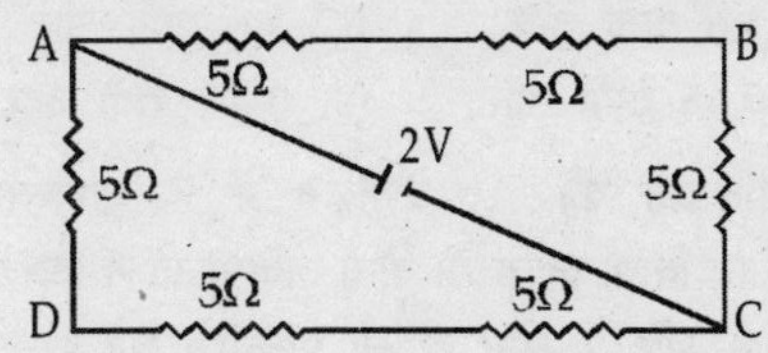

A. $\frac{2}{3}$V B. $\frac{8}{9}$V
C. $\frac{4}{3}$V D. 2V

12. एक चलकुण्डली धारामापी को 0.03 ऐम्पियर तक पढ़ने वाले अमीटर में बदलने के लिये $4r$ प्रतिरोध का शंट लगाना पड़ता है, जबकि उसे 0.06 ऐम्पियर तक पढ़ने वाले अमीटर में बदलने के लिये r प्रतिरोध का शंट लगाना पड़ता है। बिना शंट के इस धारामापी में कितनी धारा भेजी जा सकती है?
A. 0.01 Ampere B. 0.02 Ampere
C. 0.03 Ampere D. 0.04 Ampere

13. एक वैद्युत केबिल में 9 मिमी त्रिज्या का केवल एक ताँबे का तार है इसका प्रतिरोध 5 ओम है। इस केबिल को 6 विभिन्न वैद्युतरोधी ताँबे के तारों से, जिनमें प्रत्येक की त्रिज्या 3 मिमीं है, प्रतिस्थापित (replace) किया गया है। केबिल का कुल प्रतिरोध होगा:

A. 7.5 Ω B. 45 Ω

C. 90 Ω D. 270 Ω

14. एक रैखिक चालक में जिसकी अनुप्रस्थ काट असमान है, स्थिर धारा बह रही है। चालक की किसी काट में से प्रति सेकण्ड प्रवाहित आवेश की मात्रा:

A. काट के क्षेत्रफल के समानुपाती है

B. काट के क्षेत्रफल के व्युत्क्रमानुपाती है

C. क्षेत्रफल पर निर्भर नहीं

D. चालक की लम्बाई पर निर्भर है

15. यदि एक ताँबे के तार को खीचकर 0.1% लम्बाई बढ़ा दी जाती है, तो इसके प्रतिरोध में प्रतिशत वृद्धि होगी :

A. 0.2% B. 2%

C. 1% D. 0.1%

16. विभवमापी के ड्राइवर सेल का वि.वा. बल 2 वोल्ट तथा आन्तरिक प्रतिरोध नगण्य है। विभवमापी के तार की लम्बाई 100 सेमी तथा प्रतिरोध 5.0Ω है। तार के श्रेणीक्रम में कितना प्रतिरोध जोड़ा जाये कि पूरे तार में विभव प्रवणता 0.05 मिली वोल्ट/सेमी हो जाये?

A. 1985 Ω B. 1990 Ω

C. 1995 Ω D. 2000 Ω

17. किसी वैद्युत अपघट्य में 3.2×10^{18} द्वि-संयोजी धन आयन प्रति सेकण्ड दायीं ओर तथा 3.6×10^{18} एकल-संयोजी ऋण आयन बायीं ओर प्रति सेकण्ड अनुगमन करते हैं, तो वैद्युत धारा होगी:

A. 1.6 बायीं ओर B. 1.6 दायीं ओर

C. 0.45 दायीं ओर D. 0.45 बायीं ओर

18. दो प्रतिरोधों को A. श्रेणीक्रम में B. समान्तर क्रम में संयोजित किया जाता है। दोनों अवस्थाओं में क्रमशः प्रतिरोध 9 ओम और 2 ओम है, तो प्रतिरोधों का मान होगा:

A. 2 Ω और 7 Ω B. 6 Ω और 3 Ω

C. 3 Ω और 9 Ω D. 5 Ω और 4 Ω

19. समान लम्बाई और समान अनुप्रस्थ काट के 12 तारों को एक घनाकार के रूप में जोड़ा गया है प्रत्येक तार का प्रतिरोध R है। किसी कर्ण के दो सिरों के मध्य प्रभावी प्रतिरोध होगा:

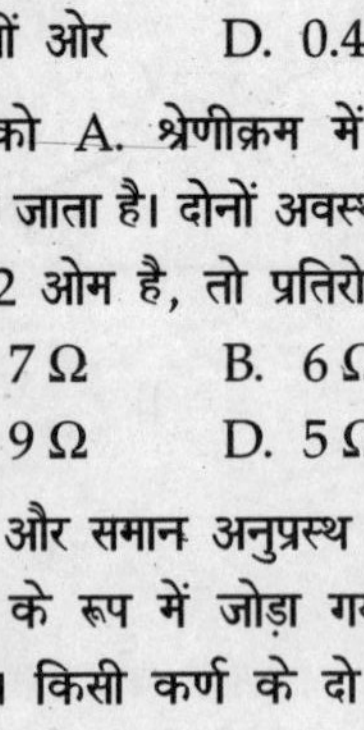

A. 2R B. 12R

C. $\frac{5}{6}$R D. 8R

20. दो सेल जब श्रेणीक्रम में जोड़ी जाती हैं तब विभवमापी 8 मीटर पर सन्तुलित होता है। जब एक सेल के ध्रुव को पलटकर लगाया जाता है तब सन्तुलित लम्बाई 2 मीटर पर प्राप्त होती है। सेलों के वि.वा. बल का अनुपात होगा:

A. 3 : 5 B. 5 : 3

C. 3 : 4 D. 4 : 3

21. एक R प्रतिरोध वाले ताँबे के तार को दस बराबर लम्बाई के टुकड़ों में काटकर दो-दो टुकड़ों को श्रेणीक्रम में जोड़कर पाँचों जोड़ों को समान्तर क्रम में जोड़ा जाता है। इस नए संयोजन का प्रतिरोध होगा:

A. R B. $\frac{R}{4}$

C. $\frac{R}{5}$ D. $\frac{R}{25}$

22. जब कांच की छड़ को रेशम से रगड़ा जाता है तो छड़–

A. ऋणावेशित हो जाती है

B. धनावेशित हो जाती है

C. उदासीन रहती है

D. पहले ऋणावेशित होती है फिर धनावेशित

23. "दो स्थिर आवेशों के बीच लगने वाला बल उनकी मात्राओं के गुणनफल के अनुक्रमानुपाती तथा उनकी बीच की दूरी के वर्ग के व्युत्क्रमानुपाती होता है।" यह नियम है–

A. ओम का नियम B. किरचॉफ का नियम

C. कूलॉम का नियम D. फैराडे का नियम

24. निम्नलिखित में कौन अर्द्धचालक नहीं है?

A. जर्मेनियम B. सिलिकॉन

C. सेलेनियम D. आर्सेनिक

25. तांबा मुख्य रूप से विद्युत चालन के लिए प्रयोग किया जाता है क्योंकि–

A. इसका गलनांक अधिक होता है।

B. यह सस्ता होता है।

C. यह बहुत टिकाऊ होता है।

D. इसकी विद्युत् प्रतिरोधकता निम्न होती है।

26. प्रत्यावर्ती धारा को दिष्ट धारा में परिवर्तित किया जाता है–

A. डायनेमो द्वारा B. ट्रान्सफॉर्मर द्वारा

C. रेक्टिफायर द्वारा D. मोटर द्वारा

27. विद्युत् फिटिंग्स में एक तार को भू-सम्पर्कित किया जाता है। इसका कारण है–

A. यदि लघु पथन हो जाए तो धारा भूमि में चली जाएगी।

B. इससे विद्युत का क्षय नहीं होता है।

C. यह विद्युत् परिपथ को पूर्ण करता है।

D. इससे विद्युत् का उच्चावचन (Fluctuation) दूर हो जाता है।

28. "किसी चालक के सिरों के बीच विभवान्तर उसमें बहने वाली धारा के समानुपाती होता है।" यह नियम है–
A. कूलॉम्ब का नियम B. फैराडे का नियम
C. जूल का नियम D. ओम का नियम

29. एक सामान्य शुष्क सेल में विद्युत् अपघट्य होता है–
A. जिंक B. गंधक का अम्ल
C. अमोनियम क्लोराइड D. मैंगनीज डाइऑक्साइड

30. एक फ्यूज तार का उपयोग .... के लिए होता है।
A. हानि पहुँचाए बिना उच्च विद्युत् धारा को प्रवाहित करना
B. अत्यधिक धारा प्रवाह के समय विद्युत् परिपथ को तोड़ने
C. किसी व्यक्ति को विद्युत् झटकों से बचाने
D. इनमें से कोई नहीं

31. सामान्य वैद्युत् उपकरणों के लिए फ्यूज तार में निम्नलिखित गुण होने चाहिए–
1. मोटा तार
2. पतला तार
3. निम्न गलनांक मिश्रधातु
4. उच्च गलनांक मिश्रधातु

कूट :
A. 1 और 3 B. 1 और 4
C. 2 और 3 D. 2 और 4

32. बिजली सप्लाई के मेंस में फ्यूज एक सुरक्षा उपकरण के रूप में लगा हुआ होता है। बिजली के फ्यूज के संबंध में कौन-सा कथन सही है?
A. यह मेन्स स्विच के साथ समानान्तर में संयोजित होता है।
B. यह मुख्यतः सिल्वर मिश्रधातुओं से बना होता है।
C. इसका गलनांक निम्न होता है।
D. इसका प्रतिरोध अति उच्च होता है।

33. एक विद्युत् सर्किट में एक फ्यूज तार का उपयोग किया जाता है–
A. संचारण में विद्युत् ऊर्जा के खर्च को कम करने के लिए
B. वोल्टेज के स्तर को स्थिर रखने के लिए
C. सर्किट में प्रवाहित होने वाले अधिक विद्युत् धारा को रोकने के लिए
D. विद्युत् तार को अधिक गर्म होने से बचाने के लिए

34. एम्पियर मात्रक है–
A. प्रकाश तीव्रता की B. चुम्बकीय क्षेत्र की
C. विद्युत धारा की D. विद्युत आवेश की

35. यदि किसी तार की त्रिज्या आधी कर दी जाए तो उसका प्रतिरोध–
A. आधा रह जाएगा
B. दुगना हो जाएगा
C. एक-चौथाई रह जाएगा
D. 1/16 गुणा हो जाएगा

उत्तरमाला

1	2	3	4	5	6	7	8	9	10
A	D	D	B	C	C	C	C	B	D
11	**12**	**13**	**14**	**15**	**16**	**17**	**18**	**19**	**20**
C	B	A	C	A	C	B	B	C	B
21	**22**	**23**	**24**	**25**	**26**	**27**	**28**	**29**	**30**
D	B	C	D	D	C	A	D	C	B
31	**32**	**33**	**34**	**35**					
C	C	C	C	D					

अध्याय 6

चुंबक

पदार्थ का एक ऐसा टुकड़ा जिसे मुक्ततः लटकाने पर एक सिरा सदैव उत्तर की ओर और दूसरा सिरा सदैव दक्षिण की ओर संकेत करता हो, जिसमें अवशिष्ट चुम्बकीय आघूर्ण (net magnetic moment) हो और जो लौह पदार्थों को अपनी ओर आकर्षित करता हो, चुम्बक कहलाता है।

चुम्बक के प्रकार

प्राकृतिक चुम्बक (Natural Magnet)

खदानों में प्राकृतिक रूप से पाये जाने वाले चुम्बक को प्राकृतिक चुम्बक कहते हैं, जैसे मैग्नेटाइट एक प्राकृतिक चुम्बक है। इसका कोई निश्चित आकार नहीं होता और न ही कोई निश्चित आकृति होती है, अतः वैज्ञानिक प्रयोजन में इसे प्रयुक्त नहीं किया जा सकता। इसका चुम्बकत्व बहुत क्षीण होता है।

कृत्रिम चुम्बक (Artificial Magnet)

व्यावहारिक उपयोग के लिए अपेक्षित आकृति और सामर्थ्य वाले कृत्रिमतः निर्मित चुम्बकों को कृत्रिम चुम्बक कहते हैं। कृत्रिम चुम्बक आम तौर पर लोहा, इस्पात और निकेल से बनाए जाते हैं।

दण्ड चुम्बक (Bar Magnet)

ऐसा निकाय जिसके दोनों सिरों (ध्रुवों) पर चुम्बकत्व अधिकतम और परस्पर विपरीत ध्रुवता का होता है तथा दोनों ध्रुव परस्पर एक दूरी पर स्थित होते हैं, दण्ड चुम्बक कहलाता है। इसे चुम्बकीय द्विध्रुव भी कहते हैं।

चुम्बक के गुण

चुम्बक लौह चुम्बकीय पदार्थों को अपनी ओर आकर्षित करता है; मुक्ततः लटकाने पर सदैव एक विशेष दिशा अर्थात उत्तर-दक्षिण दिशा की ओर संकेत करता है; इसके दोनों ध्रुवों का ध्रुव प्राबल्य एकसमान होता है; किसी चुम्बक के दोनों ध्रुवों को विलगित अर्थात अलग-अलग नहीं किया जा सकता है; चुम्बक के विजातीय ध्रुवों (Unlike poles) में आकर्षण होता है और सजातीय ध्रुवों (Like poles) में प्रतिकर्षण होता है; यह चुम्बकीयतः संतृप्त हो सकता है; यह आघात, यांत्रिक प्रतिक्षेप (Mechanical jerk) अथवा तापन के कारण या एक निश्चित समय के बाद विचुम्बकित हो सकता है तथा यह अन्य पदार्थों में प्रेरण द्वारा चुम्बकत्व उत्पन्न कर सकता है।

चुम्बकत्व (Magnetism)

चुम्बक का वह गुण जिसके कारण यह लोह-चुम्बकीय पदार्थों (Ferromagnetic Materials) को अपनी ओर आकर्षित करता है और मुक्ततः लटकाने पर उत्तर-दक्षिण दिशा की ओर इंगित करता है, चुम्बकत्व कहलाता है। पदार्थों में चुम्बकीय गुण मुख्यतः इसके इलेक्ट्रॉनों की प्रचक्रण गति (Spin motion) के कारण होता है।

चुम्बकीय ध्रुव (Magnetic Poles)

किसी चुम्बक के सिरों पर चुम्बकीय गुण सर्वाधिक होता है। चुम्बक के ये दो सिरे उसके दो ध्रुव कहलाते हैं। किसी चुम्बक को मुक्ततः लटकाने पर उसका एक ध्रुव सदा उत्तर की ओर और दूसरा ध्रुव सदा दक्षिण की ओर इंगित करता है। इन्हें क्रमशः चुम्बक का उत्तरी ध्रुव और दक्षिणी ध्रुव कहते हैं।

चुम्बकीय अक्ष (Magnetic Axis)

किसी चुम्बक के दोनों ध्रुवों को मिलानेवाली काल्पनिक रेखा को उसका चुम्बकीय अक्ष कहते हैं।

चुम्बकीय क्षेत्र (Magnetic Field)

चुम्बक के चारों ओर का वह क्षेत्र जिसमें चुम्बकीय सूई पर एक बलआघूर्ण (torque) कार्य करता है, चुम्बक का चुम्बकीय क्षेत्र कहलाता है।

लॉरेन्ज बल (Lorentz Force): जब एक आवेशित कण वैद्युत और चुम्बकीय क्षेत्र में गति करता है, तब इसके द्वारा लगने वाला बल लॉरेन्ज बल कहलाता है।

वैद्युत क्षेत्र के द्वारा बल, $\vec{F}_E = q\vec{E}$

चुम्बकीय क्षेत्र के द्वारा बल, $\vec{F}_M = q(\vec{v} \times \vec{B})$

लॉरेन्ज बल, $\vec{F} = \vec{F}_E = \vec{F}_M = q(\vec{E} + \vec{v} \times \vec{B})$

फ्लेमिंग के बायें हाथ का नियम

इस नियम के अनुसार, यदि हम अपने बायें हाथ के अँगूठे, तर्जनी अँगुली (fore-finger) व मध्य अँगुली को इस प्रकार समायोजित करें कि अँगूठा, दोनों अँगुलियों के लम्बवत् रहे तथा तर्जनी अँगुली, चुम्बकीय क्षेत्र की दिशा को तथा मध्य अँगुली, धन आवेशित कण की दिशा को इंगित करे, तो अँगूठा, कण पर लगने वाले चुम्बकीय बल की दिशा को इंगित करता है।

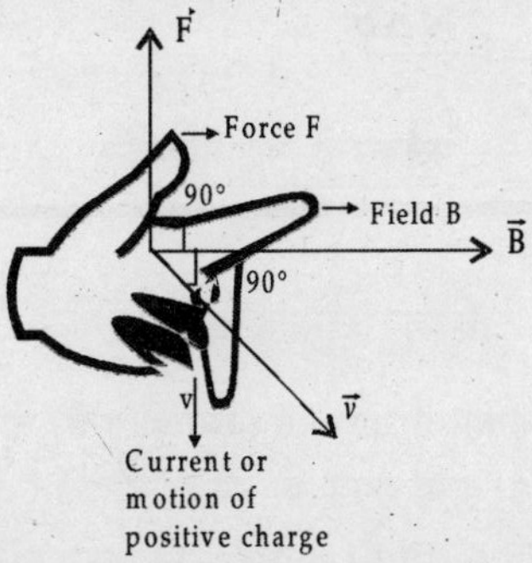

पृथ्वी के चुम्बकीय क्षेत्र के घटक

***(i)* दिक्पात का कोण (Angle of Declination):** किसी स्थान पर अपने गुरुत्व केन्द्र से स्वतन्त्रतापूर्वक लटकी चुम्बकीय सूई के अक्ष से गुजरने वाले ऊर्ध्वाधर तल को **चुम्बकीय याम्योत्तर** (magnetic meridian) कहते हैं जबकि पृथ्वी के भौगोलिक उत्तरी तथा दक्षिणी ध्रुवों को मिलाने वाली रेखा से गुजरने वाले ऊर्ध्वाधर तल को **भौगोलिक याम्योत्तर** (geographic meridian) कहते हैं।

चुम्बकीय याम्योत्तर तथा भौगोलिक याम्योत्तर के बीच के न्यून कोण को **दिक्पात कोण** कहते हैं। 'α' दिक्पात कोण है।

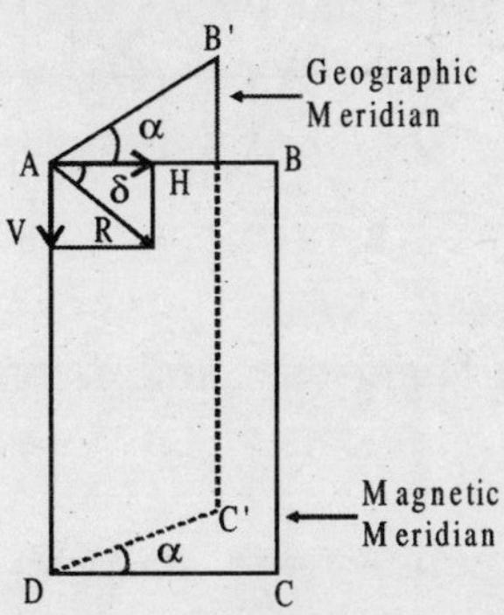

***(ii)* नमन कोण अथवा नति कोण (Angle of Inclination or Dip):** नमन कोण वह कोण है जो पृथ्वी के चुम्बकीय क्षेत्र की दिशा तथा क्षैतिज दिशा के बीच बनता है।

पृथ्वी के चुम्बकीय ध्रुवों पर पृथ्वी का चुम्बकीय क्षेत्र ऊर्ध्वाधर दिशा में तथा चुम्बकीय निरक्षीय पर क्षैतिज दिशा में होता है। 'δ' नमन कोण है।

***(iii)* पृथ्वी के चुम्बकीय क्षेत्र का क्षैतिज घटक (Horizontal Component of Earth's Magnetic Field):** पृथ्वी के चुम्बकीय क्षेत्र 'B_e' को दो घटकों में वियोजित किया जा सकता है।

(a) क्षैतिज घटक (H)

$$H = R\cos\delta \quad ...(i)$$

(b) ऊर्ध्वाधर घटक (V)

$$V = R\sin\delta \quad ...(ii)$$

समीकरण (*i*) और (*ii*) की दोनों तरफ वर्ग करके जोड़ने पर

$$R^2 = H^2 + V^2$$

$$\Rightarrow R = \sqrt{H^2 + V^2}$$

समीकरण (*ii*) को (*i*) से भाग देने पर $\tan\delta = \dfrac{V}{H}$

तथा $$\delta = \tan^{-1}\frac{V}{H}$$

चुम्बकीय पदार्थ का वर्गीकरण

पदार्थ में चुम्बकत्व का मुख्य कारण वैद्युत आवेशों की गति है। अणुओं में इलेक्ट्रॉनों तथा प्रोटॉनों की गति उनके चुम्बकीय व्यवहार के लिये उत्तरदायी हैं। प्रायः बाह्य चुम्बकीय क्षेत्र में रखने पर प्रत्येक पदार्थ में कुछ चुम्बकत्व आ जाता है। पदार्थों के चुम्बकीय व्यवहार के आधार पर उन्हें निम्नलिखित वर्गों में विभाजित किया गया है :

प्रतिचुम्बकीय पदार्थ (Diamagnetic Substances)

प्रतिचुम्बकीय पदार्थ वे पदार्थ हैं जो किसी चुम्बकीय क्षेत्र में रखे जाने पर, क्षेत्र की दिशा की विपरीत दिशा में मामूली से चुम्बकित हो जाते हैं तथा किसी शक्तिशाली चुम्बक के सिरे के समीप लाये जाने पर थोड़ा सा प्रतिकर्षित होते हैं। इन पदार्थों के इस गुण को 'प्रतिचुम्बकत्व' (diamagnetism) कहते हैं। जो पदार्थ केवल प्रतिचुम्बकत्व गुण/प्रभाव प्रदर्शित करते हैं उन्हें प्रतिचुम्बकीय पदार्थ कहते हैं। उदाहरणार्थ- Ag, Au, Sb, P, Zn, Cu, C (हीरा), NaCl, H_2O, Hg, H_2, N_2। अधिकांशतः अकार्बनिक यौगिक तथा लगभग सभी कार्बनिक यौगिक प्रतिचुम्बकीय होते हैं।

अनुचुम्बकीय पदार्थ (Paramagnetic Substances)

अनुचुम्बकीय पदार्थ वे पदार्थ होते हैं जो किसी चुम्बकीय क्षेत्र में रखे जाने पर, क्षेत्र की दिशा में मामूली से चुम्बकित हो जाते हैं तथा किसी शक्तिशाली चुम्बक के सिरे के समीप लाये जाने पर थोड़ा सा आकर्षित होते हैं। इन पदार्थों के इस गुण को 'अनुचुम्बकत्व' (Paramagnetism) कहते हैं, उदाहरणार्थ- Pt, Al, Cr, Na, Mn, Cu, Cl_2। निकिल व आयरन के लवणों के घोल, O_2, आदि अनुचुम्बकीय होते हैं।

लौह-चुम्बकीय पदार्थ (Ferromagnetic Substances)

लौह-चुम्बकीय पदार्थ वे पदार्थ हैं जो किसी चुम्बकीय क्षेत्र में रखे जाने पर, क्षेत्र की दिशा में प्रबल रूप से चुम्बकित हो जाते हैं तथा इनके सिरों पर स्वतन्त्र ध्रुव (independent poles) उत्पन्न हो जाते हैं। किसी चुम्बक के सिरे के समीप लाये जाने पर ये पदार्थ तेजी से आकर्षित होते हैं। इन पदार्थों के इस गुण को 'लौहचुम्बकत्व' कहते हैं। उदाहरणार्थ- लोहा (Fe), निकिल (Ni), कोबाल्ट (Co),

गेडोलिनियम (gadolinium) तथा इनकी मिश्र धातुएँ जैसे, कोबाल्ट-स्टील, टंगस्टन-स्टील, एल्निको (alnico), आदि लौह-चुम्बकीय पदार्थ हैं। इन पदार्थों में इलेक्ट्रॉन के चक्रण प्राकृतिक रूप से समान्तर दिशाओं में होते हैं।

विद्युतचुम्बकीय प्रेरण

जब कभी एक वैद्युत धारा एक चालक से होकर बहती है तो चालक को घेरने वाले परिवेश में एक चुम्बकीय क्षेत्र उत्पन्न हो जाता है। इसके विपरीत जब चालक को घेरने वाला चुम्बकीय क्षेत्र चालक के सापेक्ष गतिमान होता है तब यह चालक में इलेक्ट्रॉनों की गति उत्पन्न करता है। यह परिघटना जिसमें किसी चालक में वि. वा. ब. तथा धारा प्रेरित होती है, विद्युतचुम्बकीय प्रेरण (electromagnetic induction) कहलाती है।

किसी बिन्दु पर चुम्बकीय फ्लक्स रेखा घनत्व (magnetic flux-line density) अर्थात् फ्लक्स रेखा के लम्बवत् पृष्ठ के एकांक क्षेत्रफल से गुजरने वाली फ्लक्स रेखाओं की संख्या ही उस बिन्दु पर चुम्बकीय क्षेत्र की तीव्रता $\vec{B}$ को व्यक्त करती है। चुम्बकीय फ्लक्स को सामान्यतः ϕ_B से प्रदर्शित करते हैं। पृष्ठ क्षेत्रफल A से गुजरने वाला चुम्बकीय फ्लक्स ϕ_B उस क्षेत्रफल से लम्बवत् गुजरने वाली चुम्बकीय प्रेरण रेखाओं की कुल संख्या के बराबर होता है।

गणितीय रूप से, चुम्बकीय फ्लक्स $\phi_B = \sum \vec{B} \cdot \Delta \vec{A}$

$$\therefore \quad \phi_B = \int_S \vec{B} \cdot d\vec{A} = \vec{B} \cdot \vec{A} = BA \cos\theta$$

SI पद्धति में चुम्बकीय फ्लक्स का मात्रक वेबर तथा CGS पद्धति में मैक्सवल है।

$$1 \text{ Wb} = 10^8 \text{ M}x$$

विद्युतचुम्बकीय प्रेरण के फैराडे के नियम

प्रथम नियम

''जब कभी परिपथ से सम्बद्ध चुम्बकीय फ्लक्स में परिवर्तन होता है, तब इसमें वि. वा. ब. प्रेरित हो जाता है।'' परिपथ यदि बन्द है तो वि. वा. ब. के कारण परिपथ में एक वैद्युत धारा भी प्रेरित हो जाती है।

द्वितीय नियम

''परिपथ में प्रेरित वि. वा. ब. का परिमाण परिपथ से सम्बद्ध नैट चुम्बकीय फ्लक्स ϕ के समय के सापेक्ष परिवर्तन की दर के क्रमानुपाती होता है।''

प्रेरित वि. वा. ब. (अथवा प्रेरित धारा) की दिशा इस प्रकार है कि यह उस परिवर्तन का विरोध करती है जिससे यह स्वयं उत्पन्न हुई है। यह कथन लेन्ज का नियम (Lenz's law) कहलाता है।

गणितीय रूप से,

$$e = -\frac{N\,d\phi}{dt}$$

यहाँ N = कुण्डली में फेरों की संख्या

यदि परिपथ का प्रतिरोध R है, तब

$$I = \frac{e}{R} = -\frac{N}{R}\frac{d\phi}{dt}$$

dt समय में प्रेरित आवेश

$$dq = I\,dt = -\frac{N}{R}\frac{d\phi}{dt}dt = -\frac{N\,d\phi}{R}$$

$$\Rightarrow \quad \Delta q = -\frac{N\Delta\phi}{R}$$

$$\therefore \quad \Delta q = -\frac{\text{फ्लक्स में नेट परिवर्तन}}{\text{प्रतिरोध}}$$

विद्युतचुम्बकीय तरंगें

यदि वैद्युत क्षेत्र समय के साथ परिवर्तित होता है, तो चुम्बकीय क्षेत्र उत्पन्न करता है तथा समय के साथ परिवर्तित चुम्बकीय क्षेत्र, वैद्युत क्षेत्र उत्पन्न करता है। मैक्सवेल (Maxwell) ने बताया कि प्रकृति में एक तरंग निहित है जिसमें समय तथा त्रिविमीय क्षेत्र (space) के साथ परिवर्तित वैद्युत तथा चुम्बकीय क्षेत्र होते हैं जो एक-दूसरे के लिये स्रोत का कार्य करते हैं। यह तरंग विद्युतचुम्बकीय तरंग (electromagnetic wave) कहलाती है। इस तरंग में वैद्युत तथा चुम्बकीय क्षेत्र दोनों परस्पर लम्बवत् होते हैं तथा तरंग संचरण की दिशा के भी लम्बवत् होते हैं।

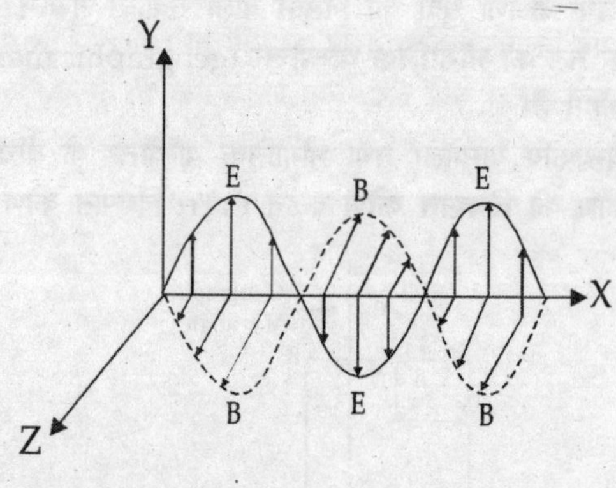

मैक्सवेल ने विद्युतचुम्बकीय तरंगों की चाल निम्न सूत्र से व्यक्त की

$$c = \frac{1}{\sqrt{\mu_0 \varepsilon_0}} \quad \text{(निर्वात में)}$$

तथा $$v = \frac{1}{\sqrt{\mu\varepsilon}} \quad \text{(किसी माध्यम में)}$$

गौस का चुम्बकीय नियम

गौस के चुम्बकीय नियम के अनुसार किसी बन्द पृष्ठ से गुजरने वाला चुम्बकीय फ्लक्स शून्य होता है। यह इंगित करता है कि स्वतंत्र चुम्बकीय ध्रुवों का कोई अस्तित्व नहीं होता। किसी पृष्ठ द्वारा परिबद्ध आयतन में विपरीत चुम्बकीय ध्रुव बराबर-बराबर हैं जिससे कि नेट ध्रुव-सामर्थ्य शून्य होती है। (इसके विपरीत, स्वतंत्र वैद्युत-आवेशों का अस्तित्व होता है)। यह समीकरण यह भी दर्शाता

है कि चुम्बकीय बल-रेखाओं का न तो आदि होता है और न अन्त। वे बन्द वक्र होती हैं।

$$\oint_S \vec{B} ds^{-} = 0$$

रेडियो तरंगें (Radio Waves)

रेडियो तरंगों का तरंगदैर्ध्य 10 m से 10^4 m तक होता है। ये रेडियो तथा टी. वी. संचरण में प्रयुक्त होती हैं।

सूक्ष्म अथवा माइक्रो तरंगें (Micro Waves)

इनकी तरंगदैर्ध्य 10^{-3} m से 0.3 m तक होता है। इनका तरंगदैर्ध्य कम होने के कारण ये रडार में, उपग्रहों तथा लम्बी दूरी वाले बेतार संचार में तथा माइक्रोवेव ओवन में प्रयुक्त होती हैं।

अवरक्त तरंगें (Infra-red Waves)

इनका तरंगदैर्ध्य 8×10^{-7} m से 3×10^{-5} मी (दृश्य प्रकाश की सबसे बड़ी तरंगदैर्ध्य) तक होता है। ये तरंगें अधिकतर पदार्थों द्वारा अवशोषित होती जाती हैं तथा परिणामत: इनका ताप बढ़ जाता है। ये तरंगें काँच द्वारा अवशोषित पौध घरों में पौधों को गर्म रखने में, कोहरे व धुंध के पार देखने में, *IR* फोटोग्राफी में, रिमोट कन्ट्रोल में, शरीर के भागों की सिंकाई करने में प्रयोग की जाती हैं।

दृश्य प्रकाश (Visible Light)

यह विद्युतचुम्बकीय तरंगों का परिचित (most familiar) रूप है। इन्हें मानव नेत्रों द्वारा देखा जा सकता है। इनका तरंगदैर्ध्य क्रम 4×10^{-7} m (बैंगनी) से 8×10^{-7} (लाल) तक होता है। मानव नेत्र की अधिकतम सवेदिता (sensitivity) 5.6×10^{-7} m तरंगदैर्ध्य पर होती है।

दृश्य स्पेक्ट्रम

रंग	तरंगदैर्ध्य, λ (m) $\times 10^{-7}$	रंग	तरंगदैर्ध्य, λ (m) $\times 10^{-7}$
बैंगनी	4.0 से 4.5	पीला	5.7 से 5.9
नीला	4.5 से 5.0	संतरी	5.9 से 6.2
हरा	5.0 से 5.7	लाल	6.2 से 7.8

पराबैंगनी किरणें (Ultra-violet Rays)

इन तरंगों का तरंगदैर्ध्य क्रम 6×10^{-10} *m* से 4×10^{-7}*m* तक है। सूर्य पराबैंगनी प्रकाश (UV) का एक महत्वपूर्ण स्रोत है। सूर्य का अधिकतम पराबैंगनी प्रकाश वायुमण्डल की ओजोन पर्त (ozone layer) द्वारा अवशोषित हो जाता है। इनमें γ-किरणों वाले सभी गुण होते हैं परन्तु भेदन क्षमता बहुत कम होती है। ये किरणें अदृश्य लिखाई, नकली दस्तावेजों, अँगुली के निशानों का पता लगाने में, खाने की वस्तुओं के संरक्षण में, कीड़े मारने तथा प्रकाश संश्लेषण में प्रयुक्त होती हैं।

***X*-किरणें (X-Rays)**

चिकित्सा अनुप्रयोगों (medical applications) के कारण, हम इन किरणों से भली भाँति परिचित हैं। इनका तरंगदैर्ध्य परास 10^{-11} *m* से 3×10^{-8} *m* तक होता है। इनमें γ-किरणों वाले सभी गुण हैं, परन्तु भेदन क्षमता कम है। शरीर में टूटी-हड्डी एवं मूल्यवान वस्तु का पता लगाने में तथा परमाणु के भीतरी इलेक्ट्रॉन कोश की संरचना जानने में इनका प्रयोग होता है।

(*vii*) गामा-किरणें (Gamma Rays)

ये रेडियोएक्टिव नाभिकों द्वारा उत्सर्जित होती हैं। इन किरणों का तरंगदैर्ध्य 6×10^{-14} *m* से 10^{-11} *m* तक होता है। इनकी भेदन क्षमता बहुत अधिक है। ये किरणें कैंसर के इलाज के लिये प्रयुक्त होती हैं।

वस्तुनिष्ठ प्रश्न

1. विद्युतचुम्बकीय तरंगों का वेग समान्तर होता है :

A. $\vec{B}\times\vec{E}\ K$ B. $\vec{E}\times\vec{B}\,K$

C. $\vec{E}\,K$ D. $\vec{B}\,K$

2. तरंग की आवृत्ति 6×10^{15} हर्ट्ज है। वह तरंग है :

A. रेडियो तरंग B माइक्रो तरंग

C. X-किरण D. इनमें से कोई नहीं

3. किसी चुम्बक की आकर्षण शक्ति सबसे कम कहां होती है?

A. दोनों किनारों पर B. मध्य में

C. चुम्बकीय अक्ष पर D. सभी जगह समान होती है

4. चुम्बकीय फ्लक्स का मात्रक है–

A. वेबर B. गौस

C. हर्ट्ज D. टैसला

5. निम्नलिखित में से कौन अनुचुम्बकीय पदार्थ है?

A. हाइड्रोजन B. नाइट्रोजन

C. ऑक्सीजन D. लोहा

6. लौह चुम्बकीय पदार्थों के भीतर परमाणुओं के असंख्य अति सूक्ष्म संरचनाओं को क्या कहा जाता है?

A. परिनालिका B. टोरॉइड

C. डोमेन D. इनमें से कोई नहीं

7. मुक्त रूप से निलम्बित चुम्बकीय सूई किस दिशा में टिकती है?

A. उत्तर-पश्चिम दिशा B. उत्तर-दक्षिण दिशा

C. उत्तर-पूर्व दिशा D. दक्षिण-पश्चिम दिशा

8. स्टील को चुम्बकीय करना कठिन है, उसके–

A. कम चुम्बकशील होने के कारण

B. अधिक धारण क्षमता होने के कारण

C. अधिक चुम्बकशील होने के कारण

D. अधिक घनत्व के कारण

9. निम्नलिखित में से कौन-सा एक प्रकृति में अनुचुम्बकीय है?

A. लौह B. हाइड्रोजन

C. ऑक्सीजन D. नाइट्रोजन

10. चुम्बकीय याम्योत्तर और भौगोलिक याम्योत्तर के बीच के कोण को कहते हैं–

A. चुम्बकीय नति B. चुम्बकीय आघूर्ण

C. चुम्बकीय दिकपात् D. इनमें से कोई नहीं

11. किसी चुम्बकीय पदार्थ को विचुम्बकीय किया जा सकता है–

A. हथौड़े से पीटकर B. गर्म कर

C. उपर्युक्त दोनों D. इनमें से कोई नहीं

12. फ्लेमिंग के बाएं हाथ का नियम दिशा बताते हैं–

A. विद्युत् धारा के उस चालक में जो विद्युत् क्षेत्र में रखा है

B. विद्युत् चालक में चुम्बकीय क्षेत्र की

C. विद्युत् चालक में बल की दिशा जब चालक चुम्बकीय क्षेत्र में है

D. इनमें से कोई नहीं

13. डायनेमो (विद्युत् जनित्र) के कार्य करने का सिद्धान्त है–

A. ताप विद्युत् प्रभाव

B. विद्युत् चुम्बकीय प्रभाव

C. धारा का चुम्बकीय प्रभाव

D. ऊर्जा संरक्षण

14. विद्युत् मोटर निम्न सिद्धान्त के अनुसार कार्य करती है–

A. फैराडे के नियम B. लेन्ज का नियम

C. ओम का नियम D. फ्लेमिंग का नियम

15. एक लम्बी धारावाही कुण्डली कहलाती है–

A. परिनालिका B. टोराइड

C. डोमेन D. इनमें से कोई नहीं

16. एक समरूप वैद्युत क्षेत्र तथा समरूप चुम्बकीय क्षेत्र एक ही दिशा में उत्पन्न किये गये हैं। उसी दिशा में एक इलेक्ट्रॉन को प्रक्षेपित किया जाता है, तो :

A. इलेक्ट्रॉन अपनी दायीं ओर मुड़ जायेगा

B. इलेक्ट्रॉन अपनी बायीं ओर मुड़ जायेगा

C. इलेक्ट्रॉन का वेग परिणाम बढ़ जायेगा

D. इलेक्ट्रॉन का वेग परिणाम घट जायेगा

17. (वेबर × ऐम्पियर) / मीटर निम्न में से किसके तुल्य है?

A. J B. N

C. H D. W

18. एक वृत्ताकार धारावाही कुण्डली की त्रिज्या R है। इसके अक्ष पर कितनी दूरी पर चुम्बकीय क्षेत्र केन्द्र पर चुम्बकीय क्षेत्र के मान का $\frac{1}{8}$ होगा?

A. $\frac{R}{\sqrt{3}}$ B. $R\sqrt{3}$

C. $2\sqrt{3}R$ D. $\frac{2}{\sqrt{3}}R$

19. एक रेखीय चालक जिसकी लम्बाई 40 सेमी है तथा इसमें 3 A धारा बह रही है, 500 गौस तीव्रता के एक चुम्बकीय क्षेत्र में रखा जाता है। अगर चालक चुम्बकीय क्षेत्र की दिशा से 30° का कोण बनाता है, तो उस पर लगने वाले बल का मान होगा:

A. 3×10^4 N B. 3×10^2 N

C. 3×10^{-2} N D. 3×10^{-4} N

20. पृथ्वी की त्रिज्या 6.4×10^6 मीटर तथा चुम्बकीय आघूर्ण 6.4×10^{21} ऐम्पियर × मीटर^2 है। यदि यह मान लिया जाये कि यह आघूर्ण पृथ्वी के चारों ओर चुम्बकीय अक्ष पर लटके एक धारा लूप के कारण है, तो धारा का मान होगा:

A. 5×10^6 A B. 5×10^7 A

C. 5×10^4 A D. 5×10^9 A

21. समान द्रव्यमान और आकार के दो चुम्बक प्रति मिनट क्रमश: किसी स्थान पर 10 और 15 दोलन करते हैं, उनके चुम्बकीय आघूर्णों का अनुपात होगा:

A. 4 : 9 B. 9 : 4

C. 2 : 3 D. 3 : 2

22. एक लघु चुम्बक की एक अक्षीय बिन्दु पर चुम्बकीय क्षेत्र की तीव्रता 200 गौस है। उतनी दूरी पर निरक्षीय स्थिति में चुम्बकीय क्षेत्र की तीव्रता होगी :

A. 100 Gaus B. 400 Gaus

C. 50 Gaus D. 200 Gaus

23. दो अभिलम्बवत् (normal) एकसमान चुम्बकीय क्षेत्रों में एक चुम्बकीय सुई है जो F के साथ 60° का कोण बनाती है। F/H का मान है :

A. 1 : 2 B. 2 : 1

C. $\sqrt{3} : 1$ D. $1 : \sqrt{3}$

24. एक दोलन चुम्बकत्वमापी में दो चुम्बक एक साथ रखे जाते हैं और पृथ्वी के चुम्बकीय क्षेत्र में दोलन करते हैं। एक जैसे ध्रुवों के साथ होने पर प्रति मिनट 15 दोलन होते हैं, पर विपरीत ध्रुवों की एक साथ की स्थिति में केवल 5 दोलन हो पाते हैं। चुम्बकीय अघूर्णों का अनुपात होगा :

A. $\frac{5}{4}$ B. $\frac{4}{5}$

C. $\frac{7}{3}$ D. $\frac{3}{7}$

25. चुम्बकीय ध्रुवों के बीच बल लगाने से क्या होता है जब उनके ध्रुव प्राबल्यों तथा इनके बीच की दूरी को दोगुना कर दिया जाये?

A. बल का मान पहले की अपेक्षा दोगुना हो जाता है

B. कोई परिवर्तन नहीं होता

C. पहले की अपेक्षा बल आधा हो जाता है

D. बल का मान प्रथम मान से चार गुना हो जाता है

26. एक स्वतन्त्रतापूर्वक लटकी हुई चुम्बक का आवर्तकाल 4 सेकण्ड है। यदि यह लम्बाई में दो समान भागों में टूट जाती है और एक भाग को उसी मार्ग में लटका दिया जाता है तो इसका आवर्तकाल होगा :

A. 4 Sec. B. 2 Sec.

C. 0.5 Sec. D. 0.25 Sec.

27. किसी दोलन चुम्बकत्वमापी के चुम्बक को इतना गर्म किया जाता है कि इसका चुम्बकीय आघूर्ण 19% कम हो जाता है। ऐसा करने से चुम्बकत्वमापी का दोलनकाल:

A. 19% बढ़ जायेगा B. 19% घट जायेगा

C. 11% बढ़ जायेगा D. 21% बढ़ जायेगा

28. किसी उपकरण में वैद्युत क्षेत्र 18 वोल्ट/मीटर के आयाम से कम्पन कर रहा है। कम्पन करते हुए चुम्बकीय क्षेत्र का परिमाण होगा :

A. $9 \times 10^{-9}\,T$ B. $6 \times 10^{-8}\,T$

C. $5 \times 10^{-9}\,T$ D. $11 \times 10^{-11}\,T$

उत्तरमाला

1	2	3	4	5	6	7	8	9	10
B	D	B	A	C	C	B	B	C	C
11	**12**	**13**	**14**	**15**	**16**	**17**	**18**	**19**	**20**
C	C	B	A	A	D	B	B	C	B
21	**22**	**23**	**24**	**25**	**26**	**27**	**28**		
A	A	D	A	B	B	C	B		

अध्याय 7

ऊर्जा के स्रोत

दैनिक जीवन में कार्य करने के लिए हम ऊर्जा के विविध स्रोतों का उपयोग करते हैं। शारीरिक कार्यों को करने के लिए पेशीय ऊर्जा, विविध वैद्युत संयंत्रों को चलाने के लिए विद्युत ऊर्जा, भोजन पकाने अथवा वाहनों को दौड़ाने के लिए रासायनिक ऊर्जा, ये सभी ऊर्जाएँ किसी-न-किसी ऊर्जा स्रोत से प्राप्त होती हैं। कार्यों को करने के लिए किसी विशेष ऊर्जा स्रोत अथवा ईंधन का चयन करना पड़ता है। जितने भी वर्गों के ईंधन आज उपलब्ध हैं, यदि हमें उनका चयन करना हो तो वे कौन से कारक हैं जो किसी विशेष कार्य करते समय, हमारे चयन के विकल्पों को सीमित कर देते हैं। हम यह कह सकते हैं कि एक उत्तम ऊर्जा का स्रोत वह है, जो–

- प्रति एकांक आयतन अथवा प्रति एकांक द्रव्यमान अधिक कार्य करे।
- सरलता से सुलभ हो सके।
- भंडारण तथा परिवहन में आसान हो।
- सबसे अधिक महत्वपूर्ण यह है कि वह सस्ता भी हो।

ऊर्जा के पारंपरिक स्रोत

जीवाश्मी ईंधन

प्राचीन काल में ऊष्मीय ऊर्जा का सबसे अधिक सामान्य स्रोत लकड़ी था। बढ़ते हुए उद्योगों ने समस्त विश्व में जीवन की गुणवत्ता में वृद्धि कर दी है। इसके कारण समस्त विश्व में ऊर्जा की माँग में भी आश्चर्यजनक दर से वृद्धि हो रही है। ऊर्जा की बढ़ती माँग की अधिकांश पूर्ति जीवाश्मी ईंधन-कोयला तथा पेट्रोलियम से की जाती थी, परंतु ये ईंधन करोड़ों वर्षों में बने हैं तथा अब केवल इनके सीमित भंडार ही शेष हैं। यदि हम जीवाश्मी ईंधन ऊर्जा के स्रोतों का उपयोग इसी दर से करते रहेंगे तो हमारे ये भंडार शीघ्र ही रिक्त हो जाएँगे। ऐसी स्थिति को टालने के उद्देश्य से ऊर्जा के वैकल्पिक स्रोतों की खोज की गई, परंतु आज भी हम अपनी ऊर्जा की अधिकांश आवश्यकताओं की पूर्ति के लिए जीवाश्मी ईंधनों पर बहुत कुछ निर्भरता बनाए हुए हैं।

जीवाश्मी ईंधन को जलाने की हानियाँ भी हैं। जीवाश्मी ईंधन के जलने पर इससे मुक्त होने वाले कार्बन, नाइट्रोजन तथा सल्फर के ऑक्साइड, अम्लीय ऑक्साइड होते हैं। इनसे अम्लीय वर्षा होती है जो हमारे जल तथा मृदा के संसाधनों को प्रभावित करती है।

जीवाश्मी ईंधन के जलाने के कारण उत्पन्न होने वाले प्रदूषण को कुछ सीमाओं तक दहन प्रक्रम की दक्षता में वृद्धि करके कम किया जा सकता है। इसी के साथ दहन के फलस्वरूप निकलने वाली हानिकर गैसों तथा राखों के वातावरण में पलायन को कम करने वाली विविध तकनीकों द्वारा घटाया जा सकता है।

तापीय विद्युत संयंत्र

विद्युत संयंत्रों में प्रतिदिन विशाल मात्रा में जीवाश्मी ईंधन का दहन करके जल उबालकर भाप बनाई जाती है, जो टरबाइनों को घुमाकर विद्युत उत्पन्न करती है। समान दूरियों तक कोयले तथा पेट्रोलियम के परिवहन की तुलना में विद्युत संचरण अधिक दक्ष होता है। यही कारण है कि बहुत से तापीय विद्युत संयंत्र कोयले तथा तेल के क्षेत्रों के निकट स्थापित किए गए हैं।

जल विद्युत संयंत्र

ऊर्जा का एक अन्य पारंपरिक स्रोत बहते जल की गतिज ऊर्जा अथवा किसी ऊँचाई पर स्थित जल की स्थितिज ऊर्जा है। जल विद्युत संयंत्रों में गिरते जल की स्थितिज ऊर्जा को विद्युत में रूपांतरित किया जाता है। चूंकि ऐसे जल-प्रपातों की संख्या बहुत कम है जिनका उपयोग स्थितिज ऊर्जा के स्रोत के रूप में किया जा सके, अतः जल विद्युत संयंत्रों को बाँधों से संबद्ध किया गया है।

जल विद्युत उत्पन्न करने के लिए नदियों के बहाव को रोककर बड़े जलाशयों (कृत्रिम झीलों) में जल एकत्र करने के लिए ऊँचे-ऊँचे बाँध बनाए जाते हैं। इन जलाशयों में जल संचित होता रहता है जिसके फलस्वरूप इनमें भरे जल का तल ऊँचा हो जाता है। बाँध के ऊपरी भाग से पाइपों द्वारा जल, बाँध के आधार के पास स्थापित टरबाइन के ब्लेडों पर मुक्त रूप से गिरता है फलस्वरूप टरबाइन के ब्लेड घूर्णन गति करते हैं और जनित्र द्वारा विद्युत उत्पादन होता है।

चूँकि हर बार जब भी वर्षा होती है, जलाशय पुनः जल से भर जाते हैं, इसीलिए जल विद्युत ऊर्जा एक नवीकरणीय ऊर्जा स्रोत है। अतः हमें जीवाश्मी ईंधन की भाँति, जो किसी-न-किसी दिन अवश्य समाप्त हो जाएँगे, जल विद्युत स्रोतों के समाप्त होने की कोई चिंता नहीं होती।

ऊर्जा के अपारंपरिक स्रोत

जैव-मात्रा (बायो-मास)

ईंधन पादप एवं जंतु उत्पाद के स्रोत को जैव-मात्रा कहते हैं, परंतु ये ईंधन अधिक ऊष्मा उत्पन्न नहीं करते तथा इन्हें जलाने पर अत्यधिक धुआँ निकलता है, इसीलिए इन ईंधनों की दक्षता में वृद्धि के लिए प्रौद्योगिकी का सहारा आवश्यक है। जब लकड़ी को वायु की सीमित आपूर्ति में जलाते हैं तो उसमें उपस्थित जल तथा वाष्पशील पदार्थ बाहर निकल जाते हैं तथा अवशेष के रूप में चारकोल रह जाता है। चारकोल बिना ज्वाला के जलता है, इससे अपेक्षाकृत कम धुआँ निकलता है तथा इसकी ऊष्मा उत्पन्न करने की दक्षता भी अधिक होती है।

इसी प्रकार गोबर, फसलों के कटने के पश्चात् बचे अवशिष्ट, सब्जियों के अपशिष्ट जैसे, विविध पादप तथा वाहित मल जब ऑक्सीजन की अनुपस्थिति में अपघटित होते हैं तो बायो-गैस (जैव-गैस) निकलती है। चूँकि इस गैस को बनाने में उपयोग होने वाला आरंभिक पदार्थ मुख्यतः गोबर है, इसलिए इसका प्रचलित नाम "गोबर-गैस" है।

जैव-गैस एक उत्तम ईंधन है क्योंकि इसमें 75 प्रतिशत तक मेथैन होती है। यह धुआँ उत्पन्न किए बिना जलती है। लकड़ी, चारकोल तथा कोयले के विपरीत जैव-गैस के जलने के पश्चात् राख जैसा कोई अपशिष्ट शेष नहीं बचता। इसकी तापन क्षमता उच्च होती है। जैव-गैस का उपयोग प्रकाश के स्रोत के रूप में भी किया जाता है। जैव-गैस संयंत्र में शेष बची स्लरी को समय-समय पर संयंत्र से बाहर निकालते हैं। इस स्लरी में नाइट्रोजन तथा फॉस्फोरस प्रचुर मात्रा में होते हैं, अतः यह एक उत्तम खाद के रूप में काम आती है। इस प्रकार जैव अपशिष्टों व वाहित मल के उपयोग द्वारा जैव-गैस निर्मित करने से हमारे कई उद्देश्यों की पूर्ति हो जाती है। इससे हमें ऊर्जा का सुविधाजनक दक्ष स्रोत मिलता है, उत्तम खाद मिलती है और साथ ही अपशिष्ट पदार्थों के निपटारे का सुरक्षित उपाय भी मिल जाता है। जैव-मात्रा ऊर्जा का नवीकरणीय स्रोत है।

पवन ऊर्जा

सूर्य के विकिरणों द्वारा भूखंडों तथा जलाशयों के असमान तप्त होने के कारण वायु में गति उत्पन्न होती है तथा पवनों का प्रवाह होता है। पवनों की गतिज ऊर्जा का उपयोग कार्यों को करने में किया जा सकता है। पवन ऊर्जा का उपयोग शताब्दियों से पवन-चक्कियों द्वारा यांत्रिक कार्यों को करने में होता रहा है।

आजकल पवन ऊर्जा का उपयोग विद्युत उत्पन्न करने में भी किया जा रहा है। पवन-चक्की की संरचना वस्तुतः किसी ऐसे विशाल विद्युत पंखे के समान होती है जिसे किसी दृढ़ आधार पर कुछ ऊँचाई पर खड़ा कर दिया जाता है।

पवन-चक्की की घूर्णी गति का उपयोग विद्युत उत्पन्न करने के लिए विद्युत जनित्र के टरबाइन को घुमाने के लिए किया जाता है। किसी एकल पवन चक्की का निर्गत (अर्थात् उत्पन्न विद्युत) बहुत कम होता है, इसलिए इसका व्यापारिक उपयोग संभव नहीं होता। अतः किसी विशाल क्षेत्र में बहुत-सी पवन-चक्कियाँ लगाई जाती हैं तथा इस क्षेत्र को पवन ऊर्जा फार्म कहते हैं। व्यापारिक स्तर पर विद्युत प्राप्त करने के लिए किसी ऊर्जा फार्म की सभी पवन-चक्कियों को परस्पर युग्मित कर लिया जाता है।

पवन ऊर्जा नवीकरणीय ऊर्जा का एक पर्यावरणीय-हितैषी एवं दक्ष स्रोत है। इसके द्वारा विद्युत उत्पादन के लिए बार-बार धन खर्च करने की आवश्यकता नहीं होती, परन्तु पवन ऊर्जा के उपयोग करने की बहुत-सी सीमाएँ हैं। पहली सीमा यह है कि पवन ऊर्जा फार्म केवल उन्हीं क्षेत्रों में स्थापित किए जा सकते हैं जहाँ वर्ष के अधिकांश दिनों में तीव्र पवन चलती हों। टरबाइन की आवश्यक चाल को बनाए रखने के लिए पवन की चाल भी 15 km/h से अधिक होनी चाहिए। इसके साथ ही संचालक सेलों जैसी कोई पूर्तिकर सुविधा भी होनी चाहिए जिससे कि उसका उपयोग ऊर्जा की आवश्यकताओं की पूर्ति के लिए उस समय किया जा सके जब पवन नहीं चलती हो।

सौर ऊर्जा

सूर्य लगभग 5 करोड़ वर्ष से निरंतर वर्तमान दर पर विशाल मात्रा में ऊर्जा विकिरित कर रहा है तथा इस दर से भविष्य में भी लगभग 5 करोड़ वर्ष तक ऊर्जा विकिरित करता रहेगा। श्वेत पृष्ठ की तुलना में कृष्ण (काला) पृष्ठ अधिक ऊष्मा अवशोषित करता है। सौर कुकरों तथा सौर जल तापकों की कार्यविधि में इसी गुण का उपयोग किया जाता है। कुछ सौर कुकरों में सूर्य की किरणों को फोकसित करने के लिए दर्पणों का उपयोग किया जाता है जिससे इनका ताप और उच्च हो जाता है। सौर कुकरों में काँच की शीट का ढक्कन होता है।

ये युक्तियाँ दिन के कुछ निश्चित समयों पर ही उपयोगी होती हैं। सौर ऊर्जा के उपयोग की इस सीमा पर सौर सेलों का उपयोग करके पार पाया जाता है। सौर सेल सौर ऊर्जा को विद्युत ऊर्जा में रूपांतरित करते हैं। धूप में रखे जाने पर किसी प्ररूपी सौर सेल से 0.5 – 1.0 V तक वोल्टता विकसित होती है तथा लगभग 0.7 W विद्युत उत्पन्न कर सकते हैं। जब बहुत अधिक संख्या में सौर सेलों को संयोजित करते हैं तो यह व्यवस्था सौर पैनल कहलाती है, जिनसे व्यावहारिक उपयोग के लिए पर्याप्त विद्युत प्राप्त हो जाती है।

सौर सेलों के साथ संबद्ध प्रमुख लाभ यह है कि इनमें कोई भी गतिमान पुरजा नहीं होता, इनका रख-रखाव सस्ता है तथा ये बिना किसी फोकसन युक्ति के काफी संतोषजनक कार्य करते हैं। सौर सेलों के उपयोग करने का एक अन्य लाभ यह है कि इन्हें सुदूर तथा अगम्य स्थानों में स्थापित किया जा सकता है। इन्हें ऐसे छितरे बसे हुए क्षेत्रों में भी स्थापित किया जा सकता है जहाँ

शक्ति संचरण के लिए केबल बिछाना अत्यंत खर्चीला तथा व्यापारिक दृष्टि से व्यावहारिक नहीं होता।

सौर सेल बनाने के लिए सिलिकॉन का उपयोग किया जाता है जो प्रकृति में प्रचुर मात्रा में उपलब्ध हैं, परंतु सौर सेलों को बनाने में उपयोग होने वाले विशिष्ट श्रेणी के सिलिकॉन की उपलब्धता सीमित है। सौर सेलों के उत्पादन की समस्त प्रक्रिया अभी भी बहुत महँगी है। *सौर सेलों का उपयोग* बहुत से वैज्ञानिक, अन्वेषक तथा प्रौद्योगिक अनुप्रयोगों के लिए किया जाता है। मानव-निर्मित उपग्रहों तथा अंतरिक्ष अन्वेषक युक्तियों जैसे मार्स ऑर्बिटरों में सौर सेलों का उपयोग प्रमुख ऊर्जा स्रोत के रूप में किया जाता है। रेडियो अथवा बेतार संचार तंत्रों अथवा सुदूर क्षेत्रों के टी.वी. रिले केंद्रों में सौर सेल पैनल उपयोग किए जाते हैं।

समुद्री ऊर्जा

ज्वारीय ऊर्जा : घूर्णन गति करती पृथ्वी पर मुख्य रूप से चंद्रमा के गुरुत्वीय खिंचाव के कारण सागरों में जल का स्तर चढ़ता व गिरता रहता है। इस परिघटना को *ज्वार-भाटा* कहते हैं। ज्वार-भाटे में जल के स्तर के चढ़ने तथा गिरने से हमें ज्वारीय ऊर्जा प्राप्त होती है। ज्वारीय ऊर्जा का विदोहन सागर के किसी संकीर्ण क्षेत्र पर बाँध का निर्माण करके किया जाता है। बाँध के द्वार पर स्थापित टरबाइन ज्वारीय ऊर्जा को विद्युत ऊर्जा में रूपांतरित कर देती है। इस प्रकार के बाँध निमित किए जा सकने वाले स्थान सीमित हैं।

तरंग ऊर्जा : इसी प्रकार, समुद्र तट के निकट विशाल तरंगों की गतिज ऊर्जा को भी विद्युत उत्पन्न करने के लिए इसी ढंग से ट्रेप किया जा सकता है। महासागरों के पृष्ठ पर आर-पार बहने वाली प्रबल पवन तरंगें उत्पन्न करती है। तरंग ऊर्जा का वहीं पर व्यावहारिक उपयोग हो सकता है जहाँ तरंगें अत्यंत प्रबल हों।

महासागरीय तापीय ऊर्जा : समुद्रों अथवा महासागरों के पृष्ठ का जल सूर्य द्वारा तप्त हो जाता है जबकि इनके गहराई वाले भाग का जल अपेक्षाकृत ठंडा होता है। ताप में इस अंतर का उपयोग सागरीय तापीय ऊर्जा रूपांतरण विद्युत संयंत्र (Ocean Thermal Energy Conversion Plant या OTEC विद्युत संयंत्र) में ऊर्जा प्राप्त करने के लिए किया जाता है। OTEC विद्युत संयंत्र केवल तभी प्रचालित होते हैं जब महासागर के पृष्ठ पर जल का ताप तथा 2 km तक की गहराई पर जल के ताप में 20ºC का अंतर हो। पृष्ठ के तप्त जल का उपयोग अमोनिया जैसे वाष्पशील द्रवों को उबालने में किया जाता है। इस प्रकार बनी द्रवों की वाष्प फिर जनित्र के टरबाइन को घुमाती है। महासागर की गहराइयों से ठंडे जल को पंपों से खींचकर वाष्प को ठंडा करके फिर से द्रव में संघनित किया जाता है।

महासागरों की ऊर्जा की क्षमता (ज्वारीय-ऊर्जा, तरंग-ऊर्जा तथा महासागरीय-तापीय ऊर्जा) अति विशाल है परंतु इसके दक्षतापूर्ण व्यापारिक दोहन में कठिनाइयाँ हैं।

नाभिकीय ऊर्जा

नाभिकीय विखंडन अभिक्रिया एक ऐसी प्रक्रिया है जिसमें किसी भारी परमाणु (जैसे यूरेनियम, प्लूटोनियम अथवा थोरियम) के नाभिक को निम्न ऊर्जा न्यूट्रॉन से बमवारी कराकर, हलके नाभिकों में तोड़ा जा सकता है। जब ऐसा किया जाता है तो विशाल मात्रा में ऊर्जा मुक्त होती है। यह तब होता है जब मूल नाभिक का द्रव्यमान व्यष्टिगत उत्पादों के द्रव्यमानों के योग से कुछ ही अधिक होता है। उदाहरण के लिए यूरेनियम, के एक परमाणु के विखंडन में जो ऊर्जा मुक्त होती है वह कोयले के किसी कार्बन परमाणु के दहन से उत्पन्न ऊर्जा की तुलना में 1 करोड़ गुनी अधिक होती है। विद्युत उत्पादन के लिए डिजाइन किए जाने वाले नाभिकीय संयंत्रों में इस प्रकार के नाभिकीय ईंधन स्वपोषी विखंडन शृंखला अभिक्रिया का एक भाग होते हैं जिनमें नियंत्रित दर पर ऊर्जा मुक्त होती है। इस मुक्त ऊर्जा का उपयोग भाप बनाकर विद्युत उत्पन्न करने में किया जा सकता है।

नाभिकीय विद्युत शक्ति संयंत्रों का प्रमुख संकट पूर्णतः उपयोग होने के पश्चात शेष बचे नाभिकीय ईंधन का भंडारण तथा निपटारा करना है क्योंकि शेष बचे ईंधन का यूरेनियम अब भी हानिकारक (घातक) कणों (विकिरणों) में क्षयित होता है। यदि नाभिकीय अपशिष्टों का भंडारण तथा निपटारा उचित प्रकार से नहीं होता तो इससे पर्यावरण संदूषित हो सकता है। इसके अतिरिक्त नाभिकीय विकिरणों के आकस्मिक रिसाव का खतरा भी बना रहता है।

वस्तुनिष्ठ प्रश्न

1. बायो गैस में होती है–
A. 10–30% मीथेन B. 30–40% मीथेन
C. 50–70% मीथेन D. 80–90% मीथेन

2. गैसोहोल का मिश्रण उपयोगी है-
A. खाद के रूप में
B. मोटर ईंधन के रूप में
C. किण्वक के रूप में
D. उपरोक्त सभी के रूप में

3. बायो गैस उत्पादन के लिए गोबर के अलावा हमारे देश में निम्न कौन-सा खर-पतवार प्रयुक्त होता है?
A. *आइक्रोर्निया क्रैसीपिस*
B. *हाइड्रिला*
C. *मेन्जीफेरा इण्डिका*
D. *सोलेनम नाइग्रम*

4. ईंधन काष्ठ होता है–
A. पेट्रोलियम उत्पादों का स्रोत
B. ऊर्जा के पुनर्नवीनीकृत स्रोत
C. बायो गैस का स्रोत
D. एल्कोहल का स्रोत

5. पेट्रोल के स्थान पर निम्न में से कौन-सा पदार्थ प्रयुक्त हो सकता है?
A. ईथेनोल B. मीथेनोल
C. ब्यूटेनोल D. प्रोपेनोल

6. लकड़ी की पायरोलाइसिस (Pyrolysis) से उत्पन्न होता है–
A. चारकोल B. एल्कोहल
C. चारकोल एवं गैस D. चारकोल, गैस एवं तेल

7. ऊर्जा के पुनर्नवीनीकरण योग्य (Renewable) स्रोत का सर्वश्रेष्ठ उदाहरण है–
A. पेट्रोलियम B. जीवाश्म ईंधन
C. वृक्ष D. बायो गैस

8. ऐसा पहला देश, जहाँ पर एल्कोहल को ईंधन की तरह प्रयोग किया है–
A. सऊदी अरेबिया B. ईराक
C. ब्राजील D. जापान

9. निम्नलिखित में से कौन सी ऊर्जा वाली फसलें हैं?
A. गन्ना, आलू एवं टेपिओका
B. बाजरा, केला एवं टमाटर
C. गन्ना, आलू एवं टमाटर
D. गन्ना, टेपिओका तथा फूल गोभी

10. निम्नलिखित में से कौन-सा द्रव हाइड्रोकार्बन है?
A. रबड़ क्षीर B. रेजिन
C. टेनिन D. गोंद

11. पृथ्वी पर रोजाना सूर्य का प्रकाश प्रति वर्ग मीटर प्रतिदिन पहुँचता है–
A. 100 ग्राम कैलोरी
B. 400 ग्राम कैलोरी
C. 4,000 किलो कैलोरी
D. 40,000 किलो कैलोरी

12. एच. एम. पी. (HMP) एक जैव ऊर्जा होती है, जो प्राप्त की जाती है–
A. ड्राउट जन्तु शक्ति से
B. जन्तु अपशिष्टों से
C. मानव पेशी शक्ति से
D. इनमें से किसी से नहीं

13. एक पौधे के लिए ऊर्जा का मुख्य स्रोत होता है–
A. प्रकाश B. श्वसन
C. प्रकाश संश्लेषण D. श्वसनिक अंगक

14. जैव-ऊर्जा (Bioenergy) वह ऊर्जा है, जो प्राप्त होती है–
A. प्राकृतिक गैस से B. बायो गैस से
C. कोयले से D. इनमें से किसी से नहीं

15. निम्नलिखित में से कौन-सा पेट्रोलियम पादप है?
A. यूफोर्बिया B. आलू
C. गन्ना D. मक्का

16. डी. ए. पी. (DAP) एक जैव-ऊर्जा है जो प्राप्त होती है–
A. मानव पेशी शक्ति से
B. ड्राउट जन्तु शक्ति से
C. जन्तु अपशिष्टों से
D. जीवाश्म ईंधन से

17. बायो गैस उत्पादन की दर सीमित होती है–
A. मीथेन से उत्पादन द्वारा
B. सेल्यूलोज के पाचन द्वारा
C. एकलकों (Monomers) के कार्बनिक अम्लों के परिवर्तन द्वारा
D. इनमें से किसी के द्वारा नहीं

18. ईंधन-एल्कोहल के उत्पादन में अग्रणी देश है–
A. सऊदी अरब B. ईरान
C. ब्राजील D. जापान

19. अ-पुनर्नवीकृत पदार्थ अथवा स्रोत है–
A. प्लाक्टोन्स एवं मछलियाँ
B. जीवाश्म एवं खनिज
C. जन्तु एवं पौधे
D. जन्तु एवं खनिज

20. बायो गैस उत्पादन में प्रथम पद (Step) होता है–
A. मीथेन का जेनरेशन
B. बहुलकों (Polymers) का ऑक्सीजन विखण्डन
C. बहुलकों का अनॉक्सी विखण्डन
D. एकलकों (Monomers) का कार्बनिक अम्लों में विखण्डन

21. सुरक्षा की दृष्टि से खाना पकाने वाली L.P.G. गैस सिलिण्डर में क्या भरकर गैस को गंधयुक्त बनाया जाता है?
A. हीलियम B. अमोनिया
C. मरकैप्टेन D. ईथर

22. गैस एजेन्सियों द्वारा सिलिण्डरों में भरकर दी जाने वाली कुकिंग गैस है–
A. द्रव B. गैस
C. ठोस D. एक घोल

23. C.N.G. को पारिस्थितिकी मैत्रीपूर्ण क्यों कहा जाता है?
A. इसमें हाइड्रोजन अत्यन्त कम मात्रा में है।
B. इसका मुख्य घटक इथेन गैस (80-90%) है।
C. इसमें कार्बन मोनो ऑक्साइड बहुत ही कम है।
D. C.N.G. में होने वाले गैस पूर्ण रूप से जलते नहीं हैं, इसलिए उत्सर्जन बहुत कम होता है।

24. निम्न में से किस एक का ईंधन मान अधिकतम होता है?
A. हाइड्रोजन B. चारकोल
C. प्राकृतिक गैस D. गैसोलिन

25. भूरा कोयला के नाम से जाना जाता है?
A. पीट B. लिग्नाइट
C. बिटुमिनस D. एन्थ्रासाइट

उत्तरमाला

1	2	3	4	5	6	7	8	9	10
B	B	A	B	A	D	C	C	A	A
11	**12**	**13**	**14**	**15**	**16**	**17**	**18**	**19**	**20**
C	C	A	B	A	B	B	C	B	C
21	**22**	**23**	**24**	**25**					
C	A	C	A	B					

रसायन विज्ञान

अध्याय 1

पदार्थ की प्रकृति एवं अवस्थाएँ

पदार्थ (ठोस, द्रव या गैस)

- **शुद्ध पदार्थ**
  - **तत्व** — सरल पदार्थों में विभक्त नहीं किए जा सकते। उदाहरण के लिए: कॉपर, ऑक्सीजन, लोहा, हाइड्रोजन, पारा आदि।
  - **यौगिक** — नियत संघटन; रासायनिक या वैद्युत रासायनिक प्रतिक्रिया द्वारा घटक तत्वों में विघटित किया जा सकता है। उदाहरण के लिए: जल, मीथेन, चीनी, नमक आदि।
- **मिश्रण** (कोई नियत संघटन नहीं)
  - **समांगी** — समान संघटन। उदाहरण के लिए: जल में चीनी, जल में नमक, कार्बन डाइसल्फाइड में सल्फर, ऐल्कोहॉल में जल आदि।
  - **विषमांगी** — असमान संघटन। उदाहरण के लिए: बालू तथा नमक, चीनी तथा नमक, तेल में जल आदि।

ठोस

ठोस का एक निश्चित आकार, स्पष्ट सीमाएँ तथा स्थिर आयतन यानी नगण्य संपीड्यता होती है। बाह्य बल लगाने पर भी ठोस अपने आकार को बनाए रखते हैं। बल लगाने पर ठोस टूट सकते हैं लेकिन इनका आकार नहीं बदलता। इसलिए ये दृढ़ होते हैं। जैसे—

- बाह्य बल लगाए जाने पर रबर बैंड का आकार बदलता है और बल हटा लेने पर यह पुनः अपने मूल आकार में आ जाता है। अत्यधिक बल लगाने पर यह टूट जाता है।
- चाहे हम शर्करा या नमक को अपने हाथ में लें या किसी प्लेट या जार में रखें, इनके क्रिस्टलों के आकार नहीं बदलते हैं।
- स्पंज में बहुत छोटे छिद्र होते हैं, इनमें वायु का समावेश होता है। जब हम इसे दबाते हैं तो वायु बाहर निकलती है, जिससे इसका संपीडन संभव होता है।

द्रव

द्रव का आकार नहीं लेकिन आयतन निश्चित होता है। जिस बर्तन में इन्हें रखा जाए, ये उसी का आकार ले लेते हैं। द्रवों में बहाव होता है और इनका आकार बदलता है, इसीलिए ये दृढ़ नहीं तरल होते हैं।

ठोस और द्रव का विसरण द्रवों में संभव है। वातावरण की गैसें विसरित होकर जल में घुल जाती हैं। ये गैसें, विशेषतः ऑक्सीजन एवं कार्बन डाइऑक्साइड; जलीय जंतुओं तथा पौधों के लिए अनिवार्य होती हैं।

सभी जीवधारी अपने जीवन निर्वाह के लिए श्वांस लेते हैं। जलीय जंतु जल में घुली ऑक्सीजन के कारण श्वांस लेते हैं। द्रव में ठोस, द्रव और गैस तीनों का विसरण संभव है। ठोसों की अपेक्षा द्रवों में विसरण की दर अधिक होती है। ऐसा इसलिए है क्योंकि द्रव अवस्था में पदार्थ के कण स्वतंत्र रूप में गति करते

हैं और ठोस की अपेक्षा द्रव के कणों में रिक्त स्थान भी अधिक होता है।

गैसीय अवस्था

ठोसों एवं द्रवों की तुलना में गैसों की संपीड्यता (compression) काफी अधिक होती है। हमारे घरों में खाना बनाने में उपयोग की जाने वाली द्रवीकृत पेट्रोलियम गैस (LPG) या अस्पतालों में दिए जाने वाले ऑक्सीजन सिलिंडर में संपीडित गैस होती है। आजकल वाहनों में ईंधन के रूप में संपीडित प्राकृतिक गैस (CNG) का उपयोग होता है। संपीड्यता काफी अधिक होने के कारण गैस के अत्यधिक आयतन को एक कम आयतन वाले सिलिंडर में संपीडित किया जा सकता है एवं आसानी से इसे एक स्थान से दूसरे स्थान तक भेजा जा सकता है।

कणों की तेज गति और अत्यधिक रिक्त स्थानों के कारण गैसों का अन्य गैसों में विसरण बहुत तीव्रता से होता है। गैसीय अवस्था में कणों की गति अनियमित और अत्यधिक तीव्र होती है। इस अनियमित गति के कारण ये कण आपस में एवं बर्तन की दीवारों से टकराते हैं। बर्तन की दीवार पर गैस कणों द्वारा प्रति इकाई क्षेत्र पर लगे बल के कारण गैस का दबाव बनता है।

प्लाज़्मा

इस अवस्था में कण अत्यधिक ऊर्जा वाले और अधिक उत्तेजित होते हैं। ये कण आयनीकृत गैस के रूप में होते हैं। फ़्लोरसेंट ट्यूब और नियॉन बल्ब में प्लाज मा होता है। नियॉन बल्ब के अंदर नियॉन गैस और फ्लोरसेंट ट्यूब के अंदर हीलियम या कोई अन्य गैस होती है। विद्युत ऊर्जा प्रवाहित होने पर यह गैस आयनीकृत यानी आवेशित हो जाती है। आवेशित होने से ट्यूब या बल्ब के अंदर चमकीला प्लाज मा तैयार होता है। गैस के स्वभाव के अनुसार इस प्लाज मा में एक विशेष रंग की चमक होती है। प्लाज मा के कारण ही सूर्य और तारों में भी चमक होती है। उच्च तापमान के कारण ही तारों में प्लाज मा बनता है।

शुद्ध पदार्थों के प्रकार

पदार्थों को उनके रासायनिक संघटन के आधार पर तत्वों या यौगिकों में वर्गीकृत किया जा सकता है।

तत्त्व

तत्व पदार्थ का वह मूल रूप है जिसे रासायनिक प्रतिक्रिया द्वारा अन्य सरल पदार्थों में विभाजित नहीं किया जा सकता।

तत्वों को साधारणतया धातु, अधातु तथा उपधातु में वर्गीकृत किया जा सकता है।

धातुएँ प्रायः दिए हुए निम्न गुणधर्मों में से सभी को या कुछ को प्रदर्शित करती हैं–

- ये चमकीली होती हैं।
- ये चाँदी जैसी सफेद या सोने की तरह पीले रंग की होती हैं।
- ये ताप तथा विद्युत की सुचालक होती हैं।
- ये तन्य होती हैं (और इनको तार के रूप में खींचा जा सकता है)।
- ये आघातवर्ध्य होती हैं। इनको पीटकर महीन चादरों में ढाला जा सकता है।
- ये प्रतिध्वनिपूर्ण होती हैं।

सोना, चाँदी, ताँबा, लोहा, सोडियम तथा पोटैशियम इत्यादि धातु के उदाहरण हैं। पारा धातु होते हुए भी कमरे के तापमान पर द्रव है।

अधातुएँ दिए गए निम्न गुणों में से प्रायः कुछ को या सभी को प्रदर्शित करती हैं–

- ये विभिन्न रंगों की होती हैं।
- ये ताप और विद्युत की कुचालक होती हैं।
- ये चमकीली, प्रतिध्वनिपूर्ण और आघातवर्ध्य नहीं होती हैं।

हाइड्रोजन, ऑक्सीजन, आयोडीन, कार्बन, (कोल, कोक), ब्रोमीन, क्लोरीन इत्यादि अधातुओं के उदाहरण हैं।

यौगिक

यौगिक वह पदार्थ है जो कि दो या दो से अधिक तत्वों के नियत अनुपात में रासायनिक तौर पर संयोजन से बना है।

यौगिक का संघटन पूरे पदार्थ में समान है। हम यह भी देख सकते हैं कि यौगिक की बनावट और रंग भी समान है।

मिश्रण

मिश्रण, जिसे पदार्थ कहा जाता है, एक या एक से अधिक शुद्ध तत्वों या यौगिकों से मिलकर बना होता है। किसी पदार्थ को अन्य प्रकार के तत्त्वों में भौतिक प्रक्रम द्वारा पृथक् नहीं किया जा सकता है। सोडियम क्लोराइड अपने आप में एक पदार्थ है और इसे भौतिक विधि के द्वारा इसके रासायनिक अवयवों में पृथक् नहीं किया जा सकता है। इसी प्रकार चीनी एक पदार्थ है क्योंकि यह एक ही प्रकार का शुद्ध अवयव रखता है और इसका यौगिक समान रहता है।

मिश्रण के प्रकार

अवयवों की प्रकृति के अनुसार विभिन्न प्रकार के मिश्रणों का निर्माण होता है। जिसकी बनावट समान होती है इस तरह के मिश्रण को हम समांगी मिश्रण अथवा विलयन कहते हैं। जल में नमक और जल में चीनी। दोनों समूहों से प्राप्त घोल के रंगों की तुलना करने पर यद्यपि दोनों समूह के पास कॉपर सल्फेट का घोल है, लेकिन उन दोनों घोल के रंगों की तीव्रता पृथक्-पृथक है। जिनके अंश भौतिक दृष्टि से पृथक् हैं। इस तरह के मिश्रण को विषमांगी मिश्रण कहते हैं। सोडियम क्लोराइड और लोहे की छीलन, नमक, सल्फर, जल और तेल विषमांगी मिश्रण के अन्य उदाहरण हैं।

विलयन

विलयन दो या दो से अधिक पदार्थों का समांगी मिश्रण है। नींबू जल, सोडा जल आदि विलयन के उदाहरण हैं। प्रायः हम एक

विलयन को ऐसे तरल पदार्थ के रूप में जानते हैं जिसमें ठोस, द्रव या गैस मिले हों लेकिन प्रकृति में ठोस विलयन (मिश्र धातु) और गैसीय विलयन (वायु) भी होते हैं। एक विलयन के कणों में समांगिकता होती है। उदाहरण के लिए नींबू जल का स्वाद सदैव समान रहता है। यह दर्शाता है कि इस विलयन में चीनी और नमक के कण समान रूप से वितरित होते हैं।

किसी विलयन को दो भागों विलायक और विलेय में बाँटा जाता है। विलयन का वह घटक (जिनकी मात्रा दूसरे से अधिक होती है) जो दूसरे घटक को विलयन में मिलाता है उसे विलायक कहते हैं। विलयन का वह घटक (प्रायः कम मात्रा में होता है) जो कि विलायक में घुला होता है उसे विलेय कहते हैं। उदाहरण के लिए :

- चीनी और जल का विलयन एक तरल घोल में ठोस का उदाहरण है। इसमें चीनी विलेय है और जल विलायक है।
- आयोडीन और ऐल्कोहॉल का विलयन जिसमें टिंक्चर आयोडीन विलेय है और ऐल्कोहॉल विलायक है।
- वातयुक्त पेय जैसे सोडा जल, कोक इत्यादि तरल विलयन में गैस के रूप में हैं। इनमें कार्बन डाइऑक्साइड गैस विलेय और जल विलायक है।
- वायु गैस में गैस का विलयन है। यह मुख्यतः दो घटकों ऑक्सीजन (21%) और नाइट्रोजन (78%) का समांगी मिश्रण है। नाइट्रोजन को वायु का विलायक कहा जाता है। वायु में दूसरी गैसें बहुत कम मात्रा में होती हैं।

विलयन के गुण: विलयन के प्रमुख गुण निम्नलिखित हैं–

- विलयन एक समांगी मिश्रण है।
- विलयन के कण व्यास में 1 nm (10^{-9} metre) से भी छोटे होते हैं, इसलिए वे आँख से नहीं देखे जा सकते हैं।
- अपने छोटे आकार के कारण विलयन के कण, गुजर रही प्रकाश की किरण को फैलाते नहीं हैं। इसलिए विलयन में प्रकाश का मार्ग दिखाई नहीं देता।
- छानने की विधि द्वारा विलेय के कणों को विलयन में से पृथक् नहीं किया जा सकता है। विलयन को शांत छोड़ देने पर भी विलेय के कण नीचे नहीं बैठते हैं, अर्थात् विलयन स्थायी है।

विलयन की सांद्रता: किसी निश्चित तापमान पर उतना ही विलेय पदार्थ घुल सकता है जितनी कि विलयन की क्षमता होती है। दूसरे शब्दों में, दिए गए निश्चित तापमान पर यदि विलयन में विलेय पदार्थ नहीं घुलता है तो उसे संतृप्त विलयन कहते हैं। विलेय पदार्थ की वह मात्रा, जो इस ताप पर संतृप्त विलयन में उपस्थित है, उसकी घुलनशीलता कहलाती है।

यदि एक विलयन में विलेय पदार्थ की मात्रा संतृप्तता से कम है तो इसे असंतृप्त विलयन कहा जाता है।

यदि विलयन में विलेय पदार्थ की सांद्रता संतृप्त स्तर से कम हो तो उसे अतिसंतृप्त विलयन कहते हैं।

विलायक की मात्रा (द्रव्यमान अथवा आयतन) में घुले हुए विलेय पदार्थ की मात्रा को अथवा विलेय पदार्थ की मात्रा जो विलयन के किसी दी गई मात्रा अथवा आयतन में उपस्थित हो, उसे विलयन की सांद्रता कहते हैं।

$$\text{विलयन की सांद्रता} = \frac{\text{विलेय की मात्रा}}{\text{विलयन की मात्रा}}$$

$$\text{या} \quad = \frac{\text{विलेय की मात्रा}}{\text{विलायक की मात्रा}}$$

विलयन की सांद्रता

(*i*) द्रव्यमान/विलयन के द्रव्यमान प्रतिशत

$$= \frac{\text{विलेय पदार्थ का द्रव्यमान}}{\text{विलयन का द्रव्यमान}} \times 100$$

(*ii*) द्रव्यमान/विलयन के आयतन प्रतिशत

$$= \frac{\text{विलेय पदार्थ का द्रव्यमान}}{\text{विलयन का आयतन}} \times 100$$

निलंबन

निलंबन एक विषमांगी मिश्रण है, जिसमें विलेय पदार्थ के कण घुलते नहीं हैं बल्कि माध्यम की समष्टि में निलंबित रहते हैं। ये निलंबित कण आँखों से देखे जा सकते हैं।

निलंबन के गुणधर्मः निलंबन के निम्नलिखित गुणधर्म होते हैं–

- यह एक विषमांगी मिश्रण है।
- ये कण आँखों से देखे जा सकते हैं।
- ये निलंबित कण प्रकाश की किरण को फैला देते हैं, जिससे उसका मार्ग दृष्टिगोचर हो जाता है।
- जब इसे शांत छोड़ देते हैं तब ये कण नीचे की ओर बैठ जाते हैं अर्थात् निलंबन अस्थायी होता है। छानन विधि द्वारा इन कणों को मिश्रण से पृथक् किया जा सकता है।

जब सभी कण नीचे बैठ जाते हैं तो निलंबन समाप्त हो जाता है तथा विलयन में प्रकाश की किरण का प्रकीर्णन रुक जाता है।

कोलाइडल विलयन

कोलाइड के कण विलयन में समान रूप से फैले होते हैं। निलंबन की अपेक्षा कणों का आकार छोटा होने के कारण यह मिश्रण समांगी प्रतीत होता है लेकिन वास्तविकता में विलयन विषमांगी मिश्रण है, जैसे दूध।

कोलाइडल विलयन के गुणधर्मः कोलाइडल विलयन के प्रमुख गुण निम्नलिखित हैं–

- यह एक विषमांगी मिश्रण है।
- कोलाइड के कणों का आकार इतना छोटा होता है कि ये पृथक् रूप में आँखों से नहीं देखे जा सकते हैं।
- ये इतने बड़े होते हैं कि प्रकाश की किरण को फैलाते हैं तथा उसके मार्ग को दृश्य बनाते हैं।
- जब इनको शांत छोड़ दिया जाता है तब ये कण तल पर बैठते हैं, अर्थात् ये स्थायी होते हैं।

वस्तुनिष्ठ प्रश्न

1. निम्नलिखित में से यौगिक कौन-सा है?
A. पारा B. ओजोन
C. वायु D. अमोनिया

2. शुद्ध तत्व कौन-सा है?
A. काँच B. सीमेंट
C. सोडियम D. इनमें से कोई नहीं

3. वायु निम्नलिखित में से क्या है?
A. तत्व B. यौगिक
C. मिश्रण D. इनमें से कोई नहीं

4. निम्नलिखित में से कौन धातु होते हुए भी विद्युत् का कुचालक है?
A. टिन B. कॉपर
C. लेड D. निकेल

5. निम्नलिखित में से किस पदार्थ में ऑक्सीजन नहीं है?
A. सीमेन्ट B. रेत
C. मिट्टी का तेल D. काँच

6. विरंजक चूर्ण (Bleaching Powder) है–
A. तत्व B. यौगिक
C. मिश्रण D. अपरूप

7. पदार्थ की चतुर्थ अवस्था है–
A. ठोस B. तरल
C. प्लाज्मा D. गैस

8. निम्नलिखित में से कौन एक यौगिक है?
A. वायु B. पारा
C. ओजोन D. अमोनिया

9. कोयला (Coal) है–
A. तत्व B. यौगिक
C. मिश्रण D. इनमें से कोई नहीं

10. दो या दो से अधिक तत्वों की मात्रा के विचार से एक निश्चित अनुपात में संयोग करने से बना पदार्थ कहलाता है–
A. तत्व B. यौगिक
C. मिश्रण D. ठोस

11. वायु (Air) है–
A. तत्व B. यौगिक
C. मिश्रण D. विलयन

12. दो या दो से अधिक शुद्ध पदार्थों को किसी भी अनुपात में मिला देने से बनता है–
A. तत्व B. यौगिक
C. मिश्रण D. गैस

13. स्टेनलेस स्टील एक मिश्रधातु है जबकि वायु है एक–
A. मिश्रण B. यौगिक
C. तत्व D. विलयन

14. हीरा (Diamond) है–
A. तत्व B. यौगिक
C. मिश्रण D. तरल

15. निम्नलिखित में से कौन उपधातु है?
A. आर्सेनिक B. एण्टीमनी
C. विस्मथ D. उपर्युक्त सभी

16. निम्न में से कौन न तो तत्व है और न ही यौगिक?
A. वायु B. जल
C. पारा D. सोडियम क्लोराइड

17. एक ही प्रकार के परमाणुओं से मिलकर बना पदार्थ कहलाता है–
A. तत्व B. यौगिक
C. मिश्रण D. द्रव

18. ऐसे तत्व जिनमें धातु और अधातु दोनों के गुण पाए जाते हैं, कहलाते हैं–
A. आदर्श धातु B. उपधातु
C. मिश्रधातु D. धातुमल

19. निम्नलिखित में से मिश्रण है–
A. दूध B. इस्पात
C. कार्बन मोनोऑक्साइड D. हाइड्रोक्लोरिक अम्ल

20. निम्नलिखित में से किस अधातु में धातुई चमक पाई जाती है?

A. ग्रेफाइट B. आयोडीन
C. उपर्युक्त दोनों D. इनमें से कोई नहीं

21. परमाणु भार की इकाई है–

A. लीटर B. ग्राम
C. किलोग्राम D. कुछ नहीं

22. N.T.P. पर एक लीटर NO का भार है–

A. 13.39 ग्राम B. 1.339 ग्राम
C. 133.9 ग्राम D. कोई नहीं

23. 1 लीटर जल में अणुओं की संख्या है–

A. $55.5 \times 6.023 \times 10^{23}$
B. $\frac{18}{22.4} \times 10^{23}$
C. $18 \times 6.023 \times 10^{23}$
D. $\frac{6.023}{23.4} \times 10^{23}$

24. किसी यौगिक का एक से अधिक प्रकार की क्रिस्टलीय संरचना होने का गुण कहलाता है–

A. समावयवता B. बहुरूपता
C. समाकृतिकता D. अपरूपता

25. सत्य कथन है–

A. उपधातुएं अर्धचालक की भाँति व्यवहार करती हैं
B. स्टील एक मिश्र धातु है
C. धातुएं इलेक्ट्रॉनिक चालक होती हैं
D. उपरोक्त सभी

26. 292 ग्राम HCl युक्त विलयन को ठीक उदासीन करने के लिए आवश्यक अमोनिया को उत्पन्न करने के लिए अमोनियम सल्फेट की क्या मात्रा आवश्यक होगी?

A. 272 ग्राम B. 408 ग्राम
C. 528 ग्राम D. 1056 ग्राम

27. कौन-सा कथन सत्य है?

A. S.T.P. पर ग्राम अणु आयतन 22.4 लीटर होता है
B. $CaCO_3$ के 0.2 ग्राम अणु में ऑक्सीजन के 0.3 ग्राम परमाणु उपस्थित होते हैं
C. 22.4 लीटर H_2S में इसके 2 मोल होते हैं
D. उपरोक्त सभी

28. माना A तथा B दो तत्व हैं जो कि यौगिक B_2A_3 तथा B_2A बनाते हैं। यदि B_2A_3 के 0.05 मोल का भार 9.0 ग्राम तथा B_2A के 0.10 मोल का भार 10 ग्राम हो तो A तथा B के परमाणु भार हैं–

A. 30 तथा 40 B. 40 तथा 30
C. 20 तथा 5 D. 15 तथा 20

29. कठोर जल के एक नमूने में 40 Mg Ca^{2+} प्रति लीटर पाया गया। इस जल के पाँच लीटर के मृदुलीकरण के लिए आवश्यक धोवन सोडे (Na_2CO_3) की मात्रा होगी–

A. 1.06 ग्राम B. 5.2 ग्राम
C. 53 मिली ग्राम D. 530 मिली ग्राम

30. जल के विद्युत अपघटन से S.T.P पर 8.4 लीटर गैसीय मिश्रण प्राप्त होता है। विद्युत अपघटित जल की मात्रा है–

A. 9 ग्राम B. 18 ग्राम
C. 0.9 ग्राम D. 4.5 ग्राम

उत्तरमाला

1	2	3	4	5	6	7	8	9	10
D	C	C	C	C	B	C	D	A	B
11	**12**	**13**	**14**	**15**	**16**	**17**	**18**	**19**	**20**
C	C	A	A	D	A	A	B	B	C
21	**22**	**23**	**24**	**25**	**26**	**27**	**28**	**29**	**30**
D	B	A	B	D	C	A	B	D	D

अध्याय 2 परमाणु संरचना

डाल्टन का परमाणु सिद्धान्त

'परमाणु' (atom) शब्द ग्रीक भाषा से उत्पन्न हुआ है, जिसमें atomio का अर्थ 'न काटे जाने वाला' (uncutable) या 'अविभाज्य' (non-divisible) होता है। पहले ये विचार केवल कल्पना पर आधारित थे और इनका प्रायोगिक परीक्षण कर पाना संभव नहीं था।

सन् 1808 में जॉन डाल्टन नामक एक ब्रिटिश स्कूल अध्यापक ने पहली बार वैज्ञानिक आधार पर द्रव्य का परमाणु सिद्धान्त प्रस्तुत किया। उनका सिद्धान्त, जिसे 'डाल्टन का परमाणु सिद्धान्त' कहा जाता है, ने परमाणु को पदार्थ का मूल कण (एकक-1) माना।

अवपरमाण्विक कण

डाल्टन के परमाणु सिद्धान्त से द्रव्यमान के संरक्षण के नियम स्थिर संघटन के नियम तथा बहुगुणिता-अनुपात के नियम की सफलतापूर्वक व्याख्या की जा सकी। लेकिन यह कई प्रयोगों के परिणामों को वर्णित करने में विफल रहा। उदाहरण काँच अथवा एबोनाइट (ebonite) को रेशम अथवा फर (fur) के साथ घिसने पर विद्युत् की उत्पत्ति होती है। यद्यपि इन परिणामों से विद्युत्-चुंबकीय परिघटना को समझना संभव हुआ।

विद्युत विसर्जन प्रयोग (इलेक्ट्रॉन की खोज)

सन् 1830 में माइकेल फैराडे ने दर्शाया कि यदि किसी विलयन में विद्युत् प्रवाहित की जाती है, तो इलेक्ट्रोडों पर रासायनिक अभिक्रियाएँ होती हैं, जिनके परिणामस्वरूप इलेक्ट्रोडों पर पदार्थ का विसर्जन और निक्षेपण (deposition) होता है।

गैसों में विद्युत्-विसर्जन आदि प्रयोगों के परिणामों से परमाणु की संरचना के बारे में और जानकारी प्राप्त हुई।

कैथोड किरणें

कैथोड किरण नलिका काँच की बनी होती है, जिसमें धातु के दो पतले टुकड़े (जिन्हें इलेक्ट्रोड कहते हैं) सील किए हुए होते हैं। गैसों में विद्युत्-विसर्जन को सिर्फ निम्न दाब एवं उच्च विभव पर प्रेक्षित किया जा सकता है। विभिन्न गैसों के दाब को निर्वातन द्वारा नियंत्रित किया गया। इस प्रकार जब इलेक्ट्रोडों पर उच्च वोल्टता लागू की गई, तो नलिका में कणों की धारा के द्वारा ऋणात्मक इलेक्ट्रोड (कैथोड) से धनात्मक इलेक्ट्रोड (एनोड) की तरफ विद्युत् का प्रवाह आरंभ हो गया। इनको *कैथोड किरणें* अथवा *कैथोड किरण कण* कहते हैं।

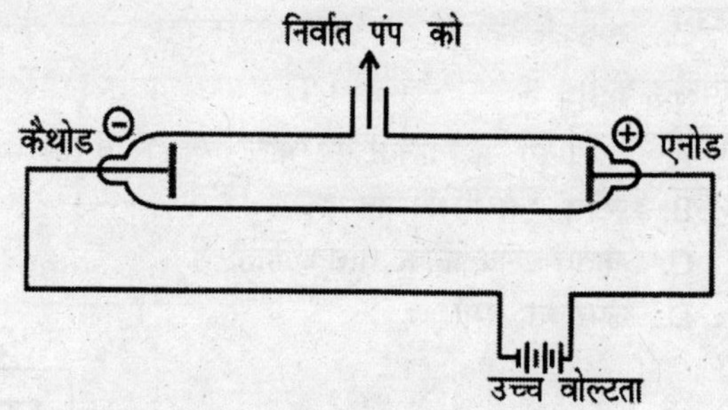

चित्र: कैथोड किरण विसर्जन नलिका

कैथोड से एनोड तक विद्युत्धारा के प्रवाह की अतिरिक्त जाँच के लिए एनोड में छिद्र तथा एनोड के पीछे नली पर स्फुरदीप्त पदार्थ (जिंक सल्फाइड) का लेप किया जाता है। जब ये किरणें एनोड के छिद्र में से गुजरकर जिंक सल्फाइड की परत पर टकराती हैं तब वहाँ एक चमकीला चिह्न बन जाता है (TV में भी ऐसा ही होता है)। इस प्रयोग के परिणाम संक्षेप में निम्नलिखित हैं :

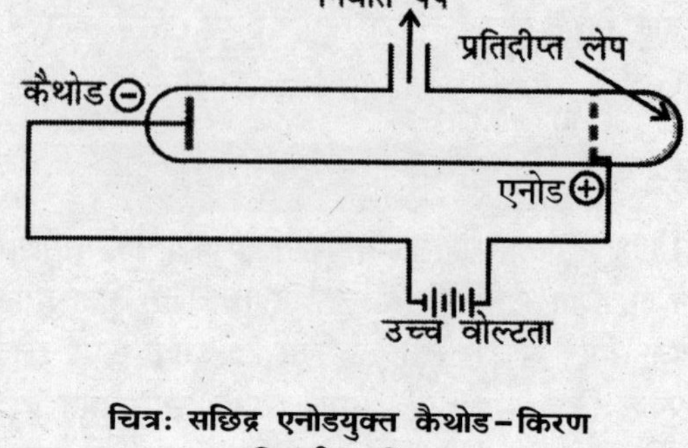

चित्र: सछिद्र एनोडयुक्त कैथोड–किरण विसर्जन नलिका

- कैथोड किरणें (cathode rays) कैथोड से आरंभ होकर एनोड की ओर गमन करती हैं।
- ये किरणें स्वयं दिखाई नहीं देतीं, परंतु इनके व्यवहार को गैसों तथा कुछ निश्चित प्रकार के पदार्थों (स्फुरदीप्त तथा प्रतिदीप्त) की उपस्थिति में देखा जा सकता है। ये पदार्थ इनसे टकराकर चमकते हैं। टेलीविजन चित्र नलिका कैथोड किरण नलिका होती है। टी.वी. पर्दा, जो स्फुरदीप्त एवं प्रतिदीप्त पदार्थों से लेपित होता है, पर चित्र प्रतिदीप्त होते हैं।
- विद्युत् और चुंबकीय क्षेत्रों की अनुपस्थिति में ये किरणें सीधी दिशा में गमन करती हैं।
- विद्युत् और चुंबकीय क्षेत्रों की उपस्थिति में कैथोड किरणों का व्यवहार ऋणावेशित कणों के अपेक्षित व्यवहार के समान होता है, जो यह सिद्ध करता है कि कैथोड किरणों में ऋणावेशित कण होते हैं, जिन्हें *इलेक्ट्रॉन* कहते हैं।
- कैथोड किरण नलिका के इलेक्ट्रोडों के पदार्थ एवं उपस्थित गैस की प्रकृति पर कैथोड-किरणों (इलेक्ट्रॉन) के लक्षण निर्भर नहीं करते हैं।

प्रोटॉन तथा न्यूट्रॉन की खोज

परिवर्तित कैथोड किरण नलिका में किए गए विद्युत् विसर्जन से धनावेशित कणों की खोज हुई, जिन्हें *कैनाल किरणें* भी कहा जाता है। इन धनावेशित कणों के अभिलक्षण निम्नलिखित हैं :

- कैथोड किरणों के विपरीत, धनावेशित कण कैथोड किरण नलिका में उपस्थित गैस की प्रकृति पर निर्भर करते हैं। ये साधारण धनावेशित गैसीय आयन होते हैं।
- कणों के आवेश और द्रव्यमान का अनुपात उस गैस पर निर्भर करता है, जिससे ये उत्पन्न होते हैं।
- कुछ धनावेशित कण विद्युत् आवेश की मूल इकाई के गुणक होते हैं।
- चुंबकीय तथा विद्युत क्षेत्रों में इन कणों का व्यवहार इलेक्ट्रॉन अथवा कैथोड किरण के लिए प्रेक्षित व्यवहार के विपरीत है।

सबसे छोटा और हल्का धन आयन हाइड्रोजन से प्राप्त हुआ था इसे *प्रोटॉन* कहते हैं। सन् 1932 में चैडविक ने बेरीलियम पर जब α कणों से प्रहार किया तो प्रोटॉन के भार से कुछ अधिक भार वाले विद्युत् उदासीन कण निर्गमित हुए, इसे उन्होंने न्यूट्रॉन कहा।

परमाणु का थॉमसन मॉडल

सन् 1898 में जे.जे. थॉमसन ने प्रस्तावित किया कि परमाणु एक समान आवेशित गोला (त्रिज्या लगभग 10^{-10} m) होता है जिसमें धनावेश समान रूप से वितरित रहता है। इसके ऊपर इलेक्ट्रॉन इस प्रकार स्थित होते हैं कि उससे स्थायी स्थिर वैद्युत व्यवस्था प्राप्त हो जाती है। इस मॉडल को विभिन्न प्रकार के नाम दिए गए हैं। उदाहरणार्थ : प्लम पुडिंग (plum pudding), रेजिन पुडिंग (raisin pudding) अथवा तरबूज (watermelon) मॉडल। इस मॉडल के परमाणु के धनावेश को पुडिंग अथवा तरबूज के समान माना गया है, जिसमें इलेक्ट्रॉन क्रमशः प्लम अथवा बीज की तरह उपस्थित हैं। इस मॉडल का एक महत्वपूर्ण लक्षण यह है कि इसमें परमाणु का द्रव्यमान पूरे परमाणु पर समान रूप से बँटा हुआ माना गया है। यद्यपि यह मॉडल परमाणु की विद्युत् उदासीनता को स्पष्ट करता था, किंतु यह भविष्य के प्रयोगों के परिणामों के संगत नहीं पाया गया।

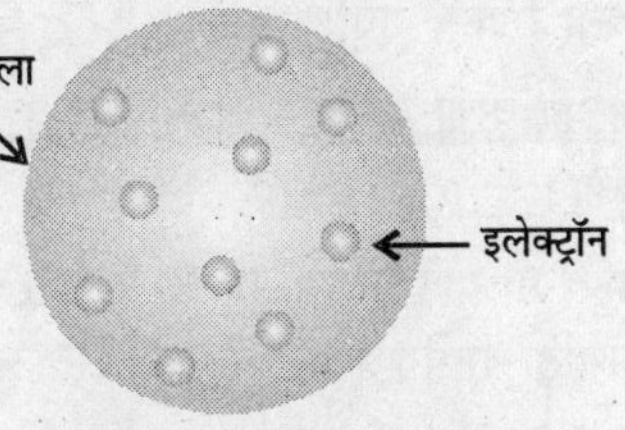

चित्रः परमाणु का थॉमसन मॉडल

रदरफोर्ड का नाभिकीय परमाणु मॉडल

सोने की पतली पन्नी (100 nm मोटाई) पर एक रेडियोऐक्टिव स्रोत से उच्च ऊर्जा वाले अल्फा कणों को डाला गया। इस पतली पन्नी के आसपास वृत्ताकार प्रतिदीप्तिशील (fluorescent) जिंक सल्फाइड से बना स्क्रीन होता है। जब कोई अल्फा कण इस स्क्रीन से टकराता है, तो प्रकाश की स्फुरक्षणीदीप्ति (flash) उत्पन्न होती है।

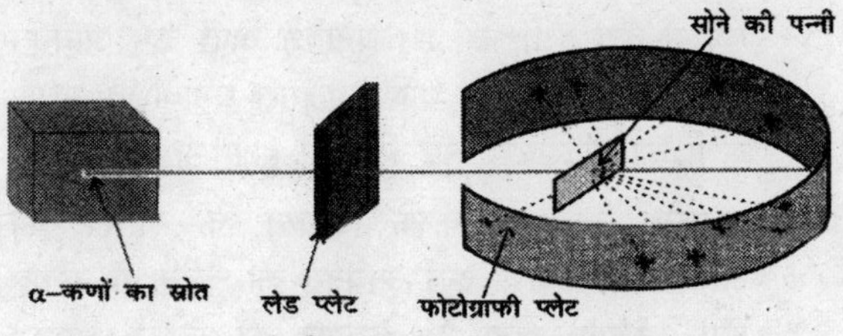

(a) रदरफोर्ड का प्रकीर्णन प्रयोग

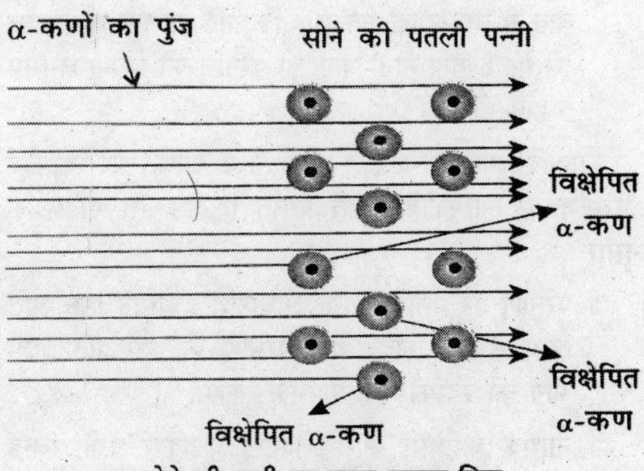

(b) सोने की पन्नी का व्यवस्थात्मक चित्र

चित्रः रदरफोर्ड के प्रकीर्णन प्रयोग का रेखांकित चित्र। जब सोने की एक पतली पन्नी पर अल्फा (α) कणों की बौछार (shot) की जाती है, तो उसमें से अधिकांश कण प्रभावित हुए बिना पत्ती को पार कर जाते हैं, जबकि कुछ का विक्षेपण हो जाता है।

प्रकीर्णन अनुप्रयोग के परिणाम काफी अनपेक्षित थे। थॉमसन के परमाणु मॉडल के अनुसार पत्ती में उपस्थित सोने के प्रत्येक परमाणु का द्रव्यमान पूरे परमाणु पर एक समान रूप से बँटा हुआ होना चाहिए। अल्फा कणों में ऊर्जा इतनी अधिक होती है कि वे द्रव्यमान के ऐसे समान वितरण से भी सीधे पार कर जाएँगे। उन्हें अपेक्षा थी कि पत्ती से टकराने के बाद कणों की गति धीमी हो जाएगी और उनकी दिशा बहुत कम कोण से बदल जाएगी। उन्होंने देखा कि–

- अधिकांश अल्फा कण सोने की पत्ती से विक्षेपित हुए बिना निकल गए।
- अल्फा कणों का कम अंश बहुत कम कोण से विक्षेपित हुआ।
- बहुत ही थोड़े कण (20000 में से 1) पीछे की ओर लौटे अर्थात् लगभग 180° के कोण से उनका विक्षेपण हुआ।

इन प्रेक्षणों के आधार पर रदरफोर्ड ने परमाणु की संरचना के बारे में निम्नलिखित निष्कर्ष निकाले–

- परमाणु के अंदर अधिकांश स्थान रिक्त होता है, क्योंकि अधिकांश अल्फा कण सोने की पन्नी को पार कर जाते हैं।
- कुछ ही धनावेशित α कण विक्षेपित होते हैं। यह विक्षेपण अवश्य ही अत्यधिक प्रतिकर्षण बल (repulsive force) के कारण होगा। इससे यह पता चलता है कि थॉमसन के विचार के विपरीत परमाणु के अंदर धनावेश समान रूप से बँटा हुआ नहीं है। धनावेश बहुत कम आयतन के अंदर संकेंद्रित होना चाहिए, जिससे धनावेशित अल्फा कणों का प्रतिकर्षण और विक्षेपण हुआ हो।
- रदरफोर्ड ने गणना करके दिखाया कि नाभिक का आयतन परमाणु के कुल आयतन की तुलना में अत्यंत कम (नगण्य) होता है। परमाणु की त्रिज्या लगभग 10^{-10} m होती है, जबकि नाभिक की त्रिज्या लगभग 10^{-15} m होती है। आकार के इस अंतर का अंदाज इस बात से लगाया जा सकता है कि यदि नाभिक को क्रिकेट की गेंद जितना माना जाए, तो परमाणु की त्रिज्या लगभग 5 km होगी।

ऊपर दिए गए प्रेक्षणों और परिणामों के आधार पर रदरफोर्ड ने परमाणु का नाभिकीय मॉडल प्रस्तुत किया। इस मॉडल के अनुसार–

- परमाणु का धनावेश तथा अधिकांश द्रव्यमान एक अति अल्प क्षेत्र में केंद्रित था। परमाणु के इस अति अल्प भाग को रदरफोर्ड ने 'नाभिक' कहा।
- नाभिक के चारों ओर इलेक्ट्रॉन वृत्ताकार पथों, जिन्हें *कक्षा* (orbit) कहा जाता है, में बहुत तेजी से घूमते हैं। अतः रदरफोर्ड का परमाणु मॉडल सौरमंडल से मिलता-जुलता है, जिसमें सूर्य नाभिक के समान होता है और ग्रह गतिमान इलेक्ट्रॉन के समान होते हैं।
- इलेक्ट्रॉन और नाभिक आपस में आकर्षण के स्थिर वैद्युत् बलों के द्वारा बँधे रहते हैं।

बोर का परमाण्विक मॉडल

रदरफोर्ड के मॉडल पर उठी आपत्तियों को दूर करने के लिए, नील्स बोर ने परमाणु की संरचना के बारे में निम्नलिखित अवधारणाएँ प्रस्तुत कीं–

- इलेक्ट्रॉन केवल कुछ निश्चित कक्षाओं में ही चक्कर लगा सकते हैं, जिन्हें इलेक्ट्रॉन की विविक्त कक्षा कहते हैं।
- जब इलेक्ट्रॉन इस विविक्त कक्षा में चक्कर लगाते हैं, तो उनकी ऊर्जा का विकिरण नहीं होता है।

इन कक्षाओं (या कोशों) को ऊर्जा-स्तर कहते हैं। नीचे एक परमाणु के ऊर्जा स्तरों को दिखाया गया है।

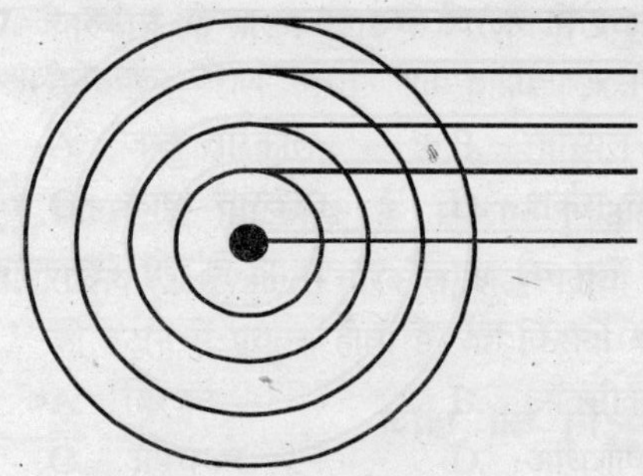

चित्रः किसी परमाणु में कुल ऊर्जा स्तर

ये कक्षाएँ (या कोश) K, L, M, N, ... या संख्याओं, 1, 2, 3, 4, ... के द्वारा दिखाई जाती हैं।

विभिन्न कक्षाओं में इलेक्ट्रॉन का वितरण

परमाणुओं की विभिन्न कक्षाओं में इलेक्ट्रॉनों के वितरण के लिए बोर और बरी ने निम्नलिखित नियम प्रस्तुत किए।

- इन नियमों के अनुसार किसी कक्षा में उपस्थित अधिकतम इलेक्ट्रॉनों की संख्या को सूत्र $2n^2$ से दर्शाया जाता है, जहाँ 'n' कक्षा की संख्या या ऊर्जा स्तर है। इसलिए इलेक्ट्रॉनों की अधिकतम संख्या पहले कक्ष या K कोश में होगी $= 2 \times 1^2 = 2$, दूसरे कक्ष या L कोश में होगी $= 2 \times 2^2 = 8$, तीसरे कक्ष या M कोश में होगी $= 2 \times 3^2 = 18$, चौथे कक्ष या N कोश में होगी $= 2 \times 4^2 = 32$।
- सबसे बाहरी कोश में इलेक्ट्रॉनों की अधिकतम संख्या 8 हो सकती है।
- किसी परमाणु के दिए गए कोश में इलेक्ट्रॉन तब तक स्थान नहीं लेते हैं जब तक कि उससे पहले वाले भीतरी कक्ष पूर्ण रूप से भर नहीं जाते। इससे स्पष्ट होता है कि कक्षाएँ क्रमानुसार भरती हैं।

समस्थानिक

कुछ तत्त्व ऐसे होते हैं जिनकी परमाणु संख्या समान लेकिन द्रव्यमान संख्या अलग-अलग होती है। उदाहरण के लिए, हाइड्रोजन

परमाणु। इसके तीन परमाण्विक स्पीशीज होते हैं: प्रोटियम ${}_{1}^{1}H$, ड्यूटीरियम (${}_{1}^{2}H$ या D), ट्राइटियम (${}_{1}^{3}H$ या T), प्रत्येक की परमाणु संख्या समान है। लेकिन द्रव्यमान संख्या क्रमशः 1, 2 और 3 है। इस तरह के अन्य उदाहरण हैं : (1) कार्बन, ${}_{6}^{12}C$ और ${}_{6}^{14}C$; (2) क्लोरीन, ${}_{17}^{35}Cl$ और ${}_{17}^{37}Cl$ ।

इन उदाहरणों के आधार पर समस्थानिकों को इस प्रकार परिभाषित किया जा सकता है, "एक ही तत्व के परमाणु जिनकी परमाणु संख्या समान, लेकिन द्रव्यमान संख्या भिन्न होती हैं।"

बहुत से तत्वों में समस्थानिक का मिश्रण भी होता है। किसी तत्व का प्रत्येक समस्थानिक शुद्ध पदार्थ होता है। समस्थानिकों के रासायनिक गुण समान लेकिन भौतिक गुण अलग-अलग होते हैं।

प्रकृति में क्लोरीन दो समस्थानिक रूपों में पाया जाता है, जिसका द्रव्यमान 35u और 37u, जो 3:1 के अनुपात में होते हैं।

किसी प्राकृतिक तत्व के एक परमाणु का द्रव्यमान उस तत्व में विद्यमान सभी प्राकृतिक रूप से पाए जाने वाले परमाणुओं के औसत द्रव्यमान के बराबर होता है। अगर क़िसी एक तत्व का कोई समस्थानिक नहीं है तो परमाणु का द्रव्यमान उसमें उपस्थित प्रोटॉन और न्यूट्रॉनों के द्रव्यमान का योग होता है लेकिन अगर एक तत्व समस्थानिक रूप में उपस्थित होता है तो हमें प्रत्येक समस्थानिक रूप का प्रतिशत ज्ञात कर औसत द्रव्यमान की गणना करनी होगी।

जैसे क्लोरीन का औसत परमाणु द्रव्यमान होगा,

$$\left[\left(35\times\frac{75}{100}+37\times\frac{25}{100}\right)=\left(\frac{105}{4}+\frac{37}{4}\right)\right.$$
$$\left.=\frac{142}{4}=35.5\,\text{u}\right]$$

इसका तात्पर्य यह हुआ कि अगर क्लोरीन की कुछ मात्रा लेते हैं तो इसमें क्लोरीन के समस्थानिक होंगे और औसत द्रव्यमान 35.5 u होगा।

समस्थानिकों के अनुप्रयोग

कुछ समस्थानिकों के विशेष गुण होते हैं, जिनका उपयोग हम विभिन्न क्षेत्रों में करते हैं। उनमें से कुछ निम्नलिखित हैं :

- यूरेनियम के एक समस्थानिक का उपयोग परमाणु भट्टी (atomic reactor) में ईंधन के रूप में होता है।
- कैंसर के उपचार में कोबाल्ट के समस्थानिक का उपयोग होता है।
- घेंघा रोग के इलाज में आयोडीन के समस्थानिक का उपयोग होता है।

समभारिक

अलग-अलग परमाणु संख्या वाले तत्वों को जिनकी द्रव्यमान संख्या समान होती है, समभारिक कहा जाता है।

रेडियोएक्टिवता

- सन् 1896 ई॰ में फ्रांसीसी वैज्ञानिक हेनरी बेकरल ने रेडियोएक्टिवता की खोज की। बेकरल ने देखा कि यूरेनियम लवण के कुछ रवों को जब काले कागज में लिपटी फोटोग्राफिक प्लेट के ऊपर रखा जाता है तो फोटोग्राफिक प्लेट पर रवें की आकृति का चित्र बन जाता है। बेकरल ने निष्कर्ष निकाला कि यूरेनियम लवण से अदृश्य किरणें उत्सर्जित होती हैं जो काले कागज को प्रभावित कर देती हैं।
- इन किरणों में कुछ निम्नलिखित विशिष्ट गुण होते हैं।
  (*i*) ये किरणें धातुओं की पतली चादर के पार निकल जाती हैं।
  (*ii*) गैसों को आयनित कर देती हैं।
  (*iii*) जिंक सल्फाइड जैसे पदार्थ में प्रतिदीप्ति (Phosphorescence) (अँधेरे में चमकना) उत्पन्न कर देती हैं।
  (*iv*) X- किरणों के समान फोटोग्राफिक प्लेट को प्रभावित कर देती हैं। ये किरणें बेकरल किरणें अथवा रेडियोएक्टिव किरणें कहलाती हैं। ऐसे पदार्थ जो स्वतः एक विशेष प्रकार की अदृश्य वेधी (Penetrating) किरणें उत्सर्जित करती हैं, रेडियोएक्टिव पदार्थ कहलाते हैं।
  रेडियोएक्टिव तत्वों के नाभिक अस्थायी होते हैं। उनमें स्वतः विघटन में अल्फा (α), बीटा (β) तथा गामा (γ) किरणें उत्सर्जित होती हैं।

नाभिकीय विघटन

किसी तत्व के परमाणु नाभिक के विघटित होने को नाभिकीय विघटन कहा जाता है। रेडियोएक्टिव तत्वों में नाभिकीय विघटन स्वतः होता है परन्तु अन्य तत्वों में नाभिकीय विघटन स्वतः नहीं होता है। उसमें तीव्रगामी कणों की बौछार करके कृत्रिम रूप से नाभिकीय विघटन कराया जाता है।

अर्ध-आयु

किसी रेडियोएक्टिव तत्व का द्रव्यमान जितने समय में आधा रह जाता है, उसे उस तत्व की अर्ध-आयु कहते हैं।

रेडियोएक्टिव तत्व की अर्ध-आयु कुछ सेकण्डों से लेकर लाखों वर्षों तक हो सकती है। उदाहरणार्थ, पोलेनियम के एक समस्थानिक (${}_{84}PO^{214}$) की अर्ध-आयु मात्र 10^{-4} सेकण्ड होती है, जबकि यूरेनियम के समस्थानिक (${}_{92}U^{235}$) की अर्ध-आयु 4.5×10^{9} वर्ष होती है। रेडियोएक्टिव पदार्थ की अर्ध-आयु किसी भी परिवर्तन द्वारा बदली नहीं जा सकती। वह सदैव एक समान होती है।

अर्ध-आयु ($t_{1/2}$) और विघटन स्थिरांक k में सम्बन्ध–किसी रेडियोएक्टिव विघटन प्रक्रिया का विघटन स्थिरांक (k) निम्न समीकरण द्वारा व्यक्त किया जाता है–

$$k=\frac{2.303}{t}\log\frac{a}{a-x}$$

जहां $(a - X)$ = रेडियोएक्टिव पदार्थ की t समय बाद शेष बची मात्रा,

k = विघटन स्थिरांक या रेडियोएक्टिव स्थिरांक

जब $(a-X)=\frac{a}{2}t=t_{1/2}$ (अर्ध-आयु)

$$k=\frac{2.303}{t_{1/2}}\log\frac{a}{a/2}$$

$$k=\frac{2.303}{t_{1/2}}\log 2(\because \log 2=0.3010)$$

$$k=\frac{0.6932}{t_{1/2}}$$

$$t_{1/2}=\frac{0.6932}{k}$$

इस समीकरण से यह ज्ञात होता है कि किसी रेडियोएक्टिव पदार्थ की अर्ध-आयु ($t_{1/2}$) केवल उसके विघटन स्थिरांक k पर निर्भर करती है, पदार्थ की मात्रा व अन्य पदार्थ की मात्रा व अन्य कारणों (Factors) पर निर्भर नहीं करती है।

नाभिकीय विखण्डन

जर्मन वैज्ञानिक हान (Hahn) और स्ट्रासमन (Strassman) ने सर्वप्रथम यह देखा कि यूरेनियम-235 जैसे भारी तत्व पर जब न्यूट्रॉनों की बमबारी की जाती है तब इसका नाभिक अपार ऊर्जा के साथ लगभग दो बराबर भागों में टूट जाता है। किसी भारी तत्व के परमाणु के नाभिक के दो भागों में टूट जाने की घटना को नाभिकीय विखण्डन कहते हैं और इससे प्राप्त अपार ऊर्जा को नाभिकीय ऊर्जा (Nuclear Energy) कहते हैं। इसी सिद्धान्त पर परमाणु बम (Atom Bomb) बनाया जाता है।

$$_{92}U^{235}+_{0}n^{1}\rightarrow_{56}Ba^{141}+_{36}Kr^{92}+3_{0}n^{1}+ \text{ऊर्जा} (=200\text{ MeV})$$

इस प्रकार जो न्यूट्रॉन बनते हैं वे ऊर्जा में परिवर्तित हो जाते हैं, जबकि शेष विस्फोट करके और अधिक $_{90}U^{235}$ को विखण्डित करते हैं। इस प्रकार एक श्रृंखला क्रिया (Chain Reaction) प्रारम्भ हो जाती है।

किसी भारी नाभिक में उपस्थित अत्यधिक प्रोट्रॉनों में होने वाले प्रतिकर्षण के कारण नाभिकीय विखण्डन होता है। दो छोटे नाभिकों में उपस्थित विद्युत स्थैतिक प्रतिकर्षण एक बड़े नाभिक में उत्पन्न प्रतिकर्षण से कम होता है। अतः जब नाभिकीय बल अत्यधिक हो जाता है तब यह विखण्डित हो जाता है। विखण्डन वह प्रक्रिया है, जो ब्रह्मांड में करोड़ों साल से चली आ रही है। विखण्डन का प्रयोग नाभिकीय बमों द्वारा ऊर्जा उत्पन्न करने में किया जाता है।

नाभिकीय संलयन

वह नाभिकीय अभिक्रिया जिसमें दो बहुत हल्के नाभिक परस्पर संयुक्त होकर भारी नाभिक बनाते हैं, नाभिकीय संलयन कहलाती है। नाभिकीय संलयन प्रक्रिया में द्रव्यमान क्षति अधिक होने के कारण बहुत अधिक ऊर्जा उत्पन्न होती है जिसकी मात्रा नाभिकीय विखण्डन में उत्पन्न ऊर्जा से कई गुना अधिक होती है। संलयन प्रक्रियाएं साधारण ताप पर नहीं होती हैं, क्योंकि धनावेशित नाभिक एक-दूसरे को प्रतिकर्षित (Repel) करते हैं। नाभिकों का संलयन बहुत ऊंचे ताप (लगभग एक करोड़ डिग्री) पर होता है। नाभिकीय संलयन क्रियाओं को ताप-नाभिकीय अभिक्रियाएं (Thermo-Nuclear Reaction) कहते हैं, क्योंकि ये क्रियाएं बहुत ऊंचे ताप (Temperature) पर होती हैं।

हाइड्रोजन बम नाभिकीय संलयन क्रिया पर आधारित है। प्रथम हाइड्रोजन बम सन् 1952 में अमेरिकन वैज्ञानिकों ने बनाया। हाइड्रोजन बम में ड्यूटीरियम और ट्राइटियम के नाभिकों का संलयन होता है और बहुत अधिक ऊर्जा मुक्त होती है। संलयन क्रिया को प्रारम्भ कराने के लिए पहले परमाणु बम में विस्फोट कराया जाता है। परमाणु बम विस्फोट से कुछ क्षण के लिए कई लाख डिग्री का ताप उत्पन्न हो जाता है और इस ताप पर संलयन क्रिया प्रारम्भ हो जाती है। संलयन क्रिया बहुत तीव्र चाल से होती है और कुछ ही क्षणों में प्रचण्ड विस्फोट हो जाता है।

संलयन विस्फोट- यह विस्फोट परमाणु बम के विस्फोट से कई गुना अधिक विध्वंसक होता है।

परमाणु रिएक्टर (परमाणु भट्टी)

यह एक विशेष प्रकार की भट्टी है जिसमें $_{92}U^{235}$ का नियन्त्रित (Controlled) नाभिकीय विखण्डन कराया जाता है और विखण्डन से निर्मुक्त ऊर्जा पूर्ण नियंत्रण में रखी जाती है। इस ऊर्जा का उपयोग जन-हित में किया जा सकता है। प्रथम रिएक्टर सन् 1942 में अमेरिका में बनाया गया था।

वस्तुनिष्ठ प्रश्न

1. न्यूट्रिनों में होता है–
A. आवेश +1, द्रव्यमान 1
B. आवेश 0, द्रव्यमान 0
C. आवेश –1 तथा द्रव्यमान 1
D. आवेश 0, द्रव्यमान 1

2. 2p-उपकोश में कक्षकों की संख्या है–
A. 1 B. 2
C. 3 D. 6

3. ऑफबाऊ सिद्धान्त निम्नलिखित में कक्षकों के भरने की ठीक व्यवस्था नहीं देता है–
A. *Cu* तथा *Zn* B. *Co* तथा *Ni*
C. *Mn* तथा *Cr* D. *Cu* तथा *Cr*

4. वे नाभिक जिनकी द्रव्यमान संख्याएँ समान होती हैं परन्तु परमाणु क्रमांक भिन्न होते हैं, कहलाते हैं–
A. समभारिक B. समस्थानिक
C. समन्यूट्रॉनिक D. समावयवी

5. परमाणविक हाइड्रोजन के स्पैक्ट्रम की कौन-सी श्रेणी की रेखायें दृश्य क्षेत्र में पड़ती हैं–
A. बामर B. पाश्चन
C. ब्रैकेट D. लाइमन

6. निम्न में से 2*p* कक्षकों के लिये कौन-सा सही है?
A. $n = 1, l = 2$ B. $n = 1, l = 0$
C. $n = 2, l = 1$ D. $n = 2, l = 0$

7. किसी इलेक्ट्रॉन की स्थिति व ऊर्जा का ज्ञान होता है उसकी–
A. मुख्य क्वाण्टम संख्या द्वारा
B. दिगंशी क्वाण्टम संख्या द्वारा
C. चुम्बकीय क्वाण्टम संख्या द्वारा
D. चक्रण क्वाण्टम संख्या द्वारा

8. परमाणु क्रमांक 29 के परमाणु की अनुत्तेजित अवस्था में अयुग्मित इलेक्ट्रॉनों की कुल संख्या है–
A. 2 B. 3
C. 4 D. 1

9. निम्न में से किसमें दो अयुग्मित इलेक्ट्रॉन है?
A. O^{2+} B. O_2
C. O_2^{--} D. O_2^-

10. मुख्य क्वाण्टम संख्या निरूपित करती है–
A. इलेक्ट्रॉन की नाभिक से दूरी
B. कक्षा की आकृति
C. कक्षा में इलेक्ट्रॉनों की संख्या
D. कक्ष में कक्षकों की संख्या

11. हाइड्रोजन स्पेक्ट्रम में लाइमन श्रेणी की विभिन्न रेखायें इस क्षेत्र में होती हैं–
A. UV B. IR
C. सुदूर IR D. इनमें से कोई नहीं

12. न्यूट्रॉन की पहचान में कठिनाई का कारण था, इसका–
A. आवेश रहित होना
B. न्यून आवेश होना
C. नगण्य भार होना
D. नगण्य आवेश : भार अनुपात होना

13. '15' परमाणु क्रमांक वाले तत्व की बाहरी कक्षा में उपस्थित इलेक्ट्रॉनों की संख्या है–
A. 1 B. 3
C. 5 D. 7

14. तीसरे क्वाण्टम कोश (n = 3) के आर्बिटल में कितने इलेक्ट्रॉन आ सकते हैं ?
A. 2 B. 8
C. 18 D. 32

15. एक विशिष्ट तत्व के विभिन्न समस्थानिक परमाणुओं में जिनकी संख्या भिन्न होती है, वह है–
A. केवल बाह्य कोश में इलेक्ट्रॉनों की संख्या
B. केवल अन्तः कोश में इलेक्ट्रॉनों की संख्या

C. न्यूट्रॉनों की संख्या

D. प्रोटॉनों की संख्या

16. He^+ वर्णक्रम की अपेक्षा इसके समान होने की है–

A. H B. Li^+

C. Na D. He^{2+}

17. किसी एक *p*-कक्षक में हो सकते हैं–

A. चार इलेक्ट्रॉन

B. समानान्तर चक्रण वाले दो इलेक्ट्रॉन

C. छः इलेक्ट्रॉन

D. विपरीत चक्रण वाले दो इलेक्ट्रॉन

18. निम्न में से कौन–सा परमाणु या आयन निऑन के साथ आइसोइलेक्ट्रॉनिक है (अर्थात् दोनों में इलेक्ट्रॉनों की संख्या समान है)–

A. O B. N^-

C. Mg^+ D. F^-

19. परमाणु क्रमांक इनकी संख्या प्रकट करता है–

A. प्रोट्रॉन B. इलेक्ट्रॉन

C. न्यूट्रॉन D. प्रोट्रॉन तथा इलेक्ट्रॉन

20. एक परमाणु में बोर की कोश की विचारधारा विरोध करती है–

A. दि-ब्राग्ली सम्बन्ध B. अनिश्चितता सिद्धान्त

C. पाउली सिद्धान्त D. हुण्ड का नियम

21. कौन-सी स्पीशीज का अस्तित्व सम्भव नहीं है–

A. He_2 B. He_2^+

C. H_2^+ D. Li_2^+

22. कौन-सा इलेक्ट्रॉन स्तर हाइड्रोजन परमाणु को फोटॉन अवशोषित करने देगा परन्तु उत्सर्जित नहीं करने देगा?

A. 3*s* B. 2*p*

C. 2*s* D. 1*s*

23. किसी आर्बिटल में इलेक्ट्रॉन पाने की सम्भावना को किसके द्वारा ग्रहण किया गया?

A. रदरफोर्ड B. बोर

C. हाइजेनबर्ग D. स्क्रोडिंजर

24. रिडबर्ग स्थिरांक की इकाई है–

A. ऐंग्स्ट्रॉम B. $सेमी^{-1}$

C. सेमी प्रति सेकण्ड D. अर्ग

25. निम्नलिखित में से किस यौगिक में ऋणायन व धनायन आकार का अनुपात सबसे कम है?

A. KCl B. NaCl

C. $MgC1_2$ D. NaBr

26. हाइड्रोजन परमाणु में इलेक्ट्रॉनों को 5वें कोश में उत्तेजित कर दिया जाता है। वर्णक्रम में उपस्थित विभिन्न रेखाओं की संख्या होगी–

A. 18 B. 12

C. 4 D. 10

27. गतिशील इलेक्ट्रॉन की तरंग प्रकृति प्रदर्शित की जाती है–

A. विवर्तन प्रयोगों द्वारा

B. क्रॉम्पटन प्रभाव द्वारा

C. फोटो इलेक्ट्रिक प्रभाव द्वारा

D. जूल-थामसन प्रभाव द्वारा

28. एनोड किरणों की प्रकृति निर्भर करती है–

A. अवशिष्ट गैस की प्रकृति पर

B. इलेक्ट्रोड की प्रकृति पर

C. विसर्जन नलिका की प्रकृति पर

D. सभी पर

29. एक तत्व के समस्थानिक के होते हैं–

A. समान रासायनिक तथा भिन्न भौतिक गुण

B. समान रासायनिक तथा भौतिक गुण

C. समान भौतिक तथा भिन्न रासायनिक गुण

D. भिन्न भौतिक तथा रासायनिक गुण

30. हाइड्रोजन के रेडियोधर्मी समस्थानिक ट्राइटियम द्वारा निम्न का उत्सर्जन होता है–

A. α-कण का B. β-कण का

C. γ-गामा कण का D. न्यूट्रॉनों का

उत्तरमाला

1	2	3	4	5	6	7	8	9	10
B	C	D	A	A	C	A	D	B	A
11	**12**	**13**	**14**	**15**	**16**	**17**	**18**	**19**	**20**
A	A	C	C	C	B	D	D	D	B
21	**22**	**23**	**24**	**25**	**26**	**27**	**28**	**29**	**30**
A	D	D	B	A	D	A	A	A	B

अध्याय 3 रासायनिक समीकरण एवं अभिक्रियाएं

रासायनिक समीकरण

जब ऑक्सीजन की उपस्थिति में मैग्नीशियम रिबन का दहन होता है तब यह मैग्नीशियम ऑक्साइड में परिवर्तित हो जाता है। इसे शब्द-समीकरण के रूप में लिखना सबसे सरलतम विधि है।

मैग्नीशियम + ऑक्सीजन → मैग्नीशियम ऑक्साइड

(अभिकारक) (उत्पाद)

मैग्नीशियम तथा ऑक्सीजन ऐसे पदार्थ हैं जिनमें रासायनिक परिवर्तन होता है, इन्हें अभिकारक कहते हैं। इस अभिक्रिया से एक नए पदार्थ मैग्नीशियम ऑक्साइड का निर्माण होता है, इसे उत्पाद कहते हैं।

रासायनिक समीकरण लिखना

शब्दों की जगह रासायनिक सूत्र का उपयोग करके रासायनिक समीकरणों को अधिक संक्षिप्त तथा उपयोगी बनाया जा सकता है। रासायनिक समीकरण किसी रासायनिक अभिक्रिया को दर्शाता है। मैग्नीशियम, ऑक्सीजन तथा मैग्नीशियम ऑक्साइड के सूत्रों को इस प्रकार लिखा जा सकता है :

$$Mg + O_2 \rightarrow MgO$$

तीर के निशान के बाईं और दाईं ओर के तत्त्वों के परमाणुओं की संख्या की गिनती करते हैं, यदि दोनों ओर तत्त्वों के परमाणुओं की संख्या समान नहीं है तो समीकरण असंतुलित है क्योंकि समीकरण के दोनों ओर का द्रव्यमान बराबर नहीं है।

संतुलित रासायनिक समीकरण का महत्व

किसी भी रासायनिक अभिक्रिया में द्रव्यमान का न तो निर्माण होता है, न ही विनाश। अर्थात् किसी भी रासायनिक अभिक्रिया के उत्पाद तत्वों का कुल द्रव्यमान अभिकारक तत्वों के कुल द्रव्यमान के बराबर होता है।

दूसरे शब्दों में, रासायनिक अभिक्रिया के पहले एवं उनके पश्चात् प्रत्येक तत्व के परमाणुओं की संख्या समान रहती है।

निम्न रासायनिक समीकरण को संतुलित करना :

$$Fe + H_2O \rightarrow Fe_3O_4 + H_2$$

$$\boxed{Fe} + \boxed{H_2O} \rightarrow \boxed{Fe_3O_4} + \boxed{H_2}$$

तत्व	अभिकारकों में परमाणुओं की संख्या (L.H.S.)	उत्पादों में परमाणुओं की संख्या (R.H.S.)
Fe	1	3
H	2	2
O	1	4

सुविधा के लिए सबसे अधिक परमाणु वाले यौगिक को पहले संतुलित करते हैं। चाहे वह अभिकारक हो या उत्पाद। उस यौगिक में सबसे अधिक परमाणु वाले तत्त्व को चुनते हैं। इस आधार पर हम Fe_3O_4 और उसके ऑक्सीजन तत्त्व को चुनते हैं। दाईं ओर ऑक्सीजन के चार परमाणु हैं जबकि बाईं ओर केवल एक।

ऑक्सीजन परमाणु को संतुलित करने के लिए :

ऑक्सीजन के परमाणु	अभिकारकों में	उत्पादों में
(*i*) प्रारंभ में	1 (H_2O में)	4 (Fe_3O_4 में)
(*ii*) संतुलित करने के लिए	1 × 4	4

ऑक्सीजन परमाणु को संतुलित करने के लिए हम '4' गुणांक लगाकर $4H_2O$ लिख सकते हैं।

$$\boxed{Fe} + 4\boxed{H_2O} \rightarrow \boxed{Fe_3O_4} + \boxed{H_2}$$

हाइड्रोजन परमाणु को बराबर करने के लिए दाईं ओर हाइड्रोजन अणु की संख्या को '4' कर देते हैं।

ऑक्सीजन के परमाणु	अभिकारकों में	उत्पादों में
(*i*) प्रारंभ में	8 ($4H_2O$ में)	2 (H_2 में)
(*ii*) संतुलित करने के लिए	8	2 × 4

समीकरण अब इस प्रकार होगा :

$$\boxed{Fe} + 4\boxed{H_2O} \rightarrow \boxed{Fe_3O_4} + 4\boxed{H_2}$$

तीसरा तत्व जो अब तक असंतुलित है, केवल लोहा है, जिसे संतुलित करना शेष है।

लोहे (आयरन) के परमाणु	अभिकारकों में	उत्पादों में
(i) प्रारंभ में	1 (Fe में)	3 (Fe_3O_4 में)
(ii) संतुलन के लिए	1 × 3	3

Fe को संतुलित करने के लिए बाईं ओर हम Fe के 3 परमाणु लेते हैं।

$$3\ \boxed{Fe} + 4\ \boxed{H_2O} \rightarrow \boxed{Fe_3O_4} + 4\ \boxed{H_2}$$

अंत में, इस संतुलित समीकरण की जाँच के लिए हम समीकरण में दोनों ओर के तत्वों के परमाणुओं की संख्याओं का परिकलन करते हैं।

$$3\,Fe + 4H_2O \rightarrow Fe_3O_4 + 4\,H_2$$

रासायनिक अभिक्रिया

रासायनिक अभिक्रिया में–

- ❒ अवस्था में परिवर्तन
- ❒ रंग में परिवर्तन
- ❒ गैस का निकास/उत्सर्जन
- ❒ तापमान में परिवर्तन

अर्थात् किसी प्रकार का परिवर्तन होता है।

रासायनिक अभिक्रियाओं के प्रकार

ऐसी अभिक्रिया जिसमें दो या दो से अधिक अभिकारक मिलकर एकल उत्पाद का निर्माण करते हैं, उसे संयोजन अभिक्रिया कहते हैं। जैसे–

(i) कोयले का दहन $C(s) + O_2(g) \rightarrow CO_2(g)$

(ii) $H_2(g)$ तथा $O_2(g)$ से जल का निर्माण

$$2H_2(g) + O_2(g) \rightarrow 2H_2O(l)$$

जिन अभिक्रियाओं में उत्पाद के निर्माण के साथ-साथ ऊष्मा भी उत्पन्न होती है उन्हें ऊष्माक्षेपी रासायनिक अभिक्रिया कहते हैं। ऊष्माक्षेपी अभिक्रियाओं के कुछ उदाहरण–

(i) प्राकृतिक गैस का दहन :

$CH_4(g) + 2O_2(g) \rightarrow CO_2(g) + 2H_2O(g)$ + ऊर्जा

(ii) श्वसन एक ऊष्माक्षेपी अभिक्रिया है।

वियोजन (अपघटन) अभिक्रिया

इस अभिक्रिया में एकल अभिकर्मक टूटकर छोटे-छोटे उत्पाद प्रदान करता है। यह एक वियोजन अभिक्रिया है। गर्म करने पर फेरस सल्फेट ($FeSO_4 . 7H_2O$) का क्रिस्टल जल त्याग देता है और क्रिस्टल का रंग बदल जाता है। इसके उपरांत यह फेरिक ऑक्साइड (Fe_2O_3), सल्फर डाइऑक्साइड (SO_2) तथा सल्फर ट्राइऑक्साइड (SO_3) में वियोजित हो जाता है। फेरिक ऑक्साइड ठोस है जबकि SO_2 तथा SO_3 गैसें हैं।

ऊष्मा के द्वारा की गई वियोजन अभिक्रिया को ऊष्मीय वियोजन कहते हैं।

$$\underset{\text{(चूना पत्थर)}}{CaCO_3(s)} \xrightarrow{\text{ऊष्मा}} \underset{\text{(बुझा हुआ चूना)}}{CaO(s)} + CO_2(g)$$

सूर्य के प्रकाश में श्वेत रंग का सिल्वर क्लोराइड धूसर रंग का हो जाता है। प्रकाश की उपस्थिति में सिल्वर क्लोराइड का सिल्वर तथा क्लोरीन में वियोजन के कारण ऐसा होता है।

$$2AgCl(s) \xrightarrow{\text{सूर्य के प्रकाश}} 2Ag(s) + Cl_2(g)$$

सिल्वर ब्रोमाइड भी इसी प्रकार अभिक्रिया करता है।

$$2AgBr(s) \xrightarrow{\text{सूर्य के प्रकाश}} 2Ag(s) + Br_2(g)$$

विस्थापन अभिक्रिया

वह अभिक्रिया जिसमें एक तत्व दूसरे तत्व के विलयन से तत्व का विस्थापन कर दे, विस्थापन अभिक्रिया कहलाती है।

$$Fe(s) + \underset{\text{(कॉपर सल्फेट)}}{CuSO_4(aq)} \rightarrow \underset{\text{(आयरन सल्फेट)}}{FeSO_4(aq)} + Cu(s)$$

इस अभिक्रिया में लोहे (आयरन) ने दूसरे तत्व कॉपर को कॉपर सल्फेट के विलयन से विस्थापित कर दिया या हटा दिया। इस अभिक्रिया को विस्थापन अभिक्रिया कहते हैं। विस्थापन अभिक्रिया के कुछ अन्य उदाहरण :

$$Zn(s) + \underset{\text{(कॉपर सल्फेट)}}{CuSO_4(aq)} \rightarrow \underset{\text{(जिंक सल्फेट)}}{ZnSO_4(aq)} + Cu(s)$$

$$Pb(s) + \underset{\text{(कॉपर क्लोराइड)}}{CuCl_2(aq)} \rightarrow \underset{\text{(लेड क्लोराइड)}}{PbCl_2(aq)} + Cu(s)$$

जिंक तथा लेड, कॉपर की अपेक्षा अधिक क्रियाशील तत्व हैं। वे कॉपर को उसके यौगिक से विस्थापित कर देते हैं।

द्विविस्थापन अभिक्रिया

वे अभिक्रियाएँ जिनमें अभिकारकों के बीच आयनों का आदान-प्रदान होता है, उन्हें *द्विविस्थापन अभिक्रियाएँ* कहते हैं। Ba^{2+} तथा SO_4^{2-} की अभिक्रिया से $BaSO_4$ के अवक्षेप का निर्माण होता है। एक अन्य उत्पाद सोडियम क्लोराइड का भी निर्माण होता है जो विलयन में ही रहता है।

$$Na_2SO_4(aq) + BaCl_2(aq) \rightarrow BaSO_4(s) + 2NaCl(aq)$$

उपचयन एवं अपचयन

वह अभिक्रिया जिसमें किसी पदार्थ में ऑक्सीजन की वृद्धि होती है तो उसे उपचयन कहते हैं तथा जब अभिक्रिया में किसी पदार्थ में ऑक्सीजन का ह्रास होता है तो उसे अपचयन कहते हैं।

कॉपर ऑक्साइड कॉपर में ऑक्सीजन के योग से बना है।

$$2Cu + O_2 \xrightarrow{\text{तापन}} 2CuO$$

यदि इस गर्म पदार्थ (CuO) के ऊपर हाइड्रोजन गैस प्रवाहित की जाए तो सतह की काली परत भूरे रंग की हो जाती

है क्योंकि इस स्थिति में विपरीत अभिक्रिया संपन्न होती है तथा कॉपर प्राप्त होता है।

$$CuO + H_2 \xrightarrow{\text{तापन}} Cu + H_2O$$

किसी अभिक्रिया में एक अभिकारक उपचयित तथा दूसरा अभिकारक अपचयित होता है। इन अभिक्रियाओं को उपचयन-अपचयन अथवा रेडॉक्स अभिक्रियाएँ कहते हैं।

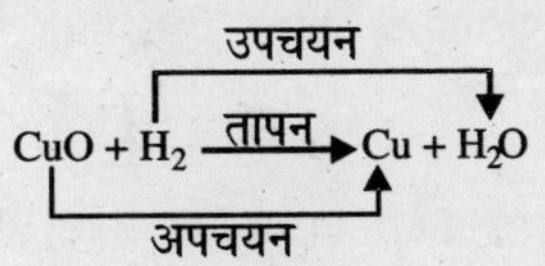

...(*i*)

रेडॉक्स अभिक्रिया के कुछ अन्य उदाहरण हैं :

$ZnO + C \rightarrow Zn + CO$ (*ii*)

$MnO_2 + 4HCl \rightarrow MnCl_2 + 2H_2O + Cl_2$ (*iii*)

अभिक्रिया (*i*) में कार्बन उपचयित होकर CO तथा ZnO अपचयित होकर Zn बनता है।

अभिक्रिया (*ii*) में HCl, Cl_2 में उपचयित तथा MnO_2, $MnCl_2$ में अपचयित हुआ है।

संक्षारण

लोहे की बनी नयी वस्तुएँ चमकीली होती हैं लेकिन कुछ समय पश्चात् उन पर लालिमायुक्त भूरे रंग की परत चढ़ जाती है। प्रायः इस प्रक्रिया को लोहे पर जंग लगना कहते हैं। कुछ अन्य धातुओं में भी ऐसा ही परिवर्तन होता है। जब कोई धातु अपने आस-पास अम्ल, आर्द्रता आदि के संपर्क में आती है तब ये संक्षारित होती हैं और इस प्रक्रिया को संक्षारण कहते हैं।

संक्षारण के कारण कार के ढाँचे, पुल, लोहे की रेलिंग, जहाज तथा धातु, विशेषकर लोहे से बनी वस्तुओं की बहुत क्षति होती है।

संक्षारण से सुरक्षा

पेंट करके, तेल लगाकर, ग्रीज लगाकर, यशदलेपन (लोहे की वस्तुओं पर जस्ते की परत चढ़ाकर), क्रोमियम लेपन, ऐनोडीकरण या मिश्रधातु बनाकर लोहे को जंग लगने से बचाया जा सकता है।

लोहे एवं इस्पात को जंग से सुरक्षित रखने के लिए उन पर जस्ते (जिंक) की पतली परत चढ़ाने की विधि को यशदलेपन कहते हैं। जस्ते की परत नष्ट हो जाने के बाद भी यशदलेपित वस्तु जंग से सुरक्षित रहती है।

धातु के गुणधर्मों को बेहतर बनाने की अच्छी विधि मिश्रात्वन है। शुद्ध लोहा अत्यन्त नर्म होता है एवं गर्म करने पर सुगमतापूर्वक खिंच जाता है, लेकिन यदि इसमें थोड़ा कार्बन (लगभग 0.05 प्रतिशत) मिला दिया जाता है तो यह कठोर तथा प्रबल हो जाता है। लोहे के साथ निकेल एवं क्रोमियम मिलाने पर हमें स्टेनलेस इस्पात प्राप्त होता है जो कठोर होता है तथा उसमें जंग नहीं लगता है।

विज्ञान

वस्तुनिष्ठ प्रश्न

1. ऋणायन तब बनता है, जब–
A. परमाणु इलेक्ट्रॉन ग्रहण करता है।
B. परमाणु इलेक्ट्रॉन खोता है।
C. परमाणु पर बाहर से धनावेश आता है।
D. परमाणु से प्रोटान बाहर निकल जाता है।

2. विद्युत् संयोजक बन्ध बनता है–
A. धनाविष्ट आयनों के बीच
B. ऋणाविष्ट आयनों के बीच
C. विपरीत आविष्ट आयनों के बीच
D. इनमें से कोई नहीं

3. निम्नलिखित में किस अणु में वैद्युत संयोजक बंधन है?
A. CCl_4 B. N_2
C. CH_4 D. $CaCl_2$

4. सहसंयोजकता में–
A. इलेक्ट्रॉनों का स्थानान्तरण होता है।
B. इलेक्ट्रॉनों की बराबर की साझेदारी होती है।
C. इलेक्ट्रॉनों का न स्थानान्तरण होता है, न साझेदारी।
D. इलेक्ट्रॉनों का क्षय होता है।

5. इथिलीन अणु की आकृति होती है–
A. एकरैखिक B. चतुष्फलकीय
C. समतल त्रिकोणीय D. अष्टफलकीय

6. सोडियम क्लोराइड में होता है–
A. सह-संयोजक बंधन B. उप-सहसंयोजक बंधन
C. वैद्युत् संयोजक बंधन D. इनमें से कोई नहीं

7. NH_4Cl में पाया जाने वाला आबन्ध है–
A. सहसंयोजक B. वैद्युत् संयोजक
C. उप-सहसंयोजक D. उपर्युक्त सभी

8. द्रवित सोडियम क्लोराइड विद्युत् धारा का प्रवाह कर सकता है, क्योंकि इसमें उपस्थित होता है–
A. मुक्त इलेक्ट्रॉन
B. मुक्त आयन
C. मुक्त अणु
D. सोडियम तथा क्लोरीन के परमाणु

9. नाइट्रोजन निम्न परास में भिन्न ऑक्सीकरण अवस्थाएँ प्रदर्शित करता है–
A. 0 से + 5 B. – 3 से + 5
C. – 5 से + 3 D. – 3 से + 3

10. उपसहसंयोजक यौगिक $K_4[Ni(CN)_4]$ में निकिल की ऑक्सीकरण अवस्था है–
A. –1 B. 0
C. +1 D. + 2

11. अम्लीय माध्यम में $H_2C_2O_4 + KMnO_4$ की क्रिया में Mn की ऑक्सीकरण संख्या में परिवर्तन है–
A. 7 से 5 B. 2 से 7
C. 5 से 7 D. 7 से 2

12. यौगिकों का युग्म जिसमें दोनों धातुएँ उच्चतम सम्भव ऑक्सीकरण अवस्था में हैं–
A. $[Fe(CN)_6]^{3\ominus}, [Co(CN)_6]^{3\ominus}$
B. $CrO_2Cl_2,\ MnO_4^{\ominus}$
C. TiO_3, MnO_2
D. $[Co(CN)_6]^{3\ominus}, MnO_2$

13. कौन-ऑक्सीकारक एवं अपचायक दोनों की तरह कार्य करता है?
A. HNO_3 B. $K_2Cr_2O_7$
C. $KMnO_4$ D. H_2O_2

14. किस यौगिक में ऑक्सीजन की ऑक्सीकरण संख्या + 2 है?
A. H_2O_2 B. CO_2
C. H_2O D. OF_2

15. अम्लीय माध्यम में $KMnO_4$ का ऑक्जेलिक अम्ल द्वारा अपचयन होने पर Mn की ऑक्सीकरण संख्या बदलती है। इसका परिणाम है–

A. 7 से 2 B. 6 से 2
C. 5 से 2 D. 4 से 2

16. किसमें ऑक्सीकरण एवं अपचयन दोनों होते हैं–
A. $NaBr + HCl \rightarrow NaCl + HBr$
B. $HBr + AgNO_3 \rightarrow AgBr + HNO_3$
C. $H_2 + Br_2 \rightarrow 2HBr$
D. $CaO + H_2SO_4 \rightarrow CaSO_4 + H_2O$

17. नाइट्रोजन की ऑक्सीकरण अवस्था किसमें सर्वाधिक है–
A. N_3H B. NH_2OH
C. N_2H_4 D. NH_3

18. मैंगनीज की सबसे अधिक ऑक्सीकरण संख्या उसके इस यौगिक में है–
A. MnO_2 B. Mn_3O_4
C. $KMnO_4$ D. K_2MnO_4

19. निम्नलिखित में कौन एक रेडॉक्स अभिक्रिया है?
A. $NaCl + KNO_3 \rightarrow NaNO_3 + KCl$
B. $CaC_2O_4 + 2HCl \rightarrow CaCl_2 + H_2C_2O_4$
C. $Ca(OH)_2 + 2NH_4Cl \rightarrow CaCl_2 + 2NH_3 + 2H_2O$
D. $2K[Ag(CN)_2] + Zn \rightarrow K_2[Zn(CN)_4] + 2Ag$

20. कौन-सा एक क्षारकीय एवं अपचायक है–
A. HPO_3 B. H_3PO_3
C. H_3PO_2 D. $H_4P_2O_7$

21. वह तत्व जिसकी, उसके किसी भी यौगिक में ऑक्सीकरण संख्या धनात्मक नहीं होती है–
A. ऑक्सीजन B. बोरोन
C. क्लोरीन D. फ्लोरीन

22. दुर्बलतम अम्ल है–
A. NO_2 B. N_2O_5
C. NO D. N_2O_3

23. प्रबलतम ऑक्सीकारक है–
A. क्लोरीन B. फ्लोरीन
C. HNO_3 D. एनोड

24. मैंगनीज का कौन-सा ऑक्साइड उभयधर्मी है–
A. MnO_2 B. Mn_2O_3
C. Mn_2O_7 D. MnO

25. ऑक्सीजन की ऑक्सीजन अवस्था किसमें शून्य है–
A. CO B. O_3
C. SO_2 D. H_2O_2

26. पोटेशियम डाइक्रोमेट का एक मोल अम्लीय माध्यम में फैरस सल्फेट के कितने मोल का पूर्ण ऑक्सीकरण करता है–
A. 1 B. 3
C. 5 D. 6

27. अम्लीय माध्यम में एक रेडॉक्स प्रक्रिया में MnO_4^- के एक मोल के द्वारा कितने मोल इलेक्ट्रॉन ग्रहण किये जाते हैं–
A. 1 B. 3
C. 5 D. 6

28. निम्न ऑक्साइडों में सर्वाधिक अम्लीय ऑक्साइड है–
A. N_2O_5 B. P_2O_5
C. As_2O_5 D. Sb_2O_5

29. गलित सोडियम क्लोराइड के वैद्युत अपघटन में एनोड पर कौन सी क्रिया होती है–
A. Cl^- आयन का ऑक्सीकरण
B. Na^+ आयन का अपचयन
C. Na^+ आयन का ऑक्सीकरण
D. Cl^- आयन का अपचयन

30. अम्लीय है–
A. NH_3 B. N_3H
C. N_2H_4 D. NH_2OH

उत्तरमाला

1	2	3	4	5	6	7	8	9	10
A	C	D	B	C	C	D	B	B	B
11	**12**	**13**	**14**	**15**	**16**	**17**	**18**	**19**	**20**
D	B	D	D	A	C	A	C	D	C
21	**22**	**23**	**24**	**25**	**26**	**27**	**28**	**29**	**30**
D	C	D	A	B	D	C	A	A	B

अध्याय 4 तत्वों की आवर्त सारणी

सर्वप्रथम जर्मन रसायनज्ञ जॉन डॉबेराइनर ने सन् 1800 के प्रारंभिक दशकों में इस बात की ओर संकेत किया कि तत्वों के गुणधर्मों में निश्चित प्रवृत्ति होती है। सन् 1829 में उन्होंने समान भौतिक एवं रासायनिक गुणों वाले तीन तत्वों के समूहों (त्रिकों) की तरफ ध्यान आकर्षित कराया। उन्होंने यह भी पाया कि प्रत्येक त्रिक में बीच वाले तत्व का परमाणु-भार शेष दोनों तत्वों के परमाणु भार के औसत मान के लगभग बराबर था। साथ ही, मध्य वाले तत्व के गुणधर्म शेष दोनों तत्वों के गुणधर्मों के मध्य पाए गए।

डॉबेराइनर के त्रिक

तत्व	परमाणु-भार	तत्व	परमाणु-भार	तत्व	परमाणु-भार
Li	7	Ca	40	Cl	35.5
Na	23	Sr	88	Br	80
K	39	Ba	137	I	127

डॉबेराइनर का 'त्रिक का नियम' कुछ ही तत्वों के लिए सही पाया गया। इसलिए इसे महज एक संयोग समझकर इसका विचार छोड़ दिया गया। इसके पश्चात् फ्रांसीसी भूगर्भशास्त्री ए.ई.बी. डी चैनकोरटोइस (A.E.B. de Chancourtois) ने सन् 1862 में तत्वों का वर्गीकरण करने का प्रयास किया। उन्होंने तत्वों को उनके बढ़ते हुए परमाणु-भार के क्रम में व्यवस्थित किया और तत्वों की वृत्ताकार सारणी बनाई, जिसमें तत्वों का गुणधर्मों में आवर्ती पुनरावृत्ति को दर्शाया गया। यह भी अधिक ध्यान आकृष्ट नहीं कर सका। अंग्रेज रसायनज्ञ जॉन एलेक्जेंडर न्यूलैंड ने सन् 1865 में *अष्टक नियम* (Law of octaves) को विकसित किया। उन्होंने तत्वों को उनके बढ़ते हुए परमाणु-भार के क्रम में व्यवस्थित किया तथा पाया कि किसी भी तत्व से प्रारंभ करने पर आठवें तत्व के गुण प्रथम तत्व के समान थे। यह संबंध उसी प्रकार का था, जैसा आठवें सांगीतिक स्वर (eight musical note) का संबंध प्रथम सांगीतिक स्वर के साथ होता है। न्यूलैंड का अष्टक नियम सिर्फ Ca तक के तत्वों तक सही प्रतीत हुआ, हालाँकि उस समय इस धारणा को व्यापक मान्यता नहीं मिली। परंतु बाद में रॉयल सोसायटी (लंदन) द्वारा सन् 1887 में न्यूलैंड को डेवी पदक द्वारा पुरस्कृत कर उनके काम को मान्यता दी गई।

न्यूलैंड के अष्टक

तत्व	Li	Be	B	C	N	O	F
परमाणु-भार	7	9	11	12	14	16	19
तत्व	Na	Mg	Al	Si	P	S	Cl
परमाणु-भार	23	24	27	29	31	32	35.5

मेंडलीव का आवर्त नियम

आधुनिक आवर्त सारणी के विकास में योगदान का श्रेय दमित्री मेंडलीव को दिया जाता है। मेंडलीव ने आवर्त नियम को पहली बार प्रकाशित किया। यह नियम इस प्रकार है–

"तत्वों के गुणधर्म उनके परमाणु भारों के आवर्ती फलन होते हैं।"

मेंडलीव ने तत्वों को क्षैतिज पंक्तियों एवं ऊर्ध्वाधर स्तंभों में उनके बढ़ते हुए परमाणु-भार के अनुसार सारणी में इस तरह क्रम में रखा कि समान गुणधर्मों वाले तत्व एक ही ऊर्ध्वाधर-स्तंभ या समूहों में स्थान पाएँ।

मेंडलीव ने आवर्तिता के महत्व को पूर्ण रूप से समझा और तत्वों के वर्गीकरण के लिए अधिक विस्तृत भौतिक एवं रासायनिक गुणधर्मों को आधार माना। विशेष रूप से मेंडलीव ने तत्वों द्वारा प्राप्त यौगिकों के मूलानुपाती सूत्रों (empirical formula) तथा उनके गुणधर्मों की समानता को आधार माना। वह यह जानते थे कि यदि परमाणु-भार के क्रम का पूर्णतः पालन किया जाता, तो कुछ तत्व उनके द्वारा दिए गए क्रम में आवर्त-सारणी में नहीं रखे जा सकते थे। उन्होंने समान रासायनिक गुण दर्शाने वाले तत्वों को आवर्त-सारणी में उचित स्थान देने के लिए उनके परमाणु-भारों के क्रम की उपेक्षा की। उदाहरण के तौर पर–आयोडीन, जिसका परमाणु भार समूह VI के तत्व 'टैलूरियम' से कम था, को समूह VII में फ्लोरीन,

क्लोरीन, ब्रोमीन आदि के साथ गुणधर्मों में समानता के आधार पर रखा गया। उन्होंने समान गुणधर्मों वाले तत्वों को एक समूह में रखने की प्राथमिकता को आधार मानते हुए यह प्रस्तावित किया कि कुछ तत्व (जो खोजे नहीं गए थे) के लिए सारणी में कुछ रिक्त स्थान छोड़ दिए गए। उदाहरण के लिए–जब मेंडलीव की आवर्त-सारणी प्रकाशित हुई, तब गैलियम (Gallium) तथा जर्मेनियम (Germanium) तत्वों की खोज नहीं हुई थी। उन्होंने एलुमिनियम और सिलिकॉन के नीचे एक-एक स्थान छोड़ा और इन तत्वों का नाम क्रमशः एका-एलुमिनियम (Eka-Aluminium) तथा एका-सिलिकॉन (Eka-Silicon) रखा। मेंडलीव ने न केवल गैलियम और जर्मेनियम तत्वों के होने की प्रतिपुष्टि की बल्कि इन तत्त्वों के कुछ भौतिक गुणधर्मों का ब्यौरा भी दिया।

आधुनिक आवर्त सारणी

मोजले (Mosely) ने 1911 में तत्त्वों के वर्गीकरण में सुधार किया तथा आवर्त नियम इस प्रकार दिया–

"तत्त्वों के भौतिक तथा रासायनिक गुण उनके परमाणु क्रमांकों के आवर्ती फलन (Periodic Function) होते हैं।

इस नियम के अनुसार तत्त्वों का मूल लक्षण (Fundamental Property) उनका परमाणु क्रमांक (Atomic Number) है न कि परमाणु भार (Atomic Weight)।

रांग (Rang), वर्नर (Warner), बरी (Bury) एवं कई अन्य रसायनज्ञों ने इलेक्ट्रॉनिक विन्यासों को तत्त्वों के वर्गीकरण का आधार मानकर एक आवर्त सारणी निर्मित की, जिसे दीर्घाकार या प्रवर्धित सारणी (Long Form or Extended Form of Periodic Table) कहते हैं। आवर्त सारणी (Periodic Table) में 7 क्षैतिज आवर्त एवं 8 लम्बवत् समूह (Groups) हैं। आठवें समूह को शून्य समूह कहा जाता है। शेष I से VII तक नामांकित हैं, सारणी को देखने से ज्ञात होता है कि समान गुणों की इस बारम्बारता को आवर्तता कहते हैं।

कोष्ठक में लिखे तत्त्वों के सभी समस्थानिक रेडियोएक्टिव होते हैं तथा इनका मान सबसे अधिक अर्ध-आयु वाले समस्थानिक के परमाणु द्रव्यमान के बराबर होता है।

दीर्घाकार आवर्त-सारणी के मुख्य लक्षण

दीर्घाकार आवर्त सारणी के मुख्य लक्षण इस प्रकार हैं:

इस आवर्त सारणी (Periodic Table) में 7 क्षैतिज कॉलम और 18 खड़े कॉलम हैं।

सात क्षैतिज कॉलम 7 आवर्त (Periods) हैं, जिनमें तत्त्व परमाणु क्रमांक के बढ़ते हुए क्रम में रखे गए हैं।

प्रत्येक आवर्त की एक नई मुख्य क्वाण्टम संख्या के बाह्य कोश में इलेक्ट्रॉन भरना शुरू होता है और बाह्य कोश पूर्ण होने के साथ आवर्त समाप्त हो जाता है।

किसी आवर्त की क्रम संख्या उस आवर्त के तत्त्वों के बाह्य कोश की मुख्य क्वाण्टम संख्या होती है। विभिन्न आवर्तों में तत्त्वों की संख्या इस प्रकार है–

आवर्त		तत्त्वों की संख्या	तत्त्व	बाह्य कोश की मुख्य क्वाण्टम संख्या
अतिलघु	1	2	H(1) से He (2)	1
लघु	1	8	Li (3) से Ne (10)	2
लघु	3	8	Na (11) से Ar (18)	3
दीर्घ	4	18	K (19) से Kr (36)	4
दीर्घ	5	18	Rb (37) से Xe (54)	5
अतिदीर्घ	6	32	Cs (55) से Rn (86)	6
अतिदीर्घ	7,19	अपूर्ण	Fr (87) से Ha (105)	7

आवर्त-6 के 14 तत्त्व, Ce (58) से Lu (71) तथा आवर्त-7 के 14 तत्त्व, Th (90) से Lr (103) तक सारणी के बाहर नीचे की ओर दो श्रेणियों में रखे गए हैं, जिन्हें क्रमशः लैन्थेनाइड श्रेणी (4f) और ऐक्टिनाइड श्रेणी (5f) के तत्त्व कहते हैं। प्रत्येक आवर्त का प्रथम क्षार धातु (ns^1) और अंतिम तत्त्व अक्रिय गैस (ns^2, np^6) है। प्रथम आवर्त में H($1s^1$) और He ($1s^1$) है। आवर्त 7 अभी अपूर्ण है। सारणी के खड़े कॉलम तत्त्वों के उपवर्ग या सब गुप (Sub-group) हैं। सारणी में उपवर्गों के क्रम इस प्रकार हैं–IA, IIA, IIIA, IVA, VA, VIIA, VIII, IB, IIB, IIIB, IVB, VB, VIB, VIIB और अंत में O वर्ग VIII के तत्व तीन खड़े कॉलमों में रखे हुए हैं।

किसी उपवर्ग (Sub-Group) के सभी तत्त्वों के बाह्यकोश का इलेक्ट्रॉनिक विन्यास एक समान होता है और उनके गुणों में समानता होती है। उपवर्ग में नीचे की ओर आने पर कोशों की संख्या क्रम से बढ़ती जाती है, जिसके फलस्वरूप तत्त्वों के गुण में क्रमिक परिवर्तन होते हैं।

आवर्त सारणी में इलेक्ट्रॉनिक विन्यासों के अनुसार तत्त्वों के चार खण्ड (Blocks) हैं–

(*i*) ***s*-ब्लॉक तत्त्व (*s*-Block Elements)**– जिन तत्त्वों में विभेदी इलेक्ट्रॉन (Differentiating Electron) अर्थात् अंतिम इलेक्ट्रॉन बाह्य कोश के *s*-आर्बिटल में प्रवेश करता है, उन्हें *s*-ब्लॉक तत्त्व कहते हैं। उपवर्ग IA (H, Li, Na आदि) और IIA (Be, Mg, Ca आदि) के तत्त्व s-ब्लॉक तत्त्व हैं।

(*ii*) *p*– ब्लॉक तत्त्व–जिन तत्वों में विभेदी इलेक्ट्रॉन बाह्य कोश (*n*) के *p* आर्बिटल में प्रवेश करता है, उन्हें *p*– ब्लॉक तत्त्व कहते हैं। उपवर्ग III (B, Al आदि), IVB (C, Si आदि), VB (B, P आदि), VIB (O,S आदि), VII B(F, Cl, Br आदि) और वर्ग O के तत्व *p*– ब्लॉक तत्त्व हैं।

(*iii*) *d*– ब्लॉक तत्त्व–जिन तत्वों में विभेदी इलेक्ट्रॉन बाह्य कोश (*n*) से पिछले कोश के *d*–आर्बिटलों में प्रवेश करता है, उन्हें *d*– ब्लॉक तत्त्व कहते हैं। वर्ग IIIA, IVA,.VA, VIA, VIIA, VIIIA और IB व IIB के तत्त्व *d*– ब्लॉक तत्त्व हैं।

(*iv*) *f*– ब्लॉक तत्त्व–लैन्थेनाइड श्रेणी के तत्वों में 4*f* आर्बिटलों में तथा ऐक्टिनाइट श्रेणी के तत्त्वों में 5*f* आर्बिटलों में इलेक्ट्रॉन भरते हैं।

Periodic Table of the Elements

H 1																	He 2
Li 3	Be 4											B 5	C 6	N 7	O 8	F 9	Ne 10
Na 11	Mg 12											Al 13	Si 14	P 15	S 16	Cl 17	Ar 18
K 19	Ca 20	Sc 21	Ti 22	V 23	Cr 24	Mn 25	Fe 26	Co 27	Ni 28	Cu 29	Zn 30	Ga 31	Ge 32	As 33	Se 34	Br 35	Kr 36
Rb 37	Sr 38	Y 39	Zr 40	Nb 41	Mo 42	Tc 43	Ru 44	Rh 45	Pd 46	Ag 47	Cd 48	In 49	Sn 50	Sb 51	Te 52	I 53	Xe 54
Cs 55	Ba 56	La 57	Hf 72	Ta 73	W 74	Re 75	Os 76	Ir 77	Pt 78	Au 79	Hg 80	Tl 81	Pb 82	Bi 83	Po 84	At 85	Rn 86
Fr 87	Ra 88	Ac 89	Unq 104	Unp 105	Unh 106	Uns 107	Uno 108	Une 109	Unn 110								

Ce 58	Pr 59	Nd 60	Pm 61	Sm 62	Eu 63	Gd 64	Tb 65	Dy 66	Ho 67	Er 68	Tm 69	Yb 70	Lu 71
Th 90	Pa 91	U 92	Np 93	Pu 94	Am 95	Cm 96	Bk 97	Cf 98	Es 99	Fm 100	Md 101	No 102	Lr 103

आवर्ती गुण

समूह (Group)– आवर्त सारणी में ऊपर से नीचे जाने पर समूह हैं अर्थात् खड़ी तालिकाएँ। ये समूह को प्रदर्शित करती हैं। एक समूह के सभी तत्त्वों के गुण मिलते-जुलते हैं। उदाहरणतः प्रथम समूह के सभी तत्त्व धातुएँ हैं, जैसे – Na, Rb, Cs, K इत्यादि। अतः प्रथम समूह क्षार धातुओं का समूह कहलाता है, क्योंकि हाइड्रॉक्साइड प्रबल क्षार बनाते हैं तथा द्वितीय समूह क्षारीय अर्ध धातुओं का समूह कहलाता है। ऑक्सीजन का प्रत्येक परमाणु क्षार धातुओं के दो परमाणुओं के साथ मिलकर ऑक्साइड बनाता है, जैसे–

$$4Na + O_2 \longrightarrow 2Na_2O$$

समूह 2 के सभी तत्त्व 1:1 के अनुपात में ऑक्सीजन के साथ संयोग करते हैं अर्थात् इस समूह के सभी तत्त्वों की संयोजकता 2 होती है, जैसे–

$$2Ba + O_2 \longrightarrow 2BaO$$

तीसरा समूह बोरॉन समूह कहलाता है, क्योंकि बोरॉन इस समूह का प्रतिनिधित्व करता है। ये सभी तत्त्व ऑक्सीजन के साथ 1½:1 के अनुपात में संयोग करते हैं, जैसे–

$$2Al + 3O_2 \longrightarrow 2Al_2O_3$$

समूह 4 कार्बन समूह कहलाता है, इस समूह के सभी तत्त्वों की संयोजकता 4 होती है। यह ऑक्सीजन के साथ 1 : 2 में संयोग करते हैं जैसे–

$$C + O_2 \longrightarrow CO_2$$

परमाणु संख्या (21–30), (39–48), (71–80) तथा 103 से आगे सभी तत्व संक्रमण तत्वों की श्रेणी में आते हैं। संक्रमण तत्व भी ऑक्सीजन के साथ क्रिया करते हैं, परन्तु इनमें कोई निश्चित क्रम नहीं पाया जाता है। इकत्तीसवां तत्त्व गैलियम (Gallium) है, जिसे आवर्त सारणी का सबसे महत्त्वपूर्ण तत्त्व माना जाता है, क्योंकि इस तत्त्व की खोज सर्वप्रथम मेण्डलीव ने की, इन्होंने गैलियम को एल्युमिनियम के बाद जगह दी तथा इसे एका-एल्युमिनियम (Eka–Aluminium) कहा, जिसके गुण बाद में गैलियम से मिलते-जुलते पाए गए।

आवर्त (Periods)– तत्त्वों की क्षैतिज पंक्ति को आवर्त कहते हैं। इनकी संख्या 6 होती है। आवर्त में जैसे-जैसे बाएं से दायीं तरफ बढ़ते हैं तत्त्वों की संयोजकता बढ़ती जाती है। पहले तीन आवर्तों को लघु आवर्त (Short Periods) कहते हैं, क्योंकि इनमें तत्त्वों की संख्या 2 अथवा 8 से कम है। अगले चार आवर्तों को दीर्घ आवर्त कहते हैं, क्योंकि इनमें तत्त्वों की संख्या अधिक (18 या उससे अधिक) है। सारणी में 28 तत्त्वों की दो सारणियाँ हैं, इन सारणियों को लैन्थेनाइड (57 – 70) तथा एक्टिनाइट (89 – 102) कहते हैं। ये सभी मानव निर्मित तत्त्व हैं। इनमें से कोई भी तत्त्व जिसका परमाणु भार 83 है, इनका कोई भी समस्थानिक स्थायी नहीं होता है। अतः Bi से भारी सभी तत्त्व रेडियोएक्टिव होते हैं।

हाइड्रोजन की स्थिति सारणी में आपत्तिजनक है, क्योंकि इसके गुण प्रथम तथा सातवें, दोनों समूहों से मिलते-जुलते हैं।

वस्तुनिष्ठ प्रश्न

1. हाइड्रोजन एक इलेक्ट्रॉन पृथक् करके H^+ बनाता है। इस गुण में यह इससे समानता प्रकट करता है–
A. क्षार धातु B. हैलोजन
C. क्षारीय मृदा धातु D. संक्रमण धातु

2. निम्न में से कौन-सा आयन जल में सर्वाधिक विलेय हाइड्रोक्साइड बनायेगा?
A. K^+ B. Ni^{2+}
C. Zn^{2+} D. Al^{3+}

3. निम्न में से कौन से समूह के तत्वों के परमाणु सरलता से इलेक्ट्रॉन पृथक करते हैं?
A. Li, Na, K B. Cl, Br, I
C. O, S, Se D. N, P, As

4. एक आवर्त में अधिकतम आयनन विभव प्रकट करते हैं–
A. क्षार धातु B. अक्रिय गैसें
C. प्रतिनिधि तत्व D. हैलोजन

5. किसकी परमाणवीय त्रिज्या अधिकतम है?
A. Al B. Si
C. P D. Mg

6. आवर्त सारणी के दीर्घ रूप में होते हैं–
A. आठ क्षैतिज पंक्तियाँ तथा सात ऊर्ध्वाधर कॉलम (columns)
B. सात क्षैतिज पंक्तियाँ तथा अट्ठारह ऊर्ध्वाधर कॉलम
C. सात क्षैतिज पंक्तियाँ तथा सात ऊर्ध्वाधर कॉलम
D. आठ क्षैतिज पंक्तियाँ तथा आठ ऊर्ध्वाधर कॉलम

7. 17 परमाणु क्रमांक वाला तत्व आवर्त सारणी के किस समूह में रखा जाएगा?
A. प्रथम समूह में B. पाँचवें समूह में
C. आठवें समूह में D. सातवें समूह में

8. यदि किसी तत्व की परमाणु संख्या 33 है तो वह आवर्त-सारणी में रखा जायेगा–
A. पहले समूह में B. तीसरे समूह में
C. पाँचवे समूह में D. सातवें समूह में

9. निम्नांकित में से किसमें, गैसीय अवस्था से एक धन आवेशित गैसीय आयन बनाने में सर्वाधिक ऊर्जा लगेगी?
A. लीथियम परमाणुओं का 1 मोल
B. सोडियम परमाणुओं का 1 मोल
C. पोटेशियम परमाणुओं का 1 मोल
D. रूबीडियम परमाणुओं का 1 मोल

10. आवर्त सारणी के IIA समूह की धातुओं Be, Mg, Ca, Sr का सबसे कम आयनी गुण का क्लोराइड निम्न धातु से बनेगा–
A. Sr B. Ca
C. Mg D. Be

11. कौन से तत्व विकर्ण सम्बन्ध प्रकट करते हैं?
A. Li तथा Na B. K तथा Na
C. B तथा Si D. Be तथा Mg

12. Mg^{++} की हाइड्रेशन ऊर्जा इससे अधिक है?
A. Al^{3+} B. Na^+
C. Be^{++} D. Mg^{3+}

13. थैलियम भिन्न ऑक्सीकरण अवस्था प्रदर्शित करता है क्योंकि–
A. यह एक संक्रमण धातु है
B. इसमें निष्क्रिय युग्म प्रभाव है
C. इसका उभयधर्मी लक्षण
D. इसकी अधिक क्रियाशीलता

14. तत्व जिनकी सामान्यतः गुणक (multiple) ऑक्सीकरण अवस्थायें होती हैं तथा जिनके आयन अधिकतर रंगीन होते हैं–
A. उपधातुएँ B. संक्रमण तत्व
C. अधातुएँ D. गैसें

15. आवर्त सारणी के ऊर्ध्वाधर समूह के तत्वों में साधारणतया–
A. परमाणु क्रमांक समान होता है
B. इलेक्ट्रॉनिक विन्यास समान होता है

C. समस्थानिकों की संख्या समान होती है

D. उनके परमाणुओं के बाह्य कोश में इलेक्ट्रॉनों की संख्या समान होती है

16. हैलोजन समूह में परमाणु क्रमांक की वृद्धि के अनुसार कौन-सी प्रवृत्ति काम करती है?

A. आयनिक त्रिज्या घटती है

B. इलेक्ट्रॉनों को खो देने की प्रवृत्ति घटती है

C. आयनन विभव घटता है

D. MX_2 में (जिनमें M = धातु तथा X हैलोजेन) सहसंयोजकता का गुण घटता है

17. 106 परमाणु क्रमांक का तत्व निम्न में रखा गया है–

A. VI समूह B. VI आवर्त

C. V समूह D. III समूह

18. तत्व जिनकी बाह्यतम तीन कक्षायें अपूर्ण होती हैं, कहलाते हैं–

A. *s*–ब्लॉक के तत्व B. *d*–ब्लॉक के तत्व

C. *p*–ब्लॉक के तत्व D. *f*–ब्लॉक के तत्व

19. कौन-सा तत्त्व युग्म रासायनिक गुणों में समान है?

A. Zr, Hf B. Sn, Zr

C. Cu, S D. Na, Al

20. संक्रमण तत्व किस ब्लॉक के तत्व होते हैं?

A. *d*–ब्लॉक B. *f*–ब्लॉक

C. *s*–ब्लॉक D. *p*–ब्लॉक

21. आयनन विभव किसके लिए न्यूनतम है?

A. हैलोजन B. अक्रिय गैसें

C. क्षारीय मृदा धातुएँ D. क्षारीय धातुएँ

22. आवर्त सारणी में किसी पंक्ति के साथ चलने पर आयनन ऊर्जा–

A. नियत रहती है

B. बायीं से दायीं ओर बढ़ती है

C. पहले बढ़ती है, फिर घटती है

D. बायीं से दायीं ओर घटती है

23. किसी गैसीय परमाणु की सामान्य अवस्था से इलेक्ट्रॉन को हटाने में आवश्यक ऊर्जा कहलाती है–

A. विभव ऊर्जा B. आयनन ऊर्जा

C. इलेक्ट्रोड विभव D. सक्रियण ऊर्जा

24. किस समूह के तत्वों की ऋणायन बनाने की प्रबल प्रवृत्ति है?

A. Na, K, Mg, Ca B. Ba, Sr, O, P

C. O, N, F, Cl D. Cu, Cr, Ti, V

25. किसी आवर्त में बढ़ता हुआ परमाणु क्रमांक संकेत करता है–

A. बढ़ती हुई रासायनिक संक्रियता

B. विद्युत धनात्मक गुण का घटना

C. बढ़ती हुई धनात्मकता

D. उपरोक्त में से कोई नहीं

26. आवर्त सारणी में फ्लोरीन समूह में नीचे जाने पर–

A. क्रियाशीलता बढ़ेगी

B. विद्युतऋणात्मकता बढ़ेगी

C. आयनिक त्रिज्या बढ़ेगी

D. आयनन विभव बढ़ेगा

27. क्षार धातुओं के परमाणु क्रमांक की वृद्धि के साथ निम्नलिखित में से किसमें वृद्धि होती है?

A. विद्युतऋणात्मकता B. प्रथम आयनन विभव

C. आयनिक त्रिज्या D. गलनांक

28. आवर्त सारणी के किसी समूह में परमाणु क्रमांक वृद्धि के साथ–

A. धन विद्युतीय लक्षण बढता है

B. आयनन विभव बढ़ता है

C. विद्युत ऋणीयता बढ़ती है

D. अधात्विक लक्षण बढ़ता है

29. किस तत्व की इलेक्ट्रॉन बन्धुता सबसे अधिक है?

A. S B. Al

C. Mg D. Na

30. H^- का इलेक्ट्रॉनिक विन्यास है–

A. $1s^0$ B. $1s^1$

C. $1s^2$ D. $1s^2 2s^1$

उत्तरमाला

1	2	3	4	5	6	7	8	9	10
A	A	A	B	D	B	D	C	A	D
11	**12**	**13**	**14**	**15**	**16**	**17**	**18**	**19**	**20**
C	B	B	B	D	C	A	D	A	A
21	**22**	**23**	**24**	**25**	**26**	**27**	**28**	**29**	**30**
D	B	B	C	B	C	C	A	A	C

अध्याय

5 अम्ल, क्षार और लवण

अम्ल, क्षारक एवं लवण प्रकृति में व्यापक रूप से पाए जाते हैं। जठर रस, जिसमें हाइड्रोक्लोरिक अम्ल पाया जाता है, हमारे अमाशय द्वारा प्रचुर मात्रा (1.2 /0 1.5 L/दिन) में स्रावित होता है। यह पाचन प्रक्रिया के लिए अति आवश्यक है। सिरके का मुख्य अवयव एसीटिक अम्ल है। नींबू एवं संतरे के रस में साइट्रिक अम्ल एवं एस्कॉर्बिक अम्ल तथा इमली में टार्टरिक अम्ल पाया जाता है। अधिकांश अम्ल स्वाद में खट्टे होते हैं, लैटिन शब्द Acidus से बना 'एसिड' शब्द इनके लिए प्रयुक्त होता है, जिसका अर्थ है–खट्टा। अम्ल नीले लिटमस को लाल कर देते हैं तथा कुछ धातुओं से अभिक्रिया करके डाइहाइड्रोजन उत्पन्न करते हैं। इसी प्रकार क्षारक लाल लिटमस को नीला कर देते हैं तथा स्वाद में कड़वे और स्पर्श में साबुनी होते हैं। क्षारक का एक सामान्य उदाहरण कपड़े धोने का सोड़ा है, जो धुलाई के लिए प्रयुक्त होता है। जब अम्ल एवं क्षारक को सही अनुपात में मिलाते हैं, तो वे आपस में अभिक्रिया करके लवण देते हैं। लवणों के कुछ सामान्य उदाहरण सोडियम क्लोराइड, बेरियम सल्फेट, सोडियम नाइट्रेट आदि हैं। सोडियम क्लोराइड (साधारण नमक) हमारे भोजन का एक मुख्य घटक है, जो हाइड्रोक्लोरिक अम्ल एवं सोडियम हाइड्रॉक्साइड की क्रिया से प्राप्त होता है। यह ठोस अवस्था में पाया जाता है, जिसमें धनावेशित सोडियम तथा ऋणावेशित क्लोराइड आयन आपस में विपरीत आवेशित स्पीशीज के मध्य स्थिर वैद्युत आकर्षण के कारण गुच्छे बना लेते हैं।

अम्ल तथा क्षारक की आरेनियस धारणा

आरेनियस के सिद्धांतानुसार अम्ल वे पदार्थ हैं, जो जल में अपघटित होकर हाइड्रोजन आयन $H^+_{(aq)}$ देते हैं तथा क्षारक वे पदार्थ हैं, जो हाइड्रॉक्सिल आयन $H^-_{(aq)}$ देते हैं। इस प्रकार जल में एक अम्ल HX का आयनन निम्नलिखित समीकरणों में से किसी एक के द्वारा प्रदर्शित किया जा सकता है :

$$HX\,(aq) \rightarrow H^+\,(aq) + X^-\,(aq)$$

या $$HX\,(aq) + H_2O(L) \rightarrow H_3O^+\,(aq) + X^-(aq)$$

एक मुक्त प्रोट्रॉन, H^+ अत्यधिक क्रियाशील होता है। स्वतंत्र रूप से जलीय विलयन में इसका अस्तित्व नहीं है। यह विलायक जल अणु के ऑक्सीजन से बंधित होकर त्रिकोणीय पिरामिडी हाइड्रोनियम आयन, H_3O^+ देता है। हम H^+ (aq) तथा H_3O^+ (aq) दोनों को ही जलयोजित हाइड्रोजन आयन, जो जल अणुओं से घिरा हुआ एक प्रोटॉन है, के रूप में प्रयोग में लाते हैं।

इसी प्रकार MOH सदृश्य किसी क्षारक का अणु जलीय विलयन में निम्नलिखित समीकरण के अनुसार आयनित होता है–

$$MOH\,(aq) \rightarrow M+\,(aq) + OH-\,(aq)$$

हाइड्रोक्सिल आयन भी जलीय विलयन में जलयोजित रूप से रहता है। परंतु आरेनियस की अम्ल-क्षारक धारणा की अनेक सीमाएँ हैं। यह केवल पदार्थों के जलीय विलयन पर ही लागू होती हैं।

ब्रन्स्टेड लोरी अम्ल एवं क्षारक

ब्रान्स्टेड-लोरी सिद्धांत के अनुसार वे पदार्थ, जो विलयन में प्रोटॉन H^+ देने में सक्षम हैं, अम्ल हैं तथा वे पदार्थ, जो विलयन से प्रोटॉन H+ ग्रहण करने में सक्षम हैं, क्षारक हैं। संक्षेप में अम्ल प्रोटॉन दाता तथा क्षारक प्रोटॉन ग्राही हैं।

यहाँ हम NH_3 के H_2O में विलयन के उदाहरण पर विचार करें, जिसे निम्नलिखित समीकरण में दर्शाया गया है, जैसे,

प्रोटॉन लेता है

$$NH_3(aq) + H_2O(I) \rightleftharpoons NH_4^+(aq) + OH^-(aq)$$

क्षारक अम्ल संयुग्मित अम्ल संयुग्मित क्षारक

प्रोटॉन मुक्त करता है।

हाइड्रॉक्सिल आयनों की उपस्थिति के कारण क्षारीय विलयन बनता है। उपरोक्त अभिक्रिया में जल प्रोटॉन दाता है तथा अमोनिया प्रोटॉन ग्राही है। इसलिए इन्हें क्रमशः ब्रन्स्टेड अम्ल तथा क्षारक कहते हैं। उत्क्रम अभिक्रिया में प्रोटॉन NH_4^+ से OH^- की ओर स्थानांतरित होता है। यहाँ NH_4^+ ब्रन्स्टेड अम्ल एवं OH^- ब्रन्स्टेड क्षारक का कार्य करते हैं। H_2O एवं OH^- अथवा NH_4^+

एवं NH_3 सदृश अम्ल और क्षार के युग्म, जो क्रमशः एक प्रोटॉन की उपस्थिति या अनुपस्थिति के कारण दूसरे से भिन्न हैं, *संयुग्मी अम्ल-क्षारक युग्म* कहलाते हैं। इस प्रकार H_2O का संयुग्मी क्षारक OH^- है तथा क्षारक NH_3 का संयुग्मी अम्ल NH_4^+ है। यदि ब्रन्स्टेड अम्ल प्रबल है तो इसका संयुग्मी क्षारक दुर्बल होगा तथा यदि ब्रन्स्टेड अम्ल दुर्बल है, तो इसका संयुग्मी क्षारक प्रबल होगा। संयुग्मी अम्ल में एक अतिरिक्त प्रोटॉन होता है तथा प्रत्येक संयुग्मी क्षार में एक प्रोट्रॉन कम होता है।

निम्नलिखित अभिक्रिया में HCl (aq), H_2O अणु को प्रोटॉन देकर अम्ल की भाँति एवं H_2O क्षारक की भाँति व्यवहार करता है।

प्रोटॉन लेता है

$$\underset{\text{अम्ल}}{HCl(aq)} + \underset{\text{क्षारक}}{H_2O\,(I)} \rightleftharpoons \underset{\text{संयुग्मित अम्ल}}{H_3O^+(aq)} + \underset{\text{संयुग्मित क्षारक}}{Cl^-(aq)}$$

प्रोटॉन मुक्त करता है

जल भी एक क्षारक की भाँति व्यवहार करता है, क्योंकि यह प्रोटॉन ग्रहण करता है। जब जल HCl से प्रोटॉन ग्रहण करता है, तो H_3O^+ स्पीशीज का निर्माण होता है। अतः Cl^- आयन HCl अम्ल का संयुग्मी क्षारक है एवं HCl, Cl^- क्षारक का संयुग्मी अम्ल है। इसी प्रकार, H_2O भी H_3O^+ अम्ल का संयुग्मी क्षारक एवं H_3O^+, H_2O क्षारक का संयुग्मी अम्ल है।

जल एक अम्ल तथा एक क्षारक की तरह दोहरी भूमिका दर्शाता है। HCl के साथ अभिक्रिया में जल क्षार की तरह व्यवहार करता है, जबकि अमोनिया के साथ प्रोटॉन त्यागकर एक अम्ल की भाँति व्यवहार करता है।

लूइस अम्ल एवं क्षारक

जी.एन. लूइस ने सन् 1923 में अम्ल को 'इलेक्ट्रॉनयुग्मग्राही' तथा क्षारक को 'इलेक्ट्रॉन युग्मदाता' के रूप में पारिभाषित किया। जहाँ तक क्षारकों का प्रश्न है, ब्रन्स्टेड-लोरी क्षारक तथा लूइस क्षारक में कोई विशेष अंतर नहीं है, क्योंकि दोनों ही सिद्धांतों में क्षारक एकाकी इलेक्ट्रॉन युग्म देता है, परंतु लूइस अम्ल सिद्धांत के अनुसार, बहुत से ऐसे पदार्थ भी अम्ल हैं, जिनमें प्रोटॉन नहीं है। कम इलेक्ट्रॉन वाले BF_3 की NH_3 से अभिक्रिया इसका एक विशिष्ट उदाहरण है। इस प्रकार प्रोटॉनरहित एवं इलेक्ट्रॉन की कमी वाला BF_3 यौगिक NH_3 के साथ क्रिया कर उसका एकाकी इलेक्ट्रॉन युग्म लेकर अम्ल का कार्य करता है। इस अभिक्रिया को निम्नलिखित समीकरण द्वारा प्रदर्शित किया जा सकता है–

$$BF_3 + :NH_3 \rightarrow BF_3:NH_3$$

इलेक्ट्रॉन क्षुद्र स्पीशीज, जैसे–$AlCl_3$, Co^{3+}, Mg^{2+} आदि लूइस अम्ल की भाँति व्यवहार करती हैं, जबकि H_2O, NH_3, OH^- स्पीशीज जो एक इलेक्ट्रॉन युग्म दान कर सकती है, लूइस क्षारक की तरह व्यवहार करती है।

अम्लों एवं क्षारकों का आयनन

अधिकतर रासायनिक एवं जैविक अभिक्रियाएं जलीय माध्यम में होती हैं। आरेनियस की परिभाषा के अनुसार अम्लों एवं क्षारकों के आयनन के आधार पर–परक्लोरिक अम्ल ($HClO_4$) हाइड्रो-क्लोरिक अम्ल (HCl), हाइड्रोब्रोमिक अम्ल (HBr) हाइड्रोआयोडिक अम्ल (HI), नाइट्रिक अम्ल (NHO_3) एवं सल्फ्यूरिक अम्ल (H_2SO_4) आदि अम्ल 'प्रबल' कहलाते हैं, क्योंकि यह जलीय माध्यम में संगत आयनों में लगभग पूर्णतः वियोजित होकर प्रोटोनदाता के समान कार्य करते हैं। इसी प्रकार लीथियम हाइड्रॉक्साइड (LiOH), सोडियम हाइड्रॉक्साइड (NaOH), पोटैशियम हाइड्रॉक्साइड (KOH), सीजियम हाइड्रॉक्साइड (CsOH) एवं बेरियम हाइड्रॉक्साइड $Ba(OH)_2$, जलीय माध्यम में संगत आयनों में लगभग पूर्णतः वियोजित होकर H_3O तथा OH^- आयन देते हैं। आरेनियस सिद्धांत के अनुसार ये प्रबल क्षारक हैं क्योंकि ये माध्यम में पूर्णतः वियोजित होकर क्रमशः OH^- आयन प्रदान करते हैं। विकल्पतः अम्ल या क्षार का सामर्थ्य अम्लों एवं क्षारकों के ब्रान्स्टेड लौरी सिद्धांत के अनुसार मापा जा सकता है। इसके अनुसार, 'प्रबल अम्ल' से तात्पर्य 'एक उत्तम प्रोटॉनदाता' एवं प्रबल क्षारक से तात्पर्य 'उत्तम प्रोटॉनग्राही' है।

pH स्केल

हाइड्रोनियम आयन की मोलरता में सांद्रता को एक लघुगुणकीय मापक्रम (Logarithmic Scale) में सरलता से प्रदर्शित किया जाता है, जिसे *pH स्केल* कहा जाता है।

हाइड्रोजन आयन की सक्रियता (a_H^+) के ऋणात्मक 10 आधारीय लघुगुणकीय मान को pH कहते हैं। कम सांद्रता (<0.01M) पर हाइड्रोजन आयन की सक्रियता, संख्यात्मक रूप से इसकी मोलरता, जो (H^+) द्वारा प्रदर्शित की जाती है, के तुल्य होती है। हाइड्रोजन आयन की सक्रियता की कोई इकाई नहीं होती है, इसे इस समीकरण द्वारा परिभाषित किया जा सकता है–

$$a_H^+ = [H^+] / \text{mol L}^{-1}$$

निम्नलिखित समीकरण pH एवं हाइड्रोजन आयन सांद्रता में संबंध दर्शाता है–

$$pH = -\log a_H^+ = -\log \{[H^+] / \text{mol L}^{-1}\}$$

इस प्रकार HCl के अम्लीय विलयन (10^{-2} M) के pH का मान = 2 होता है। इसी तरह NaOH के एक क्षारीय विलयन, जिसमें $[OH^-] = 10^{-4}$ तथा $[H_3O^+] = 10^{-10}$ M की pH = 10 होगी। शुद्ध तथा उदासीन जल में 298 K पर हाइड्रोजन आयन की सांद्रता 10^{-7} M होती है, इसलिए इसका $pH = -\log(10^{-7}) = 7$ होगा।

यदि कोई जलीय विलयन अम्लीय है, तो उसका pH 7 से कम एवं यदि वह क्षारीय है, तो उसका pH 7 से अधिक होगा।

इस प्रकार,

अम्लीय विलयन की $pH < 7$

क्षारीय विलयन की $pH > 7$

उदासीन विलयन की $pH = 7$

दुर्बल अम्लों के आयनन स्थिरांक

जलीय विलयन में आंशिक रूप से आयनित एक दुर्बल अम्ल HX के लिए निम्नलिखित समीकरणों में से किसी भी समीकरण द्वारा अवियोजित HX एवं आयनों $H^+(aq)$ तथा $X^-(aq)$ के मध्य स्थापित साम्यावस्था को प्रदर्शित किया जा सकता है।

$$HX(aq) + H_2O(l) \rightleftharpoons H_3O^+(aq) + X^{-1}(aq)$$

प्रारंभिक सांद्रता (M)

c O O

माना α आयनीकरण की मात्रा है।

सांद्रता में परिवर्तन (M)

$-c\alpha$ $+c\alpha$ $+c\alpha$

साम्य सांद्रता (M)

$c - c\alpha$ $c\alpha$ $c\alpha$

जहाँ c = अवियोजित अम्ल HX की प्रारंभिक सांद्रता तथा α = HX के आयनन की मात्रा है।

इन संकेतकों का उपयोग करके हम उपर्युक्त अम्ल वियोजन साम्य के लिए साम्यावस्था स्थिरांक व्युत्पन्न कर सकते हैं।

$$K_a = c^2\alpha^2 / c(1-\alpha) = c\alpha^2 / (1-\alpha)$$

K_a को अम्ल HX का वियोजन या आयनन स्थिरांक कहते हैं। इसे वैकल्पिक रूप से हम इस प्रकार मोलरता के रूप में प्रदर्शित कर सकते हैं–

$$K_a = [H^+][X^-] / [HX]$$

किसी निश्चित ताप पर K_a का मान अम्ल HX की प्रबलता का माप है, अर्थात् K_a का मान जितना अधिक होगा, अम्ल उतना ही अधिक प्रबल होगा। K_a विमारहित राशि है, जिसमें सभी स्पीशीज की सांद्रता की मानक अवस्था 1 M है।

हाइड्रोजन आयन सांद्रता के लिए *pH* मापक्रम इतना उपयोगी है कि इसे pK_w के अतिरिक्त अन्य स्पीशीज एवं राशियों के लिए भी प्रयुक्त किया गया है।

इस प्रकार, $pK_a = -\log(K_a)$

दुर्बल क्षारकों का आयनन

क्षारक MOH का आयनन निम्नलिखित समीकरण द्वारा प्रदर्शित किया जा सकता है–

$$MOH(aq) \rightleftharpoons M^+(aq) + OH^-(aq)$$

अम्ल आयनन साम्यावस्था की तरह दुर्बल क्षारक (MOH) आंशिक रूप से धनायन M^+ एवं ऋणायन OH^- में आयनित होता है। क्षारक आयनन के साम्यावस्था – स्थिरांक को क्षारक आयनन-स्थिरांक कहा जाता है। इसे हम K_b से प्रदर्शित करते हैं। सभी स्पीशीज की साम्यावस्था सांद्रता मोलरता में निम्नलिखित समीकरण द्वारा प्रदर्शित की जाती है–

$$K_b = [M^+][OH^-] / [MOH]$$

विकल्पतः यदि c = क्षारक की प्रारंभिक सांद्रता और α = क्षारक के आयनन की मात्रा

जब साम्यावस्था प्राप्त होती है, तब साम्य स्थिरांक निम्नलिखित रूप से लिखा जा सकता है–

298 K पर कुछ दुर्बल क्षारकों के आयनन-स्थिरांक के मान

क्षारक	K_b
डाइमेथिलऐमिन $(CH_3)_2NH$	5.4×10^{-4}
ट्राइएथिलऐमिन $(C_2H_5)_3N$	6.45×10^{-5}
अमोनिया NH_3 or NH_4OH	1.77×10^{-5}
क्विनीन (एक वानस्पतिक उत्पाद)	1.10×10^{-6}
पिरीडीन C_5H_5N	1.77×10^{-9}
ऐनिलीन $C_6H_5NH_2$	4.27×10^{-10}
यूरिया $CO(NH_2)_2$	1.3×10^{-14}

कई कार्बनिक यौगिक ऐमीन्स की तरह दुर्बल क्षारक हैं। ऐमीन्स अमोनिया के व्युत्पन्न हैं, जिनमें एक या अधिक हाइड्रोजन परमाणु अन्य समूहों द्वारा प्रतिस्थापित होते हैं। जैसे–मेथिलऐमीन, कोडीन, क्विनीन तथा निकोटिन। ये सभी बहुत दुर्बल क्षारक हैं। इसलिए इनके K_b के मान बहुत छोटे होते हैं। अमोनिया जल में निम्नलिखित अभिक्रिया के फलस्वरूप OH^- आयन उत्पन्न करती है–

$$NH_3(aq) + H_2O(l) \rightleftharpoons NH_4^+(aq) + OH^-(aq)$$

हाइड्रोजन आयन सांद्रता हेतु pH स्केल इतना उपयोगी है कि इसे अन्य स्पीशीज एवं राशियों के लिए भी प्रयुक्त किया गया है। इस प्रकार

$$pK_b = -\log(K_b)$$

लवणों का जल-अपघटन एवं इनके विलयन का pH

अम्लों तथा क्षारकों के निश्चित अनुपात में अभिक्रिया द्वारा बनाए गए लवणों का जल में आयनन होता है। आयनन द्वारा बने धनायन, ऋणायन जलीय विलय में जलयोजित होते हैं या जल से अभिक्रिया करके अपनी प्रकृति के अनुसार अम्ल या क्षार का पुनरुत्पादन करते हैं। जल तथा धनायन अथवा ऋणायन या दोनों से होने वाली अन्योन्य प्रक्रिया को 'जल-अपघटन' कहते हैं। इस अन्योन्य क्रिया से pH प्रभावित होती है। प्रबल क्षारकों द्वारा दिए गए धनायन (उदाहरणार्थ– Na^+, K^+, Ca^{2+}, आदि) तथा प्रबल अम्लों द्वारा दिए गए ऋणायन (उदाहरणार्थ–Cl^-, Br^-, NO_3^-, ClO_4^- आदि) केवल जल-योजित होते हैं, जल-अपघटित नहीं होते हैं; इसलिए प्रबल अम्लों तथा प्रबल क्षारों से बने लवणों के घोल उदासीन होते हैं। यानी उनका pH 7 होती है। यद्यपि अन्य प्रकार के लवणों का जल अपघटन होता है।

अब हम निम्नलिखित लवणों के जल-अपघटन पर विचार करते हैं :

(*a*) दुर्बल अम्लों एवं प्रबल क्षारकों के लवण, उदाहरणार्थ– CH_3COONa

(*b*) प्रबल अम्लों एवं दुर्बल क्षारकों के लवण, उदाहरणार्थ– NH_4Cl, तथा

(*c*) दुर्बल अम्लों एवं दुर्बल क्षारकों के लवण, उदाहरणार्थ– CH_3COONH_4

प्रथम उदाहरण में CH_3COONa, दुर्बल अम्ल CH_3COOH तथा प्रबल क्षार NaOH का लवण है, जो जलीय विलयन में पूर्णतया आयनित हो जाता है।

$$CH_3COONa(aq) \rightarrow CH_3COO^-(aq) + Na^+(aq)$$

इस प्रकार बने ऐसीटेट आयन जल के साथ जल अपघटित होकर ऐसीटिक अम्ल तथा OH^- आयनों का निर्माण करते हैं–

$$CH_3COO^-(aq) + H_2O(l) \rightleftharpoons CH_3COOH(aq) + OH^-(aq)$$

ऐसीटिक अम्ल एक दुर्बल अम्ल है ($K_a = 1.8 \times 10^{-5}$), जो विलयन में अनायनित ही रहता है। इसके कारण विलयन में OH^- आयनों की सांद्रता में वृद्धि हो जाती है, जो विलयन को क्षारीय बनाती है। इस प्रकार बने विलयन की pH 7 से ज्यादा होती है।

इसी प्रकार दुर्बल क्षारक NH_4OH तथा प्रबल अम्ल HCl से बना NH_4Cl जल में पूर्णतया आयनित हो जाता है।

$$NH_4Cl(aq) \rightarrow NH_4^+(aq) + Cl^-(aq)$$

अमोनियम आयनों का जल अपघटन होने से NH_4OH और H^+ आयन बनते हैं।

$$NH_4^+(aq) + H_2O(l) \rightleftharpoons NH_4OH(aq) + H^+(aq)$$

अमोनियम हाइड्रॉक्साइड ($K_b = 1.77 \times 10^{-5}$) एक दुर्बल क्षारक है। यह विलयन में अनायनित रहता है। इसके परिणामस्वरूप विलयन में H^+ आयन की सांद्रता बढ़ जाती है और विलयन को अम्लीय बना देती है। अतः NH_4Cl के जल में विलयन का pH 7 से कम होगा।

दुर्बल अम्ल तथा दुर्बल क्षारक द्वारा बनाए गए लवण CH_3COONH_4 के जल-अपघटन द्वारा दिए गए आयनों का अपघटन इस प्रकार होता है–

$$CH_3COO^- + NH_4^+ + H_2O \rightleftharpoons CH_3COOH + NH_4OH$$

CH_3COOH तथा NH_4OH आंशिक रूप से इस प्रकार आयनीकृत रहते हैं–

$$CH_3COOH \rightleftharpoons CH_3COO^- + H^+$$

$$NH_4OH \rightleftharpoons NH_4^+ + OH^-$$

$$H_2O \rightleftharpoons H^+ + OH^-$$

अतः यह कहा जा सकता है कि जल-अपघटन की मात्रा विलयन की सांद्रता से स्वतंत्र होती है। अतः विलयन का pH है–

$$pH = 7 + \frac{1}{2}(pK_a - pK_b)$$

विलयन का pH 7 से ज्यादा होगा, यदि अंतर धनात्मक हो तथा pH 7 से कम होगा, यदि अंतर ऋणात्मक हो।

वस्तुनिष्ठ प्रश्न

1. सभी लवण होते हैं–
A. वैद्युत् अनपघट्य B. वैद्युत् अपघट्य
C. स्थायी अपघट्य D. उदासीन

2. जल में सामान्य लवण (Common Salt) के घोल में होते हैं–
A. सोडियम एवं क्लोरीन के प्राकृतिक अणु
B. सोडियम के ऋणात्मक आयन एवं क्लोरीन के धनात्मक आयन
C. सोडियम के धनात्मक आयन एवं क्लोरीन के ऋणात्मक आयन
D. सोडियम क्लोराइड के अणु

3. मोहर लवण है–
A. सरल लवण B. संकर लवण
C. द्विक लवण D. जटिल लवण

4. निम्नलिखित में से कौन सामान्य लवण नहीं है?
A. Na_2SO_4 B. $NaHSO_4$
C. Na_3PO_4 D. $CaSO_4$

5. अम्ल एवं क्षार के परीक्षण के लिए किसका उपयोग किया जाता है?
A. लिटमस पत्र B. कोबाल्ट पत्र
C. अमोनिया पत्र D. इनमें से कोई नहीं

6. लाल लिटमस पत्र को नीला कर देता है–
A. अम्ल B. क्षार
C. लवण D. इनमें से कोई नहीं

7. निम्नलिखित में से कौन-सा कथन सही है?
A. क्षार में साबुन जैसी चिकनाहट होती है।
B. क्षार लाल लिटमस को नीला कर देता है।
C. सभी क्षार भस्म होते हैं किन्तु सभी भस्म क्षार नहीं होते।
D. उपर्युक्त सभी

8. भस्मों का स्वाद होता है–
A. खारा B. खट्टा
C. मीठा D. स्वादहीन

9. 'हाइड्रोजन सभी अम्लों का एक आवश्यक अवयव है' यह सर्वप्रथम किसने कहा?
A. आरेनियस B. ब्रॉन्सटेड
C. डेवी D. लॉरी

10. जटिल लवण का उदाहरण है–
A. $K_4[Fe(CN)_6]$ B. $K_2[HgI_4]$
C. $[Ag(NH_3)_2]Cl$ D. इनमें से सभी

11. जो लवण अम्लीय हाइड्रोजन परमाणु या हाइड्रॉक्सिल आयन से मुक्त रहते हैं, कहलाते हैं–
A. सामान्य लवण B. अम्ल लवण
C. भास्मिक लवण D. मिश्रित लवण

12. क्षार वह पदार्थ है जो–
A. प्रोटॉन देता है।
B. प्रोटॉन ग्रहण करता है।
C. इलेक्ट्रॉन देता है।
D. इलेक्ट्रॉन युग्म ग्रहण करता है।

13. उदासीनीकरण क्रिया में बनता है–
A. अम्ल B. क्षार
C. लवण D. लवण तथा जल

14. नीले लिटमस पत्र को लाल कर देता है–
A. अम्ल B. भस्म
C. क्षार D. लवण

15. जल में घुलनशील (Base) को कहते हैं–
A. अम्ल B. क्षार
C. लवण D. इनमें से कोई नहीं

16. सभी अम्ल जल में घुलकर प्रदान करते हैं–
A. OH^- आयन B. H^+ आयन
C. इलेक्ट्रॉन D. न्यूट्रॉन

17. अम्ल वह पदार्थ है जो–
A. इलेक्ट्रॉन ग्रहण करता है।
B. इलेक्ट्रॉन प्रदान करता है।

C. प्रोटॉन देता है।

D. OH^- आयन देता है।

18. अम्ल व क्षारों की अभिक्रिया के फलस्वरूप बने पदार्थ को कहते हैं–

A. अम्ल B. लवण

C. ईस्टर D. अल्कोहल

19. भस्मों के जलीय घोल में कौन-सा आयन होता है?

A. H^+ B. H^-

C. OH^- D. OH^+

20. पी. एच. (pH) मान का निर्धारण किसने किया?

A. लेवोजियर B. प्रिस्टले

C. कैवेन्डिश D. सॉरेन्सन

21. अम्लीय घोल का pH मान होता है–

A. 7 B. 7 से कम

C. 7 से अधिक D. 14

22. उदासीन घोल का pH मान होता है–

A. 7 से कम B. 7 से अधिक

C. 7 D. 14

23. किसी एक सामान्य व्यक्ति के रक्त का pH स्तर क्या होता है?

A. 4.5 – 4.5 B. 6.45 – 6.55

C. 7.35 – 7.45 D. 8.25 – 8.35

24. क्षारीय घोल का pH मान होता है–

A. 7 से कम B. 7 से अधिक

C. शून्य D. 7

25. शुद्ध जल में हाइड्रोजन आयन सांद्रण का मान होता है–

A. 10^{-7} B. 10^{-5}

C. 10^{-10} D. 10^{-14}

26. पाचक रस में कौन-सा अम्ल पाया जाता है?

A. लैक्टिक अम्ल B. टैनिक अम्ल

C. एमीनो अम्ल D. हाइड्रोक्लोरिक अम्ल

27. किस अम्ल का उपयोग निर्जलीकरण तथा शुष्क-कारक के रूप में किया जाता है?

A. एसीटिक अम्ल B. हाइड्रोक्लोरिक अम्ल

C. नाइट्रिक अम्ल D. सल्फ्यूरिक अम्ल

28. खाद्यान्न के संरक्षण के लिए किसका उपयोग किया जाता है–

A. पोटेशियम परमैगनेट B. बोरिक अम्ल

C. सोडियम क्लोराइड D. सोडियम हाइड्रोक्साइड

29. निम्न में से कौन अल्प रूप में अम्लीय है।

A. इथाइल अल्कोहल B. फेनॉल

C. नेप्थेलीन D. ईथर

30. क्षार-धातु के विषय में कौन-सा कथन गलत है–

A. निम्न विद्युत ऋणात्मकता

B. निम्न आयनीकरण ऊर्जा

C. निम्न परमाणु आयतन

D. निम्न घनत्व

उत्तरमाला

1	2	3	4	5	6	7	8	9	10
B	C	C	B	A	B	D	A	C	D
11	12	13	14	15	16	17	18	19	20
A	B	D	A	B	B	C	B	C	D
21	22	23	24	25	26	27	28	29	30
B	C	C	B	A	D	D	A	B	C

अध्याय 6

धातु एवं अधातु

धातुओं के भौतिक गुण

- अपने शुद्ध रूप में धातु की सतह चमकदार होती है। धातु के इस गुणधर्म को धात्विक चमक कहते हैं।
- धातुएँ सामान्यतः कठोर होती हैं। प्रत्येक धातु की कठोरता अलग-अलग होती है।
- कुछ धातुओं को पीटकर पतली चादर बनाया जा सकता है। इस गुणधर्म को *आघातवर्ध्यता* कहते हैं।
- धातु के पतले तार के रूप में खींचने की क्षमता को *तन्यता* कहा जाता है। सोना सबसे अधिक तन्य धातु है।
- धातु ऊष्मा के सुचालक हैं तथा इनका गलनांक बहुत अधिक होता है। सिल्वर तथा कॉपर ऊष्मा के सबसे अच्छे चालक हैं। इनकी तुलना में लेड तथा मर्करी ऊष्मा के कुचालक हैं।
- जो धातुएँ कठोर सतह से टकराने पर आवाज उत्पन्न करती हैं उन्हें *ध्वानिक* (सोनोरस) कहते हैं।

अधातओुं के भौतिक गुण

धातुओं की तुलना में अधातुओं की संख्या कम है। कार्बन, सल्फर, आयोडीन, ऑक्सीजन तथा हाइड्रोजन आदि अधातुओं के कुछ उदाहरण हैं। ब्रोमीन ऐसी अधातु है जो द्रव होती है। इसके अलावा सारी अधातुएँ या तो ठोस या फिर गैसें होती हैं।

केवल भौतिक गुणधर्मों के आधार पर ही हम तत्वों का वर्गीकरण नहीं कर सकते क्योंकि इसमें कई अपवाद हैं। उदाहरण के लिए :

- मर्करी को छोड़कर सारी धातुएँ कमरे के ताप पर ठोस अवस्था में पाई जाती हैं। धातुओं का गलनांक अधिक होता है लेकिन गैलियम और सीजियम का गलनांक बहुत कम है।
- आयोडीन अधातु होते हुए भी चमकीला होता है।
- कार्बन ऐसी अधातु है जो विभिन्न रूपों में विद्यमान रहती है। प्रत्येक रूप को अपरूप कहते हैं। हीरा कार्बन का एक अपरूप है। यह सबसे कठोर प्राकृतिक पदार्थ है एवं इसका गलनांक तथा क्वथनांक बहुत अधिक होता है। कार्बन का एक अन्य अपरूप ग्रेफाइट, विद्युत का सुचालक है।
- क्षारीय धातुएँ (लीथियम, सोडियम, पोटैशियम) इतनी मुलायम होती हैं कि उनको चाकू से भी काटा जा सकता है। इनके घनत्व तथा गलनांक कम होते हैं।

तत्वों को उनके रासायनिक गुणधर्मों के आधार पर अधिक स्पष्टता से धातुओं एवं अधातुओं में वर्गीकृत किया जा सकता है।

धातुओं के रासायनिक गुणधर्म

धातुओं का वायु में दहन

लगभग सभी धातुएँ ऑक्सीजन के साथ मिलकर संगत धातु के ऑक्साइड बनाती हैं।

धातु + ऑक्सीजन → धातु ऑक्साइड

जब कॉपर को वायु की उपस्थिति में गर्म किया जाता है तो यह ऑक्सीजन के साथ मिलकर काले रंग का कॉपर (II) ऑक्साइड बनाता है।

$$2Cu + O_2 \rightarrow 2CuO$$

(कॉपर) [कॉपर(II) ऑक्साइड]

इसी प्रकार एलुमिनियम एलुमिनियम ऑक्साइड प्रदान करता है।

$$4Al + 3O_2 \rightarrow 2Al_2O_3$$

(एलुमिनियम) (एलुमिनियम ऑक्साइड)

ऐसे धातु ऑक्साइड जो अम्ल तथा क्षारक दोनों से अभिक्रिया करके लवण तथा जल प्रदान करते हैं, *उभयधर्मी ऑक्साइड* कहलाते हैं। अम्ल तथा क्षारक के साथ एलुमिनियम ऑक्साइड निम्न प्रकार से अभिक्रिया करता है।

$$Al_2O_3 + 6HCl \rightarrow 2AlCl_3 + 3H_2O$$

$$Al_2O_3 + 2NaOH \rightarrow 2NaAlO_2 + H_2O$$

अधिकांश धातु ऑक्साइड जल में अघुलनशील हैं लेकिन इनमें से कुछ जल में घुलकर क्षार प्रदान करते हैं। सोडियम ऑक्साइड एवं पोटैशियम ऑक्साइड निम्न प्रकार से जल में घुलकर क्षार प्रदान करते हैं :

$$Na_2O(s) + H_2O(l) \rightarrow 2NaOH(aq)$$
$$K_2O(s) + H_2O(l) \rightarrow 2KOH(aq)$$

धातुओं की जल के साथ अभिक्रिया

जल के साथ अभिक्रिया करके धातुएँ हाइड्रोजन गैस तथा धातु ऑक्साइड उत्पन्न करती हैं। जो धातु ऑक्साइड जल में घुलनशील हैं, जल में घुलकर धातु हाइड्रॉक्साइड प्रदान करते हैं, लेकिन सभी धातुएँ जल के साथ अभिक्रिया नहीं करती हैं।

धातु + जल $\rightarrow$ धातु ऑक्साइड + हाइड्रोजन

धातु ऑक्साइड + जल $\rightarrow$ धातु हाइड्रॉक्साइड

पोटैशियम एवं सोडियम जैसी धातुएँ ठंडे जल के साथ तेजी से अभिक्रिया करती हैं। सोडियम तथा पोटैशियम की अभिक्रिया इतनी तेज तथा ऊष्माक्षेपी होती है कि इससे उत्सर्जित हाइड्रोजन तत्काल प्रज्ज्वलित हो जाती है।

$2K(s) + 2H_2O(l) \rightarrow 2KOH(aq) + H_2(g)$ + ऊष्मीय ऊर्जा

$2Na(s) + 2H_2O(l) \rightarrow 2NaOH(aq) + H_2(g)$ + ऊष्मीय ऊर्जा

एलुमिनियम, आयरन तथा जिंक जैसी धातुएँ न तो शीतल जल के साथ और न ही गर्म जल के साथ अभिक्रिया करती हैं। भाप के साथ अभिक्रिया करके ये धातुएँ ऑक्साइड तथा हाइड्रोजन प्रदान करती हैं।

$$2Al(s) + 3H_2O(g) \rightarrow Al_2O_3(s) + 3H_2(g)$$
$$3Fe(s) + 4H_2O(g) \rightarrow Fe_3O_4(s) + 4H_2(g)$$

धातुओं की अम्लों के साथ अभिक्रिया

धातुएँ अम्ल के साथ अभिक्रिया करके संगत लवण तथा हाइड्रोजन गैस प्रदान करती हैं।

धातु + तनु अम्ल $\rightarrow$ लवण + हाइड्रोजन

जब धातुएँ नाइट्रिक अम्ल के साथ अभिक्रिया करती हैं तब हाइड्रोजन गैस उत्सर्जित नहीं होती है क्योंकि HNO_3 एक प्रबल ऑक्सीकारक होता है जो उत्पन्न H_2 को ऑक्सीकृत करके जल में परिवर्तित कर देता है एवं स्वयं नाइट्रोजन के किसी ऑक्साइड (N_2O, NO, NO_2) में अपचयित हो जाता है, लेकिन मैग्नीशियम (Mg) एवं मैंगनीज (Mn), अति तनु HNO_3 के साथ अभिक्रिया कर H_2 गैस उत्सर्जित करते हैं।

अन्य धातु लवणों के विलयन के साथ धातुओं की अभिक्रिया

अभिक्रियाशील धातु अपने से कम अभिक्रियाशील धातु को उसके यौगिक के विलयन या गलित अवस्था से विस्थापित कर देती है।

सभी धातुओं की अभिक्रियाशीलता समान नहीं होती है। अगर धातु (A) धातु (B) को उसके विलयन से विस्थापित कर देती है तो यह धातु (B) की अपेक्षा अधिक अभिक्रियाशील है।

सक्रियता श्रेणी

सक्रियता श्रेणी वह सूची है जिसमें धातुओं की क्रियाशीलता को अवरोही क्रम में व्यवस्थित किया जाता है।

K	पोटैशियम	सबसे अधिक अभिक्रियाशील
Na	सोडियम	
Ca	कैल्सियम	
Mg	मैग्नीशियम	
Al	एलुमिनियम	
Zn	जिंक	घटती अभिक्रियाशीलता
Fe	आयरन	
Pb	लेड	
H	हाइड्रोजन	
Cu	कॉपर (ताँबा)	
Hg	मर्करी (पारद)	
Ag	सिल्वर	
Au	गोल्ड	सबसे कम अभिक्रियाशील

धातुओं एवं अधातुओं की अभिक्रिया

सोडियम परमाणु के बाह्यतम कोश में केवल एक इलेक्ट्रॉन है। यदि यह अपने M कोश से एक इलेक्ट्रॉन को त्याग देता है तब L कोश इसका बाह्यतम कोश बन जाता है जिसमें स्थायी अष्टक उपस्थित है। इस परमाणु के नाभिक में 11 प्रोटॉन हैं लेकिन इलेक्ट्रॉनों की संख्या 10 होने के कारण इसमें धन आवेश की अधिकता होती है तथा यह सोडियम धनायन Na^+ प्रदान करता है। दूसरी ओर, क्लोरीन के बाह्यतम कोश में 7 इलेक्ट्रॉन होते हैं तथा अष्टक पूर्ण होने के लिए इसे एक इलेक्ट्रॉन की आवश्यकता होती है। यदि सोडियम एवं क्लोरीन अभिक्रिया करें तो सोडियम द्वारा त्यागा गया एक इलेक्ट्रॉन क्लोरीन ग्रहण कर लेता है। एक इलेक्ट्रॉन ग्रहण करके क्लोरीन-परमाणु, इकाई ऋण आवेश प्राप्त करता है क्योंकि इसके नाभिक में 17 प्रोटॉन होते हैं तथा इसके K, L, एवं M कोशों में 18 इलेक्ट्रॉन होते हैं। इससे क्लोराइड ऋणायन Cl^- प्राप्त होता है। इसलिए इन दोनों तत्वों के बीच आदान-प्रदान का संबंध स्थापित हो जाता है।

विपरीत आवेश होने के कारण सोडियम तथा क्लोराइड आयन परस्पर आकर्षित होते हैं तथा मजबूत स्थिरवैद्युत बल में बँधकर सोडियम क्लोराइड (NaCl) के रूप में उपस्थित रहते हैं। सोडियम क्लोराइड अणु के रूप में नहीं पाया जाता है बल्कि यह विपरीत आयनों का समुच्चय होता है।

$Na \rightarrow Na^+ + e^-$	$Cl + e^- \rightarrow Cl^-$
2, 8, 1 2, 8	2, 8, 7 2, 8, 8
(सोडियम धन आयन)	(क्लोराइड ऋण आयन)

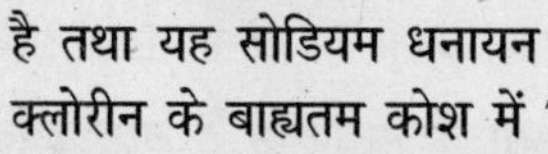

सोडियम क्लोराइड का निर्माण

खनिज

पृथ्वी की भूपर्पटी में प्राकृतिक रूप से पाए जाने वाले तत्वों या यौगिकों को *खनिज* कहते हैं।

अयस्क

कुछ स्थानों पर खनिजों में कोई विशेष धातु काफी मात्रा में होती है जिसे निकालना लाभकारी होता है। इन खनिजों को *अयस्क* कहते हैं।

धातुओं का निष्कर्षण

कुछ धातुएँ भूपर्पटी में स्वतंत्र अवस्था में पाई जाती हैं। कुछ धातुएँ अपने यौगिकों के रूप में मिलती हैं। सक्रियता श्रेणी में नीचे आने वाली धातुएँ सबसे कम अभिक्रियाशील होती हैं। ये स्वतंत्र अवस्था में पाई जाती हैं। कुछ धातुएँ अपने यौगिकों के रूप में मिलती हैं। सक्रियता श्रेणी में नीचे आने वाली धातुएँ सबसे कम अभिक्रियाशील होती हैं। ये स्वतंत्र अवस्था में पाई जाती हैं। उदाहरण के लिए, गोल्ड (सोना), सिल्वर (चाँदी), प्लैटिनम एवं कॉपर (ताँबा) स्वतंत्र अवस्था में पाए जाते हैं। कॉपर एवं सिल्वर, अपने सल्फाइड या ऑक्साइड के अयस्क के रूप में संयुक्त अवस्था में भी पाए जाते हैं। सक्रियता श्रेणी में सबसे ऊपर की धातुएँ (K, Na, Ca, Mg एवं Al) इतनी अधिक अभिक्रियाशील होती हैं कि ये कभी भी स्वतंत्र तत्व के रूप में नहीं पाई जातीं। सक्रियता श्रेणी के मध्य की धातुएँ (Zn, Fe, Pb आदि) की अभिक्रियाशीलता मध्यम होती है। पृथ्वी की भू-पर्पटी में ये मुख्यतः ऑक्साइड, सल्फाइड या कार्बोनेट के रूप में पाई जाती हैं।

इस प्रकार, अभिक्रियाशीलता के आधार पर हम धातुओं को निम्न तीन वर्गों में विभाजित कर सकते हैं : (*i*) निम्न अभिक्रियाशील धातुएँ (*ii*) मध्यम अभिक्रियाशील धातुएँ (*iii*) उच्च अभिक्रियाशील धातुएँ। प्रत्येक वर्ग में आने वाली धातुओं को प्राप्त करने के लिए विभिन्न तकनीकों का उपयोग किया जाता है।

अयस्कों का समृद्धीकरण

पृथ्वी से खनित अयस्कों में मिट्टी, रेत आदि जैसी कई अशुद्धियाँ होती हैं जिन्हें गैंग (gangue) कहते हैं। धातुओं के निष्कर्षण से पहले अयस्क से अशुद्धियों को हटाना आवश्यक होता है। अयस्कों से गैंग को हटाने के लिए जिन प्रक्रियाओं का उपयोग होता है वे अयस्क एवं गैंग के भौतिक या रासायनिक गुणधर्मों पर आधारित होते हैं। इसे पृथक् करने के लिए विभिन्न तकनीक अपनायी जाती है।

सक्रियता श्रेणी में नीचे आने वाली धातुओं का निष्कर्षण

सक्रियता श्रेणी में नीचे आने वाली धातुएँ काफी अनभिक्रिय होती हैं। इन धातुओं के ऑक्साइड को केवल गर्म करने से ही धातु प्राप्त किया जा सकता है। उदाहरण के लिए, सिनाबार (HgS), मर्करी (पारद) का एक अयस्क है। वायु में गर्म करने पर यह सबसे पहले मर्क्यूरिक ऑक्साइड (Hg) में परिवर्तित होता है और अधिक गर्म करने पर मर्क्यूरिक ऑक्साइड मर्करी (पारद) में अपचयित हो जाता है।

$$2HgS(s) + 3O_2 \xrightarrow{\text{तापन}} 2HgO(s) + 2SO_2(g)$$

$$2HgO(s) \xrightarrow{\text{तापन}} 2Hg(l) + O_2(g)$$

सक्रियता श्रेणी के मध्य में स्थित धातुओं का निष्कर्षण

सक्रियता श्रेणी के मध्य में स्थित धातुएँ; जैसे–आयरन, जिंक, लेड, कॉपर आदि की अभिक्रियाशीलता मध्यम होती है। प्रकृति में ये प्रायः सल्फाइड या कार्बोनेट के रूप में पाई जाती हैं। सल्फाइड या कार्बोनेट की तुलना में धातु को उसके ऑक्साइड से प्राप्त करना अधिक आसान है, इसलिए अपचयन से पहले धातु के सल्फाइड एवं कार्बोनेट को धातु ऑक्साइड में परिवर्तित करना आवश्यक है। सल्फाइड अयस्क को वायु की उपस्थिति में अधिक ताप पर गर्म करने पर यह ऑक्साइड में परिवर्तित हो जाता है। इस प्रक्रिया को *भर्जन* कहते हैं। कार्बोनेट अयस्क को सीमित वायु में अधिक ताप पर गर्म करने से यह ऑक्साइड में परिवर्तित हो जाता है। इस प्रक्रिया को *निस्तापन* कहा जाता है। जिंक के अयस्कों के भर्जन एवं निस्तापन के समय निम्न रासायनिक अभिक्रिया होती है :

भर्जन

$$2ZnS(s) + 3O_2(g) \xrightarrow{\text{तापन}} 2ZnO(s) + 2SO_2(g)$$

निस्तापन

$$ZnCO_3(s) \xrightarrow{\text{तापन}} ZnO(s) + CO_2(g)$$

इसके बाद कार्बन जैसे उपयुक्त अपचायक का उपयोग कर धातु ऑक्साइड से धातु प्राप्त किया जाता है। उदाहरण के लिए, जब जिंक ऑक्साइड को कार्बन के साथ गर्म किया जाता है तो यह जिंक धातु में अपचयित हो जाता है।

$$ZnO(s) + C(s) \xrightarrow{\text{तापन}} Zn(s) + CO(g)$$

सक्रियता श्रेणी में सबसे ऊपर स्थित धातुओं का निष्कर्षण

अभिक्रियाशीलता श्रेणी में सबसे ऊपर स्थित धातुएँ अत्यंत अभिक्रियाशील होती हैं। इन्हें कार्बन के साथ गर्म कर इनके यौगिकों से प्राप्त नहीं किया जा सकता है। उदाहरण के लिए, कार्बन के द्वारा सोडियम, मैग्नीशियम, कैल्सियम, एलुमिनियम आदि के ऑक्साइड का अपचयन कर उन्हें धातुओं में परिवर्तित नहीं किया जा सकता है। इन धातुओं की बंधुता कार्बन की अपेक्षा ऑक्सीजन के प्रति अधिक होती है। इन धातुओं को विद्युत अपघटनी अपचयन द्वारा प्राप्त किया जाता है। उदाहरण के लिए, सोडियम, मैग्नीशियम एवं कैल्सियम को उनके गलित क्लोराइडों के विद्युत अपघटन से प्राप्त किया जाता है। कैथोड (ऋण आवेशित इलैक्ट्रोड) पर धातुएँ निक्षेपित हो जाती हैं तथा एनोड (धन आवेशित इलैक्ट्रोड) पर क्लोरीन मुक्त होती है। अभिक्रियाएँ इस प्रकार हैं :

कैथोड पर $Na^+ e^- \rightarrow Na$

एनोड पर $2Cl^- \rightarrow Cl_2 + 2e^-$

इसी प्रकार, एलुमिनियम ऑक्साइड के विद्युत अपघटनी अपचयन से एलुमिनियम प्राप्त किया जाता है।

धातुओं का परिष्करण

विद्युत अपघटनी परिष्करण : कॉपर, जिंक, टिन, निकेल, सिल्वर, गोल्ड आदि जैसी अनेक धातुओं का परिष्करण विद्युत

विज्ञान

अपघटन द्वारा किया जाता है। इस प्रकम में, अशुद्ध धातु को एनोड तथा शुद्ध धातु की पतली परत को कैथोड बनाया जाता है। धातु के लवण विलयन का उपकरण व्यवस्थित किया जाता है। विद्युत अपघट्य से जब धारा प्रवाहित की जाती है तब एनोड पर स्थित अशुद्ध धातु विद्युत अपघट्य में घुल जाती है। इतनी ही मात्रा में शुद्ध धातु विद्युत अपघट्य से कैथोड पर निक्षेपित हो जाती है। विलेय अशुद्धियाँ विलयन में चली जाती हैं तथा अविलेय अशुद्धियाँ एनोड तली पर निक्षेपित हो जाती हैं जिसे *एनोड पंक* कहते हैं।

हाइड्रोजन

- हाइड्रोजन आवर्त सारणी का प्रथम तत्व है।
- हाइड्रोजन प्रकृति में मुक्त तथा संयुक्त दोनों अवस्थाओं में पाया जाता है।
- मुक्त अवस्था में H_2 केवल वायुमण्डल में अल्प मात्रा में पायी जाती है।
- हाइड्रोजन (H_2) मुख्यतः संयुक्त अवस्था में पाया जाता है। इसके मुख्य स्रोत जल, अम्ल, कार्बनिक पदार्थ, अमोनिया, हाइड्रोजन सल्फाइड आदि हैं।

उपयोग–

(*i*) यह वनस्पति घी (तेलों का वसा में हाइड्रोजनीकरण) के निर्माण में प्रयुक्त होती है।

(*ii*) यह अमोनिया, मेथिल एल्कोहल (CO से), (गैसोलीन संश्लेषित पेट्रोल), HCl आदि के निर्माण में प्रयुक्त होती है।

(*iii*) कोल गैस, वाटर गैस, तेल गैस आदि विभिन्न ईंधन गैसों में हाइड्रोजन एक महत्वपूर्ण घटक के रूप में होता है।

(*iv*) अपने निम्न घनत्व के कारण, हाइड्रोजन गुब्बारों के भरने में तथा वायुयानों के लिए गैस के थैलों को भरने में प्रयुक्त होती है। कभी-कभी यह हीलियम द्वारा विस्थापित की जाती है।

(*v*) यह भट्टियों में अपचायक वातावरण उत्पन्न करने के लिए प्रयुक्त होती है।

(*vi*) ऑक्सीहाइड्रोजन ज्वाला (ऑक्सीहाइड्रोजन टॉर्च) तथा परमाण्विक हाइड्रोजन ज्वाला (परमाण्विक हाइड्रोजन टॉर्च) स्टील तथा अन्य कठोर धातुओं के काटने तथा वैल्डिंग के लिए प्रयुक्त होती है।

एलुमिनियम, कॉपर, जिंक, तथा लोहा

(*i*) एलुमिनियम पन्नी का उपयोग चॉकलेट के आवरण-पत्र (रैपर) के रूप में किया जाता है।

(*ii*) धातु की सूक्ष्म धूलि का उपयोग प्रलेपों (पेंट) व प्रलाक्षों (रोगन) में होता है।

(*iii*) अत्यधिक क्रियाशील होने के कारण एलुमिनियम का उपयोग क्रोमियम तथा मैंगनीज के ऑक्साइडों से, उनके निष्कर्षण में किया जाता है।

(*iv*) एलुमिनियम के तारों का उपयोग विद्युत चालकों के रूप में किया जाता है। एलुमिनियम युक्त मिश्रधातु हल्की होने के कारण बहुत उपयोगी होती है।

(*v*) ताँबे का उपयोग विद्युत उद्योग में तार के लिए तथा जल और भाप के लिए पाइप बनाने में होता है।

(*vi*) इसका उपयोग कई प्रकार की मिश्रधातुओं में भी किया जाता है जो धातु से अधिक कठोर होती है। उदा. पीतल (जिंक के साथ), काँसा (टिन के साथ) तथा मुद्रा मिश्रधातु (निकेल के साथ)।

(*vii*) जिंक का उपयोग जस्तेदार लोहा बनाने में किया जाता है। व्यापक मात्रा में इसका उपयोग बैटरियों में, कई मिश्रधातु घटकों में, जैसे– पीतल (Cu, 60%; Zn, 40%) तथा जर्मन सिल्वर (Cu, 25-30%; Zn, 25-30%; Ni, 40-50%) में होता है।

(*viii*) यशद रज का उपयोग रंजक सामग्री, प्रलेप आदि के उत्पादन में अपचायक के रूप में किया जाता है।

(*ix*) ढलवाँ लोहा, जो कि लोहे का सबसे महत्वपूर्ण प्रकार है, इसका उपयोग स्टोवों, रेलवे स्लीपरों, गटर पाइपों तथा खिलौने आदि को ढालने में होता है। इसका उपयोग पिटवाँ लोहे तथा इस्पात को बनाने में किया जाता है।

(*x*) पिटवाँ लोहे का उपयोग लंगरों, तारों, बोल्टों, चेनों तथा कृषि उपयोगी उपकरणों के बनाने में किया जाता है। स्टील (इस्पात) के अनेक उपयोग हैं। जब इसमें दूसरी धातुएं मिलाई जाती हैं तो मिश्र धातु इस्पात प्राप्त होता है।

(*xi*) निकेल इस्पात का उपयोग रस्से बनाने, स्वचालित वाहनों तथा हवाई जहाजों के हिस्से, लोलक, मापक फीतों, कटाई के औजारों तथा संदलन मशीनों के बनाने में और स्टेनलेस स्टील का उपयोग साइकिलों, स्वचालित वाहनों इत्यादि के निर्माण में होता है।

वस्तुनिष्ठ प्रश्न

1. साधारण हाइड्रोजन का परमाणवीय हाइड्रोजन में परिवर्तन है–
A. नाभिकीय अभिक्रिया
B. एक ऊष्माशोषी अभिक्रिया
C. एक ऊष्माक्षेपी अभिक्रिया
D. एक विघटन अभिक्रिया

2. भारी जल प्राप्त किया जाता है–
A. अधिक समय तक जल के वैद्युत अपघटन से
B. जल में भारी लवण घोलकर
C. जल के आसवन से
D. जल से Ca तथा Mg की अशुद्धि पृथक करके

3. हाइड्रोजन परॉक्साइड का औद्योगिक निर्माण निम्नलिखित किस क्रिया के आधार पर होता है?
A. बेरियम परॉक्साइड पर सल्फ्यूरिक अम्ल की क्रिया
B. सोडियम परॉक्साइड पर सल्फ्यूरिक अम्ल की क्रिया
C. H_2SO_4 का वैद्युत-अपघटन
D. हाइड्रोजन को ऑक्सीजन की अधिकता में जलाने की क्रिया

4. त्रिपरमाणुक (Triatomic) हाइड्रोजन कहलाती है–
A. ड्यूटीरियम
B. हाइजोन
C. ऑर्थो रूप
D. हाइड्रोनियम आयन

5. हाइड्रोजन अन्य तत्वों के साथ संयोग करती है–
A. एक इलेक्ट्रॉन खोकर
B. एक इलेक्ट्रॉन ग्रहण करके
C. एक इलेक्ट्रॉन की साझेदारी करके
D. इलेक्ट्रॉन त्याग कर, ग्रहण करके अथवा साझेदारी करके

6. यौगिक जो ऑक्सीकारक तथा अपचायक दोनों का कार्य कर सकता है–
A. पोटेशियम परमैंगनेट B. हाइड्रोजन परॉक्साइड
C. बेरियम परॉक्साइड D. पोटेशियम डाइक्रोमेट

7. परम शून्य पर–
A. केवल पैरा हाइड्रोजन रहती है
B. केवल ऑर्थो हाइड्रोजन रहती है
C. ऑर्थो और पैरा दोनों हाइड्रोजन रहती हैं
D. इनमें से कोई नहीं

8. भारत में पाया जाने वाला टाइटेनियम युक्त खनिज है–
A. बॉक्साइड B. डोलोमाइट
C. कैल्कोपाइराइट D. इलेमेनाइट

9. भर्जन का मुख्य कार्य है–
A. वाष्पशील पदार्थ को हटाना
B. ऑक्सीकरण
C. अपचयन
D. धातुमल

10. सत्य कथन है–
A. बॉक्साइट, Al का एक अयस्क है
B. मैगनेटाइट, Mn का एक अयस्क है
C. हैमेटाइट, Mg का एक अयस्क है
D. पायराइट, फॉस्फेट का एक अयस्क है

11. पृथ्वी पर पायी जाने वाली धातुओं में किसकी प्रतिशतता भार के अनुसार अधिकतम होती है?
A. Fe B. Al
C. Si D. Au

12. निम्नलिखित में से कौन-सा तत्व कमरे के ताप पर द्रव नहीं है?
A. Ga B. Ge
C. Cs D. Br

13. कौन-सी धातु अधिक तापमान पर काफी ताप उद्भव करते हुए हवा में जलती है?
A. Cu B. Hg
C. Pb D. Al

14. निम्न में से कौन-सा युग्म मिश्र धातु बनाता है?
A. Zn तथा Pb B. Fe तथा C
C. Fe तथा Hg D. Hg तथा Pt

15. स्वर्ण का शुद्धिकरण किया जाता है–
A. पैटिन्सन प्रक्रम द्वारा B. पार्क प्रक्रम द्वारा
C. पैटर्सन प्रक्रम द्वारा D. मैकऑफ प्रक्रम द्वारा

16. मिश्र धातु है–
A. एक अन्तराधातुक यौगिक
B. एक ठोस पदार्थ जिसमें दो या अधिक धात्विक तत्व हैं
C. एक ठोस पदार्थ जिसमें एक अधात्विक तत्व है
D. एक ठोस पदार्थ जिसमें एक से अधिक अधात्विक तत्व हैं

17. निम्न में, किसमें सबसे अधिक कार्बन होता है?
A. ढलवाँ लोहा B. पिटवाँ लोहा
C. स्टील D. कच्चा लोहा

18. स्टेनलैस स्टील मुख्यतया मिश्रण होता है–
A. Cr और Ni B. Cr और Mn
C. C और Ni D. Cr, Ni और Fe

19. मैंगनीज का अयस्क है–
A. पायरोल्यूराइट B. स्टिबनाइट
C. हैमेटाइट D. बॉक्साइट

20. चिली साल्टपीटर किस तत्व का अयस्क है?
A. I B. Br
C. Na D. Mg

21. एलुमिनियम निष्कर्षण के विद्युत अपघटनी सेल में प्रयुक्त कैथोड किसका बना होता है?
A. एलुमिनियम B. कार्बन परत
C. लोहा D. स्टील

22. एलुमिनो थर्माइट विधि में एलुमिनियम किसकी तरह कार्य करता है?
A. एक ऑक्सीकारक पदार्थ
B. एक गालक
C. एक अपचायक पदार्थ
D. राँगा

23. थर्माइट वैल्डिंग विधि में, हम प्रयुक्त करते हैं–
A. Al चूर्ण B. Fe चूर्ण
C. Ca चूर्ण D. Al + Fe मिश्रण

24. एलुमिनियम के निष्कर्षण में विद्युत अपघट्य होता है–
A. फेल्सपार के साथ गलित क्रायोलाइट
B. फ्लोरस्पार के साथ गलित क्रायोलाइट
C. गलित क्रायोलाइट में शुद्ध एलूमिना
D. बॉक्साइट तथा गलित क्रायोलाइट के साथ शुद्ध ऐलुमिना

25. सैफायर (sapphire) किसका खनिज है–
A. Cu B. Zn
C. Al D. Mg

26. हार्न सिल्वर में होता है–
A. $AgNO_3$ B. $AgCl$
C. $(CuAg)_2S_2$ D. Ag_2S

27. कौन-सा पदार्थ कठोरतम है?
A. काँच B. डायमण्ड
C. कोरण्डम D. बॉक्साइट

28. कौन-सी धातु अपने ऑक्साइड की पर्त द्वारा रक्षित होती है?
A. एलुमिनियम B. चाँदी
C. स्वर्ण D. लोहा

29. सिल्वर नाइट्रेट प्रायः रंगीन बोतलों में रखा जाता है क्योंकि यह–
A. वायु द्वारा ऑक्सीकृत हो जाता है
B. सूर्य के प्रकाश में अपघटित हो जाता है
C. सूर्य के प्रकाश में विस्फोटक है
D. सूर्य के प्रकाश में वायु से क्रिया करता है

30. जर्मन सिल्वर में सिल्वर का प्रतिशत है–
A. 2.5% B. 1.5%
C. 10% D. 0%

उत्तरमाला

1	2	3	4	5	6	7	8	9	10
B	A	C	B	D	B	A	D	B	A
11	12	13	14	15	16	17	18	19	20
B	B	D	B	C	B	A	D	A	C
21	22	23	24	25	26	27	28	29	30
B	C	A	C	C	B	B	A	B	D

अध्याय 7

कार्बन और उसके यौगिक

आवर्त सारणी में कार्बन का स्थान

कार्बन भू-पर्पटी में पाया जानेवाला सत्रहवाँ अतिबाहुल्य (Most Abundant) तत्व है। यह प्रकृति में स्वतंत्र एवं संयुक्त अवस्था में बहुतायत से पाया जाता है। तत्व अवस्था में यह कोयला, ग्रेफाइट तथा हीरा में मिलता है, जबकि संयुक्त अवस्था में यह धातु कार्बोनेट, हाइड्रोकार्बन तथा वायु में कार्बन-डाईऑक्साइड गैस (0.03%) के रूप में मिलता है। यह कहा जा सकता है कि कार्बन संसार का सबसे चंचल तत्व है, जो अन्य तत्वों (जैसे–डाइहाइड्रोजन, डाइऑक्सीजन, क्लोरीन, सल्फर आदि) से योग करके जीवित ऊतकों से दवाओं एवं प्लास्टिक तक का निर्माण करता है। कार्बनिक रसायन विज्ञान कार्बन के यौगिकों पर ही आधारित है। यह जीवित प्राणियों का आवश्यक घटक है। प्राकृतिक रूप से कार्बन के दो स्थायी समस्थानिक ^{12}C तथा ^{13}C मिलते हैं। इसके अतिरिक्त एक अन्य समस्थानिक ^{14}C भी उपस्थित रहता है। यह एक रेडियोऐक्टिव समस्थानिक है, जिसकी अर्धायु 5770 वर्ष है। इसका उपयोग रेडियो कार्बन अंकन (Radio Carbon Dating) में होता है।

कार्बन की महत्वपूर्ण प्रवृत्ति

इस समूह का प्रथम सदस्य कार्बन अपने समूह के अन्य सदस्यों से भिन्न व्यवहार प्रदर्शित करता है। इसके छोटे आकार, उच्च विद्युत ऋणात्मकता, उच्च आयनन एंथैल्पी तथा *d*-कक्षकों की अनुपलब्धता के कारण ऐसा होता है।

कार्बन में केवल *s*– तथा *p*–कक्षक ही बंधन के लिए उपलब्ध रहते हैं। अतः यह अपने चारों ओर केवल चार इलेक्ट्रॉन युग्म ही समायोजित (accommodate) कर सकता है। यही कारण है कि इसकी अधिकतम संयोजकता चार होती है, जबकि अन्य सदस्य *d*-कक्षकों की उपलब्धता के कारण अपनी संयोजकता में वृद्धि कर लेते हैं।

कार्बन में स्वयं से अथवा छोटे आकार एवं उच्च विद्युत् ऋणात्मकता वाले अन्य परमाणु से $p\pi - p\pi$ बहुबंध बनाने की अद्वितीय क्षमता (unique ability) होती है। C≡C, C≡O, C≡S, C≡N आदि इसके कुछ उदाहरण हैं। इस समूह के उच्चतर सदस्य $p\pi - p\pi$ बंध नहीं बनाते हैं, क्योंकि बड़े तथा विसरित (diffused) परमाण्वीय कक्षक होने के कारण इनमें प्रभावी अतिव्यापन नहीं होता है।

कार्बन में अन्य परमाणुओं के साथ सहसंयोजक बंध द्वारा जुड़कर लंबी शृंखला या वलय बनाने की प्रवृत्ति होती है। इस प्रवृत्ति को *शृंखलन* (catenation) कहते हैं। यह C-C बंध अधिक मजबूत होने के कारण होता है। वर्ग में ऊपर से नीचे जाने पर बढ़ता हुआ आकार तथा घटती हुई विद्युत् ऋणात्मकता के कारण शृंखलन की प्रवृत्ति घटती जाती है। इसे बंध एंथैल्पी मान से स्पष्टतः समझा जा सकता है।

समावयवता

दो या दो से अधिक यौगिक (जिनके अणुसूत्र समान होते हैं, किंतु गुण भिन्न होते हैं) 'समावयव' कहलाते हैं और इस परिघटना को 'समावयवता' (isomerism) कहते हैं। विभिन्न प्रकार की समावयवता को इस तालिका में दर्शाया गया है।

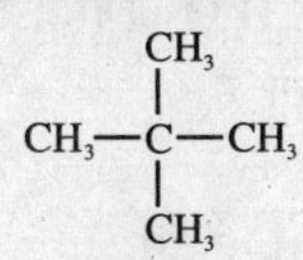

नीओपेन्टेन

(2, 2-डाइमेथिलप्रोपेन)

संरचनात्मक समावयवता

यौगिक, जिनके अणुसूत्र समान होते हैं, किंतु संरचना (अर्थात् परमाणुओं का अणु के अंदर परस्पर आबंधित होने का क्रम) भिन्न होती है, उन्हें संरचनात्मक समावयवों में वर्गीकृत किया जाता है। इसके अन्तर्गत् आने वाले प्रमुख समावयवों को नीचे सोदाहरण स्पष्ट किया जा रहा है–

(*i*) **शृंखला समावयवता :** समान अणुसूत्र एवं भिन्न कार्बन ढाँचे वाले दो या दो से अधिक यौगिक शृंखला समावयव बनाते हैं। इस परिघटना को 'शृंखला समावयवता' कहते हैं। उदाहरणार्थ–C_5H_{12} के निम्नलिखित तीन शृंखला समावयव हैं–

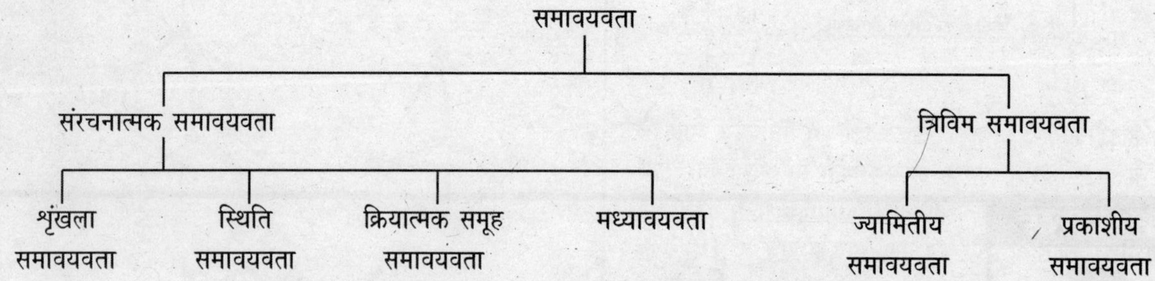

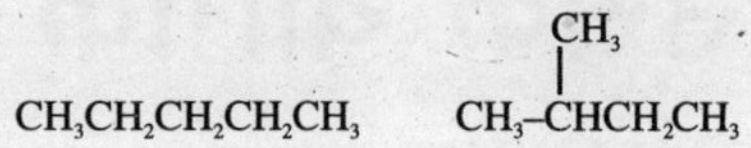

पेन्टेन   आइसोपेन्टेन
(2-मेथिलब्यूटेन)

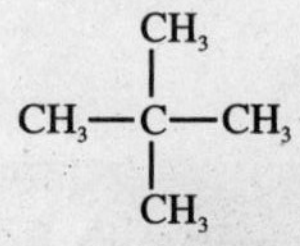

नीओपेन्टेन
(2, 2 डाइमेथिलप्रोपेन)

(*ii*) **स्थिति-समावयवता :** यदि समावयवों में भिन्नता प्रतिस्थापी परमाणु या समूह की स्थिति-भिन्नता के कारण होती है, तो उन्हें स्थिति-समावयव' तथा इस परिघटना को 'स्थिति-समावयवता' (Position Isomerism) कहते हैं। उदाहरणार्थ–C_3H_8O अणुसूत्र से निम्नलिखित दो 'स्थिति-समावयव' ऐल्कोहॉल संभव हैं–

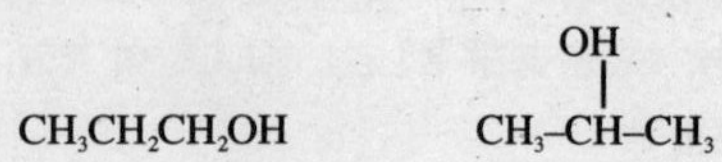

प्रोपेन -1- ऑल   प्रोपेन -2- ऑल

(*iii*) **क्रियात्मक समूह समावयवता :** यदि दो या दो से अधिक यौगिकों के अणुसूत्र समान हों, परंतु क्रियात्मक समूह भिन्न-भिन्न हों, तो ऐसे समावयवियों को 'क्रियात्मक समूह समावयव' कहते हैं और यह परिघटना 'क्रियात्मक समूह समावयवता' (Functional group isomerism) कहलाती है। उदाहरण के लिए–C_3H_6O अणुसूत्र निम्नलिखित ऐल्डिहाइड तथा कीटोन प्रदर्शित करता है–

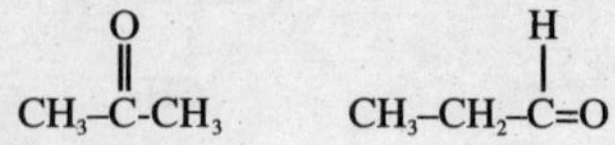

प्रोपेनोन   प्रोपेनैल

(*iv*) **मध्यावयवता :** क्रियात्मक समूह से लगी भिन्न ऐल्किल शृंखलाओं के कारण यह समावयवता उत्पन्न होती है। उदाहरणार्थ–$C_4H_{10}O$ मध्यावयवी मेथॉक्सीप्रोपेन (CH_3–O–C_3H_7) और एथॉक्सीएथेन (C_2H_5–O–C_2–H_5) प्रदर्शित करता है।

हाइड्रोकार्बन

हाइड्रोकार्बन पद स्वतः स्पष्ट है, जिसका अर्थ केवल कार्बन तथा हाइड्रोजन के यौगिक हैं। हमारे दैनिक जीवन में हाइड्रोकार्बन का महत्वपूर्ण योगदान है। एलपीजी, सीएनजी आदि ईंधन के रूप में उपयोग में लाए जाते हैं। एलपीजी द्रवित पेट्रोलियम गैस का, जबकि सीएनजी संघनित प्राकृतिक गैस का संक्षिप्त रूप है। पेट्रोलियम, जो भू-पर्पटी के नीचे पाया जाता है, के प्रभावी आसवन (fractional distillation) से पेट्रोल, डीजल तथा कैरोसिन प्राप्त होते हैं। कोल गैस एवं कोल के भंजक आसवन (destructive distiliation) से प्राप्त होती है। प्राकृतिक गैसें तेल के कुओं की खुदाई के दौरान ऊपरी स्तर में पाई जाती हैं। संपीडन के पश्चात् प्राप्त गैसों को 'संपीडित प्राकृतिक गैस' कहते हैं। एलपीजी का उपयोग घरेलू ईंधन के रूप में होता है, जो सबसे कम प्रदूषण वाली गैस है।

वर्गीकरण

हाइड्रोकार्बन विभिन्न प्रकार के होते हैं। कार्बन-कार्बन आबंधों की प्रकृति के आधार पर इन्हें मुख्यतः तीन समूहों में वर्गीकृत किया गया है– (1) संतृप्त, (2) असंतृप्त तथा (3) ऐरोमैटिक हाइड्रोकार्बन। संतृप्त हाइड्रोकार्बन में कार्बन-कार्बन तथा कार्बन-हाइड्रोजन एकल आबंध होते हैं। यदि विभिन्न कार्बन परमाणु आपस में एकल आबंध में जुड़कर विवृत शृंखला बनाते हैं, तो उन्हें 'ऐल्केन' कहते हैं। यदि कार्बन परमाणु संवृत शृंखला या वलय का निर्माण करते हैं, तो उन्हें 'साइक्लोऐल्केन' कहा जाता है। असंतृप्त हाइड्रोकार्बनों में कार्बन-कार्बन बहु आबंध जैसे द्विआबंध, त्रिआबंध या दोनों उपस्थित होते हैं। ऐरोमैटिक हाइड्रोकार्बन संवृत यौगिकों का एक विशेष प्रकार है। हम कार्बन की चतुर्संयोजकता तथा हाइड्रोजन की एकल संयोजकता को ध्यान में रखते हुए (विवृत शृंखला या संवृत शृंखला) अनेक अणुओं के मॉडल बना सकते हैं। ऐल्केनों के मॉडल बनाने के लिए आबंधों के लिए टूथपिक तथा परमाणुओं के लिए प्लास्टिक की गेंदों का उपयोग कर सकते हैं। एल्कीन, एल्काइन तथा ऐरोमैटिक हाइड्रोकार्बनों के लिए स्प्रिंग मॉडल बनाए जा सकते हैं।

ऐल्केन

ऐल्केन कार्बन-कार्बन एकल आबंधयुक्त संतृप्त विवृत शृंखला वाले हाइड्रोकार्बन हैं। मिथेन (CH_4) इस परिवार का प्रथम सदस्य है। मिथेन एक गैस है, जो कोयले की खानों तथा दलदली क्षेत्रों में पाई जाती है। यदि मिथेन के एक हाइड्रोजन परमाणु को कार्बन के द्वारा प्रतिस्थापित कर तथा हाइड्रोजन परमाणु की आवश्यक संख्या जोड़कर दूसरे कार्बन की चतुर्संयोजकता को संतुष्ट करते हैं तब वह हाइड्रोकार्बन, जिसका अणु सूत्र C_2H_6 है, एथेन कहलाती है। CH_4 के एक हाइड्रोजन परमाणु को –CH_3 समूह द्वारा प्रतिस्थापित करके C_2H_6 के रूप में प्राप्त कर सकते हैं।

इस प्रकार हाइड्रोजन को मेथिल (CH_3) समूह द्वारा प्रतिस्थापित करके अन्य कई ऐल्केन बना सकते हैं। इस प्रकार प्राप्त अणु C_3H_8, C_4H_{10} इत्यादि होंगे।

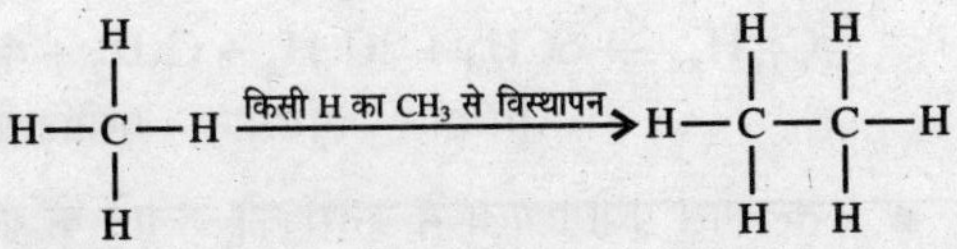

ये हाइड्रोकार्बन सामान्य अवस्थाओं में निष्क्रिय होते हैं क्योंकि ये अम्लों और अन्य अभिकर्मकों से अभिक्रिया नहीं करते। अतः प्रारंभ में इन्हें पैराफिन (Parum = कम, Affinis = क्रियाशील) कहते थे। ऐल्केन का सामान्य सूत्र C_nH_{2n+2} है, जहाँ n कार्बन परमाणुओं को तथा 2n + 2 हाइड्रोजन परमाणुओं की संख्या को प्रदर्शित करते हैं। संयोजकता कोश इलेक्ट्रॉन युग्म प्रतिकर्षण सिद्धांत (VSEPR) के अनुसार मिथेन की चतुष्फलीय संरचना होती है, जो बहुसमतलीय है जिसमें कार्बन परमाणु केंद्र में तथा चार हाइड्रोजन परमाणु समचतुष्फलक के चारों कोनों पर स्थित होते हैं। इस प्रकार प्रत्येक H–C का बंध कोण 109.5° होता है।

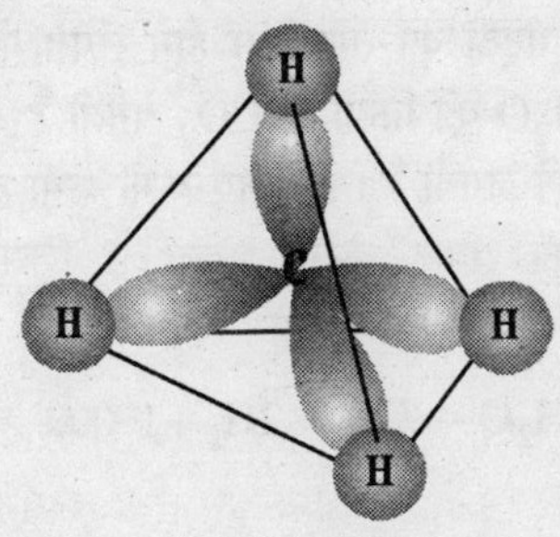

मिथेन (CH_4) की चतुष्फलक संरचना

ऐल्केनों के चतुष्फलक आपस में जुड़े रहते हैं, जिनमें C-C तथा C-H आबंधों की लंबाइयाँ क्रमशः 154 pm और 112 pm होती हैं।

डायमण्ड

- डायमण्ड को हीरा भी कहते हैं। डायमण्ड कार्बन का सबसे शुद्ध रूप है।
- यह रंगहीन, पारदर्शी तथा सबसे अधिक कठोर (Hard) ठोस है।

संरचना

X-किरण (X-ray) विश्लेषण के आधार पर हीरे की संरचना बतायी गयी है। प्रत्येक कार्बन परमाणु sp^3 संकरित रहता है तथा अन्य चार कार्बन परमाणुओं से संकरित बन्ध (सहसंयोजी बन्ध) द्वारा जुड़कर चतुष्फलकीय संरचना (structure) बनाता है।

- प्रत्येक कार्बन परमाणु चतुष्फल के बीच में स्थित रहता है तथा अन्य चार कार्बन परमाणु चतुष्फलक के चार कोनों पर स्थित रहते हैं।
- C-C बन्ध की लम्बाई 1.54Å होती है। ये बन्ध बहुत प्रबल होते हैं, इसलिए डायमण्ड बहुत सघन (dense) होता है।
- इसका घनत्व 3.51 तथा अपवर्तनांक (refractive index) 2.45 होता है।

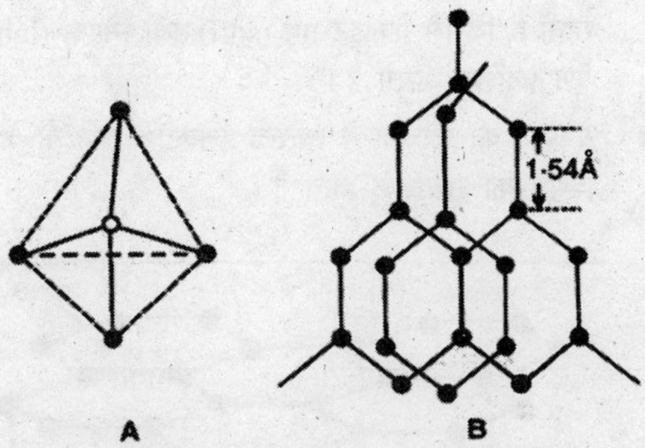

A. डायमण्ड क्रिस्टल में C-परमाणुओं की चतुष्फलकीय इकाई
B. डायमण्ड क्रिस्टल में अनेक चतुष्फलकीय इकाई

- डायमण्ड में अनेक चतुष्फलकीय इकाइयाँ होती हैं, इसलिए यह एक वृहत् (giant) अणु है।
- हीरे की त्रिविम (three dimensional) संरचना होती है। इसमें अयुग्मित इलेक्ट्रॉन नहीं होते हैं इसलिए यह विद्युत का कुचालक (bad conductor) होता है।
- प्रकाश के परावर्तन एवं अपवर्तन की क्षमता होने के कारण इसका उपयोग आभूषण (jewellary) बनाने में किया जाता है।
- सबसे अधिक कठोर होने के कारण डायमण्ड का उपयोग काँच (glass) काटने, चट्टानों को भेदने (drilling) के लिए औजार बनाने तथा टंगस्टन (tungsten) के तार खींचने में किया जाता है।

ग्रेफाइट

- ग्रेफाइट कार्बन का अपरूप है तथा हीरे से नर्म (Soft) होता है।
- ग्रेफाइट की संरचना द्वि-विमीय (two-dimensional) होती हैं। कार्बन के केवल तीन संयोजकता इलेक्ट्रॉन ही बन्ध बनाने में भाग लेते हैं। अतः प्रत्येक कार्बन परमाणु अन्य कार्बन परमाणुओं से बन्ध बनाने में sp^2 संकरित कक्षकों का उपयोग करता है।
- X-किरण विश्लेषण के आधार पर ग्रेफाइट में कार्बन परमाणु सह-संयोजक बन्धों द्वारा जुड़े रहते हैं तथा षट्भुजीय (hexagonal) चक्रों (rings) की अनेक परतें (layers) रहती हैं।
- इन परतों के मध्य कोई रासायनिक बन्ध नहीं होता है।
- ये परतें आपस में कमजोर वान्डरवाल बल द्वारा जुड़ी रहती हैं। C-C बन्ध की लम्बाई 1.42Å तथा दो परतों के बीच की दूरी 3.40Å होती है। इससे पता चलता है कि दो परतों के मध्य सहसंयोजक बन्ध की सम्भावना नहीं है।
- कार्बन की चतुर्थ संयोजकता असंतृप्त रहती है तथा यह परत के विभिन्न कार्बन परमाणुओं के मध्य अनुनाद (resonance) में होती है।
- ग्रेफाइट अनेक परतों में विदलित (cleared) होता है, लेकिन परतें आसानी से टूटती नहीं हैं। ये परतें आपस में अलग

रहती हैं, जिससे ग्रेफाइट नर्म (soft) तथा स्नेहक (lubricant) गुण प्रदर्शित करता है।

- ग्रेफाइट की संरचना में स्वतन्त्र इलेक्ट्रॉन रहने के कारण यह विद्युत का सुचालक होता है।

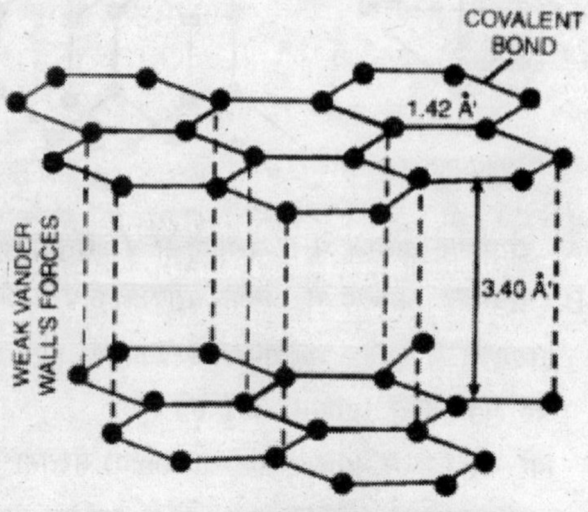

ग्रेफाइट की संरचना

ईंधन गैसें

- कोई भी ज्वलनशील पदार्थ जो कि जलने पर ऊष्मा देते हैं, ईंधन कहलाते हैं।
- ईंधन के द्वारा जो ऊष्मा उत्पन्न होती है उसे कैलोरी में व्यक्त किया जाता है।
- कैलोरी (Calories) ऊष्मा की वह मात्रा है जो 1 ग्राम जल का 1° ताप (15°C ताप पर) बढ़ने के लिए आवश्यक होती है।
- 1 ग्राम ईंधन के जलने पर जो ऊष्मा प्राप्त होती है, ईंधन का कैलोरी मान कहलाती है।
- ईंधन तीन प्रकार के होते हैं–
  - *(i)* **ठोस ईंधन (Solid fuels)–** उदा॰ लकड़ी, कोयला, कोक, चारकोल आदि।
  - *(ii)* **द्रव ईंधन (Liquid fuels)–** उदा॰ पेट्रोल, केरोसीन, डीजल, आदि।
  - *(iii)* **गैसीय ईंधन (Gaseous fuels)–** उदा॰ प्राकृतिक गैस, कोल गैस, वाटर गैस, आयल गैस, पेट्रोल गैस, प्रोड्यूसर गैस आदि।

तेल गैस

- सामान्यतः तेल गैस का प्रयोग प्रयोगशाला में किया जाता है।
- तेल गैस केरोसिन के भंजन (Cracking) के द्वारा बनाया जाता है।
- तेल गैस हाइड्रोजन, संतृप्त तथा असंतृप्त हाइड्रोकार्बन जैसे– CH_4, C_2H_4 तथा C_2H_2 का मिश्रण होता है।
- रक्त तप्त (Red hot) लोहे के रिटार्ट में केरोसिन बूँद-बूँद करके गिराया जाता है जिससे केरोसिन के भंजन से गैसों (हाइड्रोकार्बन) का मिश्रण प्राप्त होता है।

$$C_{16}H_{34} \rightarrow 6CH_4 + 2C_2H_4 + C_2H_2 + 4C$$

मिथेन एथिलीन एसीटिलीन

- तेल गैस प्रयोगशाला में बर्नरों को जलाने के काम आती है।

जल गैस

- जल गैस उच्च कैलोरीमान होने के कारण अधिक उपयोगी होती है।
- यह CO (50%) तथा H_2 (46%) का मिश्रण है तथा इसमें कुछ मात्रा में CO_2, CH_4 तथा N_2 भी रहती है।
- श्वेत तप्त कोक पर जल वाष्प प्रवाहित करने पर जल गैस प्राप्त होती है।

$$C + H_2O \xrightarrow{1100-1400°C} CO + H_2 + 2900 \text{ कैलोरी}$$

- उपरोक्त अभिक्रिया ऊष्माशोषी (endothermic) है, जिसके कारण भट्ठी का ताप कम होने लगता है, कम ताप पर C तथा H_2O की क्रिया से CO_2 बनती है तथा CO की मात्रा कम होने लगती है। इसीलिए कभी-कभी वाष्प प्रभाव रोककर वायु का प्रवाह करना पड़ता है जिससे भट्टी का ताप 1100°C से कम न हो।

$$C + 2H_2O \rightarrow CO_2 + 2H_2 + 19000 \text{ कैलोरी}$$

उपयोग

(i) इसका कैलोरी मान अधिक होता है इसलिये इसका उपयोग वैल्डिंग में किया जाता है।

(ii) संश्लेषित पेट्रोल तथा मेथिल एल्कोहल के निर्माण में।

(iii) इसका उपयोग मरकेप्टन आदि जहरीली गैस के बनाने में किया जाता है।

प्रोड्यूसर गैस

- प्रोड्यूसर गैस CO तथा N_2 का मिश्रण होती है।
- शुद्ध प्रोड्यूसर गैस में 34.7% CO तथा 63.5% N_2 होती है।
- इस गैस का कैलोरीमान अन्य गैसीय ईंधनों की अपेक्षा कम है।
- यह रंगहीन, गन्धहीन तथा जहरीली गैस है।
- यह स्वयं ज्वलनशील है, परन्तु जलने में सहायक नहीं है।

उपयोग

(i) काँच तथा स्टील के निर्माण भट्टियों में।

(ii) कार्बनिक यौगिकों के निर्माण में।

(iii) धातु कर्म भट्ठियों को गर्म करने हेतु।

कोल गैस

- कोयले (पत्थर का कोयला) के भंजक आसवन (destructive distillation) से प्राप्त वाष्पशील (volatile) उत्पादों को जल से होकर गुजारते हैं।
- विलेय तथा कोलतारी (tarry) पदार्थ जल में रह जाते हैं। अवशेष गैस कोल गैस कहलाती है।

- कोल गैस में लगभग 95% ज्वलनशील गैसें; जैसे– H_2, CH_4, C_2H_4 तथा C_2H_2 रहती हैं तथा शेष 5% न जलने वाली अशुद्धियाँ जैसे N_2 तथा CO_2 रहती हैं।
- कोल गैस में उपस्थित असंतृप्त हाइड्रोकार्बनों (C_2H_4, C_2H_2, बेंजीन, नेफ्थलीन वाष्प) के जलने से प्रकाश उत्पन्न होता है जिसके कारण इसे प्रदीपक (illuminant) कहते हैं।
- यह रंगहीन (colourless) एवं विशेष गन्ध (specific odour) वाली गैस है।
- यह जल में अल्प विलेय है तथा वायु के साथ विस्फोटक मिश्रण बनाती है।
- यह बुन्सन बर्नर की वायु की अधिकता में निर्दीप्त (non-luminous) ज्वाला के साथ जलती है।

उपयोग

(*i*) प्रदीपक के रूप में

(*ii*) गैसीय ईंधन के रूप में तथा

(*iii*) धातुकर्मों एवं अन्य प्रक्रियाओं में निष्क्रिय अथवा अपचायक वातावरण के लिए।

पेट्रोल गैस

- पेट्रोल गैस C_6–C_{12} तक के संतृप्त हाइड्रोकार्बनों का मिश्रण होता है।
- पेट्रोल, वाष्प तथा वायु के मिश्रण को पेट्रोल गैस कहते हैं।
- पेट्रोल गैस बनाने के लिए एक विशेष प्रकार के संयन्त्र में, पेट्रोल को विद्युत उष्मक (electric heater) द्वारा गर्म करते हैं तथा वायु की तीव्र धारा प्रवाहित करने से गर्म होकर पेट्रोल वाष्पीकृत हो जाता है, पेट्रोल वाष्प वायु के मिश्रण को गैस भरने की टंकी में इकट्ठा कर लेते हैं।
- पेट्रोल गैस का उपयोग प्रयोगशाला में बर्नरों में जलाने के लिए करते हैं।

एल॰ पी॰ जी॰

- द्रवित पेट्रोलियम गैस (liquified petroleum gas) को संक्षेप में एल. पी. जी. (L.P.G.) कहते हैं।
- निम्न संतृप्त तथा असंतृप्त हाइड्रोकार्बनों को उच्चदाब पर द्रवित किया जाता है।
- एल. पी. जी. में विभिन्न हाइड्रोकार्बनों की लगभग प्रतिशत मात्रा निम्न होती है।

n-ब्यूटेन	70%
आइसोब्यूटेन	10%
प्रोपेन	11%
2-ब्यूटीन	8%
ऐथेन	0.5%

- प्राकृतिक गैस से प्रोपेन तथा ब्यूटेन को पृथक् कर लेते हैं तथा उच्च दाब पर द्रवित करके लोहे के सिलेण्डरों में भर लेते हैं। यह द्रव मिश्रण एल. पी. जी. कहलाता है।
- एल. पी. जी. पेट्रोलियम के प्रभाजी आसवन (fractional distillation) में उपजात (by-product) के रूप में भी प्राप्त होती है।
- घरेलू सिलेण्डरों में मुख्य रूप से द्रवित ब्यूटेन होती है। ब्यूटेन जलने पर अधिक ऊष्मा देती है।
- द्रवित पेट्रोलियम गैस में एथिल मरकैप्टन (C_2H_5SH) अथवा मिथेन थायोल (methane thiol) मिला देते हैं जिससे इनकी विशेष गन्ध के कारण गैस रिसने का पता लग जाता है।

वस्तुनिष्ठ प्रश्न

1. घरेलू खाना पकाने वाली गैस में होती है–
A. ऐसीटिलीन व कार्बन मोनोऑक्साइड
B. ऐसीटिलीन और हाइड्रोजन
C. ब्यूटेन और आइसोब्यूटेन
D. मिथेन और एथेन

2. निम्न में कौन-सा कथन असत्य है–
A. हीरे तथा ग्रेफाइट की जालक संरचना भिन्न होती है
B. ग्रेफाइट कार्बन का अशुद्ध रूप है जबकि हीरा शुद्ध रूप है
C. ग्रेफाइट विद्युत का चालक होता है जबकि हीरा नहीं
D. ग्रेफाइट का घनत्व हीरे से कम होता है

3. कोयले से कोक का उत्पादन निम्नवत् किया जाता है–
A. अपस्फोटन B. भंजक-आसवन
C. प्रभाजी आसवन D. प्रभाजन

4. कार्बन के विभिन्न अपरूपों में
A. हीरा कठोरतम है तथा ग्रेफाइट मृदु है
B. हीरा कठोरतम है तथा कोक मृदु है
C. हीरा कठोरतम है तथा लैम्प ब्लैक मृदु है
D. कोक कठोरतम है तथा ग्रेफाइट मृदु है

5. लकड़ी का चारकोल शर्करा के विरंजन में प्रयुक्त होता है क्योंकि–
A. यह रंगीन पदार्थ को अधिशोषित कर लेता है
B. यह रंगीन पदार्थ को ऑक्सीकृत कर देता है
C. यह रंगीन पदार्थ को अपचयित कर देता है
D. यह रंगीन पदार्थ को रंगहीन कर देता है

6. ग्रेफाइट विद्युत का चालक है क्योंकि–
A. इसमें सभी कार्बन बंध संतुष्ट होते हैं
B. कुछ इलेक्ट्रॉन पूरे क्रिस्टल में गति करने के लिए स्वतंत्र होते हैं
C. यह मृदु होता है
D. इसकी वृहत अणु संरचना होती है

7. चारकोल जो ब्राउन शुगर के विरंजन में प्रयुक्त होता है, वह है–
A. जन्तु चारकोल B. नारियल चारकोल
C. काष्ठ चारकोल D. शर्करा चारकोल

8. सक्रिय (activated) चारकोल, शुद्ध पदार्थों से रंजक पदार्थों को हटाने में प्रयुक्त होता है, यह किसके कारण होता है–
A. विरंजन B. ऑक्सीकरण
C. अपचयन D. अधिशोषण

9. कोयला जिसमें कार्बन की मात्रा अधिकतम होती है–
A. पीट B. ऐन्थ्रासाइट
C. लिग्नाइट D. बिट्यूमिनस

10. कार्बन का सबसे अधिक क्रियाशील रूप है–
A. हीरा B. ग्रेफाइट
C. कोयला D. चारकोल

11. प्रोड्यूसर गैस किसका मिश्रण है–
A. CO तथा N_2 B. CO तथा H_2
C. CO तथा CO_2 D. H_2O तथा CO

12. प्रयोगशाला में संश्लेषित किया जाने वाला प्रथम कार्बनिक यौगिक था–
A. फॉर्मिक अम्ल B. ऐसीटिक अम्ल
C. यूरिया D. मिथेन

13. प्रकृति में सबसे अधिक मात्रा में पाया जाने वाला कार्बनिक यौगिक है–
A. ग्लूकोज B. फ्रक्टोज
C. सुक्रोज D. सेलुलोज

14. इथिलीन का IUPAC नाम है–
A. इथीन B. इथाइन
C. प्रोपीन D. प्रोपाइन

15. निम्नलिखित में से कौन कार्बनिक यौगिक है?
A. जल B. सोडियम क्लोराइड
C. क्लोरोफार्म D. अमोनियम क्लोराइड

16. फिनॉल एक .... यौगिक है–
A. ऐलीफैटिक B. एरोमैटिक
C. ऐलीसाइक्लिक D. विषम चक्रीय

17. कीटोन में कौन-सा अभिक्रियाशील मूलक उपस्थित रहता है?
A. —CHO B. —COOH
C. C = O D. —OH

18. मिथाइल ऐल्कोहॉल का समजात है–
A. इथाइल ऐल्कोहॉल
B. नॉर्मल प्रोपाइल ऐल्कोहॉल
C. आइसो प्रोपाइल ऐल्कोहॉल
D. फॉर्मल्डिहाइड

19. संतृप्त हाइड्रोकार्बन का सामान्य सूत्र है–
A. C_nH_{2n+1} B. C_nH_{2n+2}
C. C_nH_{2n-1} D. C_nH_{2n-2}

20. ऐल्केन का सामान्य सूत्र होता है–
A. C_nH_{2n} B. C_nH_{2n+1}
C. C_nH_{2n+2} D. C_nH_{2n-2}

21. कार्बनिक यौगिकों के सूक्ष्म जीवों द्वारा धीरे-धीरे अपघटित होने वाली क्रिया को कहते हैं–
A. क्लोरीनीकरण B. बहुलीकरण
C. पाश्चुरीकरण D. किण्वन

22. किण्वन का उदाहरण है–
A. दूध का खट्टा होना
B. गीले आटे का खट्टा होना
C. गन्ने के रस से शराब का बनना
D. उपर्युक्त सभी

23. एथिलीन से पॉली-एथिलीन का बनना किस प्रकार की अभिक्रिया है?
A. संघनन B. बहुलीकरण
C. वाष्पन D. अपस्फोटन

24. लकड़ी के भंजक आसवन से प्राप्त होता है–
A. ऐसीटिक अम्ल B. सल्फ्यूरिक अम्ल
C. पायरोलिग्नियस अम्ल D. फॉर्मिक अम्ल

25. समावयवी यौगिक भिन्नता प्रदर्शित करते हैं–
A. अणु सूत्र में B. संरचनात्मक सूत्र में
C. रासायनिक गुण में D. उपर्युक्त सभी में

26. पेट्रोल जिसे मोटरगाड़ी ईंधन के रूप में प्रयुक्त किया जाता है, किसका मिश्रण है?
A. ऐल्कोहॉल का B. कार्बोहाइड्रेट्स का
C. हाइड्रोकार्बन का D. हाइड्रोकार्बन व ऐल्काहॉल

27. मिट्टी के तेल का संघटन होता है–
A. $C_1–C_5$ B. $C_5–C_{11}$
C. $C_{11}–C_{16}$ D. $C_{16}–C_{18}$

28. पेट्रोल में प्रयोग होने वाला सबसे अच्छा अपस्फोटनरोधी यौगिक है–
A. सोडियम इथॉक्साइड
B. जिंक इथाइल
C. इथाइल मैग्नीशियम ब्रोमाइड
D. लेड टेट्राइथाइल

29. किस पेट्रोलियम कम्पनी ने 'स्पीड' नामक एक उच्च गुणवत्ता वाले पेट्रोल को बाजार में उतारा है?
A. भारत पेट्रोलियम B. इण्डियन ऑयल
C. हिन्दुस्तान पेट्रोलियम D. शेल

30. पैराफिन किसका उपोत्पाद है?
A. पेट्रोलियम परिशोधन का
B. कृषक अपशिष्टों के संसाधन का
C. मधुमक्खी पालन में लगे कुटीर उद्योगों का
D. चमड़ा उद्योग का

उत्तरमाला

1	2	3	4	5	6	7	8	9	10
C	B	B	C	A	B	A	D	B	D
11	**12**	**13**	**14**	**15**	**16**	**17**	**18**	**19**	**20**
A	C	D	A	D	B	C	A	B	C
21	**22**	**23**	**24**	**25**	**26**	**27**	**28**	**29**	**30**
D	D	B	C	B	C	C	D	A	A

जीव विज्ञान

अध्याय 1 जीवन की आधारभूत इकाई

कोशिका

सबसे पहले हुक ने देखा कि सजीवों में अलग-अलग एकक होते हैं। इन एककों का वर्णन करने के लिए जीव विज्ञान में कोशिका शब्द का उपयोग किया जाता है।

विभिन्न आकार के प्याज में सूक्ष्मदर्शी द्वारा देखने पर एक जैसी संरचनाएँ दिखाई देती हैं। प्याज की झिल्ली की कोशिकाएँ समान हैं। प्याज के आकार से इसका कोई संबंध नहीं है।

प्याज की झिल्ली पर दिखाई देने वाली छोटी-छोटी संरचनाएँ शल्क कंद प्याज की मूलभूत इकाई हैं। इन संरचनाओं को कोशिका कहते हैं। न केवल प्याज बल्कि जितने भी जीव-जंतु हम अपने आस-पास देखते हैं वे सभी कोशिकाओं से बनते हैं। यद्यपि, कुछ जीव एककोशिक भी होते हैं।

एक कोशिका स्वयं में ही एक संपूर्ण जीव जैसे—अमीबा, क्लैमिडोमोनास, पैरामीशियम तथा बैक्टीरिया हो सकती है। इन सजीवों को एककोशिक जीव कहते हैं। इसके अतिरिक्त बहुकोशिक जीवों में अनेक कोशिकाएँ समाहित होकर विभिन्न कार्यों को सम्पन्न करने हेतु विभिन्न अंगों का निर्माण करती हैं। इसके कुछ उदाहरण हैं फंजाई (कवक), पादप तथा जंतु। प्रत्येक बहुकोशिक जीव एक कोशिका से ही विकसित हुआ है। कोशिकाएँ विभाजित होकर अपनी ही जैसी कोशिकाएँ बनाती हैं। इस प्रकार सभी कोशिकाएँ अपनी पूर्ववर्ती कोशिकाओं से उत्पन्न होती हैं।

कुछ जीवों में विभिन्न प्रकार की कोशिकाएँ भी हो सकती हैं। कोशिकाओं की आकृति तथा आकार उनके विशिष्ट कार्यों के अनुरूप होते हैं। कुछ कोशिकाएँ अपना आकार बदलती रहती हैं जैसे—एककोशिक अमीबा। कुछ जीवों में कोशिका का आकार लगभग स्थिर रहता है और प्रत्येक प्रकार की कोशिका के लिए विशिष्ट होता है; उदाहरण के लिए तंत्रिका कोशिका।

प्रत्येक जीवित कोशिका में कुछ मूलभूत कार्य करने की क्षमता होती है। बहुकोशिक जीवों में श्रम विभाजन होता है जैसा कि मनुष्यों में। इसका अर्थ यह है कि शरीर के विभिन्न अंग विभिन्न कार्य करते हैं। जैसे मनुष्य के शरीर में हृदय रुधिर को पम्प करता है तथा आमाशय भोजन का पाचन आदि। इसी प्रकार एककोशिक में भी श्रम विभाजन होता है। वास्तव में ऐसी प्रत्येक कोशिका में कुछ विशिष्ट घटक होते हैं जिन्हें कोशिकांग कहते हैं। प्रत्येक कोशिकांग एक विशिष्ट कार्य करता है जैसे—कोशिका में नए पदार्थ का निर्माण, अपशिष्ट पदार्थों का निष्कासन आदि। इन कोशिकांगों के कारण ही एक कोशिका जीवित रहती है और अपने सभी कार्य करती है। ये कोशिकांग मिलकर एक मूलभूत इकाई बनाते हैं जिसे कोशिका कहते हैं। सभी कोशिकाओं में एक ही प्रकार के कोशिकांग होते हैं।

कोशिका झिल्ली

यह कोशिका की सबसे बाहरी परत है जो कोशिका के घटकों को बाहरी पर्यावरण से अलग करती है। प्लाज्मा झिल्ली कुछ पदार्थों को अंदर अथवा बाहर आने-जाने देती है। यह अन्य पदार्थों की गति को भी रोकती है। कोशिका झिल्ली को इसीलिए वर्णात्मक पारगम्य झिल्ली कहते हैं।

कुछ पदार्थ जैसे—कार्बन डाइऑक्साइड अथवा ऑक्सीजन कोशिका झिल्ली के आर-पार विसरण प्रक्रिया द्वारा आ-जा सकते हैं। पदार्थों की गति उच्च सांद्रता से निम्न सांद्रता की ओर होती है।

जब कुछ पदार्थ जैसे CO_2 (जो एक कोशिकीय अपशिष्ट है और जिसका निष्कासन आवश्यक है) कोशिका में एकत्र हो जाती है तो उसकी सांद्रता बढ़ जाती है। कोशिका के बाह्य पर्यावरण में CO_2 की सांद्रता कोशिका में स्थित CO_2 की सांद्रता की अपेक्षा कम होती है। जैसे ही कोशिका के अंदर और बाहर CO_2 की सांद्रता में अंतर आता है उसी समय उच्च सांद्रता से निम्न सांद्रता की ओर विसरण द्वारा कोशिका से CO_2 बाहर निकल जाती है। इसी प्रकार जब कोशिका में ऑक्सीजन की सांद्रता कम हो जाती है तो O_2 बाहर से कोशिका में विसरण द्वारा अंदर चली जाती है। अतः कोशिका तथा बाह्य पर्यावरण में गैसों के आदान-प्रदान में विसरण एक महत्वपूर्ण भूमिका निभाती है।

जल भी विसरण के नियमों के अनुकूल व्यवहार करता है। जल के अणुओं की गति जब वर्णात्मक पारगम्य झिल्ली द्वारा हो तो उसे परासरण कहते हैं। प्लाज्मा झिल्ली से जल की गति जल में घुले पदार्थों की मात्रा के कारण भी प्रभावित होती है। इस

प्रकार परासरण में जल के अणु वर्णात्मक पारगम्य झिल्ली द्वारा उच्च जल की सांद्रता से निम्न जल की सांद्रता की ओर जाते हैं।

प्लाज्मा झिल्ली लचीली होती है और कार्बनिक अणुओं जैसे–लिपिड तथा प्रोटीन की बनी होती है। प्लाज्मा झिल्ली की रचना का अवलोकन हम केवल इलेक्ट्रॉन सूक्ष्मदर्शी से करते हैं।

कोशिका झिल्ली का लचीलापन एककोशिक जीवों में कोशिका के बाह्य पर्यावरण से अपना भोजन तथा अन्य पदार्थ ग्रहण करने में सहायता करता है। ऐसी प्रक्रिया को एन्डोसाइटोसिस कहते हैं। अमीबा अपना भोजन इसी प्रक्रिया द्वारा प्राप्त करता है।

कोशिका भित्ति

पादप कोशिकाओं में प्लाज्मा झिल्ली के अतिरिक्त कोशिका भित्ति भी होती है। पादप कोशिका भित्ति मुख्यतः सेल्यूलोज की बनी होती है। सेल्यूलोज एक बहुत जटिल पदार्थ है और यह पौधों को संरचनात्मक दृढ़ता प्रदान करता है।

जब किसी पादप कोशिका में परासरण द्वारा पानी की हानि होती है तो कोशिका झिल्ली सहित आंतरिक पदार्थ संकुचित हो जाते हैं। इस घटना को जीवद्रव्य कुंचन कहते हैं।

केंद्रक

कोशिका के विभिन्न भाग रासायनिक संघटन के आधार पर विभिन्न रंगों से रँगे जाते हैं। कुछ क्षेत्र अधिक गहरे रंग के प्रतीत होते हैं तथा कुछ कम। कोशिका को रँगने के लिए हम आयोडीन विलयन के अतिरिक्त सैफ्रानिन अथवा मेथलीन ब्लू विलयन का भी उपयोग करते हैं।

केंद्रक के चारों ओर दोहरे परत का एक स्तर होता है जिसे केंद्रक झिल्ली कहते हैं। केंद्रक झिल्ली में छोटे-छोटे छिद्र होते हैं। इन छिद्रों के द्वारा केंद्रक के अंदर का कोशिकाद्रव्य केंद्रक के बाहर जा पाता है।

केंद्र में क्रोमोसोम होते हैं जो कोशिका विभाजन के समय छड़ाकार दिखाई पड़ते हैं। क्रोमोसोम में आनुवंशिक गुण होते हैं जो माता-पिता से DNA (डिऑक्सी राइबो न्यूक्लीक अम्ल) अणु के रूप में अगली संतति में जाते हैं।

कुछ जीवों के कोशिकीय जनन में केंद्रक महत्वपूर्ण भूमिका निभाता है। इस प्रक्रिया में एक अकेली कोशिका विभाजित होकर दो नयी कोशिकाएँ बनाती हैं। यह कोशिका के विकास व परिपक्वन को निर्धारित करता है।

बैक्टीरिया जैसे कुछ जीवों में कोशिका का केंद्रकीय क्षेत्र बहुत कम स्पष्ट होता है क्योंकि इसमें केंद्रक झिल्ली नहीं होती। ऐसे अस्पष्ट केंद्रक क्षेत्र में केवल क्रोमैटिन पदार्थ होता है। ऐसे क्षेत्र को केंद्रकाय कहते हैं। ऐसे जीव जिसकी कोशिकाओं में केंद्रक झिल्ली नहीं होती उन्हें *प्रोकैरियोट* (प्रो-आदि अथवा पूर्व; कैरियोट = कैरियोन = केंद्रक) और जिन जीवों की कोशिकाओं में केंद्रक झिल्ली होती है उन्हें *यूकैरियोट* कहते हैं।

प्लाज्मा झिल्ली के अंदर कोशिका द्रव्य एक तरल पदार्थ है। इसमें बहुत से विशिष्ट कोशिका के घटक होते हैं जिन्हें कोशिका अंगक कहते हैं। प्रत्येक अंगक कोशिका के लिए विशिष्ट कार्य करते हैं। कोशिका द्रव्य तथा केंद्रक दोनों को मिलाकर जीवद्रव्य कहते हैं।

कोशिका अंगक झिल्लीयुक्त होते हैं। प्रोकैरियोटी कोशिकाओं में वास्तविक केंद्रक के अतिरिक्त झिल्ली युक्त अंगक भी नहीं होते, जबकि यूकैरियोटी कोशिकाओं में केंद्रकीय झिल्ली तथा झिल्लीयुक्त अंगक होते हैं।

झिल्ली अत्यंत महत्वपूर्ण होता है जैसे–वायरस में किसी भी प्रकार की झिल्ली नहीं होती इसीलिए इसमें जीवन के गुण तब तक लक्षित नहीं होते जब तक कि यह किसी सजीव के शरीर में प्रविष्ट करके कोशिका की मशीनरी का उपयोग कर अपना बहुगुणन नहीं कर लेता।

कोशिका अंगक

प्रत्येक कोशिका के चारों ओर अपनी झिल्ली होती है जिससे कि उसमें स्थित पदार्थ बाह्य पर्यावरण से अलग रहे। बड़ी तथा जटिल कोशिकाओं, जिसमें बहुकोशिक जीवों की कोशिकाएँ भी शामिल हैं, को भी उपापचयी क्रियाओं की बहुत आवश्यकता होती है जिससे कि वे जटिल संरचना तथा कार्य को सहारा दे सकें। इन विभिन्न प्रकार की उपापचयी क्रियाओं को अलग-अलग रखने के लिए, ये कोशिकाएँ झिल्लीयुक्त छोटी-छोटी संरचनाओं (अंगक) का उपयोग करती हैं। यह यूकैरियोटी कोशिकाओं का एक ऐसा गुण है जो उन्हें प्रोकैरियोटी कोशिकाओं से अलग करता है।

अंतर्द्रव्यी जालिका (ER)

अंतर्द्रव्यी जालिका झिल्लीयुक्त नलिकाओं तथा शीट का एक बहुत बड़ा तंत्र है। ये लंबी नलिका अथवा गोल या आयताकार थैलों (पुटिकाओं) की तरह दिखाई देती हैं। अंतर्द्रव्यी जालिका की रचना भी प्लैज्मा झिल्ली के समरूप होती है। यह कोशिकीय क्रिया के लिए बहुत महत्वपूर्ण है। कुछ प्रोटीन तथा वसा कोशिका झिल्ली को बनाने में सहायता करते हैं। इस प्रक्रिया को झिल्ली जीवात्-जनन कहते हैं। कुछ अन्य प्रोटीन तथा वसा, एंजाइम एवं हार्मोन की भाँति कार्य करते हैं। यद्यपि विभिन्न कोशिकाओं में ER भिन्न रूपों में दिखाई देती है परंतु सदैव एक जालिका तंत्र का निर्माण करती है।

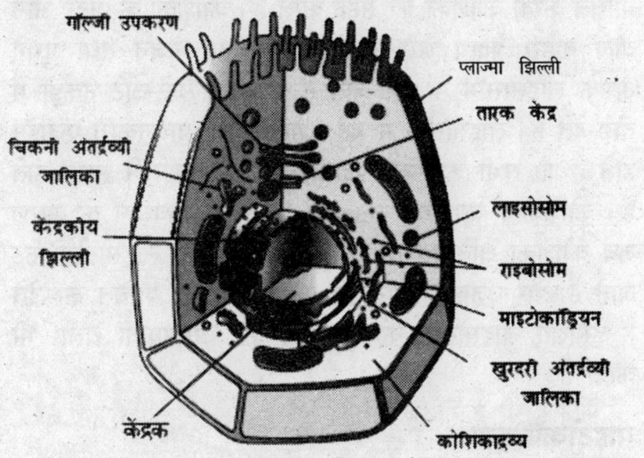

जंतु कोशिका

ER कोशिका की कुछ जैव रासायनिक क्रियाओं के लिए कोशिका द्रव्यी ढाँचे का कार्य भी करती है। एक वर्ग के जंतुओं,

जिन्हें कशेरुकी भी कहते हैं। उनके यकृत की कोशिकाओं में SER विष एवं दवा के निराविषीकरण में विशेष भूमिका का निर्वाह करते हैं।

गॉल्जी उपकरण

गॉल्जी उपकरण झिल्लीयुक्त पुटिका है जो एक-दूसरे के ऊपर समानांतर रूप से सजी रहती है। इन्हें कुंडिका कहते हैं। इन झिल्लियों का संपर्क ER झिल्लियों से होता है और इसलिए जटिल कोशिकीय झिल्ली तंत्र के दूसरे भाग को बनाती है।

ER में संश्लेषित पदार्थ गॉल्जी उपकरण में पैक किए जाते हैं और उन्हें कोशिका के बाहर तथा अंदर विभिन्न क्षेत्रों में भेज दिया जाता है। गॉल्जी उपकरण के द्वारा लाइसोसोम को भी बनाया जाता है।

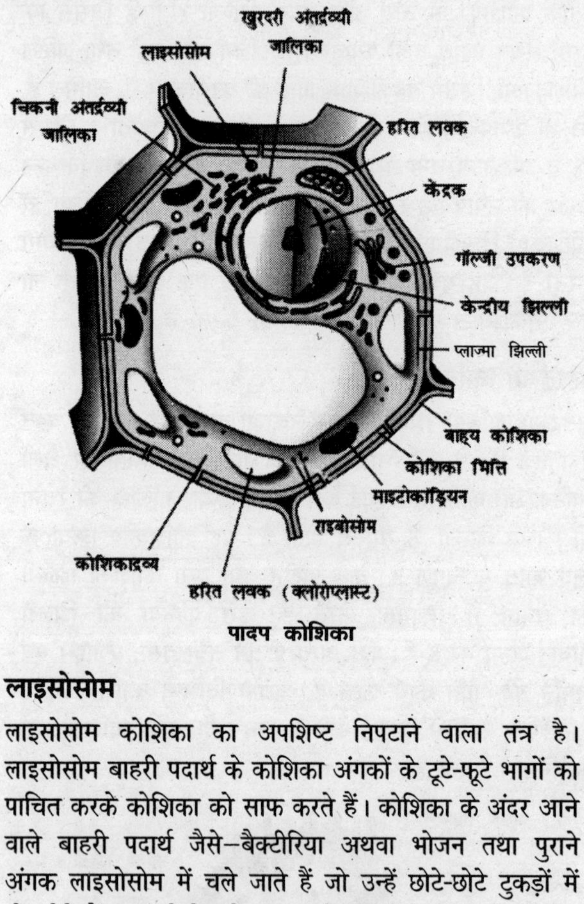

पादप कोशिका

लाइसोसोम

लाइसोसोम कोशिका का अपशिष्ट निपटाने वाला तंत्र है। लाइसोसोम बाहरी पदार्थ के कोशिका अंगकों के टूटे-फूटे भागों को पाचित करके कोशिका को साफ करते हैं। कोशिका के अंदर आने वाले बाहरी पदार्थ जैसे–बैक्टीरिया अथवा भोजन तथा पुराने अंगक लाइसोसोम में चले जाते हैं जो उन्हें छोटे-छोटे टुकड़ों में तोड़ देते हैं। लाइसोसोम में बहुत शक्तिशाली पाचनकारी एंजाइम होते हैं जो सभी कार्बनिक पदार्थों को तोड़ सकने में सक्षम होते हैं। कोशिकीय चयापचय (metabolism) में व्यवधान के कारण जब कोशिका क्षतिग्रस्त या मृत हो जाती है, तो लाइसोसोम फट जाते हैं और एंजाइम अपनी ही कोशिकाओं को पाचित कर देते हैं इसलिए लाइसोसोम को कोशिका को 'आत्मघाती थैली' भी कहते हैं।

माइटोकॉन्ड्रिया

माइटोकॉन्ड्रिया कोशिका का बिजलीघर है। जीवन के लिए आवश्यक विभिन्न रासायनिक क्रियाओं को करने के लिए माइटोकॉन्ड्रिया ATP (ऐडिनोसिन ट्राइफॉस्फेट) के रूप में ऊर्जा प्रदान करते हैं। ATP कोशिका की ऊर्जा है। शरीर नए रासायनिक यौगिकों को बनाने तथा यांत्रिक कार्य के लिए ATP में संचित ऊर्जा का उपयोग करता है। माइटोकॉन्ड्रिया में दोहरी झिल्ली होती है। बाहरी झिल्ली छिद्रित होती है। भीतरी झिल्ली बहुत अधिक वलित होती है। इसमें उसका अपना DNA तथा राइबोसोम होते हैं। अतः माइटोकॉन्ड्रिया अपना कुछ प्रोटीन स्वयं बनाते हैं।

प्लैस्टिड

प्लैस्टिड केवल पादप कोशिकाओं में स्थित होते हैं। प्लैस्टिड दो प्रकार के होते हैः क्रोमोप्लास्ट (रंगीन प्लैस्टिड) तथा ल्यूकोप्लास्ट (श्वेत तथा रंगहीन प्लैस्टिड)। जिस प्लैस्टिड में क्लोरोफिल वर्णक होता है उसे क्लोरोप्लास्ट कहते हैं। पौधों में क्लोरोप्लास्ट प्रकाश संश्लेषण के लिए बहुत आवश्यक है। क्लोरोप्लास्ट में क्लोरोफिल के अतिरिक्त विभिन्न पीले अथवा नारंगी रंग के वर्णक भी होते हैं। ल्यूकोप्लास्ट प्राथमिक रूप से अंगक हैं जिसमें स्टार्च, तेल तथा प्रोटीन जैसे पदार्थ संचित होते हैं।

प्लैस्टिड की भीतरी रचना में बहुत-सी झिल्ली वाली परतें होती हैं जो स्ट्रोमा में स्थित होती हैं। प्लैस्टिड बाह्य रचना में माइटोकॉन्ड्रिया की तरह होते हैं। माइटोकॉन्ड्रिया की तरह प्लैस्टिड में भी अपना DNA तथा राइबोसोम होते हैं।

रसधानियाँ

रसधानियाँ ठोस अथवा तरल पदार्थों की संग्राहक थैलियाँ हैं। जंतु कोशिकाओं में रसधानियाँ छोटी होती हैं जबकि पादप कोशिकाओं में रसधानियाँ बहुत बड़ी होती हैं। कुछ पौधों की कोशिकाओं की केंद्रीय रसधानी की माप कोशिका के आयतन का 50% से 90% तक होती है।

पादप कोशिकाओं की रसधानियों में कोशिका द्रव्य भरा रहता है और ये कोशिकाओं को स्फीति तथा कठोरता प्रदान करती हैं। पौधों के लिए आवश्यक बहुत से पदार्थ रसधानी में स्थित होते हैं।

प्रत्येक कोशिका की अपनी एक संरचना होती है, जिसके द्वारा वे विशिष्ट कार्य जैसे–श्वसन, पोषण तथा अपशिष्ट पदार्थों का उत्सर्जन अथवा नई प्रोटीन बनाने में सहायता करते हैं। ऐसा उनकी झिल्ली तथा अंगकों की विशिष्ट संरचना के कारण संभव हो पाता है।

अतः कोशिका सजीवों की एक मूलभूत संरचनात्मक इकाई है। यह जीवन की एक मूलभूत क्रियात्मक इकाई भी है।

ऊतक

बहुकोशिक जीवों में श्रम विभाजन होता है। शरीर के अंदर ऐसी कोशिकाएँ जो एक तरह के कार्य को संपन्न करने में दक्ष होती हैं, सदैव एक समूह में होती हैं। इससे ज्ञात होता है कि शरीर के अंदर एक निश्चित कार्य एक निश्चित स्थान पर कोशिकाओं के एक विशिष्ट समूह द्वारा संपन्न किया जाता है। कोशिकाओं का यह समूह ऊतक कहलाता है।

वे कोशिकाएँ जो आकृति में एक समान होती हैं तथा किसी कार्य को एक साथ संपन्न करती हैं, समूह में एक ऊतक का निर्माण करती हैं।

पादप ऊतक

पादप ऊतक दो प्रकार के होते हैं, विभज्योतक तथा स्थायी ऊतक।

1. विभज्योतक

पौधों में वृद्धि कुछ निश्चित क्षेत्रों में ही होती है। ऐसा विभाजित ऊतकों के उन भागों में पाए जाने के कारण होता है। ऐसे ऊतकों को विभज्योतक (Meristematic tissue) भी कहा जाता है। ये विभज्योतक किस भाग में स्थित हैं, विभज्योतक की उपस्थिति वाले क्षेत्रों के आधार पर इन्हें शीर्षस्थ, केंबियम (पार्श्वीय) तथा अंतर्विष्ट भागों में वर्गीकृत किया जाता है। विभज्योतक के द्वारा तैयार नई कोशिकाएँ प्रारंभ में विभज्योतक की तरह होती हैं लेकिन जैसे ही ये बढ़ती और परिपक्व होती हैं, इनके गुणों में धीरे-धीरे परिवर्तन होता है और ये दूसरे ऊतकों के घटकों के रूप में विभाजित हो जाती हैं।

2. स्थायी ऊतक

ये एक विशिष्ट कार्य करती हैं और विभाजित होने की शक्ति को खो देती हैं जिसके फलस्वरूप वे स्थायी ऊतक का निर्माण करती हैं। इस प्रकार एक विशिष्ट कार्य करने के लिए स्थायी रूप और आकार लेने की क्रिया को विभेदीकरण कहते हैं। विभज्योतक की कोशिकाएँ विभाजित होकर विभिन्न प्रकार के स्थायी ऊतकों का निर्माण करती हैं। स्थायी ऊतक दो प्रकार के होते हैं–

(i) सरल स्थायी ऊतक

कोशिकाओं की कुछ परतें ऊतक के आधारीय पैकिंग का निर्माण करती हैं। इन्हें पैरेन्काइमा ऊतक कहते हैं, जो स्थायी ऊतक का एक प्रकार है। यह पतली कोशिका भित्ति वाली सरल कोशिकाओं का बना होता है। ये कोशिकाएँ जीवित एवं प्रायः बंधन मुक्त होती हैं। इस प्रकार के ऊतक की कोशिकाओं के मध्य काफी रिक्त स्थान पाया जाता है। यह ऊतक पौधे को सहायता प्रदान करता है और भोजन का भंडारण करता है। कुछ पैरेन्काइमा ऊतकों में क्लोरोफिल पाया जाता है, जिसके कारण प्रकाश संश्लेषण की क्रिया संपन्न होती है। स्थितियों में इन ऊतकों को क्लोरेन्काइमा (हरित ऊतक) कहा जाता है। जलीय पौधों में पैरेन्काइमा की कोशिकाओं के मध्य हवा की बड़ी गुहिकाएँ (cavities) होती हैं, जो पौधों को तैरने के लिए उत्प्लावन बल प्रदान करती हैं। इस प्रकार के पैरेन्काइमा को ऐरेन्काइमा कहते हैं। तने और जड़ों के पैरेन्काइमा पोषण करने वाले पदार्थ और जल का भी संग्रह करते हैं। पौधों में लचीलेपन का गुण एक अन्य स्थायी ऊतक, कॉलेन्काइमा के कारण होता है।

एक अन्य प्रकार का ऊतक स्क्लेरेन्काइमा होता है। यह ऊतक पौधे को कठोर एवं मजबूत बनाता है। नारियल के रेशेयुक्त छिलके स्क्लेरेन्काइमा ऊतक से बने होते हैं। इस ऊतक की कोशिकाएँ मृत होती हैं।

शुष्क स्थानों पर मिलने वाले पौधों में एपीडर्मिस मोटी हो सकती है। यह जल की हानि कम करके पादपों की रक्षा करती है। पौधे की पूरी सतह एपीडर्मिस से ढँकी रहती है। यह पौधे के सभी भागों की रक्षा करती है। एपीडर्मल कोशिका पौधों की बाह्य सतह पर प्रायः एक मोम जैसी जल प्रतिरोधी परत बनाती है।

पत्ती की एपीडर्मिस में पाए जाने वाले छोटे-छोटे छिद्रों को स्टोमेटा कहते हैं। स्टोमेटा को दो वृक्क के आकार की कोशिकाएँ घेरे रहती हैं, जिन्हें रक्षी कोशिकाएँ कहते हैं। ये कोशिकाएँ वायुमंडल से गैसों का आदान-प्रदान करने के लिए आवश्यक हैं। वाष्पोत्सर्जन (वाष्प के रूप में पानी का निकलना) की क्रिया भी स्टोमेटा के द्वारा होती है।

जड़ों की एपीडर्मल कोशिकाएँ पानी को सोखने का कार्य करती हैं। साधारणतः उनमें बाल जैसे प्रवर्ध होते हैं, जिससे जड़ों की कुल अवशोषक सतह बढ़ जाती है तथा उनकी पानी सोखने की क्षमता में वृद्धि होती है।

(ii) जटिल स्थायी ऊतक

अन्य प्रकार के स्थायी ऊतक को जटिल ऊतक कहते हैं। जटिल ऊतक एक से अधिक प्रकार की कोशिकाओं से मिलकर बने होते हैं और ये सभी एक साथ मिलकर एक इकाई की तरह कार्य करते हैं। जाइलम और फ्लोएम इसी प्रकार के जटिल ऊतकों के उदाहरण हैं।

जंतु ऊतक

जंतु ऊतक चार प्रकार के होते हैं–एपिथीलियमी ऊतक, संयोजी ऊतक, पेशीय ऊतक एवं तंत्रिका ऊतक।

1. एपिथीलियमी ऊतक

जंतु के शरीर को ढकने या बाह्य रक्षा प्रदान करने वाले ऊतक एपिथीलियमी ऊतक हैं। एपिथीलियम शरीर के अंदर स्थित बहुत से अंगों और गुहिकाओं को ढकते हैं। ये भिन्न-भिन्न प्रकार के शारीरिक तंत्रों को एक-दूसरे से अलग करने के लिए अवरोध का निर्माण करते हैं। त्वचा, मुँह, आहार नली, रक्तवाहिनी नली का अस्तर, फेफड़ों की कूपिका, वृक्कीय नली आदि सभी एपिथीलियमी ऊतक से बने होते हैं। जो भी पदार्थ शरीर में प्रवेश करता है या बाहर निकलता है, वह एपिथीलियम की किसी परत से होकर अवश्य गुजरता है। इसके फलस्वरूप विभिन्न प्रकार की एपिथीलियमी कोशिकाओं के बीच की पारगम्यता शरीर तथा बाहरी वातावरण और शरीर के विभिन्न अंगों के बीच पदार्थों के आदान-प्रदान में महत्वपूर्ण भूमिका निभाती है।

जहाँ अवशोषण और स्राव होता है, जैसे, आँत के भीतरी अस्तर (lining) में, वहाँ लंबी एपिथीलियमी कोशिकाएँ मौजूद होती हैं। यह स्तंभाकार एपिथीलियम, एपिथीलियमी अवरोध को पार करने में सहायता प्रदान करता है। श्वास नली में स्तंभाकार एपिथीलियमी ऊतक में पक्ष्माभ (Cilia) होते हैं, ये एपिथीलियमी ऊतक की कोशिकाओं की सतह पर बाल जैसी रचनाएँ होती हैं। ये पक्ष्माभ गति कर सकते हैं तथा इनकी गति श्लेष्मा को आगे स्थानांतरित करके साफ करने में सहायता करती हैं।

2. संयोजी ऊतक

रक्त एक प्रकार का संयोजी ऊतक है। संयोजी ऊतक की कोशिकाएँ आपस में कम जुड़ी होती हैं और अंतरकोशिकीय आधात्री (matrix) में धँसी होती हैं। यह आधात्री जैली की तरह, सघन या कठोर हो सकती है। आधात्री की प्रकृति, विशिष्ट संयोजी ऊतक के कार्य के अनुसार बदलती रहती है।

रक्त के तरल आधात्री भाग को प्लाज्मा कहते हैं, प्लाज्मा में लाल रक्त कणिकाएँ (RBC), श्वेत रक्त कणिकाएँ (WBC) तथा प्लेटलेट्स निलंबित होते हैं। प्लाज्मा में प्रोटीन, नमक तथा हॉर्मोन भी होते हैं। रक्त गैसों, शरीर के पचे हुए भोजन, हॉर्मोन और उत्सर्जी पदार्थों को शरीर के एक भाग से दूसरे भाग में संवहन करता है।

दो अस्थियाँ आपस में एक-दूसरे से, एक अन्य संयोजी ऊतक जिसे स्नायु (अस्थि बंधान तंतु) कहते हैं, से जुड़ी होती हैं। यह ऊतक बहुत लचीला एवं मजबूत होता है। स्नायु में बहुत कम आधात्री होती है। एक अन्य प्रकार का संयोजी ऊतक कंडरा (tendon) है, जो मांसपेशियों को अस्थियों से जोड़ता है।

उपास्थि (cartilage) एक अन्य प्रकार का संयोजी ऊतक होता है, जिसमें कोशिकाओं के बीच पर्याप्त स्थान होता है। इसकी ठोस आधात्री प्रोटीन और शर्करा की बनी होती है। यह अस्थियों के जोड़ों को चिकना बनाती है। उपास्थि नाक, कान, कंठ और श्वास नली में भी उपस्थित होती है। हम कान की उपास्थि को मोड़ सकते हैं, परंतु हाथ की अस्थि को नहीं।

वसा का संग्रह करने वाला वसामय ऊतक त्वचा के नीचे आंतरिक अंगों के बीच पाया जाता है। इस ऊतक की कोशिकाएँ वसा की गोलिकाओं से भरी होती हैं। वसा संग्रहीत होने के कारण यह ऊष्मीय कुचालक का कार्य भी करता है।

3. पेशीय ऊतक

पेशीय ऊतक लंबी कोशिकाओं का बना होता है जिसे पेशीय रेशा (muscle fibre) भी कहा जाता है। यह हमारे शरीर में गति के लिए उत्तरदायी है। पेशियों में एक विशेष प्रकार की प्रोटीन होती है, जिसे सिकुड़ने वाला प्रोटीन कहते हैं, जिसके संकुचन एवं प्रसार के कारण गति होती है।

हृदय की पेशियाँ जीवन भर लयबद्ध होकर प्रसार एवं संकुचन करती रहती हैं। इन अनैच्छिक पेशियों को कार्डियक (हृदयक) पेशी कहा जाता है। हृदय की पेशी कोशिकाएँ बेलनाकार, शाखाओं वाली और एक-केंद्रकीय होती हैं।

4. तंत्रिका ऊतक

सभी कोशिकाओं में उत्तेजना के अनुकूल प्रतिक्रिया करने की क्षमता होती है। तंत्रिका ऊतक की कोशिकाएँ बहुत शीघ्र उत्तेजित होती हैं और इस उत्तेजना को बहुत ही शीघ्र पूरे शरीर में एक स्थान से दूसरे स्थान तक पहुँचाती हैं। मस्तिष्क, मेरुरज्जु तथा तंत्रिकाएँ सभी तंत्रिका ऊतकों की बनी होती हैं। तंत्रिका ऊतक की कोशिकाओं को तंत्रिका कोशिका या न्यूरॉन कहा जाता है। न्यूरॉन में कोशिकाएँ केंद्रक तथा कोशिका द्रव्य (साइटोप्लाज्म) होते हैं। इससे लंबे, पतले बालों जैसी शाखाएँ निकली होती हैं। प्रायः प्रत्येक न्यूरॉन में इस तरह का एक लंबा प्रवर्ध होता है, जिसको एक्सॉन कहते हैं तथा बहुत सारे छोटी शाखा वाले प्रवर्ध (डेंडराइट्स) होते हैं। एक तंत्रिका कोशिका 1 मीटर तक लंबी हो सकती है। बहुत सारे तंत्रिका रेशे संयोजी ऊतक के द्वारा एक साथ मिलकर एक तंत्रिका का निर्माण करते हैं।

वस्तुनिष्ठ प्रश्न

1. गुणसूत्र के ऊपर उपस्थित रचना होती है–
A. सेण्ट्रोमीयर B. सेण्ट्रोसोम
C. गोल्जीकाय D. केन्द्रक

2. हाइड्रोलिटिक एन्जाइम्स वाले कोशिका अंगक होते हैं–
A. मीसोसोम्स B. लाइसोसोम्स
C. माइक्रोसोम्स D. राइबोसोम्स

3. प्रोटीन संश्लेषण होता है सतह पर –
A. केन्द्रक की B. माइटोकॉण्ड्रिया की
C. राइबोसोम की D. डी एन ए की

4. सेण्ट्रोसोम का कार्य है–
A. प्रोटीन संश्लेषण के केन्द्र को बढ़ाना
B. कोशिका विभाजन का प्रारम्भ
C. कोशिका विभाजन का रुकना
D. इनमें से कोई नहीं

5. वायवीय ऑक्सीकरण (श्वसन) को दिशा देने वाले एन्जाइम्स, ATP संश्लेषण एवं कोशिका का ऊर्जा गृह कहलाने वाले केन्द्र होते हैं–
A. गोल्जी उपकरण B. माइक्रोसोम्स
C. माइटोकॉण्ड्रिया D. लाइसोसोम्स

6. डी ऑक्सीराइबोज शर्करा एवं एक फॉस्फेट ग्रुप के साथ-साथ एक नाइट्रोजनी क्षार बनाता है–
A. न्यूक्लियोटाइड B. अमीनो अम्ल
C. पौलीपेप्टाइड D. न्यूक्लियोसाइड

7. जीव कला की संरचना को बताने वाला आधुनिक वाद है–
A. इकाई कला वाद B. राबर्टसन का मॉडल
C. तरल मौजेक वाद D. कैसकेड वाद

8. प्राणी शरीर में एन्जाइम्स पाए जाते हैं–
A. वृक्कीय कोशिकाओं में
B. यकृत कोशिकाओं में
C. मस्तिष्क कोशिकाओं में
D. सभी कोशिकाओं में

9. प्राणी कोशिका एवं पादप कोशिका के बीच मुख्य अन्तर होता है–
A. श्वसन में B. पोषण में
C. वृद्धि में D. गति में

10. केन्द्रक रहित प्राणि कोशिका में कमी होगी–
A. सेण्ट्रिओल्स की B. राइबोसोम्स की
C. गुणसूत्रों की D. उपरोक्त सभी की

11. कोशिका कला बनती है–
A. फास्फोलिपिड एवं प्रोटीन्स से
B. फॉस्फोप्रोटीन्स से
C. प्रोटीन से दोहरे स्तर से
D. ग्लाइको प्रोटीन्स से

12. कार्टिकल क्रिया कहाँ पर होगी?
A. अण्डों के कोशिका द्रव्य में
B. अण्डों के केन्द्रक में
C. शुक्राणु के केन्द्रक में
D. शुक्राणु के कोशिका द्रव्य में

13. कोशिका में इलेक्ट्रॉन तन्त्र वाले अंगक होते हैं–
A. सेण्ट्रिओल B. माइटोकॉण्ड्रिया
C. लाइसोसोम्स D. केन्द्रक

14. प्रोटीन संश्लेषण सम्बन्धित होता है अथवा प्रोटीन संश्लेषण का केन्द्र होता है–
A. केन्द्रक B. क्रोमेटिन
C. कोशिका कला D. राइबोसोम्स

15. केन्द्रिका (nucleolus) में निर्माण होता है–
A. माइटोकॉण्ड्रिया B. राइबोसोम्स
C. गुणसूत्र D. गोल्जी उपकरण

16. अगुणित दशा पाई जाती है–
A. जाइगोट में B. अण्डाणु में
C. जीवाणु में D. अमीबा में

17. इलेक्ट्रॉन सूक्ष्मदर्शी के वर्णानुसार गोल्जी काम्पलेक्स सम्मिलित होता है–
A. केवल प्रोटीन्स के जमाव में
B. लाइपोप्रोटीन कणों के जमाव में
C. प्राथमिक लाइसोसोम्स के निर्माण में
D. राइबोसोम्स के परिवर्तन में

18. निम्न में से कौन-सा कोशिका का ऊर्जा सिक्का कहलाता है?
A. विटामिन्स B. आर. एन. ए.
C. डी. एन. ए. D. ए. टी. पी.

19. एक जानकारी में निम्न में से कौन-सी क्रिया प्रोफेज की उत्क्रमणीय (opposite) होती है–
A. अन्त्यावस्था B. पश्चावस्था
C. मध्यावस्था D. विभाजनांतराल अवस्था

20. निम्न में से कौन-सा कोशिका के भागों एवं कोशिकाओं में विदेशी कणों के विखण्डन हेतु उत्तरदायी है?
A. लाइसोसोम्स B. सेण्ट्रोसोम्स
C. गॉल्जीकाय D. राइबोसोम्स

21. विभाजित सेण्ट्रोमीयर सहित क्रोमेटिड कहलाएँगे–
A. सिस्टर क्रोमेटिड B. समजात गुणसूत्र
C. बाइवेलेण्ट D. टेट्रावैलेण्ट

22. एण्डोसाइटोसिस में सम्मिलित है–
A. फेगोसाइटोसिस
B. पिनोसाइटोसिस
C. उपर्युक्त दोनों
D. उपर्युक्त में से कोई नहीं

23. माइटोकॉण्ड्रिया बहुतायत में बनेंगे जहाँ–
A. शरीर में सर्वाधिक सक्रियता होती है
B. शरीर में सबसे कम सक्रियता होती है
C. शरीर में औसत सक्रियता होती है
D. शरीर में घाव की प्रक्रिया होती है

24. गुणसूत्र रासायनिक रूप से बने होते हैं–
A. लिपिड, प्रोटीन तथा कार्बोहाइड्रेट
B. DNA, हिस्टोन तथा नॉन हिस्टोन
C. DNA तथा RNA
D. हर प्रकार के न्यूक्लिक अम्ल

25. आटोसोम होते हैं–
A. लिंग गुणसूत्र
B. स्वयं विभाजित होने वाले गुणसूत्र
C. स्वयं पोषित गुणसूत्र
D. दैहिक गुणसूत्र

26. सेण्ट्रोमियर (centromere) है–
A. गुणसूत्र का मध्य भाग
B. गुणसूत्र का न रंगा जा सकने वाला भाग
C. गुणसूत्र का भाग नहीं है
D. गुणसूत्र का फैला हुआ भाग

27. इलेक्ट्रॉन सूक्ष्मदर्शी द्वारा अध्ययन से पता लगा है कि प्लाज्मा कला बनी होती है–
A. एक पर्त की B. दो पर्तों की
C. तीन पर्तों की D. चार पर्तों की

28. एक राइबोसोम बना होता है–
A. एक अकेली बड़ी इकाई का
B. कुछ ग्रेन्युलर इकाइयों का
C. बराबर आकार की दो अर्ध गोलाकार इकाइयों का
D. विभिन्न आकार की दो अर्ध गोलाकार इकाइयों का

29. ग्लाइकोजन कण पाए जाते हैं–
A. सभी जन्तु व पादप कोशिकाओं में
B. केवल जन्तु कोशिकाओं में
C. केवल यकृत व पेशी कोशिकाओं में
D. केवल कुछ पादप कोशिकाओं में

30. मनुष्य के शरीर में सभी कोशिकाओं का आकार होता है–
A. समान
B. कोई भी दो कोशिकाएँ समान नहीं होती हैं
C. अंग व ऊतक के अनुसार भिन्न
D. उपरोक्त में से कोई नहीं

उत्तरमाला

1	2	3	4	5	6	7	8	9	10
A	B	C	B	C	A	C	D	B	A
11	**12**	**13**	**14**	**15**	**16**	**17**	**18**	**19**	**20**
A	A	B	D	B	B	C	D	B	A
21	**22**	**23**	**24**	**25**	**26**	**27**	**28**	**29**	**30**
A	A	A	B	D	A	C	D	B	C

अध्याय 2

जीवों में विविधता

सजीव जगत

वर्गीकरण तथा जैव विकास

सभी जीवधारियों को उनकी शारीरिक संरचना और कार्य के आधार पर पहचाना जाता है और उनका वर्गीकरण किया जाता है। शारीरिक बनावट में कुछ लक्षण अन्य लक्षणों की तुलना में ज्यादा परिवर्तन लाते हैं। इसमें समय की भी बहुत महत्वपूर्ण भूमिका होती है। अतः जब कोई शारीरिक बनावट अस्तित्व में आती है, तो यह शरीर में बाद में होने वाले कई परिवर्तनों को प्रभावित करती है। दूसरे शब्दों में, शरीर की बनावट के दौरान जो लक्षण पहले दिखाई पड़ते हैं, उन्हें मूल लक्षण के रूप में जाना जाता है।

हम जितने भी जीवों को देखते हैं वे सभी निरंतर होने वाले परिवर्तनों की उस प्रक्रिया के स्वाभाविक परिणाम हैं जो उनके बेहतर जीवन-यापन के लिए आवश्यक थे। जैव विकास की इस अवधारणा को सबसे पहले चार्ल्स डार्विन ने 1859 में अपनी पुस्तक "दि ओरिजिन ऑफ स्पीशीज" में दिया।

जैव विकास की इस अवधारणा को वर्गीकरण से जोड़कर देखने पर हम पाते हैं कि कुछ जीव समूहों की शारीरिक संरचना में प्राचीन काल से लेकर आज तक कोई खास परिवर्तन नहीं हुआ है, लेकिन कुछ जीव समूहों की शारीरिक संरचना में पर्याप्त परिवर्तन दिखाई पड़ते हैं। पहले प्रकार के जीवों को आदिम अथवा निम्न जीव कहते हैं, जबकि दूसरे प्रकार के जीवों को उन्नत अथवा उच्च जीव कहते हैं। चूँकि विकास के दौरान जीवों में जटिलता की संभावना बनी रहती है, इसलिए पुराने जीवों को साधारण और नये जीवों को अपेक्षाकृत जटिल भी कहा जा सकता है।

वर्गीकरण समूहों की पदानुक्रमित संरचना

व्हिटेकर द्वारा प्रस्तावित वर्गीकरण में पाँच जगत हैं–मोनेरा, प्रोटिस्टा, फंजाई, प्लांटी और एनीमेलिया। ये समूह कोशिकीय संरचना, पोषण के स्रोत और तरीके तथा शारीरिक संगठन के आधार पर बनाए गए हैं। वोस ने अपने वर्गीकरण में मोनेरा जगत को आर्कीबैक्टीरिया और यूबैक्टीरिया में बाँट दिया, जो प्रयोग में लाया जाता है।

पुनः विभिन्न स्तरों पर जीवों को उप समूहों में वर्गीकृत किया गया है। जैसे–

जगत (किंगडम) – फाइलम (जंतु)/डिवीजन (पादप)
वर्ग (क्लास)
गण (ऑर्डर)
कुल (फैमिली)
वंश (जीनस)
जाति (स्पीशीज)

इस वर्गीकरण के आधार पर निम्न वर्ग के जीव होते हैं–

1. मोनेरा

इन जीवों में न तो संगठित केंद्रक और कोशिकांग होते हैं और न ही उनके शरीर बहुकोशिक होते हैं। इनमें पाई जाने वाली विविधता अन्य लक्षणों पर निर्भर करती है। इनमें कुछ में कोशिका भित्ति पाई जाती है तथा कुछ में नहीं। कोशिका भित्ति के होने या न होने के कारण मोनेरा वर्ग के जीवों की शारीरिक संरचना में आए परिवर्तन तुलनात्मक रूप से बहुकोशिक जीवों में कोशिका भित्ति के होने या न होने के कारण आए परिवर्तनों से भिन्न होते हैं। पोषण के स्तर पर ये स्वपोषी अथवा विषमपोषी दोनों हो सकते हैं। उदाहरणार्थ–जीवाणु, नील-हरित शैवाल अथवा सायनोबैक्टीरिया, माइकोप्लाज्मा।

2. प्रोटिस्टा

इसमें एककोशिक, यूकैरियोटी जीव आते हैं। इस वर्ग के कुछ जीवों में गमन के लिए सीलिया एवं फ्लैजेला नामक संरचनाएँ पाई जाती हैं। ये स्वपोषी और विषमपोषी दोनों तरह के होते हैं। उदाहरणार्थ, एककोशिक शैवाल, डाइएटम, प्रोटोजोआ इत्यादि।

3. फंजाई

ये विषमपोषी यूकैरियोटी जीव हैं। ये पोषण के लिए सड़े-गले कार्बनिक पदार्थों पर निर्भर रहते हैं, इसलिए इन्हें मृतजीवी कहा जाता है। इनमें से कई अपने जीवन की विशेष अवस्था में बहुकोशिक क्षमता प्राप्त कर लेते हैं। फंजाई अथवा कवक में काइटिन नामक जटिल शर्करा की बनी हुई कोशिका भित्ति पाई जाती है। उदाहरणार्थ, यीस्ट, मशरूम।

4. प्लांटी

इस वर्ग में कोशिका भित्ति वाले बहुकोशिक यूकैरियोटी जीव आते हैं। ये स्वपोषी होते हैं और प्रकाश-संश्लेषण के लिए क्लोरोफिल का प्रयोग करते हैं। इस वर्ग में सभी पौधों को रखा गया है।

5. एनिमेलिया

इस वर्ग में ऐसे सभी बहुकोशिक यूकैरियोटी जीव आते हैं, जिनमें कोशिका भित्ति नहीं पाई जाती है। इस वर्ग के जीव विषमपोषी होते हैं।

प्लांटी

पौधों में प्रथम स्तर का वर्गीकरण इन तथ्यों पर आधारित है कि पादप शरीर के प्रमुख घटक पूर्णरूपेण विकसित एवं विभेदित हैं, अथवा नहीं। वर्गीकरण का अगला स्तर पादप शरीर में जल और अन्य पदार्थों का संवहन करने वाले विशिष्ट ऊतकों की उपस्थिति के आधार पर होता है। यदि बीजधारण की क्षमता है तो बीज फल के अंदर विकसित है, अथवा नहीं। इसके अंतर्गत निम्न वर्ग के पौधे आते हैं–

1. थैलोफाइटा

इन पौधों की शारीरिक संरचना में विभेदीकरण नहीं पाया जाता है। इस वर्ग के पौधों को सामान्यतया शैवाल कहा जाता है। ये मुख्य रूप से जल में पाए जाते हैं। उदाहरणार्थ; यूलोथ्रिक्स, स्पाइरोगाइरा, कारा इत्यादि।

2. ब्रायोफाइटा

इस वर्ग के पौधों को पादप वर्ग का उभयचर कहा जाता है। यह पादप, तना और पत्तों जैसी संरचना में विभाजित होता है। इसमें पादप शरीर के एक भाग से दूसरे भाग तक जल तथा दूसरी चीजों के संवहन के लिए विशिष्ट ऊतक नहीं पाए जाते हैं। उदाहरणार्थ, मास (फ्यूनेरिया), मार्केशिया।

3. टेरिडोफ़ाइटा

इस वर्ग के पौधों का शरीर जड़, तना तथा पत्ती में विभाजित होता है। इनमें शरीर के एक भाग से दूसरे भाग तक जल तथा अन्य पदार्थों के संवहन के लिए संवहन ऊतक भी पाए जाते हैं। उदाहरणार्थ–मार्सीलिया, फर्न, हॉर्स-टेल इत्यादि।

थैलोफ़ाइटा, ब्रायोफ़ाइटा और टेरिडोफ़ाइटा में नग्न भ्रूण पाए जाते हैं, जिन्हें बीजाणु (spore) कहते हैं। इन तीन समूह के पौधों में जननांग अप्रत्यक्ष होते हैं तथा इनमें बीज उत्पन्न करने की क्षमता नहीं होती है। अतः ये क्रिप्टोगैम कहलाते हैं।

वे पौधे जिनमें जनन ऊतक पूर्ण विकसित एवं विभेदित होते हैं तथा जनन प्रक्रिया के पश्चात् बीज उत्पन्न करते हैं, फैनरोगैम कहलाते हैं।

बीज की अवस्था के आधार पर इस वर्ग के पौधों को पुनः दो वर्गों में विभक्त किया जाता है।

जिम्नोस्पर्मः नग्न बीज उत्पन्न करने वाले पौधे।

एंजियोस्पर्मः फल के अंदर (बंद) बीज उत्पन्न करने वाले पौधे।

(i) जिम्नोस्पर्म

यह शब्द दो ग्रीक शब्दों जिम्नो तथा स्पर्मा से मिलकर बना है, जिसमें जिम्नो का अर्थ है नग्न तथा स्पर्म का अर्थ है बीज अर्थात् इन्हें नग्नबीजी पौधे भी कहा जाता है। ये पौधे बहुवर्षी सदाबहार तथा काष्ठीय होते हैं। उदाहरणार्थ–पाइनस तथा साइकस।

(ii) एंजियोस्पर्म

यह दो ग्रीक शब्दों 'एंजियो और स्पर्मा' से मिलकर बना है। एंजियो का अर्थ है–ढँका हुआ और स्पर्मा का अर्थ है–बीज, अर्थात् इन पौधों के बीज फलों के अंदर ढँके होते हैं। इनके बीजों का विकास अंडाशय के अंदर होता है, जो बाद में फल बन जाता है। इन्हें पुष्पी पादप भी कहा जाता है। इनमें भोजन का संचय या तो बीजपत्रों में होता है या फिर भ्रूणपोष में।

एनिमेलिया

इस वर्ग में यूकैरियोटी, बहुकोशिक और विषमपोषी जीवों को रखा गया है। इनकी कोशिकाओं में कोशिका भित्ति नहीं पाई जाती। अधिकतर जंतु चलायमान होते हैं।

(i) पोरीफेरा

पोरीफेरा का अर्थ–छिद्र युक्त जीवधारी है। ये अचल जीव हैं, जो किसी आधार से चिपके रहते हैं। इनके पूरे शरीर में अनेक छिद्र पाए जाते हैं। ये छिद्र शरीर में उपस्थित नाल प्रणाली से जुड़े होते हैं, जिसके माध्यम से शरीर में जल, ऑक्सीजन और भोज्य पदार्थों का संचरण होता है। इनका शरीर कठोर आवरण अथवा बाह्य कंकाल से ढका होता है। इनकी शारीरिक संरचना अत्यंत सरल होती है, जिनमें ऊतकों का विभेदन नहीं होता है। उदाहरणार्थ, साइकॉन, यूप्लेक्टेला, स्पांजिला इत्यादि।

(ii) सीलेंटरेटा

ये जलीय जंतु हैं। इनका शारीरिक संगठन ऊतकीय स्तर का होता है। इनमें एक देहगुहा पाई जाती है। इनका शरीर कोशिकाओं की दो परतों (आंतरिक एवं बाह्य परत) का बना होता है। इनकी कुछ जातियाँ समूह में रहती हैं, (जैसे–कोरल) और कुछ एकाकी होती हैं (जैसे–हाइड्रा)। उदाहरणार्थ, हाइड्रा, समुद्री एनीमोन, जेलीफिश इत्यादि।

(iii) प्लेटीहेल्मिन्थीज

उपरोक्त वर्गों की अपेक्षा इस वर्ग के जंतुओं की शारीरिक संरचना अधिक जटिल होती है। इनका शरीर द्विपार्श्व सममित होता है अर्थात् शरीर के दाएँ और बाएँ भाग की संरचना समान होती है। इनका शरीर त्रिकोरक (Triploblastic) होता है अर्थात् इनका ऊतक विभेदन तीन कोशिकीय स्तरों से हुआ है। इससे शरीर में बाह्य तथा आंतरिक दोनों प्रकार के अस्तर बनते हैं तथा इनमें कुछ अंग भी बनते हैं। इनमें ऐसी वास्तविक देहगुहा का अभाव होता है जिसमें सुविकसित अंग व्यवस्थित हो सकें। इनका शरीर

पृष्ठधारीय एवं चपटा होता है, इसलिए इन्हें चपटा कृमि भी कहा जाता है। इनमें प्लेनेरिया जैसे कुछ स्वछंद जंतु तथा लिवरफ्लूक, जैसे परजीवी हैं।

(iv) निमेटोडा

ये भी त्रिकोरक जंतु हैं तथा इनमें भी द्विपार्श्व सममिति पाई जाती है, लेकिन इनका शरीर चपटा ना होकर बेलनाकार होता है। इनके देहगुहा को कूटसीलोम कहते हैं। इसमें ऊतक पाए जाते हैं परंतु अंगतंत्र पूर्ण विकसित नहीं होते हैं। इनकी शारीरिक संरचना भी त्रिकोरकी होती है। ये अधिकांशतः परजीवी होते हैं। परजीवी के तौर पर ये दूसरे जंतुओं में रोग उत्पन्न करते हैं। उदाहरणार्थ–गोल कृमि, फाइलेरिया कृमि, पिन कृमि इत्यादि।

(v) एनीलिडा

एनीलिड जंतु द्विपार्श्व सममित एवं त्रिकोरिक होते हैं। इनमें वास्तविक देहगुहा भी पाई जाती है। इससे वास्तविक अंग शारीरिक संरचना में निहित रहते हैं। अतः अंगों में व्यापक भिन्नता होती है। यह भिन्नता इनके शरीर के सिर से पूँछ तक एक के बाद एक खंडित रूप में उपस्थित होती है। जलीय एनीलिड अलवण एवं लवणीय जल दोनों में पाए जाते हैं। इनमें संवहन, पाचन, उत्सर्जन और तंत्रिका तंत्र पाए जाते हैं। ये जलीय और स्थलीय दोनों होते हैं। उदाहरणार्थ; केंचुआ, नेरीस, जोंक इत्यादि।

(vi) आर्थ्रोपोडा

यह जंतु जगत का सबसे बड़ा संघ है। इनमें द्विपार्श्व सममिति पाई जाती है और शरीर खंडयुक्त होता है। इनमें खुला परिसंचरण तंत्र पाया जाता है। अतः रुधिर वाहिकाओं में नहीं बहता। देहगुहा रक्त से भरी होती है। इनमें जुड़े हुए पैर पाए जाते हैं। कुछ सामान्य उदाहरण हैं–झींगा, तितली, मक्खी, मकड़ी, बिच्छू, केकड़े इत्यादि।

(vii) मोलस्का

इनमें भी द्विपार्श्व सममिति पाई जाती है। इनकी देहगुहा बहुत कम होती है तथा शरीर में थोड़ा विखंडन होता है। अधिकांश मोलस्क जंतुओं में कवच पाया जाता है। इनमें खुला संवहनी तंत्र तथा उत्सर्जन के लिए गुर्दे जैसी संरचना पाई जाती है। उदाहरणार्थ; घेंघा, सीप इत्यादि।

(viii) इकाइनोडर्मेटा

इन जंतुओं की त्वचा काँटों से आच्छादित होती है। ये मुक्तजीवी समुद्री जंतु हैं। ये देहगुहायुक्त त्रिकोरकी जंतु हैं। इनमें विशिष्ट जल संवहन नाल तंत्र पाया जाता है, जो उनके चलन में सहायक है। इनमें कैल्सियम कार्बोनेट के कंकाल एवं काँटे पाए जाते हैं। उदाहरणार्थ–स्टारफिश, समुद्री अर्चिन, इत्यादि।

(ix) प्रोटोकॉर्डेटा

ये द्विपार्श्व सममित, त्रिकोरकी एवं देहगुहायुक्त जंतु हैं। इसके अतिरिक्त ये शारीरिक संरचनाओं के कुछ नए लक्षण दर्शाते हैं, जैसे कि नोटोकॉर्ड। ये नए लक्षण इनके जीवन की कुछ अवस्थाओं में निश्चित रूप से उपस्थित होते हैं। नोटोकॉर्ड छड़ की तरह की एक लंबी संरचना है जो जंतुओं के पृष्ठ भाग पर पाई जाती है। यह तंत्रिका ऊतक को आहार नाल से अलग करती है। यह पेशियों के जुड़ने का स्थान भी प्रदान करती है जिससे चलने में आसानी हो। प्रोटोकॉर्डेट जंतुओं में जीवन की सभी अवस्थाओं में नोटोकॉर्ड उपस्थित नहीं रह सकता है। ये समुद्री जंतु हैं। उदाहरणार्थ–बैलैनाग्लोसस, हर्डमोनिया, एम्फियोक्सस, इत्यादि।

(x) वर्टीब्रेटा (कशेरुकी)

इन जंतुओं में वास्तविक मेरुदंड एवं अंतःकंकाल पाया जाता है। इस कारण जंतुओं में पेशियों का वितरण अलग होता है एवं पेशियाँ कंकाल से जुड़ी होती हैं, जो इन्हें चलने में सहायता करती हैं। इसके निम्न वर्ग हैं–

(a) ***मत्स्य :*** ये मछलियाँ हैं, जो समुद्र और मीठे जल दोनों जगहों पर पाई जाती हैं। इनकी त्वचा शल्क (scales) अथवा प्लेटों से ढँकी होती है तथा ये अपनी मांसल पूँछ का प्रयोग तैरने के लिए करती हैं। इनका शरीर धारारेखीय होता है। इनमें श्वसन क्रिया के लिए क्लोम पाए जाते हैं, जो जल में विलीन ऑक्सीजन का उपयोग करते हैं। ये असमतापी होते हैं तथा इनका हृदय द्विकक्षीय होता है। ये अंडे देती हैं। कुछ मछलियों में कंकाल केवल उपास्थि का बना होता है; जैसे–शार्क। अन्य प्रकार की मछलियों में कंकाल अस्थि का बना होता है; जैसे–ट्यूना, रोहू।

(b) ***जल-स्थलचर :*** ये मत्स्यों से भिन्न होते हैं क्योंकि इनमें शल्क नहीं पाए जाते। इनकी त्वचा पर श्लेष्म ग्रंथियाँ पाई जाती हैं तथा हृदय त्रिकक्षीय होता है। इनमें बाह्य कंकाल नहीं होता है। वृक्क पाए जाते हैं। श्वसन क्लोम अथवा फेफड़ों द्वारा होता है। ये अंडे देने वाले जंतु हैं। ये जल तथा स्थल दोनों पर रह सकते हैं। उदाहरणार्थ–मेंढक, सैलामेंडर, टोड इत्यादि।

(c) ***सरीसृप :*** ये असमतापी जंतु हैं। इनका शरीर शल्कों द्वारा ढका होता है। इनमें श्वसन फेफड़ों द्वारा होता है। हृदय सामान्यतः त्रिकक्षीय होता है, लेकिन मगरमच्छ का हृदय चार कक्षीय होता है। वृक्क पाया जाता है। ये भी अंडे देने वाले प्राणी हैं। इनके अंडे कठोर कवच से ढके होते हैं तथा जल-स्थलचर की तरह इन्हें जल में अंडे देने की आवश्यकता नहीं पड़ती है। उदाहरणार्थ–कछुआ, साँप, छिपकली, मगरमच्छ।

(d) ***पक्षी :*** ये समतापी प्राणी हैं। इनका हृदय चार कक्षीय होता है। इनके दो जोड़ी पैर होते हैं। इनमें आगे वाले दो पैर उड़ने के लिए पंखों में परिवर्तित हो जाते हैं। शरीर परों से ढका होता है। श्वसन फेफड़ों द्वारा होता है। इस वर्ग में सभी पक्षियों को रखा गया है।

(e) ***स्तनपायी :*** ये समतापी प्राणी हैं। इनका हृदय चार कक्षीय होता है। इस वर्ग के सभी जंतुओं में नवजात के पोषण के लिए दुग्ध ग्रंथियाँ पाई जाती हैं। इनकी त्वचा पर बाल, स्वेद और तेल ग्रंथियाँ पाई जाती हैं। इस वर्ग के जंतु शिशुओं को जन्म देने वाले होते हैं। हालांकि, कुछ जंतु अपवादस्वरूप अंडे भी देते हैं जैसे–इकिड्ना, प्लेटिपस। कंगारू जैसे कुछ स्तनपायी में अविकसित बच्चे मार्सूपियम नामक थैली में तब तक लटके रहते हैं जब तक कि उनका पूर्ण विकास नहीं हो जाता है।

वस्तुनिष्ठ प्रश्न

1. झींगा (Prawn) निम्नलिखित प्राणी वर्ग में आता है–
A. पिसीज (Pisces)
B. आर्थ्रोपोडा (Arthropoda)
C. मोलस्का (Mollusca)
D. एनीलिडा (Annelida)

2. आर्थ्रोपोडा संघ (Arthropoda phylum) में उत्सर्जन (Excretion) से सम्बन्धित रचना है–
A. कोक्सल ग्रन्थि (Coaxal gland)
B. सीलोमोडक्ट्स (Coelomoducts)
C. मैलपीघियन कैप्सूल (Malpighian capsule)
D. उपर्युक्त सभी

3. निम्नलिखित संघ (Phylum) के प्राणियों में पुनर्जनन (Regeneration) की शक्ति पाई जाती है–
A. पोरीफेरा (Porifera)
B. एनीलिडा (Annelida)
C. इकाइनोडर्मेटा (Echinodermata)
D. उपर्युक्त सभी

4. वर्गिकी (Taxonomy) के स्थापक हैं–
A. अरस्तू (Aristotle) B. जॉन रे (John Ray)
C. हीकल (Haeckle) D. लीनियस (Linnaeus)

5. घड़ियाल प्राणी (Ghariyal) का वैज्ञानिक नाम है–
A. क्रोकोडिलस (Crocodylus)
B. एलीगेटर (Alligator)
C. गैविएलिस (Gavialis)
D. बॉम्बिनेटर (Bombynator)

6. संघ मोलस्का के प्राणियों की विशेषता है–
A. शरीर त्रिस्तरीय (Triploblastic) होता है
B. सुविकसित आहारनाल (Alimentary canal) पाई जाती है
C. रक्त परिवहन संस्थान में हृदय (Heart) पाया जाता है
D. उपर्युक्त सभी

7. अदेहगुहीय (Acoelomate) प्राणी है–
A. झींगा (Prawn)
B. हीरूडिनेरिया (*Hirudinaria*)
C. टीनिया सोलियम (*Taenia solium*)
D. कॉकरोच (Cockroach)

8. एअर ब्लेडर (Air bladder) पाया जाता है–
A. मछली (Fish) में
B. एम्फीबिया (Amphibia) में
C. जलीय रेप्टीलिया (Reptilia) में
D. वयस्क स्तनी (Mammals) में

9. केवल एक अण्डाशय (Ovary) निम्नलिखित में पाया जाता है–
A. जलीय रेप्टीलिया (Reptilia) में
B. स्थलीय रेप्टीलिया में
C. पक्षी (Aves) में
D. अण्डा देने वाले स्तनियों (Oviparous mammals) में

10. जन्तु जगत का पितामह (Father of Animal Kingdom) कहा जाता है–
A. लीनियस (Linnaeus) को
B. वीजमेन (Weisman) को
C. अरस्तू (Aristotle) को
D. जॉन रे (John Ray) को

11. जीवों के वर्गीकरण में पाँच जगत् प्रणाली निम्नलिखित ने दिया था–
A. वाटसन (Watson) B. परकिन्जे (Purkinje)
C. ह्विटकर (Whiteker) D. लैमार्क (Lamarck)

12. आधुनिक वर्गीकरण का पितामह (Father of Modern Classification) है–
A. स्टोरर (Storer)
B. यूसिंजर (Usinger)

C. जॉन रे (John Ray)
D. कैरोलस लीनियस (Carolus Linnaeus)

13. वर्गीकरण (Classification) की सबसे छोटी इकाई (Unit) है–
A. क्लास (Class) B. फाइलम (Phylum)
C. ऑर्डर (Order) D. स्पीशीज (Species)

14. प्रोटोजोआ (Protozoa) का वर्गीकरण किस पर आधारित है?
A. आकार पर
B. प्रचलन कोशिकांगों पर
C. आकृति पर
D. केन्द्रकों (Nucleus) की संख्या पर

15. एक जन्तु का वर्गीकरण (Classification) करने के लिए सही क्रम कौन-सा है?
A. गुण (order), वर्ग (Class), कुल (Family)
B. वर्ग, गण, कुल
C. कुल, वर्ग, गण
D. गण, कुल, वर्ग

16. सर्वाधिक जातियों (Species) की संख्या किस फाइलम में पायी जाती है?
A. आर्थ्रोपोडा (Arthropoda)
B. प्लेटीहेल्मिन्थीज (Platyhelminthes)
C. कॉर्डेटा (Chordata)
D. प्रोटोजोआ (Protozoa)

17. ह्वेल (Whale) है–
A. मत्स्य (Fish)
B. रेप्टीलिया (Reptilia)
C. स्तनी (Mammal)
D. आर्थ्रोपोडा (Arthropoda)

18. सर्वप्रथम जाति (Species) की परिभाषा देने वाले वैज्ञानिक हैं–
A. अरस्तू (Aristotle)
B. ल्यूवेनहॉक (Leuwenhoek)
C. जॉन रे (John Ray)
D. कैरोलस लीनियस (Carolus Linnaeus)

19. अमीबा के शरीर की सबसे स्पष्ट अन्तर्निहित रचना है–
A. कुंचनशील रिक्तिका B. खाद्य रिक्तिका
C. राइबोसोम D. सेण्ट्रोसोम

20. निम्न में से कौन मनुष्य का अन्तः कोशिय परजीवी है?
A. एन्काइलोस्टोमा B. प्लाज्मोडियम
C. मच्छर D. एण्ट अमीबा

21. मैलीग्नेण्ट तृतीयक मलेरिया रोग किसके संक्रमण से होता है?
A. प्ला. वाइवैक्स B. प्ला. ओवेल
C. प्ला. फाल्सीपेरम D. प्ला. मलेरी

22. संकुचनशील रिक्तिका अनुपस्थित होती है–
A. प्लाज्मोडियम में B. हाइड्रा में
C. एन्टअमीबा में D. उपरोक्त सभी में

23. समान पादपों का समूह जो परस्पर जनन करते हैं,
A. कुल B. जाति
C. वंश D. ईकोटाइप

24. बहुकोशिकीय यूकैरियोटिक उपभोक्ता सम्बन्धित है-
A. प्रोटिस्टा से B. कवक से
C. प्लान्टी से D. एनीमेलिया से

25. प्राचीनतम जीवित जीवाश्म है–
A. विषाणु B. साइनोबैक्टीरिया
C. आर्कबैक्टी D. जीवाणु

26. शैवाल तथा कवक को किस समूह में रखा जाता है–
A. ब्रायोफाइट्स B. थैलोफाइट्स
C. आवृतबीजी D. अनावृतबीजी

27. पादप जगत का वह डिवीजन जिसमें अब मुख्य थलीय वनस्पति को रखा जाता है–
A. थैलोफाइटा B. ब्रायोफाइटा
C. टेरिडोफाइटा D. स्पर्मेटोफाइटा

28. ऐसा जगत जिसमें सबसे अधिक विभिन्नताएँ पायी जाती हैं–
A. प्रोटिस्टा B. कवक
C. प्लान्टी D. ऐनिमेलिया

29. निम्न प्राणियों में से किसमें रिक्तिका विहीन कोशिकायें पायी जाती हैं–
A. विषाणु B. प्रोकैरियोट
C. शैवाल D. कवक

30. निम्न में कौन-सा प्राणी पादप तथा जन्तु दोनों के गुण रखता है?
A. माइकोप्लाज्मा B. यूग्लीना
C. जीवाणु D. पैरामीशियम

उत्तरमाला

1	2	3	4	5	6	7	8	9	10
B	D	D	A	C	D	C	A	C	C
11	**12**	**13**	**14**	**15**	**16**	**17**	**18**	**19**	**20**
C	D	D	B	B	A	C	C	A	B
21	**22**	**23**	**24**	**25**	**26**	**27**	**28**	**29**	**30**
C	D	B	D	C	B	D	D	B	B

अध्याय 3

जैव प्रक्रम

जीवों का अनुरक्षण कार्य निरंतर होता रहता है, यह उस समय भी चलता रहता है जब वे कोई विशेष कार्य नहीं करते। जब हम सो रहे हों अथवा कक्षा में बैठे हों उस समय भी यह अनुरक्षण का काम चलता रहता है। वे सभी प्रक्रम जो सम्मिलित रूप से अनुरक्षण का कार्य करते हैं *जैव प्रक्रम* कहलाते हैं।

क्षति तथा टूट-फूट रोकने के लिए अनुरक्षण प्रक्रम की आवश्यकता होती है। अतः इसके लिए उन्हें ऊर्जा की आवश्यकता होगी। यह ऊर्जा एकल जीव के शरीर के बाहर से आती है। इसलिए ऊर्जा के स्रोत का बाहर से जीव के शरीर में स्थानांतरण के लिए कोई प्रक्रम होना चाहिए। इस ऊर्जा के स्रोत को भोजन तथा शरीर के अंदर लेने के प्रक्रम को पोषण कहते हैं। यदि जीव में शारीरिक वृद्धि होती है तो इसके लिए उसे बाहर से अतिरिक्त कच्ची सामग्री की भी आवश्यकता होगी क्योंकि पृथ्वी पर जीवन कार्बन आधारित अणुओं पर निर्भर है। अतः अधिकांश खाद्य पदार्थ भी कार्बन आधारित हैं।

विभिन्न आणविक गतियों के लिए एवं विभिन्न जीव शरीर के अनुरक्षण तथा शरीर की वृद्धि के लिए आवश्यक अणुओं के निर्माण में स्रोतों का विघटन व निर्माण उपयोगी है। इसके लिए शरीर के अंदर रासायनिक क्रियाओं की एक श्रृंखला की आवश्यकता है। उपचयन-अपचयन अभिक्रियाएँ अणुओं के विघटन की कुछ सामान्य रासायनिक युक्तियाँ हैं। इसके लिए बहुत से जीव शरीर के बाहरी स्रोत से ऑक्सीजन प्रयुक्त करते हैं। शरीर के बाहर से ऑक्सीजन को ग्रहण करना तथा कोशिकीय आवश्यकता के अनुसार खाद्य स्रोत के विघटन में उसका उपयोग *श्वसन* कहलाता है।

बहुकोशिकीय जीवों में विभिन्न कार्यों को करने के लिए भिन्न-भिन्न अंग विशिष्टीकृत हो जाते हैं परंतु इससे एक समस्या पैदा होती है। यद्यपि भोजन एवं ऑक्सीजन का अंतर्ग्रहण कुछ विशिष्ट अंगों द्वारा ही होता है, परंतु शरीर के सभी भागों को इनकी आवश्यकता होती है।

जब रासायनिक अभिक्रियाओं में कार्बन स्रोत तथा ऑक्सीजन का उपयोग ऊर्जा प्राप्ति के लिए होता है, तब ऐसे उपोत्पाद भी बनते हैं जो शरीर की कोशिकाओं के लिए न केवल अनुपयोगी होते हैं बल्कि वे हानिकारक भी हो सकते हैं। इन अपशिष्ट उपोत्पादों को शरीर से बाहर निकालना अति आवश्यक होता है इस प्रक्रम को हम *उत्सर्जन* कहते हैं।

पोषण

सभी जीवों में ऊर्जा तथा पदार्थ की सामान्य आवश्यकता समान है। कुछ जीव अकार्बनिक स्रोतों से कार्बन डाइऑक्साइड तथा जल के रूप में सरल पदार्थ प्राप्त करते हैं। ये जीव स्वपोषी हैं जिनमें सभी हरे पौधे तथा कुछ जीवाणु हैं। अन्य जीव जटिल पदार्थों का उपयोग करते हैं। इसे प्राप्त करने के लिए जीव जैव-उत्प्रेरक का उपयोग करते हैं जिन्हें *एंजाइम* कहते हैं। अतः विषमपोषी उत्तरजीविता के लिए प्रत्यक्ष का परोक्ष रूप से स्वपोषी पर आश्रित होते हैं।

प्रकाश संश्लेषण

स्वपोषी जीव की कार्बन तथा ऊर्जा की आवश्यकताएँ प्रकाश संश्लेषण द्वारा पूरी होती हैं। कार्बन डाइऑक्साइड तथा जल सूर्य के प्रकाश तथा क्लोरोफिल की उपस्थिति में कार्बोहाइड्रेट में परिवर्तित हो जाते हैं। कार्बोहाइड्रेट पौधों को ऊर्जा प्रदान करने में प्रयुक्त होते हैं। जो कार्बोहाइड्रेट तुरंत प्रयुक्त नहीं होते हैं उन्हें मंड के रूप में संचित कर लिया जाता है। यह रक्षित आंतरिक ऊर्जा की तरह कार्य तथा पौधे द्वारा आवश्यकतानुसार प्रयुक्त कर लिया जाता है।

$$6CO_2 + 12H_2O = \frac{\text{क्लोरोफिल}}{\text{सर्यू का प्रकाश}} = C_6H_{12}O_6 + 6O_2 + 6H_2O$$

जीवों में पोषण

भोजन और उसके अंतर्ग्रहण की विधि भिन्न होने के कारण विभिन्न जीवों में पाचन तंत्र भी भिन्न है। एककोशिक जीवों में भोजन संपूर्ण सतह से लिया जा सकता है, लेकिन जीव की जटिलता बढ़ने के साथ-साथ विभिन्न कार्य करने वाले अंग विशिष्ट हो जाते हैं। उदाहरण के लिए, अमीबा कोशिकीय सतह से अँगुली जैसे अस्थायी प्रवर्ध की मदद से भोजन ग्रहण करता है। ये प्रवर्ध भोजन के कणों को घेर लेते हैं तथा संगलित होकर

खाद्य रिक्तिका बनाते हैं। खाद्य रिक्तिका के अंदर जटिल पदार्थों का विघटन सरल पदार्थों में किया जाता है और वे कोशिका द्रव्य में विसरित हो जाते हैं। बचा हुआ अपच पदार्थ कोशिका की सतह की ओर गति करता है तथा शरीर से बाहर निष्कासित हो जाता है। पैरामीशियम भी एककोशिक जीव है, इसकी कोशिका का एक निश्चित आकार होता है तथा भोजन एक विशिष्ट स्थान से ही ग्रहण किया जाता है। भोजन इस स्थान तक पक्ष्माभ की गति द्वारा पहुँचता है जो कोशिका की पूरी सतह को ढके होते हैं।

मनुष्य में पोषण

आहार नाल मूल रूप से मुँह से गुदा तक विस्तरित एक लंबी नली है। भोजन को हम दाँतों से चबाते हैं। चूँकि आहार का अस्तर बहुत कोमल होता है, इसलिए भोजन को गीला किया जाता है ताकि इसका मार्ग आसान हो जाए। जब हम अपनी पसंद का कोई पदार्थ खाते हैं तो हमारे मुँह में पानी आ जाता है। यह वास्तव में केवल जल नहीं है, यह लाला ग्रन्थि से निकलने वाला एक रस है जिसे *लालारस* या *लार* कहते हैं। जिस भोजन को हम खाते हैं उसका दूसरा पहलू, उसकी जटिल रचना है। इसका अवशोषण आहार नाल द्वारा किया जाता है तथा इसे छोटे अणुओं में खंडित किया जाता है। यह काम जैव-उत्प्रेरक द्वारा किया जाता है जिन्हें हम *एंजाइम* कहते हैं। लार में भी एक एंजाइम होता है जिसे लार एमिलेस कहते हैं, यह मंड जटिल अणु को शर्करा में खंडित कर देता है। भोजन को चबाने के दौरान पेशीय जिह्वा भोजन को लार के साथ पूरी तरह मिला देती है।

मुँह से आमाशय तक भोजन ग्रसिका या इसोफेगस द्वारा ले जाया जाता है। आमाशय एक बृहत अंग है जो भोजन के आने पर फैल जाता है। आमाशय की पेशीय भित्ति भोजन को अन्य पाचक रसों के साथ मिश्रित करने में सहायक होती है।

ये पाचन कार्य आमाशय की भित्ति में उपस्थित जठर ग्रंथियों के द्वारा संपन्न होते हैं। ये हाइड्रोक्लोरिक अम्ल, एक प्रोटीन पाचक एंजाइम पेप्सिन तथा श्लेष्मा का स्रावण करते हैं। हाइड्रोक्लोरिक अम्ल एक अम्लीय माध्यम तैयार करता है जो पेप्सिन एंजाइम की क्रिया में सहायक होता है। सामान्य परिस्थितियों में श्लेष्मा आमाशय के आंतरिक अस्तर की अम्ल से रक्षा करता है।

आमाशय से भोजन अब क्षुद्रांत्र में प्रवेश करता है। यह अवरोधिनी पेशी द्वारा नियंत्रित होता है। क्षुद्रांत्र आहार नाल का सबसे लंबा भाग है, अत्यधिक कुंडलित होने के कारण यह संहत स्थान में अवस्थित होती है। विभिन्न जंतुओं में क्षुद्रांत्र की लंबाई उनके भोजन के प्रकार के अनुसार अलग-अलग होती है। घास खाने वाले शाकाहारी का सेल्युलोज पचाने के लिए लंबी क्षुद्रांत्र की आवश्यकता होती है। मांस का पाचन सरल है, अतः बाघ जैसे मांसाहारी की क्षुद्रांत्र छोटी होती है।

क्षुद्रांत्र कार्बोहाइड्रेट, प्रोटीन तथा वसा के पूर्ण पाचन का स्थल है। इस कार्य के लिए यह यकृत तथा अग्न्याशय से स्रावण प्राप्त करती है। आमाशय से आने वाला भोजन अम्लीय होता है और अग्न्याशयिक एंजाइमों की क्रिया उसे क्षारीय बनाता है। क्षुद्रांत्र में वसा बड़ी गोलिकाओं के रूप में होता है जिससे उस पर एंजाइम का कार्य करना मुश्किल हो जाता है। पित्त लवण उन्हें छोटी गोलिकाओं में खंडित कर देता है जिससे एंजाइम की क्रियाशीलता बढ़ जाती है। अग्न्याशय अग्न्याशयिक रस का स्रावण करता है जिसमें प्रोटीन के पाचन के लिए ट्रिप्सिन एंजाइम होता है तथा इमल्सीकृत वसा का पाचन करने के लिए लाइपेज एंजाइम होता है। क्षुद्रांत्र की भित्ति में ग्रंथि होती है जो आंत्र रस स्रावित करती है। इसमें उपस्थित एंजाइम अंत में प्रोटीन को अमीनो अम्ल, जटिल कार्बोहाइड्रेट को ग्लूकोज़ में तथा वसा को वसा अम्ल तथा ग्लिसरॉल में परिवर्तित कर देते हैं।

पाचित भोजन को आंत्र की भित्ति अवशोषित कर लेती है। क्षुद्रांत्र के आंतरिक अस्तर पर अनेक अँगुली जैसे प्रवर्ध होते हैं जिन्हें दीर्घरोम कहते हैं, ये अवशोषण का सतही क्षेत्रफल बढ़ा देते हैं। दीर्घरोम में रुधिर वाहिकाओं की बहुतायत होती है जो भोजन को अवशोषित करके शरीर की प्रत्येक कोशिका तक पहुँचाते हैं। यहाँ इसका उपयोग ऊर्जा प्राप्त करने, नए ऊतकों के निर्माण और पुराने ऊतकों की मरम्मत में होता है।

बिना पचा भोजन बृहदांत्र में भेज दिया जाता है जहाँ अधिसंख्य दीर्घरोम इस पदार्थ में से जल का अवशोषण कर लेते हैं। अन्य पदार्थ गुदा द्वारा शरीर के बाहर कर दिया जाता है।

श्वसन

कुछ जीव ऑक्सीजन का उपयोग ग्लूकोज को पूर्णतः कार्बन डाइऑक्साइड तथा जल में विखंडित करने के लिए करते हैं जबकि कुछ अन्य जीव दूसरे पथ का उपयोग करते हैं जिसमें ऑक्सीजन प्रयुक्त नहीं होती है। इन सभी अवस्थाओं में पहला चरण ग्लूकोज, एक छः कार्बन वाले अणु का तीन कार्बन वाले अणु पायरुवेट में विखंडन है। यह प्रक्रम कोशिकाद्रव्य में होता है। इसके पश्चात् पायरुवेट इथेनॉल तथा कार्बन डाइऑक्साइड में परिवर्तित हो सकता है। यह प्रक्रम किण्वन के समय यीस्ट में होता है। चूँकि यह प्रक्रम वायु (ऑक्सीजन) की अनुपस्थिति में होता है। इसे अवायवीय श्वसन कहते हैं। पायरुवेट का विखंडन ऑक्सीजन का उपयोग करके माइटोकॉन्ड्रिया में होता है। यह प्रक्रम तीन कार्बन वाले पायरुवेट के अणु को विखंडित करके तीन कार्बन डाइऑक्साइड के अणु देता है। दूसरा उत्पाद जल है। यह प्रक्रम वायु (ऑक्सीजन) की उपस्थिति में होता है इसलिए यह वायवीय श्वसन कहलाता है। वायवीय श्वसन में ऊर्जा का मोचन अवायवीय श्वसन की अपेक्षा बहुत अधिक होता है। कभी-कभी जब हमारी पेशी कोशिकाओं में ऑक्सीजन का अभाव हो जाता है, तो पायरुवेट के विखंडन के लिए दूसरा पथ अपनाया जाता है।

परिसंचरण

रुधिर भोजन, ऑक्सीजन तथा वर्ज्य पदार्थों का हमारे शरीर में वहन करता है। रुधिर में एक तरल माध्यम होता है जिसे प्लाज्मा कहते हैं, इसमें कोशिकाएँ निलंबित होती हैं। प्लाज्मा भोजन, कार्बन डाइऑक्साइड तथा नाइट्रोजनी वर्ज्य पदार्थ का विलीन रूप

में वहन करता है। ऑक्सीजन को लाल रुधिर कोशिकाएँ ले जाती हैं। बहुत से अन्य पदार्थ जैसे लवण का वहन भी रुधिर के द्वारा होता है। अतः एक पंपनयंत्र की आवश्यकता है जो रुधिर को अंगों के आस-पास धकेल सके, नलियों के एक परिपथ की आवश्यकता है जो रुधिर को सभी ऊतकों तक भेज सके।

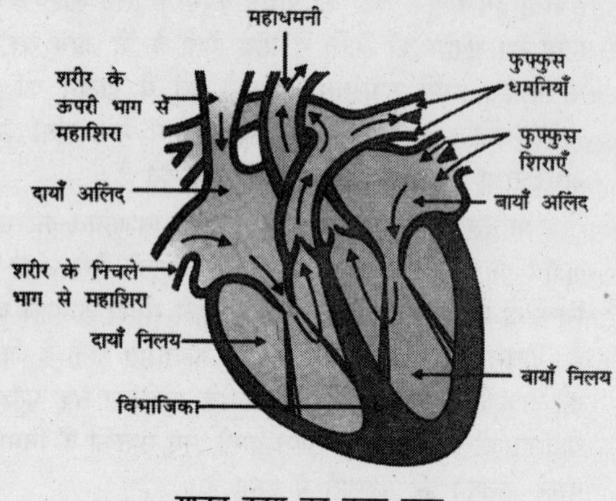

मानव हृदय का काट दृश्य

हमारा पंप हृदय

हृदय एक पेशीय अंग है जो हमारी मुट्ठी के आकार का होता है। रुधिर को ऑक्सीजन व कार्बन डाइऑक्साइड दोनों का ही वहन करना होता है, अतः ऑक्सीजन प्रचुर रुधिर को कार्बन डाइऑक्साइड युक्त रुधिर से मिलने को रोकने के लिए हृदय कई कोष्ठों में बँटा होता है। कार्बन डाइऑक्साइड प्रचुर रुधिर को कार्बन डाइऑक्साइड छोड़ने के लिए फुफ्फुस में जाता है तथा फुफ्फुस से वापस ऑक्सीजनित रुधिर को हृदय में लाता है। यह ऑक्सीजन प्रचुर रुधिर तब शरीर के शेष हिस्सों में पंप किया जाता है।

फुफ्फुस में ऑक्सीजन रुधिर में प्रवेश करती है

हृदय का दायाँ व बायाँ बँटवारा ऑक्सीजनित तथा विऑक्सीजनित रुधिर को मिलने से रोकने में लाभदायक होता है। इस तरह का बँटवारा शरीर को उच्च दक्षतापूर्ण ऑक्सीजन की पूर्ति कराता है। पक्षी और स्तनधारी सरीखे जंतुओं को जिन्हें उच्च ऊर्जा की आवश्यकता है, उनके लिए यह बहुत लाभदायक है क्योंकि इन्हें अपने शरीर का तापक्रम बनाए रखने के लिए निरंतर ऊर्जा की आवश्यकता होती है। उन जंतुओं में जिन्हें इस कार्य के लिए ऊर्जा का उपयोग नहीं करना होता है, उनके शरीर का तापक्रम पर्यावरण के तापक्रम पर निर्भर होता है। जल, स्थल, चर या बहुत से सरीसृप जैसे जंतुओं में तीन कोष्ठीय हृदय होता है और ये ऑक्सीजनित तथा विऑक्सीजनित रुधिर धारा को कुछ सीमा तक मिलना भी सहन कर लेते हैं। दूसरी ओर मछली के हृदय में केवल दो कोष्ठ होते हैं। यहाँ से रुधिर क्लोम में भेजा जाता है जहाँ यह ऑक्सीजनित होता है और सीधा शरीर में भेज दिया जाता है। इस तरह मछलियों के शरीर में एक चक्र में केवल एक बार ही रुधिर हृदय में जाता है। दूसरी ओर अन्य कशेरुकी में प्रत्येक चक्र में यह दो बार हृदय में जाता है। इसे दोहरा परिसंचरण कहते हैं।

नलिकाएँ-रुधिर वाहिकाएँ

धमनी वे रुधिर वाहिकाएँ हैं जो रुधिर को हृदय से शरीर के विभिन्न अंगों तक ले जाती हैं। धमनी की भित्ति मोटी तथा लचीली होती है क्योंकि रुधिर हृदय से उच्च दाब से निकलता है। शिराएँ विभिन्न अंगों से रुधिर एकत्र करके वापस हृदय में लाती हैं। उनमें मोटी भित्ति की आवश्यकता नहीं है क्योंकि रुधिर में दाब होता है, उनमें रुधिर को एक ही दिशा में प्रवाहित करने के लिए वाल्व होते हैं।

प्लेटलैट्स द्वारा अनुरक्षण

नलिका तंत्र से रुधिर की हानि प्राकृतिक रूप से कम से कम होनी चाहिए। इसके अतिरिक्त नलिका तंत्र में रिसाव होने से रक्तस्राव से दाब में कमी आ जाती है, जिससे पंपिंग प्रणाली की दक्षता में कमी आ जाती है। इसे रोकने के लिए रुधिर में प्लेटलैट्स कोशिकाएँ होती हैं जो पूरे शरीर में भ्रमण करती हैं और रक्तस्राव के स्थान पर रुधिर का थक्का बनाकर मार्ग अवरुद्ध कर देती हैं।

लसीका

लसीका एक अन्य प्रकार का द्रव है जो वहन में भी सहायता करता है। इसे ऊतक तरल भी कहते हैं। केशिकाओं की भित्ति में उपस्थित छिद्रों द्वारा कुछ प्लाज्मा, प्रोटीन तथा रुधिर कोशिकाएँ बाहर निकलकर ऊतक के अंतर्कोशिकीय अवकाश में आ जाते हैं तथा ऊतक तरल या लसीका का निर्माण करते हैं। यह रुधिर के प्लाज्मा की तरह ही है लेकिन यह रंगहीन है तथा इसमें अल्पमात्रा में प्रोटीन होते हैं। लसीका अंतर्कोशिकीय अवकाश में लसीका केशिकाओं में चला जाता है जो आपस में मिलकर बड़ी लसीका वाहिका बनाती है और अंत में बड़ी शिरा में खुलती है। पचा हुआ तथा क्षुद्रांत्र द्वारा अवशोषित वसा का वहन लसीका द्वारा होता है और अतिरिक्त तरल को बाह्य कोशिकीय अवकाश से वापस रुधिर में ले जाता है।

पादपों में परिसंचरण

पादप शरीर के निर्माण के लिए आवश्यक कच्ची सामग्री अलग से प्राप्त की जाती है। पौधों के लिए नाइट्रोजन, फास्फोरस तथा दूसरे खनिज लवणों के लिए मृदा निकटतम तथा प्रचुरतम स्रोत है। इसलिए इन पदार्थों का अवशोषण जड़ों द्वारा, जो मृदा के संपर्क में रहते हैं, किया जाता है। यदि मृदा के संपर्क वाले अंगों में तथा क्लोरोफिलयुक्त अंगों में दूरी बहुत कम हो तो ऊर्जा व कच्ची सामग्री पादप शरीर के सभी भागों में आसानी से विसरित हो सकती है।

पादप वहन तंत्र पत्तियों से भंडारित ऊर्जा युक्त पदार्थ तथा जड़ों से कच्ची सामग्री का वहन करता है। ये दो पथ स्वतंत्र संगठित चालन नलिकाओं से निर्मित हैं। एक जाइलम है, जो मृदा से प्राप्त जल और खनिज लवणों को वहन करता है। दूसरा फ्लोएम, पत्तियों से जहाँ प्रकाश संश्लेषण के उत्पाद संश्लेषित होते हैं, पौधे के अन्य भागों तक वहन करता है।

जल का परिवहन

जाइलम ऊतक में जड़ों, तनों और पत्तियों की वाहिनिकाएँ तथा वाहिकाएँ आपस में जुड़कर जल संवहन वाहिकाओं का एक सतत जाल बनाती हैं जो पादप के सभी भागों से संबद्ध होता है। जड़ों की कोशिकाएँ मृदा के संपर्क में होती हैं तथा वे सक्रिय रूप से आयन प्राप्त करती हैं। यह जड़ और मृदा के मध्य आयन सांद्रण में एक अंतर उत्पन्न करता है। इस अंतर को समाप्त करने के लिए मृदा से जल जड़ में प्रवेश कर जाता है। पादप जाइलम द्वारा अपने सबसे ऊँचाई के बिंदु तक जल पहुँचाने की कोई और युक्ति करते हैं।

कोशिका से जल के अणुओं का वाष्पन एक चूषण उत्पन्न करता है जो जल को जड़ों में उपस्थित जाइलम कोशिकाओं द्वारा खींचता है। पादप के वायवीय भागों द्वारा वाष्प के रूप में जल की हानि वाष्पोत्सर्जन कहलाती है।

भोजन तथा दूसरे पदार्थों का स्थानांतरण

प्रकाश संश्लेषण के विलेय उत्पादों का वहन स्थानांतरण कहलाता है और यह संवहन ऊतक के फ्लोएम नामक भाग द्वारा होता है। प्रकाश संश्लेषण के उत्पादों के अलावा फ्लोएम अमीनो अम्ल तथा अन्य पदार्थों का परिवहन भी करता है। ये पदार्थ विशेष रूप से जड़ के भंडारण अंगों, फलों, बीजों तथा वृद्धि वाले अंगों में ले जाए जाते हैं। भोजन तथा अन्य पदार्थों का स्थानांतरण संलग्न साथी कोशिका की सहायता से नलिका में उपरिमुखी तथा अधोमुखी दोनों दिशाओं में होता है।

जाइलम द्वारा परिवहन सामान्य भौतिक बलों द्वारा संपादित होती है। जबकि फ्लोएम द्वारा स्थानांतरण के लिए ऊर्जा आवश्यक है। सुक्रोज सरीखे पदार्थ फ्लोएम ऊतक में ए.टी.पी. से प्राप्त ऊर्जा से ही स्थानांतरित होते हैं। यह ऊतक का परासरण दाब बढ़ा देता है जिससे जल इसमें प्रवेश कर जाता है। यह दाब पदार्थों को फ्लोएम से उस ऊतक तक ले जाता है जहाँ दाब कम होता है। यह फ्लोएम को पादप की आवश्यकता के अनुसार पदार्थों का स्थानांतरण कराता है।

उत्सर्जन

वह जैव प्रक्रम जिसमें हानिकारक उपापचयी वर्ज्य पदार्थों का निष्कासन होता है, *उत्सर्जन* कहलाता है। विभिन्न जंतु इसके लिए विविध युक्तियाँ करते हैं। बहुत से एककोशिक जीव इन अपशिष्टों को शरीर की सतह से जल में विसरित कर देते हैं।

मानव में उत्सर्जन

मानव के उत्सर्जन तंत्र में एक जोड़ा वृक्क, एक मूत्रवाहिनी, एक मूत्राशय तथा एक मूत्रमार्ग होता है। वृक्क उदर में रीढ़ की हड्डी के दोनों ओर स्थित होते हैं। वृक्क में मूत्र बनने के बाद यह मूत्रवाहिनी से होता हुआ मूत्राशय में आ जाता है तथा यहाँ तब तक एकत्र रहता है जब तक मूत्रमार्ग से यह निकल नहीं जाता है।

मूत्र बनने का उद्देश्य रुधिर में से वर्ज्य पदार्थों को छानकर बाहर करना है। फुफ्फुस में CO_2 रुधिर से अलग हो जाती है जबकि नाइट्रोजनी वर्ज्य पदार्थ जैसे यूरिया या यूरिक अम्ल वृक्क में रुधिर से अलग कर लिए जाते हैं। प्रारंभिक निस्यंद में कुछ पदार्थ, जैसे ग्लूकोज, अमीनो अम्ल, लवण और प्रचुर मात्रा में जल रह जाते हैं। जैसे-जैसे मूत्र इस नलिका में प्रवाहित होता है इन पदार्थों का चयनित पुनरवशोषण हो जाता है। जल की मात्रा पुनरवशोषण शरीर में उपलब्ध अतिरिक्त जल की मात्रा पर, तथा कितना विलेय वर्ज्य उत्सर्जित करना है, पर निर्भर करता है।

पादप में उत्सर्जन

पादप उत्सर्जन के लिए जंतुओं से बिलकुल भिन्न युक्तियाँ प्रयुक्त करते हैं। प्रकाश संश्लेषण में जनित ऑक्सीजन भी अपशिष्ट उत्पाद कही जा सकती है। पादपों में बहुत से ऊतक मृत कोशिकाओं के बने होते हैं और वे अपने कुछ भागों जैसे–पत्तियों, का क्षय भी कर सकते हैं। बहुत से पादप अपशिष्ट उत्पाद कोशिकीय रिक्तिका में संचित रहते हैं। पौधों से गिरने वाली पत्तियों में भी अपशिष्ट उत्पाद संचित रहते हैं। अन्य अपशिष्ट उत्पाद रेजिन तथा गोंद के रूप में विशेष रूप से पुराने जाइलम में संचित रहते हैं। पादप भी कुछ अपशिष्ट पदार्थों को अपने आस-पास की मृदा में उत्सर्जित करते हैं।

वस्तुनिष्ठ प्रश्न

1. पेशियाँ (Muscles) सर्वाधिक संख्या में पाई जाती हैं–
A. सिर (Head) में B. गर्दन (Neck) में
C. पीठ (Back) में D. बाँह (Arm) में

2. पेरीओटिक (Periotic) अस्थि पाई जाती है–
A. कशेरुक दण्ड (Vertebral column) में
B. खोपड़ी (Skull) में
C. पेक्टोरल गर्डल (Pectoral girdle) में
D. पेल्विक गर्डल (Pelvic girdle) में

3. मनुष्य में कितनी पसलियाँ (Ribs) पाई जाती हैं?
A. 10 B. 12
C. 24 D. 35

4. खोपड़ी का वह भाग जो कशेरुक दण्ड (Vertebral column) पर सधा रहता है–
A. ऑक्सीपीटल (Occipital)
B. फ्रण्टल (Frontal)
C. पैराइटल (Parietal)
D. ट्रोकेण्टर (Trochanter)

5. बाइसेप्स पेशियाँ (Biceps muscle) जुड़ी होती हैं–
A. रेडियस (Radius) से B. फीमर (Femur) से
C. टीबिया (Tebia) से D. उपर्युक्त सभी से

6. लाल पेशी तन्तु (Red muscle firbre) पाई जाती है–
A. पीठ में
B. चेहरे (Face) में
C. अँगुलियों (Fingers) में
D. हथेली (Palm) में

7. पेशी संकुचन (Muscle contraction) के लिए आवश्यक ऊर्जा (Energy) का स्रोत है–
A. एक्टिन तन्तु (Actin filament)
B. मायोसीन तन्तु (Myocin filament)
C. सार्कोलेमा (Sarcolema)
D. एक्टोमायोसीन (Actomyocin)

8. मनुष्य में अन्तःकंकाल (Endoskeleton) की कुल संख्या है–
A. 202 B. 204
C. 206 D. 208

9. लैंगरहैन्स द्वीप पाए जाते हैं–
A. अग्न्याशय में B. क्षुदांत्र में
C. ग्रसिका में D. आमाशय में

10. भोजन में ग्रहण किए गए कार्बोहाइड्रेट की हाइड्रोलिसिस में सहायक एन्जाइम है–
A. पेप्सिन B. सेल्यूलोज
C. α-एमाइलेज D. ग्लाकोसाइडेज

11. स्तनधारियों के लार में पाया जाता है–
A. टायलिन (ptyalin)
B. लाइपेस (lipase)
C. एण्ट्रोकाइनेज (enterokinase)
D. काइमोट्रिप्सिन (chymotrypsin)

12. ट्रिप्सनोजन ट्रिप्सिन में बदला जाता है, क्रिया द्वारा–
A. पेन्क्रियोजायमिन (pancreozymin)
B. सिक्रिटिन (secretin)
C. गैस्ट्रिन (gastrin)
D. एण्ट्रोकाइनेज (enterokinase)

13. एण्टीरोगैस्ट्राने का स्रावण प्रेरित होता है–
A. HCl द्वारा
B. पित्त द्वारा
C. अग्न्याशयिक रस द्वारा
D. ग्रहणी से काइम के आगमन द्वारा

14. दुग्ध प्रोटीन (केसीन) पाचित होते हैं–
A. पेप्सिन द्वारा B. रेनिन द्वारा
C. एन्टेरोगेस्ट्रान द्वारा D. ट्रिप्सिन द्वारा

15. जब एक व्यक्ति उबले आलू खाता है तब क्या होगा?
A. स्टार्च का पाचन नहीं होगा

B. सेल्यूलोज का पाचन होगा
C. लैक्टोज का पाचन होगा
D. न्यूक्लिएज द्वारा न्यूक्लिक अम्लों का पाचन होगा

16. अग्नाशय उत्तेजित होता है–
A. सिक्रेटिन द्वारा B. कोलीसिस्टोकाइनिन द्वारा
C. गैस्ट्रिन द्वारा D. वासोप्रेसिन द्वारा

17. एक व्यक्ति को शल्यक्रिया करानी पड़ी जिसमें उसके अग्नाशय (pancreas) का अधिकतर भाग निकाल दिया गया। निम्न में कौन-सा आहार-रचक उसके लिए पचाना खासतौर से मुश्किल हो जाएगा?
A. स्टार्च B. प्रोटीन
C. वसा D. लैक्टोस

18. कौन-सा एन्जाइम वसा को वसा अम्लों में तोड़ता है?
A. ट्रिप्सिन B. टाएलिन
C. माल्टेस D. लाइपेस

19. लाइपेज का स्रावण करता है–
A. आमाशय
B. आमाशय, मुखगुहा, अग्नाशय
C. आमाशय, अग्नाशय, ग्रहणी
D. अग्नाशय, ग्रासनली, ग्रहणी

20. ट्रिप्सिनोजन एन्जाइम स्रावित होता है–
A. यकृत से B. अग्नाशय से
C. ड्यूडिनम से D. आमाशय से

21. हमारे भोजन में मुख्य रूप से होते हैं–
A. सैल्युलोस B. सुक्रोस
C. ग्लूकोस D. कार्बोहाइड्रेट

22. कार्बोहाइट्रेट पाचन के अन्तिम उत्पाद हैं–
A. ग्लूकोस, फ्रक्टोस, गैलेक्टोस
B. गैलेक्टोस, माल्टोस, फ्रक्टोस
C. माल्टोस, फ्रक्टोस, लैक्टोस
D. ग्लाइकोजन, ग्लूकोस, गैलेक्टोस

23. निम्न में से किस जन्तु में जिह्वा शरीर ताप नियन्त्रण में भाग लेती है?
A. गाय B. मनुष्य
C. कुत्ता D. खरगोश

24. शरीर में ग्लाइकोजन का संग्रह किया जाता है–
A. यकृत एवं पेशियों में
B. प्लीहा एवं पेशियों में
C. केवल पेशियों में
D. केवल यकृत कोशिकाओं में

25. निम्न में से कौन-सा आवश्यक अमीनो अम्ल है?
A. एलेनीन B. ग्लाइसीन
C. ट्रिप्टोफेन D. टायरोसीन

26. प्रोटीनों का प्रयोग होता है–
A. ऊर्जा उत्पादन में B. वृद्धि में
C. मरम्मत में D. वृद्धि तथा मरम्मत में

27. एन्जाइम क्रिया के समय एलोस्टीरिक संदमन होता है–
A. अंतिम उत्पाद के एकत्र हो जाने के कारण
B. क्रियाधार के कारण
C. वितरित क्रिया के कारण
D. क्रियाधार नष्ट हो जाने के कारण

28. रुधिर स्कंदन के लिए आवश्यक विटामिन है–
A. C B. D
C. K D. H

29. स्तनधारियों में काबोहाइड्रेट संचित रहते हैं–
A. यकृत में ग्लूकोस के रूप में
B. पेशियों तथा प्लीहा में ग्लाइकोजन के रूप में
C. पेशियों में लैक्टिक अम्ल के रूप में
D. यकृत तथा पेशियों में ग्लाइकोजन के रूप में

30. निम्न में से मोनोसैकेराइड है–
A. सेल्यूलोस B. काइटिन
C. सुक्रोस D. फ्रक्टोस

उत्तरमाला

1	2	3	4	5	6	7	8	9	10
A	B	C	A	A	A	D	C	A	C
11	**12**	**13**	**14**	**15**	**16**	**17**	**18**	**19**	**20**
A	D	D	D	D	A	C	D	C	B
21	**22**	**23**	**24**	**25**	**26**	**27**	**28**	**29**	**30**
D	A	C	A	C	D	A	C	D	D

अध्याय 4 समन्वयन एवं नियंत्रण

तंत्रिका तंत्र

जंतुओं में तंत्रिका तंत्र का नियंत्रण तथा समन्वय तंत्रिका तथा पेशी ऊतक द्वारा किया जाता है। हमारे पर्यावरण से सभी सूचनाओं का पता कुछ तंत्रिका कोशिकाओं के विशिष्टीकृत सिरों द्वारा, लगाया जाता है। ये ग्राही प्रायः हमारी ज्ञानेंद्रियों में स्थित होते हैं; जैसे–आंतरिक कर्ण, नाक एवं जिह्वा आदि। रस संवेदी ग्राही स्वाद का पता लगाते हैं जबकि घ्राणग्राही गंध का पता लगाते हैं।

यह सूचना एक तंत्रिका कोशिका के द्रुमाकृतिक सिरे द्वारा उपार्जित की जाती है और एक रासायनिक क्रिया द्वारा यह एक विद्युत आवेग पैदा करती है। यह आवेग द्रुमिका से कोशिकाकाय तक जाता है और तब तंत्रिकाक्ष (एक्सॉन) में होता हुआ इसके अंतिम सिरे तक पहुँच जाता है। एक्सॉन के अंत में विद्युत आवेग कुछ रसायनों का विमोचन कराता है। ये रसायन रिक्त स्थान या सिनेप्स (सिनेप्टिक दरार) को पार करते हैं और अगली तंत्रिका कोशिका की द्रुमिका में इसी तरह का विद्युत आवेग प्रारंभ करते हैं। यह शरीर में तंत्रिका आवेग की मात्रा की सामान्य योजना है। इसी तरह का एक अंतर्ग्रंथन (सिनेप्स) अंततः ऐसे आवेगों को तंत्रिका कोशिका से अन्य कोशिकाओं, जैसे कि पेशी कोशिकाओं या ग्रंथि तक ले जाता है।

तंत्रिका ऊतक तंत्रिका कोशिकाओं या न्यूरॉन के एक संगठित जाल का बना होता है और यह सूचनाओं को विद्युत आवेग के द्वारा शरीर के एक भाग से दूसरे भाग तक संवहन में विशिष्टीकृत है।

तंत्रिका कोशिका के भागों में सूचनाएँ उपार्जित की जाती हैं, ये सूचनाएँ विद्युत आवेग की तरह यात्रा करती हैं एवं इनके आवेग का परिवर्तन रासायनिक संकेत में किया जाता है, जिससे यह आगे संचरित हो सके।

प्रतिवर्ती क्रिया

आग की लपट को छूना हमारे अथवा किसी भी जंतु के लिए एक दुराग्रही तथा खतरनाक स्थिति है। हम इसके प्रति कैसे अनुक्रिया करते हैं? एक सरल विधि है कि हम विचार करें कि हमें आघात पहुँच सकता है और इसलिए हमें अपना हाथ हटा लेना चाहिए। इस प्रकार के आवेग उत्पन्न करने के लिए मस्तिष्क द्वारा चिंतन भी आवश्यक है। विचार करना एक जटिल क्रिया है। अतः यह बहुत-सी तंत्रिका कोशिकाओं के तंत्रिका आवेग की जटिल अन्योन्य क्रियाओं से जुड़ने के लिए बाध्य है।

हमारे शरीर में सोचने वाले ऊतक, जटिल रूप में व्यवस्थित न्यूरॉन के घने जाल से बने हैं। ये खोपड़ी में अग्र सिरे पर स्थित हैं तथा शरीर के सभी हिस्सों से संकेत प्राप्त करते हैं तथा उन पर अनुक्रिया से पहले विचार करते हैं। ये संकेत प्राप्त करने के लिए खोपड़ी में मस्तिष्क का सोचने वाला भाग तंत्रिकाओं द्वारा शरीर के विभिन्न भागों से जुड़ा होता है। इसी तरह, यदि मस्तिष्क का यह भाग पेशियों को गति करने का आदेश देता है तो तंत्रिकाएँ इन संकेतों को शरीर के विभिन्न भागों तक पहुँचाने का कार्य करती हैं।

ऊष्मा के संवेदन के बारे में सोचने की अपेक्षा यदि जो तंत्रिकाएँ ऊष्मा का पता लगाती हैं उन्हें उन तंत्रिकाओं से जोड़ा जाए जो पेशियों को गति कराती हैं, तो जो प्रक्रम आगम संकेतों का पता लगाने तथा तदनुसार निर्गम क्रिया को करने का कार्य करता है वह अतिशीघ्र पूरा हो जाता है। आमतौर पर इस तरह के संबंधन को प्रतिवर्ती चाप कहते हैं। पूरे शरीर की तंत्रिकाएँ मेरुरज्जु में मस्तिष्क को जाने वाले रास्ते में एक बंडल में मिलती हैं। प्रतिवर्ती चाप इसी मेरुरज्जु में बनते हैं, यद्यपि आगत सूचनाएँ मस्तिष्क तक भी जाती हैं।

अधिकतर जंतुओं में प्रतिवर्ती चाप इसलिए विकसित हुआ है क्योंकि इनके मस्तिष्क के सोचने का प्रक्रम बहुत तेज नहीं है। वास्तव में अधिकांश जंतुओं में सोचने के लिए आवश्यक जटिल न्यूरॉन जाल या तो अल्प है या अनुपस्थित होता है। अतः यह स्पष्ट है कि वास्तविक विचार प्रक्रम की अनुपस्थिति में प्रतिवर्ती चाप का दक्ष कार्य प्रणाली के रूप में विकास हुआ है। यद्यपि जटिल न्यूरॉन जाल के अस्तित्व में आने के बाद भी प्रतिवर्ती चाप तुरंत अनुक्रिया के लिए एक अधिक दक्ष प्रणाली के रूप में कार्य करता है।

मानव मस्तिष्क

मेरुरज्जु तंत्रिकाओं की बनी होती है जो सोचने के लिए सूचनाएँ प्रदान करती हैं। सोचने में अधिक जटिल क्रियाविधि तथा तंत्रिका संबंधन होते हैं। ये मस्तिष्क में संकेंद्रित होते हैं जो शरीर का मुख्य समन्वय केंद्र है। मस्तिष्क तथा मेरुरज्जु केंद्रीय तंत्रिका तंत्र बनाते हैं। ये शरीर के सभी भागों से सूचनाएँ प्राप्त करते हैं तथा इसका समाकलन करते हैं।

हम अपनी क्रियाओं के बारे में भी सोचते हैं। लिखना, बात करना, एक कुर्सी घुमाना, किसी कार्यक्रम के समाप्त होने पर ताली बजाना इत्यादि ऐसी ऐच्छिक क्रियाओं के उदाहरण हैं जो आगे क्या करना है, के निर्णय पर आधारित हैं। अतः मस्तिष्क को भी पेशियों तक संदेश भेजने होते हैं। शरीर के अन्य भागों में संचार को परिधीय तंत्रिका तंत्र सुगमता प्रदान करता है जो मस्तिष्क से निकलने वाली कपाल तंत्रिकाओं तथा मेरुरज्जु से निकलने वाली मेरु तंत्रिकाओं से बना होता है। इस प्रकार मस्तिष्क हमें सोचने की अनुमति तथा सोचने पर आधारित क्रिया करने की अनुमति प्रदान करता है। मस्तिष्क में इस तरह के तीन मुख्य भाग या क्षेत्र होते हैं जिनके नाम अग्रमस्तिष्क, मध्यमस्तिष्क तथा पश्चमस्तिष्क या प्रमस्तिष्क हैं।

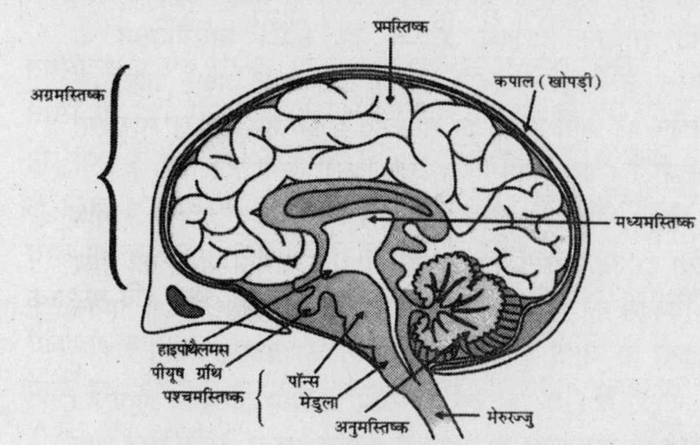

मानव मस्तिष्क

मस्तिष्क का सोचने वाला मुख्य भाग अग्रमस्तिष्क है। इसमें विभिन्न ग्राही से संवेदी आवेग (सूचनाएँ) प्राप्त करने के लिए क्षेत्र होते हैं। अग्रमस्तिष्क के अलग-अलग क्षेत्र सुनने, सूँघने, देखने आदि के लिए विशिष्टीकृत हैं। इसमें साहचर्य के क्षेत्र पृथक होते हैं जहाँ इन संवेदी सूचनाओं, अन्य ग्राही से प्राप्त सूचनाओं एवं पहले से मस्तिष्क में एकत्र सूचनाओं का अर्थ लगाया जाता है। इस सब पर आधारित, एक निर्णय लिया जाता है कि अनुक्रिया तथा सूचनाएँ प्रेरक क्षेत्र तक कैसे पहुँचाई जाएँ जो ऐच्छिक पेशी की गति को, जैसे हमारी टाँग की पेशियाँ, नियंत्रित करती हैं। हालाँकि प्रकृति में कुछ संवेदन देखने और सुनने से अधिक जटिल हैं।

सामान्य प्रतिवर्ती क्रिया जैसे पुतली के आकार में परिवर्तन तथा कोई सोची क्रिया जैसे कुर्सी खिसकाना के मध्य एक और पेशी गति का सैट है जिस पर हमारे सोचने का कोई नियंत्रण नहीं है। इन अनैच्छिक क्रियाओं में से कई मध्यमस्तिष्क तथा पश्चमस्तिष्क से नियंत्रित होती हैं। ये सभी अनैच्छिक क्रियाएँ जैसे– रक्तदाब, लार आना तथा वमन पश्चमस्तिष्क स्थित मेडुला द्वारा नियंत्रित होती हैं।

कुछ क्रियाओं जैसे एक सीधी रेखा में चलना, साइकिल चलाना, एक पेंसिल उठाना आदि क्रियाएँ पश्चमस्तिष्क में स्थित भाग अनुमस्तिष्क द्वारा ही संभव हैं जो ऐच्छिक क्रियाओं की परिशुद्धि तथा शरीर की संस्थिति तथा संतुलन के लिए उत्तरदायी है।

मस्तिष्क एक हड्डियों के बॉक्स में अवस्थित होता है। बॉक्स के अंदर तरलपूरित गुब्बारे में मस्तिष्क होता है जो प्रघात अवशोषक उपलब्ध कराता है। कशेरुकदंड या रीढ़ की हड्डी मेरुरज्जु की रक्षा करती है।

कोशिकीय स्तर पर गति के लिए सबसे सरल धारणा है कि पेशी कोशिकाएँ अपनी आकृति बदलकर गति करती हैं। पेशी कोशिकाओं में विशेष प्रकार की प्रोटीन होती है जो उनकी आकृति तथा व्यवस्था दोनों ही बदल देती है। कोशिका में यह तंत्रिका विद्युत आवेग की अनुक्रिया के फलस्वरूप होता है। जब यह घटना होती है तो इस प्रोटीन की नयी व्यवस्था पेशी की नयी आकृति देती है।

पादपों में समन्वयन

पादपों में न तो तंत्रिका तंत्र होता है और न ही पेशियाँ। अतः वे उद्दीपन के प्रति अनुक्रिया कैसे करते हैं? जब हम छुई-मुई के पादप की पत्तियाँ छूते हैं तो वे मुड़ना प्रारंभ कर देती हैं तथा नीचे झुक जाती हैं। जब एक बीज अंकुरित होता है तो जड़ें नीचे की ओर जाती हैं तथा तना ऊपर की ओर आता है। छुई-मुई की पत्तियाँ स्पर्श की अनुक्रिया से बहुत तेजी से गति करती हैं। इस गति से वृद्धि का कोई संबंध नहीं है। दूसरी ओर, नवोद्भिद की दिशिक गति वृद्धि के कारण होती है। यदि इसकी वृद्धि को किसी प्रकार रोक दिया जाए तब यह कोई गति प्रदर्शित नहीं करेगा। अतः पादप दो भिन्न प्रकार की गतियाँ दर्शाते हैं–एक वृद्धि पर आश्रित है और दूसरी वृद्धि से मुक्त है।

पौधे के जिस बिंदु पर छुआ जाता है अर्थात् स्पर्श वाला बिंदु तथा गति वाला बिंदु दोनों भिन्न होते हैं। पादप इस सूचना को एक कोशिका से दूसरी कोशिका तक संचारित करने के लिए वैद्युत-रसायन साधन का उपयोग भी करते हैं लेकिन जंतुओं की तरह पादप में सूचनाओं के चालन के लिए विशिष्टीकृत ऊतक नहीं होते हैं। जंतुओं की तरह ही गति करने के लिए कुछ कोशिकाओं की आकृति बदल जाती है। पादप कोशिकाओं में जंतु पेशी कोशिकाओं की तरह विशिष्टीकृत प्रोटीन तो नहीं होतीं जिसके कारण वे जल की मात्रा में परिवर्तन करके अपनी आकृति बदल लेती हैं, परिणामस्वरूप फूलने या सिकुड़ने में उनका आकार बदल जाता है।

मटर के पौधे की तरह कुछ पादप दूसरे पादप या बाड़ पर प्रतान की सहायता से ऊपर चढ़ते हैं। ये प्रतान स्पर्श के लिए संवेदनशील हैं। जब ये किसी आधार के संपर्क में आते हैं तो प्रतान का वह भाग जो वस्तु के संपर्क में है, उतनी तीव्रता से वृद्धि नहीं करता है जितना प्रतान का वह भाग, जो वस्तु से दूर रहता है। इस कारण प्रतान वस्तु को चारों ओर से जकड़ लेता है। आमतौर पर, पादप धीरे से एक निश्चित दिशा में गति करके उद्दीपन के प्रति अनुक्रिया करते हैं। यह वृद्धि दिशिक है इसलिए ऐसा लगता है कि पादप गति कर रहा है।

पर्यावरणीय प्रेरण जैसे प्रकाश या गुरुत्व, पादप की वृद्धि वाले भाग में दिशा परिवर्तित कर देते हैं। ये अनुवर्तन गतियाँ उद्दीपन की ओर या इससे विपरीत दिशा में हो सकती हैं। अतः इन दो भिन्न प्रकार की प्रकाशानुवर्तन गतियों में प्ररोह प्रकाश की ओर मुड़कर अनुक्रिया तथा जड़ इससे दूर मुड़कर अनुक्रिया करते हैं।

पादप अन्य उद्दीपनों के लिए भी अनुक्रिया करके अनुवर्तन दिखाते हैं। एक पादप की जड़ सदैव नीचे की ओर वृद्धि करती है जबकि प्ररोह प्रायः ऊपर की ओर तथा पृथ्वी से दूर वृद्धि करते हैं। यह प्ररोह तथा जड़ में क्रमशः उपरिगामी तथा अधोगामी वृद्धि पृथ्वी या गुरुत्व के खिंचाव की अनुक्रिया निःसंदेह गुरुत्वानुवर्तन है।

बहुकोशिकीय जंतुओं द्वारा नियंत्रण एवं समन्वय के लिए प्रयुक्त ये हार्मोन हमारी आशा के अनुरूप विविधता दर्शाते हैं। विविध पादप हार्मोन वृद्धि, विकास तथा पर्यावरण के प्रति अनुक्रिया के समन्वय में सहायता करते हैं। इनके संश्लेषण का स्थान इनके क्रिया क्षेत्र से दूर होता है और साधारण विसरण द्वारा वे क्रिया क्षेत्र तक पहुँच जाते हैं।

जब वृद्धि करता पादप प्रकाश को संसूचित (detect) करता है, तो उस समय एक हार्मोन जिसे ऑक्सिन कहते हैं, यह प्ररोह के अग्रभाग (tip) में संश्लेषित होता है तथा कोशिकाओं की लंबाई में वृद्धि में सहायक होता है। जब पादप पर एक ओर से प्रकाश पड़ता है तब ऑक्सिन विसरित होकर प्ररोह के छाया वाले भाग में आ जाता है। प्ररोह की प्रकाश से दूर वाली साइड में ऑक्सिन का सांद्रण कोशिकाओं को लंबाई में वृद्धि के लिए उद्दीपित करता है। अतः पादप प्रकाश की ओर मुड़ता हुआ दिखाई देता है।

पादप हार्मोन का दूसरा उदाहरण जिब्बेरेलिन हैं जो ऑक्सिन की तरह तने की वृद्धि में सहायक होते हैं। साइटोकाइनिन कोशिका विभाजन को प्रेरित करता है और इसीलिए यह उन क्षेत्रों में जहाँ कोशिका विभाजन तीव्र होता है, विशेष रूप से फलों और बीजों में अधिक सांद्रता में पाया जाता है। ये उन पादप हार्मोन के उदाहरण हैं जो वृद्धि में सहायता करते हैं। फिर भी पादप की वृद्धि संदमन के लिए भी संकेतों की आवश्यकता है। एब्सिसिक अम्ल वृद्धि का संदमन करने वाले हार्मोन का एक उदाहरण है। पत्तियों का मुरझाना इसके प्रभावों में सम्मिलित है।

जंतुओं में हार्मोन

अधिवृक्क ग्रंथि से स्रावित एड्रीनलीन हार्मोन सीधा रुधिर में स्रावित हो जाता है और शरीर के विभिन्न भागों तक पहुँचा दिया जाता है। हृदय सहित यह लक्ष्य अंगों या विशिष्ट ऊतकों पर कार्य करता है, परिणामस्वरूप हृदय की धड़कन बढ़ जाती है ताकि हमारी पेशियों को अधिक ऑक्सीजन की आपूर्ति हो सके। पाचन तंत्र तथा त्वचा में रुधिर की आपूर्ति कम हो जाती है क्योंकि इन अंगों की छोटी धमनियों के आस-पास की पेशियाँ सिकुड़ जाती हैं। यह रुधिर की दिशा हमारी कंकाल पेशियों की ओर कर देता है। डायाफ्राम तथा पसलियों की पेशी के संकुचन से श्वसन दर भी बढ़ जाती है। ये सभी अनुक्रियाएँ मिलकर जंतु शरीर को स्थिति से निपटने के लिए तैयार करती हैं। यह जंतु हार्मोन अंतःस्रावी ग्रंथियों का भाग है जो हमारे शरीर में नियंत्रण एवं समन्वय का दूसरा मार्ग है।

जंतु शरीर में भी सावधानीपूर्वक नियंत्रित स्थानों पर वृद्धि होती है। उदाहरण के लिए, पादप अपने शरीर पर अनेक स्थानों पर पत्तियाँ उगाते हैं, लेकिन हम अपने चेहरे पर अँगुलियाँ नहीं उगाते हैं। हमारे शरीर की अभिकल्पना, बच्चों की वृद्धि के समय भी सावधानीपूर्वक अनुरक्षित है।

अवटुग्रंथि को थॉयरॉक्सिन हार्मोन बनाने के लिए आयोडीन आवश्यक है। थॉयरॉक्सिन हमारे शरीर में कार्बोहाइड्रेट, प्रोटीन तथा वसा के उपापचय का नियंत्रण करता है ताकि वृद्धि के लिए उत्कृष्ट संतुलन उपलब्ध कराया जा सके। थायरॉक्सिन के संश्लेषण के लिए आयोडीन अनिवार्य है। यदि हमारे आहार में आयोडीन की कमी है तो यह संभावना है कि हम गॉयटर से ग्रसित हो सकते हैं। इस बीमारी का एक लक्षण फूली हुई गर्दन है।

पीयूष ग्रंथि से स्रावित होने वाले हार्मोन में एक वृद्धि हार्मोन है जैसा इसका नाम इंगित करता है। वृद्धि हार्मोन शरीर की वृद्धि और विकास को नियंत्रित करता है। यदि बाल्यकाल में इस हार्मोन की कमी हो जाती है तो यह बौनापन का कारण बनता है।

मनुष्य में (10-12) वर्ष की आयु के मध्य परिवर्तन होता है। ये परिवर्तन यौवनारंभ से संबद्ध हैं क्योंकि नर में टेस्टोस्टेरोन तथा मादा में एस्ट्रोजन का स्रावण होता है।

इंसुलिन हार्मोन का उत्पादन अग्न्याशय में होता है और यह रुधिर में शर्करा स्तर को नियंत्रित करने में सहायता करता है। यदि यह उचित मात्रा में स्रावित नहीं होता है तो रुधिर में शर्करा स्तर बढ़ जाता है और कई हानिकारक प्रभाव का कारण बनता है।

यदि रुधिर में शर्करा स्तर बढ़ जाता है तो इसे अग्न्याशय की कोशिका संसूचित (detect) कर लेती है तथा इसकी अनुक्रिया में अधिक इंसुलिन स्रावित करती है। जब रुधिर में शर्करा स्तर कम हो जाता है तो इंसुलिन का स्रावण कम हो जाता है।

वस्तुनिष्ठ प्रश्न

1. लकवे का प्रमुख कारण है–
A. पेशियों में कुछ विकार
B. संवेदी तन्त्रिकाओं का पूर्ण विकार
C. प्रेरक तन्त्रिकाओं का पूर्ण विनाश
D. उपरोक्त में से कोई नहीं

2. तन्त्रिका तन्त्र में ऊर्जा का रूपांतरण होता है–
A. रासायनिक से विकिरण B. रासायनिक से यांत्रिक
C. रासायनिक से वैद्युत D. रासायनिक से परासरणी

3. जब व्यक्ति शराब पीता है तो मस्तिष्क के किस भाग के नियन्त्रण में ह्रास होता है–
A. अनुमस्तिष्क B. सेरीब्रम
C. मेड्यूला आब्लोगेंटा D. पोन्स वेरोली

4. सुनने का नियन्त्रण होता है–
A. टेम्पोरल पालियों द्वारा B. अनुमस्तिष्क द्वारा
C. हाइपोथैलेमस द्वारा D. प्रमस्तिष्क गोलार्ध द्वारा

5. निम्न में से कौन-सा केन्द्रीय तन्त्रिका तन्त्र का अंग नहीं है–
A. मेरु रज्जू B. मस्तिष्क
C. कपालीय तन्त्रिकाएँ D. इनमें से कोई नहीं

6. मनुष्य के मस्तिष्क के किस भाग से सीखना सम्बन्धित है?
A. प्रमस्तिष्क B. मेड्यूला
C. अनुमस्तिष्क D. हाइपोथैलेमस

7. निम्न में से किस जन्तु में तन्त्रिका तन्त्र पाया जाता है किन्तु मस्तिष्क नहीं?
A. अमीबा में B. तिलचट्टे में
C. केंचुए में D. हाइड्रा में

8. मनुष्य सहित सभी स्तनियों में कपालीय तन्त्रिकाओं की संख्या होती है–
A. 10 B. 24
C. 12 D. 36

9. निलय शब्द का प्रयोग किया जाता है–
A. मस्तिष्क में B. हृदय में
C. फेफड़े में D. A व B दोनों में

10. डायेनसिफैलोन एक नियन्त्रण केन्द्र नहीं होता है–
A. हृदय की धड़कन का B. घृणा का
C. क्रोध का D. प्यार का

11. आँख का वह भाग जिसमें रक्त कोशिका नहीं होती–
A. कॉर्निया B. लेन्स
C. कॉर्निया व लेन्स दोनों D. रेटिना

12. कशेरुकी या स्तनी के नेत्र की प्रकाश संवेदी परत है–
A. कॉर्निया B. रेटिना
C. कोरॉएड D. स्कलीरा

13. नेत्र में आइरिस में पायी जाने वाली पेशी होती है–
A. अरेखित तथा स्वैच्छिक
B. रेखित तथा स्वैच्छिक
C. अरेखित तथा अनैच्छिक
D. रेखित तथा अनैच्छिक

14. नेत्र में वर्णक युक्त कौन-सा है?
A. कॉर्निया B. स्कलेरोटिक
C. रेटिना D. कोरॉएड

15. रंग अंधता का प्रमुख कारण है–
A. शलाकाओं की अनुपस्थिति
B. शंकुओं की अनुपस्थिति
C. पलकों की अनुपस्थिति
D. आधा दृष्टिपटल

16. जब प्रकाश की तीव्रता रात्रि में कम होती है तब प्रकाश संसूचित होता है–
A. शलाका द्वारा
B. शंकु द्वारा
C. लेन्स द्वारा
D. शलाका तथा शंकु दोनों द्वारा

17. खरगोश में स्वेद ग्रन्थियाँ कहाँ पायी जाती हैं?

A. सारे शरीर पर B. होठों के आस-पास
C. पंजों पर D. कर्ण पल्लवों पर

18. त्वचीय ग्रन्थियाँ होती हैं–

A. आमाशय ग्रन्थियाँ B. तेल ग्रन्थियाँ
C. अवटु ग्रन्थि D. थाइमस ग्रन्थि

19. मेलेनोब्लास्टस पाये जाते हैं–

A. अधिचर्म में
B. मैलपीगी स्तर में
C. अधिचर्म व चर्म के संयोग स्थल पर
D. चर्म में

20. स्तनियों में ध्वनि तरंगों के ग्राही हैं–

A. कर्ण B. नेत्र
C. त्वचा D. बाल

21. जब रात के समय प्रकाश की तीव्रता कम होती है तब प्रकाश की पहचान किसके द्वारा होती है?

A. शलाकाओं B. शंकु
C. लेन्सों D. दोनों शलाका तथा शंकु

22. नेत्र का रेटिना कैमरे के किस भाग के सदृश है?

A. फिल्म B. लेन्स
C. शटर D. ग्लास

23. गंध की संवेदना होती है–

A. सेरीब्रम द्वारा B. अनुमस्तिष्क द्वारा
C. घ्राण द्वारा D. हाइपोथेलेमस द्वारा

24. मानव नेत्रों का वह भाग जो फोकस दूरी का समायोजन करता है–

A. कॉर्नियां B. तेजो द्रव
C. कंजक्टिवा D. सिलियरी काय

25. स्तनियों के ध्वनि ग्रहण करने के ग्राही स्थित होते हैं–

A. बाह्य कर्ण में
B. मध्य कर्ण में
C. अन्तःकर्ण में
D. उपरोक्त में से कोई भी नहीं

26. जब आँख समीप की वस्तु को देखती है, तो लेन्स अधिक उत्तल हो जाता है–

A. आइरिस पेशियों के शिथिलन के कारण
B. आइरिस पेशियों के संकुचन के कारण
C. रोमाभि पेशियों के संकुचन के कारण
D. रोमाभि पेशियों के शिथिलन के कारण

27. देखने में प्रकाश ऊर्जा–

A. भौतिक ऊर्जा में बदल जाती है
B. यान्त्रिक ऊर्जा में बदल जाती है
C. विद्युत ऊर्जा में बदल जाती है
D. रासायनिक ऊर्जा में बदल जाती है

28. जेकोब्सन का अंग सम्बन्धित होता है?

A. बिल बनाने से B. स्पर्श से
C. सूँघने से D. दृष्टि से

29. रंग का बोध (perception) सम्भव है–

A. स्तनियों में B. मनुष्य में
C. पक्षियों में D. सरीसृपों में

30. लाल रक्त कणिकाओं का श्मसान कहलाता है–

A. हृदय B. अस्थि मज्जा
C. वृक्क D. प्लीहा

उत्तरमाला

1	2	3	4	5	6	7	8	9	10
C	C	A	A	C	A	B	B	D	A
11	12	13	14	15	16	17	18	19	20
C	B	C	D	B	A	A	B	B	A
21	22	23	24	25	26	27	28	29	30
A	A	C	D	C	C	C	C	B	D

अध्याय 5

जीव जनन कैसे करते हैं?

जनन के दौरान डी.एन.ए. प्रतिकृति का अविरोध जीव की शारीरिक संरचना एवं डिजाइन के लिए अत्यंत महत्वपूर्ण है जो उसे विशिष्ट निकेत के योग्य बनाती है। अतः किसी प्रजाति (species) की समष्टि के स्थायित्व का संबंध जनन से है।

यदि एक समष्टि अपने निकेत के अनुकूल है तथा निकेत में कुछ उग्र परिवर्तन आते हैं तो ऐसी अवस्था में समष्टि का समूल विनाश भी संभव है परंतु, यदि समष्टि के जीवों में कुछ विभिन्नता होगी तो उनके जीवित रहने की कुछ संभावना रहती है। परन्तु यदि शीतोष्ण जल में पाए जाने वाले जीवाणुओं की कोई समष्टि है तथा वैश्विक ऊष्मीकरण (global warming) के कारण जल का ताप बढ़ जाता है तो अधिकतर जीवाणु व्यष्टि नष्ट हो जाते हैं, परंतु ऐसी दशा में उष्ण प्रतिरोधी क्षमता वाले कुछ परिवर्तन ही जीवित रहते हैं तथा वृद्धि करते हैं। अतः विभिन्नताएँ स्पीशीज की उत्तरजीविता बनाए रखने में उपयोगी हैं।

एकल जीवों में प्रजनन

विखंडन

एककोशिक जीवों में कोशिका विभाजन अथवा विखंडन द्वारा नए जीवों की उत्पत्ति होती है। विखंडन के अनेक तरीके प्रेक्षित किए गए। अनेक जीवाणु तथा प्रोटोजोआ की कोशिका विभाजन द्वारा सामान्यतः दो बराबर भागों में विभक्त हो जाती है। अमीबा जैसे जीवों में कोशिका विभाजन किसी भी तल से हो सकता है।

कुछ एककोशिक जीवों में शारीरिक संरचना अधिक संगठित होती है। उदाहरणतः कालाजार के रोगाणु, लेस्मानिया में कोशिका के एक सिरे पर कोड़े के समान सूक्ष्म संरचना होती है। ऐसे जीवों में द्विखंडन एक निर्धारित तल से होता है। मलेरिया परजीवी, प्लैज्मोडियम जैसे अन्य एककोशिक जीव एक साथ अनेक संतति कोशिकाओं में विभाजित हो जाते हैं, जिसे बहुखंडन कहते हैं।

दूसरी ओर यीस्ट कोशिका से छोटे मुकुल उभरकर कोशिका से अलग हो जाते हैं तथा स्वतंत्र रूप से वृद्धि करते हैं।

खंडन

सरल संरचना वाले बहुकोशिक जीवों में जनन की सरल विधि कार्य करती है। उदाहरणतः, स्पाइरोगाइरा सामान्यतः विकसित होकर छोटे-छोटे टुकड़ों में खंडित हो जाता है। ये टुकड़े अथवा खंड वृद्धि कर नए जीव में विकसित हो जाते हैं परंतु यह बहुकोशिक जीवों के लिए सत्य नहीं है। वे सरल रूप से कोशिका-दर-कोशिका विभाजित नहीं होते। इसका कारण है कि अधिकतर बहुकोशिक जीव विभिन्न कोशिकाओं का समूह मात्र ही नहीं हैं। विशेष कार्य हेतु विशिष्ट कोशिकाएँ संगठित होकर ऊतक का निर्माण करती हैं तथा ऊतक संगठित होकर अंग बनाते हैं, शरीर में इनकी स्थिति भी निश्चित होती है। ऐसी व्यवस्थित परिस्थिति में कोशिका-दर-कोशिका विभाजन अव्यवहारिक है। अतः बहुकोशिक जीवों को जनन के लिए अपेक्षाकृत अधिक जटिल विधि की आवश्यकता होती है।

पुनरुद्भवन

पूर्णरूपेण विभेदित जीवों में अपने कायिक भाग से नए जीव के निर्माण की क्षमता होती है। अर्थात यदि किसी कारणवश जीव क्षत-विक्षत हो जाता है अथवा कुछ टुकड़ों में टूट जाता है तो इसके अनेक टुकड़े वृद्धि कर नए जीव में विकसित हो जाते हैं। उदाहरणतः हाइड्रा तथा प्लेनेरिया जैसे सरल प्राणियों को यदि कई टुकड़ों में काट दिया जाए तो प्रत्येक टुकड़ा विकसित होकर पूर्णजीव का निर्माण कर देता है। यह पुनरुद्भवन कहलाता है। पुनरुद्भवन (पुनर्जनन) विशिष्ट कोशिकाओं द्वारा संपादित होता है। इन कोशिकाओं के क्रमप्रसरण से अनेक कोशिकाएँ बन जाती हैं। कोशिकाओं के इस समूह से परिवर्तन के समय विभिन्न प्रकार की कोशिकाएँ एवं ऊतक बनते हैं। यह परिवर्तन बहुत व्यवस्थित रूप एवं क्रम से होता है जिसे परिवर्धन कहते हैं। परंतु पुनरुद्भवन जनन के समान नहीं है इसका मुख्य कारण यह है कि प्रत्येक जीव के किसी भी भाग को काटकर सामान्यतः नया जीव उत्पन्न नहीं होता।

मुकुलन

हाइड्रा जैसे कुछ प्राणी पुनर्जनन की क्षमता वाली कोशिकाओं का उपयोग मुकुलन के लिए करते हैं। हाइड्रा में कोशिकाओं के नियमित विभाजन के कारण एक स्थान पर उभार विकसित हो जाता है। यह उभार (मुकुल) वृद्धि करता हुआ नन्हे जीव में बदल जाता है तथा पूर्ण विकसित होकर जनक से अलग होकर स्वतंत्र जीव बन जाता है।

कायिक प्रवर्धन

ऐसे बहुत से पौधे हैं जिनमें कुछ भाग जैसे–जड़, तना तथा पत्तियाँ उपयुक्त परिस्थितियों में विकसित होकर नया पौधा उत्पन्न करते हैं। अधिकतर जंतुओं के विपरीत, एकल पौधे इस क्षमता का उपयोग जनन की विधि के रूप में करते हैं। परतन, कलम अथवा रोपण जैसी कायिक प्रवर्धन की तकनीक का उपयोग कृषि में भी किया जाता है। गन्ना, गुलाब अथवा अंगूर इसके कुछ उदाहरण हैं। कायिक प्रवर्धन द्वारा उगाए गए पौधों में बीज द्वारा उगाए पौधों की अपेक्षा पुष्प एवं फल कम समय में लगने लगते हैं। यह पद्धति केला, संतरा, गुलाब एवं चमेली जैसे उन पौधों को उगाने के लिए उपयोगी है जो बीज उत्पन्न करने की क्षमता खो चुके हैं। कायिक प्रवर्धन का दूसरा लाभ यह भी है कि इस प्रकार उत्पन्न सभी पौधे आनुवंशिक रूप से जनक पौधे के समान होते हैं। इसी प्रकार ब्रायोफिलम की पत्तियों की कोर पर कुछ कलिकाएँ विकसित होकर मृदा में गिर जाती हैं तथा नए पौधे में विकसित हो जाती हैं।

लैंगिक जनन

लैंगिक जनन संतति उत्पन्न करने की वह विधि है जिसमें दो व्यष्टि (एकल जीवों) की भागीदारी होती है। उदाहरण के लिए, न तो एकल बैल संतति बछड़ा पैदा कर सकता है, और न ही एकल मुर्गी से नए चूजे उत्पन्न हो सकते हैं। ऐसे जीवों में नवीन संतति उत्पन्न करने हेतु नर एवं मादा दोनों लिंगों की आवश्यकता होती है, जिसे लैंगिक जनन कहते हैं।

पुष्पी पौधों में लैंगिक जनन

आवृतबीजी (एंजियोस्पर्म) के जननांग पुष्प में अवस्थित होते हैं। पुंकेसर एवं स्त्रीकेसर पुष्प के जनन भाग हैं जिनमें जनन-कोशिकाएँ होती हैं।

जब पुष्प में पुंकेसर अथवा स्त्रीकेसर में से कोई एक जननांग उपस्थित होता है तो पुष्प एकलिंगी कहलाते हैं (पपीता, तरबूज)। जब पुष्प में पुंकेसर एवं स्त्रीकेसर दोनों उपस्थित होते हैं, (गुड़हल, सरसों) तो उन्हें उभयलिंगी पुष्प कहते हैं। पुंकेसर नर जननांग हैं जो परागकण बनाते हैं। परागकण सामान्यतः पीले होते हैं। स्त्रीकेसर पुष्प के केंद्र में अवस्थित होता है तथा यह पुष्प का मादा जननांग है। यह तीन भागों से बना होता है। आधार पर उभरा-फूला भाग अंडाशय है, मध्य में लंबा भाग वर्तिका है तथा शीर्ष भाग वर्तिकाग्र है जो प्रायः चिपचिपा होता है। अंडाशय में बीजांड होते हैं तथा प्रत्येक बीजांड में एक अंड-कोशिका होती है। परागकण द्वारा उत्पादित नर युग्मक अंडाशय की अंडकोशिका (मादा युग्मक) से संलयित हो जाता है। जनन कोशिकाओं के इस युग्मन अथवा निषेचन से युग्मनज बनता है जिसमें नए पौधे में विकसित होने की क्षमता होती है।

अतः परागकणों की पुंकेसर से वर्तिकाग्र तक स्थानांतरण की आवश्यकता होती है। यदि परागकणों का यह स्थानांतरण उसी पुष्प के वर्तिकाग्र पर होता है तो यह *स्व-परागण* कहलाता है। परंतु एक पुष्प के परागकण दूसरे पुष्प पर स्थानांतरित होते हैं, तो उसे *पर-परागण* कहते हैं। एक पुष्प से दूसरे पुष्प तक परागकणों का यह स्थानांतरण वायु, जल अथवा प्राणी जैसे वाहक द्वारा संपन्न होता है।

परागकणों के उपयुक्त, वर्तिकाग्र पर पहुँचने के पश्चात नर युग्मक को अंडाशय में स्थित मादा-युग्मक तक पहुँचने के लिए परागकण से एक नलिका विकसित होती है तथा वर्तिका से होती हुई बीजांड तक पहुँचती है।

निषेचन के पश्चात, युग्मनज में अनेक विभाजन होते हैं तथा बीजांड में भ्रूण विकसित होता है। बीजांड से एक कठोर आवरण विकसित होता है तथा यह बीज में परिवर्तित हो जाता है। अंडाशय तीव्रता से वृद्धि करता है तथा परिपक्व होकर फल बनाता है। इस अंतराल में बाह्यदल, पंखुड़ी, पुंकेसर, वर्तिका एवं वर्तिकाग्र प्रायः मुरझाकर गिर जाते हैं। बीज में भावी पौधा अथवा भ्रूण होता है जो उपयुक्त परिस्थितियों में नवोद्भिद में विकसित हो जाता है। इस प्रक्रम को *अंकुरण* कहते हैं।

मानव में लैंगिक जनन

लैंगिक जनन प्रणाली का अर्थ है, दो भिन्न व्यक्तियों की जनन कोशिकाओं का परस्पर संलयन। यह जनन कोशिकाओं के बाह्य-मोचन द्वारा हो सकता है जैसे कि पुष्पी पौधों में होता है। अथवा दो जीवों के परस्पर संबंध द्वारा जनन कोशिकाओं के आंतरिक स्थानांतरण द्वारा भी हो सकता है, जैसे कि अनेक प्राणियों में होता है। यदि जंतुओं को संलयन के इस प्रक्रम में भाग लेना हो, तो यह आवश्यक है कि दूसरे जीव उनकी लैंगिक परिपक्वता की पहचान कर सकें। यौवनारंभ की अवधि में अनेक परिवर्तन जैसे कि बालों का नवीन पैटर्न इस बात का संकेत है कि लैंगिक परिपक्वता आ रही है।

दूसरी ओर, दो व्यक्तियों के बीच जनन कोशिकाओं के वास्तविक स्थानांतरण हेतु विशिष्ट अंग/संरचना की आवश्यकता होती है; उदाहरण के लिए, शिश्न के ऊर्ध्व होने की क्षमता। स्तनधारियों जैसे कि मानव में, शिशु माँ के शरीर में लंबी अवधि तक गर्भस्थ रहता है तथा जन्मोपरांत स्तनपान करता है। इन सभी स्थितियों के लिए मादा के जननांगों एवं स्तन का परिपक्व होना आवश्यक है।

नर जनन तंत्रः नर जनन-कोशिका अथवा शुक्राणु का निर्माण वृषण में होता है। यह उदर गुहा के बाहर वृषण कोष में स्थित होता है। इसका कारण यह है कि शुक्राणु उत्पादन के लिए आवश्यक ताप शरीर के ताप से कम होता है। शुक्राणु उत्पादन के नियंत्रण के अतिरिक्त टेस्टोस्टेरॉन लड़कों में यौवनावस्था के लक्षणों का भी नियंत्रण करता है।

उत्पादित शुक्राणुओं का मोचन शुक्रवाहिकाओं द्वारा होता है। ये शुक्रवाहिकाएँ मूत्राशय से आने वाली नली से जुड़कर एक संयुक्त नली बनाती हैं। अतः मूत्रमार्ग (urethra) शुक्राणुओं एवं मूत्र दोनों के प्रवाह का उभय मार्ग है। प्रोस्ट्रेट तथा शुक्राशय अपने स्राव शुक्रवाहिका में डालते हैं जिससे शुक्राणु एक तरल माध्यम में आ जाते हैं। इसके कारण इनका स्थानांतरण सरलता से होता है, साथ ही यह स्राव उन्हें पोषण भी प्रदान करता है। शुक्राणु सूक्ष्म संरचनाएँ हैं जिसमें मुख्यतः आनुवंशिक पदार्थ होते

हैं तथा एक लंबी पूँछ होती है जो उन्हें मादा जनन-कोशिका की ओर तैरने में सहायता करती है।

मादा जनन तंत्र : मादा जनन-कोशिकाओं अथवा अंड-कोशिका का निर्माण अंडाशय में होता है। वे कुछ हार्मोन भी उत्पादित करती हैं।

लड़की के जन्म के समय ही अंडाशय में हजारों अपरिपक्व अंड होते हैं। यौवनारंभ में इनमें से कुछ परिपक्व होने लगते हैं। दो में से एक अंडाशय द्वारा प्रत्येक माह एक अंड परिपक्व होता है। महीन अंडवाहिका अथवा फेलोपियन ट्यूब द्वारा ये अंडकोशिका गर्भाशय तक ले जाए जाते हैं। दोनों अंडवाहिकाएँ संयुक्त होकर एक लचीली थैलेनुमा संरचना का निर्माण करती हैं जिसे गर्भाशय कहते हैं। गर्भाशय ग्रीवा द्वारा योनि में खुलता है।

मैथुन के समय शुक्राणु योनि मार्ग में स्थापित होते हैं जहाँ से ऊपर की ओर यात्रा करके वे अंडवाहिका तक पहुँच जाते हैं, जहाँ अंडकोशिका से मिल सकते हैं। निषेचन के पश्चात निषेचित अंड अथवा युग्मनज गर्भाशय में स्थापित हो जाता है तथा विभाजित होने लगता है। माँ का शरीर गर्भधारण एवं उसके विकास के लिए विशेष रूप से अनुकूलित होता है। अतः गर्भाशय प्रत्येक माह भ्रूण को ग्रहण करने एवं उसके पोषण हेतु तैयारी करता है। इसकी आंतरिक पर्त मोटी होती जाती है तथा भ्रूण के पोषण हेतु रुधिर प्रवाह भी बढ़ जाता है।

भ्रूण को माँ के रुधिर से ही पोषण मिलता है, इसके लिए एक विशेष संरचना होती है जिसे प्लैसेंटा कहते हैं। यह एक तश्तरीनुमा संरचना है जो गर्भाशय की भित्ति में धँसी होती है। इसमें भ्रूण की ओर के ऊतक में प्रवर्ध होते हैं। माँ के ऊतकों में रक्त स्थान होते हैं जो प्रवर्ध को आच्छादित करते हैं। ये माँ से भ्रूण को ग्लूकोज, ऑक्सीजन एवं अन्य पदार्थों के स्थानांतरण हेतु एक बृहद क्षेत्र प्रदान करते हैं। विकासशील भ्रूण द्वारा अपशिष्ट पदार्थ उत्पन्न होते हैं जिनका निपटान उन्हें प्लैसेंटा के माध्यम से माँ के रुधिर में स्थानांतरण द्वारा होता है। माँ के शरीर में गर्भ को विकसित होने में लगभग 9 मास का समय लगता है। गर्भाशय की पेशियों के लयबद्ध संकुचन से शिशु का जन्म होता है।

अंड का निषेचन न होने की स्थिति

यदि अंडकोशिका का निषेचन नहीं हो तो यह लगभग एक दिन तक जीवित रहती है। चूँकि अंडाशय प्रत्येक माह एक अंड का मोचन करता है, इसलिए निषेचित अंड की प्राप्ति हेतु गर्भाशय भी प्रति माह तैयारी करता है, जिसके कारण इसकी अंतःभित्ति मांसल एवं स्पोंजी हो जाती है। यह अंड के निषेचन होने की अवस्था में उसके पोषण के लिए आवश्यक है। परंतु निषेचन न होने की अवस्था में इस पर्त की भी आवश्यकता नहीं रहती। अतः यह पर्त धीरे-धीरे टूट कर योनि मार्ग से रुधिर एवं म्यूकस के रूप में निष्कासित होती है। इस चक्र में लगभग एक मास का समय लगता है तथा इसे ऋतुस्राव अथवा रजोधर्म कहते हैं। इसकी अवधि लगभग 2 से 8 दिनों की होती है।

गर्भरोधी तरीके : गर्भरोधी तरीके अनेक प्रकार के हो सकते हैं। एक तरीका यांत्रिक अवरोध का है जिससे शुक्राणु अंडकोशिका तक न पहुँच सके। शिश्न को ढकने वाले कंडोम अथवा योनि में रखने वाली अनेक युक्तियों का उपयोग किया जा सकता है। दूसरा तरीका शरीर में हार्मोन संतुलन के परिवर्तन का है, जिससे अंड का मोचन ही नहीं होता अतः निषेचन नहीं हो सकता। ये दवाएँ सामान्यतः गोली के रूप में ली जाती हैं, परंतु ये हार्मोन संतुलन को परिवर्तित करती हैं। अतः उनके कुछ विपरीत प्रभाव भी हो सकते हैं। गर्भधारण रोकने के लिए कुछ अन्य युक्तियाँ जैसे कि लूप अथवा कॉपर-टी (Copper-T) को गर्भाशय में स्थापित करके भी किया जाता है। गर्भाशय के उत्तेजन से भी कुछ विपरीत प्रभाव हो सकते हैं। यदि पुरुष की शुक्रवाहिकाओं को अवरुद्ध कर दिया जाए तो शुक्राणुओं का स्थानांतरण रुक जाएगा। यदि स्त्री की अंडवाहिनी अथवा फेलोपियन नलिका को अवरुद्ध कर दिया जाए तो अंड (डिंब) गर्भाशय तक नहीं पहुँच सकेगा। दोनों ही अवस्थाओं में निषेचन नहीं हो पाएगा।

वस्तुनिष्ठ प्रश्न

1. अण्डाशय से निकलते समय मनुष्य के अण्डाणु में होते हैं–
A. X Y क्रोमोसोम B. एक X क्रोमोसोम
C. दो X क्रोमोसोम D. एक Y क्रोमोसोम

2. स्तनधारियों की मादा के शरीर में वीर्यसंसेचन का स्थान है–
A. गर्भाशय में B. अण्डवाहिनी में
C. योनि में D. व्यूलवा में

3. परखनली शिशु का अर्थ है कि शिशु का जन्म हुआ जब–
A. परखनली में विकसित हुआ
B. यह ऊतक संवर्धन विधि द्वारा विकसित हुआ
C. अण्डाणु का बाहर निषेचन हुआ तथा उसके बाद गर्भाशय में प्रत्यारोपित किया गया
D. यह अनिषेचित अण्डों से उत्पन्न हुआ

4. शुक्रजनन नलिकाओं में पाई जाने वाली पोषक कोशिकाएँ हैं–
A. लीडिंग कोशिकाएँ
B. सर्टोली कोशिकाएँ
C. शुक्राणुजनीय कोशिकाएँ
D. जीणु पुटिका कोशिकाएँ

5. मनुष्यों में रजोधर्म की प्रावस्था जो 7-8 दिनों तक रहती है–
A. पुटिका प्रावस्था B. अण्डोत्सर्ग प्रावस्था
C. ल्यूटियम प्रावस्था D. रजोधर्म

6. वह प्रक्रिया जिसके द्वारा अण्डाणुओं का निर्माण होता है–
A. अण्डाणुजनन B. अण्डोत्सर्ग
C. अण्ड निक्षेपण D. अण्डयुजता

7. जन्म दर को नियन्त्रित करने की सफलता निम्न में से किस पर निर्भर करती है?
A. गर्भ निरोधक साधनों का उपयोग
B. ट्यूबेक्टमी
C. वासेक्टमी
D. लोगों द्वारा उपरोक्त सभी विधियों को स्वीकार करना

8. यदि गर्भधारण नहीं होता है तब कार्पस ल्यूटियम–
A. का अस्तित्व ऐसे ही बना रहता है
B. यह कॉर्पस कैलोसम में बदल जाता है
C. यह कॉपर्स एल्बिकैन्स में बदल जाता है
D. यह प्रोजेस्टेरॉन का स्रवण प्रारम्भ कर देता है

9. प्रोजेस्टरॉन की उत्पत्ति होती है–
A. ग्राफियन पुटिका से
B. पीयूष ग्रन्थि से
C. पीतपिण्ड या कार्पस ल्यूटियम से
D. प्रोस्टेट ग्रन्थि से

10. सामान्यतः युग्मक में होता है–
A. एक जीन की सभी एलील
B. एक जीन की कई एलील
C. एक जीन की एक एलील
D. एक जीन की दो एलील

11. गर्भ निरोधक गोलियों में प्रोजेस्टेरॉन का क्या कार्य होता है–
A. अण्डोत्सर्ग रोकना
B. अण्डोत्सर्ग कम करना
C. फैलोपियन नलिकाओं को रोक देना
D. रोपण को रोकना

12. एन्ट्रम गुहा है?
A. ब्लास्टुला की
B. अण्डाशय की
C. ग्राफियन पुटिका की
D. गैस्टुला की

13. मादा मानव के जन्म के समय बीस लाख अण्डाणु होते हैं। पूर्ण जनन अवधि में इनमें से कितने परिपक्व होते हैं?
A. 500 B. 1,000
C. 2,000 D. 5,000

14. ऐक्रोसोम का निर्माण करता है–
A. लाइसोसोम B. गोल्जी बॉडी
C. माइटोकॉण्ड्रिया D. केन्द्रक

15. मादा में द्वितीय लैंगिक लक्षण होते हैं किसके कारण?
A. कोलीसिस्टोकाइनिन
B. एस्ट्रोजन
C. एण्ड्रोजन
D. उपरोक्त में से कोई नहीं

16. बिडर कैनाल पायी जाती है–
A. शशक में B. साँप में
C. पक्षी में D. टोड में

17. लारवा अवस्था में लैंगिक जनन कहलाता है–
A. शावकीजनन B. आइसोगैमी
C. ओटोगैमी D. एनाइसोगैमी

18. मादा शशक में अण्डवाहिनी का फैला हुआ समीपस्थ भाग कहलाता है–
A. गर्भाशय B. वेस्टीब्यूल
C. फैलोपियन नलिका D. झालरदार कीप

19. मद चक्र संकेत है–
A. गर्भाधान का B. ऋतुस्राव का
C. रजोनिवृत्ति का D. एस्ट्रोजन स्रवण का

20. यदि नर और मादा दोनों जनन तन्त्र एक ही जन्तु जैसे प्लैटीहैल्मिन्थीज एवं केंचुए में उपस्थित हों तो तन्तु कहलाता है–
A. उभयलिंगी B. एकलिंगी
C. प्रोट्रैण्ड्रस D. डायोशियस

21. मादा के गर्भाशय के समजात अंग नर में होता है–
A. प्रोस्टेस्ट ग्रन्थि B. शुक्राशय
C. गुबरनेकुलम D. वृषण कोश

22. मनुष्य में नर लिंग के विशेष लक्षण हैं भारी आवाज, चेहरे व शरीर पर बालों का विशेष विन्यास, दाढ़ी व मूँछ आदि। ये लक्षण सहायक होते हैं–
A. लैंगिक जनन में
B. लैंगिक जनन से कोई सम्बन्ध नहीं है
C. लिंग हारमोनों के प्रभाव के कारण उत्पन्न होते हैं
D. दोनों B व C

23. शुक्राणुओं का निर्माण वृषण में होता है और ये कुछ समय के लिये संग्रहित रहते हैं–
A. शुक्राशय में
B. एपीडिडाइमिस में
C. वृषण कोश में
D. वृषण के दूरस्थ भाग में

24. मनुष्य में मादा का द्वितीयक लैंगिक लक्षण होता है–
A. विकसित स्तन B. थायरॉएड
C. अण्डाशय D. वृषण एवं अण्डाशय

25. स्तनधारियों में प्राथमिक जनन अंगों का निर्माण करने वाली रचना है–
A. एक्टोडर्म B. मीसोडर्म
C. एन्डोडर्म D. उपरोक्त सभी

26. किस क्रिया द्वारा अण्डाशय में ग्रैफियन पुटिकाएँ बनती हैं–
A. अण्ड जनन B. अण्डोत्सर्ग
C. फोलीकुलोजेनिसिस D. उपरोक्त सभी

27. स्त्री में जनन क्षमता 45 से 55 वर्ष की आयु पर समाप्त हो जाती है, जनन क्षमता की यह समाप्ति कहलाती है–
A. प्यूबर्टी B. मेस्स्ट्रूएशन
C. मीनोपाज D. गेस्टेशन

28. सस्टेण्टेकुलर (सरटोली) कोशिकाएँ पाई जाती हैं–
A. मेंढक के अन्याशय में
B. स्तनियों के वृषणों में
C. एस्केरिस के वृषण में
D. स्तनियों के अण्डाशय में

29. मनुष्य की सम्पूर्ण शुक्रजनन क्रिया पूर्ण होती है–
A. वृषण एवं एपीडिडाइमिस में
B. वृषण में
C. एपडिडाइमिस में
D. अण्डाशय में

30. मनुष्य में द्विगुणित क्रोमोसोम की संख्या होती है–
A. 23 B. 24
C. 46 D. 48

उत्तरमाला

1	2	3	4	5	6	7	8	9	10
B	C	C	B	D	A	D	C	C	C
11	**12**	**13**	**14**	**15**	**16**	**17**	**18**	**19**	**20**
A	C	A	B	B	D	D	D	B	A
21	**22**	**23**	**24**	**25**	**26**	**27**	**28**	**29**	**30**
B	D	B	A	B	A	C	B	B	A

अध्याय 6 आनुवंशिकता एवं जैव विकास

आनुवंशिकता

जनन प्रक्रम का सबसे महत्वपूर्ण परिणाम संतति के जीवों के समान डिजाइन (अभिकल्पना) का होना है। आनुवंशिकता नियम इन बातों का निर्धारण करते हैं जिनके द्वारा विभिन्न लक्षण पूर्ण विश्वसनीयता के साथ वंशागत होते हैं।

मेंडल के वंशागति के नियम

मानव में लक्षणों की वंशागति के नियम इस बात पर आधारित है कि माता एवं पिता दोनों ही समान मात्रा में आनुवंशिक पदार्थ को संतति (शिशु) में स्थानांतरित करते हैं। शिशु के प्रत्येक लक्षण पिता और माता के डी.एन.ए. से प्रभावित हो सकते हैं। अतः प्रत्येक लक्षण के लिए प्रत्येक संतति में दो विकल्प होंगे।

कोशिका के डी.एन.ए. में प्रोटीन संश्लेषण के लिए एक सूचना स्रोत होता है। डी.एन.ए. का वह भाग जिसमें किसी प्रोटीन संश्लेषण के लिए सूचना होती है, उस प्रोटीन का जीन कहलाता है। हम जानते हैं कि पौधों में कुछ हार्मोन होते हैं जो लंबाई का नियंत्रण करते हैं। अतः किसी पौधे की लंबाई पौधे में उपस्थित उस हार्मोन की मात्रा पर निर्भर करती है। पौधे के हार्मोन की मात्रा उस प्रक्रम की दक्षता पर निर्भर करती है, जिसके द्वारा यह उत्पादित होता है। एंजाइम इस प्रक्रम के लिए महत्वपूर्ण है। यदि यह एंजाइम (प्रकिण्व) दक्षता से कार्य करता है, तो हार्मोन पर्याप्त मात्रा में बनेगा तथा पौधा लंबा होगा। यदि इस प्रोटीन के जीन में कुछ परिवर्तन आते हैं तो बनने वाली प्रोटीन की दक्षता पर प्रभाव पड़ेगा तथा वह कम दक्ष होगी। अतः बनने वाले हार्मोन की मात्रा भी कम होगी तथा पौधा बौना होगा। अतः जीन लक्षणों (traits) को नियंत्रित करते हैं।

लैंगिक प्रजनन के दौरान संतति के डी.एन.ए. में दोनों जनक का समान रूप से योगदान होता है। दोनों जनक संतति के लक्षण के निर्धारण में सहायता करते हैं तथा दोनों जनक एक ही जीन की एक प्रतिकृति संतति को प्रदान करेंगे।

सामान्य कायिक कोशिका में जीन के सेट की दो प्रतियाँ (copies) होती हैं, फिर इनसे जनन कोशिका में इसका एक सेट बनने का कारण यह है कि एक जीन सेट केवल एक डी.एन.ए. शृंखला के रूप में न होकर डी.एन.ए. के अलग-अलग स्वतंत्र रूप में होते हैं, प्रत्येक एक गुण सूत्र कहलाता है। अतः प्रत्येक कोशिका में प्रत्येक गुणसूत्र की दो जनक कोशिका (पैतृक अथवा मातृक) से गुणसूत्र के प्रत्येक जोड़े का केवल एक गुणसूत्र ही एक जनन कोशिका (युग्मक) में जाता है। जब दो युग्मकों का संलयन होता है तो बने हुए युग्मनज में गुणसूत्रों की संख्या पुनः सामान्य हो जाती है तथा संतति में गुणसूत्रों की संख्या निश्चित बनी रहती है, जो स्पीशीज के डी.एन.ए. के स्थायित्व को सुनिश्चित करता है। वंशामति की इस क्रियाविधि से मेंडल के प्रयोगों के परिणाम की व्याख्या हो जाती है। इसका उपयोग लैंगिक जनन वाले सभी जीव करते हैं।

लिंग निर्धारण

लिंग निर्धारण के लिए अलग-अलग स्पीशीज अलग-अलग युक्ति अपनाते हैं। कुछ पूर्ण रूप से पर्यावरण पर निर्भर करते हैं। इसलिए कुछ प्राणियों में लिंग निर्धारण निषेचित अंडे (युग्मक) के ऊष्मायन ताप पर निर्भर करता है कि संतति नर होगी या मादा। घोंघे जैसे कुछ प्राणी अपना लिंग बदल सकते हैं, जो इस बात का संकेत है कि इनमें लिंग निर्धारण आनुवंशिक नहीं है लेकिन, मानव में लिंग निर्धारण आनुवंशिक आधार पर होता है। दूसरे शब्दों में, जनक जीवों से वंशानुगत जीन ही इस बात का निर्णय करते हैं कि संतति लड़का होगा अथवा लड़की, परंतु अभी तक हम मानते रहे हैं कि दोनों जनकों से एक जैसे जीन सेट संतति में जाते हैं।

मानव के सभी गुणसूत्र पूर्णरूपेण युग्म नहीं होते। मानव में अधिकतर गुणसूत्र माता और पिता के गुणसूत्रों के प्रतिरूप होते हैं। इनकी संख्या 22 जोड़े हैं, परंतु एक युग्म जिसे लिंग सूत्र कहते हैं, वे सदा पूर्णजोड़े में नहीं होते। स्त्री में गुणसूत्र का पूर्ण युग्म होता है तथा दोनों 'X' कहलाते हैं। पुरुष (नर) में यह जोड़ा परिपूर्ण जोड़ा नहीं होता, जिसमें एक गुण सूत्र सामान्य आकार का

'X' होता है तथा दूसरा गुणसूत्र छोटा होता है जिसे 'Y' गुणसूत्र कहते हैं। अतः स्त्रियों में 'XX' तथा पुरुष में 'XY' गुणसूत्र होते हैं।

कोई भी बच्चा चाहे वह लड़का हो अथवा लड़की, अपनी माता से 'X' गुणसूत्र प्राप्त करता है। अतः बच्चों का लिंग निर्धारण इस बात पर निर्भर करता है कि उन्हें अपने पिता से किस प्रकार का गुणसूत्र प्राप्त हुआ है। जिस बच्चे को अपने पिता से 'X' गुणसूत्र वंशानुगत हुआ है वह लड़की एवं जिसे पिता से 'Y' गुणसूत्र वंशानुगत होता है, वह लड़का होता है।

विकास के चरण

जटिल अंगों का विकास क्रमिक रूप से अनेक पीढ़ियों में हुआ होगा, परंतु बीच के परिवर्तन किस प्रकार चयनित होते हैं इसके लिए अनेक संभावित स्पष्टीकरण हैं। एक बीच का चरण जैसे कि अल्पवर्धित आँख, किसी सीमा तक उपयोगी हो सकती है। यह योग्यता के लाभ के लिए पर्याप्त हो सकता है। वास्तव में पंख की तरह आँख भी एक व्यापक अनुकूलन है। यह कीटों में पाई जाती है, उसी प्रकार ऑक्टोपस तथा कशेरुकी में भी, तथा आँख की संरचना इन सभी जीवों में भिन्न है जिसका मुख्य कारण अलग-अलग विकासीय उत्पत्ति है।

एक परिवर्तन जो एक गुण के लिए उपयोगी है, कालांतर में किसी अन्य कार्य के लिए भी उपयोगी हो सकता है। उदाहरण के लिए, जो संभवतः ठंडे मौसम में ऊष्मारोधन के लिए विकसित हुए थे, कालांतर में उड़ने के लिए भी उपयोगी हो गए। वास्तव में कुछ उड़ने में समर्थ नहीं थे। बाद में संभवतः पक्षियों ने परों को उड़ने के लिए अपनाया। डाइनोसॉर सरीसृप थे। अतः हम यह अर्थ निकाल सकते हैं कि पक्षी बहुत निकटता से सरीसृप से संबंधित हैं।

यह सत्य है कि जीवाश्मीय में अंगों की संरचना का विवेचन यह अनुमान लगाने में सहायक हो सकता है कि विकासीय संबंध कितना पीछे जा सकता है? जंगली गोभी इसका एक अच्छा उदाहरण है। दो हजार वर्ष पूर्व से मनुष्य जंगली गोभी को एक खाद्य पौधे के रूप में उगाता था, तथा उसने चयन द्वारा इससे विभिन्न सब्जियाँ विकसित कीं, परंतु यह प्राकृतिक वरण न होकर कृत्रिम चयन है। कुछ किसान इसकी पत्तियों के बीच की दूरी को कम करना चाहते थे जिससे पत्तागोभी का विकास हुआ, जिसे हम खाते हैं, कुछ किसान पुष्पों की वृद्धि रोकना चाहते थे, अतः ब्रोकोली विकसित हुई, अथवा बंध्य पुष्पों से फूलगोभी विकसित हुई; कुछ ने फूले हुए भाग का चयन किया अतः गाँठगोभी विकसित हुई; कुछ ने केवल चौड़ी पत्तियों को ही पसंद किया तथा 'केल' नामक सब्जी का विकास किया। यदि मनुष्य ने स्वयं ऐसा नहीं किया होता तो हम कभी ऐसा सोच सकते थे कि उपरोक्त सभी समान जनक से विकसित हुई हैं।

विकासीय संबंध खोजने का एक अन्य तरीका अभिलक्षणों एवं विकासीय संबंध पर निर्भर करता है। जनन के दौरान डी.एन.ए. में होने वाले परिवर्तन विकास की आधारभूत घटना है। यदि, यह सत्य है तो विभिन्न स्पीशीज के डी.एन.ए. की संरचना की तुलना से हम सीधे ही इसका निर्धारण कर सकते हैं कि इन स्पीशीज के उद्‌भव के दौरान डी.एन.ए. में क्या-क्या और कितने परिवर्तन आए। विकासीय संबंध स्थापित करने में इस विधि का व्यापक स्तर पर प्रयोग हो रहा है।

मानव विकास

मानव विकास के अध्ययन के मुख्य साधन–उत्खनन, समय-निर्धारण तथा जीवाश्म अध्ययन के साथ डी.एन.ए. अनुक्रम का निर्धारण है। इस धरती/ग्रह पर मानव के रंग-रूप एवं आकृति में अत्यधिक विविधताएँ दृष्टिगोचर होती हैं। ये विविधताएँ इतनी अधिक एवं प्रखर हैं कि लंबे समय तक लोग मनुष्य की 'प्रजातियों' की ही बात करते थे। आमतौर पर त्वचा का रंग इस प्रकार की प्रजाति के निर्धारण के लिए प्रयुक्त किया जाता था। कुछ को पीला, कुछ को काला, सफेद या भूरा कहा जाता था। लंबे समय तक यह बहस चलती रही है कि क्या इन आभासी समूहों का विकास अलग-अलग हुआ है? पिछले कुछ वर्षों में प्रमाण अति स्पष्ट हो गए हैं। हम कह सकते हैं कि इन आभासी प्रजातियों का कोई जैविक आधार नहीं है। सभी मानव एक ही स्पीशीज के सदस्य हैं।

केवल यही नहीं, कि हम पिछले कितने हजार वर्षों से कहाँ रह रहे हैं बल्कि हम सभी का उद्‌भव अफ्रीका से हुआ। आधुनिक मानव स्पीशीज 'होमोसैपियंस' के सर्वप्रथम (प्राचीनतम) सदस्यों को वहीं पर खोजा गया। हमारे आनुवंशिक छाप को कालगर्त में अफ्रीकी मूल में ही खोजा गया है। कुछ हजार वर्ष पूर्व हमारे पूर्वजों में से कुछ ने अफ्रीका छोड़ दिया जबकि कुछ वहीं रह गए। जबकि वहाँ के मूल निवासी पूरे अफ्रीका में फैल गए, उत्प्रवासी धीरे-धीरे समूचे ग्रह (संसार) में फैल गए–अफ्रीका से पश्चिमी एशिया, तथा वहाँ से मध्य एशिया, यूरेशिया, दक्षिण एशिया तथा पूर्व एशिया। वहाँ से उन्होंने इंडोनेशिया के द्वीपों तथा फिलीपींस से ऑस्ट्रेलिया तक का सफर किया। वे बेरिंग लैंड ब्रिज को पार करके अमेरिका पहुँचे। वे मात्र यात्रा के उद्देश्य से सफर नहीं कर रहे थे इसलिए उन्होंने एक ही मार्ग का चुनाव नहीं किया। वे विभिन्न समूहों में कभी आगे तथा कभी पीछे गए। समूह कई बार परस्पर विलग हो गए। कुछ अलग होकर विभिन्न दिशाओं में आगे बढ़ गए जबकि कुछ वापस आकर परस्पर मिल गए। आने-जाने का यह सिलसिला चलता रहा। इस ग्रह की अन्य स्पीशीज की तरह ही उनकी उत्पत्ति जैव-विकास की एक घटना मात्र ही थी तथा वे अपना जीवन सर्वोत्तम तरीके से जीने का प्रयास कर रहे थे।

जैव विकास के महत्वपूर्ण तथ्य

- जीवन की उत्पत्ति लगभग 4000 मिलियन वर्ष पूर्व हुई।
- जीवाश्म आद्य (Archiac) पादपों एवं जन्तुओं के अवशेष हैं जो पृथ्वी के स्ट्रेटा भली-भाँति परिरक्षित (Preserved) हैं।
- जीवाश्मों की आयु का निर्धारण कार्बन डेटिंग द्वारा किया जाता है।
- विलुप्त ऊली मैमथ टुण्ड्रा में लगभग 22000 वर्ष पूर्व विचरण करते थे।

- पोलैण्ड के खनिज तेल में विलुप्त ऊली राइनोसेरोस (Wooly Rhinoceros) साबूत परिरक्षित पाये गये हैं।
- विलुप्त डाइनोसोरस सरीसृप (Reptile) थे।
- डाइनोसोर्स (Dianosaurs) लगभग 230 मिलियन वर्ष पूर्व रहते थे। डाइनोसोर्स असमतापी (Cold blooded) जन्तु थे।
- बहुत पुराने जीवाश्म पृथ्वी के सबसे गहरे पर्तो में पाये जाते हैं। अधिकतर ये जीवाश्म अकशेरूकी (Invertebrate) जन्तु और अपुष्पित पौधे (Nonflowering plants) के हैं।
- पुष्पित पौधे एवं कशेरूकी (Vertebrate) जन्तु एक भूवैज्ञानिक काल से दूसरे भूवैज्ञानिक काल के बदलाव को दर्शाते हैं।
- विलुप्त आर्कियोप्टेरिक्स (Archaeopteryx) को सरीसृप एवं चिड़ियों के मध्य की संयोजक कड़ी (Connecting Link) समझा जाता है।
- वर्तमान के बड़े एक खुर (Single toed) घोड़े छोटे पाँच खुर वाले पूर्वजों से विकसित हुए।
- ऑस्ट्रेलिया के ओरनिथोरिकन्स (Ornithorhynchus-duck-billed platypus) एवं टैकीग्लोसस (Tachy-glossus-spiny and eater) सरीसृप और स्तनी के बीच की संयोजक कड़ी समझा जाता है।
- भिन्न स्पीशीज के विभिन्न अंग जिनके कार्य भिन्न होते हैं, परन्तु उत्पत्ति समान होती है, होमोलोगस अंग (Homologous organ) कहलाते हैं।
- भिन्न जीवों के ऐसे अंग जिनका कार्य समान होता है, परन्तु उत्पत्ति भिन्न होती है, एनालोगस अंग (Analogous organ) कहलाते हैं।
- मनुष्यों के वर्मीफार्म एपेन्डिक्स और अक्ल दाढ़ (Vermi-form appendix and wisdom teeth) अवशेषी अंग (Vestigial organs) होते हैं।
- किसी जीव के भ्रूणीय परिवर्धन (Embryological development) में उस स्पीशीज का संक्षिप्त विकासीय इतिहास होता है।
- सहायक विभिन्नताएं जीवों को बदले हुए वातावरणीय हालात में जीवित रखने में तथा जनन में सहायक होते हैं।
- प्रकृति केवल वातावरण के अनुकूल विभिन्नताओं का ही चयन करती है।
- जीवों में अनुकूलन विशिष्ट पर्यावरणीय परिस्थितियों के प्रति होती है।
- जीवित जीवों की उत्पत्ति की व्याख्या करने के लिए विशिष्ट सृष्टिवाद (Special Creation) तथा जैव विकास (Organic evolution) मुख्य परिकल्पना हैं।
- विभिन्न प्रमाण जैव विकास सिद्धान्त (Theory of Organic evolution) का समर्थन करते हैं।
- पीढ़ी-दर-पीढ़ी चयनित होकर विभिन्नताएं नई स्पीशीज को विकसित करती हैं।
- प्राकृतिक चयन के परिणाम से ही विभिन्न स्पीशीज (Species) ने बदले पर्यावरण में अपने को जीवित रहने के अनुकूल बनाया।
- विभिन्न जन्तुओं के भ्रूणीय परिवर्द्धन (Embryonic development) के दौरान भ्रूणों की अवस्थाओं में समानता समान पूर्वज (Common ancestry) की कल्पना को दर्शाते हैं।
- वर्तमान के बहुत से जीव आद्य समय में उपस्थित नहीं थे।
- विकास (Evolution) एक निरन्तर चलने वाली प्रक्रिया है।
- मछलियों में तैरने के लिए धारा-रेखित (Streamlined) शरीर होता है।
- **होमो सेपियंस** (*Homo sapiens*) के एक आदिम प्रकार को **निएंडरथल मैन** (Neanderthal man) कहा जाता है।

वस्तुनिष्ठ प्रश्न

1. X तथा Y गुणसूत्र लिंग निर्धारित करते हैं यह पता लगाया था–

A. ग्रीगोर जॉन मेण्डल ने B. एम जे डी स्टीवेन्स ने
C. एन एम स्टीवेन्स ने D. राबर्ट ब्राउन ने

2. यदि एक "A" रुधिर समूह वाले पुरुष का विवाह "B" रुधिर समूह वाली स्त्री से होता है, उनकी संतति में रुधिर समूह होगा

A. केवल A या B
B. केवल AB
C. केवल A या B या AB
D. A या B या AB या O

3. एक कोशिका में अगुणित गुणसूत्र संख्या 12 है तब मोनोसोमिक संख्या होगी–

A. 25 B. 22
C. 26 D. 23

4. "जेनेटिक्स" (Genetics) शब्द का सर्वप्रथम प्रयोग किया था–

A. बेटसन B. ग्रिफिथ
C. मेण्डल D. मॉरगन

5. एक ही जन्तु में कुछ लक्षण नर के तथा कुछ लक्षण मादा के हों तब ऐसी दशा कहलाती है–

A. गायनेकोमेस्टेशिया B. गायनेण्ड्रोमार्फ
C. गायनोस्पोरस D. उभयलिंगी

6. संलग्न जीन (linked genes) पृथक् किये जाते हैं–

A. विसंयोजन द्वारा B. क्रासिंग ओवर द्वारा
C. संकरण द्वारा D. संलग्न द्वारा

7. वर्णान्धता के जीन का वाहक होता है–

A. पिता B. माता
C. माता एवं पिता D. इनमें से कोई नहीं

8. क्रासिंग ओवर (crossing over) होता है–

A. लेप्टोटीन (leptotene) अवस्था में
B. जाइगोटीन (zygotene) अवस्था में
C. पेकीटीन (pechytene) अवस्था में
D. डिप्लोटीन (diplotene) अवस्था में

9. मानव जाति के आनुवंशिक स्तर पर उत्थान का अध्ययन किया जाता है–

A. एपीजेनेटिक्स में B. यूथैनिक्स में
C. यूजैनिक्स में D. इथ्नोलॉजी में

10. एक व्यक्ति का रुधिर समूह A है। वह किस रुधिर समूह से रुधिर आधान ग्रहण कर सकता है?

A. AB तथा B B. केवल A
C. केवल B D. A तथा O

11. 21वें गुणसूत्र की सूत्रता (trisomy) से होता है–

A. टर्नर सिण्ड्रोम B. डाउन सिण्ड्रोम
C. एडवर्ड सिण्ड्रोम D. फिल्डेल्फिया सिण्ड्रोम

12. बार बॉडी कहाँ पाई जाती है?

A. शुक्राणु में
B. अण्डाणु में
C. पुरुष की दैहिक कोशिका में
D. स्त्री की दैहिक कोशिका में

13. मनुष्य के वातावरण को सुधारने से नस्ल सुधारना कहलाता है–

A. यूफेनिक्स B. यूजेनिक्स
C. यूथेनिक्स D. इनमें से कोई नहीं

14. मनुष्य में सन्तान का लिंग निर्धारण कैसे होता है?

A. माँ के लिंग गुणसूत्र से B. अण्डाणु की माप से
C. शुक्राणु की माप से D. पिता के लिंग गुणसूत्र से

15. मंगोली मरीज में होते हैं–

A. 46 गुणसूत्र B. 47 गुणसूत्र
C. 45 गुणसूत्र D. 44 गुणसूत्र

16. लिंग सहलग्न जीन की खोज की–

A. मॉर्गन B. मुलर
C. मेण्डल D. जोहेन्सन

17. मेण्डल ने मटर स्टार्च की जगह शर्करा के निक्षेपण के कारण वलयित बीज पाए। यह किस एन्जाइम के कारण हुआ?
A. एमायलेज B. इनवर्टेज
C. डिएसटेज D. उपरोक्त में से कोई नहीं

18. बहुप्रभाव वाली जीन को कहते हैं–
A. प्रभावी जीन B. म्युटेंट जीन
C. प्लियोट्रॉपिक जीन D. प्रचालक जीन

19. गुणसूत्र खंडों के विनिमय को कहते हैं–
A. सहलग्नता B. जीनविनिमय
C. विसंयोजन D. पुनर्योजन

20. जीन विनिमय में होता है–
A. गुणसूत्रों का विलोपन
B. गुणसूत्रों का योग
C. आनुवंशिक पदार्थ का विनिमय
D. गुणसूत्रों का द्विगुणन

21. एक जीन कोश से दूसरे जीन कोश में जीन के अन्तरण को कहते हैं–
A. जाति उद्भव B. आनुवंशिक विचलन
C. उत्परिवर्तन D. जीन प्रवाह

22. लिंग निर्धारण से सम्बन्धित गुणसूत्र को कहते हैं–
A. दैहिक गुणसूत्र B. अतिरिक्त गुणसूत्र
C. अधिसंख्य गुणसूत्र D. एलोसोम

23. मनुष्य में त्वचा के रंग की वंशागति होती है–
A. मोनोजेनिक B. पॉलिजेनिक
C. लिंग सहलग्न D. बहुएलील

24. बहुप्रभावी जीन का उदाहरण है–
A. हीमोफीलिया B. थैलेसिमिया
C. दात्र कोशिका अरक्तता D. वर्णान्धता

25. जैव विकास का आधारभूत स्रोत है–
A. उत्परिवर्तन B. लैंगिक चयन
C. प्राकृतिक चयन D. उपार्जित लक्षणों की वंशागति

26. निम्न में से कौन मानव में अवशेषी अंग है?
A. पलकें B. बरौनी
C. सीकम D. कृमिरूप परिशेषिका

27. प्राकृतिक चयन के सिद्धान्त का श्रेय जाता है–
A. लैमार्क B. चार्ल्स डारविन
C. डारविन व वैलेस D. ह्यूगो डी व्रीज

28. निम्न में से कौन से समरूपी (homologous) अंग हैं?
A. सूअर, बत्तख व कंगारू के पिछले पैर
B. चमगादड़, तितली व पक्षियों के पंख
C. शहद की मक्खी, बिच्छू व सर्प के डंक
D. चूहे, मोर व कॉकरोच की पूँछ

29. आर्किओप्टेरिक्स संयोजी कड़ी है–
A. सरीसृप व स्तनियों के बीच
B. सरीसृप व पक्षियों के बीच
C. उभयचर व सरीसृपों के बीच
D. पक्षियों व स्तनियों के बीच

30. जैव विकास के क्रम में मानव के सबसे निकट प्राइमेट्स है–
A. लंगूर B. नई दुनिया के वानर
C. गोरिल्ला D. इनमें से कोई नहीं

31. वे जातियाँ जो विलुप्त होने के कगार पर हैं कहलाती हैं–
A. दुर्लभ जातियाँ B. संकटापन्न जातियाँ
C. वलनरेबल जातियाँ D. दुविधा ग्रस्त जातियाँ

32. रचना व उद्गम में भिन्न किन्तु कार्य में समान रचनाएँ कहलाती हैं–
A. समजात B. समरूप
C. अभिसारी D. डेविएण्ट

33. डारविन के विकास का सिद्धान्त आधारित था–
A. प्रेरित विकास B. निदेशित विकास
C. उत्परिवर्तनीय विकास D. प्राकृतिक चयन

34. नई जाति की उत्पत्ति करने वाले कारक हैं–
A. पृथक्करण तथा उत्परिवर्तन
B. पृथक्करण तथा प्रतिस्पर्धा
C. प्रतिस्पर्धा तथा उत्परिवर्तन
D. पृथक्करण तथा विभिन्नताएँ

35. चमगादड़ तथा पक्षी के पंख हैं–
A. समजात किन्तु समरूप नहीं
B. समरूप किन्तु समजात नहीं
C. समजात तथा समरूप दोनों
D. न समजात न ही समरूप

उत्तरमाला

1	2	3	4	5	6	7	8	9	10
C	D	D	A	B	B	B	C	C	D
11	**12**	**13**	**14**	**15**	**16**	**17**	**18**	**19**	**20**
B	D	C	D	B	A	D	C	B	C
21	**22**	**23**	**24**	**25**	**26**	**27**	**28**	**29**	**30**
D	D	B	C	A	D	B	A	B	C
31	**32**	**33**	**34**	**35**					
B	B	D	D	C					

अध्याय 7
हम बीमार क्यों पड़ते हैं?

सभी जीवों का स्वास्थ्य उसके पास-पड़ोस अथवा उसके आस-पास के पर्यावरण पर आधारित होता है। पर्यावरण में भौतिक कारक आते हैं। उदाहरणार्थः चक्रवात हमारे स्वास्थ्य को अनेक प्रकार से प्रभावित करता है।

मानव समाज में रहता है। अतः हमारा सामाजिक पर्यावरण हमारे व्यक्तिगत स्वास्थ्य के लिए अधिक महत्वपूर्ण है। हम गाँवों, कस्बों अथवा शहरों में रहते हैं। ऐसे स्थानों में हमारे भौतिक पर्यावरण का निर्धारण सामाजिक पर्यावरण द्वारा ही होता है।

यदि काफी मात्रा में कूड़ा-करकट गलियों में फेंका जाता है अथवा खुले नाले के रुके हुए पानी में स्थिर पड़ा रहता है, तो स्वास्थ्य खराब होने की संभावना बढ़ जाती है। अतः सामुदायिक स्वच्छता व्यक्तिगत स्वास्थ्य के लिए महत्वपूर्ण है।

स्वास्थ्य के लिए हमें भोजन की आवश्यकता होती है। इस भोजन को प्राप्त करने के लिए हमें काम करना पड़ता है। इसके लिए, हमें काम करने के अवसर खोजने पड़ते हैं। अच्छी आर्थिक परिस्थितियाँ तथा कार्य भी व्यक्तिगत स्वास्थ्य के लिए आवश्यक हैं।

स्वस्थ रहने के लिए हमें प्रसन्न रहना आवश्यक है। यदि किसी से हमारा व्यवहार ठीक नहीं है और एक-दूसरे से डर हो तो हम प्रसन्न तथा स्वस्थ नहीं रह सकते। इसलिए व्यक्तिगत स्वास्थ्य के लिए सामाजिक समानता बहुत आवश्यक है।

इस प्रकार हम किसी रोग के लक्षणों की अभिव्यक्ति के बिना भी अस्वस्थ हो सकते हैं। यही कारण है कि जब हम स्वास्थ्य के विषय में सोचते हैं तब हम समाज तथा समुदाय के विषय में भी सोचते हैं। परंतु रोग के विषय में सोचते समय हम सिर्फ अपने बारे में विचार करते हैं।

रोग एवं इसके कारण

हमारे शरीर में अनेक ऊतक होते हैं। ये ऊतक हमारे शरीर के क्रियात्मक तंत्रों अथवा अंगतंत्रों को बनाते हैं जो शरीर के विभिन्न कार्यों को संपादित करते हैं। प्रत्येक अंगतंत्र में विशेष अंग होते हैं जिनके विशेष कार्य होते हैं, जैसे—पाचन तंत्र में आमाशय तथा आँत्र होते हैं, जो हमारे द्वारा खाए गए भोजन को पचाते हैं। पेशियों तथा अस्थियों से बना पेशी-कंकाल तंत्र, हमारे शरीर को संभालता है और शरीर की गति में सहायता करता है।

जब कोई रोग होता है तब शरीर के एक अथवा अनेक अंगों एवं तंत्रों में क्रिया अथवा संरचना में 'खराबी' परिलक्षित होने लगती है। ये बदलाव (परिवर्तन) रोग के लक्षण दर्शाते हैं। रोग के लक्षण हमें 'खराबी' का संकेत देते हैं। इस प्रकार सिरदर्द, खाँसी, दस्त, किसी घाव में पस (मवाद) आना, ये सभी रोग के लक्षण हैं। इन लक्षणों से किसी-न-किसी रोग का पता लगता है।

रोग के चिह्न वे हैं जिन्हें चिकित्सक लक्षणों के आधार पर देखते हैं। लक्षण किसी विशेष रोग के बारे में सुनिश्चित संकेत देते हैं। चिकित्सक रोग के सही कारण को जानने के लिए प्रयोगशाला में कुछ परीक्षण भी करवा सकता है।

रोगों की अभिव्यक्ति भिन्न-भिन्न हो सकती है। यह कई कारकों पर निर्भर करती है। इनमें सबसे स्पष्ट कारक जिससे रोग का पता चलता है, वह है अवधि। कुछ रोगों की अवधि कम होती है जिन्हें तीव्र रोग कहते हैं। हम सभी ने अनुभव किया है कि खाँसी-जुकाम बहुत कम अवधि तक रहते हैं। अन्य ऐसे रोग हैं जो लंबी अवधि तक अथवा जीवनपर्यंत रहते हैं, ऐसे रोगों को दीर्घकालिक रोग कहते हैं। इसका एक उदाहरण एलिफेनटाइसिस अथवा फीलपाँव रोग है।

तीव्र तथा दीर्घकालिक रोगों के हमारे स्वास्थ्य पर भिन्न-भिन्न प्रभाव होते हैं। कोई भी रोग जो हमारे शरीर के किसी भी भाग के कार्य को प्रभावित करता है, तो वह हमारे सामान्य स्वास्थ्य को भी प्रभावित करता है। सामान्य स्वास्थ्य के लिए शरीर के सभी अंगों का समुचित कार्य करना आवश्यक है लेकिन तीव्र रोग, जो बहुत कम समय तक रहता है, उसे सामान्य स्वास्थ्य को प्रभावित करने का समय ही नहीं मिलता फिर भी दीर्घकालिक रोग हमारे स्वास्थ्य को प्रभावित कर सकता है।

खाँसी-जुकाम के कारण हमारा वजन भी कम नहीं होता; हमारी साँस भी नहीं फूलती; हम सदैव थकान भी महसूस नहीं करते, लेकिन यदि हम दीर्घकालिक रोग जैसे—फेफड़ों के क्षय रोग

से संक्रमित हो जाएँ तो कई वर्षों तक बीमार होने के कारण वजन कम हो जाता है और हर समय थकान महसूस करते हैं।

यदि आप तीव्र रोग से पीड़ित हैं तो आप कुछ दिनों के लिए विद्यालय नहीं जा सकते हैं लेकिन यदि दीर्घकालिक रोग से पीड़ित हैं तो हमें स्कूल में पढ़ाये गए पाठ को समझने में कठिनाई होगी और हमारी सीखने की क्षमता भी कम हो जाएगी अर्थात् हम काफी समय तक अस्वस्थ रह सकते हैं। इसलिए दीर्घकालिक रोग तीव्र रोग की अपेक्षा लोगों के स्वास्थ्य पर अधिक लंबे समय तक विपरीत प्रभाव बनाए रखता है।

रोग के कारक का एक वर्ग है, संक्रामक कारक, जो अधिकांशतः सूक्ष्म जीव होते हैं। वे रोग जिनके तात्कालिक कारक सूक्ष्म जीव होते हैं उन्हें संक्रामक रोग कहते हैं। इसका कारण यह है कि सूक्ष्म जीव समुदाय में फैल सकते हैं और इनके कारण होने वाले रोग भी इनके साथ फैल जाते हैं।

दूसरी तरफ, कुछ रोग ऐसे होते हैं जो संक्रामक कारकों द्वारा नहीं होते। उनकें कारक भिन्न होते हैं लेकिन वे बाहरी कारक जो सूक्ष्म जीव नहीं होते वे समुदाय में फैल सकते हैं। हालाँकि ये बहुधा आंतरिक एवं असंक्रामक हैं।

उदाहरणतः कुछ प्रकार के कैंसर आनुवंशिक असामान्यता के कारण होते हैं। उच्च रक्त चाप का कारण अधिक वजन होना तथा व्यायाम न करना है। आप ऐसे ही अन्य रोगों के विषय में सोच सकते हैं जो संक्रामक नहीं हैं।

रोगों के फैलने के तरीके तथा उनके उपचार की विधियाँ तथा सामुदायिक स्तर पर उनके निवारण की विधियाँ विभिन्न रोगों के लिए भिन्न-भिन्न होती हैं। यह इस बात पर निर्भर करता है कि इनके तात्कालिक कारण संक्रामक हैं अथवा असंक्रामक।

संक्रामक रोग

रोग उत्पन्न करने वाले जीव इनमें से अनेक वर्गों के अंतर्गत आते हैं। उनमें से कुछ वाइरस, कुछ बैक्टीरिया, कुछ फंजाई (कवक), कुछ एककोशिक जंतु अथवा प्रोटोजोआ हैं। कुछ रोग बहुकोशिक जीवों, जैसे अनेक प्रकार के कृमि से भी होते हैं।

वाइरस से होने वाले सामान्य रोग हैं–खाँसी-जुकाम, इंफ्लुएंजा, डेंगु बुखार तथा एड्स (AIDS)। कुछ रोग जैसे कि टायफॉयड बुखार, हैजा, क्षयरोग तथा एंथ्रेक्स बैक्टीरिया द्वारा होते हैं। बहुत से सामान्य त्वचा रोग विभिन्न प्रकार की फंजाई द्वारा होते हैं। प्रोटोजोआ से मलेरिया तथा कालाजार नामक रोग हो जाते हैं। हम आँत्र कृमि संक्रमण से परिचित हैं। इसी प्रकार फीलपाँव नामक रोग भी कृमि की विभिन्न स्पीशीज द्वारा होता है।

सभी वाइरस, परपोषी की कोशिकाओं में रहते हैं, लेकिन बैक्टीरिया में ऐसा कम ही होता है। वाइरस, बैक्टीरिया तथा फंजाई में गुणन अत्यंत तेजी से होता है जबकि तुलनात्मक रूप से कृमि में गुणन मंद होता है। वर्गीकरण के अनुसार सभी बैक्टीरिया एक-दूसरे से वाइरस की अपेक्षा अधिक निकट होते हैं। ऐसा वाइरस में भी होता है। इसका अर्थ यह है कि अनेक जैव प्रक्रियाएँ सभी बैक्टीरियाओं में समान होती हैं, लेकिन वाइरस वर्ग से भिन्न होंगी। इसके परिणामस्वरूप औषधि जो किसी वर्ग में किसी एक जैव प्रक्रिया को रोकती है तो यह उस वर्ग के अन्य सदस्यों पर भी इसी प्रकार का प्रभाव डालेगी, लेकिन वही औषधि अन्य वर्ग से संबंधित रोगाणुओं पर प्रभाव नहीं डालेगी।

पेनिसिलीन ऐसे सभी बैक्टीरिया को प्रभावित करेंगे जिनमें कोशिका भित्ति बनाने की प्रक्रिया होती है। इसी प्रकार बहुत से एंटीबायोटिक बैक्टीरिया की अनेक स्पीशीज को प्रभावित करते हैं न कि केवल एक स्पीशीज को।

कोई भी एंटीबायोटिक वाइरस संक्रमण पर प्रभावकारी नहीं है। यदि हम खाँसी-जुकाम से ग्रस्त हैं तो एंटीबायोटिक लेने से रोग की तीव्रता अथवा उसकी समय अवधि कम नहीं होती। यदि वाइरस संक्रमित खाँसी-जुकाम के साथ बैक्टीरिया संक्रमण होता है तब एंटीबायोटिक का उपयोग लाभदायक होगा लेकिन फिर भी एंटीबायोटिक बैक्टीरिया संक्रमण पर ही उपयोगी होगा न कि वाइरस संक्रमण पर।

रोग के वाहक

बहुत से सूक्ष्मजीवीय कारक रोगी से अन्य स्वस्थ मनुष्य तक विभिन्न तरीकों से फैलते हैं अर्थात् वे संचारित हो सकते हैं, अतः इन्हें संचारी रोग भी कहते हैं।

ऐसे रोगों के सूक्ष्म जीव हवा द्वारा फैलते हैं। ऐसा तब होता है जब रोगी मनुष्य छींकता है अथवा खाँसता है। उस समय छोटे-छोटे बूँदक बाहर निकलते हैं। जब उसके समीप कोई अन्य व्यक्ति हो तो श्वास द्वारा ये बूँदक उसके शरीर में प्रवेश कर जाते हैं। इनमें सूक्ष्म जीवों को नए संक्रमण करने का अवसर मिल जाता है। वायु द्वारा फैलने वाले रोगों के उदाहरण हैं–खाँसी-जुकाम, निमोनिया तथा क्षय रोग।

जल द्वारा भी रोग फैल सकते हैं। जब संक्रमणीय रोग तथा हैजा से ग्रसित रोगी के अपशिष्ट पेयजल में मिल जाते हैं और कोई स्वस्थ व्यक्ति जाने-अनजाने में इस जल को पीता है तो रोगाणुओं को एक नया पोषी मिल जाता है जिससे वह भी इस रोग से ग्रसित हो जाता है।

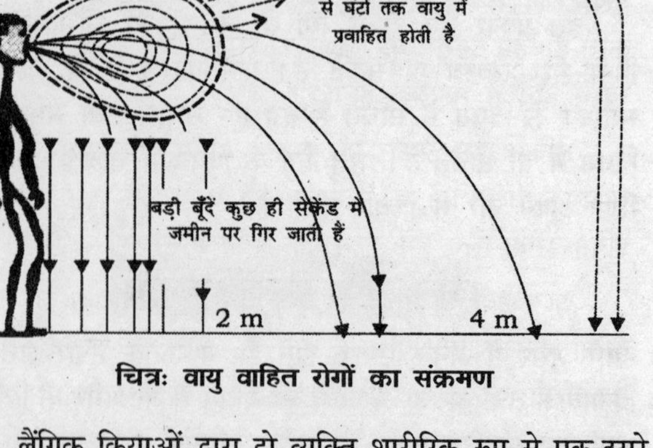

चित्रः वायु वाहित रोगों का संक्रमण

लैंगिक क्रियाओं द्वारा दो व्यक्ति शारीरिक रूप से एक-दूसरे के संपर्क में आते हैं तो कुछ सूक्ष्मजीवीय रोग जैसे सिफलिस

अथवा एड्स (AIDS) लैंगिक संपर्क के समय एक साथी से दूसरे साथी में स्थानांतरित हो जाता है।

AIDS, लैंगिक संपर्क के अतिरिक्त रक्त स्थानांतरण द्वारा भी संक्रमित होता है; जैसे AIDS से ग्रसित व्यक्ति का रक्त स्वस्थ व्यक्ति को स्थानांतरित करने पर अथवा गर्भावस्था में रोगी माता से अथवा शिशु को स्तनपान द्वारा।

कुछ रोग अन्य जंतुओं द्वारा भी संचारित होते हैं। ये जंतु रोगाणुओं (संक्रमण करने वाले कारक) को रोगी से लेकर अन्य नए पोषी तक पहुँचा देते हैं। अतः ये मध्यस्थ का काम करते हैं जिन्हें रोगवाहक (वेक्टर) कहते हैं। मच्छर सामान्य रोगवाहक का एक उदाहरण है। मच्छर की बहुत सी ऐसी स्पीशीज हैं जिन्हें अत्यधिक पोषण की आवश्यकता होती है जिससे कि वे परिपक्व अंडे उत्पन्न कर सकें। मच्छर अनेक समतापी प्राणियों (जिसमें मनुष्य भी शामिल हैं) पर निर्वाह करते हैं। इस प्रकार वे एक मनुष्य से दूसरे मनुष्य में रोग को फैलाते हैं।

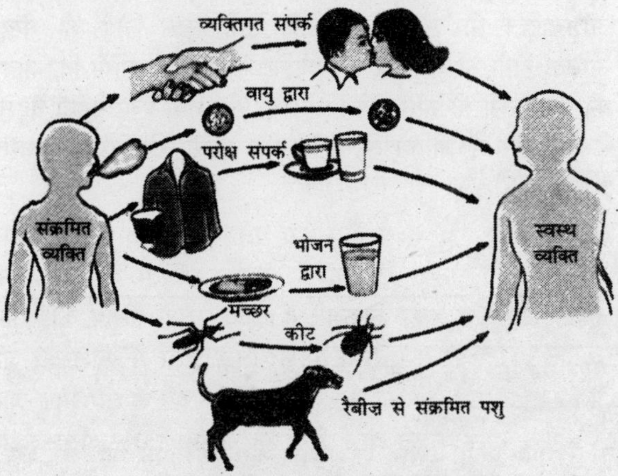

चित्रः संक्रमण के सामान्य तरीके

रोगों के उपचार

संक्रामक रोगों के उपचार के दो उपाय हैं। एक तो यह है कि रोग के प्रभाव को कम कर दें और दूसरा रोग के कारण को समाप्त कर दें। पहले, उपाय के लिए हम ऐसा उपचार करते हैं जिससे लक्षण (symptom) कम हो जाते हैं। लक्षण प्रायः शोथ (inflammation) के कारण होते हैं। उदाहरण के लिए हम बुखार, दर्द अथवा दस्त को कम करने के लिए दवाई का उपयोग करते हैं। हम आराम कर ऊर्जा का संरक्षण कर सकते हैं जो हमारे स्वस्थ होने में सहायक होगी।

लेकिन इस प्रकार के लक्षण आधारित उपचार स्वयं में संक्रामक सूक्ष्मजीवों को समाप्त नहीं करेंगे और रोग ठीक नहीं होंगे। इसके लिए हमें सूक्ष्म जीवों को मारना ही पड़ेगा।

सूक्ष्मजीवों को मारने की एक विधि है, औषधियों का उपयोग करना। सूक्ष्मजीव विभिन्न वर्गों में आते हैं। ये हैं—वाइरस, बैक्टीरिया, फंजाई अथवा प्रोटोजोआ। जीवों के प्रत्येक वर्ग में कुछ आवश्यक जैव रासायनिक जैव प्रक्रियाएँ होंगी जो इस वर्ग के लिए विशिष्ट होंगी और अन्य वर्गों में नहीं होंगी।

हमारी कोशिकाएँ ऐसे प्रक्रम से नए पदार्थ बना सकती हैं जो बैक्टीरिया के प्रक्रम से भिन्न हों। हमें ऐसी औषधि का उपयोग करना है जो हमारे शरीर को प्रभावित किए बिना ही बैक्टीरिया के संश्लेषी मार्ग को रोक सके। ऐसा एंटीबायोटिक से संभव है। इसी प्रकार कुछ ऐसी औषधियाँ हैं जो मलेरिया के परजीवी प्रोटोजोआ को मारती हैं।

एंटीवाइरल औषधि का बनाना एंटीबैक्टीरियल औषधि के बनाने की अपेक्षा कठिन है। इसका कारण यह है कि बैक्टीरिया में अपनी जैव रासायनिक प्रणाली होती है, जबकि वाइरस में अपनी जैव रासायनिक प्रणाली बहुत कम होती है। वाइरस हमारे शरीर में प्रवेश करते हैं और अपनी जीवन प्रक्रिया के लिए हमारी मशीनरी का उपयोग करते हैं। इसका अर्थ यह है कि आक्रमण करने के लिए अपेक्षाकृत कम वाइरस विशिष्ट लक्ष्य होते हैं। इन सीमाओं के बावजूद अब प्रभावशाली एंटीवाइरल औषधियाँ भी उपलब्ध हैं, उदाहरण के लिए, HIV संक्रमण को नियंत्रित करने की औषधि।

संक्रमण से बचने की सामान्य विधि यह है कि रोगी से दूर रहें। सूक्ष्मजीवों से बचाव के लिए हम खुले स्थानों में रहें और भीड़ भरे स्थानों पर न जाएँ। जलोढ़ (जल द्वारा फैलना) सूक्ष्मजीवों से बचने के लिए हम साफ जल पियें। रोग वाहक सूक्ष्मजीवों से बचने के लिए हमें साफ पर्यावरण में रहना चाहिए। ऐसे वातावरण में मच्छर उत्पन्न नहीं होते अर्थात् संक्रामक रोगों से बचने के लिए स्वच्छता आवश्यक है।

गंभीर संक्रामक रोग प्रतिरक्षा तंत्र की असफलता को इंगित करता है। यदि हमें पर्याप्त भोजन तथा पोषण प्राप्त न हो तो प्रतिरक्षा तंत्र हमारे शरीर में स्थित अन्य तंत्रों की तरह सफल नहीं होगा। इसलिए संक्रामक रोगों से बचने के लिए दूसरी मूल आवश्यकता है, उचित मात्रा में सबके लिए भोजन की उपलब्धता।

विशिष्ट विधियाँ प्रतिरक्षा तंत्र के विशिष्ट गुणों से संबंधित हैं जो प्रायः रोगाणु से लड़ते रहते हैं। यदि एक बार चेचक हो जाए तो चेचक रोग पुनः होने की संभावना नहीं होती।

ऐसा इसलिए होता है कि जब रोगाणु प्रतिरक्षा तंत्र पर पहली बार आक्रमण करते हैं तो प्रतिरक्षा तंत्र रोगाणुओं के प्रति क्रिया करता है और फिर इसका विशिष्ट रूप से स्मरण कर लेता है। इस प्रकार जब वही रोगाणु या उससे मिलता-जुलता रोगाणु संपर्क में आता है तो पूरी शक्ति से उसे नष्ट कर देता है। इससे पहले संक्रमण की अपेक्षा दूसरा संक्रमण शीघ्र ही समाप्त हो जाता है। वह प्रतिरक्षाकरण के नियम का आधार है।

अतः टीकाकरण का सामान्य नियम यह है कि शरीर में विशिष्ट संक्रमण प्रविष्ट कराकर प्रतिरक्षा तंत्र को मजबूत बनाना। वह उन रोगाणुओं की नकल करता है जो टीके के द्वारा शरीर में पहुँचे हैं। यह वास्तव में रोग नहीं करते लेकिन यह वास्तव में रोग करने वाले रोगाणुओं को उसके बाद रोग करने से रोकता है।

ऐसे बहुत से टीके आजकल उपलब्ध हैं जो संक्रामक रोगों का निवारण करते हैं और रोग निवारण का विशिष्ट साधन प्रदान करते हैं। टेटनस, डिफ्थीरिया, कुकर खाँसी, चेचक, पोलियो आदि के टीके स्वास्थ्य केंद्रों पर उपलब्ध हैं।

संक्रामक रोगों के अंग-विशिष्ट तथा ऊतक-विशिष्ट प्रभाव

विभिन्न साधनों द्वारा रोग उत्पन्न करने वाले सूक्ष्मजीव शरीर में प्रवेश करते हैं। सूक्ष्मजीव की अपेक्षा शरीर बहुत बड़ा है। इसलिए हमारे शरीर में बहुत से स्थान, अंग, ऊतक आदि हैं जहाँ ये सूक्ष्मजीव जा सकते हैं।

सूक्ष्मजीव के विभिन्न स्पीशीज शरीर के विभिन्न भागों में विकसित होते हैं। ऐसा चुनाव उनके प्रवेश के स्थान पर निर्भर करता है। यदि ये हवा से नाक द्वारा प्रवेश करें तो ये फेफड़ों में जाएँगे। ऐसा बैक्टीरिया से होने वाले क्षय रोग में होता है। यदि ये मुँह के द्वारा प्रवेश करें तो ये आहार नाल में रहेंगे, जैसे टायफायड रोग उत्पन्न करने वाले बैक्टीरिया; अथवा ये यकृत में जाएँगे जैसे हेपेटाइटिस बैक्टीरिया जो पीलिया के कारक हैं।

HIV वाइरस जो लैंगिक अंगों द्वारा शरीर में प्रवेश करता है, लसीका ग्रंथियों में फैलता है। मलेरिया उत्पन्न करने वाले सूक्ष्मजीव जो मच्छर के काटने से शरीर में प्रवेश करते हैं, वे यकृत में जाते हैं; उसके बाद लाल रुधिर कोशिकाओं में आते हैं। इसी प्रकार जापानी मस्तिष्क ज्वर उत्पन्न करने वाला वाइरस भी मच्छर के काटने से शरीर में पहुँचता है, लेकिन यह मस्तिष्क को संक्रमित करता है।

जिस ऊतक अथवा अंग पर सूक्ष्मजीव आक्रमण करता है, रोग के लक्षण तथा चिह्न उसी पर निर्भर करते हैं। यदि फेफड़े पर आक्रमण होता है तब इसका लक्षण खाँसी तथा कम साँस आना होगा। यदि यकृत पर आक्रमण होता है तब पीलिया होगा। यदि मस्तिष्क पर आक्रमण होता है तब सिरदर्द, उल्टी आना, चक्कर अथवा बेहोशी आना होगा।

संक्रामक रोगों के ऊतक-विशिष्ट प्रभाव के अतिरिक्त उनके अन्य सामान्य प्रभाव भी होते हैं। अधिकांश सामान्य प्रभाव इस पर निर्भर करते हैं कि संक्रमण से शरीर का प्रतिरक्षा तंत्र क्रियाशील हो जाए। एक सक्रिय प्रतिरक्षा तंत्र प्रभावित ऊतक के चारों ओर रोग उत्पन्न करने वाले सूक्ष्मजीवों को मारने के लिए अनेक कोशिकाएँ बना देता है। नयी कोशिकाओं के बनने के प्रक्रम को शोथ कहते हैं। इस प्रक्रम के अंतर्गत स्थानीय प्रभाव जैसे फूलना तथा दर्द होना और सामान्य प्रभाव जैसे बुखार होते हैं।

यदि सूक्ष्मजीव की संख्या बहुत कम है तो रोग की अभिव्यक्ति भी कम होगी। यदि उसी सूक्ष्म जीव की संख्या अधिक होगी तो रोग की अभिव्यक्ति इतनी तीव्र होगी कि जीवन को भी खतरा हो सकता है। प्रतिरक्षा तंत्र एक ऐसा प्रमुख कारक है जो शरीर में जीवित सूक्ष्मजीवों की संख्या को निर्धारित करता है।

हीनता जन्य रोग

भोजन में कमी	रोग	लक्षण
प्रोटीन	क्वासिओर्कर	पेट और पैर का सूज जाना, जिगर का बढ़ जाना, चमड़ी का सूख जाना, सिलवट पड़ना।
प्रोटीन-एनर्जी	माल मैरास्मस	वजन में तीव्र कमी, शरीर का वजन और मस्तिष्क का न्यूट्रिशन वजन कम हो जाना
विटामिन ए	रात्रि अंधता जेरोप्थेलिमिया	कम रोशनी में देखने में असमर्थता, दांतों का विरुपण, सूखी त्वचा, अवरुद्ध वृद्धि
विटामिन बी-1	बेरी-बेरी	पैरों में सूजन व दर्द, भूख में कमी, कमजोरी, स्पंदन में कमी, सिरदर्द।
विटामिन बी-2	चेलोसिस	चमड़ी में दरार, मुँह और जीभ का सूखना, अवरुद्ध विकास
विटामिन बी-5	पेलेग्रा	चमड़ी में एक्जीमा, मसूड़ों का फूल जाना, मानसिक असंतुलन, पाचन नली में व्यवधान
विटामिन सी	स्कर्वी	मसूड़ों का फूल जाना व उनसे रक्त आना, मांसपेशियों और जोड़ों में दर्द, कमजोरी और मांसपेशियों में खिंचाव, ठंड के प्रति प्रतिरोध में कमी, घाव सूखने में अधिक वक्त लगना
विटामिन डी	सूखा रोग (बच्चों में) अस्थि विरूपण (वयस्कों में)	हड्डियों का मुड़ जाना, विरूपित हो जाना
विटामिन के	हाइपोथर्मोबाइनेमिया	रक्त जमने की क्षमता कम हो जाना
लोहा	एनेमिया (रक्त अल्पता)	भूख की कमी, वजन में कमी, शरीर का पीला पड़ना, जल्द ही थक जाना
आयोडीन	घेंघा	अवरूद्ध विकास, मानसिक अक्षमता, थायरायड ग्रंथि में वृद्धि
फ्लोराइड	दंत विरूपण	दांत झड़ना, मसूड़ों का फूल जाना व उनसे रक्त आना
कैल्शियम और फास्फोरस	हड्डियों और दांतों के निर्माण पर प्रतिकूल प्रभाव	हड्डियों का कमजोर होना, दांत के इनेमल में क्षति, हड्डियों में दर्द

हारमोन की कमी	रोग	लक्षण
इंसुलिन	मधुमेह	रक्त में शुगर की मात्रा बढ़ जाना, व्यक्ति का संक्रमण के प्रति संवेदनशील हो जाना
थॉयराक्सिन	क्रेटेनिज्म (बच्चों में) घेंघापन	अवरूद्ध मानसिक क्षमता, शरीर का विकास रुक जाना, हड्डियों के ढांचे का छोटा आकार
एसटीएच	बौनापन	हड्डियों की वृद्धि में रुकावट, जिसके कारण व्यक्ति बौना हो जाता है जो पिट्यूटरी ग्रंथि के कार्य में गड़बड़ी से उत्पन्न होती है
	भीमकाय हो जाना	पिट्यूटरी ग्रंथि की अत्यधिक क्रिया से हड्डियों का अत्यधिक विकास हो जाता है जिससे व्यक्ति असामान्य रूप से लम्बा हो जाता है

जीवाणु जनित रोग

रोग	उद्भवन अवधि	प्रसार माध्यम	लक्षण
राजयक्ष्मा	2-10 सप्ताह	वायुजनित ड्रापलेट संक्रमण	बुखार, कफ आना, छाती में दर्द, थूक में रक्त आना, शरीर का कोई भी भाग प्रभावित हो सकता है, परंतु फेफड़े सामान्य रूप से प्रभावित
डिप्थेरिया	2-6 दिन	वायुजनित ड्रापलेट संक्रमण	नाक की श्लेष्मा ग्रंथि, गला और टांसिल में सूजन, गंभीर मामलों में श्वसन मार्ग अवरुद्ध हो जाता है, सामान्यतः 5 वर्ष से कम आयु वाले बच्चे प्रभावित होते हैं।
हैजा	6 घंटे से 2-3 दिन	प्रदूषित खाद्य पदार्थ एवं जल घरेलू मक्खियां	संग्रहनी, चमड़ी सिकुड़ना, धंसी हुई आंखे, रक्तचाप में कमी, निर्जलीकरण, पेशाब में खनिजों का क्षरण।
कोढ़	5 वर्ष तक	लंबी अवधि तक और अंतरंग संपर्क	अंगुलियां और अंगूठे का विरुपण, अल्सर बनना, चमड़ी सिकुड़ना और इस पर दाने का उभर आना, संक्रमित चमड़ी संवेदनहीन हो जाती है।
कुकुर खांसी	7-14 दिन	ड्रापलेट संक्रमण	मध्यम बुखार, बार-बार कफ आना, उल्टी, श्वसन नली में मांस का जमाव, श्वसन में गतिरोध।
टेटनस	3-21 दिन	कृमि कोष तेज धारदार वस्तु से या कुत्ते के काटने अथवा जमीन पर गिरने के कारण उत्पन्न होने वाले घाव के जरिए प्रवेश करते हैं।	थकावट, घावों में तेज चुभन, मरोड़न, गर्दन का अकड़ना, जबड़ों की मांसपेशियों का सख्त हो जाना, मांसपेशियों का संकुचन और लकवा।
आंत्र ज्वर	1-3 सप्ताह	निर्देशित एवं संपर्क द्वारा	सिरदर्द, आंत्र का बुखार, आंत में अल्सर और रक्त स्राव, छाती और ऊपरी उदर में लेशेज।
प्लेग	2-6 दिन	चूहे या घरेलू कीट जीवाणु को फैलाते हैं	तेज बुखार, अत्यधिक कमजोरी, लिम्फ नोड का बढ़ जाना, श्वसन और फेफड़ों में रक्तस्राव।
निमोनिया	1-3 दिन	वायु जनित	लसीका का संग्रहित हो जाना, श्वसनी और एलविओली में म्युकस का जमाव, श्वसन की क्षमता में कमी।

सुजाक, सिफलिस, संग्रहनी रोग, फूड पॉयजनिंग और मस्तिष्क ज्वर, बैक्टीरिया के कारण उत्पन्न होते हैं।

विषाणुजनित रोग (Viral Diseases)

रोग	उद्भवन अवधि	प्रसार माध्यम	लक्षण
शीतला माता	12-20 दिन	संक्रमित व्यक्ति या वस्तु के सीधे संपर्क में आने पर	बुखार, सिरदर्द, भूख की समाप्ति, सारे शरीर पर लालरंग के चकत्ते बन जाना, कुछ दिन के बाद ये चकत्ते सूखने लगते हैं और मरीज ठीक हो जाता है। 5 वर्ष से कम आयु वाले बच्चे इस रोग के विषाणु के प्रति अत्यधिक संवेदनशील होते हैं।

रोग	उद्भवन अवधि	प्रसार माध्यम	लक्षण
छोटी माता	12 दिन	ड्रापलेट संक्रमण	अचानक से तेज बुखार, सिरदर्द, पूरे शरीर में दर्द तथा चकत्ते निकल आना, ये चकत्ते द्रव के साथ गिलगिले हो जाते हैं, बाद में चकते खत्म हो जाते हैं पर इनके निशान स्थायी रूप से बने रह जाते हैं।
पोलियो	7-14 दिन	प्रत्यक्ष रूप से और मुख के जरिए	सिरदर्द और बुखार, गर्दन में अकड़न और मरोड़न अंततः पैर लकवाग्रस्त हो जाते हैं, यदि श्वसन केन्द्र छतिग्रस्त हो गये हों तो श्वसन रुक जाता है और रोग ग्रस्त व्यक्ति की मुत्यु हो जाती है।
चेचक	10 दिन	ड्रापलेट संक्रमण	ठंड लगना, सिरदर्द, बुखार के साथ कफ आना, छींके, कंजक्टिवाइटिस, चमड़ी पर फफोले पड़ना।
गलसुआ	12-26 दिन	ड्रापलेट संक्रमण	दर्द के साथ लार ग्रंथि का बढ़ जाना, तेज बुखार, जबड़ों का तेज गति और मुंह खोलने में कठिनाई।
रेबीज	1-3 माह	रेबीजग्रस्त पशुओं, जैसे, कुत्ते बंदरों और बिल्लियों के काटने से	शत-प्रतिशत घातक रोग, तेज सिरदर्द, तेज बुखार, मांसपेशियों (गले और छाती की) में दर्द भरा संकुचन। मरीज को पानी से डर लगता है इसलिए इस रोग को हाइड्रोफोबिया कहते हैं।
शीत ज्वर	24-48 घंटे	वायुजनित	ब्रोंकाइटिस, कफ, ब्रोंकोनिमोनिया

वस्तुनिष्ठ प्रश्न

1. एलर्जी (allergy) में जलन का अनुभव मास्ट कोशिकाओं में से निम्न का स्रावण होने से होता है–
A. हिस्टैमीन B. प्रतिरक्षी
C. प्रतिजन D. इनमें से कोई नहीं

2. किस रोग में एक पदार्थ जो कंठ में अर्धतरल रूप में स्रावित होता है तथा सूखने पर कड़ी पर्त बना लेता है?
A. डिप्थीरिया B. यक्ष्मा
C. परट्यूसिस D. टिटेनस

3. मनुष्य के अलावा और किस स्तनधारी में कोढ़ होता है–
A. राइनोलोपस B. डेसमोडस
C. डैसीपस D. मस

4. एल्कोहल पीने के आदी व्यक्तियों में यकृत नष्ट हो जाता है, क्योंकि यह–
A. एल्कोहल को विष रहित करता है
B. ग्लाइकोजन की अतिरिक्त मात्रा को संग्रह करता है
C. अधिक पित्त स्रवित करने के लिए अधिक उद्दीप्त हो जाता है
D. अतिरिक्त वसा का जमाव करता है

5. निम्न में से कौन-सा कीटनाशक अब निरूद्ध है?
A. एल्ड्रिन B. एण्ड्रिन
C. डी डी टी D. टाक्साफेन

6. इथलिन डाई क्लोराइड किस प्रकार का विष है–
A. आमाशय विष B. सम्पर्क विष
C. फ्यूमीगैण्ट D. जैविक नियन्त्रण

7. निष्क्रिय प्रतिरक्षा में निम्न में से क्या किया जाता है?
A. प्रतिजन इंजेक्ट किये जाते हैं
B. प्रतिरक्षी इंजेक्ट किये जाते हैं
C. कमजोर कटे हुए रोगाणु इंजेक्ट किये जाते हैं
D. उपरोक्त में से कोई नहीं

8. एड्स (AIDS) फैलाने में सहायक हो सकता है–
A. रक्त परिसंचरण B. हाथ मिलाना
C. अनुरंजन D. उपरोक्त सभी

9. 'ओरल कण्ट्रासेप्टिव' गोली में सबसे मुख्य होता है–
A. प्रोजेस्ट्रोन B. वृद्धि हारमोन
C. थाइरोक्सिन D. एस्ट्रोजन

10. यकृत में सतंतुरोग (सिरोसिस) का कारक है–
A. शर्करा B. विटामिन्स
C. वसा एवं तेल D. मद्यपान

11. विषाणु संक्रमण के पश्चात शरीर में उत्पन्न होते हैं–
A. इण्टरफेरोन्स B. गामा ग्लोब्यूलिन
C. श्वेत रुधिराणु D. लाल रुधिराणु

12. एड्स है, एक प्रकार का–
A. कैंसर B. विषाणु जन्य रोग
C. जीवाणु जन्य रोग D. अभाव जन्य रोग

13. निम्न में से कौन-सा रोग आनुवंशिक है?
A. रतौंधी
B. मैरास्मस
C. दात्र कोशिका अरक्तता
D. मैगेलोब्लास्टिक अरक्तता

14. एक्स विकिरण या गामा-विकिरणों द्वारा कैंसर के उपचार को कहते हैं–
A. विकिरण चिकित्सा B. शल्य चिकित्सा
C. रसायन चिकित्सा D. हारमोन चिकित्सा

15. मनुष्य में अमीबता किसके द्वारा उपार्जित होता है–
A. विषाणु संक्रमण
B. सिस्ट द्वारा खाद्य का संदूषण
C. अमीबी ट्रोफोजोइट का अकस्मात संदूषण
D. उपरोक्त में से कोई नहीं

16. कार्सिनोमा किसका कैंसर होता है?
A. संयोजी ऊतक का
B. श्वेत रुधिर कोशिकाओं का
C. लिम्फोसाइट का
D. एक्टोडर्म तथा एण्डोडर्म का

17. अगर कोई मनुष्य धूसर सफेद मल उत्सर्जित करे, तो उसका कौन सा अंग प्रभावित होगा?
A. प्लीहा B. यकृत
C. वृक्क D. अग्न्याशय

18. नारकोटिक औषध जैसे चरस, भांग तथा गांजा निकाले जाते हैं–
A. हेम्फ पादप B. पॉपी की बीजों से
C. कोको पादप D. कवक गरगोट से

19. अंग या अंग तन्त्र की कुसंक्रिया के कारण होने वाले रोग को कहते हैं–
A. हीनता रोग B. एलर्जी
C. कैन्सर D. विपोषी रोग

20. सदर्न ब्लॉट तकनीक सम्बन्धित है–
A. डी एन ए प्रोफाइलिंग
B. विडाल WIDAL परीक्षण
C. ELISA परीक्षण
D. ब्लाइन्ड परीक्षण

21. जीडोब्युडिन औषध का प्रयोग होता है–
A. डेंगू बुखार में
B. एक्वायर्ड इम्यूनो डेफिशेन्सी सिण्ड्रोम में
C. पीला ज्वर में
D. ल्यूकीमिया में

22. आहार में मक्खन, लाल मांस तथा अण्डों के लम्बे समय तक उपभोग से हो सकता है–
A. विटामिन ए विषाक्तता
B. वृक्क पथरी
C. हाइपर कोलेस्ट्रोलेमिया
D. कीटोन काय से युक्त मूत्र

23. निम्न में से किसमें लैंगिक रूप से फैलने वाले रोगों के साथ उसके सही रोगाणु सुमेलित हैं?
A. यूरीथ्राइटिस–*बेसिलस एन्थ्रेसिस*
B. सिफलिस–*ट्रेपोनीमा पेलिडियम*
C. गोनोरिआ–*एन्टअमीबा*
D. मृदु फोडा–*बेसिलस ब्रेविस*

24. हड्डी तोड़ ज्वर का वाहक है–
A. *क्यूलेक्स* जातियाँ
B. *एनोफेलिस* जातियाँ
C. *ऐडीज* जातियाँ
D. उपरोक्त में से कोई नहीं

25. जलपदिक ड्रॉप्सी निम्न में से किसके साथ सरसों के तेल के संदूषण से होता है?
A. आर्जीमोन B. एफ्लाटॉक्सीन
C. क्रोटालेरिया D. फ्यूसेरियम

26. चेचक के विरूद्ध टीका विकसित किया गया था–
A. एलेक्सेन्डर फ्लेमिग द्वारा
B. रॉबर्ट कोच द्वारा
C. एडवर्ड जेनर द्वारा
D. लूईस पाश्चर द्वारा

27. इनमें से कौन-सा रोग एलर्जिक क्रिया से होता है?
A. कैंसर B. आंत्र ज्वर
C. सूखा ज्वर D. घेंघा

28. ब्रोन्काइटिस रोग का कारण है–
A. अनियमित कोशा वृद्धि B. मद्यपान
C. अनियमित उपापचय D. धूम्रपान

29. कैंसर कोशिकाओं का दूरस्थ भागों में फैलना कहा जाता है–
A. उत्परिवर्तन B. सांघातिकता
C. रोग विक्षेपण D. हल्का अबुर्द

30. एस्पिरिन में पाया जाता है–
A. एसीटाइल सेलीसायलिक अम्ल
B. नॉवलजिन
C. पैरासिटामोल
D. कामाक्विन

उत्तरमाला

1	2	3	4	5	6	7	8	9	10
A	A	D	D	B	A	B	A	D	D
11	**12**	**13**	**14**	**15**	**16**	**17**	**18**	**19**	**20**
A	B	C	A	B	D	B	B	A	A
21	**22**	**23**	**24**	**25**	**26**	**27**	**28**	**29**	**30**
B	C	B	C	A	C	C	D	C	A

अध्याय 8 हमारा पर्यावरण

पर्यावरण दो घटकों से मिलकर बना होता है–जैविक व अजैविक।

जैविक घटक

हरेक पारिस्थितिकी तंत्र में उपस्थित सजीव जैविक घटक के अन्तर्गत सम्मिलित किए जाते हैं। जैसे–पेड़-पौधे, जन्तु तथा मानव आदि। प्रकृति के प्रत्येक जीव किसी-न-किसी रूप में एक-दूसरे को प्रभावित करते हैं। कोई भी पूर्णतः आत्मनिर्भर नहीं होता है। इस प्रकार पारिस्थितिकी तन्त्र के सभी जैविक घटक परस्पर एक वर्ग के सदस्य के रूप में व्यवहार करते हैं। इन्हें ही जैविक घटक के रूप में जाना जाता है।

अजैविक घटक

सभी अजैविक तत्त्व यथा–जल, भूमि, हवा आदि पर्यावरण के अजैविक घटकों में सम्मिलित किए जाते हैं। अजैविक घटक को दो भागों में वर्गीकृत किया जाता है–भौतिक घटक व रासायनिक घटक।

भौतिक घटक : मुख्य भौतिक घटक हैं–ताप, प्रकाश, जल, आर्द्रता, मिट्टी, प्रवाह तथा दाब। ये सभी घटक जीवधारियों को जीवन भर प्रभावित करते हैं तथा उनकी वृद्धि, विकास, स्वास्थ्य आदि क्रियाओं को नियंत्रित करते हैं। प्रमुख भौतिक घटकों की व्याख्या अग्रलिखित है–

(*a*) *आर्द्रता*–यह पर्यावरण का एक महत्वपूर्ण अजैविक घटक है। आर्द्रता का तात्पर्य वायु में उपस्थित जलवाष्प की मात्रा से है। इसे सम्पूर्ण आर्द्रता और सापेक्ष आर्द्रता दो रूपों में प्रदर्शित किया जाता है।

(*b*) *मृदा*–सामान्य रूप से पृथ्वी की ऊपरी सतह को मृदा कहते हैं। इसका निर्माण मिट्टी से ठीक नीचे वाली चट्टानों के विघटन और उन पर कार्बनिक पदार्थों और सूक्ष्म जीवधारियों के निरन्तर अनुक्रिया के फलस्वरूप होता है। इसमें अधिकांश वनस्पतियां और जन्तु स्थायी रूप से निवास करते हैं।

(*c*) *ताप*–यह वातावरण की गर्मी मापने का एक पैमाना है। इसे हम फॉरेनहाइट, सेल्सियस या कैल्विन डिग्री में प्रदर्शित करते हैं। वातावरण के अलग-अलग क्षेत्रों में ताप में अन्तर आता है, जैसे–ठण्डे समुद्रों में 3ºC, स्वच्छ जल में 0ºC तथा साइबेरिया के भू-भागों में –7ºC से भी नीचे ताप मिलता है, जबकि सहारा मरुस्थल में कुछ स्थानों पर 60ºC तक पाया जाता है। धरातल से प्रत्येक 150 मी. की ऊँचाई पर लगभग 1ºC तापक्रम कम होता जाता है। इसलिए पहाड़ों पर मैदानों की अपेक्षा ठंड अधिक होती है। इसका उदाहरण दिल्ली और मंसूरी के तापमान का अन्तर है। धरातल पर तापान्तर के मुख्य कारण निम्नलिखित हैं–

(*i*) समुद्र से दूरी,

(*ii*) समुद्रतल से ऊँचाई,

(*iii*) विषुवत वृत्त से दूरी।

(*d*) *प्रकाश*–प्रकाश का मुख्य स्रोत सूर्य है। उसके विकिरण द्वारा ऊर्जा प्राप्त करके पौधे भोजन बनाते हैं। वास्तव में प्रकाश द्वारा संश्लेषित ऊर्जा ही सभी जीवधारियों के जीवन का मूलभूत आधार है। यह भी अत्यन्त महत्वपूर्ण घटक है। इसके अतिरिक्त जन्तुओं और वनस्पतियों की अनेक जैविक-क्रियाएं भी सीधे प्रकाश से प्रभावित होती हैं।

(*e*) *जल*–पृथ्वी का लगभग दो-तिहाई भाग जल से ढँका हुआ है। इसका जैव-भूमण्डल के सभी जीवधारियों के लिए प्रत्यक्ष या परोक्ष रूप से असीमित महत्व है। जल के अभाव में जीवन की कल्पना ही कठिन है। धरातल पर जल का वितरण असमान है। कहीं-कहीं जल स्रोतों की गहराई 1 मी. भी नहीं है, जबकि विश्व के कुछ सागर जैसे प्रशांत महासागर 10,924 मी. तक गहरे नापे जा चुके हैं।

रासायनिक घटक : पर्यावरण के मुख्य रासायनिक घटक इस प्रकार हैं–

(*a*) *पोषक तत्व*–ये जीवधारियों के विकास, वृद्धि और वितरण पर प्रभाव डालते हैं। पोषक तत्वों को उनकी उपयोग की मात्रा के आधार पर दो उप-समूहों में बाँटा गया है–(क) सूक्ष्म पोषक तत्त्व तथा (ख) बृहत पोषक तत्त्व।

(*b*) *वायुमण्डल एवं वायुमण्डलीय गैसें*–यह प्रमुख रासायनिक घटक है। वायु के प्रमुख तत्त्व ऑक्सीजन, नाइट्रोजन,

कार्बन-डाईऑक्साइड व निष्क्रिय गैसें हीलियम, नियॉन, आर्गन, क्रीप्टन, जेनॉन और रेडॉन होती हैं। वायु में ऑक्सीजन का प्रतिशत लगभग 21, नाइट्रोजन का 78 तथा कार्बन-डाईऑक्साइड का 0.03 है। इसके अतिरिक्त मौसम के अनुरूप वायु में जलवाष्प की मात्रा भी रहती है। अक्रिय गैसों को छोड़कर सभी गैसें महत्वपूर्ण उपापचय के रूप में उपयोगी हैं तथा वायु के रूप में समस्त भूमण्डल के चारों ओर सदैव चक्कर काटती रहती हैं।

(*c*) *पी.एच. या हाइड्रोजन आयन की सान्द्रता*–भूमण्डल पर जितनी भी वस्तुएँ विद्यमान हैं उनकी प्रकृति अम्लीय, क्षारीय या उदासीन होती है। क्षारीयता या अम्लीयता का गुण वस्तु विशेष में उपस्थित हाइड्रोजन आयन की सान्द्रता पर निर्भर करता है। वस्तु की इस प्रकृति को pH में दर्शाते हैं। pH-7 उदासीन बिन्दु है तथा 7 से नीचे अम्लीयता व 7 से ऊपर क्षारीयता का सूचक है।

नाइट्रोजन-चक्र

नाइट्रोजन वायुमण्डल में भरपूर मात्रा में उपस्थित है। नाइट्रोजन का स्थिरीकरण (Nitrogen fixation) भौतिक प्रक्रिया, जैसे आसमानी बिजली के चमकने अथवा जैविक प्रक्रिया, जैसे बैक्टीरिया एवं नील-हरित शैवाल द्वारा होता है। नाइट्रोजन पौधों द्वारा ग्रहण किए जाने के उपरान्त अमीनो अम्ल, प्रोटीन, विटामिन आदि के संघटन में प्रयुक्त होती है। पौधों एवं जीवों की मृत्यु के बाद मृत जैविक ऊतकों में उपस्थित जैविक नाइट्रोजन अमोनीकरण व नाइट्रीकरण के लिए उत्तरदायी बैक्टीरिया द्वारा अमोनिया, नाइट्राइट और नाइट्रेट में परिवर्तित कर दी जाती है और यह पौधों के लिए पुनः उपलब्ध हो जाती है। कुछ बैक्टीरिया नाइट्रेट को आण्विक नाइट्रोजन (N_2) के रूप में भी बदल देते हैं।

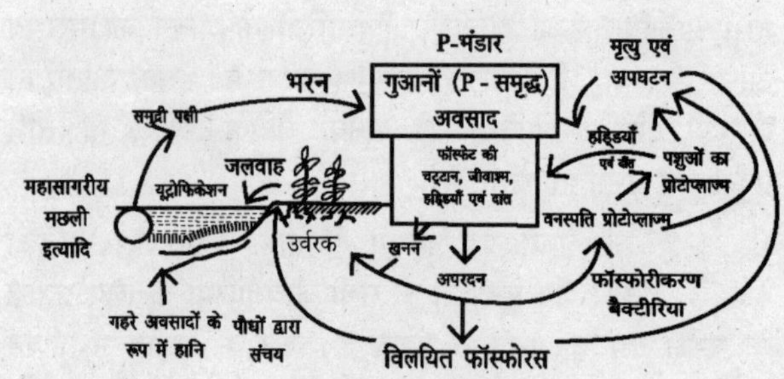

चित्र: नाइट्रोजन-चक्र

कार्बन-चक्र

कार्बन-डाईऑक्साइड के रूप में कार्बन पौधों द्वारा प्रकाश-संश्लेषण क्रिया हेतु कच्चे माल के रूप में ग्रहण किया जाता है, फलस्वरूप कार्बोहाइड्रेट एवं अन्य जैविक पदार्थों का उत्पादन होता है। यह खाद्य-शृंखला द्वारा होते हुए, अन्ततः सूक्ष्म जीवों द्वारा कार्बन-डाईऑक्साइड के रूप में बदल दिया जाता है। जीवों के श्वसन द्वारा कार्बन-डाईऑक्साइड का उत्पादन होता है और यह पौधों द्वारा ग्रहण की जाती है।

कुछ वर्षों में जीवाश्म ईंधन के दहन के कारण कार्बन-डाईऑक्साइड के वायुमण्डलीय स्तर में वृद्धि हुई है। इसके कारण कार्बन का प्राकृतिक चक्रण प्रभावित हुआ है और विश्व आज भूमण्डलीय तापमान वृद्धि की समस्या से जूझ रहा है।

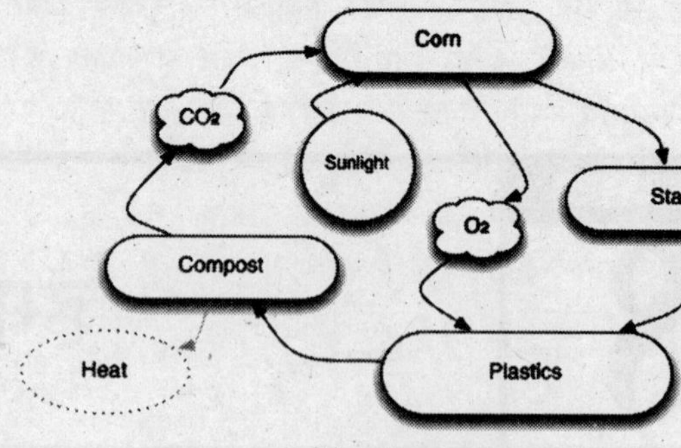

चित्र: कार्बन-चक्र

जल-चक्र

जल प्राप्ति का प्रधान स्रोत वर्षा है। भूमि पर वर्षा का जो जल गिरता है उसका एक भाग रिसकर नीचे चला जाता है। जो भूमि के नीचे जमा रहता है। पौधे भूमि से यह जल और साथ ही साथ मिट्टी से पोषक तत्त्व खींचते हैं, फिर यह जल वाष्प के रूप में पत्तों से बाहर आता है और वायुमण्डल में वापस चला जाता है। जलवाष्प वायु से हल्का होने के कारण ऊपर उठकर बादल बन जाता है। हवा इन बादलों को उड़ाकर दूर-दूर ले जाती है और जब ये बादल और ऊपर उठते हैं तो वाष्प संघनित होकर बूँदों में बदल जाती है जो वर्षा के रूप में पृथ्वी पर गिरती हैं। हालाँकि यह अंतहीन चक्र है जिस पर जीवन निर्भर है, पर मानव के कार्यकलाप प्रदूषण उत्पन्न करके वायुमण्डल में घोर परिवर्तन ला रहे हैं जिससे वर्षा के प्रतिमान बदल रहे हैं। इसके कारण अफ्रीका के कुछ देशों में वर्षों तक चलने वाले सूखे पड़ रहे हैं, जबकि संयुक्त राज्य अमेरिका जैसे देशों में विनाशकारी बाढ़ें आ रही हैं। इन प्रभावों से पैदा अलनीनो (El nino) तूफ नों ने पिछले कुछ वर्षों में अनेक स्थानों पर तबाही मचाई। पृथ्वी पर विभिन्न प्रकार की विध्वंसकारी घटनाएं होती रहती हैं, इसका प्रमुख कारण प्रदूषण है। पर्यावरणीय संतुलन में अव्यवस्था पैदा होने से विभिन्न क्षेत्रों में भूकम्प, ज्वालामुखी, सुनामी तथा अन्य विध्वंसकारी घटनाएं होती हैं।

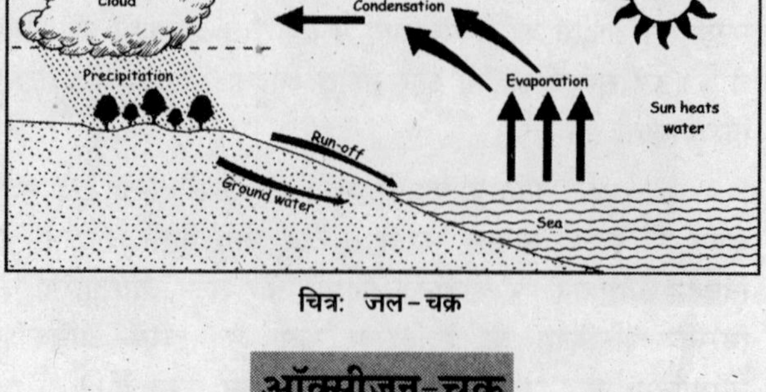

चित्र: जल-चक्र

ऑक्सीजन-चक्र

ऑक्सीजन के अभाव में मनुष्य तथा प्राणी जीव, जन्तु एक पल भी जीवित नहीं रह सकते हैं। पौधे और पशु श्वसन के दौरान

वायु से ऑक्सीजन ग्रहण करते हैं। पौधे प्रकाश-संश्लेषण के दौरान वायुमण्डल को ऑक्सीजन लौटा देते हैं। इसके कारण ऑक्सीजन-चक्र कार्बन-चक्र से जुड़ जाता है। वन विनाश के कारण हमारे वायुमण्डल में ऑक्सीजन का स्तर धीरे-धीरे कम हो सकता है। इस तरह वनस्पति हमारे जीवन में महत्त्वपूर्ण भूमिका निभाता है। प्राकृतिक वनस्पतियों के विनाश से ऑक्सीजन की कमी महसूस की जा रही है। पर्यावरण के संतुलन को बनाये रखने के लिए पेड़-पौधे तथा वनस्पतियाँ बहुत ही आवश्यक हैं।

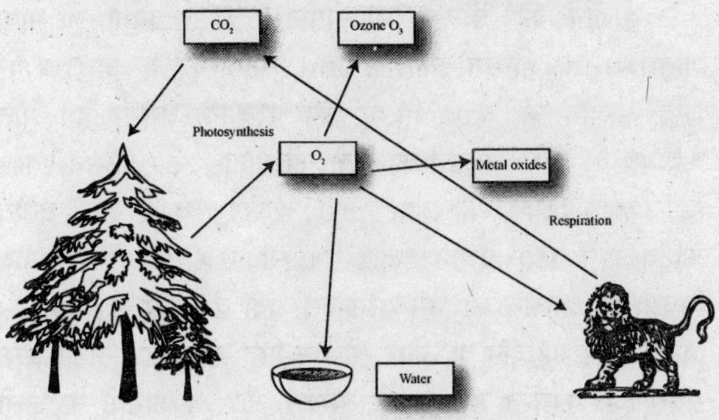

चित्र: ऑक्सीजन-चक्र

फॉस्फोरस-चक्र

फॉस्फोरस का स्रोत चट्टान एवं जीवाश्म आदि हैं जिनका दोहन उर्वरक के लिए हो रहा है। किसान फॉस्फोरस का अन्धाधुन्ध उपयोग करते हैं। अधिकतर फॉस्फोरस जलवाह के साथ घुलकर नदियों और झीलों में जा मिलता है जिसके कारण 'यूट्रोफिकेशन' की समस्या सामने आती है। जलवाह के साथ एक महत्त्वपूर्ण भाग महासागरों की गहराई में पहुँचकर अवसाद के रूप में जमा हो जाता है तथा पुनः चक्रण के लिए उपलब्ध नहीं होता है। फॉस्फेट चट्टानों के सीमित भंडारों का दोहन इस दशा में और भी बढ़ा है। इस प्रकार जहाँ एक ओर मनुष्य फॉस्फोरस चक्र को अचक्रीय बनाकर प्रभावित कर रहा है वहीं दूसरी ओर समुद्री पक्षी फॉस्फोरस चक्रण को चक्रीय बनाये रखने में महत्त्वपूर्ण भूमिका अदा करते हैं। ये पक्षी समुद्री मछलियों को खाते हैं जो फॉस्फोरस से समृद्ध हैं। इन पक्षियों का मल फॉस्फोरस को महासागरों की गहराई से जमीन तक पहुँचाने में सहायक सिद्ध हो रहा है। पेरू के समुद्र तट पर बना 'गुआनो' अवसाद इसका उदाहरण है और फॉस्फोरस का समृद्ध स्रोत भी।

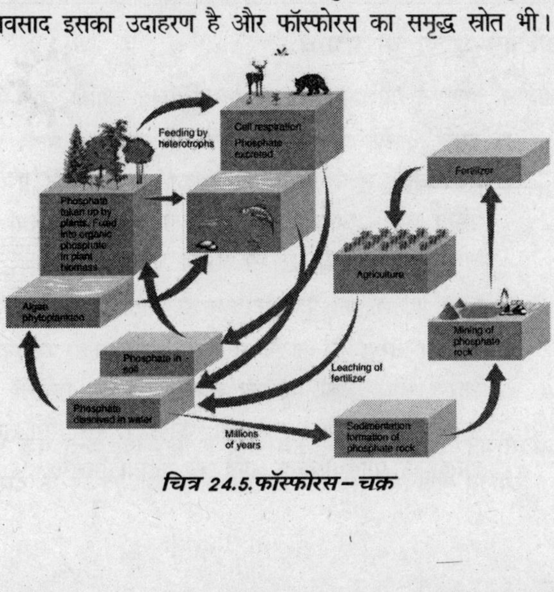

चित्र 24.5.फॉस्फोरस-चक्र

अम्लीय वर्षा

अम्लीय वर्षा के प्रमुख कारक सल्फर और नाइट्रोजन के ऑक्साइड हैं जो उद्योगों और वाहनों में पेट्रोलियम के दहन से निकलते हैं। वायुमण्डल में इनके ऑक्सीकरण के उपरान्त सल्फ्यूरिक और नाइट्रिक अम्ल बनते हैं जो अम्लीय वर्षा करते हैं। अम्लीय वर्षा, दो रूपों में होती है–शुष्क अम्लीय वर्षा और आर्द्र अम्लीय वर्षा। CO_2 गैस भी कार्बनिक अम्ल बनाकर अम्लीय वर्षा करती है। न्यूयार्क शहर की 'एडिरोनडैक' झील अम्लीय जल के लिए जानी जाती है। अम्लीय वर्षा में अधिकांश भाग सल्फ्यूरिक अम्ल का होता है तथा अन्य अम्लों का प्रभाव अपेक्षाकृत कम होता है। कैल्शियम, मैग्नीशियम व अमोनियम आयन जल की अम्लता को कम करते हैं। शुष्क अम्लीय वर्षा में SO_2, NO और अन्य अम्ल धूल के कणों के साथ पौधों, इमारतों व पृथ्वी की सतह पर जमा होते हैं। ये कण जल के साथ मिलकर अम्ल बनाते हैं। वायुमण्डल में इन गैसों का प्रभाव 1979 में अमेरिका में देखने को मिला। यहाँ वर्षा का pH 5.0 से कम मापा गया। सामान्य वर्षा के पी-एच का मान लगभग 5.6 होता है। जल का pH 5.6 से कम होने पर इसे अम्लीय माना जाता है। भारत के कोडइकनाल, मिनिकाय और मोहनबाड़ी शहरों में भी वर्षा की pH क्रमशः 5.18, 5.52 और 5.50 दर्ज की गई।

अम्लीय वर्षा के प्रभाव

अम्लीय वर्षा के प्रभाव को अधोलिखित बिन्दुओं द्वारा स्पष्ट कर सकते हैं–

1. यह अमूल्य पत्थरों और प्रतिमाओं को भी हानि पहुँचाती है।
2. यह धातुओं की चमक कम करती है।
3. झीलों और नदियों का जल अम्लीय हो तो इस पर निर्भर रहने वाले जीवों पर भी प्रतिकूल प्रभाव पड़ता है।
4. अम्लीय वर्षा के कारण भारी धातुएँ जल में घुल जाती हैं जिसका प्रभाव जलीय जीवों पर भी बहुत प्रतिकूल पड़ता है।
5. अम्लीय जल में मछलियों की संख्या व प्रजनन की क्षमता घट जाती है।
6. यह पेड़ों पर भी प्रतिकूल प्रभाव डालती है।
7. अम्लीय वर्षा के बाद पेड़-पौधों की रोग-रोधी क्षमता घट जाती है।
8. यह इमारतों के पत्थरों की मजबूती और चमक को कम करती है। ताजमहल के संगमरमर का पीला पड़ना अम्लीय वर्षा के प्रभाव का एक उदाहरण है।
9. अम्लीय वर्षा के कारण पौधे के प्रकाश संश्लेषण की दर तथा उसकी वृद्धि भी प्रभावित होती है।
10. अम्लीय वर्षा के कारण पौधों की कीट संक्रमण प्रतिरोधिता तथा बाह्य जलवायु परिवर्तन आदि की स्थिति को सहन करने की क्षमता में कमी आती जाती है।

11. मृदा की अम्लीयता के कारण पेड़-पौधे अपने तन्त्र में कुछ घातक धात्विक आयनों (Metals alloys) जैसे–Cd, Al तथा Cr का अवशोषण करने लगते हैं। ऐसे घातक आयन खाद्य शृंखला के द्वारा मनुष्यों तथा जीव-जन्तुओं में विषाक्त प्रभाव उत्पन्न कर सकते हैं।
12. अम्लीय वर्षा के कारण मृदा की उपजाऊपन बढ़ाने में सहायक केंचुए आदि जीव मर जाते हैं।
13. अम्लीय वर्षा के कारण मनुष्यों के आँखों तथा त्वचा में जलन तथा हृदय एवं फेफड़े में रोग उत्पन्न होते हैं। केन्द्रीय तंत्रिका तन्त्र, श्वसन तथा पाचन तंत्रों पर अम्लीय वर्षा का प्रभाव बुरा पड़ता है।

अम्लीय वर्षा के नियंत्रण के उपाय

अम्लीय वर्षा के नियंत्रण के निम्नलिखित उपाय हैं–

- उद्योगों व ऊर्जा संयंत्रों से निकलने वाली हानिकारक गैसों को नियन्त्रित किया जाना चाहिए।
- ऐसे ईंधनों को उपयोग में लायें जिनमें सल्फर की मात्रा अल्पतम हो।
- ईंधन के दहन के पूर्व उसके सल्फर यौगिकों को पृथक कर दिया जाए। ऐसा करने से ईंधन के जलने पर उत्सर्जित सल्फर-डाईऑक्साइड की मात्रा अल्पतम होगी।
- वैकल्पिक स्रोतों जैसे–सौर ऊर्जा का अधिकतम उपयोग किया जाए।

ओजोन परत का क्षरण

पर्यावरण को संतुलित रखने में ओजोन परत महत्त्वपूर्ण भूमिका अदा करता है। यह पृथ्वी का सुरक्षा कवच माना जाता है। यह सूर्य से पृथ्वी पर आने वाली हानिकारक पराबैंगनी किरणों को रोकती है। 242 नैनोमीटर से कम तरंगदैर्घ्य की अल्ट्रावायलेट किरणें ओजोन के निर्माण में सहायक हैं। सूर्य के प्रकाश की उपस्थिति में ऑक्सीजन (O_2) के अणु दो परमाणुओं में टूट जाते हैं। इस प्रक्रिया को इस प्रकार स्पष्ट किया जा सकता है–

$$O_2 \xrightarrow{\text{सूर्य का प्रकाश}} O + O$$

पहले ऑक्सीजन का एक परमाणु ऑक्सीजन के अणु के साथ अभिक्रिया करके ओजोन (O_3) का एक अणु बनाता है।

$$O + O_2 + M \rightarrow O_3 + M$$

यहाँ M एक तीसरा अणु है जो उत्पन्न हुई ऊर्जा का वाहक होता है।

इस प्रकार बनी ओजोन क्षोभमण्डल में समान रूप से वितरित हो जाती है। पराबैगनी किरणों के प्रभाव से ओजोन हमेशा टूटती और बनती रहती है।

$$O_3 \xrightarrow{\text{सूर्य का प्रकाश}} O_2 + O$$

इन रासायनिक अभिक्रियाओं के बीच परस्पर सन्तुलन ओजोन को निश्चित अनुपात में बनाए रखता है। क्षोभमण्डल में ओजोन 16 कि.मी. से 40 कि.मी. की ऊँचाई तक फैली हुई है। लगभग 24 कि.मी. से 27 कि.मी. तक ओजोन की मात्रा अधिकतम है। वायुमण्डल में क्लोरीन, ब्रोमीन व अन्य गैसें ओजोन के साथ अभिक्रिया करके इसे निष्क्रिय कर देती हैं; परिणामस्वरूप ओजोन परत की मोटाई घटती जा रही है जिसे हम 'ओजोन छिद्र' की संज्ञा देते हैं। ओजोन परत की मोटाई घटने पर पृथ्वी का ताप बढ़ रहा है जिसके हानिकारक प्रभाव होंगे।

ओजोन को 'डोब्सन स्पैक्ट्रोमीटर' की सहायता से मापा जाता है। एक डोब्सन इकाई 1 atm (ऐटमोस्फेरिक) वायुदाब पर शुद्ध ओजोन की 0.01 मि.मी. की परत के बराबर है। शीत कटिबंध के ऊपर ओजोन की परत की मोटाई 350 डोब्सन इकाई है, उष्ण कटिबंध के ऊपर 250 डोब्सन इकाई और ध्रुवीय कटिबंधों में 450 डोब्सन इकाई है। इसका कारण क्षोभमण्डलीय वायुधाराएँ ओजोन को भूमध्यरेखा से ध्रुवों की ओर ले जाती हैं। अंटार्कटिका महाद्वीप के ऊपर ओजोन छिद्र के ब्रिटिश अंटार्कटिक सर्वेक्षण में कार्यरत **डॉ. जे.सी. फर्मन** और सहयोगियों ने पहली बार अनुभव किया। दक्षिणी ध्रुव की बसंत ऋतु अर्थात् सितम्बर से नवम्बर में ओजोन क्षरण सबसे अधिक होता है। 1970 के पश्चात् ओजोन की परत में निरन्तर कमी दर्ज की गई है। ओजोन की सबसे कम मात्रा अक्टूबर 1993 में आँकी गई थी।

क्षोभमण्डल में ओजोन क्षरण के लिए क्लोरोफ्लोरोकार्बन (CFC) उत्तरदायी है। इनका उपयोग रेफ्रीजरेटर, वातानुकूलन एवं यंत्र विलायक इत्यादि के रूप में होता है। CFC वायुमण्डल में पहुँचकर 65-110 वर्षों तक ओजोन को क्षति पहुँचाते रहते हैं। 1974 में मोलिना रौलैंड ने बताया कि CFC ओजोन क्षरण के लिए उत्तरदायी है तथा ओजोन परत की सुरक्षा हेतु CFC के निर्माण में कमी लाना आवश्यक है। 1985 में यह बात प्रकाश में आई कि प्रतिवर्ष 50% क्षरण सितम्बर से दिसम्बर के बीच होता है।

जेट विमानों से निकली नाइट्रस ऑक्साइड गैस भी ओजोन क्षरण के लिए उत्तरदायी है। नाइट्रिक अम्ल से नाइट्रोजन-डाईऑक्साइड गैस निकलती है जो क्लोरीन से अभिक्रिया करके ओजोन को निष्क्रिय कर देती है।

ओजोन-क्षरण के प्रभाव

ओजोन क्षरण से ओजोन परत पर निम्नलिखित प्रभाव पड़ते हैं–

- इसके कारण पादप-प्लवक अर्थात् जल की सतह पर तैरने वाले सूक्ष्म पौधों की संख्या पर प्रतिकूल प्रभाव पड़ेगा और अप्रत्यक्ष रूप से प्राणी-प्लवक मछलियों व अन्य समुद्री जीवों पर भी प्रभाव पड़ेगा।
- मुख्य फसलों की पैदावार कम हो जाती है।
- ओजोन क्षरण के कारण सूर्य की हानिकारक पराबैगनी किरणें सीधे पृथ्वी पर आ सकती हैं। इन किरणों के प्रभाव से आनुवंशिक परिवर्तन, कैंसर व अन्य रोग तथा आँखों के मोतियाबिन्द आदि को बढ़ावा मिलेगा।

सी.एफ.सी. तथा हैलोन यौगिकों के वायुमंडल में उपस्थित रहने की अवधि तथा ओजोन परत की क्षति में योगदान

यौगिक	कार्य	वायुमंडल में उपस्थित रहने की औसत आयु (वर्ष में)	ओजोन परत की क्षति में योगदान (प्रतिशत में)
सी.एफ.सी.-11	रेफ्रिजरेटर, फोम, फर्नीचर एरोसाल, कम्प्यूटर	74	26
सी.एफ.सी.-12	रेफ्रिजरेटर, फोम, वायुशीतक, वाहन बम्पर	74	45
सी.एफ.सी.-13	विलायक, एरोसाल	90	12
हैलोन-10	आग बुझाने में	110	4
मिथाइल क्लोरोफार्म	विलायक एवं खाद्य पदार्थों के संरक्षण में	90	5
अन्य	–	–	8

- त्वचा में गहरा रंग बनाने वाली कोशिकाएँ निष्क्रिय हो जाएँगी और रोगरोधी क्षमता घटेगी तथा त्वचा के कैंसर को बढ़ावा मिलेगा।
- पेंट, प्लास्टिक व अन्य बहुलकों पर भी प्रभाव पड़ेगा जिससे आर्थिक नुकसान हो सकता है।

ग्रीनहाउस गैसें

ग्रीनहाउस गैसें पृथ्वी से उत्सर्जित ऊष्मा को सोखने के साथ-साथ पृथ्वी से निकले विकिरण को भी वायुमण्डल से बाहर जाने से रोकती हैं। परिणामस्वरूप, पृथ्वी का औसत तापमान बढ़ा है। समतापमण्डल में उपस्थित पृथ्वी का तापमान बढ़ाने के लिए उत्तरदायी गैसें अग्रलिखित हैं–

1. मीथेन

यह वायुमण्डल में 18% ग्रीनहाउस प्रभाव बढ़ाने में सहायक है। मीथेन का उत्पादन मुख्यतः जैविक उत्पादों के गलने व सड़ने से, धान के खेतों, मुख्यतः दलदली भूमि, पशुओं व भेड़ों के पाचन तंत्र में होता है। मीथेन, CO_2 की अपेक्षा 25 गुना ज्यादा हानिकारक है। वायुमण्डल में इसकी मात्रा 1.675 ppm है और यह 1% प्रतिवर्ष की दर से बढ़ रही है।

2. नाइट्रस ऑक्साइड

ग्रीनहाउस प्रभाव में इसका योगदान 6% है। ग्रीनहाउस प्रभाव के अलावा यह ओजोन क्षरण के लिए भी उत्तरदायी है। इसका उत्पादन मुख्यतः नाइलोन बनाते समय, नाइट्रोजन उर्वरकों और जैविक उत्पादों के जलने व सड़ने से होता है। क्षोभमण्डल में यह 140-190 वर्षों तक बनी रहती है। CO_2 की अपेक्षा यह 230 गुना ज्यादा प्रभावी है। वायुमण्डल में इसकी मात्रा 0.3 ppm है और 0.2% की दर से इसमें वृद्धि हो रही है।

3. कार्बन-डाईऑक्साइड

ग्रीनहाउस प्रभाव में कार्बन-डाईऑक्साइड का महत्त्वपूर्ण योगदान है। इसका लगभग 55% भाग औद्योगिक राष्ट्रों द्वारा निष्कासित किया जाता है, जिसमें 67% ईंधन के कारण और 33% जंगलों की सफाई के कारण हैं।

4. क्लोरोफ्लोरोकार्बन

यह गैस 24% ग्रीनहाउस प्रभाव के लिए उत्तरदायी है। साथ ही यह वायुमण्डल के क्षोभमण्डल में ओजोन-क्षरण के लिए भी उत्तरदायी है। एयर-कंडीशनर, रेफ्रीजरेटर, औद्योगिक विलायक, प्लास्टिक और फोम का निर्माण क्लोरोफ्लोरोकार्बन के उत्पादन के साधन हैं। इनकी समतापमण्डल में ऊष्मा सोखने की क्षमता, कार्बन-डाईऑक्साइड की अपेक्षा 1500 से 7000 गुना ज्यादा है। CFC की मात्रा (0.225ppm) है और यह 0.5% की दर से प्रतिवर्ष बढ़ रही है।

ग्रीनहाउस प्रभाव के परिणाम

ग्रीनहाउस प्रभाव के निम्नलिखित परिणाम हैं–

1. मनुष्य के स्वास्थ्य पर प्रभाव–तापमान वृद्धि के कारण वर्षण पर प्रभाव पड़ता है और साथ ही मलेरिया, फाइलेरिया जैसी बीमारियों के संक्रमण की सम्भावना बढ़ जाती है। इथोपिया, कीनिया और इंडोनेशिया जैसे देशों में यह प्रभाव सबसे ज्यादा हो सकता है। आर्द्रता बढ़ने से श्वास और चर्म रोगों में भी वृद्धि होगी।

2. भूमण्डलीय तापमान में वृद्धि–एक अनुमान के अनुसार अगर ग्रीनहाउस प्रभाव की दर इसी तरह रही, तो वर्ष 2050 तक पृथ्वी का औसत तापमान 1.5-5.5°C तक बढ़ जाएगा। ऐसी स्थिति में पृथ्वी का तापमान पिछले 10,000 वर्षों की तुलना में अधिक होगा।

3. कृषि पर प्रभाव–कृषि की दृष्टि से तापमान वृद्धि के परिणाम क्षेत्र विशेष पर निर्भर करेंगे। उष्ण और शीतोष्ण प्रदेशों में प्रभाव सबसे ज्यादा होगा। लगभग 2°C तापमान वृद्धि भी फसलों को नुकसान करेगी। तापमान बढ़ने से मृदा की आर्द्रता कम हो जाएगी। वाष्पोत्सर्जन क्रिया के बढ़ने के कारण गेहूँ और मक्का के उत्पादन पर भी प्रभाव पड़ेगा। आर्द्रता और तापमान की वृद्धि के साथ कीटों की संख्या भी प्रभावित होगी। ऐसे में कम पानी में उगने वाले रोगरोधी बीजों का विकास आवश्यक हो जाएगा।

4. महासागरों के जल-स्तर में वृद्धि–तापमान की वृद्धि के साथ-साथ महासागरों के जल का आयतन भी बढ़ेगा। हिमशिखरों और ग्लेशियरों पर जमी बर्फ भी पिघल जाएगी जिससे महासागरों का जल-स्तर और भी बढ़ेगा। आँकड़ों के अनुसार

ग्रीन हाउस गैसें, सान्द्रता एवं स्रोत्र

ग्रीन हाउस गैस	सान्द्रता		स्रोत
	1850 के पूर्व	वर्तमान समय	
कार्बन-मोनोऑक्साइड	275 पी.पी.एम.	370 पी.पी.एम.	फासिल ईंधनों के जलने जैसे–कोयला, तेल तथा प्राकृतिक गैस, वनों की कटान
मिथेन	750 पी.पी.वी.	1700 पी.पी.वी.	धान की खेती, बायोमास दहन, तथा कोयला, दलदल स्थानों एवं कूड़ा-करकट से
नाइट्रस ऑक्साइड	285 पी.पी.वी.	320 पी.पी.वी.	फर्टिलाइजर, फॉसिल ईंधनों के जलने तथा बायोमास के दहन से
क्लरोफ्लोरो-कार्बन (सी.एफ.सी.)			
सी.एस.सी.-11	शून्य	270 पी.पी.वी.	एयरोसाल, रेफ्रीजरेशन
सी.एफ.सी.-12	शून्य	2470 पी.पी.वी.	वायुशीतक, औद्योगिक विलायकों प्लास्टिक फोम
ओजोन	15-20 पी.पी.वी.	25-35 पी.पी.वी.	औद्योगिक प्रदूषण

3°C तापमान की वृद्धि होने पर समुद्र का जल-स्तर 0.2-1.5 मीटर तक बढ़ सकता है। ऐसी स्थिति में शंघाई, काहिरा, सिडनी, हेमबर्ग, वेनिस, बांग्लादेश, भारत और चीन के तटीय प्रदेश जलमग्न हो जाएँगे। ऐसे में महासागरीय जीवों पर भी प्रतिकूल प्रभाव पड़ेगा। गंगा, नील, मीकाँग, याँगत्से और मिसीसिपी के डेल्टा प्रदेश भी डूब सकते हैं।

तापमान वृद्धि को रोकने के सुझाव

तापमान वृद्धि को रोकने के लिये सबसे पहले भूमण्डलीय कार्बन-डाईऑक्साइड के उत्सर्जन में कमी लानी होगी। वर्तमान में प्रत्येक व्यक्ति को ऊर्जा के उपभोग के संदर्भ में अपना दृष्टिकोण बदलना होगा तथा नई प्रौद्योगिकियों द्वारा हानिकारक गैसों के उत्सर्जन में कमी लानी होगी। वाहनों, उद्योगों आदि को नई प्रौद्योगिकियों की मदद से कम-से-कम धुआँ छोड़ने वाला बनाना होगा। यही नहीं अपरम्परागत ऊर्जा स्रोतों में सौर ऊर्जा, पवन ऊर्जा आदि को उपयोग में लाने की दिशा में प्रयासों की आवश्यकता है।

तापमान वृद्धि को रोकने के कुछ प्रमुख सुझाव निम्नलिखित हैं–

- सुस्थिर कृषि की तकनीक अपनाकर।
- जनसंख्या वृद्धि पर रोक लगाकर।
- उद्योगों और वाहनों की संख्या कम करके।
- प्रदूषण नियन्त्रण की नई तकनीकों का प्रयोग करके।
- वृक्षारोपण करके।
- ईंधन की खपत में कमी करके।
- ऊर्जा का उपयोग बुद्धिमानी से करके।
- नवीकरणीय ऊर्जा स्रोत अपनाकर।
- ऊर्जा उत्पादन में नाभिकीय ऊर्जा का प्रयोग करके।
- प्राकृतिक गैस के उपयोग पर बल देकर।
- काई और शैवाल की मदद से वायुमण्डलीय CO_2 में कमी करके।

वस्तुनिष्ठ प्रश्न

1. "टुमारोज बायो-डायवर्सिटी" पुस्तक के लेखक हैं–
A. डॉ. एम. एस. स्वामीनाथन
B. डॉ. अनिल अग्रवाल
C. डॉ. वन्दना शर्मा
D. डॉ. जी. सी. पाण्डे

2. निम्नलिखित में से कौन-सा बायोडीजल पौधा है?
A. गुग्गल B. रोशा घास
C. रतनजोत D. जावा घास

3. मौसम मानिटरिंग युक्ति 'सोडार' स्थापित है–
A. जयपुर में B. कटक में
C. चण्डीगढ़ में D. कैगा तथा कलपक्कम में

4. 'फ्लाई ऐश' एक प्रदूषक दहन उत्पाद है, जो प्राप्त होता है, जलाने से
A. कोल (पत्थर के कोयलों को)
B. चारकोल (लकड़ी के कोयलों को)
C. डीजल/मिट्टी के तेल को
D. सी. एन. जी. को

5. पगमार्क तकनीक का प्रयोग किया जाता है–
A. वनों में पक्षी का अवलोकन करने में
B. दुर्लभ वन्य जन्तु के बद्ध-स्थलों में प्रजनन के लिये
C. विभिन्न वन्य जन्तुओं के आकलन के लिये
D. वन्य जन्तुओं में गुदना गोदने के लिये, ताकि एक स्पीशीज का दूसरे से भेद किया जा सके

6. डी. डी. टी. का फसलों पर छिड़काव प्रदूषण उत्पन्न करता है–
A. वायु और मृदा का
B. वायु और जल का
C. वायु, मृदा और जल का
D. केवल मृदा और जल का

7. वाहित मल के पुनः चक्रण द्वारा शुद्धीकरण के लिये क्रियाशील होते हैं–
A. मछलियाँ B. सूक्ष्मजीव
C. जलीय पौधे D. उपरोक्त सभी

8. अम्ल वर्षा मुख्यतः किसकी अधिक सान्द्रता (वातावरण में) के कारण होती है?
A. NH_3 और SO_3 B. O_3 और धूल
C. NO_2 और SO_2 D. CO और CO_2

9. घरेलू व्यर्थ पदार्थों के प्राकृतिक विधियों द्वारा अपघटन को कहा जाता है–
A. ऊष्मा प्रदूषण B. जैव निम्नीकरणीय प्रदूषण
C. अनिम्नीकरणीय प्रदूषण D. औद्योगिक प्रदूषण

10. निम्नलिखित में किन कारणों से ग्रीन हाउस गैसों की सान्द्रता अधिक है?
A. वन-उन्मूलन
B. तेल और कोयले का अधिक जलाया जाना
C. रेफ्रीजिरेटर का उपयोग
D. उपरोक्त सभी

11. मीनामाता रोग प्रदूषण से संबंधित रोग है, जो परिणाम है–
A. पीने के पानी में आर्सेनिक की अधिकता से
B. मनुष्यों के कार्बनिक व्यर्थ पदार्थों का पीने के पानी में बहा देने से
C. मर्क्यूरीयुक्त औद्योगिक व्यर्थ पदार्थों का मछली पालन वाले तालाबों में बहा देने से
D. महासागर में तेल बिखरने से

12. यदि जल प्रदूषण वर्तमान दर से होता रहेगा, तब अन्त में–
A. वर्षण रुक जायेगा
B. जलीय पौधों को नाइट्रेट अनुपलब्ध होगा
C. जल चक्रण बन्द होगा
D. जलीय पौधों को ऑक्सीजन अनुपलब्ध होगा

13. प्रदूषण में सभी योगदान देते हैं, अलावा–
A. जल विद्युत शक्ति परियोजना के
B. स्वचालित वाहनों के
C. ऊष्मीय शक्ति केन्द्र के
D. न्यूक्लीय शक्ति केन्द्र के

14. पराबैंगनी प्रकाश की आण्विक क्रिया मुख्य रूप से प्रतीत होती है–
A. प्रकाशगतिक क्रिया से
B. पिरीमिडीन निर्माण से
C. डी. एन. ए. के हाइड्रोजन बन्ध के विनाश से
D. आपार्य मध्यावस्था निर्माण से

15. वायुमण्डल में प्रायः गर्मी कहां से आती है?
A. सूर्याताप B. चालक
C. विकिरण D. संवहन

16. अम्ल वर्षा वनस्पति को नष्ट कर देती है, क्योंकि उसमें–
A. हाइड्रोजन सल्फाइड होती है
B. ओजोन होती है
C. कार्बनमोनोक्साइड होती है
D. सल्फयूरिक अम्ल होता है

17. समतापमण्डल में ओजोन का क्षरण किसकी उपस्थिति के कारण होता है?
A. सक्रिय NO_3 B. सक्रिय NO_2
C. सक्रिय Cl D. सक्रिय SO_2

18. प्रदूषित तालाब में, प्रदूषक का सूचकांक है–
A. डैफ्निया B. मेंढक
C. मछलियां D. उपरोक्त में से कोई नहीं

19. यदि जल का प्रदूषण वर्तमान गति से होता रहा, तो अंततः–
A. जल-चक्र बंद हो जाएगा
B. वर्षण घट जाएगा
C. जलपादपों के लिए ऑक्सीजन के अणु अप्राप्य हो जाएंगे
D. जल पादपों के लिए नाइट्रेट अप्राप्त हो जाएगी

20. तूफान की भविष्यवाणी की जाती है, जब वायुमण्डल का दाब–
A. सहसा बढ़ जाए B. क्रमशः बढ़े
C. सहसा कम हो जाए D. क्रमशः कम हो जाए

21. धुआँ पैदा होने के कारण हैं–
A. गैस में ठोस का परिक्षेपण
B. द्रव में गैस का परिक्षेपण
C. ठोस में गैस का परिक्षेपण
D. गैस में गैस का परिक्षेपण

22. महासागरीय जल में लवणता वहाँ अधिक होगी, जहाँ–
A. वर्षण वाष्पीकरण से अधिक हो
B. वाष्पीकरण वर्षण से अधिक हो
C. वर्षण वाष्पीकरण के बराबर हो
D. समुद्र में सतही प्रवाह अधिक हो

23. पर्यावरण सुरक्षा हेतु महंगी तकनीकें हैं–
A. पुनर्चक्रण
B. म्यूनीसिपल कचरे का प्रबन्धन
C. जल का शुद्धिकरण
D. उपर्युक्त सभी

24. "मनुष्य एक विशेष स्थान पर विशेष समय पर जिन सम्पूर्ण परिस्थितियों से घिरा हुआ है, उसे पर्यावरण कहा जाता है" यह किसका मत है?
A. जे.एस. रास B. सी.सी.पार्क
C. डगलस एवं रोमन D. एच. फिटिंग

25. निम्नलिखित में से कौन-से पर्यावरण के जैविक घटक हैं?
A. पेड़-पौधे B. जल
C. भूमि D. हवा

26. वायुमण्डल में नाइट्रोजन गैस की प्रतिशत मात्रा आयतन के अनुसार ..... है।
A. 50% B. 60.5%
C. 78.084% D. उपरोक्त में से कोई नहीं

27. धरातल का लगभग ..... हिस्सा जल से घिरा हुआ है।
A. तीन B. दो
C. एक D. चार

28. पर्यावरण शिक्षा केन्द्र (CEE) स्थित है?
A. अहमदाबाद B. नागपुर
C. नई दिल्ली D. मुम्बई

29. एशिया का पहला संरक्षित मगरमच्छ प्रजनन केन्द्र है?
A. मद्रास क्रोकोडाइल बैंक ट्रस्ट, मद्रास
B. सलीम अली सेंटर फॉर ऑर्निकोलॉजी एण्ड नेचुरल हिस्ट्री, कोयम्बटूर
C. बाम्बे नेचुरल हिस्ट्री सोसायटी, मुम्बई
D. उपरोक्त में से कोई नहीं

30. एम.सी मेहता एक ..... हैं।
A. चिपको आंदोलन के प्रणेता
B. पत्रकार
C. पर्यावरण संरक्षण संबंधी सबसे मशहूर वकील
D. उपरोक्त में से कोई नहीं

उत्तरमाला

1	2	3	4	5	6	7	8	9	10
C	C	D	C	C	D	B	C	B	D
11	**12**	**13**	**14**	**15**	**16**	**17**	**18**	**19**	**20**
C	D	C	C	C	D	C	A	C	C
21	**22**	**23**	**24**	**25**	**26**	**27**	**28**	**29**	**30**
A	B	B	B	A	C	A	A	A	C

अध्याय 8 प्राकृतिक साधनों का प्रबंधन

कोई भी पदार्थ जिसे इस तरह से रूपांतरित किया जा सके कि वह अधिक कीमती और उपयोगी हो जाए, उसे संसाधन कहा जा सकता है। इस तरह भूमि, खनिज, वन, जल, ऊर्जा, वन्य प्राणी तथा जीव आदि प्राकृतिक संसाधन हैं।

उपर्युक्त विवेचना से प्राकृतिक संसाधनों की जो प्रमुख विशिष्टताएँ सामने आती हैं, वे हैं–

(*i*) संसाधनों में विविधता पाई जाती है।
(*ii*) इनमें से कुछ ज्ञात और कुछ अज्ञात संसाधन होते हैं।
(*iii*) अपनी प्रकृति के आधार पर कुछ समाप्त होने वाले हैं और कुछ नवीकरणीय हैं।
(*iv*) ये स्वयं निष्क्रिय होते हैं। मानव को स्वयं की सूझबूझ से इन्हें प्रयोग में लाना होता है।
(*v*) ये निःशुल्क उपहार हैं।

वन संरक्षण

वन हमारी प्राकृतिक धरोहर है। इसका संरक्षण करना हमारा कर्तव्य है। विगत् वर्षों में कई क्षेत्र जो वनों से ढंके थे, आज अर्द्ध-मरुस्थल में परिणत हो गए हैं। इन वनों को बचाने तथा प्राकृतिक संतुलन को बनाए रखने के लिए संसद तथा राज्य विधान सभाओं ने अनेक कानून पारित किए हैं। सन् 1980 में सुरक्षित वनों के लिए एक वन संरक्षण अधिनियम पारित किया गया। वन संरक्षण अधिनियम, 1980 के प्रावधानों के अंतर्गत वन भूमि को गैर-वन भूमि में बदले जाने से पूर्व केंद्र सरकार की अनुमति की आवश्यकता होती है। प्रमुख वन संरक्षकों को पाँच हेक्टेयर तक की वन भूमि को गैर-वन प्रयोजनों के लिए मंजूरी देने के अधिकार प्राप्त है। इनमें उत्खनन व अवैध कब्जों को नियमित करने के मामले शामिल हैं। राज्य सलाहकार समूह के परामर्श से उन्हें 5 से 20 हेक्टेयर तक की वन भूमि के मामलों पर विचार करने का भी अधिकार है।

मंत्रालय ने वन संरक्षण अधिनियम, 2003 को अधिसूचित करके 1980 में वन अधिनियम को संशोधित कर दिया। नए नियम के प्रमुख प्रावधानों में वनीकरण के आवेदन के लिए सरलीकृत तरीके, नवीनीकरण के लिए और अधिक सरल आवेदन प्रारूप, राज्य सरकार के लिए 90 दिन तथा केंद्र सरकार के लिए निर्णय हेतु 60 दिन की समय सीमा का निर्धारण एवं क्षेत्रीय वन अधिकारियों को 20 हेक्टेयर वन भूमि की तुलना में 40 हेक्टेयर वन भूमि के मामलों पर विचार करने का अधिकार देना आदि शामिल है।

मंत्रालय ने वनों के कटाव को रोकने के लिए 1990 में ग्रामीण समुदायों की मदद लेने के सुझाव पारित किए। तत्पश्चात् संयुक्त वन प्रबंधन की अवधारणा शुरू की गई। संयुक्त वन प्रबंधन के लिए 28 राज्यों द्वारा प्रस्ताव जारी किया जा चुका है। दिसंबर 2002 तक देश में 64,000 संयुक्त वन प्रबंधन 1 करोड़ 42 लाख 50 हजार हेक्टेयर वन भूमि का प्रबंधन कर रहे थे।

दिन-प्रतिदिन वनों की अंधाधुंध कटाई से प्राकृतिक संतुलन बिगड़ता जा रहा है, जिसका अनुमान हम भली-भाँति लगा सकते हैं। अतः वनों के संरक्षण सम्बन्धी ऐसी नीति बनाने की आवश्यकता है जिससे वनों की कटाई पर रोक लगे। साथ ही उसका सामाजिक, व्यक्तिगत व सरकारी स्तर पर सत्यतापूर्वक पालन भी किया जाना चाहिए। वन संरक्षण के लिए कुछ महत्त्वपूर्ण सुझाव दिये गए हैं, जो अग्रलिखित हैं–

1. स्कूली पाठ्यक्रम में वन संरक्षण को स्थान।
2. लगाए गए वृक्ष जब वृद्धि की अवस्था में हों तो उन्हें काटने पर रोक।
3. सम्पूर्ण वृक्ष के स्थानों पर उनकी शाखाओं को काटना।
4. सामाजिक वानिकी को प्रोत्साहन।
5. वैज्ञानिक विधि से वृक्षों की नियन्त्रित कटाई।
6. वनों को आग से बचाने का ध्यान रखना।
7. कृषि व आवास हेतु वन विनाश पर रोक।
8. वनों का पर्यटक स्थल के रूप में विकास।
9. वन काटने पर उसी अनुपात में पुनः वृक्षारोपण करना।
10. बाँध बनाते समय कम वन वाले क्षेत्रों का चुनाव।
11. पशुचारण से वन विनाश रोकना।
12. वन संरक्षण में प्रशासन की भूमिका चुस्त हो।
13. विभिन्न नियमों द्वारा वन विनाश पर रोक लगाई जाये।
14. सरकार के साथ-साथ स्वयंसेवी समाज सेवकों की भागीदारी।
15. वन प्रबन्धन के द्वारा वन संरक्षण।

खनिज सम्पदा संरक्षण

खनिज प्रबन्धन

निम्नलिखित उपायों के द्वारा खनन से होने वाले दुष्प्रभावों को रोका जा सकता है–

1. बन्द, उपेक्षित खानों में बने गर्तों को पुनः भरा जाना चाहिए।
2. खनन क्षेत्र के समीपवर्ती इलाकों में सघन वृक्षारोपण करना चाहिए।
3. खदानों में कार्यरत मजदूरों की सुरक्षा के पूर्ण प्रबन्ध होने चाहिए।
4. ऊर्जा के पारम्परिक स्रोतों के साथ-साथ वैकल्पिक स्रोतों के उपयोग पर भी ध्यान दिया जाना चाहिए।
5. पर्यावरण सुरक्षा के लिए बनाये गए कानूनों का पालन होना चाहिए।
6. खनन कार्य पूर्व नियोजित कार्यक्रम के अनुसार होना चाहिए।
7. खनन विधियाँ वैज्ञानिक दृष्टिकोण पर आधारित होनी चाहिए।
8. किसी खदान से सर्वाधिक मात्रा में खनिज निकालने के प्रयास किए जाने चाहिए।
9. खनिज निर्माण एक दीर्घकालिक प्रक्रिया है। अतः खनिजों का मितव्ययिता से उपयोग करना चाहिए।
10. खनन क्षेत्र में उड़ने वाली धूल व कोयले के क्षेत्र में लगने वाली आग से बचाव का पूर्ण प्रबन्ध होना चाहिए।

खदान सुरक्षा

खनन के समय जो गंदे धूल के कण निकलते हैं, इससे विभिन्न प्रकार की बीमारियाँ फैलती हैं। फेंफड़े पर ये धूल कण जम जाते हैं, जो स्वास्थ्य के लिए हानिकारक हैं। अयस्क या खनिज का भंडार पृथ्वी की सतह के पास है या गहराई में है, इसके आधार पर खनन की विधि तय की जाती है। क्षेत्र की आकृति और अयस्क के भंडार की भौतिक प्रकृति का अध्ययन किया जाता है।

मुख्य रूप से खदानें दो तरह की होती हैं *(i)* खुली या पट्टीदार खदानें (open cast or strip mines) *(ii)* गहरी या सांभाकार खदानें (deep mines)। इन मानदंडों के आधार पर कोयला, धात्विक और अधात्विक खनिजों का खनन अलग-अलग ढंग से किया जाता है। खनन के लिए चुनी गई विधि ऐसी होती है कि मौजूदा दशाओं में कम से कम लागत पर अधिक से अधिक खनिज प्राप्त किया जाए और खनन कर्मियों को खतरा कम-से-कम हो।

उपयोग से पहले अधिकांश खनिजों का परिसंस्करण (processing) आवश्यक है। इसलिए 'प्रौद्योगिकी' संसाधनों की मौजूदगी और उन्हें उपयोग-योग्य बनाने के लिए आवश्यक ऊर्जा पर निर्भर होती है।

खनन एक मुश्किल कार्य है, इसमें मजदूर पृथ्वी की सतह के नीचे सैकड़ों फीट गहराई में खनन करते हैं जहाँ चट्टानों को गिरने का भय रहता है। इससे जीवन असुरक्षित रहता है। धातु का खनन कोयले के खनन से कम खतरनाक होता है। विभिन्न भूमिगत खदानों में चट्टानों और छतों का गिरना, जलभराव और वायु का अपर्याप्त प्रवाह सबसे बड़े जोखिम होते हैं। इस कार्य में कई बार श्रमिकों की मृत्यु भी हो चुकी है। धातुओं की खदानों में तो ये विस्फोट और भी भयंकर होते हैं।

डायनामाइट के अधूरे धमाकों से पैदा धुआँ बेहद ज़हरीला होता है। कोयले की तहों से निकलने वाली मिथेन गैस स्वास्थ्य के लिए हानिकारक होती है, हालाँकि यह खदान की हवा में आम तौर पर जिस अनुपात में पाई जाती है उसमें ज़हरीली नहीं होती। यूरेनियम की खदानों में विकिरण (radiation) एक ऐसा जोखिम है जो जानलेवा हो सकता है।

ऊर्जा संरक्षण

भारत में बहुत से ऐसे परिवार हैं जिनका भोजन गैस के चूल्हे पर नहीं, लकड़ी या ईंधन से पकाया जाता है। इसके लिए बागानों को अधिक संख्या में लगाना चाहिए जिससे प्राकृतिक संतुलन भी बना रहेगा व लोगों की आवश्यकताओं की पूर्ति भी होती रहेगी। ऊर्जा के पारंपरिक स्रोत प्रकृति और मानव समाज पर अनेक प्रकार के प्रभाव डालते हैं। भारत के लिए ऊर्जा की आवश्यकता घटाने की नीति अपनाना और ऊर्जा पैदा करने वाली प्रौद्योगिकी को अपनाना आवश्यक है। ऊर्जा के वैकल्पिक उपयोग करना और नवीकरणीय स्रोतों को अपनाना, ताकि उनका विवेकपूर्ण और समतापूर्ण ढंग से उपयोग किया जा सके, पर्यावरण-स्नेही और निर्वहनीय जीवनशैलियों को बढ़ावा देगा। भारत को आयातित तेल पर अपनी निर्भरता घटानी होगी। ऐसे समय में हम अपने प्राकृतिक गैस संसाधनों का उपयोग कम कर रहे हैं। हम बिजली पैदा करने के लिए हज़ारों छोटे बाँध तैयार कर सकते हैं। भारत बिजली संप्रेषण के दौरान भी बिजली की भारी बरबादी करता है। सभी लोग जिस गति से अपने स्वार्थ की पूर्ति के लिए ऊर्जा का उपयोग करते हैं उस गति से उसका संरक्षण नहीं करते हैं। अगर नियंत्रण नहीं किया गया तो आने वाले समय में काफी परेशानी का सामना करना पड़ सकता है।

जैव-भार को जैव-गैस में या एथेनॉल और मेथेनॉल जैसे द्रव ईंधन में बदला जा सकता है। जैव-गैस संयंत्र खमीरीकरण की प्रक्रिया द्वारा पशुओं के गोबर आदि और खर-पतवार को गैस में बदलते हैं। यह 60 प्रतिशत मिथेन और 40 प्रतिशत कार्बन-डाईऑक्साइड होती है। आमतौर पर प्रयुक्त होने वाले कृषि अपशिष्ट में पालतू पशुओं के गोबर, धान की भूसी, नारियल के खोपरे, खर-पतवार या घास-फूस शामिल हैं। गैस का निर्माण हो जाने के बाद जो शेष पदार्थ बच जाता है उसको भी खाद के रूप में प्रयोग कर लिया जाता है। जल विद्युत की छोटी इकाइयाँ पर्यावरण-स्नेही होती हैं। ये लोगों को विस्थापित नहीं करतीं, जंगलों या वन्य जीवन के आवासों को नष्ट नहीं करतीं एवं जलीय और स्थलीय जैव-विविधता का नाश नहीं करतीं। इन्हें विभिन्न पहाड़ी नालों, नहरों या नदियों पर बनाया जा सकता है। गुरुत्वाकर्षण के कारण विद्युत उत्पादन नीचे बहते जल पर निर्भर होता है, लेकिन अगर जल का प्रवाह मौसमी हो तो विद्युत उत्पादन सफलतापूर्वक नहीं किया जा सकता।

वस्तुनिष्ठ प्रश्न

1. कौन-सा प्राणी विश्व वन्य जीवन कोष (WWF) का चिह्न है?
A. लाल पाण्डा B. विशालकाय पाण्डा
C. सिंह D. मोर

2. दुधवा राष्ट्रीय उद्यान स्थित है–
A. मध्य प्रदेश में B. हिमाचल प्रदेश में
C. अरूणाचल प्रदेश में D. उत्तर प्रदेश में

3. लाल आँकड़े सम्बन्धी पुस्तक में किस विषय पर आँकड़े प्रदान किए गये हैं?
A. लाल पुष्पीय पौधों पर
B. लाल रंग की मछलियों पर
C. संकटापन्न पौधों तथा प्राणियों पर
D. लाल आँख के पक्षियों पर

4. जैव मण्डल निचय या बायोस्फियर रिजर्व में .... अनुज्ञेय है–
A. स्थिर मनुष्य जनसंख्या
B. प्रतिबन्धित मनुष्य जनसंख्या
C. व्यक्तिगत कार्य
D. मनुष्य जनसंख्या कभी नहीं

5. हमारे देश का प्रसिद्ध पक्षी विहार स्थित है–
A. बांदीपुर में B. काजीरंगा में
C. पलामू में D. भरतपुर में

6. भारत का सर्वाधिक उत्तम बाघ अभ्यारण्य हैं–
A. कश्मीर
B. जिम कार्बेट राष्ट्रीय उद्यान
C. कान्हा राष्ट्रीय उद्यान
D. बांदीपुर

7. पहली बार व्हेल के शिकार पर रोक लगी थी–
A. 1992 में B. 1985 में
C. 1980 में D. 1972 में

8. किस भारतीय राज्य ने अपने सभी पर्यटन स्थलों का नाम विभिन्न पक्षियों के नाम पर रखा था–
A. उत्तर प्रदेश B. मध्य प्रदेश
C. हरियाणा D. पंजाब

9. वह क्षेत्र जिसमें जन्तु भोजन की खोज में घूमते हैं, कहलाता है–
A. ईकोटोन B. होम रेंज
C. निके D. क्षेत्र

10. पिछले कुछ वर्षों में भारत से लुप्त होने वाला प्राणी है–
A. चीता B. नील गाय
C. सुनहरा लंगूर D. लकड़बग्घा

11. भारत में जनजातियों की शैली तथा वनस्पतिजात व प्राणिजात के जीन कोश के संरक्षण के लिए स्थापित पहला जैव मण्डल निचय है–
A. नीलगिरी बायोस्फियर रिजर्व
B. नन्दा देवी बायोस्फियर रिजर्व
C. उत्तराखण्ड बायोस्फियर रिजर्व
D. विशाल निकोबार बायोस्फियर रिजर्व

12. वे जातियाँ जो निकट भविष्य में संकटापन्न वर्ग में सम्मिलित हो जाएंगी–
A. विलुप्त B. दुर्लभ
C. अनुक्षिक्त D. जीवित जीवाश्म

13. एशियाई सिंह सीमित हैं–
A. जिम कार्बेट राष्ट्रीय उद्यान तक
B. गिर राष्ट्रीय उद्यान तक
C. दुधवा राष्ट्रीय उद्यान तक
D. बान्धवगढ़ राष्ट्रीय उद्यान तक

14. भारतीय गैण्डा संरक्षित है–
A. कार्बेट राष्ट्रीय उद्यान में
B. बांदीपुर राष्ट्रीय उद्यान में
C. काजीरंगा राष्ट्रीय उद्यान में
D. गिर राष्ट्रीय उद्यान में

15. विश्व संरक्षण दिवस मनाया जाता है–
A. अक्टूबर 3 B. दिसम्बर 3
C. जून 15 D. जुलाई 23

16. भारत में प्रोजेक्ट टाइगर प्रारम्भ किया गया था–
A. 1970 में B. 1973 में
C. 1981 में D. 1984 में

17. झील–पर्यावरण में जीवीय अनुक्रमण के साथ-साथ पादपों एवं जन्तुओं की संख्या एवं विविधता–
A. बढ़ती है
B. घटती है
C. न घटती है न बढ़ती है
D. पहले घटती है और फिर बढ़ती है

18. भारत में जैव-विविधता हॉट स्पॉट है–
A. पश्चिमी हिमालय व पूर्वी घाट
B. पूर्वी हिमालय व शान्त घाटी
C. पश्चिमी हिमालय व सुन्दर वन
D. पूर्वी हिमालय व पश्चिमी घाट

19. सूर्य में ऊर्जा का निरन्तर सृजन किस कारण होता है?
A. नाभिकीय संलयन B. नाभिकीय विखण्डन
C. रेडियो–सक्रियता D. कृत्रिम–रेडियो सक्रियता

20. राष्ट्रीय नदी संरक्षण निदेशालय, भारत सरकार में किस मन्त्रालय के अन्तर्गत है?
A. कृषि मन्त्रालय
B. पृथ्वी विज्ञान मंत्रालय
C. पर्यावरण एवं वन मंत्रालय
D. जल–संसाधन मन्त्रालय

21. वानस्पतिक उद्यानों (Botanical gardens) में उगाये जाने वाले दुर्लभ पौधे की सूची दी गयी है–
A. लाल आंकड़े की पुस्तक में
B. हरी पुस्तक में
C. ब्रिटिश फ्लावरिंग प्लान्टस् में
D. उपरोक्त सभी में

22. वन उन्मूलन किसके अवसर कम करता है?
A. मृदा की सतह के अपरदन के
B. बवंडर के
C. वर्षा के
D. बारंबार भूस्खलन के

23. मृदा अपरदन कम किया जा सकता है–
A. अत्यधिक चराई को रोककर
B. सही पौधों को उगाने से
C. डैम बनाकर
D. उपरोक्त सभी विधियों से

24. पहाड़ियों पर खनिजों की हानि होती है–
A. वेदिका निर्माण के कारण
B. जल द्वारा भूमि अपरदन के कारण
C. समोच्च रेखीय कृषि के कारण
D. पट्टीदार खेती के कारण

25. मृदा अपरदन को रोका जा सकता है–
A. भारी वर्षा द्वारा B. चराई द्वारा
C. गहरी खुदाई करके D. वृक्षारोपण द्वारा

26. जल की वह मात्रा जिसे भूमि (मृदा) गुरुत्वाकर्षण के विरुद्ध रोक सकती है, कहलाती है–
A. संग्राहक क्षमता B. क्षेत्रीय धारिता
C. गुरुत्वीय जल D. आर्द्रताग्राही जल

27. प्रकीर्ण (छितरे हुए) वृक्षों सहित एक घास स्थल जाना जाता है–
A. सदापर्णी वन B. पर्णपाती वन
C. वर्षा प्रचुर वन D. सवाना

28. वायु एवं जल की क्रिया द्वारा भूमि का हटाया जाना कहलाता है–
A. जीवाश्मीकरण B. अपरदन
C. लवणीकरण D. कैल्सीकरण

29. किसी वन द्वारा प्रतिपादित कौन सा कार्य अधिकतर सूखा को नियंत्रित करने में सहायक होता है?
A. वनों से वर्षा होती है
B. वन जल आवरणों की भाँति कार्य करते हैं
C. वन मृदा अपरदन को रोकते हैं
D. वनों में अनेक जलीय पौधे मिलते हैं

30. मल्चिंग सहायता करती है–
A. मृदा की संरचना के सुधार में
B. नमी के संरक्षण में
C. मृदा की उर्वरता में
D. उपरोक्त में से कोई नहीं

उत्तरमाला

1	2	3	4	5	6	7	8	9	10
B	D	C	A	D	C	D	C	B	A
11	12	13	14	15	16	17	18	19	20
A	C	B	C	B	B	A	D	A	C
21	22	23	24	25	26	27	28	29	30
B	C	D	B	D	B	D	B	A	B

हिंदी

व्याकरण

व्याकरण वह शास्त्र है जिसके द्वारा किसी भी भाषा के शब्दों और वाक्यों के शुद्ध स्वरूपों एवं शुद्ध प्रयोगों का ज्ञान कराया जाता है।

व्याकरण के चार अंग हैं : (i) वर्ण विचार (ii) शब्द विचार (iii) पद विचार और (iv) वाक्य विचार

भाषा : भाषा अभिव्यक्ति का एक ऐसा साधन है जिसके द्वारा मनुष्य अपने विचारों को दूसरों पर प्रकट कर सकता है और दूसरों के विचार जान सकता है। भाषा के दो रूप हैं–(i) मौखिक और (ii) लिखित।

बोली : भाषा का क्षेत्रीय रूप बोली कहलाता है।

लिपि : किसी भी भाषा के लिखने की विधि को लिपि कहते हैं।

वर्ण : हिन्दी भाषा में प्रयुक्त सबसे छोटी ध्वनि वर्ण कहलाती है। जैसे–अ, आ, ई, क्, ख्, आदि

वर्णमाला : वर्णों के समुदाय को वर्णमाला कहते हैं। हिन्दी वर्णमाला में 44 वर्ण हैं। जिनमें 11 स्वर तथा 33 व्यंजन हैं।

स्वरवर्ण : उन वर्णों को कहते हैं, जिनका उच्चारण बिना किसी दूसरे वर्ण की सहायता से होता है। हिन्दी में 11 स्वर हैं–अ, आ, इ, ई, उ, ऊ, ए, ऐ, ओ, औ, ऋ।

व्यंजन वर्ण : उन वर्णों को कहते हैं, जिनका उच्चारण स्वर वर्णों की सहायता के बिना नहीं हो सकता है। इनकी संख्या 33 है–

क ख ग घ ड़ च छ ज झ ञ ट ठ

ड ढ़ ण त थ द ध न प फ ब भ

म य र ल व श ष स ह।

वर्ण : एक या अधिक वर्णों से बनी हुई स्वतन्त्र सार्थक ध्वनि शब्द कहलाती है।

शब्दों को तत्सम, तद्भव, देशज और विदेशी भागों में बाँटा जाता है।

तत्सम : जो शब्द संस्कृत भाषा से हिन्दी में बिना किसी परिवर्तन के लिए जाते हैं वे तत्सम कहलाते हैं, जैसे– अग्नि, क्षेत्र, मित्र, नासिका आदि।

तद्भव : उन शब्दों को कहते हैं, जो संस्कृत से ही लिए गए हैं, परन्तु हिन्दी में आने पर जिनका रूप बदल गया है। जैसे–आग, खेत, रात आदि।

देशज : उन शब्दों को कहते हैं, जो बोलचाल तथा देश की अन्य भाषाओं से लिए गए हैं। जैसे–कटोरा, झंझत, डिबिया, लोटा आदि।

विदेशज या विदेशी : उन शब्दों को कहते हैं, जो किसी विदेशी भाषा से आए हैं। जैसे–स्कूल, कार, कमरा, खुदा, जोश, सरकार आदि।

शब्द सम्पदा

तत्सम शब्दों के तद्भव रूप

तत्सम	तद्भव	तत्सम	तद्भव
अग्नि	आग	अद्य	आज
अष्ट	आठ	अक्षि	आँख
अर्ध	आधा	अस्थि	हड्डी
अश्रु	आँसू	आम्र	आम
ग्राम	गाँव	गर्दभ	गधा
गृध्र	गीध	गौर	गोरा
गृह	घर	घट	घड़ा
धातु	धात	घृत	घी
लक्ष	लाख	सप्त	सात
त्वम्	तुम	दुग्ध	दूध
रत्न	रतन	वर्ष	बरस
भक्त	भगत	मर्कट	बन्दर
रात्रि	रात	उलूक	उल्लू
अन्धकार	अन्धेरा	क्षीर	खीर
निद्रा	नींद	पृष्ठ	पीठ
ज्येष्ठ	जेठ	स्वर्ण	सोना
श्वास	साँस	काक	काग
कार्य	काज	कर्ण	कान

तत्सम	तद्भव	तत्सम	तद्भव
पाद	पाँव	हस्त	हाथ
नासिका	नाक	कंटक	काँटा
दश	दस	दधि	दही
दीप	दीया	निद्रा	नींद
नव	नौ	पत्र	पत्ता
प्रस्तर	पत्थर	जिह्वा	जीभ
हस्ती	हाथी	दन्त	दाँत
क्षेत्र	खेत	नृत्य	नाच
सूचिका	सूई	स्वर्णकार	सुनार
लोक	लोग	पर्यड़्क	पलंग
स्वप्न	सपना	कातर	कायर
पुत्र	पूत	मानव	मनुष्य
शत	सौ	पुष्प	फूल
पक्व	पक्का	कृषक	किसान
कर्म	कार्य	आम्र	आम
कर्ण	कान	अष्ट	आठ
घंटिका	घंटी	चन्द्र	चन्द
यव	जौ	धूम्र	धुआँ

विराम चिह्न

विराम का अर्थ रुकना। अपने विचारों को ठीक ढंग से प्रकट करने के पढ़ते अथवा लिखते समय हमें कुछ रुकना पड़ता है। इस प्रकार के रुकने को विराम कहते हैं।

प्रत्येक-विराम के लिए अलग-अलग चिह्न हैं–

पूर्ण विराम	[।]
अल्प विराम	[,]
अर्ध विराम	[;]
प्रश्न बोधक	[?]
विस्मयादि बोधक	[!]
योजक	[–]
उद्धरण	[" "]

कारक

कारक शब्द उस रूप को कहते हैं, जिससे संज्ञा या सर्वनाम वाक्य के साथ सम्बन्ध जाना जाता है। जैसे–शीला कलम **से** लिखती है।

यह सीमा **की** पुस्तक है।

कारक के भेद विभक्ति चिह्नों सहित

कारक	**विभक्ति**
कर्त्ता	ने
कर्म	को
करण	से
सम्प्रदान	के लिए
अपादान	से
सम्बन्ध	का, के, की
अधिकरण	में, पर
सम्बोधन	हे, अरे!

पर्यायवाची शब्द

जिन शब्दों से एक समान अर्थ का बोध होता है, उन्हें पर्यायवाची या समानार्थी शब्द कहते हैं।

कुछ पर्यायवाची शब्दों के उदाहरण निम्नलिखित हैं–

आग – अग्नि, अनल, पावक, हुताशन, ज्वाला।
आकाश – नभ, आसमान, गगन, लोभ।
असुर – राक्षस, दानव, निशाचर, दैत्य।
अमृत – अभिय, पीयूष, सुधा, सोम।
अन्धकार – अन्धेरा, तिमिर, तम, तमिस्त्र।
आँख – नेत्र, नयन, लोचन, चक्षु, दृग।
कमल – जलज, पंकज, नीरज, राजीव।
इन्द्र – सुरपति, देवेन्द्र, सुरेन्द्र, देवेश।
ईश्वर – प्रभु, भगवान, जगदीश, दीनबन्धु।
पक्षी – खग, विहग, चिड़िया, नभचर।
बादल – घन, जलधर, वारिद, नीरद।
गंगा – सुरसरि, जाह्नवी, त्रिपथगा, देवनदी, विष्णुपदी।
चन्द्रमा – शशि, मयंक, निशाकर, सुधाकर, सुधांशु, सोम हिमांशु, राकेश।
जल – पानी, नीर, लोभ, अम्बु, सलिल, क्षीर, वारि।
फूल – पुष्प, कुसुम, सुमन, प्रसून, सारंग।
पृथ्वी – भू, भूमि, धरा, वसुन्धरा, वसुधा, धरती क्षमा, लोक।
कपड़ा – पट, वस्त्र, चीर, अम्बर, दुकूल।
घर – गृह, गेह, निकेतन, आलय, निलय, भवन, शाला, धाम, सदन।
जंगल – वन, कानन, अरण्य, विपिन।
तालाब – सरोवर, ताल, जलाशय, तड़ाग।
दिन – दिवस, वासर, वार।
पहाड़ – गिरि, पर्वत, गूधर, नग, महीधर, मेरू।
पत्थर – पहाड़, प्रस्तर, पाहन।
पवन – वायु, समीर, हवा, मारुत, अनिल।
पुत्र – सुत, तनय, पूत, आत्मज।
बिजली – तड़ित, चपला, दामिनी।
वृक्ष – तरू, रूख, विटप, पेड़।
मनुष्य – नर, मानव, मनुज, आदमी।
हाथी – करि, हस्ती, गज।
मित्र – सखा, मीत, सहचर, दोस्त।
राजा – नरेश, नृप, महीप, भूप।
समुद्र – सागर, सिन्धु, जलधि, नीरधि।
सरस्वती – शारदा, वागेश्वरी, भारती, महाश्वेता।
साँप – पन्नग, सर्प, विषधर, अहि, व्याल।
सूर्य – दिनकर, दिवाकर, रवि, भानु, भास्कर।
स्त्री – नारी, महिला, दारा, वामा।
शरीर – देह, तन, काया, गात, बदन।
गणेश – गजानन, गणपति, विनायक, एकदन्त, गजवदन लम्बोदर, विघ्न नाशक।
घोड़ा – तुरंग, बाजि, हय, अश्व, घोटक।
युद्ध – समर, रण, संग्राम।
सिंह – केसरी, मृगराज, केहरी।
शत्रु – अरि, रिपु, बैरी।
विष्णु – हरि, कमलेश, रमापति, चक्रपाणि, केशव, माधव, पीताम्बर।
कोष – खजाना, भण्डार, निधि।
धन – दौलत, द्रव्य, मुद्रा।

तलवार – कृपाण, असि, खड्ग।
अंग – भाग, हिस्सा, अवयव।
चोर – तस्कर, दस्यु, रजनीचर।
पत्नी – भार्या, दारा, गृहिणी।
पुत्र – तनय, सुत, लड़का, बेटा।
पुत्री – तनया, सुता, लड़की, बेटी।
माता – जननी, अम्बा, अम्बिका, अम्मा, माँ, धात्री।
मोर – शिखी, नीलकण्ठ, मयूर।
मृत्यु – मौत, काल, देहान्त।
रक्त – रुधिर, शोणित, खून, लहू।
विष – जहर, हलाहल, गरल।
सोना – कंचन, स्वर्ण, कनक।
हृदय – उर, छाती, वक्ष, वक्षस्थल, हिय, हिया।
सभा – अधिवेशन, परिषद्, बैठक, महासभा, समागम, समिति, सम्मेलन।
यमुना – कालिन्दी, कृष्णा, जमुना, रविसुता तरणि-तनुजा।

विलोम-शब्द

शब्दों के अपने निश्चित अर्थ होते हैं। उन अर्थों के विपरीत अर्थ देने वाले शब्द को विलोम-शब्द कहते हैं।

शब्द	विलोम	शब्द	विलोम
अमृत	विष	उदार	संकीर्ण
अनुकूल	प्रतिकूल	अनुराग	विराग
आदि	अन्त	उत्थान	पतन
इच्छा	अनिच्छा	उचित	अनुचित
अल्पायु	दीर्घायु	अनुज	अग्रज
उन्नति	अवनति	आकाश	पाताल
अधिक	न्यून	आयात	निर्यात
एक	अनेक	अन्धकार	प्रकाश
अर्थ	अनर्थ	उदय	अस्त
परकीया	स्वकीया	जड़	चेतन
जय	पराजय	अनिवार्य	वैकल्पिक
नकद	उधार	अपेक्षा	उपेक्षा
उपस्थित	अनुपस्थित	आदर	अनादर
अन्धेरा	उजाला	अपना	पराया
उत्तम	अधम	आय	व्यय
सुपुत्र	कुपुत्र	स्वाधीन	पराधीन
आहार	निराहार	कठोर	कोमल
दाता	याचक	दोषी	निर्दोषि
खेद	प्रसन्नता	धनी	निर्धन
निकट	दूर	चर	अचर
देव	दानव	खरा	खोटा
गरीब	अमीर	प्रेम	घृणा
जीवन	मृत्यु	बुरा	भला
सजीव	निर्जीव	मित्र	शत्रु
सुगन्ध	दुर्गन्ध	मौखिक	लिखित
संक्षेप	विस्तार	कटु	मधुर
आरम्भ	अन्त	कड़वा	मीठा
कृतज्ञ	कृतघ्न	दिन	रात
साक्षर	निरक्षर	पवित्र	अपवित्र
पाप	पुण्य	जल	थल
धीर	अधीर	निर्मल	मलिन

शब्द	विलोम	शब्द	विलोम
गुण	अवगुण	नश्वर	अनश्वर
निन्दा	स्तुति	भारी	हल्का
मनुष्यता	पशुता	सरस	नीरस
मान	अपमान	क्रय	विक्रय
धर्म	अधर्म	गहरा	उथला
गुरु	शिष्य	पक्ष	विपक्ष
जन्म	मृत्यु	बन्धन	मुक्ति
यश	अपयश	ज्ञान	अज्ञान
आदर	अनादर	पूर्ण	अपूर्ण
सफल	असफल	शान्त	अशान्त
कीर्ति	अपकीर्ति	वादी	प्रतिवादी
आस्तिक	नास्तिक	स्वदेश	परदेश
सज्जन	दुर्जन	राग	द्वेष
ऊसर	उर्वर	उदार	कृपण
अगला	पिछला	अगम	सुगम
अग्नि	जल	अति	अल्प
अर्थ	अनर्थ	अतल	वितल
अत्यधिक	स्वल्प	अद्यः	उपरि
अधिकतम	न्यूनतम	अतिवृष्टि	अनावृष्टि
अनाथ	सनाथ	ईश्वर	जीव
अनुलोम	विलोम	अर्पण	ग्रहण
अवनि	अम्बर	अस्त	उदय
आकर्षण	विकर्षण	आगे	पीछे
आजाद	गुलाम	आदान	प्रदान
आधुनिक	प्राचीन	आना	जाना
आय	व्यय	आयात	निर्यात
आवश्यक	अनावश्यक	आशा	निराशा
आस्था	अनास्था	इहलोक	परलोक
उच्च	निम्न	उत्थान	पतन
उपकार	अपकार	उपयोग	दुरुपयोग
एकता	अनेकता	कल	आज
कृत्रिम	प्राकृत	कृष्ण	शुक्ल
कपूत	सपूत	कोमल	कठोर
गगन	धरा	ज्ञान	अज्ञान

लिंग

लिंग का अर्थ है 'चिह्न'। लिंग शब्द उस चिह्न को कहते हैं जिससे वस्तु के पुरुष या स्त्री होने की कल्पना हो। लिंग दो प्रकार के होते हैं—(1) पुल्लिंग (2) स्त्रीलिंग

पुल्लिंग—पुल्लिंग संज्ञा के उस रूप को कहते हैं जिससे उसके पुरुष होने का ज्ञान होता है। जैसे—राम, श्याम, घोड़ा, हाथी, कुत्ता आदि। **स्त्रीलिंग**—स्त्रीलिंग संज्ञा के उस रूप को कहते हैं जिससे उसके स्त्री होने का ज्ञान हो। जैसे—भैंस, गाय, बकरी, सीता, रमा इत्यादि।

पुल्लिंग	स्त्रीलिंग	पुल्लिंग	स्त्रीलिंग
इन्द्र	इन्द्राणी	मेहतर	मेहतरानी
नौकर	नौकरानी	जेठ	जेठानी
देवर	देवरानी	सेठ	सेठानी
पण्डित	पण्डिताइन	ओझा	ओझाइन
बनिया	बनियाइन	दुबे	दुबाइन
हलवाई	हलवाइन	चौबे	चौबाइन
गुरु	गुरुआइन	लड़का	लड़की
दास	दासी	कबूतर	कबूतरी
हिरण	हिरणी	क्षत्रिय	क्षत्राणी
मुगल	मुगलानी	हिन्दू	हिन्दुआनी
चौधरी	चौधरानी	भव	भवानी
लाला	ललाइन	पण्डा	पण्डाइन
ठाकुर	ठकुराइन	बाबू	बबुआइन
घोड़ा	घोड़ी	गूँगा	गूँगी
बच्चा	बच्ची	चाचा	चाची
बकरा	बकरी	मामा	मामी
मुर्गा	मुर्गी	साला	साली
चींटा	चींटी	रस्सा	रस्सी
देव	देवी	ब्राह्मण	ब्राह्मणी
बेटा	बेटी	बूढ़ा	बुढ़िया
चूहा	चुहिया	डिब्बा	डिबिया
गुड्डा	गुड़िया	कुम्हार	कुम्हारिन
सुनार	सुनारिन	नाती	नातिन
जुलाहा	जुलाहिन	दर्जी	दर्जिन
पापी	पापिन	हाथी	हथिनी

पुल्लिंग	स्त्रीलिंग	पुल्लिंग	स्त्रीलिंग
पिता	माता	बैल	गाय
कवि	कवयित्री	विधुर	विधवा
बाप	माँ	बादशाह	बेगम
नर	मादा	मर्द	औरत
युवक	युवती	वर	वधू
सम्राट्	सम्राज्ञी	साढू	साली
फूफा	बुआ	पुत्र	पुत्री
पहाड़	पहाड़ी	गोप	गोपी
गधा	गधी	तरुण	तरुणी
नर्तक	नर्तकी	बेटा	बिटिया
बछड़ा	बछिया	चिड़ा	चिड़िया
बन्दर	बन्दरिया	कुत्ता	कुतिया
नाई	नाइन	धोबी	धोबिन
ग्वाला	ग्वालिन	भंगी	भंगिन
स्वामी	स्वामिनी	विद्वान्	विदुषी
साधु	साध्वी	पुरुष	स्त्री
पति	पत्नी	वीर	वीरांगना
साहब	मेम	सास	ससुर
मियाँ	बीबी	राजा	रानी
बिलाड़	बिल्ली	अनुज	अनुजा
छात्र	छात्रा	महोदय	महोदया
प्रिय	प्रिया	मामा	मामी
लोटा	लुटिया	मोर	मोरनी
शेर	शेरनी	जाट	जाटिन
डाक्टर	डाक्टरनी	मालिक	मालकिन
माली	मालिन	बाघ	बाघिन
हाथी	हथिनी	स्वामी	स्वामिनी
बालक	बालिका	धनवान	धनवती
धावक	धाविका	नेता	नेत्री
गुणवान	गुणवती	नर	मादा
अभिनेता	अभिनेत्री	प्राचार्य	प्राचार्या
प्रबन्धकर्ता	प्रबन्धकर्ती	दाता	दात्री
ननदोई	ननद	अध्यापक	अध्यापिका

वचन

शब्द के जिस रूप से उसके एक अथवा अनेक होने का बोध हो, उसे वचन कहते हैं।

हिन्दी में दो वचन होते हैं—

(1) एकवचन और (2) बहुवचन

एकवचन—शब्द के जिस रूप से एक ही वस्तु का बोध हो, उसे एकवचन कहते हैं। जैसे—लड़का, गाय, बकरी, घोड़ा, राम, सीता आदि।

बहुवचन—शब्द के जिस रूप से अनेकता का बोध हो उसे बहुवचन कहते हैं। जैसे—लड़के, कपड़े, गायें आदि।

एकवचन	बहुवचन	एकवचन	बहुवचन
लड़का	लड़के	कौवा	कौवे
बेटा	बेटे	कमरा	कमरे
कपड़ा	कपड़े	बहन	बहनें
चीज	चीजें	गधा	गधे
रुपया	रुपये	घोड़ा	घोड़े
नहर	नहरें	रात	रातें
बात	बातें	सड़क	सड़कें
दाना	दाने	लोटा	लोटे
पैसा	पैसे	पुस्तक	पुस्तकें
कन्या	कन्याएँ	वधू	वधुएँ
नारी	नारियाँ	लड़की	लड़कियाँ
मुर्गा	मुर्गे	घण्टा	घण्टे
गद्दा	गद्दे	हीरा	हीरे
बच्चा	बच्चे	प्याला	प्याले
छाता	छाते	गाय	गायें
कथा	कथाएँ	कविता	कविताएँ
बहू	बहुएँ	टोपी	टोपियाँ
नाली	नालियाँ	बेटा	बेटे
ताला	ताले	जूता	जूते

एकवचन	बहुवचन	एकवचन	बहुवचन
डिबिया	डिबियाँ	नाक	नाकें
पूँछ	पूँछें	मूँछ	मूँछें
चिड़िया	चिड़ियाँ	सरिता	सरिताएँ
बालिका	बालिकाएँ	चाभी	चाभियाँ
कहानी	कहानियाँ	दरवाजा	दरवाजे
कलम	कलमें	कुटिया	कुटियाँ
रानी	रानियाँ	नाई	नाइयों
माता	माताएँ	बाल	बालों
हाथ	हाथों	मुख	मुख
कोट	कोट	दाँत	दाँतों
नाखून	नाखूनों	पैर	पैरों
बैल	बैलों	माली	मालियों
राजा	राजाओं	पिता	पिता
चन्द्रमा	चन्द्रमा	कवि	कवियों
मुनि	मुनियों	कौआ	कौए
छात्रा	छात्राएँ	सेना	सेनाएँ
दिशा	दिशाएँ	गुड़िया	गुड़ियाँ
मेज	मेजें	भैंस	भैंसें
अंगूर	अंगूरों	समुद्र	समुद्र

अनेक शब्दों के लिए एक शब्द

जिसकी कोई उपमा न हो : **अनुपम**
तेज बुद्धि वाला : **कुशाग्रबुद्धि**
कल्पना से परे हो : **कल्पनातीत**
जो उपकार नहीं मानता है : **कृतघ्न**
जो उपकार मानता है : **कृतज्ञ**
किसी की हँसी उड़ाना : **उपहास**
ऊपर कहा हुआ : **उपर्युक्त**
ऊपर लिखा हुआ : **उपरलिखित**
जिस पर उपकार किया गया हो : **उपकृत**
इतिहास का ज्ञाता : **इतिहासज्ञ**
आलोचना करने वाला : **आलोचक**
ईश्वर में आस्था रखने वाला : **आस्तिक**
बिना वेतन का : **अवैतनिक**
जो कहा न जा सके : **अकथनीय**
जो गिना न जा सके : **अगणित**
जिसका कोई शत्रु ही न जन्मा हो : **अजातशत्रु**
जिसके समान कोई दूसरा न हो : **अद्वितीय**
जो परिचित न हो : **अपरिचित**
आकाश में उड़ने वाला : **नभचर**
जो टुकड़े-टुकड़े हो गया हो : **खण्डित**

मछली की तरह आँखों वाली : **मीनाक्षी**
मयूर की तरह आँखों वाली : **मयूराक्षी**
बच्चों के लिए काम की वस्तु : **बालोपयोगी**
जिसकी बहुत अधिक चर्चा हो : **बहुचर्चित**
जिस स्त्री को कभी सन्तान न हुई हो : **बन्ध्या (बाँझ)**
फेन से भरा हुआ : **फेनिल**
प्रिय बोलने वाली स्त्री : **प्रियम्वदा**
जिसकी उपमा न हो : **निरुपम**
जो थोड़ी देर पहले पैदा हुआ हो : **नवजात**
जिसका कोई आधार न हो : **निराधार**
नगर में वास करने वाला : **नागरिक**
रात में घूमने वाला : **निशाचर**
ईश्वर में विश्वास न रखने वाला : **नास्तिक**
माँस न खाने वाला : **निरामिष**
बिल्कुल बर्बाद हो गया : **ध्वस्त**
जिसकी धर्म में निष्ठा हो : **धर्मनिष्ठ**
देखने योग्य : **दर्शनीय**
बहुत तेज चलने वाला : **द्रुतगामी**
जो किसी पक्ष में न रहे : **तटस्थ**
तत्त्व को जानने वाला : **तत्त्वज्ञ**

तप करने वाला	: **तपस्वी**
जिसे देखकर डर लगे	: **डरावना**
जो जन्म से अन्ध हो	: **जन्मान्ध**
जीने की प्रबल इच्छा	: **जिजीविषा**
जिसने इन्द्रियों को जीत लिया हो	: **जितेन्द्रिय**
चिन्ता में डूबा हुआ	: **चिन्तित**
जो बहुत समय तक ठहरे	: **चिरस्थायी**
जिसकी चार भुजाएँ हों	: **चतुर्भुज**
जिसके हाथ में चक्र हों	: **चक्रपाणि**
जिससे घृणा की जाए	: **घृणित**
जिसे गुप्त रखा जाए	: **गोपनीय**
गणित ज्ञाता	: **गणितज्ञ**
आकाश को चूमने वाला	: **गगनचुम्बी**
जिसका आदि न हो	: **अनादि**
जो कुछ न जानता हो	: **अज्ञ**
जो अनुकरण करने योग्य हो	: **अनुकरणीय**
जिसका अन्त न हो	: **अनन्त**
जो कभी न मरे	: **अमर**
जो कम बोलता हो	: **अल्पभाषी**
जिसका इलाज न हो	: **लाइलाज**
जिसका कोई नाथ न हो	: **अनाथ**
कम जानने वाला	: **अल्पज्ञ**
जहाँ जाना सम्भव न हो	: **अगम**
बड़ा भाई	: **अग्रज**
कम खाने वाला	: **अल्पाहारी**
जो बात पहले कभी न हुई हो	: **अभूतपूर्व**
दूसरों के पीछे चलने वाला	: **अनुचर**
जो पहले न पढ़ा हो	: **अपठित**
जिसके आर-पार दिखाई देता हो	: **पारदर्शी**
आज्ञा पालन करने वाला	: **आज्ञाकारी**
काम से जी चुराने वाला	: **कामचोर**
प्रतिदिन होने वाला	: **दैनिक**
जिसका कोई अर्थ न हो	: **निरर्थक**
हाथ से लिखा हुआ	: **हस्तलिखित**
आँखों के सामने होने वाला	: **प्रत्यक्ष**
जिसका आचरण अच्छा हो	: **सदाचारी**
वह पुरुष जिसकी पत्नी मर गई हो	: **विधुर**
वह स्त्री जिसका पति मर गया हो	: **विधवा**
जिसका रूप अच्छा न हो	: **कुरूप**
सदा सत्य बोलने वाला	: **सत्यवादी**
बड़ी इमारत के टूटे-फूटे भाग	: **खण्डहर**
प्रशंसा के योग्य	: **प्रशंसनीय**
जहाँ अनाथ रहते हों	: **अनाथालय**
प्रत्येक मास होने वाला	: **मासिक**
जहाँ पानी के जहाज आकर रुकते हैं	: **बन्दरगाह**
प्रत्येक सप्ताह होने वाला	: **साप्ताहिक**
प्रत्येक वर्ष होने वाला	: **वार्षिक**
जो कठिनाई से मिले	: **दुर्लभ**
जिसका आकार हो	: **साकार**
जिसका आकार न हो	: **निराकार**
जो कभी बूढ़ा न हो	: **अजर**
बहुत बोलने वाला	: **वाचाल**
पृथ्वी पर रहने वाला	: **थलचर**
जल में रहने वाला	: **जलचर**
नभ में विचरण करने वाला	: **नभचर**
जल-थल दोनों में रहने वाला	: **उभयचर**
जिसमें रस न हो	: **नीरस**
पढ़ने वाला	: **पाठक**
जो भाषण देता हो	: **वक्ता**
जो साथ में पढ़ता हो	: **सहपाठी**
जिसके नीचे रेखा खींची हो	: **रेखांकित**
जानने की इच्छा रखने वाला	: **जिज्ञासु**
जिसकी कोई सन्तान न हो	: **निःसन्तान**
जिसका कोई मूल्य न हो	: **अमूल्य**
जो वन में घूमता हो	: **वनचर**
जो इस लोक के बाहर की बात हो	: **अलौकिक**
जो इस लोक की बात हो	: **लौकिक**
जिसका सम्बन्ध पश्चिम से हो	: **पाश्चात्य**
जो स्थिर रहे	: **स्थावर**
दुःखान्त नाटक	: **त्रासदी**
ज्ञान देने वाली	: **ज्ञानदा**
भूत, वर्तमान भविष्य को देखने वाला	: **त्रिकालदर्शी**
जो क्षमा के योग्य हो	: **क्षम्य**
हिंसा करने वाला	: **हिंसक**
हित चाहने वाला	: **हितैषी**
सब कुछ जानने वाला	: **सर्वज्ञ**
जो स्वयं पैदा हुआ हो	: **स्वयंभू**
जो शरण में आया हो	: **शरणागत**
जिसका वर्णन न किया जा सके	: **वर्णनातीत**
व्याकरण जानने वाला	: **वैयाकरण**
रचना करने वाला	: **रचयिता**
खून से रंगा हुआ	: **रक्तरंजित**
अत्यन्त सुन्दर स्त्री	: **रूपसी**
कीर्तिमान पुरुष	: **यशस्वी**

महत्त्वपूर्ण शब्दों की भाववाचक संज्ञा

शब्द	भाववाचक संज्ञा	शब्द	भाववाचक संज्ञा
दास	दासता	क्षत्रिय	क्षत्रियत्व
पशु	पशुता	बालक	बालकपन
बन्धु	बन्धुत्व	मित्र	मित्रता
बूढ़ा	बुढ़ापा	सती	सतीत्व
सेवक	सेवा	शिशु	शैशव
अपना	अपनत्व	पराया	परायापन
पण्डित	पाण्डित्य	पुरुष	पुरुषत्व
ब्राह्मण	ब्राह्मणत्व	बच्चा	बचपन
प्रभु	प्रभुता	नारी	नारीत्व
देव	देवत्व	लड़का	लड़कपन
मनुष्य	मनुष्यता	दानव	दानवता
निज	निजता	स्व	स्वत्व

शब्द	भाववाचक संज्ञा	शब्द	भाववाचक संज्ञा
अहं	अहंकार	अपना	अपनापन
व्यक्ति	व्यक्तित्व	मीठा	मिठास
गरीब	गरीबी	सफल	सफलता
बुरा	बुराई	स्वस्थ	स्वास्थ्य
सरल	सरलता	कंजुस	कंजुसी
कमजोर	कमजोरी	हरा	हरियाली
गर्म	गर्मी	मोटा	मोटाई
चालाक	चालाकी	गम्भीर	गम्भीरता
पढ़ना	पढ़ाई	लिखना	लिखाई
थकना	थकावट	लिखना	लिखावट
लूटना	लूट	लड़ना	लड़ाई
हँसना	हँसी	आप	अपनत्व

महत्त्वपूर्ण शब्दों के विशेषण

शब्द	विशेषण	शब्द	विशेषण
अंक	अंकित	अर्थ	आर्थिक
इतिहास	ऐतिहासिक	उदासी	उदास
कलंक	कलंकित	कुसुम	कुसुमित
जटा	जटिल	भार	भारी
बनारस	बनारसी	बाजार	बाजारू
प्यास	प्यासा	पुराण	पौराणिक
पंक	पंकित	पक्ष	पाक्षिक
धन	धनी	दो	दूसरा
तीन	तीसरा	झगड़ा	झगड़ालू
ठण्ड	ठण्डा	जाति	जातीय
काँटा	कँटीला	विदेश	विदेशी
रोज	रोजाना	भूगोल	भौगोलिक
पीड़ा	पीड़ित	पुत्र	पुत्रवान
आलस्य	आलसी	अंतर	आंतरिक
ईर्ष्या	ईर्ष्यालु	कर्म	कर्मठ
करुणा	कारुणिक	कृपा	कृपालु
गुण	गुणी	जल	जलमय
जीव	जैविक	तट	तटस्थ
तर्क	तार्किक	धर्म	धार्मिक
नमक	नमकीन	पत्थर	पथरीला
पल्लव	पल्लवित	पान	पनवाड़ी
मुख	मुखर	मिठास	मीठा
मास	मासिक	मद	मादक
रक्त	रक्तिम	रस	रसीला

शब्द	विशेषण	शब्द	विशेषण
वन	वन्य	विष्णु	वैष्णव
शहर	शहरी	तप	तपस्वी
जापान	जापानी	तेज	तेजस्वी
तत्त्व	तात्त्विक	दया	दयालु
देव	दैविक	निंदा	निंदक
नव	नवीन	पोषण	पोषक
पेट	पेटू	पाप	पापी
पूजा	पूज्य	भूख	भूखा
फेन	फेनिल	भारत	भारतीय
माया	मायावी	रंग	रंगीन
विष	विषैला	श्री	श्रीमान
सुर	सुरीला	विवाह	वैवाहिक
आदर	आदरणीय	ऋण	ऋणी
किताब	किताबी	क्रम	क्रमिक
ग्राम	ग्रामीण	घर	घरेलू
चतुर	चतुरता	जहर	जहरीला
सप्ताह	साप्ताहिक	अनुभव	अनुभवी
ओज	ओजस्वी	कल्पना	काल्पनिक
कुल	कुलीन	गाँव	गँवार
चमक	चमकीला	चाचा	चचेरा
दीन	दीनता	नगर	नागरिक
नागपुर	नागपुरी	परिवार	पारिवारिक
पुष्प	पुष्पित	पिता	पैतृक
फ्रांस	फ्रांसीसी	बाहर	बाहरी

शब्द	विशेषण	शब्द	विशेषण	शब्द	विशेषण	शब्द	विशेषण
भय	भयभीत	मधु	मधुर	गाना	गायक	बेचना	बिकाऊ
मौन	मौनी	मन	मानसिक	भागना	भगोड़ा	वन्द	वन्दनीय
मानव	मानवीय	रक्षा	रक्षक	चलना	चलती	घूमना	घुमक्कड़
रघु	राघव	रोग	रोगी	चलना	चालू	मरना	मरियल
वर्ष	वार्षिक	शक्ति	शक्तिशाली	भूलना	भुलक्कड़	पीछे	पिछला
श्रम	श्रमिक	अंत	अंतिम	भीतर	भीतरी	नीचे	निम्न
कागज	कागजी	मर्म	मार्मिक	अणु	आणविक	अधिकार	आधिकारिक
शब्द	शाब्दिक	अज्ञान	अज्ञानी	अनुभव	अनुभवी	अन्याय	अन्यायी
गुलाब	गुलाबी	प्रकृति	प्राकृतिक	अपमान	अपमानित	अभ्यास	अभ्यासी
परिचय	परिचित	पूजा	पुजारी	अवश्य	आवश्यक	आदि	आदिम
रोग	रोगी	ग्राम	ग्रामीण	आयु	आयुष्मान्	उदय	उदित
सुगंध	सुगंधित	मैं	मेरा	उपज	उपजाऊ	एकता	एक
जो	जैसा	आप	आप-सा	अंत	अंतिम	कुल	कुलीन
तुम	तुम्हारा	कौन	कैसा	खर्च	खर्चीला	खून	खूनी
वह	वैसा	पढ़ना	पढ़ाकू	गुण	गुणी		

श्रुतिसम भिन्नार्थक शब्द

शब्द	अर्थ	शब्द	अर्थ	शब्द	अर्थ	शब्द	अर्थ
आदि	आरम्भ	आदी	अभ्यस्त	बन्द	खुला नहीं	बद	बुरा
कुल	वंश	कूल	किनारा	पथ	रास्ता	पथ्य	रोगी का भोजन
अरि	शत्रु	अरी	सम्बोधन	पुर	नगर	पूर	बाढ़
अगम	दुर्गम	आगम	शास्त्र	भवन	महल	भुवन	संसार
अयश	अपकीर्ति	अयस्क	लोहा	लक्ष्य	उद्देश्य	लक्ष	लाख
अपेक्षा	चाहना, तुलना में	उपेक्षा	निरादर	सर	तालाब	शर	बाण
अनिल	हवा	अनल	आग	सर्ग	अध्याय	स्वर्ग	एक लोक
अवधि	काल, समय	अवधी	अवध की भाषा	कर्म	कार्य	क्रम	सिलसिला
आयात	बाहर से आना	आयत	एक आकृति	चिता	शव जलाने के लिए लकड़ियों का ढेर	चीता	बाघ
चिर	पुराना	चीर	कपड़ा	शव	लाश	शब	रात
तनु	पतला	तनू	पुत्र, गाय	शस्त्र	हथियार	शास्त्र	ग्रन्थ
तरंग	लहर	तुरंग	घोड़ा	श्रवण	सुनना	श्रमण	बौद्ध संन्यासी
दारा	स्त्री	द्वार	दरवाजा	मत	विचार	मत्त	मस्त
दूत	संदेशवाहक	द्यूत	जुआ	शोक	दुःख	शौक	चाव
जलद	बादल	जलज	कमल	ग्रह	नक्षत्र	गृह	घर
प्रदीप	दीपक	प्रतीप	उल्टा	कपट	धोखा	कपाट	दरवाजा
प्रसाद	कृपा	प्रासाद	महल	उपयुक्त	ठीक	उपर्युक्त	ऊपर कहा गया
पास	निकट	पाश	बन्धन	सुत	बेटा	सूत	धागा
द्विप	हाथी	द्वीप	टापू	शूर	वीर	सूर	अंधा
देव	देवता	दैव	भाग्य	श्याम	कृष्ण	शाम	संध्या
नीर	जल	नीड़	घोंसला	दिन	वार	दीन	गरीब
पवन	वायु	पावन	पवित्र	कटिबद्ध	तैयार रहना	करबद्ध	हाथ जोड़ना

अनेकार्थक शब्द

शब्द	विभिन्न अर्थ	शब्द	विभिन्न अर्थ
अंक	संख्या, गोद	द्विज	पक्षी, ब्राह्मण
अक्षर	वर्ण, ईश्वर	तीर	किनारा, बाण
पानी	जल, प्रतिष्ठा	प्रकृति	स्वभाव, कुदरत
अचल	पवर्त, स्थिर	पत्र	चिट्ठी, पत्र
आम	फल, सामान्य	पद	पैर, उपाधि
अंबर	वस्त्र, आकाश	फल	परिणाम, फल
अवस्था	आयु, दशा	तनु	पतला, कोमल
उत्तर	दिशा, जबाव	वर्ण	रंग, जाति
विधि	तरीका, भाग्य	हल	समाधान, खेत जोतने का साधन
कर	हाथ, टैक्स	अशोक	राजा, वृक्ष
कनक	सोना, धतुरा	आभीर	अहीर, एक राग
गुरु	श्रेष्ठ, शिक्षक	एकाक्ष	काना, कौआ
हान	भारी हथौड़ा, बादल	खल	दुष्ट, खलिहान
जड़	मूर्ख, मूल	घट	घड़ा, हृदय
कल	मशीन, आनेवाला कल, चैन	जलज	कमल, मछली
सुर	देवता, स्वर	हेम	सोना, जल

सामान्य अशुद्धियाँ

अशुद्ध	शुद्ध	अशुद्ध	शुद्ध	अशुद्ध	शुद्ध	अशुद्ध	शुद्ध
दुनियां	दुनिया	श्रीमति	श्रीमती	अनुग्रहीत	अनुगृहीत	बृज	ब्रज
सामिग्री	सामग्री	वापिस	वापस	बनस्पति	वनस्पति	श्राप	शाप
प्रदर्शिनी	प्रदर्शनी	द्वारिका	द्वारका	सैना	सेना	सेनिक	सैनिक
ऊत्थान	उत्थान	दुसरा	दूसरा	इतिहासिक	ऐतिहासिक	प्रथक	पृथक
प्रशाद	प्रसाद	अमावश्या	अमावस्या	सम्पति	सम्पत्ति	कृतधन	कृतघ्न
बसंत	वसंत	बर्ष	वर्ष	बिमारी	बीमारी	व्यक्तिक	वैयक्तिक
विना	बिना	बन	वन	वितीत	व्यतीत	निस्वार्थ	निःस्वार्थ
दाइत्व	दायित्व	सम्वाद	संवाद	परिस्थित	परिस्थिति	रचियता	रचयिता
कुन्डली	कुण्डली	मॉसिक	मानसिक	मैथिलिशरण	मैथिलीशरण	आर्शिवाद	आशीर्वाद
कन्ठ	कण्ठ	अगामी	आगामी	निरिक्षण	निरीक्षण	पत्नि	पत्नी
सप्ताहिक	साप्ताहिक	संसारिक	सांसारिक	शताब्दि	शताब्दी	लड़ायी	लड़ाई
आधीन	अधीन	हस्ताक्षेप	हस्तक्षेप	स्थाई	स्थायी	लिखायी	लिखाई
बरात	बारात	क्षत्रीय	क्षत्रिय	अलोकिक	अलौकिक	कृप्या	कृपया
तिथी	तिथि	कालीदास	कालिदास	गंवार	गँवार	असोक	अशोक
पुर्ती	पूर्ति	अतिथी	अतिथि	दुस्कर	दुष्कर	मूल्यावान	मूल्यवान्
नीती	नीति	ग्रहणी	गृहिणी	नवम्	नवम	क्षात्र	छात्र
क्यूँ	क्यों	साधू	साधु	छमा	क्षमा	प्रन्तु	परन्तु
वधु	वधू	रेणू	रेणु	प्रीक्षा	परीक्षा	मरयादा	मर्यादा
नुपुर	नूपुर	निर्वान	निर्वाण	दुदर्शा	दुर्दशा	विषेश	विशेष
जादु	जादू	द्रश्य	दृश्य	उज्वल	उज्ज्वल	आल्हाद	आहलाद्

अशुद्ध	शुद्ध	अशुद्ध	शुद्ध	अशुद्ध	शुद्ध	अशुद्ध	शुद्ध
महत्व	महत्त्व	उपलक्ष	उपलक्ष्य	प्रनाम	प्रणाम	प्रयाप्त	पर्याप्त
लीये	लिये	पिओ	पियो	प्रसंशा	प्रशंसा	प्रांगन	प्रांगण
हुये	हुए	कवित्री	कवयित्री	प्रान	प्राण	पृष्ट	पृष्ठ
प्रमात्मा	परमात्मा	घनिष्ट	घनिष्ठ	ब्रत	व्रत	भगीरथी	भागीरथी
यथेष्ठ	यथेष्ट	पियास	प्यास	भरथ	भरत	भष्म	भस्म
व्यस्क	वयस्क	त्यौहार	त्योहार	मंत्रीमंडल	मंत्रिमण्डल	रसायण	रसायन
मुसलिम	मुस्लिम	ऐनक	ऐनक	राज्यमहल	राजमहल	रामायन	रामायण
नोकरी	नौकरी	कल्यान	कल्याण	वनोवास	वनवास	वानी	वाणी
पाणी	पानी	आसा	आशा	वाल्मीकी	वाल्मीकि	वास्प	वाष्प
हृदय	हृदय	घ्रणा	घृणा	व्योहार	व्यवहार	सन्यासी	संन्यासी
श्रंगार	शृंगार	हिन्दुस्थान	हिन्दुस्तान	सम्राज	साम्राज्य	सविनयपूर्वक	सविनय
प्रशन	प्रश्न	ग्यान	ज्ञान	सिंदुर	सिंदूर	स्त्रवण	श्रवण
अन्धेरा	अँधेरा	पेड	पेड़	हरीश्चन्द्र	हरिश्चन्द्र	हिन्दु	हिन्दू
महयान्हन	मध्यान्ह	मेंहदी	मेहंदी	हिन्दूस्तान	हिन्दुस्तान	बुद्धिवान	बुद्धिमान्
शमशान	श्मशान	चिन्ह	चिह्न	भाग्यमान	भाग्यवान	विद्वान	विद्वान्
कुंज	कुञ्ज	ग्रहस्थ	गृहस्थ	श्रीमान	श्रीमान्	आंख	आँख
अजोध्या	अयोध्या	अनधिकार	अनाधिकार	ऊंट	ऊँट	कंगना	कँगना
अनिष्ठा	अनिष्ट	अनुकुल	अनुकूल	गँगा	गंगा	गांधी	गाँधी
अनुसंगिक	आनुषंगिक	अनुशरण	अनुसरण	जांच	जाँच	तांगा	ताँगा
अभिसेक	अभिषेक	अरमाण	अरमान	दांत	दाँत	मंहगा	महँगा
अहिल्या	अहल्या	आदरनीय	आदरणीय	मांस	माँस	मुंह	मुँह
आविस्कार	आविष्कार	उँचाई	ऊँचाई	सांप	साँप	सांस	साँस
उत्तरदाई	उत्तरदायी	उपर	ऊपर	हुँकार	हुंकार	निर्पेक्ष	निरपेक्ष
उपरोक्त	उपर्युक्त	उश्रृंखल	उच्छृंखल	भाष्कर	भास्कर	सन्मुख	सम्मुख
कलस	कलश	कल्यान	कल्याण	माताहीन	मातृहीन	विद्यार्थि	विद्यार्थी
गनित	गणित	जबाब	जवाब	गुणि	गुणी	द्वैवाषिक	द्विवार्षिक
तत्व	तत्त्व	तलाब	तालाब	पूज्यनीय	पूजनीय	अकाश	आकाश
तिरष्कार	तिरस्कार	त्रिवार्षिक	त्रैवार्षिक	इद	ईद	इसलाम	इस्लाम
दिपिका	दीपिका	देहिक	दैहिक	ऐसा	ऐसा	दोसरा	दूसरा
द्वन्द	द्वन्द्व	नरायन	नारायण	पुत्रि	पुत्री	प्रस्तूत	प्रस्तुत
निरव	नीरव	निरोग	नीरोग	हरयाली	हरियाली	दिवाली	दीवाली
पुष्टी	पुष्टि	पुस्प	पुष्प	राष्ट्रिय	राष्ट्रीय	एकहरा	इकहरा
पेत्रिक	पैतृक	प्रनय	प्रणय	एतबार	इतबार		

वाक्यगत अशुद्धियाँ

अशुद्ध	शुद्ध	अशुद्ध	शुद्ध
हम अच्छी भाषण दिए थे।	हमने अच्छा भाषण दिया था।	राम रोटी खाया।	राम ने रोटी खायी।
आप खाए कि नहीं?	आपने खाया कि नहीं?	लड़की ने दही गिरा दी।	लड़की ने दही गिरा दिया।
वह मुझे देखा तो घबरा गया।	उसने मुझे देखा तो घबरा गया।	शुद्ध गाय की घी दो।	गाय का शुद्ध घी दो।
मैं किताब पढ़ा हूँ।	मैंने किताब पढ़ी है।	तुम, मैं और वह चलेगा।	तुम, वह और मैं चलूँगा।
मैं सारी पुस्तक पढ़ डाली।	मैंने सारी पुस्तक पढ़ डाली।	राम और सीता आयी थी।	राम और सीता आए थे।
सीता भात खायी।	सीता ने भात खाया।	भाई-बहन जा रही हैं।	भाई-बहन जा रहे हैं।

अशुद्ध	शुद्ध
वह लड़की को बुलाओ।	उस लड़की को बुलाओ।
मेरे लिए पढ़ता हूँ।	अपने लिए पढ़ता हूँ।
सीता राम की आज्ञाकारी पत्नी थी।	सीता राम की आज्ञाकारिणी पत्नी थीं।
देरी न करना।	देर न करना।
उसे मृत्युदण्ड की सजा मिली।	उसे मृत्युदण्ड मिला।
हमारे शिक्षक प्रश्न पूछते हैं।	हमारे शिक्षक प्रश्न करते हैं।
कै बजे? तीन बजा।	कितना बजा? तीन बजे।
उसका प्राण उड़ गया।	उसके प्राण उड़ गये।
मैंने आँख से देखा।	मैंने आँखों से देखा।
अपन को पढ़ना है।	मुझे पढ़ना है।
पुस्तक फट गया।	पुस्तक फट गई है।
घोड़ी तेज दौड़ता है।	घोड़ी तेज दौड़ती है।
मेरा प्रणम स्वीकार करो।	मेरा प्रणाम स्वीकार करो।
दो बालक खेलता है।	दो बालक खेलते हैं।

अशुद्ध	शुद्ध
ये सब मेरा पुस्तक है।	ये सब मेरी पुस्तकें हैं।
सूरज पूरब में उगते हैं।	सूरज पूर्व में उगता है।
वह लौट आए।	वे लौट आए।
वहाँ अनेकों लोग थे।	वहाँ अनेक लोग थे।
मेरे को मत मारो।	मुझे मत मारो।
मोहन ने पत्र को पढ़ा।	मोहन ने पत्र पढ़ा।
पुस्तक पर नहीं लिखो।	पुस्तक पर मत लिखो।
वह सज्जन पुरुष है।	वह सज्जन है।
आप हमारे घर आओ।	आप हमारे घर आइए।
हम आपसे कुछ कहे थे।	हमने आपसे कुछ कहा था।
मकान की दायीं ओर सड़क है।	मकान के दायीं ओर सड़क है।
पिताजी घर नहीं हैं।	पिताजी घर पर नहीं हैं।
घर पर सब कुशल हैं।	घर में सब कुशल हैं।
उसे भारी दुःख हुआ।	उसे बहुत दुःख हुआ।
सड़क में मत खेलो।	सड़क पर मत खेलो।

मुहावरे तथा लोकोक्तियाँ

- अँगूठी का नगीना–अत्यन्त महत्त्वपूर्ण।
- अंधा दरबार–न्यायहीन स्थान।
- अंधेर नगरी–न्याय का अभाव।
- अक्ल का दुश्मन–मूर्ख।
- अक्ल का दुम–मूर्ख।
- आँख का तारा–अतिप्रिय।
- ईद का चाँद–बहुत दिनों के बाद दिखाई देना।
- कछुआ चाल–धीमी गति।
- काला नाग–दुष्ट आदमी।
- किताबी कीड़ा–सदैव कुछ-न-कुछ पढ़ना।
- किस्मत का मारा–भाग्य का मन्द।
- कोल्हू का बैल–बहुत कठिन परिश्रम करनेवाला।
- कोड़ी का तीन–तुच्छ।
- खाली हाथ–पैसे का अभाव।
- गाजर-मूली–अशक्त।
- गुलर का फूल–दुर्लभ वस्तु।
- गोबर-गणेश–निरामूर्ख।
- घर का उजाला–कुल-दीपक।
- घड़ियाली आँसू–बनावटी शोक।
- चलता-पुरजा–चालाक।
- चाँद का टुकड़ा–परम सुन्दर वस्तु या व्यक्ति।
- चाँदी का जूता–रिश्वत।
- चार दिन की चाँदनी–थोड़े समय का सुख।
- जलती आँख–क्रोधाभिभूत।
- जीभ का पतला–लालची।
- टेढ़ी खीर–विकट काम।
- ठिकाने की बात–न्यायसंगत बात।
- अढ़ाई दिन की हुकूमत–थोड़े समय का ऐश्वर्य।
- तकदीर का सिकन्दर–भाग्य का बलवान्।
- थाली का बैंगन–मत बदलते रहना।
- दाँत कटी रोटी–घनिष्ठता।
- दाहिना हाथ–सहायक।
- दिल का बादशाह–बहुत बड़ा उदार।
- दूध का दूध और पानी का पानी–उचित न्याय।
- दूध का धोआ–निर्दोष।
- दो दिन का मेहमान–बहुत थोड़े समय ठहरने वाला।
- धरती का फूल–ऐसा व्यक्ति जो हाल में अमीर हुआ है।
- धोबी का कुत्ता–निकम्मा।
- नसीब का मारा–बुरे दिन देखनेवाला।
- निन्यानबे का फेरा–धन बढ़ाने की चिन्ता।
- पत्थर का कलेजा–हर दुःख सहने की शक्ति।
- पत्थर की लकीर–चिरस्थायी सदा सत्य।
- फूलों की सेज–आनन्ददायक कार्य।
- बगुला-भगत–कपटी व्यक्ति।

- बच्चों का खेल–साधारण काम।
- बलि का बकरा–निःसहाय व्यक्ति।
- बरसाती बादल–अस्थायी।
- बात का पक्का–सत्यवादी।
- बायें हाथ का खेल–सरल काम।
- बिन बादल बरसात–असमय लाभ।
- बे-पेंदी का लोटा–बे ठिकाने का आदमी।
- भागीरथ प्रयत्न–अत्यधिक परिश्रम।
- भीष्म प्रतिज्ञा–दृढ़ संकल्प।
- मक्खी चूस–कंजूस।
- मिट्टी के मोल–बहुत सस्ता।
- मोटा असामी–मूर्ख मालदार।
- राम कहानी–आत्मवृतान्त।
- लँगोटिया यार– बचपन का मित्र।
- हवाई महल–कोरी कल्पना।
- आँख लगना–नींद आना।
- आँख खुलना–होश में आना।
- आँखें दिखाना–क्रोध से घूरना।
- आँसू पोंछना–धैर्य बँधाना।
- अन्धे की लकड़ी–एकमात्र सहारा।
- कान भरना–चुगली करना।
- कान पर जूँ न रेंगना–कोई असर न होना।
- नाक कटना–प्रतिष्ठा खत्म होना।
- नाक रगड़ना–दीनता दिखाना।
- नाकों चने चबवाना–खूब सताना।
- मुँह की खाना–बुरी तरह हारना।
- आस्तीन का साँप–विश्वासघाती मित्र।
- कन्धे से कन्धा मिलाना–पूरा सहयोग करना।
- ईंट से ईंट बजाना–पूरी तरह नष्ट कर देना।
- नौ दो ग्यारह होना–भाग जाना।
- दाँत खट्टे करना–बुरी तरह हराना।
- हाथ मलना–पछताना।
- खून का प्यासा–जानी दुश्मन।
- घी के दिए जलाना–खुशी मनाना।
- चार चाँद लगाना–प्रतिष्ठा बढ़ाना।
- तीन तेरह होना–अलग-अलग होना।
- पानी फेर देना–नाश कर देना।
- गाल बजाना–डींगे मारना।
- जान से हाथ धो बैठना–मारा जाना।
- पानी-पानी होना–बहुत लज्जित होना।
- फूला न समाना–बहुत प्रसन्न होना।
- अपना उल्लू सीधा करना–अपना मतलब निकालना।
- आँखें चुरा लेना–अनदेखा कर देना।
- अन्धे की लाठी–एकमात्र सहारा।
- आसमान पर चढ़ना–बहुत अभिमान करना।
- आँखें खुलना–होश आना।
- चोरी और सीना जोरी–दोषी होकर धमकाना।
- आग में घी डालना–क्रोध को भड़काना।
- अँगुली पर नचाना– अच्छी तरह वश में करना।
- एक आँख से देखना–समान दृष्टि से देखना।
- एक ही थैले के चट्टे-बट्टे–एक जैसे।
- ओखली में सिर देना–जान-बूझकर आपत्ति मोल लेना।
- कलेजा मुँह को आना–बहुत दुःखी होना।
- कफन बाँधकर चलना–मौत से न घबराना।
- काँटे बिछाना–बाधा डालना।
- कलेजा ठण्डा होना–सन्तोष होना।
- कमर कसना–तैयार होना।
- खून खौलना–जोश में आना।
- खाक छानना–मारे-मारे फिरना।
- गागर में सागर भरना–थोड़े शब्दों में बहुत कुछ कह देना।
- घाव पर नमक छिड़कना–दुखी को अधिक दुखी करना।
- घी के दिए जलाना–खुशी मनाना।
- घोड़े बेचकर सोना–गहरी नींद में सोना।
- चल बसना–परलोक सिधारना।
- छठी का दूध याद आना–भारी संकट में पड़ना।
- छाती पर साँप लोटना–बहुत ईर्ष्या होना।
- जमीन पर पैर न रखना–अधिक घमण्ड होना।
- झक मारना–व्यर्थ समय खोना।
- टेढ़ी खीर–कठिन काम।
- डींग मारना–अपनी झूठी प्रशंसा करना।
- डूब मरना–बहुत लज्जित होना।
- तलवे चाटना–चापलूसी करना।
- ताक में रहना–मौका ढूँढ़ते रहना।
- दंग रह जाना–आश्चर्य में पड़ जाना।
- दाल न गलना–वश न चलना।
- दाल में काला होना–संदेह होना।
- पीठ दिखाना–हारकर भागना।
- मुँह तोड़ उत्तर देना–खरा उत्तर देना।

वस्तुनिष्ठ प्रश्न

अभ्यास-1

निर्देशः *नीचे प्रत्येक शुद्ध शब्द की वर्तनी के लिए चार विकल्प दिए गए हैं। आपको सही विकल्प का चयन करना है।*

1. A. ऋषि B. ऋषी C. रिषी D. ऋसि

2. A. विषेसन B. विशेषण C. विसेशन D. विशेशन

3. A. दुशासन B. दुसाशन C. दूशाषण D. दुःशासन

4. A. संस्कृति B. संसकृति C. संष्कृति D. संस्कृती

5. A. दूनियां B. दुनियां C. दुनिया D. दूनिआ

6. A. टिपनी B. टिप्पणि C. टिप्पणी D. टिप्पनी

7. A. शाषण B. साशन C. शासन D. शाशन

8. A. किसमस B. किरसमस C. क्रिसमूस D. कृसमस

9. A. अनुग्रहित B. अनुग्रहीत C. अनुगृहीत D. अनुग्रहित

10. A. पराकम B. प्राक्रम C. पराक्रम D. प्राकर्म

11. A. नायका B. नाइका C. नाइक D. नायिका

12. A. समरिधी B. समद्धी C. समृद्धि D. समरिद्धि

13. A. युधिष्ठर B. यूधिष्ठर C. युधिष्ठिर D. युधिष्टर

14. A. वाल्मीकि B. बाल्मीकि C. बालमीकि D. बाल्मिक

15. A. परलोकिक B. प्रलौकिक C. पारलौकिक D. परलौकिक

16. A. त्रितीय B. तर्तीय C. तृतीय D. तिरतीय

17. A. व्योहार B. व्यौहार C. व्यवहार D. ब्यवहार

18. A. अहिल्या B. अहल्या C. अहिलया D. अहीलया

19. A. आदरनीय B. आदरणीय C. आदरनीया D. आदरणीया

20. A. आर्द B. आद्र C. आर्द्र D. आर्दृ

21. A. आधीन B. अधिन C. अधीन D. अधीम

22. A. आविस्कार B. आविष्कार C. आवीस्कार D. आविश्कार

23. A. आसा B. आषा C. आशा D. अशा

24. A. उज्वल B. उजज्वल C. उजज्वल D. उज्ज्वल

25. A. उन्नती B. उन्नित C. उन्नति D. उन्नती

26. A. कलस B. कलष C. कलश D. कलशा

27. A. गनीत B. गनित C. गणीत D. गणित

28. A. तलाव B. तालाव C. तलाब D. तालाब

29. A. दुष्ट B. दूष्ट C. दुस्त D. दुश्त

30. A. निरोग B. निररोग C. नीरोग D. नीरोगी

उत्तरमाला

1. A	2. B	3. D	4. A	5. C
6. C	7. C	8. C	9. C	10. C
11. D	12. C	13. C	14. A	15. C
16. C	17. C	18. B	19. B	20. C
21. C	22. B	23. C	24. D	25. C
26. C	27. D	28. D	29. A	30. C

अभ्यास-2

निर्देशः *नीचे कुछ शब्द दिए गए हैं। प्रत्येक के पर्यायवाची के चार विकल्प दिए गए हैं। इनमें से एक विकल्प सही पर्यायवाची है, उसका चयन कीजिए :*

1. अग्नि
A. अनिल B. अनल C. गर्म D. ताप

2. अमृत
A. पीयूष B. गरल C. सरस D. जीवनदायनी

3. **आँख**
A. लोचन B. आस्थि
C. वदन D. जलज

4. **आकाश**
A. अनन्त B. पाताल
C. वितल D. तल

5. **कपड़ा**
A. परिधान B. पटिका
C. पीताम्बर D. लँहगा

6. **कमल**
A. सरोज B. सरोवर
C. पंक D. पुष्प

7. **गंगा**
A. पाताल नदी B. हिमनदी
C. भागीरथ D. त्रिपथगा

8. **चाँद**
A. मयंक B. भानु
C. दिनकर D. रवि

9. **नदी**
A. सरिता B. प्रवाह
C. धारा D. जलधर

10. **पर्वत**
A. पत्थर B. चट्टान
C. शिखर D. मेरू

11. **पवन**
A. अनिल B. अनल
C. अग D. विहग

12. **पति**
A. साजन B. प्रिया
C. भार्या D. दारा

13. **पानी**
A. मही B. मेदिनी
C. अम्बु D. तरणी

14. **पुत्र**
A. आत्मज B. तनया
C. सुता D. आत्मजा

15. **पुत्री**
A. सुता B. सुत
C. आत्मज D. नन्दन

16. **फूल**
A. बहार B. मधु
C. माधव D. सुमन

17. **वृक्ष**
A. विटप B. अभ्र
C. प्रसून D. रसा

18. **बादल**
A. अज B. व्यामोह
C. नीरद D. मधुप

19. **बिजली**
A. चंचला B. खटका
C. त्रास D. संत्रास

20. **माता**
A. धात्री B. धरणी
C. धरित्री D. श्यामा

21. **घोषणा**
A. आवाज B. पुकारना
C. ऐलान D. ललकारना

22. **उत्कर्ष**
A. आकर्षण B. विकर्षण
C. उन्नति D. निष्कर्ष

23. **उदय**
A. अन्त B. विकास
C. प्रगट D. व्यस्त

24. **दक्ष**
A. निपुण B. समर्थ
C. कर्मठ D. मेहनती

25. **संवाद**
A. विवाद B. झगड़ा
C. सम्बोधन D. वार्तालाप

उत्तरमाला

1. B	**2.** A	**3.** A	**4.** A	**5.** A
6. A	**7.** D	**8.** A	**9.** A	**10.** D
11. A	**12.** A	**13.** C	**14.** A	**15.** A
16. D	**17.** A	**18.** C	**19.** A	**20.** A
21. C	**22.** C	**23.** C	**24.** A	**25.** D

अभ्यास-3

निर्देशः *नीचे चार-चार शब्दों के समूह दिए गए हैं। प्रत्येक समूह में एक शब्द बेमेल है तथा शेष तीन शब्द पर्यायवाची हैं, आपको उस शब्द का चयन करना है, जो बेमेल है :*

1. A. तम B. अंधकार
C. तिमिर D. अंश

2. A. अनल B. आग
C. दहन D. तमिस्त्रा

3. A. अतुल B. अद्वितीय
C. अनुपम D. शुष्मा

4. A. अहं B. अहंकार
C. दर्प D. निराला

5. A. पता B. खोज
C. जाँच D. शोध

6. A. गरल B. पीयूष
C. सुधा D. सोम

7. A. कानन B. जंगल
C. पादप D. वन

8. A. अश्व B. गज
C. घोड़ा D. तुरंग

9. A. दानव B. मानव
C. दैत्य D. राक्षस

10. A. आँख B. चक्षु
C. नयन D. मुख

11. A. अन्तरिक्ष B. वसुन्धरा
C. आसमान D. गगन

12. A. इच्छा B. अभिलाषा
C. कामना D. प्रयोजन

13. A. कपड़ा B. चीर
C. वसन D. पोशाक

14. A. अब्ज B. कमल
C. राजीव D. आम्र

15. A. कोयल B. पिक
C. काग D. वनप्रिय

16. A. गंगा B. देवनदी
C. गोदावरी D. भागीरथी

17. A. गणेश B. एकदन्त
C. देवराज D. गणपति

18. A. घर B. निलय
C. निकेतन D. झोपड़ी

19. A. चाँद B. हिमांशु
C. विनायक D. सुधांशु

20. A. नदी B. तरणी
C. तटिनी D. सरिता

21. A. पक्षी B. चिड़िया
C. सुमन D. विहग

22. A. पवन B. अचला
C. वात D. वायु

23. A. समीर B. पृथ्वी
C. भू D. भूमि

24. A. पानी B. समीर
C. अम्बु D. जल

25. A. पुत्र B. तनया
C. तनय D. सुत

26. A. पुत्र B. तनया
C. सुता D. कन्या

27. A. गृहिणी B. आदमी
C. पुरुष D. नर

28. A. मधु B. फूल
C. पुष्प D. सुमन

29. A. माधव B. तरु
C. पेड़ D. वृक्ष

30. A. माता B. अम्बु
C. अम्मा D. जननी

उत्तरमाला

1. D	2. D	3. D	4. D	5. A
6. A	7. C	8. B	9. B	10. D
11. B	12. D	13. D	14. D	15. C
16. C	17. C	18. D	19. C	20. B
21. C	22. B	23. A	24. B	25. B
26. A	27. A	28. A	29. A	30. B

अभ्यास-4

निर्देशः ***गहरे काले शब्द के विलोम शब्द का चयन कीजिए:***

1. उसे हर काम में **सफलता** मिल रही है।
A. असफलता B. सफल
C. कुशलता D. निपुणता

2. कभी किसी की **निन्दा** नहीं करनी चाहिए।
A. गुणगान B. स्तुति
C. प्रशंसा D. यशोगान

3. आलस्य व्यक्ति का सबसे बड़ा **दुश्मन** है।
A. शत्रु B. घातक
C. मित्र D. सहायक

4. वे बुढ़ापे से **दुखी** हैं।
A. अप्रसन्न B. सुखी
C. खुश D. नाराज

5. यहाँ उसकी **चतुराई** नहीं चली।
A. चालाकी B. बहादुरी
C. निपुणता D. मूर्खता

6. शहद की **मिठास** कम नहीं होती।
A. मीठा B तीखा
C. कडुवा D. खट्टा

7. साहसी के **साहस** को देखकर मैं चकित रह गया।
A. हिम्मत B. बहादुरी
C. निडर D. भय

8. फिल्मोत्सव में सर्वश्रेष्ठ **अभिनेता** को पुरस्कार प्रदान किया गया।
A. हीरोइन B. नेत्री
C. मीनाक्षी D. अभिनेत्री

9. नाटक में नायक और **नायिका** की भूमिका महत्वपूर्ण होती है:
A. हीरो B. नायक
C. नेत्र D. नेता

10. कवि-सम्मेलन में एक कवि और एक **कवयित्री** को आमंत्रित किया गया था।
A. लेखक B. सम्पादक
C. नेता D. कवि

11. विद्यालय के वार्षिकोत्सव के लिए नेता और एक **नेत्री** को आमंत्रित किया गया।
A. अभिनेता B. विद्वान्
C. विदुषी D. नेता

12. मोहन बहुत **चतुर** है।
A. निपुण B. तेज
C. सुस्त D. मूर्ख

13. सोहन अब पूर्ण **स्वस्थ** है।
A. प्रसन्न B. खुश
C. अस्वस्थ D. अप्रसन्न

14. पक्षी **आकाश** में उड़ते हैं :
A. गगन B. नभ
C. धरती D. पाताल

15. वह विद्यालय में देर से आया और **अनुपस्थित** हो गया।
A. पूर्व B. उपस्थित
C. प्रवेश D. समयपूर्व

16. **बालक** चाँद की ओर देख रहा है।
A. बालिका B. लड़का
C. बच्चा D. बच्ची

17. मैं उसके विचार से बिल्कुल **सहमत** नहीं हूँ।
A. समर्थन B. सहमति
C. असहमत D. प्रशंसक

18. उसकी हालत **अधिक** खराब है।
A. बहुत B. कम
C. ठीक D. कुशल

19. **धर्म** की सर्वत्र विजय होती है:
A. अधर्म B. ज्ञान
C. भक्ति D. ईमानदारी

20. अच्छे चरित्र के बिना जीवन **निरर्थक** है:
A. व्यर्थ B. अर्थपूर्ण
C. सार्थक D. कुशल

21. **ईमानदारी** बड़ी दुर्लभ वस्तु है:
A. सच्चाई B. भलाई
C. बेइमानी D. परोपकारी

22. एवरेस्ट संसार का सबसे **ऊँचा** पर्वत है:
A. नीचा B. वितल
C. पाताल D. मध्यम

23. वह विश्वास के **योग्य** नहीं है:
A. काबिल B. विश्वासी
C. अयोग्य D. बेकार

24. क्या वह इतना **मूर्ख** है?
A. चालाक B. विद्वान्
C. बुद्धिमान D. धूर्त

25. कितना सुहावना **दृश्य** है!
A. अदृश्य B. दर्शनीय
C. सुन्दर D. व्यर्थ

उत्तरमाला

1. A	**2.** C	**3.** C	**4.** B	**5.** D
6. C	**7.** D	**8.** D	**9.** B	**10.** D
11. D	**12.** D	**13.** C	**14.** D	**15.** B
16. A	**17.** C	**18.** B	**19.** A	**20.** C
21. C	**22.** A	**23.** C	**24.** C	**25.** A

अभ्यास-5

निर्देशः नीचे प्रत्येक **काले गहरे शब्द** के चार विलोम दिए गए हैं। इनमें सही विलोम का चयन कीजिए :

1. अग्नि
A. आग B. अनल
C. दहन D. जल

2. अग्रज
A. अनुज B. भ्राता
C. भाई D. अम्बा

3. अच्छा
A. बुरा B. खराब
C. गंदा D. भ्रष्ट

4. अंत
A. प्रारम्भ B. समाप्त
C. शेष D. अल्प

5. अचल
A. विचल B. वितल
C. सजल D. चल

6. **अति**
A. अधिक B. बहुत
C. अल्प D. कम

7. **अत्यधिक**
A. अल्प B. अधिक
C. स्वल्प D. न्यूनतम

8. **अंधकार**
A. अंधेरा B. प्रकाश
C. रात्रि D. दिन

9. **अतिवृष्टि**
A. अनावृष्टि B. वृष्टि
C. वर्षा D. वर्षण

10. **अनाथ**
A. नाथ B. स्वामी
C. मासिक D. सनाथ

11. **अनुकूल**
A. मनोकूल B. प्रतिकूल
C. अनुकरण D. मनस्वी

12. **अनुराग**
A. राग B. विराग
C. विग्रह D. स्नेह

13. **अन्त**
A. श्री गणेश B. आदि
C. शुरुआत D. समाप्त

14. **अपना**
A. अपनत्व B. पराया
C. मित्र D. शत्रु

15. **अपमान**
A. मान B. सम्मान
C. वर्तमान D. स्वाभिमान

16. **अपेक्षा**
A. इच्छा B. स्वेच्छा
C. प्रविच्छा D. उपेक्षा

17. **अमर**
A. मर्त्य B. मृत्यु
C. सुधा D. गरल

18. **अल्पायु**
A. चिरायु B. उमरदराज
C. नश्वर D. सनातन

19. **अस्त**
A. उदय B. विकास
C. निर्माण D. सृष्टि

20. **आकर्षण**
A. प्रतिकर्षण B. विकर्षण
C. सम्मोहन D. विरत

21. **आकाश**
A. गगन B. नभ
C. वसुन्धरा D. पाताल

22. **आगे**
A. पीछे B. पूर्व
C. पृष्ट D. पृष्ठ

23. **आजाद**
A. स्वतंत्र B. स्वतंत्रतता
C. परतंत्र D. गुलाम

24. **आदान**
A. आयात B. निर्यात
C. प्रदान D. निदान

25. **आधुनिक**
A. अर्वाचीन B. नूतन
C. प्राचीन D. वर्तमान

उत्तरमाला

1. D	**2.** A	**3.** A	**4.** A	**5.** D
6. D	**7.** C	**8.** B	**9.** A	**10.** D
11. B	**12.** B	**13.** A	**14.** B	**15.** B
16. D	**17.** A	**18.** A	**19.** A	**20.** B
21. D	**22.** A	**23.** D	**24.** C	**25.** C

अभ्यास-6

निर्देशः *नीचे कुछ शब्द दिए गए हैं प्रत्येक शब्द के चार वैकल्पिक अर्थ दिए गए हैं। सही अर्थ का चयन कीजिए :*

1. **सुरक्षित**
A. कुशल B. घटना
C. दुर्घटना D. बचाव

2. **प्रतिभाशाली**
A. सज्जन B. कुशाग्र
C. विद्वान् D. वैभवशाली

3. **आत्मसमर्पण**
A. अपने आप को सौंपना B. समर्पण
C. अर्पण D. त्यागज

4. **सिद्धहस्त**
A. निपुण B. कर्मठ
C. मेहनती D. परिश्रमी

5. **सुशोभित**
A. मजेदार B. सुस्वागतम्
C. अच्छा D. शोभा पाना

6. **स्वादिष्ट**
A. मजेदार B. बेकार
C. मीठा D. तीखा

7. स्वावलम्बी
A. निर्भर B. परालंबी
C. आत्मनिर्भर D. अतिथि

8. उपकरण
A. साधन B. युक्ति
C. यंत्र D. मशीन

9. कीमत
A. क्रय B. विक्रय
C. मूल्य D. बिक्री

10. संगठन
A. एकता B. अनेकता
C. समूह D. संस्था

11. विपत्ति
A. दुख B. विपदा
C. मुसीबत D. सुख

12. तृण
A. तिनका B. धूल
C. धूप D. लकड़ी

13. आश्चर्य
A. निरीक्षण B. दृष्टिगोचर
C. हैरानी D. थकावट

14. हार्दिक
A. हृदय से B. शरीर से
C. मन सें D. मस्तिष्क से

15. नियति
A. भाग्य B. किनारा
C. समय D. पवित्र

16. सुगन्धित
A. दुर्गन्ध B. खुशबू वाला
C. फूल D. कमल

17. उत्साह
A. होश B. हवास
C. जोश D. हिम्मत

18. सहयोग
A. मिलन सार B. मेहनती
C. परोपकारी D. आपसी सहायता

19. मुसीबत
A. विपत्ति B. सुशोभित
C. सहायता D. मदद

20. निरक्षर
A. साक्षर B. दर्शनीय
C. पठनीय D. अनपढ़

21. उपवन
A. वन B. तीर
C. जंगल D. बाग

22. मेघ
A. बादल B. पंकज
C. राजीव D. मेघनाद

23. आधुनिक
A. प्राचीन B. पुरातन
C. भूतकाल D. आज का

24. तीर
A. वाण B. धनुष
C. किनारा D. नदी

25. परीक्षण
A. जाँच B. पड़ताल
C. परीक्षा D. इम्तहान

26. अभिवादन
A. नमस्ते B. प्रणाम
C. बधाई D. शुभकामना

27. सर्वत्र
A. नश्वर B. सजीव
C. ईश्वर D. सभी जगह

28. हलवाहा
A. चरवाहा B. किसान
C. मजदूर D. हल चलाने वाला

29. शिखर
A. पर्वत B. पहाड़
C. टीला D. चोटी

30. भयानक
A. डरावना B. भयभीत
C. डरना D. खूँखार

उत्तरमाला

1. D	2. B	3. A	4. A	5. D
6. A	7. C	8. C	9. C	10. A
11. C	12. A	13. C	14. A	15. A
16. B	17. C	18. D	19. A	20. D
21. D	22. A	23. D	24. A	25. A
26. B	27. D	28. D	29. D	30. A

अभ्यास-7

निर्देशः *नीचे कुछ शब्द दिए जा रहे हैं। प्रत्येक शब्द के* ***उपसर्ग*** *के सन्दर्भ में चार विकल्प दिए गए हैं। आपको सही विकल्प का चयन करना है :*

1. अलबत्ता
A. अ B. अल
C. लब D. त्ता

2. अलगरज
A. अल B. लग
C. गर D. रज

3. कमसिन
A. क B. कम
C. सि D. सिन

4. अनमोल
A. अ B. अन
C. मो D. मोल

5. अनजान
A. अ B. अन
C. जा D. जान

6. अनपढ़
A. अ B. पढ़
C. प D. अन

7. अधखिला
A. अ B. अध
C. ला D. खिला

8. अधजला
A. अ B. ज
C. अध D. ला

9. अधपका
A. अ B. अध
C. पका D. का

10. अघखिला
A. अ B. अघ
C. खिला D. ला

11. उन्नीस
A. उन B. उन्
C. नीस D. स

12. उनसठ
A. उ B. उन
C. सठ D. ठ

13. दुकाल
A. द B. दुक
C. दु D. काल

14. दुबला
A. दब B. दुब
C. ला D. दु

15. निकम्मा
A. नि B. निक
C. कम्मा D. मा

16. निर्लज्ज
A. निर B. निल
C. नि D. लज्ज

17. बिनब्याहा
A. बि B. बिन
C. ब्याहा D. हा

18. भरपेट
A. भर B. पेट
C. पे D. ट

19. भरपाई
A. भ B. र
C. पा D. भर

20. कुपात्र
A. कु B. कुप
C. पा D. पात्र

21. सुजान
A. सु B. सुज
C. सुजा D. जान

22. गैर कानूनी
A. गै B. गैर
C. कानु D. नुनी

23. गैरसरकारी
A. गैर B. सर
C. का D. कारी

24. अपमान
A. अ B. अप
C. मा D. मान

25. अनुशासन
A. अ B. शासन
C. सन D. अनु

26. अविनीत
A. अवि B. अ
C. नी D. नीत

27. अभिमान
A. अभि B. अ
C. मा D. मान

28. अभियान
A. अ B. मान
C. यान D. अभि

29. अध्ययन
A. अध् B. अधि
C. यन D. न

30. निश्चल
A. नि B. निर
C. निस D. चल

उत्तरमाला

1. B	2. A	3. B	4. B	5. B
6. D	7. B	8. C	9. B	10. B
11. A	12. B	13. C	14. D	15. B
16. A	17. B	18. A	19. D	20. A
21. A	22. B	23. A	24. B	25. D
26. B	27. A	28. D	29. B	30. A

अभ्यास-8

निर्देशः *निम्नलिखित शब्दों में प्रयुक्त प्रत्यय सम्बन्धी चार विकल्प दिए गए हैं, सही विकल्प का चयन कीजिए :*

1. भलाई
A. ई B. लाई
C. आई D. भला

2. चतुराई
A. चतु B. रा
C. ई D. आई

3. भूखा
A. भू B. भूख
C. खा D. आ

4. भिड़न्त
A. भिड़् B. भि
C. न्त D. अन्त

5. प्यासा
A. आस B. सा
C. आसा D. सा

6. बिकाऊ
A. बिक B. काऊ
C. आऊ D. ऊ

7. तैराक
A. तै B. तैर
C. राक D. आक

8. सन्नाटा
A. सन् B. सन्ना
C. नाटा D. आटा

9. लोहार
A. लोह B. आरा
C. आरी D. आर

10. मिलान
A. आना B. आने
C. आनी D. आन

11. चढ़ाव
A. चढ़ B. चढ़ा
C. आव D. व

12. लगाव
A. लग B. अव
C. आव D. गाव

13. लिखावट
A. लिख B. लिखा
C. वट D. आवट

14. मिलावट
A. मिल B. वट
C. आवट D. ट

15. मिठास
A. मिठ B. ठास
C. आस D. स

16. चिकनाहट
A. चिक B. नाह्ट
C. हट D. आहट

17. सड़ियल
A. सड़ B. यल
C. ड़ियल D. इयल

18. मरियल
A. मर B. यल
C. मरि D. इयल

19. गड़रिया
A. गड़ B. इया
C. रिया D. या

20. सजीला
A. ईला B. इला
C. ला D. स

21. लुटेरा
A. लुट B. एरा
C. ऐरा D. रा

22. लठैत
A. ए B. ऐ
C. ऐत D. त

23. भगोड़ा
A. ओ B. ओड़ा
C. ड़ा D. भगो

24. खपत
A. ख B. प
C. त D. पत

25. जीवट
A. व B. अट
C. जीव D. जी

उत्तरमाला

1. C	**2.** D	**3.** D	**4.** D	**5.** D
6. C	**7.** D	**8.** D	**9.** D	**10.** D
11. C	**12.** C	**13.** D	**14.** C	**15.** C
16. D	**17.** D	**18.** D	**19.** B	**20.** A
21. B	**22.** C	**23.** B	**24.** C	**25.** B

अभ्यास-9

निर्देशः *नीचे कुछ मुहावरे दिए गए हैं। प्रत्येक के अर्थ के लिए चार विकल्प दिए गए हैं। आपको सही विकल्प का चयन करना है :*

1. अक्ल पर पत्थर पड़ना
A. बुद्धि काम न करना B. दुविधा होना
C. संकट में होना D. परेशान होना

2. अपना उल्लू सीधा करना
A. अवसर देखना B. काम निकालना
C. मतलब साधना D. मूर्ख बनाना

3. अपने मुँह मियाँ-मिट्ठू बनना
A. मिठाई खाना B. प्रशंसा करना
C. निंदा करना D. अपनी प्रशंसा स्वयं करना

4. अपने पाँव पर आप कुल्हाड़ी मारना
A. हानि पहुँचाना B. खेद होना
C. अपना पैर काटना D. अपनी हानि स्वयं करना

5. आँखें चुरा लेना
A. भाग जाना B. छिप जाना
C. अनदेखा करना D. मिल जाना

6. अक्ल का दुश्मन
A. मित्र होना B. शत्रु होना
C. महामूर्ख D. महाविद्वान्

7. अंधे की लाठी
A. एक मात्र सहारा B. मित्र होना
C. शत्रु होना D. दुख पहुँचाना

8. आकाश-पाताल एक करना
A. भाग-दौड़ करना B. परेशान होना
C. थक जाना D. कठिन परिश्रम करना

9. घड़ों पानी पड़ना
A. लज्जित होना B. तुच्छ समझना
C. लाभ होना D. थकावट

10. अगर-मगर करना
A. नुकसान करना B. बहाने बनाना
C. बदनाम करना D. कपट करना

11. मुँह की खाना
A. गिर जाना B. हार जाना
C. भाग जाना D. व्यर्थ होना

12. आस्तीन का साँप होना
A. शत्रु B. मित्र
C. कपटी मित्र D. दयालु

13. एक आँख से देखना
A. बुरा व्यवहार B. समान व्यवहार
C. कपट करना D. लज्जित होना

14. बाल-बाँका न होना
A. घायल होना B. साफ बच जाना
C. क्रोधित होना D. स्वस्थ होना

15. दाँतों तले उँगली दबाना
A. उँगली काटना B. चिंतित हो जाना
C. चकित रह जाना D. प्रसन्न हो जाना

16. जान के लाले पड़ना
A. मरने का खतरा होना B. भाग जाना
C. हार जाना D. मुश्किल में पड़ना

17. बोली मारना
A. ताना देना B. सताना
C. मजाक करना D. याद दिलाना

18. अंधों में काना राजा
A. मूर्खों में अल्पज्ञ को विद्वान् माना जाना
B. सबको मूर्ख समझना
C. अत्यधिक महत्त्वपूर्ण
D. काना राजा

19. अक्ल के घोड़े दौड़ाना
A. बुद्धि लड़ाना
B. कल्पना करना
C. तरह-तरह के उपाय सोचना
D. ज्ञान-प्राप्त करना

20. पानी उतर जाना
A. शर्म करना B. लज्जित न होना
C. भाग जाना D. इज्जत करना

21. तीन-पाँच करना
A. तितर-बितर करना
B. वचन देकर फिर जाना
C. घुमा-फिरा कर बातें करना
D. परेशान करना

22. हथियार डाल देना
A. हार जाना B. जीत जाना
C. धोखा देना D. विजय होना

23. आँख खुलना
A. होश में आना B. अत्यन्त प्यार होना
C. उल्टा काम करना D. क्रोध करना

24. कमर सीधी करना
A. थक जाना B. थकावट दूर करना
C. काम करना D. परिश्रम करना

25. पगड़ी रखना
A. चैन की सांस लेना B. अपमान करना
C. दया की भीख माँगना D. अपमान होना

26. लोहा मानना
A. संघर्ष करना B. विजय होना
C. श्रेष्ठता स्वीकार करना D. खुशामद करना

27. काठ मार जाना
A. दुःखी होना B. चुप होना
C. सफल होना D. मर जाना

28. चाँद पर थूकना

A. अपमान करना

B. बढ़कर बातें करना

C. महान पुरुष पर लांछन लगाना

D. महत्त्वाकांक्षी होना

29. उगल देना

A. अपराध स्वीकार कर लेना

B. सच बोलना

C. उल्टी करना

D. अनपच होना

30. हाथ मलना

A. पश्चाताप करना B. सर्दी मिटाना

C. दुख करना D. तैयार होना

उत्तरमाला

1. A	**2.** C	**3.** D	**4.** D	**5.** C
6. C	**7.** A	**8.** D	**9.** A	**10.** B
11. B	**12.** C	**13.** B	**14.** B	**15.** C
16. D	**17.** A	**18.** A	**19.** A	**20.** B
21. C	**22.** A	**23.** A	**24.** B	**25.** C
26. C	**27.** B	**28.** C	**29.** A	**30.** A

अभ्यास-10

निर्देशः *नीचे कुछ वाक्य खण्ड दिए गए हैं, पूरे वाक्य खण्ड के लिए एक शब्द का चयन कीजिए।*

1. जिसका आदि न हो

A. अनंत B. अमर

C. शाश्वत D. अनादि

2. जो कुछ न जानता हो

A. मूर्ख B. महामूर्ख

C. ज्ञानी D. अज्ञ

3. जो अनुकरण करने योग्य हो

A. अनुकरणीय B. अद्वितीय

C. आदरणीय D. अगम

4. जिसका अंत न हो

A. अनंत B. अनादि

C. आदि D. परलोक

5. जो कभी न मरे

A. मर्त्य B. मुर्त्त

C. अर्मुत्त D. अमर

6. जिसके समान दूसरा न हो

A. अनुकूल B. प्रतिकूल

C. कृतज्ञ D. अद्वितीय

7. जो कम बोलता हो

A. मृदुभाषी B. वाचाल

C. अल्पभाषी D. अल्पज्ञ

8. जिसका इलाज न हो

A. मरणशील B. अमरत्व

C. बिमारी D. लाइलाज

9. जिस का विश्वास न किया जा सके

A. विश्वसनीय B. अविश्वसनीय

C. विश्वासी D. धूर्त्त

10. जिसका कोई नाथ न हो

A. सनाथ B. स्वामी

C. नाथ D. अनाथ

11. कम जानने वाला

A. अल्पज्ञ B. अज्ञ

C. विद् D. विद्वान

12. जहाँ जाना संभव न हो

A. दुर्गम B. अगम

C. तल D. वितल

13. कम खाने वाला

A. बहुभोजी B. पेटु

C. कंजूस D. अल्पाहारी

14. जो बात पहले कभी न हुई हो

A. भूतपूर्व B. अभूतपूर्व

C. प्राचीन D. अर्वाचीन

15. जिस स्त्री के सन्तान न हों

A. बाँझ B. कुलटा

C. पतिता D. विधवा

16. जो कहा न जा सके

A. अकथनीय B. अकथ्य

C. करणीय D. सम्भव

17. एहसान न मानने वाला

A. कृतज्ञ B. कृतघ्न

C. आस्तिक D. विश्वासी

18. जिसने देश के साथ विश्वासघात किया हो

A. विश्वासघाती B. द्रोही

C. आतंकवादी D. देश द्रोही

19. जिसने राष्ट्र के हित में अपना जीवन बलिदान कर दिया हो

A. देशभक्त B. शहीद

C. राष्ट्रभूत D. भारतपुत्र

20. वह जमीन जिसमें कुछ भी पैदा न हो

A. ऊसर B. बंजर

C. उर्वर D. पथरीला

21. वह वस्तु जिसकी चाह हो

A. श्रेष्ठ B. आवश्यक

C. इच्छित D. अभीष्ट

22. दूसरों के पीछे चलने वाला
A. अनुयायी B. अनुज
C. अनुचर D. अनुकरणीय

23. जो पहले न पढ़ा हो
A. पठित B. अपठित
C. पठनीय D. अपठनीय

24. जिसके आर-पार दिखाई देता हो
A. अपारदर्शी B. गम्य
C. अगम्य D. पारदर्शी

25. आज्ञा पालन करने वाला
A. शिष्य B. शिष्या
C. अनुचर D. आज्ञाकारी

26. काम से जी चुराने वाला
A. कामचोर B. आलसी
C. कर्मठ D. परिश्रमी

27. प्रतिदिन होने वाला
A. दैनिक B. शाश्वत
C. सनातन D. अमर

28. जिसका कोई अर्थ न हो
A. सार्थक B. निरर्थक
C. आर्थिक D. अनार्थिक

29. उपकार मानने वाला
A. कृतज्ञ B. कृतघ्न
C. विश्वासी D. अनुयायी

30. हाथ से लिखा हुआ
A. पठनीय B. अपठनीय
C. स्पष्ट D. हस्तलिखित

उत्तरमाला

1. D	**2.** D	**3.** A	**4.** A	**5.** D
6. D	**7.** C	**8.** D	**9.** B	**10.** D
11. A	**12.** A	**13.** D	**14.** B	**15.** A
16. A	**17.** B	**18.** D	**19.** B	**20.** A
21. C	**22.** C	**23.** B	**24.** D	**25.** D
26. A	**27.** A	**28.** B	**29.** A	**30.** D

अभ्यास-11

निर्देशः *नीचे कुछ संज्ञा शब्द दिए जा रहे हैं। प्रत्येक के संज्ञा-भेद के लिए चार विकल्प दिए गये है। सही विकल्प का चयन कीजिए :*

1. तुलसीदास
A. जातिवाचक B. भाववाचक
C. व्यक्तिवाचक D. समूहवाचक

2. यमुना
A. व्यक्तिवाचक B. जातिवाचक
C. समूहवाचक D. भाववाचक

3. बच्चा
A. जातिवाचक B. समूहवाचक
C. भाववाचक D. व्यक्तिवाचक

4. मानवता
A. भाववाचक B. जातिवाचक
C. द्रव्यवाचक D. समूहवाचक

5. हिमालय
A. व्यक्तिवाचक B. जातिवाचक
C. भाववाचक D. समूहवाचक

6. भारत
A. जातिवाचक B. भाववाचक
C. व्यक्तिवाचक D. समूहवाचक

7. एशिया
A. व्यक्तिवाचक B. भाववाचक
C. द्रव्यवाचक D. समूहवाचक

8. महाराष्ट्र
A. जातिवाचक B. व्यक्तिवाचक
C. समूहवाचक D. द्रव्यवाचक

9. सूर सागर
A. व्यक्तिवाचक B. भाववाचक
C. द्रव्यवाचक D. समूहवाचक

10. सोमवार
A. जातिवाचक B. व्यक्तिवाचक
C. द्रव्यवाचक D. समूहवाचक

11. खटमल
A. जातिवाचक B. व्यक्तिवाचक
C. द्रव्यवाचक D. समूहवाचक

12. मैना
A. जातिवाचक B. व्यक्तिवाचक
C. द्रव्यवाचक D. समूहवाचक

13. चाँदी
A. द्रव्यवाचक B. समूहवाचक
C. भाववाचक D. व्यक्तिवाचक

14. अच्छाई
A. भाववाचक B. समूहवाचक
C. जातिवाचक D. व्यक्तिवाचक

15. पीतल
A. द्रव्यवाचक B. भाववाचक
C. व्यक्तिवाचक D. जातिवाचक

16. वीरता
A. भाववाचक B. जातिवाचक
C. द्रव्यवाचक D. समूहवाचक

17. रूस
A. जातिवाचक B. व्यक्तिवाचक
C. भाववाचक D. द्रव्यवाचक

18. लम्बाई
A. भाववाचक B. समूहवाचक
C. द्रव्यवाचक D. व्यक्तिवाचक

19. दल
A. जातिवाचक B. व्यक्तिवाचक
C. समूहवाचक D. द्रव्यवाचक

20. मार्च
A. समूहवाचक B. व्यक्तिवाचक
C. द्रव्यवाचक D. जातिवाचक

21. झुण्ड
A. समूहवाचक B. जातिवाचक
C. व्यक्तिवाचक D. द्रव्यवाचक

22. टोली
A. जातिवाचक B. व्यक्तिवाचक
C. समूहवाचक D. द्रव्यवाचक

23. सुभाष चौक
A. जातिवाचक B. समूहवाचक
C. व्यक्तिवाचक D. भाववाचक

24. संघ
A. जातिवाचक B. द्रव्यवाचक
C. समूहवाचक D. भाववाचक

25. गिरोह
A. समूहवाचक B. द्रव्यवाचक
C. जातिवाचक D. भाववाचक

उत्तरमाला

1. C	**2.** A	**3.** A	**4.** A	**5.** A
6. C	**7.** A	**8.** B	**9.** A	**10.** B
11. A	**12.** A	**13.** A	**14.** A	**15.** A
16. A	**17.** B	**18.** A	**19.** C	**20.** B
21. A	**22.** C	**23.** C	**24.** C	**25.** A

अभ्यास-12

निर्देशः *नीचे दिए गए वाक्य में रिक्त स्थान है। प्रत्येक वाक्य के नीचे कारक चिह्न दिए गए हैं। रिक्त स्थान की पूर्ति के लिए उपयुक्त कारक चिह्न का चयन कीजिए :*

1. निम्नलिखित शब्दों........अर्थ बताइए
A. का B. के
C. से D. पर

2. सरकार मुझे नौकरी........मत निकालिए
A. पर B. में
C. से D. को

3. इस कथन........पुष्टि कीजिए
A. को B. से
C. की D. ने

4. छात्र-छात्राएँ राष्ट्र........सम्पत्ति और उसके भावी कर्णधार होते हैं
A. के B. की
C. को D. में

5. प्रत्येक प्रश्न........चार सम्भावित उत्तर दिए गए हैं
A. के लिए B. में
C. के D. से

6. माता बच्चे........पढ़ाती है
A. को B. के
C. की D. से

7. गुरुजी........सबसे छोटे लड़के को एक नारंगी दी
A. ने B. को
C. से D. के लिए

8. मोहन सोहन से मिलने........गया है
A. से B. के
C. को D. के लिए

9. उसने कलम........लिखा
A. के B. में
C. पर D. से

10. मैं ड्राइवर........गाड़ी चलवाता हूँ
A. के B. पर
C. में D. से

11. शिक्षक छात्रों........पुस्तक पढ़वाते हैं
A. के लिए B. मैं
C. पर D. से

12. मैंने दाढ़ी........उसे मुसलमान समझ लिया
A. से B. के
C. को D. के लिए

13. श्याम अपने भाई हरि........आम लाया है
A. के B. के लिए
C. का D. पर

14. मोहन घर........आता है
A. में B. पर
C. से D. का

15. उसे पाँच दिनों........मूर्च्छा आया करती है
A. पर B. से
C. के D. को

16. मेधावी छात्र परीक्षा........चोरी नहीं करते
A. में B. पर
C. से D. के लिए

उत्तरमाला

1. A	**2.** C	**3.** C	**4.** B	**5.** C
6. A	**7.** A	**8.** D	**9.** D	**10.** D
11. D	**12.** A	**13.** B	**14.** C	**15.** B
16. D				

गद्यांश (अपठित-बोध)

गद्यांश 1

यदि हम निरन्तर प्रयत्न करेंगे तो निश्चय ही अपने सभी लक्ष्यों को प्राप्त कर लेंगे, किन्तु प्रायः देखा जाता है कि अधिक आशावादी लोग थोड़ा सा प्रयत्न करके अधिक फल की कामना करने लगते हैं और मनोवांछित फल प्राप्त न होने पर निराश हो जाते हैं। अतः जीवन में सफलता प्राप्त करने के लिए परिस्थितियों के समक्ष घुटने न टेकें, बल्कि दृढ़ता से उनका मुकाबला करें। याद रखें, जितना कठोर हमारा परिश्रम होगा उसका फल भी उतना ही मीठा होगा।

उपर्युक्त गद्यांश को ध्यानपूर्वक पढ़ें और निम्न प्रश्नों के उत्तर के लिए सही विकल्प को चुनें:

1. फल न मिलने पर कौन निराश हो जाते हैं?
A. आशावादी लोग B. कम आशावादी लोग
C. अधिक आशावादी लोग D. निराशावादी लोग

2. लक्ष्य प्राप्ति के लिए क्या किया जाना चाहिए?
A. फल की कामना B. हिम्मत से मुकाबला
C. निरन्तर प्रयत्न D. परिस्थितियों से मुकाबला

3. आशावादी शब्द का विलोम शब्द है:
A. निराश B. निराशावादी
B. दुखी D. अप्रसन्न

4. मनोवांछित शब्द का क्या अर्थ है?
A. इच्छित B. परीक्षित
C. लाभदायक D. मन को खुश करने वाले

5. परिश्रम शब्द का अर्थ है:
A. साहस B. हिम्मत
C. काम D. कठिन मेहनत

गद्यांश 2

पन्द्रह अगस्त 1947 को हमारा देश स्वतंत्र हुआ। स्वतन्त्रता प्राप्ति के बाद विश्व के दूसरे देशों के साथ भारत के राजनयिक एवं सांस्कृतिक सम्बन्ध जुड़े। पर्यटकों के साथ-साथ राजनीतिज्ञों और साहित्यकारों को भी विदेश यात्रा के पर्याप्त अवसर मिले। विभिन्न प्रकार की छात्रवृत्तियों के माध्यम से बहुत से लोग विदेशों में पढ़ने गए। बहुत से लोगों ने विदेशों में उपलब्ध आजीविका के अवसरों का लाभ उठाया। इन सबके परिणामस्वरूप प्रचुर मात्रा में यात्रावृत्तांत लिखे गए। विदेश-विषयक यात्रावृतांत्तों में रूस और स्वदेश-विषयक यात्रावृतांत्तों में लेखकों की दृष्टि कश्मीर से कन्याकुमारी तक व्याप्त हुई।

उपर्युक्त गद्यांश को ध्यानपूर्वक पढ़ें और निम्नलिखित प्रश्नों के उत्तर के लिए सही विकल्प को चुनें:

1. भारत कब स्वतंत्र हुआ?
A. 15 अगस्त 1947 B. 15 अगस्त 1946
C. 15 अगस्त 1948 D. 15 अगस्त 1949

2. स्वतंत्र भारत के अन्य देशों के साथ किस प्रकार के संबंध जुड़े?
A. राजनीतिक
B. राजनयिक
C. धार्मिक
D. राजनयिक एवं सांस्कृतिक

3. आजीविका का क्या अर्थ है?
A. उपार्जन B. वेतन
C. मेहनत D. रोजगार

4. यात्रा-वृत्तांत का क्या अर्थ है?
A. भ्रमण B. पर्यटन
C. सफरनामा D. विदेशभ्रमण

5. स्वतंत्र का विलोम शब्द है:
A. परतंत्र B. आजाद
C. गुलामी D. मुक्ति

गद्यांश 3

युवा वर्ग का मस्तिष्क नई-नई बातों की ओर ज्यादा तेज दौड़ता है। उसमें अन्य वर्ग के व्यक्तियों से अधिक आवेश और शक्ति होती है। इस अवस्था में यदि सही शिक्षा और उचित मार्ग-दर्शन न मिले तो यही शक्ति प्रेरणा और निर्माण के स्थान पर विनाश की ओर ले जाती है। बिगड़ने और बनने की यही आयु होती है। दुर्भाग्य से हमारे देश में शिक्षा पद्धति केवल उपाधि बाँटने का काम ही करती है। एक सम्पूर्ण व्यक्तित्वपूर्ण मनुष्य बनाना आज की शिक्षा पद्धति के लिए मुश्किल है।

उपर्युक्त गद्यांश को ध्यानपूर्वक पढ़ें और निम्नलिखित प्रश्नों के उत्तर के लिए सही विकल्प को चुनें।

1. निर्माण का विलोम शब्द क्या हैं?
A. रचना B. बनावट
C. विनाश D. सृजन

2. मार्ग-दर्शन का क्या अर्थ है?
A. उपाधि B. रास्ता
C. उद्देश्य D. रास्ता दिखलाना

3. शक्ति विनाश की ओर कब अग्रसर होती है?
A. अधिक आवेश और शक्ति के अभाव में
B. सही शिक्षा और उचित मार्ग दर्शन के अभाव में
C. दुर्भाग्यपूर्ण शिक्षा पद्धति के कारण
D. इनमें से कोई नहीं

4. हमारे देश की शिक्षा पद्धति क्या कार्य करती है?
A. मार्ग-दर्शन B. शक्ति प्रेरणा
C. उपाधि देना D. उपर्युक्त सभी

5. दुर्भाग्य का विपरीत शब्द है:
A. भाग्य B. सौभाग्य
C. भाग्यशाली D. भाग्यवान

गद्यांश 4

भिखारी की भाँति गिड़गिड़ाना प्रेम की भाषा नहीं है। यहाँ तक कि मुक्ति के लिए भगवान् की उपासना करना भी अधम उपासना में गिना जाता है। प्रेम कोई पुरस्कार नहीं चाहता। प्रेम सर्वथा प्रेम के लिए ही होता है। भक्त इसलिए प्रेम करता है कि बिना प्रेम किए वह रह ही नहीं सकता। जब तुम किसी मनोहर प्राकृतिक दृश्य को देखकर उस पर मोहित हो जाते हो तो तुम किसी फल की याचना नहीं करते और न वह दृश्य ही तुमसे कुछ माँगता है। फिर भी उस दृश्य का दर्शन तुम्हारे मन को आनंद से भर देता है।

उपर्युक्त गद्यांश को ध्यानपूर्वक पढ़ें और निम्नलिखित प्रश्नों के उत्तर के लिए सही विकल्प का चयन करें:

1. प्रेम का उद्देश्य क्या होता है?

A. मुक्ति B. उपासना
C. भक्ति D. प्रेम

2. मुक्ति का अर्थ है:

A. आजादी B. स्वतंत्रता
C. परतंत्र D. निर्वाण

3. कैसी उपासना अधम मानी गई है?

A. प्रेम की उपासना B. भगवान की उपासना
C. मुक्ति की उपासना D. भक्ति की उपासना

4. मनोहर शब्द हैं:

A. विशेषण B. संज्ञा
C. सर्वनाम D. अव्यव

5. प्राकृतिक शब्द का अर्थ है:

A. ईश्वरीय B. मानव संबंधी
C. प्रकृति संबंधी D. प्रेम संबंधी

गद्यांश 5

कुछ लोग भाग्यवादी होते हैं और सब-कुछ भाग्य के सहारे छोड़कर कर्म से विरत हो जाते हैं। ऐसे लोग समाज के लिए बोझ हैं। वे कभी कोई बड़ा काम नहीं कर पाते। बड़ी-बड़ी खोज, बड़े-बड़े आविष्कार और बड़े-बड़े निर्माण कार्य कर्मशील लोगों के द्वारा ही संभव हो सके हैं। हम अपनी बुद्धि और प्रतिभा तथा कार्य-क्षमता के बल पर सही मार्ग पर चल सकते हैं, किन्तु बिना कठिन श्रम के अपने लक्ष्य तक नहीं पहुँच सकते। कठिन परिश्रम करने के बाद पाई गई सफलता हमारे मन को अलौकिक आनंद से भर देती है। यदि हम अपने कार्य में अपेक्षित श्रम नहीं करते तो हमारा मन ग्लानि का अनुभव करता है।

उपर्युक्त गद्यांश को ध्यानपूर्वक पढ़ें और निम्नलिखित प्रश्नों के उत्तर के लिए सही विकल्प चुनें:

1. "आविष्कार" शब्द का अर्थ है :

A. अनुसंधान B. खोज
C. निर्माण D. विनाश

2. **अलौकिक** शब्द का क्या अर्थ है?

A. संसारिक B. भौतिक
C. अमानुषी D. प्राकृतिक

3. सफलता का विलोम क्या है?

A. सफल B. असफल
C. सफलतापूर्वक D. असफलता

4. परिश्रम करने और न करने से हमारे जीवन पर क्या प्रभाव पड़ता है?

A. लोग भाग्यवादी बन जाते हैं
B. कर्म से विरत हो जाते हैं
C. मन में ग्लानि का अनुभव होता है
D. इनमें से कोई नहीं

5. किस प्रकार के लोग समाज के लिए बोझ हैं?

A. भाग्यवादी B. कर्मठ
C. परिश्रमी D. प्रतिभाशाली

गद्यांश 6

वैदिक काल से हिमालय के पहाड़ बहुत पवित्र माने जाते हैं। इसमें कोई सन्देह नहीं कि हिमालय के पहाड़ों का दृश्य अति सुन्दर है। उसकी विशालता को देखकर मन में आनन्द और कृतज्ञता की लहर उठती है। ऐसा लगता है कि यह विशाल सृष्टि प्रभु की अनुपम देन है। सारी सृष्टि के प्रति समभाव जाग्रत होता है। वस्तुतः यह दृष्टि कोरी कल्पनात्मक या आध्यात्मिक नहीं है। देखा जाए तो सारे भारत की जलवायु का समतोल करने वाले यह हिमालय के पहाड़ हैं, विशेषकर उत्तरी भारत को वर्षा और पानी देने वाले ये ही हैं। गंगोत्री, यमुनोत्री, बद्री, केदार को तीर्थ माना जाता है, जो व्यर्थ कल्पना नहीं है। उन स्थानों से निकलने वाली पवित्र नदियाँ ही वास्तव में हमारी प्राणदात्री रही हैं।

उपर्युक्त गद्यांश को ध्यानपूर्वक पढ़ें और निम्नलिखित प्रश्नों के उत्तर के लिए सही विकल्प चुनें :

1. हिमालय के पर्वत बहुत पवित्र कब से माने जाते हैं?

A. पाषाण काल से B. वैदिक काल से
C. प्राचीन काल से D. आधुनिक काल से

2. विशालता शब्द है :

A. जातिवाचक B. भाववाचक
C. विशेषण D. सर्वनाम

3. भारत की जलवायु को समतोल कौन करता है?

A. गंगोत्री B. यमुनोत्री
C. केदार D. हिमालय

4. सृष्टि का समानार्थक शब्द है :

A. सृजन B. रचना
C. प्रकृति D. संसार

5. प्राणदात्री का क्या अर्थ है?

A. गंगोत्री
B. यमुनोत्री
C. प्राणसंचार करने वाली
D. समभाव जाग्रत करने वाली

गद्यांश 7

सच्चा मित्र एक शिक्षक की भाँति होता है। जिस प्रकार शिक्षक अपने छात्र को सन्मार्ग की ही ओर अग्रसर करता है, उसी प्रकार एक सच्चा मित्र अपने मित्र को पाप के गर्त में गिरने से बचाता है। मानव-जीवन अधिक रहस्यपूर्ण है। कभी-कभी जीवन में ऐसे अवसर उपस्थित हो जाते हैं, जब मनुष्य की धर्मबुद्धि नष्ट हो जाती है और उसका मन द्रुत गति से पाप की ओर दौड़ता है। ऐसे समय में मित्र का ही उपदेश अधिक कल्याणकारी सिद्ध होता है। मित्र के उपदेश का जितना प्रभाव हृदय पर पड़ता है, उतना और किसी का नहीं पड़ता है।

उपर्युक्त गद्यांश को ध्यानपूर्वक पढ़ें और निम्नलिखित प्रश्नों के उत्तर के लिए सही विकल्प चुनें :

1. सच्चा मित्र किस प्रकार का होता है?
A. विपत्ति में सहायता देने वाला
B. गलत मार्ग पर चलने से रोकने वाला
C. शिक्षक के भाँति
D. धार्मिक गुरु की तरह

2. सन्मार्ग शब्द का विपरीत शब्द है :
A. अग्रसर B. कुमार्ग
C. सुमार्ग D. मार्गदर्शक

3. व्यक्ति को पाप के गर्त्त में गिरने से कौन बचाता है?
A. शिक्षक B. भाई
C. पिता D. सच्चा मित्र

4. मानव पाप की ओर कब दौड़ता है?
A. जब स्वार्थी बन जाता है
B. जब धर्म-बुद्धि नष्ट हो जाती है
C. जब सच्चामित्र साथ छोड़ देता है
D. जब धनवान बन जाता है

5. उपदेश में कौन-सा उपसर्ग है?
A. उ B. उप
C. दे D. देश

गद्यांश 8

सब तरह के भावों को प्रकट करने की योग्यता रखने वाली और निर्दोष होने पर भी यदि कोई भाषा अपना निज का साहित्य नहीं रखती, तो वह रूपवती भिखारिन की तरह कदापि आदरणीय नहीं हो सकती। उनकी शोभा, उसकी बड़ी सम्पन्नता, उसकी मान-मर्यादा उसके साहित्य पर ही अवलम्बित रहती है। उसके विचारों और राजनैतिक स्थितियों का प्रतिबिम्ब देखने को यदि कहीं मिल सकता है, तो उसके ग्रन्थ साहित्य में मिल सकता है। सामाजिक शक्ति या सजीवता, सामाजिक अशक्ति या निर्जीवता और सामाजिक सभ्यता तथा असभ्यता का निर्णायक एकमात्र साहित्य है।

उपर्युक्त गद्यांश को ध्यानपूर्वक पढ़ें और निम्नलिखित प्रश्नों के उत्तर के लिए सही विकल्प चुनें :

1. साहित्य विहीन भाषा किस प्रकार की होती है?
A. आदरणीय B. भिखारिन
C. रूपवती D. रूपवती भिखारिन

2. रूपवती का पुल्लिंग रूप है:
A. रूपवान B. सुन्दर
C. सुन्दरी D. रूपवत

3. भाषा की मान मर्यादा किस पर निर्भर करती है?
A. लिपि पर B. साहित्यकार पर
C. भक्ति पर D. साहित्य पर

4. ''सम्पन्नता'' शब्द का विपरीत शब्द है:
A. गरीबी B. विपन्न
C. अमीर D. विपन्नता

5. राजनैतिक, सामाजिक शक्ति का दर्शन हमें किसमें मिलता है?
A. समाज B. राज्य
C. नेता D. साहित्य

गद्यांश 9

स्वतंत्र भारत का सम्पूर्ण दायित्व आज विद्यार्थियों के ही ऊपर है, क्योंकि आज जो विद्यार्थी हैं, वे ही कल स्वतंत्र भारत के नागरिक होंगे। भारत की उन्नति, उसका उत्थान उन्हीं की उन्नति और उत्थान पर निर्भर करता है। अतः विद्यार्थियों को चाहिए कि वे अपने भावी जीवन का निर्माण बड़ी सतर्कता और सावधानी के साथ करें। उन्हें प्रत्येक क्षण अपने राष्ट्र, अपने समाज, अपने धर्म, अपनी संस्कृति को अपनी आँखों के सामने रखना चाहिए, जिससे उनके जीवन से राष्ट्र को कुछ बल प्राप्त हो सके। जो विद्यार्थी राष्ट्रीय दृष्टिकोण से अपने जीवन का निर्माण नहीं करते, वे राष्ट्र और समाज के लिए भार-स्वरूप हैं।

उपर्युक्त गद्यांश को ध्यानपूर्वक पढ़ें और निम्नलिखित प्रश्नों के उत्तर के लिए सही विकल्प चुनें :

1. भारत की उन्नति किस पर निर्भर करती है?
A. युवाओं पर B. नेताओं पर
C. साहित्यकारों पर D. विद्यार्थियों पर

2. **उन्नति** का समानार्थक शब्द है :
A. पतन B. उत्थान
C. विकास D. उदय

3. **उत्थान** का विपरीत शब्द है :
A. उदय B. पतन
C. पराजय D. हार

4. किसे अपने जीवन का निर्माण सतर्कता और सावधानी से करना चाहिए?
A. युवाओं को B. नेताओं को
C. बच्चों को D. विद्यार्थियों को

5. धर्म, संस्कृति तथा समाज का रक्षक कौन है?
A. नागरिक B. ग्रामीण
C. विद्यार्थी D. युवा

गद्यांश 10

हास्य एक ऐसा माध्यम है, जो नीरस-जीवन को भी सुखद बना देता है। हास्य का जादू इतना प्रभावशाली होता है कि वह छूत के रोग की तरह चारों ओर फैल जाता है। जिसने कभी हँसना नहीं सीखा, सचमुच उसने जीना नहीं सीखा। सामान्यतः मनुष्य को जीवन में इतनी मुसीबतें झेलनी पड़ती हैं कि वह अपने जीवन को पहाड़ समझने लगता है। ऐसे दूभर जीवन को यदि जीने योग्य बनाना हो तो उसके लिए आवश्यक है कि जीवन में हँसने की गुंजाइश हो। हँसी के सहारे मनुष्य अपने कष्टों को भुलाने का प्रयत्न करता है। संघर्ष, तनाव, व्यस्तता, घुटन यदि आज के जीवन की सहज देन हैं, तो इनसे बचने के लिए यह आवश्यक है कि हम हँसना सीखें।

उपर्युक्त गद्यांश को ध्यानपूर्वक पढ़ें और निम्नलिखित प्रश्नों के उत्तर के लिए सही विकल्प चुनें :

1. नीरस जीवन को कौन सुखद बना देता है?

A. संगीत B. गीत
C. आमोद प्रमोद D. हास्य

2. **नीरस** का संधि विच्छेद है :

A. नी + रस B. नि + रस
C. निः + रस D. नीः + रस

3. किसका जीवन व्यर्थ है?

A. जिसने रोना नहीं सीखा
B. जिसने हँसना नहीं सीखा
C. जिसने गाना नहीं सीखा
D. इनमें से कोई नहीं

4. **हँसना** शब्द है :

A. संज्ञा B. विशेषण
C. क्रिया विशेषण D. क्रिया

5. तनाव और घुटन से बचने के लिए क्या करना चाहिए?

A. रोना चाहिए B. गाना चाहिए
C. हँसना चाहिए D. काम करना चाहिए

गद्यांश 11

किसी पुस्तक को पढ़ने में जल्दी नहीं करनी चाहिए, जो कुछ लेखक कहता है, उसे समझने की चेष्टा करनी चाहिए। प्रत्येक शब्द का अर्थ समझने की चेष्टा करनी चाहिए। यदि लेखक योग्य है, तो दूसरी बार वह पुस्तक और अधिक आनन्द देगी और तीसरी बार और अधिक। प्रत्येक बार अध्ययन करने पर आपको नवीन सुन्दर और नए विचार मिलेंगे और उसे आप जितना ही पढ़ेंगे, उतना ही स्नेह करने लगेंगे। सहस्रों व्यक्तियों ने गीता और रामायण तथा कुरान और बाइबिल को बार-बार पढ़ा है। उनका अनुभव है कि प्रत्येक बार उन्हें नई सूझ और नए विचार मिलते गए। कुछ लोग तो इस बात पर गर्व करते हैं कि उन्होंने अमुक पुस्तक को अनेक बार पढ़ा है, उन्हें कंठस्थ हो गई है।

उपर्युक्त गद्यांश को ध्यानपूर्वक पढ़ें और निम्नलिखित प्रश्नों के उत्तर के लिए सही विकल्प चुनें :

1. किसे समझने की चेष्टा करनी चाहिए?

A. पुस्तक B. रामायण
C. महाभारत D. गीता

2. पुस्तक की सजीवता किस पर निर्भर करती है?

A. लेखक B. प्रकाशक
C. पाठक D. चिन्तक

3. **आनन्द** का विपरीत शब्द है :

A. शोक B. दुख
C. संताप D. खुशी

4. नवीन, सुन्दर और नए विचार हमें कहाँ से प्राप्त होता हैं?

A. पुस्तक को बार-बार पढ़कर
B. सुनकर
C. भाषण से
D. अच्छे व्यक्तियों से मिलने पर

5. **कंठस्थ** शब्द का शब्दार्थ है :

A. कंठ में स्थित B. सुंदर कंठ
C. जबानी याद D. पंडित जी

गद्यांश 12

अहिंसा परम धर्म है और हिंसा आपद् धर्म। मनुष्य बराबर अहिंसा की ओर चलना चाहता है, किन्तु परिस्थितियाँ उससे हिंसा कराती है, अर्थात् परमधर्म की रक्षा के लिए आदमी बराबर आपद्धर्म से काम लेता रहा है। भारत अपनी सेनाओं को विघटित कर दे, तब भी उसका अपमान उससे अधिक होने वाला नहीं, जितना नेफा में हुआ। किन्तु परमधर्म पर टिकने की सामर्थ्य अगर भारत में नहीं है, तो आपद्धर्म पर उसे आना चाहिए। व्यवहारतः आपद्धर्म परमधर्म का विरोधी नहीं, उसका रक्षक है।

उपर्युक्त गद्यांश को ध्यानपूर्वक पढ़ें और निम्नलिखित प्रश्नों के उत्तर के लिए सही विकल्प चुनें :

1. **परमधर्म** का विपरीत शब्द है :

A. महान धर्म B. आपद्धर्म
C. सच्चाधर्म D. इनमें से कोई नहीं

2. आपद्धर्म किसे कहा जाता है?

A. अहिंसा B. सत्याग्रह
C. विपत्ति D. हिंसा

3. मानव से हिंसा कौन करवाती है?

A. लोभ B. स्वार्थ
C. द्वेष D. परिस्थितियाँ

4. **सामर्थ्य** का शब्दार्थ है :

A. संघर्ष B. परिश्रम
C. शक्ति D. पराक्रम

5. **परमधर्म** की रक्षा कौन करता है?

A. अहिंसा B. हिंसा
C. आपदधर्म D. युद्ध

गद्यांश 13

वर्तमान काल विज्ञापन का युग माना जाता है। समाचार-पत्रों के अतिरिक्त रेडियो और टेलीविजन भी विज्ञापन के सफल साधन हैं। विज्ञापन का मूल उद्देश्य उत्पादक और भोक्ता में सीधा सम्पर्क स्थापित करना होता है। जितना अधिक विज्ञापन किसी पदार्थ का होगा, उतनी ही उसकी लोकप्रियता बढ़ेगी। इन विज्ञापनों पर धन तो अधिक व्यय होता है, पर इनसे बिक्री बढ़ जाती है। ग्राहक जब इन आकर्षक विज्ञापनों को देखता है तो वह उस वस्तु-विशेष के प्रति आकृष्ट होकर उसे खरीदने को बाध्य हो जाता है।

उपर्युक्त गद्यांश को ध्यानपूर्वक पढ़ें और निम्नलिखित प्रश्नों के उत्तर के लिए सही विकल्प चुनें :

1. वर्तमान को किसका युग माना जाता है?
A. फैशन B. विज्ञापन
C. संगीत D. धन

2. उत्पादक तथा भोक्ता के बीच कौन संबंध स्थापित करता है?
A. टेलीविजन B. समाचार-पत्र
C. रेडियो D. विज्ञापन

3. **वर्तमान** शब्द का विपरीत शब्द है :
A. अर्वाचीन B. आधुनिक
C. आजकल D. प्राचीन

4. **आकर्षक** का शब्दार्थ है :
A. विकर्षक B. सुन्दर
C. मनमोहक D. आश्चर्यजनक

5. भोक्ता किस कारण वस्तुओं को खरीदने के लिए बाध्य हो जाता है?
A. विज्ञापन
B. आकर्षक विज्ञापन
C. लोकप्रियता के कारण
D. आसानी से उपलब्ध होना

गद्यांश 14

लगभग दो सौ वर्ष की गुलामी ने भारत के राष्ट्रीय स्वाभिमान को पैरों से रौंद डाला, हमारी संस्कृति को समाप्त कर दिया, हमारे विश्वासों को हिला दिया और हमारे आत्मविश्वास को चकनाचूर कर दिया, किन्तु अपने इस बूढ़े देश से प्यार करने वाले, इसके एक सामान्य संकेत पर प्राण न्यौछावर करने वाले दीवानों का अभाव न था। एक आवाज उठी और देखते ही देखते राष्ट्र का दबा हुआ आत्माभिमान उन्मत्त हो उठा। इतिहास साक्षी है जाने और अनजाने सहस्त्रों देशभक्त स्वतंत्रता की अनमोल निधि को पाने के लिए शहीद हो गए।

उपर्युक्त गद्यांश को ध्यानपूर्वक पढ़ें और निम्नलिखित प्रश्नों के उत्तर के लिए सही विकल्प चुनें :

1. **स्वाभिमान** का संधि विच्छेद है:
A. स्वा + भिमान B. स्वः + अभिमान
C. स्व + अभिमान D. स्वा + अभिमान

2. भारत का राष्ट्रीय स्वाभिमान किस कारण समाप्त हो गया था?
A. लम्बे गुलामी से B. निरंकुश शासक से
C. स्वार्थी मानव से D. धर्म के विनाश से

3. **आत्मविश्वास** का शब्दार्थ है
A. घमण्ड B. गर्व
C. अपने पर विश्वास D. अभिमान

4. भारत की अनमोल निधि को पाने के लिए कौन शहीद हो गए?
A. देशभक्त B. नेता
C. युवा D. युवती

5. **अनमोल निधि** का शब्दार्थ है:
A. अनन्त खजाना B. अमूल्य खजाना
C. बहुमूल्य D. स्वतंत्रता

गद्यांश 15

दुनिया के विभिन्न देशों के विकास पर विहंगम दृष्टि डालने से यह स्पष्ट हो जाता है कि आज जिस देश ने वैज्ञानिक उपलब्धियों के सहारे अपना औद्योगीकरण कर लिया, उसी को उन्नत देश कहा जाता है। जिस देश में औद्योगीकरण का स्तर नीचा है, वह पिछड़ा हुआ देश कहा जाता है। वैज्ञानिक आविष्कारों और औद्योगीकरण के आधार पर ही किसी देश की प्रगति को आँका जाता रहा है। विज्ञान ने मानव को पूरी तरह बदल दिया है।

उपर्युक्त गद्यांश को ध्यानपूर्वक पढ़ें और निम्नलिखित प्रश्नों के उत्तर के लिए सही विकल्प चुनें :

1. **विहंगम दृष्टि** का क्या अर्थ है?
A. एक झलक B. गहन दृष्टि
C. गहन चिन्तन D. इनमें से कोई नहीं

2. **विकास** का विपरीत शब्द है :
A. उत्थान B. उदय
C. पतन D. विनाश

3. **वैज्ञानिक** शब्द में कौन-सा प्रत्यय हैं?
A. निक B. वै
C. ईक D. इक

4. मानव जीवन को किसने बदल दिया है :
A. विकास B. वैज्ञानिक
C. विज्ञान D. उद्योग

5. किसी भी देश की स्तर को किससे नापा जाता है?
A. उपलब्धियों पर B. औद्योगीकरण से
C. वैज्ञानिकों से D. आविष्कारों से

गद्यांश 16

विश्व का वर्तमान उन्नत रूप मानव-श्रम की ही कहानी कह रहा है। गगन चुंबी अट्टालिकाएँ, लंबी-चौड़ी सड़कें, बड़े-बड़े विशाल नगर आकाश में उड़ते वायुयान तथा मानव-जीवन को सुखी और समृद्ध बनाने में योगदान करने वाले ज्ञान-विज्ञान के अनन्त रूप-ये सभी मनुष्य के श्रम का जयघोष करते हैं। स्पष्ट है कि मनुष्य और उसका शरीर विधाता की अनुपम रचना है जो निश्चय ही महान उद्देश्यों की संपूर्ति के

लिए दिया गया है। इस दुर्लभ तन को यदि हम आलस्य, प्रसाद अथवा घटिया कामों में गँवा देते हैं तो उस विधाता के प्रति अन्याय करते हैं।

उपर्युक्त गद्यांश को ध्यानपूर्वक पढ़ें और निम्नलिखित प्रश्नों के उत्तर के लिए सही विकल्प चुनें :

1. विश्व का वर्तमान रूप किसका उद्योतक है?
   A. चिन्तक का B. नेता का
   C. वैज्ञानिक का D. मानव श्रम
2. **गगन चुंबी अट्टालिकाएँ** का अर्थ है :
   A. आकाश में उड़ने वाला B. आकाश को छूने वाला
   C. बहुमंजिली इमारत D. इनमें से कोई नहीं
3. आकाश का समानार्थक शब्द है :
   A. वसुन्धरा B. धरा
   C. पयोद D. गगन
4. **सुखी** का विपरीत शब्द है :
   A. प्रसन्न B. अप्रसन्न
   C. दुखी D. उदासी
5. विधाता की अनुपम रचना क्या है?
   A. मानव शरीर B. समुद्र
   C. वन D. पृथ्वी

गद्यांश 17

हमारे देश में एक ऐसा भी युग था जब नैतिक और आध्यात्मिक विकास ही जीवन का वास्तविक लक्ष्य माना जाता था। अहिंसा की भावना सर्वोपरि थी। आज पूरा जीवन दर्शन ही बदल गया है। सर्वत्र पैसे की हाय-हाय तथा धन का उपार्जन ही मुख्य ध्येय हो गया है, भले ही धन-उपार्जन के तरीके गलत ही क्यों न हों? इन सबका असर मनुष्य के प्रतिदिन के जीवन पर पड़ रहा है। समाज का वातावरण दूषित हो गया है—

बाह्य वातावरण तो दूषित है ही, आज सब जानते हैं पर्यावरण की समस्याएँ कितनी चिन्तनीय हो उठी है। इन सबके कारण मानसिक और शारीरिक तनाव-खिंचाव और व्याधियाँ पैदा हो रही हैं।

उपर्युक्त गद्यांश को ध्यानपूर्वक पढ़ें और निम्नलिखित प्रश्नों के उत्तर के लिए सही विकल्प चुनें :

1. भारत का प्राचीन आदर्श था :
   A. सत्य और अहिंसा B. नैतिक और आध्यात्मिक विकास
   C. धन उपार्जन D. इनमें से कोई नहीं
2. **अहिंसा** का विपरीत शब्द है :
   A. हिंसा B. सत्याग्रह
   C. विनम्रता D. नैतिकता
3. जीवन दर्शन क्यों बदल गया है?
   A. हिंसा के कारण B. अहिंसा के कारण
   C. धन लिप्सा के कारण D. आध्यात्मिक विकास के कारण
4. समाज का वातावरण दूषित क्यों हो गया है?
   A. शारीरिक तनाव B. मानसिक व्याधियाँ
   C. पर्यावरण की समस्याएँ D. धन उपार्जन के गलत तरीके
5. **पर्यावरण** का शब्दार्थ है:
   A. जलमंडल B. स्थलमंडल
   C. वायुमंडल D. वातावरण

उत्तरमाला

गद्यांश 1

1. C 2. D 3. B 4. A 5. D

गद्यांश 2

1. A 2. D 3. D 4. C 5. A

गद्यांश 3

1. C 2. D 3. B 4. C 5. B

गद्यांश 4

1. D 2. D 3. C 4. A 5. C

गद्यांश 5

1. B 2. D 3. D 4. C 5. A

गद्यांश 6

1. B 2. B 3. D 4. A 5. C

गद्यांश 7

1. C 2. B 3. D 4. B 5. B

गद्यांश 8

1. D 2. A 3. D 4. D 5. D

गद्यांश 9

1. D 2. B 3. B 4. D 5. C

गद्यांश 10

1. D 2. C 3. B 4. D 5. C

गद्यांश 11

1. A 2. A 3. A 4. A 5. C

गद्यांश 12

1. B 2. D 3. D 4. C 5. C

गद्यांश 13

1. B 2. D 3. D 4. C 5. B

गद्यांश 14

1. C 2. A 3. C 4. A 5. B

गद्यांश 15

1. A 2. D 3. C 4. C 5. B

गद्यांश 16

1. D 2. C 3. D 4. C 5. A

गद्यांश 17

1. B 2. A 3. C 4. D 5. D

●●●

English Language

1

Comprehension Passages

ENGLISH LANGUAGE COMPREHENSION

The objective of language comprehension test is to ascertain the ability of the candidates to understand the passage properly.

Therefore candidates are required to take notice of the following points:

1. Read the full passage very attentively and intelligently.
2. Try to comprehend the gist of it.
3. Make a mental note of all the important details and points given in the passage.
4. Read the passage for the second time in case you have not been able to understand it satisfactorily.
5. Divide the time proportionately for all the passages.
6. Answer the questions on the basis of facts, as given in the paragraph.
7. Don't waste much time in answering the questions of any one passage.
8. Check all the answers once again, very carefully, to see whether any question is left unanswered by mistake.

MODEL QUESTIONS (FOR PRACTICE)

Directions: *Each of the following passages is followed by five questions. Read the passage carefully and then answer the questions that follow each. For each question, four probable answers A, B, C and D are given. Only one out of these is correct. Choose the correct answer.*

PASSAGE-1

The use of words like 'welcome', 'thank you', 'please', etc., at the right moment reflects a polite nature. The civic sense also lies within the scope of good manners. We should not shout or talk loudly in public places like hospitals and libraries and create disturbance. We should not cheat people or make fun of them. Cleanliness is also necessary. We must not throw the waste on roads and make use of dustbins. We should not harm the public property as it belongs to all of us. While in a queue, discipline should be maintained. We must give fair chance to others.

1. Expressions like 'welcome' 'thank you' and 'please' reflect
A. happiness B. discipline
C. civic sense D. polite nature

2. While in a library, we should
A. respect others B. avoid arguments
C. talk in low tone D. be courteous

3. A public property belongs to
A. nobody B. all of us
C. government D. one who maintains it

4. Discipline is
A. the rule of proper conduct or action
B. the rule of road sense
C. making use of dustbins
D. forming a queue

5. The most appropriate title for this passage would be
A. Polite Nature B. Courtesy
C. Good Manners D. Civic Sense

PASSAGE-2

There is an old proverb 'Early to bed and early to rise makes a man healthy and wise.' I am in the habit of getting up early in the morning and have formed the habit of taking long morning walks in the past two years. It is a light exercise and best for physical fitness. The morning air which is fresh and pure is beneficial for the lungs. The early rays of the rising sun are good for healthy skin. 'Health is wealth' and doctors also recommend morning walk to their patients for gaining sound health and freshness of energy.

1. What is good for lungs?
A. Sunrays B. Fresh air
C. Sound sleep D. Light exercise

2. What is a light exercise?
A. Early to bed B. Early to rise
C. Morning walk D. Gaining sound health

3. What is good for skin?
A. Fresh air B. Morning air
C. Morning walk D. Rising sun's rays

4. What is best for physical fitness?
A. Light exercise B. Long morning walk
C. Early to rise D. Fresh and pure air

5. Long morning walk
A. bring sound sleep
B. ensures physical fitness
C. ensures healthy skin
D. keeps healthy, wealthy and wise

PASSAGE-3

Mahatma Gandhi lived a splendid long life and has set great moral standards before us. He showed to the world the true way to peace. He wished to see India prosper but he became a martyr for the noble cause of Hindu-Muslim unity at the time of partition when a religious fanatic, Nathuram Godse, shot him dead on January 30, 1948. His last words were 'Hey Ram'. He lived and died for his country and countryman.

1. Mahatma Gandhi showed the world the true way to
A. prosperity B. love
C. truth D. peace

2. Mahatma Gandhi became a martyr for the noble cause of
A. truth B. non-violence
C. freedom of India D. Hindu-Muslim unity

3. Mahatma Gandhi was shot dead
A. before India achieved independence
B. by a mad man
C. by an intolerant religious person
D. by a non-religious person

4. Mahatma Gandhi set great moral standards. It means
A. he was a great religious teacher
B. he was a great moralist
C. he made India morally stronger
D. moral was everything to him

5. Gandhiji lived and died for his country and countryman. It means
A. he was born in India and died in India
B. he was a patriot
C. he was a great moralist
D. he sacrified his life for India and her people

PASSAGE-4

On one hot day a crow felt very thirsty. He flew from one place to another in search of water. After long hours of labour he found a pitcher. Eagerly, he perched on the mouth of the pitcher. He found that the water was at the bottom of the vessel. He tried his best to dip his beak but did not succeed. He did not know what to do. Suddenly some pebbles lying nearby gave him an idea. One by one he dropped the pebbles with his beak into the pitcher. The level of water slowly came up to the mouth of the pitcher. The crow then drank the water and quenched his thirst.

1. The crow found a pitcher
A. as it flew
B. after many hours of labour
C. full of water
D. which was empty

2. What is the moral of the passage?
A. No pains, no gains
B. God helps those who help themselves
C. Necessity is the mother of invention
D. Try and try again, you will succeed at last

3. The crow flew from place to place
A. in search of pitcher B. in search of pebbles
C. in search of water D. in search of a vessel

4. The pitcher, the crow found
A. was full of water
B. was dry
C. had little water in the bottom
D. had water up to its mouth

5. As the crow dropped pebbles into the pitcher, what happend?
A. The pitcher broke down
B. The water leaked one of the pitcher
C. The level of water into the pitcher rose up slowly
D. Water level immediately rose to the mouth of the pitcher

PASSAGE-5

Once upon a time a crane and a fox lived in a forest. They were good friend. One day the fox invited the crane to a feast. He made a tasty food and served it before the crane on a plate. The crane could not eat anything because of the long beak. But the fox licked all his food. The crane felt insulted. He decided to teach the fox a lesson. Next day he invited the fox. He prepared the same tasty food and placed it in front of the fox inside a narrow glass. The crane ate easily while the fox looked on. Now, it was the fox's turn to remain hungry.

1. What is the moral of the passage?
A. Beware of the wicked
B. One good turn deserves another
C. Be contented with what you have
D. Tit for tat

2. The crane could not eat tasty food because the
A. food was served in a shallow plate
B. food was very hot
C. food was served in a long jar
D. crane was not hungry

3. The fox had to remain hungry because
A. the food served was not enough in quantity
B. the food was served inside a narrow glass
C. the food served was not tasty
D. the food was all liquid

4. Why did the crane feel insulted?
A. Because he was invited to feast but he could not eat anything
B. Because the food was served in a shallow plate and he could not eat
C. Because the food was too hot
D. Because the fox gulped all the food quickly

5. The crane successfully taught a lesson to the fox when he invited the fox to a feast and served the food
A. in a narrow glass B. in a large plate
C. in a broken plate D. in a long jar

PASSAGE-6

The family set down at the table and began to talk about the summer holidays. They had to decide a place to visit during the vacation. Should they go to their village or to a hill station? The parents preferred the village while the children wished to go the hill station. After few moments of discussion the elders decided to visit both the places. First they shall go to the village for a week and then stay at the hill station for the remaining days. For the first time the family shall be together during the holidays. The children were happy with the holiday plan.

1. The purpose for which the family set down at the table was
A. to decide a place to visit during the vacation
B. to educate the children how to carry articles during a visit to a hill station
C. to decide the date when they should start their journey
D. to tell the children that they will visit a hill station during this vacation

2. The final plan was to visit
A. their village
B. a hill station
C. their village as well as a hill station
D. their home town

3. The final decision was made by
A. the boys B. the girls
C. the women D. the elders

4. They decided first to go to their village and stay there for
A. a day B. a week
C. ten days D. a fortnight

5. Why were children happy?
A. Because a hill station was included in their holiday plan
B. Because a visit to their village was excluded from their holiday plan
C. Because their choice prevailed
D. Because they were going all alone to the hill station

PASSAGE-7

Once Govind intended to go on pilgrimage with his family. He asked Mirind to accompany. But for his trade's reason, he did not go with him. So Govind thought it safe to leave the box of his jewellery with him, as it was dangerous to leave it in a lone house or take it on the journey. So he went to him with the box. He took him to a lonely place under a tree and handed it over to him. He told Mirind, "Keep it safe with you. I shall return from the journey after six month then I shall take it back from you." Mirind said, "Don't worry, I shall keep it as safe as own."

1. Govind intended to go
A. for a business trip
B. to a hill station
C. on a long journey to a sacred place
D. to his home town for a long period

2. Why did Govind leave his box of jewellery with Mirind?
A. Because it was not safe to take the box with him on a long journey
B. Because Mirind was his fast friend
C. Because the box was very heavy
D. Because his house was unsafe

3. Why did Govind take Mirind to a lonely place?
A. To tell him that the box contained valuable jewellery
B. So that no third person could see box
C. To show him what was within the box
D. To tell him that the box will remain with him

4. Where did Govind hand over the box of jewellery to Mirind?
A. At Mirind's house
B. At his own house
C. In a lonely place
D. In a lonely place under a tree

5. It was not safe to leave the box in a lone house. Here the word 'lone house' means
A. a house in a deserted place
B. a house where none lives
C. a house without door and lock
D. a house near the forest

PASSAGE-8

Zahir-ud-din Babar was the first Mughal emperor of India. A descendent of Timur on father's side and Changez Khan on his mother's side, Babar was a brave warrior. After defeating Ibrahim Lodhi in the First Battle of Panipat in 1526 he entered Delhi and soon gained control over Agra. After many more battles with Rajputs he extended his empire over Punjab, Uttar Pradesh and north Bihar. He died at a young age of 48 years in 1530 at his capital Agra without getting much time to consolidate his victories.

1. Zahir-ud-din Babar was the first
A. Muslim ruler of India B. Mughal ruler of India
C. Afghan ruler of India D. Turk ruler of India

2. Babar was born in the years
A. 1480 B. 1482
C. 1492 D. 1962

3. Babar first occupied
A. Punjab B. Agra
C. Delhi D. Panipat

4. Babar was a brave warrior. Here brave warrior means
A. courageous soldier B. a kind hearted soldier
C. a clever fighter D. a victorious general

5. Babar extended his empire over Punjab and Uttar Pradesh after many more battles with the
A. Afghans B. Rajputs
C. Mughals D. Lodhies

PASSAGE-9

Our National Flag is tricolour. It has three equal horizontal strips. The strip at the top is saffron, in the middle is white and at the bottom is green. The ratio of width to length of the flag is 2 : 3. In the centre of the white strip is a wheel in navy blue. The wheel represents the *chakra.* Its design is similar to the wheel which appears on the abacus of the Sarnath Lion Capital of Ashoka. Its diameter approximates to the width of the white strip. The wheel has 24 spokes. It was adopted by Constituent Assembly on July 22, 1947. We love our national flag. We respect it. We are ready to sacrifice our life to protect its honour. It represents the nation. So it is a symbol of national honour.

1. In our national flag the wheel is located in the centre of

A. saffron strip B. white strip
C. green strip D. blue strip

2. In our national flag which of the strips is at the bottom in our national flag

A. blue C. saffron
B. white D. green

3. Why do we love our national flag?

A. Because it is tricolour
B. Because it has three strips
C. Because it has a wheel at the centre
D. Because it is a symbol of national honour

4. Our national flag was approved by

A. President
B. Lok Sabha
C. Parliament
D. Constituent Assembly

5. The diameter approximates to the width of the white strip. Here the word 'approximates' means

A. is more or less equal
B. is exactly equal
C. is not equal
D. is related

PASSAGE-10

Distance in large cities are long. All the people do not have their own means of transport. They have to depend upon the state or private buses. The number of bus users is very large. Every bus stop is, therefore, crowded. The number of buses is not adequate. Thus people suffer the torture of long wait at the bus stop. Some bus stops are quite orderly. People form queues and get into the buses turn by turn. However, often this order is forgotten and confusion spreads when the bus comes and the law of jungle prevails.

1. Why are the bus stops crowded?

A. Because they are small is size
B. Because the number of passengers is very large
C. Because they are situated at some busy centre
D. Because people do not form queues

2. Long wait at the bus stop is the result of

A. over-crowding in the buses
B. late running of buses
C. shortage of buses
D. slow speed of buses

3. Some bus stops are quite orderly where

A. there is no crowd
B. the number of buses is adequate
C. people do not have to wait for long
D. people form queues and enter the buses one by one

4. Most of the people who travel by buses are

A. non-working
B. do not have their own vehicles
C. have to go a long distance
D. live in large cities

5. What happens when people do not have their own transport?

A. They have to wait for a bus at a bus stop
B. They have to depend upon the state or private buses
C. They have to travel long distances
D. They form queues and get into buses one by one

ANSWERS

Passage	1	2	3	4	5
Passage 1.	D	C	B	A	C
Passage 2.	B	C	D	B	B
Passage 3.	D	D	C	B	D
Passage 4.	B	C	C	C	C
Passage 5.	D	A	B	B	A
Passage 6.	A	C	D	B	A
Passage 7.	C	A	B	D	B
Passage 8.	B	B	C	A	B
Passage 9.	B	D	D	D	A
Passage 10.	B	C	D	B	B

•••

2

English Grammar

PARTS OF SPEECH

Part of speech	Definition or Function	Examples
Noun	Name of a person, place, animal, quality or thing	Ram, boy, dog pen, sun, Delhi, truth, honesty
Pronoun	Used in place of a noun	I, you, he she, they
Articles & Determiners	Points out indefinite and definite nouns	a, an, the, few, some
Adjective	Describes a noun or pronoun	big, honest, wooden valuable, quiet, deep, soft, narrow
Adverb	Describes a verb, an adjective or another adverb	silently, widely, softly, quietly, very, carefully
Verb	Tells about action or state of something or someone	is, am, was, have, do, like, walk, work, make, throw, tell
Conjuction	Joins words, clauses or sentences	and, but, when, yet, while, else
Preposition	Links a noun or pronoun to another word	at, to, after, on for, under, over, with
Interjection	Expresses sudden feelings or emotions	Ah!, Alas!, oh!, ouch!, hi!, well!, Hurrah!

NOUNS

A word which denotes a person, a thing, an animal or a place is said to be a noun.

There are two noun numbers in English — the *Singular* and the *Plural*.

Singular Numbers : A noun that denotes one person or one thing, is said to be in the Singular number. For example — book, pencil, bird, dog, hen etc. are in singular number.

Plural Number : A noun that denotes more than one person or one thing is said to be in plural number. For example — boys, pens, lions, girls, men etc. are in plural number.

REMEMBER

Singular	*Plural*	*Singular*	*Plural*
Cat	Cats	Book	Books
Pen	Pens	Room	Rooms
Tree	Trees	Bus	Buses
Bush	Bushes	Box	Boxes
Glass	Glasses	Dish	Dishes
Judge	Judges	Tax	Taxes
Watch	Watches	Calf	Calves
Thief	Thieves	Knife	Knives
Scarf	Scarves	Wife	Wives
Leaf	Leaves	Wolf	Wolves
Half	Halves	Monarch	Monarchs
Roof	Roofs	Hoof	Hoofs
Gulf	Gulfs	Staff	Staffs
Radio	Radios	Bamboo	Bamboos
Folio	Folios	Hero	Heroes
Volcano	Volcanoes	Mango	Mangoes
Potato	Potatoes	Photo	Photos
Piano	Pianos	Baby	Babies
Fly	Flies	Country	Countries
Lady	Ladies	Boy	Boys
Monkey	Monkeys	Ox	Oxen
Child	Children	Man	Men
Woman	Women	Tooth	Teeth
Axis	Axes	Basis	Bases
Foot	Feet	Goose	Geese
Englishman	Englishmen	Radius	Radii
Vertex	Vertices	Stimulus	Stimuli

1. Note the plurals of the following nouns:

Singular	*Plural*	*Singular*	*Plural*
copy	copies	cry	cries
baby	babies	duty	duties
body	bodies	country	countries
family	families	diary	diaries
fly	flies	fairy	fairies
city	cities	spy	spies
army	armies	storey	storeys
bay	bays	monkey	monkeys

2. The following nouns do not undergo any change in plural form, in general.

Singular	*Plural*	*Singular*	*Plural*
deer	deer	sheep	sheep
thousand	thousand	pair	pair
hundred	hundred	score	score
dozen	dozen	gross	gross

Note: We can write—

(*a*) thousands of men; (*b*) two pairs of shoes; (*c*) dozens of mangoes; (*d*) scores of people etc. But—
(*a*) two thousand rupees; (*b*) three hundred men; (*c*) five dozen eggs, etc.

3. The following nouns are usually used in plural forms. They take a plural verb after them—

eatables	fetters	surroundings
riches	alms	spectacles
trousers	pants	scissors
premises	thanks	annals
congratulations	goods	shorts
tongs	pains	arms
breeches	(for troubles)	

4. The following are the nouns which are plural in appearance but are usually used in singular number. They are followed by a singular verb—

news	politics	physics
mathematics	economics	ethics
politics	classics	gallows
statistics	athletics	innings
mechanics	summons	mumps

5. Collective nouns often used as plurals—

public	police	cattle
audience	clergy	folk
people	poultry	nation
elite	gentry	glitterati

6. The nouns that are usually used in singular forms—

advice	hair	rice
fuel	alphabet	machinery
offspring	issue	furniture
mischief	stationery	luggage
bedding	information	abuse

7. Material nouns are always used in singular number—

gold	copper	milk
water	silk	wool

Note: They may be used in plural with a different meaning. copper coins (coppers), chains or fetters (irons), cans made of tin (tins).

GENDERS

The difference in sex is denoted by Gender in grammar. The various genders are as follows :

1. **Masculine Gender :** A noun that denotes a male is said to be of the masculine gender, as man, uncle, ox, boy etc.
2. **Feminine Gender :** A noun that denotes a female is said to be of feminine gender, as woman, aunt, princess, cow etc.
3. **Common Gender :** Nouns which denote both males and females are said to be of the common gender, as friend, cousin, person, parent, baby etc.
4. **Neuter Gender :** A noun that denotes the name of object without life is said to be of neuter gender, as file, table, pencil.

REMEMBER

Masculine	*Feminine*
Boy	Girl
Son	Daughter
Brother	Sister
Murderer	Murderess
Sorcerer	Sorceress
Son-in-law	Daughter-in-law
Father-in-law	Mother-in-law
Man-servant	Maid-servant
Land-lord	Land-lady
Bachelor	Maid
Gentleman	Lady
Monk	Nun
Earl	Countess
Lad	Lass
Sir	Madam
Duke	Dutchess
Emperor	Empress
Milk-man	Milk-maid
Pea-cock	Pea-hen
Step-father	Step-mother
Hero	Heroine
Viceroy	Vicerine
Mr.	Mrs.
Governor	Governess
Master	Mistress
Wizard	Witch
Heir	Heiress
Host	Hostess
Lion	Lioness
Mayor	Mayoress
Actor	Actress
Buck	Doe
Colt	Filly
Dog	Bitch
Horse	Mare
Count	Countess
Hunter	Huntress
Prince	Princess
Abbot	Abbess
God	Goddess
Author	Authoress
Ox	Cow
Widower	Widow
Grand-father	Grand-mother
He-goat	She-goat
Milk-man	Milk-woman
Bridegroom	Bride
Tiger	Tigress
Priest	Priestess
Poet	Poetess
Shepherd	Shepherdess
Nephew	Niece
Stag	Hind

PRONOUNS

The repetition of a noun in a sentence or a set of sentences is really boring. So, instead of repeating the noun, we can use a word (for that noun) called the pronoun.
"A pronoun is a word that we use instead of a noun".

Example:
This is *Sachin. He* plays cricket.
Note: *He* is the pronoun used in place of *Sachin.*

Kinds of Pronouns

1. **Personal pronouns :** A pronoun which is used instead of the name of a person is known as a 'Personal Pronoun'. A list of the 'Personal pronouns' is listed below :
   I, my, mine, me, we (First Person)
   You, your, yours (Second Person)
   He, his, him, she, her, hers, it,
   its, they, their, theirs, them (Third Person)
2. **Demonstrative, Indefinite and Distributive Pronouns :**
   (a) Demonstrative Pronouns : Pronouns used to point out the objects to which they refer are called Demonstrative Pronouns.
   Examples :
   (i) *This* is a present from my uncle.
   (ii) *These* are merely excuses.
   (iii) Bembay mangoes are better than *those* of Bangaluru.
   (b) Indefinite Pronouns : All pronouns which refer to persons or things in a general way and do not refer to any particular person or thing are called Indefinite Pronouns.
   Examples :
   (i) *Somebody* has stolen my watch.
   (ii) *Few* escaped unhurt.
   (iii) Did you ask *anybody* to come?
   (c) Distributive Pronouns : Each, either, neither are called distributive pronouns because they refer to persons or things one at a time. For this reason they are always singular and followed by the verb in singular.
   Examples :
   (i) *Each* of the men received a reward.
   (ii) *These* men received *each* a reward.
   (iii) *Either* of you can go.
3. **Relative Pronouns :** A relative pronoun refers or relates to some noun going before, which is called its Antecedent.
   Examples :
   (i) I met Hari *who* used to live here.
   (ii) I have found the pen *which* I had lost.
   (iii) Here is the book *that* you lent me.
4. **Interrogative Pronouns :** These pronouns, are used for asking questions.
   Examples :
   (i) *Whose* book is this?
   (ii) *What* will all the neighbours say?
   (iii) *Which* do you prefer, tea or coffee?

Note : Interrogative pronouns can also be used in asking indirect questions. Consider the following examples :
(i) I asked *who* was speaking.
(ii) Tell me *what* you have done.
(iii) Say *which* you would like best.

Behaviour of the Pronouns

1. If three pronouns are used together in the same sentence they are arranged in the following order :
   2 + 3 + 1
   ↓ ↓ ↓
   Second Person, Third Person, First Person
   Examples :
   I, you and he must help *that* poor man. (Incorrect)
   You, he and I must help *that* poor man. Correct)
2. When two or more singular nouns are joined by and, the pronoun used for them should be plural.
   Examples :
   Mohan and Sohan are friends. *They* play football. *They* live at Lajpat Nagar.
3. But if these nouns joined by and refer to the same person or thing, the pronoun used should be singular.
   Examples :
   (i) Delhi, the beautiful city and the capital of India, is famous for *its* historical monuments.
   (ii) The manager and owner of the firm expressed *his* views on the demands of the workers.
4. When two nouns are used with as well as, the pronoun agrees with the first subject.
   Examples :
   (a) Mohan as well as his friends is doing *his* work.
   (b) The students as well as their teachers are doing *their* work.
5. When two singular nouns joined by 'and' are preceded by *each* or *every,* the pronoun used must be singular and should agree in gender with the second noun.
   Examples :
   (a) Every man and every woman will do *her* best for the nation.
   (b) Each boy and each girl went to *her* house.
6. When two nouns are joined by using 'with', the pronoun agrees with the noun coming before 'with'.
   Examples :
   (a) The boy with *his* parents has gone to see a movie.
   (b) The children with *their* parents have gone to picnic.
7. When two different nouns are joined by either......... or; neither .... nor, the pronoun is used according to the number and gender of the second noun:

Examples :

(a) Either your sister or you have done *your* work.

(b) Neither the students nor the teacher was in *his* class.

8. The pronoun coming after '*than*' must be in the same case as that coming before '*than*'.

Examples :

(a) She plays better than *me*. (Incorrect)
She plays better than *I*. (Correct)

(b) His elder brother is more intelligent than *him*. (Incorrect)
His elder brother is more intelligent than *he*. (Correct)

9. 'Many a' always takes a singular pronoun and singular verb.

Example :

Many a soldier has met *his* death in the battle field.

10. 'Who', 'Whose', 'Whom' are used only for persons.

Examples :

(a) *Who* is knocking at the door?

(b) *Whose* pen is this?

(c) *What* do you want?

11. 'Which' is used for things.

Example : *Which* game do you like?

MULTIPLE CHOICE QUESTIONS

Directions: *In the following questions choose the correct options to fill the blanks.*

1. The place was so dirty that ..... wished to run away from there.
A. everybody B. anybody
C. few D. some

2. ..... was there to help me.
A. Somebody B. Anything
C. Anybody D. Nobody

3. Is there ...... to eat?
A. some B. something
C. any D. few

4. ..... of the students were making a great noise.
A. Anyone B. Somebody
C. Many D. Nobody

5. ..... of the students can solve this sum.
A. Someone B. Anybody
C. Somebody D. None

6. ...... of us should try our best to make India a heaven.
A. Any B. Somebody
C. Anybody D. All

7. ...... of us do not know the real meaning of our lives.
A. Any B. Something
C. Several D. Many

8. My .... black.
A. hairs are B. hair is
C. hairs shall D. hair will

9. She saw two .... on the last Sunday.
A. thiefs B. theifs
C. thieves D. theives

10. My sister is a ....
A. bacheloress B. bachelor
C. unmaried D. spinster

11. One is supposed to do ....
A. our duty B. their duty
C. one's duty D. his duty

12. Take anything .... you want.
A. that B. which
C. than D. then

13. I cannot tolerate ....
A. separated you B. your separation
C. separation from you D. you separated

14. He is .... faithful partner.
A. Yours B. You
C. Your D. Your's

15. Ajay is more smart than ....
A. her B. hers
C. herself D. she

16. Vivek works harder than ....
A. me B. I
C. her D. his

17. They should help ....
A. the poor people B. the poor
C. the poor persons D. the poor peoples

18. .... are mad.
A. All his sons B. His all sons
C. Sons all his D. All sons his

19. The poor fellow .... to fate.
A. resigned B. resigned himself
C. resigned itself D. resigned themselves

20. Nobody will help you but ....
A. I B. me
C. ours D. his

21. It is a good chance, You must avail .... this opportunity.
A. of B. yourself of
C. for D. from

22. The person who is elected .... my relative.
A. is B. he is
C. his D. him

23. He made ....
A. yours mention B. mention of you
C. mention for you D. mention about you

24. .... I know, he is quite faithful.
A. As far as B. So far as
C. So far this D. So far so

25. It is a duty of a person to take .... for his family.
A. pain B. pains
C. pain-killers D. pained

26. She does not love .... husband.
A. his B. her
C. its D. their

27. Let .... work together.
A. him and me B. he and I
C. he and him D. I and me

28. Copper, Silver and Gold ....
A. each will do B. either will do
C. any one will do D. any will do

29. Jessica and Roma are very irregular .... habits.
A. in her B. in their
C. in its D. in every

30. One likes to enjoy .... who was a great poet.
A. The sonnets of Shakespeare
B. Shakespeare's sonnets
C. Sonnets
D. Shakespeare

ANSWERS

1	2	3	4	5	6	7	8	9	10
A	D	B	C	D	D	D	B	C	D
11	**12**	**13**	**14**	**15**	**16**	**17**	**18**	**19**	**20**
C	A	C	C	D	B	B	A	B	B
21	**22**	**23**	**24**	**25**	**26**	**27**	**28**	**29**	**30**
B	A	B	A	B	B	A	C	B	A

ARTICLES

The family of the articles has only three members. They are : A, An and The. However, they fall under two groups :
(a) Definite Article *(b)* Indefinite Article

'The' is known as definite article whereas 'a' and 'an' are known as indefinite articles.

Use of the Definite Article 'The'

'The' is used before

1. The superlative degree :
He is the ablest man of the town.
(ablest is a superlative degree)
2. The name of states, countries etc. having a descriptive name :
(i) The J & K is a small state. (J & K is a descriptive name)
(ii) He lives in the U.S.A. (U.S.A. is a descriptive name)
(But the Delhi and the America are wrong because neither Delhi nor America is a descriptive name)
3. The names of the scriptures :
The Gita is a holy book. (Gita is a scripture)
4. Name of newspapers :
The Tribune is published from Chandigarh.
5. Name of rivers, canals, seas, oceans, bays, gulfs, groups of islands etc. :
(i) The Ganga is a holy river.
(ii) The Indian Ocean is the deepest ocean.
(iii) The Persian Gulf is a narrow gulf.
6. The name of famous buildings :
The Taj is one of the best buildings in India.
7. The names of nationals, sects and communities:
(i) The English defeated the Germans in the World War.
(ii) The rich should help the poor.
(iii) The Hindus believe in the caste system.
8. Proper nouns used as common nouns :
(i) Kalidas is the Shakespeare of India.
(ii) Delhi is the London of India.
9. Famous historical events :
The Industrial Revolution changed the face of England.
10. The directions and the celestial bodies:
The sun rises in the east.
11. Titles : Akbar, the Great was loved by his subjects.

Do not use 'the'

1. Before languages :
The English is an international language. (Incorrect)
English is an international language. (Correct)
2. Before the names of games :
The hockey is a popular game. (Incorrect)
Hockey is a popular game. (Correct)

Use of the Indefinite Articles 'A' and 'An'

'A' is used before :

1. All singular common nouns beginning with a consonant :
(i) A boy sings a song.
(ii) A black and a white cow were grazing in the field.
2. If a word begins with a vowel but gives the sound of a consonant, 'a' should be used before it :
(i) He was helped in his work by a European.
(ii) He is a one-eyed man.
(iii) It is a useful work.

'An' is used as follows :

1. All singular common nouns beginning with a vowel (*i.e.*, a, e, i, o, u) :
   (i) He is an artist. (ii) He is an old man. (iii) I intend to buy an umbrella.
2. If a word starts with a consonant but gives the sound of a vowel, "an" should be used before it :
   (i) Brutus is an honourable man.
   (ii) He is an honour to his profession.
   (iii) He is an L.L.B.

Demonstratives, that, these and those

1. The demonstrative adjectives and pronouns are for objects nearby the speaker:
   this (singular) those (plural)
   and for objects far away from the speaker.
   That (singular) those (plural)
2. Demonstratives are the only adjectives that agree in number with their nouns.
   That hat is nice.
   Those hats are nice.
3. When there is the idea of selection, the pronoun "one" (or "ones") often follows the demonstrative.
   I want a book. I'll get this (one).
   If the demonstrative is followed by an adjective, "one"(or "ones") must be used.
   I want a book. I'll get this big one.

MULTIPLE CHOICE QUESTIONS

Directions: *In the following questions choose the correct options to fill the blanks.*

1. .... will have to be paid for this material.
A. Half rupee B. Half a rupee
C. A half rupee D. An half rupee

2. .... is taking keen interest in India.
A. The USA B. USA
C. An USA D. A USA

3. Only .... can save our country.
A. the Hitler B. a Hitler
C. Hitler D. an Hitler

4. I can run for ....
A. hundred miles B. the hundred miles
C. a hundred miles D. an hundred miles.

5. .... man-eater has been killed.
A. The B. A
C. An D. Either A or B

6. What .... fine idea!
A. the B. an
C. a D. No article

7. .... earth is moving around the sun.
A. An B. A
C. The D. No article

8. This is .... first example while I got.
A. the B. a
C. an D. No article

9. This is .... house which was built during earthquake.
A. a B. an
C. the D. No article

10. .... America is a rich country.
A. The B. An
C. A D. No article

11. .... U.S.A. is a developed country.
A. A B. An
C. The D. No article

12. .... Bible is a holy book.
A. A B. The
C. An D. No article

13. .... rich should help the poor.
A. The B. A
C. An D. No article

14. .... Gold is a costly metal.
A. The B. A
C. An D. No article

15. Kalidas is .... Shakespeare of India.
A. a B. an
C. the D. No article

16. I cannot do .... difficult work.
A. a such B. the such
C. such the D. such a

17. How foolish .... plan it is!
A. a B. an
C. the D. No article

18. An ink is .... useful article.
A. an B. a
C. the D. No article

19. There are .... husband and wife.
A. a B. an
C. the D. No article

20. He is learning .... French
A. the B. a
C. an D. No article

ANSWERS

1	2	3	4	5	6	7	8	9	10
B	A	B	C	D	C	C	A	C	D
11	**12**	**13**	**14**	**15**	**16**	**17**	**18**	**19**	**20**
C	B	A	D	C	D	A	B	D	D

ADJECTIVES & ADVERBS

An Adjective is a word which adds something to the meaning of a noun or a pronoun.

Mridula is an *intelligent* girl. He has a *black* goat.
He is a *brilliant* student. She is a *clever* girl.
It is a *beautiful* picture.

In the sentences given above, the words in italics are adjectives.

An Adverb is a word which qualifies the meaning of a Verb, an Adjective or another Adverb.

(*i*) He talks *slowly.*
(*ii*) He is a *very* good student.
(*iii*) He talks *very* slowly.

In sentence (*i*), *slowly* qualifies the verb *talks.*
In sentence (*ii*), *very* qualifies the adjective *good.*
In sentence (*iii*), *very* qualifies the adverb *slowly.*

Adjectives have three degrees of comparison :

1. **Positive Degree :** It expresses the common form of an adjective.

   Example :

   Ram is a *tall* boy.

   In the above sentence *tall* is an adjective and expresses the common form.

2. **Comparative Degree :** It expresses the more of the same form.

   Example :

   Ram is *taller* than Mahesh.

   In the above sentence *taller* is an adjective that expresses the more of the common form of the adjective *tall.*

   "When and How to Use" Comparative Degree?

   (a) Comparative Degree is used when two persons or two groups of persons or things are compared.

   Examples :

   (a) He is *wiser* than his younger brother.
   (b) This glass is *cleaner* than the other.

   (b) When two different qualities in the same person are compared, more is used instead of 'er' to form the comparative. The formula used in this case should be :

   More + Positive Degree

   She is *fairer* than polite. (Incorrect)
   She is *more fair* than polite. (Correct)

   (c) When selection of one out of two persons or things is meant, the degree of comparison is followed by of and *the* is used before it.

   Example :

   Zia is abler of *the* two sisters.

   (d) If two comparatives are used in the same sentence to impress upon an idea, both should be preceded by the definite article.

   Examples :

   (i) The higher you go, the cooler it is.
   (ii) The more we get, the more we desire.

   (e) When one person or thing is compared with another of the same kind, other is used after the comparative degree. In such sentences other is normally preceded by any or all.

   Examples :

   (i) Kalidas is greater than any dramatist. (Incorrect)
   Kalidas is greater than any other dramatist. (Correct)
   (ii) Lead is heavier than all metals. (Incorrect)
   Lead is heavier than all other metals. (Correct)

   (f) Senior, junior, superior, inferior, prior, anterior (earlier than) and posterior (later than) are always followed by 'to'.

   Examples :

   (i) Ram is senior *to* Mohan by three years.
   (ii) That pen is inferior *to* that.
   (iii) He is junior *to* me in rank.
   (iv) This event was posterior *to* that.

   Note: Never use *than* after the above mentioned adjectives.

Important Information

(a) 'Preferable' is also used as an adjective of the comparative degree. As such, it is always followed by *to* and not *a*.

Death is preferable than dishonour. (Incorrect)
Death is preferable *to* dishonour. (Correct)

(b) To intensify the Degree of comparison, we use *far* or *much* before the comparative.

Examples :

(i) This book is *far* better than that.
(ii) His performance was *much* better than Mohan's.

Warning : Always avoid the use of double comparatives.

Don't say : Ram is more cleverer than his younger brother.

Say: Ram is cleverer than his younger brother.

3. **Superlative Degree :** It expresses the most of the common form of an adjective.

   Example :

   He is the ablest man of the town.

How and when to use the Superlative Degree?

(a) The Superlative Degree is used when more than two persons or things are compared.

(b) The Superlative Degree is generally preceded by 'the' and followed by 'of' in most of the cases or otherwise.

(c) When an adjective of the superlative degree is preceded by a Possessive Adjective or a Noun in the Possessive case, 'the' should not be used before it.

Example :

Which is Kalidas' best play?

It will be a blunder to use 'the' before the Superlative Degree in such cases.

Don't say : Which is Kalidas' the best play.

(d) To intensify the degree of comparison, *by far* is used before the superlative degree.

Example :

India is *by far* the most beautiful country of the world.

Note: Always avoid the use of double superlatives.

Don't say : He is the most strongest boy in the class.

Say : He is the strongest boy in the class.

Use of some Important Adjectives

1. (a) **'Some'** is used as follows :
   (i) With countable nouns where it means— a little, a small quantity.
   (ii) In a question which shows some request.

Examples :
(i) There is some water in the bottle.
(ii) Some of the students were absent yesterday.
(iii) Will you have some milk?
(iv) Will you buy some fruit for me?

(b) **'Any'** is used as follows :
(i) In negative sentences.
(ii) In interrogative sentences.
(iii) After 'Hardly', 'Scarcely' and 'Barely'.
(iv) After 'If'.

Examples :
(i) There is not any sugar in the pot.
(ii) We haven't any rice in the house.
(iii) I have hardly any money.
(iv) There are scarcely any plants in this field.
(v) If there is any danger, blow the whistle.

2. (a) **Older :** Older (and oldest) are used for persons animals and things. But 'Older' and 'Oldest' refer to the persons who do not belong to the same family.

Examples :
(i) Radha is older than Shyama.
(ii) John is the oldest member of the staff.
'Older' and 'Oldest' refer to the persons who do not belong to the same family.

(b) **Elder** (and **eldest**) are used in respect of the members of the same family like sons, daughters, brothers, sisters.

Examples :
(i) My elder sister is a lecturer.
(ii) Meenakshi is the eldest of the three sisters.

Note :
(i) 'Elder' is not followed by 'than'.
(ii) 'Elder' and 'Eldest' cannot be used for things.

3. (a) **'Few'** is negative and is the opposite of 'Many'. It means 'not many'.
(b) **'A few'** is positive and means 'some at least'. It is the opposite of 'None'.
(c) **'The few'** means 'minority' and suggests 'whether there is'.

Examples :
(i) We have few holidays in school.
(ii) Only a few boys will fail in the examination.
(iii) The few poems that he wrote are very popular.

4. (a) **Further** means 'something additional'.
(b) **Farther** means 'a greater distance'.

Examples :
(i) Further discussion will be held in the office of the principal.
(ii) Amritsar is farther from Delhi than Ambala.

5. (a) **Little** is negative. It means, 'not much', or 'hardly any'.
(b) **A little** is positive. It means 'some quantity'.
(c) **The little** denotes quantity. It means, 'not much but all that is, or whatever quantity there is'.

Examples :
(i) There is little hope of his success.
(ii) He knows a little of everything.
(iii) I have spent the little money I had.
(iv) The little knowledge of shoe-making proved very useful to me.

6. (a) **'Much'** expresses 'quantity'.
(b) **'Many'** expresses 'number'.
(c) **'Many a'**—'Singular noun' and 'Singular verb' are used with 'many a'.

Examples :
(i) There is not *much* water in the jug.
(ii) *Many* boys are absent today.
(iii) *Many* a battle has been fought on the soil of India.

7. (a) **'Less'** denotes 'in a small degree'.
(b) **'Fewer'** denotes 'number'.

Examples :
(i) He devotes less time to his studies.
(ii) There are no fewer than ten chairs in this room.

8. (a) **'Each'** is used for a single number of 'two persons' or 'things'.
(b) **'Every'** is used for a single number of 'many persons' or 'things'.

Examples :
(i) Each boy must take part in games.
(ii) There are only two poets. Each poet recited his poem.
(iii) Every man dies in this world.
(iv) Every man is expected to do his duty.

9. (a) **'Either'** means one of the two or both.
(b) **'Neither'** is negative of the either.

Examples :
(i) You may buy either of these two chairs.
(ii) Neither of them could speak on the stage.

10. (a) **'Later'** expresses 'late in time'.
(b) **'Latter'** means 'second in position or order'.

Examples :
(i) My father reached later than I expected.
(ii) The latter position was better than the former.

Use of some Important Adverbs

1. (a) Also, too, enough:
   (i) He taught English. Also, he edited the school magazine
   (ii) He is a writer and also he is a painter.
   (iii) He is too obstinate to listen to any reason.
   (iv) This is too difficult a piece for the junior students.
   (v) Sarla was kind enough to help the poor.
   (vi) He is brave enough to help the truth.
   Note: 'Too' is used in a negative sense, but enough is used in a positive sense.

   (b) Fairly and rather: Both suggest the meaning 'moderately'. But, mainly 'fairly' is used with the words that denote a positive meaning and rather is used with the words that denote a negative meaning:
   (i) Rita did fairly well in that competition, but her performance was rather poor in sports.
   (ii) Mona is fairly rich, but she is rather stingy.
   Note: 'Rather' can also be used in a positive sense.
   (i) This is a rather interesting job.
   (ii) That boy is rather smart.

   (c) Hardly, barely, scarcely: These words mostly convey the negative suggestions and are almost similar.
   (i) I have hardly any strength now.
   (ii) There was barely any supply to the township,
   (iii) There were scarcely a hundred guests present.
   Note: With slight variance in the meaning, the words given above convey the idea of 'very little', 'not enough', 'lack of quantity and number'.

   (d) Yet, Still: These adverbs can often be used to connect the sentence units:
   (i) He has been defeated many times in the contest; still he wants to be a competitor.
   (ii) Mona was sick; yet she went on doing her work.

   (e) Alone:
   (i) He alone (none else) is capable of handling that fire,
   (ii) He hunted all alone in the forest. (not in any company)

Special Note:

(a) Apart from their conventional positions the adverbs might be used in different positions with different meanings and angles.
   (i) He had only four books.
   (ii) John only contacted his friend in need.
   (iii) He greeted me only.
   (iv) Only he greeted me there.

(b) Inversion: Some adverbs can be inverted *i.e.* placed in the beginning of the sentence and then be followed by an interrogative form. The most common of these adverb are: so, seldom, never, nowhere, under no circumstances, hardly, scarcely etc.
   (i) So big was the bus that it could not enter the narrow lane.
   (ii) Hardly had he reached the station when he received the message.

MULTIPLE CHOICE QUESTIONS

Directions: *In the following questions choose the correct options to fill the blanks.*

1. The girl whom you met is the .... sister of Ravi.
A. eldest B. elder
C. older D. oldest

2. The historical place is ....
A. seeing worth B. worthy of seeing
C. worth seeing D. worthy seeing

3. These flowers smell ....
A. sweet B. sweetly
C. more sweetly D. sweetest

4. .... aspirant cannot pass the entrance examination.
A. Each B. Every
C. All D. No

5. Harivansh Rai .... second Shakespeare.
A. is a B. is
C. is the D. is an

6. .... student in the class got prizes.
A. Each and every B. Every and each
C. Every D. Never

7. It is .... picture than the one we saw last Monday.
A. interesting B. much interesting
C. more interesting D. most interesting

8. She is clever ....
A. that her mother is B. as her mother is
C. to her mother is D. than her mother is

9. They will get ....
A. Red, green and black paper
B. Red, green black paper .
C. Red and green and black paper
D. Red green black paper

10. Health is .... wealth.
A. preferable to B. more preferable than
C. more preferable to D. most preferable then

11. .... water that was in the jug evaporated.
A. Little B. The little
C. Small D. A small

12. He has not sung .... songs.
A. much B. most
C. more D. many

13. Srishti has searched .... office.
A. whole the B. the whole
C. a whole D. some whole

14. Premchand was .... best and .... famous writer.
A. a, the most B. the, a most
C. the, more D. the, the most

15. William Shakespeare is famous as ....
 A. a poet and a dramatist
 B. a poet and dramatist
 C. the poet and the dramatist
 D. a poet and the dramatist

16. What does .... leader suggest?
 A. other B. another
 C. others D. anothers

17. He .... money.
 A. has few B. have few
 C. has little D. have little

18. The .... boys are rewarded.
 A. first two B. two first
 C. firsts two D. two's first

19. He is .... brave.
 A. stronger than
 B. stronger then
 C. more strong then
 D. more strong than

20. No sooner said ....
 A. so done B. and done
 C. then done D. but done

21. She returned .... than I had thought.
 A. quickly B. more quicker
 C. more quickly D. quicker

22. He is .... foolish person.
 A. rather the B. a rather
 C. rather a D. rather

23. This pen .... rupees.
 A. costs twenty B. twenty costs only
 C. costs only twenty D. only costs twenty

24. It is .... pride.
 A. nothing else but B. nothing else than
 C. else nothing than D. but

25. This tea is .... to drink.
 A. too hot B. very hot
 C. enough hot D. much hot

ANSWERS

1	2	3	4	5	6	7	8	9	10
A	C	A	B	A	C	C	C	A	A
11	12	13	14	15	16	17	18	19	20
B	D	B	D	B	B	C	A	D	C
21	22	23	24	25					
C	C	C	A	A					

DETERMINERS

Determiners are actually Adjectives. They are always followed by nouns.

Determiners are of the following kinds:

1. **Demonstrative Determiners :** this, that, these, those
2. **Possessive Determiners :** my, our, your, his, her, its, their
3. **Quantitative Determiners :** some, any, much, enough, sufficient, whole, a little, the little, little, all, both
4. **Numerical Determiners:** a few, some, few, the few, any, several, many, no, etc.
 One, two, three ... (Cardinals)
 First, second, third ... (Ordinals)
5. **Distributive Determiners:** either, neither
6. **Articles: Indefinite:** a, an, **Definite:** the

MULTIPLE CHOICE QUESTIONS

Directions: *In the following questions choose the correct options to fill the blanks.*

1. Give me .... rice.
 A. some B. few
 C. a few D. any

2. ...... sheep grazing on the slope of the hill had gone away.
 A. Any B. The few
 C. This D. Much

3. Have you got .... magazines to read?
 A. all B. much
 C. some D. little

4. I have .... money that I want to spend on shares.
 A. any B. much
 C. less D. some

5. There is .... owl on the branch of the tree.
 A. a B. the
 C. an D. some

6. My brother is .... MBA.
 A. a B. an
 C. the D. any

7. Have you got .... cheese?
 A. some B. many
 C. a few D. few

8. No, I have not got .... cheese.
 A. many B. few
 C. any D. some

9. There is only .... milk left in the bottle.
A. enough B. few
C. much D. a little

10. There is .... hope of his recovery.
A. any B. little
C. many D. few

11. .... dogs were barking at the strangers.
A. Some B. Any
C. Much D. Less

12. The girl bought her father .... juice.
A. few B. some
C. any D. many

13. You should take .... honey everyday.
A. any B. many
C. a little D. a few

14. .... boy was punished by the teacher.
A. Either B. All
C. Any D. Many

15. .... girl was asked to join the army.
A. None B. Neither
C. All D. Any

16. .... water in the jug has been drunk by Mohan.
A. The little B. The few
C. A few D. Few

17. I shall play .... piano at the party.
A. some B. any
C. the D. few

18. .... labourers were found dead in the mine.
A. Any B. Fewer
C. Many D. Less

19. Could I borrow .... umbrella?
A. our B. your
C. yours D. my

20. My brother is standing in the .... row.
A. any B. many
C. some D. first

ANSWERS

1	2	3	4	5	6	7	8	9	10
A	B	C	D	C	B	A	C	D	B
11	12	13	14	15	16	17	18	19	20
A	B	C	A	B	A	C	C	B	D

THE VERB

A Verb is a word that tells something about the action or state of or happenning to a person or thing.

A Verb tells the following:

1. What a person or thing does.
   Sachin goes to school daily.
   The bell *rang* loudly.
   Many birds fly in the sky.
   She *sang* a song.
2. What a person or thing is.
   India *is* the biggest democracy in the world.
   Ram Mehar *is* very rich.
   They *are* happy.
3. What is done to a person or thing.
   You *are liked* by all.
   Two thieves *were arrested.*
   Four students *were punished* by the teacher.
4. What happens to a person or thing.
   His maternal uncle *died* last week.
   Two ships *sank* yesterday.
   Leaves *turn* yellow in autumn.
5. What a person or thing has, had, and so on.
   I *have* a new car.
   He *had* a scooter last year.
   He *has* several cows and goats.

It goes without saying that a verb is the most important part of a sentence. No sentence is complete without a Verb.

Important Information

1. If two or more singular nouns are joined by 'and' the verb used will be plural.
   Example:
   (i) He and I were going to the market.
   (ii) Ram and Mohan are friends.
2. If two singular nouns joined by 'and' points out to the same thing or person, the verb used must be singular.
   Example:
   (i) Rice and curry is the favourite food of the Punjabis.
   (ii) The Collector and District Magistrate is away.
3. In case two subjects are joined by 'as well as' the verb agrees with the first subject.
   Example :
   (i) Kanta as well as her children is playing.
   (ii) Children as well as their mother are playing.
   In the case of first sentence the verb (is) agrees with Kanta and in the case of second sentence the verb (are) agrees with the children.
4. 'Neither', 'Either', 'Every', 'Each', 'Everyone', and 'Many a' are followed by a singular verb.
   Example :
   (i) Either of the plans is to be adopted.
   (ii) Neither of the two brothers is sure to pass.
   (iii) Every student is expected to be obedient.
   (iv) Everyone of them desires this.
   (v) Many a person is drowned in the sea.

5. If two subjects are joined by 'Either ...... or' / 'Neither .... nor', the verb agrees with the subject near to it.

Example :

(i) Either my brother or I am to do this work.

(ii) Neither he nor they are prepared to do this work.

6. 'A great many' is always followed by a 'plural noun' and a 'plural verb'. For example :

A great many students have been declared successful.

7. Similarly if two subjects are joined by 'with', 'together with", 'no less than', in addition to 'and not', etc. the verb agrees with the first subject.

Example :

(i) The boy with his parents has arrived.

(ii) He, no less than I, is to blame.

8. Nouns, plural in form, but singular in meaning, take a singular verb.

Example :

This news was broadcast from television yesterday.

MULTIPLE CHOICE QUESTIONS

Directions: *In the following questions choose the correct options to fill the blanks.*

1. The bus with all its passengers .... lost.
A. were B. was
C. are D. would

2. You as well as I .... responsible for this work.
A. am B. are
C. was D. is

3. Raghava like all his companions .... a spoiled child.
A. are B. were
C. is D. will be

4. Pen and ink .... required for me.
A. are B. were
C. is D. has required

5. Every girl and every boy .... attended the seminar.
A. have B. has
C. is D. are

6. Not only she but all her sisters ...... been married.
A. has B. have
C. is D. are

7. There .... nothing but miseries in life.
A. is B. are
C. were D. will be

8. Neither prose nor poem .... given.
A. were B. was
C. has D. have

9. Either he or I .... wrong.
A. is B. are
C. am D. were

10. Either Sulekha or Rekha .... coming here.
A. are B. is
C. were D. have

11. .... the child or his parents to blame?
A. Is B. Are
C. Were D. Has

12. You and I .... neighbours.
A. am B. are
C. was D. has

13. The house with all its belongings ..... sold away.
A. were B. are
C. was D. must

14. Either water or juice .... required.
A. is B. are
C. were D. has

15. There were not as many tables as .... required.
A. was B. were
C. is D. are

16. They each .... a book.
A. have B. are
C. has D. is

17. He and I .... class friends.
A. is B. am
C. was D. are

18. She as well as I .... guilty.
A. is B. are
C. am D. must be

19. Purushottam ...... not read more on this chapter.
A. needs
B. has been need
C. need
D. had been need

20. He came .... to his aunt.
A. run B. running
C. to run D. in run

ANSWERS

1	2	3	4	5	6	7	8	9	10
B	B	C	C	B	B	A	B	C	B
11	**12**	**13**	**14**	**15**	**16**	**17**	**18**	**19**	**20**
A	B	C	A	B	A	D	A	C	B

CONJUNCTIONS

A conjunction is a word which connects words, clauses or sentences.

Look at the following sentences.

(i) He bought apples *and* mangoes.

(ii) God made the country *and* man made the town.

(iii) The door was open *but* there was no one in the house.

(iv) He knows that I am here *and* that I want to see him.

In the sentence (i), *and* connects two words—*apples* and *mangoes.*

In the sentence (ii), *and* connects two sentences—*God made the country* and *man made the town.*

In the sentence (iii), *but* connects two sentences— *The door was open* and *there was no one in the house.*

In the sentence (iv), *and* connects two clauses—*that I am here* and *that I want to see him.*

The main coordinating conjunctions are:

and, but, for, or, nor, also, either ..... or, neither ..... nor.

There are some conjunctions which are used in pairs. They are:

either .... or, ... neither .... nor, both .... and, though .... yet, whether .... or, not only .... but also.

Example: *Either* take it *or* leave it.

It is *neither* useful *nor* ornamental.

They *both* like *and* respect me.

Though he is suffering from high fever, *yet* he does not cry.

He does not care *whether* you go *or* stay.

He is *not only* doltish, *but also* obstinate.

The conjunctions which are used in pairs in this way, are called correlative conjunctions, or merely correlatives.

Use of Important Conjunctions

1. **As soon as :** As soon as denotes simultaneous time.
   Example : As soon as he saw his enemy, he took to his heels.
2. **No sooner .... than :**
   (a) 'No sooner' is always followed by 'than'.
   (b) Please remember that 'No sooner' is always followed by do/does/did. As such only first form of the verb should be used after the subject.
   Example :
   No sooner did he see his enemy than he took to his heels.
3. **Hardly :** Hardly is followed by when.
   Examples :
   (i) Hardly had I left the house when it started raining.
   (ii) We had hardly come into the room when his father began chastising him.
   Note :
   A. Hardly is never followed by than.
   B. 'Scarcely' can also be used in the sense and manner of 'Hardly'.
4. **Lest :** Lest is used in the sense of so that .... not. It is always followed by should. Lest is negative in sense. Hence 'not' should never be used with it.
   Example :
   Work hard lest you should fail.
   Note : 'Lest' is always followed by 'should' and not 'may'.
5. **Unless :** Unless expresses condition. It is also used in the negative sense. Use of 'not' is not allowed with unless because unless is already in the negative sense.
   Example :
   Unless you labour hard you will not pass.
6. **Until :** 'Until' expresses time. It means 'till not'.
   Example : Wait here until I return.
   Note : Until is in the negative sense. So 'not' should not be used with it. Example :
   Wait here until I do not return. (Incorrect)
   Wait here until I return. (Correct)
7. **As well as :** When two subjects are joined by 'as well as', the verb always agrees with the first subject.
   Examples :
   (i) The teacher as well as students is playing.
   (ii) Students as well as the teacher are playing.
   Note : 'Both' and 'as well as' cannot be used together in the same sentence.
   Examples :
   Both Sita as well as Kanta are beautiful. (Incorrect)
   Sita as well as Kanta is beautiful. (Correct)
   Both Sita and Kanta are beautiful. (Correct)
8. **As if :** 'As if' is used in the sense of pretension. While using 'as if' in a sentence, we should see that even the third person singular subject gets 'were'.
   Example : He talks as if he were mad.
9. **Till :** Till expresses time. Till is always used in the affirmative.
   Example :
   We did not come back till sunset.
10. **Rather than :** 'Rather than' is used in the sense of 'preference'. 'Rather' is always followed by 'than'.
    Example :
    I would rather die than submit.
11. **As long as/so long as :** Both express time during which an action or event takes place.
    Example :
    As long as there is life, there is hope.
12. **However :** It is both a subordinate and co-ordinate clause.
    Examples :
    (a) Mala worked hard, she however, failed.
    (b) However hard he may work, he cannot pass.
13. **Such as :** 'Such as' gives us the sense of 'like'. Such is always followed by 'as'.
    Example :
    Life is such a puzzle as cannot be solved.

MULTIPLE CHOICE QUESTIONS

Directions: *In the following questions choose the correct options to fill the blanks.*

1. Neither he .... his friend is good.
A. or B. and
C. but D. nor

2. The officer asked the peon .... why he was late.
A. that B. if
C. but D. No word needed

3. Both Ajay .... Vijay are intelligent.
A. or B. nor
C. and D. No word needed

4. No Sooner did the thief see the public .... he ran away.
A. then B. and
C. but D. than

5. Abhinav .... his brothers was going to Mumbai.
A. but
B. yet
C. No word needed
D. together with

6. He behaves .... he were the captain of the team.
A. as if B. as
C. No word needed D. that

7. Either Rupali .... Sonali is going to attend the meeting.
A. and B. but
C. nor D. or

8. Neither Nirmal .... Ashwinee is going to listen the speech.
A. and B. but
C. nor D. or

9. Ravi .... Prakash are going to Kolkata.
A. or B. nor
C. but D. and

10. Rice .... curry is my usual breakfast.
A. and B. but
C. then D. than

11. Hardly had he left .... his brother came.
A. then B. than
C. when D. that

12. I would rather have a copy .... a book.
A. then B. than
C. when D. that

13. He is no other .... my friend.
A. then B. than
C. when D. but

14. He saw a snake ....he awoke.
A. then B. when
C. than D. No word needed

15. Ten years have passed .... my grandmother died.
A. since B. when
C. then D. than

16. She is .... good .... bad.
A. either, not B. neither, or
C. neither, nor D. neither, than

17. The cellphone is both cheap .... best.
A. than B. and
C. then D. or

18. No sooner did the rogue see the police .... he disappeared.
A. then B. than
C. so D. because

19. Srishti will go .... Sanju goes.
A. if B. than
C. then D. although

20. She is wise .... timid.
A. and B. yet
C. but D. however

21. Make hay .... the sun shines.
A. though B. while
C. after D. before

22. He is so weak .... he cannot walk.
A. but B. that
C. then D. so

23. Although he is rich, ... he is unhappy.
A. but B. yet
C. so D. still

24. Wait here ...... I come back.
A. till B. until
C. before D. after

25. He is my friend .... I shall help him.
A. so B. hence
C. that is why D. therefore

26. He must go away .... he will be beaten.
A. otherwise B. and
C. or D. else

27. God loves good men .... good men love God.
A. and B. or
C. that D. those

28. He was late .... he was not punished.
A. but B. yet
C. still D. therefore

29. Walk slowly ...., you may fall.
A. and B. or
C. so D. otherwise

30. Work hard, ... you will fail.
A. and B. or
C. otherwise D. else

ANSWERS

1	2	3	4	5	6	7	8	9	10
D	D	C	D	D	A	D	C	D	A
11	**12**	**13**	**14**	**15**	**16**	**17**	**18**	**19**	**20**
C	B	B	B	A	C	B	B	A	C
21	**22**	**23**	**24**	**25**	**26**	**27**	**28**	**29**	**30**
B	B	B	A	B	C	A	C	D	D

PREPOSITIONS

A *Preposition* is a word which is placed before a noun or a pronoun to show its relation to some other word in the sentence.

1. I saw a goat *in* the field.
2. I am fond *of* hot coffee.

In sentence 1, the word *in* shows the relation between two things—*goat* and *field.*

In sentence 2, the word *of* shows the relation between the attribute expressed by the adjective *found* and *tea.*

The words *in* and *of* are here used as prepositions.

The noun or pronoun which is used with a preposition is called its object. The noun or pronoun is in the objective case. It is governed by the preposition. Now it is absolutely clear that in sentence 1, the noun *field* is in the objective case. The word *field* is governed by the preposition *in.*

A preposition may have two or more objects.

The road runs over *hill* and *plain.*

Here, the words *hill* and *plain* are used as objects.

Use of Important Prepositions

1. Among, Between

'**Among**' is used for more than two persons or things; '**Between**' is used only for two.

Examples :

(i) Distribute these sweets *among* the poor students of the class.

(ii) Distribute these books *between* Ram and Shyam.

2. Among, In

'**Among**' is used before collective plural nouns. '**In**' is used before collective singular nouns.

Examples :

(i) I found him standing *among* the crowd.

(ii) I saw him in the crowd.

3. Beside, Besides

'**Beside**' means 'by the side of'. '**Besides**' means 'in addition to'.

Examples :

(i) The daughter was sitting *beside* her mother.

(ii) *Besides* his relatives, he invited his friends also.

4. In, Within

'**In**' means at the expiry of a period of time in future, '**Within**' means before the expiry of a period of time in any tense.

Examples :

(i) She will return *in* a week.

(ii) I shall finish my work *within* a weak.

5. On, Upon

'**On**' is used for things at rest; '**Upon**' is used for things in motion.

Examples :

(i) He is sitting *on* the floor.

(ii) The dog sprang *upon* the table.

6. By, With

'**By**' denotes the agent or doer, '**With**' denotes the instrument with which anything is done.

Examples :

(i) The bird was killed *by* the hunter with an arrow.

(ii) He beat the dog *with* a stick.

(iii) I shall reach here *by* five o'clock.

7. After, In

'**After**' means at the end of a period of time in the past. '**In**' means at the end of a period of time in future.

Examples :

(i) I shall return your book *in* a week.

(ii) He returned the book *after* a week.

8. For, From, Since

'**For**' is used before a noun denoting a period of time with all the tenses. '**From**' is used before a noun or phrase denoting a point of time, it is used in all the tenses. '**Since**' is used before a noun or phrase denoting some point of time and is always produced by a verb in the perfect continuous tense or third form of a verb.

Examples :

(i) We have been playing cards *for* two hours.

(ii) She stayed with her uncle *from* the 15th of March to the 15th of May.

(iii) I have been reading this book *since* morning.

9. Above, Over

'**Above**' means 'higher from', **Over** is used in the following four senses :

(i) In the sense of 'above' :
At noon, the sun is *over* our heads.

(ii) In the sense of 'beyond' :
I cannot get *over* my disappointment.

(iii) In the sense of 'Superiority' :
God *over* all blesses for ever more.

(iv) In the sense of 'Conclusion' :
It is all *over* with me.

10. At, Towards

'**At**' denotes the idea of aim, '**Towards**' denotes the idea of destination.

Examples :

(i) He threw the stone *at* the cat.
(ii) He went *towards* the house.

11. At, In, On

'At' is used as follows :

(i) '**At**' is used with small towns and villages. **Examples:**
 (a) He was born *at* Sonepat.
 (b) He lives *at* village Bangra. (Bangra is a village)

(ii) '**At**' is used before a noun denoting a definite point of time.

Example :

He called on me *at* 9 p.m. yesterday.

'In' is used as follows :

(iii) '**In**' is used with the names of big cities, provinces and countries.

Examples :

 (a) His father lives *in* England.
 (b) His younger brother lives *in* Calcutta.

(iv) '**In**' is used before the names of months and years.

Example :

His elder sister was born *in* 1972 *in* the month of May.

'**On**' is used with dates and names of days. **Examples:**

 (a) I joined college *on* the 26th April.
 (b) He will leave for Kolkata *on* Wednesday next.

Important Information

1. '**In**' is also used in the following phrases :
 In the morning; In the evening, In winter, In summer.
2. '**In**' also denotes a place inside anything.
 He travelled *in* a crowded bus.
3. '**At**' is used in the following phrases :
 At home, *At* the station, *At* work, *At* play.

12. Below, Beneath

Below means 'of lower level in position, dignity and expectation' etc. *Beneath* means 'under'.

Examples :

(i) It is *below* my dignity to talk to her.
(ii) They rested *beneath* the shade of a tree.

13. In, Into, To

'**In**' expresses Rest or Motion inside anything. '**Into**' expresses Motion towards the inside of anything or change from one medium to another. '**To**' denotes motion from one place to another.

Examples :

(i) The boys are *in* the room.
(ii) Translate this passage from English *into* Hindi.
(iii) Every morning he goes *to* the temple.

14. Till, By, Of, Off

- 'Till' means upto or not earlier than.
- 'By' means not later than.
- 'Of' shows cause, source, separation, quality, contents, possession, apposition, point of reference, space in time etc.
- 'Off' shows separation at a near distance, and detached condition.

Consider the following examples:

(i) I shall work *till* 5 a.m.
(ii) Madhu died *of* cancer.
(iii) The nib *of* the pen is made *of* gold.
(iv) He presented me a bottle *of* perfume.
(v) Our principal is a man *of* principle.
(vi) He lived in the house *of* his friend.
(vii) *By* this time tomorrow, I'll have finished my job.
(viii) My house is *off* the road.
(ix) The book fell *off* the table.

MULTIPLE CHOICE QUESTIONS

Directions: *Tick the correct preposition for the blank in each of the following sentences.*

1. He applied ...... the manager.
 A. for B. to
 C. with D. by

2. Trust ...... God and do the right.
 A. in B. for
 C. to D. with

3. She is worthy ...... a prize.
 A. with B. for
 C. to D. of

4. Mr. Gomes has no taste ...... music.
 A. of B. for
 C. with D. to

5. You are hard ...... hearing.
 A. at B. of
 C. with D. for

6. He is sure ...... his success
 A. for B. with
 C. on D. of

7. Preeti was warned ...... the danger ahead.
 A. for B. at
 C. of D. about

8. I am thankful ...... you for a good advice.
 A. for B. with
 C. to D. of

9. Deepak would not surrender ...... the police.
 A. with B. to
 C. for D. on

10. The small plant in your lawn is very sensitive ...... touch.
 A. on B. with
 C. to D. about

11. Divya was sure to succeed ..... the examination.
A. for B. in
C. to D. with

12. Geeta was jealous ...... Ravina's beauty.
A. to B. with
C. for D. of

13. He was ignorant ..... what was happening there.
A. for B. of
C. to D. with

14. Your pen is inferior ...... mine.
A. than B. with
C. from D. to

15. Reenu is no match ...... Meenu.
A. to B. for
C. with D. upon

16. It is necessary ...... you to apply for this job.
A. on B. with
C. for D. to

17. Be loyal ...... your country.
A. for B. to
C. on D. with

18. Mukesh is junior ...... me.
A. than B. to
C. from D. of

19. Deepika was innocent ...... the crime.
A. of B. with
C. from D. to

20. I am desirous.... joining the Indian cricket team.
A. for B. of
C. to D. on

ANSWERS

1	2	3	4	5	6	7	8	9	10
B	A	D	B	B	D	D	D	B	D
11	**12**	**13**	**14**	**15**	**16**	**17**	**18**	**19**	**20**
B	D	B	D	B	D	B	B	A	B

SYNONYMS

A synonym is a word which conveys a meaning similar to the given word.

REMEMBER

Words	Synonyms
Add	Increase
Adequate	Enough
Adjust	Adapt
All	Aggregate
Allow	Permit
Abode	Dwelling
Apt	Proper
Assess	Appraise
Accuse	Calumniate
Abashed	Timid
Annoy	Displease
Ample	Enough, Sufficient
Amplify	Increase
Apathetic	Unenthusiastic
Accost	Address
Authentic	True
Adjust	Fit
Approve	Assent, Allow, Accept
Adapt	Conform
Adversary	Opponent, Rival, Competitor
Beat	Whack
Benign	Kind
Breeze	Zephyr
Baffle	Puzzle
Booty	Spoil
Beauty	Charm
Beast	Animal
Bandit	Robber
Blaze	Shine
Bond	Tie
Bend	Twist
Bate	Diminish
Beg	Plead
Barbaric	Wild, Savage
Bashful	Shy, Reserved
Begin	Start
Blend	Mix, Mingle
Bizarre	Funny
Below	Under
Bedevil	Confuse
Bemoan	Lament
Babble	Nonsense
Blame	Fault
Behaviour	Demeanour
Call	Accost
Copy	Imitate
Close	Shut
Caress	Love
Camp	Stay
Connect	Attach
Cut	Injure, Curtail
Cling	Stick
Conical	Funny
Convey	Carry
Conspicuous	Prominent
Cheerful	Happy, Pleasant

Words	Synonyms
Curtail	Decrease
Cheerless	Sad, Dejected
Curious	Strange
Circumstance	Factor, Situation, Condition
Competent	Capable
Congruent	Overlapping
Cope	Deal, Endure
Confident	Sure
Complex	Intricate
Cajole	Coax, Flatter
Cunning	Crafty
Delectable	Joyful, Delightful
Devilish	Diabolical
Delicate	Soft
Devil	Fiend
Delay	Postpone
Dislike	Repugnance
Destroy	Ruin
Dwell	Live, Dilate
Declare	Pronounce
Drunk	Flushed
Deficient	Lacking
Damn	Condemn, Curse
Decrease	Diminish
Destruction	Devastation
Efficient	Competent
Ethnic	Racial
Enthral	Enslave
Earnest	Serious
Envious	Jealous
Ending	Final
Egg	Incite
Extempore	At once
Extensive	Far-ranging
Extra	Surplus
Existence	Life
Exceed	Overstep
Enormous	Vast
Excessive	Superfluous
Free	Unhindered
Frigid	Cold
Feed	Cater
Fame	Reputation
Frame	Make
First	Initial
Frighten	Terrorise, Intimidate
Fervent	Fervid
Fall	Decline
Feeble	Frail
Fickle	Changeable
Finish	Conclude
Fraud	Deception
Forgiving	Placable

Words	Synonyms
Grow	Develop
Greed	Avidity
Greet	Welcome
Grave	Serious
Group	Constellation
Given	Bestowed
Gratitude	Thankfulness
Have	Possess
Hire	Rent
Hit	Strike
Handsome	Beautiful
Hinder	Prevent
Heap	Pile
Hope	Expect
Hard	Harsh
Help	Aid
Hymn	Song
Henpecked	Enslaved
Hoodwink	Mystify, Cheat
Humble	Polite, Urbane, Modest
Harass	Vex, Trouble
Impart	Instil
Intact	Untouched
Instal	Establish
Indict	Impeach
Imitate	Ape
Instigate	Incite
Initiate	Start, Introduce
Inimical	Unfriendly
Insufferable	Intolerable
Impartiality	Justice
Jolly	Merry
Joyful	Delectable
Join	Conjoin
Kind	Benign
Kill	Murder
Kindred	Similar
Kinship	Relationship
Keen	Sharp
Knowledge	Scholarship
Lazy	Slothful
Large	Substantial, Gargantuan
Listless	Careless, Lackadaisical
Lax	Loose
Little	Small
Lifelike	Realistic
Lofty	High
Lenient	Soft, Gentle
Lacking	Deficient, Wanting
Lessen	Decrease
Middleclass	Bourgeois
Mitigate	Lessen, Abate
Modesty	Humility, Lowliness

Words	*Synonyms*
Mix	Mingle, Blend
Mixture	Mingling
Mixed	Assorted
Modify	Decrease
Mean	Imply
Multifarious	Varied
Miscarry	Abort
Note	Notice
Noble	Stately
Native	Indigenous
Needful	Necessary
Notify	Declare
Nervous	Shaky, Tremulous, Timid
Natural	Spontaneous
Near	Close
Normal	Natural
Offend	Displease
Oppress	Persecute, Tyrannize
Opponent	Adversary
Obstruct	Hinder, Check
Offence	Fault
Offender	Villain
Overstep	Exceed
Overlapping	Congruent
Occult	Mystic
Profane	Unholy
Patience	Forbearance
Pornographic	Obscene
Plenitude	Abundance
Prominent	Important
Prodigal	Spender
Procrastinate	Postpone
Promote	Develop, Honour
Persecute	Tyrannise
Profess	Claim
Pliant	Flexible
Plebian	Common
Polished	Sophisticated
Quake	Shake
Quit	Leave
Queer	Eccentric
Quell	Suppress
Quantify	Allot
Reply	Answer
Relinquish	Retire
Read	Peruse
Relation	Reference
Render	Do
Remainder	Residuals
Repeat	Reiterate
Repentant	Contrite
Retaliative	Retaliatory
Rumour	Hearsay
Reveal	Divulge

Words	*Synonyms*
Ritualistic	Ceremonious
Soft	Delicate
Sort	Kind, Choose, Select
Selfish	Egoistic
Sensual	Earthly
Suppress	Quell, Check
Stimulate	Provoke
Tasteless	Insipid
Travel	Journey
True	Authentic, Faithful, Truthful
Turbulence	Turmoil
Tragedy	Calamity
Tasteful	Tasty, Delicious
Touching	Painful
Thankful	Grateful
Tremendous	Great, Huge
Tough	Strong
Terminate	Conclude, End
Theory	Doctrine
Tell	Relate
Tremble	Shake, Shiver
Urge	Spur
Unbeaten	Unsubdued
Use	Utilize, Practise
Underhand	Unfair, Undue
Unfair	Unjust
Unravel	Reveal, Divulge
Unimportant	Common
Unconcerned	Apathetic
Unimitated	Inimitable
Unfortunate	Unlucky
Understand	Perceive, Comprehend
Vain	Proud, Haughty, Conceited, Shameless
Vale	Valley, Dale, Dell
Vice	Fault
Virtue	Quality
Veracity	Reality
Value	Price, Prize
Vex	Tease
Vibrate	Quiver, Shake
Violent	Excessive
Vivid	Clear, Lucid
Victory	Triumph
Vulgar	Indecent
Virtuous	Honest
Variegated	Varied, Multifarious
Well	Good
Yell	Cry, Shout
Yonder	There
Yearn	Wish, Desire
Yoke	Slavery
Zest	Earnestness, Enthusiasm
Zealous	Earnest

ANTONYMS

A antonym is a word which conveys a meaning opposite to the given word.

REMEMBER

Words	*Antonyms*
Abhor	Love
Abnormal	Normal
Able	Unable
Acceptable	Unacceptable
Adequate	Inadequate
Amusing	Boring
Angry	Calm
Apex	Bottom
Attract	Repel
Bad	Good
Barren	Fertile
Beautiful	Ugly
Bitter	Sweet
Brave	Cowardly
Brief	Lengthy
Bright	Dull
Calm	Violent
Careful	Careless
Clear	Vague, Cloudy
Cold	Hot
Cruel	Kind
Dear	Cheap
Deep	Shallow
Difficult	Easy
Direct	Indirect
Dishonest	Honest
Disobey	Obey
Encourage	Discourage
Enormous	Tiny
Excellent	Bad
Expensive	Cheap
Eat	Fast
Fair	Unfair
Fake	Authentic
False	True
Famous	Notorious
Fool	Genius
Generous	Miserly
Genius	Fool
Genuine	Unauthentic
Gigantic	Tiny
Glad	Depressed
Good	Bad
Great	Little
Happy	Sad
Hard	Soft
Hate	Love
Honest	Dishonest
Idle	Busy

Words	*Antonyms*
Immoral	Moral
Include	Exclude
Incorrect	Correct
Intelligent	Unintelligent
Kind	Cruel
Like	Dislike
Long	Short
Lucid	Vague
Major	Minor
Naive	Experienced
Nadir	Apex
Neat	Clumsy
Obedient	Disobedient
Obscure	Clear
Oppose	Support
Optimistic	Pessimistic
Out	In
Patience	Impatience
Peaceful	Belligerent
Pious	Impious
Polite	Impolite
Potent	Impotent
Prominent	Unimportant
Proper	Improper
Pure	Impure
Quick	Slow
Quiet	Disturbance
Real	False, Unreal
Reject	Select, Choose
Reliable	Unreliable
Respect	Disrespect
Right	Wrong
Robust	Feeble, Weak
Sad	Happy
Secret	Open
Sensible	Insensible
Severe	Mild
Sharp	Blunt
Simple	Complex
Sociable	Unsociable
Tall	Short
Tidy	Untidy
Uncanny	Canny
Violent	Calm
Vivid	Vague
Strong	Weak
Big	Small
Easy	Difficult
Fast	Slow
High	Low
Catchy	Unattractive
Ugly	Handsome, Beautiful, Tidy
Tasty	Insipid
Sonorous	Harsh

MULTIPLE CHOICE QUESTIONS

Directions (Qs. 1 to 20): *In the following questions choose the word which best expresses the meaning of the given word.*

1. ABSURD
A. Foolish B. Simple
C. Courageous D. Silly

2. ABANDON
A. Lose B. Profit
C. Vacate D. Foil

3. CAJOLE
A. Pause B. Lenient
C. Blast D. Lure

4. COMBAT
A. Fight B. Conflict
C. Shoot D. Quarrel

5. LAMENT
A. Condone B. Console
C. Complain D. Contribution

6. DEBACLE
A. Disgrace B. Defeat
C. Collapse D. Decline

7. SHIVER
A. Fear B. Tremble
C. Shake D. Ache

8. TORTURE
A. Terror B. Harassment
C. Torment D. Tranquility

9. LAUDABLE
A. Lovable B. Commendable
C. Profitable D. Oblivious

10. FIXED
A. Sterile B. Static
C. Stubborn D. Parennial

11. QUEER
A. Unfamiliar B. Cute
C. Curious D. Strange

12. SUFFICIENT
A. Fit B. Proper
C. Adequate D. Vast

13. GLOSS
A. Brightness B. Soothing
C. Rubbing D. Miracle

14. LONGING
A. Prune B. Apathy
C. Curtail D. Craving

15. JEER
A. Applaud B. Magnanimity
C. Avoid D. Scoff

16. ZENITH
A. Minimum B. Nadir
C. Plant D. Peak

17. GARB
A. Distort B. Dress
C. Trivial D. Rage

18. ABHOR
A. Rude B. Reconcile
C. Crave D. Detest

19. YIELD
A. Shum B. Incisive
C. Retain D. Surrender

20. YOKE
A. Twist B. Release
C. Link D. Extra

Directions (Qs. 21 to 26): *In the following questions choose the word which best expresses the opposite of the given word.*

21. TRAGIC
A. Dramatic B. Strong
C. Gentle D. Comic

22. ORAL
A. Verbal B. Sane
C. Minor D. Written

23. ADMIRE
A. Hate B. Unlike
C. Dislike D. Enough

24. VIOLENT
A. Gentle B. Savage
C. Haughty D. Decline

25. ADVERSITY
A. Windfall B. Inprosperity
C. Prosperity D. Slave

26. GENUINE
A. Spurious B. Obscure
C. Countless D. Apathetic

ANSWERS

1	2	3	4	5	6	7	8	9	10
D	C	D	A	C	C	B	C	B	B
11	**12**	**13**	**14**	**15**	**16**	**17**	**18**	**19**	**20**
D	C	A	D	D	D	B	D	D	C
21	**22**	**23**	**24**	**25**	**26**				
D	D	C	A	C	A				

●●●

3

Sentence Completion

It is such an exercise which starts with the primary schools and continues in the highest level of competitive examinations. One must practise it regularly to score well.

Directions (Qs. 1 to 15): *Pick out the most effective word(s) from the given words to fill in the blanks to make the sentence meaningfully complete.*

1. The student ...... that book from the library to study at home.
A. issued B. borrowed
C. hired D. lent

2. I wish I ...... a king.
A. was B. am
C. should be D. were

3. He ...... to listen to my arguments and walked away.
A. denied B. disliked
C. objected D. refused

4. The flow of blood was so ...... that the patient died.
A. intense B. adequate
C. profuse D. extensive

5. When I met her yesterday, it was the first time I ...... her since Christmas.
A. saw B. have seen
C. had seen D. have been seing

6. Can you pay ...... all these articles?
A. for B. of
C. off D. out

7. I ...... you to be at the party this evening.
A. expect B. hope
C. look forward to D. desire

8. ...... being a handicapped person, he is very cooperative and self-reliant.
A. Because B. Although
C. Since D. Despite

9. The child broke ...... from his mother and ran towards the painting.
A. away B. after
C. down D. with

10. With his ...... income, he finds it difficult to live a comfortable life.
A. brief
B. sufficient
C. meagre
D. huge

11. He could ...... a lot of money in such a short time by using his intelligence and working hard.
A. spend
B. spoil
C. exchange
D. accumulate

12. Though the brothers are twins, they look ......
A. alike B. handsome
C. indifferent D. different

13. Unfavourable weather conditions can ..... illness.
A. cure B. detect
C. treat D. enhance

14. No sooner did the bell ring, ... the actor started singing.
A. when B. than
C. after D. before

15. If I ...... realised it, I would not have acted on his advice.
A. was B. had
C. were D. have

Directions (Qs. 16 to 25): *In each question, an incomplete statement (Stem) followed by four fillers is given. Pick out the best one which can complete the incomplete stem correctly and meaningfully.*

16. Unless you work harder you will fail, means .....
A. if you fail you will work harder.
B. you must at least plan well than you will not fail.
C. hardly you will fail if you do not desire so.
D. if you do not put more efforts, then you will fail.

17. Even if it rains I shall come, means .....
A. if I come it will not rain.
B. if it rains I shall not come.
C. I will certainly come whether it rains or not.
D. whenever there is rain I shall come.

18. Dinesh is as stupid as he is lazy means .....
A. Dinesh is stupid because he is lazy.
B. Dinesh is lazy because he is stupid.
C. Dinesh is either stupid or lazy.
D. Dinesh is equally stupid and lazy.

19. He is so lazy that he .....
A. cannot depend on others for getting his work done.
B. cannot delay the schedule of completing the work.
C. can seldom complete his work on time.
D. dislike to postpone the work that he undertakes to do.

20. He always stammers in public meetings, but his today's speech .....
A. was fairly audible to everyone present in the hall.
B. was not received satisfactorily.
C. could not be understood properly.
D. was free from that defect.

21. In order to raise the company's profit, the employees.....
A. demanded two additional increments.
B. decided to go on paid holidays.
C. requested the management to implement new welfare schemes.
D. offered to work overtime without any compensation.

22. Although, he is reputed for making very candid statements, ...
A. his today's speech was not fairly audible.
B. his promises had always been realistic.
C. his speech was very interesting.
D. his today's statements were very ambiguous.

23. I felt somewhat more relaxed .....
A. but tense as compared to earlier.
B. and tense as compared to earlier.
C. as there was already no tension at all.
D. and tension-free as compared to earlier.

24. With great efforts his son succeeded in convincing him not to donate his entire wealth to an orphanage ....
A. and lead the life of a wealthy merchant.
B. but to a home for the forsaken children.
C. and make an orphan of himself.
D. as the orphanage needed a lot of donations.

25. Even though it is a very large house, ...
A. there is a lot of space available in it for children.
B. there is hardly any space available for children.
C. there is no dearth of space for children.
D. the servants take a long time to clean it.

ANSWERS

1	2	3	4	5	6	7	8	9	10
B	D	D	C	C	A	A	D	A	C
11	**12**	**13**	**14**	**15**	**16**	**17**	**18**	**19**	**20**
D	D	D	B	B	D	C	D	C	D
21	**22**	**23**	**24**	**25**					
D	D	D	C	B					

●●●

4

Spotting Errors

The most common errors in English are of spellings, grammar and usage of words. By regular practice, the errors can be easily spotted and minimised.

MULTIPLE CHOICE QUESTIONS

Directions: *In the following questions some of the sentences have errors and some are correct. Find out which part of a sentence has an error, the number of that part is your answer. If a sentence is free from errors, then your answer is D i.e., No error.*

1. (A) Either Ram or/(B) you is responsible/(C) for this action./(D) No error.

2. (A) The student flatly denied/(B) that he had copied/(C) in the examination hall./(D) No error.

3. (A) By the time you arrive tomorrow/(B) I have finished/(C) my work./(D) No error.

4. (A) The captain with the members of his team/(B) are returning/(C) after a fortnight./(D) No error.

5. (A) After returning from/(B) an all-India tour/(C) I had to describe about it./(D) No error.

6. (A) The teacher asked his students/(B) if they had gone through/(C) either of the three chapters included in the prescribed text./(D) No error.

7. (A) Do you know/(B) how old were you/(C) when you came here?/(D) No error.

8. (A) Beware of/(B) a fair-weather friend/(C) who is neither a friend in need nor a friend indeed./(D) No error.

9. (A) Copernicus proved/(B) that Earth/(C) moves round the Sun./(D) No error.

10. (A) The property/(B) was divided/(C) among the two brothers./(D) No error.

11. (A) I am quite certain/(B) that the lady is not only greedy/(C) but miserly./(D) No error.

12. (A) The brilliant success in the examination/(B) as well as his record in sports/(C) deserves high praise./(D) No error.

13. (A) I cannot find/(B) where has he gone/(C) though I have tried may best./(D) No error.

14. (A) If I was/(B) the Prime Minister of India/(C) I would work wonders/(D) No error.

15. (A) If it weren't/(B) for you,/(C) I wouldn't be alive today./(D) No error.

16. (A) He looked like a lion/(B) baulked from/(C) its prey./(D) No error.

17. (A) Widespread flooding/(B) is affecting/(C) large areas of the villages./(D) No error.

18. (A) If we really set to/(B) we can get the whole house/(C) cleaned in an afternoon./(D) No error.

ANSWERS

1	2	3	4	5	6	7	8	9	10
B	D	B	B	C	C	D	D	B	C
11	**12**	**13**	**14**	**15**	**16**	**17**	**18**	**19**	**20**
C	D	B	A	C	C	C	A	A	C

EXPLANATORY ANSWERS

1. Replace 'is' by 'are'.
2. No error.
3. Replace 'have' by 'would have'.
4. Replace 'are' by 'is'.
5. Replace 'had to describe' by 'described'.
6. Replace 'either' by 'any'.
7. No error.
8. No error.
9. Omit 'that'.
10. Replace 'among' by 'between'.
11. Add 'also'.
12. No error.
13. Replace 'has he' by 'he has'.
14. Replace 'was' by 'were'.
15. Replace 'wouldn't be' by 'would not have been'.
16. Replace 'its' by 'his'.
17. Replace 'areas' by 'area'.
18. Replace 'set to' by 'set on'.

●●●

5

One Word Substitution

There are many single words in English language which can be perfectly used for a number of words. These words help in expressing ideas in a short and correct manner for the right occasion. Such words not only increase the vocabulary but also enable you to economise in the use of words to a great extent.

Multiple Word Expression	*Substitution*
One who always looks towards the bright side of things	Optimist
One who always looks towards the dark side of things	Pessimist
The time when one develops from a child into an adult	Adolescence
The process of growing more plants in order to form a forest.	Afforestation
The science which deals with farming	Agriculture
From some other country or place etc.	Alien
A term, etc. giving more than one meaning	Ambiguous
A vehicle which is used to carry sick persons	Ambulance
An animal which can live both in water and on land	Amphibian
A lawless situation when there is no government	Anarchy
Belonging to the history of thousands of years old	Ancient
Once a year	Annual
A very old object but still valuable	Antique
Words of opposite meanings	Antonyms
Words of similar meanings	Synonyms
Signatures of a famous person	Autograph
A government led by one person with absolute authority	Autocracy
A written work of one's own life history	Autobiography
A person who has never been married	Bachelor
A person usually having no hair on his head	Bald
A place where one can deposit money and get interest	Bank
A person who cuts our hair	Barber
A building/group of buildings where soldiers live	Barracks
A person who makes buns and biscuits	Baker
A person who lives by asking people for food and money without doing any useful job	Beggar
The crime of having married to two persons at the same time	Bigamy
The branch of science which deals with the study of plants	Botany
Able to speak two languages	Bilingual
Able to speak more than two languages	Polyglot
The branch of science which deals with the living organisms	Biology
A powerful snow storm	Blizzard
A great successful book or movie	Blockbuster
A short news on the radio or TV	Bulletin
A system in which the most important works are organised by the government officials	Bureaucracy
A person who has no vision in his eyes	Blind
A page or a series of pages on which the information of days, weeks, months, etc. is given	Calendar
A person who eats human flesh	Cannibal
A complete list of items often arranged alphabetically	Catalogue
A sudden disaster	Catastrophe
A period of 100 years	Century

Multiple Word Expression	*Substitution*
A branch of science which deals with chemicals	Chemistry
A printed leaf usually issued by banks that we sign to carry certain financial deal	Cheque
A person who makes or mends shoes	Cobbler
A group of people who has been chosen by others to make decisions on their own	Committee
A building in which nuns live	Convent
An animal which feeds on other animals	Carnivorous
A person who does criticism	Critic
A person who cannot hear	Deaf
A condition in which one loses a lot of water from one's body because of vomiting, etc.	Dehydration
A system of government in which the people cast their votes to elect their leaders	Democracy
The study of skin problems	Dermatology
A long piece of land covered with sand	Desert
The art of managing relationships between countries	Diplomacy
A piece of information about the words in a book form	Dictionary
A piece of information about the telephone numbers of the people in a book from	Directory
A person in charge of a newspapers, magazine etc.	Editor
A person who thinks he is better than the others	Egoist
To leave your country and settle in some other country	Emigrate
A book or series of books giving almost all knowledge about an area or some persons etc.	Encyclopaedia
Study of insects	Entomology
Time when day and night are of the same duration	Equinox
To sell things out of the country	Export
To purchase things from some other country	Import
A plant or animal no longer in existence	Extinct
A situation when there is a shortage of food for a long period of time	Famine
An amount of money that we pay for some action or services	Fee
Related to women	Feminine
An animal strong and aggressive	Ferocious
A piece of land where plants grow easily from the soil that is favourable to them	Fertile
A work of literature having some imaginary events	Fiction
A large amount of water covering certain area	Flood
A person who sells flowers	Florist
A religious ceremony for burying or cremating a dead person	Funeral
A substance which kills fungus	Fungicide
A person studying or having studied the diseases and the related things of female reproductory system	Gynaecologist
The murder of the person of the same group race or country	Genocide
A substance which kills germs	Germicide
A situation in which many people die because of fire during war	Holocaust
The act of killing a person deliberately	Homicide
A word having the pronunciation as the other one does but it differs in meaning	Homophone
A word having the same spelling as the other one does but it is pronounced in some other way	Homonym
A person who is attracted towards the person of the same sex	Homosexual
Go across and parallel to the ground	Horizontal
A substance which kills the insects	Insecticide
That cannot be corrected	Incorrigible
That cannot be defeated	Invincible
That cannot be eaten	Inedible
That cannot be seen	Invisible
A place in a school or college where books are kept for the benefit of students, teachers etc.	Library
A place in a school or college where scientific experiments are performed	Laboratory

Multiple Word Expression	*Substitution*
An official who is a judge in the lowest court	Magistrate
A piece of music or a book before it is printed	Manuscript
Related to men	Masculine
One who believes in the existence of God	A theist
One who does not believe in the existence of good	An atheist
That can be believed	Credible
That cannot be believed	Incredible
That which dissolves in a solvent	Soluble
That which does not dissolves in a solvent	Insoluble
Hard writing that can be read	Legible
Hard writing that cannot be read	Illegible
A person who does jobs beneficial to mankind	Philanthropist
A person who goes on foot	Pedestrian
A person who fights for his own country	Patriot
An act of killing oneself	Suicide
A woman whose husband is dead	Widow
A man whose wife is dead	Widower
A person who eats vegetarian and non-vegetarian diets	Omnivorous
Something which is everywhere at the same time	Omnipresent
One who knows everything	Omniscient
A child who does not have parents	Orphan
An award etc. given after the death of the person	Posthumous
The place where animals are kept for amusement and to increase the knowledge of the public	Zoo
The science which deals with the study of animals	Zoology

MULTIPLE CHOICE QUESTIONS

Directions: *In questions given below, out of the four alternatives, choose the one which can be substituted for the given words/sentences.*

1. Something that relates to everyone in the world
A. General B. Common
C. Usual D. Universal

2. An expression of mild disapproval
A. Warning B. Denigration
C. Impertinence D. Reproof

3. One who is not easily pleased by anything
A. Maiden B. Medieval
C. Precarious D. Fastidious

4. Murder of a king
A. Infanticide B. Matricide
C. Genocide D. Regicide

5. A remedy for all diseases
A. Stoic B. Marvel
C. Panacea D. Recompense

6. A dramatic performance
A. Mask B. Mosque
C. Masque D. Mascot

7. Study of birds
A. Orology B. Optology
C. Ophthalmology D. Ornithology

8. Ready to believe
A. Credulous B. Credible
C. Creditable D. Incredible

9. Incapable of being seen through
A. Ductile B. Opaque
C. Obsolete D. Potable

10. One who eats everything
A. Omnivorous B. Omniscient
C. Irresistible D. Insolvent

11. A place where bees are kept is called
A. An apiary B. A mole
C. A hive D. A sanctuary

12. One who cannot be corrected
A. Incurable B. Incorrigible
C. Hardened D. Invulnerable

13. One who is in charge of a museum
A. Curator B. Supervisor
C. Caretaker D. Warden

14. Continuing fight between parties, families, clans, etc.
A. Enmity B. Feud
C. Quarrel D. Skirmish

15. A voice loud enough to be heard
A. Audible B. Applaudable
C. Laudable D. Oral

16. A paper written by hand
A. Handicraft B. Manuscript
C. Handiwork D. Thesis

17. Habitually silent or talking little
A. Serville B. Unequivocal
C. Taciturn D. Synoptic

18. To slap with a flat object
A. Chop B. Hew
C. Gnaw D. Swat

19. A person who speaks many languages
A. Linguist B. Monolingual
C. Polyglot D. Bilingual

20. A light sailing-boat built specially for racing
A. Canoe B. Yacht
C. Frigate D. Dinghy

21. A fixed orbit in space in relation to earth
A. Geological B. Geo-synchronous
C. Geo-centric D. Geo-stationary

22. A style in which a writer makes a display of his knowledge
A. Pedantic B. Verbose
C. Pompous D. Ornate

23. A religious discourse
A. Preach B. Stanza
C. Sanctorum D. Sermon

24. A place that provides refuge
A. Asylum B. Sanatorium
C. Shelter D. Orphanage

25. Detailed plan of a journey
A. Travelogue B. Travelkit
C. Schedule D. Itinerary

26. A person who insists on something
A. Disciplinarian B. Stickler
C. Instantaneous D. Boaster

27. A drawing on transparent paper
A. Red print B. Blue print
C. Negative D. Transparency

28. One who believes that all things and events in life are predetermined is a
A. Fatalist B. Puritan
C. Egoist D. Tyrant

29. A school boy who cuts classes frequently is a
A. Defeatist B. Sycophant
C. Truant D. Martinet

30. The act of violating the sanctity of the church is
A. Blasphemy B. Heresy
C. Sacrilege D. Desecration

31. A place where monks live as a secluded community
A. Cathedral B. Diocese
C. Convent D. Monastery

32. One who is fond of fighting
A. Bellicose B. Aggressive
C. Belligerent D. Militant

33. Tending to move away from the centre or axis
A. Centrifugal B. Centripetal
C. Axiomatic D. Awry

34. Words inscribed on tomb
A. Epitome B. Epistle
C. Epilogue D. Epitaph

35. Leave or remove from a place considered dangerous
A. Evade B. Evacuate
C. Avoid D. Exterminate

36. Original inhabitants of a country
A. Abroge B. Aborger
C. Aborgory D. Aborigins

37. Government by the officials
A. Theocracy B. Plutocracy
C. Bureaucracy D. Democracy

38. Incapable of being exhausted
A. Inexhaustible B. Inaexhaustible
C. Exhaustable D. Non-tired

39. A person of good understanding, knowledge and reasoning power
A. Expert B. Intellectual
C. Snob D. Literate

40. One absorbed in his own thoughts and feelings rather than in things outside
A. Scholar B. Recluse
C. Introvert D. Intellectual

ANSWERS

1	2	3	4	5	6	7	8	9	10
D	D	D	D	C	C	D	A	B	A
11	12	13	14	15	16	17	18	19	20
A	B	A	B	A	B	C	D	A	B
21	22	23	24	25	26	27	28	29	30
D	A	D	A	D	B	D	A	C	C
31	32	33	34	35	36	37	38	39	40
D	A	A	D	B	B	C	A	B	C

6

Spelling Errors

There are thousands of words in English language. It is difficult to remember the spellings and meanings of all at once. Try to learn as many as you can. Use a dictionary regularly.

Directions: *Find the correctly spelt words.*

1. A. Damage B. Dammage C. Damaige D. Dammege
2. A. Efficiant B. Effecient C. Efficient D. Eficient
3. A. Schedule B. Schdule C. Schedale D. Schedeule
4. A. Occurad B. Occurred C. Ocurred D. Occured
5. A. Grieff B. Grief C. Grieef D. Grrief
6. A. Guarantee B. Garuntee C. Guaruntee D. Gaurantee
7. A. Meddicine B. Medicine C. Medicene D. Medicinne
8. A. Benefeted B. Benefitted C. Benifited D. Benefited
9. A. Acommodation B. Acomodation C. Accomodation D. Accommodation
10. A. Querrelsome B. Quarrelsame C. Quarrelsome D. Querralsome
11. A. Sympathetic B. Smypathetic C. Sympothetic D. Sympethetic
12. A. Prograssive B. Progressive C. Progresive D. Prograsive
13. A. Uncivilized B. Uncevilized C. Uncivillized D. Uncevelized
14. A. Extravagant B. Extreragent C. Extreregant D. Extravegent
15. A. Missunderstood B. Miesunderstood C. Misunderstood D. Misunderstod
16. A. Belligerent B. Beligirent C. Belligarant D. Belligerrent
17. A. Astonished B. Astronished C. Astoneshed D. Asstonished
18. A. Sincerely B. Sencerely C. Sincerelly D. Sincerrely
19. A. Rigourous B. Rigerous C. Rigorous D. Regerous
20. A. Satellite B. Sattellite C. Satelite D. Sattelite
21. A. Pesanger B. Passenger C. Pessenger D. Pasanger
22. A. Humurous B. Humorous C. Humoreus D. Humorrous
23. A. Exeggerate B. Exaggerate C. Exadgerate D. Exagerate
24. A. Fariegn B. Forein C. Foriegn D. Foreign
25. A. Excesive B. Excessive C. Exccessive D. Exccesive
26. A. Forcaust B. Forcast C. Forecast D. Forecaste
27. A. Paralleted B. Paralelled C. Parralleled D. Parallelled
28. A. Ocasion B. Occassion C. Occasion D. Ocassion
29. A. Boquet B. Bouquet C. Bouquete D. Bouquette
30. A. Chettering B. Chaterring C. Chattering D. Chatering
31. A. Discourage B. Disscourage C. Discourege D. Discaurage
32. A. Curageous B. Courageous C. Courrageous D. Couregeous
33. A. Abandon B. Abanddon C. Abendon D. Abbandon
34. A. Embarassment B. Emberrassement C. Embarrassment D. Embbaresment
35. A. Eccintric B. Eccentrie C. Eccentric D. Eccintrie
36. A. Occasional B. Occassional C. Occesional D. Occessional
37. A. Querrel B. Querral C. Quarrel D. Quarel
38. A. Contrebution B. Contribution C. Contributtion D. Conterbution

39. A. Desgrace B. Disgrece
C. Disgrice D. Disgrace

40. A. Harassment B. Herassment
C. Harasment D. Harassmient

41. A. Imaginative B. Imeginative
C. Imagenative D. Imaginetive

42. A. Suficient B. Suficiant
C. Sufficient D. Sufficiant

43. A. Adequate B. Edequate
C. Adaquete D. Edaquete

44. A. Exparienced B. Experianced
C. Experienced D. Experrienced

45. A. Flatering B. Fletering
C. Flattering D. Fletaring

46. A. Cuttiveted B. Culltrivated
C. Cultivated D. Caltivated

47. A. Praiceworthy B. Peiseworthy
C. Praiseworthy D. Praisaworthy

48. A. Profesional B. Professionel
C. Professional D. Profissional

49. A. Ameteur B. Amateur
C. Amataur D. Amateor

50. A. Unfevourable B. Unfevaurable
C. Unfavourable D. Unfivourable

ANSWERS

1	2	3	4	5	6	7	8	9	10
A	C	A	B	B	A	B	B	D	C
11	**12**	**13**	**14**	**15**	**16**	**17**	**18**	**19**	**20**
A	B	A	A	C	A	A	A	C	A
21	**22**	**23**	**24**	**25**	**26**	**27**	**28**	**29**	**30**
B	B	B	D	B	C	A	C	B	C
31	**32**	**33**	**34**	**35**	**36**	**37**	**38**	**39**	**40**
A	B	A	C	C	A	C	B	D	A
41	**42**	**43**	**44**	**45**	**46**	**47**	**48**	**49**	**50**
A	C	A	C	A	C	C	C	B	C

●●●

तार्किक योग्यता
(Reasoning Ability)

1

शृंखला (Series)

अक्षर शृंखला (Letter Series)

अक्षर शृंखला में निहित अक्षरों का एक निश्चित क्रम होता है। दी गई अक्षर शृंखला में अक्षर वर्णमाला के सीधे क्रम में भी हो सकते हैं और वर्णमाला के विपरीत क्रम में भी।

वर्णमाला के सीधे क्रम में अक्षरों की शृंखला है :

A B C D E F G H I J K L M N O P Q R S T U V W X Y Z

A ↓ पहला, E ↓ 5वाँ, J ↓ 10वाँ, O ↓ 15वाँ, T ↓ 20वाँ, Y ↓ 25वाँ

वर्णमाला के विपरीत या उल्टे क्रम में अक्षरों की शृंखला है :

Z Y X W V U T S R Q P O N M L K J I H G F E D C B A

Z ↓ पहला, V ↓ 5वाँ, Q ↓ 10वाँ, L ↓ 15वाँ, G ↓ 20वाँ, B ↓ 25वाँ

टिप्पणी : Z पर पहुंचकर शृंखला A से पुन: शुरू होती है और A पर पहुंचकर शृंखला Z से पुन: शुरू होती हैं।

अभ्यास

निर्देश : *नीचे दी गई प्रत्येक शृंखला में अक्षरों का क्रम निर्धारित करें। तत्पश्चात् दिए गए विकल्पों में से उस विकल्प का चयन करें जिससे दी गई शृंखला में प्रश्न चिह्न प्रतिस्थापित होता हो।*

1. B Y C X D W E ?
(*a*) S (*b*) T
(*c*) U (*d*) V

2. A D C G E ?
(*a*) G (*b*) J
(*c*) I (*d*) L

3. X O I F ?
(*a*) D (*b*) F
(*c*) B (*d*) E

4. Z A A Y B B X C ?
(*a*) W (*b*) C
(*c*) V (*d*) D

5. A Z Y B X W C V U D T S E ?
(*a*) R S (*b*) S T
(*c*) R Q (*d*) Q R

उत्तरमाला

1	2	3	4	5
(*d*)	(*b*)	(*b*)	(*b*)	(*c*)

व्याख्यात्मक उत्तर

1. दी गई शृंखला में बारी-बारी से दो अक्षर शृंखलाएं अंतर्निहित हैं।

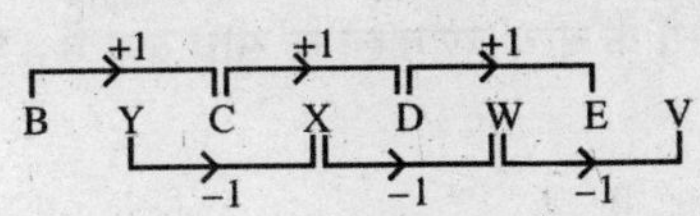

शृंखला I : BCDE (वर्णमाला के सीधे क्रम में)

शृंखला II : YXWV (वर्णमाला के विपरीत क्रम में)

3. शृंखला में दो सन्निकट अक्षरों के बीच वर्णमाला के विपरीत क्रम में क्रमश: 3 की कमी होती जाती है, अर्थात्

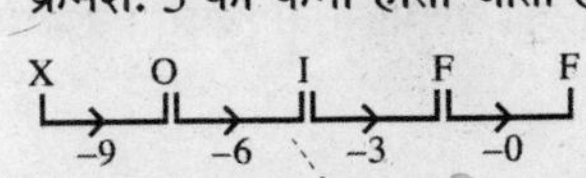

5. शृंखला में बारी-बारी से दो शृंखलाएं अंतर्निहित हैं।

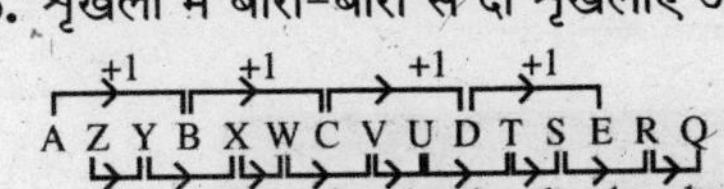

शृंखला I : ABCDE (वर्णमाला के सीधे क्रम में)

शृंखला II : ZY XW VU TS RQ (वर्णमाला के विपरीत क्रम में एक साथ दो अक्षर)

गलत या बेमेल अक्षर-शृंखला (Wrong Letter Series)

इस प्रकार के प्रश्नों में दी गई शृंखला में अभ्यर्थियों को ऐसे अक्षर या अक्षर-समूह ज्ञात करने की आवश्यकता नहीं होती जिनसे दी गई शृंखला पूर्ण होती है बल्कि उन्हें ऐसे अक्षर का पता लगाना होता है जो शृंखला में गलत या बेमेल हो।

अभ्यास

निर्देश : *नीचे के प्रत्येक प्रश्न में दी गई अक्षर–शृंखला में कौन–सा अक्षर या अक्षर–समूह गलत या बेमेल है?*

1. C H M S W B
(*a*) C (*b*) S
(*c*) B (*d*) W

2. Z A W B X C
(*a*) D (*b*) C
(*c*) X (*d*) W

3. D K R Y F L
(*a*) L (*b*) D
(*c*) R (*d*) Y

4. XW, DC, CB, NM, PQ
(*a*) NM (*b*) CB
(*c*) PQ (*d*) XW

5. Z T P K H F
(*a*) Z (*b*) P
(*c*) T (*d*) F

उत्तरमाला

1	2	3	4	5
(*b*)	(*d*)	(*a*)	(*c*)	(*b*)

व्याख्यात्मक उत्तर

1. शृंखला में दो सन्निकट अक्षरों के बीच वर्णमाला के सीधे क्रम में +5 का अंतर है।

C H M R W B
+5 +5 +5 +5 +5

अतः शृंखला में S के स्थान पर R होना चाहिए। (शृंखला Z पर पहुंचने के बाद A से पुनः शुरू होती है।)

4. शृंखला कोई भी दो क्रमागत अक्षरों को वर्णमाला के विपरीत क्रम में शामिल करके निर्मित की गई है।

XW DC CB NM QP
← ← ← ← ←

संख्या-शृंखला (Number Series)

इस प्रकार की शृंखला में दी गई संख्याओं के समुच्चय एक दूसरे से एक विशेष पैटर्न या रुप में संबंधित होते हैं। संख्याओं के बीच संबंध—

(*i*) क्रमागत विषम/सम संख्याओं;

(*ii*) क्रमागत अविभाज्य संख्याओं;

(*iii*) किसी संख्या (या संख्याओं) का वर्गफल/घनफल जिसमें किसी संख्या को जोड़ने या घटाने पर परिवर्तन होता है/नहीं होता;

(*iv*) पूर्ववर्ती संख्याओं का योग/गुणनफल/अंतर;

(*v*) किसी संख्या से योग/घटाव/गुणा/भाग; और

(*vi*) उपर्युक्त संबंधों के अनेक और भी संयोजनों पर आधारित होता है।

अभ्यास

निर्देश : *शृंखलाओं को पूरा करने के लिए दिए गए विकल्पों में से लुप्त पद/संख्या ज्ञात करें।*

1. 1, 6, 12, 19, 27, ?
(*a*) 38 (*b*) 35
(*c*) 36 (*d*) 54

2. 2, 3, 6, 18, 108, ?
(*a*) 1944 (*b*) 1658
(*c*) 648 (*d*) 1008

3. 3, 8, 13, 24, 41, ?
(*a*) 65 (*b*) 75
(*c*) 70 (*d*) 80

4. 0, 5, 22, 57, ?, 205
(*a*) 198 (*b*) 116
(*c*) 172 (*d*) 92

5. 1, 2, 5, 12, 27, 58, 121, ?
(*a*) 246 (*b*) 247
(*c*) 248 (*d*) 249

उत्तरमाला

1	2	3	4	5
(*c*)	(*a*)	(*c*)	(*b*)	(*c*)

व्याख्यात्मक उत्तर

1. शृंखला के आरंभिक पदों अर्थात् 1 और 6 के बीच 5 का अंतर है और तत्पश्चात् शृंखला की आनुक्रमिक संख्याओं के बीच अंतर में क्रमशः 1 की वृद्धि होती जाती है।

1 6 12 19 27 36
+5 +6 +7 +8 +9

4. शृंखला निम्नलिखित पैटर्न का अनुपालन करती है :
1 से आरंभ करके प्राकृतिक संख्याओं का घनफल घटा 1 से आरंभ करके एकांतर विषम संख्याएं

0 5 22 57 116 205
↓ ↓ ↓ ↓ ↓ ↓
1^3-1 2^3-3 3^3-5 4^3-7 5^3-9 6^3-11

आवृत्ति शृंखला (Repetitive Series)

इस प्रकार की शृंखला में अक्षरों का समुच्चय निर्मित करने के लिए अंग्रेजी वर्णमाला के छोटे अक्षरों का प्रयोग किया जाता है जिनकी शृंखला में पुनरावृत्ति होती है।

अभ्यास

निर्देश : *दी गई अक्षर–शृंखलाओं को पूरा करने के लिए दिए गए अक्षर–समूहों के विकल्पों में से सही विकल्प का चयन करें।*

1. ab---b-bbaa-
(*a*) babba (*b*) abaab
(*c*) abbab (*d*) baaab

2. aa-ab--aaa-a
(*a*) baaa (*b*) abab
(*c*) aaab (*d*) aabb

3. -baa-aab-a-a
(*a*) baab (*b*) abab
(*c*) aaba (*d*) aabb

4. -a cca-ccca-acccc-aaa
(*a*) ccaa (*b*) acca
(*c*) caac (*d*) caaa

5. c-bbb--abbbb-abbb-
(*a*) abccb (*b*) bacbb
(*c*) aabcb (*d*) abacb

उत्तरमाला

1	2	3	4	5
(*d*)	(*c*)	(*b*)	(*d*)	(*a*)

व्याख्यात्मक उत्तर

2. दी गई अक्षर शृंखला है : aaaaba, aaaaba

4. दी गई अक्षर शृंखला है : c, a, cc, aa, ccc, aaa, cccc, aaaa

5. दी गई अक्षर शृंखला है : cabbbb, cabbbb, cabbbb

●●●

2 सादृश्य या संबंध (Analogies or Relationships)

शब्द सादृश्य (Word Analogy)

संबंध या सादृश्य परीक्षा में दिए गए दो शब्दों के बीच संबंध स्थापित किया जाता है और उसी संबंध को दिए गए अन्य शब्दों पर अनुप्रयुक्त किया जाता है। दिए गए दो शब्दों के बीच विभिन्न प्रकार के संबंध हो सकते हैं, अत: इस प्रकार के प्रश्नों को हल करते समय सर्वप्रथम यह ज्ञात करना होता है कि दिए गए दो शब्दों के बीच किस प्रकार का संबंध है।

अभ्यास

निर्देश (प्र.सं. 1–5): *पूछे गए प्रत्येक प्रश्न में पहले दिए गए दो शब्दों के बीच संबंध स्थापित करें। तत्पश्चात् दिए गए विकल्पों में से उस विकल्प का चयन करें जिसके शब्द और प्रश्न में दिए गए तीसरे शब्द के बीच ठीक वैसा ही संबंध या सादृश्य हो जैसा कि पहले के दो शब्दों के बीच है।*

1. जो संबंध 'उन्माद' और 'सनक' में है वही संबंध 'भय' और निम्नलिखित में से किसमें है?
(*a*) इच्छा (*b*) शौक
(*c*) आवश्यकता (*d*) डर

2. 'हकलाना' जिस प्रकार 'वाणी' से संबंधित है उसी प्रकार 'बहरापन' का संबंध निम्नलिखित में से किससे है?
(*a*) कान (*b*) सुनना
(*c*) शोर (*d*) चुप्पी

3. जिस प्रकार 'नेता', 'अनुयायी' से संबंधित है, उसी प्रकार .... संबंधित है सिपाही से।
(*a*) कैप्टन (*b*) यूनिट
(*c*) सेना (*d*) बैरक

4. जिस प्रकार 'चिल्लाहट', 'फुसफुसाहट' से संबंधित है, उसी प्रकार 'मारना' निम्नलिखित में से किससे संबंधित है?
(*a*) थप्पड़ मारने (*b*) छूना
(*c*) क्रोध (*d*) शोरगुल

5. जिस प्रकार 'पंजा', 'बिल्ली' से संबंधित है उसी प्रकार 'खुर' निम्नलिखित में से किससे संबंधित है?
(*a*) घोड़ा (*b*) मेमना
(*c*) हाथी (*d*) शेर

निर्देश (प्र.सं. 6–10): *नीचे दिए गए प्रत्येक प्रश्न में :: चिह्न की बाईं ओर दो शब्द दिए गए हैं। इन दोनों शब्दों में कुछ संबंध है। वैसा ही संबंध :: चिह्न की दाईं ओर के दो शब्दों में है जिनमें से एक शब्द के स्थान पर प्रश्नवाचक चिह्न (?) है। प्रश्नवाचक चिह्न (?) के स्थान पर दिए गए विकल्पों में से एक उपयुक्त विकल्प का चयन करें।*

6. शिकारी : बंदूक :: लेखक : ?
(*a*) पुस्तक (*b*) कलम
(*c*) कविता (*d*) पृष्ठ

7. भोजन : आमाशय :: ईंधन : ?
(*a*) इंजन (*b*) ऑटोमोबाइल
(*c*) रेल (*d*) वायुयान

8. जल : रेत :: महासागर : ?
(*a*) द्वीप (*b*) नदी
(*c*) मरुभूमि (*d*) तरंगें

9. वयस्क : बच्चा :: फूल : ?
(*a*) बीज (*b*) कली
(*c*) फल (*d*) तितली

10. मोती : कंठहार :: फूल : ?
(*a*) पौधा (*b*) बगीचा
(*c*) पँखुड़ी (*d*) गुलदस्ता

निर्देश (प्र.सं. 11–15): *दिए गए विकल्पों में से उस शब्द-युग्म का चयन कीजिए जिसमें युग्म के शब्दों के बीच ठीक उसी प्रकार का संबंध हो जिस प्रकार का संबंध प्रश्न में दिए गए मूल शब्द-युग्म के बीच है।*

11. राज्य : निर्वासन

(*a*) पुलिस : गिरफ्तार (*b*) न्यायाधीश : अभियुक्त
(*c*) संविधान : संशोधन (*d*) चर्च : धर्म-बहिष्करण

12. चंचलता : विश्वसनीयता

(*a*) तात्कालिक : भविष्य सूचक (*b*) अविश्वसनीय : अमानवीय
(*c*) दृढ़निश्चयी : व्यवहार्यता (*d*) स्वेच्छाचारी : सनकी

13. अनिच्छुक : बल-प्रयोग

(*a*) घृणित : दुलारा (*b*) चिढ़ना : प्यार करना
(*c*) क्रुद्ध : प्रतिरोध (*d*) विमुख : मान-मनोव्वल

14. शल्क : मछली

(*a*) महिला : ड्रेस (*b*) पेड़ : पत्तियां
(*c*) पक्षी : पंख (*d*) त्वचा : मुनष्य

15. वृक्ष : बालवृक्ष

(*a*) झोंपड़ी : महल (*b*) लंबा-तगड़ा : बौना
(*c*) घोड़ा : बछेड़ा (*d*) चींटी : हाथी

उत्तरमाला

1	2	3	4	5
(*d*)	(*b*)	(*a*)	(*b*)	(*a*)
6	**7**	**8**	**9**	**10**
(*b*)	(*a*)	(*c*)	(*b*)	(*d*)
11	**12**	**13**	**14**	**15**
(*d*)	(*d*)	(*d*)	(*d*)	(*c*)

व्याख्यात्मक उत्तर

1. संबंधित शब्द पर्यायवाची हैं।

3. जिस प्रकार 'अनुयायी' अपने 'नेता' से मार्ग-दर्शन प्राप्त करते हैं उसी प्रकार 'सिपाही' को अपने 'कैप्टन' से मार्गदर्शन प्राप्त होता है।

5. 'बिल्ली' के 'पैर में' 'पंजा' होता है जबकि 'घोड़ा' के पैर में 'खुर' होता है।

6. 'शिकारी' का हथियार 'बंदूक' है और 'लेखक' का हथियार 'कलम' है।

9. 'बच्चा' विकसित होकर 'वयस्क' बनता है और 'कली' खिलकर 'फूल' बनती है।

11. राज्य से बाहर कर देना 'निर्वासन' और चर्च से बाहर कर देना 'धर्म-बहिष्करण' कहलाता है।

14. मछली का शरीर 'शल्कों' से ढका होता है और मनुष्य का शरीर उसकी 'त्वचा' से ढका होता है।

15. नवजात वृक्ष को 'बालवृक्ष' कहते हैं और नवजात घोड़े को 'बछेड़ा' कहते हैं।

अक्षर सादृश्य (Letter Analogy)

इस प्रकार के सादृश्य में अक्षरों के दो दिए गए समुच्चयों के बीच संबंध स्थापित किया जाता है और तत्पश्चात् अक्षरों के दिए गए तीसरे समुच्चय पर पहले दो अक्षर समुच्चयों के बीच के संबंध को अनुप्रयुक्त करके अक्षरों के चौथे अपेक्षित समुच्चय को ज्ञात किया जाता है।

अभ्यास

निर्देश: *नीचे के प्रत्येक प्रश्न में एक लुप्त पद है। प्रश्न में :: चिह्न की बायीं ओर के दो अक्षर-समूहों में जो समानता या सादृश्य है वैसी ही समानता या सादृश्य :: चिह्न की दायीं ओर के दो अक्षर समूहों में है जिनमें से एक अक्षर समूह के स्थान पर प्रश्नवाचक चिह्न (?) लगा है। प्रश्न-वाचक चिह्न (?) के स्थान पर लुप्त पद ज्ञात करें।*

1. BCF : DEG : : MNQ : ?
(*a*) OPR (*b*) PQS
(*c*) OPP (*d*) QRT

2. NATION : ANITNO : : HUNGRY : ?
(*a*) HNUGRY (*b*) UNHGYR
(*c*) YRNGUH (*d*) UHGNYR

3. ACE : FGH : : LNP : ?
(*a*) QRS (*b*) PQR
(*c*) QST (*d*) MOQ

4. BOQD : ERTG : : ANPC : ?
(*a*) DQSF (*b*) FSHU
(*c*) SHFU (*d*) DSQF

5. RUX : TRP : : BEH : ?
(*a*) SQN (*b*) QON
(*c*) QOM (*d*) QNL

6. BCDE : WVUT : : QRST : ?
(*a*) EFHG (*b*) JIHG
(*c*) POML (*d*) GEDC

7. ABC : ZYX : : IJK : ?
(*a*) RST (*b*) RQP
(*c*) RTS (*d*) RPQ

8. CIRCLE : RICELC : : SQUARE : ?
(*a*) UQSERA (*b*) QUSERA
(*c*) QSUERA (*d*) UQSAER

9. PSQR : CFED : : JMKL : ?
(*a*) UXVW (*b*) WZYX
(*c*) YVXZ (*d*) YZWX

10. FHJL : VTRP : : MOQS : ?
(*a*) JHFD (*b*) IGFD
(*c*) IGED (*d*) JHED

उत्तरमाला

1	2	3	4	5
(*a*)	(*d*)	(*a*)	(*a*)	(*c*)
6	**7**	**8**	**9**	**10**
(*b*)	(*b*)	(*a*)	(*b*)	(*a*)

व्याख्यात्मक उत्तर

2. पहले समूह के अक्षरों को दो-दो अक्षरों के खंडों में विभाजित करके प्रत्येक खंड के अक्षरों को उल्टे क्रम में लिखने पर दूसरा अक्षर-समूह प्राप्त होता है।

4. प्रत्येक अक्षर समूह में पहले और चौथे अक्षरों के बीच एक अक्षर छूटा हुआ है तथा दूसरे और तीसरे अक्षरों के बीच भी एक अक्षर छूटा हुआ है।

BOQD : ERTG :: ANPC : DQSF

P C, S F, O B, R E

5. पहले समूह के अक्षरों में +3 का और दूसरे समूह के अक्षरों में –2 का अंतर है।

RUX : TRP :: BEH : QOM

+3 +3, –2 –2, +3+3, –2 –2

7. पहले अक्षर समूह में क्रमागत अक्षर वर्णमाला के सीधे क्रम में हैं और दूसरे अक्षर समूह में अक्षर वर्णमाला के विपरीत क्रम में समस्थानिक अक्षर हैं।

ABC → : ZYX ← :: IJK → : RQP ←

8. प्रथम अक्षर-समूह को दो बराबर खंडों में विभक्त करके प्रत्येक खंड के अक्षरों को उल्टे क्रम में लिखने पर दूसरा अक्षर-समूह प्राप्त होता है।

CIRCLE : RICELC :: SQUARE : UQSERA

संख्या सादृश्य (Number Analogy)

संख्या सादृश्य में भी पहले दो दी गई संख्याओं के बीच संबंध स्थापित किया जाता है और तत्पश्चात् इस ज्ञात संबंध को संख्याओं के दूसरे जोड़े पर प्रयुक्त करके उसके लुप्त पद को ज्ञात किया जाता है। संख्याओं के बीच संबंध किसी भी एक पैटर्न पर आधारित हो सकता है,

अभ्यास

निर्देश : *नीचे के प्रत्येक प्रश्न में चिह्न ': :' के पहले दो संख्याएं दी गई हैं जिनमें आपस में एक संबंध है तथा ': :' चिह्न के बाद में एक तीसरी संख्या दी गई है। दिए गए विकल्पों में से उस संख्या का चयन करें जिसका तीसरी संख्या के साथ वैसा ही संबंध हो जैसा संबंध संख्याओं के पहले जोड़े के बीच है।*

1. 14 : 20 : : 16 : ?
(*a*) 23 (*b*) 10
(*c*) 48 (*d*) 32

2. 0.16 : 0.0016 : : 1.02 : ?
(*a*) 10.20 (*b*) 0.102
(*c*) 0.0102 (*d*) 1.020

3. 5 : 24 : : 8 : ?
(*a*) 65 (*b*) 63
(*c*) 62 (*d*) 64

4. 65 : 30 : : 44 : ?
(*a*) 79 (*b*) 62
(*c*) 28 (*d*) 16

5. 30 : 42 : : 56 : ?
(*a*) 92 (*b*) 21
(*c*) 38 (*d*) 72

6. 6 : 18 : : 4 : ?
(*a*) 2 (*b*) 6
(*c*) 8 (*d*) 16

7. 162 : 9 : : 310 : ?
(*a*) 33 (*b*) 27
(*c*) 16 (*d*) 4

8. 123 : 149 : : 201 : ?
(*a*) 202 (*b*) 404
(*c*) 401 (*d*) 227

9. 6 : 21 : : 14 : ?
(*a*) 82 (*b*) 75
(*c*) 60 (*d*) 41

उत्तरमाला

1	2	3	4	5
(*a*)	(*c*)	(*b*)	(*d*)	(*d*)
6	**7**	**8**	**9**	
(*c*)	(*d*)	(*c*)	(*a*)	

व्याख्यात्मक उत्तर

1. संख्याओं के बीच संबंध निम्नवत् है:

14 : 20 : : 16 : 23

↓ 7 × 2, ↓ (7 × 3)–1, ↓ 8 × 2, ↓ (8 × 3)–1

4. दूसरी संख्या पहली संख्या के अंकों का गुणनफल है:

$$\frac{60:30}{(6\ \ 5)}::\frac{44:16}{(4\ \ 4)}$$

7. पहली संख्या के अंकों का योगफल दूसरी संख्या के बराबर है:

162 : 9 : : 310 : 4

1 + 6 + 2, 3 + 1 + 0

●●●

3

वर्गीकरण या विजातीय छांटना (Classification or Odd One Out)

विजातीय छांटना–शब्दों पर आधारित समस्याएं

इस प्रकार के वर्गीकरण में चार शब्द दिए जाते हैं जिनमें से तीन शब्द तथ्य या अर्थ की दृष्टि से या अन्य किसी न किसी रूप में आपस में संबंधित होते हुए एक समूह बनाते हैं जबकि शेष केवल एक शब्द अन्य तीनों से भिन्न होता है।

अभ्यास

निर्देश : *यहां दिए गए प्रत्येक प्रश्न में तीन शब्द किसी न किसी प्रकार से समान हैं और इस कारण वे एक समूह बनाते हैं जबकि एक शब्द अन्य तीनों से भिन्न है। इस भिन्न या विजातीय शब्द को ज्ञात करें।*

1. (*a*) अस्तबल (*b*) बिल (*c*) डोंगी (*d*) सूअर-बाड़ा

2. (*a*) खुश (*b*) उदास (*c*) प्रसन्नचित्त (*d*) प्रसन्न

3. (*a*) सीसा (*b*) पारद (*c*) तांबा (*d*) लोहा

4. (*a*) अतिवृष्टि (*b*) अनावृष्टि (*c*) भूस्खलन (*d*) युद्ध

5. (*a*) सिंहशावक (*b*) चूजा (*c*) सूअर (*d*) पिल्ला

6. (*a*) खरगोश (*b*) मगरमच्छ (*c*) केंचुआ (*d*) घोंघा

7. (*a*) पेड़ (*b*) पत्ता (*c*) झाड़ी (*d*) शाकीय पौधे

8. (*a*) अलंकृत करना (*b*) रमणीय (*c*) सजाना (*d*) सुंदर बनाना

9. (*a*) ट्यूटर (*b*) प्रिंसिपल (*c*) छात्र (*d*) प्रोफेसर

10. (*a*) निवेदित भाव (*b*) शुल्क (*c*) कर (*d*) चुंगी

उत्तरमाला

1	2	3	4	5
(*c*)	(*b*)	(*b*)	(*d*)	(*c*)
6	**7**	**8**	**9**	**10**
(*a*)	(*b*)	(*b*)	(*c*)	(*a*)

व्याख्यात्मक उत्तर

1. डोंगी एक छोटी नाव होती है। अन्य सभी पशु-पक्षियों के निवासस्थलों के नाम हैं।

2. अन्य सभी आनन्द की अनुभूति को अभिव्यक्त करते हैं।

3. अन्य सभी ठोस धातुएं हैं।

5. अन्य सभी शब्द विभिन्न जंतुओं के शिशुओं के नाम हैं।

9. अन्य सभी शिक्षा प्रदान करते हैं जबकि छात्र इन सभी से शिक्षा प्राप्त करता है।

10. अन्य सभी विभिन्न प्रकार के कर हैं।

विजातीय छांटना-अक्षरों पर आधारित समस्याएं

इस कोटि के अंतर्गत विकल्प के रूप में चार अक्षर-समूह या अक्षरों की एक शृंखला दी जाती है। परीक्षार्थी को इनमें से ऐसे विकल्प का चयन करना होता है जो अन्यों से भिन्न अर्थात् विजातीय हो।

अभ्यास

निर्देश : *नीचे के प्रत्येक प्रश्न में अक्षर समूहों के रूप में चार विकल्प दिए गए हैं जिनमें से तीन में किसी न किसी प्रकार की समानता है और इस कारण वे एक समूह बनाते हैं। उस अक्षर समूह का चयन करें जो समूह से संबंधित नहीं है।*

1. (*a*) ACE (*b*) LOR (*c*) GIK (*d*) VXZ

2. (*a*) EFLM (*b*) KJSR (*c*) XWHG (*d*) EDYX

3. (*a*) JOPK (*b*) BOPC (*c*) QOPR (*d*) TOPS

4. (*a*) BdfH (*b*) FHJL (*c*) RTvX (*d*) uVwX

5. (*a*) MKGA (*b*) PNID (*c*) RPLF (*d*) VTPJ

6. (*a*) ABJNM (*b*) QRTUZ (*c*) IXYOQ (*d*) WGFPO

7. (*a*) CFIL (*b*) ABCD (*c*) ACDF (*d*) EFGH

8. (*a*) KNOS (*b*) QTUY (*c*) DFGJ (*d*) BEFJ

9. (*a*) FKP (*b*) LPU (*c*) HMR (*d*) DIN

10. (*a*) TBVD (*b*) JOKQ (*c*) AXCZ (*d*) FRHT

उत्तरमाला

1	2	3	4	5
(*b*)	(*a*)	(*d*)	(*d*)	(*b*)
6	**7**	**8**	**9**	**10**
(*c*)	(*c*)	(*c*)	(*b*)	(*b*)

व्याख्यात्मक उत्तर

1. शेष सभी अक्षर समूहों में अगला अक्षर अपने पूर्ववर्ती अक्षर से वर्णमाला के सीधे क्रम में 2 अक्षर आगे का है जबकि विकल्प (*b*) के अक्षर समूह में +3 अनुक्रम का पालन होता है।

A B C D E (+2 +2) L M N O P Q R (+3 +3)

G H I J K (+2 +2) V W X Y Z (+2 +2)

6. शेष समूहों में कम से कम दो जोड़े अक्षर वर्णमाला के क्रम में हैं, अर्थात्

A B J N M ; Q R T U Z ; W G F P O

विकल्प (*c*) में केवल एक जोड़ा अक्षर-ही वर्णमाला के क्रम में है।

I X Y O Q

9. शेष सभी अक्षर समूहों में +5 पैटर्न का अनुपालन होता है।

F K P ; H M R ; D I N
+5 +5   +5 +5   +5 +5

विकल्प (*b*) में +4, +5 पैटर्न का अनुपालन होता है।

L P U
+4 +5

10. शेष समूहों में तीसरा अक्षर पहले अक्षर से और चौथा अक्षर दूसरे अक्षर से वर्णमाला के सीधे क्रम में 2 अक्षर आगे का अक्षर है। अर्थात् :

T B V D; A X C Z; F R H T
+2 +2   +2 +2   +2 +2

विकल्प (*b*) में निम्नवत् पैटर्न दिखाई पड़ता है :

J O K Q
+1 +2

विजातीय छांटना–संख्याओं पर आधारित समस्याएं

इस प्रकार के वर्गीकरण में विकल्पों के रूप में विभिन्न संख्याएं दी जाती हैं। इन संख्याओं में से एक को छोड़कर जो अन्य से भिन्न होती है, शेष किसी न किसी रूप में आपस में संबंधित होती हैं और इस प्रकार एक समूह बनाती हैं।

अभ्यास

निर्देश : *यहां प्रत्येक प्रश्न में चार विकल्प दिए गए हैं जिनमें से तीन किसी न किसी रूप में आपस में संबंधित होते हुए एक समूह बनाते हैं, जबकि शेष एक संख्या अन्य से भिन्न है। उस भिन्न संख्या का चयन करें जो समूह से संबंधित नहीं है।*

1. (*a*) 1948 (*b*) 2401
(*c*) 966 (*d*) 1449

2. (*a*) 182 (*b*) 169
(*c*) 130 (*d*) 158

3. (*a*) 3215 (*b*) 9309
(*c*) 4721 (*d*) 2850

4. (*a*) 1776 (*b*) 2364
(*c*) 1976 (*d*) 3776

5. (*a*) 7658 (*b*) 1234
(*c*) 9876 (*d*) 6543

6. (*a*) 18 (*b*) 12
(*c*) 30 (*d*) 20

7. (*a*) 9875432 (*b*) 98765
(*c*) 98756 (*d*) 9876543

8. (*a*) 5243 (*b*) 9251
(*c*) 4256 (*d*) 3257

9. (*a*) 2553 (*b*) 1224
(*c*) 7992 (*d*) 3885

10. (*a*) 3223 (*b*) 4554
(*c*) 6116 (*d*) 9887

उत्तरमाला

1	2	3	4	5
(*a*)	(*d*)	(*b*)	(*b*)	(*a*)
6	**7**	**8**	**9**	**10**
(*a*)	(*c*)	(*a*)	(*b*)	(*d*)

व्याख्यात्मक उत्तर

1. शेष संख्याएं 7 से विभाज्य हैं।

2. शेष संख्याएं 13 का गुणज हैं।

4. शेष संख्याओं में आखिरी दो अंक एक से हैं।

8. शेष सभी संख्याओं में 25 बीच में है और सिरे के दो अंकों का योग 10 के बराबर है।

10. शेष सभी संख्याओं में अंतिम दो अंक पहले दो अंकों को उलटे क्रम में लिखने पर प्राप्त होते हैं।

विजातीय छांटना–शब्द समूहों से संबंधित समस्याएं

शब्दों, अक्षरों या संख्याओं के समूह का वर्गीकरण एकल शब्द, अक्षर या संख्या के वर्गीकरण से अधिक भिन्न नहीं होता।

अभ्यास

निर्देश : *नीचे के प्रत्येक प्रश्न में शब्दों के उस जोड़े का चयन करें जो शेष तीन जोड़ों से भिन्न हो।*

1. (*a*) कुर्सी-फर्नीचर (*b*) शर्ट-वस्त्र
(*c*) कंठहार-आभूषण (*d*) बोगी-इंजन

2. (*a*) चित्रांकनी-कागज (*b*) पेंसिल-लेड
(*c*) कलम-स्याही (*d*) बुरुश-रंग

3. (*a*) युद्ध-शांति (*b*) वास्तविक-सहज
(*c*) अग्रगण्य-प्रथम (*d*) क्रोध-गुस्सा

4. (*a*) दिन-रात (*b*) चालाक-मूर्ख
(*c*) स्पष्ट-धुंधला (*d*) पहुंचना-आना

5. (*a*) भतीजी-भतीजा (*b*) भाई-बहन
(*c*) पति-पत्नी (*d*) पिता-माता

6. (*a*) पेट्रोल-कार (*b*) तेल-लैम्प
(*c*) डीजल-लकड़ी (*d*) मोम-मोमबत्ती

7. (*a*) गंगा-नर्मदा (*b*) थार-गोबी
(*c*) आमाशय-हाथ (*d*) एवरेस्ट-पर्वत

8. (*a*) औषधि-चिकित्सक (*b*) फूल-कलाकार
(*c*) जूता-मोची (*d*) त्वचा-त्वचारोग विशेषज्ञ

9. (*a*) प्राधिकार-मंजूरी (*b*) प्रतिकर्षण-आकर्षण
(*c*) तुनकमिजाज-दुस्तोषणीय (*d*) श्वास-अस्तित्व

10. (*a*) पोलो-बर्फ का मैदान (रिंक)
(*b*) गोल्फ-लॉन
(*c*) टेनिस-कोर्ट
(*d*) शतरंज-बोर्ड

उत्तरमाला

1	2	3	4	5
(*d*)	(*a*)	(*a*)	(*d*)	(*a*)
6	**7**	**8**	**9**	**10**
(*c*)	(*d*)	(*b*)	(*b*)	(*a*)

व्याख्यात्मक उत्तर

1. बोगी रेलगाड़ी का एक हिस्सा होता है जो परिवहन का एक साधन है। कुर्सी, शर्ट और कंठहार क्रमशः फर्नीचर, वस्त्र और आभूषण हैं।

3. शेष सभी शब्द-युग्म समानार्थक शब्दों के युग्म हैं जबकि विकल्प (*a*) में दिया गया शब्द-युग्म विपरीतार्थक शब्दों का युग्म है।

4. शेष शब्द-युग्म एक दूसरे के विपरीतार्थक हैं।

5. संबंधित शब्द-युग्मों में पहला पुल्लिंग और दूसरा स्त्रीलिंग है। विकल्प (*a*) में पहले स्त्रीलिंग और तत्पश्चात् पुल्लिंग दिया गया है।

8. चिकित्सक का औषधि, मोची का जूता और त्वचारोग विशेषज्ञ का संबंध त्वचारोग से है। फूलों की देख-रेख करने वाले व्यक्ति को माली कहते हैं।

●●●

4

सांकेतिक भाषा परीक्षण (Coding and Decoding)

भाग-I

कूटलेखन या 'कोडिंग' संवाद-संप्रेषण की एक प्रक्रिया है जिसमें एक गुप्त भाषा का प्रयोग वास्तविक तथ्यों शब्दों/मूल्यों की अभिव्यक्ति या प्रस्तुतिकरण को एक ऐसी भाषा में परिवर्तित करने के लिए किया जाता है जिसे संवाद के प्रेषक और प्राप्तकर्ता के अतिरिक्त कोई तीसरा व्यक्ति समझ न सके।

अभ्यास

निर्देश : *निम्नलिखित प्रश्नों में दिए गए शब्दों या अक्षरों के लिए इंगित कूटभाषा के शब्द या अक्षर ज्ञात करें।*

1. यदि किसी कूट भाषा में CHAIR को FKDLU के रूप में लिखा जाए तो उसी कूटभाषा में RAID शब्द को किस प्रकार लिखा जाएगा?

(*a*) ULGD (*b*) ULKG
(*c*) ULDG (*d*) UDLG

2. किसी कूटभाषा में COME को XLNV और ABLE को ZYOV लिखा जाता है। इसी कूटभाषा में MOLLY किस प्रकार लिखा जाएगा?

(*a*) NLOBO (*b*) NLBOO
(*c*) LNOOB (*d*) NLOOB

3. यदि किसी कूटभाषा में ACTION को ZXGRLM लिखा जाता हो तो उसी कूटभाषा में HEALTH को कैसे लिखा जाएगा?

(*a*) SVZOGS (*b*) TVZOGT
(*c*) RUZPGR (*d*) QVGOZQ

4. यदि PHILOSOPHY को HPLISOPOYH लिखा जाता हो तो ORNAMENTAL कैसे लिखा जाएगा?

(*a*) ROANEMNTLA
(*b*) ONRAMNEALT
(*c*) ROANEMTNLA
(*d*) ROANEMNATL

5. यदि किसी कूटभाषा में लिखे गए शब्द OPFGBCST का अर्थवाचन NEAR के रूप में किया जाता हो तो उसी कूटभाषा में कूटबद्ध IJVWHI का अर्थ निम्नलिखित में से क्या होगा?

(*a*) HAG (*b*) HUG
(*c*) HUT (*d*) KEG

6. किसी विशेष कूटलिपि में PUNCTUAL को 16598623 के रूप में कूटबद्ध किया जाता है। इसी कूटलिपि में ACTUPULN निम्नलिखित में से किस प्रकार लिखा जाएगा?

(*a*) 29861653 (*b*) 29861635
(*c*) 28916135 (*d*) 29851536

7. यदि BAD को 7 के रूप में और HIS को 9 के रूप में कूटबद्ध किया जाए तो LOW निम्नलिखित में से किसके द्वारा सूचित किया जाएगा?

(*a*) 50 (*b*) 8
(*c*) 23 (*d*) 5

8. किसी विशेष कूटभाषा में REGISTRY को VAKEWPVU लिखा जाता है। इसी कूटभाषा में ENTRY कैसे लिखा जाएगा?

(*a*) IJXNC (*b*) ARPVW
(*c*) ARPVU (*d*) IJXMC

9. निम्नलिखित शब्दों में अक्षरों के संख्या कोड दिए गए हैं : BRAIN–12345, GRADE–72308, DRAIN–02345, STATE–78388। इन शब्दों में 'D' के लिए किस संख्या कोड का प्रयोग किया गया है?

(*a*) 3 (*b*) 2
(*c*) 0 (*d*) 4

उत्तरमाला

1	2	3	4	5
(*d*)	(*d*)	(*a*)	(*c*)	(*b*)
6	**7**	**8**	**9**	
(*b*)	(*d*)	(*a*)	(*c*)	

व्याख्यात्मक उत्तर

1. शब्द को कूटबद्ध करने के लिए उसके अक्षरों से वर्णमाला के क्रम में +3 चरण आगे के अक्षर लिए गए हैं।

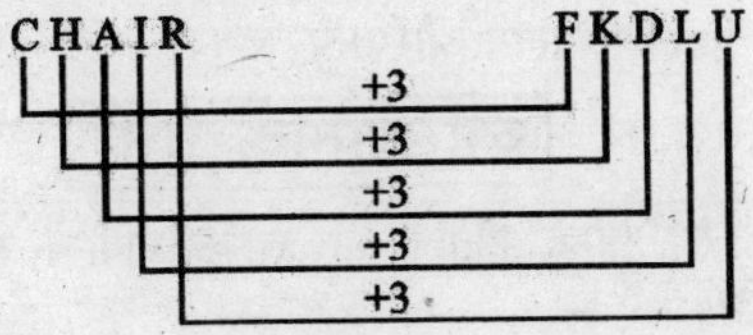

इसी प्रकार,

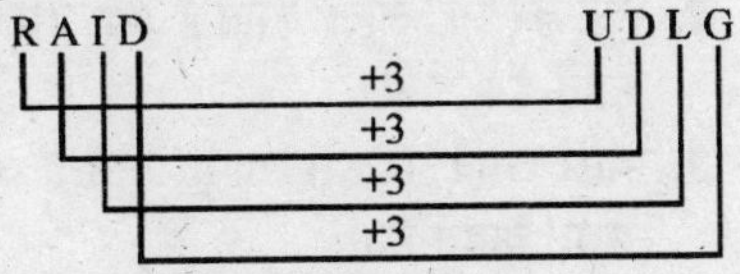

4. शब्द को कूटबद्ध करने के लिए उसके दो क्रमागत अक्षरों को एक दूसरे के स्थान पर लिखा जाता है।

इसी प्रकार,

5. कूटबद्ध शब्द का अर्थ-निर्वचन निम्नलिखित रूप में किया गया है :

↓OP ↓ FG ↓ BC ↓ ST → कूट

N E A R → दिया गया शब्द

अतः कूटबद्ध शब्द का अर्थ-निर्वचन करने के लिए वर्णमाला के अनुक्रम में दो क्रमागत अक्षरों से पहले के अक्षर लिए जाते हैं।

इसी प्रकार,

↓ IJ ↓ VW↓ HI→ दिया गया शब्द

H U G → उत्तर शब्द

6. शब्द PUNCTUAL के अक्षरों को यादृच्छिक क्रम में लेकर ACTUPULN शब्द लिखा गया है।

इसी प्रकार संख्या कूट भी लिखा जाएगा

P U N C T U A L→ दिया गया शब्द

1 6 5 9 8 6 2 3 → कूट

इसी प्रकार,

A C T U P U L N → कूटबद्ध किया जाने वाला शब्द

2 9 8 6 1 6 3 5 → उत्तर कोड

9. जिन शब्दों में D का अक्षर निहित है, वे शब्द हैं :

G R A D E और D R A I N → अक्षर

7 2 3 0 8   0 2 3 4 5 → कूट

अतः यह स्पष्ट है कि 'D' का कूट '0' है।

भाग-II

एक अन्य प्रकार के कूट लेखन में किसी शब्द को कूट नाम दिए जाते हैं जिन्हें आगे भी कूटबद्ध किया जाता है। इस पैटर्न पर आधारित प्रश्न अर्थहीन प्रतीत हो सकते हैं किंतु कूट यथार्थता की बुनियादी बातों से हटकर नहीं होने चाहिए।

अभ्यास

निर्देश : *प्रत्येक प्रश्न में दी गई कूटबद्ध सूचना को अच्छी तरह समझें और दिए गए विकल्पों में से सही उत्तर का चयन करें।*

1. यदि किसी कूटभाषा में 'पानी' को 'नीला', 'नीला' को 'लाल', 'लाल' को 'सफेद', 'सफेद' को 'आकाश', 'आकाश' को 'वर्षा', 'वर्षा' को 'हरा', 'हरा' को 'हवा' और 'हवा' को 'मेज' कहा जाए, तो इस कूटभाषा में दूध के रंग को क्या कहेंगे?

(*a*) सफेद (*b*) वर्षा
(*c*) आकाश (*d*) हरा

2. यदि किसी कूटभाषा में 'प्रकाश' को 'अंधकार', 'अंधकार' को 'हरा', 'हरा' को 'नीला', 'नीला' को 'लाल', 'लाल' को 'सफेद' और 'सफेद' को 'पीला' कहा जाता हो तो इस कूटभाषा में रक्त का रंग क्या कहलाएगा?

(*a*) लाल (*b*) अंधकार
(*c*) सफेद (*d*) पीला

3. यदि किसी कूटभाषा में 'आकाश' को 'समुद्र', 'समुद्र' को 'पानी', 'पानी' को 'हवा', 'हवा' को 'बादल' और 'बादल' को 'नदी' कहा जाता हो तो प्यास लगने पर इस कूटभाषा में पीने के लिए किस चीज की मांग करेंगे?

(*a*) आकाश (*b*) हवा
(*c*) पानी (*d*) समुद्र

4. यदि किसी कूटभाषा में 'पीला' का अर्थ 'लाल', 'सफेद' का अर्थ 'हरा', 'लाल' का अर्थ 'नारंगी', 'नीला' का अर्थ 'सफेद' और 'हरा' का अर्थ 'नीला' हो तो उस कूटभाषा में आकाश का रंग क्या है?

(*a*) सफेद (*b*) हरा
(*c*) नीला (*d*) पीला

5. यदि किसी कूटभाषा में 'घर' को 'झोपड़ी', 'झोपड़ी' को 'नहर', 'नहर' को 'स्कूल', 'स्कूल' को 'मैदान', 'मैदान' को 'सुराही' और 'सुराही' को 'तार' कहा जाए तो इस कूटभाषा में छात्रों के पढ़ने की जगह को क्या कहेंगे?

(*a*) मैदान (*b*) सुराही
(*c*) झोपड़ी (*d*) स्कूल

6. यदि किसी कूटभाषा में 'बिल्ली' को 'घोड़ा', 'घोड़ा' को 'चूहा', 'कुत्ता' को 'खरगोश', 'खरगोश' को 'बिल्ली', 'चूहा' को 'कुत्ता' और 'शेर' को 'चींटी' कहा जाए तो इस कूटभाषा मे प्रयुक्त कूटों के आधार पर भौंकने वाले पशु को क्या कहेंगे?

(*a*) कुत्ता (*b*) बिल्ली
(*c*) शेर (*d*) खरगोश

7. यदि 'भूमि' को 'झील', 'झील' को 'पत्थर', 'पत्थर' को 'भारी', 'भारी' को 'स्टेडियम', 'स्टेडियम' को 'महासागर', 'महासागर' को 'वर्षा' और 'वर्षा' को 'आग' कहा जाए तो क्रिकेट के टेस्ट मैच खेले जाने वाले स्थान क्या कहलाते हैं?

(*a*) भारी (*b*) महासागर
(*c*) पत्थर (*d*) भूमि

8. यदि किसी कूटभाषा में 'चिड़िया' को 'राजा', 'राजा' को 'फूल', 'फूल' को 'घन', 'घन' को 'मेज', 'मेज' को 'मनुष्य' और 'मनुष्य' को 'चिड़िया' कहा जाए तो इस कूटभाषा में 'गुलाब' क्या है?

(*a*) मेज (*b*) फूल
(*c*) घन (*d*) मनुष्य

9. यदि किसी कूटभाषा में 'पानी' को 'पत्थर', 'पत्थर' को 'तेल', 'तेल' को 'हवा', 'हवा' को 'लकड़ी', 'लकड़ी' को 'गैस' और 'गैस' को 'द्रव' कहा जाए तो इस कूटभाषा में फर्नीचर किस चीज से बनता है?

(*a*) गैस (*b*) हवा
(*c*) तेल (*d*) द्रव

10. यदि किसी कूटभाषा में 'पिंजड़ा' को 'रॉकेट', 'रॉकेट' को 'फंदा', 'फंदा' को 'ग्रह', 'ग्रह' को 'हवाई जहाज', 'हवाई जहाज' को 'साइकिल' और 'साइकिल' को 'कार' कहा जाए तो इस कूटभाषा में पृथ्वी को क्या कहेंगे?

(*a*) साइकिल (*b*) रॉकेट
(*c*) ग्रह (*d*) हवाई जहाज

उत्तरमाला

1	2	3	4	5
(*c*)	(*c*)	(*b*)	(*a*)	(*a*)
6	**7**	**8**	**9**	**10**
(*d*)	(*b*)	(*c*)	(*a*)	(*d*)

व्याख्यात्मक उत्तर

1. दूध का रंग 'सफेद' होता है और इस कूटभाषा में 'सफेद' को 'आकाश' कहते हैं।

2. रक्त का रंग 'लाल' होता है और इस कूटभाषा में 'लाल' को 'सफेद' कहते हैं।

3. प्यास लगने पर हम 'पानी' पीते हैं और इस कूटभाषा में 'पानी' को 'हवा' कहते हैं।

4. आकाश का रंग 'नीला' होता है और नीला का अर्थ 'सफेद' है।

5. छात्र 'स्कूल' में पढ़ते हैं और 'स्कूल' को इस कूटभाषा में 'मैदान' कहा जाता है।

6. भौंकने वाला पशु 'कुत्ता' है और 'कुत्ता' को इस कूटभाषा में 'खरगोश' कहते हैं।

●●●

5

कथन विश्लेषण (Statement Analysis)

तर्कबुद्धि परीक्षण से संबंधित इस प्रकार के प्रश्नों में कुछ कथन दिए जाते हैं। इन कथनों में कतिपय तथ्यों को अलग-अलग रूपों में तोड़-मरोड़ कर प्रस्तुत किया जाता है। ऐसे प्रश्नों को हल करने के लिए अभ्यर्थियों से यह अपेक्षा की जाती है कि वे दिए गए कथनों का विश्लेषण करें, दिए गए तथ्यों को सुव्यवस्थित और वर्गीकृत करें तथा तत्पश्चात् दिए गए कथनों से संबंधित प्रश्नों के उत्तर दें।

अभ्यास

1. A, B, C, D और E पांच मित्र हैं जिनमें से A का वजन B से अधिक है, C का वजन D से कम है, B का वजन D से कम है किंतु E से अधिक है। इनमें से किसका वजन सबसे अधिक है?

(*a*) B (*b*) C
(*c*) A (*d*) कहा नहीं जा सकता

2. विपुल, हंस से लंबा है। हंस, आनंद से लंबा है। आलोक, अशोक से लंबा है। अशोक, हंस से लंबा है। इन पांचों मित्रों से कौन सबसे अधिक लंबा है?

(*a*) विपुल (*b*) आलोक
(*c*) अशोक (*d*) कहा नहीं जा सकता

3. प्रमोद, गोपाल से लंबा है। गोपाल, मधु से कम लंबा है। यह जानने के लिए कि इनमें सबसे अधिक लंबा कौन है, निम्नलिखित में से कौन-सी अतिरिक्त जानकारी आवश्यक है?

(*a*) मधु, गोपाल से लंबी है
(*b*) मधु, प्रमोद के भाई से कम लंबी है
(*c*) प्रमोद, मधु से लंबा है
(*d*) प्रमोद, मधु के भाई से लंबा है

4. विक्रम की लंबाई राजन से अधिक किंतु ऐनी से कम है। जमाल, ऐनी से अधिक लंबा है। सीता, विक्रम से अधिक लंबी है। राजन, सीता से कम लंबा है। इस समूह में सबसे कम लंबाई किसकी है?

(*a*) सीता (*b*) राजन
(*c*) विक्रम (*d*) कहा नहीं जा सकता

5. प्रमोद आयु में जयेश और सुधीर से बड़ा है। विकास, अनिल से छोटा है। इनमें किसकी आयु सब से अधिक है, यह जानने के लिए निम्नलिखित में से कौन-सी अतिरिक्त जानकारी अपेक्षित है?

(*a*) सुधीर, जयेश से बड़ा है (*b*) अनिल, जयेश से बड़ा है
(*c*) विकास, प्रमोद से बड़ा है (*d*) विकास, प्रमोद से छोटा है

निर्देश (प्र.सं. 6 और 7): *(A) गोपाल की लंबाई अशोक से कम किंतु केशव से अधिक है; (B) नवीन की लंबाई केशव से कम है; (C) जयेश की लंबाई नवीन से अधिक है; (D) अशोक की लंबाई जयेश से अधिक है।*

6. इनमें सबसे अधिक लंबा कौन है?

(*a*) गोपाल (*b*) अशोक
(*c*) जयेश (*d*) नवीन

7. उपर्युक्त प्रश्न का उत्तर देने के लिए निम्नलिखित में से कौन-सी सूचना आवश्यक नहीं है?
(*a*) A (*b*) B
(*c*) C (*d*) D

निर्देश (प्र.सं. 8–10): *नीचे उल्लिखित कथन को ध्यानपूर्वक पढ़ें और पूछे गए प्रश्नों के उत्तर दें:*

एक समूह में A, B, C, D और E पांच व्यक्ति हैं। इनमें से दो पुरुष हैं। केवल तीन व्यक्ति तैरना जानते हैं जिनमें एक पुरुष है। इस समूह में एक विवाहित जोड़ा भी है जिसमें पति को तैरना आता है। A, D की छोटी बहन है और B, E का पति है। C तैराकी का चैम्पियन है।

8. समूह में अविवाहित पुरुष कौन है?
(*a*) C (*b*) B
(*c*) A (*d*) D

9. निम्नलिखित में से कौन-सी दो महिलाएं तैरना जानती हैं?
(*a*) A और C (*b*) C और D
(*c*) D और E (*d*) A और E

10. निम्नलिखित में से किन दो व्यक्तियों को तैरना नहीं आता?
(*a*) B और D
(*b*) D और E
(*c*) A और E
(*d*) A और D

उत्तरमाला

1	2	3	4	5
(*d*)	(*d*)	(*c*)	(*b*)	(*c*)
6	7	8	9	10
(*b*)	(*c*)	(*d*)	(*a*)	(*b*)

व्याख्यात्मक उत्तर

1. वजन के घटते क्रम में इन मित्रों को निम्नवत् श्रेणीबद्ध किया जा सकता है : A/D, B/C, E या A/D, B, C/E अत: इन मित्रों में से A या D का वजन सबसे अधिक है।
2. लंबाई के घटते क्रम में इन व्यक्तियों के नाम हैं: विपुल/आलोक, अशोक, हंस, आनंद। अत: विपुल या आलोक में से कोई एक सबसे अधिक लंबा है।
4. लंबाई के घटते क्रम में इन व्यक्तियों को निम्नवत् विन्यस्त किया जा सकता है :
जमाल/सीमा, ऐनी, विक्रम, राजन *या*
जमाल, सीता/ऐनी, विक्रम, राजन
6. लंबाई के घटते क्रम में इन व्यक्तियों को निम्नवत् विन्यस्त किया जा सकता है :
अशोक, गोपाल/जयेश, केशव, नवीन *या*
अशोक, गोपाल, केशव/जयेश, नवीन

प्रश्न संख्या 8 से 10 तक के प्रश्नों के उत्तर के लिए सूचना चार्ट नीचे दिया गया है :

A. महिला (D की छोटी बहन) : तैराकी जानती है।
B. पुरुष (E का पति) : तैराकी जानता है।
C. महिला : तैराकी की चैम्पियन
D. पुरुष (A का भाई)
E. महिला (B की पत्नी)

विवाहित जोड़े B और E में से पति (B) तैराकी जानता है। C तैराकी की एक चैम्पियन है। तीन व्यक्ति तैरना जानते हैं जिनमें केवल B ही पुरुष है। अत: तैराकी जानने वाली दो महिलाएं C और A (D की छोटी बहन) हैं। पांच व्यक्तियों के इस समूह में दो पुरुष हैं जिनमें एक B है और दूसरा D होगा।

•••

6

स्थान व्यवस्थीकरण (Place Arrangement)

स्थान व्यवस्थीकरण का सामान्य अर्थ है दी गई सूचनाओं के आधार पर व्यक्तियों या वस्तुओं का स्थान-क्रम निर्धारित करना। इसके लिए आवश्यक है कि स्थान-क्रम को अच्छी तरह समझा जाए और तत्पश्चात् दिए गए प्रश्नों को उपलब्ध कराई गई सूचना के आधार पर हल करने का प्रयास किया जाए।

अभ्यास

निर्देश (प्र.सं. 1–6): *निम्नलिखित प्रश्नों में व्यवस्थीकरण के पैटर्न को समझें और तत्पश्चात् दिए गए विकल्पों में से सही उत्तर का चयन करें:*

1. मिनी, रजनी के दाएं और अनंता के बाएं बैठी है। सत्या, मिनी के दाएं बैठी है किंतु वह जया के बाएं है। यदि सभी लड़कियां उत्तर दिशा की ओर मुंह किए बैठी हों तो इनमें से सबसे बाएं छोर पर कौन बैठी है?
(*a*) जया (*b*) मिनी
(*c*) रजनी (*d*) सत्या

2. A, B, C, D और E एक दूसरे के पीछे दौड़ रहे हैं। C, E के निकट नहीं है और A, D के निकट नहीं है। B, A के पीछे है और E, D के निकट नहीं है। इनके बीच में कौन व्यक्ति है?
(*a*) B (*b*) E
(*c*) A (*d*) कहा नहीं ज़ा सकता

3. O, P, Q, R, S और T एक बेंच पर अपनी लंबाई के घटते क्रम में खड़े हैं। P, O से अधिक लंबा है किंतु S से उसकी लंबाई कम है। केवल S ही T से अधिक लंबा है। R, P से कम लंबा है किंतु वह Q से अधिक लंबा है। इनमें किसकी लंबाई सबसे कम है?

(*a*) O (*b*) Q
(*c*) P (*d*) कहा नहीं जा सकता

4. छह मित्र एक गोल घेरे में बैठकर ताश खेल रहे हैं। केनी, डैनी की बायीं ओर बैठा है। माइकल, बॉब और जॉन के बीच बैठा है। रॉजर, केनी और बॉब के बीच बैठा है। माइकल की दाहिनी ओर कौन बैठा है?
(*a*) डैनी (*b*) जॉन
(*c*) केनी (*d*) बॉब

5. 10 पुस्तकों के एक ढेर में 3 पुस्तकें इतिहास की, 3 हिंदी की, 2 गणित की और 2 अंग्रेजी की पुस्तकें हैं। यदि ऊपर से देखा जाए तो इतिहास और गणित की एक-एक पुस्तकों के बीच अंग्रेजी की एक पुस्तक है, गणित और अंग्रेजी की एक-एक पुस्तकों के बीच इतिहास की एक पुस्तक है, अंग्रेजी और गणित की एक-एक पुस्तकों के बीच एक हिंदी की पुस्तक है, हिंदी की दो पुस्तकों के बीच गणित की एक पुस्तक है तथा गणित और इतिहास की एक-एक पुस्तकों के बीच हिंदी की दो पुस्तकें हैं। इस ढेर में किस विषय की पुस्तक ऊपर से छठे स्थान पर है?
(*a*) अंग्रेजी (*b*) हिंदी
(*c*) इतिहास (*d*) गणित

6. छह मित्र A, B, C, D, E और F एक गोल घेरे में खड़े हैं। B, F और C के बीच में है, A, E और D के बीच में है, F, D की बायीं ओर है। A और F के बीच कौन है?
(*a*) C (*b*) B
(*c*) D (*d*) E

निर्देश (प्र.सं. 7 और 8): *निम्नलिखित कथनों को सावधानी पूर्वक पढ़ें और पूछे गए प्रश्नों के उत्तर दें :*

एक शेल्फ में पांच कमीजें एक ढेर में एक के ऊपर एक रखी हुई हैं। इस ढेर में लाल कमीज नीली कमीज के ऊपर रखी गई है और हरे रंग की कमीज नारंगी रंग की कमीज के नीचे रखी गई है। नीली कमीज नारंगी रंग की कमीज के ऊपर तथा सफेद कमीज हरी कमीज के नीचे रखी गई है।

7. लाल और नारंगी रंग की कमीजों के बीच रखी कमीज किस रंग की है?
(*a*) सफेद रंग की (*b*) हरे रंग की
(*c*) नीले रंग की (*d*) आंकड़े अपर्याप्त हैं

8. सबसे नीचे किस रंग की कमीज है?
(*a*) लाल (*b*) सफेद
(*c*) नारंगी (*d*) कहा नहीं जा सकता

उत्तरमाला

1	2	3	4	5
(*c*)	(*a*)	(*d*)	(*d*)	(*b*)
6	**7**	**8**		
(*c*)	(*c*)	(*b*)		

व्याख्यात्मक उत्तर

2. दौड़ते समय ये व्यक्ति निम्नलिखित क्रम में एक दूसरे के पीछे होंगे :

E		E
A		A
B	या	B
C		D
D		C

4. इन छह मित्रों के बैठने का निम्नलिखित क्रम है :

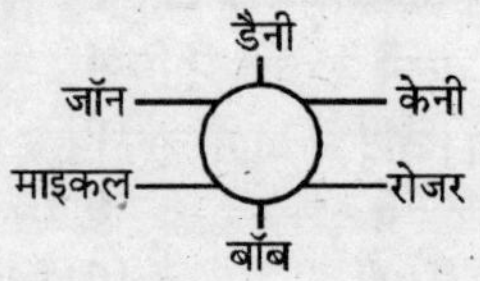

6. ये मित्र निम्नलिखित क्रम में एक दूसरे की बगल में खड़े हैं

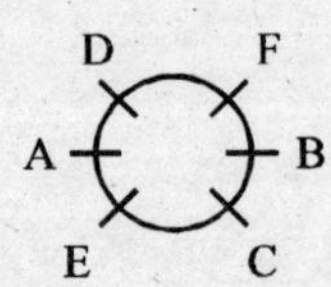

●●●

7

दिशा ज्ञान परीक्षण (Direction Sense)

इस प्रकार के प्रश्न अभ्यर्थियों की सही दिशा-निर्देशों को समझने की योग्यता की जांच करने हेतु पूछे जाते हैं। ऐसे प्रश्न दिशा-चार्ट पर आधारित होते हैं :

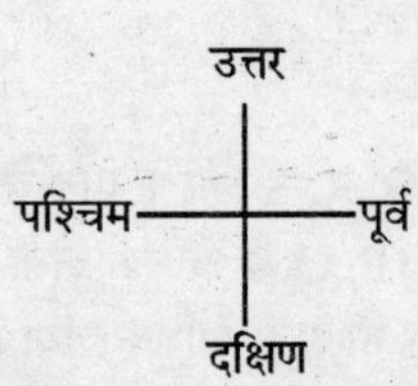

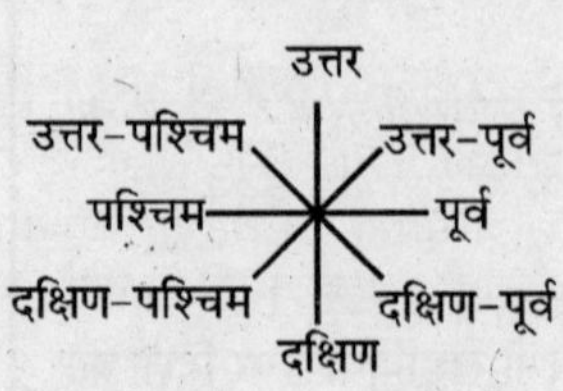

विभिन्न दिशाओं का बोध बाएं या दाएं मोड़ या कोणीय मोड़ों द्वारा निर्देशित होता है।

अभ्यास

निर्देश : *नीचे के प्रत्येक प्रश्न में सही दिशा/ दूरी दर्शाने के लिए दिए गए विकल्पों से सही उत्तर का चयन करें।*

1. एक व्यक्ति पश्चिम दिशा में अपनी गाड़ी चला रहा है। वह दक्षिण दिशा में चले इसके लिए उसे निम्नलिखित में से कौन से मोड़ मुड़ने चाहिए?
(*a*) बायीं ओर, दायीं ओर, दायीं ओर
(*b*) दायीं ओर, दायीं ओर, बायीं ओर
(*c*) बायीं ओर, बायीं ओर, बायीं ओर
(*d*) दायीं ओर, दायीं ओर, दायीं ओर

2. ऋचा अपनी गाड़ी से दक्षिण दिशा में 8 किमी आगे चलकर बायीं ओर मुड़ जाती है और 5 किमी. आगे चलती है। वहां वह एक बार फिर से बायीं ओर मुड़कर 8 किमी. आगे चलती है। अब वह अपने शुरू के स्थान से कितनी दूरी पर है?
(*a*) 3 किमी. (*b*) 5 किमी.
(*c*) 8 किमी. (*d*) 13 किमी.

3. देबू पहले पूर्व की ओर और तब उत्तर की ओर चलता है तथा वहां वह 45° दायें मुड़कर कुछ देर आगे चलता है और अंततः बायीं ओर मुड़ जाता है। अब वह किस दिशा में चल रहा है?
(*a*) उत्तर (*b*) पूर्व
(*c*) दक्षिण-पूर्व (*d*) उत्तर-पश्चिम

4. मैं अपने घर से उत्तर दिशा में चला और तब बायीं ओर मुड़ गया। अब कुछ देर तक आगे चलने के बाद मैं फिर से बायीं ओर मुड़ा और तब दायीं ओर मुड़ गया। बाद में आगे चलते हुए मैं बायीं ओर और एक बार फिर से बायीं ओर मुड़ा। बताइए कि अब मैं किस दिशा में चल रहा हूँ?
(*a*) उत्तर (*b*) दक्षिण
(*c*) पूर्व (*d*) पश्चिम

5. राज पश्चिम दिशा में चल रहा है। वह आगे चलते हुए अपने दाएं, फिर दाएं और तब बाएं, हर बार 45° के कोण पर मुड़ा। बताइए कि अब वह किस दिशा में चल रहा है?
(*a*) उत्तर-पूर्व (*b*) दक्षिण-पूर्व
(*c*) पूर्व (*d*) पश्चिम

6. एक महिला उत्तर दिशा में 12 किमी. चलती है, तब वह दक्षिण दिशा में 6 किमी. चलती है और तत्पश्चात् पूर्व दिशा में 8 किमी चलती है। इस समय वह अपने आरंभिक बिंदु से कितनी दूरी पर है और किस दिशा में चल रही है?
(*a*) 5 किमी., उत्तर-पूर्व (*b*) 5 किमी., पूर्व
(*c*) 10 किमी., उत्तर-पूर्व (*d*) 10 किमी., पश्चिम

7. रवि अपनी गाड़ी से पश्चिम दिशा में 12 किमी. जाता है। वहां वह दक्षिण दिशा में मुड़कर 3 किमी. आगे की यात्रा करता है, जहां वह पूर्व दिशा में मुड़कर 8 किमी. की यात्रा करता है। बताइए कि इस समय वह अपने आरंभिक बिंदु से कितनी दूरी पर है?
(*a*) 3 किमी. (*b*) 5 किमी.
(*c*) 7 किमी. (*d*) 11 किमी.

8. यदि सभी दिशाएं घूम जाएं अर्थात् यदि उत्तर दिशा घूमकर पश्चिम दिशा हो जाए और पूर्व दिशा घूमकर उत्तर दिशा हो जाए तथा इसी प्रकार अन्य दिशाएं भी घूम जाएं तो उत्तर-पश्चिम दिशा बदल कर कौन-सी दिशा हो जाएगी?
(*a*) दक्षिण-पश्चिम (*b*) उत्तर-पूर्व
(*c*) पूर्व-उत्तर (*d*) पूर्व-पश्चिम

9. A और B किसी एक बिंदु से एक साथ चलना आरंभ करते हैं। वे उत्तर दिशा में 10 किमी. जाते हैं। वहां A बायीं ओर मुड़ कर 5 किमी. आगे जाता है जबकि B दायीं ओर मुड़कर 3 किमी. आगे जाता है जहां से A एक बार फिर से बायीं ओर मुड़कर 15 किमी. आगे जाता है और B दायीं ओर मुड़कर 15 किमी. आगे जाता है। बताइए कि अब A और B एक दूसरे से कितनी दूरी पर हैं?
(*a*) 18 किमी. (*b*) 10 किमी.
(*c*) 5 किमी. (*d*) 8 किमी.

10. तरुण पूर्व दिशा में चल रहा है। यदि वह उत्तर दिशा में चलना चाहता है तो उसे निम्नलिखित से में कौन से मोड़ नहीं मुड़ने चाहिए?
(*a*) दायां, दायां, बायां, दायां, दायां
(*b*) दायां, दायां, बायां, बायां, बायां
(*c*) दायां, दायां, दायां
(*d*) दायां, बायां, दायां, बायां

11. सोनी और मोनी किसी एक स्थान से चलना शुरू करती हैं। सोनी पश्चिम दिशा में और मोनी दक्षिण दिशा में चलती है। 20 किमी. आगे जाने के बाद सोनी बायीं ओर मुड़ जाती है और 15 किमी. आगे बढ़ती है। मोनी 10 किमी. आगे जाने के बाद बायीं ओर मुड़ती है और तब 5 किमी. आगे जाती है। इसी समय सोनी अपने स्थान से बायीं ओर मुड़कर 25 किमी. आगे जाती है जबकि मोनी अपने स्थान से दाहिनी ओर मुड़ती है और 5 किमी. आगे जाती है। बताइए कि यहां सोनी और मोनी एक दूसरे से कितनी दूरी पर हैं।
(*a*) 5 किमी.
(*b*) वे अपने आरंभिक बिंदु पर वापस पहुंच गए हैं
(*c*) वे अपनी यात्रा समाप्ति पर एक ही स्थान पर पहुंचती हैं
(*d*) दी गई सूचना अपर्याप्त है

12. सीता के घर का मुख्य दरवाजा दक्षिण दिशा में खुलता है। वह अपने घर से निकलकर सामने की दिशा में 10 मीटर जाती है, वहां से बायीं ओर मुड़कर वह 5 मीटर आगे जाती है और तब फिर से बायें मुड़कर 15 मीटर आगे जाती है और तब एक बार फिर से बायें मुड़कर 10 मीटर आगे जाती है। अंततः वह दायें मुड़ती है और 5 मीटर आगे जाकर अपने मित्र के घर पहुंचती है। सीता के मित्र के घर का मुख्य दरवाजा किस दिशा में खुलता है?
(*a*) उत्तर (*b*) दक्षिण
(*c*) पश्चिम (*d*) पूर्व

उत्तरमाला

1	2	3	4	5	6
(*d*)	(*b*)	(*d*)	(*c*)	(*a*)	(*c*)
7	**8**	**9**	**10**	**11**	**12**
(*b*)	(*a*)	(*d*)	(*d*)	(*c*)	(*b*)

व्याख्यात्मक उत्तर

1.

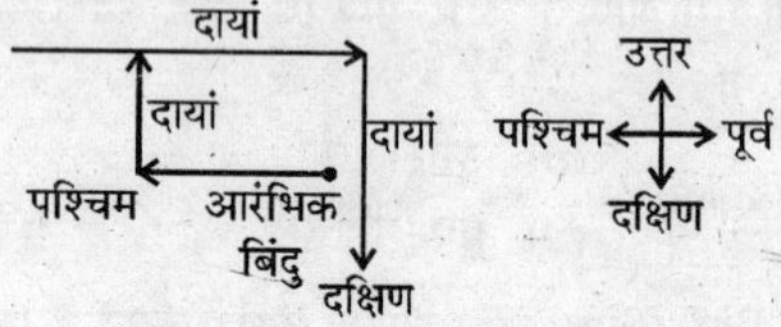

2.

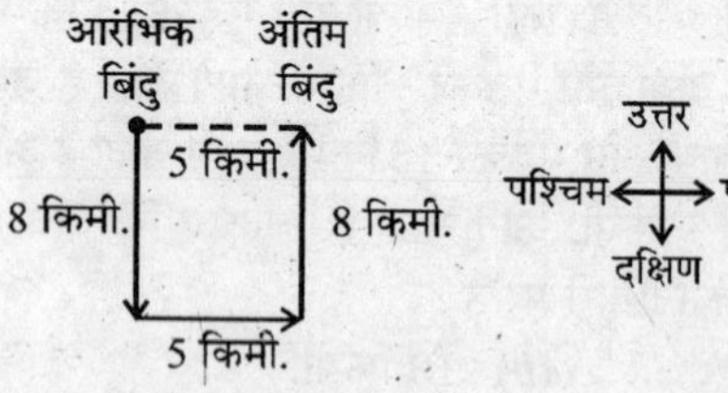

3.

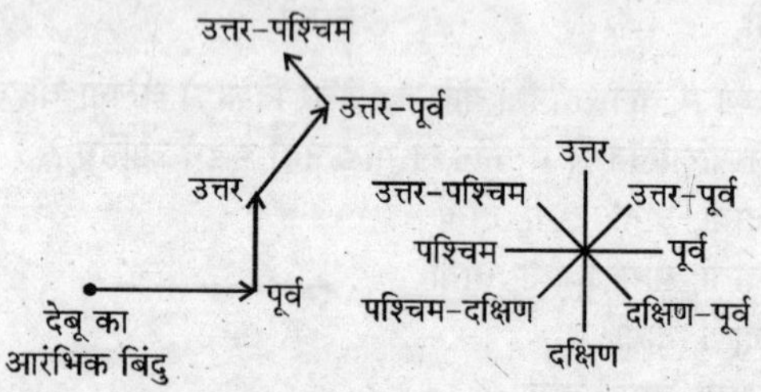

4.

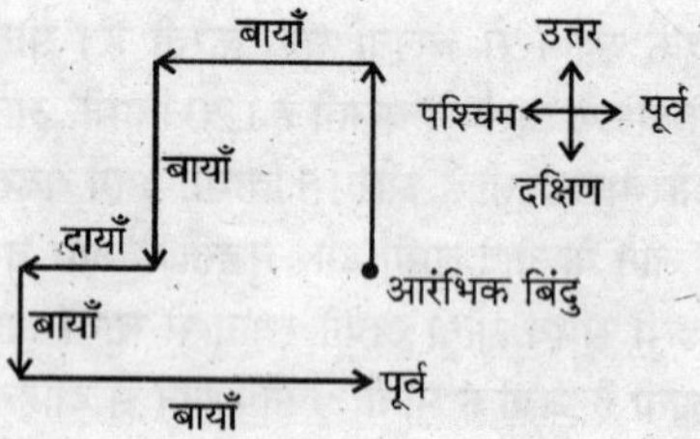

7. $ab = \sqrt{bc^2 + ca^2}$

$ab = \sqrt{3^2 + 4^2} = \sqrt{9+16} = \sqrt{25} = 5$

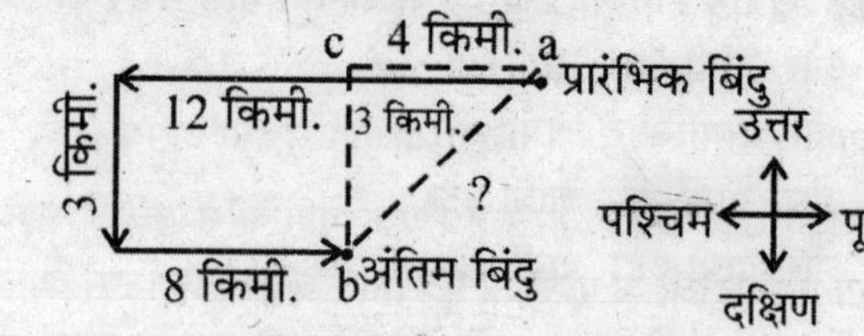

9.

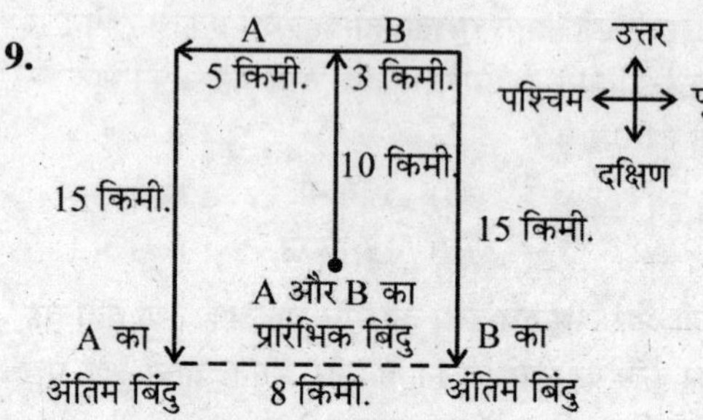

12.

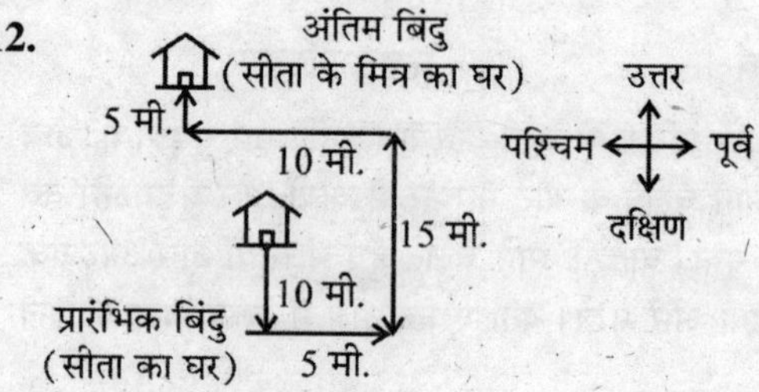

●●●

8 रक्त संबंधी परीक्षण (Blood Relationships)

रक्त संबंधों पर आधारित प्रश्नों को हल करने के लिए यह आवश्यक है कि परीक्षार्थी रिश्तों की जटिलता को तत्काल समझ सकें और किन्हीं दो व्यक्तियों के बीच किस प्रकार के संबंध हो सकते हैं, इस बारे में उन्हें स्पष्ट जानकारी हो। इस प्रकार के प्रश्नों को पूछने का अभिप्राय मुख्यत: यह सुनिश्चित करना है कि परीक्षार्थी कतिपय जटिल भाषा में व्यक्त रिश्तों को कितनी तत्परता से समझ सकते हैं और उत्तर के रूप में सही विकल्प का चयन कर सकते हैं।

अभ्यास

निर्देश: *नीचे के प्रत्येक प्रश्न में व्यक्तियों के बीच उल्लिखित संबंधों को सावधानीपूर्वक समझें और तब दिए गए विकल्पों में से सही उत्तर का चयन करें:*

1. A, B और C का पिता है। B, A का पुत्र है किंतु C, A का पुत्र नहीं है। C का A से क्या संबंध है?

(*a*) पुत्री (*b*) पुत्र
(*c*) भतीजी (*d*) भतीजा

2. एक महिला ने कहा, ''वहां खड़ी लड़की मेरे दादा जी के एकमात्र पुत्र की पुत्री है''। उस महिला का उस लड़की से क्या संबंध है?

(*a*) बहन (*b*) मां
(*c*) चाची (*d*) भतीजा

3. अजय, विजय का भाई है। शुभा, अजय की बहन है। संजय, राहुल का भाई है और मेहुल विजय की पुत्री है। संजय का चाचा कौन है?

(*a*) राहुल (*b*) अजय
(*c*) मेहुल (*d*) दी गई सूचना अपर्याप्त है

4. आदित्य, रवि का भाई है। भरत, जयंत के पिता हैं। ईला, रवि की मां है। आदित्य और जयंत आपस में भाई हैं। ईला का भरत से क्या संबंध है?

(*a*) बहन (*b*) मां
(*c*) पुत्री (*d*) पत्नी

5. वरुण ने अरुण की ओर संकेत करते हुए कहा, "वह मेरी बहन के एकमात्र भाई का पुत्र है।" अरुण का वरूण से क्या संबंध है?

(*a*) पुत्र (*b*) भाई
(*c*) भतीजा (*d*) दी गई सूचना अपर्याप्त है

6. एक व्यक्ति की ओर संकेत करते हुए एक महिला ने कहा "उसके भाई के पिता मेरे दादाजी के एकमात्र पुत्र हैं।" वह महिला उस व्यक्ति की क्या लगती है?

(*a*) मां (*b*) बहन
(*c*) पुत्री (*d*) चाची

7. विद्या, गोपी की पत्नी है और गोपी, अखिल का भाई है। अखिल, विजय का चाचा है। विजय, विद्या का कौन है?

(*a*) पुत्र (*b*) भतीजा
(*c*) देवर (*d*) भाई

8. यदि अमित के पिता बिल्लू के पिता के एकमात्र पुत्र हैं और बिल्लू का कोई भी भाई नहीं है और न ही उसकी कोई पुत्री है तो अमित और बिल्लू के बीच क्या संबंध है?

(*a*) चाचा-भतीजा (*b*) पिता-पुत्री
(*c*) पिता-पुत्र (*d*) चचेरा भाई

9. A, B की बहन है। B, C का पुत्र है तथा E, D की पुत्री और A की बहन है। D, C का कौन है?

(*a*) भाई (*b*) पति
(*c*) पत्नी (*d*) दी गई सूचना अपर्याप्त है

10. यदि $M + N$ का अर्थ है कि 'M', 'N' का भाई है,
$M - N$ का अर्थ है कि 'M', 'N' की बहन है,
$M \times N$ का अर्थ है कि 'M', 'N' की मां है और
$M \div N$ का अर्थ है कि 'M', 'N' का पिता है, तो निम्नलिखित में से किसका अर्थ यह होगा कि E, F की बुआ है?

(*a*) $E - G \div F$ (*b*) $E + G \times F$
(*c*) $E \times F - G$ (*d*) $F \times G + E$

उत्तरमाला

1	2	3	4	5
(*a*)	(*a*)	(*d*)	(*d*)	(*a*)
6	**7**	**8**	**9**	**10**
(*b*)	(*b*)	(*c*)	(*d*)	(*a*)

व्याख्यात्मक उत्तर

1.

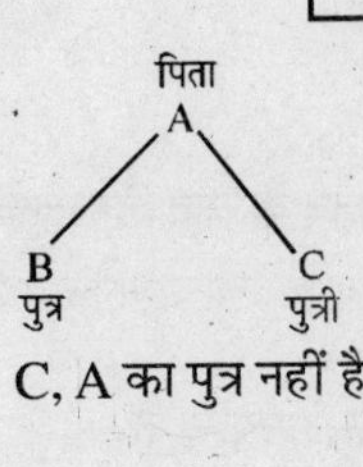

C, A का पुत्र नहीं है किंतु A, C का पिता है। अत: C, A की पुत्री है।

2.

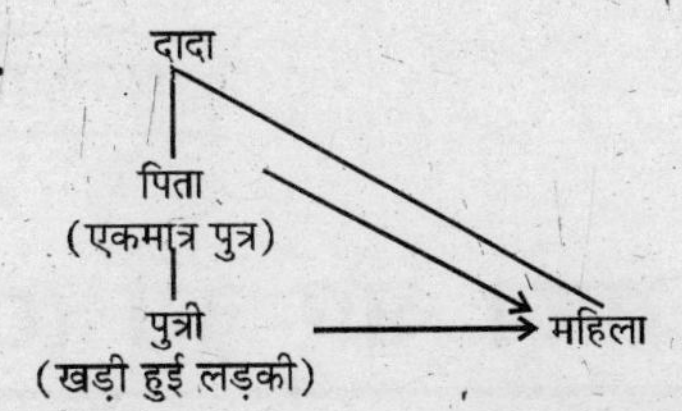

उस महिला के दादा का पुत्र उसके पिता हैं तथा पिता की पुत्री निश्चित ही उस महिला की बहन होगी।

3.

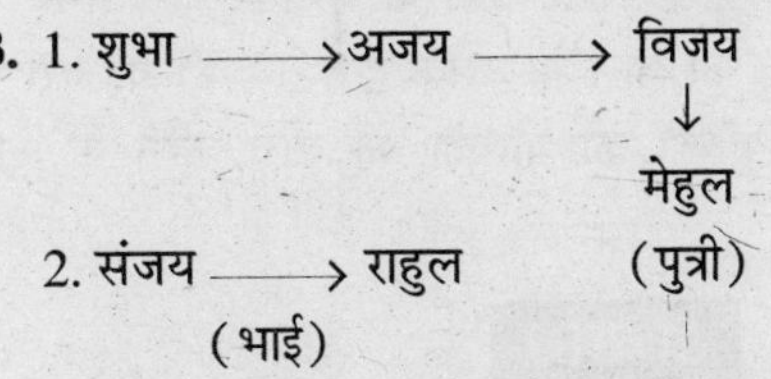

यहां दो संबंध-समुच्चयों का उल्लेख किया गया है। दी गई सूचना अपर्याप्त है और इन दो भिन्न संबंध-समुच्चयों के बीच कोई संबंध स्थापित नहीं किया जा सकता।

5.

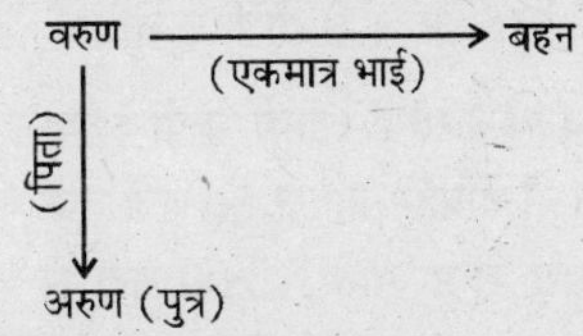

वरुण की बहन का एकमात्र भाई स्वयं वरुण है और उसका पुत्र अरुण है।

8. प्रश्न पर आधारित संबंध-चार्ट है :

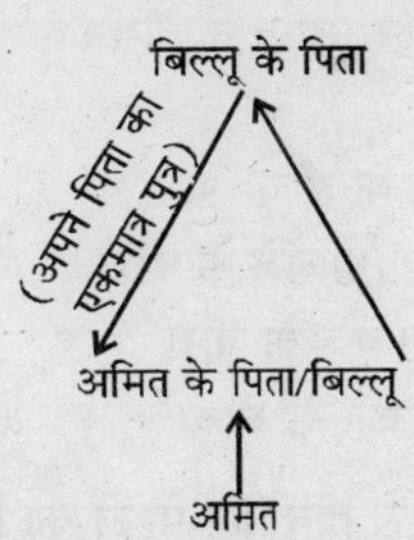

अमित के पिता बिल्लू के पिता के एकमात्र पुत्र हैं, और बिल्लू अपने पिता का एकमात्र पुत्र है (बिल्लू का कोई भाई नहीं है)। इससे यह स्पष्ट होता है कि बिल्लू ही अमित का पिता है। चूंकि बिल्लू की कोई पुत्री नहीं है, अत: अमित ही उसका एकमात्र पुत्र है।

9.

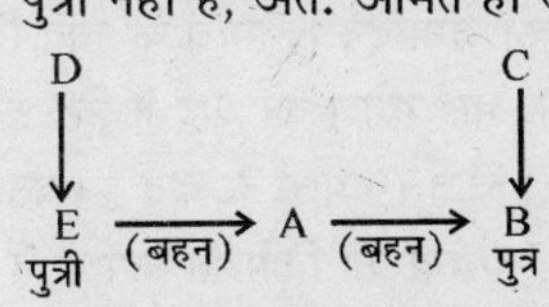

D और C के बीच संबंध नहीं बताया गया है, अत: इनके बीच कोई संबंध नहीं बताया जा सकता है।

10. $E - G$ का अर्थ है 'E, G की बहन है' और $G \div F$ का अर्थ है कि 'G, F का पिता है।'

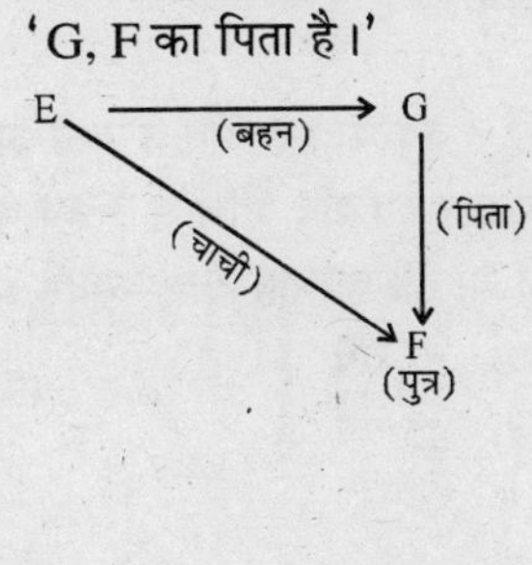

9

कैलेंडर, घड़ी, समय और दूरी (Calendar, Clock, Time and Distance)

इस प्रकार की गणितीय तर्क बुद्धि परीक्षा घड़ी या कैलेंडर द्वारा समय के परिकलन तथा गतिमान वस्तु की चाल या उसके द्वारा तय की गई दूरी के परिकलन के संबंध में अभ्यर्थियों की योग्यता की जांच करने के लिए आयोजित की जाती है।

अभ्यास

1. यदि परसों बृहस्पतिवार था तो रविवार कब होगा?

(*a*) कल (*b*) परसों
(*c*) आज (*d*) आज से दो दिन बाद

2. किसी कार्यालय में बीस व्यक्ति कार्य करते हैं। इनमें से पांच व्यक्तियों का पहला समूह प्रात: 8:00 बजे से दोपहर बाद 2:00 बजे तक काम करता है। दस व्यक्तियों का दूसरा समूह प्रात: 10:00 बजे से शाम 4:00 बजे तक काम करता है तथा पांच व्यक्तियों का तीसरा समूह दोपहर 12:00 बजे से संध्या 6:00 बजे तक काम करता है। इस कार्यालय में तीन कंप्यूटर हैं जिन्हें सभी कर्मचारी बार-बार प्रयोग में लाते हैं। बताइए कि निम्नलिखित में से किस समय के दौरान कंप्यूटर पर सर्वाधिक काम होगा?

(*a*) दोपहर बाद 1:00 बजे से 3:00 बजे के बीच
(*b*) दोपहर 12:00 बजे से दोपहर बाद 2:00 बजे के बीच
(*c*) दोपहर बाद 2:00 बजे से शाम 4:00 बजे के बीच
(*d*) प्रात: 10:00 बजे से दोपहर 12:00 बजे के बीच

3. यदि किसी माह का सातवां दिन शुक्रवार से तीन दिन पहले का दिन हो तो उस माह का उन्नीसवां दिन सप्ताह का कौन-सा दिन होगा?

(*a*) रविवार (*b*) सोमवार
(*c*) बुधवार (*d*) शुक्रवार

4. राधा को याद है कि उसके पिता का जन्मदिन 16 मार्च के बाद किंतु 21 मार्च से पहले है जबकि उसके भाई मंगेश को याद है कि उनके पिता का जन्मदिन 22 मार्च से पहले किंतु 19 मार्च के बाद है। बताइए कि उनके पिता का जन्मदिन किस तारीख को निश्चित रूप से है?

(*a*) 19 मार्च
(*b*) 20 मार्च
(*c*) 21 मार्च
(*d*) कहा नहीं जा सकता

5. एक व्यक्ति आयु में अपनी पत्नी से 3 वर्ष बड़ा है और उसकी आयु उसके पुत्र की आयु के 4 गुने के बराबर है। यदि आज से 3 वर्ष बाद पुत्र की आयु 15 वर्ष हो तो उसकी मां की वर्तमान आयु क्या है?

(*a*) 60 वर्ष (*b*) 51 वर्ष
(*c*) 48 वर्ष (*d*) 45 वर्ष

6. एक घड़ी इस प्रकार रखी गई है कि दोपहर ठीक 12.00 बजे इसकी मिनट की सूई उत्तर-पूर्व दिशा को सूचित करती है। दोपहर बाद 1.30 बजे इस घड़ी की घंटे की सूई किस दिशा को सूचित करेगी?

(*a*) पूर्व (*b*) पश्चिम
(*c*) उत्तर (*d*) दक्षिण

7. दो भाइयों को एक ही दिन घर वापस लौटना था। रजत पूर्व निर्धारित दिन से 3 दिन पहले घर लौटा जबकि रोहित निर्धारित दिन से चार दिन बाद घर लौटा। यदि रजत वृहस्पतिवार को घर लौटा हो तो उनके घर लौटने का पूर्व-निर्धारित दिन क्या था तथा रोहित किस दिन घर लौटा?

(*a*) बुधवार, रविवार (*b*) बृहस्पतिवार, सोमवार
(*c*) रविवार, बृहस्पतिवार (*d*) सोमवार, शुक्रवार

निर्देश (प्र.सं. 8–10): *निम्नलिखित सूचना को ध्यानपूर्वक पढ़ें और नीचे पूछे गए प्रश्नों के उत्तर दें :*

(*i*) एक सिटी बस कंपनी M, N, O, P, Q, R और S सात बसें चलाती है जिनमें से प्रत्येक बस शहर के दर्शनीय स्थलों के टूर पर प्रतिदिन एक बार 4 घंटे के लिए रवाना होती है।

(*ii*) सोमवार से शुक्रवार तक पहली बस ठीक आठ बजे रवाना होती है जिसके बाद की बसें बारी-बारी से 45 मिनट, जिसके बाद 30 मिनट और फिर 45 मिनट, जिसके बाद 35 मिनट और फिर 45 मिनट और उसके बाद 40 मिनट के अंतराल पर रवाना होती हैं।

(*iii*) शनिवार और रविवार को पहली बस प्रात: 7:30 बजे रवाना होती है और उसके बाद की बसें बारी-बारी से एक-एक घंटे के अंतर पर रवाना होती हैं।

(*iv*) बस 'Q' बस 'M' के ठीक बाद रवाना होती है जिसके ठीक बाद बस 'S' रवाना होती है।

(*v*) बस 'O' अंतिम बस है जिसके बाद और कोई बस नहीं जाती।

(*vi*) बस 'R' बस 'M' से ठीक पहले रवाना होती है किंतु यह बस 'P' के ठीक बाद नहीं जाती।

8. शनिवार को बस 'M' कितने बजे रवाना होती है?

(*a*) प्रात: 10 बजे
(*b*) प्रात: 9:45 बजे
(*c*) प्रात: 10:30 बजे
(*d*) सूचना अपर्याप्त है

9. रविवार को बस 'P' द्वारा अपना टूर पूरा कर लेने के बाद निम्नलिखित में से कौन-सी बस रवाना होती है?

(*a*) Q (*b*) S
(*c*) O (*d*) सूचना अपर्याप्त है

10. यदि शनिवार-रविवार को बस 'M' के रवाना होने के बाद दूसरी बसों के रवाना होने के समय-अंतराल में 30 मिनट की वृद्धि कर दी जाए, तो बस 'O' का टूर कितने बजे पूरा होगा?

(*a*) दोपहर बाद 3:00 बजे (*b*) दोपहर बाद 2:00 बजे

(*c*) शाम 6:00 बजे (*d*) शाम 7:00 बजे

उत्तरमाला

1	2	3	4	5
(*a*)	(*b*)	(*a*)	(*b*)	(*d*)
6	7	8	9	10
(*a*)	(*c*)	(*c*)	(*a*)	(*d*)

व्याख्यात्मक उत्तर

1. बृहस्पतिवार —बीता परसों

शुक्रवार —बीता कल

शनिवार —आज

रविवार — आने वाला कल

4. पिता का जन्मदिन

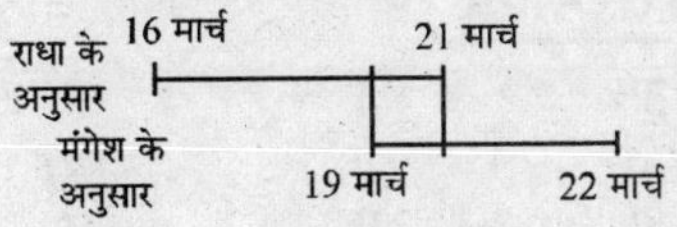

∴ अत: उनके पिता का जन्मदिन 20 मार्च को है।

6.

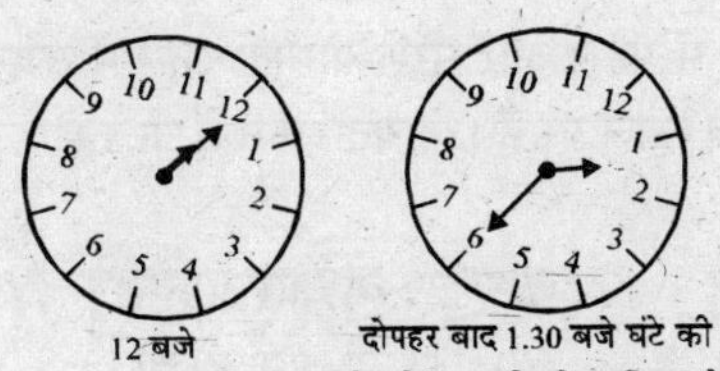

12 बजे

दोपहर बाद 1.30 बजे घंटे की सूई पूर्व दिशा की ओर सूचित करेगी

8-10.

बसों के रवाना होने का क्रम	सोमवार से शुक्रवार तक रवानगी का समय	शनिवार और रविवार को रवानगी का समय
P	प्रात: 8:00 बजे	प्रात: 7:30 बजे
N	प्रात: 8:45 बजे	प्रात: 8:30 बजे
R	प्रात: 9:15 बजे	प्रात: 9:30 बजे
M	प्रात: 10 बजे	प्रात: 10:30 बजे
Q	प्रात: 10:35	प्रात: 11:30 बजे
S	प्रात: 11:20 बजे	दोपहर बाद 12:30 बजे
O	दोपहर 12 बजे	दोपहर बाद 1:30 बजे

10. बस M प्रात: 10:30 बजे रवाना होती है। यदि 1 घंटे के समय अंतराल में 30 मिनट की वृद्धि कर दी जाए तो बस Q दोपहर 12:00 बजे रवाना होगी, बस S दोपहर बाद 1:30 बजे और बस O दोपहर बाद 3:00 बजे रवाना होगी। बस O अपना चार घंटे का टूर शाम 7:00 बजे पूरा करेगी।

●●●

10

श्रेणी एवं क्रम (Rows and Ranks)

इस प्रकार के प्रश्न किसी पंक्ति या लाइन में व्यवस्थित वस्तुओं की संख्या या कुछ छात्रों की एक कक्षा में किसी छात्र के क्रम-स्थान (कोटि) या कक्षा में छात्रों की कुल संख्या ज्ञात करने के लिए कतिपय सरल गणितीय परिकलनों पर आधारित होते हैं।

अभ्यास

1. पेड़ों की एक पंक्ति में कोई एक पेड़ पंक्ति के दोनों छोरों से पांचवें स्थान पर है। इस पंक्ति में कुल कितने पेड़ हैं?

(*a*) 11 (*b*) 8

(*c*) 10 (*d*) 9

2. 53 छात्रों की एक कक्षा में जया का योग्यता-क्रम में 5 वां स्थान है। कक्षा में योग्यता-क्रम में नीचे से उसका क्रम-स्थान क्या है?

(*a*) 49 वां (*b*) 48 वां

(*c*) 47 वां (*d*) 50 वां

3. पैंसठ छात्रों की एक कक्षा में योग्यता-क्रम में मोहन का क्रम स्थान इक्कीसवां है। यदि योग्यता-क्रम में सबसे नीचे के छात्र का क्रम-स्थान 1 माना जाए तो योग्यता-क्रम में नीचे से मोहन का क्रम-स्थान क्या होगा?

(*a*) 44 वां (*b*) 45 वां

(*c*) 46 वां (*d*) दी गई सूचना अपर्याप्त है

4. लड़कों की एक पंक्ति में राहुल दाहिने से 12 वें स्थान पर और बाएं से चौथे स्थान पर खड़ा है। इस पंक्ति में और कितने लड़कों को शामिल करने पर पंक्ति में लड़कों की कुल संख्या 28 हो जाएगी?

(*a*) 12 (*b*) 14

(*c*) 20 (*d*) 13

5. लड़कों की एक पंक्ति में राजन दाहिने से दसवें स्थान पर है और सूरज बाएं से दसवें स्थान पर है। यदि राजन और सूरज आपस में अपना स्थान बदल लें तो सूरज बाएं से सताइसवें स्थान पर आ जाएगा। राजन अब पंक्ति में दाहिने से कितने स्थान पर खड़ा है?

(*a*) दसवें (*b*) छब्बीसवें

(*c*) उन्तीसवें (*d*) सताइसवें

6. 41 छात्रों की एक कक्षा में महेश और सुरेश योग्यता-क्रम में ऊपर से क्रमश: 11 वें और 12 वें स्थान पर हैं। योग्यता-क्रम में नीचे से इनका क्रम-स्थान क्या है ?
(*a*) 32 वां और 33 वां (*b*) 29 वां और 30 वां
(*c*) 30 वां और 31 वां (*d*) 31 वां और 30 वां

7. किसी कक्षा में उमा योग्यता-क्रम में ऊपर से 8 वें और नीचे से 37 वें स्थान पर है। इस कक्षा में कुल कितने छात्र हैं ?
(*a*) 47 (*b*) 46
(*c*) 45 (*d*) 44

8. एक पंक्ति में सादिक सामने से 14 वें स्थान पर और जोसफ अंत से 17 वें स्थान पर खड़ा है जबकि जेन, सादिक और जोसफ के बीच खड़ा है। यदि सादिक, जोसफ से आगे खड़ा है और पंक्ति में कुल 48 व्यक्ति खड़ें हो, तो सादिक और जेन के बीच पंक्ति में कितने व्यक्ति खड़े हैं ?
(*a*) 5 (*b*) 6
(*c*) 7 (*d*) 8

9. किसी कक्षा में वार्षिक परीक्षा में उत्तीर्ण हुए छात्रों में योग्यता-क्रम में रोहन नीचे से सताइसवें स्थान पर और ऊपर से ग्यारहवें स्थान पर आया। यदि वार्षिक परीक्षा में इस कक्षा के 12 छात्र अनुत्तीर्ण घोषित किए गए हों तो परीक्षा में इस कक्षा के कितने छात्र शामिल हुए थे ?
(*a*) 48 (*b*) 49
(*c*) 50 (*d*) कहा नहीं जा सकता

10. कुछ लड़के एक पंक्ति में बैठे हैं। P पंक्ति में बाएं से चौदहवें स्थान पर और Q दाहिने से सातवें स्थान पर बैठा है। यदि P और Q के बीच चार लड़के बैठे हों, तो इस पंक्ति में कुल कितने लड़के हैं ?
(*a*) 19 (*b*) 21
(*c*) 25 (*d*) 23

निर्देश (प्र.सं. 11 से 15): *प्रत्येक दिए गए विकल्पों से उस एक शब्द का चयन करें जिसे प्रश्न में दिए गए शब्द के अक्षरों का प्रयोग करके लिखा नहीं जा सकता।*

11. ROTATION
(*a*) TORN (*b*) NOTE
(*c*) TART (*d*) RAIN

12. INSUFFICIENT
(*a*) ENTICE (*b*) SCENT
(*c*) SUFFICE (*d*) THENCE

13. CATASTROPHE
(*a*) TASTE (*b*) CHEAP
(*c*) POUCH (*d*) STARE

14. MASTERPIECE
(*a*) MINCE (*b*) TRAMP
(*c*) PESTER (*d*) SPRITE

15. PROGNOSTICATION
(*a*) RONTGEN (*b*) SPITOON
(*c*) ROGATION (*d*) START

निर्देश (प्र.सं. 16 से 20): *यहाँ प्रत्येक प्रश्न में दिए गए विकल्पों से उस एक शब्द का चयन करें जिसे प्रश्न के आरंभ में दिए गए शब्द के अक्षरों का प्रयोग करके लिखा जा सकता है।*

16. INVESTIGATE
(*a*) INVERT (*b*) GLIDE
(*c*) STING (*d*) ACTED

17. ADVENTURE
(*a*) AWARE (*b*) EVENT
(*c*) TRUCE (*d*) DRIED

18. THANKSGIVING
(*a*) AVENGE (*b*) HAUNTS
(*c*) GRAINS (*d*) SAVING

19. BLANDISHMENT
(*a*) BOARD (*b*) METAL
(*c*) SHAPE (*d*) CRASH

20. UNDISCHARGED
(*a*) CHANGED (*b*) DISARMED
(*c*) GROUNDED (*d*) SHARPEN

उत्तरमाला

1	2	3	4	5
(*d*)	(*a*)	(*b*)	(*d*)	(*d*)
6	7	8	9	10
(*d*)	(*d*)	(*d*)	(*b*)	(*c*)
11	12	13	14	15
(*b*)	(*d*)	(*c*)	(*a*)	(*a*)
16	17	18	19	20
(*c*)	(*b*)	(*d*)	(*b*)	(*a*)

व्याख्यात्मक उत्तर

1.
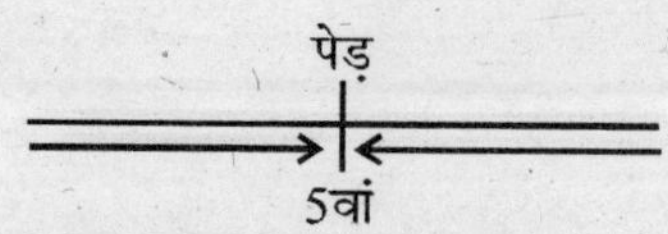

पंक्ति में पेड़ों की कुल संख्या
$= (5 + 5) - 1 = 9$

2.
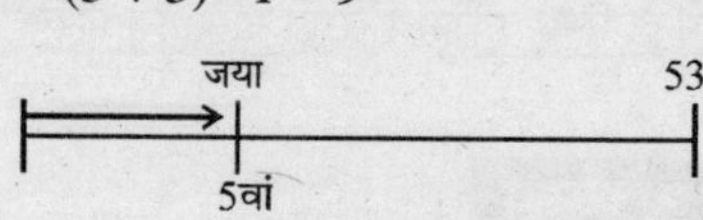

योग्यता-क्रम में नीचे से जया का स्थान
$= (53 - 5) + 1 = 49$ वां

7.
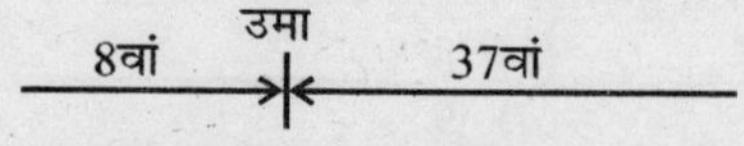

कक्षा में छात्रों की कुल संख्या $= (8 + 37) - 1 = 44$

10.
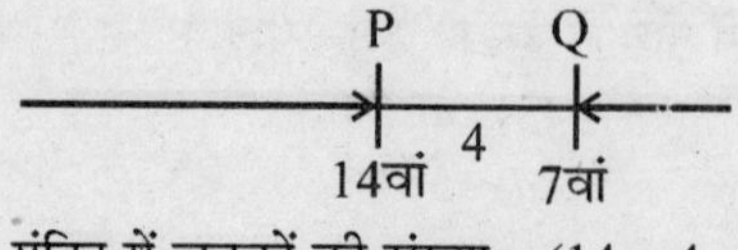

पंक्ति में लड़कों की संख्या $= (14 + 4 + 7) = 25$

11

प्रतीक (चिह्न) प्रतिस्थापन (Symbol Substitution)

इस प्रकार के प्रश्नों को हल करना अत्यधिक सरल है। ऐसे प्रश्नों को हल करने की एकमात्र अपेक्षा यह है कि उम्मीदवार दिए गए प्रतीकों या चिह्नों को प्रतिस्थापित करने और परिकलन की विद्या में पारंगत हों और अत्यधिक त्वरित गति से दिए गए प्रश्नों का हल ज्ञात कर सके। इस श्रेणी में पूछे गए कुछ सामान्य प्रकार के प्रश्न नीचे हल किए गए हैं।

अभ्यास

1. यदि "+" का अर्थ "–" हो; "–" का अर्थ "×" हो; "×" का अर्थ "÷" हो और "÷" का अर्थ "+" हो, तो
$15 \times 5 \div 10 + 5 - 3 = ?$
(*a*) 9.5 (*b*) 0
(*c*) – 2 (*d*) 24

2. यदि "+" का अर्थ "–" हो; "–" का अर्थ "×" हो; "×" का अर्थ "÷" हो; और "÷" का अर्थ "+" हो, तो
$15 \times 3 \div 15 + 5 - 2 = ?$
(*a*) 0 (*b*) 10
(*c*) 20 (*d*) 6

3. यदि "+" का अर्थ "÷" हो; "×" का अर्थ "–" हो; "÷" का अर्थ "+" हो और "–" का अर्थ "×" हो, तो
$16 \div 8 \times 6 - 2 + 12 = ?$
(*a*) 22 (*b*) 24
(*c*) 23 (*d*) 20

4. यदि "+" का अर्थ "×" हो; "–" का अर्थ "÷" हो; "×" का अर्थ "–" हो और "÷" का अर्थ "+" हो, तो
$5 + 8 - 4 \times 2 \div 9 = ?$
(*a*) 15 (*b*) 13
(*c*) 17 (*d*) 11

5. यदि × का आशय जोड़ की संक्रिया से हो, ÷ का आशय घटाव की संक्रिया से हो, + का आशय गुणा की संक्रिया से हो और – का आशय भाग की संक्रिया से हो तो $(20 \times 6 \div 6 \times 4)$ निम्नलिखित में से किसके बराबर है?
(*a*) 5 (*b*) 24
(*c*) 25 (*d*) 80

उत्तरमाला

1	2	3	4	5
(*c*)	(*b*)	(*c*)	(*c*)	(*b*)

व्याख्यात्मक उत्तर

1. $15 \div 5 + 10 - 5 \times 3$
$3 + 10 - 15 = -2$

3. $16 + 8 - 6 \times 2 \div 12$
$16 + 8 - 1 = 23$

4. $5 \times 8 \div 4 - 2 + 9,$
$10 - 2 + 9 = 17$

5. $20 + 6 - 6 + 4 = 24$

●●●

12

कृत्रिम मान और लुप्त संख्याएँ (Artificial Values and Missing Numbers)

इस प्रकार के प्रश्नों को हल करने के लिए संख्या संबंधी प्रश्नों को हल करने में निपुणता और गणितीय कौशल का होना अपेक्षित है। उत्तर प्राप्त करने के लिए अभ्यर्थियों के लिए यह अपेक्षित है कि वे अंकगणितीय चिह्नों या प्रतीकों के सही संयोजन का चयन करें जिसे दिए गए प्रश्नों में प्रश्न चिह्न के स्थान पर प्रतिस्थापित किया जा सके।

अभ्यास

निर्देश : *नीचे दिए गए प्रत्येक प्रश्न में बताएँ कि प्रश्न चिह्न (?) के स्थान पर कौन-सी संख्या रखी जा सकती है?*

1.
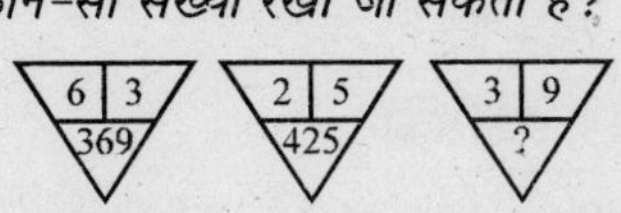

(*a*) 693 (*b*) 939
(*c*) 981 (*d*) 993

2.
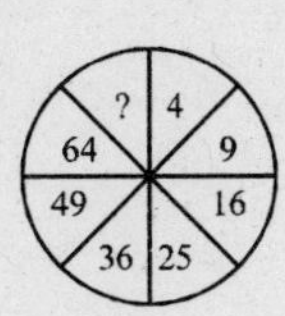

(*a*) 68 (*b*) 100
(*c*) 72 (*d*) 81

3.

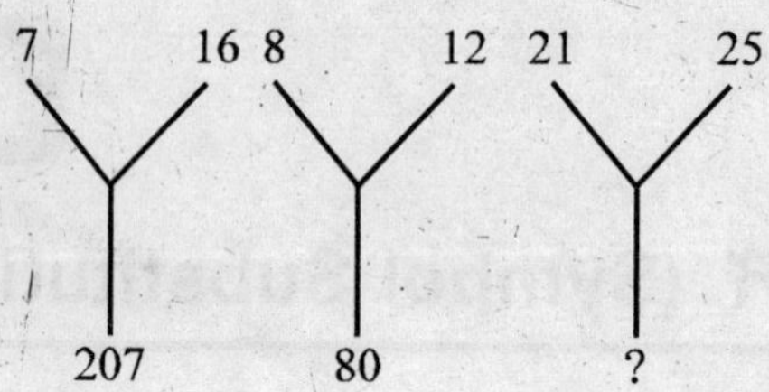

(*a*) 425 (*b*) 184
(*c*) 241 (*d*) 210

4.

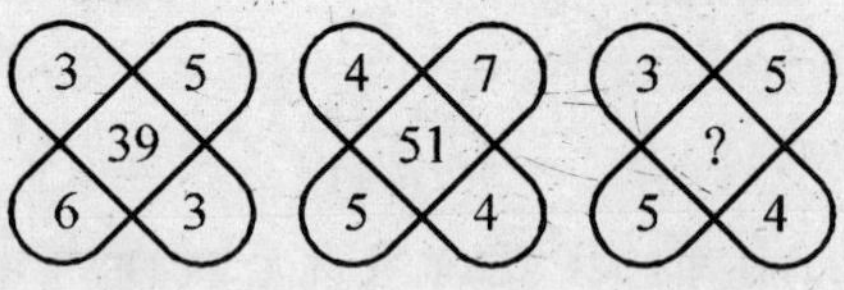

(*a*) 35 (*b*) 37
(*c*) 45 (*d*) 48

5.

(*a*) 69 (*b*) 49
(*c*) 50 (*d*) 60

6.

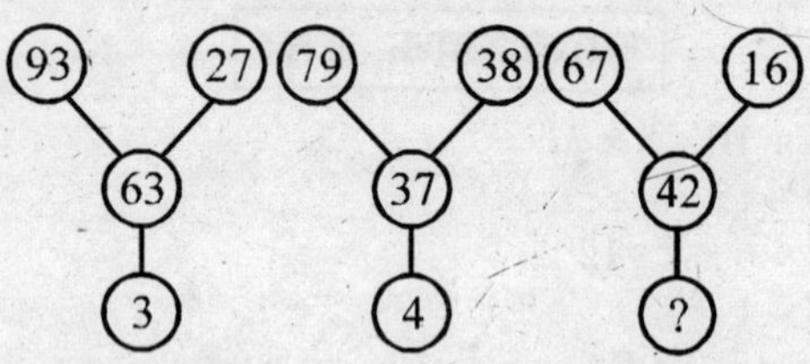

(*a*) 5 (*b*) 6
(*c*) 8 (*d*) 9

7.

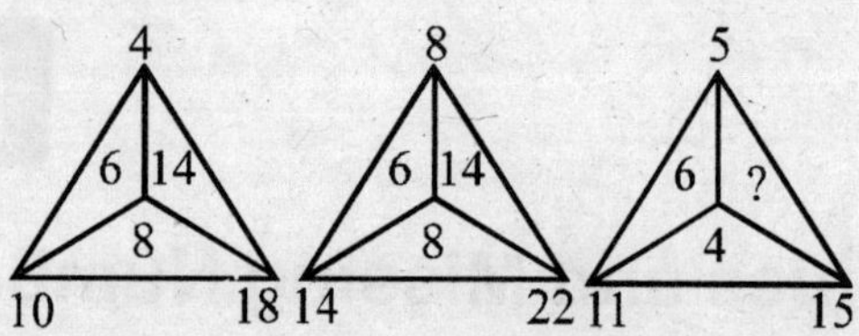

(*a*) 8 (*b*) 14
(*c*) 10 (*d*) 6

8.

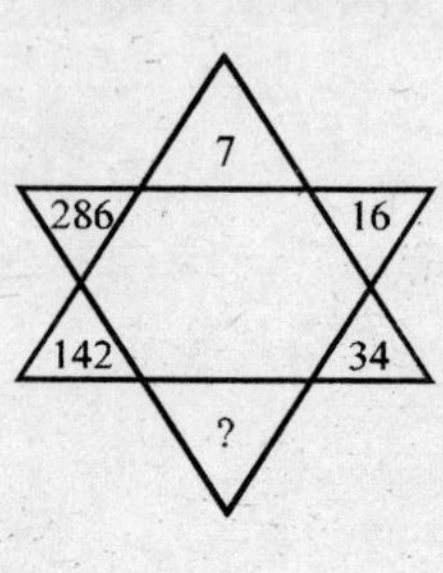

(*a*) 70 (*b*) 68
(*c*) 56 (*d*) 92

9.

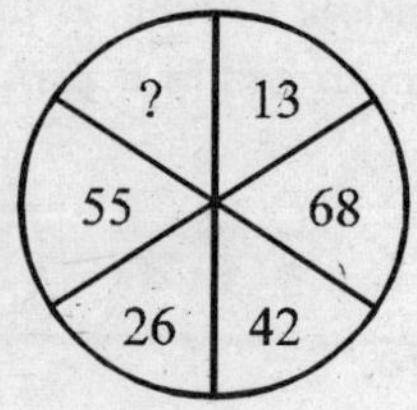

(*a*) 41 (*b*) 37
(*c*) 29 (*d*) 25

10.

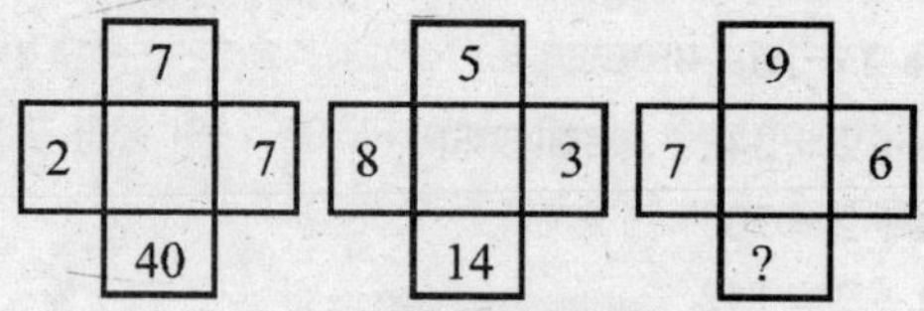

(*a*) 72 (*b*) 68
(*c*) 82 (*d*) 96

उत्तरमाला

1	2	3	4	5
(*c*)	(*d*)	(*b*)	(*b*)	(*a*)
6	**7**	**8**	**9**	**10**
(*d*)	(*c*)	(*a*)	(*c*)	(*b*)

व्याख्यात्मक उत्तर

1. उलटे बने त्रिभुज के ऊपरी भाग के दोनों खानों में दी गई संख्याओं के वर्ग को एक दूसरे की बगल में रखने पर त्रिभुज के निचले शीर्ष की संख्या प्राप्त होती है, अर्थात्

6^2 और $3^2 = 369$, 2^2 और $5^2 = 425$,

इसी प्रकार 3^2 और $9^2 = 981$.

2. 4 से आरंभ करके प्रत्येक अनुवर्ती संख्या क्रमागत प्राकृतिक संख्या का वर्ग है। अर्थात् $2^2 = 4$, $3^2 = 9$, $4^2 = 16$, . . . $9^2 = 81$

3. नीचे की संख्या ऊपर की दोनों संख्याओं के वर्गों का अंतर है, अर्थात्

$16^2 - 7^2 = 256 - 49 = 207$

$12^2 - 8^2 = 144 - 64 = 80$, इसी प्रकार

$25^2 - 21^2 = 625 - 441 = 184$

4. बीच की संख्या विकर्णत: सम्मुख संख्याओं के गुणनफलों का योग है, अर्थात् $(3 \times 3) + (5 \times 6) = 39$

$(4 \times 4) + (7 \times 5) = 51$,

इसी प्रकार $(3 \times 4) + (5 \times 5) = 37$

5. किसी भी एक आकृति में सरेखीय तीनों संख्याओं का योगफल समान है, अर्थात्

$29 + 80 + 43$ या $39 + 80 + 33$ या $45 + 80 + 27 = 152$

$29 + 70 + 44$ या $42 + 70 + 31$

या $43 + 70 + 30 = 143$, इसी प्रकार

$59 + 80 + 20$ या $39 + 80 + 40 = 159$.

अत: लुप्त संख्या है : $159 - (80 + 10) = 69$

6. प्रत्येक आकृति में दाहिने और बीच के घेरों की संख्याओं के योगफल को बायीं ओर के घेरे की संख्या से घटाने पर आकृति में सबसे नीचे के घेरे की संख्या प्राप्त होती है, अर्थात्

$93 - (27 + 63) = 3$

$79 - (38 + 37) = 4$, इसी प्रकार

$67 - (16 + 42) = 9$

8. दी गई आकृति में 7 की संख्या से आरंभ करके दक्षिणावर्त अगली संख्या पहली संख्या के दोगुने से 2 अधिक है, अर्थात्

$(7 \times 2) + 2 = 16$

$(16 \times 2) + 2 = 34$ . . . , इसी प्रकार

$(34 \times 2) + 2 = 70$

$(70 \times 2) + 2 = 142$

$(142 \times 2) + 2 = 286$

9. दी गई आकृति में सम्मुख त्रिज्यखंडों में दी गई संख्याओं का अंतर 13 है, अर्थात्

$26 - 13 = 13$

$68 - 55 = 13$,

इसी प्रकार

अतः लुप्त संख्या है : $42 - 13 = 29$

($42 + 13 = 55$ विकल्पों में नहीं दिया गया है)

10. प्रत्येक आकृति में मध्यस्थ ग्रिड रेखा में दी गई संख्याओं के योगफल को ऊपर स्थित संख्या के वर्ग से घटाने पर आकृति में नीचे की संख्या प्राप्त होती है, अर्थात्

$7^2 - (2 + 7) = 40$

$5^2 - (8 + 3) = 14$,

इसी प्रकार $9^2 - (7 + 6) = 68$.

●●●

13

अंग्रेजी वर्णक्रम पर आधारित प्रश्न

(Problems Based on English Alphabet)

अंग्रेजी वर्णमाला पर आधारित प्रश्नों को हल करना अत्यधिक सरल है। इस प्रकार के प्रश्न वर्णमाला के सीधे क्रम में और साथ ही उलटे क्रम में भी दी गई शृंखलाओं पर आधारित होते हैं। शृंखला Z पर पहुँचने के बाद A से पुनः आरंभ होती है और उलटे क्रम में A पर पहुँचने के बाद Z से पुनः आरंभ होती है। इस शृंखला में A E I O U स्वर और शेष अक्षर व्यंजन कहलाते हैं।

अभ्यास

निर्देश: *निम्नलिखित प्रश्न वर्णमाला के सीधे या उलटे क्रम में लिखी गई शृंखला पर तथा दिए गए शब्द में अक्षरों के स्थान परिवर्तन पर आधारित हैं।*

1. वर्णमाला के सीधे क्रम में लिखी गई शृंखला में बाएँ छोर से छठे अक्षर के ठीक पहले कौन-सा अक्षर होता है?

(*a*) U (*b*) E

(*c*) F (*d*) V

2. यदि अंग्रेजी वर्णमाला में प्रथम अर्द्धांश के अक्षरों को उलटे क्रम में लिखा जाए तो दायीं ओर से नौवें अक्षर की बायीं ओर का नौवाँ अक्षर कौन-सा होगा?

(*a*) I (*b*) D

(*c*) F (*d*) E

3. यदि अंग्रेजी वर्णमाला को उलटे क्रम में लिखा जाए, तो दायीं ओर से सातवें अक्षर की बायीं ओर का आठवाँ अक्षर कौन-सा होगा?

(*a*) O (*b*) P

(*c*) N (*d*) Q

4. यदि अंग्रेजी वर्णमाला को उलटे क्रम में लिखा जाए तो P के दाएँ से छठा अक्षर कौन-सा होगा?

(*a*) J (*b*) W

(*c*) K (*d*) V

5. यदि अंग्रेजी वर्णमाला को दो बराबर हिस्सों में बाँट दिया जाए जिनमें पहले अर्द्धांश में A से M तक के और दूसरे अर्द्धांश में N से Z तक के अक्षर निहित हों, तो बाद वाले अर्द्धांश का कौन-सा अक्षर पहले वाले अर्द्धांश के J अक्षर के संगत होगा?

(*a*) W (*b*) Q

(*c*) V (*d*) R

उत्तरमाला

1	2	3	4	5
(*b*)	(*d*)	(*a*)	(*a*)	(*a*)

व्याख्यात्मक उत्तर

1. 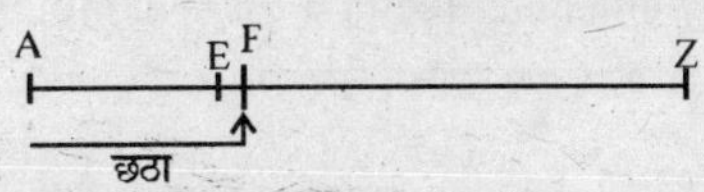

बाएँ से छठा अक्षर 'F' है और 'F' से ठीक पहले का अक्षर 'E' है।

2. MLKJIGHFEDCBANOPQRSTUVWXYZ
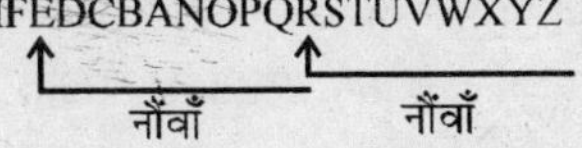

5. A B C D E F G H I J K L M
N O P Q R S T U V W X Y Z

●●●

14

वेन आरेख विश्लेषण (Venn Diagram Analysis)

आरेख विश्लेषण

इस प्रकार के परीक्षण में आरेखों द्वारा निरूपित दो या दो से अधिक वस्तुओं या तथ्यों या मदों के बीच संबंध स्थापित करना होता है।

आरेखों द्वारा निरूपित मदें कोई पृथक वस्तु या प्राणी या व्यक्तियों का कोई विशिष्ट दल/वर्ग आदि हो सकती हैं।

अभ्यास

1. निम्नलिखित आरेख में कौन-सी संख्या केवल दो ज्यामितीय आकृतियों में उभयनिष्ठ है?

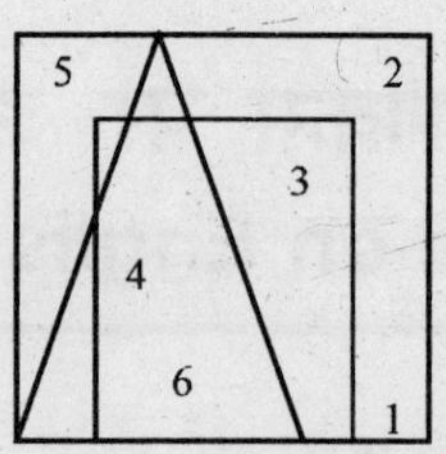

(*a*) 4 (*b*) 3
(*c*) 5 (*d*) 2

निर्देश (प्रश्न 2 और 3) : *नीचे के आरेख में आयत हिंदी के उद्घोषकों को निरूपित करता है, वृत्त अंग्रेजी भाषा के उद्घोषकों को निरूपित करता है, वर्ग फ्रांसीसी भाषा के उद्घोषकों को निरूपित करता है और त्रिभुज जर्मन भाषा के उद्घोषकों को निरूपित करता है।*

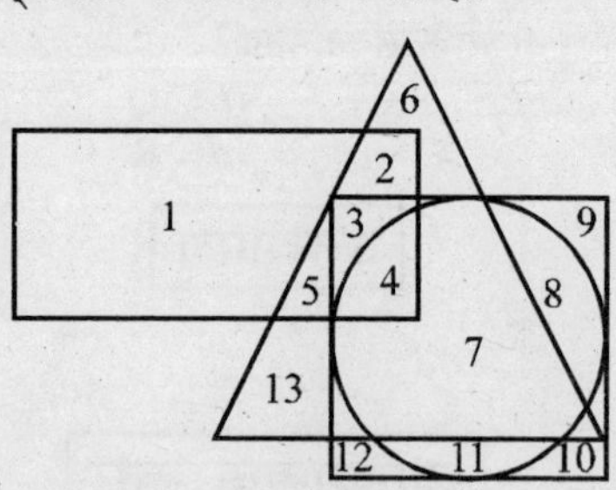

2. कौन-सा क्षेत्र उन उद्घोषकों को निरूपित करता है जो हिंदी, फ्रांसीसी और जर्मन भाषाओं में कार्यक्रम प्रस्तुत कर सकते हैं?

(*a*) 1 (*b*) 2
(*c*) 3 (*d*) 4

3. कौन-सा क्षेत्र उन उद्घोषकों को निरूपित करता है जो केवल फ्रांसीसी और अंग्रेजी भाषा में कार्यक्रम प्रस्तुत कर सकते हैं?

(*a*) 7
(*b*) 9
(*c*) 11
(*d*) 13

निर्देश (प्रश्न 4 और 5) : *नीचे दिए गए आरेख के आधार पर प्रश्न संख्या 4 और 5 के उत्तर दें :*

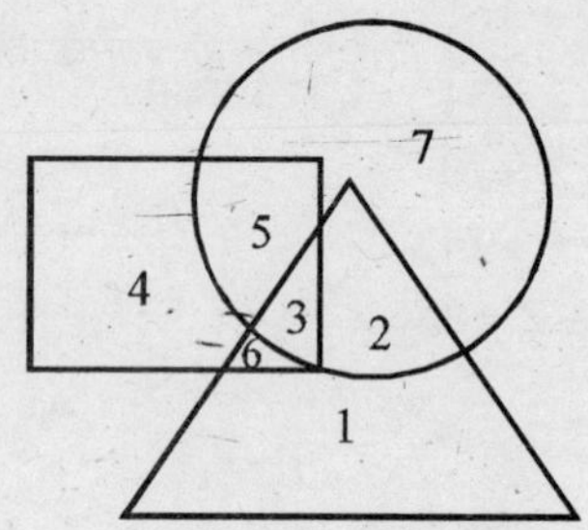

4. कौन-सी संख्या सभी ज्यामितीय आकृतियों में अंतर्निहित है?

(*a*) 5 (*b*) 6
(*c*) 2 (*d*) 3

5. संख्या 6 निम्नलिखित में से किसमें अंतर्निहित है?

(*a*) आयत और त्रिभुज
(*b*) वृत्त और त्रिभुज
(*c*) आयत और वृत्त
(*d*) केवल आयत

उत्तरमाला

1	2	3	4	5
(*b*)	(*c*)	(*c*)	(*d*)	(*a*)

व्याख्यात्मक उत्तर

प्रश्न 2 और 3 के लिए

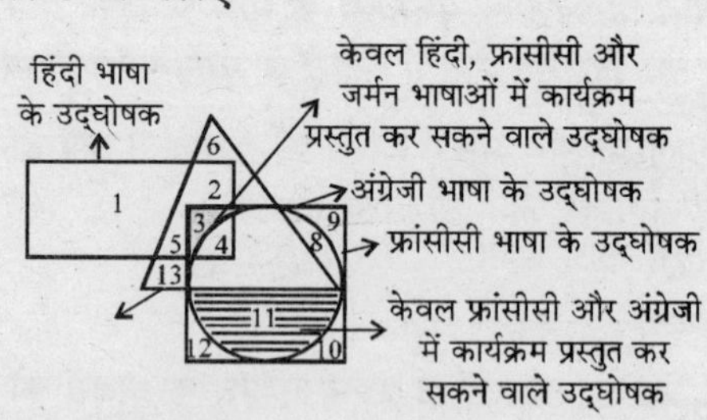

प्रश्न 4 और 5 के लिए

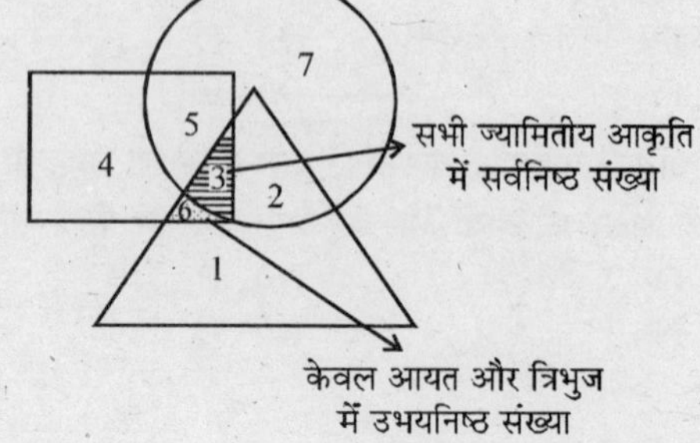

कथन एवं वेन आरेख

इस प्रकार के प्रश्नों में विकल्प के रूप में पाँच भिन्न-भिन्न आकृतियों का समुच्चय दिया जाता है। प्रत्येक आकृति संबंधित शब्दों के कुछ समूहों का एक तार्किक पैटर्न निरूपित करती है जिनमें प्रत्येक शब्द एक वर्ग को निरूपित करता है।

अभ्यास

निर्देश : *नीचे दिए गए पाँच तर्क आरेखों में से उस आरेख (आकृति) का चयन करें जो प्रश्न में दिए गए तीनों वर्गों के बीच संबंध को सर्वाधिक सुस्पष्ट रूप में प्रदर्शित करता है।*

(*a*) 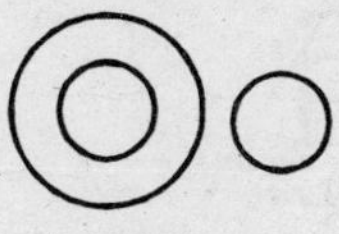

(*b*) 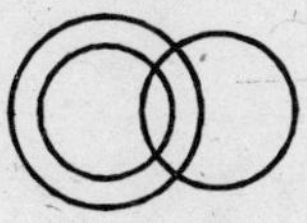

(*c*) 

(*d*) 

(*e*) 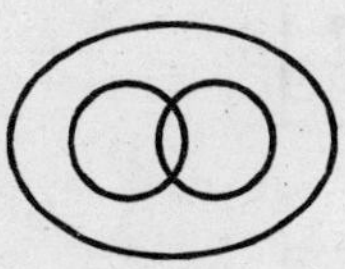

1. पक्षी, फल, आम
2. अपराधी, वकील, डकैत
3. तैराक, कुँआरा, पुरुष
4. स्मार्ट, इंजीनियर, महिला
5. सब्जियाँ, आलू, बैंगन
6. अंगूर, मीठा, फल
7. डॉक्टर, वास्तुकार, मनुष्य
8. विद्वान, व्यक्ति, भारतीय
9. बच्चे, शरारती, अध्ययनशील
10. कलम, पेंसिल, स्टेशनरी

उत्तरमाला

1	2	3	4	5
(*a*)	(*a*)	(*b*)	(*c*)	(*d*)
6	**7**	**8**	**9**	**10**
(*b*)	(*d*)	(*e*)	(*c*)	(*d*)

व्याख्यात्मक उत्तर

1. 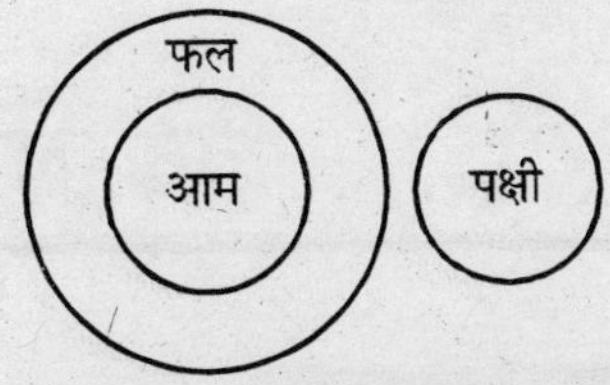

सभी आम फल हैं किंतु फल और आम में से कोई भी पक्षी नहीं है।

2. 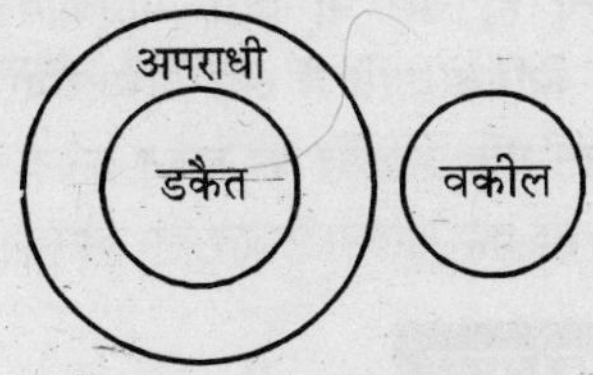

सभी डकैत अपराधी हैं किंतु अपराधी और डकैत में से कोई भी वकील नहीं हो सकता।

3. 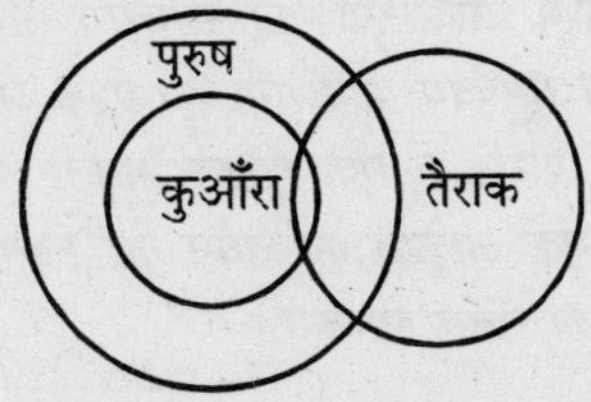

सभी कुँआरे पुरुष होते हैं तथा कुछ पुरुष और कुँआरे तैराक हो सकते हैं।

6. 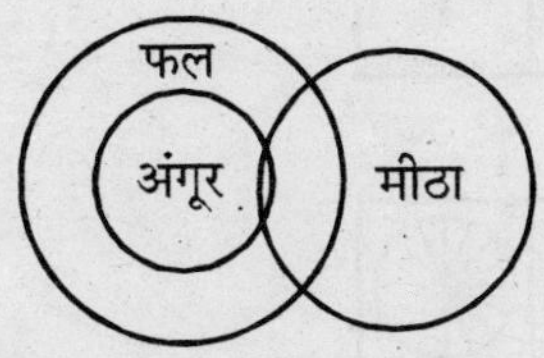

कुछ अंगूर मीठे हैं और सभी अंगूर फल हैं। किंतु सभी मीठी चीजें फल नहीं हैं।

8. 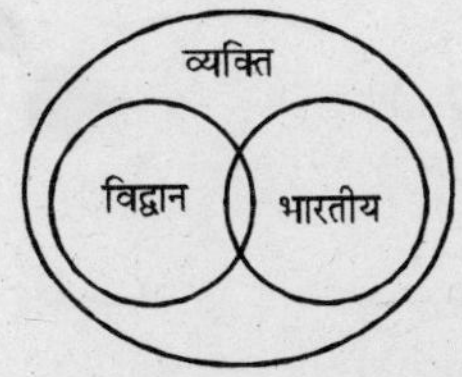

कुछ भारतीय विद्वान हो सकते हैं और कुछ विद्वान भारतीय हो सकते हैं। विद्वान और भारतीय दोनों ही व्यक्ति की श्रेणी में आते हैं।

10. 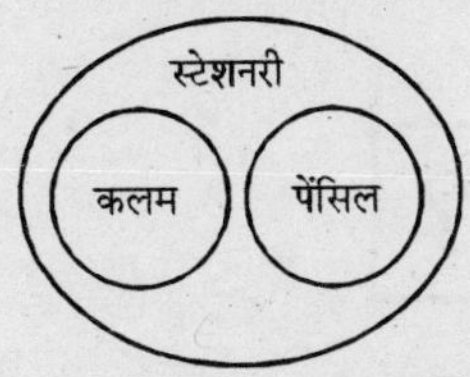

कलम और पेंसिल दोनों स्टेशनरी की मदें हैं। कुछ स्टेशनरी कलम और पेंसिल हैं किंतु कलम और पेंसिल दो अलग-अलग वर्ग हैं।

15 शृंखला (Series)

इस प्रकार की अभाषिक शृंखला (Non-Verbal Series) में, जो सर्वाधिक सामान्य प्रकार की शृंखला होती है, चार या पांच आनुक्रमिक प्रश्न आकृतियां एक निश्चित अनुक्रम निर्मित करते हैं और अभ्यर्थियों को दी गई उत्तर आकृतियों के सेट से उस एक आकृति का चयन करना होता है जिससे प्रश्न आकृतियों के समुच्चय की शृंखला सतत् हो जाए।

अभ्यास

निर्देश : *नीचे के प्रत्येक प्रश्न में आकृतियों के दो समुच्चय दिए गए हैं जिनमें से एक समुच्चय को* **प्रश्न आकृतियों** *का समुच्चय और दूसरे समुच्चय को* **उत्तर आकृतियों** *का समुच्चय कहा गया है। प्रश्न आकृतियों के समुच्चय से किसी न किसी प्रकार से एक शृंखला बनती है। उत्तर आकृतियों के समुच्चय से उस एक आकृति का चयन करें जिससे प्रश्न आकृतियों के समुच्चय की शृंखला संतत हो जाए।*

1. प्रश्न आकृतियां

उत्तर आकृतियां

(a) (b) (c) (d)

2. प्रश्न आकृतियां

उत्तर आकृतियां

(a) (b) (c) (d)

3. प्रश्न आकृतियां

उत्तर आकृतियां

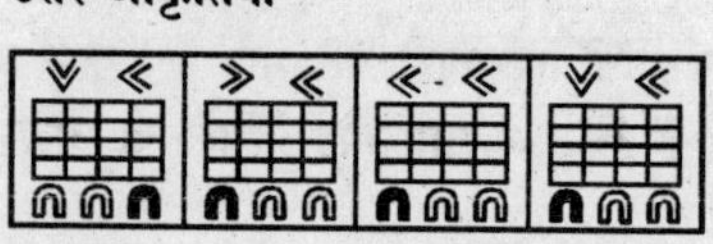

(a) (b) (c) (d)

4. प्रश्न आकृतियां

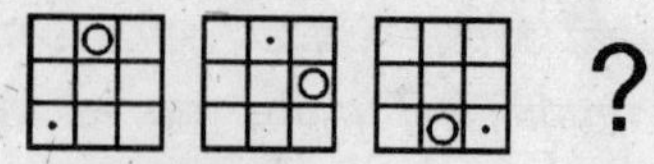

उत्तर आकृतियां

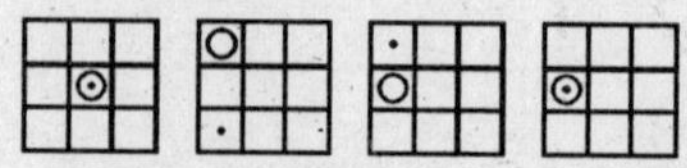

(a) (b) (c) (d)

5. प्रश्न आकृतियां

उत्तर आकृतियां

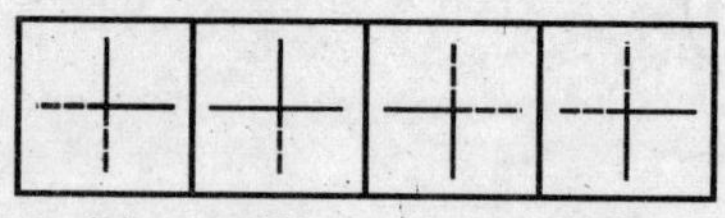

(a) (b) (c) (d)

6. प्रश्न आकृतियां

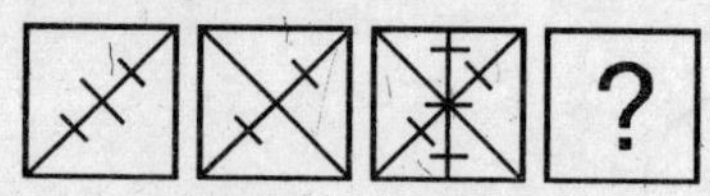

उत्तर आकृतियां

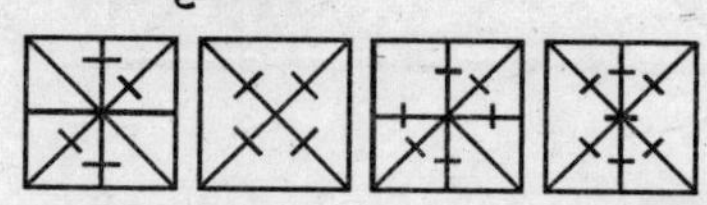

(a) (b) (c) (d)

7. प्रश्न आकृतियां

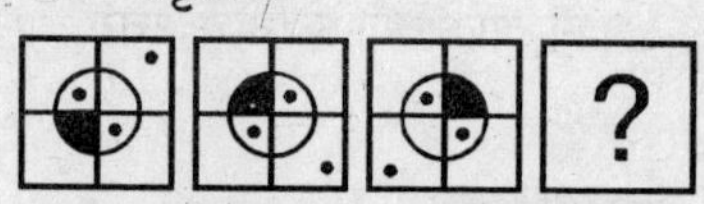

उत्तर आकृतियां

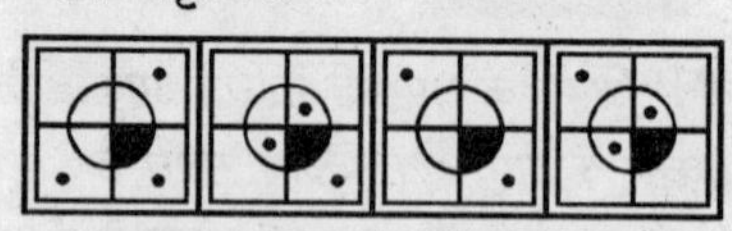

(a) (b) (c) (d)

8. प्रश्न आकृतियां

उत्तर आकृतियां

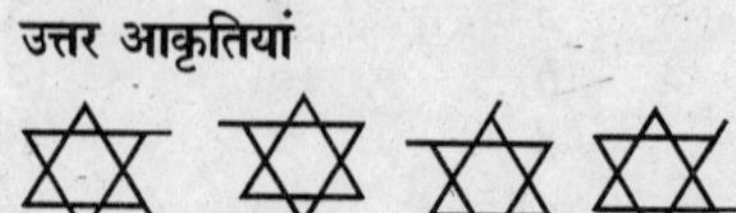

(a) (b) (c) (d)

9. प्रश्न आकृतियां

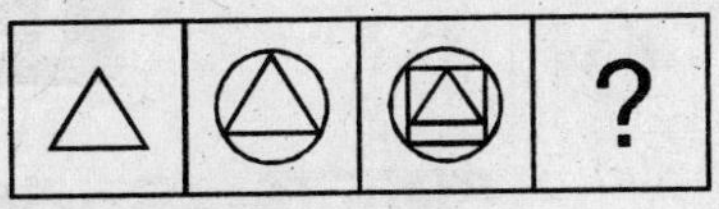

उत्तर आकृतियां

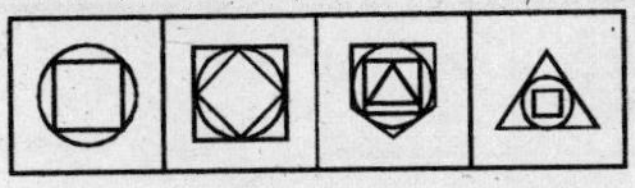

(*a*) (*b*) (*c*) (*d*)

10. प्रश्न आकृतियां

उत्तर आकृतियां

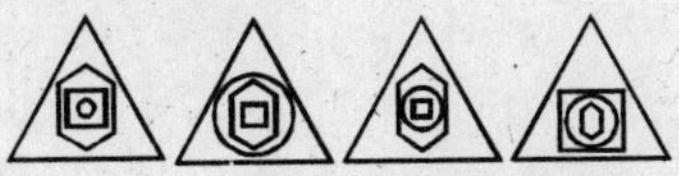

(*a*) (*b*) (*c*) (*d*)

उत्तरमाला

1	2	3	4	5	6	7	8	9	10
(*c*)	(*d*)	(*d*)	(*d*)	(*a*)	(*a*)	(*d*)	(*d*)	(*c*)	(*a*)

व्याख्यात्मक उत्तर

1. एक आकृति से दूसरी आकृति में वृत्त क्रमशः दक्षिणावर्त 30° के कोण से घूम जाता है और प्रत्येक चरण में वृत्त के भीतर स्थित एक त्रिज्यीय रेखाखण्ड लुप्त होता जाता है।

2. तिरछे या विकर्णी रेखाखण्ड एक-एक करके एक निश्चित क्रम में लुप्त होते जाते हैं।

4. वृत्त (गोल घेरा) और बिंदु अगली आकृति में दक्षिणावर्त क्रमशः दो और तीन खंड आगे खिसक जाते हैं।

5. प्रत्येक चरण में क्रॉस का चिह्न दक्षिणावर्त 90° के कोण से घूम जाता है।

7. प्रत्येक चरण पर संपूर्ण आकृति दक्षिणावर्त 90° के कोण से घूम जाती है।

9. प्रत्येक चरण पर पूर्ववर्ती आकृति-समुच्चय में एक नई आकृति जुड़ती जाती है।

10. पहली आकृति में सबसे बाहरी संरचना अगली आकृति में सबसे भीतर चली जाती है।

●●●

16

सादृश्य या संबंध (Analogies or Relationships)

अभाषिक सादृश्य के प्रश्नों में दो प्रकार की आकृतियां दी जाती हैं जो (i) प्रश्न आकृतियां और (ii) उत्तर आकृतियां कहलाती हैं। प्रश्न आकृतियां दो भागों में विभाजित होती हैं। प्रश्न आकृतियों के नीचे उत्तर आकृतियां दी जाती है।

अभ्यास

निर्देश : *प्रश्न आकृतियों में :: चिह्न के बाएं दी गई दो आकृतियों में से दूसरी आकृति का पहली आकृति के साथ एक विशेष संबंध है। :: चिह्न की दाईं ओर की दो आकृतियों के बीच भी ऐसा ही संबंध है। दिए गए विकल्पों से उस आकृति का चयन करें जिसे प्रश्न आकृतियों में प्रश्न चिह्न के स्थान पर रखा जा सकता है और जिसका :: चिह्न की दाईं ओर की पहली आकृति के साथ ठीक वैसा ही संबंध है जैसा कि :: चिह्न की बाईं ओर की दो आकृतियों के बीच है।*

1. प्रश्न आकृतियां

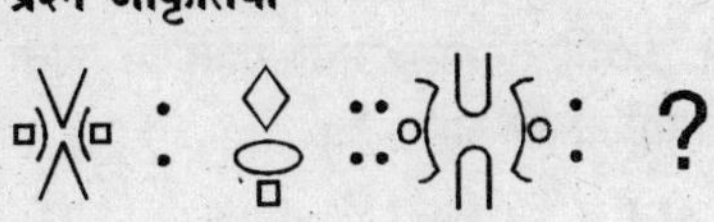

उत्तर आकृतियां

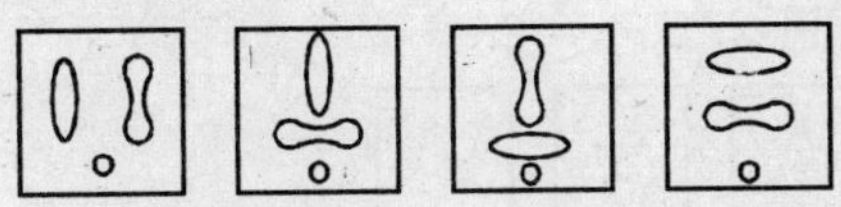

(*a*) (*b*) (*c*) (*d*)

2. प्रश्न आकृतियां

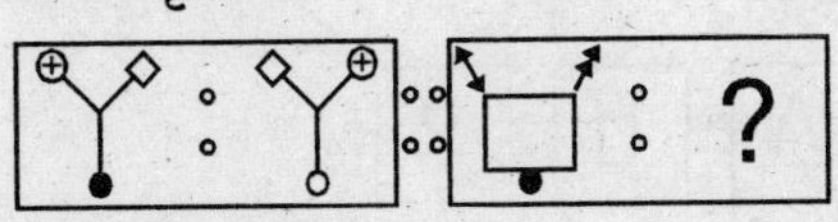

उत्तर आकृतियां

(*a*) (*b*) (*c*) (*d*)

3. प्रश्न आकृतियां

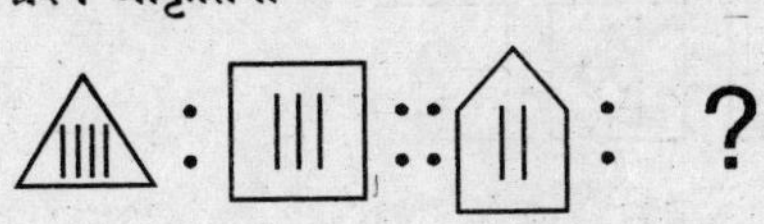

उत्तर आकृतियां

(*a*) (*b*) (*c*) (*d*)

4. प्रश्न आकृतियां

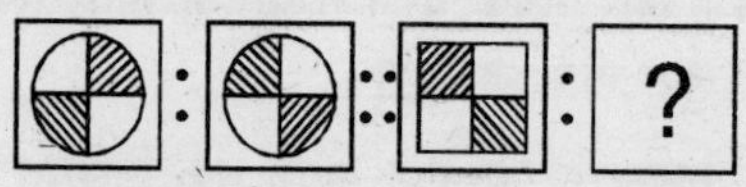

उत्तर आकृतियां

(*a*) (*b*) (*c*) (*d*)

5. प्रश्न आकृतियां

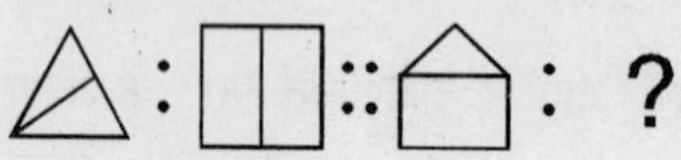

उत्तर आकृतियां

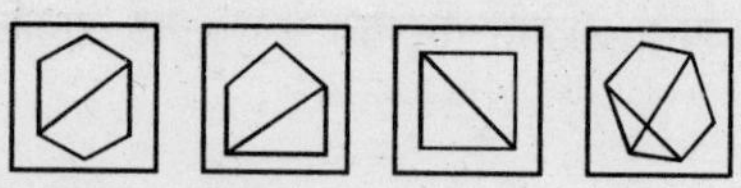

(*a*) (*b*) (*c*) (*d*)

6. प्रश्न आकृतियां

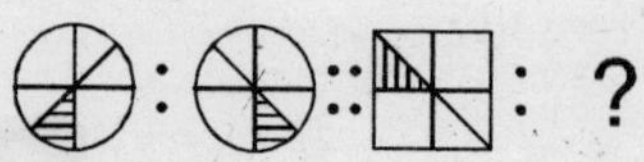

उत्तर आकृतियां

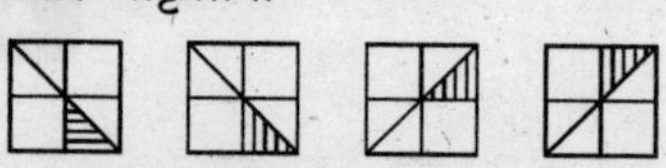

(*a*) (*b*) (*c*) (*d*)

7. प्रश्न आकृतियां

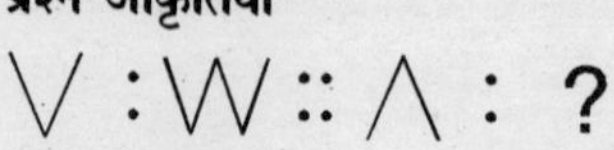

उत्तर आकृतियां

(*a*) (*b*) (*c*) (*d*)

8. प्रश्न आकृतियां

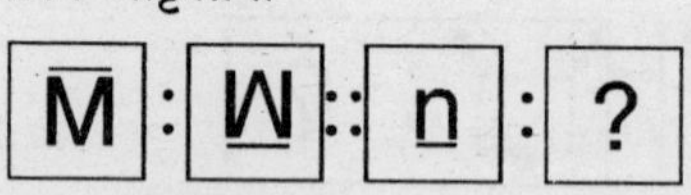

उत्तर आकृतियां

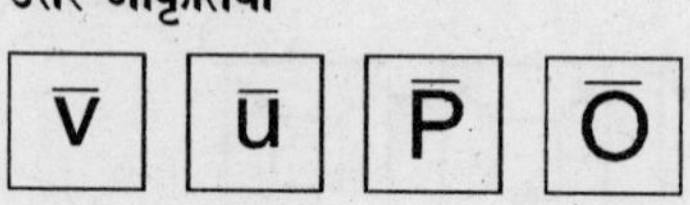

(*a*) (*b*) (*c*) (*d*)

9. प्रश्न आकृतियां

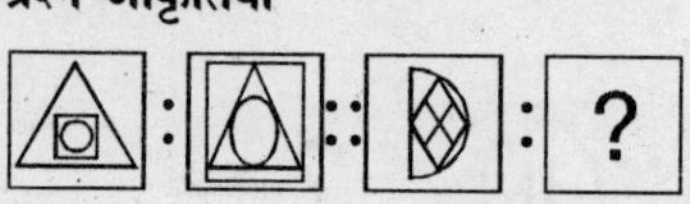

उत्तर आकृतियां

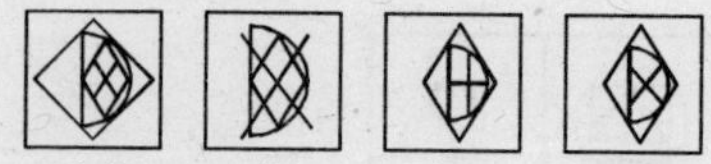

(*a*) (*b*) (*c*) (*d*)

10. प्रश्न आकृतियां

उत्तर आकृतियां

(*a*) (*b*) (*c*) (*d*)

उत्तरमाला

1	2	3	4	5
(*b*)	(*b*)	(*a*)	(*a*)	(*a*)
6	**7**	**8**	**9**	**10**
(*c*)	(*a*)	(*b*)	(*d*)	(*c*)

व्याख्यात्मक उत्तर

2. दूसरी आकृति में ऊपर के दो अवयव अपना स्थान बदल कर एक दूसरे के स्थान पर आ जाते हैं और वृत्त के भीतर का छायांकित भाग छायारहित हो जाता है।

3. पहली आकृति से दूसरी आकृति में एक ऊर्ध्वाधरतः रेखा कम हो जाती है और आकृति को निर्मित करने वाली रेखाओं की संख्या में एक की वृद्धि होती है।

4. पहली आकृति को वामावर्त 90° के कोण से घुमाने पर दूसरी आकृति प्राप्त होती है।

5. पहली आकृति से दूसरी आकृति में आकृति को निर्मित करने वाली रेखाओं की संख्या में एक की वृद्धि होती है।

6. पहली आकृति से दूसरी आकृति में विकर्णी रेखा 90° के कोण से घूम जाती है और रेखाखण्ड क्षैतिजतया सम्मुख खण्ड में चले जाते हैं।

7. पहली आकृति का डिजाइन दूसरी आकृति में दोगुना हो जाता है।

8. पहली आकृति का डिजाइन दूसरी आकृति में ऊर्ध्वाधरतः उलट जाता है।

9. बीच के और सबसे भीतरी अवयव के आकार में वृद्धि होती है और सबसे बाहरी अवयव छोटा होकर दो बढ़े हुए अवयवों के बीच में आ जाता है।

10. पहली आकृति से दूसरी आकृति में ऊपरी बाईं ओर का अवयव 90° के कोण से घूम जाता है और ऊपरी दाईं ओर का अवयव ऊर्ध्वाधरतः उलट जाता है। ऊर्ध्वाधर डिजाइन का ऊपरी भाग ऊर्ध्वाधरतः उलट जाता है और अलग हो जाता है, बीच का हिस्सा छोटा/बड़ा हो जाता है और 90° के कोण से घूम जाता है तथा निचला हिस्सा ऊर्ध्वाधरतः उलट जाता है। उपर्युक्त सभी परिवर्तनों के अतिरिक्त एक आकृति से दूसरी आकृति में छायांकित भाग छाया रहित हो जाता है और छाया रहित भाग छायांकित हो जाता है।

●●●

17

विजातीय का चयन (Odd-One Out)

अभाषिक वर्गीकरण संबंधी तर्कबुद्धि परीक्षण विषयक प्रश्नों में आकृतियों का एक समूह दिया जाता है तथा अभ्यर्थियों से यह अपेक्षा की जाती है कि वे दी गई आकृतियों को उनके विशिष्ट गुणों या विशेषताओं के आधार पर अलग-अलग समूहों या वर्गों में वर्गीकृत करें। आकृतियों या मदों को उनकी बनावट, आकार, प्रतिरूप, संरचना, प्रकार, क्रम, रूप-रंग, कोटि, शैली, संघटक अवयवों और अन्य प्रकार की विशेषताओं में समानता के आधार पर समूहों या वर्गों में वर्गीकृत करना होता है और तत्पश्चात् उस समूह से भिन्न अर्थात् विजातीय आकृति की पहचान करनी होती है।

अभ्यास

निर्देश: *नीचे के प्रत्येक प्रश्न में एक आकृति को छोड़कर अन्य सभी आकृतियाँ किसी-न-किसी रूप में आपस में संबंधित हैं और इस कारण वे एक समूह बनाती हैं। प्रत्येक प्रश्न में उस एक भिन्न आकृति का चयन करें जो अन्यों से संबंधित नहीं है अर्थात् जो भिन्न अथवा विजातीय है।*

1.

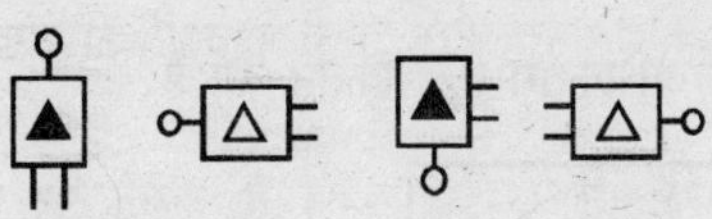

(a) (b) (c) (d)

2.

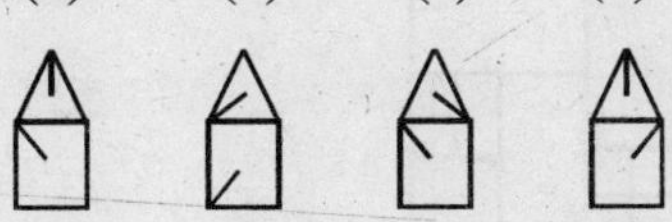

(a) (b) (c) (d)

3.

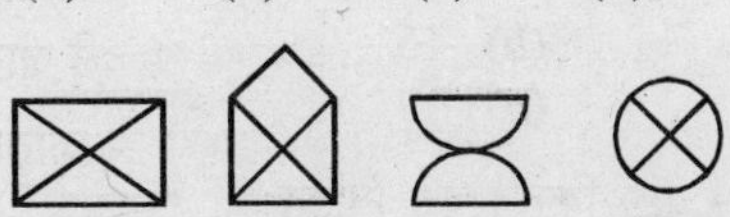

(a) (b) (c) (d)

4.

(a) (b) (c) (d)

5.

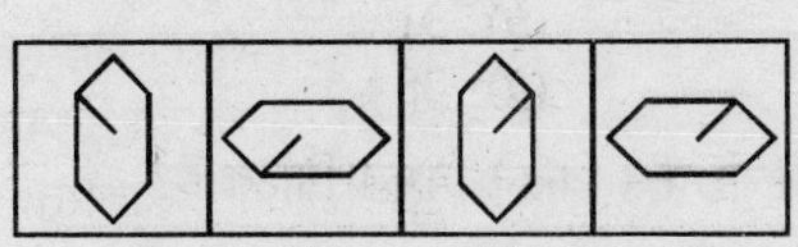

(a) (b) (c) (d)

6.

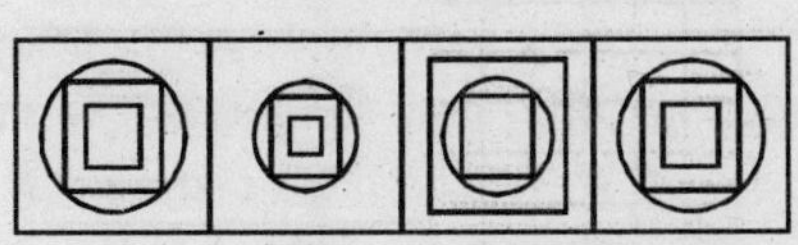

(a) (b) (c) (d)

7.

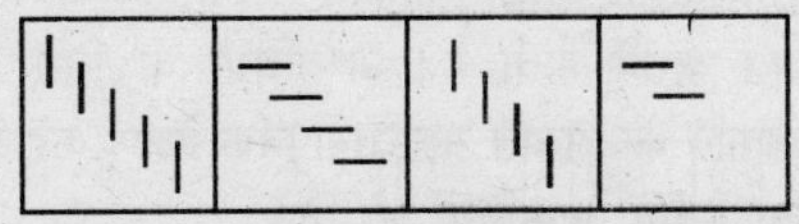

(a) (b) (c) (d)

8.

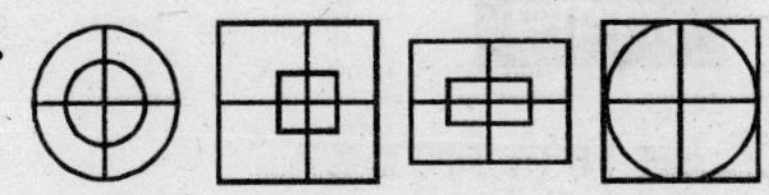

(a) (b) (c) (d)

9.

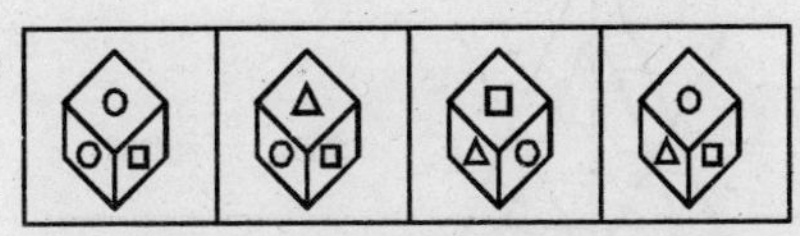

(a) (b) (c) (d)

10.

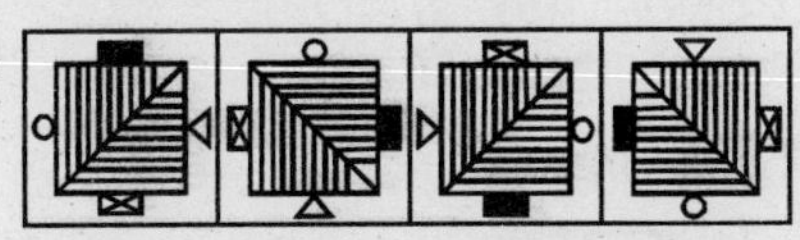

(a) (b) (c) (d)

उत्तरमाला

1	2	3	4	5
(c)	(c)	(c)	(d)	(c)
6	**7**	**8**	**9**	**10**
(c)	(a)	(d)	(a)	(c)

व्याख्यात्मक उत्तर

1. अन्य सभी आकृतियों में वृत्त युक्त रेखा और दो रेखाखंड वर्ग की सम्मुख भुजाओं पर अवस्थित हैं।

3. शेष सभी आकृतियाँ चार भागों में विभक्त हैं।

6. शेष सभी आकृतियों में बीच का और मध्यस्थ अवयव एक से हैं।

7. केवल इसी आकृति में रेखाखंडों की संख्या विषम है।

8. केवल इसी आकृति में दो अलग-अलग आकृतियाँ हैं जो दो समान भागों में विभाजित हैं।

9. केवल इसी आकृति में दो सदृश अवयव (वृत्त) निहित हैं।

10. शेष सभी आकृतियों को घुमाकर एक-दूसरी आकृतियाँ प्राप्त की जा सकती हैं।

●●●

18

आरेखों पर आधारित प्रश्न (Diagrammatic Puzzles)

इस प्रकार के प्रश्नों में किसी दी गई जटिल आकृति में निहित ज्यामितीय आकृतियों की संख्या ज्ञात करनी होती है। अभ्यर्थियों के लिए यह अनिवार्य है कि वे प्रश्न आकृति का अत्यंत सावधानीपूर्वक प्रेक्षण करें और तत्पश्चात् उसमें निहित ज्यामितीय आकृतियों को गिनें।

अभ्यास

1. नीचे दी गई आकृति में कुल कितने त्रिभुज हैं?

(*a*) 24 (*b*) 27
(*c*) 25 (*d*) 26

2. इस आकृति में कुल कितने त्रिभुज हैं?

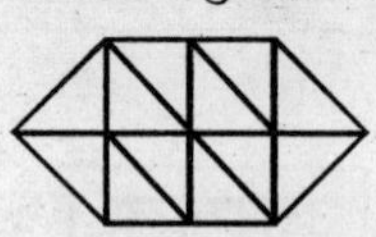

(*a*) 16 (*b*) 17
(*c*) 18 (*d*) 19

3. इस आकृति में कुल कितने वर्ग छिपे हैं?

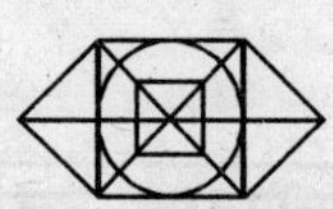

(*a*) 7 (*b*) 8
(*c*) 9 (*d*) 10

4. इस आकृति में निहित त्रिभुजों की संख्या कितनी है?

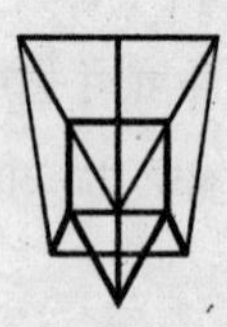

(*a*) 19 (*b*) 16
(*c*) 21 (*d*) 15

5. इस आकृति में वृत्तों की कुल कितनी संख्या है?

(*a*) 6 (*b*) 5
(*c*) 2 (*d*) 3

6. नीचे की आकृति में कुल कितने त्रिभुज निहित हैं?

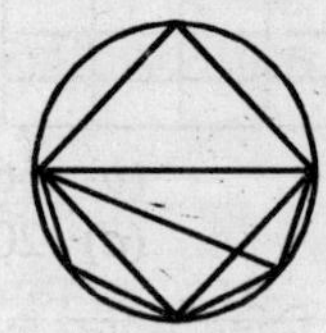

(*a*) 7 (*b*) 8
(*c*) 9 (*d*) 10

7. नीचे की आकृति में कुल कितने वर्ग हैं?

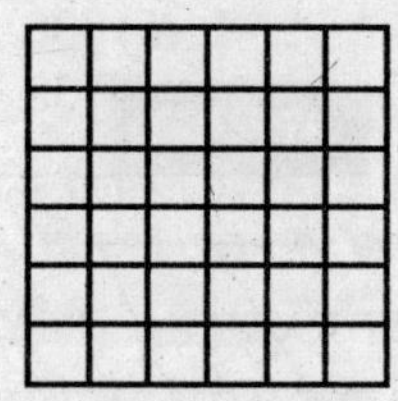

(*a*) 36 (*b*) 60
(*c*) 77 (*d*) 91

8. नीचे दी गई आकृति में अधिकतम कुल कितने वर्ग हैं?

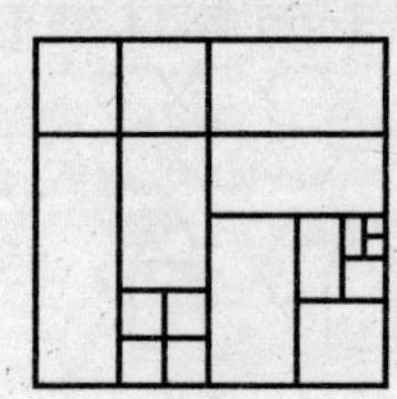

(*a*) 14 (*b*) 15
(*c*) 16 (*d*) 17

9. नीचे दी गई आकृति में कुल कितने वृत निहित हैं?

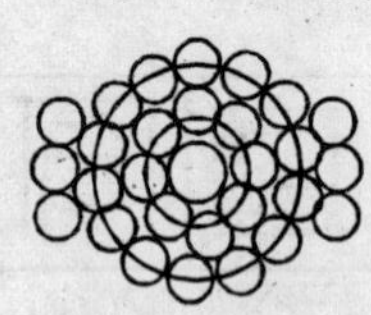

(*a*) 29 (*b*) 31
(*c*) 30 (*d*) 28

10. नीचे दी गई आकृति में कुल कितने त्रिभुज निहित हैं?

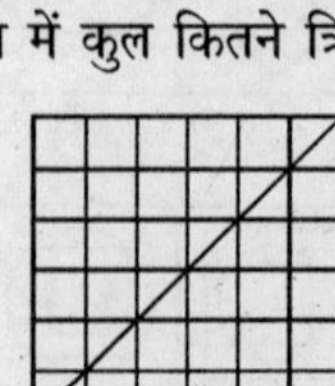

(*a*) 42 (*b*) 41
(*c*) 40 (*d*) 39

11. नीचे दी गई आकृति में कुल कितने त्रिभुज निहित हैं?

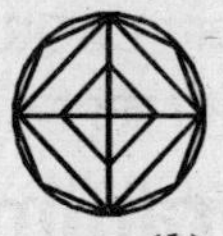

(*a*) 18 (*b*) 16
(*c*) 20 (*d*) 22

12. नीचे दी गई आकृति में निहित कुल आयतों की संख्या बताइए।

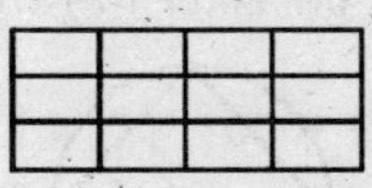

(*a*) 60 (*b*) 56
(*c*) 37 (*d*) 20

13. नीचे दी गई आकृति में निहित समांतर चतुर्भुजों की कुल संख्या ज्ञात करें।

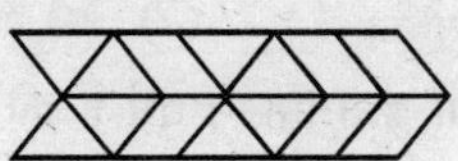

(*a*) 35 (*b*) 36
(*c*) 37 (*d*) 38

14. नीचे दी गई आकृति में निहित त्रिभुजों की कुल संख्या बताइए ?

(*a*) 19 (*b*) 21
(*c*) 20 (*d*) 22

15. नीचे दी गई आकृति में कुल कितने षड्भुज निहित हैं ?

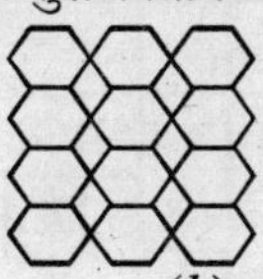

(*a*) 13 (*b*) 14
(*c*) 15 (*d*) 16

उत्तरमाला

1	2	3	4	5
(*b*)	(*a*)	(*d*)	(*b*)	(*a*)
6	**7**	**8**	**9**	**10**
(*b*)	(*d*)	(*a*)	(*b*)	(*a*)
11	**12**	**13**	**14**	**15**
(*c*)	(*a*)	(*b*)	(*b*)	(*c*)

व्याख्यात्मक उत्तर

2.

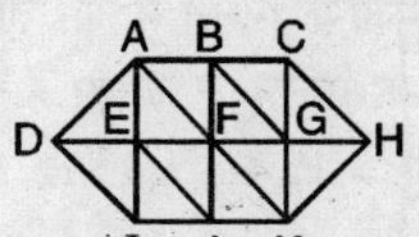

आकृति में सर्वाधिक सरलतापूर्वक दृष्टिगोचर होनेवाले त्रिभुज हैं: ADE, DEI, AEF, ABF, EIJ, EFJ, BFG, BCG, FJK, FGK, CGH और GHK, अर्थात् 12 त्रिभुज।

समद्विभाजित त्रिभुज हैं: ADI और CHK अर्थात् 2 त्रिभुज।

AIK और ACK अन्य त्रिभुज हैं, अर्थात 2 त्रिभुज।

अतः आकृति में निहित त्रिभुजों की कुल संख्या
= 12 + 2 + 2 = 16

3.

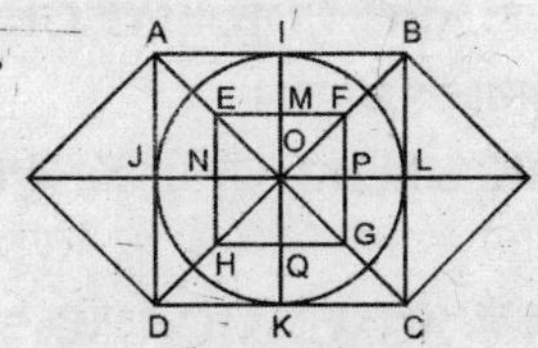

आकृति में निहित मुख्य वर्ग हैं : ABCD और EFGH, अर्थात् 2 वर्ग।

सरलतम बाह्य वर्ग हैं। AIOJ, IBLO, JOKD, और OLCK, अर्थात् 4 वर्ग।

सरलतम आंतरिक वर्ग हैं: EMON, NOQH, MFPO और OPGQ, अर्थात् 4 वर्ग।

आकृति में अन्य कोई वर्ग निहित नहीं हैं।

अतः उपर्युक्त आकृति में निहित वर्गों की कुल संख्या
= 2 + 4 + 4 = 10

5.

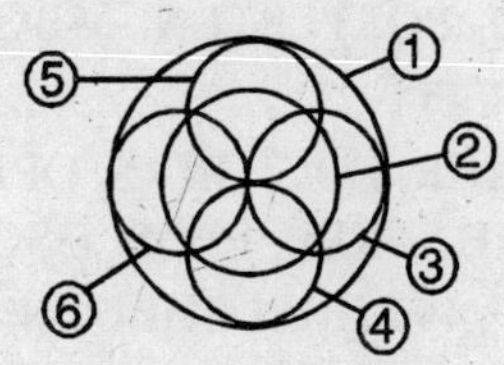

आकृति में दो मुख्य वृत्त हैं और चार छोटे वृत्त हैं और ये सभी एक-दूसरे को प्रतिच्छेदित कर रहे हैं।

∴ आकृति में निहित कुल वृत्त
= 2 + 4 = 6.

6. आकृति में निहित सरलतम त्रिभुज हैं: ABC, BDE, BEG, BGC, CGF और GFE, अर्थात् 6 त्रिभुज

समद्विभाजित त्रिभुज हैं: BCE और CEF, अर्थात् 2 त्रिभुज।

अतः आकृति में निहित त्रिभुजों की कुल संख्या
= 6 + 2 = 8.

9.

आकृति में 3 संकेंद्रिक वृत्त हैं, बीच के वृत्त की परिधि पर 8 छोटे वृत्त हैं, बाहरी वृत्त की परिधि पर 14 छोटे वृत्त हैं तथा सबसे बाहरी संकेंद्रिक वृत्त से बाहर उसकी दोनों ओर तीन-तीन वृत्त अर्थात् कुल 6 वृत्त हैं।

अतः वृत्तों की कुल संख्या
= 3 + 8 + 14 + 6 = 31.

11.

आकृति में निहित सरलतम त्रिभुज हैं: ABC, CDE, EFG, GHA, JIM, IML, MLK और JMK, अर्थात् 8 त्रिभुज।
दो भागों में विभाजित त्रिभुज हैं: JIK, IJL, IKL और JLK, अर्थात् 4 त्रिभुज।
दो भागों में विभाजित अन्य त्रिभुज हैं: AGM, AMC, GME और MCE, अर्थात् 4 त्रिभुज।
आकृति में निहित अन्य त्रिभुज हैं: AGC, AGE, ACE और GCE, अर्थात् 4 त्रिभुज।
अतः त्रिभुजों की कुल संख्या = 8 + 4 + 4 + 4 = 20

12.

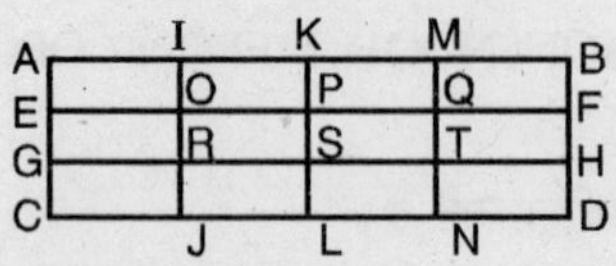

आकृति में निहित मुख्य आयत ABCD है, अर्थात् 1 आयत।
आकृति में निहित सरलतम आयत हैं: AIEO, EOGR, GRCJ, IKOP, OPRS, RSJL, KMPQ, PQST, STLN, MBQF, QFTH और THND, अर्थात् 12 आयत।
दो भागों में विभाजित आयत हैं: AIGR, EOCJ, IKRS, OPJL, KMST, PQLN, MBTH, QFND, AKEP, EPGS, GSCL, IMOQ, OQRT, RTJN, KBPF, PFSH और SHLD, अर्थात् 17 आयत।
तीन भागों में विभाजित आयत हैं: AICJ, IKJL, KMLN, MBND, AMEQ, EQGT, GTCN, IBOF, OFRH और RHJD, अर्थात् 10 आयत।
चार भागों में विभाजित आयत हैं: AKGS, EPCL, IMRT, OQJN, KBSH, PFLD, ABEF, EFGH और GHCD, अर्थात् 9 आयत।
छह भागों में विभाजित आयत हैं: AKCL, IMJN, KBLD AMGT, EQCN, IBRH और OFJD, अर्थात् 7 आयत।
आकृति में निहित अन्य आयत हैं: ABGH, EFCD, AMCN और IBJD, अर्थात् 4 आयत।
अतः इस आकृति में निहित आयतों की कुल संख्या
= 1 + 12 + 17 + 10 + 9 + 7 + 4 = 60

13.

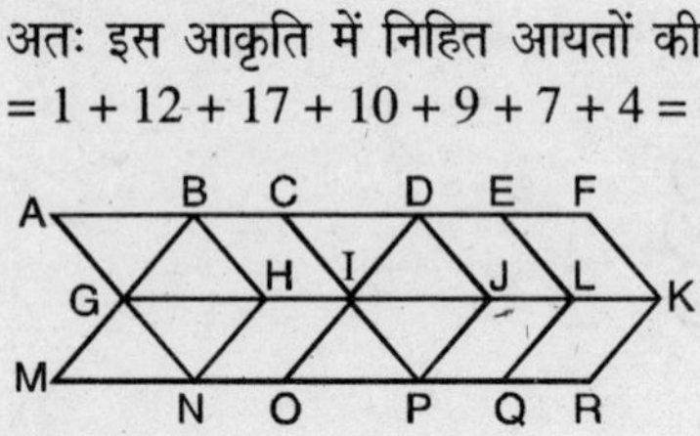

आकृति में निहित मुख्य समांतर चतुर्भुज AFGK और GKMR, है अर्थात् 2 समांतर चतुर्भुज।
आकृति में निहित सरलतम समांतर चतुर्भुज हैं: BCHI, DEJL, EFLK, HINO, JLPQ और LKQR, अर्थात् 6 समांतर चतुर्भुज।
दो भागों में विभाजित समांतर चतुर्भुज हैं: ABGH, CDIJ, DFJK, GHMN, IJOP, JKPR, GBNH और IDPJ, अर्थात् 8 समांतर चतुर्भुज।
तीन भागों में विभाजित समांतर चतुर्भुज हैं: ACGI, BDGI, BDHJ, CEIL, GIMO, GINP, HJNP और ILOQ, अर्थात् 8 समांतर चतुर्भुज।
चार भागों में विभाजित समांतर चतुर्भुज हैं: BEHL, CFIK, HLNQ और IKOR, अर्थात् 4 समांतर चतुर्भुज।
पाँच भागों में विभाजित समांतर चतुर्भुज हैं: ADGI, BFHK, GJMP और HKNR, अर्थात् 4 समांतर चतुर्भुज।
अन्य समांतर चतुर्भुज हैं: AEGL, GLMQ, ACNP और BDMO, अर्थात् 4 समांतर चतुर्भुज।
अतः आकृति में निहित समांतर चतुर्भुजों की कुल संख्या
= 2 + 6 + 8 + 8 + 4 + 4 + 4 = 36

14.

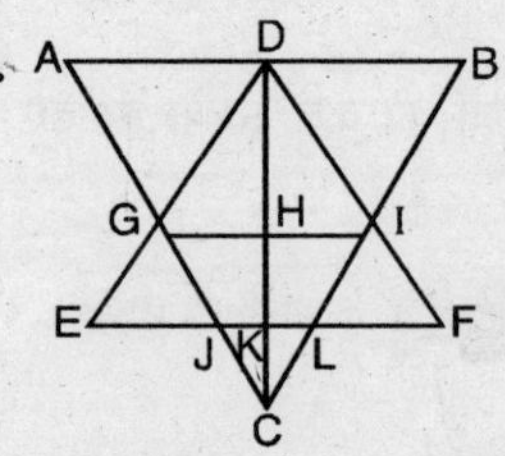

मुख्य त्रिभुज हैं: ABC और DEF, अर्थात् 2 त्रिभुज।
सरलतम त्रिभुज हैं: ADG, DGH, DHI, DBI, GEJ, JKC, KLC और ILF, अर्थात् 8 त्रिभुज।
दो भागों में विभाजित त्रिभुज हैं: DGI और JLC अर्थात् 2 त्रिभुज।
तीन भागों में विभाजित त्रिभुज हैं: DGC, DIC, DEK और DKF, अर्थात् 4 त्रिभुज।
अन्य त्रिभुज हैं: ADC, DBC, GIC, GHC और HIC, अर्थात् 5 त्रिभुज।
अतः आकृति में निहित त्रिभुजों की कुल संख्या
= 2 + 8 + 2 + 4 + 5 = 21

15.

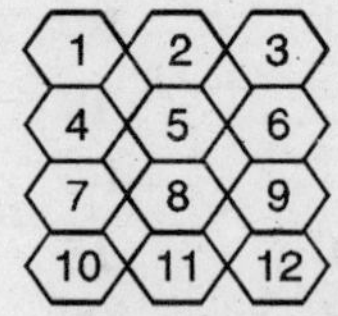

12 षड्भुज एक साथ रखे गये हैं जिनसे 3 और षड्भुज निर्मित होते हैं जिन में से पहला षड्भुज 2 और 5 संख्याकित षड्भुजों के मिलने से, दूसरा षड्भुज 5 और 8 संख्याकित षड्भुजों के मिलने से और तीसरा षड्भुज 8 और 11 संख्याकित षड्भुजों के मिलने से बनता हैं।
∴ आकृति में षड्भुजों की कुल संख्या = 12 + 3 = 15

●●●

संख्यात्मक अभियोग्यता
(Quantitative Aptitude)

1

संख्याएँ (Number)

एक संख्या हमें बताती है कि दी हुई मात्रा में कितनी इकाइयां हैं। अतः यह एक या एक से अधिक इकाइयों को प्रकट करती है। या एक ही प्रकारकी एक या अधिक भिन्न वस्तुओं को प्रकट करती है। जैसे–दो गाय, चार बकरी, आठ भैंस आदि। वे शब्द जो काले दर्शाये गये हैं, संख्याओं को प्रदर्शित करते हैं।

1. **पूर्ण संख्याएं :** संख्याएं 0, 1, 2, 3, 4, 5, 6, 7, 8, 9,.....आदि संख्याओं को **''पूर्ण संख्याएं''** या **''पूर्णांक''** कहते हैं। जैसे 84 एक पूर्णांक है। जबकि $\frac{61}{4}$ पूर्णांक नहीं है।
2. **सम संख्याएं :** वे संख्याएं जो 2 से पूर्णतः विभाजित हो जाती हैं उन्हें **''सम संख्याएं''** कहते हैं। जैसे–2, 4, 32, 64, 108.... आदि ''सम संख्याएं'' हैं।
3. **विषम संख्याएं :** वे संख्याएं जो 2 से पूर्णतः विभाजित नहीं होती हैं उन्हें **''विषम संख्याएं''** कहते हैं। जैसे–1, 3, 5, 7, 11, 17, 21, 23.... आदि ''विषम संख्याएं'' हैं।
4. **अभाज्य संख्याएं :** वे संख्याएं जो स्वयं और 1 के अतिरिक्त किसी अन्य संख्याओं से पूर्णतः विभाजित न हों, उन्हें **''अभाज्य संख्याएं''** कहते हैं। जैसे–2, 3, 7, 11, 13, 17.... आदि ''अभाज्य संख्याएं'' हैं।
5. **भाज्य संख्याएं :** वे संख्याएं जो स्वयं और 1 के अतिरिक्त किसी अन्य संख्याओं से पूर्णतः विभाजित हो जाती हों तो उन्हें **''भाज्य संख्याएं''** कहते हैं। जैसे– 4, 6, 9, 10, 12, 15....आदि ''भाज्य संख्याएं'' हैं।

नोट :

1. संख्या 1 न तो भाज्य है और न ही अभाज्य।

2. वह संख्या जो सम भी हो और अभाज्य भी, केवल 2 है।

- **आरोही क्रम (Ascending Order) :** बाईं ओर से दायीं ओर लिखने पर प्राकृतिक संख्याएं मान के अनुसार बढ़ते हुए क्रम में हों तो इस क्रम को **''आरोही क्रम''** कहते हैं। जैसे–25, 30, 41, 50 आदि संख्याएं आरोही क्रम में होंगी।
- **अवरोही क्रम (Descending Order):** बाईं ओर से दाईं ओर लिखने पर प्राकृतिक संख्याएं मान के अनुसार घटते हुए क्रम में हों, तो इस क्रम को **''अवरोही क्रम''** कहते हैं। जैसे–50, 41, 30, 25 आदि संख्याएं अवरोही क्रम में होंगी।

स्थानीय मान और जातीय (वास्तविक) मान

- **स्थानीय मान :** किसी अंक (Number) का जो मान (Value) उसके स्थान के कारण होता है, उसे उस अंक का **स्थानीय मान** कहते हैं। जैसे–32 में इकाई के स्थान पर 2 तथा दहाई के स्थान पर 3 है। इसमें 3 का स्थानीय मान = 3 × 10 = 30 तथा 2 का स्थानीय मान = 2 × 1 = 2 होगा।
- **जातीय (वास्तविक) मान :** हर अंक का अपना जातीय मान होता है। जैसे– 2 का 2, 5 का 5, 7 का 7, 9 का 9 आदि। जैसा कि हम ऊपर बता चुके हैं कि 32 में 3 का **स्थानीय मान** 30 है। परन्तु 32 में 3 का **जातीय मान** 3 होगा। इस प्रकार 32 में 3 के स्थानीय मान तथा जातीय मान के बीच अन्तर = 30 – 3 = 27 होगा। अतः किसी संख्या में किसी अंक का स्थानीय मान प्राप्त करने के लिए सरल तरीका यह है कि पहले उस अंक को लिख लें और उसके बाद उसमें उतने शून्य लगा दें, जितने कि उस अंक के बाद अंक हों।

उदाहरण 1 : 35011 में से 5 का स्थानीय मान क्या होगा?

हल : सबसे पहले 5 लिखें फिर देखें कि संख्या 5 के बाद कितने अंक हैं। अतः उपरोक्त दी हुई संख्या से स्पष्ट है कि 5 के बाद तीन अंक हैं। फिर 5 के बाद तीन शून्य लिख दें। 5000, इस प्रकार 35011 में 5 का **स्थानीय मान** = 5000 हुआ।

नोट : प्रत्येक पूर्ण संख्या को अभाज्य संख्याओं के गुणनफल के रूप में लिखा जा सकता है।

एक संख्या के अभाज्य गुणनखण्ड किस प्रकार लिख सकते हैं:

(*i*) संख्या को 2 से भाग करो, यदि सम्भव हो, और 2 से भाग करते रहो जब तक कि ऐसा गुणनखण्ड न आ जाए जो 2 से विभाजित न हो।

(*ii*) प्राप्त परिणाम (*i*) को 3 से भाग करो, यदि सम्भव हो और 3 से भाग करते रहो जब तक कि ऐसा गुणनखण्ड न आ जाए जो 3 से विभाजित न हो।

(*iii*) प्राप्त परिणाम (*ii*) को 5 से भाग करो, यदि सम्भव हो और 5 से भाग करते रहो जब तक कि ऐसा गुणनखण्ड न आ जाए जो 5 से विभाजित न हो।

(*iv*) प्राप्त परिणामों में इसी प्रकार 7, 11, 13 आदि संख्याओं से भाग करते रहो जब तक कि सारे गुणनखण्ड अभाज्य गुणनखण्ड न हो जाएं।

प्रश्नमाला

1. 1 से 100 के बीच अभाज्य संख्याएं होंगी:
A. 20 B. 30
C. 22 D. 25

2. ऐसी संख्या जो अभाज्य भी है और सम भी:
A. 1 B. 2
C. 98 D. 79

3. निम्न में से कौन-सी संख्या अभाज्य संख्या होगी?
A. 149 B. 159
C. 117 D. 147

4. चार अंकों की छोटी-से-छोटी संख्या होगी?
A. 1002 B. 1001
C. 9999 D. 1000

5. 43014 में 3 का स्थानीय मान क्या होगा?
A. 3 B. 3000
C. 300 D. 30

6. 81752 में 2 के स्थानीय मान और जातीय मान में अन्तर क्या होगा?
A. 2 B. 0
C、1 D. 20

7. संख्या 3125 में से क्या घटाया जाए ताकि शेष संख्या 13 से पूर्णतः विभाजित हो सके?
A. 5 B. 8
C. 10 D. 12

8. निम्नलिखित में से कौन-सी संख्या 3 से पूर्णतः विभाजित होगी?
A. 491 B. 371
C. 591 D. 571

9. भाग के प्रश्न में भाजक 16, भागफल 9 तथा शेष 1 हो, तो भाज्य कितना होगा?
A. 145 B. 136
C. 144 D. 152

10. 1 से 50 तक पूर्णांकों का योग कितना होगा?
A. 1275 B. 1375
C. 1225 D. 1365

11. संख्या 30, 70, 584 में अंक 7 के स्थानीय मान लिखो।
A. 700 B. 7000
C. 70,000 D. 700,000

12. 3589 में क्या जोड़ें कि यह पांच अंकों की सबसे छोटी संख्या बन जाए?
A. 6413 B. 6412
C. 6411 D. 6311

13. 2756 और तीन अंकों की सबसे बड़ी संख्या का योगफल ज्ञात करो।
A. 3655 B. 3755
C. 3756 D. 3656

14. पांच अंकों की सबसे बड़ी और छः अंकों की सबसे छोटी संख्याओं का अन्तर ज्ञात करो।
A. 1 B. 3
C. 3 D. 4

15. संख्या 36795 में अंक 6 के स्थान पर 9 तथा 9 के स्थान पर 6 बदल देने से इन संख्याओं के मान में कितना अन्तर हो जाएगा।
A. 2970 B. 3071
C. 2971 D. 3071

16. चार अंकों की बड़ी-से-बड़ी व छोटी-से- छोटी संख्याओं का योग ज्ञात करो।
A. 10990 B. 11999
C. 10909 D. 10999

उत्तरमाला

1	2	3	4	5	6	7	8	9	10
D	B	A	D	B	B	A	C	A	A
11	**12**	**13**	**14**	**15**	**16**				
C	C	B	A	A	D				

व्याख्यात्मक उत्तर

1. चूंकि 1 से 100 के बीच अभाज्य संख्याएं क्रमशः 2, 3, 5, 7, 11, 13, 17, 19, 23, 29, 31, 37, 41, 43, 47, 53, 59, 61, 67, 71, 73, 79, 83, 89 तथा 97 होंगी। अतः स्पष्ट है कि 1 से 100 तक के बीच अभाज्य संख्याओं की गिनती = 25 हैं।

2. ऐसी संख्या जो अभाज्य भी है और सम भी, केवल 2 है।

3. दिये गये विकल्प A में 149 एक अभाज्य है, क्योंकि यह किसी अन्य संख्या से पूर्णतः विभाजित नहीं है।

4. चार अंकों की छोटी-से-छोटी संख्या = 1000 होगी। अतः आपका उत्तर विकल्प D है।

5. $\because$ संख्या 43014 में 3 का अंक हजार के स्थान पर है
$\therefore$ संख्या में 3 का स्थानीय मान
$= 3 \times 1000 = 3000$ होगा।

6. $\because$ संख्या 81752 में 2 का अंक इकाई के स्थान पर है।
$\therefore$ संख्या में 2 का स्थानीय मान $= 2 \times 1 = 2$ तथा संख्या में 2 का जातीय मान = 2 होगा। 2 के स्थानीय मान तथा जातीय मान के बीच अन्तर $= 2 - 2 = 0$ होगा।

7. चूंकि संख्या 3125 में 13 से भाग देने पर शेष 5 बचता है।
$\therefore$ संख्या 3125 को 13 से पूर्णतः विभाजित होने के लिए इसमें से 5 घटाया जाये।

8. विकल्प C में दी गई संख्या 591, 3 से पूर्णतः विभाजित होगी, क्योंकि संख्या के अंकों का योग 3 से विभाजित हैं।

9. $\because$ भाज्य = भाजक × भागफल + शेष
$= 16 \times 9 + 1 = 144 + 1 = 145.$

10. 1 से 50 तक के पूर्णांकों का योग
$= \frac{n(n+1)}{2}$ जहां n पदों की संख्या हैं।
$= \frac{50(50+1)}{2} = \frac{50 \times 51}{2} = 1275$

11. संख्या 3070584 में
अंक 7 का स्थानीय मान = 7 दस हजार = 70,000

15. 39765; मान में अंतर 2970

16. चार अंकों की सबसे बड़ी संख्या = 9999
चार अंकों की सबसे छोटी संख्या = 1000
$\therefore$ अभीष्ट योग $= 9999 + 1000 = 10999$

●●●

2

दशमलव (Decimals)

दशमलव बिन्दु के अंकों के समूह को **दशमलव भिन्न** कहते है। जैसे– 0.513, 0.317, 0.219, 0.6 आदि। प्रत्येक दशमलव एक भिन्न को दर्शाता है।

दशमलव भिन्न को साधारण भिन्न में बदलनाः

(*i*) एक ऐसी भिन्न लो जिसका हर 10 हो तथा अंश दशमलव के बाद दायीं ओर का पहला अंक हो।

(*ii*) एक ऐसी भिन्न लो जिसका हर 100 हो तथा अंश दशमलव के बाद दायीं ओर का दूसरा अंक हो।

(*iii*) इस प्रक्रिया को दोहराइये जब तक दशमलव के बाद के अंक समाप्त नहीं हो जाते। प्रत्येक दशा में हर, पहले हर का दस गुणा होगा।

(*iv*) इस प्रकार प्राप्त भिन्नों का योग जो परिणाम (*i*), (*ii*) और (*iii*) के योग से प्राप्त होता है, दशमलव भिन्न को प्रकट करता है।

जैसे :

$$0.317 = \frac{3}{10} + \frac{1}{100} + \frac{7}{1000}$$

$$= \frac{300}{1000} + \frac{10}{1000} + \frac{7}{1000} = \frac{317}{1000}$$

नोटः शून्यों से बनी कोई संख्या दशमलव के दाईं ओर बिना परिवर्तन किये लिखी जाती है।

प्रश्नमाला

1. कौन-सी भिन्न $\frac{15}{25}$ के समान है?

A. $\frac{150}{25}$ B. $\frac{15}{250}$ C. $\frac{3}{5}$ D. $\frac{60}{75}$

2. कौन-सी भिन्न $\frac{13}{20}$ के समान नहीं है?

A. $\frac{26}{40}$ B. $\frac{130}{200}$ C. $\frac{39}{60}$ D. $\frac{52}{60}$

3. एक घंटे के $\frac{5}{6}$ भाग का मान हैः

A. आधा घण्टा
B. 40 मिनट
C. 50 मिनट
D. 55 मिनट

4. एक वायुयान 1250 कि.मी. यात्रा में 2/5 भाग ईंधन खपत करता है। शेष ईंधन में यात्रा पूरी करेगाः

A. 1875 कि.मी. B. 2125 कि.मी. C. 250 कि.मी. D. 475 कि.मी.

5. निम्नलिखित में से कौन-सी भिन्न सबसे बड़ी है?

A. $\frac{3}{15}$ B. $\frac{5}{20}$ C. $\frac{8}{64}$ D. $\frac{25}{1000}$

6. निम्नलिखित में से कौन-सी भिन्न सबसे छोटी है?

A. $\frac{1}{10}$ B. $\frac{1}{100}$ C. $\frac{9}{1000}$ D. $\frac{500}{10,000}$

7. $.001 \times 1000 = ?$

A. .1 B. 1 C. .01 D. 10

8. $1.01 \times .1 = ?$

A. 1.01 B. 10.1 C. .101 D. .0101

9. $\frac{20 + 8 \times 0.5}{20 - ?} = 12$

A. 12 B. 4 C. 18 D. 2

10. $.01 \times 100 \div 2.5 = ?$

A. 4 B. .4 C. .04 D. 5

11. दी हुई भिन्नों $\frac{5}{8}, \frac{21}{35}, \frac{9}{16}, \frac{6}{7}$ में सबसे बड़ी और सबसे छोटी भिन्न के बीच अन्तर है?

A. $\frac{33}{112}$ B. $\frac{112}{33}$ C. $\frac{32}{112}$ D. $\frac{112}{32}$

12. यदि किसी संख्या तथा उसके $\frac{1}{5}$ भाग में अन्तर 20 है, तो वह संख्या क्या है?

A. 23 B. 25 C. 24 D. 26

उत्तरमाला

1	2	3	4	5	6	7	8	9	10
C	D	C	A	B	C	B	C	C	B
11	12								
A	B								

व्याख्यात्मक उत्तर

1. $\frac{15}{25}=\frac{3\times5}{5\times5}=\frac{3}{5}$

2. $\frac{26}{40}=\frac{2\times13}{2\times20}=\frac{13}{20},\ \frac{39}{60}$

$=\frac{13\times3}{20\times3}=\frac{13}{20}$

$\frac{130}{200}=\frac{13\times10}{20\times10}=\frac{13}{20},\ \ \frac{52}{60}=\frac{13\times4}{20\times3}=\frac{13}{20}\times\frac{4}{3}$

अतः $\frac{52}{60}\neq\frac{13}{20}$

3. 1 घण्टे का $\frac{5}{6}$ भाग

$=\frac{5}{6}\times60$ मिनट = 50 मिनट।

4. शेष ईंधन = $1-\frac{2}{5}=\frac{5-2}{5}=\frac{3}{5}$

$\frac{2}{5}$ ईंधन में तय की गई दूरी

= 1250 कि.मी.

पूरे ईंधन में तय की गई दूरी

$=\frac{1250}{2/5}=\frac{1250\times5}{2}$ कि.मी.

$\frac{3}{5}$ ईंधन में तय की गई दूरी

$=\frac{1250\times5}{2}\times\frac{3}{5}=1875$ कि.मी.

5. $\frac{3}{15}=\frac{1}{5},\ \frac{8}{64}=\frac{1}{8}$

$\Rightarrow\ \frac{5}{20}=\frac{1}{4},\ \frac{25}{1000}=\frac{1}{40}$

$\frac{1}{5},\frac{1}{4},\frac{1}{8},\frac{1}{40}$

$\Rightarrow\frac{8,\ 10,\ 5,\ 1}{40}$

$\therefore$ सबसे बड़ी भिन्न = $\frac{1}{4}=\frac{5}{20}$

6. $\frac{1}{10}=.1,\ \frac{9}{1000}=.009$

$\frac{1}{100}=.01,\ \frac{500}{10,000}=\frac{5}{100}=.05$

$\therefore$ सबसे छोटी भिन्न = $0.09=\frac{9}{1000}$

7. $.001\times1000=001.000=1$

8. $1.01\times.1=\frac{101\times1}{100\times10}=\frac{101}{1000}=.101$

9. $\because\ \frac{20+8\times0.5}{20-?}\Rightarrow\frac{20+4}{20-?}$

$12\Rightarrow\frac{24}{12}=2$

$\Rightarrow2=20-?\Rightarrow?=20-2=18$

10. $.01\times100\div2.5=.01\times\frac{100}{2.5}=.01\times40=.4$

11. 8, 35, 16 और 7 का लघुत्तम समापवर्तक = 560

$\therefore\ \frac{5}{8}=\frac{5\times70}{8\times70}=\frac{350}{560}$

$\frac{21}{35}=\frac{21\times16}{35\times16}=\frac{336}{560}$

$\frac{9}{16}=\frac{9\times35}{16\times35}=\frac{315}{560}$

$\frac{6}{7}=\frac{6\times80}{7\times80}=\frac{480}{560}$

$\therefore$ सबसे बड़ी भिन्न = $\frac{6}{7}$

तथा सबसे छोटी भिन्न = $\frac{9}{16}$

$\therefore$ अन्तर = $\frac{6}{7}-\frac{9}{16}=\frac{96-63}{112}=\frac{33}{112}$

12. माना संख्या 1 है।

$\therefore$ 1 का $\frac{1}{5}=\frac{1}{5}$

$\therefore\ 1-\frac{1}{5}=\frac{4}{5}$

$\therefore$ संख्या = $20\div\frac{4}{5}=20\times\frac{5}{4}=25$

●●●

3

सरलीकरण (Simplification)

साधारण या दशमलव भिन्नों के जटिल व्यंजक को एक साधारण भिन्न या दशमलव भिन्न में बदलने की क्रिया को ''सरलीकरण'' कहते हैं। इस प्रकार के व्यंजक में ''कोष्ठक'', ''का'', (÷), (×), (+) तथा (–) आदि चिह्न अलग-अलग या एक साथ प्रदर्शित होते हैं। अतः ऐसे व्यंजक का ''सरलीकरण'' करने में **''BODMAS''** शब्द का प्रयोग किया जाता है। **''BODMAS''** शब्द का क्रमानुसार आशय निम्नलिखित है।

''BODMAS''

B	ब्रैकेट (कोष्ठक)	[{( )}]
O	ऑफ (का)	का
D	डिवीजन (भाग)	÷
M	मल्टीप्लिकेशन (गुणा)	×
A	ऐडीशन (जोड़)	+
S	सब्ट्रेक्शन (घटाना)	–

अतः किसी भी जटिल व्यंजक को **''BODMAS''** शब्द के क्रमानुसार सरल किया जाता है। अर्थात् सबसे पहले ''कोष्ठक'' उसके बाद ''का'' फिर ''भाग'' फिर ''गुणा'' उसके बाद ''जोड़'' और अन्त में ''घटाना'' सरल होता है। इस क्रम को याद रखना परम आवश्यक है क्योंकि ऐसा न करने पर सरलीकरण की क्रियाएं गलत हो जाती हैं।

महत्वपूर्ण नोट :

(*i*) कोष्ठक चार प्रकार के होते हैं :

1. रेखा कोष्ठक जिसे बन्धनी रेखा (–) भी कहते हैं।

2. छोटा कोष्ठक(()),

3. मझला कोष्ठक ({}),

4. बड़ा कोष्ठक ([]),

अतः कोष्ठक के प्रश्नों में सबसे पहले रेखा कोष्ठक (–), उसके बाद छोटा कोष्ठक (()), उसके बाद मझला कोष्ठक ({}), और अन्त में बड़े कोष्ठक ([]) को सरल करना चाहिए।

(*ii*) O (का) का सामान्य अर्थ गुणा होता है।

प्रश्नमाला

1. $\frac{7}{4}-\frac{4}{7}=\frac{5}{28}+?$

A. 2 B. $\frac{1}{7}$

C. $\frac{2}{9}$ D. 1

2. $22\times5=22$ का ?%

A. 4500 B. 5000

C. 500 D. 750

3. 200 का $\frac{1}{25}\div8=?$

A. 1 B. 3

C. 8 D. 5

4. $\frac{40\times0.4\times0.04}{4+4\div4}=?$

A. .128 B. .148

C. .15 D. .248

5. $50\div5\div5=?$

A. 2 B. 10

C. 1/5 D. 4

6. $\frac{40\times15+25}{26+4+4\div4-2}=?$

A. 25 B. 30

C. 31 D. 42

7. $\frac{1.4\times3.6-1.2}{0.4\times1.2}=?$

A. 8 B. 2

C. 4 D. 3

8. $14\times3.2-2\times2.1+0.8=?$

A. 1.08 B. 2.18

C. 1.18 D. 2.08

9. $5\div\frac{3}{4}+\frac{2}{3}\times\frac{3}{4}-\frac{2}{3}$ का $\frac{13}{7}=?$

A. $4\frac{12}{11}$ B. $5\frac{13}{14}$

C. $5\frac{13}{17}$ D. $6\frac{13}{14}$

10. $(9+9+9+9)\div9\times9=?$

A. 27 B. 24

C. 21 D. 32

11. $2-\left[3-\left\{6-\left(5-\overline{4-3}\right)\right\}\right]$ को सरल करो।

A. 1 B. 2

C. 3 D. इनमें से कोई नहीं

12. सरल करो—

$\frac{3}{11}+\frac{4}{3}\div\frac{10}{11}\times\frac{5}{11}-\frac{28}{33}$ का $1\frac{2}{7}$

A. $\frac{5}{13}$ B. $\frac{-5}{33}$

C. $\frac{5}{33}$ D. $\frac{-5}{13}$

13. $4.51\times\frac{2}{5}+\frac{3}{5}\times4.51+4.51$ को सरल करो।

A. 9.02 B. 90.2

C. 0.902 D. 902

14. $\frac{15.72\times15.72-5.72\times5.72}{15.72+5.72}$ को सरल करो।

A. 9 B. 10

C. 8 D. 11

उत्तरमाला

1	2	3	4	5	6	7	8	9	10
D	C	A	A	A	A	A	A	B	A
11	12	13	14						
A	B	A	B						

व्याख्यात्मक उत्तर

1. $\frac{7}{4}-\frac{4}{7}=\frac{5}{28}+? \Rightarrow \frac{7\times7-4\times4}{4\times7}=\frac{5}{28}+?$

$\Rightarrow \frac{49-16}{28}=\frac{5}{28}+? \Rightarrow \frac{33}{28}=\frac{5}{28}+?$

$\Rightarrow 1\frac{5}{28}=\frac{5}{28}+? \quad \Rightarrow 1+\frac{5}{28}=\frac{5}{28}+? \quad \therefore ?=1$

2. $\because$ $22\times5=22$ का ?%

$\Rightarrow 110=22\times\frac{?}{100} \Rightarrow \frac{110\times100}{22}=? \quad \therefore\ ?=500$

3. $\because$ 200 का $\frac{1}{25}\div8=?$

$\Rightarrow 8\div8=? \Rightarrow \frac{8}{8}=? \Rightarrow 1=?$

4. $\because \quad \frac{40\times0.4\times0.04}{4+4\div4}=? \Rightarrow \frac{.64}{4+\frac{4}{4}}=?$

$\Rightarrow \frac{.64}{4+1}=? \Rightarrow \frac{.64}{5}=? \Rightarrow .128=?$

5. $\because \quad 50\div5\div5=? \Rightarrow \frac{50}{5}\div5=?$

$\Rightarrow 10\div5=? \Rightarrow \frac{10}{5}=? \quad \Rightarrow 2=?$

6. $\because \quad \frac{40\times15+25}{26+4\div4-2}=? \quad \Rightarrow \frac{600+25}{26+\frac{4}{4}-2}=?$

$\Rightarrow \frac{625}{26+1-2}=? \quad \Rightarrow \quad \frac{625}{25}=? \Rightarrow 25=?$

7. $\frac{1.4\times3.6-1.2}{0.4\times1.2}=\frac{5.04-1.2}{.48}=\frac{3.84}{.48}=8.$

8. "BODMAS" नियम के अनुसार पहले गुणा उसके बाद जोड़ और अन्त में घटाव की क्रिया करें।

$\therefore 1.4\times3.2-2\times2.1+0.8=4.48-4.2+0.8=1.08$

9. "BODMAS" नियम के अनुसार सबसे पहले का, फिर भाग, उसके बाद गुणा, फिर जोड़ और अन्त में घटाव की क्रिया करें।

$\therefore\ 5\div\frac{3}{4}+\frac{2}{3}\times\frac{3}{4}-\frac{2}{3}$ का $\frac{13}{7} = 5\div\frac{3}{4}+\frac{2}{3}\times\frac{3}{4}-\frac{26}{21}$

$=\frac{20}{3}+\frac{2}{3}\times\frac{3}{4}-\frac{26}{21}=\frac{20}{3}+\frac{1}{2}-\frac{26}{21}$

$=\frac{280+21-52}{42}=\frac{249}{42}=5\frac{39}{42}=5\frac{13}{14}$

10. "BODMAS" नियम के अनुसार पहले कोष्ठक के अन्दर की संख्याओं को सरल करें, फिर भाग, उसके बाद गुणा करें।

$\therefore\ (9+9+9)\div9\times9=27\div9\times9 = \frac{27}{9}\times9=27.$

11. $2-\left[3-\left\{6-\left(5-\overline{4-3}\right)\right\}\right]=2-[3-\{6-(5-1)\}]$

$=2-[3-\{6-4\}]=2-[3-2]=2-1=1$

12. दिया गया व्यंजक

$=\frac{3}{11}+\frac{4}{3}\div\frac{10}{11}\times\frac{5}{11}-\frac{28}{33}$ का $1\frac{2}{7}$

$=\frac{3}{11}+\frac{4}{3}\div\frac{10}{11}\times\frac{5}{11}-\frac{28}{33}\times\frac{9}{7}$

$=\frac{3}{11}+\frac{4}{3}\times\frac{11}{10}\times\frac{5}{11}-\frac{28}{33}\times\frac{9}{7}$

$=\frac{3}{11}+\frac{2}{3}-\frac{12}{11}=\frac{9+22-36}{33}=\frac{-5}{33}$

13. व्यंजक $=4.51\times\frac{2}{5}+\frac{3}{5}\times4.51+4.51$

$=4.51\left(\frac{2}{5}+\frac{3}{5}+1\right)=4.51\left(\frac{2+3+5}{5}\right)$

$=4.51\times\frac{10}{5}=4.51\times2=9.02$

14. $\frac{15.72\times15.72-5.72\times5.72}{15.72+5.72}=\frac{(15.72+5.72)(15.72-5.72)}{(15.72+5.72)}$

$=15.72-5.72=10$

●●●

4

महत्तम समापवर्तक और लघुत्तम समापवर्त्य (H.C.F. and L.C.M.)

- **महत्तम समापवर्तक :** किन्हीं दो या दो से अधिक दी हुई संख्याओं का महत्तम समापवर्तक (म. स. प.) वह बड़ी-से-बड़ी संख्या है जो प्रत्येक दी हुई संख्याओं को पूरा-पूरा विभाजित करे।
- **लघुत्तम समापवर्त्य :** किन्हीं दो या दो से अधिक दी हुई संख्याओं का लघुत्तम समापवर्त्य (ल. स. व.) वह छोटी-से-छोटी संख्या है जो प्रत्येक दी हुई संख्या से पूरी-पूरी विभाजित हो।

प्रश्नों से संबंधित समस्याओं को हल करने के लिए निम्नलिखित सूत्रों को ध्यान में रखिये :

(*i*) भिन्नों का महत्तम समापवर्तक (म. स. प.) = अंशों का महत्तम lekiorZ / हरों का लघुत्तम समापवर्त्य

(*ii*) भिन्नों का लघुत्तम समापवर्त्य (ल. स. व.) = अंशों का लघुत्तम समापवर्त्य / हरों का महत्तम समापवर्तक

(*iii*) दो संख्याओं का गुणनफल = म. स. प. $\times$ ल. स. व.

उदाहरण 1 : 18, 24 तथा 60 का महत्तम समापवर्तक निकालिए।

हल : $\because 18 = \underline{2} \times \underline{3} \times 3$

$24 = \underline{2} \times 2 \times 2 \times \underline{3}$ तथा $60 = \underline{2} \times 2 \times \underline{3} \times 5$

$\because$ उपरोक्त दी हुई संख्याओं के अभाज्य गुणनखण्डों से स्पष्ट है कि तीनों संख्याओं के अभाज्य गुणनखण्डों में 2×3 उभयनिष्ठ है।

$\therefore$ अभीष्ट महत्तम समापवर्तक = 6 होगा।

प्रश्नमाला

1. 12, 24 व 36 का महत्तम समापवर्तक कितना होगा?

A. 16 B. 18
C. 12 D. 36

2. 70, 20 व 14 का लघुत्तम समापवर्त्य क्या है?

A. 120 B. 140
C. 280 D. 70

3. दो संख्याओं का अनुपात 11 : 15 है। यदि उनका म.स.प. 13 हो, तो वे संख्याएं क्रमशः क्या होंगी?

A. 143 व 195 B. 195 व 143
C. 110 व 150 D. 121 व 165

4. वह छोटी-से-छोटी पूर्ण वर्ग संख्या क्या होगी जो 56, 21 तथा 36 से पूर्णतः विभाजित हो सके?

A. 7056 B. 8056
C. 7040 D. 8100

5. वह बड़ी-से-बड़ी संख्या क्या होगी, जिससे यदि 27, 33 तथा 39 को भाग दें तो क्रमशः 2, 3 तथा 4 शेष बचे?

A. 4 B. 5
C. 3 D. 7

6. 5 अंकों की वह छोटी-से-छोटी संख्या क्या होगी जो 12, 15 तथा 18 से पूर्णतः विभाजित हो?

A. 10080 B. 10800
C. 11820 D. 12080

7. दो संख्याओं का गुणनफल 27 है। उनका महत्तम समापवर्तक 3 है, तो उनका लघुत्तम समापवर्त्य क्या होगा?

A. 81 B. 54
C. 9 D. 6

8. चार अंकों की वह बड़ी-से-बड़ी संख्या क्या है जो 2, 3, 4, 5, 6 और 7 से पूरी-पूरी विभाजित हो जाती है?

A. 9729 B. 9760
C. 9579 D. 9660

9. दो संख्याओं का गुणनफल 54 है। उनका महत्तम समापवर्तक 3 है, तो उनका लघुत्तम समापवर्त्य क्या होगा?

A. 18 B. 21
C. 9 D. 24

10. $\frac{10}{21}, \frac{25}{27}$ और $\frac{35}{24}$ का महत्तम समापवर्तक क्या है?

A. $\frac{5}{216}$ B. $\frac{5}{1080}$
C. $\frac{5}{1512}$ D. $\frac{5}{638}$

11. 27, 15, 72 का लघुत्तम ज्ञात करो।

A. 1020 B. 1080
C. 1050 D. 1060

12. 77, 88, 132 का लघुत्तम ज्ञात करो।

A. 1860 B. 1858
C. 1850 D. 1848

13. 135, 120, 90 का लघुत्तम ज्ञात करो।

A. 1050 B. 1020
C. 1080 D. 1060

14. 4, 6, 9, 12 का लघुत्तम ज्ञात करो।

A. 36 B. 38
C. 34 D. 40

उत्तरमाला

1	2	3	4	5	6	7	8	9	10
C	B	A	A	B	A	C	D	A	C
11	**12**	**13**	**14**						
B	D	C	A						

व्याख्यात्मक उत्तर

1. $\because$ $12 = 2 \times 2 \times 3$

$24 = 2 \times 2 \times 2 \times 3$

तथा $36 = 2 \times 2 \times 3 \times 3$

$\therefore$ अभीष्ट महत्तम समापवर्तक $= 2 \times 2 \times 3 = 12$ होगा।

2. $\because$ $70 = 2 \times 5 \times 7$

$20 = 2 \times 2 \times 5$

तथा $14 = 2 \times 7$

$\therefore$ अभीष्ट लघुत्तम समापवर्त्य $= 2 \times 2 \times 5 \times 7 = 140$

3. माना कि वे संख्याएं क्रमशः $11x$ व $15x$ हैं।

प्रश्नानुसार, दोनों संख्याओं का म.स.प. = 13 (दिया हुआ है)। अतः स्पष्ट होता है कि x के स्थान पर मान 13 होगा, क्योंकि 11×13 तथा 15×13 का म.स.प. 13 है। अतः वे संख्याएं क्रमशः $11 \times 13 = 143$ तथा $15 \times 13 = 195$ होंगी।

4. सबसे पहले 56, 21 तथा 36 का ल.स.व. ज्ञात करना है।

$\because$ $56 = 2 \times 2 \times 2 \times 7$

$21 = 3 \times 7$

तथा $36 = 2 \times 2 \times 3 \times 3$

$\therefore$ अभीष्ट ल.स.व. $= 2 \times 2 \times 2 \times 3 \times 3 \times 7$

चूंकि यह पूर्ण वर्ग संख्या नहीं है। अतः अभीष्ट ल.स.व. को पूर्ण वर्ग बनाने के लिए इसमें कम-से-कम 2×7 अर्थात् 14 से गुणा करना होगा।

$\therefore$ वह छोटी-से-छोटी पूर्ण वर्ग संख्या

$= 2 \times 2 \times 2 \times 3 \times 3 \times 7 \times 2 \times 7 = 7056$ होगी।

5. इस प्रकार के प्रश्नों में पहले शेषफल को संख्याओं में से घटाया जाता है फिर उन संख्याओं का म.स.प. ज्ञात किया जाता है।

$\therefore$ $27 - 2 = 25$

$33 - 3 = 30$

तथा $39 - 4 = 35$

अतः 25, 30 तथा 35 का म.स.प. ज्ञात करना है।

$\because$ $25 = 5 \times 5$

$30 = 2 \times 3 \times 5$

तथा $35 = 5 \times 7$

$\therefore$ अभीष्ट म.स.प. = 5

$\therefore$ वह-बड़ी-से बड़ी संख्या = 5 होगी।

6. सबसे पहले 12, 15 तथा 18 का ल.स.व. ज्ञात करना है।

$\because$ $12 = 2 \times 2 \times 3$

$15 = 3 \times 5$

तथा $18 = 2 \times 3 \times 3$

$\therefore$ अभीष्ट ल.स.व. $= 2 \times 2 \times 3 \times 3 \times 5 = 180$

तथा 5 अंकों की छोटी-से-छोटी संख्या = 10000

$= 180 \times 55 + 100$

तथा स्पष्ट है कि 5 अंकों की छोटी-से-छोटी संख्या जो 12, 15 तथा 18 से पूर्णतः विभाजित होगी $= 180 \times 56 = 10080$

7. लघुत्तम समापवर्त्य

$$= \frac{\text{दोनों संख्याओं का गुणनफल}}{\text{उनका महत्तम समापवर्तक}} = \frac{27}{3} = 9$$

8. 2, 3, 4, 5, 6 और 7 का लघुत्तम समापवर्त्य

$= 2 \times 2 \times 3 \times 5 \times 7 = 420$

चार अंकों की सबसे बड़ी संख्या = 9999

9999 को 420 से विभाजित करें तो शेष = 339

$\therefore$ अभीष्ट संख्या $= 9999 - 339 = 9660$

9. उनका लघुत्तम समापवर्त्य

$$= \frac{\text{दोनों संख्याओं का गुणनफल}}{\text{उनका महत्तम समापवर्तक}} = \frac{54}{3} = 18$$

10. भिन्नों का महत्तम समापवर्तक

$$= \frac{\text{अंशों का महत्तम समापवर्तक}}{\text{हरों का लघुत्तम समापवर्त्य}}$$

$$= \frac{\text{10, 25 और 35 का महत्तम समापवर्तक}}{\text{21, 27 और 24 का लघुत्तम समापवर्त्य}} = \frac{5}{1512}$$

11. ल. स.

2	27,	15,	72
2	27,	15,	36
2	27,	15,	18
3	27,	15,	9
3	9,	5,	3
3	3,	5,	1
5	1,	5,	1
	1,	1,	1

अतः दी गई संख्याओं का लघुत्तम समापवर्त्य

$2 \times 2 \times 2 \times 3 \times 3 \times 3 \times 5 = 1080$

14. ल. स.

2	4,	6,	9,	12
2	2,	3,	9,	6
3	1,	3,	9,	3
3	1,	1,	3,	1
	1,	1,	1,	1

अतः दी गई संख्याओं का लघुत्तम समापवर्त्य $= 2 \times 2 \times 3 \times 3 = 36$.

●●●

5

घातांक (Indices)

हम जानते हैं कि $x \times x = x^2$, $x \times x \times x = x^3$, $x \times x \times x \times x = x^4$ ...., $x \times x \times x \times x \times x \times x \times x$ .... n गुणनखण्डों तक $= x^n$ को "x की घात n" पढ़ा जाता है। इस प्रकार हम कह सकते हैं कि

2 की घात 3 $= 2^3 = 2 \times 2 \times 2 = 8$

3 की घात 3 $= 3^3 = 3 \times 3 \times 3 = 27$

5 की घात 4 $= 5^4 = 5 \times 5 \times 5 \times 5 = 625$

8 की घात 2 $= 8^2 = 8 \times 8 = 64$.

$\left(\frac{x}{y}\right)$ की घात 3 $= \left(\frac{x}{y}\right)^3 = \frac{x \times x \times x}{y \times y \times y} = \frac{x^3}{y^3}$

x^2 की घात 5 $= (x^2)^5 = x^2 \times x^2 \times x^2 \times x^2 \times x^2 = x^{10}$

घातांक से सम्बन्धित आवश्यक नियम

नियम 1. यदि m और n धन पूर्णांक हों तथा x, y कोई भी संख्याएं हैं तो $x^m \times x^n = x^{m+n}$

नियम 2. यदि m और n धन पूर्णांक हों तथा x, y कोई भी संख्याएं हैं तो,

$$x^m \div x^n = \frac{x^m}{x^n} = x^{m-n}$$

जबकि $m > n$ **या**

$$x^m \div x^n = \frac{x^m}{x^n} = \frac{1}{x^{n-m}} \quad \text{जबकि } n > m$$

नियम 3. यदि m और n धन पूर्णांक हों तथा x, y कोई भी संख्याएं हैं तो $(x^m)^n = x^{mn}$

नियम 4. यदि m और n धन पूर्णांक हों तथा x, y कोई भी संख्याएं हैं तो $(xy)^m = x^m \times y^m$

मूल : यदि कोई संख्या 'x की घात n' है तथा इसका परिणाम a अर्थात् $x^n = a$ है तो इसका अर्थ यह होता है कि a का n वां मूल x है। जिसे प्राय: इस प्रकार लिखा जाता है

$$x^n = a \Rightarrow x = \sqrt[n]{a} = (a)^{1/n}$$

इसी प्रकार यदि भिन्नात्मक घातांक $x^{p/q} = a$ है तो इसका अर्थ यह होगा कि x का q वां मूल बराबर है a का p वां मूल के, अर्थात्

$x^{p/q} = a \Rightarrow \left(x^{1/q}\right)^p$

$a \Rightarrow x^{1/q} = a^{1/p}$

$\Rightarrow \sqrt[q]{x} = \sqrt[p]{a}$

अत: दूसरे मूल को हम वर्गमूल तथा तीसरे मूल को घनमूल भी कहते हैं।

महत्त्वपूर्ण नोट : यदि किसी संख्या या राशि की घात ''शून्य'' है, तो उस संख्या या राशि का मान सदैव 1 के बराबर होगा। अर्थात् $x^0 = y^0 = z^0 = 2^0 = 5^0 = 8^0 = 1$ होगा।

प्रश्नमाला

1. $a^5 \times a^7$ का मान कितना होगा?
A. a^{35} B. a^2
C. a^{12} D. $a^{5/7}$

2. $(x^{2/3})^{-3/4}$ का मान कितना होगा?
A. $\frac{1}{x}$ B. $\frac{1}{\sqrt{x}}$
C. $\frac{1}{x^2}$ D. $\frac{1}{x^{-2}}$

3. 4 की घात 3 निम्न में से किस संख्या के बराबर होगी?
A. 64 B. 81
C. 12 D. 49

4. 2 की घात 3 तथा 3 की घात 2 में कितना अन्तर होगा?
A. 2 B. 5
C. 3 D. 1

5. $\left(-\frac{1}{125}\right)^{-\frac{2}{3}}$ का मान कितना होगा?
A. $\frac{1}{25}$ B. 25
C. 5 D. $\frac{1}{5}$

6. $(8)^{-(2^{-2})}$ का मान कितना होगा?
A. $2^{-1/4}$ B. $2^{-3/4}$
C. $2^{3/4}$ D. $2^{-1/2}$

7. यदि $\sqrt{2^n} = 64$ है, तो n का मान क्या होगा?
A. 8 B. 4
C. 12 D. 16

8. $(100)^0$ का मान कितना होगा?
A. 0 B. 10
C. 1 D. 100

9. यदि $10^{2/5} \times 10^{8/5} = 10^n$ है, तो n का मान क्या होगा?
A. 2 B. 3
C. 6 D. 4

10. $27^3 \times 3^4 \div 3^{10}$ का मान कितना होगा?

A. 9 B. 27

C. 81 D. $\frac{1}{27}$

11. व्यंजक $\frac{(-1)^{132}}{5^{-1}+3^{-1}}$ का मान कितना होगा?

A. $\frac{16}{9}$ B. $-\frac{15}{8}$

C. $\frac{15}{8}$ D. $\frac{17}{8}$

12. $6a^3b^3c^2 \div 2ab^2c$ का मान कितना होगा?

A. $3a^2bc$ B. $3ab^2c$

C. $3a^2b^2c^2$ D. $3a^3b^3c^3$

13. $\sqrt{\frac{1}{\left(\frac{3}{4}\right)^{-2}}} + \sqrt[3]{\frac{27}{64}}$ का मान क्या होगा?

A. $\frac{2}{3}$ B. $\frac{4}{5}$

C. $\frac{13}{12}$ D. $\frac{3}{2}$

उत्तरमाला

1	2	3	4	5	6	7	8	9	10
C	B	A	D	B	B	C	C	A	B
11	**12**	**13**							
C	A	D							

व्याख्यात्मक उत्तर

1. $\because a^5 \times a^7 = a^{5+7} = a^{12}.$ $[\because x^m \times x^n = x^{m+n}]$

2. $\because \left(x^{\frac{2}{3}}\right)^{-\frac{3}{4}} = x^{\frac{2}{3}\times-\frac{3}{4}} = x^{-\frac{1}{2}} = \frac{1}{x^{\frac{1}{2}}} = \frac{1}{\sqrt{x}}.$ $[\because (x^m)^n = x^{mn}]$

3. $\because$ 4 की घात 3 = $4^3 = 4 \times 4 \times 4 = 64.$

4. $\because$ 2 की घात 3 = $2^3 = 2 \times 2 \times 2 = 8.$

तथा 3 की घात 2 = $3^2 = 3 \times 3 = 9$

$\therefore$ अन्तर = $9 - 8 = 1.$

5. $\left(-\frac{1}{125}\right)^{-\frac{2}{3}} = \frac{1}{\left(-\frac{1}{125}\right)^{\frac{2}{3}}} = (-125)^{\frac{2}{3}}$

$= [(-125)^{1/3}]^2 = [(-5 \times -5 \times -5)^{1/3}]^2$

$= (-5^2) = -5 \times -5 = 25.$

6. $\because 8^{-(2^{-2})} = 8^{-\left(\frac{1}{2^2}\right)} = 8^{-\frac{1}{4}} = \frac{1}{8^{\frac{1}{4}}}$

$= \frac{1}{(2\times2\times2)^{\frac{1}{4}}} = \frac{1}{(2)^{\frac{3}{4}}} = 2^{-\frac{3}{4}}.$

7. $\because \sqrt{2^n} = 64 \Rightarrow 2^n = (64)^2$

$\Rightarrow 2^n = (2 \times 2 \times 2 \times 2 \times 2 \times 2)^2 \Rightarrow 2^n = (2^6)^2$

$\Rightarrow 2^n = 2^{6\times2} = 2^{12} \Rightarrow n = 12$ अत: n का मान 12 होगा।

8. यहां विद्यार्थियों को स्मरण रखना चाहिए कि यदि किसी संख्या या राशि की घात ''शून्य'' हो तो उस संख्या या राशि का मान हमेशा 1 के बराबर होगा। अत: स्पष्ट है कि $(100)^0$ का मान = 1 होगा।

9. $\because 10^{2/5} \times 10^{8/5} = 10^n$

$\Rightarrow 10^{2/5+8/5} = 10^n \Rightarrow 10^{10/5} = 10^n$

$\Rightarrow 10^2 = 10^n \Rightarrow n = 2$

अत: n का मान 2 होगा।

10. $\because 27^3 \times 3^4 \div 3^{10} = 27^3 \times \frac{3^4}{3^{10}}$

$\frac{(3\times3\times3)^3 \times 3^4}{3^{10}} = \frac{(3^3)^3 \times 3^4}{3^{10}}$

$= \frac{3^9 \times 3^4}{3^{10}} = \frac{3^{9+4}}{3^{10}} = \frac{3^{13}}{3^{10}} = 3^{13-10} = 3^3 = 3 \times 3 \times 3 = 27.$

11. $\because \frac{(-1)^{132}}{5^{-1}+3^{-1}} = \frac{\left((-1)^2\right)^{66}}{5^{-1}+3^{-1}}$

$= \frac{(1)^{66}}{5^{-1}+3^{-1}} = \frac{1}{\frac{1}{5}+\frac{1}{3}} = \frac{1}{\frac{3+5}{15}} = \frac{1}{\frac{8}{15}} = \frac{15}{8}.$

12. $\because 6a^3b^3c^2 \div 2ab^2c$

$= \frac{6a^3b^3c^2}{2ab^2c} = 3a^{3-1}b^{3-2}c^{2-1} = 3a^2bc.$

13. $\because \sqrt{\frac{1}{\left(\frac{3}{4}\right)^{-2}}} + \sqrt[3]{\frac{27}{64}} = \sqrt{\left(\frac{3}{4}\right)^2} + \sqrt[3]{\frac{3\times3\times3}{4\times4\times4}}$

$= \sqrt{\left(\frac{3}{4}\right)^2} + \sqrt[3]{\left(\frac{3}{4}\right)^3} = \frac{3}{4} + \frac{3}{4} = \frac{6}{4} = \frac{3}{2}.$

●●●

6

करणी (Surds)

प्राय: सभी संख्याओं के वर्गमूल सदैव पूर्ण संख्या नहीं होते, जैसे– $\sqrt{9}=3$ परन्तु $\sqrt{15}=3.873$, जो कि पूर्ण संख्या नहीं है, अर्थात् 15 का वर्गमूल पूर्ण संख्या नहीं है। अत: ऐसी संख्यायें जिनके वर्गमूल पूर्ण संख्या नहीं होते, जैसे– $\sqrt{3}$, $\sqrt{7}$, $2+\sqrt{11}$, $4+\sqrt{13}$.... इत्यादि संख्यायें **करणी** कहलाती हैं।

प्रश्नों को हल करने के लिए निम्नलिखित सूत्रों का प्रयोग कीजिए :

1. $\sqrt{a}\times\sqrt{a}=a$
2. $\sqrt{a}\times\sqrt{b}=\sqrt{ab}$
3. $\left(\sqrt{a}+\sqrt{b}\right)^2=a+b+2\sqrt{ab}$
4. $\left(\sqrt{a}-\sqrt{b}\right)^2=a+b-2\sqrt{ab}$
5. $x\sqrt{a}+x\sqrt{b}=x\left(\sqrt{a}+\sqrt{b}\right)$
6. $\dfrac{1}{\sqrt{a}+\sqrt{b}}=\dfrac{1}{\sqrt{a}+\sqrt{b}}\times\dfrac{\sqrt{a}-\sqrt{b}}{\sqrt{a}-\sqrt{b}}$ $=\dfrac{\sqrt{a}-\sqrt{b}}{a-b}$
7. $\dfrac{1}{\sqrt{a}-\sqrt{b}}=\dfrac{1}{\sqrt{a}-\sqrt{b}}\times\dfrac{\sqrt{a}+\sqrt{b}}{\sqrt{a}+\sqrt{b}}$ $=\dfrac{\sqrt{a}+\sqrt{b}}{a-b}$
8. $a+\sqrt{b}=c+\sqrt{d}\Rightarrow a=c$ तथा $b=d$
9. $\sqrt{2}=1.41421$, $\sqrt{3}=1.73205$, $\sqrt{5}=2.23607$, $\sqrt{6}=2.4494$, $\sqrt{7}=2.64575$, $\sqrt{8}=2.82842$, $\sqrt{10}=3.16227$, $\sqrt{11}=3.31662$

प्रश्नमाला

1. $\dfrac{1}{\sqrt{3}}$ का मान दशमलव के तीन स्थानों तक होगा—
A. 0.577 B. 0.477
C. 0.673 D. 0.575

2. यदि $\sqrt{2}=1.4142$ हो, तो $\dfrac{1}{2}\left(\dfrac{\sqrt{2}-1}{\sqrt{2}+1}\right)$ का मान कितना होगा?
A. .0768 B. .0658
C. .0858 D. .0458

3. यदि $\sqrt{1936}=44$ हो, तो $\sqrt{19.36}+\sqrt{0.1936}+\sqrt{.001936}$ का मान दशमलव के तीन स्थानों तक होगा—
A. 5.679 B. 4.884
C. 9.884 D. 6.778

4. $\sqrt{\left(5+\dfrac{4}{9}\right)}$ का मान होगा?
A. $3\frac{1}{3}$ B. $2\frac{1}{6}$
C. $4\frac{1}{3}$ D. $2\frac{1}{3}$

5. $\dfrac{\sqrt{2}-1}{\sqrt{2}+1}$ का मान दशमलव के तीन स्थानों तक होगा—
A. 0.172 B. 0.158
C. 0.176 D. 0.188

6. $\sqrt[3]{8^4}$ का मान कितना होगा?
A. 15 B. 9
C. 16 D. 25

7. यदि $\sqrt{6}=2.45$, तो $\sqrt{\dfrac{2}{3}}+3\sqrt{\dfrac{3}{2}}$ का मान किसके बराबर होगा?
A. 3.942 B. 4.492
C. 4.942 D. 9.345

8. $\sqrt{72}$ का मान किसके बराबर होगा?
A. $3\sqrt{5}$ B. $6\sqrt{2}$
C. $8\sqrt{2}$ D. $7\sqrt{3}$

9. हर के परिमेयीकरण के पश्चात व्यंजक $\dfrac{\sqrt{2}}{\sqrt{2}+\sqrt{3}-\sqrt{5}}$ का रूप होगा—
A. $\dfrac{3+\sqrt{6}+\sqrt{15}}{6}$ B. $\dfrac{3-\sqrt{6}-\sqrt{5}}{6}$
C. $\dfrac{3+\sqrt{6}+\sqrt{5}}{3}$ D. $\dfrac{2+\sqrt{6}-\sqrt{15}}{6}$

10. $\left(\sqrt{80}+3\times\sqrt{245}-\sqrt{125}\right)$ का मान कितना होगा?
A. $18\sqrt{5}$ B. $20\sqrt{5}$
C. $22\sqrt{5}$ D. $28\sqrt{2}$

11. $\left(\dfrac{\sqrt{5}+\sqrt{3}}{\sqrt{5}-\sqrt{3}}\right)$ का मान कितना होगा?

A. $4+\sqrt{15}$ B. $3-\sqrt{15}$

C. $2+\sqrt{15}$ D. $4-\sqrt{15}$

12. $3^{\frac{1}{5}}, 5^{\frac{3}{5}}, 7^{\frac{4}{5}}$ को आरोही क्रम में किस प्रकार से लिखा जा सकता है?

A. $5^{\frac{3}{5}} < 3^{\frac{1}{5}} < 7^{\frac{4}{5}}$ B. $3^{\frac{1}{5}} < 5^{\frac{3}{5}} < 7^{\frac{4}{5}}$

C. $7^{\frac{4}{5}} < 3^{\frac{1}{5}} < 5^{\frac{3}{5}}$ D. $3^{\frac{1}{5}} < 7^{\frac{4}{5}} < 5^{\frac{3}{5}}$

उत्तरमाला

1	2	3	4	5	6	7	8	9	10
A	C	B	D	A	C	B	B	A	B
11	12								
A	B								

व्याख्यात्मक उत्तर

1. $\because \dfrac{1}{\sqrt{3}} = \dfrac{1}{\sqrt{3}} \times \dfrac{\sqrt{3}}{\sqrt{3}} = \dfrac{\sqrt{3}}{3} = \dfrac{1.732}{3} = 0.577.$

2. $\because \dfrac{1}{2}\left(\dfrac{\sqrt{2}-1}{\sqrt{2}+1}\right) = \dfrac{1}{2} \times \dfrac{\sqrt{2}-1}{\sqrt{2}+1} \times \dfrac{\sqrt{2}-1}{\sqrt{2}-1}$

$= \dfrac{1}{2} \times \dfrac{(\sqrt{2}-1)^2}{(\sqrt{2})^2 - 1^2} = \dfrac{1}{2} \times \dfrac{2+1-2\sqrt{2}}{2-1}$

$= \dfrac{1}{2} \times \dfrac{3-2\sqrt{2}}{1} = \dfrac{1}{2} \times (3 - 2 \times 1.4142)$

$= \dfrac{1}{2} \times 0.1716 = 0.0858.$

3. $\because \sqrt{1936} = 44 \Rightarrow \sqrt{19.36} = 4.4 \Rightarrow \sqrt{0.1936} = 0.44$

$\Rightarrow \sqrt{.001936} = .044 \therefore \sqrt{19.36} + \sqrt{0.1936} + \sqrt{.001936}$
$= 4.4 + 0.44 + 0.044 = 4.884.$

4. $\because \sqrt{5+\dfrac{4}{9}} = \sqrt{\dfrac{45+4}{9}} = \sqrt{\dfrac{49}{9}} = \dfrac{7}{3} = 2\dfrac{1}{3}.$

5. $\because \dfrac{\sqrt{2}-1}{\sqrt{2}+1} = \dfrac{\sqrt{2}-1}{\sqrt{2}+1} \times \dfrac{\sqrt{2}-1}{\sqrt{2}-1} = \dfrac{(\sqrt{2}-1)^2}{(\sqrt{2})^2 - (1)^2}$

$= \dfrac{2+1-2\sqrt{2}}{2-1} = \dfrac{3-2\sqrt{2}}{1} = 3 - 2 \times 1.414 = 0.172.$

6. $\because \sqrt[3]{8^4} = (8)^{\frac{4}{3}} = (2^3)^{\frac{4}{3}} = 2^{3\times\frac{4}{3}} = 2^4 = 16.$

7. $\because \sqrt{\dfrac{2}{3}} + 3\sqrt{\dfrac{3}{2}} = \dfrac{\sqrt{2}}{\sqrt{3}} \times \dfrac{\sqrt{3}}{\sqrt{3}} + 3 \times \dfrac{\sqrt{3}}{\sqrt{2}} \times \dfrac{\sqrt{2}}{\sqrt{2}}$

$= \dfrac{\sqrt{6}}{3} + \dfrac{3\sqrt{6}}{2} = \sqrt{6}\left[\dfrac{1}{3} + \dfrac{3}{2}\right] = \sqrt{6} \times \dfrac{11}{6} = \dfrac{11}{6} \times 2.45$
$= 4.492.$

8. $\because \sqrt{72} = \sqrt{6 \times 6 \times 2} = \sqrt{6^2 \times 2} = 6\sqrt{2}.$

9. $\dfrac{\sqrt{2}}{\sqrt{2}+\sqrt{3}-\sqrt{5}} = \dfrac{\sqrt{2}}{\sqrt{2}+\sqrt{3}-\sqrt{5}} \times \dfrac{\sqrt{2}+\sqrt{3}+\sqrt{5}}{\sqrt{2}+\sqrt{3}+\sqrt{5}}$

$= \dfrac{\sqrt{2}(\sqrt{2}+\sqrt{3}+\sqrt{5})}{(\sqrt{2}+\sqrt{3})^2 - (\sqrt{5})^2} = \dfrac{2+\sqrt{6}+\sqrt{10}}{2\sqrt{6}}$

$= \dfrac{2+\sqrt{6}+\sqrt{10}}{2\sqrt{6}} \times \dfrac{\sqrt{6}}{\sqrt{6}} = \dfrac{2\sqrt{6}+6+\sqrt{60}}{12}$

$= \dfrac{3+\sqrt{6}+\sqrt{15}}{6}.$

10. $\because \sqrt{80} + 3 \times \sqrt{245} - \sqrt{125}$

$= \sqrt{16 \times 5} + 3 \times \sqrt{49 \times 5} - \sqrt{25 \times 5}$

$= 4\sqrt{5} + 21\sqrt{5} - 5\sqrt{5} = 20\sqrt{5}.$

11. $\because \dfrac{\sqrt{5}+\sqrt{3}}{\sqrt{5}-\sqrt{3}} = \dfrac{\sqrt{5}+\sqrt{3}}{\sqrt{5}-\sqrt{3}} \times \dfrac{\sqrt{5}+\sqrt{3}}{\sqrt{5}+\sqrt{3}}$

$= \dfrac{(\sqrt{5}+\sqrt{3})^2}{(\sqrt{5})^2 - (\sqrt{3})^2} = \dfrac{5+3+2\sqrt{15}}{5-3} = \dfrac{8+2\sqrt{15}}{2}$

$= 4 + \sqrt{15}.$

12. $\because 3^{\frac{1}{5}} = (3)^{\frac{1}{5}}$

$5^{\frac{3}{5}} = (5^3)^{\frac{1}{5}} = (125)^{\frac{1}{5}}$

तथा $7^{\frac{4}{5}} = (7^4)^{\frac{1}{5}} = (2401)^{\frac{1}{5}}$

अत: स्पष्ट है कि $(3)^{\frac{1}{5}} < (125)^{\frac{1}{5}} < (2401)^{\frac{1}{5}}$

अत: $3^{\frac{1}{5}} < 5^{\frac{3}{5}} < 7^{\frac{4}{5}}$ आरोही क्रम में होगी।

●●●

7

औसत (Average)

औसत निकालने के लिए पहले उन सब राशियों को जोड़ लें जिनका औसत निकालना हो; उसके बाद उस योगफल में उन राशियों की कुल संख्या से भाग दे दें। उदाहरण के लिए यदि आपको 8, 10, 12, और 14 का औसत निकालना है, तो पहले इन्हें जोड़ दें। 8 + 10 + 12 + 14 = 44 जिनका औसत निकालना है, वे संख्याएं 4 हैं। अतः 44 में 4 से भाग दे दें। 44 ÷ 4 $= \frac{44}{4} = 11$ औसत आया।

इसके लिए सूत्र हैं:

(i) $\frac{\text{राशियों का योगफल}}{\text{राशियों की संख्या}} = \text{औसत}$

(ii) औसत × राशियों की संख्या = राशियों का योगफल

(iii) $\frac{\text{राशियों का जोड़}}{\text{औसत}} = \text{राशियों की संख्या}$

उदाहरण 1 : किसी कक्षा में 5 दिनों की दैनिक उपस्थिति 26, 23, 30, 29 और 17 थी। बताओ दैनिक औसत उपस्थिति क्या थी?

हल : ∵ 5 दिनों की कुल उपस्थिति

= 26 + 23 + 30 + 29 + 17 = 125 थी।

∴ 1 दिन की औसत उपस्थिति

$= \frac{\text{राशियों का योगफल}}{\text{राशियों की संख्या}} = \frac{125}{5} = 25$

प्रश्नमाला

1. 5 विद्यार्थियों की ऊँचाइयां (सेंमी में) 140, 135, 142, 138 व 140 है। उनकी औसत ऊँचाई है:

A. 136 B. 138
C. 139 D. 140

2. 10 विद्यार्थियों द्वारा प्राप्तांक 22, 35, 37, 38, 29, 27, 34, 36, 28 और 34 हैं। उनके औसत अंक हैं:

A. 30 B. 31
C. 32 D. 34

3. एक लड़का जिसकी ऊँचाई 165 सेंमी है, के स्थान पर नया लड़का आ जाने से 34 लड़कों के एक समूह की औसत ऊँचाई 1 सेंमी कम हो जाती है। नये लड़के की ऊँचाई है:

A. 132 सेंमी B. 129 सेंमी
C. 130 सेंमी D. 131 सेंमी

4. 2 से प्रारम्भ करके पांच लगातार सम संख्याओं का औसत है:

A. 4 B. 6
C. 7 D. 5

5. 5 गेंदों का भार (ग्राम में) क्रमशः 50, 54, 53, 56 और 52 है। उनका औसत भार है:

A. 53 B. 54
C. 52 D. 51

6. एक रस्सी के 5 टुकड़ों की लम्बाइयां (सेंमी में) 5, 5.2, 6.3, 7.2 और 6.3 हैं। टुकड़े की औसत लम्बाई है:

A. 5.8
B. 6.0
C. 6.1
D. 6.2

7. 7 के प्रथम पांच गुणजों (Multiples) का औसत क्या होगा?

A. 21 B. 23
C. 24 D. 28

8. चार संख्याओं का औसत 18 है। यदि उनमें से पहली तीन संख्याएं क्रमशः 16, 22 व 28 हों, तो बताइये अन्तिम संख्या क्या होगी?

A. 5 B. 8
C. 6 D. 9

9. 12 संख्याओं का औसत मान 30 है। यदि प्रत्येक संख्या में 3 से गुणा कर दिया जाये, तो बताइये नई संख्याओं का औसत मान कितना होगा?

A. 70 B. 80
C. 90 D. 100

10. एक व्यक्ति 50 रु. प्रति पुस्तक के हिसाब से 4 पुस्तकें, 60 रु. प्रति पुस्तक के हिसाब से 5 पुस्तकें, तथा 70 रु. प्रति पुस्तक के हिसाब से 6 पुस्तकें खरीदता है। बताइये पुस्तक का औसत मूल्य कितना होगा?

A. 62.33 रु. B. 41.50 रु.
C. 61.33 रु. D. 61.75 रु.

11. 25 राशियों का औसत 15 है, उनमें से 15 राशियों का औसत 17 है, तो शेष राशियों का औसत ज्ञात करो।

A. 10 B. 13
C. 11 D. 12

12. एक कक्षा में 23 छात्रों की औसत आयु 16 वर्ष है। यदि अध्यापक की आयु भी सम्मिलित कर ली जाए, तो औसत आयु एक वर्ष बढ़ जाती है। अध्यापक की आयु क्या है?

A. 35 वर्ष B. 40 वर्ष
C. 50 वर्ष D. 30 वर्ष

उत्तरमाला

1	2	3	4	5	6	7	8	9	10
C	C	D	B	A	B	A	C	C	C
11	12								
D	B								

व्याख्यात्मक उत्तर

1. औसत ऊँचाई

$= \frac{140+135+142+138+140}{5} = \frac{695}{5} = 139.$

2. औसत अंक

$= \frac{22+35+37+38+29+27+34+36+28+34}{10}$

$= \frac{320}{10} = 32.$

3. 34 लड़कों की ऊँचाई में औसत कमी = 1 सेंमी

34 लड़कों की ऊँचाई में कुल कमी = 34 सेंमी

$\therefore$ नये लड़के की ऊँचाई = 165 – 34 = 131 सेंमी

4. 2 से प्रारम्भ करके 5 लगातार सम संख्याओं का औसत

$= \frac{2+4+6+8+10}{5} = \frac{30}{5} = 6.$

5. औसत भार $= \frac{50+54+53+56+52}{5} = \frac{265}{5} = 53.$

6. औसत लम्बाई

$= \frac{5+5.2+6.3+7.2+6.3}{5} = \frac{30.0}{5} = 6.0$

7. $\because$ 7 के प्रथम 5 गुणज :

7, 14, 21, 28 व 35

$\therefore$ इनका औसत $= \frac{7+14+21+28+35}{5} = \frac{105}{5} = 21.$

8. $\because$ चार संख्याओं का औसत = 18

$\therefore$ चारों संख्याओं का योग = 18 × 4 = 72

प्रश्नानुसार, उनमें से पहली तीन संख्याएं क्रमशः 16, 22 व 28 हैं।

$\therefore$ अन्तिम संख्या = चारों संख्याओं का योग – (16+22+28)

= 72 – 66 = 6.

9. $\because$ 12 संख्याओं का औसत मान = 30

$\therefore$ 12 संख्याओं का कुल योग = 30 × 12 = 360

प्रश्नानुसार, प्रत्येक संख्या में 3 से गुणा करने पर 12 संख्याओं का कुल योग = 360 × 3 = 1080

12 नई संख्याओं का औसत मान $= \frac{1080}{12} = 90.$

10. $\because$ 50 रु. प्रति पुस्तक के हिसाब से 4 पुस्तकों का क्रय मूल्य = 200 रु.

60 रु. प्रति पुस्तक के हिसाब से 5 पुस्तकों का क्रय मूल्य = 300 रु.

तथा 70 रु. प्रति पुस्तक के हिसाब से 6 पुस्तकों का क्रय मूल्य = 420 रु.

$\therefore$ 15 पुस्तकों का कुल क्रय मूल्य = 200 + 300 + 420 = 920 रु.

$\therefore$ औसत मूल्य $= \frac{920}{15} = 61.33$ रु.।

11. $\because$ 25 राशियों का औसत = 15

25 राशियों का योग = 25 × 15 = 375

इनमें से 15 राशियों का औसत = 17

$\therefore$ इन 15 राशियों का योग

= 15 × 17 = 255

$\therefore$ शेष 25 –15 = 10 राशियों का योग

= 375 – 255 = 120

$\therefore$ शेष राशियों का औसत

$= \frac{120}{10} = 12$

सूत्र द्वारा—

शेष 10 राशियों का औसत

$= \frac{25\times15-15\times17}{25-15} = \frac{375-255}{10}$

$= \frac{120}{10} = 12.$

12. $\therefore$ 23 छात्रों की आयु का औसत = 16 वर्ष

$\therefore$ 23 छात्रों की आयु का योग

= 23 × 16 = 368 वर्ष

$\therefore$ 23 + 1 = 24 जनों की आयु का औसत

= 16 + 1 = 17 वर्ष

$\therefore$ इनकी आयु का योग

= 24 × 17 = 408 वर्ष

$\therefore$ अध्यापक की आयु

= 408 – 368 = 40 वर्ष।

•••

8

प्रतिशत (Percentage)

1. प्रतिशत का अर्थ है–प्रत्येक सौ पर 1–इसका चिन्ह् है–%. 5% का अर्थ है–प्रत्येक सौ पर 5.
2. प्रतिशत को भिन्न में बदलने के लिए उसे 100 से भाग देते हैं। जैसे–20% = $\frac{20}{100}=\frac{1}{5}$
3. साधारण भिन्न को प्रतिशत में बदलने के लिए उसे 100 से गुणा करते हैं। जैसे–$\frac{1}{10}\times 100=10\%$

प्रतिशत को दशमलव में बदलने की विधि

प्रतिशत का चिह्न हटाकर बाईं ओर दो अंकों के बाद दशमलव का चिन्ह् लगाते हैं।

उदाहरण : 25% को दशमलव में बदलें।

25% = .25 (बाईं ओर दो अंकों के बाद दशमलव बिन्दु लगा दिया।)

उदाहरण :1.5% को दशमलव में बदलिये।

1.5% = .015 (बाईं ओर दो अंकों के बाद दशमलव बिन्दु लगा दिया, यहां एक शून्य लगाकर दो अंक पूरे करने पड़े।)

दशमलव को प्रतिशत में बदलने की विधि

दशमलव बिन्दु के दाहिनी ओर दो अंक बढ़ा देते हैं और उसके बाद % का निशान लगाते हैं।

उदाहरण : .24 को प्रतिशत में बदलें।

हल : .24 = 24% (दशमलव बिन्दु के दाहिनी ओर दो अंक आगे बढ़ाने पर 24 बनेगा, अतः दशमलव बिन्दु (.) लगाने की जरूरत नहीं है।)

प्रश्नमाला

1. निम्नलिखित में से 20% का मान किसके बराबर होगा?

A. $\frac{1}{4}$ B. $\frac{1}{2}$
C. $\frac{1}{5}$ D. $\frac{1}{8}$

2. 36% का मान दशमलव भिन्न में होगा–

A. .36 B. .036
C. 3.6 D. .0036

3. $\frac{4}{5}$ को प्रतिशत भिन्न में बदलने पर मान होगा–

A. 80% B. 70%
C. 60% D. 40%

4. 36 का कितने %, 24 के बराबर होगा?

A. $16\frac{2}{3}\%$ B. $66\frac{2}{3}\%$
C. $11\frac{1}{9}\%$ D. $31\frac{1}{9}\%$

5. 3 मीटर का 15%, किसके बराबर होगा?

A. 44 सेंमी B. 45 सेंमी
C. 40 सेंमी D. 38 सेंमी

6. 26 का 18% = ?

A. 4.88 B. 4.65
C. 3.68 D. 4.68

7. 10% का 10% कितने % होगा?

A. 7 B. 6
C. 1 D. 5

8. किसी शहर की जनसंख्या 50,000 से बढ़कर 52,000 हो जाती हो, तो बताइये कितने प्रतिशत की वृद्धि होगी?

A. 3% B. 6%
C. 4% D. 5%

9. एक आदमी अपने वेतन का 75% खर्च करता है और 150 रु. मासिक बचाता है तो उसका मासिक वेतन हैः

A. 750 रु. B. 600 रु.
C. 400 रु. D. 300 रु.

10. किसी विद्यालय में 97% विद्यार्थी उपस्थित थे और 18 विद्यार्थी अनुपस्थित थे। विद्यालय में कुल विद्यार्थियों की संख्या हैः

A. 400 B. 450
C. 500 D. 600

11. किसी राशि का 7%, 35 रुपये है तो वह राशि ज्ञात कीजिए।

A. 550 रु. B. 700 रु.
C. 600 रु. D. 500 रु.

12. 3 किग्रा. कितने किग्रा. का 5% हैः

A. 60 किग्रा. B. 50 किग्रा.
C. 65 किग्रा. D. 70 किग्रा.

13. किसी राशि का 5%, 500 रुपए के 12% के बराबर है तो राशि ज्ञात कीजिए।

A. 1100 रु.
B. 1200 रु.
C. 1150 रु.
D. 1250 रु.

14. अनिल ने अपनी पूंजी का 65% मशीनरी में तथा 20% कच्चा माल खरीदने में खर्च कर दिया। यदि उसके पास अब 1305 रुपये बचे हों, तो उसने कितना खर्च कर दिया?

A. 7395 रु. B. 7350 रु.
C. 7390 रु. D. 7380 रु.

15. किसी पुस्तकालय में 20% पुस्तकें अंग्रेजी भाषा में हैं तथा शेष की 50% पुस्तकें हिन्दी भाषा में हैं। यदि शेष 900 पुस्तकें अन्य क्षेत्रीय भाषा में हैं, तो पुस्तकालय में कुल कितनी पुस्तकें हैं?

A. 2300 B. 2250
C. 2290 D. 2280

उत्तरमाला

1	2	3	4	5	6	7	8	9	10
C	A	A	B	B	D	C	C	B	D
11	**12**	**13**	**14**	**15**					
D	A	B	A	B					

व्याख्यात्मक उत्तर

1. $\because 20\% = \frac{20}{100} = \frac{1}{5}$ $\therefore$ 20% का मान, $\frac{1}{5}$ के बराबर होगा।

2. $\because 36\% = \frac{36}{100} = .36$

$\therefore$ 36% का मान दशमलव भिन्न में .36 होगा।

3. चूंकि किसी भी साधारण या दशमलव भिन्न को प्रतिशत भिन्न में बदलने के लिए उसमें 100% से गुणा करना होता है अर्थात् $\frac{4}{5} = \frac{4}{5} \times 100\% = 80\%$

अतः $\frac{4}{5}$ का प्रतिशत भिन्न में मान = 80% होगा।

4. माना कि 36 का x % = 24

$\therefore \quad 36 \times \frac{x}{100} = 24 \Rightarrow x = \frac{24 \times 100}{36} = 66\frac{2}{3}$

अतः 36 का $66\frac{2}{3}\%$, 24 के बराबर होगा।

5. $\because$ 3 मीटर का 15% = 300 सेंमी. $\times \frac{15}{100}$

= 45 सेंमी. [$\because$ 3 मी. = 300 सेंमी.]

अतः 3 मीटर का 15%, 45 सेंमी. के बराबर होगा।

6. $\because$ 26 का 18% = $26 \times \frac{18}{100} = 4.68$

$\therefore$ (?) चिन्ह् के स्थान पर 4.68 होना चाहिए।

7. $\because$ 10% का 10% = $\frac{10}{100} \times \frac{10}{100} = \frac{1}{100} = 1\%$

अतः 10% का 10%, 1% के बराबर होगा।

8. प्रश्नानुसार, शहर की प्रारम्भिक जनसंख्या = 50,000

तथा शहर की वर्तमान जनसंख्या = 52,000

$\therefore$ जनसंख्या में वृद्धि = 52,000 – 50,000 = 2,000

$\therefore$ प्रतिशत वृद्धि = $\frac{2000}{50000} \times 100 = 4\%$

अतः शहर की जनसंख्या में 4% वृद्धि होगी।

9. बचत = 100% – 75% = 25% = 150 रु.

कुल वेतन = $\frac{100}{25} \times 150 = 600$ रु.।

10. अनुपस्थित विद्यार्थी = 100% – 97% = 3% = 18

माना कि कुल विद्यार्थियों की संख्या = x

तो, $x \times \frac{3}{100} = 18 \therefore x = \frac{1800}{3} = 600.$

11. राशि का 7% = 35 रुपये

राशि = $\frac{35}{7\%} = \frac{35}{\frac{7}{100}} = \frac{35}{7} \times 100 = 500$ रुपये।

12. भार का 5% = 3 किग्रा.

भार = $\frac{3}{5\%} = \frac{3}{\frac{5}{100}} = \frac{3}{5} \times 100 = 60$ किग्रा. होगा।

13. 500 रुपये का 12% = $\frac{12}{100} \times 500$ रु. = 60 रुपये

$\because$ अभीष्ट राशि = 5% = 60 रुपये

$\therefore$ राशि = $\frac{60}{5\%} = \frac{60}{\frac{5}{100}} = \frac{60 \times 100}{5} = 1200$ रुपये।

14. बची राशि की प्रतिशत संख्या = 100 – (65 + 20) = 15

$\because$ 15 रुपये बचते हैं तो खर्च की हुई राशि = 85 रुपये

$\therefore$ 1305 रुपये बचते हैं तो खर्च की हुई राशि

$= \frac{85 \times 1305}{15} = 7395$ रुपये।

15. माना कुल पुस्तकें = 100

अतः अंग्रेजी भाषा की पुस्तकें = 20 पुस्तकें

शेष पुस्तकें = 100 – 20 = 80

हिन्दी भाषा की पुस्तकें = 80 का 50% = $80 \times \frac{50}{100} = 40$

शेष पुस्तकें = 100 – (20 + 40) = 40 पुस्तकें।

$\because$ 40 पुस्तकें अन्य क्षेत्रीय भाषाओं की है तो कुल पुस्तकें = 100

$\therefore$ 900 पुस्तकें अन्य क्षेत्रीय भाषाओं की है तो कुल पुस्तकें

$= \frac{100}{40} \times 900 = 2250$ पुस्तकें।

●●●

9

साधारण ब्याज (Simple Interest)

ब्याज वह राशि है जो हमें दूसरों का धन प्रयोग करने के बदले में देनी पड़ती है। यदि यह वार्षिक देनी पड़े तो दर प्रतिशत वार्षिक कहते हैं। इस प्रकार 6% वार्षिक का अर्थ है कि 100 रु. पर 1 वर्ष में 6 रु. ब्याज है। जो धन उधार लिया जाता है उसे मूलधन कहते हैं। मूलधन और ब्याज के योग को समस्त धन (मिश्रधन) कहते हैं।

साधारण ब्याज के प्रश्नों के सूत्रः

$$\text{साधारण ब्याज} = \frac{\text{मूलधन} \times \text{दर}\% \times \text{समय (वर्षों में)}}{100}$$

समस्त धन = मूलधन + ब्याज

जब समय, दर % और ब्याज दिए गए हों, तो

$$\text{मूलधन} = \frac{\text{ब्याज} \times 100}{\text{दर} \times \text{समय}}$$

जब मूलधन, ब्याज और समय दिया गया हो, तो

$$\text{दर} = \frac{\text{ब्याज} \times 100}{\text{मूलधन} \times \text{समय}}$$

जब मूलधन, ब्याज और दर दी गई हो, तो

$$\text{समय} = \frac{\text{ब्याज} \times 100}{\text{मूलधन} \times \text{दर}}$$

प्रश्नमाला

1. किस धनराशि पर 4% वार्षिक ब्याज की दर से 5 वर्ष का साधारण ब्याज 64 रु. होगा?

A. 220 रु. B. 280 रु.
C. 320 रु. D. 300 रु.

2. 450 रु. पर 6% वार्षिक ब्याज दर से 4 मास का ब्याज कितना होगा?

A. 9 रु. B. 8 रु.
C. 6 रु. D. 5 रु.

3. कितने समय में 3600 रु. पर 6% वार्षिक दर से साधारण ब्याज 432 रु. होगा?

A. 1 वर्ष B. 2 वर्ष
C. $1\frac{1}{2}$ वर्ष D. $2\frac{1}{4}$ वर्ष

4. किस राशि पर 3% वार्षिक ब्याज की दर से 2 वर्ष का ब्याज 36 रु. होगा?

A. 500 रु. B. 575 रु.
C. 590 रु. D. 600 रु.

5. ब्याज की किस दर से कोई राशि 16 वर्षों में दोगुनी हो जाएगी?

A. $5\frac{1}{2}$ % B. $6\frac{1}{4}$ %
C. $4\frac{1}{3}$ % D. $2\frac{1}{2}$ %

6. 5000 रु. की राशि पर 10% वार्षिक दर से 5 वर्ष का साधारण ब्याज कितना होगा?

A. 2200 रु. B. 2500 रु.
C. 2300 रु. D. 2600 रु.

7. किस राशि का 6% वार्षिक ब्याज दर से 10 वर्ष का साधारण ब्याज 3 रु. होगा?

A. 4 रु. B. 8 रु.
C. 5 रु. D. 6 रु.

8. कितने वर्षों में कोई राशि 10% वार्षिक दर से अपने से दोगुनी हो जाएगी?

A. 10 वर्ष B. 8 वर्ष
C. 5 वर्ष D. 12 वर्ष

9. किस राशि का 5% दर से 5 वर्ष का साधारण ब्याज 80 रु. होगा?

A. 330 रु. B. 320 रु.
C. 340 रु. D. 380 रु.

10. यदि 5000 रु. पर 2 वर्ष का साधारण ब्याज 500 रु. हो, तो समस्त धन अर्थात् मिश्रधन कितना होगा?

A. 5600 रु. B. 5800 रु.
C. 5500 रु. D. 6000 रु.

11. 2000 रुपये पर $6\frac{1}{2}$ प्रतिशत वार्षिक ब्याज की दर से 8 महीने का साधारण ब्याज ज्ञात कीजिए।

A. $86\frac{2}{3}$ रु. B. $86\frac{3}{4}$ रु.
C. $86\frac{1}{3}$ रु. D. $86\frac{1}{2}$ रु.

12. कितने समय में 450 रुपये का 8% वार्षिक ब्याज की दर से साधारण ब्याज 90 रुपये हो जाएगा?

A. 2 वर्ष B. $2\frac{3}{4}$ वर्ष
C. $2\frac{1}{2}$ वर्ष D. 3 वर्ष

13. घनश्याम ने 2000 रुपये अपने मित्र से 5% सालाना ब्याज पर लिए और उसने पूरा पैसा 8 माह बाद चुका दिया। बताइये उसने कुल कितना धन चुकाया?

A. 2060.66 रु. B. 2066.66 रु.
C. 2066 रु. D. 2060 रु.

14. एक आदमी ने 600 रुपये 6 प्रतिशत वार्षिक ब्याज पर उधार लिए। 5 वर्ष बाद उसने 300 रुपये कीमत की एक घड़ी व कुछ धन उसको लौटाया तो बताओ उसने कितना धन लौटाया।

A. 480 रु. B. 485 रु.
C. 490 रु. D. 500 रु.

उत्तरमाला

1	2	3	4	5	6	7	8	9	10
C	A	B	D	B	B	C	A	B	C
11	12	13	14						
A	C	B	A						

व्याख्यात्मक उत्तर

1. $\because$ साधारण ब्याज = 64 रु., समय = 5 वर्ष तथा दर = 4%

$\therefore$ मूलधन (धनराशि)

$= \dfrac{\text{साधारण ब्याज} \times 100}{\text{समय} \times \text{दर}} = \dfrac{64 \times 100}{5 \times 4} = 320$ रु.

2. $\because$ मूलधन = 450 रु., दर = 6% वार्षिक, समय = 4 मास = $\frac{1}{3}$ वर्ष

$\therefore$ साधारण ब्याज

$= \dfrac{\text{मूलधन} \times \text{समय} \times \text{दर}}{100} = \dfrac{450 \times \frac{1}{3} \times 6}{100} = 9$ रु.

3. $\because$ समय $= \dfrac{\text{साधारण ब्याज} \times 100}{\text{मूलधन} \times \text{दर}} = \dfrac{432 \times 100}{6 \times 3600} = 2$ वर्ष

4. $\because$ मूलधन $= \dfrac{\text{साधारण ब्याज} \times 100}{\text{समय} \times \text{दर}} = \dfrac{36 \times 100}{2 \times 3} = 600$ रु.

5. $\because$ माना कि वह राशि = 100 रु.

प्रश्नानुसार, 16 वर्षों बाद मिश्रधन = 200 रु.

$\therefore$ साधारण ब्याज

= मिश्रधन − मूलधन (राशि) = 200 − 100 = 100 रु.

$\therefore$ दर $= \dfrac{\text{साधारण ब्याज} \times 100}{\text{मूलधन} \times \text{समय}} = \dfrac{100 \times 100}{100 \times 16} = 6\frac{1}{4}\%$

6. $\because$ साधारण ब्याज

$= \dfrac{\text{मूलधन} \times \text{समय} \times \text{दर}}{100} = \dfrac{5000 \times 5 \times 10}{100} = 2500$ रु.

7. $\because$ मूलधन (राशि)

$= \dfrac{\text{साधारण ब्याज} \times 100}{\text{समय} \times \text{दर}} = \dfrac{3 \times 100}{10 \times 6} = 5$ रु.

8. $\because$ माना कि वह राशि = 100 रु. तथा मिश्रधन = 2 × 100 = 200 रु.

$\therefore$ साधारण ब्याज = 200 − 100 = 100 रु.,

दर = 10%

$\therefore$ समय $= \dfrac{\text{साधारण ब्याज} \times 100}{\text{मूलधन (राशि)} \times \text{दर}} = \dfrac{100 \times 100}{100 \times 10} = 10$ वर्ष

9. $\because$ मूलधन (राशि)

$= \dfrac{\text{साधारण ब्याज} \times 100}{\text{समय} \times \text{दर}} = \dfrac{80 \times 100}{5 \times 5} = 320$ रु.

10. $\because$ समस्त धन अर्थात् मिश्रधन

= मूलधन + साधारण ब्याज = 5000 + 500 = 5500 रु.

11. दर $6\frac{1}{2} = \frac{13}{2}\%$, समय = 8 महीने $= \frac{8}{12}$ वर्ष $= \frac{2}{3}$ वर्ष

साधारण ब्याज

$= \dfrac{\text{मूलधन} \times \text{दर} \times \text{समय}}{100} = \dfrac{2000 \times 13 \times 2}{100 \times 2 \times 3}$

$= \dfrac{260}{3} = 86\frac{2}{3}$ रुपये।

12. समय $= \dfrac{\text{साधारण ब्याज} \times 100}{\text{मूलधन} \times \text{दर}} = \dfrac{90 \times 100}{450 \times 8} = \dfrac{5}{2} = 2\dfrac{1}{2}$ वर्ष

13. समय = 8 माह $= \frac{8}{12}$ वर्ष $= \frac{2}{3}$ वर्ष

साधारण ब्याज

$= \dfrac{\text{मूलधन} \times \text{दर} \times \text{समय}}{100} = \dfrac{2000 \times 2 \times 5}{3 \times 100} = \dfrac{200}{3}$ रुपये

मिश्रधन = मूलधन + साधारण ब्याज

$= \dfrac{2000}{1} + \dfrac{200}{3} = \dfrac{6000 + 200}{3} = \dfrac{6200}{3}$ रुपये

= 2066.66 रुपये

14. 600 रुपये का 6% वार्षिक ब्याज से 5 वर्ष का ब्याज

$= \dfrac{600 \times 6 \times 5}{100} = 180$ रुपये

मिश्रधन = 600 + 180 = 780 रुपये

अत: उसको 780 रुपये लौटाने चाहिए थे, परन्तु 300 रु. की घड़ी उसने उसे दी तो उसका अतिरिक्त धन

= 780 − 300 = 480 रुपये

●●●

10

चक्रवृद्धि ब्याज (Compound Interest)

ब्याज की वह गणना, जिसमें ब्याज को मूलधन में जोड़कर प्राप्त मिश्रधन पर ब्याज लगाया जाए, **चक्रवृद्धि ब्याज** कहलाती है।

महत्वपूर्ण सूत्र :

1. चक्रवृद्धि मिश्रधन

$$= \text{मूलधन}\left(1+\frac{\text{दर}}{100}\right)^{\text{समय वर्ष में}}$$

2. चक्रवृद्धि ब्याज

= चक्रवृद्धि मिश्रधन – मूलधन

$$= \text{मूलधन}\left[\left(1+\frac{\text{दर}}{100}\right)^{\text{समय}}-1\right]$$

3. यदि चक्रवृद्धि ब्याज की दर प्रत्येक वर्ष में बदल रही हो तो—

मिश्रधन

$$= \text{मूलधन}\left(1+\frac{(\text{दर})\ 1}{100}\right)\left(1+\frac{(\text{दर})\ 2}{100}\right)\left(1+\frac{(\text{दर})\ 3}{100}\right)$$

[$\therefore$ समय, प्रत्येक दर के लिए 1 वर्ष है]

4. *(i)* यदि ब्याज की गणना **अर्द्धवार्षिक** है तो दर आधी तथा समय दुगुना कर दिया जाता है।

(ii) यदि ब्याज की गणना त्रैमासिक है तो दर को 4 से भाग तथा समय को 4 से गुणा करते हैं।

नोट : एक वर्ष के लिए साधारण ब्याज तथा चक्रवृद्धि ब्याज बराबर होते हैं, जबकि ब्याज की दर वार्षिक हो।

प्रश्नमाला

1. 400 रु. की राशि पर 5% प्रतिवर्ष की दर से 2 वर्ष का चक्रवृद्धि ब्याज कितना होगा?

A. 40 रु. B. 41 रु.
C. 42 रु. D. 43 रु.

2. किसी राशि पर 6% चक्रवृद्धि ब्याज की दर से पहले वर्ष का ब्याज 60 रु. है, तो दूसरे वर्ष का ब्याज कितना होगा?

A. 120 रु. B. 66.60 रु.
C. 63.60 रु. D. 63 रु.

3. वह धनराशि ज्ञात करो, जिसका 5% ब्याज की दर से 2 वर्ष का चक्रवृद्धि ब्याज तथा साधारण ब्याज का अन्तर 3 रु. हो?

A. 1400 रु. B. 1500 रु.
C. 1350 रु. D. 1200 रु.

4. किस धन का 10% प्रतिवर्ष चक्रवृद्धि ब्याज की दर से 3 वर्ष में मिश्रधन 1331 रु. होगा?

A. 2000 रु. B. 1500 रु.
C. 1000 रु. D. 800 रु.

5. 2500 रु. का 6% ब्याज की दर से 2 वर्ष का चक्रवृद्धि ब्याज कितना होगा?

A. 306 रु. B. 150 रु.
C. 309 रु. D. 300 रु.

6. कोई राशि चक्रवृद्धि ब्याज की दर से 2 वर्ष में चार गुनी हो जाती है, तो कितने वर्ष में वह राशि 8 गुनी हो जायेगी?

A. 4 वर्ष B. $2\frac{1}{2}$ वर्ष
C. 3 वर्ष D. $3\frac{1}{2}$ वर्ष

7. 2400 रुपये पर 5% प्रतिवर्ष ब्याज की दर से 2 वर्ष में साधारण ब्याज तथा चक्रवृद्धि ब्याज का अन्तर होगा?

A. 8 रु. B. 10 रु.
C. 9 रु. D. 6 रु.

8. 8000 रु. की राशि पर 5% प्रतिवर्ष ब्याज की दर से 3 वर्ष का चक्रवृद्धि ब्याज कितना होगा?

A. 1361 रु. B. 1261 रु.
C. 1141 रु. D. 1241 रु.

9. 2000 रु. का 2 वर्ष में किस चक्रवृद्धि ब्याज की दर से मिश्रधन 2205 रु. हो जायेगा?

A. 3% B. 4%
C. 5% D. 6%

10. 3200 रु. का 10% प्रतिवर्ष चक्रवृद्धि ब्याज की दर से कितने समय में चक्रवृद्धि ब्याज 672 रु. हो जायेगा?

A. 2½वर्ष B. 1½वर्ष
C. 2 वर्ष D. 3½वर्ष

उत्तरमाला

1	2	3	4	5	6	7	8	9	10
B	C	D	C	C	C	D	B	C	C

व्याख्यात्मक उत्तर

1. मूलधन = 400 रु., दर = 5%, समय = 2 वर्ष

$\therefore$ चक्रवृद्धि ब्याज = मूलधन $\left[\left(1+\frac{\text{दर}}{100}\right)^{\text{समय}}-1\right]$

$\therefore$ चक्रवृद्धि ब्याज = $400\left[\left(1+\frac{5}{100}\right)^2-1\right]$

$= 400\left[\left(\frac{21}{20}\right)^2-1\right] = 400\left[\frac{21}{20}\times\frac{21}{20}-1\right] = 400\times\frac{41}{400}$

= 41 रु.

2. पहले वर्ष का साधारण ब्याज तथा चक्रवृद्धि ब्याज बराबर होगा

$\therefore \quad 60 = \frac{\text{मूलधन}\times 6\times 1}{100} \quad \therefore$ मूलधन = 1000 रु.

$\therefore$ दूसरे वर्ष के लिए मूलधन = 1000 + 60 = 1060 रु.

$\therefore$ ब्याज = $\frac{1060\times 6\times 1}{100} = 63.60$ रु.

3. माना कि धनराशि x रु. है।

$\therefore$ 5% वार्षिक ब्याज की दर से 2 वर्ष का साधारण ब्याज

$= \frac{x\times 5\times 2}{100} = \frac{x}{10}$ रु.

तथा चक्रवृद्धि ब्याज = $x\left[\left(1+\frac{5}{100}\right)^2-1\right] = x\left[\left(\frac{21}{20}\right)^2-1\right]$

$= x\left[\frac{21}{20}\times\frac{21}{20}-1\right] = \frac{x\times 41}{400}$ रु.

प्रश्नानुसार— $\frac{41x}{400}-\frac{x}{10} = 3 \quad \therefore 41x - 40x = 400\times 3$

या x = 1200 रु. अत: वह धनराशि 1200 रु. है।

4. माना वह धनराशि x रु. है

$\therefore$ मिश्रधन = मूलधन $\left(1+\frac{\text{दर}}{100}\right)^{\text{समय}}$ या $1331 = x\left(1+\frac{10}{100}\right)^3$

$\therefore \quad 1331 = x\times\frac{11}{10}\times\frac{11}{10}\times\frac{11}{10}$

$\therefore \quad x = \frac{1331\times 10\times 10\times 10}{11\times 11\times 11} = 1000$ रु.

5. चक्रवृद्धि ब्याज = $2500\left[\left(1+\frac{6}{100}\right)^2-1\right] = 2500\left[\left(\frac{53}{50}\right)^2-1\right]$

$= 2500\left[\frac{53}{50}\times\frac{53}{50}-1\right] = 2500\left[\frac{2809-2500}{2500}\right]$

$= \frac{2500\times 309}{2500} = 309$ रु.

6. माना वह राशि x रु. है

$\therefore$ मिश्रधन = मूलधन $\left(1+\frac{\text{दर}}{100}\right)^{\text{समय}}$

प्रश्नानुसार—

$\therefore \quad 4x = x\left(1+\frac{\text{दर}}{100}\right)^2$ या $4 = \left(1+\frac{\text{दर}}{100}\right)^2$

या $(2)^2 = \left(1+\frac{\text{दर}}{100}\right)^2$ या $2 = \left(1+\frac{\text{दर}}{100}\right)$

$\therefore$ मिश्रधन को 8 गुना करने के लिए

$\therefore \quad (2)^3 = \left(1+\frac{\text{दर}}{100}\right)^3 \quad \therefore 8 = \left(1+\frac{\text{दर}}{100}\right)^3$

अत : स्पष्ट है कि मिश्रधन को 8 गुना होने में लगा समय = 3 वर्ष

7. साधारण ब्याज = $\frac{2400\times 5\times 2}{100} = 240$ रु.

चक्रवृद्धि ब्याज = $2400\left[\left(1+\frac{5}{100}\right)^2-1\right]$

$= 2400\left[\frac{21}{20}\times\frac{21}{20}-1\right] = \frac{2400\times 41}{400} = 246$ रु.

$\therefore$ अन्तर = 246 − 240 = 6 रु.

8. चक्रवृद्धि ब्याज

$= 8000\left[\left(1+\frac{5}{100}\right)^3-1\right] = 8000\left[\frac{21}{20}\times\frac{21}{20}\times\frac{21}{20}-1\right]$

$= 8000\left[\frac{9261-8000}{8000}\right] = \frac{8000\times 1261}{8000} = 1261$ रु.

9. $2205 = 2000\left(1+\frac{\text{दर}}{100}\right)^2$

या $\frac{2205}{2000} = \left(1+\frac{\text{दर}}{100}\right)^2$ या $\frac{441}{400} = \left(1+\frac{\text{दर}}{100}\right)^2$

या $\left(\frac{21}{20}\right)^2 = \left(1+\frac{\text{दर}}{100}\right)^2$ या $\frac{21}{20} = 1+\frac{\text{दर}}{100}$

$\frac{\text{दर}}{100} = \frac{21}{20}-1 = \frac{1}{20}$ या दर $= \frac{100}{20} = 5\%$

10. मूलधन = 3200 रु., चक्रवृद्धि ब्याज = 672 रु.

$\therefore$ चक्रवृद्धि मिश्रधन = मूलधन + चक्रवृद्धि ब्याज

= 3200 + 672 = 3872 रु.

$\therefore$ चक्रवृद्धि मिश्रधन = मूलधन $\left(1+\frac{\text{दर}}{100}\right)^{\text{समय}}$

$\therefore \quad 3872 = 3200\left(1+\frac{10}{100}\right)$ या $\frac{3872}{3200} = \left(\frac{11}{10}\right)$

या $\frac{121}{100} = \left(\frac{11}{10}\right)$ या $\left(\frac{11}{10}\right)^2 = \left(\frac{11}{10}\right) \quad \therefore$ समय = 2 वर्ष

●●●

11

लाभ तथा हानि (Profit and Loss)

लाभ और हानि शब्द साधारणतया व्यापार में इस्तेमाल किए जाते हैं। प्रत्येक व्यापार का उद्देश्य लाभ कमाना होता है। लाभ और हानि से संबंधित सभी तरह के प्रश्नों को हल करने से पहले निम्नलिखित बातों को जानना आवश्यक है।

1. कोई वस्तु जिस मूल्य पर खरीदी जाती है उसे उस वस्तु का **लागत मूल्य** या **क्रय मूल्य** (Cost Price) कहते हैं। इसे क्रय मूल्य (C.P.) द्वारा भी निर्दिष्ट किया जाता है।
2. कोई वस्तु जिस मूल्य पर बेची जाती है, उसे उस वस्तु का **विक्रय मूल्य** (Sale Price) कहते हैं। इसे विक्रय मूल्य (S.P.) द्वारा भी निर्दिष्ट किया जाता है।
3. यदि वस्तु का क्रय मूल्य (Cost Price), वस्तु के विक्रय मूल्य (Sale Price) से अधिक हो, तो उस वस्तु पर हमेशा **हानि** होगी। अर्थात्
   हानि = क्रय मूल्य – विक्रय मूल्य
4. यदि किसी वस्तु का विक्रय मूल्य (Sale Price) वस्तु के क्रय मूल्य (Cost Price) से अधिक हो, तो उस वस्तु पर हमेशा **लाभ** होगा। अर्थात्
   लाभ = विक्रय मूल्य – क्रय मूल्य
5. लाभ और हानि दो प्रकार से व्यक्त किए जाते हैं:
   (i) रुपयों में; *(ii)* प्रतिशत में।

उदाहरण : यदि किसी वस्तु का क्रय मूल्य 100 रु. तथा उसका विक्रय मूल्य 95 रु. हो, तो वस्तु पर लाभ या हानि कितनी होगी?

हल : चूंकि वस्तु का क्रय मूल्य और उसके विक्रय मूल्य से अधिक है, इसलिए वस्तु पर हानि होगी। अर्थात् हानि = क्रय मूल्य – विक्रय मूल्य = 100 – 95 = 5 रु. हानि।

उपरोक्त उदाहरण में हमने वस्तु पर लाभ और हानि को रुपयों में समझाया है। अब हम लाभ-हानि को प्रतिशत में व्यक्त करते हैं।

लाभ-हानि को प्रतिशत लाभ और प्रतिशत हानि में बदलने के लिए निम्नलिखित सूत्रों को याद रखें।

1. $\text{लाभ\%} = \dfrac{\text{लाभ} \times 100}{\text{क्रय मूल्य}}$ 2. $\text{हानि\%} = \dfrac{\text{हानि} \times 100}{\text{क्रय मूल्य}}$

प्रश्नमाला

1. एक आदमी कोई वस्तु 25 रु. में खरीदकर 30 रु. में बेचता है। तो बताइये उसका लाभ क्या होगा?
A. 6 रु. B. 7.50 रु.
C. 5 रु. D. 8.10 रु.

2. यदि 15 रु. वाली कोई वस्तु 12 रु. में बेच दी जाए, तो कितने प्रतिशत हानि होगी?
A. 20% B. 16%
C. 22% D. 25%

3. यदि किसी वस्तु को 21 रु. में बेचने पर 12% का लाभ होता हो, तो बताइये उस वस्तु का क्रय मूल्य कितना होगा?
A. 15.50 रु. B. 20.15 रु.
C. 18.75 रु. D. 17.50 रु.

4. यदि किसी वस्तु को 2040 रु. में बेचने पर 15% की हानि होती हो, तो बताइये उस वस्तु का क्रय मूल्य कितना होगा?
A. 2300 रु. B. 2400 रु.
C. 2475 रु. D. 2800 रु.

5. एक वस्तु का क्रय मूल्य 150 रु. है। यदि इसे 13% लाभ पर बेचा जाए, तो बताइये वस्तु का विक्रय मूल्य कितना होगा?
A. 170.75 रु. B. 169.50 रु.
C. 160.50 रु. D. 174.75 रु.

6. किसी वस्तु को 250 रु. में खरीदकर 300 रु. में बेच दिया गया। बताइये उस पर कितने प्रतिशत लाभ हुआ?
A. 16% B. 20%
C. 18% D. 17%

7. एक वस्तु को 38 रु. में बेचने पर 5% हानि होती है। यदि इसे 42 रु. में बेचा जाए, तो कितने प्रतिशत लाभ या हानि होगी?
A. 6% लाभ B. 5% लाभ
C. 8% हानि D. 4% हानि

8. यदि किसी वस्तु को 5% हानि पर बेचने पर 3990 रु. मिले हों, तो उस वस्तु का क्रय मूल्य कितना होगा?
A. 4100 रु. B. 4200 रु.
C. 3890 रु. D. 4400 रु.

9. यदि 10 पेनों का क्रय मूल्य, 8 पेनों के विक्रय मूल्य के बराबर हो, तो प्रतिशत लाभ कितना होगा?
A. 20% B. 16%
C. 25% D. 30%

10. राम ने एक टी.वी. 2475 रु. में खरीदकर उसे 3090 रु. में बेच दिया हो, तो उसे कितने प्रतिशत लाभ हुआ?
A. 23.8% B. 34.5%
C. 37.6% D. 24.8%

11. एक फल विक्रेता ने 20 दर्जन केले 100 रुपये में खरीदकर 6 रुपये प्रति दर्जन के भाव से बेच दिए। उसका लाभ अथवा हानि ज्ञात करो।

A. 20 रु. B. 30 रु.
C. 25 रु. D. 35 रु.

12. एक ठेकेदार ने 7500 रुपये में एक खाली जमीन खरीदी और उस पर 2,65,000 रुपये खर्च कर मकान तैयार किया। यदि अब उस मकान को 3,25,000 रु. में बेच दिया, तो उसका लाभ अथवा हानि ज्ञात करो।

A. 15550 रु. हानि B. 15550 रु. लाभ
C. 15000 रु. हानि D. 15000 रु. लाभ

उत्तरमाला

1	2	3	4	5	6	7	8	9	10
C	A	C	B	B	B	B	B	C	D
11	**12**								
A	C								

व्याख्यात्मक उत्तर

1. $\because$ वस्तु का विक्रय मूल्य, उसके क्रय मूल्य से अधिक है।

$\therefore$ लाभ = विक्रय मूल्य − क्रय मूल्य = 30 − 25 = 5 रु.।

2. $\because$ वस्तु का क्रय मूल्य, उसके विक्रय मूल्य से अधिक है।

$\therefore$ हानि = क्रय मूल्य − विक्रय मूल्य = 15 − 12 = 3 रु.

$$\therefore \text{प्रतिशत हानि} = \frac{\text{हानि} \times 100}{\text{क्रय मूल्य}} = \frac{3\times100}{15} = 20\%.$$

3. $\because$ वस्तु का विक्रय मूल्य = 21 रु. तथा लाभ % = 12%

$$\therefore \text{क्रय मूल्य} = \text{विक्रय मूल्य} \left(\frac{100}{100+\text{लाभ}\%}\right)$$

$$= 21\left(\frac{100}{100+12}\right) = \frac{21\times100}{112} = 18.75 \text{ रु.।}$$

4. $\because$ वस्तु का विक्रय मूल्य = 2040 रु.
तथा हानि % = 15%

$$\therefore \text{क्रय मूल्य} = \text{विक्रय मूल्य} \left(\frac{100}{100-\%\text{हानि}}\right)$$

$$= 2040\left(\frac{100}{100-15}\right) = \frac{2040\times100}{85} = 2400 \text{ रु.।}$$

5. $\because$ वस्तु का क्रय मूल्य = 150 रु. तथा
लाभ % = 13%

$$\therefore \text{वस्तु का विक्रय मूल्य} = \text{क्रय मूल्य} \left(\frac{100+\text{लाभ}\%}{100}\right)$$

$$= 150\times\left(\frac{100+13}{100}\right) = \frac{150\times113}{100} = 169.50 \text{ रु.।}$$

6. $\because$ वस्तु का क्रय मूल्य = 250 रु.
तथा वस्तु का विक्रय मूल्य = 300 रु.

$\therefore$ लाभ = 300 − 250 = 50 रु.

$$\therefore \text{प्रतिशत लाभ} = \frac{\text{लाभ}\times100}{\text{क्रय मूल्य}} = \frac{50\times100}{250} = 20\%.$$

7. पहली स्थिति में, वस्तु का विक्रय मूल्य = 38 रु., हानि % = 5%

$$\therefore \text{वस्तु का क्रय मूल्य} = \text{विक्रय मूल्य}\left(\frac{100}{100-\text{हानि}\%}\right)$$

$$= 38\left(\frac{100}{100-5}\right) = \frac{38\times100}{95} = 40 \text{ रु.}$$

दूसरी स्थिति में, क्रय मूल्य = 40 रु., विक्रय मूल्य = 42 रु.

$\therefore$ लाभ = विक्रय मूल्य − क्रय मूल्य = 42 − 40 = 2 रु.

$$\therefore \text{प्रतिशत लाभ} = \frac{\text{लाभ}\times100}{\text{क्रय मूल्य}} = \left(\frac{2\times100}{40}\right) = 5\%.$$

8. $\therefore$ वस्तु का विक्रय मूल्य = 3990 रु., तथा हानि % = 5%

$\therefore$ वस्तु का क्रय मूल्य

$$= \text{विक्रय मूल्य}\left(\frac{100}{100-5}\right) = 3990\times\frac{100}{95} = 4200 \text{ रु.।}$$

9. माना कि 10 पेनों का क्रय मूल्य = x रु.
प्रश्नानुसार, 8 पेनों का विक्रय मूल्य = x रु.

$\therefore$ 1 पेन का क्रय मूल्य = $\frac{x}{10}$ रु.

तथा 1 पेन का विक्रय मूल्य = $\frac{x}{8}$ रु.

$$\therefore \text{लाभ} = \text{विक्रय मूल्य} - \text{क्रय मूल्य} = \frac{x}{8}-\frac{x}{10} = \frac{x}{40} \text{ रु.}$$

$$\therefore \text{प्रतिशत लाभ} = \frac{\text{लाभ}\times100}{\text{क्रय मूल्य}} = \frac{\frac{x}{40}\times100}{\frac{x}{10}} = 25\%.$$

10. $\because$ टी.वी. का खरीद मूल्य या क्रय मूल्य = 2475 रु.
तथा विक्रय मूल्य = 3090 रु.
लाभ = विक्रय मूल्य − क्रय मूल्य = 3090 − 2475 = 615 रु.

$$\text{प्रतिशत लाभ} = \frac{\text{हानि}\times100}{\text{क्रय मूल्य}} = \frac{615\times100}{2475} = 24.8\%.$$

11. 20 दर्जन केलों का क्रय मूल्य = 100 रुपये
20 दर्जन केलों का विक्रय मूल्य = 6 × 20 = 120 रुपये
लाभ = विक्रय मूल्य − क्रय मूल्य
= 120 − 100 = 20 रुपये लाभ।

12. ठेकेदार का वास्तविक क्रय मूल्य
= 75000 + 2,65,000 = 3,40,000 रुपये

$\because$ उसका विक्रय मूल्य उसके क्रय मूल्य से कम है अत: हानि होगी।
हानि = क्रय मूल्य − विक्रय मूल्य
= 3,40,000 − 3,25,000 = 15,000 रुपये हानि।

●●●

12

अनुपात एवं समानुपात (Ratio and Proportion)

अनुपात

अनुपात सदैव दो सजातीय राशियों में होता है। एक राशि का, दूसरी सजातीय राशि में भाग देने पर अनुपात ज्ञात होता है या जब हम एक ही प्रकार की दो वस्तुओं की तुलना करते हैं और यह देखते हैं कि एक वस्तु, दूसरी वस्तु का कौन-सा भाग है तो उन दोनों के बीच पारस्परिक सम्बन्ध को अनुपात कहते हैं।

समानुपात

जब दो अनुपात बराबर होते हैं तो उनकी बराबरी को समानुपात कहते हैं। जैसे $a : b = c : d$ हो, तो इसका अर्थ यह है कि $\frac{a}{b}$ समानुपात में है $\frac{c}{d}$ के और इसे हम निम्न प्रकार से लिख सकते हैं।

अतः $a : b : : c : d$ में a, b, c तथा d को क्रमशः प्रथम, द्वितीय, तृतीय और चतुर्थ अनुपाती कहते हैं। इस प्रकार समानुपात में चार पद होते हैं।

नियम : समानुपात $a : b : : c : d$ में सिरे वाले दोनों पदों के गुणनफल, मध्य वाले दोनों पदों के गुणनफल के बराबर होता है।

अर्थात् $a \times d = b \times c$

साझा

साझा दो प्रकार का होता है:

1. **साधारण साझा** : वह साझा जिसमें दो या दो से अधिक व्यापारी अपनी-अपनी पूंजी का इस्तेमाल एक समान अवधि के लिए करते हैं, उसे **साधारण साझा** कहते हैं।
2. **मिश्रित साझा** : वह साझा जिसमें दो या दो से अधिक व्यापारी अपनी-अपनी पूंजी का इस्तेमाल अलग-अलग अवधि के लिए करते हैं उसे **मिश्रित साझा** कहते हैं।

महत्त्वपूर्ण नोट : 1. साधारण साझे से सम्बन्धित प्रश्नों में व्यापार में हुए लाभ अथवा हानि को उनकी पूंजियों के अनुपात में विभाजित करते हैं। 2. मिश्रित साझे से सम्बन्धित प्रश्नों में व्यापार में हुए लाभ अथवा हानि को उनकी पूंजियों तथा समय के गुणनफलों के अनुपात में बांटा जाता है।

प्रश्नमाला

1. यदि $3 : 8 = 9 : x$, तो x का मान कितना होगा?
A. 20 B. 27
C. 24 D. 25

2. यदि A : B = 3 : 4 तथा B : C = 5 : 6, तो A : B : C में क्या अनुपात होगा?
A. 20 : 15 : 24 B. 15 : 20 : 24
C. 15 : 24 : 20 D. 20 : 24 : 15

3. यदि $18 : x = x : 8$ हो, तो x किसके बराबर होगा?
A. 11 B. 10
C. 16 D. 12

4. 8 : 12 : 10 : : ? है, तो प्रश्न चिन्ह् (?) के स्थान पर क्या मान होगा?
A. 14 B. 15
C. 16 D. 18

5. 5 और 125 का मध्य समानुपात कितना है?
A. 20 B. 25
C. 28 D. 27

6. 3, 4 और 15 का चौथा अनुपात होगा?
A. 16 B. 18
C. 20 D. 15

7. 12 और 30 का तृतीय समानुपात कितना होगा?
A. 75 B. 125
C. 60 D. 70

8. दो संख्याओं का अनुपात 3 : 4 है। यदि दोनों संख्याओं का योग 490 हो, तो वे संख्याएं क्रमशः क्या होंगी?
A. 220, 270 B. 210, 280
C. 120, 160 D. 180, 290

9. यदि एक त्रिभुज के कोणों में 1 : 2 : 3 का अनुपात हो, तो उस त्रिभुज के सबसे बड़े कोण का मान होगा।
A. 90° B. 70°
C. 105° D. 110°

10. यदि किसी अनुपात का दूसरा पद 15 तथा अनुपात का मान $\frac{3}{5}$ हो, तो उस अनुपात का पहला पद क्या होगा?
A. 8 B. 14
C. 9 D. 12

11. 1100 रुपये को सुधा, कमला और सलमा में इस प्रकार बांटो कि उनके धन में $\frac{1}{3}:\frac{2}{5}:\frac{1}{2}$ का अनुपात हो, तो सुधा को मिलने वाला धन क्या है?
A. 300 रु. B. 350 रु.
C. 250 रु. D. 200 रु.

12. एक मिश्रधातु में तांबा, जस्ता और लोहा 7 : 6 : 9 के अनुपात में हैं। यदि मिश्रण में तांबे की मात्रा 560 ग्राम हो, तो मिश्रधातु का कुल भार ज्ञात करो।
A. 1 किग्रा. 600 ग्रा. B. 2 किग्रा. 760 ग्रा.
C. 1 किग्रा. 760 ग्रा. D. 1 किग्रा. 700 ग्रा.

उत्तरमाला

1	2	3	4	5	6	7	8	9	10
C	B	D	B	B	C	A	B	A	C
11	**12**								
A	C								

व्याख्यात्मक उत्तर

1. $\because 3 : 8 = 9 : x \Rightarrow \frac{3}{8} = \frac{9}{x} \Rightarrow x = \frac{8 \times 9}{3} = 24$

अतः x का मान = 24 होगा।

2. ∵ दिया हुआ है:

A : B = 3 : 4 तथा B : C = 5 : 6

दोनों अनुपातों में B को बराबर करने के लिए पहले अनुपात में 5 से तथा दूसरे अनुपात में 4 से गुणा करने पर,

$\therefore$ A : B = 3 : 4 = 3 × 5 : 4 × 5 = 15 : 20

तथा B : C = 5 : 6 = 5 × 4 : 6 × 4 = 20 : 24

$\therefore$ A : B : C = 15 : 20 : 24

3. $\because\ 18 : x = x : 8 \Rightarrow \frac{18}{x} = \frac{x}{8}$

$\Rightarrow\ x \times x = 18 \times 8 \Rightarrow x^2 = 144 \Rightarrow x = \sqrt{144} = 12$

अतः x, 12 के बराबर होगा।

4. चूंकि समानुपात में दोनों बाहरी संख्याओं का गुणनफल, मध्य की दोनों संख्याओं के गुणनफल के बराबर होता है।

$\because 8 : 12 :: 10 : ?$

$\therefore\ 8 \times ? = 12 \times 10 \Rightarrow ? = \frac{12 \times 10}{8} = 15$

अतः प्रश्न चिन्ह् (?) के स्थान पर मान = 15 होगा।

5. माना कि 5 और 125 का मध्य समानुपात = x है

$\therefore 5 : x :: x : 125$

$\therefore\ x \times x = 5 \times 125$

$\Rightarrow\ x^2 = 625 \Rightarrow x = \sqrt{625} = 25$

अतः 5 और 125 का मध्य समानुपात = 25 है।

6. माना कि 3, 4 और 15 का चौथा अनुपात = x

$\therefore\ 3 : 4 = 15 : x$

$\therefore\ x \times 3 = 4 \times 15$

$\therefore\ x = \frac{4 \times 15}{3} = 20$

अतः 3, 4 और 15 का चौथा अनुपात = 20 होगा।

7. माना कि 12 और 30 का तृतीय अनुपात = x

$\therefore\ 12 : 30 = 30 : x$

$\therefore\ 12 \times x = 30 \times 30$

$\Rightarrow\ x = \frac{30 \times 30}{12} = 75$

अतः 12 और 30 का तृतीय अनुपात = 75 होगा।

8. माना कि वे संख्याएं क्रमशः $3x$ व $4x$ हैं।

प्रश्नानुसार,

$3x + 4x = 490$

$\Rightarrow\ 7x = 490$

$\Rightarrow\ x = \frac{490}{7} = 70$

अतः वे संख्याएं क्रमशः $(3 \times 70 = 210)$ व $(4 \times 70 = 280)$ होंगी।

9. चूंकि त्रिभुज के कोणों में अनुपात = 1 : 2 : 3

∴ अनुपात संख्याओं का योग = 1 + 2 + 3 = 6

परन्तु त्रिभुज के तीनों कोणों का योग = 180°

∴ सबसे बड़े कोण का मान = $\frac{3}{6} \times 180° = 90°$

अतः सबसे बड़े कोण का मान = 90° होगा।

10. माना कि अनुपात का पहला पद = x

प्रश्नानुसार,

$x : 15 = \frac{3}{5} = 3 : 5$ या, $\frac{x}{15} = \frac{3}{5}$

$\therefore\ x \times 5 = 15 \times 3$

$\Rightarrow\ x = \frac{15 \times 3}{5} = 9$

अतः अनुपात का पहला पद = 9 होगा।

11. सुधा : कमला : सलमा

$\frac{1}{3} : \frac{2}{5} : \frac{1}{2}$

सरल करने पर, अनुपात = 10 : 12 : 15

अनुपातों का योग = 10 + 12 + 15 = 37

∴ सुधा का भाग = $\frac{1110}{37} \times 10$ = 300 रुपये

कमला का भाग = $\frac{1110}{37} \times 12$ = 360 रुपये

सलमा का भाग = $\frac{1110}{37} \times 15$= 450 रुपये।

12. तांबा : जस्ता : लोहा

अनुपातों का योग = 7 + 6 + 9 = 22

मिश्रधातु का कुल भार = $\frac{560}{7} \times 22$

= 1760 ग्राम = 1 किलोग्राम 760 ग्राम।

●●●

13

चाल, समय एवं दूरी (Speed, Time and Distance)

याद रखें :

(*i*) दूरी निकालने के लिए चाल में समय से गुणा करें,
अर्थात् दूरी = चाल × समय

(*ii*) चाल निकालने के लिए दूरी में समय से भाग दें,

$$\text{अर्थात् चाल} = \frac{\text{दूरी}}{\text{समय}}$$

(*iii*) समय निकालने के लिए दूरी में चाल से भाग दें,

$$\text{अर्थात् समय} = \frac{\text{दूरी}}{\text{चाल}}$$

(*iv*) गाड़ी को खम्भा या वृक्ष पार करने में केवल अपनी लम्बाई पार करनी होती है।

(*v*) गाड़ी को पुल या प्लेटफार्म पार करने में अपनी लम्बाई और पुल या प्लेटफार्म की लम्बाई दोनों पार करनी होती है।

(*vi*) जब दो गाड़ियां एक ही दिशा में जा रही हों, तो उनकी आपेक्षिक गति (एक-दूसरे को पार करने की गति) निकालने के लिए दोनों गाड़ियों की गति का अंतर निकाला जाता है।

(*vii*) जब दो गाड़ियां विपरीत दिशा में जा रही हों, तो उनकी आपेक्षिक गति (एक-दूसरे को पार करने की गति) निकालने के लिए दोनों गाड़ियों की गति को जोड़ दिया जाता है।

प्रश्नमाला

1. एक गतिमान कार की चाल 36 कि.मी. प्रति घंटा है। इसकी चाल मी./से. में है:

A. 10 मी./से. B. 15 मी./से.
C. 20 मी./से. D. 25 मी./से.

2. दो रेलगाड़ियां एक ही समय दो स्टेशनों X तथा Y से, जिनके मध्य 900 कि.मी. की दूरी है, एक-दूसरे की ओर चलना शुरू करती हैं। यदि उनकी औसत चाल क्रमशः 38 तथा 22 कि.मी./घं. हो, तो वे एक-दूसरे को कितने समय बाद मिलेंगी?

A. 12 घण्टे B. 13 घण्टे
C. 14 घण्टे D. 15 घण्टे

3. 100 मी. लम्बी रेलगाड़ी 60 कि.मी. प्रति घंटा की चाल से जा रही है। इसे एक तार चौकी को पार करने में समय लगेगा:

A. 4 सेकेण्ड B. 5 सेकेण्ड
C. 6 सेकेण्ड D. 8 सेकेण्ड

4. 150 मी. लम्बी एक रेलगाड़ी 90 कि.मी. प्रति घंटा की चाल से जा रही है। इसे एक पेड़ को पार करने में समय लगेगा:

A. 3 सेकेण्ड B. 4 सेकेण्ड
C. 6 सेकेण्ड D. 8 सेकेण्ड

5. 100 मी. लम्बी एक रेलगाड़ी 65 कि.मी. प्रति घंटा की चाल से जा रही है। यह एक व्यक्ति को जो 5 कि.मी./घंटा की चाल से रेलगाड़ी की दिशा में जा रहा है, कितने समय में पार करेगी?

A. 8 सेकेण्ड B. 6 सेकेण्ड
C. 4 सेकेण्ड D. 2 सेकेण्ड

6. एक व्यक्ति नदी के बहाव की दिशा में 6 कि.मी. प्रति/घं. तथा विपरीत दिशा में 3 कि.मी. प्रति/घं. की चाल से नाव चलाता है। स्थिर पानी में नाव की चाल है:

A. 9 कि.मी./घं. B. 4.5 कि.मी./घं.
C. 1.5 कि.मी./घं. D. 1.0 कि.मी./घं.

7. प्रश्न 6 में नदी के बहाव की चाल है

A. 1.5 कि.मी./घं. B. 2.5 कि.मी./घं.
C. 4.5 कि.मी./घं. D. 18.0 कि.मी./घं.

8. एक साइकिल सवार 3 मिनट में 1.2 किलोमीटर दूरी तय करता है, तो उसकी गति प्रति घंटा क्या होगी?

A. 24 कि.मी./घंटा B. 24 मी./घंटा
C. 24 मी./से. D. 24 कि.मी./मिनट

9. एक 100 मीटर लम्बी गाड़ी 90 कि.मी./घ. की चाल से चल रही है। गाड़ी को पेड़ को पार करने में कितना समय लगेगा?

A. 4 से. B. 8 से.
C. 11 से. D. 12 से.

10. एक रेलगाड़ी जो 90 कि.मी./घं. की गति से चली जा रही है। एक खम्भे को पार करने में 10 सेकेण्ड का समय लेती है। बताइये उस रेलगाड़ी की लम्बाई (मीटर में) कितनी होगी?

A. 250 B. 240
C. 280 D. 270

11. 18 किमी प्रति घंटा की चाल को मीटर प्रति सेकेण्ड में बदलिए।

A. 7 मी./से. B. 4 मी./से.
C. 6 मी./से. D. 5 मी./से.

12. 3 मीटर प्रति सेकेण्ड की चाल को किमी प्रति घण्टा में बदलिए।

A. 10 किमी./घंटा B. 10.8 किमी./घंटा
C. 8 किमी./घंटा D. 8.10 किमी./घंटा

13. 500 मीटर लम्बी रेलगाड़ी 220 मीटर लम्बे प्लेटफार्म को 36 सेकेण्ड में पार कर लेती है, तो गाड़ी की चाल किमी प्रति घण्टा ज्ञात करो

A. 60 किमी॰/घंटा B. 65 किमी॰/घंटा

C. 72 किमी॰/घंटा D. 70 किमी॰/घंटा

14. एक आदमी 5 किमी प्रति घण्टा की चाल से P से Q स्थान तक जाता है और 3 किमी प्रति घण्टा की चाल से Q से P स्थान पर वापस आ जाता है। उसकी सारी यात्रा में औसत चाल क्या रही?

A. $4\frac{3}{4}$ किमी॰/घंटा B. $3\frac{3}{4}$ किमी॰/घंटा

C. 4 किमी॰/घंटा D. 3 किमी॰/घंटा

उत्तरमाला

1	2	3	4	5	6	7	8	9	10
A	D	C	C	B	B	A	A	A	A
11	**12**	**13**	**14**						
D	B	C	B						

व्याख्यात्मक उत्तर

1. चाल $= \frac{36 \text{ कि॰मी॰}}{\text{घंटा}} = \frac{36000 \text{ मी॰}}{3600 \text{ से॰}} = 10$ मी॰/से॰

2. दो रेलगाड़ियों द्वारा 1 घंटे में तय की गई दूरी
$= 38 + 22 = 60$ कि॰मी॰

कुल दूरी = 900 कि॰मी॰, समय $= \frac{900}{60} = 15$ घंटे।

3. दूरी = 100 मी॰

चाल $= \frac{60 \text{ कि॰मी॰}}{\text{घंटा}} = \frac{60000 \text{ मी॰}}{3600 \text{ से॰}} = \frac{50}{3}$ मी॰/से॰

समय $= \frac{\text{दूरी}}{\text{चाल}} = \frac{100}{50/3} = \frac{100 \times 3}{50} = 6$ से॰

4. चाल $= \frac{90 \text{ कि॰मी॰}}{\text{घंटा}} = \frac{90000 \text{ मी॰}}{3600 \text{ से॰}} = 25$ मी॰/से॰

दूरी = 150 मी॰, समय $= \frac{\text{दूरी}}{\text{चाल}} = \frac{150}{25} = 6$ से॰

5. वास्तविक चाल = रेलगाड़ी की चाल – व्यक्ति की चाल
$= 65 - 5 = 60$ कि॰मी॰/घं॰

चाल $= \frac{60 \text{ कि॰मी॰}}{\text{घंटा}} = \frac{60000 \text{ मी॰}}{3600 \text{ से॰}} = \frac{50}{3}$ मी॰/से॰

समय $= \frac{\text{दूरी}}{\text{चाल}} = \frac{100}{50/3} = \frac{100 \times 3}{50} = 6$ से॰

7. नदी के बहाव की चाल $= \frac{6-3}{2} = \frac{3}{2} = 1.5$ कि॰मी॰/घंटा

8. गति $= \frac{\text{दूरी}}{\text{समय}}$, दूरी = 1.2 कि॰मी॰, समय = 3 मिनट $= \frac{3}{60}$ घंटा

गति $= \frac{\text{दूरी}}{\text{समय}} = \frac{1.2}{\frac{3}{60}} = \frac{1.2 \times 60}{3} = 24$ कि॰मी॰/घंटा

9. चूंकि रेलगाड़ी सिर्फ पेड़ को पार करती है।

$\therefore$ पेड़ को पार करने में लगा समय

$= \frac{100 \text{ मी॰}}{90 \text{ कि॰मी॰/ घं॰}} = \frac{100 \text{ मी॰}}{90 \times \frac{5 \text{ मी॰}}{18 \text{ से॰}}} = 4$ सेकेण्ड

10. चूंकि रेलगाड़ी सिर्फ खम्भे को पार करती है।

$\therefore$ खम्भे को पार करने में लगा समय $= \frac{\text{रेलगाड़ी की लम्बाई}}{\text{रेलगाड़ी की चाल}}$

$\therefore 10 = \frac{\text{रेलगाड़ी की लम्बाई}}{90 \times \frac{5}{18} \text{ मी॰/से॰}}$

$\therefore$ रेलगाड़ी की लम्बाई $= 10 \times 90 \times \frac{5}{18} = 250$ मीटर।

11. $\because$ 1 किमी = 1000 मीटर और 1 घण्टा = 3600 सेकेण्ड

$\therefore$ 18 किमी प्रतिघण्टा $= \frac{18 \times 1000}{3600} = 5$ मीटर/सेकेण्ड।

12. 3 मीटर/सेकेण्ड $= \frac{3 \times 3600}{1000} = 10.8$ किमी/घण्टा।

13. गाड़ी द्वारा प्लेटफार्म को पार करने में तय की गई दूरी = 500 + 220 = 720 मीटर, समय = 36 सेकेण्ड

$\therefore$ चाल $= \frac{\text{दूरी}}{\text{समय}}$

$\therefore$ गाड़ी की चाल

$= \frac{720}{36}$ मीटर प्रति सेकेण्ड $= \frac{720 \times 3600}{36 \times 1000} = 72$ किमी/घण्टा।

14. माना P से Q स्थान की दूरी 15 किमी
(3 और 5 का ल.स.प. 15 है, अत: गणना की सुविधा के लिए 15 किमी दूरी मानी है।)

$\therefore$ जाने में लगा समय $= \frac{15}{3} = 5$ घण्टे

और वापस आने में लगा समय $= \frac{15}{3} = 5$ घण्टे

कुल दूरी = 15 + 15 = 30 किमी

कुल समय = 3 + 5 = 8 घण्टे

औसत चाल $\frac{30}{8} = \frac{15}{4} = 3\frac{3}{4}$ किमी प्रति घण्टा।

14

समय एवं कार्य (Time and Work)

ऐकिक नियम के प्रश्नों में पहले इकाई वस्तु का मूल्य ज्ञात करके प्रश्न में दी गई संख्या का मूल्य निकालते हैं। उदाहरण के लिए प्रश्न है–

7 बकरियों की कीमत 630 रु॰ है, तो 20 बकरियों की कीमत क्या होगी?

ऐकिक नियम विधि से इस प्रश्न को हल करने में पहले एक बकरी की कीमत निकालनी होगी। उसके बाद 20 बकरियों की कीमत निकाली जायेगी।

ऐसे प्रश्नों को हल करते समय जो भाषा लिखी जाती है, उसमें जिस राशि या मद का उत्तर निकालना हो, उसे सबसे बाद में लिखा जाता है।

नोटः

(i) यदि एक आदमी एक काम को 10 दिनों में करता है, तो उसका एक दिन का काम होगा = $\frac{1}{10}$ भाग

(ii) यदि किसी आदमी का एक दिन का काम $\frac{1}{10}$ हो, तो वह पूरा काम 10 दिनों में करेगा।

(iii) ऐसे प्रश्नों में पहले एक दिन का काम निकाला जाता है।

(iv) यदि काम करने वाले आदमी बढ़ जायें, तो काम कम समय (कम दिनों) में पूरा होगा और यदि काम करने वाले आदमी कम हो जायें, तो काम अधिक समय (अधिक दिनों) में पूरा होगा।

प्रश्नमाला

1. A एक काम को 6 दिन में तथा B उसे 10 दिन में कर सकता है। A तथा B मिलकर उसे पूरा करेंगे।

A. 10 दिन से कम तथा 6 दिन से अधिक दिनों में
B. 10 दिन से अधिक दिनों में
C. 6 दिन से कम दिनों में
D. 2 दिन में

2. A एक मेज को 3 दिन में तथा उसका मित्र उसे 6 दिन में बना सकता है। A और उसका मित्र मिलकर उसे पूरा बनाएंगेः

A. 3 दिन में B. 2 दिन में
C. 1 दिन में D. $\frac{1}{2}$ दिन में

3. X और Y मिलकर किसी कार्य को 10 दिन में कर सकते हैं। X अकेला उसे 15 दिन में कर सकता है, तो Y उसे कितने दिन में करेगा?

A. 15 दिन B. 20 दिन
C. 25 दिन D. 30 दिन

4. 24 आदमी एक मशीन को 12 दिन में तैयार करते हैं, तो 36 आदमी उसे कितने दिनों में तैयार करेंगे?

A. 8 दिन B. 12 दिन
C. 16 दिन D. 20 दिन

5. X, Y और Z किसी काम को क्रमशः 8, 10 और 8 दिन में कर सकते हैं। तीनों मिलकर उस कार्य को कितने दिनों में कर सकेंगे?

A. $2\frac{1}{7}$ दिन B. $2\frac{3}{7}$ दिन
C. $2\frac{5}{7}$ दिन D. $2\frac{6}{7}$ दिन

6. A एक काम को 5 दिन में तथा B उसी काम को 10 दिन में पूरा करता है, तो बताइये (A + B) उस काम को कितने दिनों में पूरा करेंगे?

A. $2\frac{3}{4}$ दिन B. $3\frac{3}{4}$ दिन
C. $3\frac{1}{3}$ दिन D. $2\frac{1}{4}$ दिन

7. 3 पेन और 5 पैन्सिलों का मूल्य 14 रु॰ है। 12 पेन और 20 पेन्सिलों का क्या मूल्य होगा?

A. 42 रु॰ B. 56 रु॰
C. 20 रु॰ D. 112 रु॰

8. *x*, *y* और *z* मिलकर एक कार्य को 8 दिन में पूरा कर सकते हैं। यदि *x* और *z* मिलकर उस कार्य को 12 दिन में पूरा कर सकते हों, तो बताइये *y* अकेला उस कार्य को पूरा कितने दिन में करेगा?

A. 22 दिन B. 24 दिन
C. $17\frac{1}{4}$ दिन D. 23 दिन

9. यदि 75 संतरों की एक पेटी का मूल्य 60 रु॰ है, तो 50 संतरों का मूल्य होगाः

A. 30 रु॰ B. 40 रु॰
C. 50 रु॰ D. 60 रु॰

10. एक नल एक हौज को 4 घण्टे में तथा दूसरा नल उस हौज को 5 घण्टे में भर सकता है। यदि दोनों नल एक साथ खोल दिए जाएं, तो हौज को भरने में कितने घण्टे लगेंगे?

A. $3\frac{2}{9}$ घण्टे B. $2\frac{2}{9}$ घण्टे
C. $2\frac{1}{9}$ घण्टे D. $3\frac{5}{9}$ घण्टे

11. यदि 210 रुपए में 6 बाल्टियां खरीदी जा सकती हैं, तो 140 रुपए में कितनी बाल्टियां खरीदी जा सकेंगी।

A. 4 B. 3
C. 5 D. 6

12. गणित की 14 पुस्तकों का मूल्य 105 रुपए है, तो बताइए ऐसी ही 24 पुस्तकों के लिए क्या मूल्य देना होगा?

A. 170 रु. B. 175 रु.
C. 180 रु. D. 185 रु.

उत्तरमाला

1	2	3	4	5	6	7	8	9	10
C	B	D	A	D	C	B	B	B	B
11	**12**								
A	C								

व्याख्यात्मक उत्तर

1. A का 1 दिन का काम $= \frac{1}{6}$; B का 1 दिन का काम $= \frac{1}{10}$

(A + B) का 1 दिन का काम $= \frac{1}{6}+\frac{1}{10}=\frac{8}{30}$

$\therefore$ A + B मिलकर उसे $\frac{30}{8}$ दिन में करेंगे

$= 3\frac{6}{8}$ दिन $= 3\frac{3}{4}$ दिन जो 6 दिन से कम है।

2. A तथा उसके मित्र द्वारा 1 दिन में किया गया कार्य $= \frac{1}{3}+\frac{1}{6}=\frac{3}{6}$

$\therefore$ दोनों मिलकर उसे पूरा करेंगे $= \frac{6}{3} = 2$ दिन में।

3. X और Y का दिन का काम $= \frac{1}{10}$

अकेले X का 1 दिन का काम $= \frac{1}{15}$

अकेले Y का 1 दिन का काम $= \frac{1}{10}-\frac{1}{15}=\frac{1}{30}$

$\therefore$ Y अकेला उस काम को 30 दिन में करेगा।

4. $\because$ 24 व्यक्ति एक मशीन को बनाते हैं = 12 दिन में

$\therefore$ 1 व्यक्ति एक मशीन को बनाता है $= 24 \times 12$ दिन में।

$\therefore$ 36 व्यक्ति एक मशीन को बनाते हैं $= \frac{24\times12}{36} = 8$ दिन में।

5. X + Y + Z का 1 दिन का काम $= \frac{1}{8}+\frac{1}{10}+\frac{1}{8}=\frac{7}{20}$

$\therefore$ X + Y + Z उसे पूरा करेंगे $= \frac{20}{7}$ दिन $= 2\frac{6}{7}$ दिन में

6. $\because$ A का 1 दिन का काम $= \frac{1}{5}$ तथा B का 1 दिन का काम $= \frac{1}{10}$

$\therefore$ (A + B) का 1 दिन का काम $= \frac{1}{5}+\frac{1}{10}=\frac{2+1}{10}=\frac{3}{10}$

चूंकि $\frac{3}{10}$ काम (A + B) करते हैं = 1 दिन में

$\therefore$ पूरा काम (A + B) करेंगे $= \frac{10}{3} = 3\frac{1}{3}$ दिन में

7. $\because$ 3 पेन तथा 5 पेन्सिलों का मूल्य = 14 रु.

$\therefore$ 1 पेन तथा 1 पेन्सिल का मूल्य $= \frac{14}{\text{3 पेन तथा 5 पेन्सिल}}$

$\therefore 4 \times$ (3 पेन तथा 5 पेन्सिलों) का मूल्य

$= \frac{14\times4\times(\text{3 पेन तथा 5 पेंसिल})}{\text{3 पेन तथा 5 पेंसिल}} = 56$ रुपये।

8. $\because (x + y + z)$ का 1 दिन का काम $= \frac{1}{8}$

तथा $(x + z)$ का 1 दिन का काम $= \frac{1}{12}$

$\therefore y$ का 1 दिन का काम $= \frac{1}{8}-\frac{1}{12}=\frac{3-2}{24}=\frac{1}{24}$

चूंकि $\frac{1}{24}$ काम y करता है = 1 दिन में

$\therefore$ पूरा काम y करेगा 24 दिन में।

9. $\because$ 75 संतरों का मूल्य = 60 रु. $\because$ 1 संतरे का मूल्य $= \frac{60}{75}$

$\therefore$ 50 संतरों का मूल्य $= \frac{60}{75}\times50 = 40$ रु.

10. पहले नल द्वारा 1 घण्टे में हौज का भरा भाग $= \frac{1}{4}$

तथा दूसरे नल द्वारा 1 घण्टे में हौज का भरा भाग $= \frac{1}{5}$

$\therefore$ (पहले + दूसरे) नल द्वारा 1 घण्टे में हौज का भरा भाग

$= \frac{1}{4}+\frac{1}{5}=\frac{5+4}{20}=\frac{9}{20}$

चूंकि हौज का $\frac{9}{20}$ भाग (पहले + दूसरे) नल भरते हैं = 1 घण्टे में

$\therefore$ पूरा भाग (पहले + दूसरे) नल भरेंगे $\frac{20}{9} = 2\frac{2}{9}$ घण्टे में।

11.

रुपए	बाल्टियां
210	6
140	?

$\because$ 210 रुपए में खरीदी जाने वाली बाल्टियों की संख्या = 6

$\therefore$ 1 रुपए में खरीदी जाने वाली बाल्टियां $= \frac{6}{210}$

$\therefore$ 140 रुपए में खरीदी जाने वाली बाल्टियां

$= \frac{6}{210}\times140 = 4$ बाल्टियां

अतः 140 रुपए में 4 बाल्टियां खरीदी जा सकेंगी।

●●●

15

समय एवं दूरी (Time and Distance)

समय पर आधारित प्रश्नों के उत्तर देने के लिए निम्न बातें जानना आवश्यक है।

(i) 12 मध्यरात्रि से 12 मध्याह्न के समय पूर्वाह्न तथा 12 मध्याह्न से 12 मध्यरात्रि तक के समय को अपराह्न कहा जाता है।

(ii) 12 मध्यरात्रि को 24:00 बजे या 00:00 बजे लिखा जाता है।

(iii) 12 मध्यरात्रि को 12:00 बजे लिखा जाता है।

(iv) दाईं ओर के दो अंकों से बनने वाली संख्या मिनटों की संख्या दर्शाती है।

जैसे–10 : 15

(v) यदि बाईं ओर के दो अंकों से बनने वाली संख्या 12 से कम हो तो यह (मध्यरात्रि के बाद का समय) पूर्वाह्न कहलाती है। जैसे–

10:30 बजे = 10:30 पूर्वाह्न

11:45 बजे = 11:45 पूर्वाह्न

(vi) यदि बाईं ओर के दो अंकों से बनने वाली संख्या 12 से अधिक हो तो यह (दोपहर के बाद का समय) अपराह्न कहलाती है, जैसे–

18 : 15 बजे = 6 : 15 अपराह्न

20 : 30 बजे = 8 : 30 अपराह्न

उदाहरण 1. एक रेलगाड़ी सायं 5:40 बजे मुम्बई से चलती है और अगले दिन प्रातः 10:55 बजे नई दिल्ली पहुंचती है। रेलगाड़ी द्वारा तय यात्रा में लिया गया समय है।

हलः मुम्बई से प्रस्थान समय = 5:40

नई दिल्ली आगमन समय = 10:55 (अगले दिन)

कुल समय

= 5:40 से 5:40 (अगले दिन) = 12 घंटा

तथा 5:40 से 10:55 तक

= 5 घंटे 15 मिनट = 17 घंटे 15 मिनट

प्रश्नमाला

1. वैशाली सुपर फास्ट गाड़ी दिल्ली से 19:45 बजे रवाना होती है और अगले दिन 15:20 बजे मुज़फ्फरपुर पहुंचती है। बताओ यह मुज़फ्फरपुर पहुंचने में कितना समय लेती है?

A. 19 घंटा 25 मिनट

B. 18 घंटा 35 मिनट

C. 19 घंटा 35 मिनट

D. 18 घंटा 20 मिनट

2. मनु किसी सोमवार को रात में 9:30 पर सोया और अगले दिन 5:50 पर जागा। उसके सोने की अवधि कितनी थी?

A. 8 घंटे 20 मिनट B. 8 घंटे 10 मिनट

C. 7 घंटे 40 मिनट D. 7 घंटे 20 मिनट

3. इन्टरसिटी रेलगाड़ी रक्सौल से सुबह 9:15 पर चलती है तथा उसी दिन 11 बजे पीपरा पहुंचती है। रेलगाड़ी द्वारा यात्रा में लिया गया कुल समय है?

A. 1 घंटा 15 मिनट

B. 10 घंटे 45 मिनट

C. 1 घंटा 45 मिनट

D. 10 घंटे 15 मिनट

4. यदि किसी दिन सूर्य 6:20 पूर्वाह्न पर उदय हो तथा 6:57 अपराह्न पर अस्त हो, तो उस दिन की लम्बाई होगी।

A. 12 घंटे 27 मिनट B. 12 घंटे 17 मिनट

C. 12 घंटे 37 मिनट D. 12 घंटे

5. 9 घंटे 30 मिनट बराबर है।

A. 0.90 बजे B. 9:30 पूर्व॰ के

C. 8 घंटे 90 मिनट के D. 9:30 अप॰ के

6. एक बस शिमला से दिल्ली के लिए 7:20 बजे प्रातः प्रस्थान करती है और दिल्ली पहुंचने में 9 घंटे का समय लेती है। बस कितने बजे दिल्ली पहुंचती है?

A. 4:20 बजे अप॰ B. 3:30 बजे अप॰

C. 6:30 बजे अप॰ D. 7:30 बजे अप॰

7. एक वायुयान मुम्बई से 7:50 बजे उड़ान भरता है। यह चेन्नई 10:30 बजे हवाई हड्डे पर उतरता है। यह चेन्नई पहुंचने में कितना समय लेता है।

A. 2 घंटे 30 मिनट

B. 2 घंटे

C. 3 घंटे लगभग

D. 2 घंटे 40 मिनट

8. एक लड़का रात्रि 8:30 बजे सोने के लिए गया तथा प्रातः 6:15 पर जागा। वह लड़का कितनी देर तक सोया?

A. 9 घंटे 45 मिनट

B. 9 घंटे 15 मिनट

C. 2 घंटे 15 मिनट

D. 4 घंटे 45 मिनट

9. एक छात्र अपने घर से विद्यालय के लिए प्रातः 8:30 बजे साइकिल से चला। वह विद्यालय से पढ़ाई करने के बाद सांय 4:50 बजे घर वापस आया। वह कितने समय तक घर से बाहर रहा।

A. 7 घंटे 20 मिनट B. 8 घंटे 20 मिनट
C. 9 घंटे 20 मिनट D. 7 घंटे 90 मिनट

10. एक स्कूल की वार्षिक परीक्षा 18 मार्च, 2002 को आरम्भ हुई और 23 मार्च, 2002 को समाप्त हुई। परीक्षा कितने दिन तक चली?

A. एक सप्ताह B. 8 दिन
C. 6 दिन D. 1 महीना

उत्तरमाला

1	2	3	4	5	6	7	8	9	10
C	A	C	C	B	A	D	A	B	C

व्याख्यात्मक उत्तर

1. दिल्ली से प्रस्थान का समय = 19:45
मुज़फ्फरपुर में आगमन समय = 15:20
कुल समय = 19:45 से 24:00
= 4 घंटे 15 मिनट
= 00:00 से 15:20
= 15 घंटे 20 मिनट
= 19 घंटे 35 मिनट

2. सोने का समय = 9:30
जागने का समय = 5:50
कुल समय = 9:30 से 12:00 बजे मध्य रात्रि तक
= 2 घंटे 30 मिनट
= 12:00 से 5:50 बजे सुबह तक
= 5 घंटे 50 मिनट
अर्थात् 7 घंटे 80 मिनट = 8 घंटे 20 मिनट

3. रक्सौल से प्रस्थान समय = 9:15
पीपरा में आगमन समय = 11:00
कुल समय = आगमन समय – प्रस्थान समय
= 11:00 – 9:15 = 1 घंटा 45 मिनट

4. सूर्योदय होने का समय = 6:20
अस्त होने का समय = 6:57
कुल समय = प्रातः 6:20 से 6:20 शाम तक
= 12 घंटे
= शेष 37 मिनट
कुल समय = 12 घंटे 37 मिनट

5. दो अंकों से बनने वाली संख्या 12 से कम हो, तो वह पूर्वाह्न कहलाती है।
इस प्रकार 9:30 दर्शाता है 9:30 पूर्वाह्न

6. शिमला से प्रस्थान का समय = 7:20 प्रातः
दिल्ली पहुंचने में लगा समय = 9 घंटे
= 7:20 से 7:20 तक = 12 घंटे
9 घंटे के लिए = 7:20 – 3 = 4 : 20 अप.

7. मुम्बई से उड़ान भरने का समय = 7:50
चेन्नई पहुंचने का समय = 10:30
कुल समय = आगमन का समय – प्रस्थान का समय
= 10:30 – 7:50
= 2 घंटे 40 मिनट

8. सोने का समय = 8:30 शाम
जागने का समय = 6:15 सुबह
कुल समय = 8:30 से 12 बजे रात तक
= 3 घंटे 30 मिनट
= 12 बजे रात से 6:15 सुबह तक
= 6 घंटे 15 मिनट
कुल समय = 9 घंटे 45 मिनट

9. विद्यालय जाने का समय = 8:30 प्रातः
वापस आने का समय = 4:50 शाम
= 8:30 से 12 बजे दिन तक
= 3:30
= 12 बजे दिन से 4:50 बजे शाम तक
= 4:50
अर्थात् 7:80 = 8 घंटे 20 मिनट

10. परीक्षा की शुरुआत = 18 मार्च, 2002
परीक्षा की समाप्ति = 23 मार्च, 2002
कुल समय = 23 मार्च, 2002 से — 18 मार्च, 2002 तक
= 6 दिन

●●●

16

क्षेत्रमिति : रेखीय आकृति एवं वृत्त
(Mensuration : Plane Figures and Circles)

क्षेत्रमिति से सम्बंधित प्रश्नों को हल करने के लिए निम्नलिखित प्रमुख सूत्रों का जानना आवश्यक होता है :

1. आयतः

(*a*) आयत का क्षेत्रफल = लम्बाई × चौड़ाई

(*b*) आयत की परिमिति = 2 (लम्बाई + चौड़ाई)

(*c*) आयत का विकर्ण = $\sqrt{(\text{लं.})^2 + (\text{चौ.})^2}$

2. वर्गः

(*a*) वर्ग का क्षेत्रफल = (भुजा)^2 (*b*) वर्ग का परिमाप = 4 × भुजा

(*c*) वर्ग का विकर्ण = $\sqrt{2}$ × भुजा

3. वृत्तः

(*a*) वृत्त का क्षेत्रफल = π × (त्रिज्या)^2

(*b*) वृत्त की परिधि = 2π × (त्रिज्या)

(*c*) त्रिज्या = $\frac{\text{व्यास}}{2}$ या व्यास = 2 × त्रिज्या

4. त्रिभुज : (*a*) त्रिभुज का क्षेत्रफल

$= \sqrt{s(s-a)(s-b)(s-c)}$ जहां $s = \frac{a+b+c}{2}$

(*b*) यदि त्रिभुज समकोण हो, तब

क्षेत्रफल = $\frac{1}{2}$ × आधार (*b*) × ऊंचाई (*h*)

(*c*) समबाहु त्रिभुज का क्षेत्रफल = $\frac{\sqrt{3}}{4}$ × (भुजा)^2

5. चतुर्भुजः

(*a*) चतुर्भुज का क्षेत्रफल = $\frac{1}{2}$ × विकर्ण × (शीर्ष लम्बों का योग)

(*b*) समान्तर चतुर्भुज का क्षेत्रफल = आधार × ऊंचाई

(*c*) सम चतुर्भुज का क्षेत्रफल = $\frac{1}{2}$ × विकर्णों का गुणनफल

(*d*) समलम्ब चतर्भुज का क्षेत्रफल

= $\frac{1}{2}$ × ऊंचाई × समान्तर भुजाओं का योग

6. चार दीवारों काः

(*a*) चार दीवारों का क्षेत्रफल = 2 × ऊंचाई (लम्बाई + चौड़ाई)

(*b*) ऊंचाई = $\frac{\text{क्षेत्रफल}}{2(\text{लम्बाई} + \text{चौड़ाई})}$

प्रश्नमाला

1. एक आयत की लम्बाई व चौड़ाई क्रमशः 50 सेंमी. व 25 सेंमी. है, तो उसका क्षेत्रफल कितना होगा?

A. 1150 वर्ग सेंमी. B. 1250 वर्ग सेंमी.
C. 1275 वर्ग सेंमी. D. 1280 वर्ग सेंमी.

2. एक वर्गाकार मैदान का परिमाप 580 मी. है, तो बताइये उस मैदान का क्षेत्रफल कितना होगा?

A. 21025 वर्ग मी. B. 20225 वर्ग मी.
C. 30025 वर्ग मी. D. 19975 वर्ग मी.

3. एक वर्ग की प्रत्येक भुजा 20 सेंमी. है, तो इसका क्षेत्रफल कितना होगा?

A. 300 वर्ग सेंमी. B. 380 वर्ग सेंमी.
C. 360 वर्ग सेंमी. D. 400 वर्ग सेंमी.

4. एक वृत्त का क्षेत्रफल 154 वर्ग सेंमी. है। वृत्त की परिधि कितनी होगी?

A. 44 सेंमी. B. 48 सेंमी.
C. 54 सेंमी. D. 68 सेंमी.

5. यदि किसी त्रिभुज का आधार 8 सेमी तथा ऊंचाई 10 सेंमी. हो, तो उस त्रिभुज का क्षेत्रफल कितना होगा?

A. 40 वर्ग सेंमी. B. 20 वर्ग सेंमी.
C. 49 वर्ग सेंमी. D. 64 वर्ग सेंमी.

6. एक समलम्ब चतुर्भज की समान्तर भुजाएं क्रमशः 15 मी. तथा 25 मी. हैं तथा उनके बीच की दूरी 10 मी. है, तो इसका क्षेत्रफल क्या होगा?

A. 150 वर्ग मी. B. 225 वर्ग मी.
C. 200 वर्ग मी. D. 270 वर्ग मी.

7. एक आयताकार खेत का परिमाप 760 मी. है तथा उसकी लम्बाई व चौड़ाई में 11 : 8 का अनुपात है। तो बताइये आयताकार खेत का क्षेत्रफल क्या होगा?

A. 35200 वर्ग मी. B. 34700 वर्ग मी.
C. 35600 वर्ग मी. D. 45200 वर्ग मी.

8. यदि किसी वर्ग की भुजा में 50% की कमी कर दी जाये, तो उसका क्षेत्रफल कितने प्रतिशत घट जायेगा?

A. 50% B. 75%
C. 80% D. 60%

9. उस वर्ग की एक भुजा की लम्बाई क्या होगी जिसका क्षेत्रफल क्रमशः 6.4 मी. लम्बे तथा 2.5 मी. चौड़े आयत के क्षेत्रफल के बराबर हो?

A. 8 मी. B. 5.4 मी.
C. 3.8 मी. D. 4 मी.

10. यदि एक समकोण त्रिभुज का परिमाप उसकी सबसे छोटी भुजा का छः गुना हो, तो उस त्रिभुज की तीनों भुजाओं के बीच क्या अनुपात होगा?

A. 13 : 5 : 12 B. 13 : 12 : 5
C. 12 : 5 : 13 D. 13 : 5 : 10

उत्तरमाला

1	2	3	4	5	6	7	8	9	10
B	A	D	A	A	C	A	B	D	B

व्याख्यात्मक उत्तर

1. आयत का क्षेत्रफल = लम्बाई × चौड़ाई = $50 \times 25 = 1250$ वर्ग सेंमी.।

2. $\therefore$ वर्गाकार मैदान का परिमाप = 4 × भुजा

प्रश्नानुसार,

$\therefore$ 4 × भुजा = 580 ⇒ भुजा = $\frac{580}{4} = 145$ सेंमी.

$\therefore$ क्षेत्रफल = (भुजा)^2 = $(145)^2 = 21025$ वर्ग सेंमी.।

3. वर्ग का क्षेत्रफल = (भुजा)^2 = $(20)^2$

= 400 वर्ग सेंमी.

4. $\therefore$ वृत्त का क्षेत्रफल = π × (त्रिज्या)^2

$\therefore$ π × (त्रिज्या)^2 = 154

⇒ (त्रिज्या)^2 = $\frac{154}{\pi} = \frac{154}{\frac{22}{7}}$ ⇒ (त्रिज्या)^2 = $\frac{154 \times 7}{22}$

= 7 × 7 ⇒ त्रिज्या = 7 सेंमी.

$\therefore$ वृत्त की परिधि = 2π × (त्रिज्या) = $2 \times \frac{22}{7} \times 7 = 44$ सेंमी.।

5. त्रिभुज का क्षेत्रफल = $\frac{1}{2}$ × आधार × ऊंचाई

$= \frac{1}{2} \times 8 \times 10 = 40$ वर्ग सेंमी.।

6. चूंकि समलम्ब चतुर्भुज का क्षेत्रफल

= $\frac{1}{2}$ × ऊंचाई × समानान्तर भुजाओं का योग

$\therefore$ क्षेत्रफल = $\frac{1}{2} \times 10 \times (15 + 25) = \frac{1}{2} \times 10 \times 40$

= 200 वर्ग मी।

7. माना कि आयताकार खेत की लम्बाई व चौड़ाई क्रमशः $11x$ मी. व $8x$ मी. है

$\therefore$ खेत का परिमाप = $2(11x + 8x) = 2 \times 19x = 38x$ मी.

प्रश्नानुसार, आयताकार खेत का परिमाप = 760 है

$\therefore$ $38x = 760$

⇒ $x = \frac{760}{38} = 20$

$\therefore$ खेत की लम्बाई व चौड़ाई क्रमशः ($11 \times 20 = 220$ मी.) व ($8 \times 20 = 160$ मी.) होगी।

$\therefore$ आयताकार खेत का क्षेत्रफल

= $220 \times 160 = 35200$ वर्ग मी.।

8. माना कि वर्ग की भुजा x मी. है

$\therefore$ **पहली स्थिति में,** वर्ग का क्षेत्रफल = x^2 वर्ग मी.

दूसरी स्थिति में, वर्ग की भुजा में 50% की कमी के कारण

नए वर्ग की भुजा = $x - x$ का 50% = $\frac{x}{2}$ मी.

$\therefore$ नए वर्ग का क्षेत्रफल = $\left(\frac{x}{2}\right)^2 = \frac{x^2}{4}$ वर्ग मी.

$\therefore$ वर्ग के क्षेत्रफल में कमी = $x^2 - \frac{x^2}{4} = \frac{3x^2}{4}$ वर्ग मी.

$\therefore$ प्रतिशत कमी = $\frac{\frac{3x^2}{4}}{x^2} \times 100 = 75\%$

अत: वर्ग का क्षेत्रफल 75% घट जायेगा।

9. $\therefore$ आयत का क्षेत्रफल = $6.4 \times 2.5 = 16.00$ वर्ग मी.

प्रश्नानुसार,

वर्ग का क्षेत्रफल = आयत का क्षेत्रफल

$\therefore$ वर्ग का क्षेत्रफल = 16 वर्ग मी.

$\therefore$ वर्ग की भुजा = $\sqrt{16} = \sqrt{4 \times 4} = 4$ मी.।

10. माना कि समकोण त्रिभुज की तीन भुजाओं a, b और c में से सबसे बड़ी व सबसे छोटी भुजा क्रमशः a व c हैं

$\therefore a^2 = b^2 + c^2$ ... (i)

तथा समकोण त्रिभुज का परिमाप = $a + b + c$

प्रश्नानुसार, $(a + b + c) = c \times 6 \Rightarrow a + b = 5c$ ... (ii)

समीकरण (i) से, $a^2 - b^2 = c^2$

⇒ $(a + b)(a - b) = c^2$

⇒ $5c(a - b) = c^2$

⇒ $a - b = \frac{c}{5}$ ... (iii) [$\because a + b = 5c$]

समीकरण (ii) व (iii) से,

$a + b = 5c$

$a - b = \frac{c}{5}$

⇒ $2a = 5c + \frac{c}{5} = \frac{26c}{5} \Rightarrow a = \frac{13}{5}c$

⇒ $a : c = 13 : 5$

a का मान समीकरण (ii) में रखने पर,

$b = 5c - \frac{13c}{5} = \frac{12c}{5} \Rightarrow b : c = 12 : 5$

अत: समकोण त्रिभुज की तीनों भुजाओं में क्रमशः 13 : 12 : 5.

●●●

17

क्षेत्रमिति : ठोस आकृतियाँ
(Mensuration : Solid Figures)

ठोस : कोई वस्तु जो स्थान घेरती है, भार रखती है तथा जिसका आकार निश्चित होता है, ठोस कहलाती है। इस प्रकार ठोस में तीन मापें होती हैं— 1. लम्बाई 2. चौड़ाई 3. ऊंचाई (मोटाई)।

आयतन : ठोस के तलों द्वारा घिरी हुई जगह ठोस का आयतन कहलाती है। **घनाभ :** एक ठोस जो 6 आयताकार तलों द्वारा घिरा होता है, घनाभ कहलाता है। **घन :** एक ठोस जो 6 वर्गाकार तलों द्वारा घिरा होता है, घन कहलाता है।

ठोस आकृतियों से संबंधित समस्याओं को हल करने के लिए निम्नलिखित सूत्रों का जानना आवश्यक है :

1. गोला : (*a*) गोले का आयतन = $\frac{4}{3}\pi r^3$ (जहां r गोले की त्रिज्या है)

(*b*) गोले के धरातल का क्षेत्रफल या वक्रपृष्ठ का क्षेत्रफल = $4\pi r^2$

2. घनाभ : (*a*) घनाभ का आयतन = लम्बाई × चौड़ाई × ऊंचाई

(*b*) घनाभ का पृष्ठ = $2(l \times b + b \times h + h \times l)$ जहां l = लं., b = चौ., h = ऊं.

(*c*) किसी घनाभ का सबसे लम्बा विकर्ण = $\sqrt{l^2+b^2+h^2}$

3. घन : (*a*) घन का आयतन = (भुजा)^3 ∵ [भुजा = ल. = चौ = ऊं.]

(*b*) घन का पृष्ठ = 6 × (भुजा)^2

(*c*) किसी घन का सबसे लम्बा विकर्ण = $\sqrt{3}$ × भुजा

4. लम्ब वृत्तीय बेलन :

(*a*) बेलन का आयतन = आधार (वृत्त) का क्षेत्रफल × ऊँ.
$= \pi r^2 \times h = \pi r^2 h$

(*b*) बेलन का वक्रपृष्ठ = आधार (वृत्त) की परिधि × ऊँचाई
$= 2\pi r \times h = 2\pi rh$

(*c*) बेलन का सम्पूर्ण पृष्ठ = वक्र पृष्ठ + दोनों सिरों का क्षेत्रफल
$= 2\pi rh + 2\pi r^2 = 2\pi r(h + r)$

5. शंकु : (*a*) शंकु का आयतन = $\frac{1}{3}\pi r^2 h$

(*b*) शंकु की तिर्यक ऊंचाई = $\sqrt{r^2+h^2}$

(*c*) शंकु के वक्र पृष्ठ का क्षेत्रफल
= πr × तिर्यक ऊंचाई = $\pi r\sqrt{r^2+h^2}$

प्रश्नमाला

1. एक घनाभ की कोरें क्रमशः 4 सेंमी., 3 सेंमी. तथा 2 सेंमी. हैं, तो उस घनाभ का आयतन कितना होगा?

A. 20 घन सेंमी. B. 22 घन सेंमी.
C. 28 घन सेंमी. D. 24 घन सेंमी.

2. एक टंकी 3 मी. लम्बी, 2 मी. चौड़ी तथा 1 मी. गहरी है। उसकी क्षमता (ली. में) क्या होगी?

A. 8000 ली. B. 10000 ली.
C. 6500 ली. D. 6000 ली.

3. एक घन का पृष्ठ क्षेत्रफल 1014 वर्ग सेंमी. है। इसका आयतन कितना होगा?

A. 2197 घन सेंमी. B. 2297 घन सेंमी.
C. 2179 घन सेंमी. D. 2117 घन सेंमी.

4. यदि दो घनाकृतियों के आयतन में 8 : 1 का अनुपात हो, तो उनकी कोरों में क्या अनुपात होगा?

A. 1 : 2 B. 2 : 1
C. 4 : 1 D. 2 : 3

5. दो गोलों के पृष्ठ क्षेत्रफल में 9 : 16 का अनुपात है, तो बताइये उनके आयतनों में क्या अनुपात होगा?

A. 64 : 27 B. 27 : 64
C. 16 : 27 D. 11 : 27

6. एक कमरे की लं., चौ. व ऊँ. क्रमशः 12 मी., 9 मी. तथा 8 मी. है, तो बताइये उस छड़ की अधिक-से-अधिक लम्बाई क्या होगी जो कमरे में ठीक प्रकार रखी जा सके?

A. 17 मी. B. 18 मी.
C. 25 मी. D. 16 मी.

7. किसी लम्बवृत्तीय शंकु की त्रिज्या तथा ऊंचाई में 3 : 5 का अनुपात है। यदि शंकु का आयतन 120π घन मी. हो, तो उसकी तिरछी ऊँचाई कितनी होगी?

A. $3\sqrt{34}$ मी. B. $2\sqrt{28}$ मी.
C. $2\sqrt{44}$ मी. D. $2\sqrt{34}$ मी.

8. यदि किसी बेलन के आधार की परिधि 88 सेंमी. तथा ऊंचाई 42 सेंमी. हो, तो उस बेलन का आयतन कितना होगा?

A. 25872 घन सेंमी. B. 28572 घन सेंमी.
C. 25870 घन सेंमी. D. 22584 घन सेंमी.

9. 10 सेंमी. भुजा के दो घनों को आपस में सटाकर रखने से प्राप्त घनाभ का पृष्ठ क्या होगा?

A. 1200 वर्ग सेंमी. B. 5000 वर्ग सेंमी.
C. 1000 वर्ग सेंमी. D. 1250 वर्ग सेंमी.

10. एक आयताकार कागज के टुकड़े की लम्बाई व चौड़ाई क्रमशः 30 सेंमी. तथा 20 सेंमी. है। यदि कागज को मोड़कर एक बेलन का वक्रपृष्ठ बनाया जाये, तो बेलन कितने तरीके से बनाया जा सकता है?

A. तीन तरीके से B. दो तरीके से
C. एक तरीके से D. चार तरीके से

उत्तरमाला

1	2	3	4	5	6	7	8	9	10
D	D	A	B	B	A	D	A	C	B

व्याख्यात्मक उत्तर

1. $\because$ घनाभ का आयतन = लं. × चौ. × ऊं. = 4 × 3 ×2 = 24 घन सेंमी.

2. टंकी का आयतन = लं. × चौ. × ऊं. = 3 × 2 × 1 = 6 घन मी.

($\because$ 1 घन मी. = 1000 ली.)

$\therefore$ टंकी की क्षमता = 6 × 1000 = 6000 ली.।

3. $\because$ घन का पृष्ठ क्षेत्रफल = 6 × (भुजा)^2

$$\therefore \quad 6 \times (\text{भुजा})^2 = 1014 \Rightarrow (\text{भुजा})^2 = \frac{1014}{6} = 169$$

$\therefore$ घन की भुजा = $\sqrt{169}$ = 13 सेंमी.

$\therefore$ घन का आयतन = (भुजा)^3 = $(13)^3$ सेंमी. = 2197 घन सेंमी.

4. माना दो घनों की भुजा क्रमशः a_1 व a_2 है।

$\therefore$ दोनों घनों का आयतन क्रमशः $a_1{}^3$ व $a_2{}^3$ होगा

प्रश्नानुसार,

$$a_1{}^3 : a_2{}^3 = 8 : 1$$

$$\therefore \frac{a_1{}^3}{a_2{}^3} = \frac{8}{1} \therefore \left(\frac{a_1}{a_2}\right)^3 = \left(\frac{2}{1}\right)^3 \Rightarrow a_1 : a_2 = 2 : 1$$

अतः उनकी कोरों में 2 : 1 का अनुपात होगा।

5. माना कि दो गोलों की त्रिज्या क्रमशः r_1 व r_2 है

दोनों गोलों का पृष्ठ क्षेत्रफल क्रमशः $4\pi r_1{}^2$ व $4\pi r_2{}^2$

प्रश्नानुसार,

$$4\pi r_1{}^2 : 4\pi r_2{}^2 = 9 : 16 \Rightarrow r_1{}^2 : r_2{}^2 = 9 : 16$$

$$\Rightarrow \frac{r_1{}^2}{r_2{}^2} = \frac{9}{16} \Rightarrow \left(\frac{r_1}{r_2}\right)^2 = \left(\frac{3}{4}\right)^2 \Rightarrow r_1 : r_2 = 3 : 4$$

$$\Rightarrow \left(\frac{r_1}{r_2}\right)^3 = \left(\frac{3}{4}\right)^3 \Rightarrow \frac{r_1{}^3}{r_2{}^3} = \frac{27}{64} \Rightarrow r_1{}^3 : r_2{}^3 = 27 : 64$$

$\because$ उनके आयतनों का अनुपात = $\frac{4}{3}\pi r_1{}^3 : \frac{4}{3}\pi r_2{}^3$

$$\Rightarrow \quad r_1{}^3 : r_2{}^3 = 27 : 64$$

6. $\because$ अधिक-से-अधिक लम्बाई की छड़

= घनाभ के विकर्ण की लम्बाई

$$= \sqrt{(\quad)^2 + (\quad)^2 + (\quad)^2} = \sqrt{(12)^2 + (9)^2 + (8)^2}$$

$$= \sqrt{144 + 81 + 64} = \sqrt{289} = 17 \text{ मी.}$$

अतः उस छड़ की अधिक-से-अधिक लम्बाई जो ठीक प्रकार से कमरे में रखी जा सके 17 मी. होगी।

7. माना कि लम्बवृत्तीय शंकु की त्रिज्या व ऊंचाई क्रमशः $3x$ मी. व $5x$ मी. है

$\therefore$ शंकु का आयतन = $\frac{1}{3}\pi r^2 h = \frac{1}{3}\pi \times (3x)^2 \times 5x$ घन मी.

प्रश्नानुसार,

शंकु का आयतन = 120π घन मी. (दिया है)

$$\therefore \quad \frac{1}{3}\pi \times 9x^2 \times 5x = 120\pi \Rightarrow x^3 = \frac{120 \times 3}{9 \times 5}$$

$$\Rightarrow \quad x^3 = 8 \Rightarrow x^3 = (2)^3 \Rightarrow x = 2 \text{ मी.}$$

$\therefore$ लम्बवृत्तीय शंकु की त्रिज्या व ऊंचाई क्रमशः 3 × 2 = 6 मी. तथा 5 × 2 = 10 मी. होगी।

$\therefore$ तिर्यक ऊंचाई = $\sqrt{(\text{त्रिज्या})^2 + (\text{ऊँचाई})^2} = \sqrt{(6)^2 + (10)^2}$

= $\sqrt{36 + 100} = \sqrt{136} = 2\sqrt{34}$ मी.।

8. माना कि बेलन के आधार की त्रिज्या = r सेंमी.

$\therefore$ बेलन के आधार की परिधि = $2\pi r$ सेंमी.

प्रश्नानुसार, $2\pi r = 88$

$$\Rightarrow \quad r = \frac{88}{2\pi} = \frac{88}{2 \times \frac{22}{7}} = \frac{88 \times 7}{2 \times 22} = 14 \text{ सेंमी.}$$

$\therefore$ बेलन का आयतन = $\pi r^2 h = \frac{22}{7} \times (14)^2 \times 42$

= 22 × 2 × 14 × 42 = 25872 घन सेंमी.।

9. विद्यार्थियों को इस प्रकार के प्रश्नों में हमेशा ध्यान रखना चाहिए कि दो घनों को आपस में सटाकर रखने पर प्राप्त घनाभ की भुजाओं में केवल लम्बाई में ही वृद्धि होगी। उसकी चौड़ाई तथा ऊंचाई घन की भुजा के ही बराबर होगी।

$\therefore$ घनाभ की लम्बाई = पहले घन की भुजा की लम्बाई + दूसरे घन की भुजा की लम्बाई

अर्थात् घनाभ की लम्बाई = 10 + 10 = 20 सेंमी. होगी।

$\therefore$ घनाभ का पृष्ठ = 2(20 × 10 + 10 × 10 + 10 × 20)

= 2(200 + 100 + 200) = 2 × 500 = 1000 वर्ग सेंमी.।

10. कागज के टुकड़े को दो तरीके से मोड़कर बेलन बनाया जा सकता है।

1. आयताकार कागज को इस प्रकार मोड़ा जाए ताकि उसकी लम्बाई 30 सेंमी. तथा चौड़ाई 20 सेंमी. बेलन की क्रमशः वृत्तीय आधार की परिधि तथा ऊंचाई हो।

2. पुनः आयताकार कागज को इस प्रकार से मोड़ा जाये ताकि उसकी लम्बाई 30 सेंमी. तथा चौड़ाई 20 सेंमी. बेलन की क्रमशः ऊंचाई व वृत्तीय आधार की परिधि हो।

●●●

हरियाणा

सामान्य ज्ञान एवं सचेतता

वस्तुनिष्ठ प्रश्नोत्तर

1. प्राचीन काल में हरियाणा राज्य अन्य किस नाम से जाना जाता था?
A. ब्रह्मावर्त प्रदेश B. ब्रह्मर्षि प्रदेश
C. ब्रह्मा की उत्तरवेदी D. सभी से

2. किस भरतवंशी शासक ने हरियाणा प्रदेश से अपना विजय अभियान शुरू किया था?
A. सुदास B. अर्जुन
C. भरत D. भीष्म

3. महाभारत का प्रसिद्ध युद्ध प्रदेश में किस स्थान पर लड़ा गया था?
A. पानीपत B. कुरुक्षेत्र
C. झज्जर D. बल्लभगढ़

4. मुगलकाल में इस प्रदेश में जनपदों का स्थान किसने लिया था?
A. गण संघ ने B. गण-व्यवस्था ने
C. खापों ने D. पंचायत ने

5. बौद्धकाल के किन महाजनपदों में आधुनिक हरियाणा के भाग शामिल थे?
A. कुरु और पांचाल B. कौशल और वज्जी
C. सूरसेन और अवन्ती D. अस्सक और वत्स

6. प्रदेश का कौन-सा स्थान, अग्रेयगण की राजधानी था?
A. रिवाड़ी B. सिरसा
C. हांसी D. अग्रोहा

7. महमूद गजनवी ने थानेश्वर पर कब आक्रमण किया था?
A. 1013 ई. में B. 1014 ई. में
C. 1016 ई. में D. 1017 ई. में

8. प्रदेश का थानेश्वर नामक नगर किस प्रसिद्ध राजा की राजधानी था?
A. हर्षवर्धन B. अशोक
C. चन्द्रगुप्त विक्रमादित्य D. कनिष्क

9. बारहवीं शताब्दी में किस चौहान शासक ने हरियाणा प्रदेश पर आक्रमण कर तोमरों को पराजित किया था?
A. विग्रहराज VI B. विग्रहराज II
C. अर्णोराजा D. पृथ्वीराज चौहान

10. गुलाम वंश के शासक बलबन ने हरियाणा के शक्तिशाली मेवों की शक्ति को नष्ट करने का प्रयास कब किया था?
A. 1260 ई. में B. 1265 ई. में
C. 1266 ई. में D. 1267 ई. में

11. तुगलक शासक फिरोज तुगलक ने प्रदेश में कौन-सा नगर बसाया था?
A. टोहाना B. हांसी
C. सिवानी D. फतेहाबाद

12. निम्नलिखित में से प्रदेश के किस नगर पर तैमूर ने आक्रमण किया था?
A. सिरसा B. फतेहाबाद
C. हिसार D. सभी पर

13. 1526 ई. में हरियाणा में किस स्थान पर बाबर और इब्राहीम लोदी के बीच प्रसिद्ध युद्ध हुआ था?
A. पानीपत B. कुरुक्षेत्र
C. तावडू D. जीन्द

14. प्रसिद्ध मुगल शासक अकबर के समय में रिवाड़ी का शासक कौन था?
A. तुलाराम B. कर्णसिंह
C. हेमचन्द्र (हेमू) D. फूलसिंह

15. अकबर और हेमचन्द्र (हेमू) के बीच पानीपत का प्रसिद्ध द्वितीय युद्ध कब लड़ा गया था?
A. 1550 ई. में B. 1552 ई. में
C. 1554 ई. में D. 1556 ई. में

16. मराठों और अहमदशाह अब्दाली के बीच प्रदेश में कौन-सा प्रसिद्ध युद्ध लड़ा गया था?
A. पानीपत का तृतीय युद्ध B. पानीपत का द्वितीय युद्ध
C. पानीपत का प्रथम युद्ध D. कोई नहीं

17. प्रदेश के किस स्थान को जार्ज टॉमस ने अपनी राजधानी बनाया था?
A. रानिया B. टोहाना
C. हांसी का दुर्ग D. बहरामपुर

18. 1802 ई. में जार्ज टॉमस की मृत्यु प्रदेश में किस स्थान पर हुई थी?
A. महेन्द्रगढ़ B. बहरामपुर
C. नारनौल D. बावल

19. सन् 1809-10 में समस्त हरियाणा किसके अधिकार में था?
A. मराठों के B. सतनामियों के
C. मुगलों के D. अंग्रेजों के

20. आधुनिक हरियाणा राज्य का निर्माण कब किया गया था?
A. 1 नवम्बर, 1966 B. 5 जनवरी, 1967
C. 1 नवम्बर, 1958 D. 15 अगस्त, 1947

21. प्राग्हड़प्पा, हड़प्पा, परवर्ती हड़प्पा आदि संस्कृतियों के प्रमाण हरियाणा में किस स्थान से प्राप्त हुए हैं?
A. वणावली B. सोसवाल
C. मिर्जापुर D. सभी से

22. महाभारत-काल से शताब्दियों पूर्व हुए आर्यवंशी कुरुओं ने इस प्रदेश में किस युग का प्रारम्भ किया था?

A. कृषि-युग B. ताम्र-युग
C. लोह-युग D. धातु-युग

23. भगवान श्रीकृष्ण द्वारा विश्व प्रसिद्ध गीता का उपदेश हरियाणा में किस स्थान पर दिया गया था?
A. रेवाड़ी B. पेहवा
C. कुरुक्षेत्र D. पानीपत

24. यौधेय-काल में हरियाणा प्रदेश को निम्नलिखित में से किस नाम की संज्ञा दी गई?
A. यौधेय गणराज्य B. बहुधान्यक-प्रदेश
C. मत्स्य प्रदेश D. गण-प्रदेश

25. प्रसिद्ध चीनी यात्री ह्वेनसांग ने अपनी पुस्तक में हरियाणा के किस नगर के वैभव और समृद्धि का वर्णन किया है?
A. स्थाण्वीश्वर (थानेश्वर) B. पानीपत
C. रोहतक D. अम्बाला

26. तोमर शासकों के शासनकाल में हरियाणा में व्यापार, कला व संस्कृति की उन्नति की जानकारी किस ग्रन्थ से मिलती है?
A. तहकीक-ए-हिन्द B. हर्षचरित
C. कादम्बरी D. यशस्तिलक चम्पू

27. 1526-27 में बाबर के आक्रमण के समय तावडू के परगने का शासक कौन था?
A. हसन खाँ B. मोहन सिंह मंढ़ार
C. फैजल खाँ D. जलाल खाँ

28. निम्नलिखित कथनों पर विचार कीजिए :
(*a*) नडा साहिब गुरुद्वारा अम्बाला में है।
(*b*) नडा साहिब गुरुद्वारा घग्गर नदी के तट पर है।
उपर्युक्त में से कौन-सा/से कथन सही है/हैं?
A. केवल (*b*) B. (*a*) और (*b*) दोनों
C. न तो (*a*) और न ही (*b*) D. केवल (*a*)

29. 1756-57 में हरियाणा निम्नलिखित में से किसके अधिकार क्षेत्र में रहा?
A. मुगलों के B. सिक्खों के
C. मराठों के D. सतनामियों के

30. अहमदशाह अब्दाली ने अपने देश लौटते समय हरियाणा का उत्तरी भाग (अम्बाला, जीन्द, कुरुक्षेत्र, करनाल जिला) किसको सौंप दिया?
A. मुगलों को
B. सिक्खों को
C. सरहिन्द के गवर्नर जैन खाँ को
D. दुर्रानी के गवर्नर गेन खाँ को

31. 1857 के मेरठ-विद्रोह में जिन सैनिकों ने भाग लिया था उनमें से अधिकतर हरियाणा के किस जिले से सम्बन्धित थे?
A. गुरुग्राम B. रोहतक
C. हिसार D. सभी से

32. हरियाणा का कौन वीर सेनानी मेरठ क्रान्ति के समय मेरठ का नायब कोतवाल था?
A. अब्दुस समद खान B. विक्रमसिंह
C. रावकृष्ण गोपाल D. रामेश्वर दयाल

33. नारनौल के समीप नसीबपुर नामक गांव में लड़े गये (स्वाधीनता-संग्राम के) युद्ध में अंग्रेजों ने किन तीन शक्तियों को नष्ट किया था?
A. रिवाड़ी, झज्जर और जोधपुर
B. गुड़गांव, रिवाड़ी और जोधपुर
C. जींद, जगादरी और पेहवा
D. पानीपत, झज्जर और तावडू

34. प्रथम स्वाधीनता संग्राम में बल्लभगढ़ के किस राजा ने दिल्ली में क्रान्तिकारी सेनाओं का नेतृत्व किया था?
A. राजा कर्णसिंह B. राजा नाहन सिंह
C. राजा सूरजभान D. राजा सत्यपाल

35. निम्नलिखित में से प्रदेश की किस रियासत ने 1857 की जन-क्रान्ति में अंग्रेजों को महत्त्वपूर्ण सहयोग दिया था?
A. बहादुरगढ़ B. तावडू
C. झज्जर D. जींद

36. कांग्रेस के दूसरे 1886 के कलकत्ता अधिवेशन में हरियाणा का प्रतिनिधित्व किसने किया था?
A. पं॰ दीनदयाल शर्मा B. लाला मुरलीधर
C. बालमुकन्द गुप्त D. सभी ने

37. लाला लाजपत राय ने हरियाणा के किस स्थान को अपना राजनीतिक और सामाजिक, कार्य-क्षेत्र बनाया था?
A. हिसार B. सोनीपत
C. गुरुग्राम D. नूह

38. सन् 1888 में इलाहाबाद में आयोजित हुए कांग्रेस के चौथे अधिवेशन में किस महत्त्वपूर्ण राष्ट्र नेता ने जिला हिसार के प्रतिनिधि के रूप में भाग लिया था?
A. लाला सुल्तान सिंह B. बलदेव सिंह
C. लाला लाजपत राय D. बैनी सिंह

39. 8 अप्रैल, 1919 के दिन गांधी जी हरियाणा में कहां से गिरफ्तार हुए थे?
A. कैथल B. पलवल
C. गुहला D. अम्बाला

40. रोहतक में पं॰ रामभजदत्त की अध्यक्षता में सम्मेलन का आयोजन कब हुआ था, जिसमें गांधीजी के असहयोग आन्दोलन को कार्यरूप देने का निर्णय लिया गया था?
A. जनवरी, 1919 में B. नवम्बर, 1919 में
C. नवम्बर, 1920 में D. सितम्बर, 1921 में

41. कांग्रेस के नागपुर में हुए वार्षिक अधिवेशन में हरियाणा प्रान्त का प्रतिनिधित्व किसने किया था?
A. सरदार बूटा सिंह B. लाला उग्रसेन
C. बाबू श्याम लाल D. पं॰ नेकीराम शर्मा

42. पंजाब प्रदेश-कांग्रेस के आदेश पर पूरे हरियाणा में स्वतंत्रता दिवस कब मनाया गया?
A. 12 जनवरी, 1932 B. 10 दिसम्बर, 1932
C. 15 अगस्त, 1935 D. 26 जनवरी, 1932

43. हरियाणा में कांग्रेस की स्वर्ण-जयन्ती कब मनाई गई थी?
A. 18 अगस्त, 1930 को B. 30 जनवरी, 1935 को
C. 28 दिसम्बर, 1935 को D. 10 दिसम्बर, 1936 को

44. आजाद हिन्द फौज से सम्बन्धित हरियाणा का वह शूरवीर कौन था, जिसने मणिपुर की भूमि पर सबसे पहले तिरंगा फहराया था?
A. मेजर प्रतापसिंह B. मेजर सूरजमल
C. दरबारा सिंह D. भजनलाल

45. हरियाणवी क्षेत्रों में यूनियनिस्ट पार्टी को लोकप्रिय बनाने के लिए चौधरी छोटूराम ने जोरदार अभियान चलाया। प्रदेश में इसे किस नाम से पुकारा जाता था?
A. 'जमींदारी लीग' B. जमींदारी प्रथा
C. हिन्दू-मुस्लिम D. कोई नहीं

46. सन् 1916 में चौधरी छोटूराम ने रोहतक में किस साप्ताहिक का संपादन शुरू किया था?
A. हिन्दू गजट B. सिख गजट
C. जाट गजट D. कोई नहीं

47. श्री फजली हुसैन के साथ मिलकर चौधरी छोटूराम ने पंजाब में यूनियनिस्ट पार्टी की स्थापना कब की थी?
A. 1919 में B. 1921 में
C. 1922 में D. 1923 में

48. पटियाला, जींद और नाभा रियासतों में राजनैतिक गतिविधियों पर अंकुश रखने के लिए संवत् 1988 विक्रमी में एक कानून लागू किया गया था, उसका नाम क्या रखा गया था?
A. हिदायत संवत B. हिजरी संवत
C. विक्रम संवत D. शक संवत

49. सन् 1938 में जींद प्रजामण्डल की नींव जींद की राजधानी संगरूर में किस प्रसिद्ध देशभक्त ने डाली थी?
A. राजेन्द्र कुमार जैन ने B. साधूराम ने
C. हंसराज रहबर ने D. नन्दकिशोर ने

50. गांधी जी पलवल में कब गिरफ्तार हुए थे?
A. 5 जनवरी, 1919 में B. 8 मई, 1920 में
C. 8 अप्रैल, 1919 में D. 17 अप्रैल, 1921 में

51. सनातन धर्म को पूरे उत्तर भारत में लोकप्रिय बनाने में महत्त्वपूर्ण योगदान देने वाले पं. दीनदयाल शर्मा हरियाणा में कहाँ के रहने वाले थे?
A. झज्जर B. कैथल
C. हिसार D. जीन्द

52. सन् 1892 के लाहौर अधिवेशन में हिसार का प्रतिनिधित्व किस प्रसिद्ध जन नेता ने किया था?
A. बालमुकुन्द गुप्त B. लाला मुरलीधर
C. लाला लाजपत राय D. पं. दीनदयाल शर्मा

53. लाला लाजपतराय और सरदार अजीतसिंह को ब्रिटिश सरकार द्वारा गिरफ्तार करके मांडले जेल में कब भेजा गया था?
A. सन् 1907 में B. सन् 1895 में
C. सन् 1902 में D. सन् 1896 में

54. महात्मा गांधी, मुहम्मद अली तथा शौकत अली के साथ रोहतक कब आये थे?
A. 10 जनवरी, 1919 को B. 8 अक्टूबर, 1920 को
C. 1 अक्टूबर, 1920 को D. 18 मार्च, 1920 को

55. अम्बाला मण्डल की डिवीजनल पोलिटिकल कान्फ्रेंस, जिसमें महात्मा गांधी अली भाइयों के साथ आये थे, भिवानी में कब हुई थी?
A. मार्च 1918 में B. जून 1920 में
C. अक्टूबर 1919 में D. अक्टूबर 1920 में

56. 1947 में भारत के स्वतन्त्र होने के पश्चात तक हरियाणा किस प्रान्त का भाग था?
A. दिल्ली B. पंजाब
C. उत्तर प्रदेश D. राजस्थान

57. 1955 में भारत सरकार द्वारा गठित राज्य पुनर्गठन आयोग ने किन दो स्थानों को हरियाणा क्षेत्र में शामिल करने की सिफारिश की थी?
A. महेन्द्रगढ़ व जीन्द B. पटियाला व हिसार
C. पानीपत व कैथल D. रोहतक व गुडगांव

58. हरियाणा राज्य की स्थापना कब हुई?
A. 10 नवम्बर, 1966 में B. 26 जनवरी, 1966 में
C. 1 नवम्बर, 1966 में D. 5 जून, 1966 में

59. हरियाणा के प्रथम राज्यपाल कौन बनाये गये?
A. श्री सत्यपाल B. श्री धर्मवीर
C. श्री देवीलाल D. श्री बंसीलाल

60. 24 मार्च, 1967 को बने हरियाणा के प्रथम गैर-कांग्रेसी मुख्यमंत्री का नाम बताइये।
A. चौधरी भजनलाल B. देवीलाल
C. बंसीलाल D. राव वीरेन्द्र सिंह

61. प्रदेश के किस प्रसिद्ध प्राचीन नगर की विस्तार से जानकारी चीनी यात्री ह्यूनसांग के वृत्तान्त से मिलती है?
A. रोहतक B. अम्बाला
C. थानेश्वर D. भिवानी

62. प्रदेश के थानेश्वर नगर की प्रसिद्धि निम्नलिखित में से किस काल में सर्वाधिक थी?
A. वर्धनकाल में B. गुप्तकाल में
C. शुंगकाल में D. मौर्यकाल में

63. 1526 ई. में बाबर और इब्राहिम लोदी के बीच युद्ध हरियाणा में किस स्थान पर लड़ा गया था?
A. झज्जर B. कुरुक्षेत्र
C. रोहतक D. पानीपत

64. पानीपत नगर को जिले का दर्जा कब मिला था?
A. 1 जनवरी, 1988 को B. 1 नवम्बर, 1989 को
C. 1 दिसम्बर, 1990 को D. 1 अगस्त, 1991 को

65. रेवाड़ी जिला कब बना था?
A. 10 जून, 1977 को B. 5 फरवरी, 1979 को
C. 1 नवम्बर, 1989 को D. 17 जून, 1980 को

66. हिसार नगर निम्नलिखित में से किस प्रसिद्ध शासक की जन्मभूमि है?
A. शेरशाह सूरी B. अकबर
C. मुहम्मद तुगलक D. फिरोज तुगलक

67. वर्तमान समय में किस नगर में प्रदेश का सबसे बड़ा पशुधन फार्म स्थित है?
A. नारनौल B. हिसार
C. पानीपत D. करनाल

68. सन् 1354 में किस प्रसिद्ध मध्यकालीन शासक ने हिसार की एक दुर्ग के रूप में स्थापना की थी?
A. मुहम्मद तुगलक B. बलबन
C. फिरोज तुगलक D. अलाउद्दीन खिलजी

69. प्रदेश का महेन्द्रगढ़ नामक नगर प्राचीन काल में निम्नलिखित में से किस नाम से जाना जाता था?
A. जानोवा B. कर्णपुर
C. महिपगढ़ D. कानौड

70. बल्लभगढ़ के अन्तिम राजा का नाम बताइये जो कि सन् 1857 के स्वतंत्रता संग्राम में शहीद हुआ था?
A. नाहर सिंह B. विजय सिंह
C. प्रताप सिंह D. महर सिंह

71. बल्लभगढ़ नामक नगर प्रदेश के किस जिले के अंतर्गत आता है?
A. रोहतक B. फरीदाबाद
C. गुरुग्राम D. करनाल

72. पलवल किस जिले से अलग होकर नया जिला बना है?
A. जींद B. हिसार
C. फरीदाबाद D. करनाल

73. प्रसिद्ध गुलाम शासिका रज़िया सुल्ताना की कब्र प्रदेश के किस जिले में स्थित है?
A. कैथल B. गुरुग्राम
C. अम्बाला D. फरीदाबाद

74. प्रदेश का कौन-सा नगर विश्व के मानचित्र में "धान का कटोरा" तथा "हरियाणा का पैरिस" जैसे उपमानों से जाना जाता है?
A. रोहतक B. सोनीपत
C. फरीदाबाद D. करनाल

75. 1607 ई॰ में फरीदाबाद नगर की स्थापना किसके द्वारा की गई थी?
A. फिरोजशाह B. मुबारकशाह
C. बाबा फरीद D. मनसूब अली

76. महाभारत काल में सिरसा किस नाम से जाना जाता थ?
A. शिषिरा B. शैरीषकम
C. सोरीश D. सिरसा

77. गोहाना नगर प्राचीनकाल में किस नाम से जाना जाता था?
A. गवभ भवाना B. गढ़ना
C. गपत जमाना D. इनमें से कोई नहीं

78. प्राचीनकाल में बहादुरगढ़ नामक नगर किस नाम से जाना जाता था?
A. बहावलगढ़ B. शफीराबाद
C. शरफाबाद D. बलरामगढ़

79. अंग्रेजों ने बहादुरगढ़ को सिन्धिया राजा से छीन कर झज्जर के नवाब के भाई कों कब जागीर के रूप में दिया था?
A. 1800 ई॰ में B. 1801 ई॰ में
C. 1805 ई॰ में D. 1803 ई॰ में

80. प्रदेश के किस नगर की स्थापना 14वीं शताब्दी में अम्बा नामक राजपूत द्वारा की गई थी?
A. झज्जर B. रोहतक
C. अम्बाला D. भिवानी

81. अब्दुररहमान खाँ, जिसने अंग्रेजों से टक्कर लेते हुए देश प्रेम के लिए अपना बलिदान दिया था, हरियाणा में किस नगर का नवाब था?
A. कुरुक्षेत्र B. झज्जर
C. फर्रुखनगर D. रेवाड़ी

82. फर्रुखनगर की स्थापना किस बिलोच शासक द्वारा की गई थी?
A. दलेल खाँ (फौजदार खाँ) B. शफूद्दीन खाँ
C. बदरखाँ D. जमालुद्दीन खाँ

83. बिलोच शासक दलेल खां (फौजदार खां) ने किस बादशाह के नाम पर फर्रुखनगर नगर बसाया था?
A. फखरुद्दीन अहमद B. फारूख अली
C. फिरोजशाह तुगलक D. फर्रुखसीयर

84. महर्षि वेदव्यास द्वारा अमर काव्य "महाभारत" की रचना हरियाणा के किस नगर में की गई थी?
A. पानीपत B. रेवाड़ी
C. कुरुक्षेत्र D. हिसार

85. शक्तिशाली वर्धन वंश का उदय हरियाणा में कहां पर हुआ था?
A. थानेसर (स्थाण्वीश्वर) B. रोहतक
C. पानीपत D. कुरुक्षेत्र

86. 1556 ई॰ में अकबर और रेवाड़ी के हेमचन्द्र (हेमू) के मध्य हरियाणा में किस स्थान पर प्रसिद्ध युद्ध हुआ था?
A. रेवाड़ी B. जीन्द
C. कुरुक्षेत्र D. पानीपत

87. 1761 ई॰ में पानीपत का तीसरा युद्ध किनके मध्य हुआ था?
A. बाबर और इब्राहिम लोदी के मध्य
B. अकबर और हेमचन्द्र (हेमू) के मध्य
C. अहमद शाह अब्दाली और मराठों के मध्य
D. अंग्रेजों और सिक्खों के मध्य

88. पानीपत नगर 31 अक्टूबर, 1989 तक हरियाणा के किस जिले के अन्तर्गत था?
A. रेवाड़ी B. अम्बाला
C. करनाल D. हिसार

89. निम्नलिखित में से प्रदेश का कौन-सा जिला 1989 से पूर्व गुरुग्राम और महेन्द्रगढ़ जिलों के अन्तर्गत था?
A. महेन्द्रगढ़ B. फरीदाबाद
C. जीन्द D. रेवाड़ी

90. जीन्द को जिले का दर्जा कब मिला?
A. 1966 में B. 1972 में
C. 1968 में D. 1975 में

91. हरियाणा का ऐसा कौन-सा जिला है जिसका जिला मुख्यालय नारनौल नगर में स्थित है?
A. हिसार B. फरीदाबाद
C. महेन्द्रगढ़ D. करनाल

92. सन् 1818 में राजा अनुरूप सिंह की विधवा ने अपने पति की स्मृति में कहाँ पर एक छतरी व पक्के तालाब का निर्माण करवाया था?

A. करनाल B. बल्लभगढ़
C. सोनीपत D. कैथल

93. पलवल को जिले का दर्जा किस वर्ष मिला?

A. 2006 में B. 2005 में
C. 2008 में D. 2007 में

94. महाभारत काल में राजा युधिष्ठिर द्वारा निम्नलिखित में से कौन-सा स्थान अपने धर्मगुरु द्रोणाचार्य को उपहार स्वरूप दिया गया था?

A. गुरुग्राम गांव B. कैथल
C. होडल D. सिरसा

95. 1857 के स्वतंत्रता संग्राम के समय गुरुग्राम के कलेक्टर का नाम क्या था?

A. हेनरी B. सर हेली
C. जान मार्शल D. श्री फोर्ड

96. 1858 ई० में हरियाणा का कौन-सा जिला पंजाब प्रान्त में सम्मिलित कर दिया गया था?

A. फरीदाबाद B. गुरुग्राम
C. हिसार D. महेन्द्रगढ़

97. फरीदाबाद हरियाणा के 12वें जिले के रूप में कब अस्तित्व में आया?

A. 15 अगस्त, 1970 को B. 15 अगस्त, 1979 को
C. 26 जनवरी, 1979 को D. 8 मार्च, 1982 को

98. बहादुरगढ़ नगर हरियाणा के किस जिले के अन्तर्गत आता है?

A. झज्जर B. करनाल
C. यमुनानगर D. फरीदाबाद

99. गोहाना नामक ऐतिहासिक कस्बा हरियाणा के किस जिले में स्थित है?

A. पानीपत B. सिरसा
C. सोनीपत D. रेवाड़ी

100. हरियाणा का 22वाँ जिला कौन-सा है?

A. लोहारू B. चरखी दादरी
C. तोशाम D. बादड़ा

101. चरखी दादरी का नाम सन् 1939 में डालमिया दादरी रखा गया, इस कस्बे का नाम पुनः चरखी दादरी कब पड़ा?

A. सन् 1940 में B. सन् 1946 में
C. सन् 1958 में D. सन् 1968 में

102. जिला भिवानी में स्थित तोशाम नामक कस्बे को उपमण्डल का दर्जा कब मिला?

A. 27 अप्रैल, 1993 को B. 10 जून, 1995 को
C. 5 मार्च, 1997 को D. 27 अप्रैल, 1998 को

103. पूर्वी हरियाणा और उत्तर प्रदेश की सीमा पर निम्न में से कौन-सी नदी बहती है?

A. गंगा नदी B. सरस्वती नदी
C. घग्घर नदी D. यमुना नदी

104. हरियाणा प्रदेश भारत के उत्तर-पश्चिम में 27° 39' से 30° 55' उत्तर अक्षांश पर स्थित है। बताइये कि वह कितने पूर्व रेखांश के बीच स्थित है?

A. 74° 28' से 77° 36' B. 65° 33' से 77° 28'
C. 50° 28' से 64° 36' D. 84° 42' से 89° 41'

105. हरियाणा के उत्तर में निम्नलिखित में से कौन-सा प्रदेश स्थित है?

A. उत्तर प्रदेश B. पंजाब
C. हिमाचल प्रदेश D. राजस्थान

106. हरियाणा के पश्चिम में निम्नलिखित में से कौन-सा प्रदेश स्थित है?

A. पंजाब B. राजस्थान
C. उत्तर प्रदेश D. हिमाचल प्रदेश

107. हरियाणा में 1 नवम्बर किस रूप में मनाया जाता है?

A. गरीबी उन्मूलन दिवस B. हरियाणा दिवस
C. हरियाणा स्वतंत्रता दिवस D. हरियाणा पर्यावरण दिवस

108. निम्नलिखित प्रदेशों में से कौन-सा प्रदेश क्षेत्रफल की दृष्टि से हरियाणा से बड़ा नहीं है?

A. मेघालय B. बिहार
C. हिमाचल प्रदेश D. पंजाब

109. हरियाणा की आबादी निम्नलिखित में से किस प्रदेश से अधिक है?

A. अरुणाचल प्रदेश B. सिक्किम
C. नगालैंड D. सभी से

110. हरियाणा का मैदानी भाग समुद्रतल से कितनी ऊँचाई पर स्थित है?

A. 700 से 900 फीट B. 750 से 880 फीट
C. 800 से 1000 फीट D. 900 से 1100 फीट

111. हरियाणा के किस भाग में शिवालिक पर्वत श्रेणियां स्थित हैं?

A. उत्तर-पश्चिमी B. उत्तरी-पूर्वी
C. दक्षिणी-पश्चिमी D. दक्षिणी-पूर्वी

112. शिवालिक की पहाड़ियों से हरियाणा प्रदेश की कौन-सी नदी निकलती है?

A. घग्घर B. मारकण्डा
C. टांगरी D. सभी

113. हरियाणा का निम्नलिखित में से कौन-सा प्राकृतिक भाग सबसे बड़ा है?

A. शिवालिक का पहाड़ी भाग
B. रेतीला भाग
C. मैदानी भाग
D. अरावली की पहाड़ियों का शुष्क मैदानी भाग

114. प्रसिद्ध वीवीपुर व नजफगढ़ नामक झीलें हरियाणा के किस प्राकृतिक क्षेत्र में स्थित हैं?

A. मैदानी क्षेत्र
B. रेतीला क्षेत्र
C. शिवालिक का पहाड़ी क्षेत्र
D. अरावली की पहाड़ियों का शुष्क मैदानी क्षेत्र

115. हरियाणा की जलवायु है :

A. महाद्वीपीय प्रकार
B. अल्पार्द्र शीतोष्णीय प्रकार
C. उपोष्णीय शुष्क महाद्वीपीय प्रकार
D. अल्पार्द्र उपोष्णीय प्रकार

116. हरियाणा के किस भाग में वर्षा अधिक होती है?
A. दक्षिण-पश्चिमी भाग B. उत्तरी-पूर्वी भाग
C. उत्तरी-पश्चिमी भाग D. दक्षिणी-पूर्वी भाग

117. प्रदेश के किस भाग में वर्षा कम होती है?
A. उत्तरी-पूर्वी भाग B. दक्षिणी-पूर्वी भाग
C. उत्तरी-पश्चिमी भाग D. दक्षिणी-पश्चिमी भाग

118. प्रदेश में मोरनी की पहाड़ियों पर किस प्रकार की मिट्टी पाई जाती है?
A. रेतीली मिट्टी B. भूरे रंग की मिट्टी
C. पथरीली मिट्टी D. बलुई दोमट मिट्टी

119. हरियाणा के मैदानी भाग में अधिकांशतः किस प्रकार की मिट्टी पाई जाती है?
A. पीले भूरे रंग की उपजाऊ मिट्टी
B. पथरीली मिट्टी
C. रेतीली मिट्टी
D. बलुई दोमट मिट्टी

120. हरियाणा के निम्नलिखित में से किस जिले में लाल चैसटनट मिट्टी पाई जाती है?
A. रोहतक जिले में B. सिरसा जिले में
C. यमुनानगर जिले में D. भिवानी जिले में

121. प्रदेश की कौन-सी नदी मुलाना के समीप मारकण्डा नदी में मिलती है?
A. साहिबी नदी B. टांगरी नदी
C. कृष्णावती नदी D. दोहन नदी

122. हरियाणा की सबसे प्राचीन व प्रमुख नहर कौन-सी है?
A. गुड़गांव नहर B. भिवानी नहर
C. भाखड़ा नहर D. पश्चिमी यमुना नहर

123. प्रदेश की कौन-सी नहर जगाधरी-पोंटा सड़क पर स्थित ताजेवाला नामक स्थान से यमुना नदी से निकलती है?
A. भाखड़ा नहर B. पश्चिमी व पूर्वी यमुना नहर
C. जवाहर लाल नेहरू नहर D. कोई नहीं

124. हरियाणा की जवाहर लाल नेहरू नहर किस नहर से निकाली गई है?
A. भाखड़ा नहर से B. भिवानी नहर से
C. गुड़गांव नहर से D. यमुना नहर से

125. निम्नलिखित में से कौन-सी झील हरियाणा में स्थित है?
A. दमदमा झील B. कोटला झील
C. खलीलपुर झील D. सभी

126. प्रदेश के फरुखनगर खण्ड में निम्नलिखित में से कौन-सी झील स्थित है?
A. सुल्तानपुर झील B. दमदमा झील
C. खलीलपुर झील D. कोटला झील

127. प्रसिद्ध बड़खल झील हरियाणा के किस जिले में स्थित है?
A. गुरुग्राम B. भिवानी
C. फरीदाबाद D. रोहतक

128. हरियाणा की कौन-सी नहर दिल्ली में ओखला नामक स्थान से यमुना नदी से निकाली गई है?
A. भाखड़ा नहर B. गुड़गांव नहर
C. पूर्वी यमुना नहर D. कोई नहीं

129. भाखड़ा नहर द्वारा प्रदेश के किस जिले में सिंचाई कार्य किया जाता है?
A. सिरसा B. हिसार
C. रोहतक D. सभी में

130. 'ओटू' बांध हरियाणा में किस नदी पर है?
A. साहिबा B. टांगरी
C. घग्गर D. यमुना

131. प्रदेश में भिवानी नहर किस नहर से निकाली गई है?
A. भाखड़ा नहर से B. गुड़गांव नहर से
C. पश्चिमी यमुना नहर से D. पूर्वी यमुना नहर से

132. हरियाणा की प्रसिद्ध बड़खल झील का निर्माण कब किया गया था?
A. वर्ष 1940 में B. वर्ष 1950 में
C. वर्ष 1974 में D. वर्ष 1947 में

133. हरियाणा का कुल क्षेत्रफल कितने वर्ग कि॰मी॰ है?
A. 38,150 वर्ग कि॰मी॰ B. 44,212 वर्ग कि॰मी॰
C. 50,210 वर्ग कि॰मी॰ D. 52,300 वर्ग कि॰मी॰

134. हरियाणा में जनवरी 2025 तक कुल कितने मण्डल हैं?
A. 6 B. 5
C. 4 D. 8

135. हरियाणा प्रदेश में जनवरी 2025 तक में कुल उप-मण्डल कितने हैं?
A. 60 B. 65
C. 68 D. 80

136. हरियाणा में जनवरी 2025 तक कुल कितनी तहसीलें हैं?
A. 94 B. 68
C. 70 D. 85

137. हरियाणा प्रदेश में जनवरी 2025 तक उप-तहसीलों की कुल संख्या कितनी है?
A. 30 B. 31
C. 49 D. 40

138. हरियाणा प्रदेश में जनवरी 2025 तक कुल कितने खण्ड हैं?
A. 95 B. 143
C. 115 D. 119

139. सम्पूर्ण हरियाणा में गाँव (2011 जनगणना) कितने हैं?
A. 4,390 B. 4,950
C. 5,845 D. 6,841

140. 2011 की जनगणना के अनुसार हरियाणा की कुल जनसंख्या कितनी है?
A. 2,53,51,462 B. 2,40,55,400
C. 2,25,83,912 D. 2,20,45,657

141. हरियाणा साहित्य अकादमी की पत्रिका है :
A. हरियाणा संवाद B. हरियाणा संदेश
C. हरिगंधा D. पाञ्चजन्य

142. हरियाणा के किस जिले में तेल शोधक कारखाना स्थित है?
A. रोहतक B. पानीपत
C. रेवाड़ी D. अम्बाला

143. जिला महेन्द्रगढ़ में निम्नलिखित में से कौन-सा खनिज पदार्थ अधिक मात्रा में मिलता है?
A. चूने का पत्थर B. चीनी मिट्टी
C. तांबा D. उपरोक्त सभी

144. जिला रेवाड़ी में किस स्थान पर स्लेट-पत्थर बहुत मात्रा में मिलता है?
A. कुण्ड नामक स्थान पर B. बावल नामक स्थान पर
C. कुसल नामक स्थान पर D. खोल नामक स्थान पर

145. वह कौन-सा खनिज पदार्थ है जो भारत में सिर्फ हरियाणा के गांव कलियाणा में उपलब्ध होता है?
A. स्लेट का पत्थर B. रेत
C. हिलना पत्थर D. क्वार्ट्ज

146. जिला भिवानी में किस स्थान पर 'ग्रेनाइट' नामक पत्थर मिलता है?
A. गांव निगाणाकलां B. देल्हेड़ी
C. रिवासा D. उपरोक्त सभी में

147. हरियाणा में राष्ट्रीय मधुमक्खी पालन एवं शहद मिशन (NBHM) योजना की शुरुआत किस वर्ष में हुई?
A. 2020 B. 2018
C. 2019 D. 2017

148. हरियाणा के कितने प्रतिशत भू-भाग में वन क्षेत्र हैं?
A. 2.54 प्रतिशत B. 3.65 प्रतिशत
C. 5 प्रतिशत D. 6.58 प्रतिशत

149. किस वर्ष मॉडल के रूप में हरियाणा प्रदेश में ''ग्रीनिंग ऑफ हरियाणा'' नाम से वृक्षारोपण की व्यापक योजना शुरू की गई थी?
A. वर्ष 1982-83 में B. वर्ष 1985-86 में
C. वर्ष 1989-90 में D. वर्ष 1994-95 में

150. हरियाणा प्रदेश के किस जिले में सबसे ज्यादा वन हैं?
A. पंचकुला B. हिसार
C. रोहतक D. जीन्द

151. प्रदेश के किस जिले में 'चौधरी देवीलाल प्राकृतिक पार्क' विकसित किया गया है?
A. भिवानी B. रोहतक
C. पानीपत D. यमुनानगर

152. रणदीप हुड्डा की ख्याति किस विधा के कारण है?
A. अभिनय B. सांग परम्परा
C. खेलकूद D. समाज सेवा

153. निम्नलिखित में से कौन-सा वृक्ष हरियाणा का राज्य वृक्ष है?
A. पवित्र अंजीर B. आम का वृक्ष
C. साल का वृक्ष D. बरगद का वृक्ष

154. हरियाणा में राष्ट्रीय खाद्य सुरक्षा योजना के तहत 'दाल-रोटी' योजना की शुरुआत किस वर्ष की गई?
A. वर्ष 2011 में B. वर्ष 2013 में
C. वर्ष 2010 में D. वर्ष 2012 में

155. जिला हिसार व करनाल में निम्नलिखित में से कौन-सा खनिज पदार्थ उपलब्ध होता है?
A. कच्चा लोहा B. अभ्रक
C. शोरा D. संगमरमर

156. जिला रोहतक में निम्नलिखित में से कौन-सा खनिज पदार्थ पाया जाता है?
A. चूना B. तांबा
C. मैंगनीज़ D. अभ्रक

157. हरियाणा के जीन्द जिले में निम्नलिखित में से कौन-से वृक्ष अधिक मात्रा में पाये जाते हैं?
A. शीशम B. कीकर
C. सफेदा D. उपरोक्त सभी

158. हरियाणा प्रदेश के कृषि विश्वविद्यालय हिसार में 'धान' पर शोधकार्य कब शुरू किया गया?
A. 1966 में B. 1970 में
C. 1974 में D. 1989 में

159. हरियाणा में सरस्वती वन्यजीव अभ्यारण्य किस जिले में स्थित है?
A. गुरुग्राम B. रेवाड़ी
C. जीन्द D. कैथल

160. हरियाणा का कौन-सा जिला खुम्बी की फसल के उत्पादन में भारत में अग्रणी है?
A. अम्बाला B. सिरसा
C. सोनीपत D. यमुनानगर

161. जिला रोहतक में निम्न में से किस चीज की खेती की जाती है?
A. गेहूँ B. ज्वार
C. गन्ना D. उपरोक्त सभी की

162. कुरुक्षेत्र में किस स्थान पर गन्ना मिल है?
A. पेहवा B. शाहबाद मारकण्डा
C. लाडवा D. बबैन

163. हरियाणा के किस जिले को बासमती चावल के उत्पादन में विश्व प्रसिद्ध होने के कारण ''धान का कटोरा'' नाम से जाना जाता है?
A. हिसार B. कुरुक्षेत्र
C. करनाल D. जीन्द

164. निम्नलिखित में से कौन हरियाणा के प्रमुख कपास उत्पादक जिलों में से एक नहीं है?
A. सोनीपत B. अम्बाला
C. रेवाड़ी D. सिरसा

165. हरियाणा का निम्नलिखित में से कौन-सा जिला अपनी सीमा किसी अन्य राज्य के साथ साझा नहीं करता?
A. चरखी दादरी B. गुरुग्राम
C. पलवल D. जींद

166. हरियाणा में किस फसल का उत्पादन सबसे ज्यादा होता है?
A. चावल B. गेहूँ
C. चना D. सरसों

167. हरियाणा की सबसे ऊँची पहाड़ी शृंखला मोरनी हिल्स अवस्थित है :
A. अम्बाला में B. जींद में
C. यमुनानगर में D. पंचकुला में

168. निम्नलिखित कथनों पर विचार कीजिए :
(*a*) सोनीपत और झज्जर की सीमा दिल्ली के साथ लगती है।
(*b*) रोहतक की सीमा दिल्ली से नहीं लगती है।
उपर्युक्त में से कौन-सा/से कथन सही है/हैं?
A. केवल (*b*) B. (*a*) और (*b*) दोनों
C. न तो (*a*) और न ही (*b*) D. केवल (*a*)

169. प्रदेश में जिला अम्बाला में नहरी सिंचाई सुविधा किस सिंचाई परियोजना के बनने से उपलब्ध हुई है?
A. नंगल उठान सिंचाई परियोजना
B. हथनी कुण्ड बैराज परियोजना
C. जवाहरलाल नेहरू सिंचाई परियोजना
D. सेवानी लिफ्ट सिंचाई परियोजना

170. हरियाणा के रेतीले भाग में सिंचाई का साधन क्या है?
A. नहरों द्वारा
B. कुओं द्वारा
C. नलकूप की सहायता से फव्वारों द्वारा
D. वर्षा द्वारा

171. पश्चिमी यमुना नहर द्वारा हरियाणा के निम्नलिखित में से किस जिले में सिंचाई की जाती है?
A. करनाल B. सोनीपत
C. रोहतक D. उपरोक्त सभी जिलों में

172. गुरुग्राम के अतिरिक्त किस जिले में "गुड़गांव नहर" द्वारा सिंचाई की जाती है?
A. पानीपत B. फरीदाबाद
C. सोनीपत D. कैथल

173. हथनी कुण्ड बैराज परियोजना हरियाणा के किस जिले से सम्बन्धित है?
A. यमुनानगर B. गुरुग्राम
C. रोहतक D. फरीदाबाद

174. महेन्द्रगढ़ जिले में कृषि की उन्नति के लिए कौन-सी सिंचाई परियोजना चलाई गई?
A. लोहारू लिफ्ट सिंचाई परियोजना
B. पश्चिमी यमुना नहर योजना
C. जे.एल.एन.उठान सिंचाई परियोजना
D. हथनी कुण्ड बैराज परियोजना

175. हरियाणा की कौन-सी नहर दिल्ली में ओखला नामक स्थान से यमुना नदी से निकाली गई है?
A. गुड़गाँव नहर B. भाखड़ा नहर
C. पूर्वी यमुना नहर D. इनमें से कोई नहीं

176. हरियाणा की किस सिंचाई योजना द्वारा स्वरूप कलौदा, खुर्ल कलां, भीखेवाला, खरडवाला नेहरा, फुलिया कलां आदि गांवों को सिंचाई सुविधा प्राप्त हुई थी?
A. झज्जर उत्थान सिंचाई योजना
B. नखाना की सिंचाई परियोजना
C. नंगल उठान सिंचाई परियोजना
D. जवाहरलाल नेहरू सिंचाई योजना

177. हरियाणा के अहरिवाल क्षेत्र में सिंचाई सुविधा के अन्तर्गत निम्न में कौन-सी सिंचाई स्कीम प्रारम्भ की गई है?
A. रेवाड़ी लिफ्ट सिंचाई स्कीम
B. हथनी-कुण्ड बैराज सिंचाई स्कीम
C. मेवात उठान सिंचाई स्कीम
D. भाखड़ा नहर सिंचाई स्कीम

178. शिवालिक विकास एजेन्सी का मुख्यालय निम्न में कहाँ पर स्थित है?
A. रोहतक में B. अम्बाला में
C. पंचकुला में D. जीन्द में

179. हरियाणा की किस नस्ल की भैंसे सारे भारत में प्रसिद्ध हैं?
A. मुर्रा B. तुरा
C. पुस्प D. चस्सा

180. हरियाणा में निम्नलिखित में से किस स्थान पर सहकारी दूध संयन्त्र खुले हुए हैं?
A. अम्बाला B. भिवानी
C. जीन्द D. उपरोक्त सभी स्थानों पर

181. निम्नलिखित कथनों पर विचार कीजिए :
(*a*) रोहतक में पुलिस आयुक्तालय स्थित है।
(*b*) सोनीपत में पुलिस आयुक्तालय स्थित है।
उपर्युक्त में से कौन-सा/से कथन सही है/हैं?
A. केवल (*b*) B. (*a*) और (*b*) दोनों
C. न तो (*a*) और न ही (*b*) D. केवल (*a*)

182. हरियाणा में नीलोखेड़ी के अतिरिक्त निम्नलिखित में से किस स्थान पर पोल्ट्री का प्रशिक्षण दिया जाता है?
A. अम्बाला B. करनाल
C. हिसार D. कैथल

183. जिला फतेहाबाद में कहाँ पर अश्व स्टेलियन केन्द्र कार्यरत है?
A. टोहाना B. रतिया
C. भूना D. कूलां

184. जिला भिवानी में सघन पशु विकास परियोजना कब आरम्भ की गई थी?
A. वर्ष 1966 में B. वर्ष 1970 में
C. वर्ष 1972 में D. वर्ष 1978 में

185. हरियाणा में सर्वाधिक जनसंख्या वाला जिला कौन-सा है?
A. महेन्द्रगढ़ B. फरीदाबाद
C. हिसार D. रोहतक

186. जिला भिवानी में पशु रोगों के निदान हेतु, जिला ग्रामीण विकास निकाय द्वारा, "पशु रोग निदान प्रयोगशाला' की स्थापना कब की गई?
A. 1978 में B. 1980 में
C. 1984 में D. 1990 में

187. निम्न में कौन हरियाणा के मुख्यमंत्री नहीं रहे?
A. बंसीलाल B. देवीलाल
C. भजनलाल D. श्रीचन्द

188. कालका तहसील किस जिले में स्थित है?
A. पंचकुला B. अम्बाला
C. कैथल D. करनाल

189. हरियाणा में पहली स्थायी लोक अदालत की स्थापना कब हुई?
A. 17 जनवरी, 1955 B. 10 मई, 2005
C. 1 नवम्बर, 1966 D. 7 अगस्त, 1998

190. 2010 में किस भाषा को हरियाणा की दूसरी राजभाषा का दर्जा दिया गया?
A. अंग्रेजी B. उर्दू
C. हरियाणवी D. पंजाबी

191. सरस्वती शुगर मिल, हरियाणा के किस जिले में स्थित है?
A. रोहतक B. पानीपत
C. यमुनानगर D. फरीदाबाद

192. यमुनानगर में यमुना गैसेस लि॰ की स्थापना कब की गई?
A. 1973 में B. 1975 में
C. 1980 में D. 1981 में

193. यमुनानगर में यमुना गैसेस लि॰ कम्पनी को गैसों के उत्पादन में अग्रणी स्थान प्राप्त करने का गौरव कब मिला?
A. वर्ष 1969 में B. वर्ष 1973 में
C. वर्ष 1972 में D. वर्ष 1975 में

194. भारत स्टॉर्च कैमिकल लि॰ की स्थापना यमुनानगर में कब हुई थी?
A. 1929 में B. 1932 में
C. 1938 में D. 1948 में

195. यमुनानगर की टिम्बर मार्किट (मण्डी) वर्ष 1947 से पूर्व किस नाम से प्रसिद्ध थी?
A. अब्दुल्लापुर मण्डी B. सादापुर मण्डी
C. यमुनानगर मण्डी D. यमुनापुर मण्डी

196. जिला सोनीपत का एटलस साइकिल उद्योग विश्व के कितने प्रमुख साइकिल निर्माण प्रतिष्ठानों में से एक है?
A. तीन B. पाँच
C. सात D. नौ

197. हरियाणा में ''भिवानी टैक्सटाइल मिल'' की स्थापना कब हुई थी?
A. 1930 में B. 1937 में
C. 1942 में D. 1950 में

198. गिद्ध संरक्षण एवं प्रजनन केन्द्र कहाँ पर स्थित है?
A. पिन्जौर में B. कैरू में
C. मोरनी में D. झाबुआ में

199. गुरुग्राम महानगरीय विकास प्राधिकरण की स्थापना कब की गई थी?
A. वर्ष 2014 में B. वर्ष 2015 में
C. वर्ष 2016 में D. वर्ष 2017 में

200. हरियाणा की चरखी दादरी स्थित सीमेंट फैक्टरी का निर्माण सन् 1939 में जर्मन-इंजीनियरों के सहयोग से किसके द्वारा किया गया था?
A. सेठ सिंघानिया
B. सेठ करोड़ीमल
C. सेठ रामकृष्ण डालमिया
D. सेठ रामकुमार बिड़ला

201. हरियाणा के चरखी दादरी स्थित, सीमेंट फैक्टरी के भारत सरकार के उपक्रम भारतीय सीमेंट निगम ने अपने अधिकार में कब लिया था?
A. 5 अप्रैल, 1980 को B. 23 जून, 1981 को
C. 10 जून, 1984 को D. 23 जून, 1988 को

202. निम्नलिखित में से कौन-सी फसल 'भावान्तर भरपायी योजना' के अन्तर्गत सम्मिलित नहीं है?
A. आलू B. प्याज
C. टमाटर D. गन्ना

203. हरियाणा के निम्नलिखित में से किस जिले में कैप्टिव विद्युत संयंत्र की स्थापना की गई है?
A. पानीपत में B. हिसार में
C. रोहतक में D. करनाल में

204. जिला पानीपत के बाहौली क्षेत्र में कौन-सा कारखाना स्थापित किया गया है?
A. कपड़े बनाने का कारखाना
B. कृषि यन्त्र बनाने का कारखाना
C. तेल शोधक कारखाना
D. हवाई चप्पल बनाने का कारखाना

205. हरियाणा के निम्नलिखित में से किस जिले में ''अमोनिया प्लांट'' स्थापित है?
A. पानीपत B. कैथल
C. गुरुग्राम D. करनाल

206. जिला महेन्द्रगढ़ का किस चीज के उत्पादन में हरियाणा राज्य में प्रथम स्थान है?
A. चावल के उत्पादन में B. बर्तनों के उत्पादन में
C. सरसों के उत्पादन में D. साइकिलों के उत्पादन में

207. हरियाणा के किस जिले की सीमा अन्य राज्यों से नहीं लगती?
A. रेवाड़ी B. रोहतक
C. अम्बाला D. फरीदाबाद

208. रेवाड़ी जिले का निम्नलिखित में से कौन-सा उद्योग भारत भर में प्रसिद्ध है?
A. तिल्ला जूती उद्योग
B. पीतल बर्तन उद्योग
C. हीरो होण्डा मोटर साइकिल फैक्टरी
D. उपरोक्त सभी

209. 'टिक्कर झील' हरियाणा के किस जिले में स्थित है?
A. रोहतक B. करनाल
C. पंचकुला D. कैथल

210. हरियाणा शब्द किस कृति में प्राप्त हुआ है?
A. पासणा हचरिउ B. महापुराण
C. A और B D. इनमें से कोई नहीं

211. लकड़ी का विकल्प तैयार करने वाला, "न्यूवुड लकड़ी उद्योग" कहाँ पर स्थापित है?
A. बरवाला उपमण्डल में B. टोहाना उपमण्डल में
C. हांसी उपमण्डल में D. सिवानी उपमण्डल में

212. निम्न में से किस स्थान पर हरियाणा सरकार द्वारा फूड पार्क स्थापित किए गए हैं?
A. नरवाना B. साहा
C. राई D. उपरोक्त सभी में

213. जिला कुरुक्षेत्र की शाहबाद सहकारी चीनी मिल की स्थापना कब की गई थी?
A. 1976-77 में B. 1984-85 में
C. 1991-92 में D. 1994-95 में

214. जिला फरीदाबाद में निम्नलिखित में से किस चीज का कारखाना स्थापित है?
A. ट्रैक्टर B. रेफ्रीजरेटर
C. रबड़ टायर D. उपरोक्त सभी

215. किस शहर को 'हरियाणा का दिल' कहा जाता है?
A. जींद B. पानीपत
C. रोहतक D. करनाल

216. मारुति कारों का निर्माण कार्य हरियाणा में कहां पर होता है?
A. गुरुग्राम B. अम्बाला
C. फरीदाबाद D. हिसार

217. दिव्यावदान में किन नगरों का उल्लेख हुआ है?
A. रोहतक B. अग्रोहा
C. A और B D. सोनीपत

218. हरियाणा सरकार द्वारा स्वतंत्रता सेनानियों को सम्मानित करने का निर्णय किस वर्ष लिया गया था?
A. वर्ष 1980 में B. वर्ष 1981 में
C. वर्ष 1985 में D. वर्ष 1997 में

219. 'खोड़िया नृत्य' हरियाणा में किस अवसर पर किया जाता है?
A. शादी के अवसर पर
B. होली के अवसर पर
C. तीज के अवसर पर
D. गोगा नवमी के अवसर पर

220. प्रदेश में परमवीर चक्र प्राप्त सैनिकों को कितनी धनराशि एकमुश्त प्रदान की जाती है?
A. 1 करोड़ रुपये B. 3 करोड़ रुपये
C. 2 करोड़ रुपये D. 5 करोड़ रुपये

221. युद्ध सेवा मैडल प्राप्त करने वाले सैनिकों को नकद राशि, वार्षिकी और भूमि के बदले नकद राशि देने की स्कीम 1988 में बंद कर दी गई थी, उसे बंसी लाल की सरकार द्वारा पुनः कब चालू किया गया?
A. अप्रैल, 1995 में B. अप्रैल 1997 में
C. अप्रैल, 1996 में D. अप्रैल, 1998 में

222. किस वेद में हरियाणा की दो प्राचीन नदियों का उल्लेख है जो आज लुप्त हैं?
A. सामवेद B. यजुर्वेद
C. अथर्ववेद D. ऋग्वेद

223. अशोक का तोपरा स्तम्भ किस जिले में प्राप्त हुआ है?
A. अम्बाला B. रोहतक
C. सोनीपत D. हिसार

224. हरियाणा में दिसम्बर, 2024 तक कितने वृद्ध नागरिकों को वृद्धावस्था सम्मान भत्ता दिया जा रहा है?
A. 12,60,090 B. 13,08,045
C. 20,85,967 D. 25,18,145

225. हरियाणा की नई खेल नीति के अनुसार ओलंपिक में स्वर्ण पदक विजेता को कितनी राशि प्रदान की जाती है?
A. ₹ 6 करोड़ B. ₹ 4 करोड़
C. ₹ 3 करोड़ D. ₹ 2 करोड़

226. प्रदेश में अस्वच्छ व्यवसाय में लगे अनुसूचित जाति के बच्चों के लिए किस स्थान पर छात्रावास है?
A. करनाल B. फरीदाबाद
C. अम्बाला D. सभी में

227. विमुक्त जाति के बच्चों के लिए प्रदेश में किस स्थान पर छात्रावास खोला गया है?
A. रोहतक B. जीन्द
C. फरीदाबाद D. गुरुग्राम

228. हरियाणा में शराबबन्दी कानून कब लागू किया गया था?
A. 1 दिसम्बर, 1991 में B. 1 जून, 1993 में
C. 1 जुलाई, 1996 में D. 1 मई, 1997 में

229. प्रदेश सरकार द्वारा शराबबन्दी कानून कब समाप्त किया गया?
A. 1 मार्च, 1996 में B. 1 मई, 1997 में
C. 1 फरवरी, 1996 में D. 1 अप्रैल, 1998 में

230. निम्नलिखित में से कौन-सी बाल विकास परियोजना हरियाणा राज्य से सम्बन्धित है?
A. समेकित बाल विकास परियोजना
B. बाल स्वास्थ्य परियोजना
C. शिशु पोषण परियोजना
D. असहाय बाल विकास परियोजना

231. हरियाणा में गरीब लड़कियों के कल्याण हेतु निम्नलिखित में से कौन-सी परियोजना चलाई जा रही है?
A. पराया धन पराई बेटी B. अपनी बेटी पराया धन
C. अपनी बेटी अपना धन D. कोई नहीं

232. हरियाणा में रैपिड मेट्रो की शुरुआत सर्वप्रथम किस शहर में हुई?
A. फरीदाबाद B. गुरुग्राम
C. पानीपत D. सोनीपत

233. हरियाणा राज्य में प्रत्येक गांव में बिजली पहुँचाने का कार्य कब पूर्ण किया गया?

A. 10 जून, 1966 को B. 25 मार्च, 1971 को
C. 15 अप्रैल, 1968 को D. 29 नवम्बर, 1970 को

234. हरियाणा में विद्युत उपभोक्ताओं की कुल संख्या दिसम्बर, 2024 तक कितनी थी?

A. 81.34 लाख B. 85 लाख
C. 90 लाख D. 95 लाख

235. अशोक के स्तम्भ लेख की लिपि कौन-सी थी?

A. फारसी B. देवनागरी
C. ब्राह्मी D. इनमें से कोई नहीं

236. इंदिरा गांधी अति ऊष्मीय शक्ति परियोजना हरियाणा के किस जिले में है?

A. सिरसा B. हिसार
C. जिंद D. झज्जर

237. हरियाणा में निम्नलिखित में से किस तरल-स्थान पर आधारित 25-25 मैगावाट के बिजली संयन्त्र की स्थापना की गई है।

A. गुरुग्राम में B. फरीदाबाद में
C. करनाल में D. रोहतक में

238. हरियाणा में अपने बिजली उत्पादन संयन्त्रों से बिजली का उत्पादन वर्तमान समय में लगभग कितने मेगावाट है?

A. 1500 मेगावाट B. 1800 मेगावाट
C. 2,582.4 मेगावाट D. 3000 मेगावाट

239. किसानों की मांग पर नलकूपों की गहराई के आधार पर बिजली की कौन-सी प्रणाली पूरे प्रदेश में लागू की गई है?

A. स्टैव प्रणाली B. विद्युत नापन प्रणाली
C. टैस्ट प्रणाली D. इनमें से कोई नहीं

240. हरियाणा में निम्नलिखित में से किस स्थान पर ताप बिजलीघर स्थित है?

A. हिसार B. कैथल
C. जीन्द D. फरीदाबाद

241. प्रदेश में एन.टी.पी.सी. द्वारा गैस पर आधारित 432 मैगावाट का पावर प्लान्ट कहाँ पर लगाया गया?

A. गुरुग्राम B. फरीदाबाद
C. पानीपत D. करनाल

242. हरियाणा में नवम्बर, 2024 तक सड़कों की कुल लम्बाई किलोमीटर में कितनी है?

A. 33,543 कि.मी. B. 24,065 कि.मी.
C. 25,074 कि.मी. D. 35,560 कि.मी.

243. प्रदेश में बड़े परिवहन बस डिपो की संख्या कितनी है?

A. 12 B. 13
C. 24 D. 30

244. हरियाणा का निम्नलिखित में से कौन-सा शहर राष्ट्रीय राजधानी क्षेत्र का हिस्सा नहीं है?

A. सोनीपत B. फरीदाबाद
C. हिसार D. गुरुग्राम

245. हरियाणा सरकार द्वारा यात्री-परिवहन का सम्पूर्ण राष्ट्रीयकरण कब किया गया?

A. सन् 1972 में B. सन् 1976 में
C. सन् 1980 में D. सन् 1985 में

246. हरियाणा को किस साल खुले में शौच मुक्त घोषित किया गया?

A. 2014 B. 2015
C. 2016 D. 2017

247. किस वर्ष हरियाणा विधानसभा की अधिकतम कुल संख्या 90 की गई?

A. 1977 B. 1967
C. 1971 D. 1985

248. दिल्ली से फिरोजपुर राष्ट्रीय मार्ग पर यात्रा करने पर हरियाणा का कौन-सा प्रमुख नगर पड़ता है?

A. रोहतक B. सिरसा
C. हिसार D. उपरोक्त सभी

249. हरियाणा में नवम्बर, 2024 तक राष्ट्रीय राजमार्गों की कुल लम्बाई कितने किमी है?

A. 1900 किमी B. 1200 किमी
C. 1600 किमी D. 3391 किमी

250. निम्नलिखित में से किस स्थान पर हरियाणा सिविल विमानन संस्थान का फ्लाइंग प्रशिक्षण केन्द्र स्थित है?

A. करनाल B. पिंजौर
C. A और B दोनों जगह D. इनमें से कोई नहीं

251. हरियाणा में निम्नलिखित में से कहाँ सिविल हवाई पट्टी स्थित है?

A. करनाल B. पिंजौर
C. हिसार D. उपरोक्त सभी जगह

252. कलेसर राष्ट्रीय उद्यान अवस्थित है :

A. यमुनानगर जिले में B. कुरुक्षेत्र जिले में
C. अंबाला जिले में D. पंचकुला जिले में

253. हरियाणा में भारी वाहन चालक प्रशिक्षण संस्थान निम्नलिखित में से किस स्थान पर स्थित है?

A. मुरथल B. चरखी दादरी
C. अम्बाला D. तावडू

254. हरियाणा की शिवालिक पहाड़ियों में पिंजौर-कालका के निकट किस काल के उपकरण प्राप्त हुए हैं?

A. पाषाण काल B. उत्तरवैदिक काल
C. हड़प्पा काल D. पूर्ववैदिक काल

255. मानव-जाति के जनक माने जाने वाले वैवस्त मनु को "अवन्ति सुन्दरी कथा" नामक ग्रन्थ में, किस स्थान का निवासी माना गया है?

A. पानीपत B. रोहतक
C. स्थाण्वीश्वर D. पंचकुला

256. हरियाणा के वणावली, सीसवाल, कुणाल, मिर्जापुर, दौलतपुर और भगवानपुरा नामक स्थानों के उत्खननों से किस काल की संस्कृतियों के प्रमाण मिले हैं?

A. आद्यौतिहासकालीन-प्राग्हड़प्पा
B. हड़प्पा
C. परवर्ती हड़प्पा
D. उपरोक्त सभी कालों के

257. हरियाणा में पुरातात्विक अन्वेषण, सर्वप्रथम किसने आरम्भ किया था?

A. जॉनसर B. एलेक्जेण्डर कनिंघम
C. लार्ड मुनरो D. जॉन मार्शल

258. हरियाणा में पुरातात्विक अन्वेषण का आरम्भ कब हुआ?

A. 1862 ई. में B. 1892 ई. में
C. 1900 ई. में D. 1905 ई. में

259. डॉ सूरजभान के निर्देशन में हरियाणा में किस स्थान की खुदाई से महत्त्वपूर्ण ऐतिहासिक सामग्री प्राप्त हुई है?

A. मिथाथल B. दादरी
C. ऐलनाबाद D. सफीदों

260. हरियाणा में हड़प्पा परवर्ती संस्कृति व चित्रित स्लेटी पात्र सभयताओं के लोगों के साथ-साथ रहने का सर्वप्रथम प्रमाण कहाँ मिला है?

A. नारनौल B. भगवानपुरा
C. सिरसा D. महेन्द्रगढ़

261. हरियाणा में हड़प्पा संस्कृति का एक विराट टीला जीन्द के समीप किस स्थान पर है?

A. सफीदों B. उचाना
C. नरवाना D. राखीगढ़ी

262. जगाधरी से तीन कि.मी. पूर्व की ओर चनेती में एक स्तूप के अवशेष मिले हैं, इस स्तूप की ऊँचाई 8 मीटर है। बताइये इसकी परिधि कितने मीटर है?

A. 20 मीटर B. 30 मीटर
C. 45 मीटर D. 50 मीटर

263. आमीन जिला कुरुक्षेत्र से प्राप्त दो स्तम्भ किस काल की कला को दर्शाते हैं?

A. मौर्यकाल B. वर्धनकाल
C. गुप्तकाल D. शुंगकाल

264. समुद्रगुप्त का एक परशु प्रकार का सोने का सिक्का हरियाणा में कहाँ पर मिला है?

A. कोसली B. रोहाना
C. मिथाथल D. रानिया

265. हरियाणा के किस इलाके में तीसरी शताब्दी में यौधेयों का बोलबाला था?

A. पानीपत के इलाके में B. रोहतक के इलाके में
C. हिसार के इलाके में D. अम्बाला के इलाके में

266. जगाधरी से किस शासक की सोने की मुद्रा प्राप्त हुई है?

A. कनिष्क B. कुमारगुप्त
C. पुष्यमित्रशुंग D. समुद्रगुप्त

267. हरियाणा के किस स्थान से हर्षवर्धन की तांबे की मुद्रा मिली है जिसमें थानेश्वर के पुष्यमूर्ति वंशावली का वृत्तान्त मिलता है?

A. सोनीपत B. सिरसा
C. गुरुग्राम D. कैथल

268. भारतीय पुरातत्व सर्वेक्षण के एच.एल. श्रीवास्तव द्वारा हिसार में किस स्थान पर खुदाई कार्य करवाया गया था?

A. उकलाना B. बरवाला
C. अग्रोहा D. आदमपुर

269. हरियाणा प्रदेश में वर्ष 2023-24 तक मान्यता प्राप्त प्राथमिक/पूर्व प्राथमिक स्कूलों की संख्या कितनी है?

A. 9,872 B. 10,605
C. 11,582 D. 8,780

270. प्रदेश में 2023-24 तक मान्यता प्राप्त माध्यमिक स्कूलों की संख्या कितनी है?

A. 1,215 B. 2,312
C. 5,640 D. 3,850

271. हरियाणा में 2023-24 तक उच्च/वरिष्ठ माध्यमिक विद्यालयों की संख्या कितनी है?

A. 6,460 B. 9,354
C. 5,870 D. 4,960

272. हरियाणा के किस जिले की साक्षरता दर सबसे ज्यादा है?

A. गुरुग्राम B. झज्जर
C. रोहतक D. पलवल

273. प्रदेश के किस जिले की साक्षरता दर सबसे कम है?

A. करनाल B. कैथल
C. पानीपत D. नूंह

274. हरियाणा प्रदेश में 2022-23 तक कितने अध्यापक प्रशिक्षण महाविद्यालय हैं?

A. 489 B. 400
C. 300 D. 350

275. प्रदेश में कुल साक्षर जनसंख्या कितनी है?

A. 1,66,25,728 B. 1,65,98,988
C. 78,10,882 D. 1,32,58,652

276. प्रदेश में वर्ष 2023-24 तक कितने मान्यता प्राप्त विश्वविद्यालय हैं?

A. 58 B. 40
C. 35 D. 38

277. प्रदेश में निम्नलिखित में से किस स्थान पर नवोदय विद्यालय स्थित है?

A. तितरम B. ओढ़ा
C. देवराला D. उपरोक्त सभी में

278. हरियाणा सरकार द्वारा किस वर्ष 10+2+3 शिक्षा प्रणाली लागू की गई?

A. 1980-81 में B. 1976-77 में
C. 1988-89 में D. 1985-86 में

279. "महर्षि दयानन्द विश्वविद्यालय" हरियाणा के किस नगर में स्थित है?

A. रोहतक B. हिसार
C. फरीदाबाद D. रेवाड़ी

280. "चौधरी चरणसिंह कृषि विश्वविद्यालय" प्रदेश के किस नगर में स्थित है?

A. जीन्द B. गुरुग्राम
C. हिसार D. कुरुक्षेत्र

281. हरियाणा में पंजाबी भाषा को बढ़ावा देने के उद्देश्य से पंजाबी भाषा को किस स्थान पर रखा गया है?

A. प्रथम B. द्वितीय
C. तृतीय D. चतुर्थ

282. हरियाणा में चौधरी देवीलाल विश्वविद्यालय निम्नलिखित में से किस स्थान पर स्थित है?

A. कुरुक्षेत्र B. हिसार
C. रोहतक D. सिरसा

283. हरियाणा में खेलों को बढ़ावा देने के उद्देश्य से प्रदेश सरकार द्वारा कौन-सी महत्त्वपूर्ण योजना चलाई जा रही है?

A. खेल संस्थाओं को अनुदान B. प्रशिक्षण योजना
C. खेल स्टेडियम D. उपरोक्त सभी

284. खिलाड़ियों को आधुनिक और वैज्ञानिक ढंग से प्रशिक्षण देने के लिए हरियाणा में किस स्थान पर खेल छात्रावास की स्थापना की गई है?

A. गुरुग्राम में B. रोहतक में
C. फरीदाबाद में D. पानीपत में

285. हरियाणा के सोनीपत जिले के राई नामक स्थान पर एक खेलकूद स्कूल है, उसका नाम बताइये?

A. जवाहरलाल नेहरू खेलकूद स्कूल
B. इन्दिरा गांधी खेलकूद स्कूल
C. मोतीलाल नेहरू खेलकूद स्कूल
D. राजीव गांधी खेलकूद स्कूल

286. सोनीपत जिले के राई नामक स्थान पर स्थित मोतीलाल नेहरू खेलकूद स्कूल में स्थित कमला नेहरू नामक स्कूल की स्थापना कब की गई थी?

A. वर्ष 1970 में B. वर्ष 1974 में
C. वर्ष 1982 में D. वर्ष 1986 में

287. सुश्री सोनिया लाठेर किस खेल से संबंधित हैं?

A. कुश्ती B. कबड्डी
C. एथलेटिक्स D. मुक्केबाजी

288. टोक्यो ओलंपिक 2020 में हरियाणा के किस पहलवान ने रजत पदक प्राप्त किया था?

A. बजरंग पुनिया B. विनेश फोगाट
C. रवि कुमार दहिया D. बबिता कुमारी

289. जुलाई-अगस्त 2022 में बर्मिंघम में हुए 22वें राष्ट्रमंडल खेलों में हरियाणा के खिलाड़ियों ने कितने पदक प्राप्त किए थे?

A. 24 B. 12
C. 15 D. 20

290. हरियाणा के प्रसिद्ध खिलाड़ी नीरज चोपड़ा किस खेल से संबंधित हैं?

A. जिमनास्टिक B. भाला फेंक
C. बैडमिंटन D. टेनिस

291. पेरिस ओलंपिक 2024 में कांस्य पदक जीतने वाली मनु भाकर का सम्बन्ध किस खेल से है?

A. निशानेबाजी B. कबड्डी
C. जूडो D. हैंडबाल

292. हिन्दी के प्रसिद्ध कहानीकार श्री विशम्भरनाथ कौशिक का जन्म हरियाणा में कहां पर हुआ था?

A. अम्बाला छावनी में B. सिरसा में
C. पंचकूला में D. रोहतक में

293. हरियाणा के प्रसिद्ध लेखक पं॰ नेकीराम शर्मा ने भिवानी से कौन-सा पत्र हिन्दी में प्रकाशित किया था?

A. संवाहक B. सन्देश
C. निवारण D. वाणी

294. निम्नलिखित में से भारतीय क्रिकेट का कौन-सा पूर्व खिलाड़ी हरियाणा से सम्बन्धित है?

A. कपिल देव B. सुनील गावस्कर
C. अजय जडेजा D. अजहरुद्दीन

295. सूरजकुंड क्राफ्ट मेला प्रथम बार किस वर्ष आरम्भ हुआ था?

A. 1991 B. 1961
C. 1987 D. 2001

296. पेरिस ओलंपिक 2024 में निम्न में से हरियाणा के किस खिलाड़ी ने शूटिंग में कांस्य पदक जीता?

A. रमेश अवाना B. सरबजोत सिंह
C. राजेश कुमार D. मनदीप सिंह

297. टोक्यो ओलंपिक 2020 में हरियाणा के किस खिलाड़ी ने स्वर्ण पदक जीता था?

A. बजरंग पुनिया B. बबिता कुमारी
C. जितेन्द्र कुमार D. नीरज चोपड़ा

298. निम्नलिखित में से किस प्रमुख आदिकवि को हरियाणा का माना जाता है?

A. गोस्वामी तुलसीदास B. कबीरदास
C. कवि चन्दबरदाई D. रहीम दास

299. निम्नलिखित में से हरियाणा के किस मुस्लिम संत ने हिन्दी साहित्य के विकास में महत्त्वपूर्ण योगदान दिया?

A. शेख-यू-अलीशाह कलन्दर B. सन्त सादुल्ला
C. शेख बहाउद्दीन चिश्ती D. उपरोक्त सभी ने

300. निम्नलिखित में से कौन-सा प्राचीन कवि हरियाणा से सम्बन्धित नहीं है?

A. वीरभान B. महात्मा हरिदास
C. बनारसीदास D. नरोत्तम दास

301. हरियाणा राज्य को पूर्ण राज्य का दर्जा कब मिला?

A. 1 नवम्बर, 1964 को B. 10 दिसम्बर, 1965 को
C. 1 नवम्बर, 1966 को D. 15 जून, 1968 को

302. हरियाणा की राजधानी कौन-सा नगर है?

A. चण्डीगढ़ B. रोहतक
C. करनाल D. यमुनानगर

303. राज्यपाल जिलाधीश की नियुक्ति करता है-

A. केन्द्रीय सरकार की सलाह पर
B. राज्य की मंत्रिपरिषद की सलाह पर
C. राष्ट्रपति की सलाह पर
D. प्रधानमंत्री की सलाह पर

304. वर्तमान समय में हरियाणा में कितने जिले हैं?
A. 16 B. 17
C. 18 D. 22

305. प्रसिद्ध भोंडसी आश्रम हरियाणा के किस जिले में स्थित है?
A. पानीपत B. फतेहाबाद
C. गुरुग्राम D. कैथल

306. 'नरवाना' विधान सभा क्षेत्र किस जिले में स्थित है?
A. जींद B. फरीदाबाद
C. नूंह D. गुरुग्राम

307. 'किलोई' विधान सभा क्षेत्र किस जिले में स्थित है?
A. सोनीपत B. पानीपत
C. रोहतक D. करनाल

308. हरियाणा का 22वाँ जिला कौन सा है?
A. डबवाली B. चरखी दादरी
C. होडल D. नरवाना

309. निम्न में से कौन लोकसभा क्षेत्र अनुसूचित जाति के लिए आरक्षित है?
A. अम्बाला B. भिवानी
C. फरीदाबाद D. हिसार

310. निम्न में से कौन लोकसभा क्षेत्र अनुसूचित जाति के लिए आरक्षित है?
A. सोनीपत B. महेन्द्रगढ़
C. रोहतक D. सिरसा

311. हरियाणा प्रदेश में पुरुषों द्वारा पहनी जाने वाली पगड़ी क्या कहलाती है?
A. खंडवा B. पग्गड़
C. तोडा D. पगड़ी

312. प्रदेश में राजपूती ढंग की बड़ी पगड़ी को क्या कहते हैं?
A. साफा B. टोपी
C. पाग D. दोहरा

313. हरियाणा में चार नीले तथा चार लाल धागों की बुनाई वाले खद्दर से बना बिना कली का घाघरा क्या कहलाता है?
A. धारणा B. खारा
C. थारा D. कवारा

314. हरियाणा में महिलाओं द्वारा बुजली गहना शरीर के किस भाग में पहना जाता है?
A. माथा B. पैर
C. नाक D. कान

315. प्रदेश में निम्नलिखित में से कौन-सा आभूषण मुंह और सिर पर पहना जाता है?
A. सिंगार पट्टी B. तग्गा
C. बेस्सर D. उपरोक्त सभी

316. प्रदेश में प्रचलित आभूषणों में निम्नलिखित में से कौन-सा आभूषण नाक में नहीं पहना जाता है?
A. नांथ B. पुरली
C. ढेडे D. कोक्का

317. प्रदेश में प्रचलित निम्नलिखित में से कौन-सा आभूषण हाथों में नहीं पहना जाता है?
A. पौहची B. कडूल्ला
C. पछेल्ली D. बांकड़ी

318. प्रदेश में प्रचलित शकुन-अपशकुनों में निम्नलिखित में से किसे शकुन माना जाता है?
A. पानी भरा घड़ा B. हिरण दर्शन
C. मेहतर (झाड़ू लिए हुए) D. उपरोक्त सभी

319. प्रदेश में प्रचलित शकुन-अपशकुनों में निम्नलिखित में से किसे अपशकुन माना जाता है?
A. खाली घड़ा B. दूब का दर्शन
C. पैर का खुजाना D. भिस्ती का जल लिए मिलना

320. प्रदेश में पारम्परिक आभूषणों में निम्नलिखित में से कौन-सा आभूषण पुरुषों द्वारा पहना जाता है?
A. गोफ B. तागड़ी
C. नाड़ा D. कड़ी

321. हरियाणा में निम्नलिखित में से किस धार्मिक स्थान पर, सूर्य ग्रहण के अवसर पर भारत भर से लाखों यात्री स्नान व धर्मानुष्ठान के लिए आते हैं?
A. गुरुग्राम B. कुरुक्षेत्र
C. जगाधरी D. इनमें से कोई नहीं

322. गुरुग्राम जिले में इस्लामपुर नामक स्थान पर भादों मास के नौवें दिन कौन-सा मेला लगता है?
A. गूगा नौमी B. नागपूजा
C. यमुना स्नान D. शिव मेला

323. गुरुग्राम में चैत्र व आषाढ़ मास में प्रत्येक सोमवार व मंगलवार को निम्नलिखित में से कौन सा प्रसिद्ध मेला लगता है?
A. बुद्धो माता का मेला B. शिवजी का मेला
C. शीतला माता का मेला D. मेला बाबा बूढ़ा

324. हरियाणा के किस जिले में रामसराय और भूतेश्वर के प्रसिद्ध मेले लगते हैं?
A. फरीदाबाद जिले में B. जीन्द जिले में
C. रोहतक जिले में D. झज्जर जिले में

325. रोहतक के अस्थल बोहर में मठ में फरवरी-मार्च के महीने में कौन-सा मेला लगता है?
A. बाबा मस्तनाथ का मेला B. कपाल मोचन का मेला
C. देवी मेला D. पाथरी माता का मेला

326. जगाधरी के समीप बिलासपुर नामक स्थान पर कार्तिक पूर्णिमा के दिन कौन-सा मेला लगता है?
A. आदि बद्री मेला B. मेला काली माई
C. कपाल मोचन का मेला D. पंचमुखी मेला

327. रोहतक जिले में लाखन माजरा नामक स्थान पर "मंजी साहब का गुरुद्वारा" स्थित है यहां पर निम्नलिखित में से कौन-सा त्यौहार मनाया जाता है?
A. मेला सत्वा तीज B. मोहोला हल्ला का त्योहार
C. बावन द्वादशी D. माणु मेला

328. जिला पानीपत के पाथरी नामक स्थान पर चैत्र व आषाढ़ मास के हर बुधवार को कौन-सा मेला लगता है?
A. माता का मेला B. शिव मेला
C. मेला देहाती D. पाथरी माता का मेला

329. जीन्द जिले के खरक रामजी नामक स्थान पर होली के दिन कौन-सा मेला लगता है?
A. माता का मेला B. नागदेवता का मेला
C. बाबा भालूनाथ का मेला D. मेला सच्चा सौदा

330. रोहतक जिले के दुबलधन माजरा नामक स्थान पर फाल्गुन सुदी द्वादशी (फरवरी- मार्च) को कौन-सा मेला लगता है?
A. मेला माता B. मेला देवी
C. मेला श्यामजी D. मेला बाबा बूढ़ा

331. जिला गुरुग्राम के खोरी नामक स्थान पर अप्रैल, मई में कौन-सा मेला लगता है?
A. शाहचोखा खोरी मेला B. शिव का मेला
C. नागपूजा मेला D. बाबा मस्तनाथ का मेला

332. जिला सोनीपत में किस स्थान पर फाल्गुन सुदी-9 (फरवरी, मार्च) में डेरा नगन बालकनाथ का मेला लगता है?
A. बेगा (तहसील सोनीपत) B. मेहरीपुर (तहसील सोनीपत)
C. रभड़ा (तहसील गोहाना) D. चुलकाना (तहसील सोनीपत)

333. जिला सोनीपत के खुबडु नामक स्थान पर फाल्गुन की पूर्णमासी (फरवरी, मार्च) को कौन-सा मेला लगता है?
A. सतकुम्भा मेला B. मेला बाबा शमकशाह
C. मेला सांझी D. देवी मेला

334. फरीदाबाद जिले के अलावलपुर नामक स्थान पर स्थित बाबा उदासनाथ की समाधि पर मेला कब लगता है?
A. भादों सुदी नवमी को B. चैत्र बदी दूज को
C. लगते फाल्गुन बदी चौदस को D. फाल्गुन बदी अमावस्या को

335. जिला भिवानी में किस स्थान पर रक्षा बंधन के दिन बाबा खेडेवाला का मेला लगता है?
A. नौरंगाबाद B. खरक कलां
C. रिवासा D. तोशाम

336. हरियाणा प्रदेश में मंगलमय "पीलिया" लोकगीत किस अवसर पर गाया जाता है?
A. सावन के महीने पर B. पुत्र-जन्म के अवसर पर
C. विवाह के अवसर पर D. फागुन के महीने में

337. हरियाणा प्रदेश में निम्नलिखित में से किस अवसर पर लोकगीत गाये जाते हैं?
A. पुत्र जन्म के समय B. सावन के महीने में
C. पर्व-त्यौहार के अवसर पर D. उपरोक्त सभी अवसरों पर

338. प्रदेश में पुरुषों द्वारा बीनों, खंजरी, तुम्बे, बांसुरी, खड़ताल पर, चांदनी रात में खुले मैदान में निम्नलिखित में से कौन-सा नृत्य किया जाता है?
A. धमाल नृत्य B. मंजीरा नृत्य
C. लूर नृत्य D. डमरु नृत्य

339. हरियाणा के मेवात क्षेत्र में बड़े-बड़े नक्कारों, डफ और मंजीरों के साथ निम्नलिखित में से कौन-सा नृत्य प्रचलित है?
A. घोड़ा नृत्य B. धमाल नृत्य
C. मंजीरा नृत्य D. छठी नृत्य

340. हरियाणा के बागर क्षेत्र में होली के मौसम में निम्नलिखित में से कौन-सा नृत्य किया जाता है?
A. डमरु नृत्य B. मंजीरा नृत्य
C. घोड़ा नृत्य D. लूर नृत्य

341. हरियाणा में प्रचलित घोड़ा लोकनृत्य का आयोजन प्रमुख रुप से किस अवसर पर किया जाता है?
A. विवाह के अवसर पर B. फागुन माह में
C. पुत्र-जन्म के अवसर पर D. सावन माह में

342. प्रदेश में भादों के महीने की नौमी के दिन गुग्गापीर की पूजा के बाद निम्नलिखित में से कौन-सा नृत्य किया जाता है?
A. धमाल नृत्य B. छड़ी नृत्य
C. लूर नृत्य D. डमरु नृत्य

343. प्रदेश में प्रचलित लोकनृत्यों में से कौन-सा नृत्य स्त्रियों द्वारा किया जाता है?
A. तीज नृत्य B. धमाल नृत्य
C. डमरु नृत्य D. मंजीरा नृत्य

344. प्रदेश में प्रचलित लोक नृत्यों में से कौन-सा नृत्य पुरुषों द्वारा किया जाता है?
A. छठी नृत्य B. तीज का नृत्य
C. डमरु नृत्य D. खोडिया नृत्य

345. हरियाणा में प्रचलित लोकनृत्यों में से कौन-सा नृत्य स्त्री-पुरुष दोनों के द्वारा किया जाता है?
A. तीज नृत्य B. लूर नृत्य
C. खोडिया नृत्य D. फाग नृत्य

346. हरियाणा के कैथल नगर में प्रताप गेट के निकट निम्नलिखित में से कौन-सा गुरुद्वारा स्थित है?
A. गुरुद्वारा नीम साहिब B. गुरुद्वारा नौवीं पातशाही
C. रागधार गुरुद्वारा D. गुरुद्वारा छठी पातशाही

347. गुरुद्वारा मंजी साहिब हरियाणा के किस नगर में स्थित है?
A. करनाल B. पानीपत
C. कैथल D. अम्बाला

348. हरियाणा में किस स्थान को, "नवग्रह कुण्डों" के स्थित होने के कारण "छोटी काशी" भी कहा जाता है?
A. नारनौल को B. कैथल को
C. गुरुग्राम को D. कुरुक्षेत्र को

349. हरियाणा में कैथल से कुछ दूरी पर किस महापुरुष की समाधि स्थित है, जिस पर प्रत्येक वर्ष दशहरे से अगले दिन भारी मेला लगता है?
A. बाबा काली कमली वाले की B. बाबा हरिदास की
C. बाबा लदाना की D. बाबा रामदास की

350. कुरुक्षेत्र में थानेसर सिटी स्टेशन के समीप निम्नलिखित में से कौन-सा प्रसिद्ध तीर्थ स्थल है?

A. ब्रह्म सरोवर B. हटकेश्वर
C. ढोसी तीर्थ स्थल D. पुण्डरीक सरोवर

351. कुरुक्षेत्र रेलवे स्टेशन के समीप कुरुक्षेत्र-पेहवा रोड पर निम्नलिखित में से कौन-सा तीर्थ स्थल स्थित है, जिसे भगवान विष्णु का स्थाई निवास स्थल माना जाता है?

A. ब्रह्म सरोवर B. कालेश्वर तीर्थ
C. सन्निहित तीर्थ D. मारकाण्डेय तीर्थ

352. जिला कुरुक्षेत्र में किस तीर्थ स्थान पर श्रीकृष्ण ने अर्जुन को गीता का उपदेश दिया था?

A. ब्रह्म सरोवर B. कमल नाभ तीर्थ
C. प्राचीतीर्थ D. ज्योतिसर सरोवर

353. जिला कुरुक्षेत्र में स्थित ज्योतिसर सरोवर के समीप स्थित अक्षयवट के चारों ओर पक्के चबूतरे का निर्माण महाराज दरभंगा द्वारा कब करवाया गया था?

A. सन् 1924 में B. सन् 1930 में
C. सन् 1932 में D. सन् 1949 में

354. जिला कुरुक्षेत्र में स्थित ज्योतिसर सरोवर के निकट एक कृष्ण-अर्जुन रथ तथा शंकराचार्य के मन्दिर का निर्माण किसने करवाया था?

A. महाराज दरभंगा ने
B. कामकोटि पीठ के शंकराचार्य ने
C. कश्मीर के राजा ने
D. स्वामी विशुद्धानन्द महाराज ने

355. जिला कुरुक्षेत्र में स्थित प्रसिद्ध तीर्थ ज्योतिसर सरोवर की लम्बाई कितनी है?

A. 1000 फुट B. 1500 फुट
C. 2000 फुट D. 2500 फुट

356. जिला कुरुक्षेत्र में स्थित ''बाबा काली कमली वाले का डेरा'' नामक धार्मिक स्थल के संस्थापक कौन थे?

A. स्वामी रामतीर्थ
B. श्री स्वामी विशुद्धानन्द महाराज
C. कामकोटि पीठ के शंकराचार्य
D. स्वामी परमानन्द महाराज

357. भक्तिकाल से सम्बन्धित गौड़ीय मठ नामक धार्मिक स्थल हरियाणा के किस जिले में स्थित है?

A. अम्बाला जिले में B. जीन्द जिले में
C. कुरुक्षेत्र जिले में D. महेन्द्रगढ़ जिले में

358. कुरुक्षेत्र जिले में वह कौन-सा धार्मिक स्थल है जहां पर बाबा लक्ष्मण गिरि महाराज द्वारा जीवित समाधि ली गई थी?

A. बाण गंगा B. प्राची तीर्थ
C. गौड़ीय मठ D. बाल्मिकि आश्रम

359. राजघाट गुरुद्वारा हरियाणा में कहाँ पर स्थित है?

A. कुरुक्षेत्र में B. यमुनानगर में
C. कैथल में D. भिवानी में

360. निम्नलिखित में से कौन-सा तीर्थस्थल हरियाणा के जिला कुरुक्षेत्र में स्थित नहीं है?

A. कालेश्वर तीर्थ B. प्राची तीर्थ
C. ढोसी तीर्थ D. कुबेर तीर्थ

361. जिला कुरुक्षेत्र के कुरुक्षेत्र विश्वविद्यालय के उत्तर-पश्चिम में एक कि.मी. की दूरी पर से कौन-सा प्राचीन तीर्थ स्थल स्थित है?

A. मारकाण्डेय तीर्थ B. नरकातारी (अनरक तीर्थ)
C. प्राची तीर्थ D. कुबेर तीर्थ

362. हरियाणा में थानेसर से 25 कि.मी. पश्चिम में कौन-सा महत्त्वपूर्ण तीर्थ स्थल स्थित है जिसको हरियाणा और उसके समीपवर्ती क्षेत्रों में वही स्थान प्राप्त है जो पूर्व में गया तीर्थ को है?

A. पेहोवा B. पंचवटी
C. सफीदों D. पाण्डू-पिण्डारा

363. जिला पलवल के होडल क्षेत्र में निम्नलिखित में से कौन-सा धार्मिक स्थल स्थित है?

A. पंचवटी B. रामराय
C. सती का स्थान D. कालेश्वर महादेव मठ

364. 'पंचवटी' नामक तीर्थस्थल किस जिले में स्थित है?

A. अम्बाला B. पंचकुला
C. कुरुक्षेत्र D. पलवल में

365. जिला जीन्द के समीप जीन्द-गोहाना मार्ग पर कौन-सा प्राचीन धर्म-स्थल है जहां पर प्रत्येक वर्ष सोमवती अमावस्या के दिन मेला लगता है?

A. पाण्डू-पिण्डारा B. सफीदों
C. हंसडैहर D. उपरोक्त में से कोई नहीं

366. थानेसर नगर से कुछ दूर स्थित स्थानेश्वर महादेव मन्दिर का निर्माण सम्राट हर्षवर्धन के किस पूर्वज राजा द्वारा करवाया गया था?

A. पुष्यभूति B. आंधित्यवर्धन
C. नरवर्धन D. प्रभाकरवर्धन

367. महमूद गजनवी अपने भारत आक्रमण के दौरान हरियाणा के निम्नलिखित में से किस प्राचीन मन्दिर की मूर्ति को अपने साथ गजनी ले गया था?

A. दुखभंजनेश्वर मन्दिर (कुरुक्षेत्र)
B. भगवान शिव मन्दिर (नारनौल)
C. सर्वेश्वर महादेव मन्दिर (कुरुक्षेत्र)
D. स्थानेश्वर महादेव मन्दिर (थानेसर)

368. हरियाणा के स्थानेश्वर मन्दिर का पुनर्निर्माण निम्नलिखित में से किसके द्वारा करवाया गया था?

A. मराठा सदाशिव राव द्वारा B. चन्द्रगुप्त विक्रमादित्य द्वारा
C. हर्षवर्धन द्वारा D. नरवर्धन द्वारा

369. देवीकूप (भद्रकाली मन्दिर) भारत के 51 शक्तिपीठों में से एक है यह मन्दिर प्रदेश में कहाँ पर स्थित है?

A. रोहतक B. कुरुक्षेत्र
C. पानीपत D. थानेसर

370. कुरुक्षेत्र में सन्निहित सरोवर के समीप निम्नलिखित में से कौन-सा मन्दिर स्थित नहीं है?
A. नारायण मन्दिर B. लक्ष्मी नारायण मन्दिर
C. दुखभंजनेश्वर मन्दिर D. बिरला मन्दिर

371. कुरुक्षेत्र का निम्नलिखित में से कौन-सा मन्दिर गिरि सम्प्रदाय के सिद्ध फकीर बाबा शिव गिरि महाराज द्वारा बनवाया गया था?
A. सर्वेश्वर महादेव मन्दिर B. नारायण मन्दिर
C. लक्ष्मी नारायण मन्दिर D. दुखभंजनेश्वर मन्दिर

372. कुरुक्षेत्र के प्रसिद्ध 'सर्वेश्वर महादेव मन्दिर' को किसने बनवाया था?
A. बाबा श्रवण नाथ ने B. बाबा शिवगिरि ने
C. बाबा तारकनाथ ने D. श्री जुगल किशोर बिरला ने

373. कुरुक्षेत्र-पेहोवा मार्ग पर स्थित बिरला मन्दिर को श्री जुगल किशोर बिरला द्वारा कब बनवाया गया था?
A. 1950 में B. 1955 में
C. 1965 में D. 1978 में

374. ग्यारह रुद्री शिव मन्दिर हरियाणा के किस नगर में स्थित है?
A. जीन्द B. पानीपत
C. हिसार D. कैथल

375. मराठा सरदार मंगल रघुनाथ जी ने पानीपत की तीसरी लड़ाई के बाद पानीपत में निम्नलिखित में से कौन-सा मन्दिर बनवाया था?
A. देवी तालाब का शिव मन्दिर B. हनुमान मन्दिर
C. देवी मन्दिर D. रुद्र मन्दिर

376. अमीन नामक गांव में निम्नलिखित में से कौन-सा प्राचीन मन्दिर स्थित है?
A. पंचवटी मन्दिर B. शिव मन्दिर
C. अदिति का मन्दिर D. दाऊ जी का मन्दिर

377. फरीदाबाद से लगभग 55 कि.मी. की दूरी पर स्थित वंचारी गांव में निम्नलिखित में से कौन-सा प्राचीन मन्दिर स्थित है?
A. दाऊजी का मन्दिर B. अदिति का मन्दिर
C. पंचवटी मन्दिर D. चामुण्डा देवी का मन्दिर

378. माता शीतला देवी का प्रसिद्ध और प्राचीन मन्दिर हरियाणा में कहां पर स्थित है?
A. रेवाड़ी में B. गुरुग्राम में
C. नारनौल में D. जीन्द में

379. गुरुग्राम गांव में स्थित माता शीतला देवी का मन्दिर महाराज भरतपुर द्वारा कब बनवाया गया था?
A. सन् 1620 में B. सन् 1645 में
C. सन् 1648 में D. सन् 1650 में

380. प्राचीन शिव मन्दिर जहां पर बाबा ठण्डीपुरी की समाधि भी है प्रदेश में कहां स्थित है?
A. पूण्डरीक तीर्थ B. गुरुग्राम
C. हिसार D. रोहतक

381. पिंजोर की प्राचीन विरासत को बढ़ावा देने के लिए प्रतिवर्ष दो महोत्सव मनाए जाते हैं, एक त्योहार तो पिंजोर विरासत महोत्सव है; दूसरा महोत्सव कौन-सा है?
A. खजूर महोत्सव B. आम महोत्सव
C. नींबू महोत्सव D. संतरा महोत्सव

382. झज्जर जिले में स्थित बेरी गांव के रूढ़मल मन्दिर में स्थित शिवालय की ऊँचाई कितनी है?
A. 116 फुट B. 122 फुट
C. 132 फुट D. 140 फुट

383. झज्जर जिले के बेरी गांव के रूढ़मल मन्दिर में स्थित शिवालय का निर्माण कब करवाया गया था?
A. सन् 1842 में B. सन् 1850 में
C. सन् 1892 में D. सन् 1899 में

384. झज्जर जिले में स्थित बेरी गांव के रूढ़ीमल मन्दिर के शिवालय का पहली बार जीर्णोद्धार कब करवाया गया था?
A. सन् 1943 में B. सन् 1945 में
C. सन् 1950 में D. सन् 1953 में

385. नारनौल नगर में स्थित चामुण्डा देवी के मन्दिर का निर्माण व जीर्णोद्धार किसके द्वारा करवाया गया था?
A. राजा परीक्षत द्वारा B. राजा दिलीप द्वारा
C. राजा नूरकरण द्वारा D. पांडवों द्वारा

386. हरियाणा में चिश्ती सम्प्रदाय की स्थापना किसके द्वारा की गई थी?
A. बू अलीशाह कलंदर
B. शेख फ़रीद (फरीदुद्दीन शकरगंज)
C. अल्ताफ हुसैन
D. इब्राहिम अबीदुल्ला

387. चिश्ती सम्प्रदाय के प्रमुख सूफी संत बू अलीशाह कलंदर ने प्रदेश में किस स्थान को अपनी साधना का प्रमुख केन्द्र बनाया था?
A. पानीपत B. रोहतक
C. सोनीपत D. गुरुग्राम

388. सूफी संत अल्ताफ हुसैन हाली की दरगाह हरियाणा में कहां पर स्थित है?
A. झज्जर B. रेवाड़ी
C. पानीपत D. रोहतक

389. पानीपत की किस दरगाह पर श्रद्धालुओं द्वारा माथा टेकने पर ही अजमेर के ख्वाजा का उर्स पूरा होता है? ऐसी धारणा है-
A. ख्वाजा शम्सुद्दीन मख्दूम जलालुद्दीन की दरगाह
B. शेख उसमान जिंदापीर की दरगाह
C. गौस अलीशाह की दरगाह
D. बू अलीशाह कलंदर की दरगाह

390. नारनौल से करीब दस कि.मी. दूर गांव धरसूं में किस प्रसिद्ध संत की दरगाह स्थित है?
A. हजरत शाह कलमुद्दीन हमज़ापीर हुसैन
B. मीर शाह (बाब शाहखान)
C. शेख निजामुद्दीन
D. शेख जुनैद

391. फतेहाबाद में स्थित किस सूफी संत की मज़ार के प्रांगण में एक पत्थर पर बादशाह हुमायूं का अभिलेख उत्कीर्ण है?
A. मीरतकी खान B. मीर जुनैदी
C. शेख निज़ामुद्दीन D. मीरशाह (बाबा शाहखान)

392. हरियाणा के किस मकबरे को पुरातत्वीय स्थल और अवशेष अधिनियम, 1958 के अधीन राष्ट्रीय महत्त्व का स्मारक घोषित किया गया है?
A. शेख चेहली
B. बू अलीशाह कलंदर
C. शेख फरीद (फरीदुद्दीन शकरगंज)
D. पीर जमाल

393. बाबा शाह कमाल की मज़ार प्रदेश में कहां पर स्थित है?
A. गोहाना में B. फतेहाबाद में
C. कैथल में D. रोहतक में

394. प्रदेश में किस स्थान पर निम्नलिखित चार सूफी संतों (कुतुबशेख जमालुद्दीन अहमद, कुतुब मौलाना, बसोहद्दीन सूफी कुतुबद्दीन मन्नवर, कुतुब नुरुद्दीन) की मज़ार एक स्थान पर स्थित है?
A. करनाल में B. हिसार में
C. पलवल में D. हांसी में

395. शाहाबाद और अम्बाला के बीच किसकी मज़ार है, जिस पर मनोकामना पूरी होने पर घड़ी चढ़ाई जाती है?
A. पीर नागौजी B. हमज़ा पीर
C. पीर नौगज़ा D. इब्राहिम अबीदुल्ला

396. रोहतक में स्थित किस मस्जिद को, जो पहले मन्दिर था, औरंगजेब के शासनकाल में मस्जिद का रूप दिया गया था?
A. काज़ी की मस्जिद B. दीनी मस्जिद
C. लाल मस्जिद D. इनमें कोई नहीं

397. रोहतक में स्थित लाल मस्जिद को प्रसिद्ध व्यापारी हाजी आशिक अली द्वारा कब बनवाया गया था?
A. सन् 1930 में B. सन् 1931 में
C. सन् 1935 में D. सन् 1939 में

398. गुरुग्राम जिले में स्थित सराय अलावरदी गांव की मस्जिद किस शासक के काल में बनवायी गई थी?
A. बाबर B. जहाँगीर
C. शाहजहाँ D. अलाउद्दीन खिलजी

399. झज्जर जिले के गांव दुजाना में कौन-सी प्राचीन, ऐतिहासिक मस्जिद स्थित है?
A. लाल मस्जिद B. काजी की मस्जिद
C. करीम जी की मस्जिद D. जामा मस्जिद

400. रेवाड़ी की प्रसिद्ध ऐतिहासिक लाल मस्जिद किस मुगल शासक के काल में बनवाई गई थी?
A. बाबर B. हुमायूं
C. अकबर D. जहाँगीर

401. नारनौल, पानीपत, अम्बाला के अतिरिक्त सूफी संतों ने हरियाणा के किस नगर को सूफी विचारधारा का इस्लाम प्रचार केन्द्र बनाया?
A. कैथल B. थानेसर
C. करनाल D. सोनीपत

402. हरियाणा में रहकर सूफी मत का प्रचार करने वाले अधिकांश सूफी संत निम्नलिखित में से किस सम्प्रदाय के थे?
A. चिश्ती B. नक्शबंदी
C. कादरी D. उपरोक्त सभी

403. हरियाणा का ताजमहल कहा जाने वाला, प्रसिद्ध सूफी संत शेख चेहली का मकबरा किस नगर में स्थित है?
A. हिसार B. फतेहाबाद
C. थानेसर D. पानीपत

404. चरखी दादरी जिले के कलियाणा गांव में किस संत की दरगाह स्थित है, जिस पर प्रत्येक बुधवार को मेला लगता है?
A. पीर मुबारकशाह B. शेख उसमान जिंदापीर
C. शेख निज़ामुद्दीन D. मुहम्मद अफज़ल

405. मीरां साहब का मकबरा हरियाणा के किस नगर में स्थित है?
A. अम्बाला B. पानीपत
C. करनाल D. कैथल

406. भगवान कृष्ण ने अर्जुन को गीता का प्रेरणादायक संदेश हरियाणा में किस स्थान पर दिया था?
A. पानीपत B. कुरुक्षेत्र
C. होडल D. थानेश्वर

407. प्रदेश का निम्नलिखित में से कौन-सा नगर प्राचीन काल में श्रीकंठ जनपद की राजधानी था?
A. थानेश्वर B. चण्डीगढ़
C. रोहतक D. गुड़गाँव

408. यमुनानगर जिले में स्थित 'सढौरा' नामक ऐतिहासिक कस्बे में निम्नलिखित में से कौन- सा प्रसिद्ध मन्दिर है?
A. मनोकामना B. गागरवाला
C. तोरांवाला D. उपरोक्त तीनों

409. जिला यमुनानगर के किस ऐतिहासिक कस्बे में 'पीर बुद्धुशाह' का गुरुद्वारा है, जिन्होंने भागनी युद्ध में गुरु गोविन्द सिंह की सहायता की थी?
A. सढौरा B. रादौर
C. बिलासपुर D. छछरौली

410. हरियाणा के बहादुरगढ़ नामक ऐतिहासिक कस्बे का प्राचीन नाम क्या था?
A. चरखाबाद B. हसीनपुर
C. शरफाबाद D. बेतवाबाद

411. महम नामक ऐतिहासिक कस्बा प्रदेश के किस जिले में स्थित है?
A. भिवानी जिले में B. रोहतक जिले में
C. यमुनानगर जिले में D. झज्जर जिले में

412. जिला रोहतक में स्थित महम नामक कस्बे का पुनः निर्माण बनिया जाति के पेशोरा नामक व्यक्ति द्वारा कब करवाया गया था?
A. सन् 1266 में B. सन् 1295 में
C. सन् 1298 में D. सन् 1299 में

413. जिला सिरसा में स्थित ऐलनाबाद नामक कस्बा पहले किस नाम से जाना जाता था?
A. एलिसाबाद B. चाविपुर
C. कलिसाबाद D. खड़ियल

414. सिरसा जिले में स्थित 'रानियां' नामक ऐतिहासिक कस्बे का प्राचीन नाम क्या था?
A. राजबपुर B. साजूपुर
C. रजिपुर D. रतिपुर

415. जिला अम्बाला में स्थित किस कस्बे को सिरमौर (हिमाचल प्रदेश) के राजा लक्ष्मी नारायण ने बसाया था?

A. बराड़ा B. मुलाना
C. नारायणगढ़ D. रायपुर रानी

416. सोनीपत जिले में स्थित किस प्राचीन ऐतिहासिक कस्बे में की गई खुदाई से महाभारत कालीन मिट्टी के बर्तन प्राप्त हुए हैं?

A. राई B. खेड़ी गुज्जर
C. गन्कौर D. गोहाना

417. आदि बद्री नामक पौराणिक गांव किस जिले में स्थित है?

A. यमुनानगर B. भिवानी
C. सिरसा D. रेवाड़ी

418. जिला यमुनानगर में स्थित किस ऐतिहासिक गांव का सम्बन्ध महाभारत कालीन राजा शान्तनु से माना जाता है?

A. छछरौली B. आदिबद्री
C. बसन्तर D. किसी का नहीं

419. 'जननायक देवीलाल पुरस्कार' का संबंध है-

A. पशुधन विकास B. कृषि पैदावार
C. उद्योग D. शिक्षा

420. जिला करनाल के अन्तर्गत आने वाले किस स्थान को पानीपत के तीसरे युद्ध से पूर्व अहमदशाह अब्दाली ने अपने सरदारों के लिए एक शक्तिशाली केन्द्र बनाया था?

A. घरौडा B. नील्पेखेड़ी
C. असन्ध D. कुन्जपुरा

उत्तरमाला

1	2	3	4	5	6	7	8	9	10
D	A	B	C	A	D	B	A	C	B
11	**12**	**13**	**14**	**15**	**16**	**17**	**18**	**19**	**20**
D	D	A	C	D	A	C	B	D	A
21	**22**	**23**	**24**	**25**	**26**	**27**	**28**	**29**	**30**
D	A	C	B	A	D	D	A	C	C
31	**32**	**33**	**34**	**35**	**36**	**37**	**38**	**39**	**40**
D	C	A	B	D	D	A	C	B	C
41	**42**	**43**	**44**	**45**	**46**	**47**	**48**	**49**	**50**
D	A	C	B	A	C	D	A	C	C
51	**52**	**53**	**54**	**55**	**56**	**57**	**58**	**59**	**60**
A	C	A	B	D	B	A	C	B	D
61	**62**	**63**	**64**	**65**	**66**	**67**	**68**	**69**	**70**
C	A	D	B	C	A	B	C	D	A
71	**72**	**73**	**74**	**75**	**76**	**77**	**78**	**79**	**80**
B	C	A	D	C	B	A	C	D	C
81	**82**	**83**	**84**	**85**	**86**	**87**	**88**	**89**	**90**
B	A	D	C	A	D	C	C	D	A
91	**92**	**93**	**94**	**95**	**96**	**97**	**98**	**99**	**100**
C	B	C	A	D	B	B	A	C	B
101	**102**	**103**	**104**	**105**	**106**	**107**	**108**	**109**	**110**
C	A	D	A	C	A	B	A	D	A
111	**112**	**113**	**114**	**115**	**116**	**117**	**118**	**119**	**120**
B	D	C	A	C	B	D	C	A	C
121	**122**	**123**	**124**	**125**	**126**	**127**	**128**	**129**	**130**
B	D	B	A	D	A	C	B	D	C
131	**132**	**133**	**134**	**135**	**136**	**137**	**138**	**139**	**140**
A	D	B	A	D	A	C	B	D	A
141	**142**	**143**	**144**	**145**	**146**	**147**	**148**	**149**	**150**
C	B	D	A	C	D	A	B	C	A
151	**152**	**153**	**154**	**155**	**156**	**157**	**158**	**159**	**160**
D	A	A	B	C	A	D	B	D	C
161	**162**	**163**	**164**	**165**	**166**	**167**	**168**	**169**	**170**
D	B	C	B	A	B	D	B	A	C

171	172	173	174	175	176	177	178	179	180
D	B	A	C	A	B	A	B	A	D
181	182	183	184	185	186	187	188	189	190
A	B	A	C	B	A	D	A	D	D
191	192	193	194	195	196	197	198	199	200
C	A	D	C	A	A	B	A	D	C
201	202	203	204	205	206	207	208	209	210
B	D	A	C	A	C	B	D	C	A
211	212	213	214	215	216	217	218	219	220
B	D	B	D	A	A	C	B	A	C
221	222	223	224	225	226	227	228	229	230
B	D	A	C	A	D	B	C	D	A
231	232	233	234	235	236	237	238	239	240
C	B	D	A	C	D	A	C	A	D
241	242	243	244	245	246	247	248	249	250
B	A	C	C	A	D	A	D	D	C
251	252	253	254	255	256	257	258	259	260
D	A	A	A	C	D	B	A	A	B
261	262	263	264	265	266	267	268	269	270
D	A	D	C	B	D	A	C	A	C
271	272	273	274	275	276	277	278	279	280
B	A	D	A	B	A	D	D	A	C
281	282	283	284	285	286	287	288	289	290
B	D	D	A	C	B	D	C	A	B
291	292	293	294	295	296	297	298	299	300
A	A	B	A	C	B	D	C	D	D
301	302	303	304	305	306	307	308	309	310
C	A	B	D	C	A	C	B	A	D
311	312	313	314	315	316	317	318	319	320
A	C	B	D	D	D	D	D	A	A
321	322	323	324	325	326	327	328	329	330
B	A	C	B	A	C	B	D	C	C
331	332	333	334	335	336	337	338	339	340
A	C	B	D	A	B	D	A	C	D
341	342	343	344	345	346	347	348	349	350
A	B	A	C	D	A	C	B	C	A
351	352	353	354	355	356	357	358	359	360
C	D	A	B	A	B	C	D	A	C
361	362	363	364	365	366	367	368	369	370
B	A	C	D	A	A	D	A	B	D
371	372	373	374	375	376	377	378	379	380
C	A	B	D	A	C	A	B	D	A
381	382	383	384	385	386	387	388	389	390
B	A	C	D	C	B	A	C	D	A
391	392	393	394	395	396	397	398	399	400
D	A	C	D	C	B	D	D	B	C
401	402	403	404	405	406	407	408	409	410
B	D	C	A	C	B	A	D	A	C
411	412	413	414	415	416	417	418	419	420
B	A	D	A	C	B	A	C	B	D

❑❑❑